Alexander Willich
Konstruktionssemantik

Linguistik – Impulse & Tendenzen

Herausgegeben von
Susanne Günthner, Klaus-Peter Konerding,
Wolf-Andreas Liebert und Thorsten Roelcke

Band 98

Alexander Willich

Konstruktionssemantik

Frames in gebrauchsbasierter
Konstruktionsgrammatik und Konstruktikographie

DE GRUYTER

D61

Publiziert mit freundlicher Unterstützung der Universitäts- und Landesbibliothek
der Heinrich-Heine-Universität Düsseldorf

ISBN 978-3-11-135805-5
e-ISBN (PDF) 978-3-11-076234-1
e-ISBN (EPUB) 978-3-11-076236-5
ISSN 1612-8702
DOI https://doi.org/10.1515/9783110762341

Library of Congress Cataloging-in-Publication Data
A CIP catalog record for this book has been applied for at the Library of Congress.

Bibliografische Information der Deutschen Nationalbibliothek
Die Deutsche Nationalbibliothek verzeichnet diese Publikation in der Deutschen
Nationalbibliografie; detaillierte bibliografische Daten sind im Internet über
http://dnb.dnb.de abrufbar.

Dieser Band ist text- und seitenidentisch mit der 2022 erschienenen gebundenen Ausgabe.
Dieses Buch ist als Open-Access-Publikation verfügbar über www.degruyter.com.

Einbandabbildung: Marcus Lindstrom/istockphoto
Druck und Bindung: CPI books GmbH, Leck

www.degruyter.com

Vorwort

Konstruktionsgrammatik und Frame-Semantik sind zwei tragende Wände der kognitiven Linguistik. Obwohl sie gleichermaßen zur Stabilität des Gebäudes beitragen und gewissermaßen aus den gleichen Steinen gemauert sind, fehlen doch wichtige Verbindungen zwischen ihnen. Wer sich aber vornimmt, solche Verbindungen systematisch herzustellen, stellt bald fest, dass die gemeinsame Theoriegeschichte mehr (spannende!) Fragen als Antworten mit sich bringt, scheinbar offensichtliche Verbindungspunkte teilweise abseits der empirischen Realität liegen und sich Bemühungen um Lösungen unweigerlich als komplexes und umfangreiches Unterfangen herausstellen. Ich hoffe, dass die vorliegende Arbeit nicht nur ein Beleg für letzteren Aspekt ist, sondern gleichermaßen für das vielfältige Potenzial, das in der Verbindung von Konstruktionsgrammatik und Frame-Semantik in Kombination mit neueren Entwicklungen der Konstruktikographie verborgen liegt – und das manchmal erst dann zu Tage tritt, wenn man sich bis an ihre Fundamente heranarbeitet.

Die vorliegende Arbeit ist eine überarbeitete Fassung meiner im Wintersemester 2020/21 von der Philosophischen Fakultät der Heinrich-Heine-Universität Düsseldorf angenommenen Dissertation. Betreuer und Erstgutachter war Alexander Ziem, ihm gilt daher mein erster und wichtigster Dank. Das von ihm geschaffene Gleichgewicht zwischen einerseits begeisternder und kritischer Begleitung mit wichtigen Impulsen zu den richtigen Zeitpunkten sowie andererseits der Freiheit, in der Ausarbeitung meiner Ideen einen eigenen, manchmal unkonventionellen Weg gehen zu dürfen, hat mich in allen Arbeitsphasen enorm vorangebracht. Dies und die Sicherheit, in Düsseldorf stets eine unbeschwerte Arbeitsatmosphäre vorfinden zu dürfen, habe ich nie als Selbstverständlichkeit erachtet, weshalb ich für das Vertrauen, das mir dadurch zuteilwurde, umso dankbarer bin!

Als Zweitgutachterin hat Rita Finkbeiner fungiert und mit vielen konstruktiven Hinweisen und Kommentaren zur Verbesserung der vorliegenden Fassung der Arbeit beigetragen. Für beides danke ich ihr sehr. Die Promotionskommission vervollständigten Marion Aptroot (als Vorsitzende), Elmar Schafroth und Stefan Hartmann. Auch ihnen danke ich für ihre Bereitschaft, das Jahr 2020 praktisch ‚in letzter Minute' vor der Weihnachtspause mit meiner Disputation abzuschließen.

Meine Motivation zum Verfassen dieser Arbeit wäre wohl wesentlich niedriger ausgefallen ohne das von Alexander Ziem in Düsseldorf geleitete Projekt *FrameNet & Konstruktikon des Deutschen*, in dem ich seit 2018 mitarbeite. Profitiert hat davon nicht nur mein theoretisches Wissen über Frame-Semantik, Konstruktionsgrammatik und Konstruktikographie, sondern vor allem meine Beschäftigung mit ihrer empirischen Anwendung. Viele der damit verbundenen Herausforderun-

https://doi.org/10.1515/9783110762341-202

gen, die ich unmittelbar (mit-)erleben durfte, waren Ausgangspunkte für Ideen, die ich in der vorliegenden Arbeit zu artikulieren versucht habe. Die Zusammenarbeit mit wechselnden Kolleg*innen und Hilfskräften innerhalb und außerhalb regelmäßiger Meetings, die zahlreichen (und langen) Datensitzungen sowie die angeregten Diskussionen in Kolloquien, Retreats und bei gemeinsamen Mittagessen waren für mich ausgesprochen lehrreich. Herzlich danken möchte ich dafür Fabian Barteld, Sarah Falatik, Johanna Flick, Stefan Hartmann, Ricarda Heßelmann, Robert Külpmann, Sascha Michel, Ann-Katrin Nöhren, Phillip Sandkühler und besonders Carina Schlichting.

Die Mitarbeit im Düsseldorfer Projekt hat mir außerdem den Zugang zur internationalen frame-semantischen, konstruktionsgrammatischen und konstruktikographischen Community eröffnet, den ich anderweitig in dieser Form wohl kaum bekommen hätte. Alle Personen, mit denen ich im Laufe der vergangenen Jahre in Austausch treten durfte, kann ich hier unmöglich aufzählen, möchte aber stellvertretend Oliver Czulo und Tiago Timponi Torrent für die inspirierende Zusammenarbeit sowie ihr Engagement in der *Global-FrameNet*-Initiative meinen Dank aussprechen. Es hat etwas ungemein Faszinierendes, dieselben wissenschaftlichen Interessen mit Menschen teilen zu dürfen, die über fast die gesamte Welt verteilt sind!

Für die Aufnahme der vorliegenden Arbeit in die Reihe *Linguistik – Impulse & Tendenzen* danke ich den Herausgeber*innen Susanne Günthner, Klaus-Peter Konerding, Wolf-Andreas Liebert und Thorsten Roelcke. Auf Seiten des Verlags De Gruyter gebührt Carolin Eckardt, Albina Töws und Charlotte Webster mein Dank für die unkomplizierte Betreuung. Der Universitäts- und Landesbibliothek Düsseldorf danke ich für die finanzielle Förderung der Open-Access-Veröffentlichung.

Mein Lebenslauf, für den die abgeschlossene Promotion einen lange Zeit noch nicht einmal für erwartbar gehaltenen Meilenstein bedeutet, wäre zweifelsfrei anders verlaufen ohne die Einstiegshilfe von Ricarda Bauschke-Hartung. Sie hat mir nicht nur meine ersten Blicke hinter die Kulissen einer Universität ermöglicht, sondern mir meinen späteren dienstlichen Wechsel in das ‚falsche' germanistische Teilfach auch noch erstaunlich schnell verziehen. Und schließlich wäre ich wohl nie auf die folgenschwere Idee gekommen, mich mit Frame-Semantik und letztendlich mit kognitiver Linguistik insgesamt zu beschäftigen ohne den Einfluss von Dietrich Busse. Seine Leidenschaft für die kritische Beschäftigung mit Theorien und Methoden hat mich geprägt, und wenn ich mich an manchen Stellen dieser Arbeit vielleicht etwas zu sehr zu derartigen Auseinandersetzungen habe hinreißen lassen, so ist dies allein mir anzulasten.

Düsseldorf, im Oktober 2021 Alexander Willich

Inhalt

Abbildungsverzeichnis

https://doi.org/10.1515/9783110762341-204

Tabellenverzeichnis

https://doi.org/10.1515/9783110762341-205

1 Einleitung

Konstruktionsgrammatik und Kognitive Grammatik verbindet eine Gemeinsamkeit: Dass beide den Begriff *Grammatik* im Namen tragen, ist irreführend. Irreführend deshalb, weil Konstruktionsgrammatik und Kognitive Grammatik keine *Grammatik*theorien sind, sondern weil sie sich in erster Linie für semantische Fragestellungen interessieren. Lasch & Ziem (2011: 1) bringen es auf den Punkt: „Konstruktionsgrammatiken sind im Kern Bedeutungstheorien." Zumindest für die Konstruktionsgrammatik ist der Begriff *Grammatik* jedoch zugleich in gewisser Weise zutreffend, da es bislang keine größeren, zusammenhängenden Bemühungen gegeben hat, einen dezidierten Ansatz für die semantische Beschreibung grammatischer Konstruktionen zu entwickeln. In diesem Sinne verharrt die Konstruktionsgrammatik also wörtlich genommen (mit wenigen Ausnahmen) bei *grammatischen* Beschreibungen – was sich wohl ‚unfreiwillig' in ihrem Namen ausdrückt. So hat sich an der folgenden von Ziem & Lasch (2013: 118) notierten Beobachtung kaum etwas geändert: „Untersuchungen von Konstruktionsbedeutungen sind in der Forschung bislang ein auffälliges Forschungsdesiderat."

Dass eine Konstruktionsgrammatik aber ohne einen eigenständigen, leistungsfähigen Ansatz einer Semantik kaum zu betreiben ist, folgt bereits aus ihrer Grundannahme von grammatischen Konstruktionen als sprachlichen Zeichen und steht bereits seit ihren Anfängen und denen der Kognitiven Grammatik fest:

> Grammar consists in the successive combination of symbolic structures to form progressively larger symbolic expressions. It therefore cannot be adequately described or understood without a reasonably detailed and explicit account of the semantic pole of symbolic structures. (Langacker 1987: 97)

Dass sich eine Forderung, die nicht weniger als den Beginn einer mittlerweile Jahrzehnte zählenden Forschungstradition markiert, mit der stetig wachsenden Menge an theoretischen Überlegungen und empirischen Untersuchungen allerdings nicht ‚von allein' einlöst, lässt sich an dem vergleichsweise geringen Stellenwert der Frame-Semantik innerhalb der Konstruktionsgrammatik ablesen. Gerade die Frame-Semantik ist nämlich imstande, Hauptbestandteil eines eigenständigen und leistungsfähigen Ansatzes für die semantische Beschreibung von Konstruktionen zu sein. So ist der von Langacker (1987: 97) programmatisch formulierten Forderung auch mehr als 30 Jahre später in dieser Hinsicht noch immer nicht nachgekommen worden, weshalb die Beschäftigung mit dem Verhältnis zwischen Konstruktionsgrammatik und Frame-Semantik, zwischen Konstruktionen und Frames, nach wie vor von Aktualität ist.

https://doi.org/10.1515/9783110762341-001

Wie also lassen sich Konstruktionsgrammatik und Frame-Semantik einander annähern? Als ein vermittelnder Baustein tritt die Konstruktikographie auf, eine sich zunehmend etablierende konstruktionsgrammatische Strömung, die grammatischen Konstruktionen einer Sprache zu erfassen und in digitalen Ressourcen (*Konstruktika*) für die menschliche und computationelle Weiternutzung zu dokumentieren (vgl. Lyngfelt 2018; Boas, Lyngfelt & Torrent 2019). Die Konstruktikographie liefert nicht nur wichtige Ideen zur systematischen *grammatischen* Beschreibung von Konstruktionen, sondern ist auf die Integration der Frame-Semantik aufgrund eines an sie angelehnten Beschreibungsformats für Konstruktionen noch stärker vorbereitet als die ‚klassische' Konstruktionsgrammatik, als deren Weiterentwicklung sie sich versteht.

Was bisher fehlt, ist eine systematische Anreicherung der Konstruktionsgrammatik wie der Konstruktikographie durch eine semantische Komponente – es fehlt eine Konstruktions*semantik*. Dabei liegt es nahe, die Frame-Semantik als jene semantische Komponente ins Spiel zu bringen, nicht zuletzt weil ihre Entstehung eng mit derjenigen der Konstruktionsgrammatik und Konstruktikographie verwoben ist. Zwar mangelt es im Falle der Konstruktionsgrammatik nicht an der Wahrnehmung der Frame-Semantik, Bezüge werden aber oftmals mehr behauptet als umgesetzt, wodurch das Verhältnis zwischen beiden größtenteils unklar bleibt (vgl. auch Ziem 2014d: 267). Die zunehmenden Forschungsaktivitäten innerhalb der Konstruktikographie haben das Potenzial, dies grundlegend zu ändern. So verortet sich die vorliegende Arbeit in der Vermittlung zwischen Frame-Semantik auf der einen Seite und Konstruktionsgrammatik wie Konstruktikographie auf der anderen Seite.

Im Folgenden möchte ich die dreigeteilte Zielsetzung dieser Arbeit sowie fünf Fragestellungen vorstellen, die ihren Verlauf leiten sollen (Abschnitt 1.1). Im Anschluss daran gehe ich auf den Aufbau der Arbeit ein (Abschnitt 1.2).

1.1 Ziele und Fragestellungen

Ziel der vorliegenden Arbeit ist die theoretische und methodologische Entwicklung einer Konstruktionssemantik sowie deren empirische Anwendung. Der Begriff *Konstruktionssemantik*[1] versteht sich dabei als konstruktionsgrammatischer und konstruktikographischer Ansatz, der die semantischen Eigenschaften gram-

1 Schon bei Ziem & Lasch (2013: 122) findet sich das Vorhaben, „eine mögliche konstruktionssemantische Analyseperspektive aufzuzeigen." Dieses steht allerdings nicht im Kontext des hier verwendeten Frame-Modells von FrameNet, sondern ist auf die Anwendung kasusgrammatischer Prinzipien (vgl. Unterabschnitte 2.1.1 und 2.2.2) ausgerichtet. Indes wird der Terminus *construc-*

matischer Konstruktionen in den Mittelpunkt rückt. Als semantische Komponente dient die Frame-Semantik in der Gestalt von FrameNet (u.a. Fillmore, Johnson & Petruck 2003; Fillmore & Baker 2010; Ruppenhofer et al. 2016), die (im Falle von FrameNet) gleichsam den Ausgangspunkt für konstruktikographische Bemühungen darstellt.

In dieser Arbeit, wie in der Konstruktionsgrammatik generell, „stehen sich nicht einfach Empirie und Theorie gegenüber" (Welke 2019: 4), denn das Thema dieser Arbeit ist ein theoretisches, methodologisches und empirisches zugleich. Die somit in theoretische, methodologische und empirische Aspekte gegliederte dreiteilige Zielsetzung der Arbeit lässt sich wie folgt konkretisieren.

- In *theoretischer* Hinsicht steht die Annäherung von Konstruktionsgrammatik und Frame-Semantik im Vordergrund, die seit den Anfängen konstruktionsgrammatischer Forschung implizit gefordert wird, aber bisher kaum systematisch umgesetzt wurde. Es soll darum gehen, Frames im Sinne von FrameNet möglichst umfassend zur Erfassung der semantischen Eigenschaften von Konstruktionen und deren Instanzen, Konstrukten, heranzuziehen.
- In *methodologischer* Hinsicht liegt das Hauptaugenmerk auf der Nutzbarkeit eines konstruktionssemantischen Ansatzes für die Konstruktikographie: der Beschreibung und Dokumentation von Konstruktionen in Konstruktika. Der theoretische Ansatz muss also stets darauf ausgerichtet sein, forschungspraktisch umsetzbar und für die konstruktikographische Beschreibung der semantischen Eigenschaften von Konstruktionen gewinnbringend zu sein.
- In *empirischer* Hinsicht ist die konkrete Anwendung der theoretischen und methodologischen Überlegungen gefordert. Die exemplarische Untersuchung einer einzelnen Konstruktionsfamilie soll jedoch nicht nur die Anwendbarkeit des entwickelten konstruktionssemantischen Ansatzes demonstrieren, sondern dieser soll ganz wesentlich anhand der Anforderungen an empirische Studien entwickelt werden.

Die Reihenfolge dieser drei Aspekte entspricht grob deren Gewichtung in der vorliegenden Arbeit. Im Vordergrund steht die theoretische Weiterentwicklung der Konstruktionsgrammatik, die mit methodologischen und methodischen Vor-

tional semantics in der englischsprachigen Forschung in der Regel als ‚Konstruktionsbedeutung' verstanden (vgl. etwa die Titel von Rohde 2001; Stefanowitsch 2003; Colleman 2010; Colleman & De Clerck 2011; Sullivan 2016) und damit in einer sekundären Lesart von *Semantik*, die sich nicht, wie in dieser Arbeit, auf einen theoretischen und methodischen Ansatz bezieht (vgl. dazu grundsätzlich Busse 2009: 13). Ein zu *Construction Grammar* analoger Terminus *Construction Semantics* hat sich noch nicht etablieren können, obwohl etwa Finkbeiner (2019: 185) bereits programmatisch für eine *Construction Pragmatics* plädiert.

schlägen für die Konstruktikographie einhergeht. Der große Teil, den diese beiden Aspekte im Gesamtverhältnis einnehmen, führt dazu, dass die empirische Anwendbarkeit vorrangig exemplarischer Natur bleiben muss. Als zu untersuchenden Phänomenbereich, an dem die theoretischen und methodischen Überlegungen entwickelt und erprobt werden sollen, wähle ich deshalb eine vergleichsweise gut eingrenzbare Konstruktionsfamilie aus drei Reflexivkonstruktionen, die als deutsche Äquivalente der bereits von Goldberg (1995: 199–218, 1996) prominent analysierten englischen *way*-Konstruktion verstanden werden können. Die drei zum Teil bereits von Oya (1999), Smirnova (2018), McColm (2019) sowie Mortelmans & Smirnova (2020) beschriebenen Konstruktionen können als reflexive Bewegungskonstruktion, reflexive Partikelverbkonstruktion und reflexive *Weg*-Konstruktion bezeichnet werden. Die folgenden dem DWDS-Kernkorpus 21 entnommenen Belege (1)–(3) enthalten jeweils ein (durch geschweifte Klammern gekennzeichnetes) exemplarisches Konstrukt für die reflexive Bewegungskonstruktion in (1), die reflexive Partikelverbkonstruktion in (2) und die reflexive *Weg*-Konstruktion in (3).[2]

(1) {Er arbeitete sich durch ein kompliziertes Kreuzworträtsel}, hatte ein Bier aufgemacht und sich auf einen beschaulichen Abend eingestellt, als das Telefon läutete. (Glavinic, Thomas: Die Arbeit der Nacht, München Wien: Carl Hanser Verlag 2006, S. 381)

(2) Mühsam {kämpft sich dieses Ein-Milliarden-Volk voran}. (Weizsäcker, Richard von: Dreimal Stunde Null? 1949 1969 1989, Berlin: Siedler Verlag 2001, S. 186)

(3) Wie ein Triumphator {bahnt sich Schiller den Weg durch die Menschenmenge}, eskortiert von den Würdenträgern der Universität. (Safranski, Rüdiger: Friedrich Schiller, München Wien: Carl Hanser 2004, S. 311)

Die oben geschilderte dreiteilige Zielsetzung lässt sich in folgende fünf Fragestellungen überführen, die den Aufbau dieser Arbeit leiten sollen.

1. Wie lassen sich die semantischen Eigenschaften von Konstruktionen und ihren Konstrukten mit Hilfe der Frame-Semantik auffassen?
2. Welche Analysekategorien muss die konstruktionssemantische Analyse einer Konstruktion umfassen und wie lassen sich diese frame-semantisch bestimmen?

2 Zu Korpus und Datenauswahl vgl. Abschnitt 3.4.

3. Worin bestehen die strukturellen Parallelen zwischen Konstruktionen und Frames und wie lassen sie sich für eine semantische Beschreibung von Konstruktionen nutzbar machen?
4. Wie können die frame-semantischen Beschreibungen einer Konstruktion konstruktikographisch generalisiert in einen Konstruktionseintrag Eingang finden?
5. Wie gestalten sich die Relationen zwischen Konstruktionen und Frames, wie also ‚evoziert' eine Konstruktion einen Frame und wie lässt sich dieser mit der Konstruktion assoziierte Frame ermitteln?

Welche Auswirkungen diese fünf Fragestellungen auf den konkreten Verlauf der vorliegenden Arbeit haben, schildere ich in Abschnitt 1.2.

Während nun sowohl der Begriff der Konstruktionssemantik als auch die Rollen von Frame-Semantik, Konstruktionsgrammatik und Konstruktikographie in der Entwicklung einer solchen Konstruktionssemantik skizziert wurden, bedarf ein bisher noch nicht genannter Begriff, der sich wie die vorgenannten im Titel dieser Arbeit wiederfindet, der Erläuterung: das Attribut *gebrauchsbasiert*. Sowohl Frame-Semantik als auch Konstruktionsgrammatik und Konstruktikographie betrachte ich unter dem Vorzeichen der Gebrauchsbasiertheit. Dieses weist nicht nur darauf hin, dass kein formaler konstruktionsgrammatischer Zugang gewählt wird (gemäß der Einteilung von Ziem & Lasch 2013: 38–66), sondern bezieht sich sowohl auf theoretische als auch auf empirische Aspekte, die in Frame-Semantik, gebrauchsbasierter Konstruktionsgrammatik und Konstruktikographie gleichermaßen eingelöst werden, wenngleich mit unterschiedlichen Schwerpunkten. Während insbesondere in der Anfangsphase der Entwicklung der Konstruktionsgrammatik noch theoretische Aspekte der Gebrauchsbasiertheit in Anlehnung an jenen ursprünglichen, von Langacker (1987: 46) eingeführten Begriff dominierten und sich erst in den letzten Jahren eine Wende hin zu vorrangig empirisch ausgerichteten Untersuchungen vollzieht, ist für die Frame-Semantik, insbesondere für das von mir herangezogene Modell von FrameNet, ein empirischer Punkt entscheidend. Von den Charakteristika gebrauchsbasierter Ansätze, die Kemmer & Barlow (2000) zusammenfassen, möchte ich drei als für die vorliegende Arbeit relevant betrachten: (i) die Relationen zwischen Schemata und ihren Instanzen, (ii) die Rolle von Frequenzinformationen und kognitiver Verfestigung (*entrenchment*) sowie (iii) die Relevanz von Korpusdaten. Ersterer drückt sich in der Unterscheidung zwischen Konstruktionen und Konstrukten aus, die gleichermaßen semantisch beschrieben werden müssen. Auf den Aspekt der Frequenzinformationen soll trotz des vorrangig qualitativen Zugangs (vgl. dazu Ziem & Lasch 2013: 71–73) dieser Arbeit an zahlreichen Stellen Bezug genommen werden, zumal quantitative Aussagen insbesondere hilfreich sind, um konstruktikographische Generalisierungen zu erreichen. Korpusdaten wie die bereits in (1)–(3) zitierten Belege bilden die Grundlage aller von mir durchgeführter Analysen.

Diese drei Prämissen überschneiden sich teilweise mit den *fünf K-Prinzipien* gebrauchsbasierter Ansätze, die Ziem (2013c: 219–223) formuliert: (i) Konventionalität, (ii) Kognitivität, (iii) Konzeptualität, (iv) Konstruktivität und (v) Kontextualität. Für die vorliegende Arbeit sind insbesondere die Prinzipien der Konventionalität und Konstruktivität einschlägig: Ersteres bezieht sich auf die für die Konstruktionsgrammatik fundamentale Annahme konventionalisierter semantischer Eigenschaften auch für syntaktische Phänomene wie Argumentstruktur-Konstruktionen (in Anlehnung an Langacker 1987: 158), Letzteres auf die rekurrente Konstitution semantischer Eigenschaften z.B. in Konstrukten einer Konstruktion, die auf die semantischen Eigenschaften der Konstruktion als Ganzes zurückwirken können (auf ein konkretes Beispiel gehe ich in den Abschnitten 4.4, 5.7 und 7.6 ein).

Zu zeigen, dass die Frame-Semantik für die semantische Beschreibung von Konstruktionen geeignet ist, ist in erster Linie ein empirisches Unterfangen. Gleichzeitig ergibt sich aus diesem Erkenntnisinteresse aber eine Reihe theoretischer und methodischer Fragen, die nicht abgekoppelt von empirischen Analysen beantwortet werden können. Aus diesem Grund verzichte ich hinsichtlich des Aufbaus der vorliegenden Arbeit auf eine strikte Trennung in einen ‚theoretischen' und einen ‚empirischen' Teil, auch um unnötige Redundanzen zu vermeiden.

1.2 Aufbau der Arbeit

Die vorliegende Arbeit gliedert sich in neun Kapitel sowie einen dreiteiligen Anhang, der als Zusatzmaterial bereitsteht. Im Anschluss an diese Einleitung bietet Kapitel 2 eine Einführung in grundlegende Begriffe von FrameNet als gebrauchsbasierter Frame-Semantik, der gebrauchsbasierten Konstruktionsgrammatik sowie der Konstruktikographie. Darüber hinaus dient ein Überblick über den Forschungsstand der Anwendung von Frames innerhalb der Konstruktionsgrammatik und der Konstruktikographie dazu, offene Desiderate zu ermitteln und diese Arbeit vor dem Hintergrund der bisherigen konstruktionsgrammatischen und konstruktikographischen Forschung zu verorten.

In Kapitel 3 stelle ich den untersuchten Phänomenbereich vor, also die drei Reflexivkonstruktionen, die als deutsche Äquivalente zur englischen *way*-Konstruktion gelten können. Dazu zählt ein Überblick über die bisherige Forschung zu diesen Konstruktionen ebenso wie eine vorläufige formale und semantische Beschreibung, die im weiteren Verlauf der Arbeit begründet und ausdifferenziert wird. Außerdem finden sich in diesem Kapitel alle Hinweise zum verwendeten Korpus sowie zur Datenauswahl und Annotation.

Die Kapitel 4 bis 8 adressieren sodann die in Abschnitt 1.1 formulierten fünf Fragestellungen, wobei jedem dieser Kapitel eine Fragestellung in der angegebenen Reihenfolge zugeordnet ist. Kapitel 4 legt den ersten theoretischen Grundstein für eine Konstruktionssemantik. Hier entwickle ich ein konstruktionssemantisches Modell, das zunächst den von Ziem (2020b: 44–48) operationalisierten Unterschied zwischen Frames auf der einen Seite und Bedeutungen auf der anderen Seite berücksichtigt und diese Zweiteilung sowohl auf Type- als auch auf Token-Ebene, das heißt: auf lexikalische Einheiten, auf Konstruktionen sowie auf deren Konstrukte, überträgt. Ergebnis ist eine Unterscheidung zwischen lexikalischen Frames und lexikalischen Bedeutungen, Konstruktions-Frames und Konstruktionsbedeutungen sowie Konstrukt-Frames und Konstruktbedeutungen, deren Verständnis unter Heranziehung des Begriffs des Bedeutungspotenzials (im Sinne von Hanks 1994, 1996, 2000; Allwood 2003; Norén & Linell 2007) sowie der Theorie der konzeptuellen Integration (Fauconnier & Turner 1998a,b, 2002) fundiert wird.

Aufbauend auf diesem konstruktionssemantischen Modell werden in Kapitel 5 sieben semantische Parameter von Konstruktionen entwickelt, die zunächst die Begriffe des konstruktionssemantischen Modells weiter in Beziehung zueinander setzen sollen, vor allem aber als Analysekategorien für die semantischen Eigenschaften von Konstruktionen als solchen dienen. Die sieben Parameter sind (i) formale Abstraktheit, (ii) konstruktionelle Polysemie, (iii) Beschränkungen und Präferenzen, (iv) Frame-Nähe, (v) Koerzionspotenzial, (vi) Produktivität sowie (vii) emergente Struktur. Als Analysekategorien sind sie unter anderem Voraussetzung für Analysen der Strukturparallelen zwischen Konstruktionen und Frames sowie zahlreiche (nicht nur) daraus zu generalisierende konstruktikographische Beschreibungen.

Eine wesentliche Gemeinsamkeit von Konstruktionen und Frames adressiere ich in Kapitel 6: ihre inneren Strukturen, die sich systematisch miteinander parallelisieren lassen. Diese Parallelen werden als semantische Motivierung von Konstrukten durch Frame-Elemente verstanden und im Rahmen einer dreistufigen Klassifikation sowie einiger Sonderfälle insbesondere auf die reflexive Bewegungskonstruktion und die reflexive Partikelverbkonstruktion angewendet. Dieses Kapitel ist somit das ‚empirischste' der neun Kapitel, wobei die Ergebnisse nicht für sich stehen, sondern die Basis für eine abschließende konstruktikographische Beschreibung der drei untersuchten Konstruktionen bilden.

Einen methodologischen Schwerpunkt hat Kapitel 7. In diesem soll es darum gehen, wie einerseits die zuvor entwickelten semantischen Parameter von Konstruktionen und andererseits die empirischen Ergebnisse zu den drei untersuchten Konstruktionen in eine konstruktikographische Generalisierung überführt werden können. Zu klären ist dafür nicht nur, wie das Ergebnis einer solchen Generalisierung, ein Konstruktionseintrag, grundsätzlich aussehen muss, sondern auch wie die semantischen Parameter von Konstruktionen darin Eingang finden und wie die Ergebnisse der empirischen Analysen zur Messung dieser Parameter herangezogen werden müssen. In diesem Kapitel finden sich gleichsam für die drei untersuchten Konstruktionen alle bis zu dieser Stelle noch nicht diskutierten ‚Werte' der sieben semantischen Parameter von Konstruktionen.

Das letzte inhaltliche Kapitel 8 soll abschließend einen weiteren theoretischen und methodischen Aspekt in den Fokus rücken. Hinsichtlich der Relationen zwischen Konstruktionen und Frames soll dort einerseits die Frage beantwortet werden, wie Konstruktionen dazu in der Lage sind, Frames zu evozieren und was sie diesbezüglich von lexikalischen Einheiten unterscheidet. Dazu werden anhand der drei untersuchten Konstruktionen fünf Mechanismen der Evokation eines Konstruktions-Frames diskutiert. Andererseits bleibt eine bis dorthin noch unbeachtete Frage zu beantworten, die eigentlich am Beginn einer konstruktionssemantischen Studie stehen müsste, aber erst nach vorher zu leistenden Analysen adressiert werden kann: Wie ist der mit einer einer Konstruktion assoziierte Konstruktions-Frame überhaupt zu ermitteln? Hierfür sollen drei Methoden entwickelt und auf die reflexive Bewegungskonstruktion, die reflexive Partikelverbkonstruktion und die reflexive *Weg*-Konstruktion angewendet werden.

Kapitel 9 beinhaltet das Fazit dieser Arbeit sowie einen Ausblick auf weitere Forschungsperspektiven, die sich im Anschluss an die entwickelten theoretischen, methodischen und empirischen Aspekte einer Konstruktionssemantik ergeben können. Um insbesondere die empirischen Ergebnisse anschaulich darzustellen und die praktische Umsetzbarkeit einer Konstruktionssemantik zu demonstrieren, sind im aus den drei Teilen A, B und C bestehenden Zusatzmaterial mögliche Konstruktionseinträge für die reflexive Bewegungskonstruktion, die reflexive Partikelverbkonstruktion und die reflexive *Weg*-Konstruktion zusammengestellt, die in dieser oder ähnlicher Form in ein Konstruktikon eingehen können.[3]

---

3 Das Zusatzmaterial mit den drei Konstruktionseinträgen kann unter https://www.degruyter.com/document/isbn/9783110762341/html heruntergeladen werden.

2 Frames, Konstruktionen und Konstruktikographie

> While individual researchers may focus on either Frame Semantics or Construction Grammar, all are well aware of the tight relationship between the two companion theories, and the reliance of each on the other for complete and rich accounts of the varied phenomena of language.
>
> (Petruck 2013a: 7–8)

Das Innovative, mit dem Konstruktionsgrammatik und Kognitive Grammatik[1] gegen Grammatiktheorien generativer Prägung angetreten sind, ist die Annahme, dass grammatischen Strukturen, insbesondere syntaktischen Argumentstruktur-Konstruktionen, semantische Eigenschaften[2] zugeschrieben werden können, die diese unabhängig von ihrer Instanziierung durch lexikalische Einheiten tragen (vgl. Goldberg 1995: 1). So schreibt schon Lakoff (1987: 9), dass die verbreitete Annahme „Grammar is a matter of pure form" im Zuge seiner Theorie der Kategorisierung, die wegweisende Überlegungen für die Konstruktionsgrammatik beinhaltet, unweigerlich wegfallen muss. Nicht weniger eindeutig formuliert Langacker (1987) die Notwendigkeit der Annahme eines Primats der Semantik:

> From the symbolic nature of language follows the centrality of meaning to virtually all linguistic concerns. Meaning is what language is all about; the analyst who ignores it to concentrate solely on matters of form severely impoverishes the natural and necessary subject matter of the discipline and ultimately distorts the character of the phenomena described. [...] I contend that grammar itself, i.e., patterns for grouping morphemes into progressively larger configurations, is inherently symbolic and hence meaningful. (Langacker 1987: 12)

Diese „semantische Wende" (Ziem 2008: 49), der Einbezug semantischer Eigenschaften, wo üblicherweise keine angenommen werden, ist das wesentliche Merk-

---

1 Üblicherweise wird die Kognitive Grammatik (Langacker 1987, 1991) als eine Variante der (gebrauchsbasierten) Konstruktionsgrammatik angesehen (vgl. Ziem & Lasch 2013: 38–47), wenngleich sie unabhängig davon entstanden ist. Hierzu und für einen Vergleich von Konstruktionsgrammatik und Kognitiver Grammatik vgl. Langacker (2005b: 157–164).

2 Da der Begriff der *Konstruktionsbedeutung* durch mein konstruktionssemantisches Modell (Kapitel 4) terminologisiert ist, spreche ich in der Regel, solange nicht explizit dieser Begriff gemeint ist, in Anlehnung an Croft (2001: 18) allgemeiner von *semantischen Eigenschaften* einer Konstruktion, auch in Bezügen zur Forschungsliteratur.

https://doi.org/10.1515/9783110762341-002

mal der Konstruktionsgrammatik. Obwohl seit ihren Anfängen immer wieder darauf hingewiesen worden ist, dass die Frame-Semantik ein Format bereitstellt, das geeignet scheint, Konstruktionen semantisch zu beschreiben – wodurch der Eindruck entsteht, dass „die Frame-Semantik von Anfang an einen integralen Bestandteil der Konstruktionsgrammatik und Kognitiven Grammatik dargestellt hat" (Ziem 2009a: 211) –, hat es gerade in der gebrauchsbasierten Konstruktionsgrammatik mehr als 30 Jahre nach ihrer Entstehung erstaunlich wenige systematische Überlegungen zur Verbindung von Konstruktionsgrammatik und Frame-Semantik gegeben. Das Bewusstsein über die Zusammenhänge zwischen beiden Theorien, das Petruck (2013a: 7–8) anspricht, äußert sich – mit wenigen Ausnahmen – allenfalls in programmatischen Bezugnahmen, sowohl aus Sicht der Konstruktionsgrammatik in Richtung Frame-Semantik als auch umgekehrt. Obwohl gerade in den letzten zehn Jahren zunehmende Bestrebungen für das Heranziehen von Frames zur Erfassung der semantischen Eigenschaften von Konstruktionen, insbesondere im Rahmen der Konstruktikographie (Abschnitt 2.3), zu verzeichnen sind, sind Bezüge zwischen Konstruktionsgrammatik und Frame-Semantik kaum über Einzelaspekte hinausgehend hergestellt worden. Man kann daher nach wie vor von einer „somewhat unclear role of Frame Semantics in the Construction Grammar tradition" (Leino 2005: 116, Anm. 7) sprechen.

Diese Feststellung überrascht zunächst, scheint aber vielleicht aufgrund einer historischen Tatsache nachvollziehbar, denn forschungsgeschichtlich sind beide Ansätze eng mit dem Namen Charles J. Fillmore verbunden, der sowohl als treibende Kraft in der Entwicklung der Konstruktionsgrammatik ab etwa Mitte der 1980er Jahre (Fillmore 1985b, 1988, 1989; Fillmore, Kay & O'Connor 1988) als auch – zwanzig Jahre zuvor – als Begründer des linguistischen Frame-Begriffs (Fillmore 1968) gelten kann. Vor allem aus diesem Grund – so scheint es – werden Konstruktionsgrammatik und Frame-Semantik nicht selten als „Schwestertheorien" (Ziem 2014d: 263; Ziem, Boas & Ruppenhofer 2014: 328; Ziem 2015d: 55) bzw. „sister theor[ies]" (Fried 2015: 978; Boas 2017: 565; Boas & Dux 2017: 1; Matos et al. 2017: 223; Boas & Ziem 2018a: 10) bezeichnet. Die Vorstellung der Frame-Semantik als „semantic complement to Construction Grammar" (Östman & Fried 2005: 4) bzw. die Auffassung, die Konstruktionsgrammatik sei „inherently tied to a particular model of the semantics of understanding, known as Frame Semantics" (Fried 2015: 1000) hat sich damit zu einem fast ebenso großen Gemeinplatz wie die Annahme der Grammatik inhärenter semantischer Eigenschaften entwickelt. Gerade diese (scheinbar) selbstverständliche Verwandtschaft von Konstruktionsgrammatik und Frame-Semantik mag ein Grund dafür sein, dass sie bislang so selten explizit zum Thema systematischer Auseinandersetzungen erklärt worden ist.

Dabei bleibt einzugestehen, dass die Motivation, Frames für die semantische Beschreibung von Konstruktionen zu verwenden, in erster Linie von jener gemeinsamen personellen und institutionellen Provenienz beider Theorien rührt (vgl. auch Welke 2021a: 400). Sie ist keineswegs zwingend, denn „constructional approaches in general are not constrained to any particular semantic theory, formal or informal." (Kay & Michaelis 2012: 2278).[3] Neuere Entwicklungen der frame-semantischen Lexikographie bei FrameNet und der daran anschließenden Konstruktikographie haben die Tendenz, diese Tatsache zusätzlich zu verschleiern. So hält Lyngfelt (2018) für ein Konstruktikon als Pendant zu einem lexikalischen FrameNet fest:

> [T]he notion of constructicon as such does not depend on FrameNet or frame semantics; the actual connection is essentially a consequence of the historic circumstances, in particular of the fact that Charles Fillmore and associates were at the core of both developments. (Lyngfelt 2018: 10)

Entsprechend der historisch eng verwobenen Entwicklung von Frame-Semantik und Konstruktionsgrammatik ist schon früh in der konstruktionsgrammatischen Theoriebildung auf die Rolle der Frame-Semantik hingewiesen worden. Bereits Fillmore (1989: 35) bemerkt, die Konstruktionsgrammatik sei „informed by a 'frame semantics[]'". Goldberg (1995: 25–27) widmet der Frame-Semantik einen ganzen Abschnitt, wendet sie aber in ihren Analysen nur eingeschränkt an. Auch aus Sicht der Frame-Semantik wurden früh Verbindungen zur Konstruktionsgrammatik hergestellt. So prognostiziert Petruck (1996: 5), dass sich der ursprünglich im Rahmen einer Wort- und Textsemantik entwickelte Frame-Begriff ebenso gut auf Konstruktionen dürfte anwenden lassen. Im historischen Überblick stellt Busse (2012: 135) fest, dass die Konstruktionsgrammatik „interessante implizite Bezüge

3 In diesem Sinne spricht Boas (2010a: 8) von der Frame-Semantik als „the semantic complement of *some* constructional approaches." (Hervorhebung von mir, A.W.). Einen Überblick über die unterschiedlichen semantischen Zugänge in den einzelnen konstruktionsgrammatischen Varianten vermittelt Hoffmann (2017: 323–327). Auffällig ist, dass gerade die formalen Varianten der Konstruktionsgrammatik (vgl. Abschnitt 2.2 für eine Übersicht) für die semantische Beschreibung von Konstruktionen durchaus auf andere Mittel als die Frame-Semantik zurückgreifen. So erwähnt Müller (2019: 315) für die Berkeley Construction Grammar – anders als Hoffmann – ausschließlich die Minimal Recursion Semantics (Copestake et al. 2005) und verweist auf deren Anwendung durch Kay & Fillmore (1999) und Kay (2005). Aus diesem Raster fällt Sag (2012), der die Frame-Semantik auf der Basis von FrameNet für die Sign-Based Construction Grammar mit der Minimal Recursion Semantics verbindet (vgl. etwa Sag 2012: 88). Auf verschiedene zur Sign-Based Construction Grammar kompatible semantische Modelle weisen Sag, Boas & Kay (2012: 20–21) hin. Im deutschsprachigen Raum sind von der Frame-Semantik abweichende Vorschläge etwa von Coene & Willems (2006) sowie Willems & Coene (2006) diskutiert worden.

zur semantischen Frame-Theorie aufweist, die allerdings noch näher herausgearbeitet werden müssten".

Bevor ich in den Kapiteln 4 bis 8 einen Ansatz einer Konstruktionssemantik ausarbeiten möchte, sei als Ausgangspunkt dafür in diesem Kapitel in die Grundlagen von Frame-Semantik, Konstruktionsgrammatik und Konstruktikographie eingeführt und ein kursorischer Überblick über einschlägige Forschungsliteratur gegeben. In Abschnitt 2.1 gebe ich einen theoriegeschichtlichen Überblick über die Entwicklung der Frame-Semantik bei Fillmore, bevor ich in die Prinzipien von FrameNet als Elaboration einer gebrauchsbasierten Frame-Semantik einführe und ihren Nutzen für konstruktionsgrammatische Analysen aufzeige. In Abschnitt 2.2 stelle ich die Prinzipien der gebrauchsbasierten Konstruktionsgrammatik vor und frage aus ihrer Sicht nach der Relevanz, die der Frame-Semantik in Gestalt der Vorgänger-Modelle FrameNets sowie FrameNet selbst in dieser Theoriebildung bislang zukommt. Abschließend gehe ich in Abschnitt 2.3 auf die Konstruktikographie ein, deren Rückbindung an und Anwendung von FrameNet wichtige Impulse für die Entwicklung einer Konstruktionssemantik liefert und auf deren Analyseformat ich für die wesentlichen Kategorien der Beschreibung der in dieser Arbeit untersuchten Konstruktionen zurückgreife.

2.1 FrameNet als gebrauchsbasierte Frame-Semantik

Die Frame-Semantik ist wie die Konstruktionsgrammatik keine einheitliche Theorie, sondern umfasst eine Bandbreite unterschiedlichster Ansätze aus Linguistik, Kognitionswissenschaft, (kognitiver) Psychologie, Soziologie und Medienwissenschaften (vgl. die Überblicke bei Ziem 2008: 14–57, 2014b: 11–48, 2018d: 10; Busse 2012: 23–532, 2018: 71). Wenn, wie in der vorliegenden Arbeit, auf FrameNet als frame-semantisches Analyseformat und Datenbasis zurückgegriffen wird, ist nicht zu vergessen, dass FrameNet nur eine unter vielen möglichen Ausprägungen einer Frame-Semantik darstellt.[4] Dementsprechend ist FrameNet nicht die einzige Form der Frame-Semantik, die in der Konstruktionsgrammatik Anwen-

4 Eine Einschränkung ließe sich direkt bei der Frage der Anwendbarkeit von FrameNet-Frames auf Konstruktionen ausfindig machen: „[F]rame semantic information should be describable in a way that recognizes the difference between semantic information that is directly encoded in a lexical or grammatical form, on the one hand, and information that can be compositionally derived from the elements of a phrase, on the other. Since FrameNet itself is a lexical resource, it does not provide a complete account of frame semantics." (Hasegawa, Lee-Goldman & Fillmore 2014: 197). Darauf komme ich noch in diesem Abschnitt sowie in Abschnitt 8.1 zurück.

dung finden kann und in der Vergangenheit bereits gefunden hat.[5] Für die Konstruktikographie gilt dies allerdings nicht, hier findet (vor allem aus institutionellen Gründen) FrameNet als einziges frame-semantisches Format Anwendung.

Allein bei ihrem (linguistischen) Begründer Fillmore hat sich die Frame-Semantik von den Anfängen bis zu FrameNet innerhalb eines über 30 Jahre andauernden Zeitraums fortentwickelt. Diese Entwicklung lässt sich in mehrere Phasen unterteilen, für die Ziem (2014d: 265) drei wesentliche Modelle zugrunde legt:[6]

1. die Kasusgrammatik mit dem Konzept der Kasusrahmen (*case frames*) und statischen semantischen Rollen (u.a. Fillmore 1968, 1971, 1977b);
2. die Verstehenssemantik (*semantics of understanding*), in der Frames als Verstehensrahmen (*frames of understanding*) bezeichnet werden (u.a. Fillmore 1982a, 1985a, 1986a);
3. das lexikographisch orientierte, valenzbasierte FrameNet-Projekt (u.a. Fillmore, Johnson & Petruck 2003; Fillmore & Baker 2010; Ruppenhofer et al. 2016).

In Unterabschnitt 2.1.1 gehe ich auf Kasusgrammatik und Verstehenssemantik ein, da sie (ähnlich wie FrameNet) zwar vereinzelten, aber durchaus spürbaren Niederschlag in der Konstruktionsgrammatik gefunden haben. Für eine ausführlichere Darstellung dieser Vorgänger-Modelle FrameNets sei auf die umfangreichen Ausführungen und die Kritik von Busse (2012) – auch zu Frame-Modellen aus anderen Disziplinen – sowie auf den die Frame-Modelle Fillmores fokussierenden Überblick von Ziem (2014d) verwiesen. Im Anschluss an die Diskussion seiner Vorgänger-Modelle gehe ich in Unterabschnitt 2.1.2 auf FrameNet ein und stelle die Grundzüge von dessen Analyseformat vor, das Ausgangspunkt aller frame-semantischen Analysen in dieser Arbeit ist. Obwohl FrameNet als „the most im-

5 Wahrnehmungen von Frame-Modellen außerhalb der Fillmore-Provenienz finden sich nur sehr vereinzelt, so etwa bei Ohara (2008: 3264–3265) oder Blyth & Koike (2014: 91–92).

6 Demgegenüber unterscheidet Busse (2012: 23–209) fünf Phasen, da er die Vorläufer-Idee der *entailment rules* (Fillmore 1965) sowie die zwischen Kasusgrammatik und Verstehenssemantik liegende Phase der *scenes-and-frames semantics* (Fillmore 1977a) mit einbezieht. Obwohl in der Konstruktionsgrammatik durchaus auf den Szenen-Begriff Bezug genommen wurde (z.B. in Form der *Scene Encoding Hypothesis* bei Goldberg 1995: 39), schließe ich mich der Einschätzung von Ziem (2008: 221–229, 2014b: 188–195) an, der Fillmores Szenen-Begriff lediglich als Übergang zwischen dem ursprünglich kasusgrammatischen Frame-Begriff und dem stärker kognitiv ausgerichteten Verstehensrahmen-Begriff auffasst. Dass dies in der Konstruktionsgrammatik nicht erkannt wurde, wie an der häufiger zu findenden Bezugnahme auf den Szenen-Begriff deutlich wird, sehe ich als symptomatisch für die mangelnde Differenzierung der Phasen von Fillmores Frame-Semantik in der Konstruktionsgrammatik an, die auch Ziem (2014d: 265) feststellt.

portant advance in Frame Semantics theory since the introduction of the frame into linguistics“ (Petruck 2011: 2) gilt, schöpft sein Ansatz keineswegs alle Möglichkeiten einer interdisziplinären Frame-Theorie aus, weshalb ich in Unterabschnitt 2.1.3 auf einige Probleme, die sich daraus ergeben, zu sprechen komme (zu weiteren Problemen vgl. auch Dux 2020: 70–74). Dass die Vorteile, gerade für eine empirisch orientierte konstruktionsgrammatische Anwendung, jedoch überwiegen, möchte ich in Unterabschnitt 2.1.4 erläutern.

2.1.1 Vorgänger-Modelle in der Tradition Fillmores

Die Anfänge des linguistischen Frame-Begriffs markiert die Kasusgrammatik. Die Einführung des Begriffs „case frame“ (Fillmore 1968: 26) kann als Ausgangspunkt sämtlicher Überlegungen gelten, die in die heutige Form der linguistischen Frame-Semantik bei FrameNet münden.[7] Der Kern der Kasusgrammatik besteht aus drei Komponenten: Kasusrahmen (*case frames*), Tiefenkasus (*cases*, *deep cases*, *deep structure cases* oder *case roles*, allgemein: *semantische Rollen*) sowie eine Hierarchie dieser Tiefenkasus.

Unter einem Kasusrahmen versteht Fillmore (1968: 21) die Struktur, die einem Satz zugrunde liegt, in dessen Zentrum ein Verb steht: „The sentence in its basic structure consists of a verb and one or more noun phrases, each associated with the verb in a particular case relationship.“ Ein Kasusrahmen repräsentiert somit die semantische Valenz von Prädikaten, in erster Linie Verben, die durch eine Kombination von Tiefenkasus angegeben wird (vgl. Fillmore 1977b: 60, 2006: 615–616). Diese Kombination kann dazu verwendet werden, Verben danach zu klassifizieren, in welche Kasusrahmen sie eintreten können (vgl. Fillmore 1968: 21, 1971: 38).

Die Liste an als universalgrammatisch angenommenen Tiefenkasus konzipiert Fillmore in seiner Theorieentwicklung in mehreren Schritten. Die Ursprungsfassung (Fillmore 1968: 24–25) kennt sechs semantische Rollen, während drei Jahre später (Fillmore 1971: 42) zwei Rollen hinzukommen. In einem Überblicks-

7 Im Gegensatz dazu sehen Kann & Inderelst (2018: 46–47) den Beginn einer Frame-Theorie erst in dem kognitionswissenschaftlichen Ansatz von Minsky (1975), weil Fillmore in seiner Kasusgrammatik ihrer Einschätzung nach noch nicht das Interesse an einer umfassenden theoretischen (und über die Linguistik hinausgehenden) Fundierung erkennen lässt, die erst Minsky zu leisten scheint. In diese Einschätzung passt, dass Fillmore (2006: 615) selbst einräumt, dass die Kasusgrammatik (anders als Minskys und auch seine eigenen späteren Bemühungen um eine Frame-Semantik) keine kognitive Theorie ist.

artikel stellt Fillmore (2003: 464) nochmal eine Liste mit nun elf Tiefenkasus zusammen. Diese drei Listen sind in Tabelle 2.1 gegenübergestellt.

Tab. 2.1: Listen von Tiefenkasus in der Entwicklung von Fillmores Kasusgrammatik

Fillmore (1968: 24–25)	Fillmore (1971: 42)	Fillmore (2003: 464)
Agentive	Agent	Agent
Instrumental	Experiencer	Instrument
Dative	Instrument	Stimulus
Factitive	Object	Patient
Locative	Source	Theme
Objective	Goal	Experiencer
	Location	Content
	Time	Beneficiary
		Source
		Goal
		Path

Die dritte Komponente, die Hierarchie der Tiefenkasus, betrifft deren syntaktische Realisierung. Sie bestimmt, welcher Tiefenkasus in ‚unmarkierten' Fällen die Subjektposition in einem Satz einnimmt: So nimmt Fillmore (1968: 33) zunächst die Hierarchie Agentive > Instrumental > Objective an, in der zweiten, erweiterten Liste entspricht die Hierarchie der in Tabelle 2.1 wiedergegebenen Reihenfolge (vgl. Fillmore 1971: 37).

Die stetig wachsenden Listen von Tiefenkasus sind ein Indiz dafür, dass das Ziel einer universalgrammatischen Liste nicht erreicht werden kann. Auf dieses Problem ist Fillmore (1977b: 70) bereits in den 1970er Jahren gestoßen, wenn er feststellt, dass „nobody working within the various versions of grammars with 'cases' has come up with a principled way of defining the cases, or principled procedures for determining how many cases there are". Obwohl er an einzelnen Prinzipien der Kasusgrammatik festhält, wie etwa der Tiefenkasus-Hierarchie, die er im Zusammenhang mit einer die Realisierung bestimmter Tiefenkasus innerhalb einer Perspektive auf eine ‚Szene' bestimmenden *Salienz-Hierarchie* thematisiert, nimmt er zunehmend davon Abstand, eine allgemeingültige Liste von Tiefenkasus zu formulieren und führt gewissermaßen als Ersatz dafür die Begriffe der Szene und Perspektive ein (vgl. Fillmore 1977b: 74–80), mit denen er den Übergang von der Kasusgrammatik zur *scenes-and-frames semantics* (Fillmore 1977a) vollzieht. Zur Unmöglichkeit des Findens einer allgemeingültigen Liste von Tiefenkasus, die Fillmore schon in den 1970er Jahren diagnostiziert hat, schreibt er später deutlich:

> [I]t is clear that any attempt to find a single list of semantic roles that can unfailingly be called on to label the semantic functions of the dependents of any verb in any language is destined to fail. (Fillmore 2003: 471)

An die Stelle einer allgemeingültigen Liste an Tiefenkasus tritt nun die über den Fokus der Kasusgrammatik hinausgehende und dezidiert unter diesem Titel firmierende Frame-Semantik, die es erlaubt, eine unbegrenzte Anzahl von semantischen Rollen (bei FrameNet: Frame-Elementen) zu definieren (vgl. Fillmore 2003: 466, 472).

Die von Fillmore im Anschluss an die Kasusgrammatik nach einer Übergangsphase der *scenes-and-frames semantics* (Fillmore 1977a) entwickelte Verstehenssemantik unterscheidet sich von der Kasusgrammatik in erster Linie darin, dass es sich nun nicht mehr um ein primär syntaktisch orientiertes Frame-Modell handelt, sondern dass es „semantische Inhaltsstrukturen weitgehend unabhängig von syntaktischen Ausdrucksstrukturen thematisiert" (Ziem 2014d: 265). Die Verstehenssemantik entwickelt Fillmore wie die *scenes-and-frames semantics* in konsequenter Kritik an traditionellen Semantiktheorien, insbesondere merkmalsemantischen und wahrheitsfunktionalen Ansätzen, die er karikierend als ‚Checklisten-Theorien' (Fillmore 1975), ‚Unschulds-Semantik' (Fillmore 1979) bzw. ‚T-Semantik' (für *truth conditional* in Abgrenzung zu seiner ‚U-Semantik' für *understanding*) (Fillmore 1985a, 1986a) bezeichnet. Seine Verstehenssemantik soll weiterhin ein Modell des Textverstehens liefern können (Fillmore 1982b,c, 1984) und als Alternative zu Wortfeldanalysen dienen (Fillmore 1985a; Fillmore & Atkins 1992). Diese Ideen münden schließlich in eine Kritik an traditioneller Lexikographie und eine Programmatik für eine frame-semantische Lexikographie (Fillmore & Atkins 1994), aus der wenig später FrameNet entsteht.

Kern des Interesses von Fillmores Verstehenssemantik ebenso wie der *scenes-and-frames semantics* sind lexikalische Analysen, wie an den von ihm häufig gebrauchten Beispielen der Nomen *Junggeselle* oder *Witwe* deutlich wird (z.B. Fillmore 1975: 128–129, 1977a: 67–70, 73). Auch das mit Abstand am häufigsten analysierte Beispiel des Kaufereignisses (*commercial event*), das sich bis in die Literatur zu FrameNet erhält (z.B. Fillmore, Johnson & Petruck 2003: 239; Fillmore 2007: 137–138; Fillmore & Baker 2010: 331–333), wird von Fillmore lediglich aus lexikalischer Sicht analysiert, etwa hinsichtlich des Phänomens, dass je nach Perspektive und Hervorhebung bestimmter Frame-Elemente dieses Frames (KAUFENDE, VERKAUFENDE, WARE, GELD) ein anderes Verb (*verkaufen*, *ausgeben*, *bezahlen*, *kosten*) gewählt wird (z.B. Fillmore 1976a: 25, 1976b: 13, 20, 1977a: 58–60, 1977b: 72–73, 1977c: 103–109, 1982a: 116–117). Zu syntaktischen Fragestellungen, die sich dabei geradezu aufdrängen, äußert sich Fillmore nicht (vgl. auch Ziem 2014d: 275), obwohl sich an einigen zentralen Stellen ein gleichberechtigter, wenngleich programmatischer, Fokus auf lexikalische Einheiten wie auf grammatische Strukturen erkennen lässt, der sich bisweilen als frühe Perspektive auf Phänomene, die Fillmore später mit der Konstruktionsgrammatik zu erfassen anstrebt, interpretieren lässt.[8] Dezidiert syntaktische Aspekte werden erst wieder bei FrameNet diskutiert (vgl. dazu Ziem 2014d: 280). Eine Anwendung der Frame-Semantik auf grammatische Konstruktionen ist jedoch, gleich welchen Frame-Modells, bis in die Gegenwart eine Rarität:

> Frame semantics provides a persuasive semantic theory at the lexical level; the mechanism that combines the meanings of words and elementary constructions into the meanings of sentences has received less attention in this tradition. (Kay & Michaelis 2012: 2286)

In analysepraktischer Sicht ist Fillmores Verstehenssemantik gegenüber der Kasusgrammatik (und dem FrameNet-Projekt) auf einer Seite im Vorteil, stößt auf einer anderen jedoch auf Schwierigkeiten. Im Gegensatz zur Kasusgrammatik und dem Frame-Modell von FrameNet, die beide stark an der Valenztheorie orientiert sind, bietet die Verstehenssemantik den Vorzug, dass sie nicht auf einen bestimmten Phänomenbereich beschränkt ist, sie überwindet den Fokus auf Verben bzw. Prädikate und kann damit grundsätzlich unabhängig von der sprachlichen Form agieren (vgl. Ziem 2014d: 273, 275). Diese zunächst aus konstruktionsgrammatischer Sicht reizvolle Eigenschaft – denn die Anwendung auf eine formseitig große Bandbreite von Konstruktionen sollte ein Ziel einer Konstruktionssemantik sein – wird durch einen großen Nachteil wieder aufgewogen. Das wohl größte Problem der Verstehenssemantik, mit dem sich insbesondere eine empirische Anwendung konfrontiert sieht, sind die in Fillmores Ideen fehlenden Bestrebungen nach einer Operationalisierung und eine mangelnde Systematizität: So fehlen etwa Überlegungen zur inneren Struktur eines Frames, Versuche, Frames von konkreten Kontexten zu abstrahieren und somit zu generalisieren, die Entwicklung eines über introspektive Analysen hinausgehenden und für empirische Untersuchungen tauglichen Methodenapparates sowie Überlegungen zur Frage nach der Interaktion von Frames miteinander (vgl. Ziem 2014d: 273–275).

---

8 Nur drei Beispiele seien genannt: „[W]e can see that any grammatical category or pattern imposes its own 'frame' on the material it structures." (Fillmore 1982a: 123). Unmittelbar vor seinen ersten konstruktionsgrammatischen Veröffentlichungen schreibt Fillmore (1986a: 55): „My own current interests are in the frame-semantic treatment of various classes of GRAMMATICAL CONSTRUCTIONS. I hope to have something in print on that in the near future." Später ist Fillmore interessiert an „describing the meanings and the grammar of the words" (Fillmore & Atkins 1992: 84). Kondensiert scheint diese Haltung bei Ungerer & Schmid (2006: 252) Eingang gefunden zu haben: „Their [argument structure constructions, A.W.] prototypical meanings are likely to be grounded in frames representing fundamental experiences of recurring types of events."

Während von Fillmore selbst einige dieser Fragen erst mit dem FrameNet-Projekt adressiert werden, gibt es dennoch im Anschluss an seine Verstehenssemantik einige Bestrebungen, das Konzept der Verstehensrahmen zu operationalisieren. Im Rückgriff auf kognitionstheoretische Aspekte von Frames, insbesondere des auf Minsky (1975: 212, 1988: 247) zurückgehenden Konzepts der Standardwerte, und mit einem auf Konerding (1993), Fraas (1996) und Lönneker (2003) aufbauenden methodischen Konzept entwickelt Ziem (2008, 2014b) ein auf Prädikationen beruhendes Frame-Modell, dessen Anwendbarkeit er für eine diskurslinguistische Textanalyse demonstriert. Busse (2012: 533–786) erarbeitet auf der Grundlage einer umfangreichen Auseinandersetzung mit den Positionen Fillmores, Minskys und weiterer Frame-Modelle ein integratives *Arbeitsmodell*, das vor allem in sprachtheoretischer Hinsicht reflektiert ist und eine Zusammenführung der genannten Ansätze darstellt mit dem Ziel, die – allerdings ausschließlich theoretischen – Schwächen der jeweiligen Modelle auszugleichen.

Fillmores Verstehenssemantik und deren Weiterentwicklungen sind in erster Linie theoretischer Natur. Ein für empirische Zwecke nutzbares Frame-Modell, das sich als Ausgangspunkt für empirisch arbeitende konstruktionsgrammatische Zugänge wie die Konstruktikographie oder den hier entwickelten Ansatz einer Konstruktionssemantik eignet, wird erst mit FrameNet realisiert.

2.1.2 Frames bei FrameNet

Ein Vorteil von FrameNet[9] gegenüber seinen Vorgänger-Modellen liegt in dem systematischen Beschreibungsapparat, der eine empirische Erfassung von Frames auf der Grundlage von Korpusdaten erlaubt. Zwar unterscheidet sich die Konzeption FrameNets zum Teil deutlich von den Ideen etwa der Verstehenssemantik (vgl. Unterabschnitt 2.1.3), ist gegenüber dieser aber zum einen aufgrund der elaborierten Analysekategorien und zum anderen durch die nach mehr als 20-jähriger Arbeit entstandene umfangreiche Datenbasis an beschriebenen Frames im Vorteil. FrameNet verfügt in der Version des Daten-Release 1.7 über 1.221 Frames.[10] Der Beschreibungsapparat kommt mit wenigen Begriffen aus, die unter anderem die innere Struktur eines Frames, seine Relationen zu anderen Frames sowie die lexi-

9 https://framenet.icsi.berkeley.edu/fndrupal/ (zuletzt abgerufen am 07.09.2021).

10 Vgl. dazu die Angaben in den *General Release Notes* zum FrameNet-Release 1.7 (dazu wiederum siehe unten). Die Angaben unter https://framenet.icsi.berkeley.edu/fndrupal/current_status (zuletzt abgerufen am 07.09.2021) beziehen sich auf die über FrameNets öffentliche Website zugängliche Version, die sich in einigen Details vom Release 1.7 unterscheidet, weshalb ich auf sie nicht zurückgreife.

kalischen Einheiten, die ihn evozieren, erfassen. Zu der Beschreibung eines Frames gehören die folgenden fünf Komponenten (vgl. Ziem 2014d: 277–279, 2015c: 386–390, 2015d: 58, 2020b: 37–40):

1. Definition des Frames;
2. Auflistung und Definition der einzelnen Frame-Elemente (FE);
3. Liste der lexikalischen Einheiten (LE), die den Frame evozieren;
4. Angaben von Frame-zu-Frame-Relationen zu anderen Frames;
5. annotierte Beispielbelege.

Für die folgende Darstellung und die in dieser Arbeit verwendeten Daten nutze ich die für das Englische aufgebaute FrameNet-Datenbank. Zwar existieren mittlerweile zahlreiche FrameNet-Projekte für andere Sprachen,[11] ein zum englischen FrameNet vergleichbares, genuin deutsches FrameNet existiert jedoch bislang nicht, trotz einiger Bemühungen in der Vergangenheit. Bereits das SALSA-Projekt (Burchardt et al. 2006, 2009; Rehbein et al. 2012) hat sich dem ursprünglichen Ziel des Aufbaus eines deutschen FrameNet unter der Prämisse gewidmet, dass sich die überwiegende Anzahl der Frames des englischen FrameNet ebenso für das Deutsche verwenden lässt. Grundsätzlich ist davon auszugehen, dass eine große Zahl der für das Englische beschriebenen Frames einen konzeptuellen Status besitzt, der – von einzelnen Ausnahmen abgesehen – über eine Einzelsprache hinausreicht (vgl. Boas 2005: 466–467; Fillmore & Baker 2010: 337; Hasegawa, Lee-Goldman & Fillmore 2014: 180, 194). Obwohl breitere empirische Prüfungen dieser Annahme – insbesondere für das Deutsche – noch ausstehen, zeigen erste Ergebnisse eines multilingualen Annotationsprojekts für das Sprachenpaar Englisch–Brasilianisches Portugiesisch, dass mehr als 80 % der brasilianisch-portugiesischen LE eines Beispieltextes problemlos durch die Frames des FrameNet-Release 1.7 erfasst werden können (vgl. Torrent et al. 2018a: 65).[12]

Vor dem Hintergrund dieser Evidenz schließe ich mich allein aus forschungspraktischen Gründen der Prämisse der prinzipiell übereinzelsprachlichen Gültigkeit FrameNets auch für das Deutsche an und entnehme alle Angaben, die ich in dieser Arbeit zu FrameNet-Frames mache, dem Daten-Release 1.7, das unter der Creative-Commons-Lizenz CC BY 3.0 über FrameNets Website angefordert werden

11 Vgl. die Listen unter:
https://framenet.icsi.berkeley.edu/fndrupal/framenets_in_other_languages und
https://www.globalframenet.org/partners (jeweils zuletzt abgerufen am 07.09.2021).

12 Zu einigen grundsätzlichen Problemen (und Lösungsvorschlägen) bei der Anwendung von FrameNet-Frames für das Deutsche vgl. Ost (2017: 104–105). Auf einige für den Phänomenbereich dieser Arbeit relevante Probleme gehe ich in Unterabschnitt 6.3.1 ein.

kann.[13] Um deutlich zu machen, welche deutschen lexikalischen Einheiten für die Evokation eines Frames infrage kommen, gebe ich jeweils die bei FrameNet dokumentierten englischen lexikalischen Einheiten mit an – zu erkennen an der Abkürzung für die Wortart, die ihr nach einem Punkt folgt (z.B. *move.v* für *move* als Verb).[14]

Ein Frame wird bei FrameNet definiert als „a script-like conceptual structure that describes a particular type of situation, object, or event along with its participants and props." (Ruppenhofer et al. 2016: 7).[15] Die genannten ‚Partizipanten' oder ‚Requisiten' werden als *Frame-Elemente* (FE) bezeichnet (vgl. Ruppenhofer et al. 2016: 8). Sie konstituieren die innere Struktur eines Frames. Handelt es sich bei einem frame-evozierenden Wort um ein Prädikat, so bilden sie dessen semantische Valenz ab (vgl. Fillmore, Johnson & Petruck 2003: 237). Da FrameNet eine lexikalische Datenbank ist, werden – wie auch in den Vorgänger-Modellen – in erster Linie einzelne Wörter als frame-evozierende Ausdrücke analysiert. Die Kombination aus einem Wort und einer seiner Lesarten wird in Anlehnung an Cruse (1986: 49) als *lexikalische Einheit* (LE, englisch LU für *lexical unit*) bezeichnet. Jede Lesart wird durch den Frame repräsentiert, den ein Wort evoziert. Im Falle eines polysemen Wortes, das also unterschiedliche Frames evoziert, werden entsprechend mehrere LE angesetzt (vgl. Fillmore, Johnson & Petruck 2003: 235–236). Alternative Bezeichnungen für eine LE sind *Target* (vor allem in Fragen der Annotation von Belegen) und *frame-evozierendes Element* (FEE) (vgl. Ruppenhofer et al. 2016: 11).[16] Jede LE verfügt in FrameNet über einen lexikalischen Eintrag, über den die zu ihr annotierten Beispielbelege z.B. nach FE und deren syntaktischer Realisierung geordnet eingesehen werden können. Dort sind außerdem Valenzmuster dokumentiert, an denen unterschiedliche Konfigurationen der Realisierung von

---

13 https://framenet.icsi.berkeley.edu/fndrupal/framenet_request_data (zuletzt abgerufen am 07.09.2021).

14 Die Angabe einer englischen lexikalischen Einheit versteht sich in vielen Fällen lediglich als Annäherung an ihr deutsches Äquivalent und muss keine kontextadäquate Übersetzung sein. Wichtiger ist, dass der Frame als solches mit der deutschen lexikalischen Einheit assoziiert werden kann.

15 Der Verweis auf den Begriff des Scripts ist unverkennbar eine Referenz zu der gleichnamigen Theorie von Schank & Abelson (1977: 36–68), obwohl diese – außer in der Frame-zu-Frame-Relation *Sub-Frame* (vgl. Baker, Fillmore & Cronin 2003: 295, Anm. 8) – keine Rolle bei FrameNet spielt (vgl. dazu kritisch Busse 2012: 142, 145–146).

16 Baker (2012: 270) nutzt die Bezeichnung „frame evoking expression (FEE)", also *frame-evozierenden Ausdruck*.

FE in den annotierten Sätzen zusammengefasst werden (vgl. Fillmore, Johnson & Petruck 2003: 238).[17]

Durch den Fokus auf die semantische Valenz von Prädikaten ist FrameNet, wie schon die Kasusgrammatik, ein stärker syntaktisch ausgerichtetes Projekt als die Verstehenssemantik (vgl. Ziem 2014d: 280). Der wesentliche Unterschied zur Kasusgrammatik besteht jedoch darin, dass FE, anders als die semantischen Rollen der Kasusgrammatik, frame-spezifisch definiert und nicht als universalgrammatische Entitäten angesehen werden (vgl. Fillmore, Johnson & Petruck 2003: 240). Trägt ein FE eines Frames denselben Namen wie das eines anderen Frames, so wird keine notwendige Verbindung zwischen diesen beiden FE impliziert (vgl. Baker, Fillmore & Cronin 2003: 283–284). Die bei FrameNet im Gegensatz zur Verstehenssemantik auf syntaktischer Basis operationalisierte Frame-Semantik führt dazu, dass FrameNet gewissermaßen zwischen der Kasusgrammatik und der Verstehenssemantik steht, weil es zwar wie Erstere unter Zuhilfenahme des Valenzkonzepts agiert, dafür aber auf eine statische Liste semantischer Rollen verzichtet (vgl. Ziem 2014d: 275–276).

FE werden bei FrameNet nach vier Typen klassifiziert (vgl. Ruppenhofer et al. 2016: 23–25), von denen die ersten drei als Haupttypen und der letzte als eher seltener Fall eingestuft werden können:
- Kern-FE (*core*);
- periphere FE (*peripheral*);
- extrathematische FE (*extra-thematic*);
- unausgedrückte Kern-FE (*core-unexpressed*).

Periphere und extrathematische FE werden in der Datenbank unter dem Begriff *non-core* zusammengefasst und können deshalb als *Nicht-Kern-FE* bezeichnet werden (vgl. auch Ruppenhofer et al. 2016: 41–42). Wie Fillmore (2007: 133) einräumt, entspricht die Unterscheidung zwischen Kern-FE und Nicht-Kern-FE grob der Unterscheidung zwischen Ergänzungen und Angaben im Sinne der Valenztheorie. Ein Kern-FE repräsentiert „a conceptually necessary component of a frame, while making the frame unique and different from other frames.“ (Ruppenhofer et al. 2016: 23). Periphere FE „do not uniquely characterize a frame, and can be instantiated in any semantically appropriate frame.“ (Ruppenhofer et al. 2016: 24). Extrathematische FE haben die Eigenschaft, Informationen in einen

17 Zur lexikographischen und ansatzweise konstruktikographischen Relevanz solcher Valenzmuster vgl. Ziem (2015c: 394–395, 398–400).

Tab. 2.2: Frame-Elemente von `Motion` in FrameNet 1.7

Kern-FE	Nicht-Kern-FE
AREA	⟨CARRIER⟩
DIRECTION	⟨CONTAINING_EVENT⟩
DISTANCE	⟨DEGREE⟩
GOAL	⟨DEPICTIVE⟩
PATH	⟨DURATION⟩
SOURCE	⟨FREQUENCY⟩
THEME	⟨ITERATIONS⟩
	⟨MANNER⟩
	⟨PATH_SHAPE⟩
	⟨PLACE⟩
	⟨PURPOSE⟩
	⟨RESULT⟩
	⟨SPEED⟩
	⟨TIME⟩

Frame einzufügen, die diesem üblicherweise nicht angehören und evozieren damit gewissermaßen einen zusätzlichen Frame (vgl. Fillmore & Baker 2010: 326).[18] Um diese Zusammenhänge an einem Beispiel zu illustrieren, sei der Frame `Motion` herangezogen, der in dieser Arbeit noch eine größere Rolle spielen wird.[19] Ein Auszug aus seiner Definition lautet:

> Some entity (THEME) starts out in one place (SOURCE) and ends up in some other place (GOAL), having covered some space between the two (PATH). Alternatively, the AREA or DIRECTIONin [sic!] which the THEME moves or the DISTANCE of the movement may be mentioned. (FrameNet 1.7, `Motion`)[20]

18 Interessant sind extrathematische FE für bestimmte syntaktische Konstruktionen: So weisen Fillmore & Baker (2010: 325, Anm. 4) darauf hin, dass in Ditransitiv- und Resultativkonstruktionen bestimmte Konstruktionselemente durch extrathematische FE motiviert sein können, die in dem Frame, den das Prädikat evoziert, eigentlich nicht enthalten sind (vgl. für das Beispiel der Ditransitivkonstruktion auch Fillmore 2007: 134; Ruppenhofer et al. 2016: 24; Boas 2016: 58). Auf diese Verwendung extrathematischer FE gehe ich in dieser Arbeit nicht weiter ein.

19 Gemäß den Konventionen der FrameNet-Literatur werden Frames in einer `Festbreitenschrift`, FE in KAPITÄLCHEN dargestellt. Die in der Literatur bisweilen unterschiedlichen Festbreitenschriften vereinheitliche ich, wenn ich sie in direkten Zitaten wiedergebe. Um FE eindeutig einem Frame zuzuordnen, verwende ich insbesondere im Fließtext bisweilen eine Schreibweise aus dem jeweiligen Frame, gefolgt von einem Punkt und dem FE, also z.B. `Motion`.THEME. Nicht-Kern-FE sind, sowohl in den Annotationen, als auch im Fließtext, stets in Winkelklammern dargestellt, also z.B. `Motion`.⟨MANNER⟩.

20 Da die Daten auf der Website von FrameNet nicht mit denen des Daten-Release 1.7 übereinstimmen, verweise ich hier und im Folgenden lediglich auf den Namen des Frames in Release 1.7,

Die FE von Motion sind in Tabelle 2.2 aufgelistet. Unter den LE, die diesen Frame evozieren, finden sich *bewegen* (*move.v*), *begeben* (*go.v*), *schlängeln* (*snake.v*), *winden* (*wind.v*), *mäandern* (*meander.v*) oder *verschieben* (*move.v*). Die Belege (1)–(6) aus dem DWDS-Kernkorpus 21[21] zeigen, wie FE von Motion instanziiert werden können. Sie sind, wie in FrameNet-bezogenen Publikationen üblich, in eckigen Klammern und mit tiefgestellter Angabe des FE im Belegtext annotiert. Um deutlich zu machen, welchen Frame die jeweilige LE evoziert und welchem Frame die annotierten FE angehören, annotiere ich die LE mit dem entsprechenden Frame-Namen.

(1) [$_{\text{Theme}}$ Er] [$_{\text{Motion}}$ bewegte] sich [$_{\text{Path}}$ durch vermeintlich unauffällige harmonische Räume] [$_{\langle\text{Manner}\rangle}$ mit einer Sehnsucht nach Farbigkeit, die alle Grauwerte des Theoretischen löschte]. (Die Zeit, 10.02.2000, Nr. 7)

(2) [$_{\langle\text{Time}\rangle}$ Nach dem schicksalsträchtigen Gespräch mit dem Herzog, als dieser ihn wegen seiner unerlaubten Reise nach Mannheim abkanzelte], [$_{\text{Motion}}$ begab] sich [$_{\text{Theme}}$ Schiller], [$_{\langle\text{Result}\rangle}$ zum Erstaunen seiner Freunde], [$_{\langle\text{Manner}\rangle}$ gelassen] [$_{\text{Goal}}$ auf die Kegelbahn] [$_{\langle\text{Manner}\rangle}$ mit ungerührtem Pokerface]. (Safranski, Rüdiger: Friedrich Schiller, München Wien: Carl Hanser 2004, S. 153)

(3) Der Schmerz kam wieder und [$_{\text{Motion}}$ schlängelte] sich [$_{\text{Path}}$ durch den wunden Körper]. (Dölling, Beate: Hör auf zu trommeln, Herz, Weinheim: Beltz & Gelberg 2003, S. 66)

(4) [$_{\text{Theme}}$ Jonas] [$_{\text{Motion}}$ wand] sich [$_{\text{Source}}$ aus dem Kofferraum] [$_{\text{Direction}}$ nach vorne] [$_{\text{Goal}}$ auf die Rückbank des Autos]. (Glavinic, Thomas: Die Arbeit der Nacht, München Wien: Carl Hanser Verlag 2006, S. 346)

(5) So [$_{\text{Motion}}$ mäandern] sich [$_{\text{Theme}}$ die nackten und verschlungenen Leiber] [$_{\text{Path}}$ durch die Werbung und über die Titel jener der Werbeästhetik folgenden Magazine]. (Die Zeit, 13.01.2000, Nr. 3)

(6) [$_{\text{Theme}}$ Der Schwerpunkt des Westens] [$_{\text{Motion}}$ verschob] sich [$_{\text{Goal}}$ in die USA]. (Die Zeit, 02.03.2000, Nr. 10)

---

aus dem die Definition übernommen ist. Ein Verweis auf die URL des Frames birgt also das Risiko, dass sich dort eine von Release 1.7 abweichende Definition findet. Die Markierungen der im Text der Frame-Definition erwähnten FE durch Kapitälchen nehme ich als Ersatz für die im Original zu findende Farbkodierung vor.

21 Die Belege entstammen meinen Daten zur reflexiven Bewegungskonstruktion, die ich in Abschnitt 3.1 vorstelle. Zu Korpus und Datenauswahl vgl. Abschnitt 3.4.

Fälle, in denen ein Kern-FE, obwohl ansonsten obligatorisch, nicht sprachlich ausgedrückt wird, werden bei FrameNet unter dem auf Fillmore (1986b) zurückgehenden Begriff der Null-Instanziierung (NI) erfasst. Dabei werden drei Arten unterschieden (vgl. Ruppenhofer et al. 2016: 28–30): *Definite Null-Instanziierung* (DNI) liegt vor, wenn das fehlende FE aus dem Kontext heraus mitverstanden werden kann. *Indefinite Null-Instanziierung* (INI) liegt vor, wenn das fehlende FE als existenziell interpretiert werden kann, etwa beim intransitiven Gebrauch von LE wie *essen, backen* oder *trinken*. In Fällen *konstruktioneller Null-Instanziierung* (KNI) liegt die Ursache für das fehlende FE in einer grammatischen Konstruktion, wie in Imperativ- oder Passivkonstruktionen.[22] In den obigen Belegen liegt in (3) eine KNI vor: Das FE Motion.THEME wird im zweiten der beiden koordinierten Matrixsätze aufgrund einer Koordinationsellipse (Duden 2016: 907–916), die in der konstruktionsgrammatischen Literatur oft als *Gapping*-Konstruktion bezeichnet wird (z.B. Fillmore, Lee-Goldman & Rhomieux 2012: 327), nicht instanziiert, da es bereits im ersten Matrixsatz instanziiert ist.[23]

Neben der inneren Struktur von Frames berücksichtigt FrameNet auch Relationen zwischen Frames. Ein wesentlicher Teil der Datenbasis von FrameNet besteht deshalb in der Dokumentation solcher Relationen, denn

> Frames sind mithin keine isolierten konzeptuellen Einheiten, sondern vielmehr eingebunden in ein komplexes Beziehungsgeflecht, welches das Konstruktikon lexikalischer Einheiten modelliert. Frame*Net* wird hier seinem Namen gerecht. (Ziem 2014d: 279)

---

22 In der Praxis erweist sich insbesondere die Unterscheidung zwischen DNI und INI als schwierig, was zum Teil durch den unklaren Kontextbegriff in ihren Definitionen bedingt ist (vgl. dazu Busse 2012: 179–181). Croft (2001: 275–280) geht noch weiter und nimmt an, dass sämtliche Formen von Null-Instanziierung, also auch DNI und INI, als Eigenschaften von Konstruktionen betrachtet werden können (vgl. auch Shead 2011: 124–126). Eine solche Perspektive ist allerdings kaum weiter diskutiert worden (mit Ausnahme von Ruppenhofer & Michaelis 2010), was wohl auf eine mangelnde Auseinandersetzung mit diesen FrameNet-Kategorien aus konstruktionsgrammatischer Sicht zurückzuführen ist. So kritisiert Lyngfelt (2012: 18), dass die bei FrameNet entwickelten lexikalischen Kategorien der Null-Instanziierung aus konstruktionsgrammatischer Perspektive neu durchdacht werden müssen. Indes unterbreitet Ziem (2015d: 68–69) konkrete Vorschläge zur Kombination lexikalischer und konstruktioneller Null-Instanziierungen.

23 Die Auffassung einer Null-Instanziierung des FE betrifft in diesen Fällen somit allein die Ebene der Gapping-Konstruktion, nicht die des gesamten komplexen Satzes: Dadurch, dass das FE bereits im ersten Matrixsatz instanziiert wurde, ist es auf den komplexen Satz bezogen nicht nullinstanziiert. Da es aus dem Kotext rekonstruiert werden kann, könnte es sich um eine *konstruktionale definite Null-Instanziierung* im Sinne von Ziem (2015d: 69) handeln.

Ruppenhofer et al. (2016: 79–85) unterscheiden neun Typen von Frame-zu-Relationen (*frame-to-frame relations*):[24] *Vererbung* (*Inheritance*), *Perspektive_auf* (*Perspective_on*), *Benutzt* (*Using*), *Sub-Frame* (*SubFrame*), *Vorausgehend* (*Precedes*), *Kausativ* und *Inchoativ* (*Causative_of*, *Inchoative_of*), *Metapher* (*Metaphor*) sowie *Siehe_auch* (*See_also*). Auf die Definitionen der einzelnen Relationen gehe ich hier noch nicht ein, sondern werde sie an späteren Stellen (insbesondere in Unterabschnitt 5.4.3) näher diskutieren.

Ein weiterer Informationstyp innerhalb von Frames betrifft eine Reihe von Eigenschaften, die an unterschiedlichen Stellen, innerhalb der Struktur eines Frames oder global, angesetzt werden können und die unter dem Begriff der *semantischen Typen* (*semantic types*) geführt werden. Semantische Typen können drei Arten von Informationen kodieren: Sie können typische Füllwerte von FE beschreiben, globale Eigenschaften eines Frames angeben (z.B. wenn dieser nicht lexikalisiert ist, ihm also keine LE zugeordnet wurden) und LE innerhalb eines Frames nach zusätzlichen semantischen Eigenschaften differenzieren (vgl. Ruppenhofer et al. 2016: 86). Ersteres ist grundsätzlich eine Möglichkeit, Standardwerte[25] oder Beschränkungen bzw. Präferenzen einzelner FE zu modellieren (vgl. implizit und exemplarisch Baker, Fillmore & Cronin 2003: 290), wovon bei FrameNet allerdings nur rudimentär und oberflächlich Gebrauch gemacht wird.

2.1.3 Probleme gegenüber anderen Frame-Modellen

Obwohl FrameNet historisch gesehen an die Verstehenssemantik anschließt und gleichzeitig einen systematischen Beschreibungsapparat sowie eine große Datenbasis bietet, kommt ihm nicht der Status einer umfassend operationalisierten Verstehenssemantik zu. Dies liegt vor allem an der Anlehnung an das Valenzkonzept, denn „[d]ie semantische Inhaltsstruktur eines lexikalischen Ausdrucks wird nur in Abhängigkeit von der syntaktischen Ausdrucksstruktur betrachtet, in der seine semantischen Rollen (Frame-Elemente) tatsächlich realisiert werden." (Ziem

24 Frame-zu-Frame-Relationen müssen von korrespondierenden FE-zu-FE-Relationen unterschieden werden (vgl. z.B. Baker, Fillmore & Cronin 2003: 286). Da FE-zu-FE-Relationen dadurch, dass sie mit Frame-zu-Frame-Relationen einhergehen, eher ‚im Hintergrund' agieren (vgl. dazu kritisch Busse 2012: 630, Anm. 165), mache ich diese nicht zum Gegenstand separater Diskussionen. In Unterabschnitt 6.2.1 gehe ich jedoch auf einen einzelnen Anwendungsfall für FE-zu-FE-Relationen ein.

25 Zum Begriff des Standardwerts und dessen Relevanz für das konstruktionssemantische Modell vgl. Unterabschnitt 4.1.1.

2014d: 280).[26] FrameNet kann somit einen wesentlichen Anspruch der Verstehenssemantik nicht einlösen,

> [d]enn es dürfte fraglich sein, ob sich Präsuppositionen, kulturelle Praktiken, historisches Hintergrundwissen etc. (Fillmore 1982[a]: 119) – also Elemente, die zum zentralen Gegenstandsbereich der interpretativen Semantik [d.h. der Verstehenssemantik, A.W.] gezählt wurden – innerhalb des Valenzrahmens eines Zielausdrucks jemals sprachlich materialisieren. Somit ist der Gegenstandsbereich von FrameNet ein schmalerer: Er ist nicht primär auf die vollständigen kognitiv-semantischen Rahmenstrukturen ausgerichtet, wenngleich implizit der Anspruch erhoben wird, dass die qua Annotation ermittelten Frames eine wissensstrukturierende, kognitive Funktion erfüllen. (Ziem 2014d: 280)

Tatsächlich erfasst FrameNet einige der für die Verstehenssemantik konstitutiven Aspekte von Frames nicht oder nur unzureichend. So unterscheidet FrameNet nicht zwischen FE (als Leerstellen oder *Slots*) einerseits und deren Füllwerten (*Fillern*) andererseits, ebenso wenig berücksichtigt es die Idee der Standardwerte (vgl. Ziem 2014d: 281–282). Standardwerte und Füllwerte sind bei FrameNet fast ausschließlich (aber auch nicht in jedem Fall) lediglich über annotierte Belege, die für eine LE bereitgestellt werden, rekonstruierbar – systematisch beschrieben werden sie selten (vgl. auch Ost 2017: 105, 109; Torrent & Ellsworth 2013: 52).[27]

Dies führt zu der Feststellung, dass „im Rahmen von FrameNet große Bereiche verstehensrelevanten Wissens nicht bzw. nicht hinreichend erfasst werden können." (Ziem 2014d: 280–281).[28] Aufgrund des für den empirischen Anspruch nötigen reduzierten Beschreibungsapparates ist FrameNet gegenüber der Verstehenssemantik in sprach- und kognitionstheoretischer Hinsicht weniger komplex und auf den ersten Blick nicht an einer sprachtheoretischen Reflexion und der Diskussion kognitionslinguistischer Konzepte interessiert (vgl. Busse 2012: 135,

---

26 Vgl. zur starken Orientierung FrameNets an syntaktischen Fragestellungen und der Valenztheorie kritisch Busse (2012: 152–156). Konsequenz daraus ist, wie Busse (2012: 135, 151) argumentiert, dass FrameNet eher als Nachfolge der Kasusgrammatik denn als Elaboration der Verstehenssemantik zu verstehen ist. Allerdings weist Busse (2012: 682) darauf hin, dass die bei FrameNet berücksichtigten syntaktischen Aspekte durchaus weit von einer frame-semantischen Syntaxtheorie entfernt sind, während er zugleich explizit das Desiderat des mangelnden Einbezugs der Frame-Semantik in die Konstruktionsgrammatik anspricht. FrameNets lückenhaften Umgang mit syntaktischen Fragestellungen bemängelt auch Dux (2020: 71–72).

27 Wie Ziem (2015c: 404) aufzeigt, „hilft die Kenntnis konkreter Valenzmuster, in denen ein lexikalischer Ausdruck verwendet werden kann, dabei, Beschränkungen hinsichtlich lizenzierter Verwendungen eines Wortes zu berücksichtigen."

28 Zum Begriff des verstehensrelevanten Wissens vgl. Busse (1997: 15, Anm. 2, 2000: 42, 2003: 26, 2005: 55, 2007b: 268, 2008a: 122, 2008b: 78).

144–145; Ziem 2014d: 276).[29] Auf den ersten Blick deshalb, weil sich in FrameNet implizit dennoch einige Ideen kognitionswissenschaftlicher und kognitionspsychologischer Frame-Modelle, insbesondere derjenigen von Minsky (1975, 1988) und Barsalou (1992b), wiederfinden. Diese äußern sich – entsprechend interpretiert – etwa in der Beschreibung von Frame-zu-Frame-Relationen (vgl. Ziem 2015b: 106–107), in der Unterscheidung zwischen Kern-FE und Nicht-Kern-FE (vgl. Kann & Inderelst 2018: 54–55) oder der Idee der Null-Instanziierungen (vgl. Ziem 2018b: 76).[30] Grundsätzlich muss jedoch offen bleiben, ob FrameNet alle potenziellen Anforderungen, die Konstruktionsgrammatik und Konstruktikographie an die Frame-Semantik stellen, erfüllen kann.[31]

Auf eine weitere Einschränkung weist Busse (2012: 149–156) hin: FrameNet ist stark auf prädizierende Wortarten, allen voran Verben, ausgerichtet und durch die Valenzorientierung vorrangig an der Analyse beobachtbarer syntaktischer Strukturen interessiert. Andere Wortarten, insbesondere Artikel, Präpositionen oder Partikeln, werden dabei tendenziell ausgeklammert (vgl. auch Ziem 2014d: 281).[32] Obwohl sich etwa das quantitative Verhältnis zwischen Verben und Nomen, die in der Datenbank beschrieben sind, mittlerweile zugunsten Letzterer umgekehrt hat,[33] bleibt FrameNets Ansatz grundsätzlich projektionistisch (vgl. Welke 2019: 48):[34] Ausgehend von einem Zielausdruck werden die semantischen Eigenschaften der von ihm abhängigen Konstituenten erfasst. Für die Konstruktionsgrammatik stellt dies insofern eine Herausforderung dar, als dass Schwierigkeiten dann auftreten, wenn es einen solchen lexikalisch realisierten Zielausdruck nicht gibt

---

29 Torrent & Ellsworth (2013: 48, 52) betonen, dass FrameNet grundsätzlich bewusst ‚atheoretisch' agiert, ein Fakt, den Busse (2012: 136–137) – ungeachtet seiner Deutung als explizite Maxime – kritisiert.

30 Eine detaillierte Gegenüberstellung von FrameNet und dem kognitionspsychologischen Frame-Modell von Barsalou (1992b) bietet Ziem (2015b: 107).

31 Hierzu schreibt Baker (2006: 33) in einem Vortragsabstract: „In some respects, some of the incidental references to frames in the literature on construction grammar imply the existence of very sophisticated frame semantics; in some cases, the current implementation in FN [FrameNet, A.W.] may not have reached this level."

32 Vgl. aber die Analyse möglicher frame-evozierender Verbpartikeln in Unterabschnitt 8.3.1.

33 Vgl. dazu die Angaben unter https://framenet.icsi.berkeley.edu/fndrupal/current_status (zuletzt abgerufen am 07.09.2021), die sich allerdings nicht auf das Daten-Release 1.7, sondern die über die FrameNet-Website zugängliche Version beziehen. Die angesprochene Umkehrung der Wortartenabdeckung bemerkt auch Busse (2018: 74–75, Anm. 9).

34 Zum Begriff der *Projektion* (im angloamerikanischen Raum auch: *Lexikalismus*) und dessen Abgrenzung von konstruktionistischen Vorgehensweisen vgl. Jacobs (2008, 2009), Welke (2009a,b, 2015, 2019: 191–276), Ágel (2015) und Diessel (2019: 116–119). Im Anschluss an Jacobs plädiert Finkbeiner (2018) für eine gemischt konstruktionistisch-projektionistische Grammatikographie. Vgl. dazu kritisch Boas (2019: 243–251).

(vgl. dazu Unterabschnitt 8.3.3). Die semantischen Eigenschaften einer Konstruktion müssen nicht zwangsläufig denjenigen von LE, die sie instanziieren, entsprechen. Möchte man FrameNet-Frames für die semantische Analyse von Konstruktionen heranziehen, liegt ein wichtiges Ziel darin, Relationen zwischen Konstruktionen und Frames zu untersuchen und die Frage zu beantworten, wie eine Konstruktion einen Frame evozieren kann, der nicht gleichzeitig durch ein lexikalisch fixiertes Element in einem Satz evoziert wird.

Neben diesen eher theoretischen Einwänden können auch aus empirischer Sicht Argumente gegen FrameNet vorgebracht werden, auch für die Anwendung auf syntaktische Konstruktionen. Trotz der im Gegensatz zur Kasusgrammatik induktiven Vorgehensweise und der Ablehnung universalgrammatischer semantischer Rollen gilt für FrameNet die Einschränkung, dass die dokumentierten Frames für LE als Zielphänomene, und eben nicht für Konstruktionen, beschrieben werden. Darauf weisen explizit Boas, Lyngfelt & Torrent (2019) hin:

> [H]owever useful, the framenet influence [auf konstruktikographische Projekte, A.W.] also restricts the format of the cxn descriptions, or at least adds a lexically oriented bias. These restrictions, or biases, are perhaps not that severe, since construction grammarians have chosen to represent constructional meaning in terms of Frame Semantics long before there was a framenet. Still, a framenet structure is not designed to handle relations beyond those between a head (or the cxn as a whole) and its direct arguments. (Boas, Lyngfelt & Torrent 2019: 53)

Es lässt sich also grundsätzlich infrage stellen, ob sich die bei FrameNet entwickelten primär lexikalischen Analysekategorien auf syntaktische Konstruktionen übertragen lassen[35] und ob der konzeptuelle Status von FrameNet-Frames wie für LE ebenso für syntaktische Konstruktionen gilt. Der ersten Frage wird in der Konstruktikographie (Abschnitt 2.3) nachgegangen. Für eine positive Antwort auf die zweite Frage existiert bereits vorläufige Evidenz, wenngleich ohne expliziten Rückgriff auf Frames. So resümiert Perek (2015: 79–89), dass die semantischen Eigenschaften vieler Konstruktionen – aber nicht aller – auf die lexikalischen Bedeutungen von LE, die sie instanziieren können, zurückzuführen sind:

> In a usage-based perspective, constructions can thus be described as statistical correlations of a syntactic form with a lexical meaning, stored as a form-meaning pair. It is this lexically-derived meaning that determines the productivity of the construction, i.e., with which verbs the construction might be used creatively. (Perek 2015: 89)

35 Vor dieser Frage steht im Übrigen auch die Korpuslinguistik, die ähnlich wie die Frame-Semantik und FrameNet zunächst vorrangig für Wörter entwickelt wurde (vgl. Stefanowitsch 2007: 151–152).

Bis ich in den Abschnitten 4.1 und 8.5 auf diesen Aspekt zurückkomme, möchte ich die Prämisse setzen, dass die im lexikalischen FrameNet beschriebenen Frames grundsätzlich auch auf Konstruktionen anzuwenden sind, insbesondere auf Argumentstruktur-Konstruktionen, zu denen die drei in dieser Arbeit untersuchten Reflexivkonstruktionen (Kapitel 3) gehören. Dies vor allem deshalb, weil aufgrund des mit Langacker (1987: 3) in der Konstruktionsgrammatik angenommenen Kontinuums zwischen Lexikon und Grammatik die scharfe Trennung zwischen LE und syntaktischen Konstruktionen aufgehoben ist. Dies wird von FrameNet selbst gesehen: „The lexical units of FN [FrameNet, A.W.] are simply constructions whose form pole is one or more word-forms, and whose meaning pole is partially represented as a specific semantic frame." (Baker 2012: 274). Anders formuliert: „FrameNet ist ein lexikalisches Konstruktikon." (Ziem 2014d: 279).[36] Wie sich diese Situation für Konstruktionen darstellt, die sich gänzlich von Argumentstruktur-Konstruktionen unterscheiden, z.B. für Satztypkonstruktionen (Finkbeiner & Meibauer 2016; d'Avis 2016; Jacobs 2016), müssen zukünftige Studien zeigen.

Abschließend möchte ich auf einen methodologischen Fallstrick hinweisen, der weniger ein Problem an sich darstellt als vielmehr eine Einschränkung, die im Speziellen FrameNet betrifft und die Gefahr birgt, vorschnell auf die Frame-Semantik allgemein projiziert zu werden. Bei der praktischen Analyse von LE und Konstruktionen kann stets nur auf diejenigen Daten zurückgegriffen werden, die bereits in FrameNet und hier im Besonderen im Daten-Release 1.7 vorhanden sind. Davon zu sprechen, dass z.B. ein Frame durch bestimmte LE evoziert wird und durch andere nicht, bezieht sich allein auf die Datenbasis von FrameNet. Es ist damit keine (kognitiv) plausible Grenze gesetzt, denn selbstverständlich liefert FrameNet keine lückenlose Dokumentation von Frames und LE. Eine bestimmte LE oder einen Frame in FrameNet nicht finden zu können, impliziert also nicht, dass dieser Frame (kognitiv) nicht existiert oder die LE gar ‚bedeutungslos' ist.[37] Daraus ergibt sich der große Nachteil, dass nur solche LE und Konstruktionen analysiert werden können, für die in FrameNet ein Frame dokumentiert ist. Andere LE und Konstruktionen entziehen sich einer frame-semantischen Analyse nicht vollständig, sondern eben lediglich im Rückgriff auf FrameNet.[38]

36 Vgl. ähnlich auch Ziem (2015d: 55–56) sowie Ziem (2020a: 15). Konkret zeigt Ziem (2015d: 72, Anm. 30) zahlreiche Beispiele für in FrameNet ‚implizit' dokumentierte Konstruktionen auf.

37 In diesem Sinne weisen Fillmore & Baker (2010: 320) darauf hin, dass Frames eigentlich nicht ‚nachgeschlagen' werden können – ein Einwand, den man vor dem Hintergrund aller Versuchungen, die sich durch FrameNet ergeben, beachten muss.

38 Vgl. Barsalou (1993: 47–48) für das hiermit verwandte Problem, dass Beschreibungen von Konzepten (im vorliegenden Kontext: Frames) prinzipiell niemals vollständig und abgeschlossen

In der Konstruktikographie scheint dieses Problem zu wenig berücksichtigt zu werden, insbesondere bei der Annahme ‚bedeutungsloser' Konstruktionen, die sich scheinbar nicht frame-semantisch beschreiben lassen (vgl. dazu Unterabschnitt 2.3.2), wobei ‚frame-semantisch' allzu schnell mit ‚mit den Mitteln von FrameNet' gleichgesetzt zu werden scheint. Dies hat sowohl empirische als auch theoretische Implikationen:

> There are also cases where the meaning [einer Konstruktion, A.W.] may well be characterized in terms of a frame, but no such frame description yet exists. This is a matter of coverage, on the one hand; and a question of what a frame is (or should be), on the other. (Boas, Lyngfelt & Torrent 2019: 47)

Es ist also nicht ausgeschlossen, dass die Schwächen von FrameNet – in empirischer, stärker aber in theoretischer Hinsicht – nicht durch andere Frame-Modelle ausgeglichen werden könnten. Die vorliegende Arbeit ist von dieser Problematik ebenso betroffen, daher ist der explizite Hinweis wichtig, dass die Leistungsfähigkeit der hier entwickelten Konstruktionssemantik nicht zwingend etwas über die Leistungsfähigkeit der Frame-Semantik generell aussagt, sondern sich innerhalb der Grenzen von FrameNet, genauer: den Grenzen der für das Englische aufgebauten Datenbank des Release 1.7, bewegt.

2.1.4 Vorteile (nicht nur) für die Konstruktionsgrammatik

Obwohl FrameNet nicht das volle Potenzial einer linguistischen oder gar interdisziplinären Frame-Semantik ausschöpft, sind die Vorteile, FrameNet als elaborierte gebrauchsbasierte Frame-Semantik aufzufassen und als Basis einer Konstruktionssemantik heranzuziehen, in der Überzahl (vgl. auch Ziem 2020a: 22–23). Ich möchte sie in vier Punkten zusammenfassen.

– *Empirischer* Vorteil: Es liegen mit dem Daten-Release 1.7 bereits 1.221 für das Englische dokumentierte Frames vor, die als Ausgangspunkt für die semantische Analyse von Konstruktionen genutzt werden können. Da die internationalen Konstruktikographie-Projekte zum Großteil im Verbund mit existierenden FrameNet-Projekten aufgebaut werden (vgl. Abschnitt 2.3), bietet sich ein Rückgriff auf FrameNet insbesondere für konstruktikographische Zwecke an. Die in Unterabschnitt 2.1.3 angesprochenen Grenzen von FrameNet, insbesondere hinsichtlich der Abdeckung von LE und Frames, die eben keine

---

sein können. Schon deshalb ist es aus methodologischen Gründen sinnvoll, auf einen kodifizierten Stand der Beschreibung von Frames wie denjenigen im Daten-Release 1.7 von FrameNet (vgl. Unterabschnitt 2.1.2) zurückzugreifen.

lückenlose ist, müssen dabei im Hinterkopf behalten werden. Dennoch ziehe ich es vor, auf eine vorhandene Datenbasis zurückzugreifen statt Frames von Grund auf neu zu definieren, denn Letzteres müsste im Rahmen einer Arbeit wie der vorliegenden zunächst geleistet werden, bevor überhaupt mit der Analyse von semantischen Eigenschaften von Konstruktionen begonnen werden kann. Da dies einen wesentlich größeren Beschreibungsaufwand und die Entwicklung eines eigenen methodischen Apparats erforderte, halte ich es für sinnvoll, zuallererst konstruktionssemantisch zentrale Fragestellungen zu fokussieren, ohne den Anspruch zu erheben, dass mit der Datenbasis von FrameNet alle aufkommenden Probleme gelöst werden könnten. Zudem verhindert der Gebrauch der in einem iterativen, arbeitsteiligen Prozess (vgl. dazu Baker, Fillmore & Lowe 1998: 88–89) intersubjektiv gewonnenen FrameNet-Daten einen zu großen Anteil von Introspektion, ohne die etwa die Verstehenssemantik nicht auskommt und die sich bei der (erneuten) Rekonstruktion von Frames nicht vermeiden lässt (vgl. Barsalou 1993: 44–45).[39]

– *Methodologischer* Vorteil: Der größte Vorteil von FrameNet, insbesondere im Vergleich zur Verstehenssemantik, besteht in der konsequenten Modellierung der inneren Strukturen von Frames, die im Beschreibungsapparat durch Strukturelemente wie die unterschiedlichen Arten von FE erfasst werden. Der Anschluss an die Konstruktionsgrammatik (und noch mehr an die Konstruktikographie) ist zu einem wesentlichen Teil durch diese Strukturelemente gewährleistet, so sind etwa die Beschreibungskategorien der Konstruktikographie nah an denen von FrameNet entwickelt worden (vgl. Unterabschnitt 2.3.1), weshalb beide Vorgehensweisen grundsätzlich kompatibel sind. Strukturelemente von Frames und ihre spätere Parallelisierung mit den Strukturelementen von Konstruktionen müssen somit nicht erst begründet werden, wie es z.B. in einem Versuch der Anwendung der Verstehenssemantik geschehen müsste, die grundsätzlich schwieriger zu ‚formalisieren' ist (vgl. dazu auch Barsalou & Hale 1993: 135–136). Das ermöglicht es, den Strukturparallelen zwischen Konstruktionen und Frames in einer Arbeit wie dieser (in Kapitel 6) größeren Raum einzuräumen.
– *Methodologischer* und zugleich *sprachtheoretischer* Vorteil: Aufgrund der korpusbasierten Vorgehensweise und der Überwindung der Prinzipien der Kasus-

39 Auf die Notwendigkeit der Überwindung von Introspektion zur semantischen Analyse von Konstruktionen weist auch Stefanowitsch (2011: 21) hin: „Abgesehen von den inzwischen bestens bekannten Fallstricken einer introspektiven Analyse ist es zweifelhaft, dass sich eine ausreichend umfassende Charakterisierung einer Konstruktionsbedeutung ausschließlich auf diesem Wege gewinnen ließe, und auch die formalen Eigenschaften von Konstruktionen sind häufig subtiler Art und können erst durch Korpusanalysen sichtbar gemacht werden."

grammatik kann FrameNet als gebrauchsbasierte Frame-Semantik par excellence gelten.[40] Insbesondere für die gebrauchsbasierten Varianten der Konstruktionsgrammatik liegt es deshalb nahe, für semantische Analysen von Konstruktionen auf FrameNet zurückzugreifen, da FrameNet besser zu diesen Ansätzen passt als Frame-Modelle, deren Beschreibungen rein auf Introspektion beruhen (wie die Kasusgrammatik oder die Verstehenssemantik). Ebenso lässt sich die Annahme frame-spezifischer FE und die Ablehnung universalgrammatischer Kategorien besser in Einklang mit gebrauchsbasierten Theoriebildungen der Konstruktionsgrammatik (vgl. dazu Ziem & Lasch 2013: 38–47) bringen.

– *Kognitionstheoretischer* Vorteil: Wenngleich dieser Aspekt für die vorliegende Arbeit weniger relevant ist als die drei vorgenannten, wird bisweilen in der Literatur zu FrameNet auf die kognitive Plausibilität von Frames hingewiesen. Jedoch führt dies nicht zu einem kognitionstheoretischen Anspruch von FrameNet und ebenso wenig zu einem Selbstverständnis der empirischen Beschreibung von *kognitiven* Frames (vgl. den Überblick bei Busse 2012: 142–145). Gewiss stellt FrameNet aufgrund seines reduzierten Beschreibungsapparates keine Annäherung an eine die gesamte Bandbreite des verstehensrelevanten Wissens berücksichtigende Verstehenssemantik dar, kann jedoch um Ideen dieser und kognitionswissenschaftlicher wie kognitionspsychologischer Frame-Modelle angereichert werden. Zudem ist die parallele Entwicklung von FrameNet-Datenbanken für unterschiedliche Sprachen ein Test für die übereinzelsprachliche kognitive Plausibilität der beschriebenen Frames (vgl. Petruck 2011: 2). Darüber hinaus stellt die Konstruktionsgrammatik FrameNet vor die Herausforderung, das projektionistische und auf prädizierende Wortarten fokussierte Interesse, das ich in Unterabschnitt 2.1.3 skizziert habe, hinter sich zu lassen und FrameNet-Frames auch dann heranzuziehen, wenn diese nicht durch ein lexikalisch beobachtbares Element evoziert werden. Eine Annäherung an dieses Ziel soll zeigen, dass FrameNet-Frames ebenso für die Analyse kognitiver Einheiten – zu denen man Konstruktionen zählen kann (vgl. Ziem & Lasch 2013: 16–17) – geeignet sind.

---

40 Die Kritik von Hanks (2013: 388), wonach „FrameNet frames are based on speculation about frames in vacuo; corpus evidence is then adduced to support and modify the theoretical speculations", widerspricht der Realität und leugnet die zahlreichen Differenzierungen insbesondere hinsichtlich Frames, die in Frame-zu-Frame-Relationen zueinander stehen. Die von Baker, Fillmore & Lowe (1998: 88–89) geschilderte induktive Vorgehensweise in der Erstellung von Frames scheint Hanks nicht zu kennen.

Ein wesentliches Ziel der Entwicklung einer Konstruktionssemantik ist, zu zeigen, dass das valenzorientierte, zunächst um LE zentrierte Vorgehen von FrameNet – anders als etwa Welke (2019: 48) kritisiert – kein Hindernis darstellt, FrameNet-Frames für semantischen Analysen von syntaktischen Konstruktionen heranzuziehen (vgl. auch Ziem 2015d: 55–56).[41]

2.2 Gebrauchsbasierte Konstruktionsgrammatik

Die Konstruktionsgrammatik (KxG, englisch CxG für *Construction Grammar*), die – wie bereits im Eingang zu Abschnitt 2.1 erwähnt – ähnlich wie die Frame-Semantik keine geschlossene Theorie darstellt, wird üblicherweise in sieben Varianten unterteilt, die in zwei Gruppen zerfallen, je nachdem ob es sich um (tendenziell) gebrauchsbasierte oder formale Ansätze handelt. Für die einzelnen Varianten haben sich die in Tabelle 2.3 dargestellten Bezeichnungen durchgesetzt, die etwa in der Einführung von Ziem & Lasch (2013: 38–66) und in den Beiträgen im *Oxford Handbook of Construction Grammar* (Hoffmann & Trousdale 2013) aufgegriffen werden.

Tab. 2.3: Varianten der Konstruktionsgrammatik (nach Ziem & Lasch 2013: 38–66)

Gebrauchsbasierte Ansätze	Formale Ansätze
Cognitive Construction Grammar (CCxG)	Berkeley Construction Grammar (BCxG)
Cognitive Grammar (CG)	Sign-Based Construction Grammar (SBCxG)
Radical Construction Grammar (RCxG)	Embodied Construction Grammar (ECxG)
	Fluid Construction Grammar (FCxG)

Die einzelnen konstruktionsgrammatischen Varianten sind jedoch, anders als es diese Einteilung suggeriert, nicht in gleichem Maße homogen. Insbesondere die Cognitive Construction Grammar, die als größte der gebrauchsbasierten Varianten gelten darf, spannt sich von Ansätzen, die sich eng an dem klassischen Format von Goldberg (1995) orientieren, bis hin zu solchen, die sich zwar auf gebrauchsbasierte Kriterien der theoretischen und empirischen Vorgehensweise stützen, Goldbergs Ansatz aber kritisch betrachten und sich nicht an dem von ihr vorgezeichneten Analyseformat orientieren. Hierzu zählen etwa die Studien von Boas (2003a), Iwata (2008) und Perek (2015).

41 In Anlehnung an Croft (2009b: 412) äußert etwa Ziem (2015a: 13) die These, dass „Bedeutungen von Konstruktionen enzyklopädischer Natur sind" – ein Argument, diese grundsätzlich auf der Basis von FrameNet zu analysieren.

Für die formalen Ansätze gilt ein ähnliches Ungleichgewicht. Während die Tradition der Berkeley Construction Grammar kaum noch einen eigenständigen Ansatz darstellt, hat sich die Sign-Based Construction Grammar seit den 2010er Jahren stark verbreitet und die Berkeley Construction Grammar nach und nach ersetzt (vgl. dazu Ziem & Lasch 2013: 35, 49–50).

Gerade aufgrund neuerer Entwicklungen in der Konstruktionsgrammatik, insbesondere in Gestalt der Konstruktikographie (Abschnitt 2.3), die sich nicht eindeutig einer der sieben Varianten zuordnen lässt, nehme ich für den folgenden Überblick keine strikte Trennung nach den einzelnen gebrauchsbasierten Varianten vor und verzichte nach dem Vorbild von Goldberg (2013: 31), die schlicht von „*constructionist approaches*“ spricht, auf eine strenge Verortung der vorliegenden Arbeit in einer der gebrauchsbasierten Varianten (vgl. zu dieser Problematik auch Ziem & Lasch 2013: 140). Trotzdem handelt es sich bei den hier verwendeten konstruktionsgrammatischen Prinzipien nicht um eine „vanilla construction grammar“ (Croft 2005: 273), die die Grundannahmen aller Varianten der Konstruktionsgrammatik vereint, da die Abgrenzung zu den formalen, nicht gebrauchsbasierten Varianten bestehen bleibt. Ausgangspunkt bildet die Cognitive Construction Grammar Goldbergs sowie vor allem die Konstruktikographie.

Die Bandbreite der Cognitive Construction Grammar und der gebrauchsbasierten Konstruktionsgrammatik allgemein lässt sich bereits an der Art und Weise, wie darin Bezug auf Frames genommen wird, ablesen, denn hier findet sich die Anwendung der mit Abstand meisten und unterschiedlichsten Frame-Modelle. Unbezeweifelt stellt die Cognitive Construction Grammar gleichzeitig die Provenienz der meisten konstruktionsgrammatischen Arbeiten innerhalb der germanistischen Linguistik und allgemein für das Deutsche als Objektsprache dar.

In diesem Abschnitt führe ich in Unterabschnitt 2.2.1 in einige Prinzipien der gebrauchsbasierten Konstruktionsgrammatik mit besonderem Blick auf die Berücksichtigung semantischer Eigenschaften von Konstruktionen ein. Anschließend werfe ich einen Blick auf die Rezeption der kasusgrammatischer Prinzipien (Unterabschnitt 2.2.2) und der Verstehenssemantik (Unterabschnitt 2.2.3), um das Verhältnis der unterschiedlichen Frame-Modelle, auf die in der Konstruktionsgrammatik Bezug genommen wird, zu verdeutlichen. Abschließend soll in Unterabschnitt 2.2.4 die Anwendung von FrameNet innerhalb der gebrauchsbasierten Konstruktionsgrammatik im Vordergrund stehen.

2.2.1 Konstruktionen und ihre semantischen Eigenschaften

Die Tradition der gebrauchsbasierten Konstruktionsgrammatik besteht seit Beginn der konstruktionsgrammatischen Forschung und ist maßgeblich durch die

Arbeiten von Lakoff (1987) und Goldberg (1995, 2003, 2006, 2019) vorangetrieben worden. Die von Lakoff (1987) im Rahmen seiner Studie zu *there*-Konstruktionen postulierte Definition ist eine der frühesten Bestimmungen des Konstruktionsbegriffs:

> Each construction will be a form-meaning pair (F,M), where F is a set of conditions on syntactic and phonological form and M is a set of conditions on meaning and use. (Lakoff 1987: 467)

Diese formalistisch anmutende Art der Bestimmung von Konstruktionen als ‚Form-Bedeutungs-Paaren' wird von Goldberg (1995) aufgenommen,[42] die ihre Definition zunächst auf das Kriterium der Nicht-Kompositionalität ausrichtet.

> C is a CONSTRUCTION iff$_{\text{def}}$ C is a form-meaning pair <F_i, S_i> such that some aspect of F_i or some aspect of S_i is not strictly predictable from C's component parts or from other previously established constructions. (Goldberg 1995: 4)

Abgesehen davon, dass das Kriterium der Nicht-Kompositionalität insbesondere aus gebrauchsbasierter Sicht umstritten ist (vgl. Bücker 2012: 81–82) und schon bei Goldberg nicht konsequent durchgehalten wird (vgl. Iwata 2008: 36),[43] fehlt in dieser Definition die Trennung zweier Ebenen: Nicht Form und semantische Eigenschaften der *Konstruktion* sind aus ihren Teilen unvorhersehbar, sondern Form und semantische Eigenschaften einer *Instanz* der Konstruktion, also dem, was Kay & Fillmore (1999: 2–3) ein *Konstrukt* nennen (vgl. auch Taylor 2004: 57; Welke 2019: 31, 2020: 396).[44] Auch Croft (2001) versäumt es, in seiner Definition

---

42 Vgl. zu dieser formalistischen Herangehensweise die Selbstkritik von Goldberg (2009: 216–217, Anm. 13) mit der Begründung für deren Verzicht in ihrer späteren Definition in Goldberg (2006: 5).

43 Für Rödel (2014: 208) „ist somit unklar, welche definitorische Qualität dem Kriterium der Nicht-Kompositionalität […] beizumessen ist." Letztendlich sieht er jedoch „Nicht-Kompositionalität nicht nur als hinreichendes, sondern als notwendiges Kriterium" (Rödel 2014: 220) an. Vgl. weiterhin Schneider (2014: 370) für Argumente pro Nicht-Kompositionalität. Für eine Kritik an Goldbergs weitem Konstruktionsbegriff, auch hinsichtlich des Kriteriums der Nicht-Kompositionalität, vgl. Imo (2015: 555–556).

44 Deutlicher formuliert es Hilpert (2009: 37): „It is one of the basic observations within Construction Grammar that the meanings of *utterances* are often non-compositional, such that what is conveyed by an *utterance* cannot be reduced to the meanings of its component parts (Goldberg 1995)." (Hervorhebungen von mir, A.W.). Vgl. auch die Definition von Nicht-Kompositionalität bei Kay & Michaelis (2012: 2273): „If the grammar accords to a *sentence* a different interpretation from what could be built up piece by piece from its words and constituent phrases, syntactically transparent compositionality scores this as an instance of non-compositionality." (Hervorhebung von mir, A.W.).

von Nicht-Kompositionalität auf den Unterschied zwischen den Begriffen der Konstruktion und des Konstrukts hinzuweisen:

> [T]he meaning of the whole construction is a function of the meaning of the elements of the construction. More precisely, the semantics of the whole construction follows the general rules of semantic composition of expressions in the language. (Croft 2001: 180)

Beachtet man diese Trennung aber, wird klar: Die semantischen Eigenschaften einer Konstruktion können kaum aus denjenigen ihrer Teile rekonstruiert werden, weil diesen einzelnen Teilen einer *Konstruktion*, zumindest einer Argumentstruktur-Konstruktion in Goldbergs Modell, keine semantischen Eigenschaften zugeschrieben werden. Konstruktionen sind damit semantisch immer nicht-kompositionell, ihre semantischen Eigenschaften betreffen immer alle ihre Strukturelemente als Ganzes (vgl. Abschnitt 4.3). Allein die *Konstrukte* einer Konstruktion können semantisch kompositionell oder nicht-kompositionell aufgebaut sein.[45] Das Kriterium der Nicht-Kompositionalität auf Ebene einer (Argumentstruktur-)Konstruktion anzusetzen, besitzt damit keinerlei Erklärungswert, denn um Kompositionalität widerlegen zu können, müsste man die semantischen Eigenschaften der einzelnen Teile der Konstruktion kennen und eine kompositionelle Analyse zumindest aufzeigen können. Beschreibt man die Formseite einer syntaktischen Konstruktion durch Phrasentypen wie NP oder VP (vgl. etwa die Beispiele bei Ziem & Lasch 2013: 19, Tabelle 1),[46] würde dies zu Fragen nach den (abstrakten) semantischen Eigenschaften jener Phrasentypen führen (vgl. auch Schmid 2020: 251).[47]

---

45 Die fehlende Beachtung dieses Unterschiedes schlägt sich auch in der Unterscheidung zwischen Konstruktionen und *Satzmustern* nieder, die Stefanowitsch (2009) annimmt, wobei er Erstere als nicht-kompositionell und Letztere als kompositionell definiert. Vgl. kritisch dazu Schneider (2014: 365), Dürscheid & Schneider (2015: 186), Bücker (2015: 451) und Imo (2015: 567).

46 Gegen die Verwendung von Phrasen(typen) bei der formalen Analyse von Konstruktionen wendet sich auch Lasch (2018a,b, 2020), allerdings aus einem anderen Grund. So kritisiert Lasch (2018b: 162), „dass der Phrasenbegriff bereits konstruktionale (und damit funktionale) Aspekte impliziert und [...] selbst wieder auf Konstruktionen niederen Abstraktionsniveaus setzt, die allerdings in der Erläuterung der Struktur der Konstruktion vorausgesetzt und meist nicht expliziert werden." Worin der funktionale Charakter von Phrasen(typen) besteht, führt Lasch jedoch ebenso wenig aus.

47 In ebendiese Richtung argumentiert allerdings Langacker (1987: 189, 1991: 18, 21), wenn er davon ausgeht, dass Nomen ‚Dinge' (*things*) und Verben ‚Prozesse' (*processes*) bezeichnen. Dass es hier zu Diskrepanzen mit der Konstruktionsgrammatik kommt, führt Langacker (2005a: 106) selbst aus: „A basic claim of Cognitive Grammar is that notions like noun, verb, noun phrase, subject, and object are semantically definable and inherent in symbolic assemblies. Neither Construction Grammar nor Radical Construction Grammar commits itself to any such position." Die

Hinzu kommt, dass die empirische Realität zeigt, dass viele Konstrukte einer Konstruktion deutlich ‚kompositioneller' sind als es Goldbergs Definition suggeriert (vgl. dazu auch Kay & Michaelis 2012: 2272; Michaelis 2012: 39, 49, 58–59), wobei ‚kompositionell' hier heißt, dass die semantischen Eigenschaften eines Konstrukts vollständig aus denjenigen der sie instanziierenden LE erklärbar sind, ohne dass separate semantische Eigenschaften der Konstruktion beteiligt sind (vgl. die Analysen in Unterabschnitt 6.2.1).

In Goldbergs späterer Reformulierung ihrer Definition bleibt das angesprochene Ebenenproblem zunächst erhalten, da sie einerseits nach wie vor dem Kriterium der Nicht-Kompositionalität folgt. Andererseits führt sie zusätzlich dazu nun ein Frequenzkriterium ein, das auf das Prinzip der kognitiven Verfestigung (*entrenchment*) bei Langacker (1987: 59) verweist.

> Any linguistic pattern is recognized as a construction as long as some aspect of its form or function is not strictly predictable from its component parts or from other constructions recognized to exist. In addition, patterns are stored as constructions even if they are fully predictable as long as they occur with sufficient frequency [...]. (Goldberg 2006: 5)

Die terminologische Unterscheidung zwischen Konstruktionen und Konstrukten, die Goldberg auch in ihrer zweiten Definition missachtet, ist nicht nur vor dem Hintergrund der Frage nach semantischer Kompositionalität wichtig. Aus gebrauchsbasierter Perspektive stellen nicht Konstruktionen, sondern Konstrukte den zentralen Phänomenbereich dar, da sie sich von Konstruktionen durch ihre direkte Beobachtbarkeit unterscheiden: Während Konstrukte in Korpora lokalisiert werden können, sind Konstruktionen aus diesen Daten lediglich rekonstruierbar (vgl. Bücker 2012: 61–68).

Was in beiden Konstruktionsbestimmungen Goldbergs fehlt, sind exakte Definitionen von Form- und ‚Bedeutungsseite' einer Konstruktion und damit auch eine Bestimmung des Begriffs der ‚Konstruktionsbedeutung'. Während Lakoff (1987: 467) für die Formseite neben syntaktischen noch phonologische Aspekte annimmt, beschränkt sich Goldberg (1995) in ihrer Studie zu Argumentstrukturen zunächst auf Erstere und greift zur Beschreibung der Formseite überwiegend auf grammatische Funktionen wie Subjekt und Objekt zurück (vgl. dazu kritisch Lasch 2016a: 29). Später bezieht sie programmatisch zusätzlich zu Argumentstruk-

---

Frage danach, ob Phrasentypen tatsächlich ‚bedeutungstragend' sind, erscheint allerdings nach wie vor strittig. Einen empirischen Beweis dafür bleibt Langacker zumindest schuldig. Aus theoretischer Perspektive kritisiert Verhagen (2009: 129–130) an Langacker, dass Wortarten als sprachliche Zeichen nur relational zu Konstruktionen definiert werden können.

turen im weitesten Sinne noch Morpheme,[48] Wörter (lexikalische Konstruktionen) und Phraseme ein (vgl. Goldberg 2003: 219, 2006: 5).[49]

Konkretere Aussagen über den Aufbau von Form- und ‚Bedeutungsseite' einer Konstruktion macht Croft (2001: 18): Erstere besteht in seiner Definition aus syntaktischen, morphologischen und phonologischen Eigenschaften, Letztere aus semantischen, pragmatischen und diskursfunktionalen Eigenschaften. Auch Croft (2001) spricht wie Lakoff und Goldberg von Konstruktionen als ‚Form-Bedeutungs-Paaren', fasst den Begriff von ‚Bedeutung' aber weit:

> The term 'meaning' is intended to represent all of the CONVENTIONALIZED aspects of a construction's function, which may include not only properties of the situation described by the utterance but also properties of the discourse in which the utterance is found [...] and of the pragmatic situation of the interlocutors [...]. I will use the terms 'meaning' and 'semantic' to refer to any conventionalized feature of a construction's function. (Croft 2001: 19)

Dieser weite Begriff von ‚Bedeutung' ist eine Grundannahme und die Motivation dafür, ihn überhaupt für zumindest einen Teil der semantischen Eigenschaften einer Konstruktion (im Sinne des konstruktionssemantischen Modells in Kapitel 4) zu rekrutieren.[50] So stellt Stefanowitsch (2011: 17) fest: „Zur Natur des Bedeutungsbegriffs selbst ist zu sagen, dass dieser häufig von Kritikern der Konstruktionsgrammatik nicht breit genug interpretiert wird." Ein Ansatz, der sich der Beschreibung semantischer Eigenschaften von Konstruktionen widmet, sieht sich damit gleich zwei Herausforderungen konfrontiert: Er muss die etwa von Goldberg (2003: 219, 2006: 5) aufgezählten, formseitig definierten Arten von Konstruktionen in möglichst ihrer ganzen Breite abdecken und gleichzeitig einen einheit-

48 Der Status von Morphemen als Konstruktionen ist umstritten, da Booij (2010: 15) sie im Gegensatz zu Goldbergs davorliegender Ansicht explizit nicht als Konstruktionen anerkennt. Als Reaktion darauf ist zu deuten, dass Goldberg (2013: 17) Morpheme in eine spätere Auflistung von Konstruktionstypen nicht mehr integriert.

49 Während die Konstruktionsgrammatik insbesondere den Status von Argumentstrukturen als Konstruktionen betont – weshalb mit dem Begriff der Konstruktion in der Regel zuerst *syntaktische* Konstruktionen gemeint sind (vgl. Diessel 2019: 11) –, verläuft die Aufnahme konstruktionsgrammatischer Ideen in zuvorderst projektionistisch ausgerichteten Grammatiktheorien interessanterweise andersherum: So betont Jacobs (2016: 25–26), dass insbesondere Simplizia als Konstruktionen (meist *sans la lettre*) anerkannt werden, während für Argumentstrukturen erst passende Argumente gegen eine projektionistische Analyse gefunden werden müssen.

50 Zum weiten Bedeutungsbegriff der Konstruktionsgrammatik allgemein vgl. überblickend auch Fischer & Stefanowitsch (2007: 9). Dass dieser gerade für interaktionslinguistische Studien von Vorteil ist, betont Imo (2007: 29). Ziem & Lasch (2011: 279) weisen allerdings darauf hin, dass sich mit einer Erweiterung des Bedeutungsbegriffs gleichzeitig die Probleme der empirischen Erfassung dieser Bedeutungen vergrößern.

lichen Vorschlag für die Erfassung unterschiedlichster semantischer Phänomene – in Crofts weitem Sinne – machen können. Eine Konstruktionsgrammatik, die „a uniform model of grammatical representation" (Croft 2001: 17) anstrebt, muss also über eine ebenso einheitliche semantische Komponente verfügen. Zweifelsfrei liegt ein solcher Ansatz in weiter Ferne und eine Antwort auf die Frage, ob er eine solch breite empirische Anwendbarkeit jemals wird beweisen können, ist noch nicht gefunden (vgl. auch Stefanowitsch 2011: 17–18). Dennoch möchte ich davon ausgehen, dass die Frame-Semantik hierfür ein Instrumentarium bereitstellt, das zumindest das Potenzial dafür besitzt. Einen Eindruck davon vermittelt die von Busse (2012: 742–786) präsentierte Reihe an (introspektiven) Beispielanalysen, die von lexikalischen Bedeutungen über morphologische Fragestellungen, Wortarten, kontextuelle Bedeutungen, Satzbedeutungen und textlinguistische Zusammenhänge bis hin zu Metaphern, Präsuppositionen, Implikaturen und Sprachwandel reicht. Dass diese Reihe bezeichnenderweise keine Konstruktionen enthält und nicht aus konstruktionsgrammatischer Perspektive formuliert ist, ist mehr als Herausforderung denn als Einschränkung zu verstehen.

Wenngleich sich bisweilen zahlreiche Rekurrenzen auf den Frame-Begriff in der konstruktionsgrammatischen Literatur finden, existieren sowohl für FrameNets Vorgänger-Modelle als auch für FrameNet selbst nur wenige dezidierte Reflexionen, deren vorrangiges Ziel eine Auseinandersetzung mit dem Frame-Begriff aus konstruktionsgrammatischer Sicht ist. Aus diesem Grund muss ein Überblick wie der folgende (Unterabschnitte 2.2.2 bis 2.2.4) zwangsläufig kursorischer Natur bleiben, gerade weil vielen einschlägigen konstruktionsgrammatischen Arbeiten ‚von außen' kaum anzusehen ist, dass sie sich – in welcher Form auch immer – mit Frames auseinandersetzen.

2.2.2 Anwendungen kasusgrammatischer Prinzipien

Blickt man in die konstruktionsgrammatische Literatur, stellt man schnell fest, dass die unterschiedlichen Varianten der Konstruktionsgrammatik in unterschiedlichem Umfang Bezüge zu Frames herstellen. Alle drei Frame-Modelle in der Tradition Fillmores (Unterabschnitte 2.1.1 und 2.1.2) haben innerhalb der gebrauchsbasierten Konstruktionsgrammatik Berücksichtigung gefunden, wenngleich mit unterschiedlicher Gewichtung: Am Beginn steht insbesondere eine Auseinandersetzung mit den Prinzipien der Kasusgrammatik,[51] während in jün-

51 Zur Annahme eines engen Verhältnisses zwischen Kasusgrammatik und Konstruktionsgrammatik vgl. Fried & Östman (2004: 13–15), Östman & Fried (2005: 2), Traugott & Trousdale (2013: 2), Fried (2015: 974) und Welke (2019: 59–72, 2020: 390, 2021a: 376).

gerer Vergangenheit und mit steigender Tendenz das Frame-Modell von FrameNet Anwendung findet. Reflexe der Verstehenssemantik finden sich vereinzelt, aber durchaus zahlreich. Hinzu kommt eine Reihe von Ansätzen, die sich nicht explizit an eines der drei Modelle anschließen, aber dennoch Ideen Fillmores aufgreifen. In diesem und dem nächsten Unterabschnitt 2.2.3 möchte ich zunächst auf die Anwendungen der Vorgängermodelle FrameNets – in der gerade genannten Reihenfolge – eingehen, während ich FrameNet selbst Unterabschnitt 2.2.4 widme.

An der Kasusgrammatik angelehnte Prinzipien haben im Rahmen gebrauchsbasierter Varianten der Konstruktionsgrammatik wenige, dafür aber durchaus einflussreiche Reflexe gefunden. Die prominenteste Verwendung der Kasusgrammatik findet sich bei Goldberg (1995). Sie greift auf statische semantische Rollen zurück, die bei Fillmore (1968) als Tiefenkasus eingeführt werden (vgl. dazu Unterabschnitt 2.1.1).[52] Dabei unterscheidet Goldberg (1995: 43) zwischen zwei Arten frame-semantischer Beschreibung: Semantische Rollen, die an das Verb, das in eine Argumentstruktur-Konstruktion eintritt, gebunden sind, nennt sie *Partizipantenrollen* (*participant roles*), semantische Rollen, die den Argumenten der Konstruktion zugeordnet werden, bezeichnet sie als *Argumentrollen* (*argument roles*). Statische semantische Rollen rekrutiert sie lediglich für Letztere, denn

> [t]he distinction is intended to capture the fact that verbs are associated with frame-specific roles, whereas constructions are associated with more general roles such as agent, patient, goal, which correspond roughly to Fillmore's early case roles or Gruber's thematic roles. (Goldberg 1995: 43).

Goldberg nimmt mit der ‚frame-spezifischen' Definition von Partizipantenrollen bereits eine Entwicklung vorweg, die in FrameNet konsequent praktiziert wird (vgl. dazu Unterabschnitt 2.1.2).[53] Dennoch ist Goldberg insbesondere für ihre mangelnde Beachtung lexikalischer Bedeutungen von Verben immer wieder kritisiert worden (z.B. Nemoto 1998: 221, 2005: 124–125; Boas 2003a: 20; Iwata 2008:

---

52 Fried & Östman (2004: 44) geben an, dass auf die Hierarchie der Tiefenkasus bzw. semantischen Rollen in der Konstruktionsgrammatik hingegen nicht Bezug genommen würde, übersehen aber, dass Goldberg (1995: 57) diese für den Begriff des *Shading* rekrutiert, der Deprofilierung von Partizipantenrollen, etwa in Passivkonstruktionen. Dass dieser Begriff allerdings problematisch und (wie Fillmores Kasusgrammatik) von generativistischen Spuren geprägt ist, gibt Höllein (2019: 45) zu bedenken, der kritisiert, dass das Shading semantischer Rollen gegen das Gebot der Monostratalität, also der Ablehnung von Oberflächen- und Tiefenstruktur (Goldberg 1995: 7), verstößt.

53 Später bezeichnet Goldberg (2002: 342) Partizipantenrollen sogar als verbspezifisch. Croft (2007: 486) beurteilt Goldbergs Handhabung von Partizipantenrollen als *non-reduktionistisch*, um sie mit ihrer Analyse grammatischer Funktionen (z.B. Subjekt und Objekt) zu kontrastieren, welche er als *reduktionistisch* einstuft.

5). Auf zwei Probleme möchte ich deshalb besonders hinweisen (für andere Kritik vgl. auch Welke 2021a: 373–384, 2021b: 72–88). Erstens gibt Goldberg (1995), anders als Fillmore es in der Kasusgrammatik angestrebt hat, nirgendwo eine vollständige Liste der Argumentrollen an, geschweige denn Definitionen der einzelnen semantischen Rollen.[54] Zweitens definiert sie auch Partizipantenrollen nicht, sondern beschränkt sich auf deren bloße Benennung, die sie scheinbar für selbsterklärend hält (vgl. dazu auch Boas 2011b: 49–50). Bereits dies ist ein Indiz für eine unzureichende Reflexion frame-semantischer Prinzipien innerhalb der Konstruktionsgrammatik. Die Probleme, die sich bei der Verwendung statischer semantischer Rollen ergeben und die Fillmore bereits in den 1970er Jahren erkannt hat (vgl. Unterabschnitt 2.1.1), scheint Goldberg zu ignorieren.[55] Zugutehalten muss man ihr, dass sie erkennt, dass die Verstehenssemantik, die zum Zeitpunkt des Erscheinens ihrer Studie das aktuellste Frame-Modell war, schwierig zu operationalisieren ist (vgl. Goldberg 1995: 27). Statische semantische Rollen aber „for convenience“ (Goldberg 2006: 20) zu verwenden, verschiebt lediglich die Probleme.[56] Obwohl die semantischen Eigenschaften von Konstruktionen und speziell der Begriff der ‚Konstruktionsbedeutung‘ gerade in Goldbergs frühen Arbeiten eine große Rolle spielen (z.B. auch Goldberg 1997, 1998, 1999), geht sie hinsichtlich frame-semantischer Überlegungen nicht über die Anwendung von semantischen Rollen im Sinne der Kasusgrammatik hinaus, weshalb von einem elaborierten Einbezug der Frame-Semantik bei ihr nicht gesprochen werden

54 Zur Natur der semantischen Rollen heißt es an einer anderen Stelle etwas konkreter: „[B]ecause they are defined in terms of the semantic requirements of particular constructions, argument roles in this framework are more specific and numerous than traditional thematic roles“ (Goldberg 2002: 342), wortgleich in Goldberg (2006: 39), nahezu wortgleich in Goldberg (2005a: 23).

55 So lässt sich mit Iwata (2008: 20) resümieren: „The practice of representing verb meanings (and constructional meanings, for that matter) in terms of a set of semantic roles and leaving it at that does not carry one very far.“

56 Ausführlicher heißt es am Beispiel der Ditransitivkonstruktion: „The ditransitive involves a predicate with three arguments; these three arguments are labeled ‘agent,’ ‘recipient,’ and ‘theme’ for convenience but there is no assumption that these thematic roles are drawn from a universal or limited set. Instead the roles are determined by the meaning of the construction.“ (Goldberg 2006: 20). Dass hier gleich mehrere Widersprüche vorliegen, ist offenkundig: Die Argumentrollen seien konstruktionsspezifisch, werden gleichzeitig nach traditionellen semantischen Rollen benannt (und wohl aufgrund der Voraussetzbarkeit von deren Bekanntheit nicht definiert), sollen aber keiner festen Liste an semantischen Rollen entstammen. Besonders das Kriterium, dass die Argumentrollen konstruktionsspezifisch seien, wird dadurch, obwohl es direkt an FrameNets Praxis der frame-spezifischen Definition von FE (Unterabschnitt 2.1.2) anschließbar wäre, *ad absurdum* geführt.

kann (vgl. auch Ziem & Lasch 2013: 49). Häufig verzichtet sie ganz auf eine framesemantische Modellierung semantischer Eigenschaften von Konstruktionen.

Eine wie bei Goldberg fehlende Reflexion hinsichtlich der Anzahl und Definition von semantischen Rollen lässt sich für die germanistischen Studien von Lasch (2014, 2015, 2016a,b, 2018a,b,c) nicht feststellen. Für seine Untersuchung deutscher nonagentiver Konstruktionen schließt er sich hinsichtlich der strukturellen Beschreibung von Konstruktionen Goldberg an, geht aber über ihren Gebrauch semantischer Rollen hinaus, indem er eine auf von Polenz (2008: 170–172) zurückgehende Liste erweitert. Damit kommen insgesamt 24 semantische Rollen zusammen (vgl. Lasch 2016a: 39–40), eine im Vergleich zu Fillmores Vorschlägen (Tabelle 2.1 in Unterabschnitt 2.1.1) lange Liste. Obwohl Lasch gebrauchsbasiert arbeiten möchte, ignoriert er, dass die Liste semantischer Rollen von von Polenz ebenso wie Fillmores Tiefenkasus „im Wesentlichen introspektiv und deduktiv entwickelt" (Ziem & Lasch 2013: 139) worden ist. Dass es hierzu eine Alternative in Gestalt von FrameNet gibt, die das genaue Gegenteil darstellt, ist ihm bewusst, dennoch kritisiert er das Vorgehen, semantische Rollen in Form von FE framespezifisch zu definieren:

> Die Möglichkeit, über ein größeres Set an induktiv ermittelten Frameelementen [...] zu verfügen, um Konstruktionsbedeutungen zu spezifizieren, schließt zugleich die Gefahr ein, dass so auf ein Konzept zurückgegriffen wird, das zwischen syntaktischen und semantisch-pragmatischen sowie medialen Aspekten von (nicht nur sprachlichen) Zeichen und deren Gebrauch nicht hinreichend differenziert, da es ganzheitlich den Raum ‚menschlicher Erfahrung' im Blick hat (auch hierzu vgl. Busse 2012: 734–738 mit Bezug auf von Polenz 2008). (Lasch 2016a: 34)

Vor dem Hintergrund, dass die Frame-Semantik einem ganzheitlichen Erklärungsanspruch im Sinne eines *holistischen Paradigmas* gerecht werden sollte (vgl. dazu Ziem 2008: 117–172, 2014b: 99–146), erscheint diese Kritik unverständlich. Lasch fällt mit seinem Rückgriff auf eine statische Liste von semantischen Rollen nicht nur hinter die methodologischen Möglichkeiten einer gebrauchsbasierten Frame-Semantik, sondern auch auf sprachtheoretisch problematische Muster zurück. Er zeigt damit, dass der von ihm vertretene Ansatz „dem hier vertretenen Anliegen gebrauchsbasierter konstruktionsgrammatischer Ansätze eigentlich entgegensteht" (Ziem & Lasch 2013: 139). Die wiederholte Behauptung, die von von Polenz (2008: 170–172) angenommenen semantischen Rollen stellten keine feste, sondern eine tendenzielle offene Liste dar (z.B. Lasch 2016a: 38–39, 41, 2016b: 281, 2018a: 98, 2018b: 162, 2018c: 46) ist ein Paradoxon, denn wirklich konsequent umgesetzt wird diese Maxime nur in FrameNet. Einerseits an traditionellen Begriffen festzuhalten, andererseits eine Annäherung an Prinzipien von FrameNet zu postulieren, kann nur in dieselben Aporien führen, die Fillmore schon in den

1970er Jahren erkannt hat. Wenn eine „Unbestimmtheit und Offenheit eines Sets semantischer Rollen [...] aus konstruktionsgrammatischer Perspektive [...] zu begrüßen" (Lasch 2016a: 38–39) ist – eine für Laschs Ansatz lediglich theoretische und nicht praktisch umgesetzte Prämisse –, liegt es nahe, direkt auf FrameNet zurückzugreifen.

Noch vor den von Lasch (2014, 2015, 2016a,b, 2018a,b,c) publizierten Studien finden sich auch bei Ziem & Lasch (2013: 122–140) Ansätze, das auf von Polenz (2008: 159–180) zurückgehende Konzept der Prädikationsrahmen (in etwa: Kasusrahmen), welches Prädikatsklassen und semantische Rollen vereint – und das später auch Lasch operationalisiert –, als Basis für die semantische Analyse von Konstruktionen heranzuziehen. Die hierfür erstellte Liste semantischer Rollen (Ziem & Lasch 2013: 125–126) weicht dabei mit 22 Rollen von derjenigen, die Lasch (2016a: 39–40) verwendet, ab. Zum Einsatz kommt die im Anschluss an von Polenz (2008: 170–172) erweiterte Liste semantischer Rollen in der Fassung von Ziem & Lasch (2013: 125–126) auch bei Ziem (2013a), der sie auf das Auftreten diskurslinguistischer Schlüsselwörter in Argumentstruktur-Konstruktionen anwendet. Die sich dabei aufdrängenden Fragen nach systematischen Parallelen zwischen einzelnen semantischen Rollen und den Strukturelementen der Argumentstruktur-Konstruktionen bleiben allerdings unberücksichtigt.

Anders als Lasch und insbesondere Goldberg, die sich kaum kritisch mit Fillmores Kasusgrammatik auseinandersetzen, nimmt Rostila (2007, 2009) eine explizite Diskussion der Prinzipien der Kasusgrammatik auf. Er kritisiert die mangelnde Auseinandersetzung mit und die unkritische Haltung gegenüber der Kasusgrammatik in der Konstruktionsgrammatik: „Es hat [...] den Anschein, als würde man ohne Weiteres davon ausgehen, dass Fillmores ursprüngliche Kasusrollen im Rahmen der KxG anwendbar sind." (Rostila 2007: 46). Während Lasch an dieser Stelle die Liste semantischer Rollen von von Polenz einsetzt, plädiert Rostila für einen Ansatz, der sich weiter von Fillmores Konzeption entfernt, nämlich die Konzeption *signifikativ-semantischer Rollen* von Welke (1988: 175–204, 1992: 68–75, 1994, 2005: 93–124).[57] Signifikativ-semantische Rollen unterscheiden sich von den von Fillmore formulierten *denotativ*-semantischen Rollen darin, dass sie auf den mit einem Kasusrahmen ausgedrückten Sachverhalt hin perspektiviert und somit spezifischer sind (vgl. Welke 1988: 188–191). Gerade der Einbezug per-

57 Zu signifikativ-semantischen Rollen und ihrer Abgrenzung zu *denotativ*-semantischen Rollen vgl. auch Ágel & Höllein (2021: 127–133). Welke (1992: 75–76, 1994: 3–4, 2005: 93–115) differenziert sein System semantischer Rollen noch weiter aus, indem er es um das Konzept *(logisch-)pragmatischer* Rollen zentriert. Die unterschiedlichen Rollenkonzepte, die er dabei gegenüberstellt und schließlich integriert, erscheinen allerdings als eine theoretisch wie empirisch nur schwach begründete Programmatik, sodass die Unterschiede zwischen ihnen unklar bleiben.

spektivischer Aspekte, den Fillmore (1977b) zwar in einer späteren Elaboration seiner Kasusgrammatik bereits vollzieht, der aber Rostila zufolge unbefriedigend bleibt, wird dabei als Vorzug von Welkes Konzeption betrachtet (vgl. Rostila 2007: 49–61). Dass Rostila, wie Welke, semantische Rollen aber vorrangig als Teil eines funktionalen Grammatikkonzepts und nicht nicht als dezidierten Reflex einer Frame-Semantik sieht,[58] mag ein Grund dafür sein, dass er an dieser Stelle FrameNet keine Beachtung schenkt, obwohl es, etwa in Gestalt der danach benannten Frame-zu-Frame-Relation (vgl. Unterabschnitt 2.1.2), ebenso ein Repräsentationsformat für Perspektiven beinhaltet. Dass FrameNet jedoch noch in anderer Hinsicht Vorzüge bietet, wird schnell deutlich: Signifikativ-semantische Rollen sieht Rostila (2009: 107–108), wie bereits Welke (1988: 205), als sprachspezifisch an und entfernt sich damit von den Bestrebungen der frühen Kasusgrammatik, ein allgemeingültiges Inventar semantischer Rollen zu formulieren. Dass FrameNet noch weiter geht und FE nicht nur sprach-, sondern frame-spezifisch formuliert (vgl. Unterabschnitt 2.1.2), wird von Rostila nicht wahrgenommen.[59]

Strikt signifikativ-semantisch geht auch Höllein (2019) bei der Untersuchung von Präpositionalobjekten vor und schaltet dieser eine Kritik an denotativ-semantischen Methoden vor, zu denen er sowohl die klassische Kasusgrammatik Fillmores als auch spätere Entwicklungen der Frame-Semantik und FrameNet zählt. Wie er im Detail zur Schlussfolgerung kommt, dass „die Framesemantik insgesamt – nicht nur Framenet – auf einer denotativen Semantikauffassung fußt“ (Höllein 2019: 43, Anm. 49), wird von ihm allerdings nicht expliziert. Ágel & Höllein (2021: 134) gehen sogar noch weiter und behaupten, „dass die denotative Semantik, die – unverständlicherweise – auch von allen Schulen der Konstruktionsgrammatik praktiziert wird, per se zum Scheitern verurteilt ist.“

Bei genauerer Betrachtung treffen von den Aspekten, die Höllein (2019: 8–17) an einer denotativen Semantik kritisiert – (i) Universalitätsanspruch semantischer Rollen, (ii) Bezugnahme auf Außersprachliches, (iii) Beziehung dieses Außersprachlichen auf semantische Rollen, (iv) Ableitungen unmarkierter Default-Analysen, (v) invariante Bestimmung semantischer Rollen –, nicht alle auf FrameNet zu. Es sind dies insbesondere die Punkte (i), (iv) und (v): Wie bereits in Unterabschnitt 2.1.2 betont, verzichtet FrameNet als Reaktion auf die Probleme der Kasusgrammatik auf eine invariante, also über Frame-Grenzen hinweg

58 Rostila (2007: 17–26) spricht in Abgrenzung zu generativen Theorien von einer *funktionalistischen Kasusauffassung*.

59 Interessant ist, dass Welke (2005: 95) sich explizit gegen die verbspezifische Formulierung semantischer Rollen wendet, wie sie (ohne dass er darauf eingeht) auch von Goldberg (1995: 43) in ihren Partizipantenrollen betrieben wird. Eine Zwischenebene, nämlich die frame-spezifische Formulierung, sieht Welke hier noch nicht.

geltende, Bestimmung von (Kern-)FE. Daraus leitet sich gleichermaßen kein universalgrammatischer Anspruch ab – die in der vorliegenden Arbeit praktizierte Anwendung der für das Englische entwickelten Frames auf das Deutsche ist als forschungspraktische Setzung und nicht als universalgrammatisches Postulat zu deuten. Darüber hinaus verzichtet FrameNet – etwa durch seinen gebrauchsbasierten Fokus auf die Analyse von Korpusdaten – auf die Annahme unmarkierter Default-Interpretationen, denen sich alle anderen Realisierungen, etwa einer LE, unterzuordnen haben. Die Punkte (ii) und (iii) verdienen hingegen eine differenziertere Betrachtung, denn an ihnen wird die anti-kognitivistische Ausrichtung der signifikativen Semantik deutlich, die sich mit den Prinzipien der Konstruktionsgrammatik, die auch Höllein (2019) in Teilen übernimmt, nicht verträgt. Würde die Frame-Semantik die Berücksichtigung außersprachlicher Situationen vermeiden, käme dies einer Trennung von Sprach- und Weltwissen gleich, die aus sprach- und kognitionstheoretischer Perspektive unhaltbar ist (vgl. dazu Ziem 2008: 119–142, 2014b: 101–121; Busse 2007b: 274–275, 2015b: 145–148). Es darf auf der einen Seite also bezweifelt werden, dass FrameNet den Grundlagen einer signifikativen Semantik, wie Höllein (2019: 17–20) sie präsentiert, so massiv widerspricht, wie er es suggeriert. Auf der anderen Seite erscheint jedoch die strenge Fokussierung auf deren Prämissen als theoretisch zu weit von ihr und prinzipiell auch von der Konstruktionsgrammatik entfernt.[60]

Neben den Arbeiten von Goldberg, Lasch, Rostila und Höllein, die die Prinzipien der Kasusgrammatik zumindest teilweise zu einem eigenen Diskussionsgegenstand erklären, finden diese auch an anderen Stellen Verwendung, ohne notwendigerweise überhaupt als Ausprägung einer Frame-Semantik angesehen, geschweige denn kritsch reflektiert zu werden. Die Einführung in die Konstruktionsgrammatik von Hilpert (2019), der semantische Rollen lediglich unter dem Begriff der semantischen Valenz diskutiert (vgl. Hilpert 2019: 27), ist ein Beispiel dafür. Im Rahmen einer Fallstudie greift auch Zeschel (2009: 188–198) auf ein unreflektiertes Inventar an semantischen Rollen zurück.

Ein Beispiel aus der germanistischen Forschung ist die Studie von Hein (2015) zu deutschen Phrasenkomposita, die größtenteils auf die Konzeption semantischer Rollen von Primus (2012) zurückgreift. So bildet Hein (2015: 224–238) vier Kategorien von Phrasenkomposita (*subjektsorientiert*, *objektsorientiert*, *adverbial* und *attributsähnlich*), wobei sie jede dieser Kategorien nach den semantischen

60 Interessanterweise arbeiten Ágel & Höllein (2021: 135–137) in ihrer eigenen signifikativ-semantischen Konzeption wiederholt mit dem Begriff der *Perspektive*, der schon bei Fillmore (1977b) und auch in der Verstehenssemantik, für sie also einer denotativen Semantik, einen zentralen Stellenwert einnimmt (vgl. Unterabschnitt 2.1.1 sowie überblickend Busse 2012: 65–66).

Rollen, die dem Erstglied eines Phrasenkompositums zukommen, subklassifiziert.

Ein an kasusgrammatische semantische Rollen erinnerndes Set von 14 Rollen entwickelt González Ribao (2021) für die Analyse von ‚Kommunikationsverben' im Deutschen und Spanischen. Die Rollen nutzt sie dabei hauptsächlich zur Annotation von Argumentstruktur-Mustern im Sinne von Engelberg et al. (2011) und Proost & Winkler (2015), die wiederum auf valenztheoretische und/oder konstruktionsgrammatische Plausibilität überprüft werden. Die verwendeten semantischen Rollen sind dabei verbklassenspezifisch angelegt (vgl. González Ribao 2021: 82), liegen in ihrer Abstraktheit also etwas unterhalb denen der traditionellen Kasusgrammatik.

Schließlich arbeitet Welke (2019) in seinem umfassenden Entwurf eines konstruktionsgrammatischen Modells mit einer Liste aus zehn semantischen Rollen (vgl. Welke 2019: 10), deren Herkunft er nicht näher erläutert[61] und die paradoxerweise zum Einsatz kommen, obwohl Welke (2019: 48–50, 224–227) der Frame-Semantik kritisch gegenübersteht und auf ihren Einbezug eigentlich verzichten möchte. Die bereits von Rostila (2007) geäußerte Kritik an Goldbergs Verwendung semantischer Rollen wiederholt Welke (2011: 175–176) ebenso.

2.2.3 Anwendungen der Verstehenssemantik

Bezüge zur Verstehenssemantik gehen in der Konstruktionsgrammatik über theoretische Reflexionen und allenfalls programmatische Anwendungen kaum hinaus, was wohl in erster Linie an der mangelnden Operationalisierung der Verstehenssemantik bereits durch Fillmore liegt. Entsprechende programmatische Äußerungen finden sich zunächst bei Fillmore selbst, etwa wenn er allgemein davon ausgeht, dass Konstruktionen Frames evozieren können (vgl. Fillmore & Baker 2010: 338). Ziem & Lasch (2011) diskutieren die Anwendung der Verstehenssemantik dezidiert als ein Forschungsdesiderat:[62]

> Aber es ist nicht so, als gäbe es kein analytisches Instrument zur Erfassung von Konstruktionsbedeutungen. Es darf als ein Kuriosum der Forschungsgeschichte gelten, dass Fillmores (1985[a]) Konzept einer *understanding semantics* bzw. *interpretative semantics*, in dem sein frühes Frame-Konzept verankert war, in aktuellen Debatten keine Beachtung findet. Es

61 Vgl. auch Proost (2015: 169) für eine Kritik an Welke (2005: 95–98), die die Frage nach der empirischen Bestimmbarkeit signifikativ-semantischer Rollen aufwirft.

62 Vgl. auch Ziem & Lasch (2013: 120–121, Anm. 77): „Eine umfängliche Erörterung der theoretischen wie auch methodisch-praktischen Relevanz des kognitiven Frame-Konzepts für die Analyse von Konstruktionsbedeutungen steht [. . .] noch aus."

> wäre sicherlich ein fruchtbares und längst überfälliges Unterfangen, dies für eine umfangreichere Beschreibung von Konstruktionsbedeutungen nutzbar zu machen. Anders als das Frame-Konzept, das dem groß angelegten FrameNet-Projekt zugrunde liegt, handelt es sich nämlich hier um einen Ansatz, der auch Verstehensvoraussetzungen und Hintergrundwissen umfänglich einzubeziehen versucht. Bislang mangelt es jedoch an Möglichkeiten, das Konzept für die empirische Praxis angemessen zu operationalisieren. (Ziem & Lasch 2011: 279)

Kondensiert wird diese programmatische Haltung von Ziem (2014d: 275) in die These „Verstehensrahmen strukturieren Konstruktionsbedeutungen" gefasst (vgl. ähnlich Ziem 2008: 198, 2014b: 168), wobei der Begriff der ‚Konstruktionsbedeutung' unbestimmt bleibt. Dies gilt im Übrigen ebenso für die oben zitierte Diskussion von Ziem & Lasch (2011: 279) und dürfte mit ein Grund dafür sein, warum die Frame-Semantik – grundsätzlich – vergleichsweise selten für die semantische Analyse von Konstruktionen angewendet wird.

Dass die Verstehenssemantik allerdings keinerlei Berücksichtigung in der Konstruktionsgrammatik gefunden hätte, wie Ziem & Lasch (2011: 279) es andeuten, bestätigt sich bei einem Blick in die Forschungsliteratur nicht. Und auch die von Welke (2021a: 373) behauptete, auf die Verstehenssemantik bezogene „Nichtanwendbarkeit der Framesemantik auf die Konstruktionsgrammatik" wird schon durch den bisherigen Forschungsstand widerlegt.

Ein sehr frühes Beispiel ist die Studie von Lambrecht (1984) zu deutschen Binomialen, die noch vor den ersten konstruktionsgrammatischen Veröffentlichungen erschienen ist, aber in eindeutig konstruktionsgrammatischem Geist vorgeht. Lambrecht lehnt sich locker an den Frame-Begriff der *scenes-and-frames semantics* (Fillmore 1977a) an, seine Analyse ähnelt aber sehr der intuitiven Herangehensweise, die Fillmore in der Verstehenssemantik verfolgt hat (vgl. dazu Ziem 2014d: 274).[63] Andere über lediglich programmatische Äußerungen hinausgehende Anwendungen der Verstehenssemantik finden sich etwa bei Iwata (2005a,b), der sie für Analysen der englischen Lokativ-Alternation im Rahmen einer dezidierten Unterscheidung zwischen lexikalischen Bedeutungen (in seiner Terminologie: *L-Bedeutungen*) und phrasalen Bedeutungen (*P-Bedeutungen*) nutzt. Eine Integration von Frame-Semantik und Wortfeldtheorie bei der Untersuchung von Konstruktionen mit metaphorischer Bedeutung versucht Glynn (2004), wobei er sich eher diffus an die Prinzipien der Verstehenssemantik anlehnt. Ausgehend von einem verstehenssemantischen Frame-Begriff deutet Lyngfelt (2009) einen Bezug zu FrameNet an, wenn er Frames in einen konstruktionsgrammatischen

63 d'Avis & Finkbeiner (2013: 223) greifen Lambrechts Ideen im Kontext einer Diskussion um artikellose Nomen locker wieder auf.

Ansatz für Kontrolle im Schwedischen integriert. Interessant an dieser Studie ist, dass er explizit für die Verbindung von Frame-Elementen (allerdings nicht strikt im FrameNet-Sinne) mit den syntaktischen Konstituenten von Konstruktionen argumentiert (z.B. Lyngfelt 2009: 163–164) – eine Praxis, die auch in Anwendungen von FrameNet und der Konstruktikographie im Wesentlichen noch immer ein Desiderat ist (vgl. Unterabschnitt 2.3.2).

Einen durchaus größeren Niederschlag hat die auf Fillmore (1982a: 117) zurückgehende Unterscheidung zwischen *semantischen* (auch: kognitiven) und *interaktionalen* (auch: pragmatischen) Frames gefunden, wobei mit Letzteren tendenziell pragmatische Aspekte erfasst werden sollen. Fried (2010) adressiert in diesem Zusammenhang einige grundsätzliche Fragestellungen der Verbindung von Konstruktionen und interaktionalen Frames. Studien zu Einzelaspekten sind etwa die Arbeiten von Fischer (2010) und Matsumoto (2010, 2015). Ohne direkt auf interaktionale Frames abzuzielen, diskutiert Fischer (2008, 2015) den Einbezug situationaler Aspekte in eine Konstruktionsgrammatik und eine mögliche Arbeitsteilung zwischen Konstruktionen und Frames bei der Repräsentation solcher situationaler Aspekte, ohne jedoch auf die Rolle von Frames für die semantische Seite einer Konstruktion einzugehen. Alm & Larsen (2015) fragen, ob bestimmte semantische Aspekte schwedischer Modalpartikeln auf einen (interaktionalen) Frame oder die semantische Seite einer Konstruktion zurückzuführen sind, ohne aber in Erwägung zu ziehen, Letztere mit Ersterem identifizieren zu können. Ähnliche Absichten wie Fischer (2008, 2015) verfolgt auch Fried (2009) für die Modellierung kontextueller Aspekte, verwendet den Begriff des interaktionalen Frames allerdings ebenso nicht, versucht aber die Interaktion von Frames und Konstruktionen in einem an die Berkeley Construction Grammar angelehnten Formalismus darzustellen. Unter Einbezug außerlinguistischer Frame-Modelle blicken Blyth & Koike (2014) in Richtung einer satz- bzw. (für gesprochene Sprache) turnübergreifenden Analyse von Konstruktionen unter Rückgriff auf interaktionale Frames und plädieren für eine Erweiterung des Begriffs der ‚Konstruktionsbedeutung': „As such, a frames-based approach to constructional meaning goes beyond referential and textual functions and includes expressive and metalinguistic functions." (Blyth & Koike 2014: 88). Ein schwerpunktmäßig verstehenssemantisches Frame-Konzept liegt auch dem Ansatz von Nikiforidou (2018) zugrunde, die das bei textsortenspezifischen Konstruktionen relevante Textsortenwissen über interaktionale Frames modellieren möchte. Die Idee interaktionaler Frames wird in direkterer Anlehnung an Fillmore in jüngster Zeit wieder im Rahmen der Konstruktikographie diskutiert, besonders im Zuge der Bemühungen um ein Japanisches Konstruktikon, worauf ich in Unterabschnitt 2.3.2 zurückkomme.

Die eher vereinzelte Wahrnehmung der Verstehenssemantik gilt bereits für die internationale konstruktionsgrammatische Forschung, besonders aber – wenig überraschend – für den deutschsprachigen Raum. Die Arbeit von Felfe (2012) zu Partikelverben mit *an* etwa greift auf Prinzipen des von Ziem (2008) operationalisierten verstehenssemantischen Modells zurück. Unklar bleibt allerdings, ob Felfe Frames über die Ebene lexikalischer Bedeutungen hinaus auch für die semantischen Eigenschaften abstrakter Konstruktionen in Erwägung zieht, ebenso fehlt eine Reflexion der inneren Strukturen von Frames, die einen wesentlichen Teil von Ziems Modell ausmachen, in Bezug auf die inneren Strukturen von Konstruktionen. Auf Ideen aus Ziems Modell greift auch Czicza (2014) in einer teilweise konstruktionsgrammatisch motivierten Studie der (Nicht-)Phorik des Wortes *es* zurück, unternimmt aber keine Bestrebungen, Frames und Konstruktionen zueinander in Beziehung zu setzen, sondern betrachtet beide unabhängig voneinander. Kreß (2017) diskutiert neben konstruktionsgrammatischen Zugängen auch Frames in lockerer Anlehnung an Fillmores Verstehenssemantik zur interaktionslinguistischen Modellierung von Bedeutungskonstitutionen, entscheidet sich letztlich aber für einen informellen kognitiv-semantischen Zugang, wobei sie den Frame-Begriff an einigen Stellen ebenso informell verwendet. Eine kleinere Studie, die den Einbezug von Frames im Sinne der Verstehenssemantik in die Konstruktionsgrammatik diskutiert, ist Albert (2015), der Überlegungen von Busse (2012) aufgreift und auch auf den ansonsten selten diskutierten Begriff der ‚Konstruktionsbedeutung' eingeht.

Die am größten angelegte Studie, die ein Frame-Modell verwendet, das nicht direkt auf einem der Modelle Fillmores beruht, stellt die Untersuchung von Boas (2003a) zu Resultativkonstruktionen dar, in der er eine von ihm so genannte *ereignisbasierte Frame-Semantik* (*event-based frame semantics*) entwickelt (vgl. auch Boas 2011a,b). Diese ist einerseits an die Verstehenssemantik angelehnt, nähert sich aber durch die konsequente Modellierung der inneren Struktur eines Frames und die Berücksichtigung des syntaktischen Ausdrucks von dessen Strukturelementen gleichzeitig FrameNet an, ohne es explizit einzubeziehen. An anderer Stelle weist Boas (2008b) zumindest auf FrameNet hin, integriert es aber nicht in seinen Ansatz. Einzelne Bezüge zwischen Konstruktionsgrammatik und Verstehenssemantik finden sich auch an anderen Stellen bei Boas (2001, 2014), eine ebenso im Rahmen der Studie zu Resultativkonstruktionen geäußerte Kritik an Goldberg (1995) bei Boas (2002, 2003b).

Sporadisch auf Frames Bezug genommen wird auch im Rahmen der als eine dezidierte Methode zur Annäherung an die semantischen Eigenschaften von Konstruktionen entstandenen Kollostruktionsanalyse (Stefanowitsch & Gries 2003; Stefanowitsch 2013), ebenso ohne Anlehnung an ein konkret benanntes Frame-Modell. So untersuchen Gries & Stefanowitsch (2004a) und Stefanowitsch & Gries (2005) die semantische Zusammengehörigkeit kovariierender Kollexeme im Hinblick auf potenzielle Relationen zwischen den Frames, die zwei solcher Kollexeme evozieren. Sie gehen dabei intuitiv – ohne nähere Ausbuchstabierung konkreter Frames – vor und sprechen etwa allgemein von „culture-specific frame-based knowledge" (Stefanowitsch & Gries 2005: 22).[64] In einer Studie zu deutschen modalen Infinitiven greift Stefanowitsch (2007, 2009) im Rahmen einer Kollostruktionsanalyse ebenso auf den Frame-Begriff zurück, hier spricht er ohne weitere Erläuterungen von „‚Frames' im fillmoreschen Sinne" (Stefanowitsch 2007: 167). Hilpert (2012) weist im Rahmen einer diachronen Kollostruktionsanalyse zur englischen *many-a*-Nomen-Konstruktion informell darauf hin, dass die Konstruktion „used to be closely connected to the frame of human emotions." (Hilpert 2012: 241).

Lediglich programmatischen Charakter hat – trotz des vielversprechenden Titels – die Studie von Croft (2009a). An anderer Stelle entwirft Croft (2012: 364–383) eine Synthese aus Ansätzen mit kasusgrammatischen Prinzipien (Goldberg 1995), der Verstehenssemantik (Iwata 2005a,b, 2008; Nemoto 2005) sowie FrameNet (Boas 2006), die die semantischen Eigenschaften von Konstruktionen explizit im Rückgriff auf Frames erfassen soll. Die Vermischung dieser drei Frame-Modelle führt allerdings dazu, dass der daraus entstehende Frame-Begriff diffus bleibt und insbesondere das Zusammenspiel der semantischen Eigenschaften von Konstruktionen und derjenigen von Verben, das Croft (2012: 358–393) besonders adressiert, weniger trennscharf modelliert wird als es sein Anspruch sein dürfte.

Interessantere Impulse finden sich wiederum bei Goldberg (2010), die unter anderem semantiktheoretische Überlegungen rund um Konstruktionen und LE anstellt und Aspekte der Interaktion zwischen lexikalischer Bedeutung und ‚Konstruktionsbedeutung' diskutiert, über ihre ursprünglichen Grundannahmen bei der Unterscheidung zwischen Partizipanten- und Argumentrollen (Goldberg 1995: 43) aber nicht wesentlich hinausgeht. In einer neueren Arbeit nutzt Goldberg (2019) einen an die Verstehenssemantik angelehnten Frame-Begriff schließlich nur noch informell und ausschließlich für die Modellierung lexikalischer Bedeutungen (vgl. etwa Goldberg 2019: 11–13).

Eingang in einen größeren theoretischen Kontext findet der verstehenssemantische Frame-Begriff in dem Netzwerkmodell für syntaktische Konstruktionen von Diessel (2019). Diessel nutzt Frames allerdings ausschließlich zur Erfassung lexikalischer Bedeutungen, während er deren Vergleichbarkeit zu ‚Konstruktionsbedeutungen' grundsätzlich ablehnt:

64 Am Rande legen Stefanowitsch & Gries (2005: 37, Anm. 10) zwei Gründe für den Verzicht auf FrameNet-Daten offen: die unklare Rolle eines festen Inventars von Frames für ihre Analyse sowie die zu lückenhafte Abdeckung von LE für eine quantitativ umfangreiche Untersuchung.

> [C]onstructions are different: they do not immediately evoke world knowledge, but serve to process lexical information. [...] [C]onstructions provide processing instructions that guide listeners' semantic interpretation of lexical expressions. (Diessel 2019: 91)

Diese Annahme ist freilich diskussionsbedürftig und wirkt sich auf die Anwendbarkeit von Frames zur Erfassung der semantischen Eigenschaften von Konstruktionen aus, weshalb ich darauf in Unterabschnitt 4.3.3 zurückkomme. Da Diessel an der Modellierung von Netzwerkstrukturen zwischen syntaktischen Konstruktionen und deren semantischen Eigenschaften interessiert ist, hält er Frames grundsätzlich für darin integrierbar, stellt aber zugleich ein aus framesemantischer Hinsicht verwunderliches Desiderat fest: „Although Fillmore did not specifically propose a network model to explain semantic frames, his notion of frame is immediately compatible with the current network approach." (Diessel 2019: 96). Das Fehlen eines Netzwerkansatzes mag für Fillmores Verstehenssemantik zutreffen, für FrameNet gilt dieses Desiderat allerdings gerade nicht, da FrameNet, wie in Unterabschnit 2.1.2 gesehen, von Grund auf ein Netzwerkmodell zugrunde liegt, das Diessel aber nicht zur Kenntnis nimmt.

Bevor es im nächsten Unterabschnitt 2.2.4 um bisherige Anwendungen von FrameNet gehen soll, möchte ich zwei wesentliche Desiderate verstehenssemantischer Anwendungen der Frame-Semantik festhalten. Was allen bisherigen Ansätzen fehlt, ist eine konkrete Zuordnung der frame-semantischen Analyse zu einer Untersuchungsebene: Sind Konstruktionen oder Konstrukte Gegenstand der Beschreibung? Noch akuter aber ist das Fehlen einer klaren Bestimmung des Begriffs der ‚Konstruktionsbedeutung'. Deutlich wird dies besonders vor dem Hintergrund der Probleme um das Kriterium der Nicht-Kompositionalität in den Konstruktionsdefinitionen Goldbergs (Unterabschnitt 2.2.1). Diese beiden Desiderate gelten grundsätzlich auch für Anwendungen von FrameNet.

2.2.4 Anwendungen von FrameNet

Bereits außerhalb der Konstruktikographie findet FrameNet in durchaus zahlreichen Studien zur semantischen Analyse von Konstruktionen einen Einsatz, wobei meist Einzelaspekte und empirische Fallstudien ohne größere theoretische und methodologische Diskussionen im Vordergrund stehen. Die bisherigen Arbeiten lassen sich grob zwei Linien zuordnen, je nachdem ob sie FrameNet-Frames tendenziell als Grundlage für lexikalische Bedeutungen sehen (wie es der lexikographischen Tradition FrameNets entspricht) oder – innovativer – ob sie sie explizit für die semantischen Eigenschaften von Konstruktionen heranziehen. Eine systematische Vereinigung beider Linien zeichnet sich bislang nicht ab.

Eine verbreitete, an die lexikographische Tradition FrameNets anschließende Verwendung von FrameNet im Rahmen konstruktionsgrammatischer Analysen hat Boas (2010b: 68, 2018: 40, 2019: 239) mit der Annahme postuliert, dass die bei FrameNet zu einer LE dokumentierten Valenzmuster als Formseite von *Mini-Konstruktionen* verstanden werden können, also Konstruktionen auf niedrigeren Abstraktionsebenen, die die unterschiedlichen Lesarten des in einer Konstruktion instanziierten Verbs wiedergeben (vgl. Boas 2003a: 21). Ziem (2014a: 6) meint in etwa dasselbe, wenn er von „realization constructions“, an anderer Stelle: „Realisierungskonstruktionen“ (Ziem 2015c: 404), einer LE spricht (vgl. auch Ziem 2015d: 56).[65] Auf diese Idee weisen auch Boas, Dux & Ziem (2016: 318) im Kontext der Integration konstruktioneller Informationen in das für Deutschlernende entwickelte *German Frame-Based Online-Lexicon* (*G-FOL*) hin. Baker (2012: 274), Ziem (2015d: 56) sowie Ruppenhofer, Boas & Baker (2018: 489) machen darauf aufmerksam, dass LE in FrameNet auch als lexikalische Konstruktionen verstanden werden können. Boas (2010a) diskutiert FrameNet als allgemeinen Zugang zu einer kontrastiven Analyse von Konstruktionen und hinsichtlich der Erfassung konstruktioneller Polysemie. Ebenso allgemein spricht Boas (2017: 562) die Relevanz von Valenzmustern für die Analyse von Argumentstruktur-Konstruktionen an. Weitere allgemeinere Aspekte werden bei Boas (2014, 2016) diskutiert. Auf einer ähnlichen Linie, aber mit stärkerem Einbezug von Verbklassen, arbeitet Dux (2018, 2020).

Dux (2020) entwickelt aus der Synthese aus Valenztheorie, Frame-Semantik (in lockerer Anlehnung an FrameNet) sowie Konstruktionsgrammatik einen Ansatz zur Erfassung von Verbklassen, den er an zwei Beispielkomplexen für das Englische und Deutsche demonstriert. Im Zentrum steht der Begriff der frame-konstruktionellen Verbklasse (*frame-constructional verb class*), der sowohl syntaktische (konstruktionelle) als auch semantische Eigenschaften entsprechender Verben vereint (vgl. Dux 2020: 142–143). Interessant ist, dass Dux (2020: 184–185) frame-konstruktionelle Verbklassen explizit als Konstruktionen versteht, die frame-semantisch über die von den enthaltenen Verben evozierten Frames beschrieben werden können. Hieran wird der lexikalische Fokus seines Ansatzes deutlich. Für die frame-semantische Beschreibung entwickelt Dux (2020: 115, 191) Sets an verbklassenspezifischen FE, die gegenüber FrameNet auf einer abstrakteren Ebene verortet sind. Seine kritische Auseinandersetzung mit FrameNet (vgl.

65 Fried (2009: 67) bemerkt für die Frame-Semantik allgemein das „unique feature of Frame Semantics as a lexical semantic model: the built-in conncetion between lexical meaning of an item and the canonical morphosyntactic expression of its frame elements.“ Die empirische Dokumentation der Valenzmuster bei FrameNet (Unterabschnitt 2.1.2) ist damit als ein syntaktischer Aspekt zu verstehen, der bereits über die Beschreibung lexikalischer Bedeutungen hinausreicht.

etwa Dux 2020: 56–65, 70–74) bietet jedoch zahlreiche konstruktionssemantisch relevante Anknüpfungspunkte.

Grundsätzlich lexikalisch verfährt auch Sullivan (2013, 2016), die ein Zusammenspiel von Konstruktionsgrammatik, Kognitiver Grammatik und Frame-Semantik (in Anlehnung an FrameNet) für die Beschreibung von konzeptuellen Metaphern anstrebt. Während sie insbesondere für die metaphorischen Bedeutungen von LE auf Frames zurückgreift, tut sie dies für dezidiert konstruktionsgrammatische Überlegungen allerdings nicht, sondern nutzt dafür Begriffe der Kognitiven Grammatik. Wenngleich Sullivan (2016) FrameNet und Konstruktionsgrammatik bzw. Kognitive Grammatik einerseits als komplementäre Ansätze für die semantischen Eigenschaften von LE auf der einen und Konstruktionen auf der anderen Seite betrachtet, unternimmt sie nur wenige Bemühungen, beide miteinander zu verknüpfen. So weist sie etwa darauf hin, dass die von Langacker (1987: 217) geprägten Kategorien *trajector* und *landmark* bestimmten FE zugeordnet werden können (vgl. Sullivan 2016: 150).

Ein im Grundsatz ähnlicher Befund der mangelnden Verknüpfung von Frames und Konstruktionen gilt für die korpus- und psycholinguistischen Studien von Perek (2015) zu Argumentstruktur-Konstruktionen. Auch er nutzt FrameNet (marginal) als Grundlage zur Beschreibung lexikalischer Bedeutungen, zieht eine Anwendung für die semantische Analyse syntaktischer Konstruktionen aber nicht in Erwägung, obwohl er sich eingehend mit der Rekonstruktion ihrer semantischen Eigenschaften über lexikalische Bedeutungen auseinandersetzt (vgl. dazu Unterabschnitt 8.5.1).

Eine der wenigen expliziten Anwendungen von FrameNet-Frames auf die semantischen Eigenschaften von Konstruktionen ist die Studie von Hilpert (2009) zu deutschen *mit*-Prädikativ-Konstruktionen. Hilpert bestimmt nicht nur den Begriff der ‚Konstruktionsbedeutung', sondern setzt gleichzeitig die Annahme „that the constructional meaning, i.e. the semantic import of the construction that is not predictable from the meaning of its parts, can be adequately captured with reference to [...] frames" (Hilpert 2009: 30). FrameNet-Frames zieht Hilpert allerdings ausschließlich für die semantischen Eigenschaften von Konstruktionen heran, lexikalische Bedeutungen erfasst er nicht auf der Grundlage von Frames.

Hilperts Studie wird von Zeschel (2018) für eine Untersuchung verwandter *in*-Prädikativ-Konstruktionen aufgegriffen. Mit Hilperts Anwendung von Frames setzt er sich nur am Rande auseinander, resümiert aber, „dass Konstruktionsbedeutungen natürlich durchaus framesemantisch modelliert werden können, sich dabei aber eben die nicht-triviale Frage stellt, genau welcher Frame dafür herangezogen (oder aber: konstruktionsspezifisch postuliert) werden sollte." (Zeschel 2018: 69). Als eine (zumindest heuristische) Antwort auf diese Frage zieht er FrameNet allerdings – anders als Hilpert – nicht in Betracht.

Neben bzw. parallel zu zwei ersten Fallstudien mit dem später von Lasch (2016a) ausführlicher thematisierten Konzept der auf von Polenz (2008: 170–172) zurückgehenden semantischen Rollen (vgl. Unterabschnitt 2.2.2) nehmen Ziem & Lasch (2013: 118–122, 137–139) zwei kurze, auf FrameNet basierende Analysen der semantischen Eigenschaften von Ditransitiv-Konstruktionen (Goldberg 1995: 141–151) sowie ‚Geräusch-als-Bewegung-Verben' (Engelberg 2009; Goschler 2011) vor. Ziem, Boas & Ruppenhofer (2014) nutzen FrameNet-Frames und das Analyseformat des FrameNet-Konstruktikons (Fillmore, Lee-Goldman & Rhomieux 2012) für die Volltextanalyse eines Zeitungsartikels. Ziem (2015d) zeigt die Leistungen von FrameNet-Frames und grammatischen Konstruktionen (genauer: konstruktionellen Null-Instanziierungen) für direkte und indirekte Anaphern auf. Verbunden mit dem Analyseformat des FrameNet-Konstruktikons greift auch die Studie von Ziem & Ellsworth (2016) zu Exklamativkonstruktionen auf FrameNet-Frames zurück. Boas, Dux & Ziem (2016) und Boas & Dux (2017) schlagen, wie auch Boas (2018), einen Weg in Richtung Konstruktikographie ein. Für alle diese Studien gilt, dass sie FrameNet-Frames allein für die semantischen Eigenschaften von Konstruktionen thematisieren, sie aber als Grundlage für lexikalische Bedeutungen, die gerade bei der Analyse von Argumentstruktur-Konstruktionen eine ebenso wichtige Rolle spielen, nicht verwenden.

Nicht gebrauchsbasiert, wohl aber erwähnenswert ist die Studie von Hasegawa et al. (2010), eine kontrastive Fallstudie zum Englischen und Japanischen, in der FrameNet-Frames in den Formalismus der Sign-Based Construction Grammar integriert werden. Im Zuge dessen wird nicht nur auf die Leistung einer Konstruktion, einen Frame zu evozieren, hingewiesen, sondern es werden neben semantischen Eigenschaften von Konstruktionen auch lexikalische Bedeutungen, etwa von Adjektiven, die in Komparativ-Konstruktionen eintreten, berücksichtigt. In diesem Zusammenhang ist auch der Ansatz von Sag (2012) interessant, der ebenfalls explizit FrameNet-Frames in seinen Formalismus einer Sign-Based Construction Grammar integriert.

Unabhängig von einer Zuordnung FrameNets als Basis für lexikalische Bedeutungen oder die semantischen Eigenschaften von Konstruktionen fordert Croft (2001: 62) im Rahmen seiner Radical Construction Grammar die parallele Entwicklung einer *Radical Frame Semantics*, die sich mit der Frage nach den semantischen Primitiva einer typologisch adäquaten, konstruktionsbasierten Grammatik beschäftigen muss. Als solche Primitiva kommen Frames grundsätzlich infrage (vgl. auch Croft 2001: 183):

> In a nonreductionist semantic theory, complex semantic structures such as frames and the complex semantic structures found in constructions are the representational primitives, and

> the categories of components of semantic frames and other complex semantic structures are derivative. (Croft 2005: 287)

Croft untermauert mit dieser These implizit das Argument, Frames als sprachübergreifende semantische Beschreibungseinheiten anzunehmen, wie ich es im Rahmen einer Konstruktionssemantik mit den für das Englische dokumentierten FrameNet-Frames praktiziere. Auch die Praxis FrameNets, die Strukturelemente von Frames anders als die semantischen Rollen der Kasusgrammatik frame-spezifisch zu definieren (vgl. Unterabschnitt 2.1.2) lässt sich als Einlösung von Crofts Forderung verstehen. Er selbst unternimmt allerdings keine weitergehenden Bemühungen, Frames für die semantische Analyse von Konstruktionen heranzuziehen. Eine explizitere Antwort auf die Forderung Crofts hat indes Shead (2011) mit dem Versuch der Entwicklung einer solchen ‚radikalen Frame-Semantik' als Reformulierung von Kategorien bei FrameNet in denen der Radical Construction Grammar vorgelegt. Sein Ansatz nimmt einige Ideen der Konstruktikographie vorweg, etwa die Vergleichbarkeit dessen, was die Konstruktikographie Konstruktionselemente nennt, mit den FE eines korrespondierenden Frames (vgl. Shead 2011: 175) – ein sich andeutender Blick auf die Strukturparallelen zwischen Konstruktionen und Frames (Kapitel 6).

Während all diese Ansätze bereits kleine Schritte in Richtung einer Anwendung von FrameNet-Frames für die semantische Beschreibung von Konstruktionen darstellen, steht freilich noch immer der allgemeinere Beleg aus, dass sich FrameNet-Frames dazu ebenso gut eignen wie für traditionell projektionistische lexikalische Analysen. Eine Kritik wie die folgende von Welke (2019) sollte allerdings nicht dazu führen, FrameNet grundsätzlich als ungeeignet für konstruktionsgrammatische Analysen anzusehen.

> Aber auch das *FrameNET*-Projekt beziehe ich wie die allgemeine *Frame*-Theorie nicht ein: (1) Die *Frames* in *FrameNET* sind Valenzrahmen, die von verbalen Konzepten ausgehen, und nicht Konstruktionsrahmen. Das Projekt ist also valenz- bzw. projektionsorientiert und nicht konstruktionsorientiert. (2) Es geht onomasiologisch vor, von verallgemeinerten (verbalen) Konzepten aus (vgl. 5.4.1 Anmerkung 28) und nicht semasiologisch. (Welke 2019: 48)[66]

66 Ein konkret onomasiologisches Verfahren skizzieren Loenheim et al. (2016: 346–347) für das Schwedische Konstruktikon (Abschnitt 2.3): Frames können hier als Suchfilter für Konstruktionen eingesetzt werden, sodass alle Konstruktionen gefunden werden können, die einem gegebenen Frame zugeordnet sind, ohne die Suche bereits auf formale Eigenschaften der Konstruktionen einzuschränken. Die von Welke (2019: 48) behauptete ausschließliche Beschränkung auf eine onomasiologische Sichtweise (vgl. auch Welke 2021a: 406, Anm. 43) ist jedenfalls eine Fehlinterpretation FrameNets. Ruppenhofer, Boas & Baker (2018: 480) weisen darauf hin, dass Fra-

Zwar kann auch die vorliegende Arbeit den geforderten Beleg nicht in ganzer Breite erbringen, aus dem Überblick über die Forschungsliteratur in diesem sowie den Unterabschnitten 2.2.2 und 2.2.3 ergeben sich allerdings einige erste Schritte für den Weg dorthin. Es lassen sich (mindestens) die folgenden Desiderate erkennen.

- Frames werden entweder als Grundlage für lexikalische Bedeutungen *oder* ‚Konstruktionsbedeutungen' herangezogen, nicht für beide zugleich und ebenso wenig für die Interaktion zwischen beiden.
- Der Begriff der ‚Konstruktionsbedeutung' bleibt in den meisten Studien un(ter)bestimmt und frame-semantisch unreflektiert.
- Die Begriffe *Konstruktion* und *Konstrukt* werden in den seltensten Fällen auseinandergehalten und es bleibt unklar, worauf sich bisherige semantische Analysen beziehen.

Lösungsvorschläge, wie sich diese Desiderate beheben lassen können, unterbreite ich in Kapitel 4 mit der Entwicklung eines konstruktionssemantischen Modells.

2.3 Konstruktikographie

FrameNet ist in erster Linie ein *lexiko*graphisches Projekt, erfasst als LE also vor allem einzelne Wörter und vereinzelt Mehrworteinheiten (vgl. Fillmore, Lee-Goldman & Rhomieux 2012: 312–313). Von dort ist es nur ein kleiner Schritt, auch syntaktische Konstruktionen in einem analogen Analyseformat zu erfassen und ebenso digitale Ressourcen, *Konstruktika*, aufzubauen.[67] Für die empirische Beschreibung von Konstruktionen haben deshalb seit den 2010er Jahren zahlreiche internationale Projekte mit dem Aufbau solcher Ressourcen begonnen, größtenteils als direkte Erweiterungen[68] bestehender FrameNet-Projekte. Als eine Weiterentwicklung traditioneller Lexikographie werden Methodologie und empi-

meNet sehr wohl beide Perspektiven einnimmt, da sowohl eine von Frames ausgehende (onomasiologische) als auch eine von LE ausgehende (semasiologische) Analyse möglich ist.

67 Der Terminus *Konstruktikon* (*constructicon*) als Erweiterung des *Lexikons* ist auf Jurafsky (1991: 8) zurückzuführen (vgl. Bücker 2012: 77–78, Anm. 89; Ziem & Lasch 2013: 95). Ehrlemark, Johansson & Lyngfelt (2016: 816) leiten ihn analog her als „a collection of construction descriptions, a 'dictionary of constructions.'" Welke (2011: 7, Anm. 8) nutzt, ohne Bezug dazu, den Begriff „Konstruktions-Lexion", macht aber nicht deutlich, ob dies das traditionelle Lexikon einschließt oder neben diesem koexistiert. Culicover & Jackendoff (2005: 35–36) plädieren dafür, Konstruktionen ins Lexikon aufzunehmen.

68 Vgl. dazu z.B. Borin et al. (2012: 11): „By its historical and theoretical connections to CG, [Construction Grammar, A.W.] FrameNet is well suited for inclusion of cx [construction, A.W.] patterns. There is also a growing appreciation for the need to do so. Accordingly, an English constructicon rische Arbeit unter dem durch Lyngfelt (2018: 2) populär gewordenen Terminus *Konstruktikographie* (*constructicography*) zusammengefasst.[69] Die unterschiedlichen Projekte orientieren sich überwiegend an dem von Fillmore, Lee-Goldman & Rhomieux (2012) als *FrameNet-Konstruktikon* vorgeschlagenen Ansatz. Dieser wiederum lehnt sich nicht strikt an eine der sieben Varianten der konstruktionsgrammatischen Theoriebildung (Abschnitt 2.2) an. So adaptiert er Ideen der formalen Berkeley Construction Grammar und Sign-Based Construction Grammar, ohne jedoch deren Formalismen zu übernehmen, gleichzeitig ist er durch den konsequent empirischen Anspruch, ähnlich wie FrameNet, gebrauchsbasiert ausgerichtet. Die Konstruktikographie kann deshalb als „applied research in CxG" (Boas, Lyngfelt & Torrent 2019: 50) angesehen werden. Sie nimmt einerseits Prinzipien der Konstruktionsgrammatik auf, ist aber andererseits in der Lage, Erkenntnisse an die konstruktionsgrammatische Theoriebildung zurückzuliefern (vgl. Boas, Lyngfelt & Torrent 2019: 49).

Die einzelnen Projekte unterscheiden sich stark hinsichtlich des Umfangs, in dem sie Bezug auf Frames im Sinne von FrameNet nehmen, sowie der Stärke ihrer Verbindung mit einem korrespondierenden FrameNet-Projekt. Boas, Lyngfelt & Torrent (2019: 25–40) sprechen deshalb von einem Kontinuum, das von Projekten, die direkt aus FrameNet abgeleitet wurden, über solche, die Bezug zu FrameNet nehmen, aber nicht darauf basieren, bis hin zu jenen, die keine Verbindung zu (einem) FrameNet aufweisen, aber davon beeinflusst sind, verläuft. Wie der Überblick in Unterabschnitt 2.3.2 zeigen wird, korreliert diese institutionelle Verbindung allerdings gerade nicht mit dem Umfang, in dem Frames zur Erfassung der semantischen Eigenschaften von Konstruktionen herangezogen werden. Der Stand des Einbezugs von FrameNet-Frames für die konstruktikographische Beschreibung von Konstruktionen gibt jedoch wichtige Impulse für Bemühungen um eine Konstruktionssemantik.[70]

---

is being developed as an addition to the Berkeley FrameNet". Ähnlich auch Bäckström, Lyngfelt & Sköldberg (2014: 30).

69 Der Terminus erscheint zuvor bereits etwa bei Sköldberg et al. (2013: 323), Bäckström, Lyngfelt & Sköldberg (2014: 10), Loenheim et al. (2016: 329) und Ehrlemark, Johansson & Lyngfelt (2016: 815). Ins Deutsche übertragen wird der Terminus etwa von Boas (2019).

70 Projekte, die zwar konstruktikographische Absichten verfolgen, aber in keinerlei Verbindung zu FrameNet stehen und FrameNet-Frames auch nicht (systematisch) zur Analyse von Konstruktionen heranziehen, nehme ich in die folgende Übersicht nicht auf. Dazu gehören für das Englische etwa das Projekt eines auf der *Erlangen Valency Patternbank* basierenden Konstruktikons (Herbst & Uhrig 2019) sowie für das Deutsche das am Leibniz-Institut für Deutsche Sprache beheimatete Projekt *Verben und Argumentstrukturen* (Engelberg 2019; Zeschel & Proost 2019).

Beginnend mit dem als FrameNet-Konstruktikon bezeichneten Ursprungsprojekt für das Englische existieren aktuell sieben gebrauchsbasierte konstruktikographische Projekte:[71]

- das FrameNet-Konstruktikon für das Englische (Fillmore 2008a; Fillmore, Lee-Goldman & Rhomieux 2012; Lee-Goldman & Petruck 2018);
- das auf den *COBUILD Grammar Patterns* basierende Konstruktikon für das Englische (Perek & Patten 2019);
- das Brasilianisch-Portugiesische Konstruktikon (*Fn-Br* oder *BP Constructicon*) (Torrent et al. 2014, 2018b; Laviola et al. 2017);
- das Schwedische Konstruktikon (*SweCcn* oder *SweCxn*) (Lyngfelt et al. 2012, 2018; Sköldberg et al. 2013);
- das Japanische Konstruktikon (Ohara 2013, 2014, 2018);
- das Russische Konstruktikon (Janda et al. 2018; Janda, Kopotev & Nesset 2020; Endresen & Janda 2020);
- das FrameNet & Konstruktikon des Deutschen (*German FrameNet/GFN* und *German Constructicon/GCon*) (Ziem & Boas 2017; Boas & Ziem 2018b; Ziem & Flick 2018, 2019; Ziem, Flick & Sandkühler 2019).

Die einzelnen Projekte unterscheiden sich zum Teil stark in ihrer Zielsetzung, also dem Zweck, für den die analysierten und inventarisierten Daten genutzt werden. Während etwa das FrameNet-Konstruktikon und das Konstruktikon des Deutschen eher linguistisch-deskriptive Ziele verfolgen und damit im engeren Sinne konstruktikographisch – als Erweiterung einer traditionellen Lexikographie – ausgerichtet sind, ist das Konstruktikon für das Brasilianische Portugiesisch stärker auf computerlinguistische und anwendungsbezogene Zielsetzungen angelegt (vgl. dazu Boas, Lyngfelt & Torrent 2019: 30).[72]

Obwohl eine Anwendung der in den meisten Fällen ohnehin vorliegenden FrameNet-Daten der jeweiligen Sprache für die semantische Beschreibung von Konstruktionen naheliegt, zumindest für diejenigen Projekte mit linguistisch-deskriptiver Ausrichtung, ist sie nicht in jedem Projekt der Fall. Langfristig birgt aber die Erkenntnis, FrameNets und Konstruktika noch enger verbinden zu müssen, ein erstrebenswertes Ziel:

71 Da es nicht auf einer gebrauchsbasierten Variante der Konstruktionsgrammatik aufbaut, berücksichtige ich das Projekt des *Embodied Construction Grammar Analyzer* (Bryant 2008), welches Boas, Lyngfelt & Torrent (2019: 37) als FrameNet-beeinflusstes Konstruktikon aufführen, nicht weiter.

72 Ein Beispiel im Rahmen des Konstruktikons für das Brasilianische Portugiesisch ist die Nutzung von FrameNet-Daten für die Entwicklung einer Tourismus-App (Diniz da Costa et al. 2018).

> As more and more research groups decide to develop FrameNet-style lexica and constructicons for languages other than English, explicit attention to the question of why frames and constructions belong together will increase. (Petruck 2013b: 8)

Nicht zuletzt aus diesem Grund möchte ich in Unterabschnitt 2.3.1 zunächst in das allen Projekten mehr oder weniger gemeinsame Format zur Beschreibung von Konstruktionen einführen, das ich für den weiteren Verlauf der Arbeit übernehme. Im Anschluss daran gebe ich in Unterabschnitt 2.3.2 einen Überblick darüber, in welchem Maße die unterschiedlichen Projekte Gebrauch von Frames machen und welche Desiderate sich daraus für die Entwicklung einer Konstruktionssemantik ergeben.

2.3.1 Konstruktionen in der Konstruktikographie

Für die Beschreibung von Konstruktionen (Kxn, englisch cxn) werden in der Konstruktikographie Analysekategorien verwendet, die sich in dieser Form in keiner der ‚klassischen' konstruktionsgrammatischen Varianten (Abschnitt 2.2) finden. Durch die engen Verbindungen zu lexikalischen FrameNet-Projekten lehnen sich diese Analysekategorien terminologisch, zum Teil aber auch konzeptionell, an die bei FrameNet verwendeten Kategorien (Unterabschnitt 2.1.2) an.

Hinsichtlich der inneren Struktur von Konstruktionen werden in Anlehnung an die FE eines Frames *Konstruktionselemente* (KE, englisch CE für *construction elements*) definiert (vgl. Fillmore 2008a: 58; Baker 2012: 275). Bisweilen ist auch von *Konstruktelementen* (*construct elements*) die Rede (vgl. Fillmore, Lee-Goldman & Rhomieux 2012: 322, Anm. 20; Lee-Goldman & Petruck 2018: 26, 32). Allerdings ist unklar, ob es sich hierbei um eine gezielte Trennung zweier unterschiedlicher Kategorien handelt oder eine terminologische Vermischung vorliegt. In der Forschungspraxis jedenfalls werden beide Begriffe scheinbar austauschbar verwendet,[73] ich möchte sie für die Zwecke dieser Arbeit jedoch klar voneinander trennen und damit bereits auf das in Unterabschnitt 2.2.4 für die gebrauchsbasierte Konstruktionsgrammatik festgehaltene Desiderat der häufig fehlenden Trennung zwischen Konstruktionen und ihren Konstrukten reagieren.

---

73 So sprechen Lee-Goldman & Petruck (2018: 26, 32) definitorisch von Konstruktelementen, bezeichnen sie jedoch in einem exemplarischen Konstruktionseintrag als Konstruktionselemente, ohne diese Unterscheidung zu begründen. Für Fillmore (2008a: 58) sind Konstruktionselemente „the syntactic elements that make up a construct". Identisch definiert sie Ziem (2014d: 285) als „die syntaktischen Einheiten [...], die zusammen ein Konstrukt bilden." Ziem, Boas & Ruppenhofer (2014: 308) definieren umgekehrt: „Die Teile einer Konstruktion heißen *Konstruktelemente* (*construct elements*)".

KE fasse ich als Bestandteile einer *Konstruktion* auf Type-Ebene auf, die, wie in der Konstruktikographie üblich, benannt und definiert werden[74] und Bestandteile eines Konstruktionseintrags in einem Konstruktikon sind (vgl. Abschnitt 7.3).[75] Konstruktelemente (ich kürze sie mit KtE ab) sind Instanzen von KE, wie sie in konkreten *Konstrukten* vorkommen. Für konstruktionssemantische Analysen ist diese Unterscheidung äußerst zentral.

Interessant ist, dass schon FrameNet keine solche Unterscheidung zwischen Strukturelementen auf Type- und Token-Ebene vornimmt, denn wie Ziem (2014d: 281–282) feststellt (vgl. Unterabschnitt 2.1.3), kennt FrameNet keine Unterscheidung zwischen FE als Leerstellen (*Slots*) von Frames und deren Instanziierungen, die in anderen Frame-Theorien z.B. als *Filler* bzw. Füllwerte bekannt sind (vgl. hierzu überblickend Busse 2012: 553–565).[76] Dieser Mangel hat durchaus Konsequenzen für die Beschreibung der Zusammenhänge von Konstruktionen und Frames, da auf der Ebene ihrer Strukturparallelen insbesondere KtE (und nicht KE) mit FE parallelisiert werden müssen (vgl. Abschnitt 6.1).

Terminologisch analog zu den LE, die einen Frame evozieren, und die, wie in Unterabschnitt 2.1.2 erwähnt, auch frame-evozierende Elemente (FEE) genannt werden, können Konstruktionen *konstruktionsevozierende Elemente* (KEE, englisch CEEs für *construction-evoking elements*) beinhalten: Bei einem KEE handelt es sich um ein Strukturelement, „which indicates any lexically-limited material (if any).“ (Fillmore, Lee-Goldman & Rhomieux 2012: 323). Ein KEE ist damit der ‚lexikalische Anker‘ einer Konstruktion, der für sie charakteristisch ist und sie von anderen Konstruktionen abgrenzt (vgl. Ziem & Flick 2019: 204; Ziem, Flick & Sandkühler 2019: 67–68). Die begriffliche Analogie zu LE bzw. FEE ist allerdings zunächst eine rein terminologische, vor allem weil nicht klar ist, welche theoretischen Annahmen der ‚Evokation‘ einer Konstruktion zugrunde liegen. Bezogen auf das jeweilige Zielphänomen der Analyse besteht zwischen LE und KEE keine Analogie, denn LE bei FrameNet entsprechen Konstruktionen als Ganzes, nicht

---

74 Vgl. Fillmore, Lee-Goldman & Rhomieux (2012: 330): „The constructs will be annotated […] with mnemonic labels on the brackets chosen for ease of recognition.“

75 Hier setzt sich die terminologische Konfusion fort: „The CEs [construction elements, A.W.] are named according to their function in the constructs“ (Fillmore 2008a: 58). Dass zwischen den Funktionen von Konstruktelementen und der Benennung und Definition von KE Generalisierungen liegen, wird hierbei nicht berücksichtigt. Zur Definition von KE vgl. auch Borin, Forsberg & Lyngfelt (2013: 39): „[C]onstructions and construction elements require not only a definition but also a structural representation.“

76 Vgl. aber Sullivan (2013: 19–20) für einen analysepraktischen und terminologischen Vorschlag, diesen Mangel zu beheben.

allein KEE (vgl. dazu die Argumentation im Eingang zu Kapitel 6).[77] Die Analogie besteht somit allein darin, dass KEE als „lexically specified CE[s]“ (Ziem & Flick 2019: 204; Ziem, Flick & Sandkühler 2019: 68) definiert sind.

Anhand einiger Belege der drei in dieser Arbeit untersuchten Konstruktionen möchte ich die soeben skizzierten Strukturelemente kurz illustrieren und zwei weitere Differenzierungen einführen. Die Belege[78] (7)–(9) enthalten Konstrukte der reflexiven Bewegungskonstruktion, die ich in Abschnitt 3.1 vorstelle. Die Konstruktion besteht aus drei KE (BEWEGENDES, EREIGNIS und WEG) und einem KEE (dem Reflexivum). Das KEE qualifiziert die drei Konstruktionen als Reflexivkonstruktionen. Die KtE der KE sowie die Instanzen des KEE sind nach den zur FrameNet-Annotationspraxis analogen Konventionen der Konstruktikographie in eckigen Klammern annotiert, das entsprechende Konstrukt als Ganzes wird dabei in geschweifte Klammern gesetzt.[79]

(7) {[$_{\text{BEWEGENDES}}$ Eine Ahnung von Licht] [$_{\text{EREIGNIS}}$ quält] [$_{\text{KEE}}$ sich] [$_{\text{WEG}}$ durch ein briefbogengroßes, verdrecktes Fenster]}. (Die Zeit, 24.02.2000, Nr. 9)

(8) {[$_{\text{BEWEGENDES}}$ Sie] [$_{\text{EREIGNIS}}$ quetschten] [$_{\text{KEE}}$ sich] ebenfalls [$_{\text{WEG}}$ in den Raum, der nicht viel größer als das Ehebett war, das in ihm stand]}. (Widmer, Urs: Das Buch des Vaters, Zürich: Diogenes 2004, S. 142)

(9) {[$_{\text{BEWEGENDES}}$ Zehntausende von Überlebenden] [$_{\text{EREIGNIS}}$ retteten] [$_{\text{KEE}}$ sich] [$_{\text{WEG}}$ auf Hügel, Bäume und Hausdächer]}, wo sie ohne Trinkwasser und Nahrungsmittel teilweise tagelang ausharrten, bis sie von Hubschraubern gerettet und in Sammellager geflogen wurden. (Archiv der Gegenwart, 2001 [2000])

---

77 Vgl. dazu Fillmore, Lee-Goldman & Rhomieux (2012: 323): „Constructional annotation differs from FN lexicographic annotation primarily in that the frame-bearing units are themselves complex. [...] In place of a TARGET LU (i.e. a frame-evoking element), we have a potentially multiword construct.“

78 Den Terminus *Beleg* verwende ich synonym für ein *Datum* im Sinne von Bücker (2014: 118): ein „Beispiel im Korpus, das zum Untersuchungsgegenstand gemacht wird“ – ohne hiermit eine exhaustive Charakterisierung der in ihm enthaltenen Konstrukte implizieren zu wollen. Vgl. dazu weiterhin Unterabschnitt 4.4.2.

79 Vgl. dazu Fillmore, Lee-Goldman & Rhomieux (2012: 330): „A schematic representation of each construct will be given in the form of labeled bracketing, with outer brackets ‘{ }’ enclosing the expressions produced by the construction, and inner brackets ‘[ ]’ enclosing the individual construct elements.“ Geschweifte Klammern setze ich in dieser Arbeit stets dann, wenn es sich um die Annotation von Strukturelementen einer *Konstruktion* handelt. Fehlen sie, handelt es sich um eine frame-semantische Annotation.

Eine speziell im Rahmen des Konstruktikon des Deutschen entwickelte Subklassifikation von KE betrifft die Unterscheidung in *Kern-KE* und *Nicht-Kern-KE*, analog zu FrameNets Unterscheidung von Kern-FE und Nicht-Kern-FE (Unterabschnitt 2.1.2):[80] Nicht-Kern-KE sind wie Nicht-Kern FE fakultativ und können weggelassen werden (vgl. Ziem & Flick 2019: 205; Ziem, Flick & Sandkühler 2019: 67–68).[81] Diese Weglassung kann wie diejenige von (Kern-)FE als Null-Instanziierung analysiert werden (vgl. Ziem & Flick 2019: 205; Ziem, Flick & Sandkühler 2019: 68, 77). Ein Beispiel für ein Nicht-Kern-KE ist das KE ⟨Weg⟩[82] der zur reflexiven Bewegungskonstruktion verwandten reflexiven Partikelverbkonstruktion, die ich in Abschnitt 3.2 vorstelle.[83] Beleg (10) zeigt ein Konstrukt der reflexiven Partikelverbkonstruktion, in dem das KE ⟨Weg⟩ instanziiert ist, während es in dem Konstrukt in (11) nicht instanziiert ist.

(10) Es dauerte eine halbe Stunde, bis {[KEE sich] [Bewegendes das Feuer] [⟨Weg⟩ über die Treppen] zum Dachstuhl [Richtung hinauf][Ereignis fraß]}. (Krausser, Helmut: Eros, Köln: DuMont 2006, S. 63)

(11) Der Gestank, der trotz des Regens in der Luft liegt, ist so widerlich, daß sogar die Fliegen fortbleiben; nur die Ratten vermehren sich, {[Ereignis fressen] [KEE sich] [Richtung durch]} und bauen sich Nester in den fauligen Eingeweiden. (Schrott, Raoul: Tristan da Cunha oder die Hälfte der Erde; Hanser Verlag 2003, S. 256)

Neben KE und KEE sowie der Unterscheidung zwischen Kern- und Nicht-Kern-KE ist ebenfalls im Rahmen des Konstruktikons des Deutschen eine weitere Art von Strukturelement entwickelt worden, nämlich die des *korrelierenden Elements*

---

80 Allerdings erlauben bereits Gruzitis et al. (2015: 51) die Annahme von „optional CEs" im Rahmen des Schwedischen Konstruktikons.

81 Allerdings darf daraus nicht geschlossen werden, dass Kern-KE semantisch stets mit Kern-FE und Nicht-Kern-KE stets mit Nicht-Kern-FE zu parallelisieren sind. Ich komme auf diesen Aspekt in Unterabschnitt 6.4.2 zurück.

82 Die Notation des KE in Winkelklammern soll, analog zu derjenigen von Nicht-Kern-FE, dessen Status als Nicht-Kern-KE markieren. Sie dient als Alternative zur Verwendung runder Klammern, wie sie etwa bei Gruzitis et al. (2015: 51) zu finden ist.

83 Auch Ziem & Flick (2019: 205, Anm. 5) und Ziem, Flick & Sandkühler (2019: 68, Anm. 3) führen die *way*-Konstruktion, das englische Äquivalent der reflexiven Bewegungskonstruktion, als Beispiel für eine Konstruktion mit Nicht-Kern-KE an, zielen in ihrer Analyse aber nicht auf die grundsätzliche Fakultativität eines KE wie ⟨Weg⟩ ab, sondern auf die – auch für ihre deutschen Äquivalente beobachtbare – mögliche mehrfache Instanziierung dieses KE (vgl. dazu Unterabschnitt 6.4.1).

(KorE).[84] Als KorE kommen Wörter oder Phrasen infrage, deren Auftreten charakteristische Funktionen für eine Konstruktion realisieren kann, etwa Modalpartikeln wie *aber*, *denn* oder *doch*, die in Exklamativkonstruktionen die Überraschung der Sprechenden markieren (vgl. Boas & Ziem 2018b: 216) oder Negationspartikeln wie *nicht* oder *kein*, die charakteristisch für die *geschweige denn*-Konstruktion sind (vgl. Ziem & Flick 2019: 205; Ziem, Flick & Sandkühler 2019: 69). Unter den drei in dieser Arbeit untersuchten Konstruktionen verfügt die reflexive *Weg*-Konstruktion, die ich in Abschnitt 3.3 vorstelle, über ein KorE. Zur Illustration sei in den Belegen (12) und (13) allein das jeweilige KorE annotiert.

(12) Wie ein Triumphator {bahnt sich Schiller [$_{\text{KorE}}$ den Weg] durch die Menschenmenge}, eskortiert von den Würdenträgern der Universität. (Safranski, Rüdiger: Friedrich Schiller, München Wien: Carl Hanser 2004, S. 311)

(13) {Mein Schälmesser mit der dünnen Klinge säbelt sich [$_{\text{KorE}}$ einen Weg] durch die buschigen Petersilienköpfe}, während ich überlege, ob es tatsächlich Köpfe oder doch Blätter oder gar Büschel heißt. (Riedel, Susanne: Eine Frau aus Amerika, Berlin: Berlin Verlag 2003, S. 106)

Vergleicht man die Konstrukte der reflexiven *Weg*-Konstruktion mit denen der reflexiven Bewegungskonstruktion, wird die Leistung des KorE deutlich: „[I]t enhances, or supplements, a (semantic, pragmatic, discourse-functional, or syntactic) property of the construction addressed." (Ziem, Flick & Sandkühler 2019: 69). Ohne das KorE wäre die reflexive *Weg*-Konstruktion strukturell mit der reflexiven Bewegungskonstruktion identisch. Obwohl KorE „do not contribute a specific meaning aspect to the construction" (Ziem, Flick & Sandkühler 2019: 69), kann sich ihre semantisch ‚verstärkende' Leistung dadurch äußern, dass sie einen mit der Konstruktion assoziierten Frame evozieren (dazu Unterabschnitt 8.3.2).[85]

Wichtig für die konstruktikographische Beschreibung einer Konstruktion ist hinsichtlich ihrer Strukturelemente, dass die KE, mit denen die KtE annotiert werden, wie bereits erwähnt, in der Konstruktikographie benannt und definiert werden (vgl. weiterhin Abschnitt 7.3). Über diese semantischen Fragestellungen hinaus werden üblicherweise Informationen über die syntaktische Realisierung von

84 Bei Ziem & Flick (2018: Abschn. 3.3) werden diese Elemente noch „Correlated Elements" genannt, müssten also mit *korrelierte Elemente* übersetzt werden. Ich halte mich allerdings an die neuere, bei Ziem & Flick (2019: 205) sowie Ziem, Flick & Sandkühler (2019: 69) zu findende Bezeichnung „*Correlating Element*".

85 Ich weiche hier allerdings insofern von der bisherigen Definition von KorE ab, als dass ich nicht zwingend voraussetze, „that they are syntactically often incorporated in a CE" (Ziem, Flick & Sandkühler 2019: 69). Ob es weitere Fälle gibt, für die eine solche Inkorporation nicht angenommen werden kann, müssen weitere Forschungen zeigen.

KE generiert, ebenso wie ihre Realisierungsmuster, also die Konfigurationen von KE, KEE und KorE, die regelmäßig instanziiert werden (vgl. Boas & Ziem 2018b: 202). Alle relevanten Informationen zu einer Konstruktion werden in einem Konstruktionseintrag vereint, der wesentlicher Bestandteil des Kerns eines Konstruktikons ist (vgl. Unterabschnitt 7.1.1).

Wie schon ein lexikalisches FrameNet für Frames ist ein Konstruktikon keine schlichte Liste von Konstruktionen, sondern ein Netzwerk (vgl. Ziem 2014c: 16): Relationen zwischen Konstruktionen werden deshalb ebenso berücksichtigt. Diese sind grundsätzlich mit den Relationen zwischen Frames vergleichbar (vgl. Boas 2014: 56). Die Frage, wie die semantischen Relationen zwischen Konstruktionen (auch im Rückgriff auf Frames) modelliert werden können, ist jedoch bisher kaum systematisch bearbeitet worden und stellt nach wie vor ein Forschungsdesiderat dar (vgl. auch Diessel 2019: 2).

2.3.2 FrameNet-Frames in der Konstruktikographie

Die einzelnen konstruktikographischen Projekte nehmen, vermutlich nicht zuletzt aufgrund ihrer teils linguistisch-deskriptiven, teils computerlinguistischen Zielsetzungen, in unterschiedlichem Umfang Bezug auf Frames, adressieren dabei aber durchaus zentrale Fragestellungen. Von einem selbstverständlichen Einbezug von Frames in die Konstruktikographie, wie ihn das folgende Zitat von Boas (2019) suggeriert, kann jedoch noch nicht die Rede sein.

> Da es sich bei Konstruktionen um Form-Bedeutungs-Paarungen handelt, werden in den Konstruktionseinträgen auch angemessen Verweise auf von den Konstruktionen evozierten semantischen Frames festgehalten. (Boas 2019: 258, Anm. 25)

Für den Überblick über die bisherige Nutzung von FrameNet-Frames in der Konstruktikographie gehe ich in der im Eingang zu diesem Abschnitt aufgelisteten Reihenfolge der Projekte vor.

Programmatische Überlegungen zur Verbindung von Konstruktionen und Frames finden sich erstmals bei Fillmore (2008a: 58), der eine grundsätzliche Übertragbarkeit der FrameNet-Methodologie von lexikalischen Analysen hin zu Konstruktionsanalysen annimmt. Ähnlich formulieren Fillmore & Baker (2010: 339), dass „Future FrameNet activities will be moving into the semantics of grammar, both general and abstract [...] and phraseological (constructions and syntactic idioms)“. Der schon allgemein von ihm geäußerten Annahme, dass Konstruktionen Frames evozieren können (vgl. Fillmore & Baker 2010: 338), schließt sich Fillmore (2014: 138) auch für die Konstruktikographie an. Das FrameNet-Konstruktikon für das Englische, das die damit verbundenen empirischen Vorhaben umsetzen soll, greift allerdings nur in geringem Maße auf Frames zurück. Dies ist schon daran erkennbar, dass die öffentlich zugängliche Datenbank nicht mit dem Auftritt des lexikalischen FrameNet verbunden und von dort nicht auffindbar ist.[86] Zwar wird programmatisch die Beschreibung von *construction-to-frame-links* beabsichtigt (vgl. Lee-Goldman & Petruck 2018: 27), diese sind aber noch nicht in die Datenbank implementiert (vgl. auch Boas, Lyngfelt & Torrent 2019: 27). Die bisherigen Verbindungen von Konstruktionen und Frames betreffen vor allem allgemeine Informationen wie die Eigenschaft einer Konstruktion, global mit einem Frame assoziiert zu sein. So geben Fillmore, Lee-Goldman & Rhomieux (2012: 324–330) in einer Klassifikation von Konstruktionen dezidiert einen Typ der ‚frame-evozierenden Konstruktion' an und nennen hierfür das Beispiel der etwa von Goldberg (1995: 199–218, 1996) beschriebenen *way*-Konstruktion,[87] die den Frame `Motion` evoziert (vgl. Fillmore, Lee-Goldman & Rhomieux 2012: 322).[88] Klare Erläuterungen dessen, was es bedeutet, dass eine Konstruktion einen Frame ‚evoziert' und ob und, wenn ja, wie sich dieser Evokationsmechanismus von dem einer LE unterscheidet, finden sich in der Forschungsliteratur sowie in der konstruktikographischen Praxis allerdings nicht (dazu weiterhin Abschnitt 8.1). Darüber hinaus ist unklar, warum, um beim Beispiel der *way*-Konstruktion zu

86 Es handelt sich dabei allerdings mehr um einen Zufall als um eine gewollte Trennung (Miriam Petruck, persönliche Kommunikation). Vgl. dazu auch Lee-Goldman & Petruck (2018: 20): „BTC [*Beyond the Core* – der Arbeitstitel des FrameNet-Konstruktikon-Projekts, A.W.] and FrameNet are yet to be fully integrated; in particular, the explicit connections between frames and constructions must be represented. Though this essential element is missing, the FrameNet Constructicon nonetheless illustrates a working progress for constructicon development."

87 Die in der Konstruktikographie übliche Praxis, Konstruktionen FrameNet-analog in kursivierter Festbreitenschrift darzustellen, übernehme ich nicht, insbesondere nicht generell für Konstruktionsnamen, da dies suggerieren würde, dass die erwähnte Konstruktion bereits in einem Konstruktikon inventarisiert sei (was etwa für die deutschen Äquivalente der *way*-Konstruktion nicht zutrifft). In direkten Zitaten löse ich die Kennzeichnung in Kursivschrift auf und vereinheitliche die für Konstruktionsnamen bisweilen unterschiedlichen verwendeten Festbreitenschriften.

88 Lee-Goldman & Petruck (2018: 32–33) geben dasselbe Beispiel, analysieren die *way*-Konstruktion allerdings mit dem Frame `Self_motion`, der als untergeordneter Frame in einer Vererbungsrelation zu `Motion` steht (vgl. dazu Unterabschnitt 5.4.3). Eine ähnliche Inkonsistenz spiegelt sich in der Datenbank wider (siehe unten): Während im Eintrag für die ‚way_means'-Lesart zunächst global auf `Motion` verwiesen wird, wird in der Prosa-Beschreibung `Self_motion` herangezogen. Bei der ‚way_manner'-Lesart hingegen ist es auch in der Prosa-Beschreibung `Motion`. Ob es sich dabei um einen Fehler oder eine bewusste Unterscheidung – die dann unbegründet bliebe – handelt, ist nicht ersichtlich. Indes scheint auch Sag (2012: 141–142) `Motion` für seine Analyse der *way*-Konstruktion im Rahmen der Sign-Based Construction Grammar heranzuziehen, benennt ihn aber nicht eindeutig. Zur Frage, warum für die drei in der vorliegenden Arbeit untersuchten Konstruktionen `Motion` und nicht `Self_motion` herangezogen wird, vgl. Unterabschnitt 8.5.1.

bleiben, gerade `Motion` und kein anderer Frame herangezogen wird und welche methodischen Schritte zu dieser Entscheidung geführt haben. Die in dieser Arbeit vorzunehmenden Analysen der deutschen Äquivalente der *way*-Konstruktion müssen Fragen wie diese also gezielt adressieren (vgl. dazu Abschnitte 8.4 und 8.5).

In der Datenbank des FrameNet-Konstruktikons[89] enthalten die Konstruktionseinträge der drei Lesarten der *way*-Konstruktion (‚way_neutral', ‚way_manner' und ‚way_means') lediglich den globalen Verweis darauf, dass die Konstruktionen den Frame `Motion` evozieren. Darüber hinaus findet sich in den 75 dokumentierten Konstruktionen in der Datenbank lediglich in zwei weiteren Konstruktionseinträgen der Hinweis, dass die dort beschriebenen Konstruktionen einen Frame evozieren: der *Be_recip*-Konstruktion (`Reciprocality`)[90] und der *Uniqueness*-Konstruktion (`*Uniqueness`).[91]

Tab. 2.4: Strukturelemente der Lesarten der *way*-Konstruktion im FrameNet-Konstruktikon

‚way_neutral'	**‚way_manner'**	**‚way_means'**
CEE	CEE	CEE
Direction	Direction	Direction
Goal	Goal	Goal
Make_verb	Intransitive_manner_verb	Intransitive_means_verb
Manner	Manner	Manner
Means	Means	Means
Modifier	Modifier	Modifier
Path	Path	Path
Source	Source	Source
Theme	Theme	Theme
	Transitive_manner_verb	Transitive_means_verb

Am Beispiel der *way*-Konstruktion lassen sich bei genauerer Betrachtung über die globale Assoziation einer Konstruktion mit einem Frame hinaus jedoch weitere Parallelen zwischen beiden feststellen. Vergleicht man die Strukturelemente in

89 http://sato.fm.senshu-u.ac.jp/frameSQL/cxn/CxNeng/cxn00/21colorTag/index.html (zuletzt abgerufen am 07.09.2021). Alle Aussagen über den Inhalt des FrameNet-Konstruktikons basieren auf der über diese URL zugänglichen Datenbank. Bei direkten Zitaten verweise ich auf den Konstruktionsnamen, da keine individuellen URLs für die einzelnen Konstruktionseinträge existieren.

90 Eine Analyse dazu findet sich bei Lee-Goldman & Petruck (2018: 27–33).

91 Der Asterisk vor dem Frame-Namen zeigt an, dass dieser Frame in FrameNet bisher nicht existiert (vgl. Ohara 2018: 154, Anm. 9), was einen Nachvollzug der Analyse freilich erschwert.

den drei Lesarten der Konstruktion (Tabelle 2.4) mit den FE von `Motion` (Tabelle 2.2 in Untarabschnitt 2.1.2), stellt man fest, dass viele KE der Konstruktion nach FE dieses Frames benannt sind (vgl. dazu auch Boas, Lyngfelt & Torrent 2019: 26).[92] Konstruktionen wie sie sind dann also „annotated with regard to both their syntax and their frame semantics" (Baker 2012: 275). Betrachtet man die Strukturelemente der *way*-Konstruktion, so gelten die Parallelen zwischen FE und KE insbesondere für die KE DIRECTION, GOAL, MANNER, MEANS, PATH, SOURCE und THEME, für die sich korrespondierende FE in `Motion` finden. Im Konstruktionseintrag etwa der ‚way_means'-Lesart wird das dem KEE syntagmatisch folgende KE etwa wie folgt beschrieben: „Following *one's way* [dem KEE, A.W.] is an obligatory frame element indicating some core aspect of motion (Source, Path, Goal, Direction)." (FrameNet-Konstruktikon, *way_means*).

Diese Analyse ist auf die Annahme von Fillmore, Lee-Goldman & Rhomieux (2012: 322, Anm. 20) zurückzuführen, dass KE grundsätzlich konzeptuell als FE verstanden werden können.[93] Dadurch, dass angenommene Parallelen von KE und FE in der konstruktikographischen Beschreibung in der Datenbank unreflektiert bleiben und KE und FE – wie in obigem Zitat aus dem Konstruktionseintrag für *way_means* – bisweilen miteinander vermischt werden, bleiben entsprechend modellierbare Strukturparallelen zwischen der Konstruktion und dem Frame letztlich intransparent, besonders wenn sie nicht durch Korrespondenzen zwischen beiden Datenbanken angezeigt werden. Hält man die Maxime „Die Inhaltsseite von Konstruktionen strukturieren Frames" (Ziem 2018c: 121) aufrecht, bleibt also gerade dieser Aspekt der *Struktur* unbeachtet. Wenn Baker (2012: 275) davon ausgeht, dass „the combination of frame and construction information produces a more complete representation of a sentence", entsteht zumindest mit dem im FrameNet-Konstruktikon praktizierten Verfahren eher der gegenteilige Effekt. Das Verhältnis von Konstruktionen und Frames im FrameNet-Konstruktikon bleibt, wenn es in dieser Form in der Konstruktikographie praktiziert wird, diffus.

---

92 Lee-Goldman & Petruck (2018: 33) schreiben dazu explizit: „[T]he arguments of the construction (the subject, the path-expressing PPs, etc.) are properly analyzed as FEs of `Self_motion`, [sic!] just as if the motion-indicating predicate was a simple verb like *run*."

93 An anderer Stelle relativieren Fillmore, Lee-Goldman & Rhomieux (2012: 336) dies jedoch teilweise, wenn sie für das Beispiel der Gapping-Konstruktion schreiben: „[T]he labels applied to the various construct elements are not automatically informative as to how they contribute to the meaning of a sentence. While Frame Elements identify event participants, are arranged in a hierarchy, and may be connected to an external ontology, the labels applied to the subparts of a *Gapping* construct must be looked up in a prose description which explains what to do with these constituents." Zwar bieten sie die geforderten Prosa-Beschreibungen in der Datenbank an, offen bleibt jedoch nach wie vor, worin die konkreten Parallelen zwischen KE und FE bestehen.

Im Kontext der Bemühungen um ein Konstruktikon des Englischen existiert neben dem FrameNet-Konstruktikon der davon unabhängige Ansatz von Perek & Patten (2019), die auf der Basis der *COBUILD Grammar Patterns* eine quantitativ größere Abdeckung ‚kerngrammatischer' Konstruktionen wie Argumentstrukturen anstreben (vgl. auch Hunston 2019). Dazu werden die in den COBUILD-Wörterbüchern dokumentierten, zu einem Verb gehörenden grammatischen Muster mit den Valenzmustern in FrameNet halbautomatisch abgeglichen und den Frames, die die korrespondierenden LE in FrameNet evozieren, zugeordnet (vgl. Perek & Patten 2019: 365–370). Damit wird es möglich, die COBUILD-Muster um semantische Informationen, eben Frames, anzureichern: „We propose that FrameNet can serve as a semantic component for the COBUILD Grammar Patterns, while the patterns can be used to complement the lexicogrammatical information of FrameNet." (Perek & Patten 2019: 364). Frames werden hier also von Beginn an für die semantischen Eigenschaften von grammatischen Mustern herangezogen, aus denen sich Konstruktionen rekonstruieren lassen.[94] Erster Schritt für diese Rekonstruktion ist ein Vergleich der Frames, die mit einem grammatischen Muster assoziiert sind:

> By examining the full range of frames associated with each pattern, it should be possible to map out the semantic domain of the pattern and identify different semantic areas that can be generalized over; these generalisations can in turn be interpreted as the semantic side of one or more constructions. (Perek & Patten 2019: 370)

Zweiter und entscheidender Schritt ist die Analyse der so gewonnenen Frames hinsichtlich ihrer Frame-zu-Frame-Relationen und die Frage nach einem möglichen übergeordneten Frame, der mit einem Muster als Ganzes assoziiert werden kann (vgl. Perek & Patten 2019: 374–376). Erste Ergebnisse zeigen Perek & Patten (2019: 370–374) im Rahmen einer Fallstudie zur englischen V-*that*-Konstruktion auf. Bemerkenswert ist neben der ansonsten innerhalb und gerade außerhalb der Konstruktikographie seltenen Anwendung von FrameNet-Frames auf die semantischen Eigenschaften von Konstruktionen (und nicht auf die von LE) der konsequente Einbezug von Frame-zu-Frame-Relationen zur Generalisierung dieser semantischen Eigenschaften. Daneben enthält die von Perek und Patten praktizierte Herangehensweise interessante implizite Ansätze für den Umgang mit polysemen Konstruktionen, auf die ich in Abschnitt 5.2 zurückkomme.

---

94 Die semantischen Eigenschaften der im Muster lexikalisch fixierten Verben spielen dabei ebenso eine Rolle: „A construction in this approach is defined as a pairing of a pattern and a generalisation over the semantic frames evoked by verbs occurring in the pattern." (Perek & Patten 2019: 373).

Perek & Patten (2019) zeigen ein systematisches Verfahren auf, wie semantische Eigenschaften von Konstruktionen mit der Hilfe von grammatischen Mustern und Frames erschlossen werden können und sind dem FrameNet-Konstruktikon damit hinsichtlich konkreterer Fragen nach dem Verhältnis zwischen Konstruktionen und Frames voraus.

Einen anderen Lösungsansatz für dieses Problem bietet das Konstruktikon für das Brasilianische Portugiesisch[95] an. Es kann im Hinblick auf die praktische Verknüpfung von Konstruktionen und Frames und der Darstellung dieser Verknüpfungen in der Datenbank als das elaborierteste Projekt gelten, wenngleich es durch seine computerlinguistische Ausrichtung nur eingeschränkte Implikationen für linguistisch-deskriptive Zwecke erlaubt. Anders als das FrameNet-Konstruktikon arbeitet es von Beginn an mit einer Verknüpfung beider Datenbanken für Frames und Konstruktionen, um eine Arbeitsteilung zwischen beiden zu realisieren.[96] Die fehlende datenbankbasierte Verbindung von Konstruktionen und Frames im FrameNet-Konstruktikon und die Praxis der alleinigen Erwähnung eines Frames im Konstruktionseintrag einer Konstruktion werden von Laviola et al. (2017: 194) explizit kritisiert. Stattdessen setzt die Arbeitsteilung der Datenbanken im Konstruktikon für das Brasilianische Portugiesisch bei einer Trennung von formalen und semantischen Eigenschaften von KE an:

> In regards to the creation of constructions and their daughter signs, the FN-Br Constructicon creates CEs based more on formal aspects than on functional/semantic features. Hence, if a construction evokes a frame, instead of creating CEs that refer to the FEs in the evoked frame, in FN-Br we create CEs such as HEAD_NP or PARA_SINF, and then link those CEs to the FEs in the appropriate frame, [...]. (Torrent et al. 2018b: 114)

Ergebnis dieser Arbeitsweise ist ein höherer Grad an ‚Formalisierung', der vor allem dazu dient, Prosa-Beschreibungen, wie sie im FrameNet-Konstruktikon verwendet werden, einzusparen:

> For the BP Constructicon, FrameNet Brasil decided to take a more formalized path, aiming to model in the database as much information originally provided "in prose" as possible. Hence, instead of defining CEs as form-meaning pairings, we define them as formal elements only and, in case the construction evokes a frame, map each CE to the FE it encodes. In case it does not evoke a frame, formal CEs should be enough for defining the construction. (Torrent et al. 2014: 44)

95 http://webtool.framenetbr.ufjf.br/index.php/webtool/report/cxn/main (zuletzt abgerufen am 07.09.2021).

96 Vgl. dazu Torrent et al. (2014: 43): „The division of labor between constructional and lexicographic annotation [...] presupposes the full integration of both databases."

Diese Herangehensweise hat einen praktischen Nutzen in der datenbankbasierten semantischen Beschreibung von Konstruktionen, denn sie ist „a way that avoids uncontrolled redundancy in the database, while respecting the theoretical and methodological foundations of Frame Semantics and Construction Grammar.“ (Torrent et al. 2014: 35). Das Konstruktikon im engeren Sinne beinhaltet somit nur die formalen Eigenschaften von Konstruktionen, während die semantischen in der Frame-Datenbank enthalten sind (vgl. Torrent et al. 2014: 44). Allerdings fehlen in der Literatur konkrete Angaben zur Vorgehensweise der formalen Beschreibung von KE, ob sie also z.B. – wie die Realisierungen von FE in FrameNet (vgl. dazu Ruppenhofer et al. 2016: 8) – nach Phrasentypen oder grammatischen Funktionen definiert sind. Daneben ist der Verzicht auf Prosa-Beschreibungen aus datenbanktechnischer Sicht nachvollziehbar, für linguistisch-deskriptive Zwecke allerdings nicht sinnvoll: Prosa-Beschreibungen sind ein wesentlicher Teil der Definition von Frames und ihren FE, ohne sie hat ein Frame keinen explanatorischen Wert, gerade weil etwa FE frame-spezifisch definiert sind (vgl. Unterabschnitt 2.1.2). Diese frame-spezifischen Definitionen müssen sich nicht nur in der Benennung der FE niederschlagen, sondern ebenso in ihrer Definition, die in Prosa erfolgen muss. Ein gänzlicher Verzicht auf Prosa-Beschreibungen würde eine linguistisch-deskriptive Frame-Semantik zurück in den Status einer Kasusgrammatik bringen, deren semantische Rollen als selbsterklärend zu gelten scheinen – ein möglicher Grund, warum Goldberg (1995), wie in Unterabschnitt 2.2.2 gesehen, auf deren Definitionen verzichtet. Gleiches gilt im Übrigen auch für Konstruktionen: Auch sie und ihre Strukturelemente müssen nicht nur benannt, sondern in Prosa definiert werden (vgl. Abschnitt 7.3). Eine konstruktionssemantische Analyse kann für diese zentrale Aufgabe der Konstruktikographie wertvolle Informationen liefern.

Abgesehen von diesen durch die unterschiedliche Zielsetzung bedingten Einschränkungen besteht der wesentliche Vorteil einer datenbankbasierten Trennung von KE und FE, wie er im Konstruktikon für das Brasilianische Portugiesisch praktiziert wird, darin, systematischer als es das FrameNet-Konstruktikon leisten kann, die strukturellen Parallelen zwischen Konstruktionen und Frames abzubilden. Schließlich ist ein wesentliches Merkmal von Konstruktionen „their similarity to frames, since they also present internal structure, i.e. constituent parts related to each other.“ (Laviola et al. 2017: 194). Die Relationen zwischen diesen Strukturelementen werden im Konstruktikon für das Brasilianische Portugiesisch über sogenannte *Entitäten* modelliert, die es ermöglichen, sowohl Konstruktionen global mit Frames zu verbinden, als auch die jeweiligen Strukturelemente über eigens zu definierende Relationen zu verknüpfen (vgl. Laviola et al. 2017: 194). Ebenso ermöglicht die Trennung der Datenbanken die Annotation von FE nicht allein auf KE, sondern auch auf deren KtE, also auf Token-Ebene.

Da diese ebenso Frames evozieren können, können somit auch Frames berücksichtigt werden, die nicht allein dem Frame, der der Konstruktion zugeordnet wurde, entsprechen (vgl. Torrent et al. 2018b: 115). Dies ist insbesondere wichtig, um semantische Aspekte zu erfassen, die über den mit einer Konstruktion assoziierten Frame hinausgehen und zu einer vollständigeren Beschreibung nicht nur der Konstruktion, sondern auch ihrer Konstrukte zu gelangen. Deshalb kann potenziell die Interaktion der Frames, die von der Konstruktion einerseits und von den sie instanziierenden KtE andererseits evoziert werden, dargestellt werden (vgl. Torrent et al. 2018b: 116). Allerdings geht das Konstruktikon für das Brasilianische Portugiesisch noch nicht über die reine Annotation dieser Frames und programmatische Äußerungen zu ihrer Interaktion hinaus.

Anders als die eher technischen Überlegungen des Konstruktikons für das Brasilianische Portugiesisch ist das Schwedische Konstruktikon[97] stärker um theoretische Reflexionen der Verbindung von Konstruktionen und Frames bemüht. Aus empirischer Sicht können Lyngfelt et al. (2018: 67) festhalten, dass bisher für die Hälfte aller beschriebenen Konstruktionen Verbindungen zu Frames hergestellt wurden. Diese Abdeckung ist ein Reflex von Überlegungen über die Voraussetzungen, Frames überhaupt für die semantische Beschreibung von Konstruktionen heranziehen zu können. Lyngfelt et al. (2018: 69–81) unterscheiden hierfür zwischen Konstruktionen, die Frames evozieren und solchen, die dies nicht tun.[98] Mit dem zweiten Typ sprechen sie einerseits implizit die Frage nach der Existenz ‚bedeutungsloser' Konstruktionen an, andererseits aber auch jene nach den Grenzen von FrameNet. Diese zeigen sich vor allem in Diskussionen, ob alle Arten semantischer Eigenschaften und Aspekte von Konstruktionen mit FrameNet-Frames erfassbar sind. Wie Lyngfelt et al. (2018: 69) betonen, müssen Konstruktionen, die nicht frame-evozierend sind, nicht zwangsläufig auch ‚bedeutungslos' sein. Bäckström, Lyngfelt & Sköldberg (2014: 29) schlagen vor, dass ein konstruktikographischer Ansatz sowohl Konstruktionen, die mit Frames assoziiert werden können, als auch solche, die eher über ‚grammatische' Bedeutungen verfügen, berücksichtigen sollte. Inwiefern ein FrameNet-Frame aber tatsächlich ausschließlich für eine „referential meaning" (Gruzitis et al. 2015: 50; Lyngfelt et al. 2018: 69) stehen kann – ein Kriterium, aus dem diese Unterscheidung abgeleitet wird (vgl. auch Bäckström, Lyngfelt & Sköldberg 2014: 29) – erscheint fraglich, ist zumindest aber eine empirisch noch ungeklärte Frage.

97 https://spraakbanken.gu.se/eng/sweccn (zuletzt abgerufen am 07.09.2021).

98 In der Regel ist statt dem Begriff der Evokation von „frame-bearing" (z.B. Gruzitis et al. 2015: 50; Lyngfelt et al. 2018: 68), also ‚frame-tragenden' Konstruktionen die Rede. Inwiefern sich dahinter ein theoretischer Unterschied verbirgt, bleibt unklar.

Über diese eher globalen Assoziationen von Konstruktionen mit Frames gehen die konstruktikographischen Bestrebungen im Schwedischen Konstruktikon allerdings noch hinaus. So lautet ein Kriterium, einen Frame einer Konstruktion zuschreiben zu können, wenn KE und FE übereinstimmen: „In the ideal case there is [...] full correspondence between the construction elements and the (core) frame elements." (Lyngfelt et al. 2018: 68). Diese Einsicht ist bisher allerdings überwiegend theoretischer Natur, in der empirischen Beschreibung liegt der Fokus noch stark auf der globalen Assoziation zwischen Konstruktionen und Frames.

Während sich die vier bisher diskutierten Konstruktikon-Projekte vor allem praktischen und weniger theoretisch-methodologischen Fragen der Verbindung von Konstruktionen und Frames widmen, stehen Letztere im Japanischen Konstruktikon[99] stärker im Vordergrund. Überlegungen zu der Frage „how to relate grammatical constructions to semantic frames" (Ohara 2008: 3267) finden sich in den Bemühungen um ein Japanisches FrameNet und Konstruktikon schon verhältnismäßig früh. In jüngerer Zeit konzentriert sich die Diskussion stärker auf die Frage, ob Konstruktionen tatsächlich in jedem Fall mit Frames assoziiert werden können. Ohara (2018: 151–160) unterscheidet hierfür in Anlehnung an die Klassifikation von Lyngfelt et al. (2018: 69–81) zwischen ‚frame-evozierenden' und ‚nicht frame-evozierenden' Konstruktionen, differenziert diese Dichotomie aber noch weiter aus, indem sie exemplarische Konstruktionen für beide Kategorien weiter in einzelne Konstruktionstypen unterteilt (vgl. Tabelle 2.5). Wie das Schwedische Konstruktikon und auch das FrameNet-Konstruktion bietet Ohara allerdings keine nähere Erklärung dessen, was genau unter der Evokation eines Frames durch eine Konstruktion (z.B. im Unterschied zu LE) zu verstehen ist – ein Zeichen dafür, dass sich die Redeweise von ‚frame-evozierenden Konstruktionen' so sehr verfestigt hat, dass eine Klärung der dahinterstehenden theoretischen Annahmen und einer empirischen Evidenz für unwichtig erachtet wird.

Mit der innerhalb der frame-evozierenden Konstruktionen getroffenen Unterscheidung zwischen Konstruktionen, die *semantische* oder *interaktionale* Frames evozieren, greift Ohara (2018: 151) die von Fillmore (1982a: 117) getroffene Unterscheidung zwischen *kognitiven* und *interaktionalen* Frames (Unterabschnitt 2.2.3) auf.[100] Interaktionale Frames lassen sich definieren als „having to do with how we conceptualize what is going on between the speaker and the hearer, or between

99 https://jfn.st.hc.keio.ac.jp/ (zuletzt abgerufen am 07.09.2021).

100 In späteren Arbeiten etablieren Fillmore (2008b) und Fillmore & Baker (2010) allerdings eine abweichende Dichotomie zwischen kognitiven (sprachlich nicht manifestierten) und sprachlichen (sprachlich manifestierten) Frames. Fillmore selbst scheint von der Idee der interaktionalen Frames also Abstand genommen zu haben.

Tab. 2.5: Konstruktionstypen nach ihrem frame-evozierenden Status im Japanischen Konstruktikon (vereinfacht nach Ohara 2018: 151)

Frame-Evokation durch Konstruktionen	Konstruktionstyp
Frame-evozierende Konstruktion	Konstruktionen, die einen semantischen Frame evozieren Konstruktionen, die einen interaktionalen Frame evozieren
Nicht frame-evozierende Konstruktion	Kompositionell interpretierbare Konstruktionen Konstruktionen, deren Sub-Konstruktionen Frames evozieren Konstruktionen, die wiederholbare Elemente auslassen

the author and the reader." (Fillmore 1982a: 117). Im Unterschied zu semantischen bzw. kognitiven Frames lassen sich interaktionale Frames, so die Annahme, nicht direkt in einem FrameNet-Strukturformat beschreiben, denn „[i]nteractional frames do not involve participants in situations and events, which correspond to FEs in semantic frames" (Ohara 2018: 157). Dies führt zu einem empirischen Problem, wie Ohara (2018: 158) selbst einräumt: „At the time of writing, very few interactional frames have been defined in FN." Eine Fallstudie, um die Leistungen interaktionaler Frames zu eruieren, nehmen Czulo, Ziem & Torrent (2020) an Grußformeln und Refrainfragen (*tag questions*) mittels eines Vergleichs des Englischen, des Brasilianischen Portugiesisch und des Deutschen vor. Inwiefern interaktionale Frames, die wohlgemerkt ein Erbe der Verstehenssemantik sind, innerhalb des Frame-Modells von FrameNet operationalisiert werden können, ist allerdings weiterhin eine offene Frage (vgl. Czulo, Ziem & Torrent 2020: 2).[101]

Im Russischen Konstruktikon[102] sind – zumindest in den Darstellungen von Janda et al. (2018), Janda, Kopotev & Nesset (2020) und Endresen & Janda (2020) – noch keine Bestrebungen zum Einbezug von Frames zu erkennen, was möglicherweise daran liegt, dass der Fokus gerade nicht auf Argumentstruktur-

101 Ohara (2018: 161) äußert sich diesbezüglich durchaus pessimistisch: „It may turn out to be impossible to incorporate interactional frames to framenets, since they have to do with the speaker-hearer/writer-reader interactions but not with FEs". Auch Czulo, Ziem & Torrent (2020: 2) halten fest, dass Mehrworteinheiten, die interaktionale Frames evozieren, „cannot be said to evoke frames that mirror, at least partially, the valence of a lexical item that might or might not be part of the construct. Rather, it seems that they evoke frames that do not even consist of frame elements".
102 https://constructicon.github.io/russian/ (zuletzt abgerufen am 07.09.2021).

Konstruktionen liegt, da diese bereits aus lexikalischer Perspektive in einer existierenden Frame-Datenbank dokumentiert sind (vgl. Janda et al. 2018: 171–172).

Das FrameNet & Konstruktikon des Deutschen[103] verwendet innerhalb der Konstruktikon-Ressource[104] Frames zunächst noch ähnlich wie das FrameNet-Konstruktikon lediglich in globaler Erwähnung (vgl. exemplarisch die Darstellung in Ziem & Flick 2018: Abschn. 3.4). So wird in den Konstruktionseinträgen, in denen Frames integriert sind, ein Hyperlink zum entsprechenden auf dem englischen FrameNet basierenden Frame des FrameNet des Deutschen bereitgestellt. Bei der Benennung von KE findet bisweilen eine Orientierung an den FE eines assoziierten Frames statt (vgl. implizit Boas, Lyngfelt & Torrent 2019: 34). Parallel laufen Arbeiten zur Entwicklung eines FrameNet des Deutschen,[105] die schrittweise zu einer Weiterentwicklung der englischen FrameNet-Frames auf der Grundlage genuin deutscher Daten führen sollen, sodass das Konstruktikon später durch entsprechende Frames angereichert werden kann (vgl. Ziem & Flick 2019: 212; Ziem, Flick & Sandkühler 2019: 70; Ziem 2020b: 37, Anm. 17).

Wie breit der Einbezug von Frames für die semantischen Beschreibung von Konstruktionen im FrameNet & Konstruktikon des Deutschen gestaltet sein kann, zeigt Ziem (2020a) in einer Beispielanalyse einer Reduplikationskonstruktion. Er identifiziert drei Formen der Verbindung von Konstruktionen und Frames: (i) die Evokation eines Frames durch eine Konstruktion, (ii) die Assoziation einer Konstruktion nicht nur mit einem einzelnen Frame, sondern einem über Frame-zu-Frame-Relationen definierten Frame-Netzwerk und (iii) die Beschränkungen einzelner KE einer Konstruktion durch FE und semantische Typen eines Frames (vgl. Ziem 2020a: 31–33). Ich komme auf diese einzelnen Punkte in den folgenden Kapiteln zu sprechen.

Auch der Überblick über die Bezüge zwischen Konstruktikographie und Frame-Semantik lässt einige Desiderate erkennen, die ich abschließend zusammenfassen möchte. Die Desiderate, die ich in Abschnitt 2.2 für die gebrauchsbasierte Konstruktionsgrammatik festgehalten hatte, gelten für die Konstruktikographie größtenteils analog. Hinzu kommen die folgenden vier Aspekte.

– Die Strukturparallelen zwischen Konstruktionen und Frames bleiben oft unterrepräsentiert und werden, sofern sie – wie im Konstruktikon für das Brasilianische Portugiesisch – überhaupt diskutiert werden, allein aus datenbanktechnischen Gründen berücksichtigt.

103 https://gsw.phil.hhu.de/ (zuletzt abgerufen am 07.09.2021).
104 https://gsw.phil.hhu.de/constructiconold/ (zuletzt abgerufen am 07.09.2021).
105 https://gsw.phil.hhu.de/framenet/ (zuletzt abgerufen am 07.09.2021).

- Die Frage, wie sich semantische Eigenschaften einer Konstruktion über den globalen Vermerk der Assoziation der Konstruktion mit einem Frame hinaus konstruktikographisch und genuin frame-semantisch erfassen lässt, bleibt weitgehend unbeantwortet.
- Eine theoretisch fundierte und empirisch begründete Antwort auf die Frage, was es bedeutet, dass eine Konstruktion einen Frame ‚evoziert', fehlt bislang.
- Die Frage, welcher in FrameNet dokumentierte Frame gerade mit einer Konstruktion assoziiert kann, bleibt methodisch unbeantwortet.

Auch für diese Desiderate werde ich in dieser Arbeit Lösungsvorschläge erarbeiten: Die Strukturparallelen zwischen Konstruktionen und Frames nehme ich in den Abschnitten 6.2 bis 6.4 in den Blick, die konstruktikographische Erfassung der semantischen Eigenschaften von Konstruktionen ist Gegenstand von Kapitel 7. Auf die Frage nach den Mechanismen der Frame-Evokation durch Konstruktionen gehe ich in den Abschnitten 8.2 und 8.3 ein, während die methodologischen und methodischen Fragen zur Assoziation eines bestimmten Frames mit einer Konstruktion in den Abschnitten 8.4 und 8.5 im Vordergrund stehen.

3 Phänomenbereich: drei Reflexivkonstruktionen

Die Entwicklung einer Konstruktionssemantik kann nicht abgekoppelt von konkreten sprachlichen Phänomenen stattfinden. Bevor in den Kapiteln 4 bis 8 die fünf in der Einleitung (Kapitel 1) formulierten Fragestellungen adressiert und einzelne Aspekte einer Konstruktionssemantik in den Blick genommen werden sollen, möchte ich in diesem Kapitel die drei Reflexivkonstruktionen vorstellen, die den empirischen Phänomenbereich der vorliegenden Arbeit bilden. Ziel ist es, anhand dieser Daten zentrale Bausteine einer Konstruktionssemantik herauszuarbeiten und deren Potenzial für konstruktikographische Analysen syntaktischer Konstruktionen zu illustrieren. Nicht zuletzt aus letzterem Grund wähle ich als Phänomenbereich drei deutsche Äquivalente einer Konstruktion, die zumindest für das Englische bereits mehr oder weniger ausführlich beschrieben worden ist und in der Literatur (ebenfalls für das Englische) eine der wenigen Konstruktionen ist, die des Öfteren mit einem Frame in Verbindung gebracht wird. Es handelt sich um die unter anderem von Goldberg (1995: 199–218, 1996) prominent untersuchte *way*-Konstruktion, die insbesondere in der Konstruktikographie, wie bereits in Unterabschnitt 2.3.2 gesehen, etwa bei Fillmore, Lee-Goldman & Rhomieux (2012: 322) und Lee-Goldman & Petruck (2018: 32–33), als beliebtes Beispiel für eine ‚frame-evozierende' Konstruktion herangezogen wird.

Für das Deutsche lassen sich mindestens drei Äquivalente zu dieser Konstruktion finden, auf die ich in der vorliegenden Arbeit als reflexive Bewegungskonstruktion, reflexive Partikelverbkonstruktion und reflexive *Weg*-Konstruktion Bezug nehme. In den Abschnitten 3.1, 3.2 und 3.3 möchte ich diese drei Konstruktionen in dieser Reihenfolge vorstellen. Die reflexive Bewegungskonstruktion betrachte ich als primäres Äquivalent zur *way*-Konstruktion, während die beiden anderen Konstruktionen eher als zu Ersterer verwandt eingestuft werden können, nicht zuletzt aufgrund ihrer Rollen in der bisherigen (nicht nur konstruktionsgrammatischen) Forschung. Zum Abschluss dieses Kapitels stelle ich in Abschnitt 3.4 die Datengrundlage für die Untersuchung der drei Konstruktionen in Form des verwendeten Korpus vor und erläutere die manuelle Datenauswahl, die nötig ist, um aus den Treffern der für jede Konstruktion exhaustiven Suchanfragen relevante Belege herauszufiltern.

Selbstverständlich kann der umfangreiche Erklärungsanspruch, den eine elaborierte Konstruktionssemantik im Idealfall vertreten sollte, nicht allein anhand von drei einzelnen Konstruktionen erschöpfend eingelöst werden. Da die drei untersuchten Konstruktionen zudem formal und semantisch eng verwandt sind, kann der hier entwickelte Ansatz zunächst allein für diesen vergleichsweise kleinen Phänomenbereich Geltung beanspruchen. Zukünftige Studien werden

https://doi.org/10.1515/9783110762341-003

den Ansatz auf Konstruktionen gänzlich anderer Art übertragen und seine Anwendbarkeit einer kritischen Prüfung unterziehen müssen. Ich betrachte die empirischen Analysen deshalb als ersten Dreh- und Angelpunkt einer theoretischen und methodologischen Entwicklung, die in noch umfangreicherem Maße ausgeweitet werden muss. Es ist nicht nur nicht auszuschließen, sondern sogar sehr wahrscheinlich, dass sich einzelne theoretische Aspekte im Hinblick auf andere Konstruktionen anders darstellen oder der methodische Zugang modifiziert werden muss.

3.1 Reflexive Bewegungskonstruktion

Bei der reflexiven Bewegungskonstruktion handelt es sich wie bei der *way*-Konstruktion um eine Argumentstruktur-Konstruktion. Die Tatsache, dass für die *way*-Konstruktion vor allem im Rahmen der Konstruktikographie bereits ein Bezug zu Frames hergestellt wurde und dass es sich bei Argumentstruktur-Konstruktionen seit Goldberg (1995) um den wohl mit Abstand am besten erforschten Gegenstand in der Konstruktionsgrammatik handelt, mag zunächst die Frage aufwerfen, warum der initiale Entwurf einer Konstruktionssemantik gerade solche Konstruktionen fokussieren muss (vgl. zu einer ähnlichen Kritik auch Stefanowitsch 2011: 17–18; Hilpert 2019: 57). Gerade den Umstand, dass Argumentstruktur-Konstruktionen aber am deutlichsten zeigen, dass syntaktischen Strukturen semantische Eigenschaften zugeschrieben werden können, die sich von denen, die etwa LE zukommen, nicht grundsätzlich unterscheiden müssen (vgl. Abschnitt 4.3), sehe ich als Argument dafür an, Argumentstruktur-Konstruktionen wie die drei untersuchten zum empirischen Phänomenbereich der vorliegenden Arbeit zu machen. Ein Vergleich mit anderen Arten von Konstruktionen macht das deutlich: So scheiden LE als lexikalische Konstruktionen aus, weil die bisher vorhandenen Mittel von FrameNet tendenziell ausreichen, die Basis ihrer lexikalischen Bedeutungen zu erfassen. Ihnen entgegengesetzt stehen Phänomene wie Mehrworteinheiten, Funktionsverbgefüge und Phraseme, die unterschiedlichste Herausforderungen an eine Konstruktionssemantik stellen. Ein Kompromiss besteht darin, zusätzlich zu einer Ausgangskonstruktion, hier also der reflexiven Bewegungskonstruktion, weitere, in ihren (formalen wie semantischen) Eigenschaften verwandte Konstruktionen einzubeziehen, die sich in den Ergebnissen einer konstruktionssemantischen Analyse aber teils mehr, teils weniger von ihr unterscheiden. Ich ziehe aus diesem Grund die reflexive Partikelverbkonstruktion (Abschnitt 3.2) und die reflexive *Weg*-Konstruktion (Abschnitt 3.3) heran, um sie mit der reflexiven Bewegungskonstruktion vergleichen und konstruktionssemantisch weiterführende Aspekte aufzeigen zu können.

Das englische Pendant der drei untersuchten Konstruktionen und insbesondere der reflexiven Bewegungskonstruktion, die *way*-Konstruktion, ist, das legen die bisherigen Ausführungen nahe, „perhaps the most studied and best understood construction and something of a poster boy of Construction Grammar." (Szcześniak 2014b: 153). Sie gehört bereits zu den von Goldberg (1995) herangezogenen Argumentstruktur-Konstruktionen, die ein Beispiel für die Existenz autonomer semantischer Eigenschaften von Konstruktionen sind, denn „[t]he construction's semantics cannot be fully predicted on the basis of the constituent parts of the construction." (Goldberg 1995: 199). Darauf, dass sie im Deutschen einer Reflexivkonstruktion entspricht,[1] haben bereits Kunze (1995) und Oya (1999) hingewiesen.[2] In Übereinstimmung mit Oya (1999: 358) bezeichne ich sie deshalb als reflexive Bewegungskonstruktion (RBKxn).[3] Einige Konstrukte finden sich in den Belegen in (1)–(10), die dem DWDS-Kernkorpus 21 entnommen sind.

(1) Seitdem {arbeitet sich der Professor acht Monate im Jahr mit einem Jeep durch die Wüste von Turkmenistan}, harrt in Kasachstan stundenlang in ungeheizten Sitzungszimmern aus und bewahrt in Usbekistan auch nach dem sechsten Wodka noch die Contenance. (Die Zeit, 24.02.2000, Nr. 9)

---

1 Von einer Reflexiv*konstruktion* ist – im Gegensatz zu einem ‚reflexiven Verb' – laut Ágel (1997a: 181) dann zu sprechen, wenn sich das Auftreten des Reflexivums „nur konfigurationell ableiten läßt". Aus konstruktionsgrammatischer Sicht ist dies jedoch kein notwendiges Kriterium, da auch Verben, für die ein Reflexivum „paradigmenkategoriell vorgesehen ist" (Ágel 1997a: 181) als (lexikalische) Konstruktionen aufzufassen sind.

2 Eine strukturell analoge Reflexivkonstruktion existiert allerdings auch im Englischen, für die Mondorf (2011: 412) und Szcześniak (2019b: 82–95) (teils diachron) funktionale Arbeitsteilungen mit der *way*-Konstruktion feststellen. Ähnliches spekuliert bereits van Egmond (2009: 161–163) für eine Reihe germanischer Sprachen, darunter Deutsch. Goldberg & Jackendoff (2004: 535) ziehen ebenso eine Parallele zwischen der *way*-Konstruktion und Reflexivkonstruktionen in unterschiedlichen germanischen Sprachen (allerdings ohne das Deutsche zu erwähnen). McColm (2019: 168–172) analysiert Verbindungen zwischen der *way*-Konstruktion und einer englischen Reflexivkonstruktion als Kontaminationen. Szcześniak & Callies (2008: 33) parallelisieren die *way*-Konstruktion mit Konstruktionen um Präfixverben mit *er-*. Pedersen (2013: 244–249) findet in parallelen Korpora noch weitere mögliche Äquivalente, die ich aber, ebenso wie die von Szcześniak & Callies (2008: 33) diskutierten Fälle, für die Zwecke der vorliegenden Arbeit ignoriere. Für einen Vergleich deutscher und englischer Reflexivkonstruktionen mit der *way*-Konstruktion vgl. Boas & Ziem (2018b: 212–214).

3 Analog nutzen auch Perek & Hilpert (2014: 270) und Boas & Ziem (2018b: 211) sowie für das schwedische Äquivalent der *way*-Konstruktion Ehrlemark, Johansson & Lyngfelt (2016: 816) Bezeichnungen wie *reflexive-motion (construction)*. Welke (2011: 217) bezeichnet sie als *reflexive Direktivkonstruktion*, womit er ihre Verwandtschaft zu Caused-Motion- oder Resultativkonstruktionen betont, in deren Zusammenhang die *way*-Konstruktion bisweilen analysiert wird, z.B. bei Szcześniak & Callies (2008), Mondorf (2011) oder Szcześniak (2013).

(2) Der Fabrikant breitete sein Schweigen wieder aus, {der Offizier mogelte sich aus seinem Sitz}. (Düffel, John von: Vom Wasser, München: dtv 2006, S. 56)

(3) {Mancher Programmdirektor wünscht sich hier inzwischen auf eine wirklich einsame Insel}. (Die Zeit, 30.03.2000, Nr. 14)[4]

(4) Marie saß seit dem späten Nachmittag an ihrem kleinen Schreibtisch in ihrem Zimmer und {kämpfte sich durch Theodor Fontanes Der Stechlin}, über den sie eine Arbeit schreiben mußte. (Suter, Martin: Lila, Lila, Zürich: Diogenes 2004, S. 47)

(5) Als ich Tina kennenlernte, gingen wir zwar ein- oder zweimal zu viert essen, aber die Gespräche kamen nicht in Gang, {man quälte sich durch typische Konversationsthemen wie Tagespolitik, neue Bücher, alte Gemälde und schlechtes oder gutes Wetter und die Auswirkungen all dessen auf die Gelenke}. (Goosen, Frank: Liegen lernen, Frankfurt am Main: Eichborn AG 2000, S. 238)

(6) {Stimmen mischten sich in das Rattern}, Worte, Sätze, die sie nicht verstand, weil ihr Kopf so verschwommen war. (Pressler, Mirjam: Malka Mai, Weinheim Basel: Beltz & Gelberg 2001, S. 248)

(7) Die Babylonier nickten und {quetschten sich ungelenk durch die Glastür auf die Steinstraße}. (Kopetzky, Steffen: Grand Tour, Frankfurt am Main: Eichborn 2002, S. 283)

(8) Ich arbeitete gut und konzentriert; ich hatte Kräfte für zehn – und doch schlugen mir die Knie aneinander, als ich in die Allee einbog, und {meine Hände gruben sich in die Rocktaschen}, bis sie beinahe rissen. (Schmitter, Elke: Frau Sartoris, Berlin: BvT 2000[2002], S. 29)

(9) {Mommsen rettete sich aus der Welt der Tatsachen in die der Gefühle}: (de Bruyn, Günter: Preußens Luise, Siedler 2001, S. 87)

(10) Es war allen Anwesenden nachzufühlen; von unschuldigem Frohsinn war nichts zu spüren, die Abende zogen sich dahin, der Steuereintreiber und der Chirurg entschuldigten sich schon früh, um nicht wieder in den Genuß von Gratiskonsultationen zu kommen, der Priester gab seine zwei Witze zum besten, und der Rest lästerte über das Essen und {soff sich unter den Tisch}, weil selbst die Konjunktur als Thema längst ausgeschöpft war.

---

4 Es ist offensichtlich, dass in Belegen wie diesem eine ‚Bewegung' nur metaphorisch verstanden werden kann. Der Einbezug einer metapherntheoretischen Komponente in eine Konstruktionssemantik ist ein Desiderat, das im Rahmen der vorliegenden Arbeit ausgeklammert werden muss. Ich komme darauf als Ausblick am Ende der Arbeit (Kapitel 9) zu sprechen.

(Schrott, Raoul: Tristan da Cunha oder die Hälfte der Erde; Hanser Verlag 2003, S. 196)

Sowohl in formaler als auch in semantischer Hinsicht weist die reflexive Bewegungskonstruktion einige Unterschiede zum Englischen auf, weshalb Boas & Ziem (2018b: 211–214) sie auf einem ‚Kontinuum der Konstruktionskorrespondenzen' zwischen dem Deutschen und dem Englischen eher am ‚nicht übereinstimmenden Ende' lokalisieren. Eine Parallele, die für die folgenden Überlegungen zentral ist, ist allerdings gegeben: Wie es Fillmore, Lee-Goldman & Rhomieux (2012: 322) für die englische Konstruktion annehmen,[5] kann auch ihr deutsches Äquivalent mit dem Frame `Motion` assoziiert werden, den ich in Unterabschnitt 2.1.2 vorgestellt habe. Die Strukturelemente der reflexiven Bewegungskonstruktion sollten sich, so die Annahme, prinzipiell wie diejenigen der *way*-Konstruktion auf FE dieses Frames beziehen lassen (vgl. Fillmore, Lee-Goldman & Rhomieux 2012: 322; Boas 2014: 49, 2017: 568). Dies kommt nicht von ungefähr, denn bereits die *way*-Konstruktion kann als ein klassisches Phänomen gelten, die Strukturparallelen zwischen Konstruktionen und Frames zu eruieren, zumal sie schon außerhalb konstruktionsgrammatischer Theoriebildung als Paradefall für das Mapping einer konzeptuellen (d.h.: semantischen) Struktur auf eine syntaktische Struktur gilt (z.B. Jackendoff 1990: 218–223; Marantz 1992: 180).

Für die einführende Vorstellung der reflexiven Bewegungskonstruktionen gehe ich wie folgt vor: In Unterabschnitt 3.1.1 gebe ich einen Überblick über die bisherige Forschung. Danach nehme ich in Unterabschnitt 3.1.2 eine vorläufige Beschreibung der vier Strukturelemente der Konstruktion vor, bevor ich in Unterabschnitt 3.1.3 auf eine ihrer zentralen semantischen Eigenschaften, nämlich die bereits für die *way*-Konstruktion diskutierte konstruktionelle Polysemie, zu sprechen komme, die sich für die reflexive Bewegungskonstruktion und ihre beiden verwandten Konstruktionen ebenso feststellen lässt. In Unterabschnitt 3.1.4 betrachte ich ausgehend von der Forschung zur *way*-Konstruktion einige für diese formulierte semantische Beschränkungen und setze mich kritisch mit deren bisheriger Diskussion und ihrer möglichen Übertragbarkeit auf die reflexive Bewegungskonstruktion auseinander. In Unterabschnitt 3.1.5 skizziere ich die Verwandtschaft der reflexiven Bewegungskonstruktion zu den beiden anderen untersuchten Konstruktionen, der reflexiven Partikelverbkonstruktion und der reflexiven *Weg*-Konstruktion. Besonders die Fragen nach der konstruktionellen Polyse-

5 Wie bereits in Unterabschnitt 2.3.2 erwähnt, analysieren Lee-Goldman & Petruck (2018: 32–33) die *way*-Konstruktion demgegenüber mit `Self_motion`, und auch die Datenbank des FrameNet-Konstruktikons ist in dieser Hinsicht inkonsistent. Eine ausführliche methodische Begründung, warum ich auf `Motion` zurückgreife, findet sich in Unterabschnitt 8.5.1.

mie und den semantischen Beschränkungen der reflexiven Bewegungskonstruktion lassen sich grundsätzlich auch auf diese beiden Konstruktionen übertragen, weshalb ich bei deren Vorstellung (Abschnitte 3.2 und 3.3) nicht noch einmal darauf zurückkomme, sondern dort insbesondere die strukturellen Unterschiede zur reflexiven Bewegungskonstruktion herausstelle.

3.1.1 Forschungsstand

Im Gegensatz zu ihrem englischen Pendant hat die reflexive Bewegungskonstruktion bisher verhältnismäßig wenig explizite Aufmerksamkeit der Forschung erfahren, sowohl innerhalb als auch außerhalb der Konstruktionsgrammatik. Aus konstruktionsgrammatischer Perspektive ist sie – trotz der hohen Prominenz der *way*-Konstruktion – kaum in den Blick genommen worden. Gleiches gilt im Übrigen (zum Teil noch stärker) für die reflexive Partikelverbkonstruktion und die reflexive *Weg*-Konstruktion.

Noch ohne die Konstruktion zu benennen oder auf ihre Äquivalenz zur *way*-Konstruktion hinzuweisen,[6] diskutiert Seibert (1993) ein Konstrukt der reflexiven Bewegungskonstruktion im Kontext von Resultativkonstruktionen. Dabei hält sie fest, dass die obligatorisch auftretende PP, die sie als Resultativprädikat interpretiert, „specifies a result that is external to the criteriality of the verb" (Seibert 1993: 66), womit sie bereits andeutet, dass mindestens zwei semantische Eigenschaften, diejenigen des Verbs und diejenigen einer Konstruktion, zusammenkommen müssen. Eine vergleichbar frühe Studie von Maienborn (1994) weist auf die mögliche Kookkurrenz von Verben, in deren lexikalischer Bedeutung keine ‚Bewegung' angelegt ist, mit direktionalen Präpositionen hin, wodurch jeweils „ein temporäres Bewegungsverb geschaffen" (Maienborn 1994: 239) wird.[7] Maienborn arbeitet (von außen betrachtet), ähnlich wie Seibert, unabhängig von Beobachtungen zum Englischen, obwohl sie die semantischen Eigenschaften der Konstruktion ähnlich wie Jackendoff (1990: 211–223) für die *way*-Konstruktion durch formale Repräsentationen zu erklären sucht. Wenig später nimmt Kunze (1995: 24–26) erstmals expliziten Bezug auf die Beschreibung der *way*-Konstruktion durch Jackendoff (1990: 211–223). Auch Kunze (1997: 97–98) geht wie Maienborn davon aus,

6 Vgl. dazu van Egmond (2009: 162): „Seibert (1993) provides the example […] outside the context of the *way*-constrution."

7 Diese Auffassung entspricht dem später von Goldberg (1995: 9) kritisierten Verfahren des Ansetzens von „implausible verb senses". Diese Haltung wiederum wird von Boas (2002, 2003a,b) kritisiert, der stattdessen das Konzept der Mini-Konstruktionen, die eine solche Verbpolysemie abbilden können, entwickelt (vgl. Unterabschnitte 2.2.3 und 2.2.4).

dass die lexikalische Bedeutung eines Verbs durch die Verwendung mit einem Reflexivum und einer direktionalen PP modifiziert wird.

Als explizites Äquivalent zur *way*-Konstruktion diskutiert erst Oya (1999) die reflexive Bewegungskonstruktion und geht ausführlich auf die Analyse von Goldberg (1995: 199–218) ein. Für die semantische Beschreibung der Konstruktion wenden sowohl Kunze (1995) als auch Oya (1999) neben Paraphrasen die konzeptuelle Semantik von Jackendoff (1990) an. Die Studien von Kunze und Oya sind zudem nicht gebrauchsbasiert angelegt, sondern arbeiten fast ausschließlich mit konstruierten Belegen, an denen die Eigenschaften der *way*-Konstruktion auf Gemeinsamkeiten und Unterschiede zur deutschen Konstruktion überprüft werden. Nur konstruierte Belege verwenden auch Perek & Hilpert (2014) in einer kontrastiven Analyse zum Englischen und Französischen, um die Akzeptabilität bestimmter als ‚unüblich' empfundener Konstrukte experimentell zu überprüfen. Eine genuin korpusbasierte Analyse legt erst Smirnova (2018) vor, die in diesem Zusammenhang auch Kriterien für die Auswahl relevanter Konstrukte diskutiert, deren Formulierung sich bisweilen schwierig darstellt (dazu Unterabschnitt 3.4.2). Eine Anschlusstudie von Mortelmans & Smirnova (2020) legt den Fokus auf einen Vergleich der englischen Konstruktion mit ihren Pendants im Deutschen und Niederländischen.[8] Sie differenzieren zwei deutsche Äquivalente:

> On the one hand, there is the schematic and relatively productive reflexive construction [...] which accommodates non-reflexive verbs in its verb slot. On the other hand, there are numerous lexical verbs which obligatorily feature a weak reflexive, [...]. (Mortelmans & Smirnova 2020: 62)

Diese Differenzierung nehme ich nicht vor, sondern gehe davon aus, dass beide Arten von Instanzen als Konstrukte der reflexiven Bewegungskonstruktion betrachtet werden können,[9] die sich darin unterscheiden, ob das in ihnen instanziierte Verb einen zu `Motion` in einer Frame-zu-Frame-Relation stehenden Frame evoziert oder einen, der in keiner Frame-zu-Frame-Relation zu `Motion` steht (dazu Abschnitt 5.4).[10]

Korpusbasiert geht ebenfalls die Studie von McColm (2019) vor, welche die erste monographische Arbeit zur *way*-Konstruktion und ihren Äquivalenten im Niederländischen und Deutschen darstellt. McColm betrachtet allerdings nicht die

8 Als Äquivalent sowohl zum Niederländischen als auch zur englischen *way*-Konstruktion wird die reflexive Bewegungskonstruktion auch von van Egmond (2009: 162) erwähnt.

9 Für die reflexive Partikelverbkonstruktion (Abschnitt 3.2) gilt dies analog.

10 Für diesen prototypenbasierten Ansatz, den ich in Abschnitt 5.4 näher erläutere, spricht, dass auch Mortelmans & Smirnova (2020: 62) für ihre beiden Äquivalente festhalten, dass „the boundary between them is not always clear."

reflexive Bewegungskonstruktion als primäres Äquivalent zur *way*-Konstruktion, sondern die formal ähnlichere, aber im Deutschen wesentlich unproduktivere reflexive *Weg*-Konstruktion (Abschnitt 3.3).[11] Dies führt dazu, dass McColm (2019: 65) die reflexive Bewegungskonstruktion vollständig aus seiner Untersuchung ausschließt.[12] Die beiden für das Deutsche als Referenzstudien zu betrachtenden Arbeiten von Oya (1999) und Smirnova (2018) zu dieser Konstruktion bezieht er in seine Diskussion erst gar nicht ein. Einen genau entgegengesetzten Weg schlagen Mortelmans & Smirnova (2020: 61) ein, die die reflexive Bewegungskonstruktion nicht nur als Äquivalent zur *way*-Konstruktion betrachten, sondern auch zu deren Pendants im Niederländischen, die sich, wie in meinem Ansatz, in die reflexive Bewegungskonstruktion einerseits und die reflexive *Weg*-Konstruktion andererseits ausdifferenzieren lassen. Die reflexive Partikelverbkonstruktion berücksichtigen sie nicht.

Hinsichtlich semantischer Ansätze zur Untersuchung der Konstruktion ist festzuhalten, dass eine frame-semantische Analyse – gleich welchen Frame-Modells – bisher nicht vorliegt. Die bereits im Eingang zu diesem Abschnitt genannten Analysen der *way*-Konstruktion, die auf den Frame `Motion` hinweisen, beschränken sich wie vordergründig das FrameNet-Konstruktikon auf diesen globalen Verweis, ohne etwa die Parallelen zwischen den FE des Frames und den Strukturelementen der Konstruktion in den Blick zu nehmen (vgl. Unterabschnitt 2.3.2). Unabhängig davon weist Smirnova (2018: 28) auf „zwei verbale Szenen bzw. Subevents" hin, die in der Konstruktion zusammenkommen, ohne dabei jedoch explizit frame-semantisch zu argumentieren. Dasselbe Desiderat lässt sich für die reflexive Partikelverbkonstruktion und die reflexive *Weg*-Konstruktion festhalten.

Durch die enge Orientierung an der Forschung zur *way*-Konstruktion besteht die bisherige Beschreibung von Eigenschaften der reflexiven Bewegungskonstruktion vor allem in einem Abgleich mit den Eigenschaften ihres englischen Äquivalents. Gerade die frühen Studien, die noch ohne korpusbasierte Analysen auskommen, verfahren in dieser Art, ohne zu hinterfragen, ob die angenommenen Ge-

---

11 McColm (2019) verwendet für die Konstruktionen im Englischen, Deutschen und Niederländischen grundsätzlich den Begriff der *way*-Konstruktion. Um die Unterschiede in den von ihm zumindest erwähnten Konstruktionen kenntlich zu machen, verwende ich die in dieser Arbeit gebrauchten Konstruktionsnamen, wenngleich bei ihm keine Entsprechungen dazu zu finden sind.

12 Als Grund dafür nennt McColm (2019: 172–173) das Problem, dass Kontaminationen zwischen der reflexiven *Weg*-Konstruktion und der reflexiven Bewegungskonstruktion nicht untersuchbar seien, weil Letztere eine stärker manuelle Datenauswahl erforderlich macht. Obwohl dieses Argument grundsätzlich berechtigt ist (vgl. Unterabschnitt 3.4.1), darf davon nicht auf die pauschal stärkere Äquivalenz der reflexiven *Weg*-Konstruktion zur *way*-Konstruktion geschlossen werden.

meinsamkeiten und Unterschiede einer gebrauchsbasierten Überprüfung standhalten, weshalb ich darauf in Unterabschnitt 3.1.4 eingehen möchte.

3.1.2 Strukturelemente

Die reflexive Bewegungskonstruktion verfügt über vier Strukturelemente. In Tabelle 3.1 sind diese mitsamt vorläufiger (überwiegend formaler) Definitionen zusammengefasst. Diese Definitionen sind unter anderem deshalb vorläufig, weil sowohl ihr Zustandekommen als auch die Benennung der Strukturelemente ein wesentlicher Teil konstruktikographischer Arbeit ist und auf genuin konstruktionssemantischer Basis vorgenommen werden muss. Dazu dienen, wie in Abschnitt 7.3 zu sehen sein wird, insbesondere diejenigen Frames, die in den Konstrukten der Konstruktion evoziert werden, sowie ihre FE, die die einzelnen Strukturelemente der Konstrukte semantisch motivieren.

Tab. 3.1: Strukturelemente der reflexiven Bewegungskonstruktion

Strukturelement	Vorläufige Definition
Bewegendes	Die KtE dieses KE referieren auf eine (belebte oder unbelebte) Entität, die eine ‚Bewegung' ausführt. Die Entität muss mit derjenigen, auf die das KEE referiert, identisch sein.
Ereignis	Die KtE dieses KE referieren auf ein Ereignis, das als eine ‚Bewegung' der Entität, auf die die KtE des KE Bewegendes referieren, verstanden werden kann oder mit dieser ‚Bewegung' einhergeht.
KEE	Das KEE wird durch ein Reflexivum (im weitesten Sinne) instanziiert. Dabei kann es sich um das ‚echte' Reflexivpronomen *sich* oder ein reflexiv gebrauchtes Personalpronomen in 1. oder 2. Person handeln. Handelt es sich um Letzteres, muss es auf dieselbe Entität wie das KtE des KE Bewegendes referieren. Das Reziprokpronomen *einander* ist ebenso belegt.
Weg	Die KtE dieses KE spezifizieren die räumliche Ausdehnung der ‚Bewegung' der Entität, auf die das KtE des KE Bewegendes referiert.

An dieser Stelle lässt sich aber bereits festhalten, dass im Gegensatz zu den im FrameNet-Konstruktikon für die *way*-Konstruktion inventarisierten Strukturelementen (Tabelle 2.4 in Unterabschnitt 2.3.2) folgende Änderungen vorgenommen werden müssen.

- Das KE Theme, das bei der *way*-Konstruktion nach dem FE `Motion`.Theme benannt ist,[13] bezeichne ich als Bewegendes, weil nicht alle Konstrukte der reflexiven Bewegungskonstruktion eine Instanz des FE `Motion`.Theme in diesem KE aufweisen. Stattdessen ist die semantische Motivierung der KtE dieses KE von dem durch das KtE des KE Ereignis evozierten Frame abhängig. Damit ist jedoch nicht ausgeschlossen, dass das FE `Motion`.Theme als für die Definition des KE Bewegendes prototypisch angesehen werden kann (vgl. Unterabschnitt 7.3.2).
- Die KE Make_verb, Intransitive_manner_verb bzw. Intransitive_means_verb, Transitive_manner_verb bzw. Transitive_means_verb fasse ich unter dem KE Ereignis zusammen, da ich von den formalen Unterschieden (intransitiv/transitiv) absehe und für die konstruktikographische Repräsentation der unterschiedlichen Lesarten eine andere Form wähle (vgl. Abschnitt 5.2 sowie Unterabschnitte 7.1.3 und 7.2.2).[14] Man beachte indes, dass sich die semantischen Unterschiede der KE im FrameNet-Konstruktikon (‚manner'- oder ‚means'-Verb) zusätzlich in der Bezeichnung der Lesarten der Konstruktion (*way_manner* und *way_means*) widerspiegeln und damit ohnehin redundant sind.
- Die KE Direction, Goal, Path und Source fasse ich als KE Weg zusammen, da die korrespondierenden FE von `Motion` (oder anderen Frames) zu einem *Core Set* gehören und sie deshalb zu dem, was ich später *Makro-FE* nenne (Unterabschnitt 7.3.3), generalisiert und auf das entsprechende KE bezogen werden können.[15]

---

13 Schon bei Goldberg (1995: 207) wird dieses Strukturelement „creator-theme" genannt.

14 Mit dem Terminus *Ereignis* ist keine Subkategorisierung der als KtE möglichen LE impliziert, die sich z.B. auf eine semantische Klassifikation in ‚Handlungs-', ‚Vorgangs-' oder ‚Zustandsverben' bzw. -prädikate (z.B. Welke 2005: 168–170; von Polenz 2008: 159–167; Hentschel & Weydt 2013: 31–32; Ágel 2017: 363–364) berufen würde und für die als Oberbegriff bisweilen der Terminus *Ereignis* verwendet wird, wie etwa bei Welke (2005: 170), Löbner (2015: 126) oder Ágel (2017: 363–364). Grundsätzlich ist eine solche semantische Bezeichnung jedoch einer formal orientierten und auf die Wortart (*Verb*) zurückgreifenden wie der des FrameNet-Konstruktikons vorzuziehen, da, wie ich in Unterabschnitt 6.1.2 argumentiere, die Eigenschaften von KE und ihrer KtE primär semantischer Natur sind. Dabei bleibt selbstverständlich zu berücksichtigen, dass die Zuordnung einer LE zu einer semantischen Klasse wie ‚Handlungs-', ‚Vorgangs-' oder ‚Zustandsverb' kontextuell determiniert und keineswegs lexikalisch invariant ist (vgl. Hentschel & Weydt 2013: 32), weshalb Lehmann (2017: 89, Anm. 99) vorschlägt, von Handlungs-, Vorgangs-, oder Zustands*bedeutungen* zu sprechen. Wie die Wahl des Terminus *Ereignis* aus konstruktionssemantischer Sicht zu begründen ist, zeige ich in Unterabschnitt 7.3.1.

15 In dieser Hinsicht folge ich Goldberg (1995: 207), die dieses Strukturelement bereits „path" nennt (vgl. auch Rohde 2001: 15, 38, 289–294). Dieselbe Bezeichnung nutzt Oya (1999: 360) als

- Das KE Modifier, das Teil des KEE der *way*-Konstruktion sein kann, entfällt im Deutschen, da die englische *way*-NP, die das KEE konstituiert, in der reflexiven Bewegungskonstruktion keine Entsprechung findet. Anders ist dies allerdings für die reflexive *Weg*-Konstruktion, weshalb für sie ein mit der englischen *way*-NP korrespondierendes KorE angesetzt wird, das potenziell ebenfalls eine (in meinen Korpusdaten aber nicht belegte) Modifikation erlaubt (vgl. Unterabschnitt 3.3.2).
- Die KE Manner und Means, die den FE `Motion`.⟨Manner⟩ und `Motion`.⟨Means⟩ entsprechen, sehe ich nicht als ausschließliche Eigenschaften der Konstruktion an, da viele Frames, insbesondere jene, die in einer Frame-zu-Frame-Relation zu `Motion` stehen, diese ebenfalls beinhalten.[16]

Eine Annotation der vier Strukturelemente der reflexiven Bewegungskonstruktion (Tabelle 3.1) kann für die Belege (1)–(10) wie in (11)–(20) dargestellt werden.

(11) Seitdem {[Ereignis arbeitet] [KEE sich] [Bewegendes der Professor] acht Monate im Jahr mit einem Jeep [Weg durch die Wüste von Turkmenistan]}, harrt in Kasachstan stundenlang in ungeheizten Sitzungszimmern aus und bewahrt in Usbekistan auch nach dem sechsten Wodka noch die Contenance. (Die Zeit, 24.02.2000, Nr. 9)

(12) Der Fabrikant breitete sein Schweigen wieder aus, {[Bewegendes der Offizier] [Ereignis mogelte] [KEE sich] [Weg aus seinem Sitz]}. (Düffel, John von: Vom Wasser, München: dtv 2006, S. 56)

(13) {[Bewegendes Mancher Programmdirektor] [Ereignis wünscht] [KEE sich] hier inzwischen [Weg auf eine wirklich einsame Insel]}. (Die Zeit, 30.03.2000, Nr. 14)

(14) Marie saß seit dem späten Nachmittag an ihrem kleinen Schreibtisch in ihrem Zimmer und {[Ereignis kämpfte] [KEE sich] [Weg durch Theodor Fontanes Der Stechlin]}, über den sie eine Arbeit schreiben mußte. (Suter, Martin: Lila, Lila, Zürich: Diogenes 2004, S. 47)

„Oberbegriff für SOURCE/PATH/GOAL". Entsprechend geht auch – allerdings nicht auf diese Konstruktion bezogen – Ungerer (2017: 4) vor.

16 Die von Müller (2007: 192–193) am Beispiel von Resultativkonstruktionen problematisierte Frage, inwiefern solche traditionell als Adjunkte verstandenen Elemente auf Ebene der Konstruktion angenommen werden müssen, lässt sich damit allerdings noch nicht vollständig beantworten. Die Tatsache, dass sie bereits als FE in zahlreichen lexikalischen Frames (zu diesem Begriff vgl. Abschnitt 4.2) enthalten sind, rechtfertigt aber zunächst, für sie keine eigenen KE anzunehmen.

(15) Als ich Tina kennenlernte, gingen wir zwar ein- oder zweimal zu viert essen, aber die Gespräche kamen nicht in Gang, {[$_{\text{Bewegendes}}$ man] [$_{\text{Ereignis}}$ quälte] [$_{\text{KEE}}$ sich] [$_{\text{Weg}}$ durch typische Konversationsthemen wie Tagespolitik, neue Bücher, alte Gemälde und schlechtes oder gutes Wetter und die Auswirkungen all dessen auf die Gelenke]}. (Goosen, Frank: Liegen lernen, Frankfurt am Main: Eichborn AG 2000, S. 238)

(16) {[$_{\text{Bewegendes}}$ Stimmen] [$_{\text{Ereignis}}$ mischten] [$_{\text{KEE}}$ sich] [$_{\text{Weg}}$ in das Rattern]}, Worte, Sätze, die sie nicht verstand, weil ihr Kopf so verschwommen war. (Pressler, Mirjam: Malka Mai, Weinheim Basel: Beltz & Gelberg 2001, S. 248)

(17) Die Babylonier nickten und {[$_{\text{Ereignis}}$ quetschten] [$_{\text{KEE}}$ sich] ungelenk [$_{\text{Weg}}$ durch die Glastür auf die Steinstraße]}. (Kopetzky, Steffen: Grand Tour, Frankfurt am Main: Eichborn 2002, S. 283)

(18) Ich arbeitete gut und konzentriert; ich hatte Kräfte für zehn – und doch schlugen mir die Knie aneinander, als ich in die Allee einbog, und {[$_{\text{Bewegendes}}$ meine Hände] [$_{\text{Ereignis}}$ gruben] [$_{\text{KEE}}$ sich] [$_{\text{Weg}}$ in die Rocktaschen]}, bis sie beinahe rissen. (Schmitter, Elke: Frau Sartoris, Berlin: BvT 2000[2002], S. 29)

(19) {[$_{\text{Bewegendes}}$ Mommsen] [$_{\text{Ereignis}}$ rettete] [$_{\text{KEE}}$ sich] [$_{\text{Weg}}$ aus der Welt der Tatsachen] in die der Gefühle}: (de Bruyn, Günter: Preußens Luise, Siedler 2001, S. 87)

(20) Es war allen Anwesenden nachzufühlen; von unschuldigem Frohsinn war nichts zu spüren, die Abende zogen sich dahin, der Steuereintreiber und der Chirurg entschuldigten sich schon früh, um nicht wieder in den Genuß von Gratiskonsultationen zu kommen, der Priester gab seine zwei Witze zum besten, und der Rest lästerte über das Essen und {[$_{\text{Ereignis}}$ soff] [$_{\text{KEE}}$ sich] [$_{\text{Weg}}$ unter den Tisch]}, weil selbst die Konjunktur als Thema längst ausgeschöpft war. (Schrott, Raoul: Tristan da Cunha oder die Hälfte der Erde; Hanser Verlag 2003, S. 196)

Der auffälligste formale Unterschied der reflexiven Bewegungskonstruktion im Vergleich zur *way*-Konstruktion besteht darin, dass die NP aus Possessivpronomen und dem Nomen *way*, die der englischen Konstruktion ihren Namen gibt und als ihr KEE dient (vgl. etwa Lee-Goldman & Petruck 2018: 26), in der reflexiven Bewegungskonstruktion nicht existiert und diese stattdessen ein Reflexivum aufweist,[17] das analog als KEE angesetzt werden kann.[18] Hierbei weiche ich insofern von der strengen Auffassung eines KEE als (über alle Konstrukte hinweg invariant) „lexically specified CE" (Ziem & Flick 2019: 204; Ziem, Flick & Sandkühler 2019: 68) ab, da sich an dieser Position nicht nur das ‚echte' Reflexivum *sich* auffinden lässt, sondern ebenso eine Reihe funktional identischer Personalpronomen (vgl. Eisenberg 2013: 172–173; Hentschel & Weydt 2013: 224–225; Duden 2016: 271), die über eine „Persondeixis in reflexiver oder reziproker Lesart" (Zifonun, Hoffmann & Strecker 1997: 1355) verfügen. In seltenen Fällen tritt auch das Reziprokpronomen *einander* auf.[19] Einziges notwendiges Kriterium ist, dass das Pronomen einen „Rückbezug auf das Denotat einer anderen primären Komponente" (Zifonun, Hoffmann & Strecker 1997: 1357) aufweist, also mit den KtE eines anderen KE – hier: des KE Bewegendes – referenzidentisch ist.[20] Neben dem ‚echten' Reflexivpronomen *sich* in 3. Person finden sich vor allem für das reflexiv gebrauchte Personalpronomen *mich*, also für die 1. Person Singular, einige Belege, wie (21)–(23) zeigen.

---

17 Eine analoge Struktur mit dem Nomen *Weg* lässt sich im Deutschen und z.B. auch im Niederländischen in Gestalt der reflexiven *Weg*-Konstruktion (Abschnitt 3.3) finden, sie ist allerdings auf wenige LE beschränkt und mit den angenommenen semantischen Eigenschaften nicht produktiv (vgl. Smirnova 2018: 22–25; Mortelmans & Smirnova 2020: 59–60).

18 Ein Argument, schon die englische NP aus Possessivpronomen und dem Nomen *way* als KEE anzusetzen ist, dass die Konstruktion „partially lexically filled (by the noun *way*)" (Goldberg 1996: 29) ist. Ebenso listen Goldberg & Jackendoff (2004: 533) die *way*-Konstruktion unter „constructions in which a standard syntactic position is occupied by a special element that marks the construction."

19 Nach dem Vorbild von Hentschel & Weydt (2013: 224–225) und Lehmann (2017: 17) verwende ich den Begriff *Reflexivum* statt des Begriffs *Reflexivpronomen*. Damit soll insbesondere deutlich werden, dass es nicht in jedem Auftreten wie andere Pronomen referenziell verwendet werden muss (vgl. dazu Kunze 1997: 88; Zifonun 2003: 68–69; Ágel 1997b: 71, 2017: 334–335). Somit dient der Begriff *Reflexivum* als Sammelbegriff für alle Varianten des KEE, neben dem ‚echten' Reflexivpronomen *sich* also insbesondere auch für „reflexiv gebrauchte[] Personalpronomen" (Duden 2016: 271) in der 1. und 2. Person (*mich, dich, uns, euch*). Einzige Ausnahme ist das davon abzugrenzende Reziprokpronomen *einander*. Ferner folge ich im Erlauben von Varianten des KEE Langacker (2000: 11), der Abweichungen kleinerer Eigenschaften eines Schemas von Gebrauchsereignis zu Gebrauchsereignis (hier also: von Konstrukt zu Konstrukt) als irrelevant für die Konventionalisierung dieses Schemas ansieht.

20 Auf ein ähnliches Kriterium weist Goldberg (2014: 121) für die *way*-Konstruktion hin und betont damit die syntagmatischen Zusammenhänge zwischen den Strukturelementen der Konstruktion. Die angesprochene Referenzidentität lässt sich jedoch nicht für alle Reflexivkonstruktionen beobachten und ist deshalb nicht verallgemeinerungsfähig, sondern nur konstruktionsspezifisch aufzufassen (vgl. dazu problematisierend Lehmann 2017: 74). Für die reflexive Bewegungskonstruktion nehme ich allerdings an, dass sie gegeben ist.

(21) Abends las ich, die Bücherei war ziemlich umfangreich, und {ich fraß [$_{KEE}$ mich] durch alles}; langsam, genügsam, manchmal mit wirklicher Anteilnahme. (Schmitter, Elke: Frau Sartoris, Berlin: BvT 2000[2002], S. 35)

(22) „Welche Landschaft?“ frage ich, {schäle [$_{KEE}$ mich] vorsichtig aus der Decke} und schaue mich um. (Riedel, Susanne: Eine Frau aus Amerika, Berlin: Berlin Verlag 2003, S. 74)

(23) {Ich kämpfte [$_{KEE}$ mich] durch dieses Unterholz}, hielt mich an den Stämmen, Asten und Wurzeln fest, weil ich hinauf zum Gipfel wollte, der wie jeden Tag in den Wolken lag; wie dick die Schicht war, ließ sich nicht sagen – vielleicht schien oben die Sonne. (Schrott, Raoul: Tristan da Cunha oder die Hälfte der Erde; Hanser Verlag 2003, S. 161)

Das Reziprokpronomen *einander* ist nur selten belegt, etwa in (24).[21]

(24) Es war ein wüster Abend, bei dem viel geschrien und grell gelacht wurde; {die Darsteller jagten [$_{KEE}$ einander] über die Bühne}, es knallte an allen Ecken und Enden, so daß man den Text kaum verstand. (Schmitter, Elke: Frau Sartoris, Berlin: BvT 2000[2002], S. 87)

Diese Feststellungen können Anlass zur Überlegung geben, ob man für unterschiedliche, aber verwandte KEE nicht separate Konstruktionen ansetzen müsste, die zu einer Konstruktionsfamilie (im Sinne von Goldberg & Jackendoff 2004: 535–536) gehören. Für die reflexive Bewegungskonstruktion gehe ich davon nicht aus, da ich die semantischen Unterschiede zwischen den einzelnen Reflexiva als zu gering erachte, als dass sie die Annahme distinktiver Konstruktionen rechtfertigen würden.[22] Vielmehr handelt es sich bei Konstrukten mit unterschiedlichen

21 Kunze (1995: 22) allerdings bestreitet, ohne gebrauchsbasierte Evidenz, ein Auftreten des Reziprokpronomens *einander* in der reflexiven Bewegungskonstruktion. Diese Annahme kann also widerlegt werden.

22 Zwei Beispiele für eine Trennung von Konstruktionen und ihren konstruktikographischen Einträgen sind Exklamativ- und Negationskonstruktionen. Im Konstruktikon des Deutschen etwa werden die Konstruktionen beider Konstruktionsfamilien nach ihren KEE getrennt, bei Exklamativa etwa nach KEE wie *Allein* (https://gsw.phil.hhu.de/constructiconold/construction?id=20, zuletzt abgerufen am 07.09.2021), *So* (https://gsw.phil.hhu.de/constructiconold/construction?id=22, zuletzt abgerufen am 07.09.2021) oder *Was für* (https://gsw.phil.hhu.de/constructiconold/construction?id=13, zuletzt abgerufen am 07.09.2021), bei Negationskonstruktionen etwa nach KEE wie *Und erst recht nicht* (https://gsw.phil.hhu.de/constructiconold/construction?id=4, zuletzt abgerufen am 07.09.2021), *Weder noch* (https://gsw.phil.hhu.de/constructiconold/construction?id=12, zuletzt abgerufen am 07.09.2021) oder *geschweige denn* (https://gsw.phil.hhu.de/constructiconold/construction?id=10, zuletzt abgerufen am 07.09.2021).

Reflexiva als KEE um *Allokonstrukte*, „denen trotz ihrer Distinktivität mit hoher Plausibilität eine gemeinsame Konstruktion in der Kompetenz zugeordnet werden kann.“ (Bücker 2014: 131).[23]

3.1.3 Konstruktionelle Polysemie

Wenngleich die *way*-Konstruktion und die reflexive Bewegungskonstruktion einige formale Unterschiede trennen, sind sie durch eine semantische Gemeinsamkeit verbunden, die über die Zuschreibung von `Motion` als zentrale Komponente ihrer semantischen Eigenschaften hinausgeht. Es handelt sich um ihre konstruktionelle Polysemie: Beide subsumieren unterschiedliche Lesarten ihrer Konstrukte. Im FrameNet-Konstruktikon werden, wie bereits in Unterabschnitt 2.3.2 angesprochen, drei Lesarten festgehalten und in drei Konstruktionseinträgen getrennt dokumentiert: ‚way_neutral‘, ‚way_manner‘ und ‚way_means‘.

Diese Praxis ist ein Reflex der frühesten Forschung zur *way*-Konstruktion, werden doch seit Levin & Rapoport (1988: 278) und Jackendoff (1990: 216) zwei Lesarten angesetzt, die spätestens seit Goldberg (1995: 202) als ‚manner‘- und ‚means‘-Lesart bezeichnet werden.[24] In ihren diachronen Studien zur *way*-Konstruktion legen Israel (1996: 218) und Perek (2018: 68–69) noch eine dritte Lesart zugrunde: Neben der ‚manner‘- und der ‚means‘-Lesart wird dort noch eine ‚incidental activity‘-Lesart angesetzt (im Folgenden kurz ‚incidental‘), die diejenigen Fälle erfasst, in denen das vom Verb (einem KtE des KE Ereignis) ausgedrückte Ereignis und die von der Konstruktion hinzugefügte semantische Komponente der ‚Bewegung‘ (der auf `Motion` zurückgeht) in keinerlei logischem Zusammenhang stehen.[25] McColm (2019: 39) nimmt an, dass diese drei Lesarten auch auf das deutsche Äquivalent der *way*-Konstruktion zutreffen. Nimmt man die im FrameNet-

23 Als Alternative zum Begriff des Allokonstrukts lässt sich die von Bücker (2012: 5) an anderer Stelle eingeführte Unterscheidung von „*Basiseigenschaften* und *variierenden Eigenschaften*“ einer Konstruktion verstehen. Zu den Basiseigenschaften der reflexiven Bewegungskonstruktion zählt dann etwa, dass das KEE aus einem Reflexivum bestehen muss, während die konkrete morphologische Gestalt dieses Reflexivums zu den variierenden Eigenschaften der Konstruktion zählt. Das KEE wird damit lediglich kategorial und nicht im strengen Sinne als morphologisch fixiert definiert.

24 Smirnova (2018: 21) übersetzt die beiden Lesarten mit ‚modal‘ (‚manner‘) und ‚instrumental‘ (‚means‘). Aufgrund der im internationalen Raum verbreiteteren englischen Begriffe behalte ich diese jedoch bei.

25 Auch für die ‚incidental‘-Lesart behalte ich den englischen Terminus bei, da die plausibelste deutsche Übersetzung als ‚Unverbundenheit‘ der beiden semantischen Komponenten zu falschen Suggestionen hinsichtlich meines Konzepts der Frame-Nähe (Abschnitt 5.4) führen würde, in dem es gerade um die ‚Verbundenheit‘ zweier Frames geht. Ihre ‚Unverbundenheit‘ kor-

Konstruktikon dokumentierte neutrale Lesart hinzu, ergeben sich also insgesamt vier Lesarten, die die Polysemie der Konstruktion konstituieren. Bevor ich sie in Abschnitt 5.2 eingehender untersuche und konstruktionssemantische Vorschläge zu ihrer Differenzierung unterbreite, seien sie im Folgenden durch einige Belege illustriert.

Die neutrale Lesart liegt vor, wenn die als KtE des KE EREIGNIS instanziierte LE in ihrer lexikalischen Bedeutung weder hinsichtlich eines ‚manner'-, noch hinsichtlich eines ‚means'-Aspekts spezifiziert ist (etwa in den gleichnamigen FE des von ihr evoziertes Frames)[26] und auch kein weiterer Frame hinzutritt, sodass sich auch keine ‚incidental'-Lesart ergeben kann. Wie die Belege in (25) zeigen, trifft dies auf bestimmte LE zu, die `Motion` evozieren, etwa *bewegen* (*move.v*) oder *begeben* (*go.v*) – hier und im Folgenden als KtE des KE EREIGNIS annotiert.

(25) a. Langsam {[EREIGNIS bewegte] sich das Skelett durch das Gras}. (Glavinic, Thomas: Die Arbeit der Nacht, München Wien: Carl Hanser Verlag 2006, S. 134)
b. {Keiner [EREIGNIS begibt] sich in die holzhüttenartige Kabine}. (Düffel, John von: Vom Wasser, München: dtv 2006, S. 192)

Doch auch andere Frames und die sie evozierenden LE kommen für die neutrale Lesart infrage, so etwa `Body_movement` in den Belegen in (26) mit LE wie *hängen* (*hang.v*), *biegen* (*bend.v*) oder *beugen* (*flex.v*).

(26) a. {Bob und Neill [EREIGNIS hängen] sich aus den heruntergekurbelten Fenstern} und winken den Mädchen so lange nach, bis der Wagen abbiegt. (Dölling, Beate: Hör auf zu trommeln, Herz, Weinheim: Beltz & Gelberg 2003, S. 84)
b. Bei der Erinnerung daran verlor Alexander die Fassung, schluchzte und {[EREIGNIS bog] sich tief in seinen Sessel zurück}. (Krausser, Helmut: Eros, Köln: DuMont 2006, S. 239)
c. {Der ehemalige italienische Ministerpräsident Giuliano Amato [EREIGNIS beugte] sich mit einer Arbeitsgruppe über Die Natur der Neuen Grenze} und zog energisch den Schluss, dass es ohne Grenzen nicht gehe. (Die Zeit, 20.01.2000, Nr. 4)

reliert aber gerade nicht (zwingend) mit der ‚incidental'-Lesart. Auch der von Fanego (2019: 693) vorgeschlagene Terminus „co-occurrence relation" eignet sich aufgrund seiner anderweitigen linguistischen Konnotation nicht zur Bezeichnung dieser Lesart.

26 Zur Unterscheidung zwischen Frame und lexikalischer Bedeutung vgl. Unterabschnitt 4.1.1.

Für die ‚manner'-Lesart kommt nun im Gegensatz zur neutralen Lesart hinzu, dass die lexikalische Bedeutung der LE, die als KtE des KE Ereignis instanziiert wird, durch einen ‚manner'-Aspekt spezifiziert sein muss. Die Belege in (27) zeigen, dass dies für bestimmte andere LE, die `Motion` evozieren, zutrifft, so etwa *schlängeln* (*snake.v*) oder *mäandern* (*meander.v*). Auch bestimmte LE, die `Self_motion` evozieren, kommen dafür infrage, etwa *robben* (*crawl.v*), *pressen* (*press.v*) oder *stehlen* (*steal.v*) in (28).

(27) a. {Ich [Ereignis schlängelte] mich durch die Autos und die Abgase, die rot zwischen den Schlußlichtern dampften}, und entdeckte gerade noch rechtzeitig die kräftige Gestalt von John Bird hinter dem erleuchteten Schaufenster. (Franck, Julia: Lagerfeuer, Köln: DuMont Literatur und Kunst Verlag 2003, S. 256)

b. {So [Ereignis mäandern] sich die nackten und verschlungenen Leiber durch die Werbung und über die Titel jener der Werbeästhetik folgenden Magazine}. (Die Zeit, 13.01.2000, Nr. 3)

(28) a. General Motors geht es mit seiner Tochter Opel kaum besser, {Fiat [Ereignis robbt] sich mühsam aus den roten Zahlen}, und Renault hat die Übernahme von Nissan noch längst nicht bewältigt. (Die Zeit, 24.02.2000, Nr. 9)

b. {Sie [Ereignis presste] sich unter den Zweigen auf den Boden}. (Boie, Kirsten: Skogland, Ort: Hamburg 2005, S. 343)

c. {Die Morgensonne [Ereignis stahl] sich schon durch die Ritzen der Fensterläden}, aber in dem großen Haus war es so still, als schliefen selbst die Bücher in den Regalen. (Funke, Cornelia: Tintenherz, Hamburg: Cecilie Dressler Verlag 2003, S. 94)

Die Differenzierung zwischen neutraler und ‚manner'-Lesart ist somit zu großen Teilen abhängig von der lexikalischen Bedeutung der LE, die als KtE des KE Ereignis instanziiert wird (vgl. Unterabschnitt 5.2.3). Auch die ‚means'- und ‚incidental'-Lesarten lassen sich auf Frames zurückführen, die von jenen KtE evoziert werden. So ist das Konstrukt in (29) nur so zu interpretieren, dass *der weiße Fleck* sich nur durch das ‚Mittel' des Ereignisses des ‚Fressens', das der von der LE *fressen* (etwa: *eat.v*) evozierte Frame `Ingestion` anzeigt, *in die Umgebung* ‚bewegen' kann.

(29) Mit den Jahren {[Ereignis frißt] sich der weiße Fleck in die Umgebung}, verschwinden Sehenswürdigkeiten und Aussichtspunkte, ein Dorf, eine Stadt, alles nur eine Frage des Maßstabs. (Schulze, Ingo: Neue Leben, Berlin: Berlin Verlag 2005, S. 195)

Ähnlich ist es in (30): Die ‚Bewegung' *des Vaters* ist nur aufgrund des Ereignisses des ‚Schlagens' möglich, die LE *schlagen* evoziert in diesem Fall den Frame `Impact`.

(30) {Der Vater [Ereignis schlug] sich durch die Haus- und Gartentür, die danach, und für Jahre, schräg in den Angeln hing}. (Widmer, Urs: Das Buch des Vaters, Zürich: Diogenes 2004, S. 153)

Exakte Kriterien, wie die ‚incidental'-Lesart von der ‚means'-Lesart abgegrenzt werden kann, finden sich in der bisherigen Forschung zur *way*-Konstruktion nicht. Hinsichtlich der ‚incidental'-Lesart hält allerdings Perek (2018: 86–87) fest, dass sie insbesondere mit Verben der ‚Nahrungsaufnahme' (z.B. *essen, trinken*), der ‚Darbietung' (z.B. *tanzen, spielen, singen*), Körperfunktionen (z.B. *husten, niesen, schwitzen*), ‚Geräuschemissionen' (z.B. *knallen, knirschen, trommeln*), ‚Kommunikation' (z.B. *entschuldigen, scherzen, reden*), ‚Weinen' (z.B. *heulen, schreien, quieken*) und anderen menschlichen ‚Geräuschemissionen' (z.B. *keuchen, grunzen, seufzen*) auftritt (vgl. auch McColm 2019: 21–22). Wie ich in Unterabschnitt 5.2.3 ausführlicher zeigen werde, ist dieses Kriterium der Verbklassifizierung allerdings zu grobkörnig, um zwischen den Lesarten zu unterscheiden. Ohne zu sehr auf die dortigen Analysen vorzugreifen, sei an (31)–(35) illustriert, dass das durch LE wie *trauen* (*dare.v*) mit dem Frame `Daring` (31), *leben* (*live.v*) mit `Dead_or_alive` (32), *reden* (*talk.v*) mit `Chatting` (33), *heulen* (*cry.v*) mit `Make_noise` (34) oder *jagen* (*hunt.v*) mit `Hunting` (35) markierte Ereignis in keinem kausalen oder anderweitigen Zusammenhang zu den auf `Motion` basierenden semantischen Eigenschaften der Konstruktion stehen muss.

(31) {Ich [Ereignis traute] mich kaum an sie heran}. (Goosen, Frank: Liegen lernen, Frankfurt am Main: Eichborn AG 2000, S. 295)

(32) {Man [Ereignis lebte] sich aus der herausgerissenen Zeit, in der man saß, zurück in die Erinnerung ans Zuhause von damals und voraus in die Hoffnung, bald heimzukehren}. (Müller, Herta: Der König verneigt sich und tötet, München: Carl Hanser Verlag 2003, S. 42)

(33) Dann ist er an der Reihe, beginnt bedächtig und {[Ereignis redet] sich in eine Leidenschaft, neben der Angela Merkel blutleer wirkt}. (Die Zeit, 16.03.2000, Nr. 12)

(34) „ ... für die vielen Toten und Verwundeten hergeschickt worden waren, nachgerückt wie Kegel im Spiel", machte der Vater seinen Fehler wieder gut, „{junge Kerle, gerade Abitur gemacht, [Ereignis heulten] sich auf ihren Strohschütten in den Erdbunkern, wo wir uns zusammendrängten, in

den Schlaf}. (Hahn, Ulla: Unscharfe Bilder, München: Deutsche Verlags-Anstalt 2003, S. 103)

(35) Es war ein wüster Abend, bei dem viel geschrien und grell gelacht wurde; {die Darsteller [EREIGNIS jagten] einander über die Bühne}, es knallte an allen Ecken und Enden, so daß man den Text kaum verstand. (Schmitter, Elke: Frau Sartoris, Berlin: BvT 2000[2002], S. 87)

Wie die Differenzierung der Lesarten untereinander, so ist auch ihre generelle Existenz nicht unumstritten. Während die neuere Forschung, etwa McColm (2019: 39), wie bereits erwähnt, davon ausgeht, dass alle für die englische *way*-Konstruktion feststellbaren Lesarten auch im Deutschen existieren, gehen Kunze (1995: 25) und Oya (1999: 362–363) – ohne gebrauchsbasierte Evidenz – davon aus, dass die ‚manner'-Lesart im Deutschen nicht vorhanden wäre. Dieser Befund lässt sich allerdings korpusbasiert leicht widerlegen, wie die Belege in (27) und (28) zeigen. Auf einen grundsätzlich problematischen Aspekt der Unterscheidung weist indes Goldberg (1995: 202–203) hin, wenn sie bemerkt, dass viele Konstrukte der ‚manner'-Lesart ebenso als ‚means'-Lesart interpretiert werden können. Eine empirische Analyse stößt hier auf das Problem, eine Entscheidungsbasis für die Differenzierung der beiden Lesarten zu finden. So ist im Falle der konstruktikographischen Erfassung der drei Lesarten im FrameNet-Konstruktikon etwa unklar, nach welchen Kriterien ‚manner'-Verben von ‚means'-Verben unterschieden werden, um sie als KtE unterschiedlicher KE, z.B. INTRANSITIVE_MANNER_VERB oder TRANSITIVE_MEANS_VERB, zu annotieren.

Für die deutsche Konstruktion weist bereits Maienborn (1994: 242–243) darauf hin, dass Entscheidungen über ihre Lesarten nur durch umfangreiches Hintergrundwissen und Kenntnisse über Kontexte zu treffen sind. In diesem Sinne konstatiert auch Smirnova (2018: 36–37), dass unterschiedliche Lesarten der Konstruktion nur in größeren Kontexten differenziert werden können. Ich schließe mich dieser Kritik grundsätzlich an, halte aber gleichzeitig die Praxis der Differenzierung unterschiedlicher Lesarten der Konstruktion, wie sie in der Forschung und der Konstruktikographie betrieben wird, für eine folgerichtige Entscheidung, da hier eine wesentliche semantische Eigenschaft der Konstruktion zu Tage tritt: ihre Polysemie. Fälle solcher konstruktioneller Polysemie müssen Gegenstand konstruktikographischer Auseinandersetzungen mit einer Konstruktion sein, weshalb ich auf sie als Gegenstand eines semantischen Parameters von Konstruktionen in Abschnitt 5.2 zurückkomme. Die Frage nach der konstruktionssemantischen Differenzierung unterschiedlicher Lesarten einer Konstruktion, wie ich sie am Beispiel der *way*-Konstruktion bzw. der reflexiven Bewegungskonstruktion angedeutet habe, stellt eine zusätzliche Aufgabe (nicht nur) für die konstruktikographische Arbeit dar.

Mit zu diesen Überlegungen gehört die konstruktikographisch relevante Frage, ob bei Vorliegen mehrerer Lesarten der Konstruktion unterschiedliche Konstruktionseinträge angenommen werden müssen, wie es das FrameNet-Konstruktikon für die *way*-Konstruktion vorsieht (vgl. Unterabschnitt 2.3.2), oder ob die Lesarten in einem Konstruktionseintrag zusammengefasst werden können (dazu Unterabschnitt 7.2.2). Auch diese Frage ist eine Motivation für die Annahme eines semantischen Parameters von Konstruktionen, der sich ihrer Polysemie widmet.

3.1.4 Semantische Beschränkungen

Die konstruktionelle Polysemie der reflexiven Bewegungskonstruktion ist in der bisherigen Forschung nicht der einzige, schon für die *way*-Konstruktion diskutierte semantische Aspekt, der sie auszeichnet. Einen fast ebenso zentralen Stellenwert nehmen semantische Beschränkungen der *way*-Konstruktion ein, denen sich auch eine konstruktionssemantische Analyse der reflexiven Bewegungskonstruktion stellen muss. Zwei sehr wesentliche Aspekte lassen sich in den folgenden Punkten paraphrasieren und gelten, wie Kunze (1995: 22), Oya (1999: 357–358) und Smirnova (2018: 34) feststellen, ebenso für das Deutsche.[27]

- Die Konstruktion impliziert eine physische oder (häufiger) metaphorische ‚Bewegung' des Referenzobjekts, auf das die KtE des KE BEWEGENDES referieren, und die durch die KtE des KE WEG näher spezifiziert wird, auch und vor allem wenn diese ‚Bewegung' der lexikalischen Bedeutung der LE, die als KtE des KE EREIGNIS instanziiert wird, nicht inhärent ist (vgl. Goldberg 1995: 199).
- Diese ‚Bewegung' geht oft mit ‚Schwierigkeiten' oder ‚Hindernissen' einher: Der durch die KtE des KE WEG spezifizierte ‚Weg', auf dem die ‚Bewegung' des Referenzobjekts eines KtE des KE BEWEGENDES stattfindet, muss deshalb von diesem selbst kreiert werden (vgl. Goldberg 1995: 203–204, 1996: 38). Es kann sich dabei um „eine mühsame und langsame Vorwärtsbewegung entlang eines Pfades" (Smirnova 2018: 36) handeln.

Der erste dieser beiden Punkte verweist auf das Koerzionspotenzial der Konstruktion, die in der Lage ist, den lexikalischen Bedeutungen der LE, mit denen das KE EREIGNIS instanziiert werden kann und in deren lexikalischer Bedeutung keine ‚Bewegung' angelegt ist, in der Bedeutung des Konstrukts eine entsprechende semantische Komponente hinzuzufügen. Ich komme auf letzteren Aspekt in Ab-

27 Für den Bezug auf die Strukturelemente der Konstruktion verwende ich die in Unterabschnitt 3.1.2 eingeführten Bezeichnungen, wenngleich diese freilich nicht in der wiedergegebenen Forschungsdiskussion auftreten.

schnitt 4.4 sowie auf das Koerzionspotenzial als Gegenstand eines semantischen Parameters von Konstruktionen in Abschnitt 5.5 zurück.[28]

Der zweite Punkt rekurriert auf eine semantische Eigenschaft, die auf den ersten Blick auf der Grundlage einer frame-semantischen und konstruktikographischen Annotation schwer zu erfassen ist, da sie nicht unmittelbar an die Strukturelemente der Konstruktion und deren semantische Motivierung durch Frames gebunden zu sein scheint. Wie bereits die Unterscheidung der Lesarten der Konstruktion (Unterabschnitt 3.1.3) stellt somit auch diese semantische Eigenschaft eine konstruktikographische Analyse vor eine konstruktionssemantische Herausforderung. Einen Vorschlag, wie dieser Herausforderung zu begegnen ist, möchte ich im Rückgriff auf die Theorie der konzeptuellen Integration von Fauconnier & Turner (1998a,b, 2002) mit deren Begriff der *emergenten Struktur* als Gegenstand eines weiteren semantischen Parameters von Konstruktionen in Abschnitt 5.7 unterbreiten.

Die frühe Forschung, sowohl zur *way*-Konstruktion als auch zur reflexiven Bewegungskonstruktion, hat über die beiden soeben diskutierten Punkte hinaus noch einige weitere semantische Beschränkungen der einzelnen KE formuliert – vor allem, aber nicht nur, hinsichtlich der für das KE Ereignis als KtE möglichen Verben –, die teilweise (für die Punkte b und c) auch für ihr deutsches Pendant postuliert werden (vgl. für die *way*-Konstruktion Goldberg 1995: 212–214, 1996: 44–46; für die reflexive Bewegungskonstruktion Oya 1999: 357–358).

a) Das Verb (hier: das KtE des KE Ereignis) muss ein ‚iteratives' oder ‚ungebundenes' Ereignis kodieren (vgl. schon Jackendoff 1990: 213; ebenso Jackendoff 1997: 546).
b) Die ‚Bewegung' muss (zumindest in der ‚means'-Lesart) vom Subjektreferenzobjekt (hier: demjenigen des KtE des KE Bewegendes) selbst ausgehen und damit „eine Aktivität darstellen" (Oya 1999: 357).
c) Die ‚Bewegung' muss „zielgerichtet sein" (Oya 1999: 358).[29]

Diese introspektiv gewonnenen und nicht gebrauchsbasiert überprüften Eigenschaften halte ich im Einklang mit zahlreichen neueren Studien für fraglich, da

28 Grundsätzlich unberücksichtigt lasse ich die erwähnte Metaphorik vieler Konstrukte der reflexiven Bewegungskonstruktion, da diese eine separate Analyseebene erfordern würde. Konkret würde dies auf der lexikalischen Ebene eine doppelte Annotation erfordern, wenn man dem Vorschlag von Burchardt et al. (2009: 216) sowie Rehbein et al. (2012: 95–96) folgt, für Quell- und Zieldomäne einer konzeptuellen Metapher (im Sinne von Lakoff & Johnson 1980) jeweils einen eigenen Frame anzusetzen.

29 Dagegen argumentiert Christie (2011: 4), dass die *way*-Konstruktion durchaus sowohl telische als auch atelische Handlungen ausdrücken kann.

sie sich empirisch leicht widerlegen lassen (vgl. für die *way*-Konstruktion bereits Luzondo Oyón 2013; Szcześniak 2013: 163–167, 2014b: 159–161; Hilpert 2019: 38). Dass die unter a genannte Beschränkung für das Deutsche nicht gilt, zeigt sich an Belegen, in denen die als KtE des KE EREIGNIS instanziierte LE gerade ein singuläres Ereignis kodiert, etwa in dem bereits zitierten Beleg mit der LE *retten* (*rescue.v*) in (36), die den Frame `Rescuing` evoziert.

(36) {Mommsen [EREIGNIS rettete] sich aus der Welt der Tatsachen in die der Gefühle}: (de Bruyn, Günter: Preußens Luise, Siedler 2001, S. 87)

Beschränkung b lässt sich mit einer LE wie *ergießen* (*flow.v*) in (37) widerlegen, die den Frame `Fluidic_motion` evoziert.

(37) Wurden die Schleusen des Abzugsgrabens geöffnet und die Wehre der Orpe heruntergelassen, so floß das Orpewasser ab, {[EREIGNIS ergoß] sich in die Diemel}, und die Gründe des Harkemanns lagen bloß. (Düffel, John von: Vom Wasser, München: dtv 2006, S. 62)

Wie Luzondo Oyón (2013: 353–354) zeigt, ist die Beschränkung der ‚selbstinitiierten Bewegung' grundsätzlich durch Konstrukte widerlegbar, in denen die ‚Bewegung' von einer unbelebten Entität ausgeht.[30] Solche sind zahlreich für die reflexive Bewegungskonstruktion belegt, wie die Beispiele in (38) zeigen.

(38) a. {[BEWEGENDES Eine Ahnung von Licht] quält sich durch ein briefbogengroßes, verdrecktes Fenster}. (Die Zeit, 24.02.2000, Nr. 9)
b. {[BEWEGENDES Der Markt] drängt sich in alle Lebenswelten}. (Die Zeit, 02.03.2000, Nr. 10)
c. {[BEWEGENDES Lichtgarben und Wolkenschatten] mengen sich in den Strom, der in seiner Meeresgrüne schäumend aufblitzt}. (Düffel, John von: Vom Wasser, München: dtv 2006, S. 69)

Für Beschränkung c schließlich stufen Goldberg (1995: 214) und Jackendoff (1997: 546) Konstrukte mit der LE *mäandern* explizit als (nahezu) inakzeptabel ein. Für die reflexive Bewegungskonstruktion sind sie allerdings durchaus belegt, wie Beleg (39) zeigt.

30 Auch Goldberg (1995: 213) weist bereits darauf hin (und zeigt dies an Korpusdaten), dass „[t]he subject referent need not be volitional, or even human, as long as the motion is construed as self-propelled". Gleichzeitig zeigt sie, dass sich Ausnahmen für diese Beschränkung nachweisen lassen, nach denen auch unbelebte Entitäten belegt sind (vgl. Goldberg 1995: 213, 1996: 45–46). Dass damit ein offensichtlicher Widerspruch, zumindest aber eine inkonsistente Argumentation entsteht, scheint sie nicht zu sehen.

(39) So {[EREIGNIS mäandern] sich die nackten und verschlungenen Leiber durch die Werbung und über die Titel jener der Werbeästhetik folgenden Magazine}. (Die Zeit, 13.01.2000, Nr. 3)

Auffällig ist, dass insbesondere die letzten drei diskutierten Beschränkungen in der neueren Forschung zur reflexiven Bewegungskonstruktion nahezu keine Rolle mehr spielen und teils, übereinstimmend mit den Befunden in meinen Daten, in Zweifel gezogen werden. So stellt Smirnova (2018: 35) fest, dass die einzig plausible Beschränkung auf „Verben mit agentiver Semantik, die ein intentionales Subjekt/Agens aufweisen" liegt. Beobachtungen hinsichtlich der Frage nach einer atelischen oder telischen Lesart der ‚Bewegung' sowie einer Korrelation zwischen bestimmten Präpositionen (die die Köpfe der KtE des KE WEG bilden) und dem ‚Schwierigkeitsgrad' der ‚Bewegung' formuliert sie vorsichtiger als Präferenzen (vgl. Smirnova 2018: 37–38). Diese Beobachtungen sehe ich als Argumente dafür, bei der Auswahl der Daten solchen semantischen Beschränkungen mit Vorsicht gegenüberzutreten. Grundsätzlich allerdings geben Präferenzen etwa für LE, die das KE EREIGNIS instanziieren und die bestimmte Frames evozieren und bestimmte lexikalische Bedeutungen tragen (vgl. Unterabschnitt 5.3.3), wichtigen Aufschluss über weitere semantische Eigenschaften der Konstruktion, die sich in den in Kapitel 5 zu diskutierenden semantischen Parametern widerspiegeln. Es ist deshalb notwendig, zwischen (formalen und zum Teil semantischen) Beschränkungen auf der einen Seite und Präferenzen, etwa für bestimmte Frames und lexikalische Bedeutungen, auf der anderen Seite zu unterscheiden. Dafür führe ich einen dezidierten semantischen Parameter von Konstruktionen ein, der in Abschnitt 5.3 zu erläutern ist.

3.1.5 Verwandte Konstruktionen

Die reflexive Bewegungskonstruktion ist, wie bereits mehrfach erwähnt, nicht die einzige Konstruktion, die als deutsches Äquivalent der *way*-Konstruktion gelten kann. Ebenso ist sie nicht die einzige Konstruktion, deren semantische Eigenschaften auf einen Frame wie `Motion` zurückgehen. Bevor ich die reflexive Partikelverbkonstruktion (Abschnitt 3.2) und die reflexive *Weg*-Konstruktion (Abschnitt 3.3) ausführlicher vorstelle, möchte ich im Folgenden kurz auf ihre Verwandtschaft mit der reflexiven Bewegungskonstruktion eingehen, um damit auch zu begründen, warum die drei Konstruktionen einen zusammenhängenden Phänomenbereich bilden. Gemein ist allen drei Konstruktionen, dass es sich dabei um Reflexivkonstruktionen handelt, sie also ein KEE enthalten, das als Reflexivum instanziiert wird. Konstruktionen mit dieser Eigenschaft können als eine eigenständige Konstruktionsfamilie, eben als Reflexivkonstruktionen, verstanden werden (vgl. Lehmann 2017: 127; Boas, Lyngfelt & Torrent 2019: 42). Wie bereits im Eingang zu diesem Kapitel erwähnt, kommen zwei Konstruktionen als zur reflexiven Bewegungskonstruktion besonders verwandt infrage.

- Die reflexive Partikelverbkonstruktion: Sie ist eine strukturell zur reflexiven Bewegungskonstruktion ähnliche Konstruktion, die über ein zweites KEE RICHTUNG verfügt, das durch eine Verbpartikel instanziiert wird, die gemeinsam mit einem Basisverb, das als KtE des KE EREIGNIS instanziiert wird, ein Partikelverb bildet.
- Die reflexive *Weg*-Konstruktion: Sie ist eine mit der *way*-Konstruktion strukturell nahezu identische Konstruktion, die sich von der reflexiven Bewegungskonstruktion hauptsächlich in einem zusätzlichen KorE unterscheidet, das mit der *way*-NP der *way*-Konstruktion zu vergleichen ist.

Kriterien für die Verwandtschaft der drei Konstruktionen sind somit einerseits formaler und andererseits semantischer Natur (vgl. dazu Engelberg 2019: 26; Boas, Lyngfelt & Torrent 2019: 42–43; Endresen & Janda 2020: 5–6): Ein formales Kriterium besteht in dem Vorhandensein eines Reflexivums als KEE, ein semantisches in einem gemeinsamen, mit allen drei Konstruktionen assoziierten Frame wie `Motion`.[31] Letzteres verstärkt die Verwandtschaft der Konstruktionen insofern, als dass sie nicht nur in formaler, sondern ebenso in semantischer Nähe in einem Konstruktikon verortet werden können. Auf weitere Aspekte der Verwandtschaft, besonders zwischen der reflexiven Bewegungskonstruktion und der reflexiven Partikelverbkonstruktion, gehe ich in Unterabschnitt 3.2.3 ein.

Das formale Verwandtschaftskriterium des Reflexivums als KEE führt nun allerdings dazu, dass Konstruktionen, die mit der reflexiven Bewegungskonstruktion semantisch verwandt sind und ihr auch strukturell ähneln, aber eben keine Reflexivkonstruktionen sind, ausgeklammert werden. Es handelt sich dabei insbesondere um Konstruktionen, deren Unterschied zur reflexiven Bewegungskonstruktion einzig im fehlenden Reflexivum besteht und die teilweise bereits unter dem Aspekt der Koerzion von ‚Geräuschverben' zu ‚Bewegungsverben' thematisiert worden sind (z.B. Engelberg 2009; Goschler 2011; Ziem & Lasch 2013: 129–140, 173–185).[32] Damit ist allerdings nicht gesagt, dass sich diese Konstruktionen

---

31 Endresen & Janda (2020: 6) knüpfen die formale Verwandtschaft von Konstruktionen unter anderem explizit an gemeinsame *anchor words*, also KEE, während sie die semantische Verwandtschaft in einer Synonymie zwischen Konstruktionen sehen, die in ihrem Modell allerdings nicht auf Frames beruht.

32 Engelberg et al. (2011: 97–98) diskutieren eine Instanz der reflexiven Bewegungskonstruktion als eine reflexive Variante einer Resultativkonstruktion, stellen deren Unterschied zu reflexiven nicht in einer Verwandtschaft der hier untersuchten Konstruktionen sehen lassen – die Verwandtschaft ist in diesem Fall jedoch in erster Linie semantischer und nicht formaler Natur. Ein Einbezug dieser Konstruktionen würde eine umfassendere Modellierung einer größeren Konstruktionsfamilie notwendig machen.

Vorstellbar ist, dass sich diese Konstruktionsfamilie in zwei Zweige aufspaltet: Einerseits in Konstruktionen, die als allgemeine ‚Bewegungskonstruktionen' bezeichnet werden könnten,[33] da sie mit `Motion` assoziiert sind, allerdings nicht reflexiv sind, und andererseits Konstruktionen, die zusätzlich zu ihrer Eigenschaft als ‚Bewegungskonstruktionen' noch Eigenschaften von Reflexivkonstruktionen erben, nämlich ein Reflexivum als KEE beinhalten.[34] Nur dieser zweite, reflexive Zweig von ‚Bewegungskonstruktionen' konstituiert den Phänomenbereich der vorliegenden Arbeit und ist Kriterium für die Verwandtschaft der untersuchten Konstruktionen.

3.2 Reflexive Partikelverbkonstruktion

Als zweites deutsches Äquivalent zur *way*-Konstruktion lässt sich eine eher selten berücksichtigte[35] Konstruktion annehmen, die bisweilen sowohl mit der *way*-Konstruktion als auch direkt mit der reflexiven Bewegungskonstruktion in Verbindung gebracht wird. Es handelt sich um eine Konstruktion, in deren Zentrum ein Partikelverb steht und deren Konstrukte die Belege (40)–(45) illustieren sollen.

(40) Die überrumpelte Frau will, man merkt es ihr an, keine Spielverderberin sein und {ringt sich gegen spürbare Widerstände zum Mitmachen durch}. (Die Zeit, 20.01.2000, Nr. 4)

(41) So {mogelt sich Japan durch}: bis auf den Buchstaben verfassungstreu, cool demokratisch und wohl wissend, dass große Politiker nicht immer

Resultativkonstruktionen, deren Resultativprädikat nicht durch eine PP (also gewissermaßen als KtE eines KE wie WEG), sondern durch ein Adjektiv ausgedrückt wird, allerdings nicht heraus.

33 Diesen Terminus nutzt auch Goschler (2011: 33) in der Diskussion um ‚Geräusch-als-Bewegung-Verben'.

34 Ein Konstruktikon-Ausschnitt dieser Art macht also die Annahme eines *multiple inheritance model* notwendig, nach dem eine Konstruktion Eigenschaften von mehreren übergeordneten Konstruktionen zugleich erben kann (vgl. dazu Ziem 2014c: 24), sofern man von Vererbungsrelationen im Sinne von Goldberg (1995: 72–81) als Basis für die Verwandtschaft von Konstruktionen ausgeht.

35 In der Arbeit von McColm (2019) etwa, die sich dezidiert den deutschen Äquivalenten der *way*-Konstruktion widmet, fehlt diese Partikelverbkonstruktion vollkommen.

große Taten vollbringen - viel öfter das Gegenteil. (Die Zeit, 06.04.2000, Nr. 15)

(42) „Repetieren: morgen, in einer Woche, in einem Monat" heißt Staubs Rezept, damit {sich das Reingehämmerte bis ins Langzeitgedächtnis durchschlägt}. (Die Zeit, 16.03.2000, Nr. 12)

(43) {Michaela redete sich jedesmal heraus}. (Schulze, Ingo: Neue Leben, Berlin: Berlin Verlag 2005, S. 577)

(44) {Ich kämpfte mich hinaus} und stieg im Garten den Hang hinauf. (Schulze, Ingo: Neue Leben, Berlin: Berlin Verlag 2005, S. 159)

(45) Als ich die Augen schloß, war das Rot hinter meinen Lidern, und {aus ihm schälten sich diese Backsteinhäuser des Lagers heraus}. (Kuckart, Judith: Lenas Liebe, Köln: DuMont Literatur und Kunst Verlag 2002, S. 55)

Innerhalb eines konstruktionsgrammatischen Ansatzes können Instanzen wie diese nicht nur auf lexikalischer Basis ausgehend von Partikelverben analysiert, sondern als Konstrukte einer komplexen syntaktischen Konstruktion aufgefasst werden, die ich in Anlehnung an Knobloch (2009) und Dewell (2011: 1) als Partikelverbkonstruktion bezeichne, genauer: als reflexive Partikelverbkonstruktion (RPVKxn).[36]

In diesem Abschnitt möchte ich für die reflexive Partikelverbkonstruktion zunächst analog zur reflexiven Bewegungskonstruktion in Unterabschnitt 3.2.1 ihren Forschungsstand diskutieren sowie in Unterabschnitt 3.2.2 ihre Strukturelemente skizzieren, wobei ich besonders auf Gemeinsamkeiten und Unterschiede zur reflexiven Bewegungskonstruktion eingehe. Da sich diese beiden Konstruktionen in den Mengen ihrer jeweiligen Konstrukte überschneiden, gehe ich in Unterabschnitt 3.2.3 auf Überschneidungen zwischen der reflexiven Partikelverbkonstruktion und der reflexiven Bewegungskonstruktion ein, auch weil sich durch einen solchen Vergleich zentrale Charakteristika beider Konstruktionen sichtbar machen lassen, die für konstruktionssemantische Aspekte von Interesse und letztlich für eine konstruktikographische Modellierung relevant sind. Die reflexive Partikelverbkonstruktion kann wie die reflexive Bewegungskonstruktion als polysem betrachtet werden und weist dieselben vier Lesarten (Unterabschnitt 3.1.3) auf. Ich

---

36 Der Terminus *Partikelverbkonstruktion* findet sich bereits bei Olsen (1996b: 304), ohne dass der Begriff der Konstruktion genauer diskutiert wird. Felfe (2012: 3) spricht indes von „Partikel-Verb-Komplexen". Zur Rechtfertigung, von einer *Konstruktion* und nicht etwa von *reflexiven Partikelverben* zu sprechen, kann hier deutlicher als bei der reflexiven Bewegungskonstruktion das bereits erwähnte Distributionskriterium von Ágel (1997a: 181) dienen, da der Konstruktionsname bereits eine atypische, nämlich reflexive, Verwendung der involvierten Partikelverben impliziert.

werde deren Illustration deshalb hier nicht wiederholen, sondern verweise auf die eingehendere Diskussion in Abschnitt 5.2. Dasselbe gilt für die anhand der reflexiven Bewegungskonstruktion diskutierten semantischen Beschränkungen (Unterabschnitt 3.1.4), auf sie komme ich in den Abschnitten 5.3 und 5.7 sowie 7.3 und 7.6 auch für die reflexive Partikelverbkonstruktion zurück.

3.2.1 Forschungsstand

In der konstruktionsgrammatischen Forschung bleibt die reflexive Partikelverbkonstruktion als Äquivalent zur *way*-Konstruktion nahezu unberücksichtigt, jedenfalls wird sie kaum als eigenständiger Phänomenbereich wahrgenommen, wenngleich Parallelen zur *way*-Konstruktion bisweilen erkannt werden. Da sie mit der reflexiven Bewegungskonstruktion einerseits die Eigenschaft einer Reflexivkonstruktion teilt (wie in Unterabschnitt 3.1.5 bereits ausgeführt), andererseits aber auch als Partikelverbphänomen betrachtet werden kann, findet sie sowohl in Forschungen zu Reflexivität als auch in Forschungen zu Partikelverben Erwähnung. Auf beide Forschungsstränge möchte ich im Folgenden eingehen.

In der Reflexivitätsforschung betrachtet schon Reis (1982: 4) Verben wie *sich einschmeicheln* als „abgeleitete Wörter, wobei das obligatorische *sich* erst Resultat des jeweiligen Wortbildungsprozesses ist, der aus einwertigen Grundverben Verbausdrücke vornehmlich resultativen Charakters ableitet." Auf ihre Beobachtungen bezugnehmend hält Kunze (1995: 21) eine Verwandtschaft einer solchen Partikelverbkonstruktion zur reflexiven Bewegungskonstruktion „für zutreffend". Letztere sieht er indes als „eine Ableitung aus ursprünglichen Verbsememen" (Kunze 1995: 21) an. Zudem hält er für die reflexive Bewegungskonstruktion fest: „Das Direktional ist obligatorisch, es kann natürlich auch durch abtrennbare Verbzusätze realisiert werden (*sich einschmeicheln/wegschleichen*)." (Kunze 1995: 22). Dass mit dieser Eigenschaft aber der Übergang zu einer zweiten Konstruktion markiert ist, der reflexiven Partikelverbkonstruktion, zieht er nicht in Betracht.

Auch in der Partikelverbforschung wird bisweilen auf die reflexive Partikelverbkonstruktion hingewiesen, ohne sie jedoch als solche zu bezeichnen oder gar auf Parallelen zur reflexiven Bewegungskonstruktion hinzuweisen. Schon bei Kühnhold (1973: 184, 187, 263–264, 283) werden an mehreren Stellen Verbgebräuche wie *sich einbohren, einschmeicheln, durcharbeiten, durchbetteln, durchboxen, durchkämpfen, durchmogeln, durchquälen, durchringen, durchschlagen, durchschwindeln* oder *sich einarbeiten, einleben* oder *einlesen* diskutiert. Dass es sich dabei um eine syntaktische Konstruktion handeln muss, die eine eigene Argumentstruktur mit sich bringt, wird bereits festgehalten, wenn Kühnhold (1973: 184) für eine dieser Gruppen von Verben (*sich einnisten, einbohren, ein-*

schmuggeln, einfühlen) feststellt:[37] „Bei der guten Hälfte der refl[exiven] Fälle ist das Grundverb nicht refl[exiv]“. Auch eine Eigenschaft, die die reflexive Partikelverbkonstruktion von der reflexiven Bewegungskonstruktion unterscheidet (vgl. Unterabschnitt 3.2.2), wird von Kühnhold (1973: 184) – hier exemplarisch an einer Gruppe von Verben – bereits bemerkt: „Während beim Simplex die Präpositionalfügung mit *in* obligatorisch ist, ist sie beim Präfixverb [in heutiger Terminologie: Partikelverb, A.W.] fakultativ und bleibt häufig weg“.

Wie Kühnhold ist Mungan (1986: 117) zur frühen Partikelverbforschung zu zählen, die die reflexive Partikelverbkonstruktion zumindest zur Kenntnis nimmt. Sie listet entsprechende Bildungen mit der Partikel *durch* als eine eigene semantische Gruppe auf und paraphrasiert die Bedeutung von Verben wie *durchboxen*, *durchdringen* und *durchkämpfen* mit „‚sich gewaltsam bzw. mit Mühe einen Weg durch ein Hindernis hindurch bahnen‘“ (Mungan 1986: 117), womit sie nicht nur den semantischen Aspekt einer (ggf. metaphorischen) ‚Bewegung‘ herausarbeitet, sondern interessanterweise gleichermaßen auf den für die *way*-Konstruktion intensiv diskutierten Aspekt der ‚Schwierigkeit‘ (Unterabschnitt 3.1.4) hinweist.

McIntyre (2001: 24) erwähnt die Konstruktion als deutsches Pendant der *way*-Konstruktion ausgehend von der Diskussion Letzterer bei Levin & Rapoport (1988). Ebenso als eine direkte Parallele zur *way*-Konstruktion sieht Dewell (2011: 62, Anm. 3) reflexive Instanzen mit der Partikel *durch* an. Bei Müller (2002: 300, Anm. 123) findet sich lediglich ein marginaler Hinweis zu Verben wie *sich durchfragen* oder *sich hochdienen*, die er unter Rückgriff auf die *way*-Konstruktion ins Englische übersetzt, ohne jedoch die Konstruktion als solche zu thematisieren. Auch in den von Chang (2008: 129) im Kontext von Resultativkonstruktionen diskutierten Belegen findet sich ein Konstrukt, das als eines der reflexiven Partikelverbkonstruktion gelten kann, was den fließenden Übergang zwischen ihr und ‚echteren‘ Resultativkonstruktionen verdeutlicht (zu Möglichkeiten der Abgrenzung vgl. weiterhin Chang 2008: 134–139).

Am Rande äußert auch Oya (1999: 365) die Vermutung, dass semantisch mit der reflexiven Bewegungskonstruktion identische, „oft verwendete Ausdrücke, [...], lexikalisiert werden“ und zählt eine Reihe von Verben wie *sich durcharbeiten, sich einhören* oder *sich vorkämpfen* als Beispiele auf. Bezüge zwischen der reflexiven Bewegungskonstruktion und der reflexiven Partikelverbkonstruktion stellt neben Oya (1999: 365) im Ansatz auch Smirnova (2018) her. Smirnova (2018: 35, Anm. 7) bemerkt das Auftreten von Verbpartikeln im Zusammenhang mit Kon-

---

37 Mit Verweis auf Kühnhold (1973) bemerkt Knobloch (2009: 546), dass „[d]ie klassische Einteilung der Partikelverben, [...], [...] im Grunde bereits so etwas wie die Aufteilung der Bildungen in Konstruktionsbedeutungen“ darstellt.

strukten der reflexiven Bewegungskonstruktion und stuft die Frage nach dem Status dieser Verbpartikeln als Desiderat ein.

All diese Beobachtungen nehme ich zum Anlass, die reflexive Partikelverbkonstruktion als zweites deutsches Äquivalent zur *way*-Konstruktion zu betrachten.

3.2.2 Strukturelemente

Die formale Verwandtschaft der reflexiven Partikelverbkonstruktion zur reflexiven Bewegungskonstruktion ist offenkundig daran zu erkennen, dass zahlreiche Verbpartikeln im Deutschen semantisch mit formidentischen Präpositionen zu vergleichen sind (vgl. dazu Gerdes 2016: 19),[38] die prinzipiell einen Bezug zu den Präpositionen, die die Köpfe der KtE des KE WEG der reflexiven Bewegungskonstruktion darstellen, ermöglichen.[39] Darüber hinaus fällt beim Vergleich der reflexiven Bewegungskonstruktion mit der reflexiven Partikelverbkonstruktion auf, dass sich beide formal teilweise überlappen: Auch für die reflexive Bewegungskonstruktion kann angenommen werden, dass sie Partikelverben als KtE des KE EREIGNIS erlaubt. Allerdings lassen sich drei wesentliche Unterschiede zur reflexiven Bewegungskonstruktion feststellen, die es rechtfertigen, die reflexive Partikelverbkonstruktion als eigenständige Konstruktion zu betrachten.

Bevor ich diese Unterschiede im Einzelnen betrachte und in Unterabschnitt 3.2.3 konkreter auf die Überschneidung zwischen reflexiver Partikelverbkonstruktion und reflexiver Bewegungskonstruktion eingehe, seien die Konstrukte in den im Eingang zu diesem Abschnitt zitierten Belegen (40)–(45) zunächst auf ihre sich teilweise mit der reflexiven Bewegungskonstruktion überschneidenden Strukturelemente hin in (46)–(51) annotiert.

(46) Die überrumpelte Frau will, man merkt es ihr an, keine Spielverderberin sein und {[$_{\text{EREIGNIS}}$ ringt] [$_{\text{KEE}}$ sich] gegen spürbare Widerstände [$_{\langle\text{WEG}\rangle}$ zum Mitmachen] [$_{\text{RICHTUNG}}$ durch]}. (Die Zeit, 20.01.2000, Nr. 4)

38 Stiebels (1996: 83) bemerkt, dass Partikeln semantisch nah an Präpositionen zu verorten sind, wenn sie in eine Argumentsättigung des Basisverbs involviert sind, also ein Argument des Basisverbs besetzen. Wie dies bei anderen Varianten des Einflusses der Partikel auf die Argumentstruktur des Basisverbs (vgl. die Übersicht in Stiebels 1996: 57) aussieht, lässt sie allerdings offen.

39 Für ‚Geräusch-als-Bewegung-Verben' schreibt auch Goschler (2011: 27) sowohl direktionalen PP als auch Verbpartikeln dieselbe koerzierende Leistung zu. Vgl. für das Englische auch Rohde (2001: 64).

(47) So {[Ereignis mogelt] [KEE sich] [Bewegendes Japan] [Richtung durch]}: bis auf den Buchstaben verfassungstreu, cool demokratisch und wohl wissend, dass große Politiker nicht immer große Taten vollbringen - viel öfter das Gegenteil. (Die Zeit, 06.04.2000, Nr. 15)

(48) „Repetieren: morgen, in einer Woche, in einem Monat" heißt Staubs Rezept, damit {[KEE sich] [Bewegendes das Reingehämmerte] [⟨Weg⟩ bis ins Langzeitgedächtnis] [Richtung durch][Ereignis schlägt]}. (Die Zeit, 16.03.2000, Nr. 12)

(49) {[Bewegendes Michaela] [Ereignis redete] [KEE sich] jedesmal [Richtung heraus]}. (Schulze, Ingo: Neue Leben, Berlin: Berlin Verlag 2005, S. 577)

(50) {[Bewegendes Ich] [Ereignis kämpfte] [KEE mich] [Richtung hinaus]} und stieg im Garten den Hang hinauf. (Schulze, Ingo: Neue Leben, Berlin: Berlin Verlag 2005, S. 159)

(51) Als ich die Augen schloß, war das Rot hinter meinen Lidern, und {[⟨Weg⟩ aus ihm] [Ereignis schälten] [KEE sich] [Bewegendes diese Backsteinhäuser des Lagers] [Richtung heraus]}. (Kuckart, Judith: Lenas Liebe, Köln: DuMont Literatur und Kunst Verlag 2002, S. 55)

Der erste Unterschied zwischen den beiden Konstruktionen besteht darin, dass die reflexive Partikelverbkonstruktion das KE ⟨Weg⟩, anders als die reflexive Bewegungskonstruktion, nicht obligatorisch realisieren muss (vgl. schon Olsen 1997b: 17).[40] Es handelt sich dabei konstruktikographisch formuliert um ein Nicht-Kern-KE (Unterabschnitt 2.3.1).[41] Ist als KtE des KE Ereignis das Basisverb eines Partikelverbs instanziiert, kann das KE ⟨Weg⟩ uninstanziiert bleiben, wie ein Vergleich von Konstrukten der reflexiven Bewegungskonstruktion mit Nicht-Partikelverben – nachfolgend unter a – und Konstrukten der reflexiven Partikelverbkonstruktion ohne Instanziierung des KE ⟨Weg⟩ – nachfolgend unter b – zeigt. Dies wird besonders deutlich, wenn, wie in den Konstrukten in (52)–(53), Verbpartikel und Basisverb in Distanzstellung realisiert werden.

---

40 Knobloch (2009: 552–553) führt dieses Charakteristikum ganz konkret auf das Erscheinen eines Partikelverbs im Gegensatz zu einem simplizischen Verb zurück.

41 Allerdings ist damit nicht die Implikation beabsichtigt, das Nicht-Kern-KE korrespondiere systematisch mit dem Nicht-Kern-FE eines Frames. Ich komme darauf ausführlicher in Unterabschnitt 6.4.2 zurück. Für die Benennung des KE ⟨Weg⟩ gelten indes dieselben Grundsätze wie für die reflexive Bewegungskonstruktion, vgl. dazu schon Unterabschnitt 3.1.2 sowie ausführlicher Unterabschnitt 7.3.3.

(52) a. {[BEWEGENDES Riesige Schwimmbagger] [EREIGNIS fressen] [KEE sich] einmal [WEG durch den Dünengürtel]}, zweigen das Titan ab (der Vorrat hätte für gerade mal 17 Jahre gereicht) und spucken den wertlosen Rest wieder aus. (Die Zeit, 27.01.2000, Nr. 5)

b. Der Gestank, der trotz des Regens in der Luft liegt, ist so widerlich, daß sogar die Fliegen fortbleiben; nur die Ratten vermehren sich, {[EREIGNIS fressen] [KEE sich] [RICHTUNG durch]} und bauen sich Nester in den fauligen Eingeweiden. (Schrott, Raoul: Tristan da Cunha oder die Hälfte der Erde; Hanser Verlag 2003, S. 256)

(53) a. {[BEWEGENDES Der Vater] [EREIGNIS schlug] [KEE sich] [WEG durch die Haus- und Gartentür, die danach, und für Jahre, schräg in den Angeln hing]}. (Widmer, Urs: Das Buch des Vaters, Zürich: Diogenes 2004, S. 153)

b. Du weißt ja wahrscheinlich, daß sie nach München gegangen ist, sie war auf dieser Schauspielschule, ich weiß nicht, wir telefonieren ab und zu, sie hat geheiratet, aber es war nichts, und jetzt ... {[EREIGNIS schlägt] [KEE sich] so [RICHTUNG durch]}. (Kopetzky, Steffen: Grand Tour, Frankfurt am Main: Eichborn 2002, S. 76)

Der zweite Unterschied betrifft ebenfalls das KE ⟨WEG⟩, nun aber seine Form. Neben seiner Realisierung als PP wie bei dem KE WEG der reflexiven Bewegungskonstruktion kann das KE ⟨WEG⟩ der reflexiven Partikelverbkonstruktion auch in Form einer NP realisiert werden. Häufiger belegt sind hierfür NP im Akkusativ,[42] vgl. dazu die Belege in (54).

(54) a. Katharina fühlt die Tränen im Hals, die sie nicht hochkommen lassen will, {sie kratzen und beißen und ätzen sich [⟨WEG⟩ die Speiseröhre] hinab} – den Ösophagus –, wo ist denn ihre Mutter, warum darf sie sie nicht einmal trösten? (Dölling, Beate: Hör auf zu trommeln, Herz, Weinheim: Beltz & Gelberg 2003, S. 202)

b. {Über Serpentinen quält sich der Autobus [⟨WEG⟩ einen Pass] hinauf, und die Welt ist wieder verwandelt. (Die Zeit, 05.01.2000, Nr. 2)

c. Das Klöppeln kam von diesen offensichtlich hölzernen Stäben, mit denen {sich die drei [⟨WEG⟩ die Schillerstraße] hinaufstocherten}. (Kopetzky, Steffen: Grand Tour, Frankfurt am Main: Eichborn 2002, S. 281)

d. Es war nicht besonders schnell, doch zum Glück machen die Straßen hier viele, viele Kurven, und irgendwann sah ich sie noch mal, tief unten im Tal, während {ich mich noch [⟨WEG⟩ die Serpentinen] hinunter-

42 Bei Harnisch (1982: 119) wird eine solche Phrase als „*Ortsobjekt*“ bezeichnet, das unter anderem im „*Objektsakkusativ*“ auftreten kann. Eine dativische Variante zieht er nicht in Erwägung.

quälte}. (Funke, Cornelia: Tintenherz, Hamburg: Cecilie Dressler Verlag 2003, S. 105)

Vereinzelt sind auch NP im Dativ belegt, wie die Belege in (55) zeigen (vgl. dazu auch Olsen 1996a: 274, 1997b: 18, 1999: 232–233).

(55) a. In gewisser Weise, antwortete er und sah erst gründlich aus dem Fenster, bevor {er sich [$_{\langle \text{Weg} \rangle}$ mir] wieder zuwandte}. (Schmitter, Elke: Frau Sartoris, Berlin: BvT 2000[2002], S. 118)

b. Und {Hermann beugte sich [$_{\langle \text{Weg} \rangle}$ Sargnagels Ohr] zu} und raunte: (Koneffke, Jan: Paul Schatz im Uhrenkasten, Köln: DuMont Buchverlag 2000, S. 136)

Neben der Realisierung als NP kann das KE ⟨Weg⟩ auch als Nebensatz mit *zu*-Infinitiv realisiert werden. Erscheint die Partikel in Kontaktstellung zum Basisverb, ist, wie in (56), allein dieser Nebensatz KtE des KE ⟨Weg⟩. Erscheint die Partikel in Distanzstellung zum Basisverb, enthält der Matrixsatz ein Korrelat wie etwa *dazu*, wie in (57) zu sehen. Das KE ⟨Weg⟩ wird in diesem Fall wie das Partikelverb diskontinuierlich realisiert,[43] einerseits durch das Korrelat im Matrixsatz, andererseits durch den Nebensatz.

(56) Als das Spiel fertig war, wollte Nintendo den Game-Boy gerade wieder vom Markt nehmen, weil er veraltet war, und dass {man sich im Sommer 1996 überhaupt herabließ, [$_{\langle \text{Weg} \rangle}$ dieses merkwürdige Spiel zu vertreiben]}, geschah in der vagen Hoffnung, an den Erfolg des virtuellen Computervogels Tamagotchi anknüpfen zu können. (Die Zeit, 23.03.2000, Nr. 13)

(57) a. Erst in letzter Minute {rang sich Sartre [$_{\langle \text{Weg} \rangle}$ dazu] durch, [$_{\langle \text{Weg} \rangle}$ den Einmarsch in Budapest 1956 zu verurteilen]}, während sieben Jahre später die Sowjetunion wieder „das einzige Land ist, wo das Wort Fortschritt noch einen Sinn hat". (Die Zeit, 13.04.2000, Nr. 16)

b. Und so {rang sich die Gesellschaft [$_{\langle \text{Weg} \rangle}$ dazu] durch, [$_{\langle \text{Weg} \rangle}$ dem Mann ein ganzes Paket von Privilegien zuzugestehen, die dafür sorgten, daß sich Vaterschaft lohnte und halbwegs sicher schien]}. (Schwanitz, Dietrich: Männer, Frankfurt a. M.: Eichborn 2001, S. 28)

Diese im Gegensatz zur reflexiven Bewegungskonstruktion größere formale Varianz der KtE des KE ⟨Weg⟩ gibt Anlass zu der Annahme, dass es sich bei der Konstruktion um eine explizite Partikelverbkonstruktion handeln muss. Als KtE des

---

43 Ich übertrage die Prinzipien von FrameNets Annotation diskontinuierlich realisierter FE (Ruppenhofer et al. 2016: 38–41) hier auf KE.

KE Ereignis muss also das Basisverb eines Partikelverbs instanziiert werden, da eine Instanziierung des KE Weg der reflexiven Bewegungskonstruktion durch eine NP oder einen Nebensatz bei simplizischen Verben als KtE des KE Ereignis nicht möglich ist. Um diesem Umstand Rechnung zu tragen, muss die Modellierung der reflexiven Partikelverbkonstruktion im Gegensatz zur reflexiven Bewegungskonstruktion einen dritten Unterschied aufweisen: Es muss ein obligatorisches Strukturelement für die Partikel geben. Da „Verbpartikeln in der Regel als richtungsspezifizierende Elemente" (Gerdes 2016: 12) verstanden werden, liegt es nahe, diesem Strukturlement den Namen Richtung zu geben, wie ich es in den Annotationen in (46)–(51) umgesetzt habe.[44] Die Partikelverben in dieser Konstruktion werden somit durch zwei Strukturelemente repräsentiert: Ereignis wird durch simplizische Basisverben als KtE instanziiert, während durch Richtung die jeweilige Partikel instanziiert wird. Damit kann die produktive Instanziierung der Konstruktion durch LE, die ansonsten distributionell nicht als Basisverben von Partikelverben gelten können (z.B. *arbeiten*, *kämpfen*, *mogeln*, *schlagen*), dargestellt werden.[45] Die in der Partikelverbforschung umstrittene Frage, ob Partikelverben zur Morphologie oder zur Syntax zu zählen sind (vgl. den Überblick in Nöhren 2019: 11–31)[46] stellt sich somit in diesem Beschreibungsformat erst gar nicht. Ob eine Kombination aus KE, KEE und KorE morphologischen oder syntaktischen Charakter hat, ist vor dem Hintergrund der Annahme eines Lexikon-Grammatik-Kontinuums im Sinne von Langacker (1987: 3) unerheblich (vgl. auch Michel 2014: 139–140).[47] Gleiches gilt für KE, KEE und KorE selbst: Es muss nicht für eine Konstruktion spezifisch festgelegt werden, ob es sich bei ihren Instanzen um Morpheme, Phrasen oder Sätze handelt.[48]

44 Vgl. dazu auch die These von McIntyre (2001: 15–19), dass Verbpartikeln eine eigenständige Bedeutung zukommt und Partikelverben nicht (allein) aus morphologischen Analogiebildungen resultieren.

45 Zur Annahme, dass Basisverben als Köpfe von Partikelverb*konstruktionen* gelten können, vgl. Stiebels (1996: 38) und Müller (2002: 253). Konstruktionssemantisch wird diesem Umstand dadurch Rechnung getragen, dass das in diesem KE instanziierte KtE eine LE, die einen lexikalischen Frame (Abschnitt 4.2) evoziert, darstellt (dazu auch Unterabschnitt 7.3.1).

46 Vgl. die treffende Bemerkung von Müller (2007: 181): „Bei den Partikelverben, die sich in vielerlei Hinsicht parallel [zu Resultativkonstruktionen, A.W.] verhalten, toben […] erbitterte Kämpfe, ob sie in der Morphologie oder in der Syntax zu analysieren sind."

47 Anders als in der Konstruktionsgrammatik allgemein (vgl. für eine Programmatik und einen Überblick Michel 2014) sind morphologische Aspekte in der Konstruktikographie noch tendenziell unterrepräsentiert.

48 Inwiefern dadurch den Vorbehalten von Müller (2007: 188–192, 198–199), nach denen wortstellungsspezifizierte Konstruktionen angenommen werden müssten, was zu einer inflationären Vermehrung von Konstruktionen führen würde, begegnet werden kann, muss offen bleiben. Je-

Das Strukturelement RICHTUNG steht in seinem Status nahezu in der Mitte zwischen KEE und KE. Einerseits ist es soweit lexikalisch fixiert, dass es – ähnlich wie die KEE aller drei untersuchten Konstruktionen – nur eine kleine Bandbreite lexikalischer Elemente als Instanziierungen zulässt.[49] Andererseits aber ist diese Bandbreite größer als diejenige des als Reflexivum instanziierten KEE, für das ich, wie in Abschnitt 3.1.2 argumentiert, ebenso bereits von der strengen Definition von KEE abgewichen bin. Das Strukturelement RICHTUNG lässt grundsätzlich alle Verbpartikeln als Instanzen zu, die semantisch eine ‚Direktionalität' kodieren können (vgl. Tabelle 3.5 in Unterabschnitt 3.4.2). Da diese Bandbreite aber wiederum deutlich kleiner ist als etwa diejenige der möglichen KtE des KE EREIGNIS, die potenziell jedes simplizische Verb umfassen kann, betrachte ich das Strukturelement RICHTUNG als näher am Status eines KEE als eines KE, vergleiche es also grundsätzlich mit dem zweiten, unmittelbar als solches benannten KEE, das durch ein Reflexivum instanziiert wird.

Tabelle 3.2 listet die insgesamt fünf Strukturelemente der reflexiven Partikelverbkonstruktion samt ihrer vorläufigen Definitionen auf.

3.2.3 Überschneidungen mit der reflexiven Bewegungskonstruktion

Vor dem Hintergrund insbesondere der soeben skizzierten formalen Varianz der KtE des KE ⟨WEG⟩ der reflexiven Partikelverbkonstruktion lässt sich der Bereich, in dem sich diese mit der reflexiven Bewegungskonstruktion überschneidet, genauer lokalisieren. Beide Konstruktionen überschneiden sich, wenn in einem Konstrukt der reflexiven Bewegungskonstruktion als KtE des KE EREIGNIS ein Partikelverb instanziiert wird und in einem Konstrukt der reflexiven Partikelverbkonstruktion das KE ⟨WEG⟩ als PP instanziiert wird. Instanzen, die eindeutig als Konstrukte der reflexiven Bewegungskonstruktion gelten, sind also nur solche, in denen Nicht-Partikelverben als KtE des KE EREIGNIS instanziiert werden. Auf Seiten der reflexiven Partikelverbkonstruktion sind eindeutige Konstrukte zunächst solche, in denen das KE ⟨WEG⟩ als NP oder Nebensatz instanziiert wird. Am eindeutigsten zur reflexiven Partikelverbkonstruktion gehören indes diejenigen Konstrukte,

---

denfalls bemerkt Goldberg (2006: 10), dass Konstruktionen nicht auf bestimmte Wortstellungen festgelegt werden müssen. Müller ist jedoch insofern zuzustimmen, als dass diese Regularitäten konstruktionsgrammatisch erfasst werden müssen. Wie dies konstruktikographisch geschehen muss, ist bislang ungeklärt und kann hier nicht weiter thematisiert werden.

49 Zur Annahme, dass Verbartikeln in Partikelverbkonstruktionen als lexikalisch spezifiziert angesehen werden müssen und die Konstruktionen entsprechend teilspezifiziert sind, vgl. schon Booij (2002: 320–325).

Tab. 3.2: Strukturelemente der reflexiven Partikelverbkonstruktion

Strukturelement	Vorläufige Definition
Bewegendes	Die KtE dieses KE referieren auf eine (belebte oder unbelebte) Entität, die eine ‚Bewegung' ausführt. Die Entität, auf die ein KtE dieses KE referiert, muss mit derjenigen, auf die das KEE referiert, identisch sein.
Ereignis	Die KtE dieses KE referieren auf ein Ereignis, das als eine ‚Bewegung' der Entität, auf die die KtE des KE Bewegendes referieren, verstanden werden kann oder mit dieser ‚Bewegung' einhergeht. Das KE wird durch ein Basisverb instanziiert, das gemeinsam mit dem KEE Richtung ein Partikelverb bildet.
KEE	Das KEE wird durch ein Reflexivum (im weitesten Sinne) instanziiert. Dabei kann es sich um das ‚echte' Reflexivpronomen *sich* oder ein reflexiv gebrauchtes Personalpronomen in 1. oder 2. Person handeln. Handelt es sich um Letzteres, muss es auf dieselbe Entität wie das KtE des KE Bewegendes referieren.
Richtung	Das KEE Richtung wird durch eine Verbpartikel instanziiert und bildet zusammen mit dem KtE des KE Ereignis ein Partikelverb. Es kann dabei sowohl in Distanzstellung zum Basisverb als auch in Kontaktstellung realisiert werden.
⟨Weg⟩	Die KtE dieses Nicht-Kern-KE elaborieren die räumliche Ausdehnung der ‚Bewegung' der Entität, auf die das KtE des KE Bewegendes referiert, welche bereits durch das KEE Richtung spezifiziert ist. Aus diesem Grund ist ⟨Weg⟩ als Nicht-Kern-KE einzustufen: Da die räumliche Ausdehnung der ‚Bewegung' bereits durch die Instanz des KEE Richtung spezifiziert wird, kann es uninstanziiert bleiben.

die ohne Instanziierung des KE ⟨Weg⟩ auskommen. In Abbildung 3.1 soll die Nähe letzterer Konstrukte zum Rand des unteren Rechtecks diese Unterscheidung ausdrücken, während die anderen beiden Varianten tendenziell näher am Überschneidungsbereich zur reflexiven Bewegungskonstruktion liegen.

Trotz der Unterschiede in der formalen Realisierung der reflexiven Partikelverbkonstruktion bereitet die Überschneidung mit der reflexiven Bewegungskonstruktion auf den ersten Blick Probleme: Ist ein Beleg mit einem Partikelverb und einem als PP realisierten KtE des KE Weg bzw. ⟨Weg⟩ als Konstrukt der reflexiven Bewegungskonstruktion oder der reflexiven Partikelverbkonstruktion einzustufen? Dieses Zuordnungsproblem besteht freilich nur dann, wenn man beide Konstruktionen als disjunkte Kategorien versteht, die etwa in einer klar definierbaren Vererbungsrelation zueinander stehen, wie sie etwa Goldberg (1995: 72–81) annimmt. Aufgrund der skizzierten Überschneidungen zwischen beiden Konstruktionen ist eine mögliche Vererbungsrelation allerdings schwierig zu postulieren. Deshalb bietet es sich an, die Relation zwischen beiden Konstruktionen nicht als Vererbung im Sinne einer Netzwerkrelation, sondern angelehnt an die Ansätze von Bücker (2011), Engelberg et al. (2011: 77–93), Proost & Winkler (2015:

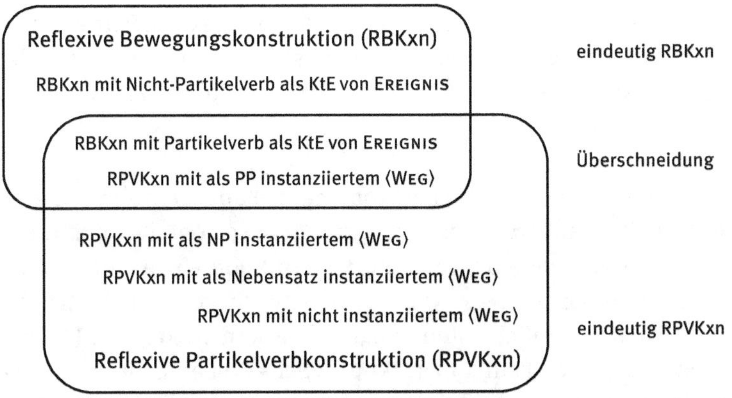

Abb. 3.1: Überschneidung zwischen der reflexiven Bewegungskonstruktion (RBKxn) und der reflexiven Partikelverbkonstruktion (RPVKxn)

8–11) sowie Proost (2017: 28–29) als Familienähnlichkeiten im Sinne von Wittgenstein (2009: § 67)[50] zu betrachten.[51] Wie Proost & Winkler (2015: 9) und Engelberg (2019: 26) ausführen, können solche Familienähnlichkeiten sowohl formale als auch semantische Eigenschaften der Konstruktionen betreffen. Dasselbe halten Boas, Lyngfelt & Torrent (2019: 42–43) und Endresen & Janda (2020: 5–6) für die Zusammengehörigkeit von Konstruktionen zu einer Konstruktionsfamilie fest. Boas, Lyngfelt & Torrent (2019: 42–43) definieren die semantische Zusammengehörigkeit von Konstruktionen dabei explizit als Evokation desselben Frames durch die Konstruktionen. Auch Diessel (2019: 200) betont, dass die Ähnlichkeit zwischen Konstruktionen ein wesentlicher Faktor für ihre Relationen zueinander ist.

Angewendet auf die reflexive Partikelverbkonstruktion im Vergleich zur reflexiven Bewegungskonstruktion stellen sich die Ähnlichkeiten beider Konstruktionen wie folgt dar.

– Ähnlichkeiten in der *Form*: Die reflexive Partikelverbkonstruktion teilt ihr Inventar der KE Bewegendes und Ereignis, dem KEE, sowie zumindest teilweise dem KE ⟨Weg⟩ mit der reflexiven Bewegungskonstruktion.

50 Auch Goldberg & Jackendoff (2004: 536) bringen ihren Begriff der Konstruktionsfamilie mit demjenigen der Familienähnlichkeiten in Verbindung, jedoch ohne darauf theoretisch aufzubauen. Proost & Winkler (2015: 9) stellen die Unterschiede ihres Ansatzes zu demjenigen von Goldberg & Jackendoff (2004: 536) heraus.

51 Das Konzept der Familienähnlichkeiten wird bisweilen sogar, etwa mit dem Vorschlag von Gerdes (2016: 50), in der Partikelverbforschung zur Strukturierung von Kategorien von Partikelverben aufgegriffen.

- Ähnlichkeiten in den *semantischen Eigenschaften*: Der reflexiven Partikelverbkonstruktion liegt – wie der reflexiven Bewegungskonstruktion und der reflexiven *Weg*-Konstruktion – `Motion` als von ihr evozierter Konstruktions-Frame (Abschnitt 4.3) zugrunde.

Beide Konstruktionen sind somit nicht scharf voneinander abzugrenzen, sondern zwischen ihnen liegt ein Graubereich von Instanzen, die sowohl als Konstrukte der einen als auch als Konstrukte der anderen Konstruktion eingestuft werden können. Aufgrund von Beobachtungen wie diesen geht Bücker (2011: 9–10) davon aus, dass sich Familienähnlichkeiten lediglich auf Konstruktebene (Token-Ebene) niederschlagen, während auf Konstruktionsebene (Type-Ebene) nach wie vor von Netzwerkrelationen gesprochen werden muss. Entsprechend bestimme ich in Abbildung 3.1 den Grad der Überschneidung zwischen beiden Konstruktionen anhand der Realisierung ihrer Konstrukte. Die oben in zwei Punkten skizzierten Gemeinsamkeiten zwischen beiden Konstruktionen sind letztlich auf Familienähnlichkeiten zwischen ihren Konstrukten zurückzuführen. Die Modellierung einer Netzwerkrelation zwischen beiden Konstruktionen wird dadurch potenziell schwieriger, denn, wie Bücker (2011: 36) weiterhin konstatiert, korreliert der Grad an Familienähnlichkeit zwischen Konstrukten mit demjenigen der Netzwerkrelation zwischen den entsprechenden Konstruktionen: Je stärker die Familienähnlichkeiten ausgeprägt sind, desto plausibler ist die Annahme einer gemeinsamen Konstruktion, während mit der Abnahme von Familienähnlichkeiten eher disjunkte Konstruktionen mit oder ohne Relationen zwischen ihnen anzusetzen sind. Da zwischen der reflexiven Bewegungskonstruktion und der reflexiven Partikelverbkonstruktion zwar die skizzierten formalen und semantischen Gemeinsamkeiten auffindbar sind, sie sich aber gerade in formaler Hinsicht in drei wesentlichen Punkten unterscheiden (im Falle der reflexiven Partikelverbkonstruktion dem Status des KE ⟨Weg⟩ als Nicht-Kern-KE, dessen größerer formaler Varianz sowie dem zusätzlichen KEE Richtung), gehe ich davon aus, dass es sich um zwei eigenständige Konstruktionen handelt.

3.3 Reflexive *Weg*-Konstruktion

Neben der reflexiven Bewegungskonstruktion und der reflexiven Partikelverbkonstruktion kann die in diesem Abschnitt vorzustellende Konstruktion, die mit Verhagen (2003a: 338, 2003c: 228), Smirnova (2018: 24) und Mortelmans & Smirnova (2020: 47) als reflexive *Weg*-Konstruktion (*Weg*-Kxn) bezeichnet werden kann, als drittes Äquivalent zur *way*-Konstruktion gelten. Einige ihrer Konstrukte finden sich in (58)–(62).

(58) Dann {bahnte ich mir einen Weg durch allerlei Buschwerk und trockenes Gehölz}. (Düffel, John von: Vom Wasser, München: dtv 2006, S. 214)

(59) {Mein Schälmesser mit der dünnen Klinge säbelt sich einen Weg durch die buschigen Petersilienköpfe}, während ich überlege, ob es tatsächlich Köpfe oder doch Blätter oder gar Büschel heißt. (Riedel, Susanne: Eine Frau aus Amerika, Berlin: Berlin Verlag 2003, S. 106)

(60) Längst {müssen sich die hölzernen Schubkarren einen Weg zwischen den Fässern bahnen}. (Die Zeit, 30.03.2000, Nr. 14)

(61) Als doppelter Fremder, der von einer fernen Insel und aus einer anderen Zeit kommt, {bahnt er sich zielstrebig den Weg zum Mörder seiner Tochter}. (Die Zeit, 05.01.2000, Nr. 2)

(62) In dieser Sekunde trat, überraschend und effektvoll, meine Mutter durch die Tür des Wintergartens, {bahnte sich einen Weg zwischen den Adjutanten hindurch}. (Krausser, Helmut: Eros, Köln: DuMont 2006, S. 48)

Die reflexive *Weg*-Konstruktion ist, anders als die reflexive Bewegungskonstruktion und die reflexive Partikelverbkonstruktion, ein formal näheres Äquivalent des Deutschen zur englischen *way*-Konstruktion. In der deutschsprachigen Forschung wird sie allerdings eher selten als direktes Äquivalent zur *way*-Konstruktion betrachtet, einzig McColm (2019) räumt ihr, wie bereits in Unterabschnitt 3.1.1 erwähnt, eine größere Rolle ein. Mortelmans & Smirnova (2020: 59–60) gehen im diametralen Gegensatz dazu davon aus, dass „there are no compelling reasons to assume the existence of a (schematic, non-compositional) *Weg*-construction in German." Ich möchte einen Mittelweg zwischen diesen beiden Positionen einschlagen und zeigen, dass die reflexive *Weg*-Konstruktion insbesondere in ihrer Produktivität zwar deutlich hinter der reflexiven Bewegungskonstruktion und der reflexiven Partikelverbkonstruktion zurücksteht (dazu ausführlich Unterabschnitt 7.5.2), sie aber aufgrund ihrer formalen Charakteristika einerseits und nicht zuletzt aufgrund ihrer Sonderrolle bei der Evokation von `Motion` andererseits (dazu Unterabschnitt 8.3.2) als eigenständige Konstruktion zu betrachten ist.

In diesem Abschnitt beginne ich erneut mit dem Forschungsstand, den ich für die reflexive *Weg*-Konstruktion in Unterabschnitt 3.3.1 zusammenfasse. Besonders interessant sind die formalen Unterschiede zwischen ihr einerseits und der reflexiven Bewegungskonstruktion und reflexiven Partikelverbkonstruktion andererseits, die ich in Unterabschnitt 3.3.2 im Zuge der Betrachtung der Strukturelemente in den Blick nehme.

3.3.1 Forschungsstand

Bisherige Untersuchungen zur reflexiven *Weg*-Konstruktion für das Deutsche kommen kaum ohne den Vergleich zu einer parallelen Konstruktion im Niederländischen aus. So diskutiert in einer Reihe von Arbeiten Verhagen (2002, 2003a,b,c) einerseits Parallelen zwischen niederländischen Konstruktionen mit dem prototypischen Verb *banen* und der *way*-Konstruktion, zeigt bisweilen andererseits aber auch Verbindungen zum Deutschen auf. So weist etwa Verhagen (2003a: 344–345, 2003c: 232–234) auf die vollständige formale (und bisweilen auch semantische) Übereinstimmung der reflexiven *Weg*-Konstruktion mit ihrem niederländischen Pendant hin, insbesondere hinsichtlich ihrer formalen Struktur, die ein Reflexivum und eine NP mit dem Nomen *Weg* als Kopf beinhaltet sowie das Verb *bahnen* als prototypisches KtE des KE Ereignis. Im Rahmen ihrer Studie zu zwei niederländischen Äquivalenten der *way*-Konstruktion weist van Egmond (2009: 162) neben der reflexiven Bewegungskonstruktion auch auf die reflexive *Weg*-Konstruktion hin und geht davon aus, dass das Deutsche jene beiden Äquivalente zur *way*-Konstruktion besitzt.

Die reflexive *Weg*-Konstruktion ist damit nach der reflexiven Bewegungskonstruktion, insbesondere für das Niederländische, aber auch für das Deutsche, eine Konstruktion, die gelegentlich – noch vor der reflexiven Partikelverbkonstruktion – als weiteres Äquivalent zur *way*-Konstruktion diskutiert wird. So überprüft Smirnova (2018: 23–25) auf Grundlage der formalen Identität zur *way*-Konstruktion, ob sie überhaupt als eigenständige Konstruktion angenommen werden kann, tendiert aber dazu, „die Existenz eines schematischen und produktiven Musters, das analog zu der englischen *way*- oder niederländischen *weg*-Konstruktion aufgebaut wäre, in Zweifel zu ziehen.“ (Smirnova 2018: 24). Aufgrund der niedrigen Produktivität der Konstruktion kommt sie, wie später Mortelmans & Smirnova (2020: 59–60), zu dem Ergebnis, „dass die *Weg*-Konstruktion als eigenständige Konstruktion im Deutschen kaum etabliert ist.“ (Smirnova 2018: 25).

Im diametralen Gegensatz dazu sieht McColm (2019: 38–42) die reflexive *Weg*-Konstruktion als primäres deutsches Äquivalent zur englischen *way*-Konstruktion an, während er die reflexive Bewegungskonstruktion lediglich als verwandt einordnet. Wie erwähnt, steht dieser Auffassung die Annahme von Mortelmans & Smirnova (2020: 59–60) und auch Smirnova (2018: 25) gegenüber, die nicht davon ausgehen, dass es sich bei der reflexiven *Weg*-Konstruktion um eine eigenständige und zur *way*-Konstruktion äquivalente Konstruktion handelt. Den Grund dafür sehen sie in dem auch schon von Smirnova (2018: 24) festgestellten Befund, „that instances of the pattern with the noun *Weg* are indeed very rare and occur almost exclusively with the verb *bahnen*“ (Mortelmans & Smirnova 2020: 60). Beide Beobachtungen lassen sich durch meine Korpusrecherchen grundsätzlich bestätigen, aber zugleich ausdifferenzieren.

Um die nahezu widersprüchlichen Ergebnisse von McColm (2019) einerseits und Smirnova (2018) und Mortelmans & Smirnova (2020) andererseits zu vereinen, möchte ich für alle folgenden Überlegungen davon ausgehen, dass die reflexive *Weg*-Konstruktion trotz ihrer enorm niedrigen Token-Frequenz und Produktivität als ein Äquivalent zur *way*-Konstruktion zu betrachten ist. Das Auftreten einer zur englischen Konstruktion nahezu identischen Konstellation von Strukturelementen ist bereits ein gewichtiges Argument dafür. Ein weiteres ist, dass sich auch für das Niederländische, wie Mortelmans & Smirnova (2020: 59) im Anschluss an van Egmond (2009) selbst zeigen, mindestens zwei[52] Konstruktionen differenzieren lassen, die sich als Äquivalente der reflexiven Bewegungskonstruktion und der reflexiven *Weg*-Konstruktion verstehen lassen. Nicht zuletzt aus diesen beiden Gründen ist die reflexive *Weg*-Konstruktion auch im Deutschen als eigenständige Konstruktion zu betrachten.

3.3.2 Strukturelemente

Mit der reflexiven Bewegungskonstruktion teilt die reflexive *Weg*-Konstruktion die KE Bewegendes und Ereignis sowie das KEE. Das KE ⟨Weg⟩ ist für die reflexive *Weg*-Konstruktion wie für die reflexive Partikelverbkonstruktion als Nicht-Kern-KE einzustufen, worin wiederum eine Parallele zu Letzterer besteht. Ein Unterschied zur reflexiven Bewegungskonstruktion und reflexiven Partikelverbkonstruktion und eine gleichzeitige Parallele zur *way*-Konstruktion besteht darin, dass zu dem KEE, das wie bei der reflexiven Bewegungskonstruktion und der reflexiven Partikelverbkonstruktion durch ein Reflexivum instanziiert wird, ein KorE in der Form einer NP mit der LE *Weg* oder semantisch verwandten anderen Nomen als Kopf hinzukommt. Diese Form teilt das KorE mit dem KEE der *way*-Konstruktion (vgl. dazu auch Unterabschnitt 2.3.2). Hinsichtlich der Strukturelemente besteht der einzige Unterschied zur reflexiven Bewegungskonstruktion in dem für die reflexive *Weg*-Konstruktion zusätzlichen KorE. Hinzu kommt allerdings die charakteristische Beschränkung, dass das Reflexivum im Dativ und nicht (wie bei den anderen Konstruktionen) im Akkusativ realisiert wird. Dies

52 Ob auch eine dritte, intransitive und nicht-reflexive Konstruktion, die Mortelmans & Smirnova (2020: 59) nennen, für das Deutsche dazu zu zählen ist, muss an dieser Stelle offen bleiben.

liegt offensichtlich daran, dass die NP, die das KorE bildet, bereits im Akkusativ steht.[53]

Die Strukturelemente der Konstruktion stellen sich in der Annotation der im Eingang zu diesem Abschnitt zitierten Belege (58)–(62) wie in (63)–(67) dar.

(63) Dann {[EREIGNIS bahnte] [BEWEGENDES ich] [KEE mir] [KORE einen Weg] [⟨WEG⟩ durch allerlei Buschwerk und trockenes Gehölz]}. (Düffel, John von: Vom Wasser, München: dtv 2006, S. 214)

(64) {[BEWEGENDES Mein Schälmesser mit der dünnen Klinge] [EREIGNIS säbelt] [[KEE sich] [KORE einen Weg] [⟨WEG⟩ durch die buschigen Petersilienköpfe]}, während ich überlege, ob es tatsächlich Köpfe oder doch Blätter oder gar Büschel heißt. (Riedel, Susanne: Eine Frau aus Amerika, Berlin: Berlin Verlag 2003, S. 106)

(65) Längst müssen {[KEE sich] [BEWEGENDES die hölzernen Schubkarren] [KORE einen Weg] [⟨WEG⟩ zwischen den Fässern] [EREIGNIS bahnen]}. (Die Zeit, 30.03.2000, Nr. 14)

(66) Als doppelter Fremder, der von einer fernen Insel und aus einer anderen Zeit kommt, {[EREIGNIS bahnt] [BEWEGENDES er] [KEE sich] zielstrebig [KORE den Weg] [⟨WEG⟩ zum Mörder seiner Tochter]}. (Die Zeit, 05.01.2000, Nr. 2)

(67) In dieser Sekunde trat, überraschend und effektvoll, meine Mutter durch die Tür des Wintergartens, {[EREIGNIS bahnte] [KEE sich] [KORE einen Weg] [⟨WEG⟩ zwischen den Adjutanten hindurch]}. (Krausser, Helmut: Eros, Köln: DuMont 2006, S. 48)

Das KorE ist im Gegensatz zur reflexiven Bewegungskonstruktion ein Charakteristikum der reflexiven *Weg*-Konstruktion, weshalb ich es gleich zu Beginn der Illustration dieser Konstruktion etwas ausführlicher in den Blick nehmen möchte. Ziem, Flick & Sandkühler (2019: 69) weisen bei der Definition des Strukturelements des KorE darauf hin, „that expressions functioning as CORE do not have the

53 Welche semantischen Konsequenzen dieser Kasusunterschied zwischen dem KEE und dem KorE der reflexiven *Weg*-Konstruktion hat, muss offen bleiben. Denkbar ist, dass das Reflexivum dadurch mit der semantischen Rolle eines Benefizienten assoziiert wird (vgl. auch Hoherz 2017: 304), was die Konstruktion in die Nähe von Ditransitiv-Konstruktionen (Goldberg 1995: 141–151) rücken lässt bzw. das Reflexivum als freier Dativ (Eisenberg 2013: 290–296; Hentschel & Weydt 2013: 164–171; Duden 2016: 831) angesehen werden kann. Bei FrameNet ist entsprechend für manche Frames (z.B. `Building`) das extrathematische FE BENEFICIARY dokumentiert, das sich in `Motion`, dem Konstruktions-Frame der reflexiven *Weg*-Konstruktion, allerdings nicht findet. Zu dieser Rolle von extrathematischen FE vgl. auch Fillmore & Baker (2010: 325, Anm. 4) sowie Fillmore (2007: 134), Ruppenhofer et al. (2016: 24) und Boas (2016: 58).

status of a CE." Gleichzeitig aber ist das KorE nicht mit einem KEE gleichzusetzen, da es im Falle der reflexiven *Weg*-Konstruktion eine geringere lexikalische (nicht aber formale) Varianz aufweist. Allerdings teilt das KorE mit dem KEE der reflexiven *Weg*-Konstruktion, welches analog zu demjenigen in der reflexiven Bewegungskonstruktion und der reflexiven Partikelverbkonstruktion definiert ist, die Eigenschaft, dass es nicht aus einem über alle Konstrukte invariant fixierten Element besteht, sondern eine gewisse Varianz aufweist. So variiert die Form der NP mit dem Kopf *Weg* (oder semantisch verwandten Nomen) je nachdem, welche weiteren Elemente diesem vorangestellt werden.[54] Der dem Kopf vorangestellte Artikel kann entweder als Definitartikel, wie in (68), als Indefinitartikel, wie in (69), oder als Possessivartikel, wie in (70), erscheinen (vgl. für eine ähnliche Klassifikation Verhagen 2003a: 345, 2003c: 232–233; Mortelmans & Smirnova 2020: 60).

(68) Wie ein Triumphator {bahnt sich Schiller [$_{\text{KorE}}$ den Weg] durch die Menschenmenge}, eskortiert von den Würdenträgern der Universität. (Safranski, Rüdiger: Friedrich Schiller, München Wien: Carl Hanser 2004, S. 311)

(69) a. {Mein Schälmesser mit der dünnen Klinge säbelt sich [$_{\text{KorE}}$ einen Weg] durch die buschigen Petersilienköpfe}, während ich überlege, ob es tatsächlich Köpfe oder doch Blätter oder gar Büschel heißt. (Riedel, Susanne: Eine Frau aus Amerika, Berlin: Berlin Verlag 2003, S. 106)

b. Ich beobachtete, wie Doreen die Hände des Pfarrers und seiner Frau abwehrte, sie ließ die beiden zurück und {bahnte sich [$_{\text{KorE}}$ einen Weg] zu den Essenswagen}. (Franck, Julia: Lagerfeuer, Köln: DuMont Literatur und Kunst Verlag 2003, S. 301)

c. In dieser Sekunde trat, überraschend und effektvoll, meine Mutter durch die Tür des Wintergartens, {bahnte sich [$_{\text{KorE}}$ einen Weg] zwischen den Adjutanten hindurch}. (Krausser, Helmut: Eros, Köln: DuMont 2006, S. 48)

(70) a. Jawohl, denn die Damen wirken „schwerfällig und lustlos", {bahnen sich an Bord nur mühsam [$_{\text{KorE}}$ ihren Weg] durch die engen Gänge} und ecken sehr wahrscheinlich auch bei solchen Passagieren an, die es in höchstem Maße unerquicklich finden, ihren Anisschnaps von einem Fesselballon serviert zu bekommen. (Die Zeit, 10.02.2000, Nr. 7)

54 Eine darüber hinausgehende Modifikation des Nomens, wie sie für die *way*-Konstruktion zu beobachten ist (vgl. etwa Goldberg 1995: 206, 1996: 38), ist in meinen Daten nicht belegt. Gleiches gilt für die Daten von McColm (2019: 40, 237).

b. Doch er blieb nicht stehen, sondern {bahnte sich [$_{\text{KorE}}$ seinen Weg] um den Tisch herum}. (Düffel, John von: Houwelandt, Köln: DuMont Literatur und Kunst Verlag 2004, S. 43)

c. Was passiert ist, ist passiert", und er drehte sich um und {bahnte sich langsam durch die Büsche [$_{\text{KorE}}$ seinen Weg] zurück zum Gutshaus}. (Boie, Kirsten: Skogland, Ort: Hamburg 2005, S. 185)

Zwar sind die *formalen* Variationen des KorE in dieser Hinsicht stärker als die des KEE, hinsichtlich der *lexikalischen* Varianz aber ist es eingeschränkter, da der Kopf der es instanziierenden NP fast ausschließlich auf das Nomen *Weg* beschränkt ist. Somit handelt es sich bei den Konstrukten der reflexiven *Weg*-Konstruktion ebenfalls um Allokonstrukte im Sinne von Bücker (2014: 131), denen dieselbe Konstruktion zugrunde liegt.[55] Diese Annahme ist auch dann aufrechtzuerhalten, wenn man beobachten kann, dass als Kopf der NP, die das KorE instanziiert, nicht nur das Nomen *Weg* auftreten kann, sondern auch andere, semantisch verwandte Nomen belegt sind. Wie die Belege (71) und (72) zeigen, sind zwei weitere Nomen belegt: *Pfad* und *Trampelpfad.*

(71) {Paul mußte sich [$_{\text{KorE}}$ einen Pfad] zum Holzhaus bahnen}. (Koneffke, Jan: Paul Schatz im Uhrenkasten, Köln: DuMont Buchverlag 2000, S. 77)

(72) {[$_{\text{KorE}}$ Der Trampelpfad], den Jorge sich in Jahren gebahnt hatte}, war verschwunden, das Wasser hatte ihn genommen. (Düffel, John von: Houwelandt, Köln: DuMont Literatur und Kunst Verlag 2004, S. 293)

Die Ansetzung des KorE als zusätzliches Strukturelement ist notwendig, da eine nicht-reflexive Variante der Konstruktion ohne das KEE auskommt und allein die NP mit *Weg* als Kopf als KorE besitzt. Die Belege in (73) sind Beispiele für das Verb *bahnen* in dieser Konstruktion.[56]

(73) a. Fünf Minuten knapp sprach sie, dann nickte Pardell mehrmals und bahnte einen Weg durch die Bevölkerung des Gran Tour, die Frau folg-

---

55 Gruzitis et al. (2015: 51) sprechen davon, dass eine Konstruktion „alternative LUs" enthalten kann, was der Vorstellung variierender Köpfe des KorE der reflexiven *Weg*-Konstruktion nahekommt. Allerdings gehen sie noch weiter: „If a CE [hier: ein KorE, A.W.] is represented by a fixed set of LUs, we assume that they are interchangeable (synonymous)." (Gruzitis et al. 2015: 51). Auch wenn LE wie *Weg*, *Pfad* und *Trampelpfad* gewiss nicht synonym sind, evozieren sie (wenngleich über Umwege) dennoch denselben Frame – eine Gemeinsamkeit, die sich für die Frage nach der Evokation eines mit der Konstruktion als Ganzes evozierten Frames nutzbar machen lässt (dazu Unterabschnitt 8.3.2).

56 Die Belege stammen aus der Suchanfrage für das Verb *bahnen*, die auch dessen Verwendung ohne Reflexivum erfasst, vgl. Unterabschnitt 3.4.2.

te ihm. (Kopetzky, Steffen: Grand Tour, Frankfurt am Main: Eichborn 2002, S. 504)

b. Wer sich dennoch einen Menschen vorstellen möchte und seinen eigenen Weg durch die Kapitel bahnt, kommt mit dieser gewaltigen Bestandsaufnahme weiter als je zuvor. (Die Zeit, 23.03.2000, Nr. 13)

c. Ich nahm seine Fährte auf und bahnte meinen Weg durch den Sand, vorbei an den flanierenden Pärchen und wasserscheuen Zauderern, die bis zu den Knien auf die Wellen zustaksten, um dann wieder das Trockene zu suchen. (Düffel, John von: Vom Wasser, München: dtv 2006, S. 245)

Das oben in (72) zitierte Konstrukt zeigt zudem, dass das KE ⟨WEG⟩ ebenso wie dasjenige der reflexiven Partikelverbkonstruktion als Nicht-Kern-KE einzustufen ist, da es auch in der reflexiven *Weg*-Konstruktion uninstanziiert bleiben kann.

Die Strukturelemente der reflexiven *Weg*-Konstruktion lassen sich, in teilweiser Analogie zur reflexiven Bewegungskonstruktion, wie in Tabelle 3.3 dargestellt zusammenfassen. Die für die reflexive Bewegungskonstruktion vorgenommenen Änderungen im Gegensatz zur konstruktikographischen Beschreibung der *way*-Konstruktion im FrameNet-Konstruktikon (vgl. Unterabschnitt 3.1.2) gelten für die Strukturelemente der reflexiven *Weg*-Konstruktion analog.

Tab. 3.3: Strukturelemente der reflexiven *Weg*-Konstruktion

Strukturelement	Vorläufige Definition
BEWEGENDES	Die KtE dieses KE referieren auf eine (belebte oder unbelebte) Entität, die eine ‚Bewegung' ausführt. Die Entität, auf die ein KtE dieses KE referiert, muss mit derjenigen, auf die das KEE referiert, identisch sein.
EREIGNIS	Die KtE dieses KE referieren auf ein Ereignis, das als eine ‚Bewegung' der Entität, auf die die KtE des KE BEWEGENDES referieren, verstanden werden kann oder mit dieser ‚Bewegung' einhergeht.
KEE	Das KEE wird durch ein Reflexivum (im weitesten Sinne) im Dativ instanziiert. Dabei kann es sich um das ‚echte' Reflexivpronomen *sich* oder ein reflexiv gebrauchtes Personalpronomen in 1. oder 2. Person handeln. Handelt es sich um Letzteres, muss es auf dieselbe Entität wie das KtE des KE BEWEGENDES referieren.
KorE	Das KorE besteht aus einer NP mit dem Nomen *Weg* oder einem semantisch verwandten Nomen als Kopf sowie einem Definit-, Indefinit- oder Possessivartikel.
⟨WEG⟩	Die KtE dieses Nicht-Kern-KE spezifizieren die räumliche Ausdehnung der ‚Bewegung' der Entität, auf die das KtE des KE BEWEGENDES referiert. Da es sich um ein Nicht-Kern-KE handelt, kann es uninstanziiert bleiben.

Ein wesentlicher Grund, die reflexive Bewegungskonstruktion und nicht die reflexive *Weg*-Konstruktion als semantisch primäres, aber nicht vollständig formales Äquivalent zur *way*-Konstruktion zu betrachten, ist die in der Forschung wiederholt erwähnte schwache Produktivität der reflexiven *Weg*-Konstruktion, die zur Annahme einer größeren semantischen Kompositionalität ihrer Konstrukte als derjenigen der reflexiven Bewegungskonstruktion führt (vgl. Smirnova 2018: 25; Mortelmans & Smirnova 2020: 59–60). Die schwache Produktivität bestätigt sich bereits bei einem Blick auf die Datenlage (Unterabschnitt 3.4.2). So finden sich mit meinen Suchanfragen im DWDS-Kernkorpus 21 insgesamt lediglich 41 Treffer, von denen nach Abzug von Dubletten 27 Belege mit Konstrukten der reflexiven *Weg*-Konstruktion übrig bleiben. Für eine geringe Produktivität spricht neben dieser niedrigen Frequenz der Konstruktion insgesamt die sehr beschränkte Auswahl an LE, die das KE Ereignis als KtE instanziieren: Prototypisch erscheint hier das Verb *bahnen*, andere Verben sind zwar möglich, aber nur selten belegt (vgl. Verhagen 2003b: 35–36, 2003c: 232; Smirnova 2018: 24–25). Für die niederländische Entsprechung der Konstruktion kann das Verb *banen* bereits als Äquivalent zum englischen Verb *make* angesehen werden (vgl. Verhagen 2002: 411–412, 2003a: 333, 2003b: 36, 2003c: 225). Die von mir erhobenen Korpusdaten bestätigen den prototypischen Status des Verbs *bahnen* (Unterabschnitt 3.4.2): Unter den erwähnten 27 Konstrukten der reflexiven *Weg*-Konstruktion enthalten 26 das Verb *bahnen*, als einzig anderes Verb erscheint das mit Beleg (59) bereits zitierte *säbeln*.[57] Auf einen Vergleich der Produktivität der reflexiven *Weg*-Konstruktion mit der reflexiven Bewegungskonstruktion und der reflexiven Partikelverbkonstruktion komme ich unter Anwendung einer konstruktionssemantischen Methode zur Messung der Produktivität in Unterabschnitt 7.5.2 zurück.

Der prototypische Status des Verbs *bahnen* ist einer der ausschlaggebenden Punkte, den für die semantischen Eigenschaften relevanten Frame der reflexiven *Weg*-Konstruktion wie denjenigen der reflexiven Bewegungskonstruktion und der reflexiven Partikelverbkonstruktionen mit `Motion` zu identifizieren. `Motion` kommt allerdings nicht erst als Frame, der mit der Konstruktion als Ganzes assoziiert werden kann, infrage, sondern kann bereits als Grundlage der lexikalischen Bedeutung des Verbs *bahnen* betrachtet werden. Für das Verb *bahnen* existiert zwar keine direkte englische Übersetzung, die als LE des Frames infrage käme (und die damit auch nicht in FrameNet verzeichnet ist),[58] dass in den Konstrukten der reflexiven *Weg*-Konstruktion allerdings die semantische Komponente einer

57 Es ist also – wenngleich nur mit dieser wenigen Evidenz – keineswegs davon auszugehen, dass „*bahnen* is the only verb occuring in this construction" (Mortelmans & Smirnova 2020: 60).

58 Das im FrameNet dokumentierte Verb *pave.v*, das als mögliche Übersetzung von *bahnen* infrage käme (vgl. etwa die Übersetzung bei Mortelmans & Smirnova 2020: 60), findet sich als LE

‚Bewegung' enthalten ist, sehe ich insbesondere durch das KorE als gegeben an. So evoziert die LE *Weg* (*way.n*) zwar `Self_motion`, da aber die KtE des KE BEWEGENDES, das mit dem FE `Self_motion`.SELF_MOVER identifiziert werden kann, nicht ausschließlich auf belebte Entitäten referiert, wie es die Definition des FE vorgibt, ziehe ich (neben weiteren Gründen) `Motion` vor, der in dieser Hinsicht neutral ist (vgl. weiterhin Unterabschnitt 8.3.2). Der bereits oben als (64) zitierte Beleg (74) gibt ein Beispiel für die Referenz eines KtE des KE BEWEGENDES auf eine solche unbelebte Entität.

(74) {[BEWEGENDES Mein Schälmesser mit der dünnen Klinge] säbelt sich einen Weg durch die buschigen Petersilienköpfe}, während ich überlege, ob es tatsächlich Köpfe oder doch Blätter oder gar Büschel heißt. (Riedel, Susanne: Eine Frau aus Amerika, Berlin: Berlin Verlag 2003, S. 106)

Weitere Gründe für `Motion` als Frame, der mit der reflexiven *Weg*-Konstruktion assoziiert werden kann, erörtere ich in den Unterabschnitten 8.3.2 und 8.5.2.

3.4 Korpus und Datenauswahl

Zum Abschluss dieses Kapitels möchte ich die Datengrundlage vorstellen, die ich für alle Analysen der drei in dieser Arbeit untersuchten Konstruktionen heranziehe. In Unterabschnitt 3.4.1 gehe ich auf das verwendete Korpus ein und skizziere die Suchanfragen für die drei untersuchten Konstruktionen. In Unterabschnitt 3.4.2 stelle ich das Verfahren zur Datenauswahl vor, da die für die Untersuchung relevanten Konstrukte der drei Konstruktionen manuell aus den Korpusdaten herausgefiltert werden müssen – ein Vorgang, der selbst einen methodologischen Erkenntnisgewinn verspricht (dazu Unterabschnitt 8.4.2). Ebenso gehe ich in diesem Zuge auf die Annotation der Daten ein, die die Grundlage für alle konstruktionssemantischen Analysen darstellt. Im Laufe der Arbeit werde ich an einigen wenigen Stellen zudem Daten heranziehen, die über die drei untersuchten Konstruktionen hinausgehen, weshalb ich in Unterabschnitt 3.4.3 auf diese eingehe.

---

für die Frames `Distributed_position` und `Filling` und damit in einer anderen als für die reflexive *Weg*-Konstruktion relevanten Lesart. Auf Konsequenzen der Identität des Frames, den *bahnen* evoziert, mit dem Konstruktions-Frame `Motion` für die Evokation des Letzteren gehe ich in Unterabschnitt 8.2.1 ein.

3.4.1 Korpus

Als Quelle für authentische Belege von Konstrukten der reflexiven Bewegungskonstruktion, der reflexiven Partikelverbkonstruktion und der reflexiven *Weg*-Konstruktion nutze ich das Kernkorpus 21 des Digitalen Wörterbuchs der deutschen Sprache (DWDS).[59] Es ist mit einer Größe von knapp 15,5 Millionen Token[60] noch klein genug, um es mit einzelnen Suchanfragen exhaustiv zu durchsuchen und jeweils alle einsehbaren Treffer zu exportieren.[61] Gleichzeitig ist es „ein zeitlich und nach [...] Textsorten differenziertes, derzeit aber noch nicht ausgewogenes Korpus" (Geyken et al. 2017: 330) und bietet damit eine Bandbreite an Textsorten, zu denen neben Zeitungstexten, wissenschaftlicher Literatur und Gebrauchsliteratur vor allem belletristische Literatur zählt.[62]

Um möglichst viele Daten in Form von Belegen mit Konstrukten aller drei Konstruktionen zu erhalten, habe ich für jede Konstruktion spezifische Suchstrategien verwendet. Für die reflexive Bewegungskonstruktion stehen die Präpositionen, die als Köpfe der KtE des KE WEG dienen, im Zentrum, während die Suchanfragen für die reflexive Partikelverbkonstruktion um die unterschiedlichen Verbpartikeln zentriert sind. Für die reflexive *Weg*-Konstruktion habe ich eine Kombination unterschiedlicher Strategien verwendet.

Um Belege für die reflexive Bewegungskonstruktion im DWDS-Kernkorpus 21 zu finden, habe ich Suchanfragen getrennt nach Präpositionen, die als Köpfe der KtE des KE WEG infragekommen, durchgeführt. Hierfür habe ich aus den in der Duden-Grammatik (Duden 2016) aufgelisteten lokalen Präpositionen zunächst diejenigen ausgewählt, die dort als akkusativregierend beschrieben sind. Dies sind *an, auf, bis, durch, gegen, hinter, in, neben, über, um, unter, vor* und *zwischen* (vgl. Duden 2016: 616–619). Darüber hinaus habe ich fünf weitere Präpositionen ausgewählt, die laut Duden (2016: 623) zwar Dativ regieren, aber ebenso „Rich-

59 https://www.dwds.de/ (zuletzt abgerufen am 07.09.2021).

60 Vgl. https://www.dwds.de/r (zuletzt abgerufen am 07.09.2021) für aktuelle Daten zu allen Korpora des DWDS.

61 Die maximal exportierbare Menge an Belegstellen liegt im DWDS bei 5.000. Dies ist ein Argument für getrennte Suchanfragen, deren jeweilige Treffermengen für die drei untersuchten Konstruktionen stets unter diesem Wert liegen und damit vollständig exportiert werden können.

62 Aufgrund dieser Vielfalt an Textsorten nehme ich bei der orthographischen Wiedergabe der Belege eine Vereinheitlichung vor: Anführungszeichen werden gegenüber eventuell abweichender Originaldarstellungen stets in der Form „" wiedergegeben, auch wenn, insbesondere in den literarischen Quellen, im Original andere Formen wie »« oder "" verwendet werden. Die Quellenangaben der Belege gebe ich indes unverändert in der Form, in der sie sich im DWDS-Kernkorpus 21 befinden, wieder.

tungsangaben" markieren: *ab*, *aus*, *nach*, *von* und *zu*.[63] Im DWDS-Kernkorpus 21 habe ich für jede dieser Präpositionen für den gesamten Zeitraum (2000–2010) nach linearen Abfolgen von finitem Verb,[64] Reflexivum und der jeweiligen Präposition mit einem maximalen Abstand von 10 Wörtern zum Reflexivum gesucht.[65]

Die Zusammenstellung der Korpusdaten für die reflexive Partikelverbkonstruktion ist weitgehend analog zu derjenigen der reflexiven Bewegungskonstruktion. Wie für Letztere habe ich auch für die reflexive Partikelverbkonstruktion separate Suchanfragen durchgeführt, nun getrennt nach Verbpartikeln. Die Auswahl der Partikeln erfolgte wiederum nach dem in Duden (2016: 708–713) aufgelisteten Inventar. Ausgeschlossen wurden allerdings insbesondere Partikeln auf nominaler Basis (z.B. *acht*, *preis*, *stand*) sowie die einfachen präpositionalen Partikeln *gegen* und *wider*, sofern sie nicht als Erstglied einer der untersuchten (Doppel-)Partikeln auftreten (etwa als *gegenüber*). Für jede Partikel wurden zwei getrennte Suchanfragen durchgeführt, um einerseits ihre Realisierung in Distanzstellung zum Basisverb und andererseits ihre Kontaktstellung zum Basisverb zu erfassen. Als größtmöglicher Abstand zum Reflexivum wurden wie bei der reflexiven Bewegungskonstruktion 10 Wörter gewählt. Jede Partikel wurde in der Suchanfrage linkstrunkiert, um auch Doppelpartikeln zu erfassen, in denen die gesuchte Partikel als „base particle" (McIntyre 2001: 2), also als Zweitglied auftritt. Da eine PP, die als KtE des KE ⟨Weg⟩ infrage kommt, kein obligatorischer Bestandteil eines Konstrukts ist, ist sie nicht in die Suchanfragen integriert.[66]

Die Daten zur reflexiven *Weg*-Konstruktionen setzen sich aus drei Quellen zusammen: Zunächst habe ich alle ihre Konstrukte, die bereits in der Korpusrecherche für die reflexive Bewegungskonstruktion irrelevanterweise erschienen sind, gesondert gesammelt. Darüber hinaus habe ich für die Konstruktion eine separate, nach ihrer formalen Struktur gerichtete Suchanfrage nach finitem Verb, Refle-

---

63 Wie Traugott & Trousdale (2013: 76, 86) im Anschluss an Mondorf (2011: 402) für die *way*-Konstruktion argumentieren, ist diese direktionale Bedeutung der KtE des Strukturelements Weg kriterial für die Konstruktion.

64 Als finite Verben belasse ich auch Hilfs- und Modalverben in der Datenauswahl, wenn sie mit dem (infiniten) Vollverb ein komplexes Prädikat bilden. Dies gilt auch für die Datenauswahl zur reflexiven Partikelverbkonstruktion.

65 Beispiel-Suchanfrage für die Präposition *ab*: `"$p=VVFIN $p=PRF #10 (ab with $p=APPR)"`. Für alle anderen Suchanfragen muss lediglich die Präposition ausgetauscht werden.

66 Beispiel-Suchanfrage für die Partikel *ab* in Distanzstellung: `"$p=VVFIN $p=PRF #10 *ab with $p=PTKVZ"`. Beispiel-Suchanfrage für dieselbe Partikel in Kontaktstellung: `"$p=PRF #10 *ab* with $p=VVFIN"`. Wie bei der reflexiven Bewegungskonstruktion muss für alle weiteren Suchanfragen lediglich ein Element ersetzt werden, in diesem Fall die Partikel. Um die Ergebnisse mit der reflexiven Bewegungskonstruktion vergleichbar zu halten, suche ich auch für die Kontaktstellung nur nach finiten Verben und klammere infinite Verben in Verbletztstellung aus.

xivum, in einem Abstand von 10 Wörtern dem Nomen *Weg* sowie einer Präposition durchgeführt.[67] Zusätzlich habe ich alle Treffer für das Verb *bahnen* im DWDS-Kernkorpus 21 ausgewertet.[68]

Um aus den jeweiligen Treffermengen potenziell relevante Konstrukte zu extrahieren, ist es nötig, die Daten gerade für die reflexive Bewegungskonstruktion und die reflexive Partikelverbkonstruktion manuell auszuwerten und so die Treffermengen entsprechend zu reduzieren, sodass möglichst viele einschlägige Konstrukte gefunden werden.

3.4.2 Datenauswahl und Annotation

Die Ergebnisse der Suchanfragen an das DWDS-Kernkorpus 21 enthalten für alle drei Konstruktionen teils große Mengen irrelevanter Treffer und Falschpositive, die zwar den formalen Eigenschaften der Konstruktionen entsprechen, aber aus semantischer Hinsicht nicht als ihre Konstrukte einzustufen sind. Deshalb ist eine manuelle Datenauswertung der Treffermengen nötig, für die ich insbesondere für die reflexive Bewegungskonstruktion und die reflexive Partikelverbkonstruktion ein mehrstufiges Verfahren angewendet habe, um die Treffermengen entsprechend zu reduzieren.

Obwohl die semantischen Eigenschaften der Konstruktionen ausschlaggebend sind, lassen sich die ursprünglichen Treffermengen bereits über einige formale Kriterien eingrenzen. Anders als Smirnova (2018: 27), die ihre Daten für die reflexive Bewegungskonstruktion von Beginn an nach einem semantischen Kriterium auswertet, das in etwa den in Unterabschnitt 3.1.4 paraphrasierten zwei semantischen Eigenschaften – die (i) ‚Bewegung' des Referenzobjekts, auf das das KtE von BEWEGENDES referiert, auf einem ‚Weg', welche (ii) mit ‚Schwierigkeiten' oder ‚Hindernissen' verbunden ist – entspricht, lege ich zunächst formale Kriterien zugrunde und grenze die Treffermengen damit in einem ersten Schritt ein.

Für die reflexive Bewegungskonstruktion finden folgende vier Kriterien Anwendung.[69]

---

67 Suchanfrage: `"$p=VVFIN $p=PRF #10 Weg $p=APPR"`.

68 Suchanfrage: `bahnen`.

69 Vgl. Perek (2018: 71) für ähnliche Kriterien für die *way*-Konstruktion, wobei ich mich nicht in Vorhinein, wie er, auf eine der in Unterabschnitt 3.1.3 diskutierten Lesarten festlege.

1. Das Reflexivum als KEE muss eindeutig das KtE des KE Bewegendes als Antezedens besitzen.[70] Es muss zudem Argument desselben Verbs, das bereits das KtE von Bewegendes als ein Argument besitzt, sein.
2. Die Präposition muss, um semantisch eine ‚Direktionalität', also einen ‚Weg' zu kodieren, Akkusativ regieren, sofern es sich um eine Wechselpräposition handelt (vgl. Duden 2016: 616, 620–622; Zifonun, Hoffmann & Strecker 1997: 2105).[71] Fälle, in denen die Kasusrektion der Präposition ambig ist, werden zunächst in die Auswahl aufgenommen.
3. Die Präposition als Teil der KtE des KE Weg muss Kopf einer PP und als Argument von dem Verb, das bereits das KtE des KE Bewegendes und das KEE als Argumente besitzt, abhängig sein. Dies schließt unter anderem Partikelverben, in denen die (seitens des DWDS fälschlich als solche annotierte) Präposition eigentlich eine Verbpartikel ist, aus.
4. Eindeutige Instanzen anderer Konstruktionen, insbesondere der reflexiven *Weg*-Konstruktion, werden zunächst ausgeschlossen und gesondert gesammelt. Vollständig ausgeschlossen werden infinite Verbformen in Kombination mit einem Modal- oder Hilfsverb, Passiversatzformen sowie als Funktionsverbgefüge identifizierbare Instanzen, in denen dem Verb allein kaum eine lexikalische Bedeutung zukommt.

Nach Anwendung dieser Kriterien reduzieren sich die Treffermengen für die einzelnen Präpositionen teils erheblich, allerdings fallen hierunter noch nicht ausschließlich Belege mit Konstrukten der reflexiven Bewegungskonstruktion. Die Belege schließen noch immer Falschpositive ein, die zwar den vier oben genannten formalen Kriterien entsprechen, semantisch gesehen aber keine relevanten Konstrukte zeigen. Diese Falschpositive sind interessant, weil sie durch den Kontrast zu den eigentlichen Konstrukten der reflexiven Bewegungskonstruktion die semantischen Eigenschaften dieser deutlicher zum Vorschein treten lassen (dazu Unterabschnitt 8.4.2). Um sie an späterer Stelle noch analysieren zu können, behalte ich sie deshalb in der Datenauswahl und ermögliche, auf sie zurückkommen

70 Dieses Kriterium ist deswegen wichtig, weil im DWDS-Kernkorpus 21 zahlreiche Pronomen fälschlich als Reflexiva annotiert sind, bei denen es sich tatsächlich aber nicht um Reflexiva handelt.

71 Auf dieses Kriterium verweisen explizit auch Perek & Hilpert (2014: 270). Dagegen bezweifelt Smirnova (2018: 35) eine formale Restriktion hinsichtlich der Präposition und sieht sogar das Kriterium der Direktionalität als zu restriktiv an.

zu können, ohne dass sie mit den tatsächlichen Konstrukten der Konstruktion verwechselt werden könnten.[72]

In Tabelle 3.4 sind die Daten zu allen untersuchten Präpositionen der reflexiven Bewegungskonstruktion nach Präpositionen geordnet zusammengefasst. In der zweiten Spalte sind alle Treffer, die die jeweilige Suchanfrage einer Präposition ergeben hat, angegeben, während in der dritten Spalte die ausgewählten Belege (inklusive Falschpositive) angegeben sind. Insgesamt habe ich aus den 13.416 Treffern aller Präpositionen 5.173 Belege ausgewählt. Diese Menge schließt Konstrukte der reflexiven Bewegungskonstruktion ebenso wie die erwähnten Falschpositive ein. In der vierten Spalte sind schließlich die relevanten Belege mit Konstrukten der reflexiven Bewegungskonstruktion verzeichnet, deren Auswahl durch die im Folgenden skizzierten semantischen Kriterien zustande kommt. Nach Anwendung dieser Kriterien ergibt sich eine Anzahl von 1.011 relevanten Belegen mit Konstrukten der reflexiven Bewegungskonstruktion.

Um die semantischen Falschpositive von den tatsächlichen Belegen für die reflexive Bewegungskonstruktion zu trennen und schließlich Letztere zu identifizieren, habe ich folgende semantische Annotationen vorgenommen. Alle Belege, die potenziell Konstrukte der reflexiven Bewegungskonstruktion enthalten, habe ich zunächst auf Frames hin annotiert: Dazu habe ich die LE, die als KtE das KE Ereignis instanziieren, in ihrer englischen Übersetzung in FrameNet 1.7 nachgeschlagen und, sofern eine entsprechende LE vorhanden ist, den Beleg nach dem Frame, der als Basis für die lexikalische Bedeutung der LE infrage kommt, annotiert. Anschließend habe ich die einzelnen KtE der KE Bewegendes und Weg sowie des KEE daraufhin annotiert, ob sie Instanzen eines FE dieses Frames, eines FE des Frames `Motion` oder beiden zugleich sind.

Diese Annotation bildet die Grundlage für die Entscheidung, ob ein fraglicher Beleg ein Konstrukt der reflexiven Bewegungskonstruktion enthält oder nicht. Darüber hinaus habe ich jeden relevanten Beleg global auf die Polysemie der Konstruktion hin annotiert, ob also eine neutrale Lesart, eine ‚manner'-, ‚means'- oder ‚incidental'-Lesart in dem jeweiligen Konstrukt vorliegt (zur Methode dafür vgl. Unterabschnitte 5.2.3 und 5.2.4). Eine weitere Annotationskategorie betrifft die Stärke der Koerzionseffekte, die in zahlreichen Konstrukten vorliegen und die Grundlage für die Ermittlung des Koerzionspotenzials der Konstruktion bilden (dazu Abschnitte 5.5 und 7.4). Schließlich habe ich für jedes Konstrukt

72 Die soeben skizzierten Kriterien konstituieren in dieser Hinsicht ein *Muster* im Sinne von Bücker (2014: 118–119), aus dem erst in einem nächsten Schritt Konstruktionen rekonstruiert werden können. Diesen Rekonstruktionsprozess sehe ich als wesentlichen empirischen Zugang zu den semantischen Eigenschaften der so festgestellten Konstruktion(en) an, weshalb er im weiteren Verlauf der vorliegenden Arbeit noch von Interesse sein wird.

Tab. 3.4: Datengrundlage für die reflexive Bewegungskonstruktion

Präposition	Treffer	Ausgewählte Belege	Relevante Konstrukte
ab	10	2	0
an	1.615	658	56
auf	2.130	911	119
aus	770	226	51
bis	90	10	3
durch	433	189	81
gegen	385	274	27
hinter	130	33	2
in	3.580	650	215
nach	692	246	75
neben	180	108	4
über	856	465	136
um	691	460	24
unter	289	22	11
von	1.585	410	48
vor	503	49	11
zu	822	432	131
zwischen	202	28	17
Gesamt	13.416	5.173	1.011

annotiert, ob es die Interpretation des Aspekts einer ‚Schwierigkeit' (vgl. Unterabschnitt 3.1.4) zulässt und wie diese Interpretation zustande kommt oder eventuell blockiert wird (dazu Abschnitt 5.7).

Wie für die reflexive Bewegungskonstruktion ist für die reflexive Partikelverbkonstruktion aufgrund einer hohen Anzahl irrelevanter Treffer in den Suchergebnissen ebenso eine manuelle Auswertung der Daten erforderlich. Diese erfolgte weitgehend analog zu derjenigen der reflexiven Bewegungskonstruktion, aufgrund der in den Unterabschnitten 3.2.2 und 3.2.3 dargestellten Unterschieden zwischen beiden Konstruktionen allerdings weniger restriktiv. Es ergeben sich drei Kriterien, die wie folgt definiert werden können.

1. Das Reflexivum, das das KEE instanziiert, muss sich wie bei der reflexiven Bewegungskonstruktion eindeutig auf das KtE des KE BEWEGENDES als Antezedens beziehen. Es muss ebenso Argument desselben Verbs, das bereits das KtE von BEWEGENDES als ein Argument besitzt, sein.
2. Fakultative PP, die als KtE des KE ⟨WEG⟩ infrage kommen, werden – anders als für die reflexive Bewegungskonstruktion – nicht nach ihrem von der Präposition regierten Kasus differenziert, da die PP (wenn ihr Kopf eine Wechselpräposition ist) aufgrund des durch die Partikel bereits gegebenen direktionalen

semantischen Aspekts auch im Dativ stehen darf (vgl. dazu Olsen 1996a: 274, 1997b: 18, 1999: 232–233).

3. Instanzen, die zugleich als Konstrukte der reflexiven Bewegungskonstruktion angesehen werden könnten, werden aus den in Unterabschnitt 3.2.3 geschilderten Gründen in der Datenauswahl belassen.

Wie bei der reflexiven Bewegungskonstruktion enthalten die so gewonnenen Daten noch immer semantische (nicht aber formale) Falschpositive, die nur durch eine frame-semantische Annotation von ‚echten' Konstrukten der reflexiven Partikelverbkonstruktion unterschieden werden können. Ich behalte sie auch für die reflexive Partikelverbkonstruktion in der Datenauswahl. Die Anzahlen der einschlägigen Konstrukte pro Verbpartikel sind in Tabelle 3.5 in der vierten Spalte angegeben, während die beiden Spalten zuvor die gesamten Treffermengen der Suchanfragen sowie die nach den oben genannten drei Kriterien zunächst übrig gebliebenen Treffer angeben. In Tabelle 3.5 ist somit die gesamte Datengrundlage für die reflexive Partikelverbkonstruktion nach Partikeln geordnet zusammengefasst (der Asterisk steht für die Trunkierung in der Suchanfrage, die obligatorische Rechtstrunkierung bei Partikeln in Kontaktstellung ist nicht dargestellt).

Tab. 3.5: Datengrundlage für die reflexive Partikelverbkonstruktion

(Doppel-)Partikel	Treffer	Ausgewählte Belege	Relevante Konstrukte
**ab* (Distanzstellung)	361	238	52
**ab* (Kontaktstellung)	560	191	34
**an* (Distanzstellung)	840	378	28
**an* (Kontaktstellung)	2.088	179	8
**auf* (Distanzstellung)	492	374	9
**auf* (Kontaktstellung)	420	260	6
**aus* (Distanzstellung)	538	395	30
**aus* (Kontaktstellung)	522	333	4
**bei* (Distanzstellung)	30	15	15
**bei* (Kontaktstellung)	94	11	10
**durch* (Distanzstellung)	84	64	23
**durch* (Kontaktstellung)	84	39	12
**ein* (Distanzstellung)	393	235	36
**ein* (Kontaktstellung)	512	134	16
**fort* (Distanzstellung)	32	23	1
**fort* (Kontaktstellung)	24	16	3
**frei* (Distanzstellung)	6	2	1
**frei* (Kontaktstellung)	13	2	1

Tab. 3.5 – fortgesetzt

(Doppel-)Partikel	Treffer	Ausgewählte Belege	Relevante Konstrukte
heim (Distanzstellung)	1	1	1
heim (Kontaktstellung)	5	0	0
her (Distanzstellung)	39	15	1
her (Kontaktstellung)	362	18	1
hin (Distanzstellung)	98	66	4
hin (Kontaktstellung)	192	22	3
hinter (Distanzstellung)	0	0	0
hinter (Kontaktstellung)	6	1	0
hoch (Distanzstellung)	18	5	4
hoch (Kontaktstellung)	13	3	3
mit (Distanzstellung)	14	4	1
mit (Kontaktstellung)	31	3	0
nach (Distanzstellung)	20	5	0
nach (Kontaktstellung)	25	2	0
über (Distanzstellung)	42	1	1
über (Kontaktstellung)	165	34	2
um (Distanzstellung)	450	427	238
um (Kontaktstellung)	342	165	76
unter (Distanzstellung)	33	17	13
unter (Kontaktstellung)	157	85	3
vor (Distanzstellung)	286	135	68
vor (Kontaktstellung)	232	70	30
weg (Distanzstellung)	45	25	14
weg (Kontaktstellung)	156	7	2
zu (Distanzstellung)	240	100	54
zu (Kontaktstellung)	396	51	12
zurück (Distanzstellung)	234	177	28
zurück (Kontaktstellung)	91	51	2
Gesamt	10.786	3.569	850

Die semantische Annotation der Daten für die reflexive Partikelverbkonstruktion stellt sich analog zu derjenigen der reflexiven Bewegungskonstruktion dar. Auch hier habe ich den von dem KtE des KE EREIGNIS evozierten Frame, die instanziierten FE sowie die Lesart des Konstrukts, die Stärke des eventuell vorhandenen Koerzionseffekts und das Vorhandensein oder die Blockierung des Aspekts der ‚Schwierigkeit' annotiert.

Die Daten der reflexiven *Weg*-Konstruktion setzen sich aus drei Quellen zusammen: aus den bereits für die reflexive Bewegungskonstruktion erhobenen Daten sowie aus den in Unterabschnitt 3.4.1 erwähnten Suchanfragen für die formale Struktur der reflexiven *Weg*-Konstruktion und das Verb *bahnen*. Da die Datenmengen jeweils sehr gering sind, ist ein detailliertes Verfahren zur Auswertung der Daten wie bei den anderen beiden Konstruktionen nicht nötig. Ausgewählt werden können stets Belege, die der formalen Struktur der Konstruktion entsprechen. Hinzu kommt, dass es bei dieser Art der Zusammenstellung der Korpusdaten zu einer größeren Anzahl von Dubletten kommt, bedingt durch die unterschiedlichen Datenquellen. Diese habe ich für alle weiteren Analysen ausgesondert. Die Ergebnisse sind in Tabelle 3.6 dargestellt.

Tab. 3.6: Datengrundlage für die reflexive *Weg*-Konstruktion

Datenquelle	**Treffer**	**Ausgewählte Belege**
Daten der reflexiven Bewegungskonstruktion	13.416	7
Spezifische formal-strukturelle Suchanfrage	34	8
Korpusrecherche für das Verb *bahnen*	53	26
Gesamt	13.503	41
abzüglich Dubletten		27

Nichtsdestotrotz können auch für die reflexive *Weg*-Konstruktion einige irrelevante Treffer ausgesondert werden. Von vornherein ausgeschlossen habe ich Belege, die keine Instanzen von Reflexivkonstruktionen zeigen (vor allem unter den Daten für das Verb *bahnen*, wenn sie kein Reflexivum einschließen) sowie Belege, die eindeutige Instanzen anderer Konstruktionen sind. Da sich aufgrund der drei unterschiedlichen Suchstrategien Belege finden, die mehrmals erscheinen, habe ich die Daten für die reflexive Bewegungskonstruktion im Anschluss an die Suchanfragen zusammengeführt und Dubletten entfernt. Von den 41 vorausgewählten Treffern bleiben danach noch 27 Belege übrig. Diese bilden die Datengrundlage für die reflexive *Weg*-Konstruktion.

Aufgrund der im Vergleich zur reflexiven Bewegungskonstruktion und reflexiven Partikelverbkonstruktion sehr geringen Datenmenge für die reflexive *Weg*-Konstruktion habe ich die Annotation Letzterer auf den von einem KtE des KE Ereignis evozierten Frame, den nominalen Kopf des KorE (also *Weg*, *Pfad* oder *Trampelpfad*) sowie die mögliche Interpretation eines Aspekts der ‚Schwierigkeit' beschränkt. Alle anderen wesentlichen Informationen lassen sich direkt aus der Datenauswahl ablesen.

3.4.3 Weitere Daten

Neben den Daten für die reflexive Bewegungskonstruktion, die reflexive Partikelverbkonstruktion und die reflexive *Weg*-Konstruktion ziehe ich an einigen wenigen Stellen, insbesondere in Kapitel 5, vergleichend Daten zu einzelnen LE und anderen syntaktischen Konstruktionen heran. Diese entstammen, wie die Daten zu den drei schwerpunktmäßig untersuchten Konstruktionen, dem DWDS-Kernkorpus 21. Die Daten umfassen folgende zwei Treffermengen:

- 1.809 Treffer zu einer Suchanfrage für die LE *erscheinen*, für die schlicht nach dem entsprechenden Wort gesucht wurde;[73]
- 3.119 Treffer zu einer Suchanfrage für die Subjekt-Auxiliar-Inversion (im Sinne von Goldberg 2006: 166–182), für die nach einem finiten Auxiliarverb am Satzanfang gesucht wurde.[74]

An anderen Stellen werde ich ebenso auf teils bereits in diesem Kapitel zitierte Daten zurückgreifen, die bei der Auswertung der Treffer für die drei schwerpunktmäßig untersuchten Konstruktionen als irrelevante Treffer oder (semantische) Falschpositive ausgesondert und nicht bereits zu den Daten einer anderen Konstruktion, vorrangig der reflexiven *Weg*-Konstruktion zugerechnet wurden. Hierzu zählen zwei Arten von Treffern:

- Belege, die zwar strukturell Konstrukten der reflexiven Bewegungskonstruktion entsprechen, semantisch aber nicht als ihre Konstrukte anzusehen sind;
- Belege für Konstrukte der nicht-reflexiven Variante der reflexiven *Weg*-Konstruktion, von denen einige bereits in Unterabschnitt 3.3.2 zitiert sind.

Diese zusätzlichen Daten ziehe ich allerdings, wie diejenigen zur LE *erscheinen* und der Subjekt-Auxiliar-Inversion, lediglich zu illustrativen und vergleichenden Zwecken heran, weshalb ich für sie keine quantitativen Auswertungen vornehme, sodass auf einen weiterführenden Überblick über sie verzichtet werden kann.

---

73 Suchanfrage: `erscheinen`.

74 Suchanfrage: `$p=VAFIN with $.=0`.

4 Ein konstruktionssemantisches Modell

In asking what constructions mean we must also ask how constructions mean.
(Kay & Michaelis 2012: 2294)

Es zählt zu den Grundannahmen der Konstruktionsgrammatik, dass eine Konstruktion ein „form-meaning pair“ (Lakoff 1987: 467; Goldberg 1995: 4) ist. Wie aber muss man sich aus konstruktionssemantischer Sicht die semantischen Eigenschaften einer Konstruktion unter Rückgriff auf Frames vorstellen? Obwohl es, wie in den Unterabschnitten 2.2.2 bis 2.2.4 sowie 2.3.2 gesehen, eine wachsende Anzahl an Bestrebungen gibt, Frames für die semantische Analyse von Konstruktionen heranzuziehen, ist gerade die Klärung des Begriffs der ‚Konstruktionsbedeutung‘ und dessen Einbettung in ein konstruktionssemantisches Modell ein Desiderat. Für eine gebrauchsbasierte Konstruktionssemantik ist sie aber von großem Gewicht, da letztlich die Vorstellung, wie die semantischen Eigenschaften der Konstrukte einer Konstruktion zustande kommen, ohne eine Beantwortung dieser Frage unvollständig bleibt. Dewell (2011: 12) argumentiert gar, dass die Unklarheit über den Begriff der ‚Konstruktionsbedeutung‘ ursächlich dafür ist, sie erst gar nicht zu analysieren:

> [T]he most basic difficulty of all is that there is no accepted notion of what king of “meaning” we are looking for. It is not even clear to everyone that there is any such thing as “the meaning” of grammatical constructions [...], and if there is, then the meaning seems so vague and unconscious that it would be impossible to identify it precisely enough for a meaningful discussion. (Dewell 2011: 12)

Dass eine theoretisch und methodologisch präzise Vorstellung über die Natur der semantischen Eigenschaften von Konstruktionen noch immer fehlt, verwundert insofern, als dass sie aufgrund der seit den Anfängen der Konstruktionsgrammatik gesetzten Prämisse, dass grammatischen Konstruktionen semantische Eigenschaften zukommen, eigentlich eine große Rolle spielen müsste. Denn wie Ziem & Lasch (2011) schreiben,

> muss es zu den Kerninteressen der Konstruktionsgrammatik gehören, detaillierte Bedeutungsbeschreibungen zu liefern, in denen über lexikalisch-semantische Aspekte hinaus auch die Gebrauchsbedingungen von Konstruktionen spezifiziert sind. (Ziem & Lasch 2011: 279)

Neben dieser gewissermaßen konstruktikographisch relevanten Einschätzung des Status der semantischen Eigenschaften von Konstruktionen kommt diesen

https://doi.org/10.1515/9783110762341-004

ebenso für die ‚sprachliche Realität' von Konstruktionen, konkret der Interpretation ihrer Konstrukte, eine Reihe wichtiger Funktionen zu, von denen Perek (2015) nur zwei nennt:

> The meaning of an argument structure construction plays a double role. First, it constrains the productivity of the construction, i.e., which words and constituents may fill its open syntactic positions, in particular the verb slot. Second, it determines the resulting interpretation of the clause by providing semantic content that is merged with the more specific meaning of the verb. (Perek 2015: 80)

Die von Ziem & Lasch (2011: 279) angedeutete Unterscheidung zwischen eher ‚lexikalisch' basierten semantischen Eigenschaften und solchen, die einer syntaktischen Konstruktion zuzuordnen sind, ist eine der basalsten Unterscheidungen, die sich in einem konstruktionssemantischen Modell widerspiegeln muss. Ich möchte in diesem Kapitel ein solches Modell vorschlagen, das Frames sowohl auf der Ebene von LE einerseits und Konstruktionen andererseits als auch für die aus diesen Konstruktionen resultierenden Konstrukte ansetzt. Es bildet das Fundament einer Konstruktionssemantik, auf welchem die in Kapitel 5 zu diskutierenden semantischen Parameter von Konstruktionen und die Betrachtung der Strukturparallelen zwischen Konstruktionen und Frames in Kapitel 6 aufbauen.

In Abschnitt 4.1 führe ich eine Unterscheidung in drei Typen von Frames und Bedeutungen ein, die bei der semantischen Beschreibung von Konstruktionen und Konstrukten auseinander gehalten werden müssen: (i) lexikalische Frames und lexikalische Bedeutungen, (ii) Konstruktions-Frames und Konstruktionsbedeutungen sowie (iii) Konstrukt-Frames und Konstruktbedeutungen. Für die Unterscheidungen zwischen Frames und Bedeutungen baue ich auf das von Ziem (2020b: 44–48) verwendete Modell des Verhältnisses von Frames und lexikalischen Bedeutungen auf und übertrage es auf die Ebenen von Konstruktionen und ihren Konstrukten. Zur weiteren Differenzierung dieser drei Typen von Frames und Bedeutungen sowie der Bestimmung ihrer Interaktion ziehe ich zwei theoretische Konzepte heran: den Begriff des Bedeutungspotenzials, wie er von Hanks (1994, 1996, 2000), Allwood (2003) sowie Norén & Linell (2007) vertreten wird, sowie die Theorie der konzeptuellen Integration von Fauconnier & Turner (1998a,b, 2002). Im weiteren Verlauf dieses Kapitels gehe ich auf die drei Typen von Frames und Bedeutungen ausführlicher ein. Ich beginne in Abschnitt 4.2 nicht zufällig mit lexikalischen Frames und lexikalischen Bedeutungen, da ich sie nicht zuletzt vor dem Hintergrund des Koerzionspotenzials einer Konstruktion (Abschnitt 5.5) als vorrangig vor Konstruktions-Frames und Konstruktionsbedeutungen erachte. In Abschnitt 4.3 gehe ich auf Konstruktions-Frames und Konstruktionsbedeutungen ein, bevor ich in Abschnitt 4.4 von der Type-Ebene auf die Token-Ebene wechsle und die Konstitution von Konstrukt-Frames und Konstruktbedeutungen aus den beiden zuvor diskutierten Typen von Frames und Bedeutungen in den Blick nehme.

4.1 Frames und Bedeutungen auf zwei Ebenen

Als ein erster Schritt, sich einer Vorstellung der semantischen Eigenschaften von Konstruktionen zu nähern, erscheint es sinnvoll, diese von anderen Arten semantischer Eigenschaften, die im Zusammenhang mit einer Konstruktion und ihren Konstrukten eine Rolle spielen, abzugrenzen. Eine Unterscheidung zwischen Bedeutungen auf lexikalischer Ebene, auf Ebene einer syntaktischen Konstruktion sowie auf Ebene der Konstrukte dieser Konstruktion ist in der Konstruktionsgrammatik und auch darüber hinaus durchaus verbreitet.[1] Eine weitergehende Differenzierung zwischen drei solcher Typen von *Bedeutungen* auf der einen Seite und korrespondierenden *Frames* auf der anderen Seite, die – wie in Unterabschnitt 4.1.1 zu zeigen sein wird – nicht mit Ersteren gleichzusetzen sind, fehlt jedoch bislang.

Eine Differenzierung von Bedeutungstypen ohne den Einbezug von Frames findet sich bereits in traditionellen Semantiktheorien (z.B. Lyons 1995; Löbner 2015): Entlang der Type-Token-Unterscheidung werden zunächst *Ausdrucksbedeutungen* von *Äußerungsbedeutungen* unterschieden, in einem nächsten Schritt können *lexikalische Bedeutungen* und *grammatische Bedeutungen* (gewissermaßen als Subtypen von Ausdrucksbedeutungen) sowie *Satzbedeutungen* (als Vorstufe von Äußerungsbedeutungen) unterschieden werden.

In der Konstruktionsgrammatik ist die Unterscheidung zwischen *lexikalischer Bedeutung* und *Konstruktionsbedeutung* durchaus verbreitet (vgl. z.B. Panther & Thornburg 1999: 37; Fischer & Stefanowitsch 2007: 8; Szcześniak 2019a: 68). Von Fillmore wird berichtet, dass er bereits 1987 in einer Vorlesung die Metapher der ‚Folien' für lexikalische Bedeutung und Konstruktionsbedeutung benutzte, die sich gewissermaßen ‚übereinanderlegen', um damit die Bedeutung eines kom-

1 Demgegenüber listen Kay & Michaelis (2012: 2278) neben wörtlichen Bedeutungen und den Bedeutungen von Argumentstrukturen noch drei weitere, pragmatisch orientierte Bedeutungstypen (konversationelle Implikaturen, illokutionäre Kräfte, metasprachliche Kommentare) auf, die ich hier ignoriere. Die Rolle solcher pragmatischer Konzepte in der Konstruktionsgrammatik und ihre frame-semantische Erfassbarkeit zählen zu den Desideraten von Konstruktionsgrammatik und Frame-Semantik. Für Annäherungen an solche Konzepte aus konstruktionsgrammatischer Perspektive vgl. Ziem (2015a). Vgl. ferner auch Coulson (2001: 270), die die kontextfreie Leistung lexikalischer Bedeutungen als eingeschränkt betrachtet und für den Einbezug von Kontext- und Hintergrundwissen plädiert.

plexen sprachlichen Ausdrucks zu konstituieren (vgl. Goldberg 1992: 45).[2] Welke (2011: 175) drückt das Verhältnis dreier solcher Bedeutungstypen wie folgt aus: „Die Bedeutung eines Ausdrucks (einer mit lexikalischem Material gefüllten Konstruktion) ist das Resultat der Integration der Bedeutungen der lexikalischen Einheiten in die Bedeutung der Konstruktion." Auch Michaelis (2017: Abschn. 2) sieht in Wörtern auf der einen und syntaktischen Konstruktionen auf der anderen Seite zwei wesentliche Quellen konzeptuellen Gehalts. Ihren systematischen Ursprung hat diese Unterscheidung gewissermaßen bei Goldberg (1995: 43) und ihrer Dichotomie von Partizipantenrollen als frame-semantische Repräsentation einer ‚lexikalischen Bedeutung' und Argumentrollen als jene einer ‚Konstruktionsbedeutung' (vgl. Unterabschnitt 2.2.2). Goldberg geht davon aus, dass

> there is more to the interpretation of a clause than the argument structure construction used to express it. The overall interpretation is arrived at by integrating the argument structure construction with the main verb and various arguments, in light of the pragmatic context in which the clause is uttered. (Goldberg 2006: 38)[3]

Was das Verhältnis dieser beiden Bedeutungstypen angeht, so scheint Goldberg anzunehmen, dass die ‚Konstruktionsbedeutung' primär und die ‚lexikalische Bedeutung' sekundär an der Konstitution der semantischen Eigenschaften eines Konstrukts beteiligt sind. An anderer Stelle nimmt sie diese Vorrangstellung der Konstruktionsbedeutung zumindest teilweise zurück (vgl. auch Goldberg 2010, 2011): „It is clear that constructions are sometimes better predictors of overall meaning than many verbs." (Goldberg 2006: 106). Anhand einer Analyse der Ditransitivkonstruktion kommt sie zu dem Schluss:

> Clearly if we compare the contribution of verb and construction to subtle aspects of meaning involving manner or means, the verb would be more predictive than the construction. This is necessarily true since constructions rarely encode specific meanings: [...]. Clearly, in order to arrive at a *full* interpretation of a sentence, the specifics contributed by only the verb (and its arguments) are required as well. (Goldberg 2006: 106)

---

2 Ein vergleichbares, wenngleich kaum beachtetes Modell ist die Unterscheidung in L-Bedeutungen (etwa: lexikalische Bedeutungen) und P-Bedeutungen (als Abkürzung für *phrasale* Bedeutungen – also etwa Konstruktionsbedeutungen) von Iwata (2005a,b). In einer empirischen Studie zu deutschen Ditransitivkonstruktionen argumentiert auch Proost (2015) für eine Kombination aus Verbbedeutung und Konstruktionsbedeutung, wobei insbesondere letzterer Begriff eher informell bleibt.

3 Wortgleich bereits bei Goldberg (2002: 341–342). An anderer Stelle heißt es ganz ähnlich, „that the meaning of a clause is more than the meaning of the argument structure construction used to express it. Individual verbs as well as particular arguments and context must be factored into the equation." (Goldberg 2006: 43).

Ein konstruktionssemantisches Modell muss also folgende von Deppermann (2011: 89–90) gestellte Frage beantworten: „Are constructions the primary locus of linguistic meaning, or is the meaning of lexical items primary?“ Tatsächlich wird durch empirische Evidenz recht schnell deutlich, dass in der Konstitution eines Konstrukt-Frames und einer Konstruktbedeutung, zumindest im Falle einer Argumentstruktur-Konstruktion, lexikalische Frames und lexikalische Bedeutungen in der Regel Vorrang vor dem Konstruktions-Frame und der Konstruktionsbedeutung haben (vgl. die Analysen des Koerzionspozentials der drei untersuchten Konstruktionen in den Abschnitten 5.5 und 7.4 sowie der Strukturparallelen zwischen FE und KE in Abschnitt 6.2). Deshalb betrachte ich Erstere in diesem Kapitel zuerst. Allerdings sollte daraus nicht der Schluss traditioneller Grammatiken gezogen werden, den Michaelis (2012: 33) wie folgt paraphrasiert: „If sentence meaning does not come from 'construction meaning', there seems little point in positing constructions.“ Zu beachten ist nämlich, dass damit die Formseite einer Konstruktion ignoriert wird:[4] Selbst wenn die semantischen Eigenschaften eines Konstrukts allein lexikalischen Ursprungs sind, bleibt – ein entsprechender Grad an kognitiver Verfestigung (*entrenchment*) im Sinne von Langacker (1987: 59) vorausgesetzt – gemäß des Konstruktionsbegriffs von Goldberg (2006: 5) die Form der Konstruktion und somit die Plausibilität, sie zu postulieren, bestehen. Da sich diese Zusammenhänge besonders durch eine Analyse der Strukturparallelen zwischen Konstruktionen und Frames verdeutlichen lassen, komme ich bei deren Analyse in den Abschnitten 6.2 und 6.3 darauf zurück.

In Unterabschnitt 4.1.1 gehe ich auf die fundamentale Unterscheidung zwischen Frames und den aus ihnen resultierenden Bedeutungen ein. Im Anschluss daran möchte ich in Unterabschnitt 4.1.2 dafür argumentieren, Frames einerseits sowohl als Grundlage für lexikalische Bedeutungen als auch für Konstruktionsbedeutungen (und damit auf Type-Ebene) und andererseits ebenso als Grundlage für Konstruktbedeutungen (und damit auf Token-Ebene) anzunehmen, wobei die zuvor getroffene Differenzierung zwischen Frames und Bedeutungen auf diesen beiden Ebenen bestehen bleibt. Wie jene Ebenen miteinander interagieren und wie ein Ansatz für die Konstitution eines Konstrukt-Frames und einer Konstruktbedeutung aussehen kann, soll unter Einbezug der Theorie der konzeptuellen Integration Gegenstand von Unterabschnitt 4.1.3 sein.

---

4 Dodge et al. (2017: 154) weisen darauf hin, dass grammatische Konstruktionen Frames erst eine Formseite geben.

4.1.1 Frames vs. Bedeutungen

Die Feststellung, dass semantische Eigenschaften auf lexikalischer Ebene, auf Ebene der syntaktischen Konstruktion sowie auf Ebene der Konstrukte dieser Konstruktion angenommen werden müssen, mag zunächst zu einer Trias aus *lexikalischen Bedeutungen, Konstruktionsbedeutungen* und *Konstruktbedeutungen* führen. Dieses alleinige Postulat von *Bedeutungen* aber ist aus frame-semantischer Perspektive nicht präzise genug. Möchte man sie auf der Grundlage von Frames erfassen, so ist jeder der drei Typen noch einmal zu differenzieren. Am Gegenstand lexikalischer Bedeutungen entwickelt Ziem (2020b: 44–48) ein Modell, das – mit steigender Spezifiziertheit – Frames, lexikalische Bedeutungen und Äußerungsbedeutungen voneinander unterscheidet.[5] Insbesondere Frames und lexikalische Bedeutungen sind nicht miteinander gleichzusetzen, denn es „sind [...] nicht Frames allein, mit denen wir Bedeutung(en) von Wörtern konstituieren." (Ziem 2020b: 44).[6] Vielmehr sollte der Begriff des Frames hier wörtlich genommen werden, nämlich dergestalt, „dass ein Frame lediglich den Bedeutungsrahmen für lexikalische Bedeutungen bereitstellt. Dieser Rahmen wird von den verschiedenen LE, die den Frame aufrufen, [d.h. evozieren, A.W.] unterschiedlich ausgefüllt." (Ziem 2020b: 40).

Am Beispiel der reflexiven Bewegungskonstruktion lässt sich dieser Unterschied verdeutlichen. Das KE Ereignis kann, wie in (1) und (2), durch LE wie *bewegen* (*go.v*) oder *schlängeln* (*snake.v*) instanziiert werden. Beide LE evozieren den Frame `Motion`, sie verfügen jedoch über unterschiedliche lexikalische Bedeutungen.

(1) {Er [$_{\text{Ereignis}}$ bewegte] sich durch vermeintlich unauffällige harmonische Räume} mit einer Sehnsucht nach Farbigkeit, die alle Grauwerte des Theoretischen löschte. (Die Zeit, 10.02.2000, Nr. 7)

---

5 Weiterhin bezieht Ziem (2020b: 44–48) noch Bildschemata im Sinne von Lakoff (1987: 271–275) ein, die als noch abstrakter als Frames einzustufen sind. Für das vorliegende konstruktionssemantische Modell klammere ich sie aus.

6 Vgl. die nahezu identische Feststellung von Ost (2017: 103). Auch Busse (2012: 652) schlussfolgert aus Überlegungen Fillmores: „Es ist [...] keineswegs so, dass ein Frame eine Wortbedeutung *ist*", führt aber, anders als Ziem (2020b: 44–48), zur Elaboration dieser Unterscheidung nicht das Konzept der Standardwerte an. Ost (2017: 103, 105) hingegen schlägt, wie Ziem, explizit den Einbezug von Standardwerten (neben weiteren Konzepten wie Füllwerte oder andere Klassifikationen von FE) vor.

(2) {Ich [EREIGNIS schlängelte] mich durch die Autos und die Abgase, die rot zwischen den Schlußlichtern dampften}, und entdeckte gerade noch rechtzeitig die kräftige Gestalt von John Bird hinter dem erleuchteten Schaufenster. (Franck, Julia: Lagerfeuer, Köln: DuMont Literatur und Kunst Verlag 2003, S. 256)

Um von einem Frame, der die Grundlage für die lexikalische Bedeutung einer LE darstellt, zu jener lexikalischen Bedeutung zu gelangen, muss eine Spezifizierung der FE dieses Frames einbezogen werden. Dies geschieht über Standardwerte von FE, die für bestimmte LE relevant werden: „Innerhalb dieser Rahmen [Frames, A.W.] bilden sich Wortbedeutungen heraus, indem LE-spezifisch einzelne FE durch Standardwerte oder -wertebereiche definiert sind." (Ziem 2020b: 44).[7] An dem LE-Paar *bewegen* und *schlängeln* lässt sich ein Unterschied in Standardwerten beobachten: Während *bewegen* hinsichtlich möglicher Standardwerte unspezifisch und damit neutral ist, die FE von `Motion` im Falle dieser LE also nicht durch Standardwerte spezifiziert sind, ist dies bei *schlängeln* anders. Bei dieser LE ist die ‚Art und Weise' der ‚Bewegung' durch einen Standardwert des FE `Motion`.⟨MANNER⟩ festgelegt, den man etwa mit ‚wie eine Schlange' paraphrasieren könnte. Die Spezifizierung dieses Standardwerts ist im Falle von *schlängeln* direkt in die Formseite der LE inkorporiert, für das FE `Motion`.⟨MANNER⟩ ist dies (mit Ausnahme der romanischen Sprachen) ein Charakteristikum der indoeuropäischen Sprachfamilie (vgl. Talmy 2007: 154).

Durch den Unterschied in den Standardwerten entstehen zwei verschiedene lexikalische Bedeutungen, die auf denselben Frame, `Motion`, zurückgehen. Wären die lexikalischen Bedeutungen identisch, müsste man für das hier diskutierte Beispiel behaupten, dass die LE *bewegen* und *schlängeln* synonym wären, was zweifelsfrei unzutreffend ist.

Eine weitere Ebene, die Ziem (2020b: 44–48) annimmt und die wiederum spezifizierter als die Ebene der lexikalischen Bedeutungen ist, betrifft die einer Äußerungsbedeutung. Auch sie findet im konstruktionssemantischen Modell als Konstruktbedeutung, der ebenso wie einer lexikalischen Bedeutung und einer Konstruktionsbedeutung ein Frame, also ein Konstrukt-Frame, zugrunde liegt (Abschnitt 4.4), Berücksichtigung. Die Zusammenhänge zwischen Frame, lexikalischer Bedeutung und Äußerungsbedeutung lassen sich wie in Abbildung 4.1 darstellen.

---

7 Das Konzept der Standardwerte geht auf Minsky (1975: 212, 1988: 247) zurück. Zu seiner framesemantischen Implementierung vgl. ausführlicher Ziem (2008: 335–365, 2014b: 289–314) und Busse (2012: 565–572, 599–604).

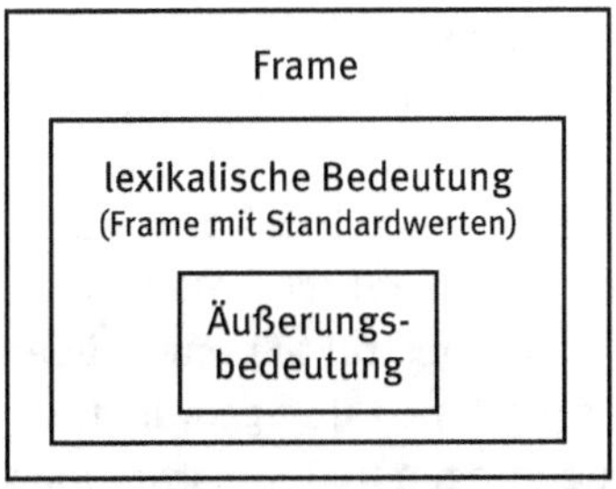

Abb. 4.1: Verhältnisse von Frame, lexikalischer Bedeutung und Äußerungsbedeutung nach dem Modell von Ziem (2020b: 44–48)

Ziem (2020b: 44–52) wendet die Unterscheidung in Frame und Bedeutung lediglich auf LE und somit als Unterscheidung zwischen lexikalischen Frames und lexikalischen Bedeutungen an. Für das vorliegende konstruktionssemantische Modell möchte ich sie allerdings gleichermaßen auf Konstruktionen und Konstrukte übertragen und damit analog von Konstruktions-Frames und Konstruktionsbedeutungen sowie Konstrukt-Frames und Konstruktbedeutungen sprechen.

4.1.2 Frames auf Type- und Token-Ebene

Die auf Ziem (2020b: 44–48) zurückgehende Unterscheidung zwischen lexikalischem Frame und lexikalischer Bedeutung legt nahe, analog für syntaktische Konstruktionen Konstruktions-Frames einerseits und Konstruktionsbedeutungen andererseits zu unterscheiden. Von dort aus ist es nur ein kleiner Schritt, diese Unterscheidung auch auf die Konstrukte dieser Konstruktionen anzuwenden, und entsprechend Konstrukt-Frames und Konstruktbedeutungen zu differenzieren.

Ein zu Konstruktbedeutungen vergleichbarer Bedeutungstyp auf Token-Ebene findet sich (freilich ohne den Einbezug von ihnen zugrunde liegenden Konstrukt-Frames), ebenso wie die von Goldberg (1995: 43) angenommene Unterscheidung zwischen Argumentrollen (Konstruktionsbedeutung) und Partizipantenrollen (lexikalischer Bedeutung) bereits in traditionellen Semantiktheorien wieder: als Satzbedeutungen und Äußerungsbedeutungen (z.B. Lyons 1995: 8, 33–34; Löbner 2015: 5–7, 9–16). Eine konstruktionsgrammatische Annahme von drei eigenständigen Bedeutungstypen schlägt Michaelis (2003b) mit der Unterscheidung zwischen lexikalischen Bedeutungen (*word meaning*), syntaktischen Bedeutungen (*syntactic meaning*) und Satzbedeutungen (*sentence meaning*) vor.[8]

Der im Modell von Ziem (2020b: 44–48) verwendete Begriff der Äußerungsbedeutung ist im vorliegenden konstruktionssemantischen Modell als Konstruktbedeutung zu verstehen, wenngleich einer solchen wie bei lexikalischer Bedeutung und Konstruktionsbedeutung ebenso ein Frame – ein Konstrukt-Frame – überzuordnen ist. Frames sind somit allen drei Bedeutungstypen übergeordnet, sie treten sowohl auf Type-Ebene (für lexikalische Bedeutungen und Konstruktionsbedeutungen), als auch auf Token-Ebene (für Konstruktbedeutungen) in Erscheinung.[9] Die beiden Bedeutungstypen auf Type-Ebene (lexikalische Bedeutungen und Konstruktionsbedeutungen) sind in Termini traditioneller Semantiktheorien, wie etwa bei Löbner (2015: 1–7), als Ausdrucksbedeutungen zu verstehen. Die auf Token-Ebene lokalisierten Konstruktbedeutungen sind wie erwähnt entsprechend als Satzbedeutungen und Äußerungsbedeutungen zu verstehen.[10]

Die Konstitution von Konstrukt-Frames und Konstruktbedeutungen wird aus konstruktionsgrammatischer Sicht im Gegensatz zu den anderen beiden Typen von Frames und Bedeutungen kaum systematisch in den Blick genommen.[11] Zwar ist der vergleichbare Begriff der Satzbedeutung in der Konstruktionsgrammatik durchaus gebräuchlich, wenngleich er kaum je näher erläutert wird.[12] Satzbedeutungen, wie sie auch in Michaelis' Vorschlag diskutiert werden, sind allerdings nicht direkt mit Konstruktbedeutungen und erst recht nicht mit Konstrukt-Frames gleichzusetzen (vgl. Unterabschnitt 4.4.2). Gleiches gilt für syntaktische oder (allgemeiner) ‚grammatische' Bedeutungen, die, wie in Unterabschnitt 4.3.3 zu argumentieren sein wird, nicht mit Konstruktionsbedeutungen oder gar Konstruktions-Frames gleichzusetzen sind.

---

8 Für eine Gegenüberstellung des Satzbegriffs mit dem Begriff der *Äußerung* vgl. Dürscheid & Schneider (2015: 173–183).

9 Vgl. dazu bereits die Unterscheidung in *allgemeine Frames* und *Einzelframes* bei Lönneker (2003: 7–8). Konkreter und feiner differenziert Busse (2012: 563, 613–620) Type- und Token-Frames, für die er wiederum jeweils unterschiedliche Subtypen vorsieht. Zur frame-semantischen Relevanz der Type-/Token-Unterscheidung vgl. weiterhin Busse, Felden & Wulf (2018: 333–340).

10 Für eine ähnliche Unterscheidung plädiert auch Ziem (2013c: 226, 229–230), wobei er Frames ausschließlich für *konventionalisiertes Wissen* (Ausdrucksbedeutungen) ansetzt, während er für *ad-hoc-Wissen* (Äußerungsbedeutungen), wie im vorliegenden Ansatz, Blends im Sinne der Theorie der konzeptuellen Integration rekrutiert.

11 Dies gilt ebenso für die Konstruktikographie, mit wenigen Ausnahmen: „[I]n order to arrive at the precise meaning of a sentence, it is necessary to be able to represent how the semantics of frame-evoking predicates interact with the semantics of the grammatical constructions" (Ohara 2008: 3267).

12 Bei Goldberg (2006: 106) ist etwa die Rede von „overall sentence meaning".

Man könnte annehmen, dass Konstruktionsbedeutungen und Konstruktbedeutungen einen grundsätzlich anderen Status als lexikalische Bedeutungen besitzen und frame-semantisch anders aufgefasst werden müssten. Letztere Annahme gilt konstruktionssemantisch betrachtet nicht: Allen drei Bedeutungstypen liegen, wie gesehen, Frames zugrunde.[13] Freilich ohne diese Differenzierung konkret im Sinn zu haben, spricht z.B. schon Boas (2001: 65) von „construction-framed semantics" und „verb-framed semantics". Ebenso lassen sich aber auch Konstruktbedeutungen Frames überordnen, was bedeutet, „dass bei Konstruktionen Frames auf zwei Ebenen auftauchen können: auf der Ebene der Konstruktelemente [im wörtlichen Sinne von KtE und nicht von KE, A.W.] und auf der Ebene der Konstruktion" (Ziem, Boas & Ruppenhofer 2014: 308), wobei unter Berücksichtigung der Unterscheidung zwischen Type-Frames und Token-Frames von Busse (2012: 613–620) lexikalische Frames und lexikalische Bedeutungen auf derselben Ebene wie Konstruktions-Frames und Konstruktionsbedeutungen anzusiedeln sind – nämlich auf Type-Ebene,[14] während Konstrukt-Frames und Konstruktbedeutungen auf Token-Ebene liegen.

Bei der Frage, was lexikalische Frames und Konstruktions-Frames von lexikalischen Bedeutungen und Konstruktionsbedeutungen unterscheidet, kommt parallel zur Unterscheidung von Frames und Bedeutungen von Ziem (2020b: 44–48) der Begriff des Bedeutungspotenzials ins Spiel, auf den ich in den Unterabschnitten 4.2.2 und 4.3.1 eingehe. Lexikalische Frames und Konstruktions-Frames sind als Bedeutungspotenziale zu verstehen, lexikalische Bedeutungen und Konstruktionsbedeutungen hingegen nicht. Dies liegt daran, dass die durch Standardwerte im Gegensatz zu den ihnen zugrunde liegenden Frames spezifizierten Bedeutungen bereits eine Elaboration und damit eine (zumindest partielle) Aktivierung eines Bedeutungspotenzials darstellen.[15]

Bei Konstrukt-Frames und Konstruktbedeutungen hingegen spielen Bedeutungspotenziale keine Rolle: Konstrukt-Frames stellen konkret instanziierte

---

13 Dies ist eine wesentliche Motivation, nach dem Modell von Ziem (2020b: 44–48) zu verfahren und Bedeutungen von Frames zu unterscheiden. Diese Differenzierung trägt dazu bei, einen Mangel der Frame-Semantik zu beheben, denn zu der Frage, ob Frames Bedeutungen *sind* oder eine Unterscheidung zwischen Bedeutungen und Frames postuliert wird, ist FrameNet nicht einheitlich positioniert (vgl. dazu kritisch Busse 2012: 139–140, 146–148).

14 Der Grund dafür liegt darin, dass es sich „[b]ei schematischen Argumentkonstruktionen [...] ausschließlich um *Type*-Zeichen" (Felfe 2012: 72) handelt.

15 Ich weiche damit von der Konzeption von Ziem (2008: 237–246, 2014b: 202–210) ab, der als Bedeutungspotenzial einen durch Standardwerte spezifizierten Frame betrachtet, denn ein solcher entspricht in der Konzeption von Ziem (2020b: 44–48) eben einer *Bedeutung* und nicht einem Frame. Vgl. dazu weiterhin Unterabschnitte 4.2.2 und 4.3.1. An anderer Stelle betrachtet aber auch Ziem (2013b: 146) selbst lediglich die Leerstellen, also FE, eines Frames als Bedeutungspotenzial.

Token-Frames dar und Konstruktionsbedeutungen sind kontextuell determinierte Bedeutungen, die ebenfalls auf Token-Ebene liegen. Mit Blick auf die Unterscheidung zwischen Bedeutungspotenzialen und Bedeutungen spricht Bücker (2012: 56) folgerichtig von „Konstrukte[n] als situationsgebundene Aktivierungen der typisierten strukturellen, semantischen und pragmatischen Potenziale einer Konstruktion“, ohne jedoch die Typen der lexikalischen Frames und lexikalischen Bedeutungen zu berücksichtigen.[16] Abbildung 4.2 fasst die Zusammenhänge zwischen den drei Typen von Frames und Bedeutungen zusammen.

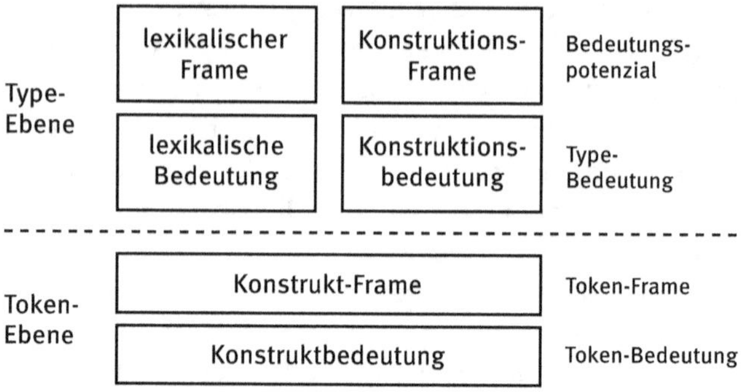

Abb. 4.2: Frames und Bedeutungen auf Type- und Token-Ebene

4.1.3 Frame- und Bedeutungskonstitution als konzeptuelle Integration

Ein lexikalischer Frame und eine lexikalische Bedeutung können gemeinsam mit einem Konstruktions-Frame und einer Konstruktionsbedeutung einen Konstrukt-Frame und eine Konstruktbedeutung bilden. Dieser Prozess kann als Blending im Sinne der Theorie der konzeptuellen Integration von Fauconnier & Turner (1998a,b, 2002) verstanden werden. Der zu einem Konstrukt-Frame und einer Konstruktbedeutung führende Prozess des Blendings ist entsprechend als Frame-

16 Die Unterscheidung der Ebenen wird auch, allerdings ohne deren semantische Konsequenzen, im Modell der Makro-, Meso-, Mikrokonstruktionen und Konstrukte von Traugott (2008b: 31–32, 2008a: 7–8) berücksichtigt. Traugott & Trousdale (2013: 16) reformulieren diese Dreiteilung durch die Begriffe *Schema*, *Subschema* und *Mikro-Konstruktion*.

bzw. Bedeutungskonstitution[17] zu verstehen.[18] Ist an der Konstitution eines Konstrukt-Frames lediglich ein lexikalischer Frame (und kein davon deutlich unterschiedener Konstruktions-Frame) beteiligt (dazu Unterabschnitt 6.2.1), liegt kein Blending von Frames vor. Unabhängig davon, ob ein Konstrukt-Frame allein aus einem lexikalischen Frame oder aus dem Blending eines lexikalischen Frames mit einem Konstruktions-Frame entsteht, kann die aus ihm resultierende Konstruktbedeutung jedoch über semantische Aspekte verfügen, die nicht in der lexikalischen Bedeutung und ggf. der Konstruktionsbedeutung angelegt sind. Für die drei untersuchten Konstruktionen ist dies der semantische Aspekt der ‚Schwierigkeit' der ‚Bewegung' (dazu ausführlicher Unterabschnitte 4.4.2 und 5.7.2).

Die Theorie der konzeptuellen Integration ist für eine Konstruktionssemantik auch deshalb interessant, weil die ihr zugrunde liegende Idee der *mental spaces* von Fauconnier (1985, 1997) teils große Überschneidungen zum Frame-Begriff aufweist und auch in der Theorie der konzeptuellen Integration häufiger Bezug auf Frames genommen wird (vgl. dazu Ziem 2008: 25–35, 2014b: 20–28). Fast ebenso häufig werden Konstruktionen als wesentlicher Phänomenbereich, in dem sich der Prozess des Blendings äußert, genannt.

Mental spaces sind definiert als „small conceptual packets constructed as we think and talk, for purposes of local understanding and action. Mental spaces are very partial assemblies containing elements, and structured by frames and cognitive models." (Fauconnier & Turner 1998a: 137). Die Annahme, dass Frames *mental spaces* ‚strukturieren', lässt die Theorie der konzeptuellen Integration direkt mit der Unterscheidung in Frames und Bedeutungen in Einklang bringen: Lexikalische Bedeutungen und Konstruktionsbedeutungen sind, gemeinsam mit den untrennbar mit ihnen verbundenen lexikalischen Frames und Konstruktions-Frames, als *mental spaces* zu verstehen.[19]

---

17 Fauconnier (1997: 1), Fauconnier & Turner (1998a: 183) und auch Coulson (2001: passim) sprechen meist von „meaning construction" oder im Falle von Fauconnier & Turner (2002: 309) von „construction of meaning", also *Bedeutungskonstruktion*. Ost (2017) verwendet diesen Begriff austauschbar mit demjenigen der Bedeutungs*konstitution*. Um den Begriff der Konstruktion nicht an dieser Stelle zu verwenden, ziehe ich den Begriff der (Frame- bzw. Bedeutungs-)Konstitution vor. Hinweise, wie der Begriff der Konstitution einer Bedeutung und deren Konventionalisierung zu einer Type-Bedeutung theoretisch näher gefasst werden könnte (vor allem sprachphilosophisch orientiert), gibt Busse (2015a: 50–51).

18 Bei Ziem (2008: 207) heißt es ganz ähnlich: „Die Gebrauchsbedeutung [die Konstruktbedeutung (s.u.), A.W.] resultiert [...] aus der konzeptuellen Integration dieser Wissensaspekte [hier: von lexikalischer Bedeutung und Konstruktionsbedeutung, A.W.]".

19 Auch Ziem (2008: 387, 2014b: 332) setzt Frames direkt mit *mental spaces* gleich.

Da die Theorie der konzeptuellen Integration innerhalb der Konstruktionsgrammatik kaum rezipiert worden ist,[20] sind Anschlussmöglichkeiten an die Konstruktionsgrammatik bisher, wenn überhaupt, überwiegend aus Sicht der Theorie der konzeptuellen Integration selbst artikuliert worden.[21] Was sie für die Unterschung von Konstruktionen bedeuten kann, schätzen Fauconnier & Turner (1998a: 183) wie folgt ein: „We argue that conceptual integration interacts with cognitive activities like category assignment, analogy, metaphor, framing, metonymy, and grammatical constructions." Konkreter nehmen sie Blending auch als Motor für die semantischen Eigenschaften von Konstruktionen an:

> Varieties of meaning that on their faces seemed unequal – such as categorizations, analogies, counterfactuals, metaphors, rituals, scientific notions, mathematical proofs, and grammatical constructions – turn out to be avatars of the spirit of blending. (Fauconnier & Turner 2002: 106).

So kann z.B. das Prinzip der Fusion von Argumenten- und Partizipantenrollen von Goldberg (1995: 50–52) als Blending-Prozess verstanden werden (vgl. Fauconnier & Turner 1998a: 185, Anm. 4).[22] Dezidierte Studien, die die Theorien der *mental spaces* und der konzeptuellen Integration auf Konstruktionen anwenden, haben etwa Brugman (1996), Fauconnier & Turner (1996), Fauconnier (1997: 64–66, 172–176) Mandelblit (1997, 2000), Mandelblit & Fauconnier (2000), Barlow (2000), Dancygier & Sweetser (2005) sowie Hampe & Schönefeld (2003, 2006) vorgelegt. Sie alle stehen zwar durchaus unter konstruktionsgrammatischen Vorzeichen, wie sich die Theorie der konzeptuellen Integration aber konstruktionssemantisch nutzbar machen und für die Begriffe von Konstruktions-Frame und Konstruktionsbedeutung anwenden lässt, bleibt weitestgehend unbeantwortet – wenngleich die Relevanz konzeptueller Integration für eine Grammatiktheorie durchaus erkannt wird (vgl. auch Mandelblit 2000: 198–199; Mandelblit & Fauconnier 2000: 167):

---

20 In diesem Sinne beklagt Langacker (2005b: 160) deren fehlende Berücksichtigung in der Konstruktionsgrammatik, die sich seiner Ansicht nach durch einen Einbezug der Theorie der konzeptuellen Integration noch stärker von generativistischen Ansätzen abgrenzen könnte.

21 Allerdings weist bereits Israel (1996: 226) dezidiert auf eine mögliche Analyse der *way*-Konstruktion als „syntactic blend – [...] a specialized grammatical pattern serving to combine disparate conceptual contents in a single, compact linguistic form", also im Rahmen der Theorie der konzeptuellen Integration hin, ohne diese jedoch durchzuführen. Wie die Theorie der konzeptuellen Integration konkret konstruktionssemantisch auf die reflexive Bewegungskonstruktion und ihre verwandten Konstruktionen anzuwenden ist, zeige ich in Abschnitt 4.4 auf.

22 Goldberg (2005a: 24) selbst scheint diese Parallele nicht intendiert zu haben, sondern setzt die Fusion von Argumenten und Partizipantenrollen eher mit dem Prinzip der Unifikation gleich.

> One of the main effects of blending is found in *grammar*. Conceptual and linguistic blending operations allow the expression of novel complex event sequences as single basic event structures by blending the complex sequence of events with a single schematic linguistic pattern. (Mandelblit 1997: 18)

Diese Relevanz und die von Mandelblit (1997: 18) skizzierten Mechanismen konzeptueller Integration innerhalb eines Grammatikmodells lege ich für die folgenden Überlegungen zugrunde, möchte jedoch zunächst kurz den Aufbau der Theorie der konzeptuellen Integration skizzieren.

Die Theorie der konzeptuellen Integration beschreibt die Interaktion unterschiedlicher Arten von *mental spaces*, die in einem Netzwerk der konzeptuellen Integration (*conceptual integration network*) zusammenhängen. Laut Fauconnier & Turner (1998a: 136–144) besteht ein solches Netzwerk aus mindestens vier *mental spaces*: zwei oder mehr Inputs (*input spaces*), die zusammen einen Blend (auch: *blended space*) ergeben, sowie einem generischen *space* (*generic space*), der jene Elemente beinhaltet, die den Inputs gemeinsam sind. Mittels einer Projektion (*projection*) werden Elemente aus den beiden Inputs in den Blend übertragen, dieser Blending-Prozess lässt aus den beiden *mental spaces*, die die Inputs darstellen, einen neuen, den Blend, entstehen. Die Projektion ist dabei selektiv: Nicht alle Elemente aus den Inputs gehen in den Blend ein (vgl. Fauconnier & Turner 1998a: 138). Der Blending-Prozess, der die drei Subprozesse *composition*, *completion* und *elaboration* beinhaltet, lässt im Blend eine emergente Struktur (*emergent structure*) entstehen: Der Blend kann Elemente und Strukturen enthalten, die nicht in den beiden Inputs angelegt sind (vgl. Fauconnier & Turner 1998a: 138, 144).

Lexikalische Frames und lexikalische Bedeutungen auf der einen Seite und Konstruktions-Frames und Konstruktionsbedeutungen auf der anderen Seite lassen sich nun als Inputs eines solchen Netzwerks der konzeptuellen Integration verstehen. Einen vergleichbaren Vorschlag macht Mandelblit (1997: 29): „The syntactic form of the blend is inherited from Input 2 (the integrating construction), and the lexical items are inherited from Input 1 (the conceived event)."[23] Die Unterscheidung zwischen einer lexikalischen Ebene und der einer Konstruktion findet sich bei ihr implizit ebenfalls: „The *conceptual* blending of the two input structures leads to a *linguistic* blending of linguistic elements from both input spaces (lexical and syntactic)." (Mandelblit 2000: 202).

---

23 Ganz ähnlich formulieren es auch Fauconnier (1997: 176) sowie Mandelblit & Fauconnier (2000: 169). Vgl. auch die Abbildung im ähnlichen Ansatz von Hampe & Schönefeld (2003: 253), die (ohne Bezug auf ein konkretes Frame-Modell) Elemente aus den Inputs als Frame-Elemente bezeichnen (vgl. z.B. Hampe & Schönefeld 2003: 252).

Mandelblit (2000) geht allerdings davon aus, dass ein Input sowohl die Formseite als auch die semantische Seite einer Konstruktion betrifft, wie sie mit Fokus auf das als ein Blend entstehende Konstrukt am Beispiel der Caused-Motion-Konstruktion im Sinne von Goldberg (1995: 152–179) erläutert:

> Its syntactic form is inherited from input 2 (the caused-motion syntactic construction); its lexical items are inherited from input 1 (the lexical stems represent partial aspects of the unintegrated causal event sequence). The *blend* inherits from input 2 not only the integrating syntactic form, but also (primarily) the integrating conceptual-semantic frame associated with the syntactic form [...]. (Mandelblit 2000: 202)

Obwohl Mandelblit die semantische Seite betont, sieht sie die Formseite stets als Teil der Inputs an, fokussiert diese allerdings weniger für den lexikalischen Input als vielmehr für denjenigen der syntaktischen Konstruktion, wie aus einer ihrer Argumentationen für ebendiesen deutlich wird: „[O]ne of the input domains to the blend (Input 2) is [...] a representation of the construction's form and semantics – a conceptual schema that is *abstracted* from all instances of the construction“ (Mandelblit 1997: 25). Ganz ähnlich heißt es bei Mandelblit & Fauconnier (2000):

> The blend inherits its syntactic form from INPUT 2 (the integrating construction), and the lexical items from INPUT 1 [...]. The blend also inherits the integrated conceptual structure of the integrating syntactic construction [...]. (Mandelblit & Fauconnier 2000: 170)

Den Einbezug der Formseite der Konstruktion als Teil eines Inputs halte ich allerdings aus frame-semantischer Perspektive für redundant,[24] denn auch die LE, die in Mandelblits Modell den zweiten Input darstellt, verfügt über Informationen über typische formale Realisierungen sowohl von ihr selbst als auch ihrer FE, die bei FrameNet als Valenzmuster dokumentiert werden (Unterabschnitt 2.1.2). Es ergibt sich dadurch eine gewisse Redundanz hinsichtlich der formalen Realisierungen der FE von lexikalischem Frame und Konstruktions-Frame, die erst im Konstrukt, genauer: in den KtE, KEE und KorE aufgelöst wird. Da der konstruktionssemantische Fokus auf der semantischen Seite liegt, gehe ich davon aus, dass es nicht die LE und die Form der Konstruktion sind, die die Inputs darstellen, sondern dass beide Inputs vorrangig als Frames und Bedeutungen – und damit als die *semantischen* Eigenschaften von LE und Konstruktion – zu verstehen sind.

---

24 Bemerkenswert ist demgegenüber in vorletztem Zitat von Mandelblit (2000: 202) aber der (freilich informelle) Verweis auf einen Frame, der mit der syntaktischen Form der Konstruktion assoziiert ist.

Ein Konstrukt-Frame und eine Konstruktbedeutung ergeben sich nun als Blend dieser beiden Inputs: „[E]ach instance of a given construction is an outcome of a blending process“ (Mandelblit 1997: 26).[25] Ein Konstrukt ist damit ein „*linguistic blend*, which corresponds to the actual linguistic form expressed in communication.“ (Mandelblit 1997: 29).[26] Ohne mit Frames zu arbeiten, diskutiert auch Taylor (2012: 276–278) einige Beispiele des Blendings von Wörtern auf der einen und Konstruktionen auf der anderen Seite. Explizit auf Frames Bezug nimmt unter dem Titel *Frame-Blending* Shead (2011), ohne jedoch, wie Mandelblit, die Frame- und Bedeutungsebenen, die dabei im Spiel sind, explizit zu benennen:[27]

> [I]n many cases, recognition and interpretation of a complex construction instance involves *frame blending*, where the input frames are those evoked for the complex construction and for each of its elements, including LUs. (Shead 2011: 175)

Das Zusammenspiel von lexikalischem Frame und lexikalischer Bedeutung, Konstruktions-Frame und Konstruktionsbedeutung sowie dem daraus entstehenden Konstrukt-Frame und der Konstruktbedeutung kann also als Netzwerk der konzeptuellen Integration verstanden werden. In Abbildung 4.3 ist ein solches in Anlehnung an die Darstellungsformen von Fauconnier & Turner (1998a,b, 2002) schematisch dargestellt, wobei mögliche Projektionen von lexikalischem Frame und lexikalischer Bedeutung und Konstruktions-Frame und Konstruktionsbedeutung auf Konstrukt-Frame und Konstruktbedeutung (gestrichelte Linien) sowie „counterpart connections“ (Fauconnier & Turner 1998a: 142) zwischen den Inputs (durchgezogene Linien) lediglich angedeutet sind. Eine emergente Struktur berücksichtige ich an dieser Stelle noch nicht. Gänzlich klammere ich für die folgenden Überlegungen den generischen *space* aus.[28] Eine konkrete Analyse zweier Konstrukte nehme ich in Unterabschnitt 4.4.2 vor.

Ein Konstrukt-Frame kann, wenn er als Blend gebildet wird, als Addition aus FE von lexikalischem Frame und Konstruktions-Frame verstanden werden. In

---

25 Bei Burchardt et al. (2009: 219–220) findet sich – ohne Bezugnahme auf die Theorie der konzeptuellen Integration – die Idee, dass zwei Frames für die Erfassung der *lexikalischen* Bedeutung bestimmter LE herangezogen werden müssen.

26 Vgl. auch die ähnliche Formulierung in Mandelblit (2000: 202). Bei Mandelblit & Fauconnier (2000: 170) heißt es: „[T]he blended space […] depicts the actual sentence communicated in the language.“

27 Unter demselben Titel diskutiert Turner (2008) Anschlussmöglichkeiten der Theorie der konzeptuellen Integration an den Frame-Begriff, allerdings nicht im hier angestrebten Sinne. In einem gänzlich anderen (nicht konstruktionsgrammatischen) Kontext findet sich auch bei Welke

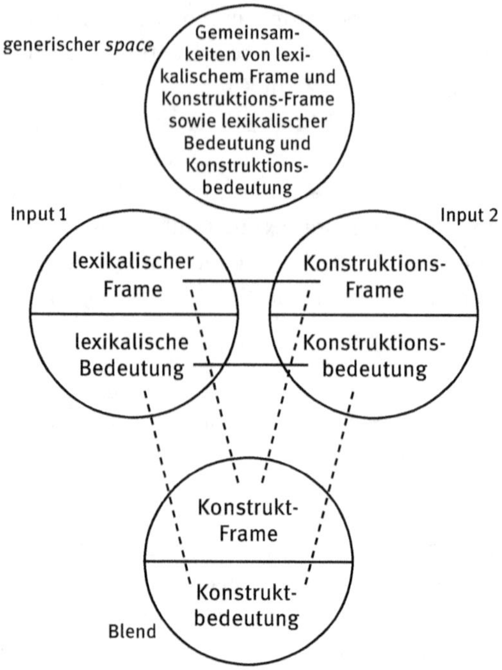

Abb. 4.3: Drei Typen von Frames und Bedeutungen als Netzwerk der konzeptuellen Integration

diesem Sinne ist er kompositionell im Sinne von Goldberg (1995: 16) aufgebaut:[29] „[T]he meaning of an expression is the result of integrating the meanings of the lexical items into the meanings of constructions." Mit konstruktionssemantischen Worten: Alle Bestandteile, die der Konstrukt-Frame beinhaltet, können auf

(2005: 91) eine Analyse einer „Amalgamierung der lexikalischen Bedeutung [...] mit der Konstruktionsbedeutung".

28 Dadurch, dass er etwa die Gemeinsamkeiten von lexikalischem Frame und Konstruktions-Frame erfasst, könnte man statt von einem generischen *space* allgemein auch von einem generischen *Frame* sprechen. Eine verwandte Idee ist die des *Brücken-Frames* von Klein (2002: 181–184), der die beiden Domänen einer konzeptuellen Metapher (im Sinne von Lakoff & Johnson 1980) überspannt. Kleins Überlegungen wären allerdings auf FrameNet-Basis zu reformulieren, da sie stark auf die Konzeption der Matrix-Frames von Konerding (1993) aufbauen.

29 Schon in traditionellen Semantiktheorien werden lexikalische Bedeutungen und ‚grammatische Bedeutungen' dem Kompositionalitätsprinzip unterworfen, um daraus eine Satzbedeutung zu bilden (vgl. Lyons 1995: 204–209; Löbner 2015: 9–16) – mit allen sich daraus ergebenden Schwierigkeiten (vgl. für eine Kritik Busse 2015b: 123–126). Eine solche Annahme von Kompositionalität dürfte der Grund dafür sein, dass syntaktischen Strukturen an sich traditionell keine Bedeutungen zugeschrieben werden (vgl. Michaelis 2003b: 164–165).

der Ebene des Bedeutungspotenzials in lexikalischem Frame und Konstruktions-Frame bereits angelegt sein. Michaelis & Ruppenhofer (2001: 50) formulieren es wie folgt: „If the meaning of a sentence is the result of integration of verbal and constructional semantics [...] then that meaning results from semantic composition." (vgl. auch Michaelis 2012: 58–59).[30]

Dies gilt allerdings ausschließlich für die beteiligten Frames (und damit die Bedeutungs*potenziale*), nicht für die daraus resultierenden *Bedeutungen*. So gibt es Fälle, in denen eine Konstrukt*bedeutung* über diese Kompositionalität eines Konstrukt-*Frames* hinausgeht, wie die weiteren Analysen der drei untersuchten Konstruktionen zeigen werden. Ihre Konstrukte können semantische Aspekte beinhalten, die auf den ersten Blick weder in der lexikalischen Bedeutung noch in der Konstruktionsbedeutung angelegt sind: Prädestiniert dafür ist der Aspekt der ‚Schwierigkeit', auf den ich schon exemplarisch für die reflexive Bewegungskonstruktion hingewiesen habe (Unterabschnitt 3.1.4) und den ich in Abschnitt 5.7 detailliert in den Blick nehme. Die Theorie der konzeptuellen Integration kann diesem Umstand Rechnung tragen, denn ein wesentliches Merkmal eines Netzwerks konzeptueller Integration ist die emergente Struktur innerhalb eines Blends. Darin sehe ich, neben der Konstitution eines Konstrukt-Frames durch Projektionen aus den beiden Inputs, einen nicht zu vernachlässigenden Teil der nicht-kompositionellen Entstehung einer Konstruktbedeutung.

Nachdem die drei Typen von Frames und Bedeutungen nun benannt sind und ihr Zusammenspiel im Rückgriff auf die Theorie der konzeptuellen Integration erfasst wurde, kann jetzt jeder Typ von Frame und Bedeutung einzeln in den Blick genommen werden. Für die Beispielanalysen, die ich im Zuge dieser Erläuterungen durchführe, ziehe ich vorrangig die reflexive Bewegungskonstruktion heran, diskutiere aber auch Belege der reflexiven Partikelverbkonstruktion und der reflexiven *Weg*-Konstruktion.

---

30 Eine ähnliche Position vertritt auch Fillmore (2014: 161): „It is misleading to characterize grammatical constructions, idioms and fixed expressions as 'non-compositional'. Once we know what a fixed expression means, or what effect a construction has on the meaning of the phrases it licenses, it can figure perfectly well in the compositional process. [...] For our purposes, the challenge to compositionality is in the need to discover and describe the actual meaning of contributions of the specific constructions." Vgl. (unabhängig davon) auch Croft (2003: 51), Diedrichsen (2014: 184–185) sowie Ziem & Flick (2018: Abschn. 2). Für Welke (2019: 32) unterscheidet sich diese Art von Kompositionalität allerdings nicht von einem traditionellen Begriff von Kompositionalität. Vgl. ferner Kay & Michaelis (2012: 2272–2275) und Michaelis (2017: Abschn. 2) für eine kritische Einstellung zum Konzept der Nicht-Kompositionalität in der Konstruktionsgrammatik, das ich bereits in Unterabschnitt 2.2.1 angesprochen habe.

4.2 Lexikalische Frames und lexikalische Bedeutungen

Die erste Komponente, die in die Konstitution eines Konstrukt-Frames und einer Konstruktbedeutung eingeht und den ersten der beiden Inputs des Netzwerks der konzeptuellen Integration darstellt, besteht aus einem lexikalischen Frame und einer lexikalischen Bedeutung. Der lexikalische Frame ist derjenige Frame, der von einem KtE, das ein einzelnes KE instanziiert, evoziert wird.[31] In diesem Sinne entspricht dieses KtE einer LE, die den entsprechenden Frame evoziert. Gleichzeitig besitzt jene LE eine lexikalische Bedeutung, die sich aus der möglichen Spezifizierung von Standardwerten einzelner FE des lexikalischen Frames ergibt. Je nachdem, um welche LE es sich handelt, kann ein und derselbe lexikalische Frame also unterschiedliche lexikalische Bedeutungen hervorbringen.

Ich möchte den in Unterabschnitt 4.1.1 eingeführten Unterschied zwischen lexikalischem Frame und lexikalischer Bedeutung noch einmal an einem Beispiel verdeutlichen, diesmal für den Frame `Ingestion`. Die KtE *essen* in (3) und *fressen* in (4) (beide *eat.v*) evozieren als Instanzen des KE Ereignis jenen lexikalischen Frame, unterscheiden sich aber in ihrer lexikalischen Bedeutung (vgl. für dieses Beispiel schon Ziem 2020b: 37–40).

(3) Also {[Ereignis aßen] sich Kohl und Rühe tapfer durch große Stücke Marzipantorte}, unter der Aufsicht von mindestens 15 Kamerateams und unter den kritischen Blicken eines ganzen Schwarms von Reportern, die lauerten und hofften - worauf eigentlich? (Die Zeit, 27.01.2000, Nr. 5)

(4) {Riesige Schwimmbagger [Ereignis fressen] sich einmal durch den Dünengürtel}, zweigen das Titan ab (der Vorrat hätte für gerade mal 17 Jahre gereicht) und spucken den wertlosen Rest wieder aus. (Die Zeit, 27.01.2000, Nr. 5)

Der Unterschied in den lexikalischen Bedeutungen von *essen* und *fressen* kommt nun durch eine unterschiedliche Spezifizierung von Standardwerten der FE von `Ingestion` zustande, die eine ganze Reihe seiner FE betreffen:

> Für die LE *fressen* ist Ingestor eingeschränkt auf die Menge nicht-menschlicher Lebewesen, Ingestible [sic! Gemeint ist Ingestibles, A.W.] umfasst neben Lebensmitteln alles, was potentiell verdaubar ist (Motten fressen Wollstoffe, Silberfischchen Kleister!). Manner und Instrument sind ebenfalls der ersten Gruppe [von FE mit Standardwerten, A.W.] zuzurech-

31 Der Terminus *lexikalischer Frame*|(wird schon von Metzing (1981: 325) genutzt. In einer Typologie der sprachlichen Ebenen, auf denen Frames wirksam werden, weist auch Busse (2012: 679–682) *Lexem-Frames* aus, die er alternativ ebenso als *lexikalische Frames* bezeichnet. Den Begriff *lexikalisch* verwende ich hier mit Jackendoff (2002: 158) als morphologischen Gegenpart zu *syntaktisch.*

> nen; sie betreffen die eingangs bereits angesprochene kulturelle Dimension der Nahrungsaufnahme: *fressen* unterscheidet sich von *essen* auch dadurch, dass das FE MANNER keine Restriktionen vorsieht (werden diese Restriktionen bei der menschlichen Nahrungsaufnahme missachtet, kann von *fressen* gesprochen werden). Genauso unbestimmt wie MANNER bleibt INSTRUMENT.[...] Gleiches gilt für PLACE, SOURCE und TIME: Bei *fressen* liegen jeweils offene Wertebereiche vor, bei *essen* schränken kulturelle Gewohnheiten und Stereotype die erwartbaren Werte stärker ein. (Ziem 2020b: 38–39)

Ein weiteres Beispiel für die Relevanz von lexikalischem Frame und lexikalischer Bedeutung liefert die reflexive Partikelverbkonstruktion: Auch bei ihr evozieren die KtE des KE EREIGNIS den lexikalischen Frame. In dem Konstrukt in (5) ist dies das Basisverb *ringen* (etwa: *struggle.v*) des Partikelverbs *durchringen*, das den Frame `Hostile_encounter` evoziert. Für die lexikalische Bedeutung von *ringen* erscheinen (im nicht-metaphorischen Gebrauch) Standardwerte der FE `Hostile_encounter`.⟨INSTRUMENT⟩ (‚ohne Hilfsmittel'), `Hostile_encounter`.⟨MANNER⟩ (‚mit Einsatz des gesamten Körpers') und `Hostile_encounter`.⟨PLACE⟩ (‚innerhalb eines Rings') von Relevanz.

(5) {Die Bündnisgrünen [$_{\text{EREIGNIS}}$ rangen] sich schließlich zur Bildungssteuer durch}. (Die Zeit, 27.01.2000, Nr. 5)

Lexikalische Frames und lexikalische Bedeutungen spielen auch in der reflexiven *Weg*-Konstruktion eine Rolle. In ihren Konstrukten evoziert ebenfalls das KtE des KE EREIGNIS den lexikalischen Frame. Er bildet die Grundlage für LE-spezifische lexikalische Bedeutungen. In (6) evoziert die LE *säbeln* (etwa: *cut.v*) den lexikalischen Frame `Cutting`.

(6) {Mein Schälmesser mit der dünnen Klinge [$_{\text{EREIGNIS}}$ säbelt] sich einen Weg durch die buschigen Petersilienköpfe}, während ich überlege, ob es tatsächlich Köpfe oder doch Blätter oder gar Büschel heißt. (Riedel, Susanne: Eine Frau aus Amerika, Berlin: Berlin Verlag 2003, S. 106)

Durch Standardwerte spezifiziert wird zuvorderst das FE `Cutting`.⟨INSTRUMENT⟩, der Standardwert kann (wiederum im nicht-metaphorischen Gebrauch) etwa durch ‚mit einem Säbel' paraphrasiert werden und ist, analog zum Belegpaar mit den LE *bewegen* und *schlängeln* in Unterabschnitt 4.1.1, bereits durch eine Inkorporation in die Formseite der LE kodiert. Weiterhin erscheinen mindestens Standardwerte der FE `Cutting`.ITEM (nur bestimmte Objekte werden üblicherweise mit einem Säbel zerschnitten), `Cutting`.⟨MANNER⟩ (das Schneiden geschieht auf eine grobe, eher unpräzise Art und Weise) und `Cutting`.⟨RESULT⟩ (das zerschnittene Objekt wird teilweise oder ganz zerstört) plausibel.

Zu betonen ist, dass ein lexikalischer Frame stets durch ein KtE eines KE evoziert wird, nicht durch die Instanz eines KEE oder KorE (dazu Unterabschnitt 8.1.1). Darin unterscheiden sich lexikalische Frames von Konstruktions-Frames (vgl. Unterabschnitte 4.2.3 und 4.3.2). Für einen Konstrukt-Frame relevante lexikalische Frames kommen somit lediglich denjenigen LE zu, die die KtE eines KE darstellen. An Konstruktionen wie der reflexiven *Weg*-Konstruktion lässt sich dieser Unterschied verdeutlichen: Der Konstruktions-Frame `Motion`, der in den Konstrukt-Frame eines Belegs wie (6), der hier als (7) wiederholt sei, eingeht, kann durch die Instanziierung des KorE, genauer durch das Nomen *Weg* (*way.n*) evoziert werden (dazu näher Unterabschnitt 8.3.2).[32]

(7) {Mein Schälmesser mit der dünnen Klinge säbelt sich [$_{\text{KorE}}$ einen Weg] durch die buschigen Petersilienköpfe}, während ich überlege, ob es tatsächlich Köpfe oder doch Blätter oder gar Büschel heißt. (Riedel, Susanne: Eine Frau aus Amerika, Berlin: Berlin Verlag 2003, S. 106)

Ein Frame, der von einem KtE, nicht aber von einem KEE oder KorE evoziert wird, ist somit als lexikalischer Frame anzusetzen, der die Grundlage für die lexikalische Bedeutung der LE, die das KtE instanziiert, bildet. Frames als Grundlage für lexikalische Bedeutungen zu verstehen, ist in der Konstruktionsgrammatik indes eine öfter zu findende Praxis (vgl. Unterabschnitte 2.2.2 bis 2.2.4). So argumentiert schon Goldberg (1995: 29), dass es möglich sein muss „to allow […] verbs to be associated with rich frame-semantic meanings". Allerdings, das legt die in Unterabschnitt 2.2.1 erwähnte Kritik an Goldbergs Ansatz nahe, ist die Rolle von lexikalischen Frames und insbesondere lexikalischen Bedeutungen in der Konstruktionsgrammatik keineswegs unumstritten, weshalb ich im Folgenden in Unterabschnitt 4.2.1 zunächst genauer darauf eingehen möchte. In Unterabschnitt 4.2.2 stelle ich die Auffassung von lexikalischen Frames als Bedeutungspotenzialen vor und zeige die Vorteile auf, die dies innerhalb eines konstruktionssemantischen Modells für die Erfassung lexikalischer Bedeutungen mit sich bringt. Abschließend steht in Unterabschnitt 4.2.3 – als Vorbereitung auf Abschnitt 4.3, in dem es um Konstruktions-Frames und Konstruktionsbedeutungen geht – der Unterschied zwischen lexikalischen Frames und Konstruktions-Frames im Vordergrund.

---

32 Dies ist nur einer von mehreren Mechanismen der Evokation eines Konstruktions-Frames. Ich komme darauf und auf andere Mechanismen in den Abschnitten 8.2 und 8.3 zurück.

4.2.1 Die Bedeutung(en) lexikalischer Einheiten

Lexikalische Frames und lexikalische Bedeutungen sind in vielfacher Hinsicht wichtig für die Konstitution eines Konstrukt-Frames und einer Konstruktbedeutung. Dies liegt daran, dass ein Konstruktions-Frame und eine Konstruktionsbedeutung allein, gerade bei Argumentstruktur-Konstruktionen, nicht für jene Konstitution verantwortlich gemacht werden können, worauf (ohne mit Frames zu arbeiten) bereits Goldberg (2002: 341–342, 2006: 38) hinweist (vgl. das Zitat im Eingang zu Abschnitt 4.1).

Wenn die Rede von lexikalischen Frames und lexikalischen Bedeutungen ist, so sind damit überwiegend von Verben evozierte Frames und Verbbedeutungen gemeint. Diese spielen gerade bei Argumentstruktur-Konstruktionen, zu denen die reflexive Bewegungskonstruktion, die reflexive Partikelverbkonstruktion und die reflexive *Weg*-Konstruktion zählen, eine zentrale Rolle. Verben (bzw. Prädikate allgemein) verhalten sich bereits distributionell anders als etwa Nomen oder NP, da von ihnen angenommen wird, dass sie selbst stärker beschränkt und gleichzeitig in der Lage sind, Beschränkungen anderer Strukturelemente, die durch NP realisiert werden können, zu determinieren (vgl. Goldberg 2019: 58–60). Indes äußert Goldberg (2006) die Vermutung, dass Verbbedeutungen für die Konstitution einer Konstruktbedeutung in der Regel ein größeres Gewicht als den Bedeutungen anderer Wortarten zukommt:

> If we compare verbs with other words (e.g. nouns), verbs are much better predictors of overall sentence meaning, where by "overall sentence meaning" we basically intend "who did what to whom," a level of generalization that is uncontroversially required for adequate sentence comprehension. (Goldberg 2006: 104)

Goldberg liegt damit auf einer gemeinsamen Linie mit der Praxis von FrameNet, das Verben ebenfalls als vorrangig an der Konstitution einer Satzbedeutung einstuft:[33]

> Although in principle members of all major lexical categories can evoke a semantic frame, the dominant semantic frame of a sentence is usually evoked by the sentence's main verb. (Fillmore et al. 2003: 324)

Diese Fokussierung auf Verben ist durchaus kritisch zu sehen, vor allem weil sich hier eine Gemeinsamkeit von Konstruktionsgrammatik und Frame-Semantik

---

33 Die Frage nach der Dominanz eines Frames bei der Konstitution einer Konstrukt- oder Satzbedeutung ist theoretisch betrachtet nicht unproblematisch und bedarf einer näheren Auseinandersetzung (vgl. dazu Busse 2012: 153).

zeigt: Vor allem Fillmores Frame-Konzeptionen und insbesondere FrameNet (Unterabschnitte 2.1.1 und 2.1.2 sowie 2.1.3) haben sich – mit wenigen Ausnahmen – überwiegend auf Verben als Prädikate und damit eine valenztragende Wortart beschränkt (vgl. Busse 2012: 149–164).[34]

In einer Argumentstruktur-Konstruktion sind die KtE eines bestimmten KE der Evokation eines lexikalischen Frames vorbehalten, nämlich desjenigen KE, das durch Verben als KtE instanziiert wird. In der reflexiven Bewegungskonstruktion, der reflexiven Partikelverbkonstruktion und der reflexiven *Weg*-Konstruktion handelt es sich dabei jeweils um das KE EREIGNIS. So evozieren in den folgenden Belegen für die reflexive Bewegungskonstruktion deren KtE *arbeiten* (*work.v*), *kämpfen* (*fight.v*), *mischen* (*mix.v*), *jagen* (*hunt.v*), *wünschen* (*wish.v*) und *mogeln* (*cheat.v*) die lexikalischen Frames `Work` (8), `Hostile_encounter` (9), `Cause_to_amalgamate` (10), `Hunting` (11), `Desiring` (12) und `Manipulate_into_doing` (13).

(8) {Sie [EREIGNIS arbeitete] sich durch schulterhohes Dickicht}; die Männer waren angeseilt, da sich unter dem Moosbewuchs tiefe Felsspalten verbargen; im stellenweise dichten Nebel hätte man sich ohne Kompaß leicht verirrt. (Schrott, Raoul: Tristan da Cunha oder die Hälfte der Erde; Hanser Verlag 2003, S. 31)

(9) Der Wagen legte kaum zweihundert Meter in der Minute zurück, {[EREIGNIS kämpfte] sich vorwärts durch die Schneemassen}, bog von der Landstraße ab in eine von wenigen Laternen beleuchtete Allee. (Krausser, Helmut: Eros, Köln: DuMont 2006, S. 8)

(10) Mir verging die Lust auf Musik, {falsche Töne [EREIGNIS mischten] sich in mein Spiel}. (Krausser, Helmut: Eros, Köln: DuMont 2006, S. 52)

(11) Es war ein wüster Abend, bei dem viel geschrien und grell gelacht wurde; {die Darsteller [EREIGNIS jagten] einander über die Bühne}, es knallte an allen Ecken und Enden, so daß man den Text kaum verstand. (Schmitter, Elke: Frau Sartoris, Berlin: BvT 2000[2002], S. 87)

(12) {Mancher Programmdirektor [EREIGNIS wünscht] sich hier inzwischen auf eine wirklich einsame Insel}. (Die Zeit, 30.03.2000, Nr. 14)

---

34 Weiterhin ist kritisch zu sehen, dass auch Fillmore, trotz eindeutiger Bezüge, eine klare Berufung auf die europäische Valenzforschung besonders zu Zeiten der Kasusgrammatik eher vermieden hat (vgl. Busse 2012: 35).

(13) Der Fabrikant breitete sein Schweigen wieder aus, {der Offizier [EREIGNIS mogelte] sich aus seinem Sitz}. (Düffel, John von: Vom Wasser, München: dtv 2006, S. 56)

Da durch ein KtE eines KE wie EREIGNIS in jedem Konstrukt der Konstruktion ein lexikalischer Frame evoziert wird, spielen sie und ihre lexikalischen Bedeutungen in der Konstitution von Konstrukt-Frames und Konstruktbedeutungen stets eine Rolle. Anders als Konstruktions-Frames und Konstruktionsbedeutungen sind sie, zumindest für Argumentstruktur-Konstruktionen, obligatorisch und in jedem Konstrukt-Frame und jeder Konstruktbedeutung vorhanden. Lexikalische Frames werden in jedem Fall – anders als ein Konstruktions-Frame (vgl. Unterabschnitt 8.1.1) – von einer als KtE instanziierten LE evoziert, denn stets gilt, dass „LUs are the linguistic material responsible for introducing a given frame in a text or in a conversation." (Torrent & Ellsworth 2013: 45).[35] Aus diesem Grund widerspricht der frühe Ansatz Goldbergs, der grundsätzlich mit einer „minimalist lexical semantics" (Langacker 2005a: 151) auszukommen versucht, der empirischen Realität.[36] Konstrukt-Frames und Konstruktbedeutungen können nie durch einen Konstruktions-Frame und eine Konstruktionsbedeutung allein konstituiert werden, da mindestens eine LE, die als KtE ein KE der Konstruktion instanziiert, stets selbst einen lexikalischen Frame evoziert. Entsprechend bemerkt Perek (2015):

> As previously discussed, verbs evoke semantic frames; it could be assumed that the participant roles fused with the argument roles of constructions are directly drawn from frames, without an intervening level of lexical entries. This would, however, have undesirable consequences. It would essentially reduce verbs to labels for frames, which would fail to capture semantic differences between items evoking the same frame, especially items from other word classes. (Perek 2015: 29–30)

35 Vgl. dazu Iwata (2008: 88): „[W]e as linguists can only speak of verb meanings as something that is straightforwardly attributed to the verb, [...], or as something that can be attributed to the verb alone (rather than to constructions)."

36 Die Kritik an Goldbergs mangelnder Berücksichtigung von lexikalischen Bedeutungen spitzt Langacker (2005a: 151) wie folgt zu: „I believe this attitude to be problematic. It reflects certain ghosts from our theoretical past, ghosts which we might have thought to be exorcised from cognitive linguistics [...]. One is the notion that the shortest grammar is necessarily the best grammar. Another is minimalist lexical semantics, with the expectation of monosemy and the possibility of circumscribing linguistic meanings. Yet another is the assumption that particular aspects of meaning are exclusively assignable to particular elements, which in turn suggests – quite erroneously – that meanings are non-overlapping (an entailment of the building-block metaphor)." Auf die Identität von lexikalischem Frame und Konstruktions-Frame komme ich in den Unterabschnitten 5.2.3 und 6.2.1 zurück.

Für eine Konstruktionssemantik spielen lexikalische Frames und lexikalische Bedeutungen entsprechend eine zentrale Rolle. Im vorliegenden Modell stellen sie sich in mindestens den folgenden Aspekten als relevant heraus.

- Lexikalische Frames und lexikalische Bedeutungen bilden die Grundlage von sechs der sieben semantischen Parameter von Konstruktionen. Mit lexikalischen Frames arbeiten etwa die Parameter der Beschränkungen und Präferenzen (Abschnitt 5.3), der Frame-Nähe (Abschnitt 5.4), des Koerzionspotenzials (Abschnitt 5.5) und der Produktivität (Abschnitt 5.6). Mit lexikalischen Frames *und* lexikalischen Bedeutungen arbeiten die Parameter der konstruktionellen Polysemie (Abschnitt 5.2) sowie der emergenten Struktur (Abschnitt 5.7).
- Lexikalische Frames determinieren wesentlich den Anteil des Konstruktions-Frames an einem Konstrukt-Frame: Je nachdem, ob es sich bei einem lexikalischen Frame um einen zum Konstruktions-Frame *relatierten* oder *unrelatierten* Frame handelt, ob er also in einer Frame-zu-Frame-Relation zum Konstruktions-Frame steht (Abschnitt 5.4), fallen die semantische Motivierung der einzelnen Strukturelemente eines Konstrukts und damit die Konstitution des Konstrukt-Frames unterschiedlich aus (vgl. Abschnitte 6.2 und 6.3).
- Lexikalische Frames können als Grundlage der Benennung und Definition von KE und KEE dienen (Abschnitt 7.3), also zur Beantwortung von Fragen der konstruktikographischen Generalisierung der semantischen Eigenschaften einer Konstruktion beitragen.
- Lexikalische Frames entscheiden über den Mechanismus zur Evokation des Konstruktions-Frames (Unterabschnitt 8.1.1): Welcher Mechanismus in einem Konstrukt vorliegt, richtet sich wesentlich danach, ob der lexikalische Frame, der in den entsprechenden Konstrukt-Frame eingeht, relatiert (Abschnitt 8.2) oder unrelatiert (Abschnitt 8.3) ist.

4.2.2 Lexikalische Frames als Bedeutungspotenziale

Lexikalische Frames sind, ebenso wie Konstruktions-Frames, als Bedeutungspotenziale zu verstehen. Warum ist der Begriff des Bedeutungspotenzials notwendig? Die Antwort beginnt bei der Art und Weise, wie FrameNet lexikalische Bedeutungen beschreibt. In der Diskussion um die Probleme von FrameNet in Unterabschnitt 2.1.3 habe ich die von Ziem (2014d: 281–282) festgestellte Tatsache, dass FrameNet nicht zwischen FE und ihren Füllwerten unterscheiden kann, erwähnt. Dieser Mangel hat Konsequenzen. In der Literatur wird bisweilen implizit darauf hingewiesen, dass FrameNet lediglich die Grundlage für Bedeutungen darstellt, jedoch keine Bedeutungen an sich beschreibt:

> FrameNet identifies and describes semantic frames, and analyzes the meanings of words by directly appealing to the frames that underlie their meanings and studying the syntactic properties of words by asking how their semantic properties are given syntactic form. (Fillmore, Johnson & Petruck 2003: 235)

Man kann darüber spekulieren, ob sich in dieser Auffassung die Annahme einer Zwei-Ebenen-Semantik mit einer Trennung zwischen Bedeutungen (semantische Ebene) und Frames (konzeptuelle Ebene) widerspiegelt (zu diesem Begriff und einer Kritik daran vgl. Ziem 2008: 66–78, 2014b: 55–65).[37] Doch auch ohne diesen Vorwurf wird eine grundsätzliche Einschränkung von FrameNet sichtbar. Berücksichtigt man den Unterschied zwischen Type- und Token-Frames, wobei Letztere als vollständig instanziierte, also mit konkreten Füllwerten versehene Frames verstanden werden können (vgl. Busse 2012: 613–620), so dokumentiert FrameNet ausschließlich Type-Frames, keine Token-Frames. FrameNet-Frames repräsentieren keine Bedeutungen, sondern Bedeutungspotenziale.[38] Der Grund dafür liegt auch in der Tatsache begründet, dass FrameNet ebenso wenig wie Füllwerte von FE deren Standardwerte beschreibt, durch die sich im Modell von Ziem (2020b: 44–48) lexikalische Bedeutungen von lexikalischen Frames unterscheiden (vgl. Unterabschnitt 4.1.1).

Da der Unterschied zwischen einer Bedeutung und einem Bedeutungspotenzial für ein konstruktionssemantisches Modell elementar ist, möchte ich im Folgenden skizzieren, was unter Bedeutungspotenzialen zu verstehen ist. Dafür sei auf den von Hanks (1994, 1996, 2000) entwickelten lexikographischen Begriff des Bedeutungspotenzials sowie auf die davon unabhängig konzipierten Ansätze von Allwood (2003) und Norén & Linell (2007) zurückgegriffen.[39]

Hanks führt den Begriff des Bedeutungspotenzials ein, um der traditionell schwierigen Aufgabe der exhaustiven lexikographischen Beschreibung von LE gerecht zu werden. Ausgangspunkt ist die Erkenntnis, dass die gesamte Bandbreite an Kontexten, in denen die Bedeutung eines Wortes zum Tragen kommen kann, unmöglich lexikographisch erfassbar ist.

---

37 Diese Position nimmt in Bezug auf FrameNet konkret Busse (2012: 146–148) ein.

38 Ost (2017: 88, 107) setzt Type-Frames entsprechend mit Bedeutungspotenzialen gleich. In frame-semantischer Terminologie (aber ohne Bezug auf FrameNet) spricht Busse (2015a: 51) auch von einem *Evokationspotenzial* als „das Potential der kommunikativen Verwendung eines bestimmten Zeichens, in den Köpfen der Rezipienten regelmäßig und erwartbar die Aktivierung bestimmter zugehöriger Wissensbestände hervorzurufen."

39 Eine vergleichende Darstellung der Ansätze von Allwood (2003) und Norén & Linell (2007) findet sich auch bei Ost (2017: 75–81).

> It is not surprising, therefore, that we find considerable variation in points of detail in beliefs about the true meaning of terms. Notwhithstanding the difficulties, it is the shared elements in these beliefs that the unfortunate lexicographer has to try to capture in a dictionary. The job of the dictionary writer is, strictly speaking, to capture *meaning potentials* rather than meanings. (Hanks 1994: 91, Hervorhebung im Original in Fettdruck)

Ein Bedeutungspotenzial hat man sich Hanks (1994: 113) zufolge als „the potential that a word has to contribute to the fulfilment of an utterer's communicative purpose" vorzustellen. Das Bedeutungspotenzial einer LE ist demnach der semantische Beitrag, mit dem eine konkretere Bedeutung konstiutiert wird. Bedeutungspotenziale sind „potential contributions to the meanings of texts and conversations in which the words are used, and activated by the speaker who uses them." (Hanks 2000: 211). Es muss daher angenommen werden, dass „[o]utside the context of a meaning event, in which there is participation of utterer and audience, words have meaning potentials, rather than just meaning." (Hanks 2000: 214). Ein solches *meaning event*, eine Bedeutung in einem konkreten Kontext – bei Langacker (1987: 66) „usage event" genannt –, korreliert konstruktionssemantisch gewendet mit einer Konstruktbedeutung.[40] Bedeutungspotenziale sind Abstraktionen konkreter Kontexte, also Abstraktionen von Konstruktbedeutungen und den ihnen zugrunde liegenden Konstrukt-Frames,[41] sie können erst über die Analyse solcher Token-Bedeutungen erschlossen werden (vgl. Hanks 1994: 96, 1996: 97). Da FrameNet-Frames ebendiese Abstraktionen verfolgen, bilden sie Bedeutungspotenziale ab und keine (lexikalischen) Bedeutungen.[42]

FrameNet kann von dieser Ansicht profitieren, denn sie befreit es von der Aufgabe, kontexttranszendente Bedeutungen von LE festlegen zu müssen, die auf möglichst viele Kontexte gleichermaßen zutreffen, wie die Definition von Allwood (2003) zeigt.

> The meaning potential is all the information that the word has been used to convey either by a single individual or, on the social level, by the language community. The meaning po-

40 Vgl. dazu die Abbildung 4 bei Ziem (2008: 199, 2014b: 169), der ein solches *Gebrauchsereignis* als in einer *Gebrauchsbedeutung* konzeptualisiert sieht.

41 In den Termini der Kognitiven Grammatik: „Semantische Einheiten [d.h. Bedeutungspotenziale, A.W.] ergeben sich [...] aus dem Sprachgebrauch, aus Dekontextualisierungen von Gebrauchsbedeutungen" (Ziem 2008: 202). Vgl. dazu schon Langacker (1987: 158), auf den Ziem sich hier beruft. Zur Auffassung von semantischen Einheiten als Bedeutungspotenziale vgl. Ziem (2008: 237–246, 2014b: 202–210).

42 Kognitionstheoretisch scheint der Begriff des Bedeutungspotenzials damit anschlussfähig an den Begriff der *exemplar cloud* (vgl. Bybee 2013: 54) zu sein, der ebenfalls eine Abstraktion von konkreten Bedeutungen (*exemplars*) vornimmt.

> tential, then, does not result from trying to find a generally valid type meaning for a word; rather, it is the union of individually or collectively remembered uses. (Allwood 2003: 43)

Was ein Bedeutungspotenzial von einer lexikalischen Bedeutung und einer Konstruktionsbedeutung, insbesondere aber von einer Konstruktbedeutung unterscheidet, ist, dass es keine über alle Instanziierungen einer LE gültige Menge semantischer Komponenten enthält, sondern diese je nach Konstrukt aktiviert oder ausgeblendet werden können: „When a word is used in a text, the utterer activates some part of its meaning potential from his or her own mental store, and intends to activate a corresponding part of the hearers' or readers' mental store." (Hanks 1994: 92).[43] Diese Idee eint alle Ansätze von Bedeutungspotenzialen. So schreibt Allwood (2003):

> Meaning potentials are activated through various cognitive operations. Some of these are triggered through language use; others can be activated independently of language. Whether or not linguistically triggered, the activation of a meaning potential always takes place in a context which creates certain conditions for its activation, with these conditions determining the way in which the potential is activated. The result of an activation is normally a structured partial activation of the potential, which I will refer to as a "determination of meaning". (Allwood 2003: 43)

Ganz ähnlich halten Norén & Linell (2007) fest:

> A theory of meaning potential assumes that parts of a word's meaning are evoked, activated or materialised, foregrounded or backgrounded, *in different ways in the different types of contexts*, in which it is exploited. Thus, there is *no fixed and static* semantic structure which is always activated in its entirety every time a specific linguistic resource, be it a word or a grammatical construction, is used. (Norén & Linell 2007: 390)

Das Bedeutungspotenzial abstrahiert nicht nur über eine Menge von Instanziierungen einer LE, sondern über alle LE, die einen Frame evozieren und somit auch über alle lexikalischen Bedeutungen dieser LE. Dadurch grenzt es sich von den LE-spezifischen lexikalischen Bedeutungen ab. Da das Bedeutungspotenzial nicht im Hinblick auf Standardwerte einzelner FE hin spezifiziert ist, ist es immer abstrakter als die daraus resultierende Bedeutung. Es wird also nie vollständig aktiviert,

---

43 In seiner Analyse von Partikelverben vertritt Felfe (2012: 73) für lexikalische Bedeutungen die ähnliche Idee, „dass ein Verblexem an sich nicht unbedingt vorgibt, welche der im aktivierten Frame enthaltenen Leerstellen [bzw. FE, A.W.] sprachlich ausgedrückt werden müssen. [...] Mit semantischer Vagheit bezeichne ich die Tatsache, dass Basisverben ein Prädikationspotential aufweisen, aus welchem durch verschiedene Konstruktionen innerhalb verschiedener Ereignistypen verschiedene Aspekte ein- und ausgeblendet werden können." Der Begriff des Prädikationspotenzials geht auf Ziem (2008: 304, 2014b: 261) zurück.

sondern lediglich diejenigen seiner Komponenten, die innerhalb eines Kontextes verstehensrelevant sind: „[T]he full lexical and structural potential of a linguistic expression is normally not made actual use of; in other words, only what is necessary and/or sufficient for the needs of a particular communicative situation is activated." (Allwood 2003: 44–45).[44] Gleichzeitig bleibt die Menge der möglichen Kontexte, auf die es zutrifft, durch die fehlende Spezifizierung von Standardwerten maximal. Damit wird deutlich, warum ein FrameNet-Frame ein Bedeutungspotenzial darstellt: Seine Bestandteile, also seine FE, sind nicht hinsichtlich bestimmter Standardwerte spezifiziert und werden in einem Konstrukt nie in vollem Umfang aktiviert. Letzteres gilt für Nicht-Kern-FE ohnehin, aber auch die Kern-FE eines Frames müssen nicht in jedem Konstrukt vollständig instanziiert sein, wie etwa das Phänomen der Null-Instanziierung oder die zu einem *Core Set* zusammenfassbaren FE (Unterabschnitte 6.4.1 und 7.3.3) zeigen.

Um die partielle Aktivierung eines Bedeutungspotenzials durch FE zu illustrieren, möchte ich noch einmal auf die Belege, die ich zur Illustration von `Motion` in Unterabschnitt 2.1.2 verwendet habe, zurückgreifen. Sie zeigen Konstrukte der reflexiven Bewegungskonstruktion – solche, in denen das KtE des KE EREIGNIS direkt `Motion` als lexikalischen Frame evoziert, lexikalischer Frame und Konstruktions-Frame also identisch sind. Die Belege wiederhole ich in (14)–(19).

(14) [$_{\text{THEME}}$ Er] [$_{\text{Motion}}$ bewegte] sich [$_{\text{PATH}}$ durch vermeintlich unauffällige harmonische Räume] [$_{\langle\text{MANNER}\rangle}$ mit einer Sehnsucht nach Farbigkeit, die alle Grauwerte des Theoretischen löschte]. (Die Zeit, 10.02.2000, Nr. 7)

(15) [$_{\langle\text{TIME}\rangle}$ Nach dem schicksalsträchtigen Gespräch mit dem Herzog, als dieser ihn wegen seiner unerlaubten Reise nach Mannheim abkanzelte], [$_{\text{Motion}}$ begab] sich [$_{\text{THEME}}$ Schiller], [$_{\langle\text{RESULT}\rangle}$ zum Erstaunen seiner Freunde], [$_{\langle\text{MANNER}\rangle}$ gelassen] [$_{\text{GOAL}}$ auf die Kegelbahn] [$_{\langle\text{MANNER}\rangle}$ mit ungerührtem Pokerface]. (Safranski, Rüdiger: Friedrich Schiller, München Wien: Carl Hanser 2004, S. 153)

(16) Der Schmerz kam wieder und [$_{\text{Motion}}$ schlängelte] sich [$_{\text{PATH}}$ durch den wunden Körper]. (Dölling, Beate: Hör auf zu trommeln, Herz, Weinheim: Beltz & Gelberg 2003, S. 66)

(17) [$_{\text{THEME}}$ Jonas] [$_{\text{Motion}}$ wand] sich [$_{\text{SOURCE}}$ aus dem Kofferraum] [$_{\text{DIRECTION}}$ nach vorne] [$_{\text{GOAL}}$ auf die Rückbank des Autos]. (Glavinic, Thomas: Die Arbeit der Nacht, München Wien: Carl Hanser Verlag 2006, S. 346)

44 Vgl. aber Deppermann (2011: 118–119), der gerade davon ausgeht, dass sich ein Bedeutungspotenzial durch seine Unterspezifizierung auszeichnet.

(18) So [$_{\text{Motion}}$ mäandern] sich [$_{\text{THEME}}$ die nackten und verschlungenen Leiber] [$_{\text{PATH}}$ durch die Werbung und über die Titel jener der Werbeästhetik folgenden Magazine]. (Die Zeit, 13.01.2000, Nr. 3)

(19) [$_{\text{THEME}}$ Der Schwerpunkt des Westens] [$_{\text{Motion}}$ verschob] sich [$_{\text{GOAL}}$ in die USA]. (Die Zeit, 02.03.2000, Nr. 10)

Die Belege zeigen, dass nicht alle Kern-FE des Frames (Tabelle 2.2 in Unterabschnitt 2.1.2) in einem Konstrukt instanziiert sein müssen. In dem Konstrukt in (14) werden von den insgesamt sieben Kern-FE von Motion nur zwei instanziiert, nämlich Motion.THEME und Motion.PATH. Darüber hinaus wird ein Nicht-Kern-FE, Motion.⟨MANNER⟩, instanziiert. Alle anderen FE des Frames Motion, der das Bedeutungspotenzial einer LE wie *bewegen* (*move.v*) repräsentiert, sind in diesem Konstrukt nicht overt ausgedrückt.

In dem Konstrukt in (15) wird das FE Motion.THEME ebenso instanziiert, statt des Kern-FE Motion.PATH liegt in diesem Konstrukt allerdings das FE Motion.GOAL vor. Hier also wird ein anderes FE aus dem Bedeutungspotenzial aktiviert als im Beleg zuvor. Auch bei den Nicht-Kern-FE gibt es Unterschiede: (15) instanziiert gleich drei: Motion.⟨TIME⟩, Motion.⟨MANNER⟩ (dies gleich zweimal) und Motion.⟨RESULT⟩. Auch sie werden aus dem Bedeutungspotenzial aktiviert und müssen nicht in jedem Konstrukt der Konstruktion eine Rolle spielen. In dem Konstrukt in (16) wiederum wird nur ein einziges FE, nämlich, Motion.PATH instanziiert, da, wie bereits in Unterabschnitt 2.1.2 erwähnt, das FE Motion.THEME null-instanziiert ist. Anders als in diesen Belegen und denen in (18) und (19), in denen das KE WEG der reflexiven Bewegungskonstruktion jeweils nur in Gestalt *eines* FE wie Motion.PATH oder Motion.GOAL instanziiert wird, werden in (17) gleich drei FE aktiviert, die diese Aufgabe übernehmen: Motion.SOURCE, Motion.DIRECTION und Motion.GOAL. Diese Varianz der Instanziierung des KE WEG der reflexiven Bewegungskonstruktion ist ein Beispiel für die Aktivierung mehrerer FE eines lexikalischen Frames oder des Konstruktions-Frames, die, wie in (17), gleich mehrfach für die Instanziierung desselben KE (Unterabschnitt 6.4.1) ausgedrückt werden können.

Die variierenden Instanziierungen von FE und insbesondere die Fälle, in denen Kern-FE null-instanziiert werden, sind nicht nur Ausdruck eines Bedeutungspotenzials: Wie Ziem (2018b) argumentiert, kann die Idee der Null-Instanziierungen bei FrameNet als eine Annäherung an Standardwerte verstanden werden, die, wie erwähnt, bei FrameNet nicht dezidiert beschrieben werden, aber für die Erfassung lexikalischer Bedeutungen von großer Relevanz sind (dazu weiterhin Unterabschnitt 5.5.2). So wird „[m]it dem Konzept der Null-Instanziierung [...] eine vergleichbare Größe eingeführt, die ähnlich wie Standardwerte dem Umstand

Rechnung tragen soll, dass Frames nur in Bruchstücken realisiert werden." (Ziem 2018b: 76).

Der Begriff des Bedeutungspotenzials bringt nun nicht nur eine bedeutungstheoretische Auffassung von Type-Frames (lexikalischen Frames und Konstruktions-Frames) zum Ausdruck, die in Token-Frames (Konstrukt-Frames) einfließen. Er ist ebenso mit der Idee der konzeptuellen Integration als Prozess der Konstitution eines Konstrukt-Frames und einer Konstruktbedeutung kompatibel.[45] Ein Bedeutungspotenzial wird, wie gesehen, nie vollständig aktiviert. Ebenso gehen in den Blend niemals sämtliche Elemente der beiden Inputs ein, die Projektion ist stets selektiv (vgl. Fauconnier & Turner 1998a: 138, 143). Auf die Typen von Frames und Bedeutungen bezogen heißt das: Konstrukt-Frame und Konstruktbedeutung konstituieren sich nicht aus allen Bestandteilen der beiden anderen Typen von Frames und Bedeutungen, sondern Letztere stellen lediglich einzelne Bestandteile zur Verfügung, die in Gestalt von durch FE motivierten Strukturelementen in einem Konstrukt instanziiert werden (vgl. Abschnitte 6.2 und 6.3).

Vor dem Hintergrund, dass FrameNet vorrangig eine lexikalische Ressource ist (vgl. Unterabschnitt 2.1.3), erscheint es unproblematisch, FrameNet-Frames als lexikalische Frames und somit Bedeutungspotenziale heranzuziehen.[46] Wichtig für die Entwicklung eines konstruktionssemantischen Modells ist jedoch, dass dies ebenso für Konstruktions-Frames möglich ist und sich auch der Begriff des Bedeutungspotenzials auf syntaktische Konstruktionen anwenden lässt.

4.2.3 Unterschiede zu Konstruktions-Frames

Obwohl es sich bei lexikalischen Frames und Konstruktions-Frames gleichermaßen um Frames auf Type-Ebene und Bedeutungspotenziale handelt, unterscheiden sich lexikalische Frames von Konstruktions-Frames in drei wesentlichen Punkten. Dazu zählen (i) die Varianz lexikalischer Frames über die Konstrukte einer Konstruktion hinweg, (ii) ihre Fähigkeit zur Determination des Anteils des Konstruktions-Frames an einem Konstrukt-Frame sowie (iii) ihre Evokation, die sich grundlegend von derjenigen eines Konstruktions-Frames unterscheidet.

---

45 Darauf weisen Fauconnier (1997: 37) sowie Fauconnier & Turner (2003: 79) selbst hin. Auch Mandelblit (1997: 35) argumentiert (ohne den Begriff des Bedeutungspotenzials zu verwenden) in eine ähnliche Richtung.

46 In frame-semantischer Terminologie spricht auch Busse (2008b: 86) von „‚Wortbedeutungen' […] als ‚Evokationspotentiale[n]'". Auf den Begriff des Potenzials weist Busse (2015b: 180) in ähnlichem Kontext auch an anderer Stelle hin.

Der erste wesentliche Unterschied lexikalischer Frames zu Konstruktions-Frames liegt in ihrer Varianz über die Konstrukte einer Konstruktion hinweg: Während Konstruktions-Frames über unterschiedliche Konstrukt-Frames hinweg – zumindest innerhalb einer Lesart der Konstruktion (vgl. Unterabschnitt 5.2.1) – tendenziell invariant sind, sind lexikalische Frames stärker variabel (vgl. dazu auch Unterabschnitt 6.1.2). Diese Varianz ist Voraussetzung dafür, produktive Instanzen einer Konstruktion und damit unterschiedliche Konstrukt-Frames bilden zu können: „Meaningful differences between individual expressions can be attributed to differences in lexical items." (Goldberg 2005a: 24). Dies leuchtet unmittelbar ein, lässt sich die Produktivität einer Konstruktion doch als umso höher einstufen, je größer die Anzahl der lexikalischen Frames (kurzum: ihre Type-Frequenz) ist, die ihre Konstrukt-Frames konstituieren, je größer also die Anzahl der KtE (als LE auf Type-Ebene) ist, die ein KE instanziieren können (vgl. Ziem 2018e: 35).[47] So sind die reflexive Bewegungskonstruktion und die reflexive Partikelverbkonstruktion in dieser Hinsicht durchaus als produktiv anzusehen, da sie eine Vielzahl unterschiedlicher lexikalischer Frames zulassen (dazu näher Unterabschnitt 7.5.2). Anders ist die reflexive *Weg*-Konstruktion zu charakterisieren: Bis auf wenige Ausnahmen ist ihre Instanziierung des KE Ereignis, wie in Unterabschnitt 3.3.1 erwähnt und in den Belegen (20) bis (22) sichtbar, auf das Verb *bahnen* beschränkt.

(20) Wie ein Triumphator {[~Ereignis~ bahnt] sich Schiller den Weg durch die Menschenmenge}, eskortiert von den Würdenträgern der Universität. (Safranski, Rüdiger: Friedrich Schiller, München Wien: Carl Hanser 2004, S. 311)

(21) „Ich habe schon einen kleinen Absacker getrunken, sogar zwei", wand sie sich los und {[~Ereignis~ bahnte] sich ihren Weg an ihm vorbei ins Schlafzimmer}. (Düffel, John von: Houwelandt, Köln: DuMont Literatur und Kunst Verlag 2004, S. 137)

(22) Doch er blieb nicht stehen, sondern {[~Ereignis~ bahnte] sich seinen Weg um den Tisch herum}. (Düffel, John von: Houwelandt, Köln: DuMont Literatur und Kunst Verlag 2004, S. 43)

47 Dies freilich unter der Voraussetzung, dass die unterschiedlichen KtE auch unterschiedliche lexikalische Frames evozieren und sich nicht nur in den lexikalischen Bedeutungen innerhalb eines Frames unterscheiden. Die reine Anzahl unterschiedlicher KtE besitzt somit noch keine Aussagekraft. Auf die Produktivität und das Kriterium der Type-Frequenz, das auf den Produktivitätsbegriff von Barðdal (2008) zurückgeht, komme ich als Gegenstand eines semantischen Parameters für Konstruktionen in Abschnitt 5.6 zurück.

In Zusammenhang mit der Varianz lexikalischer Frames über die Konstrukte einer Konstruktion hinweg steht als zweiter Unterschied ihre Fähigkeit, den Anteil des Konstruktions-Frames an der Konstitution eines Konstrukt-Frames zu determinieren. Inwieweit ein Konstruktions-Frame in einen Konstrukt-Frame eingeht und wie groß sein Anteil daran ist, entscheidet sich primär danach, welcher lexikalische Frame vorliegt und sekundär danach, um welche lexikalische Bedeutung es sich handelt. Dies wird bei der Analyse des Koerzionspotenzials der drei untersuchten Konstruktionen (Abschnitte 5.5 und 7.4) deutlich. Um noch einmal die reflexive Bewegungskonstruktion als Beispiel heranzuziehen, hat ein separater Konstruktions-Frame in Konstrukten wie in (23), in dem das KtE des KE Ereignis den lexikalischen Frame `Self_motion` evoziert, keinen Anteil (vgl. Unterabschnitt 6.2.1). Ein deutlicherer Anteil des Konstruktions-Frames ist beim lexikalischen Frame `Scouring` in Konstrukten wie in (24) vorhanden. Noch einmal höher ist er bei dem lexikalischen Frame `Manipulation`, für den (25) ein Beispiel ist, während er bei einem lexikalischen Frame wie `Making_noise` in (26) am größten ist.[48]

(23) Katharina [$_{\texttt{Self\_motion}}$ schlich] sich oben durch den Flur und kletterte die Leiter zum Dachboden hinauf. (Dölling, Beate: Hör auf zu trommeln, Herz, Weinheim: Beltz & Gelberg 2003, S. 28)

(24) Unermüdlich [$_{\texttt{Scouring}}$ wühlten] sich ihre geschmeidigen Finger durch das schwarze, schattenhafte Fleisch der erschlagenen Forellen, während das Gewitter immer wieder aufglomm und verlosch und schließlich in schmutziger, schummriger Dunkelheit unterging. (Düffel, John von: Vom Wasser, München: dtv 2006, S. 191)

(25) Dann ließ er Bechthold stehen, [$_{\texttt{Manipulation}}$ zwängte] sich durch die Gruppe wahnsinnig Gewordener, kam auf den Würger zu, gab ihm fröhlich die Hand und sagte: (Kopetzky, Steffen: Grand Tour, Frankfurt am Main: Eichborn 2002, S. 725)

(26) Unter www.skispringen.de [$_{\texttt{Make\_noise}}$ klickte] sich der Surfer durch Ergebnistabellen, Springer-Biografien, -Homestorys und -Interviews, er konnte sich die besten Sprünge nochmals auf Video ansehen, mit Günther

48 Diese Skala bezieht mögliche Frame-zu-Frame-Relationen lexikalischer Frames zum Konstruktions-Frame (Abschnitt 5.4) ein, die bei der Frage nach Koerzionseffekten (Abschnitt 5.5) eine Rolle spielen. Wie sie zustande kommt, diskutiere ich im Kontext der Messung des Koerzionspotenzials einer Konstruktion in Unterabschnitt 7.4.1. Die darin entwickelten sieben Koerzionsstufen verteilen sich auf die zitierten Belege wie folgt: Dem Konstrukt in (23) kommt Koerzionsstufe 1 zu, dem Konstrukt in (24) Koerzionsstufe 5, dem Konstrukt in (25) Koerzionsstufe 6 und dem Konstrukt in (26) die höchste Koerzionsstufe 7.

Jauch und anderen chatten oder am Gewinnspiel teilnehmen. (Die Zeit, 13.01.2000, Nr. 3)

Schließlich betrifft der dritte Unterschied lexikalischer Frames zu Konstruktions-Frames ihre Evokation. Anders als bei Konstruktions-Frames sind die Mechanismen zur Evokation lexikalischer Frames eingeschränkter. Ein lexikalischer Frame wird – zumindest im Falle einer Argumentstruktur-Konstruktion – in der Regel von dem KtE eines einzigen KE evoziert. Im Falle der reflexiven Bewegungskonstruktion, der reflexiven Partikelverbkonstruktion und der reflexiven *Weg*-Konstruktion wird der lexikalische Frame jeweils von einem KtE evoziert, das das KE EREIGNIS instanziiert (vgl. dazu auch Unterabschnitt 7.3.1). Diese KtE sind also zugleich LE derjenigen lexikalischen Frames, die sie evozieren. Für die Evokation eines lexikalischen Frames liegt demnach nur dieser Mechanismus vor, während die Evokation eines Konstruktions-Frames durch unterschiedliche Mechanismen geleistet werden kann, die wiederum von der Art der lexikalischen Frames (ob sie zum Konstruktions-Frame relatiert oder unrelatiert sind) abhängen (dazu Unterabschnitt 8.1.2).

4.3 Konstruktions-Frames und Konstruktionsbedeutungen

Konstruktions-Frames und Konstruktionsbedeutungen bilden die zweite Komponente bei der Konstitution eines Konstrukt-Frames und einer Konstruktbedeutung als Blend und stellen den zweiten Input im Netzwerk der konzeptuellen Integration dar.[49] Unter einem Konstruktions-Frame[50] ist derjenige Frame zu verstehen,

---

49 Im Gegensatz zu den von ihm postulierten *Lexem-Frames* nimmt Busse (2012: 682–684) keine komplementären Konstruktions-Frames an, sondern geht direkt zu *Satz-Frames* über, die in etwa den bei FrameNet dokumentierten instanziieren Valenzmustern nahekommen dürften, aber nicht explizit mit dem Konstruktionsbegriff operieren. Bemerkenswert ist indes sein Hinweis auf das Desiderat der Integration frame-semantischer Ideen in die Konstruktionsgrammatik: „Allerdings deckt das in der Zielrichtung eher lexikalisch orientierte FrameNet-Projekt bei weitem nicht alle spezifischen syntaktischen Aspekte ab. Eine vollständige Frame-theoretische Beschreibung desjenigen sprachbezogenen bzw. sprachrelevanten Wissens, das man syntaktisches Wissen nennt, würde eine vollständige Frame-theoretische Reformulierung der gesamten Syntax erfordern. So etwas wäre denkbar und vermutlich auch machbar, ist aber bisher nirgends ernsthaft vorgeschlagen worden. Auch neuere syntaxtheoretische Ansätze aus dem Umfeld Fillmores, wie z.B. die zunehmend mehr Anhänger findende *construction grammar*, sind bisher noch nicht zu einer strikt Frame-theoretischen Modellierung bzw. Beschreibung vorgedrungen." (Busse 2012: 682).

50 Florent Perek (persönliche Kommunikation) verwendet im Rahmen des Konstruktikons für das Englische den terminologisch ähnlichen Begriff des *constructional frame*. Dieser basiert

der mit einer syntaktischen Konstruktion als Ganzes, d.h. mit einer spezifischen Konstellation von KE, KEE und KorE assoziiert ist.[51] Gleiches gilt für die Konstruktionsbedeutung, der dieser Frame zugrunde liegt. So kann die syntagmatische Struktur einer Konstruktion direkt mit einem Frame und einer Bedeutung assoziiert sein: „[S]imple sentence types [...] are directly correlated with one or more semantic structures." (Goldberg 1997: 383). Frames, die als Konstruktions-Frames infrage kommen, unterscheiden sich nicht grundsätzlich von denjenigen Frames, die lexikalische Frames darstellen können.[52] Dies liegt allein daran, dass syntaktische Konstruktionen im Sinne des Lexikon-Grammatik-Kontinuums von Langacker (1987: 3) wie LE behandelt werden können – und umgekehrt (vgl. Ziem 2014c: 200; Michaelis 2017: Abschn. 3; Ruppenhofer, Boas & Baker 2018: 489; Hilpert 2019: 2).

Allerdings ist es keineswegs der Fall, dass ein separater Konstruktions-Frame an der Konstitution *aller* Konstrukt-Frames beteiligt ist. Die in Unterabschnitt 4.2.2 diskutierten Konstrukte in (14)–(19), bei denen der lexikalische Frame mit dem Konstruktions-Frame identisch ist, sind erste Beispiele dafür. Genauer trifft dieser Fall auf alle Konstrukt-Frames zu, die sich aus einem lexikalischen Frame konstituieren, der in einer Frame-zu-Frame-Relation zum Konstruktions-Frame steht (vgl. Unterabschnitt 6.2.1). Der semantische Parameter der Frame-Nähe (Abschnitt 5.4) trägt diesem Umstand Rechnung.

Wie schon bei der Unterscheidung in lexikalische Frames und lexikalische Bedeutungen muss auch auf der Ebene einer syntaktischen Konstruktion zwischen Frame und Bedeutung unterschieden werden. Das von Ziem (2020b: 44–48) für die lexikalische Ebene entwickelte Modell kann für Konstruktionen also analog Geltung beanspruchen. Der Grund dafür ist simpel und lässt sich an den drei untersuchten Konstruktionen leicht nachvollziehen: Würde die Konstruktionsbedeutung direkt dem Konstruktions-Frame entsprechen, so wären Konstruktionen,

---

grundsätzlich auf einem FrameNet-Frame, kann einerseits aber im Sinne eines *windowing of attention* (Talmy 1996) im Hinblick auf spezifische semantische Eigenschaften einer Konstruktion perspektiviert sein, etwa durch die Hervorhebung bestimmter FE (vgl. dazu auch Perek & Patten 2019: 375). Andererseits kann er aber auch reichhaltiger an Informationen sein als der im FrameNet dokumentierte Frame. Pereks Begriff ist also eher mit den hier verwendeten Begriffen der Konstruktions*bedeutung*, des Konstrukt-Frames und der Konstruktbedeutung zu vergleichen.

51 Ganz ähnlich versteht Brugman (1996: 30) hierunter „a frame-based semantics [...] which the use of each [...] construction invokes." Dass bei ihr vom *Invozieren* eines Frames die Rede ist, was ein Kontrast zu den Begriffen des *Evozierens* und des Assoziierens ist (zu letzterem vgl. Schmid 2020: 43–49), zeigt, dass hier eine terminologische Klärung vonnöten ist, auf die ich in Unterabschnitt 8.1.1 zurückkomme.

52 Vgl. schon Geeraerts (1998: 185–186) für das Argument, dass (syntaktische) Konstruktionen mit demselben deskriptiven Instrumentarium beschrieben werden können wie LE.

die über denselben Konstruktions-Frame verfügen, synonym. Dies würde also die reflexive Bewegungskonstruktion, die reflexive Partikelverbkonstruktion und die reflexive *Weg*-Konstruktion betreffen, denen jeweils `Motion` als Konstruktions-Frame zugrunde liegt. Dass die drei Konstruktionen aber keineswegs ‚synonym' sind, ergibt sich schon aus ihren unterschiedlichen Formseiten. Sie sind an den unterschiedlichen Konstellationen von KE, KEE und KorE zu erkennen, die für die Konstruktionen jeweils charakteristisch sind. Gemäß des *Principle of No Synonymy* (Goldberg 1995: 67) müssen sich formal unterschiedliche Konstruktionen auch in ihren semantischen Eigenschaften unterscheiden. Dieser Unterschied muss nicht auf der Ebene von Konstruktions-Frames zustande kommen, sondern auf der Ebene von Konstruktionsbedeutungen. Eine Konstruktionsbedeutung ist, analog zu einer lexikalischen Bedeutung, ein durch Standardwerte spezifizierter Konstruktions-Frame.

Diese Analogie zwischen Konstruktionsbedeutung und lexikalischer Bedeutung setzt sich darin fort, dass eine Konstruktionsbedeutung im Sinne traditioneller Semantiktheorien ebenso als Ausdrucksbedeutung zu verstehen ist. Sie ist gleichzeitig aber, anders als es etwa Szcześniak (vgl. 2014b: 154–155) behauptet, nicht als ‚grammatische ' Bedeutung (ebenfalls im Sinne traditioneller Grammatiktheorien) zu verstehen. Dies vor allem deshalb, weil sie einen wesentlichen Beitrag zu der durch ein Konstrukt ausgedrückten Proposition leisten können. Auf der Ebene eines Konstrukt-Frames wird dies durch unterschiedliche hohe Grade einer Frame-Anpassung (Unterabschnitt 4.4.1) des lexikalischen Frames durch den Konstruktions-Frame sichtbar. Obwohl es sich bei syntaktischen Konstruktionen um syntagmatisch komplexere Einheiten als LE handelt (vgl. Abschnitt 5.1), sind Konstruktionsbedeutungen nicht mit Satzbedeutungen zu verwechseln, da Letztere auf Token-Ebene verortet sind und damit – mit Einschränkungen – eher in die Nähe von Konstruktbedeutungen gehören (vgl. Unterabschnitt 4.1.3).

In Unterabschnitt 4.3.1 zeige ich auf, dass Konstruktions-Frames ebenso wie lexikalische Frames als Bedeutungspotenziale zu verstehen sind. Im Anschluss daran nehme ich in Unterabschnitt 4.3.2, analog zu der Charakterisierung lexikalischer Bedeutungen, die Unterschiede zwischen Konstruktions-Frames und lexikalischen Frames in den Blick und erörtere sie aus der Sicht Ersterer. Zum Abschluss gehe ich in Unterabschnitt 4.3.3 auf die bisweilen angenommene Charakterisierung von Konstruktionsbedeutungen als ‚grammatische' Bedeutungen ein und führe weitere Argumente ins Feld, Konstruktions-Frames und Konstruktionsbedeutungen nicht als etwas grundsätzlich anderes als lexikalische Frames und lexikalische Bedeutungen zu betrachten.

4.3.1 Konstruktions-Frames als Bedeutungspotenziale

Der Begriff des Bedeutungspotenzials lässt sich wie auf lexikalische Frames auch auf Konstruktions-Frames anwenden:[53] Auch Konstruktions-Frames sind als Bedeutungspotenziale zu verstehen. Konstruktionen lassen sich demnach ebenso wie den sie instanziierenden LE Bedeutungspotenziale zuschreiben. Aus konstruktionsgrammatischer Sicht scheint dieser Schritt wenig problematisch, weist doch bereits Langacker (1987) auf den Begriff des Potenzials für den Aufbau des semantischen Pols einer – zum Konstruktionsbegriff weitgehend identischen[54] – symbolischen Einheit hin:

> We can think of semantic space as the multifaceted field of conceptual potential within which thought and conceptualization unfold; a semantic structure can then be characterized as a location or a configuration in semantic space. (Langacker 1987: 76)

Sieht man sich die verfügbaren Theorien von Bedeutungspotenzialen an, erscheint diese Annahme jedoch alles andere als selbstverständlich. So sehen zumindest die Ansätze von Hanks (1994, 1996) und Allwood (2003) keine Anwendung auf Konstruktionen vor. Hanks spricht wiederholt lediglich von Wörtern als Trägern von Bedeutungspotenzialen und richtet den Blick auf syntaktische Strukturen ausschließlich in der Annahme, dass „the meaning potentials of the words that an utterer uses are projected onto the syntax. Different meanings are associated with different syntactic patterns." (Hanks 1994: 92–93). Grammatische Muster (oder eben: Konstruktionen) kommen nur dann ins Spiel, wenn es die Absicht ist, „to show how the meaning potential of a verb projects onto the syntactic patterns with which it is associated." (Hanks 1996: 90). Einheiten, die über die Wortebene hinausgehen, seien es Kollokationen oder grammatische Muster bzw. Konstruktionen, dienen für Hanks lediglich dazu, ein Bedeutungspotenzial zu instanziieren und Elemente daraus zu aktivieren. In seiner Theorie kommen ihnen selbst keine Bedeutungspotenziale zu.

Einen ähnlichen Standpunkt vertritt Allwood (2003: 53–54), den er am Unterschied zwischen kategorematischen und synkategorematischen sprachlichen Ausdrücken verdeutlicht: Nur Erstere können ihm zufolge ein Bedeutungspoten-

---

53 So bringt auch Ziem (2018e: 38–44) eher informell den Begriff des Bedeutungspotenzials mit dem einer Konstruktionsbedeutung in Zusammenhang, wobei er damit ganz generell eine „semantische Varianz" (Ziem 2018e: 38) zu erfassen sucht.

54 Für eine Gegenüberstellung der Begriffe der Konstruktion im Sinne der Konstruktionsgrammatik und der symbolischen Einheit im Sinne der Kognitiven Grammatik vgl. Ziem (2008: 180–192, 2014b: 153–163).

zial tragen, Letztere dienen lediglich dazu, es im Kontext zu aktivieren. Zu ihnen zählt er explizit auch Konstruktionen:

> Syncategorematic restrictions operate through the semantic requirements of different grammatical constructions like modifier-head or subject-predicate. This idea is similar to the concept[] of [...] "constructional meaning" (Goldberg 1995). (Allwood 2003: 54)

Wie schon Hanks (1994, 1996) davon ausgeht, dass grammatische Muster lediglich Instanziierungen von Bedeutungspotenzialen einzelner LE sind, nimmt auch Allwood (2003) an, dass sie als schlichte Hilfsmittel bei der Aktivierung lexikalischer Bedeutungspotenziale fungieren. Konstruktionen stellt er damit auf dieselbe Stufe wie kontextuelle Faktoren, wenn er behauptet, dass

> the trigger for a particular activation of a meaning potential is a contextually given requirement of sense making, mostly involving compatibility with the meaning potential of other words constrained semantically by a particular grammatical construction as well as extralinguistic context, [...]. (Allwood 2003: 56)

Sowohl Hanks als auch Allwood nehmen somit eine einseitige Beziehung zwischen LE und Konstruktionen an: Letztere sind an der Aktivierung der Bedeutungspotenziale von Ersteren beteiligt. Aktiviert werden können lediglich semantische Bestandteile, die bereits im Bedeutungspotenzial der LE angelegt sind. Was dort nicht vorhanden ist, kann demnach nicht in einen Konstrukt-Frame und eine Konstruktbedeutung eingehen. Allein die aus konstruktionsgrammatischer Sicht und vor dem Hintergrund des hier vertretenen konstruktionssemantischen Modells unangebrachte Annahme, Konstruktionen seien synkategorematische Einheiten, führt jedoch dazu, dass Allwoods Ansatz ebenso wie derjenige von Hanks die Relevanz von Bedeutungspotenzialen für Konstruktionen verkennt.

Dass Konstruktionen ebenso wie LE Bedeutungspotenziale zugeschrieben werden können, argumentieren – im direkten Gegensatz zu Hanks und Allwood – Norén & Linell (2007) auf der Basis einer empirischen Studie.[55]

---

55 An anderer Stelle gehen sie expliziter auf theoretische Parallelen ein: „Meaning potential theory has similarities with a Construction Grammar approach (e.g. Fillmore[, Kay & O'Connor] 1988). We have described the interaction and compatibility between the meaning potentials of the lexical item [...] and the schematic idiom [...], something which contributes strongly to the situated meanings of [...] utterances, in ways that are partly parallel to Goldberg's (1995) account of the semantic interactions between specific verbs and larger constructions (argument structures). However, we would of course emphasise the importance of extra-linguistic contextual factors too." (Norén & Linell 2007: 410).

> It is of course not just lexical resources that provide language users with affordances of meaning. (Besides, these are most probably of different kinds for different types of lexemes.) Grammatical constructions, whose expression side consists of configurations of several morphosyntactic and prosodic elements (plus sometimes lexical material), also have meaning potentials. (Norén & Linell 2007: 389)

Ihre Definition von Bedeutungspotenzialen erfasst somit sowohl LE als auch Konstruktionen:

> The meaning potential of a lexical item or a grammatical construction is the set of properties which together with contextual factors, including features of the linguistic co-text as well as various situational conditions, make possible all the usages and interpretations of the word or construction that language users find reasonably correct, or plainly reasonable in the actual situations of use. Speakers and listeners use the potentials of words and other expressions to mean and understand specific things in context. (Norén & Linell 2007: 389)

Da syntaktische Konstruktionen im Sinne der Konstruktionsgrammatik ebenso wie LE sprachliche Zeichen sind, legt auch Ziem (2008) nahe, ihnen Bedeutungspotenziale zuzusprechen:

> Jede Konstruktion ist genauso mit einem „Bedeutungspotential" assoziiert wie jede symbolische Einheit, die sich aus mehreren Konstruktionen zusammensetzt, nur dass diese aus der Kombination verschiedener „Bedeutungspotentiale" hervorgegangen ist und insofern eine komplexere Gestalt aufweist. (Ziem 2008: 240)

Ebenso wie ich schließt sich auch Deppermann (2011: 119) der Position von Norén & Linell (2007) an und geht davon aus, dass Konstruktionen über Bedeutungspotenziale verfügen.[56]

Ich möchte kurz an einigen Belegen für die reflexive Bewegungskonstruktion aufzeigen, wie das Bedeutungspotenzial einer Konstruktion in konkreten Konstrukten zu beobachten ist. Dies betrifft die bereits für LE diskutierte Eigenschaft der nur partiellen Aktivierung von FE (vgl. Unterabschnitt 4.2.2), die für Konstruktions-Frames ebenso gilt wie für lexikalische Frames.[57] Beleg (27) ent-

56 Diese begriffliche Konsequenz hat für Argumentstruktur-Konstruktionen auch Schneider (2014: 363) erkannt: „Hier muss dem abstrakten Schema eine Bedeutung, zumindest ein Bedeutungspotenzial zugeschrieben werden." In den Worten von Diedrichsen (2014: 185) „sind Konstruktionen semantisch dehnbar".

57 Mandelblit (1997: 35) weist in einem ähnlichen Zusammenhang auf den später von Fauconnier & Turner (1998a: 138) formulierten Grundsatz der Theorie der konzeptuellen Integration, dass auch Blending-Prozesse immer selektiv sind und sich im Blend (in Konstrukt-Frame und Konstruktbedeutung) nur ausgewählte Aspekte aus den Inputs (lexikalischer Frame und lexikalische Bedeutung sowie Konstruktions-Frame und Konstruktionsbedeutung) wiederfinden, hin.

hält ein Konstrukt der reflexiven Bewegungskonstruktion mit dem lexikalischen Frame `Cause_to_experience`, den das Verb *quälen* (*torment.v*) evoziert.

(27) Eine Ahnung von Licht [$_{\text{Cause\_to\_experience}}$ quält] sich durch ein briefbogengroßes, verdrecktes Fenster. (Die Zeit, 24.02.2000, Nr. 9)

Das KtE *durch ein briefbogengroßes, verdrecktes Fenster* kann durch diesen Frame nicht semantisch motiviert werden: Ein entsprechendes FE in `Cause_to_experience` fehlt. Hier kommt das Bedeutungspotenzial der Konstruktion, der Konstruk-tions-Frame `Motion`, ins Spiel. Er trägt für die semantische Motivierung dieses KtE das FE `Motion`.PATH bei. Im Falle des KEE, hier also des Reflexivums *sich*, tritt ein FE des Konstruktions-Frames, `Motion`.THEME zu einem FE des lexikalischen Frames, `Cause_to_experience`.EXPERIENCER, hinzu, wodurch diese beiden FE im Konstrukt-Frame fusionieren und eine doppelte Motivierung dieses KEE (Unterabschnitt 6.3.3) vorliegt. In den Konstrukt-Frame gehen also zwei FE von `Motion` ein. Weitere FE, und dies ist das Kennzeichen des Konstruktions-Frames als Bedeutungspotenzial, erscheinen in diesem Konstrukt nicht. Das Ergebnis unter Einbezug des Konstruktions-Frames ist in der Annotation in (28) zu sehen.[58]

(28) [$_{\text{AGENT}}$ Eine Ahnung von Licht] [$_{\text{Cause\_to\_experience}}$ quält] [$_{\text{EXPERIENCER}}$ sich ^{THEME}] [durch ein briefbogengroßes, verdrecktes Fenster ^{PATH}]. (Die Zeit, 24.02.2000, Nr. 9)

Anders ist dies in Beleg (29), in dem ebenfalls die LE *quälen* (*torment.v*) denselben lexikalischen Frame evoziert. Das Bedeutungspotenzial der Konstruktion, `Motion`, trägt für das KtE *zu einem Lächeln* hier nicht das FE `Motion`.PATH, sondern das FE `Motion`.GOAL bei. In diesem Konstrukt wird aus dem Bedeutungspotenzial der Konstruktion demnach ein anderes FE aktiviert.

(29) [$_{\text{AGENT}}$ Lukian] [$_{\text{Cause\_to\_experience}}$ quält] [$_{\text{EXPERIENCER}}$ sich ^{THEME}] [zu einem Lächeln ^{GOAL}]. (Krausser, Helmut: Eros, Köln: DuMont 2006, S. 146)

Noch deutlicher wird diese Feststellung, wenn man Konstrukte mit unterschiedlichen lexikalischen Frames betrachtet. In Konstrukten mit den lexikalischen Frames `Hostile_encounter` (30), `Rescuing` (31), `Daring` (32) und `Work` (33) sind die jeweils auf die FE von `Motion` hin annotierten KtE des KE WEG ebenfalls nicht in den

58 Das FE des Konstruktions-Frames `Motion` ist dabei, um es von denjenigen des lexikalischen Frames zu unterscheiden, nach dessen Instanz hochgestellt annotiert. Da der Konstruktions-Frame für alle in dieser Arbeit untersuchten Konstruktionen identisch ist, wird er, anders als der lexikalische Frame, nicht zusätzlich in den Annotationen genannt. Es handelt sich bei den hochgestellt annotierten FE immer um FE von `Motion`.

jeweiligen lexikalischen Frames angelegt, sie müssen dem Konstruktions-Frame Motion entstammen.

(30) David [Hostile_encounter kämpfte] sich [durch das überfüllte Lokal PATH] und reduzierte seinen Wortschatz auf: Moment, gleich, Sekunde, bin schon da und sofort. (Suter, Martin: Lila, Lila, Zürich: Diogenes 2004, S. 52)

(31) Ich weiß, daß sie mir alles aus dem Gesicht ablesen kann, will es nicht dazu kommen lassen, werde immer linkischer und [Rescuing rette] mich [in die Einsilbigkeit GOAL]. (Schrott, Raoul: Tristan da Cunha oder die Hälfte der Erde; Hanser Verlag 2003, S. 513)

(32) Er [Daring traute] sich nicht mehr [aus dem Haus SOURCE], hörte immer wieder Stimmen, fühlte sich bedroht und sah im Spiegel jemanden, den er nicht kannte. (Die Zeit, 09.03.2000, Nr. 11)

(33) Er schaute sich noch ein wenig um und begann, sich wieder [in Richtung Ausgang DIRECTION] vorzu[Work arbeiten]. (Suter, Martin: Lila, Lila, Zürich: Diogenes 2004, S. 344)

Auch diese Konstrukte zeigen, dass aus dem Konstruktions-Frame unterschiedliche FE aktiviert werden, um die KtE des KE semantisch zu motivieren. In (30) ist es das FE Motion.PATH, in (31) Motion.GOAL, in (32) Motion.SOURCE und in (33) Motion.DIRECTION. Es erscheint somit sinnvoll, bei Konstruktions-Frames ebenso wie bei lexikalischen Frames von Bedeutungspotenzialen zu sprechen, auch wenn Hanks und Allwood dagegen argumentieren. Es mag zwar für bestimmte Arten von Konstruktionen plausibel erscheinen, ihnen synsemantischen Status und damit keine Bedeutungspotenziale zuzuschreiben, etwa für traditionell ‚grammatische' Bedeutungen oder für manche formal abstrakten Argumentstruktur-Konstruktionen (vgl. dazu Abschnitt 5.1). Spätestens aber die Annahme lexikalisch teilspezifizierter Konstruktionen, die ein KEE und/oder KorE enthalten, bringt diese Annahme ins Wanken. Sie fällt schlussendlich mit all denjenigen Konstruktionen, die lexikalisch stärker oder voll spezifiziert sind, also lexikalischen Konstruktionen ebenso wie substanziellen Idiomen im Sinne von Fillmore, Kay & O'Connor (1988: 505–506).[59]

Über die soeben aufgezeigten Auswirkungen eines Bedeutungspotenzials hinaus macht Ziem (2008: 238, 2014b: 203) den Vorschlag, dass die Standardwerte, die einzelnen FE zugeschrieben werden können, das Bedeutungspotenzial kon-

59 Diese zählt Allwood – gemäß der starren Kategorema-Synkategorema-Dichotomie – zu LE und damit in die Kategorie der Kategorema: „[A]ll linguistic expressions (morphemes, words, idioms, phrases, etc.) are associated with meaning potentials." (Allwood 2003: 52).

stituieren. Da FrameNet allerdings, wie in Unterabschnitt 2.1.3 diskutiert, keine Standardwerte berücksichtigt, gehe ich für die weiteren Überlegungen davon aus, dass bereits das Inventar an FE die Grundstruktur des Bedeutungspotenzials vorgibt (vgl. aber ähnlich Ziem 2013b: 146) und somit der Konstruktions-Frame, nicht aber die durch Standardwerte spezifizierte Konstruktionsbedeutung, einem Bedeutungspotenzial entspricht. FE können als Elemente eines Bedeutungspotenzials aktiviert und in einem Konstrukt instanziiert werden, unabhängig davon, ob es sich um FE eines lexikalischen Frames oder eines Konstruktions-Frames handelt. Doch auch wenn sie nicht sprachlich ausgedrückt sind, können sie verstehensrelevant und damit aktiviert bleiben, etwa im Falle von Null-Instanziierungen, als *off-stage-Wissen* (Boas 2003a: 172–173) oder im Falle von FE, die grundsätzlich nicht der Motivierung der Strukturelemente einer Konstruktion und ihrer Instanzen dienen: „KE kodieren nur einzelne FE eines Frames; es sind die übrigen FE, die weitere semantische Informationen und mithin den übergeordneten Bedeutungsrahmen der Konstruktion bereitstellen". (Ziem 2020a: 23). Die innere Struktur eines Frames bildet die Struktur eines Bedeutungspotenzials ab, desjenigen einer Konstruktion ebenso wie desjenigen einer LE.[60]

Ein weiteres Argument dafür, Konstruktions-Frames und nicht Konstruktionsbedeutungen als Bedeutungspotenziale zu verstehen, liegt darin, dass die Spezifizierung eines Frames durch Standardwerte bereits Ausdruck der Aktivierung eines Bedeutungspotenzials ist. Der Begriff des Bedeutungspotenzials bietet sich gerade als übergreifende Kategorie für unterschiedliche lexikalische Bedeutungen und Konstruktionsbedeutungen an. So ist das Bedeutungspotenzial der reflexiven Bewegungskonstruktion, der reflexiven Partikelverbkonstruktion und der reflexiven *Weg*-Konstruktion identisch, die Konstruktionen können sich jedoch, wie eingangs erwähnt, hinsichtlich ihrer Konstruktionsbedeutungen unterscheiden. Ebenso wie das Bedeutungspotenzial die lexikalischen Bedeutungen unterschiedlicher LE subsumiert, subsumiert das gemeinsame Bedeutungspotenzial unterschiedlicher Konstruktionen deren einzelne Konstruktionsbedeutungen.

Des Weiteren ist die Auffassung eines Konstruktions-Frames als Bedeutungspotenzial, analog zu derjenigen eines lexikalischen Frames, mit der Theorie der konzeptuellen Integration vereinbar. Wie nicht zuletzt die Konstrukte in (30)–(33) gezeigt haben, ist die Projektion des zweiten Inputs (des Konstruktions-Frames) auf den Blend (den Konstrukt-Frame) tatsächlich in der Regel im Sinne von Fauconnier & Turner (1998a: 138) selektiv: In den meisten Konstrukten,

---

60 Norén & Linell (2007: 392, Anm. 6) äußern sich gegenüber der Frame-Semantik allerdings skeptisch: „Compared to the dynamic theory of meaning potentials, frame semantics comes out as a rather rigid theory for linking semantic frames to prototypical situations."

deren Konstrukt-Frames ein Anteil eines Konstruktions-Frames enthalten, werden entweder ein oder zwei FE des Konstruktions-Frames für die semantische Motivierung eines KtE und/oder KEE aktiviert. Die Aktivierung solcher FE aus dem Konstruktions-Frame kann zur Bestimmung von Koerzionseffekten in einem Konstrukt (dazu Unterabschnitte 7.4.1 und 7.4.3) herangezogen werden. Die in Unterabschnitt 4.2.3 zitierten Belege (23)–(26) geben einen ersten Eindruck für die in diesem Zuge zu ermittelnden Koerzionsstufen.

Koerzionseffekte zeigen besonders deutlich den Einfluss des Bedeutungspotenzials einer Konstruktion. Ein solcher Mechanismus ist in der Konstruktionsgrammatik gut dokumentiert (vgl. z.B. Michaelis 2003a: 268, 2004: 25) und gehört sogar – neben den von Goldberg postulierten Kriterien – zu den wesentlichen Voraussetzungen für die Annahme einer Konstruktion (vgl. Michaelis 2010: 140).[61] Koerzionseffekte sind Widerlegungen des einseitigen Verhältnisses zwischen LE und Konstruktionen, das Hanks und Allwood annehmen. Nicht zuletzt deshalb erscheint es angebracht, sie zum Gegenstand eines semantischen Parameters von Konstruktionen zu machen, auf welchen ich in Abschnitt 5.5 zurückkomme.

4.3.2 Unterschiede zu lexikalischen Frames

So wie sich lexikalische Frames in drei wesentlichen Punkten von Konstruktions-Frames unterscheiden (Unterabschnitt 4.2.3), lassen sich auch aus der Sicht von Konstruktions-Frames Abgrenzungen zu lexikalischen Frames treffen. Es seien hierfür nur zwei Punkte erwähnt, die sich mit denen, die bereits aus der Sicht lexikalischer Frames formuliert wurden, überschneiden: (i) die tendenzielle Invarianz eines Konstruktions-Frames über die Konstrukte einer Konstruktion hinweg sowie (ii) seine Evokation, die sich aufgrund einer Vielzahl unterschiedlicher Mechanismen, die dafür infrage kommen, von der Evokation lexikalischer Frames unterscheidet.

Unter der bereits im Eingang zu Abschnitt 4.1 erwähnten Annahme, dass lexikalische Frames und lexikalische Bedeutungen bei der Konstitution von Konstrukt-Frame und Konstruktbedeutung Vorrang haben (vgl. auch Unterabschnitt 4.2.1), können Konstruktions-Frame und Konstruktionsbedeutung als ‚Beitrag' zu Konstrukt-Frame und Konstruktbedeutung betrachtet werden, der über den lexikalischen Frame und die lexikalische Bedeutung hinausgeht.[62] Kon-

61 Allerdings sind, wie Iwata (2008: 125) argumentiert, Koerzionseffekte keine notwendige Bedingung für die Annahme einer Konstruktion.

62 In der Terminologie der Kognitiven Grammatik von Langacker (2009b: 14): „A constructional schema's semantic pole constitutes a *constructional meaning*, the schema's contribution to kret bedeutet dies, dass insbesondere der Konstruktions-Frame „einen semantischen ‚Mehrwert'" (Lasch & Ziem 2011: 1) beisteuern kann, der nicht durch die FE des lexikalischen Frames geleistet wird, wobei dieser aber stets erhalten bleibt, da der Konstruktions-Frame, wie in Unterabschnitt 4.2.1 erwähnt, in jedem Fall durch eine als KtE instanziierte LE evoziert wird.

> The component meanings [d.h. die lexikalischen Bedeutungen, A.W.] are still integral to the resulting meaning, [die Konstruktbedeutung, A.W.] but beyond that there is a *constructional semantics* – some semantic import that is not predictable from the component meanings and that motivates the recognition of a construction as a symbolic unit. (Hilpert 2009: 37)

Während dies ein weiterer Aspekt ist, der Konstruktions-Frames und lexikalische Frames eint, unterscheiden sie sich in der festen Zuschreibung *eines* Konstruktions-Frames zu (der Lesart) *einer* Konstruktion. Damit ist gemeint, dass der Konstruktions-Frame über alle Konstrukte der betreffenden Konstruktion (bzw. einer ihrer Lesarten) hinweg tendenziell invariant ist:[63] Der Konstruktions-

the overall meaning of composite expressions." (Hervorhebung im Original in Fettdruck). Glynn (2004: 199) formuliert es wie folgt: „[G]rammatical constructions are syntactic forms that contribute to the meaning of an utterance." Auch Kay & Michaelis (2012: 2278) sprechen von „the semantic contribution of a construction" und „additional semantics, [...], [...] contributed by the construction itself." Auch Bencini & Goldberg (2000) sowie Goldberg (2005a: 23) verwenden den Begriff des (semantischen) ‚Beitrags' einer Konstruktion. Ebenso geht Goldberg (2014: 131) davon aus, dass Argumentstruktur-Konstruktionen „can contribute meaning not necessarily independently specified by the verb itself." Mit Fokus auf eine ‚Konstruktbedeutung' betont Goldberg (2019: 28), „that ASCs [argument structure constructions, A.W.] contribute to the semantic interpretation of utterances in important and sometimes subtle ways". Auch Dewell (2011: 12) spricht von „the semantic contribution of the grammatical construction itself", wobei auch für LE von „the more specific contributions of [...] lower-level components" die Rede ist. Bei Fillmore (2014: 161) heißt es zu Ersterem ähnlich „the actual meaning contributions of the specific constructions." Fillmore, Lee-Goldman & Rhomieux (2012: 368) sprechen von „meaning contributions of [...] constructions." Im Falle von ‚bedeutungslosen' Konstruktionen nehmen Fillmore, Lee-Goldman & Rhomieux (2012: 326) an, dass „these constructions as such do not contribute meanings of their own." Für Perek (2015: 29) ist „[t]he construal that a construction imposes on a certain event [...] a semantic contribution in itself". Auch Croft (2012: 362 et passim) verwendet wiederholt den Begriff des ‚Beitrags' sowohl einer Konstruktion als auch einer lexikalischen Bedeutung.

63 Auch Deppermann (2011: 90) fragt diesbezüglich: „Is constructional meaning invariant regarding all constructs of each construction?", kommt für seine Daten aber zu einer tendenziell negativen Antwort (vgl. Deppermann 2011: 117). Das Kriterium der Invarianz nimmt implizit auch Dewell (2011: 18) als Voraussetzung für die Analyse an: „Any given particular instance has to be consistent with the constructional meaning, and some may reflect it in especially typical and revealing ways, but no single usage type can directly reveal that meaning in anything like its schematic form."

Frame, der unterschiedliche Konstruktionsbedeutungen hervorbringen kann und in unterschiedliche Konstrukt-Frames eingeht, bleibt gleich.[64] Im Falle einer polysemen Konstruktion ist es möglich, den einzelnen Lesarten der Konstruktion jeweils einen eigenen Konstruktions-Frame zuzuschreiben und sie als unterschiedliche (Teil-)Konstruktionen zu behandeln (Unterabschnitt 5.2.1). Was sich in solchen (Teil-)Konstruktionen ändern kann, ist der Anteil des Konstruktions-Frames an der Konstitution von Konstrukt-Frames. In nicht allen Konstrukt-Frames muss der Konstruktions-Frame gleichermaßen aktiv sein, sein Anteil ist abhängig von und variiert je nach dem lexikalischen Frame und äußert sich in der semantischen Motivierung der einzelnen Strukturelemente eines Konstrukts durch den Konstruktions-Frame (dazu Abschnitte 6.2 und 6.3).

Die Konstitution eines Konstrukt-Frames und Nuancen in der Konstruktbedeutung sind vor allem, das deutet Goldberg (2005a: 24) gewissermaßen an, dem Verhältnis von lexikalischem Frame und Konstruktions-Frame zuzuschreiben, nicht in jedem Fall einem sich verändernden Konstruktions-Frame.[65] Die reflexive Bewegungskonstruktion lässt beispielsweise Konstruktbedeutungen einer rein hypothetischen, ‚gewünschten' Bewegung wie in (34) ebenso zu wie jene einer ‚realen' Bewegung in (35) zu. Der Unterschied entsteht nicht durch einen variierenden Konstruktions-Frame, noch nicht einmal durch eine unterschiedliche Aktivierung des Bedeutungspotenzials (in beiden Fällen trägt der Konstruktions-Frame die FE `Motion`.GOAL und `Motion`.THEME bei). Er entsteht allein durch einen Unterschied in den lexikalischen Frames, die in (34) `Desiring` und in (35) `Seeking` entsprechen, evoziert jeweils durch die LE *wünschen* (*wish.v*) und *tasten* (*grope.v*).

(34) Er [$_{\texttt{Desiring}}$ wünscht] [sich ^{THEME}], von der Vaterwelt enttäuscht, [$_{\text{EVENT}}$ in den Mutterleib ^{GOAL}] zurück, deshalb fügt es sich gut, daß in diesem Au-

---

64 Demgegenüber analysiert Hilpert (2009: 37–39) eine Konstruktion mit zwei Frames, also zwei verschiedenen Konstruktions-Frames. Vor dem Hintergrund, dass die Konstruktionsbedeutung (genauer: der ihr zugrunde liegende Konstruktions-Frame), wie Hilpert (2009: 37) selbst schreibt, das Kriterium ist, „that motivates the recognition of a construction as a symbolic unit", wäre zu fragen, ob man es hierbei nicht mit zwei Konstruktionen derselben Konstruktionsfamilie zu tun hat. Ein Frame wäre demnach eine Möglichkeit, eine Konstruktionsfamilie mit einzelnen Teilkonstruktionen durch jeweils eigene Konstruktions-Frames zu differenzieren. Damit ist die Frage nach der Polysemie einer Konstruktion angesprochen, auf die ich in Abschnitt 5.2 als Gegenstand eines semantischen Parameters von Konstruktionen zurückkomme.

65 Das genaue Gegenteil dieser Annahme praktiziert noch Goldberg (1995), wie Langacker (2005a: 151) kritisiert: „Insofar as possible, the semantic nuances associated with occurrence in a particular construction (e.g. choice of landmark, or the extent of what is profiled within the conceptual base) are analyzed as being inherited from the construction and thus excluded from the single, minimal meaning ascribed to the verb itself."

genblick seine Spießgesellen einen Räuberhauptmann suchen. (Safranski, Rüdiger: Friedrich Schiller, München Wien: Carl Hanser 2004, S. 113)

(35) Die Frau nimmt nicht den Fahrstuhl, sondern [$_{\text{Seeking}}$ tastet] [sich ^{THEME}] über die Treppen hinauf [$_{\text{SOUGHT\_ENTITY}}$ in den sechsten Stock ^{GOAL}], vorbei an den schlafenden Bettlern, die der heilige Martin vergaß. (Venske, Regula: Marthes Vision, Frankfurt am Main: Eichborn Verlag 2006, S. 184)

Ein Netzwerk unterschiedlicher Lesarten einer einzigen Konstruktion, wie es Goldberg (1995: 31–39) etwa für die Ditransitivkonstruktion annimmt, ist damit nicht in jedem Fall nötig, wenn man dem Anteil des lexikalischen Frames am Konstrukt-Frame Aufmerksamkeit schenkt.[66] Nur in bestimmten Fällen bietet es sich an, bei unterschiedlichen Lesarten einer Konstruktion unterschiedliche Konstruktions-Frames anzusetzen, wobei diese Lesarten als Konsequenz daraus konstruktikographisch in einzelnen Konstruktionseinträgen dokumentiert werden müssen (vgl. Unterabschnitt 5.2.1 für ein Beispiel sowie Unterabschnitt 7.2.2). Ein möglicher Nachteil von Goldbergs Verfahren entsteht indes daraus, dass sie den semantischen Eigenschaften von Konstruktionen gegenüber denjenigen von LE zu großen Raum einräumt:

> It appears that Goldberg wants to push it to the extreme, or at least quite far. Her general position is that we should attribute as much of an expression's meaning as possible to the construction and as litte as possible to the verb. (Langacker 2005a: 150)

Eine dagegen stärkere Berücksichtigung lexikalischer Frames und lexikalischer Bedeutungen trägt der Warnung von Boas (2002: 134) Rechnung, nach der ein Postulat unterschiedlicher Lesarten auf Ebene der Konstruktion eine Annahme von Polysemie auf lexikalischer Ebene nicht ablöst, sondern lediglich verschiebt, weil dadurch die Polysemie einer Konstruktion ebenso inflationär zu werden droht wie die Polysemie einer LE. Der Begriff des Bedeutungspotenzials kann Abhilfe schaffen, denn er stellt bereits eine (zumindest teilweise sinnvolle) Überwindung des Gedankens von Polysemie auf Type-Ebene dar (vgl. Allwood 2003: 46–48).

Der zweite Unterschied zwischen lexikalischen Frames und einem Konstruktions-Frame besteht in der Evokation des Letzteren. Bevor ich darauf in Kapitel 8 ausführlich eingehe, sei an dieser Stelle erwähnt, dass die Mechanismen zur Evokation eines Konstruktions-Frames wesentlich vielfältiger sind als diejenigen zur Evokation eines lexikalischen Frames. Während lexikalische Frames meist durch die KtE *eines* KE evoziert werden, bei den drei untersuchten Konstruktionen

66 Vgl. für eine ähnliche Argumentation Iwata (2008: 212).

durch ein KtE des KE Ereignis (vgl. schon Unterabschnitt 4.2.3), lassen sich für die drei untersuchten Konstruktionen mindestens fünf Mechanismen zur Evokation des Konstruktions-Frames unterscheiden. Welcher Mechanismus in einem Konstrukt vorliegt, wird wiederum wesentlich durch die Art des lexikalischen Frames bestimmt (ob er zum Konstruktions-Frame relatiert oder unrelatiert ist, vgl. Abschnitt 5.4), der in dem Konstrukt vorliegt. So kann der Konstruktions-Frame ebenso wie der lexikalische Frame über ein KtE des KE Ereignis gewissermaßen ‚mitevoziert' werden (Abschnitt 8.2), er kann aber ebenfalls durch ein anderes Strukturelement, ein KEE oder ein KorE, oder gar durch die syntagmatische Kombination mehrerer Strukturelemente in einem Konstrukt evoziert werden (Abschnitt 8.3). Im letzteren Fall wird er, anders als der lexikalische Frame, mit keinem lexikalisch fixierten Element in einem Konstrukt assoziiert und von diesem evoziert – ein Mechanismus zur Evokation des Konstruktions-Frames, der sich am deutlichsten von demjenigen eines lexikalischen Frames unterscheidet.

Mit diesen Mechanismen zur Evokation des Konstruktions-Frames ist zugleich eine methodologische und methodische Herausforderung angesprochen, die eigentlich am Beginn der vorliegenden Arbeit stehen müsste, aber erst auf der Grundlage konstruktionssemantischer Analysen gelöst werden kann. Es handelt sich dabei um die Ermittlung des Konstruktions-Frames, also die Frage, welcher Frame überhaupt als Konstruktions-Frame für eine Konstruktion anzusetzen ist. Ich komme darauf am Ende der Arbeit – wenn also alle notwendigen konstruktionssemantischen Untersuchungen abgeschlossen sind – in den Abschnitten 8.4 und 8.5 zurück.

4.3.3 Tragen Konstruktionen ‚grammatische' Bedeutungen?

Die Charakterisierung von Konstruktionen als synkategorematische Einheiten, wie sie Allwood (2003: 53–54) annimmt (Unterabschnitt 4.3.1), gibt Anlass zu der Frage, ob sich Konstruktionen semantisch tatsächlich derart stark von kategorematischen LE unterscheiden, wie es diese Zuordnung suggeriert. Ich habe bereits im Eingang zu Abschnitt 4.3 dafür argumentiert, dass lexikalische Frames und Konstruktions-Frames sich nicht grundsätzlich voneinander unterscheiden – Konstrukte der drei untersuchten Konstruktionen, in denen das KtE des KE Ereignis bereits `Motion` als lexikalischen Frame evoziert, wie das in (36) für die reflexive Bewegungskonstruktion, das in (37) für die reflexive Partikelverbkonstruktion und das in (38) für die reflexive *Weg*-Konstruktion, belegen dies.

(36) Nie {[[EREIGNIS begab] sich dieser Dichter ins Zentrum seiner Zeit, mitten hinein in die großen Städte, die großen Debatten}. (Die Zeit, 27.04.2000, Nr. 18)

(37) {Der dritte und letzte Fahrgast, der sich heraus[EREIGNIS windet]}, ist zu unserer grenzenlosen Verblüffung niemand anderer als der lange, leichenblasse Rudi. (Noll, Ingrid: Ladylike, Zürich: Diogenes 2006, S. 230)

(38) „Ich habe schon einen kleinen Absacker getrunken, sogar zwei", wand sie sich los und {[[EREIGNIS bahnte] sich ihren Weg an ihm vorbei ins Schlafzimmer}. (Düffel, John von: Houwelandt, Köln: DuMont Literatur und Kunst Verlag 2004, S. 137)

Eine noch nicht diskutierte Frage betrifft nun einen traditionell und bisweilen als Gemeinplatz angenommenen semantischen Unterschied zwischen LE und Konstruktionen. Zwar wird sowohl LE als auch (syntaktischen) Konstruktionen im Sinne des Lexikon-Grammatik-Kontinuums ein symbolischer Status zugesprochen, „[y]et, while constructions are symbolic, one must not overlook the differences between lexemes and constructions." (Diessel 2019: 107). Eine weitläufige Annahme, LE semantisch von Konstruktionen zu unterscheiden, betrifft die Abstraktheit ihrer jeweiligen semantischen Eigenschaften: „Auch schematische Konstruktionen tragen Bedeutung oder erfüllen sprachliche Funktionen. Anders als lexikalische Einheiten sind ihre Bedeutungen jedoch oftmals schematisch und abstrakt." (Ziem 2018a: 9). In diesem Sinne betont auch Glynn (2004: 212): „One of the greatest problems is often the abstract nature of constructional semantics." Schmid (2020: 251) geht davon aus, dass „[t]he potential meanings to be associated with these [phrase-level and clause-level, A.W.] patterns are notoriously intangible and generic."

Doch sind Konstruktionen tatsächlich in jedem Fall semantisch abstrakter als LE? Eine begriffliche Strategie, diese Annahme zu verteidigen, liegt in dem Rückgriff auf einen Bedeutungstyp, der bereits in traditionellen Bedeutungstheorien neben lexikalischen Bedeutungen postuliert wird: grammatische Bedeutungen (z.B. Lyons 1995: 52–54, 71–74; Löbner 2015: 10–11). Grammatische Bedeutungen werden üblicherweise für semantische Unterschiede zwischen unterschiedlichen Wortformen ein und desselben Wortes rekrutiert, betreffen also vor allem morphologische Phänomene, insbesondere Flexionsmorpheme.

Aus konstruktionsgrammatischer Sicht zunächst überraschend ist, dass Konstruktionen bisweilen ebenso als grammatische Bedeutungen tragend analysiert werden.[67] Noch überraschender ist es, dass dies nicht primär für morphologische Konstruktionen geschieht, sondern besonders für syntaktische Konstruktionen.[68] Implizit scheint diese Praxis einmal mehr auf die Unterscheidung zwischen (spezifischen) Partizipantenrollen und (abstrakten) Argumentrollen von Goldberg (1995: 43) zurückzuführen zu sein. Goldberg geht grundsätzlich davon aus, dass Konstruktionen semantisch abstrakter sind als die Verben, die sie instanziieren (vgl. auch Goldberg 2019: 34; Bencini & Goldberg 2000: 642):[69]

> Particular combinations of roles which designate humanly relevant scenes are associated with argument structure constructions, which therefore serve to carve up the world into discretely classified event types. Verbs, on the other hand, are associated with richer frame-semantic meanings. (Goldberg 1995: 40)

Diese Unterschiede in der semantischen Abstraktheit sind für Goldberg (1995: 43) die Hauptmotivation dafür, eine Unterscheidung zwischen Partizipantenrollen und Argumentrollen einzuführen (vgl. dazu Unterabschnitt 2.2.2). Syntaktische Konstruktionen werden semantisch entsprechend mit ‚closed-class'-Einheiten, also etwa Flexionsmorphemen, gleichgesetzt. Eine solche Annahme findet sich ebenfalls bereits bei Goldberg (1997: 385), wenn sie mit Verweis auf Pinker (1989) schreibt: „On a constructional account, these semantic elements [Teile einer Bedeutungsparaphrase, A.W.] combine to form constructional meanings, and constructions are closed class items. [...] [W]e expect constructions to have the semantics of closed class elements because they are closed class elements." Auch Langacker (1999: 19–23) kann sich von der Zuschreibung abstrakter grammatischer Bedeutungen zu Konstruktionen nicht lösen. Noch vehementer vertritt Diessel (2019) die These, dass Konstruktionen semantisch grundsätzlich anders als LE aufzufassen sind.

> Like lexemes, constructions act as prompts for the construction of meaning, but the conceptual processes that are induced by constructions are different from those of lexemes. Lexical

---

67 Gegenbeispiele sind allerdings Ungerer & Schmid (2006: 252), Croft (2009b: 412), Traugott & Trousdale (2013: 12–13) – mit explizitem Verweis auf die *way*-Konstruktion – und Ziem (2015a: 13). Willems & Coene (2006: 262–269) analysieren die von ihnen anstelle von Konstruktionen gesetzten Satzmuster im Rückgriff auf ‚grammatische' Bedeutungen, unterstellen der Konstruktionsgrammatik – wie sich hier zeigt, fälschlicherweise – pauschal jedoch das Gegenteil.

68 In dem einführenden Handbuchbeitrag von Fried (2015: 983) scheint diese Sichtweise vorausgesetzt zu sein, ohne dass sie jedoch explizit diskutiert wird.

69 Vgl. Welke (2011: 185–190, 2019: 221–224, 2021a: 382–384) für eine (zum Teil spracherwerbstheoretisch motivierte) Kritik an der Unterscheidung zwischen Partizipantenrollen und Argumentrollen entlang des Kriterium der semantischen Abstraktheit.

expressions provide access to an open-ended system of encyclopedic knowledge, but constructional meanings are only indirectly related to world knowledge. (Diessel 2019: 107)

Ohne Konstruktionen explizit ‚grammatische' Bedeutungen zuzuschreiben, spiegelt sich diese Auffassung auch in seinem Ansatz wider, wenn er schreibt, dass die semantischen Eigenschaften von Konstruktionen lediglich der Verknüpfung der semantischen Eigenschaften einzelner LE dienen: „Specifically, we may say that constructional meanings reside in the way they guide the semantic interpretation of (multiple) lexemes." (Diessel 2019: 108). Plakativer ausgedrückt: „[C]onstructions provide processing instructions for the interpretation of lexical items." (Diessel 2019: 108).

Um der Frage auf den Grund zu gehen, ob diese Annahme gerechtfertigt ist, erscheint es nötig, zu betrachten, welcher Status Konstruktionen als grammatischen Entitäten überhaupt zukommt und ob sie sich bereits in dieser Hinsicht von LE unterscheiden. Die Dichotomie von ‚closed-class'- und ‚open-class'-Einheiten spielt hierbei eine entscheidende Rolle. So ist die Annahme von Konstruktionen als ‚closed-class'-Einheiten, vielleicht ausgehend von Goldbergs oben zitierter Argumentation, durchaus verbreitet und wird bisweilen sogar mit Frames in Verbindung gebracht. So schreibt Sullivan (2013: 129), dass „[c]onstructional meaning, like that of prepositions and other closed-class items, can evoke particular frames". Auch aus Sicht der Theorie der konzeptuellen Integration ist die Zuschreibung ‚grammatischer' Bedeutungen zu Konstruktionen verbreitet:

As a general account of conceptual integration, conceptual blending analysis can be applied to frames at various levels of abstraction, including the integration between lexical semantic frames and the more abstract frames of construction grammar. (Coulson 2001: 129)[70]

Wenn Dewell (2011: 11–13) in seiner Studie zu Partikel- und Partikelpräfixverben zurecht resümiert, dass die explizite semantische Analyse von Konstruktionen aufgrund zahlreicher ungeklärter Fragen zumeist vermieden wird, kommt er zu der überraschenden – weil unbelegten – Schlussfolgerung:

One thing at least does seem clear: Any meaning that the grammatical constructions themselves might possibly have will be very abstract, much more abstract than the meanings of their component parts. (Dewell 2011: 12)

---

70 Vgl. auch an anderer Stelle: „At bottom, sentential integration is a process in which speakers integrate abstract grammatical constructions with more specific frames evoked by lexical items." (Coulson 2001: 278).

Auch er geht also implizit von einer Unterscheidung zwischen lexikalischen und grammatischen Bedeutungen aus, wobei Konstruktionen für ihn auf der Seite Letzterer anzusiedeln sind. Dass es sich aber bei grammatischen Bedeutungen allgemein keineswegs um einen unumstrittenen Gegenstand handelt, zeigt ein Blick in die Grammatikalisierungsforschung, die sich neben der Morphologie intensiv mit grammatischen Bedeutungen beschäftigt, und für die sich festhalten lässt, dass „[t]he extent and nature of abstraction for grammatical meaning is still somewhat controversial" (Bybee 2013: 65).

Die Forschung zur *way*-Konstruktion ist ein gutes Beispiel für eine solche Kontroverse. So argumentiert Szcześniak (2014b,a, 2019a) gegen zu ‚reiche' und spezifische semantische Eigenschaften von Konstruktionen und kritisiert „the assumption that constructions located towards the closed-class end of the [lexicon-grammar, A.W.] continuum have meanings whose degree of specificity may in principle be comparable to what is observed in open-class forms." (Szcześniak 2014b: 15). Er liegt auf derselben Linie wie Goldberg (1997: 385), wenn er behauptet, dass Konstruktionen, ebenso wie Funktionswörter und Flexionsmorpheme, ‚closed-class'-Einheiten darstellen und nicht, wie es das Lexikon-Grammatik-Kontinuum – das er ablehnt – eigentlich vorsieht, ‚open-class'-Einheiten (vgl. Szcześniak 2014b: 28–29, 2019a: 78–79).[71] Diese Zuschreibung ‚grammatischer' Bedeutungen zu Konstruktionen wird sodann kondensiert in der These, dass „[t]he meanings of syntactic constructions as presented in the literature are too rich" (Szcześniak 2014b: 19). Für die Unterscheidung zwischen ‚open-class'- und ‚closed-class'-Einheiten führt Szcześniak (2014b: 42–59) eine Reihe theoretischer Argumente ins Feld. Die *way*-Konstruktion ist für ihn eine ‚closed-class'-Einheit, weil (i) gerade ihr KEE in einem langen Prozess grammatikalisiert worden sei, wodurch sich die Konstruktion von produktiven LE unterscheidet; weil sie (ii) nicht als alleinstehende Äußerung verwendet werden könne und somit keine autono-

71 Gegen die Annahme von Konstruktionen als ‚closed-class'-Einheiten spricht prinzipiell, dass es aus gebrauchsbasierter Perspektive keine Schwierigkeit darstellt, eine große Anzahl von Konstruktionen (auch auf niedrigen Abstraktionsebenen) zu postulieren (vgl. Croft 2003: 61; Iwata 2008: 212). In den Worten von Goldberg (2019: 139): „Our memory for language is quite vast, […]. It is computation that is expensive for our brains, not memory." Wie Zeschel (2009: 186–187, 197) feststellt, stellt die unbedingte Reduktion der Anzahl anzunehmender Konstruktion allein eine Aufgabe für formale, nicht für gebrauchsbasierte Konstruktionsgrammatiken dar. Dasselbe Argument lässt sich auch gegen Theorien ins Feld führen, die, wie Jacobs (2016: 25), in Konstruktionen zuvorderst ‚instrumentalistische' (d.h. deskriptive) Entitäten sehen und Vorbehalte gegenüber ihrem Status als ‚realistische' (d.h. repräsentationistische oder kognitivistische) Einheiten haben (vgl. Jacobs 2016: 24, Anm. 3). Theorien derselben Provenienz, die projektionistischen Verfahren Vorrang vor der Annahme von Konstruktionen einräumen (Jacobs 2008, 2009) stehen indes ebenso aus gebrauchsbasierter Perspektive auf wackligen Beinen.

me sprachliche Einheit sei; weil sie (iii) eine nicht-propositionale und lediglich skelettartige Bedeutung trage; und weil sie (iv) nicht paraphrasierbar bzw. durch andere Konstruktionen ersetzbar sei (vgl. Szcześniak 2014b: 154–155).

Bei genauerer Betrachtung wird klar, dass diese vier Argumente kaum ausreichen, um der Konstruktion lediglich eine ‚grammatische' Bedeutung zuzusprechen.

- Wenn Argument (i) gilt, müssten Konstruktionen, die nicht über ein grammatikalisiertes KEE verfügen, also vollständig schematisch sind, semantisch ‚reicher' sein als solche, die über ein (grammatikalisiertes) KEE verfügen. Dieser Annahme wird sich Szcześniak kaum anschließen.[72] Aus konstruktionssemantischer Sicht ist es gar möglich, dass ein KEE für die Evokation eines Konstruktions-Frames verantwortlich gemacht werden kann (vgl. Unterabschnitt 8.3.1), was Szcześniaks Argument haltlos werden lässt.
- Argument (ii) gilt freilich für jede Konstruktion (vgl. Smirnova & Mortelmans 2010: 140) und auch für die meisten ‚open-class'-Einheiten, denn auch LE sind in aller Regel keine selbstständigen sprachlichen Einheiten (vgl. dazu auch Croft 2003: 65).
- Argument (iii) lässt sich frame-semantisch leicht widerlegen: ‚Skeletthaft' ist allenfalls der Konstruktions-Frame, da er – anders als die Konstruktionsbedeutung – nicht durch Standardwerte spezifiziert ist. Da der *way*-Konstruktion, wie ihren deutschen Äquivalenten, `Motion` als Konstruktions-Frame zukommen kann, wäre aber bereits die Annahme, es handele sich hierbei um eine nicht propositionale und lediglich skelettartige semantische Struktur, auch auf alle LE (also prototypische ‚open-class'-Einheiten), wie z.B. *bewegen* (*move.v*) oder *schlängeln* (*snake.v*) zu übertragen, die diesen Frame evozieren. Dies freilich ist unplausibel und wird zudem durch all diejenigen Konstrukte widerlegt, in denen der lexikalische Frame mit dem Konstruktions-Frame identisch ist, wie diejenigen in (36)–(38). Hinzu kommt, dass die Konstruktionsbedeutung in dem Sinne propositional ist, dass sie einen wesentlichen Anteil an der Proposition der Konstruktbedeutung haben kann. Auf der Ebene des Konstrukt-Frames wird dies durch die unterschiedlichen Varianten einer Frame-Anpassung des lexikalischen Frames durch den Konstruktions-Frame (Unterabschnitt 4.4.1) sichtbar. Dabei ist es sogar

72 Übrigens argumentiert bereits Bybee (1988: 262), dass auch die (grammatischen) Bedeutungen grammatikalisierter Formen wie grammatischer Morpheme durchaus ‚reichhaltig' sein können: Sie enthalten aufgrund des Grammatikalisierungsprozesses Spuren ihrer ehemaligen lexikalischen Bedeutung. Dies zeigt, dass auch eine Vorstellung von ‚grammatischen' Bedeutungen ohne die Annahme eines Lexikon-Grammatik-Kontinuums schwer realisierbar ist.

möglich, dass die Konstruktionsbedeutung den Anteil der lexikalischen Bedeutung an der Konstruktbedeutung übersteigt.
- Schließlich kann auch eine mangelnde Paraphrasierbarkeit gemäß Argument (iv) für die Konstruktion kaum angenommen werden. Ich komme darauf in Unterabschnitt 8.5.3 zurück.

Aus der Annahme von Konstruktionen als ‚closed-class'-Einheiten würde grundsätzlich folgen, dass sie semantisch anders behandelt werden müssten als LE, die der Kategorie der ‚open-class'-Einheiten zuzuordnen sind. Auch aus Sicht der Frage nach der Art des verstehensrelevanten Wissens, das in einer Konstruktion in diesem Fall aktiv wäre, lässt sich die Plausibilität dieser Annahme überprüfen. Die aus der Morphologie stammende Idee der grammatischen Bedeutungen (z.B. Bybee 1985: 7–8, 1988), die auf Konstruktionen dann ebenso zutreffen würde, bezöge sich dann auf einen Wissenstyp, der für LE nicht postuliert werden kann und den Bybee (2002: 111) als *prozedurales* Wissen bezeichnet, in Abgrenzung zu *propositionalem* Wissen:[73]

> Propositional knowledge is 'knowing that' or knowing facts such as 'Santa Fe is the capital of New Mexico'. Procedural knowledge is 'knowing how' and includes knowing how to tie shoelaces or how to drive a car. Propositional knowledge is conscious knowledge which is easy to report on. Procedural knowledge is usually below the level of conscious awareness and while subjects can carry out the procedures, it is much more difficult for them to report what the procedure is. (Bybee 2002: 111)

Bybee zufolge ließe sich diese Unterscheidung nun mit der vermeintlichen semantischen Unterscheidung zwischen LE und Konstruktionen korrelieren:

> This distinction has an interesting parallel in the difference between lexical and grammatical knowledge. While speakers are often able to report on the meanings of words or phrases, it is much more difficult for untrained speakers to explain the meanings of grammatical morphemes or grammatical constructions. Thus we might conclude that lexical items involve at least some propositional knowledge, while grammatical constructions are largely procedural. (Bybee 2002: 111)

73 Prozedurales Wissen in diesem Sinne würde sich innerhalb der Klassifikation verstehensrelevanten Wissens, die Busse (2015b: 332–344) vorschlägt, in die Kategorie „Wissen über die Verwendungs- und Strukturierungsregeln der Textelemente (‚Sprachwissen' im engeren, ausdrucksseitigen Sinne)" (Busse 2015b: 333) einordnen lassen, wenngleich diese mehr umfasst als rein ‚grammatische' Bedeutungen, für die Busse unter anderem Unterkategorien morphologischen und syntaktischen Wissens vorhält.

Ich möchte hingegen vor dem Hintergrund der oben aufgeführten Widerlegungen der Argumente Szcześniaks dafür plädieren, dass eine pauschale Ablehnung einer semantischen ‚Reichhaltigkeit' von Konstruktionen problematisch ist. Für bestimmte Konstruktionen mag es zweifelsohne plausibel erscheinen, ihnen abstrakte, kaum verbalisierbare ‚grammatische' Bedeutungen zuzuschreiben. Dies gilt gerade, wie die Argumentationen von Bybee und Szcześniak nahelegen, für morphologische Konstruktionen, insbesondere für Flexionsmorpheme.[74] Entsprechend plädieren Bäckström, Lyngfelt & Sköldberg (2014: 29) im Rahmen der Konstruktikographie für einen gemischten Ansatz, der sowohl Bedeutungen, die sich unter Rückgriff auf Frames beschreiben lassen, als auch ‚grammatische' Bedeutungen einbezieht. Die Annahme ‚grammatischer' Bedeutungen aber grundsätzlich auf syntaktische Konstruktionen zu übertragen, wie es Szcześniak tut, erscheint verfehlt und letztlich als zu starke Konsequenz aus der Ablehnung des Lexikon-Grammatik-Kontinuums.[75]

Aus konstruktionsgrammatischer Sicht sind Konstruktionen gerade aufgrund der Annahme eines Lexion-Grammatik-Kontinuums semantisch mit LE vergleichbar (vgl. auch Evans & Green 2006: 213–216; Ziem 2014c: 29; Michaelis 2017: Abschn. 3; Ruppenhofer, Boas & Baker 2018: 489; Hilpert 2019: 2): „In construction-based grammars, constructions mean what they mean in the same way that words do" (Michaelis 2003b: 165). Konstruktionen sind in diesem Sinne mit Wörtern zu vergleichen: „[C]onstructions are entrenched semantic units and so to some extent behave like lexemes" (Glynn 2004: 200). Konstruktionen sind demnach nicht auf eine bestimmte Art eines semantischen ‚Beitrags' beschränkt, also auch nicht auf eine ‚grammatische' Bedeutung: „Probably any kind of meaning that occurs can be the semantic contribution of a construction." (Kay & Michaelis 2012: 2278). Schon die mögliche Identität eines lexikalischen Frames mit dem Konstruktions-Frame, die ich bereits an mehreren Stellen aufgezeigt habe, ist ein Argument hierfür. Akzeptiert man ein Lexikon-Grammatik-Kontinuum, ist die Ablehnung der pauschalen Zuschreibung von ‚grammatischen' Bedeutungen zu Konstruktionen der logische Schluss:

> In addition to sharing taxonomic organization, words and constructions have similar ways of meaning. Like words, constructions may invoke semantic, pragmatic and phonological conditions simultaneously. (Michaelis 2012: 62)

74 Wie diese Fälle konstruktionssemantisch zu erfassen sind, liegt außerhalb meines Fokus, gerade weil sich FrameNet bisher kaum mit Einheiten unterhalb der Ebene ‚traditioneller' LE wie Verben, Nomen und Adjektive beschäftigt hat.

75 Szcześniak (2014b: 18) spricht von einem „continuum fallacy" in Parodie auf das „rule/list fallacy" von Langacker (1987: 42).

Daraus folgt die Konsequenz, dass „we have to acknowledge that word meaning and syntactic meaning are far more similar than traditional models of syntax would care to admit." (Michaelis 2015: 9). Für ein konstruktionssemantisches Modell heißt das, dass Konstruktions-Frames grundsätzlich dieselben Frames sein können, die auch als lexikalische Frames herangezogen werden: „Auch die Frames, welche durch Argumentstrukturen aktiviert werden, enthalten zahlreiche zentrale und weniger zentrale Leerstellen, [bzw. FE, A.W.] welche durch Kombination mit anderen Konstruktionen sprachlich ausgedrückt werden können, aber nicht müssen." (Felfe 2012: 73). Wenngleich sich syntaktische Konstruktionen von LE durch ihre formale Abstraktheit unterscheiden (Abschnitt 5.1), ist dies kein Grund anzunehmen, dass mit diesem Unterschied in der *formalen* Abstraktheit auch ein Unterschied in der *semantischen* Abstraktheit einhergeht. Aus konstruktionssemantischer Sicht können Frames, und insbesondere Konstruktions-Frames, auf allen Abstraktionsstufen angenommen werden: „Einzelwörter, Mehrwortausdrücke, partiell lexikalisch gefüllte Konstruktionen und auch abstrakte Konstruktionen [...] evozieren Wissensstrukturen, die als Frames bezeichnet werden." (Ziem, Boas & Ruppenhofer 2014: 303). Ein grundsätzlicher Unterschied zwischen LE und Konstruktionen besteht hinsichtlich der Frames, die sie evozieren können, nicht: „Like a word, a syntactic pattern may be conventionally associated with a highly elaborated semantic frame" (Michaelis 2015: 9). Die Annahme, dass Konstruktionen mit denselben Frames wie LE assoziiert werden können, schmälert die Argumentationsbasis dafür, für Konstruktionen ‚grammatische' Bedeutungen zu postulieren. Denn, wie Bybee (2013: 65) schreibt: „Grammatical meaning, as more abstract, is much less dependent upon encyclopedic knowledge, such as that represented in semantic frames".

Letztendlich ist die Frage, ob Konstruktionen tatsächlich der Status als ‚closed-class'-Einheiten zukommt, denen lediglich ‚grammatische' Bedeutungen zugeschrieben werden müssen, theoretisch und empirisch noch unzureichend geklärt.[76] Solange das Konstruktionsinventar einer Sprache noch nicht annähernd vollständig erfasst ist, besteht keine Gewissheit darüber, ob das Konstruktikon einer Sprache tatsächlich eine endliche Größe ist. Denn: „Erst wenn alle im Korpus existierenden Sätze durch Konstruktionseinträge lizenziert werden können, ist der Arbeitsablauf zur Erstellung des Konstruktikons beendet." (Boas 2018:

76 „To be sure, rules may be more difficult to learn than individual words, because they depend on combinations of words and have open argument places – that is, they are further from the direct input than simple words. That might lead us to believe there are fewer of them than there are words. But how many fewer? If English has, say, 8,000 idioms, 500 constructions doesn't seem unreasonable to us. But of course it's silly to prejudge it; we await the empirical results. [...] [T]he actual 'size' of a grammar is an empirical question." (Culicover & Jackendoff 2005: 43).

42). Dass dies ein hehres Ziel ist, liegt auf der Hand (vgl. Ziem & Flick 2018: Abschn. 3; Boas 2019: 251). Alle bisherigen konstruktikographischen Bemühungen (Abschnitt 2.3) sind von dessen Erreichen noch weit entfernt.

Mit lexikalischen Frames und lexikalischen Bedeutungen sowie Konstruktions-Frames und Konstruktionsbedeutung stehen nun die beiden Typen von Frames und Bedeutungen auf Type-Ebene und damit die beiden Inputs eines Netzwerks der konzeptuellen Integration, das die Konstitution eines Konstrukt-Frames und einer Konstruktbedeutung auf Token-Ebene ermöglicht, fest. Was nun noch fehlt, sind ebendiese Konstrukt-Frames und Konstruktbedeutungen selbst: die Blends.

4.4 Konstrukt-Frames und Konstruktbedeutungen

Als Konsequenz aus den beiden bisher betrachteten Typen von Frames und Bedeutungen, lexikalischen Frames und lexikalischen Bedeutungen auf der einen Seite (Abschnitt 4.2) und Konstruktions-Frames und Konstruktionsbedeutungen auf der anderen Seite (Abschnitt 4.3), ist unter einem Konstrukt-Frame[77] derjenige Frame zu verstehen, der mit einer instanziierten Konstruktion, also einem von deren *Konstrukten*[78] im Sinne von Kay & Fillmore (1999: 2–3) assoziiert werden kann.[79] Demgegenüber ist eine Konstruktbedeutung ein mit konkreten Füllwerten (vgl. dazu Ziem 2008: 298–307, 325–335, 2014b: 256–264, 280–289) instanziierter Konstrukt-Frame. Anders als eine lexikalische Bedeutung und eine Konstruktionsbedeutung ist eine Konstruktbedeutung somit kein ausschließlich durch Standardwerte spezifizierter Frame, sondern die Füllwerte der FE sind durch das Konstrukt gegeben. Sie können möglichen Standardwerten entsprechen, müssen dies aber nicht. Zuzüglich zu den in den Inputs bereits vorhandenen Informationen kann eine emergente Struktur hinzukommen, die erst in der Konstruktbedeutung entsteht.

77 Ziem (2008: 364, Abb. 9, 2014b: 314, Abb. 9) bezeichnet einen Frame, der durch Blending entsteht, als *emergenten Frame*. Ich nehme von dieser Bezeichnung Abstand, um eine Verwechslungsgefahr mit dem Begriff der emergenten Struktur zu vermeiden.

78 Croft (2012: 362 et passim) verwendet statt des Begriffs des Konstrukts den Ausdruck „verb + argument structure combination" und statt des Begriffs der ‚Konstruktbedeutung' entsprechend den Ausdruck „verb + construction meaning" (Croft 2012: 383), der das Zustandekommen einer solchen Bedeutung – allerdings auf Argumentstruktur-Konstruktionen beschränkt – begrifflich stärker akzentuiert.

79 Eine alternative Konzeption vertreten Deppermann & Elstermann (2008: 127–129), die von vier Quellen für eine Konstruktbedeutung ausgehen: (i) den lexikalischen Bedeutungen, (ii) der Konstruktionsbedeutung, (iii) einer kontextuellen oder interaktionalen Bedeutungskonstitution sowie (iv) Hintergrundwissen (vgl. auch Deppermann 2011: 118–120).

Die terminologische Unterscheidung zwischen Konstruktions-Frame und Konstruktionsbedeutung auf der einen und Konstrukt-Frame und Konstruktbedeutung auf der anderen Seite spiegelt den Unterschied zwischen Konstruktionen und deren Konstrukten wider und setzt deren Unterscheidung voraus, die, wie in Unterabschnitt 2.2.1 gesehen, nicht selbstverständlich ist. Sie ist damit etwa gegenüber dem Vorschlag von Welke (2011: 178, 2019: 10, 2021a: 373), terminologisch zwischen *Type-Konstruktionen* und *Token-Konstruktionen* zu unterscheiden im Vorteil, denn wenn in einem solchen Modell etwa von Konstruktions-Frames oder Konstruktionsbedeutungen die Rede wäre, wäre unklar, auf welche Ebene sich diese beziehen: Auf die Konstruktion und damit die Type-Ebene oder auf das Konstrukt und damit die Token-Ebene?[80] Mit der Einführung der Begriffe von Konstrukt-Frame und Konstruktbedeutung soll diese Unklarheit vermieden werden.

Bestehen ein Konstrukt-Frame und eine Konstruktbedeutung nicht nur – wie etwa im Falle der Identität von lexikalischem Frame und Konstruktions-Frame (vgl. Unterabschnitte 4.2.2, 5.2.3 und 6.2.1) – aus lexikalischem Frame und lexikalischer Bedeutung, sondern zugleich aus Konstruktions-Frame und Konstruktionsbedeutung, sind zwei Inputs eines Netzwerk der konzeptuellen Integration aktiv: Konstrukt-Frame und Konstruktbedeutung sind in diesem Fall Blends als „product[s] of the combined lexical meanings on the one hand, and the frame-semantic constructional meaning on the other." (Hilpert 2009: 37).

In Unterabschnitt 4.4.1 möchte ich auf die Verortung von Konstrukt-Frames auf Token-Ebene eingehen und den Prozess des Blendings frame-semantisch als Frame-Anpassung deuten. Den Abschluss dieses Abschnitts und dieses Kapitels bildet schließlich Unterabschnitt 4.4.2 mit einer Beispielanalyse der reflexiven Bewegungskonstruktion, die anhand von zwei Konstrukten die Konstitution von Konstrukt-Frames und Konstruktbedeutungen als Blends aufzeigen soll.

4.4.1 Konstrukt-Frames: Token-Frames und Frame-Anpassung

Konstruktbedeutungen liegen ebenso wie lexikalischen Bedeutungen und Konstruktionsbedeutungen Frames zugrunde. Es erscheint also sinnvoll, analog zu lexikalischen Frames und Konstruktions-Frames von Konstrukt-Frames zu sprechen. Da es sich bei Konstruktbedeutungen nicht um Bedeutungspotenzia-

80 Vgl. exemplarisch für eine solche Gefahr Welke (2011: 7): „Und unter der Satz- oder Konstruktionsbedeutung wird nur die Gesamtbedeutung des Satzes oder der Konstruktion verstanden, die sich kompositional aus den einzelnen Wortbedeutungen (plus ihrer wörtlichen Beziehungen zueinander) ergibt." Ähnlich auch an anderer Stelle in Welke (2011: 174–175).

le, sondern um vollständig durch konkrete Füllwerte determinierte Bedeutungen handelt, ist der Frame, dem eine Konstruktbedeutung zugrunde liegt, kein Type-Frame, sondern ein Token-Frame im Sinne von Busse (2012: 613–620).[81] Ein Konstrukt-Frame stellt, anders als ein lexikalischer Frame oder ein Konstruktions-Frame, kein Bedeutungspotenzial dar, da er lediglich diejenigen FE enthält, die die Strukturelemente eines Konstrukts semantisch motivieren. Da ein solcher Konstrukt-Frame als Token-Frame als Blend aus zwei Type-Frames (lexikalischem Frame und Konstruktions-Frame) zusammengesetzt sein kann, bietet es sich an, den Prozess dieser Frame- bzw. Bedeutungskonstitution als *Frame-Anpassung* im Sinne von Busse (2012: 624–627) zu verstehen.

Aus Sicht des Konstruktions-Frames erfolgt die Konstitution eines Konstrukt-Frames ‚top down', aus Sicht des lexikalischen Frames ‚bottom up' (vgl. ähnlich Michaelis & Lambrecht 1996: 221; Jacobs 2009: 495),[82] wobei diese Prozesse, zumindest bei den drei untersuchten Konstruktionen, nicht gleichrangig sind, sondern dem lexikalischen Frame die erwähnte Vorrangstellung zukommt, die sich etwa in Fällen von Koerzionseffekten äußert (vgl. Abschnitte 5.5 und 7.4 sowie Abschnitt 6.2). Diese Vorrangstellung ist der Grund dafür, von der Konstitution eines Konstrukt-Frames als Frame-Anpassung eines lexikalischen Frames zu sprechen.[83]

Konstruktionssemantisch lässt sich eine Frame-Anpassung so verstehen, dass ein lexikalischer Frame dynamisch und on-line zu einem neuen Frame, dem Konstrukt-Frame, angepasst wird: Es findet ein Prozess der Frame-Anpassung

---

81 Vgl. bereits Barsalou (1992b: 44–47) für die Idee, dass vollständig instanziierte Frames das konzeptuelle Korrelat von Exemplaren (hier also: Konstrukten) sind. Der Studie von Klein & Meißner (1999) schreibt Busse (2012: 561) die Idee zu, dass Füllwerte unterschiedlicher Frames nebeneinander stehen können. Dies kommt der Konstitution eines Konstrukt-Frames im hier verstandenen Sinne nahe. Allerdings findet sich im potenziell relevanten Unterabschnitt bei Klein & Meißner (1999: 27–34) keine explizite derartige Aussage.

82 Vgl. zur Sichtweise von Konstruktions*bedeutungen* als ‚top down'-Mechanismus bei der Konstitution von Konstruktbedeutungen auch Tomasello (2003: 161): „Interestingly and importantly, the fact that linguistic constructions have meaning of their own creates a top-down pressure on the interpretation of utterances. This is responsible for many derivational and metaphorical processes (either with or without special morphology) as lexical items usually used in one syntactic role are 'coerced' into another in the context of a specific construction."

83 Auch Welke (2009b: 102–103) entwickelt unter dem Begriff der *konzeptuellen Anpassung* im Anschluss an die Zwei-Ebenen-Semantik (also ohne frame-semantisch zu argumentieren) ein Verfahren, um Koerzionseffekte zu erfassen. Auch für ihn kommt den semantischen Eigenschaften eines Verbs (gewissermaßen also einem lexikalischen Frame oder einer lexikalischen Bedeutung) eine Vorrangstellung zu.

oder -Akkomodation (Busse 2012: 624–627) des lexikalischen Frames statt.[84] Aufgrund der Vorrangstellung des lexikalischen Frames erfährt dieser im Konstrukt-Frame eine temporäre, nämlich zunächst ausschließlich für ein gegebenes Konstrukt relevante Anpassung.[85] Bereits in der Frame-Theorie von Minsky (1975: 213) wird ein solcher Anpassungsprozess als *matching process* beschrieben, innerhalb dessen ein Frame instanziiert und ggf. angepasst wird, sofern er auf die perzipierte Situation (hier: ein gegebenes Konstrukt) nicht ‚von sich aus' passt. Coulson (2001: 31–114) analysiert zahlreiche Beispiele für solche Anpassungen unter dem Begriff *Frame-Shifting*.[86] Damit ist auch deutlich, warum Konstrukt-Frames, anders als lexikalische Frames und Konstruktions-Frames, nicht in FrameNet als Ressource von Bedeutungspotenzialen und damit Type-Frames erfasst werden können. Bei einer Frame-Anpassung spielen Koerzionseffekte (Abschnitt 5.5) eine zentrale Rolle: Ein lexikalischer Frame wird durch einen Konstruktions-Frame immer dann angepasst, wenn etwa der Konstruktions-Frame FE zum Konstrukt-Frame beiträgt, die im lexikalischen Frame nicht enthalten sind oder FE, die im lexikalischen Frame enthalten sind, durch den Konstruktions-Frame ‚angereichert' werden.[87]

Die Frame-Anpassung eines lexikalischen Frames durch den Konstruktions-Frame kann unterschiedliche Ausprägungen annehmen, die ich im Folgenden kurz an der reflexiven Bewegungskonstruktion illustrieren möchte, bevor ich ein weiteres Argument für die Vorrangstellung des lexikalischen Frames ins Feld führen möchte. In einem ersten Schritt lassen sich die folgenden beiden Varianten der Frame-Anpassung eines lexikalischen Frames unterscheiden.[88]

---

84 Müske (1991, 1992: 131, 137, 145–147), auf den Busse sich bezieht, thematisiert diesen Aspekt unter dem Begriff der *Frame-Expansion* oder *Frame-Expandierung* für literaturwissenschaftliche Zwecke. Den Begriff der Akkomodation nutzt auch Langacker (1987: 75–76) für die Anpassung lexikalischer Bedeutungen, allerdings nicht durch syntaktische Konstruktionen im engeren Sinne, sondern durch allgemeine Erweiterungen des Gebrauchskontexts.

85 „Bei der Verarbeitung [einer solchen Frame-Anpassung, A.W.] spielen sowohl die Konstruktionsbedeutung als auch die Bedeutungspotentiale der einzelnen Lexeme eine Rolle." (Albert 2015: 543).

86 Vgl. auch Barsalou & Hale (1993: 136–137) für die allgemeine These, dass Frames grundsätzlich emergent sind und im Arbeitsgedächtnis temporär aufgrund bestimmter Perzeptionen gebildet werden können, bevor sie wieder ins Langzeitgedächtnis zurückwirken können. Barsalou & Hale (1993: 136–137) entwerfen hier die Eckpfeiler einer gebrauchsbasierten Frame-Theorie sans la lettre, wenn man davon absieht, dass sie lediglich die perzeptive Seite (aus linguistischer Sicht: die Rezeption) und nicht die Produktionsseite im Blick haben.

87 Eine Frame-Anpassung ist so gesehen, darauf weist Busse (2012: 674–675) hin, ein kreativer Prozess.

88 Diese Formen von Frame-Anpassung beziehen sich nur auf die semantische Motivierung der (Instanzen der) für eine Konstruktion in einem Konstruktionseintrag definierten Strukturelemen-

a) Der Konstruktions-Frame trägt ein FE zum Konstrukt-Frame bei, das nicht im lexikalischen Frame angelegt ist.[89]
b) Der Konstruktions-Frame trägt ein FE zum Konstrukt-Frame bei, das ein Strukturelement des Konstrukts gemeinsam mit einem FE des lexikalischen Frames (also: doppelt) motiviert.

Diese beiden Varianten betreffen jeweils *ein* Strukturelement eines Konstrukts. Nimmt man ein zweites hinzu, ergeben sich aus den Kombinationen dieser beiden Varianten in einen zweiten Schritt die folgenden drei weiteren Varianten.
c) Der Konstruktions-Frame trägt zwei FE zum Konstrukt-Frame bei, die nicht im lexikalischen Frame angelegt sind.
d) Der Konstruktions-Frame trägt ein FE zum Konstrukt-Frame bei, das nicht im lexikalischen Frame angelegt ist und ein weiteres, das ein Strukturelement des Konstrukts gemeinsam mit einem FE des lexikalischen Frames (also: doppelt) motiviert.
e) Der Konstruktions-Frame trägt zwei FE zum Konstrukt-Frame bei, die jeweils ein Strukturelement gemeinsam mit einem FE des lexikalischen Frames (also: doppelt) motivieren.

Zunächst zu den Varianten a und b. Variante a ist in dem Konstrukt in (39) zu sehen, während Variante b mit dem Konstrukt in (40) illustriert ist. Zur Übersicht ist in der Annotation die Motivierung der einzelnen KtE und KEE der jeweiligen Konstrukte durch die FE von lexikalischem Frame und Konstruktions-Frame dargestellt.

te (vgl. dazu Kapitel 6). Darüber hinaus können selbstverständlich weitere FE instanziiert werden, die nicht unmittelbar der Motivierung dieser Strukturelemente dienen (vgl. Ziem 2020a: 23). Hierbei ist in erster Linie an Nicht-Kern-FE zu denken, für ein konkretes Beispiel für die drei hier untersuchten Konstruktionen vgl. Unterabschnitt 5.7.2. Grundsätzlich zum Einbezug solcher Adverbiale oder Modifikatoren in die Konstruktionsgrammatik vgl. Welke (2019: 277–282).

89 Müske (1992: 131, 137, 145–147) analysiert als eine mögliche Form der von ihm so bezeichneten *Frame-Expandierung* das Einfügen neuer Slots (hier: FE). Barsalou (1992b: 55–57) diskutiert die zumindest verwandte Idee, dass für die konzeptuelle Repräsentation bestimmter Ereignisse eine Kombination von Frames notwendig ist. An anderer Stelle sieht er als ein wesentliches Kennzeichen der Flexibilität von Konzepten die Tatsache an, dass diese je nach Kontext um weitere Merkmale angereichert werden können (vgl. Barsalou 1993: 31). Deutlicher in Richtung der Erweiterung eines Frames durch neue Slots denkt wiederum Coulson (2001: 83–84) in Rekurs auf die Script-Theorie von Schank & Abelson (1977: 36–68). Eine solche Erweiterung eines Frames um neue Slots geschieht bei der Anreicherung eines lexikalischen Frames durch die FE eines Konstruktions-Frames.

(39) [AGENT Sie] [Cause_to_move_in_place wiegte] [THEME sich] [gegen ihn GOAL]. (Hettche, Thomas: Der Fall Arbogast, Köln: DuMont Buchverlag, 2001, S. 14)

(40) Der Fabrikant breitete sein Schweigen wieder aus, [MANIPULATOR der Offizier] [Manipulate_into_doing mogelte] [GOODS sich] [RESULTING_ACTION aus seinem Sitz SOURCE]. (Düffel, John von: Vom Wasser, München: dtv 2006, S. 56)

In (39) wird der lexikalische Frame Cause_to_move_in_place durch das FE Motion.GOAL des Konstruktions-Frames erweitert, da ein vergleichbares FE in diesem lexikalischen Frame nicht enthalten ist. In (40) trägt der Konstruktions-Frame das FE Motion.SOURCE zum lexikalischen Frame Manipulate_into_doing bei, das darin zwar in dieser Form nicht enthalten ist, aber gemeinsam mit dem FE Manipulate_into_doing.RESULTING_ACTION das KtE des KE WEG motiviert. Vor dem Hintergrund der Strukturparallelen zwischen Konstruktionen und Frames, die ich in Kapitel 6 diskutiere, entspricht der in (39) illustrierte Fall einer einfachen Motivierung eines KtE durch den Konstruktions-Frame (Unterabschnitt 6.2.2), während der in (40) illustrierte Fall die doppelte Motivierung eines KtE durch lexikalischen Frame und Konstruktions-Frame (Unterabschnitt 6.2.3) darstellt.

In beiden Varianten entsteht jeweils ein Konstrukt-Frame, der über die entsprechenden FE aus lexikalischem Frame und Konstruktions-Frame verfügt. Die Konstrukt-Frames für die Konstrukte in (39)–(40) lassen sich tabellarisch wie in den Tabellen 4.1 und 4.2 darstellen, wobei die Herkunft der FE aus lexikalischem Frame und Konstruktions-Frame jeweils durch eine eigene Spalte gekennzeichnet ist. Die Darstellung von FE aus lexikalischem Frame und Konstruktions-Frame in derselben Zeile soll die doppelte Motivierung eines KtE durch diese beiden FE markieren.[90] Außerdem enthält ein Konstrukt-Frame nur diejenigen FE aus lexikalischem Frame und Konstruktions-Frame, die im Konstrukt tatsächlich instanziiert werden. Dies unterscheidet ihn von lexikalischen Frames und Konstruktions-Frames, auch weil es sich bei einem Konstrukt-Frame nicht mehr um ein Bedeutungspotenzial handelt.

Es fehlen nun noch die drei Varianten c, d, und e. Sie sind in dieser Reihenfolge in den Konstrukten in (41), (42) und (43) zu sehen. Die Darstellung ihrer Konstrukt-Frames findet sich in den Tabellen 4.3 bis 4.5.

90 Zur tabellarischen Darstellung von Blends vgl. auch Coulson (2001: 119). Die hier verwendete tabellarische Darstellung dient an dieser Stelle lediglich zur Illustration. In späteren Analysen werde ich aus Platzgründen nicht mehr darauf zurückgreifen, auch weil der Aufbau eines Konstrukt-Frames stets an den Annotationen der diskutierten Belege erkennbar ist.

Tab. 4.1: Konstrukt-Frame für Beleg (39)

FE des lexikalischen Frames	FE des Konstruktions-Frames
Cause_to_move_in_place.AGENT	
Cause_to_move_in_place.THEME	
	Motion.GOAL

Tab. 4.2: Konstrukt-Frame für Beleg (40)

FE des lexikalischen Frames	FE des Konstruktions-Frames
Manipulate_into_doing.MANIPULATOR	
Manipulate_into_doing.GOODS	
Manipulate_into_doing.RESULTING_ACTION	Motion.SOURCE

(41) Aber früher, als wir noch klein waren, [$_{\text{Daring}}$ traute] [sich ^{THEME}] [$_{\text{AGENT}}$ niemand] [an uns ^{GOAL}] heran, auch nicht in Mückes Gegend, denn wir standen unter dem Schutz seines Bruders, und dessen Rache würde fürchterlich sein. (Goosen, Frank: Liegen lernen, Frankfurt am Main: Eichborn AG 2000, S. 88)

(42) [$_{\text{AGENT}}$ Putin] [$_{\text{Work}}$ arbeitete] [sich ^{THEME}] mit Fleiß und Stetigkeit [$_{\text{SALIENT\_ENTITY}}$ nach oben ^{GOAL}], nicht mit Brillanz. (Die Zeit, 23.03.2000, Nr. 13)

(43) [$_{\text{PART\_2}}$ In das Weiß unter Blau ^{GOAL}] [$_{\text{Cause\_to\_amalgamate}}$ mischen] [$_{\text{PART\_1}}$ sich ^{THEME}] [$_{\text{AGENT}}$ die Wolkenschatten und die dunklen Birkenstoppeln in den Senken]. (Die Zeit, 05.01.2000, Nr. 2)

Varianten der Frame-Anpassung lexikalischer Frames wie a bis e und die damit verbundene Konstitution von Konstrukt-Frames zeigen unmittelbar beobachtbare Koerzionseffekte (Abschnitt 5.5). Sie sind für die Ermittlung des Koerzionspotenzials einer Konstruktion relevant, für das sich für die drei untersuchten Konstruktionen sieben Koerzionsstufen, die unter anderem die Varianten a bis e beinhalten, ermitteln lassen (Abschnitt 7.4).

Warum aber wird der lexikalische Frame durch den Konstruktions-Frame angepasst und nicht umgekehrt der Konstruktions-Frame durch den lexikalischen Frame? Das hat zwei Gründe. Der erste Grund besteht darin, dass in einer Argumentstruktur-Konstruktion wie der reflexiven Bewegungskonstruktion, der reflexiven Partikelverbkonstruktion oder der reflexiven *Weg*-Konstruktion der lexikalische Frame immer aktiv ist, da er ausnahmslos in jedem Konstrukt durch ein KtE, hier dasjenige des KE EREIGNIS, evoziert wird (vgl. Unterabschnitt 4.2.1). Der zweite Grund besteht darin, dass, wie bereits in Unterabschnitt 4.2.2 auf-

Tab. 4.3: Konstrukt-Frame für Beleg (41)

FE des lexikalischen Frames	FE des Konstruktions-Frames
Daring.AGENT	
	Motion.GOAL
	Motion.THEME

Tab. 4.4: Konstrukt-Frame für Beleg (42)

FE des lexikalischen Frames	FE des Konstruktions-Frames
Work.AGENT	
Work.SALIENT_ENTITY	Motion.GOAL
	Motion.THEME

gezeigt, Konstrukte existieren, deren Konstrukt-Frames ohne einen Anteil des Konstruktions-Frames auskommen, in denen mit anderen Worten also keine Frame-Anpassung stattfindet. Im Falle solcher Konstrukte besteht der Konstrukt-Frame ausschließlich aus FE des lexikalischen Frames (vgl. Unterabschnitt 6.2.1). Da zu den Konstrukten der drei untersuchten Konstruktionen solche Konstrukte ebenso gehören wie solche, in denen eine Frame-Anpassung stattfindet (vgl. dazu Unterabschnitt 5.4.2), erscheint es angebracht, dann von einer Frame-Anpassung des lexikalischen Frames zu sprechen, wenn, wie in den Konstrukten in (39)–(43), der lexikalische Frame allein zur Konstitution des Konstrukt-Frames und damit zur Motivierung aller Strukturelemente eines Konstrukts nicht ausreicht.

Bevor ich die Prinzipien der in (39)–(43) illustrierten Varianten der Konstitution eines Konstrukt-Frames in Unterabschnitt 4.4.2 als Blending-Prozess im Sinne der Theorie der konzeptuellen Integration analysieren möchte, sei abschließend näher auf den Unterschied zwischen Konstrukt-Frames und den beiden anderen Frame-Typen, lexikalischen Frames sowie Konstruktions-Frames, eingegangen.

Während lexikalische Frames und Konstruktions-Frames als Bedeutungspotenziale Frames auf Type-Ebene bilden und somit grundsätzlich in Ressourcen wie FrameNet inventarisiert werden können, sind Konstrukt-Frames Frames auf Token-Ebene. Die aus Konstrukt-Frames resultierenden Konstruktbedeutungen sind in Termini der Kognitiven Grammatik als „usage event[s]“ (Langacker 1987: 66) oder *Gebrauchsbedeutungen* zu verstehen, als „aktuelle Bedeutung eines sprachlichen Tokens zu einem bestimmten Zeitpunkt, relativ zum gegebenen Kontext einerseits und zum Hintergrundwissen der Kommunikationsteilnehmer andererseits.“ (Ziem 2009b: 178).

Tab. 4.5: Konstrukt-Frame für Beleg (43)

FE des lexikalischen Frames	FE des Konstruktions-Frames
Cause_to_amalgamate.AGENT	
Cause_to_amalgamate.PART_2	Motion.GOAL
Cause_to_amalgamate.PART_1	Motion.THEME

Konstrukt-Frames liegen damit auf derjenigen Ebene von Frame-Typen, die für den Sprachgebrauch relevant ist, denn wie Fried & Östman (2004: 19) feststellen: „We communicate in terms of constructs, not constructions, just like in actual speech we produce sounds, not phonemes.“[91] Konstrukt-Frames und Konstruktbedeutungen könnten zwar grundsätzlich in konstruktikographischen Ressourcen dokumentiert werden – etwa wie in den Tabellen 4.1 bis 4.5 dargestellt –, nur müsste dies für jedes Konstrukt einzeln geschehen, etwa ähnlich der in FrameNet dokumentierten Valenzmuster bzw. der in der Konstruktikographie dokumentierten Realisierungsmuster (vgl. Unterabschnitte 2.1.2 und 2.3.1). Da die FE, die aus den anderen beiden Frame-Typen in einen Konstrukt-Frame eingehen, in Gestalt der entsprechenden Konstruktbedeutung vollständig instanziiert sind, müssten diese Instanziierungen zusätzlich beschrieben werden, um von einem Konstrukt-Frame zu einer Konstruktbedeutung zu gelangen.[92]

Ausgehend von der Theorie der konzeptuellen Integration erwägen Mandelblit (1997: 18) und Fauconnier & Turner (1998a: 161) allerdings die Vorstellung, dass Blends, und somit notwendigerweise auch Konstrukt-Frames, sowohl on-line produziert als auch kognitiv verfestigt sein können. Gerade für die Grammatik ist dies von großer Relevanz:

91 Analog heißt es in Termini der Kognitiven Grammatik bei Ziem (2009b: 178), „dass sowohl die semantische Einheit [das Bedeutungspotenzial, A.W.] als auch Formseite [sic!] sprachlicher Zeichen und nicht weniger die Verbindung beider, also die symbolische Einheit, [die Konstruktion, A.W.] stark schematischer Natur sind. Als solche treten sie im Sprachgebrauch nicht auf.“ Den mit einem Konstrukt vergleichbaren Begriff der Äußerung stellt auch Tomasello (2003: 325–326) ins Zentrum seiner Spracherwerbstheorie: „[T]he focus is on whole utterances and constructions – not isolated words or morphemes – as the most fundamental units of language acquisition. Utterances are the primary reality of language from a communicative point of view because they are the most direct embodiment of a speaker's communicative intentions. And so it is utterances – not words or abstract categories – that children are initially focused on learning.“

92 Dies liegt schlicht daran, „dass man sich das Verstehen von sprachlichen Konstrukten keinesfalls als einfaches Abrufen gespeicherter Bedeutungen vorstellen kann.“ (Albert 2015: 543).

> Grammatical blends may also start as fantastic peripheral instances of language, but in time can become entrenched, at which point their semantics would be conceived as a simple union of the semantics of the linguistic components [...]. (Mandelblit 1997: 18)

Dass Blends und damit Konstrukt-Frames verfestigt sein können, ist in erster Linie eine Aussage über die kognitiven Prinzipien, die diesen zugrunde liegen und zu einer Konventionalisierung führen können (vgl. auch Ziem 2013c: 235). Obwohl der Prozess der konzeptuellen Integration in solchen Fällen nicht mehr on-line stattfinden muss, kann der Ursprung eines Blends, nämlich seine Entstehung aus zwei Inputs, durchaus transparent bleiben:

> While I do not suggest that the processing of entrenched ("dead") blends involves each time the reactivation of the blending operation from scratch, I do suggest that the blending operation involved in entrenched blends can be accessible for conscious reasoning and could become active when necessary [...]. (Mandelblit 1997: 5–6)

Da Blends somit, wie Fauconnier & Turner (1998a: 140, 145–146) betonen, stets mit den Inputs verbunden bleiben, bleibt die Konstitution eines Konstrukt-Frames aus einem lexikalischen Frame und einem Konstruktions-Frame stets transparent, sowohl für verfestigte als auch für on-line produzierte Blends bzw. Konstrukt-Frames.[93] Die weiterhin bestehende Verbindung zwischen Konstrukt-Frame und den Frames, aus denen sich dieser speist, sorgt dafür, dass Blends bzw. Konstrukt-Frames, obwohl gerade die aus ihnen resultierenden Konstruktbedeutungen durchaus nicht kompositionell zustande kommen müssen, analysierbar bleiben (vgl. Coulson 2001: 160).[94] Durch ihre Fähigkeit zur Verfestigung können Konstrukt-Frames – anders als etwa Konstruktions-Frames (vgl. Unterabschnitt 4.2.3) – von Konstrukt zu Konstrukt variieren, sich aber bei ausreichender Frequenz entsprechend verfestigen und konventionalisieren.

Die Relevanz von Konstrukt-Frames für die konstruktikographische Generalisierung konstruktionssemantischer Analysen muss indes weniger auf eine Inventarisierung einzelner Konstrukt-Frames oder gar Konstruktbedeutungen ausgerichtet sein, sondern bezieht sich eher auf die möglichen Kombinationen aus lexikalischem Frame und Konstruktions-Frame, die in den Varianten der Frame-

---

93 Vgl. aber Barlow (2000: 324–326) für eine Kritik, dass die Verbundenheit des Blends mit den Inputs nicht zwangsläufig für alle Arten von (morphologischen und syntaktischen) Blending-Prozessen gilt.

94 Für Coulson (2001: 48) stellt Kompositionalität damit eine von unterschiedlichen Ausprägungen von Analysierbarkeit dar. Mandelblit (1997: 40) sieht die Interpretation eines Blends und damit seine Analysierbarkeit als eine Umkehrung des Prozesses der konzeptuellen Integration, die sie De-Integration (*de-integration*) nennt. Mandelblit & Fauconnier (2000: 167) sprechen von der *Rekonstruktion* und *Interpretierbarkeit* von Blends.

Anpassung des Ersteren sichtbar werden. Sie dienen nämlich, wie bereits angesprochen, zur Messung des Koerzionspotenzials der Konstruktion. Auf Basis der in den Konstrukten in (39)–(43) illustrierten Varianten a bis e lassen sich deshalb für die drei untersuchten Konstruktionen sieben Koerzionsstufen ermitteln, die ich in den Unterabschnitten 7.4.1 und 7.4.3 vorstelle.

4.4.2 Konstrukt-Frame und Konstruktbedeutung als Blend: zwei Beispiele

Konstrukt-Frames, die durch eine Frame-Anpassung eines lexikalischen Frames zustande kommen oder auf einem lexikalischen Frame allein basieren, bilden die Grundlage für Konstruktbedeutungen. Obwohl sie im Sinne traditioneller Semantiktheorien und auch des Modells von Ziem (2020b: 44–48) als Äußerungsbedeutungen auf Token-Ebene zu verstehen sind, sind Konstruktbedeutungen nicht mit ebenfalls auf Token-Ebene verorteten Satzbedeutungen gleichzusetzen – sofern man ‚Satz' hier als den sprachlich overten Skopus einer solchen Bedeutung versteht. Ebenso wenig sind im Übrigen Konstrukt-Frames mit *Satz-Frames* im Sinne von Busse (2012: 682) gleichzusetzen.

Abgesehen davon, dass der Satzbegriff in der Konstruktionsgrammatik ohnehin kaum eine Rolle spielt,[95] ist ein Satz die Instanz einer Vielzahl von Konstruktionen und eine Satzbedeutung damit das Ergebnis einer Vielzahl von Konstruktbedeutungen: So zeigt Goldberg (2003: 221) auf, dass ein einziger – allerdings nicht authentischer – Satz, den sie irreführend als *Konstrukt* bezeichnet, sechs unterschiedliche Konstruktionen zugleich instanziiert. Bei Goldberg (2006: 21) sind es in einem ähnlichen Beispiel sieben Konstruktionen, die (wie im ersten Beispiel) elf Konstrukte bilden (die Goldberg aufgrund einer anderen Zählweise nun als

95 Zwar spricht Goldberg (1995: 24) von Konstruktionen als „basic sentence types", reflektiert diesen Satzbegriff allerdings nicht und verwendet ihn auch nicht konsequent, was auch an der Koexistenz an Definitionen von Konstruktionen als „particular clausal patterns" (Goldberg 1995: 2) einerseits und „[p]hrasal patterns" (Goldberg 1995: 4) andererseits erkennbar ist. Prominent verwenden auch Bencini & Goldberg (2000) den Satzbegriff, ohne ihn zu reflektieren. Bisweilen wird er scheinbar synonym zum Konstruktionsbegriff verwendet, wenn von „ditransitive sentences" (Bencini & Goldberg 2000: 645) die Rede ist. Den Satzbegriff nutzen auch Panther & Thornburg (1999: 37): „[O]verall sentence meaning results from an interplay between constructional and lexical meanings." Ungerer (2017: 3) hält fest, dass „verb-mediated constructions seem to constitute clauses". Allgemein bleibt allerdings mit Wildgen (2008: 149) zu konstatieren: „Anstatt direkt die holistische Kategorie Satz zu beschreiben, erfasst die Konstruktionsgrammatik Zentren (zentrale Konstruktionstypen) der Grammatik und um sie herum die peripheren Nebenkonstruktionen." Zum Stand der konstruktionsgrammatischen Forschung zu Satz*typen* vgl. überblickend Finkbeiner & Meibauer (2016).

Konstruktionen bezeichnet).[96] Ähnliche Analysen finden sich bei Fried (2015: 983–984) für einen nicht authentischen und bei Hoffmann (2018: 264) für einen authentischen englischen Satz. Deutsche (allerdings wiederum nicht authentische) Beispiele finden sich bei Smirnova & Mortelmans (2010: 140), die in einem Satz zwölf Konstruktionen zählen, bei Ziem (2018e: 33–34), der in einem Satz aus nur vier Wörtern zehn Konstruktionen zählt und bei Boas & Ziem (2018a: 20), die in einem Satz mit gleicher Wortanzahl elf Konstruktionen zählen.

Wichtig ist vor diesem Hintergrund, dass sowohl Konstrukt-Frames als auch Konstruktbedeutungen nicht ‚satzwertig' sind, da dies ebenso wenig auf Konstrukte zutrifft. Am Beispiel des Belegs (44) für die reflexive Bewegungskonstruktion lässt sich dies beobachten.

(44) Dieses Jahr kämpft sich der CC-AS also durch seine 19. Session. (Die Zeit, 20.01.2000, Nr. 4)

Dieser verhältnismäßig kurze Satz enthält Konstrukte mindestens der folgenden neun (Typen von) Konstruktionen:[97]
- eine reflexive Bewegungskonstruktion;
- eine Topikalisierungs-Konstruktion (Goldberg 1995: 110, 2013: 21; Welke 2019: 283–306): *Dieses Jahr kämpft sich...*;
- eine demonstrative Determinierer-Konstruktion (Substantivkonstruktion im Sinne von Welke 2019: 325–334):[98] *Dieses Jahr*;
- eine definite Determinierer-Konstruktion (Substantivkonstruktion im Sinne von Welke 2019: 325–334): *der CC-AS*;
- eine possessive Determinierer-Konstruktion (Substantivkonstruktion im Sinne von Welke 2019: 325–334): *seine 19. Session*;
- eine Aufzählungs-Konstruktion: *19. Session*;
- eine Abkürzungs-Konstruktion: *CC-AS*;

---

96 Eine begriffliche Ausdifferenzierung zwischen den Begriffen *Konstrukt* und *Satz* wäre an dieser Stelle, wie grundsätzlich in der Konstruktionsgrammatik, wünschenswert. Sofern man einzelne, isolierte Korpusbelege analysiert, entsprechen Sätze dem, wofür Bücker (2014: 118–119) den Terminus *Datum* einführt und den ich mit *Beleg* gleichsetze.

97 Nicht berücksichtigt sind hier morphologische Konstruktionen wie Numerusflexion und Kongruenzrelationen, die die Anzahl in (44) instanziierten Konstruktionen noch einmal erhöhen würden.

98 Welke (2019: 325–334) setzt für Determinierer und Determinationsverhältnisse keine eigenen Konstruktionen an, sondern zählt sie scheinbar inhärent zum Substantiv bzw. Nomen. Von den hier relevanten Substantivkonstruktionen findet sich bei ihm nur die possessive Determinierer-Konstruktion (vgl. Welke 2019: 333). Warum Possessivpronomen und -artikel zu den „[b]esonders hervorstechende[n] Dependentien" (Welke 2019: 331) gehören, Definit- und Indefinitartikel aber ausgeklammert werden, wird nicht deutlich.

- zwei Adverbial- oder Modifikator-Konstruktionen (Welke 2019: 277–282): *Dieses Jahr, also*;
- elf lexikalische Konstruktionen: *dieses, Jahr, kämpfen, sich, der, CC-AS, also, durch, seine, 19., Session.*

In diesem Satz sind somit mindestens 20 Konstrukte dieser (Typen von) Konstruktionen aktiv. Seinen Satz-Frame und seine Satzbedeutung zu ermitteln, muss dem Umstand Rechnung tragen, dass diese sich aus dieser großen Zahl von Konstruktionen und deren Konstrukt-Frames und Konstruktbedeutungen zusammensetzen. Es ist unschwer erkennbar, dass dies ein Prozess ist, den zu beschreiben ein eigenes Modell erfordert. Ungleich komplexere Sätze stellen dementsprechend höhere Anforderungen an ein solches Modell.

Unter Rückgriff auf die Theorie der konzeptuellen Integration lässt sich die Konstitution eines Konstrukt-Frames und einer Konstruktbedeutung als Blending-Prozess verstehen. Die Prinzipien der Konstitution eines Konstrukt-Frames und einer Konstruktbedeutung als konzeptuelle Integration möchte ich zum Abschluss dieses Kapitels an zwei Konstrukten der reflexiven Bewegungskonstruktion illustrieren. Schon die *way*-Konstruktion sieht Goldberg (1995: 207) als „conventionalized amalgam" zweier Konstruktionen an, ähnlich argumentiert Oya (1999: 362–364) für die reflexive Bewegungskonstruktion. Die semantische Seite kann dabei als eine Verschmelzung – eben ein Blending-Prozess – zweier ‚Ereignisse' gesehen werden, wie dies etwa Goldberg & Jackendoff (2004: 538) für Resultativkonstruktionen zeigen. So nimmt explizit, wie bereits in Unterabschnitt 3.1.1 erwähnt, für die reflexive Bewegungskonstruktion Smirnova (2018: 28) an, dass mit ihr „zwei verbale Szenen bzw. Subevents" zusammentreten. Mit den zwei nun zu diskutierenden Konstrukten der reflexiven Bewegungskonstruktion möchte ich zwei mögliche Prinzipien der Konstitution eines Konstrukt-Frames aufzeigen, die unmittelbar an die in Unterabschnitt 4.4.1 gesehenen fünf Varianten der Frame-Anpassung eines lexikalischen Frames anschließen und diese im Rückgriff auf die Theorie der konzeptuellen Integration reformulieren. Im Anschluss daran möchte ich kurz auf die Entstehung einer emergenten Struktur in der Konstruktbedeutung eingehen, bevor sie in Abschnitt 5.7 als Gegenstand eines von sieben semantischen Parametern von Konstruktionen ausführlicher diskutiert werden soll.

Die beiden Inputs des Netzwerks der konzeptuellen Integration sind, wie bereits in Abbildung 4.3 in Unterabschnitt 4.1.3 gesehen, mit lexikalischem Frame und lexikalischer Bedeutung einerseits und Konstruktions-Frame und Konstruktionsbedeutung andererseits zu identifizieren. Stellvertretend für eine lexikalische Bedeutung und die Konstruktionsbedeutung sollen in den folgenden zwei Beispielen der lexikalische Frame und der Konstruktions-Frame dienen, im Mittelpunkt steht also zunächst die Konstitution des Konstrukt-Frames. Die Vorrangstellung des lexikalischen Frames äußert sich darin, dass dieser stets den ersten Input (Input 1) bildet, während der Konstruktions-Frame den zweiten Input (Input 2) darstellt. Mögliche Projektionen aus diesen Inputs auf den Blend ergeben den Konstrukt-Frame.

Als erstes Beispiel soll das Konstrukt in (45) mit dem lexikalischen Frame `Daring` dienen, der durch die LE *wagen* (*dare.v*) evoziert wird. Konstruktions-Frame ist, wie für alle drei untersuchten Konstruktionen, `Motion`.

(45) [$_{\text{AGENT}}$ Mehr und mehr französische Politiker] [$_{\text{Daring}}$ wagen] [sich ^{THEME}] [in Unterhaltungssendungen ^{GOAL}]. (Die Zeit, 27.04.2000, Nr. 18)

Zur Konstitution eines Konstrukt-Frames des Konstrukts in (45) finden nun drei einzelne Projektionen statt. Das KtE *Mehr und mehr französische Politiker* stellt eine Instanz des FE `Daring`.AGENT des lexikalischen Frames `Daring` dar. `Motion` als Konstruktions-Frame stellt im Konstrukt-Frame einerseits das FE `Motion`.GOAL bereit, das das KtE *in Unterhaltungssendungen* motiviert und andererseits das FE `Motion`.THEME, das die Instanz des KEE, *sich*, motiviert. Die beiden letzteren FE sind im lexikalischen Frame nicht enthalten, er wird also entsprechend durch den Konstruktions-Frame angepasst.

Den Darstellungsformen von Fauconnier & Turner (1998a,b, 2002) folgend kann der Prozess der konzeptuellen Integration in (45) wie in Abbildung 4.4 visualisiert werden.[99] Die beiden oberen Kreise symbolisieren die Inputs, also lexikalischen Frame und Konstruktions-Frame (angegeben sind jeweils ihre Kern-FE), während der untere Kreis den Blend, also den Konstrukt-Frame darstellt. Die gestrichelten Linien stehen für die Projektionen aus den Inputs auf den Blend.

Fusionen aus den beiden Inputs lassen sich für den Konstrukt-Frame von (45) nicht beobachten. Die drei einzelnen Projektionen, eine aus dem lexikalischen Frame und zwei aus dem Konstruktions-Frame, entsprechen einer Frame-Anpassung des lexikalischen Frames um zwei FE des Konstruktions-Frames. Dieser Fall ist somit das Äquivalent zu der in Unterabschnitt 4.4.1 diskutierten Variante c.

Etwas anders stellen sich die Verhältnisse für das Konstrukt in (46) dar. Neben der einzelnen Projektion jeweils eines FE aus dem lexikalischen Frame `Work` (AGENT) und aus dem Konstruktions-Frame `Motion` (THEME), wird aus den beiden Frames jeweils ein weiteres FE in den Blend projiziert, beide bilden jedoch eine Fusion im Sinne von Fauconnier & Turner (1998a: 144, 161): Die FE `Work`.SALIENT_ENTITY und `Motion`.PATH motivieren ein einzelnes KtE doppelt. Im

99 Vgl. für eine ähnliche graphische Darstellung solcher grammatischer Blends die Abbildungen 2-1 bis 2-6 bei Mandelblit (1997: 27, 33, 36, 37, 39, 41).

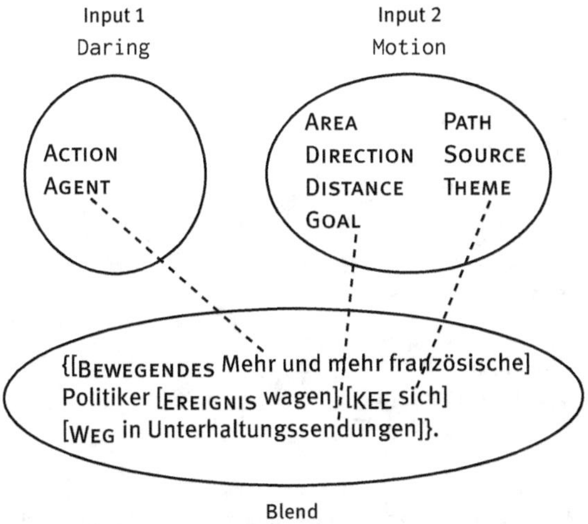

Abb. 4.4: Konzeptuelle Integration am Beispiel der reflexiven Bewegungskonstruktion ohne Fusion

Konstrukt-Frame fusionieren beide FE aus den Inputs zu einem einzigen Element, das die Grundlage für die semantische Motivierung dieses KtE bildet.

(46) [$_{\text{AGENT}}$ Er] [$_{\text{Work}}$ arbeitete] [sich ^{THEME}] [$_{\text{SALIENT\_ENTITY}}$ durch ein kompliziertes Kreuzworträtsel ^{PATH}], hatte ein Bier aufgemacht und sich auf einen beschaulichen Abend eingestellt, als das Telefon läutete. (Glavinic, Thomas: Die Arbeit der Nacht, München Wien: Carl Hanser Verlag 2006, S. 381)

Das Netzwerk der konzeptuellen Integration lässt sich wie in Abbildung 4.5 darstellen. Die durchgezogene Linie markiert eine Gegenstück-Relation (*counterpart connection*),[100] zwischen den beiden FE der Inputs, die im Blend fusionieren. Die doppelte Motivierung des entsprechenden KtE ist also auf jene Gegenstück-Relation zwischen diesen FE zurückzuführen.[101]

Da in dem Konstrukt-Frame, der dem Konstrukt in (46) zugrunde liegt, eine Fusion zwischen FE von lexikalischem Frame und Konstruktions-Frame stattfin-

100 Bei der Übertragung dieses Terminus ins Deutsche folge ich Ziem (2018b: 82), der ihn mit „Verbindung zwischen Gegenstücken" übersetzt.

101 Schon die Diskussion von Fauconnier & Turner (1998a: 142) lässt sie als Relationen zwischen FE deuten: „In conceptual integration, there are partial counterpart connections between input spaces. [...] Such counterpart connections are of many kinds: connections between frames and roles in frames; connections of identity or transformation or representation; metaphoric connections, etc."

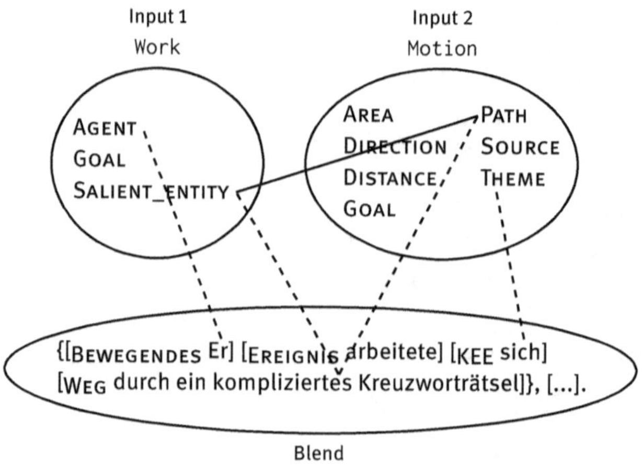

Abb. 4.5: Konzeptuelle Integration am Beispiel der reflexiven Bewegungskonstruktion mit Fusion

det, entspricht dieser Fall der Variante d der in Unterabschnitt 4.4.1 diskutierten Varianten von Frame-Anpassungen lexikalischer Frames.

Die beiden Beispiele zeigen nur zwei mögliche Fälle einer konzeptuellen Integration bei der Konstitution eines Konstrukt-Frames. Sie zeigen zudem stets Fälle, in denen ein Konstrukt-Frame als Blend aus lexikalischem Frame *und* Konstruktions-Frame konstituiert wird. Es ist jedoch ebenso möglich, dass ein Konstrukt-Frame ausschließlich aus einem lexikalischen Frame besteht (vgl. Unterabschnitt 6.2.1). Auch im Zuge unterschiedlicher Ausprägungen der Frame-Anpassung eines lexikalischen Frames sind weitere Szenarien möglich, auf die ich für die Messung des Koerzionspotenzials der drei untersuchten Konstruktionen in den Unterabschnitten 7.4.1 und 7.4.3 zurückkomme.

Neben der Konstitution ihrer Konstrukt-Frames lässt sich für die beiden Konstrukte in (45) und (46) ein semantischer Aspekt feststellen, der im engeren Sinne ihrer Konstrukt*bedeutung* zuzuordnen ist: eine emergente Struktur. Beide Konstrukte implizieren – dies ist eine wesentliche Eigenschaft der reflexiven Bewegungskonstruktion (vgl. Unterabschnitt 3.1.4), aber auch der beiden anderen untersuchten Konstruktionen – eine ‚Schwierigkeit', die mit der in den Konstrukten ausgedrückten ‚Bewegung' einhergeht. Eine solche emergente Struktur kann als Standardwert verstanden werden, der erst in der Konstruktbedeutung, also dem instanziierten Konstrukt-Frame entsteht (Unterabschnitt 5.7.1). Sie ist damit Ausdruck einer im engeren Sinne nicht-kompositionellen Konstruktbedeutung und macht deutlich, warum – wie ich in Abschnitt 2.2.1 argumentiert habe – die Frage nach Kompositionalität oder Nicht-Kompositionalität nicht auf Ebene einer Konstruktion (und damit auf der einer lexikalischen Bedeutung oder einer Konstruktionsbedeutung) angesiedelt werden muss, sondern auf der Ebene eines Konstrukts und einer Konstruktbedeutung. Emergente Strukturen sind letztlich Indizien für nicht-kompositionelle Konstruktbedeutungen.[102] Dass es sich dabei um eine emergente Struktur handeln muss und dass der semantische Aspekt der ‚Schwierigkeit' nicht in der Konstruktionsbedeutung angelegt sein muss, ist daran zu erkennen, dass nicht alle Konstrukte etwa der reflexiven Bewegungskonstruktion eine solche emergente Struktur enthalten (vgl. Oya 1999: 364). Dennoch handelt es sich bei ihr um eine wesentliche und für die konstruktikographische Beschreibung relevante semantische Eigenschaft der Konstruktion.

102 Eine Konstruktbedeutung ist in diesem Sinne eine Gestalt, die zwar nicht-kompositionell zustande kommt und damit holistisch ist, aber (durch den zugrunde liegenden Konstrukt-Frame) dennoch analysierbar bleibt (vgl. dazu Lakoff 1977: 246). Es ist deshalb sinnvoll, mit Langacker (1987: 448–466) die Begriffe Kompositionalität und Analysierbarkeit zu unterscheiden.

5 Semantische Parameter von Konstruktionen

Das konstruktionssemantische Modell der drei Typen von Frames und Bedeutungen auf Type- und Token-Ebene, das ich in Kapitel 4 vorgestellt habe, ist ein erster Zugang, die semantischen Eigenschaften zu erfassen, die für eine Konstruktion und ihre Konstrukte eine Rolle spielen. Möchte man mehr von der semantischen Leistung einer Konstruktion erfahren und sie generalisiert über deren Konstrukte in einem konstruktikographischen Format beschreiben, ist es notwendig, die drei Typen von Frames und Bedeutungen miteinander in Beziehung zu setzen und ihr Zusammenspiel zu eruieren. Da dies zu einem großen Teil über die Feststellung der Frames auf Type- und Token-Ebene hinausgeht, möchte ich in diesem Kapitel als Basis für eine konstruktionssemantische Analyse im Allgemeinen und als konstruktikographische Analysekategorien im Besonderen sieben semantische Parameter von Konstruktionen vorschlagen.[1]

Die sieben Parameter dienen einerseits dazu, grundlegende Fragen der konstruktikographischen Erfassung von Konstruktionen hinsichtlich ihrer semantischen Eigenschaften zu klären und sind andererseits Gegenstand einer konstruk-

1 Den Begriff des Parameters nutzt bereits Lakoff (1987: 488–489) zur formalen und semantischen Beschreibung von Konstruktionen, wobei er für Letztere lediglich zwei Parameter ansetzt: die ‚Bedeutungen' einzelner Strukturelemente der Konstruktion und die ‚Bedeutung' der Konstruktion als Ganzes. Langacker (2000: 24–28) setzt für die *Regularität* einer Konstruktion drei Parameter an: Kompositionalität, Spezifiziertheit und Produktivität, von denen ich die letzten beiden adaptiere. Ebenfalls unter dem Begriff des Parameters setzt Felfe (2012: 70–79) teilweise sich mit meinem Ansatz überschneidende Parameter zur Unterscheidung von syntaktischen Konstruktionen gegenüber LE an: formale Komplexität, semantische Allgemeinheit, Kompositionalität und Transparenz sowie Produktivität. Felfe verweist dabei auf Traugott (2008a: 8), die sich für die Parameter Allgemeinheit, Produktivität und Kompositionalität wiederum auf einen Vortrag Langackers beruft. Den Parameter der Kompositionalität setze ich nicht separat an, da Kompositionalität einerseits, wie in Unterabschnitt 2.2.1 argumentiert, zumindest für Argumentstruktur-Konstruktionen nicht auf Type-Ebene, sondern auf Token-Ebene (Konstruktebene) zu verorten ist. Andererseits beinhaltet der Parameter der emergenten Struktur (Abschnitt 5.7) ebensolche Aspekte von Nicht-Kompositionalität, weshalb ich sie im Zuge dieses Parameters diskutiere (vgl. schon Unterabschnitt 4.1.3). Weiterhin stellt Ziem (2018a: 8–11) eine Reihe von *Untersuchungsgesichtspunkten* von Phrasemen zusammen, von denen sich vier in den in diesem Kapitel vorgestellten Parametern wiederfinden: Musterhaftigkeit (hier: formale Abstraktheit), typische Filler der Leerstellen, Constraints (hier: Beschränkungen und Präferenzen) sowie Produktivität. Vier der fünf von Engelberg (2019: 16–22) zusammengestellten Eigenschaften von Argumentstrukturen überlappen sich ebenfalls mit meinen Parametern: Abstraktheit, Präferenzbasiertheit, Produktivität und Koerzion. Vgl. ferner auch Welke (2005: 71–91), der eine Reihe von Parametern für eine funktionalgrammatische Analyse aufstellt.

https://doi.org/10.1515/9783110762341-005

tionssemantischen Analyse. Sie sollen in erster Linie folgende Fragen beantworten.

- Welche allgemeinen (formalen) Eigenschaften einer Konstruktion sind ausschlaggebend für ihre semantischen Eigenschaften und für die Evokation des Konstruktions-Frames?
- Welchen Einfluss haben Konstruktions-Frame und Konstruktionsbedeutung auf allgemeine konstruktikographische Aufgaben wie das Anlegen von Konstruktionseinträgen?
- Welche Rolle spielt die Instanziierbarkeit bestimmter Strukturelemente, insbesondere hinsichtlich der LE, die lexikalische Frames evozieren, für die semantischen Eigenschaften einer Konstruktion?
- Wie stark unterscheiden sich lexikalische Frames von einem Konstruktions-Frame und welche Konsequenzen hat der Grad dieser Unterscheidung für die Konstitution von Konstrukt-Frames?
- Wie groß ist der Einfluss des Konstruktions-Frames auf die Konstitution von Konstrukt-Frames – mit anderen Worten: Bis zu welchem Grad sind lexikalische Frames ausreichend, um Konstrukt-Frames zu konstituieren und wann tritt in einem Konstrukt Koerzion auf?
- Wie lässt sich die Produktivität einer Konstruktion auf Basis des konstruktionssemantischen Modells aus Kapitel 4 und damit genuin semantisch bestimmen?
- Wie sind semantische Aspekte, die außerhalb der Feststellung von lexikalischem Frame und Konstruktions-Frame liegen und auch über lexikalische Bedeutung und Konstruktionsbedeutung hinauszugehen scheinen, zu erfassen?

Ich erhebe nicht den Anspruch, dass es sich bei den sieben semantischen Parametern um eine vollständige Liste handelt und dass jeder Parameter für jede Art von Konstruktion gleichermaßen relevant ist. Vielmehr handelt es sich dabei um Aspekte, die sich bereits bei einer vergleichsweise kleinen Menge an Konstruktionen wie den dreien, die ich untersuche, als relevant erweisen. Folgende Parameter möchte ich unterscheiden:

1. *formale Abstraktheit*: die Komplexität der Konstruktion hinsichtlich der Anzahl ihrer Strukturelemente und ihrer lexikalischen Spezifiziertheit;
2. *konstruktionelle Polysemie*: die Frage, worauf unterschiedliche Lesarten von Konstrukten derselben Konstruktion zurückzuführen sind und welche Auswirkungen dies auf die konstruktikographische Erfassung hat;
3. *Beschränkungen und Präferenzen*: der Einfluss, den Beschränkungen in der Instanziierbarkeit der Strukturelemente einer Konstruktion sowie die Wahl eines lexikalischen Frames in einem Konstrukt auf Koerzionen durch den

Konstruktions-Frame im Konstrukt-Frame oder die Produktivität der Konstruktion haben (vgl. auch Ziem 2018a: 10);
4. *Frame-Nähe*: die Frame-zu-Frame-Relationen der in den Konstrukten der Konstruktion evozierten lexikalischen Frames zum Konstruktions-Frame und die Auswirkungen dieser Relationen auf die semantischen Eigenschaften der Konstrukte;
5. *Koerzionspotenzial*: die Fähigkeit der Konstruktion, in den Konstrukten evozierte lexikalische Frames durch den Konstruktions-Frame zu koerzieren, sie also im Sinne einer Frame-Anpassung in einem Konstrukt-Frame (Unterabschnitt 4.4.1) zu anzupassen;
6. *Produktivität*: die Erweiterbarkeit der Konstruktion um Konstrukte, die ‚neue' lexikalische Frames – solche, die nicht in einer Frame-zu-Frame-Relation zum Konstruktions-Frame stehen – evozieren;
7. *emergente Struktur*: semantische Aspekte, die in einem Konstrukt entstehen, obwohl sie nicht direkt auf eine lexikalische Bedeutung oder die Konstruktionsbedeutung zurückzuführen, im engeren Sinne also nicht kompositionell sind.

Diese Parameter beziehen sich einerseits auf allgemeine (teils formale) Eigenschaften einer Konstruktion, zu denen formale Abstraktheit, Polysemie, Beschränkungen und Präferenzen sowie Produktivität zählen. Andererseits spiegeln sie die Zusammenhänge von lexikalischen Frames und lexikalischen Bedeutungen zu Konstruktions-Frame und Konstruktionsbedeutung wider, was etwa die Parameter Beschränkungen und Präferenzen, Frame-Nähe, Koerzionspotenzial und emergente Struktur betrifft. Hinzu kommt, dass einige der Parameter nicht unabhängig voneinander operieren, sondern in Beziehungen zueinander stehen oder sich gegenseitig bedingen. Diese Verhältnisse sind in Abbildung 5.1 dargestellt.

Die Hierarchie der Parameter, wie sie in Abbildung 5.1 wiedergegeben ist, soll die potenzielle konstruktikographische Relevanz der einzelnen Parameter sowie ihre Beziehungen zueinander verdeutlichen. So stehen formale Abstraktheit der Konstruktion und konstruktionelle Polysemie an der Spitze, da sie den grundsätzlichen konstruktikographischen Umgang mit einer Konstruktion hinsichtlich ihrer semantischen Eigenschaften festlegen, im Falle konstruktioneller Polysemie etwa die Frage danach, ob für eine Konstruktion ein einzelner Konstruktionseintrag angelegt werden muss oder die Polysemie Anlass zu mehreren Konstruktionseinträgen gibt. Die nächsten vier Parameter adressieren konkreter die Verhältnisse zwischen den drei Frame- und Bedeutungstypen (Kapitel 4) oder thematisieren daran anschließende, spezifischere Aspekte. Beschränkungen und Präferenzen sind den Parametern der Frame-Nähe, des Koerzionspotenzials und der Produkti-

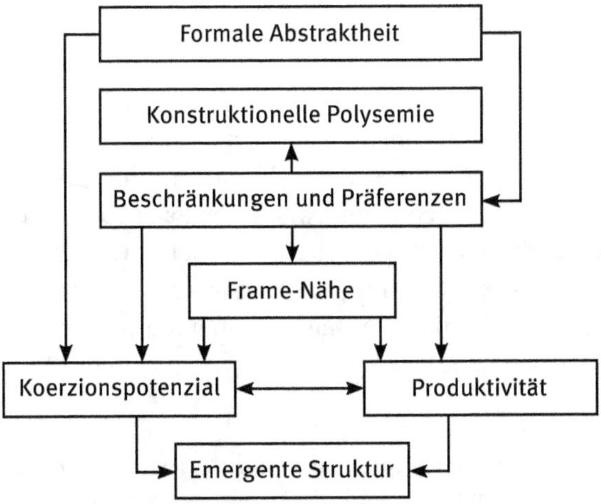

Abb. 5.1: Semantische Parameter von Konstruktionen

vität übergeordnet, da insbesondere Präferenzen für lexikalische Frames sowohl für den Parameter der Frame-Nähe als auch für das Koerzionspotenzial und die Produktivität einer Konstruktion eine Rolle spielen. Auch determinieren lexikalische Frames und lexikalische Bedeutungen zu einem großen Anteil die Polysemie einer Konstruktion. Gleichzeitig werden Beschränkungen und Präferenzen vom Grad der formalen Abstraktheit einer Konstruktion bestimmt. Die Frame-Nähe wiederum ist ein Parameter, auf den Koerzionspotenzial und Produktivität aufbauen. Das Koerzionspotenzial hängt mit der formalen Abstraktheit der Konstruktion zusammen. Koerzionspotenzial und Produktivität stehen darüber hinaus in einer direkten Beziehung zueinander. Von diesen beiden determiniert wird die emergente Struktur, die semantische Leistungen der Konstruktion erfasst, die sich in Standardwerten in Konstruktbedeutungen äußern. Auf diese vielfältigen Beziehungen zwischen den sieben Parametern gehe ich in den einzelnen Abschnitten dieses Kapitels näher ein.

Vorwiegend am Beispiel der reflexiven Bewegungskonstruktion möchte ich die einzelnen Parameter in den folgenden sieben Abschnitten 5.1 bis 5.7 in der eben aufgelisteten Reihenfolge erläutern. Ich gehe dazu vorrangig auf theoretische und ansatzweise auch methodologische Aspekte ein. Wie die semantischen Parameter aus methodischer Sicht ‚gemessen' werden und Eingang in einen Konstruktionseintrag finden können, ist Gegenstand von Kapitel 7. Dort präsentiere ich ebenso die einschlägigen empirischen Ergebnisse zu allen drei untersuchten Konstruktionen, die letztendlich in die drei Konstruktionseinträge im Zusatzmaterial eingehen.

5.1 Formale Abstraktheit

Es ist ein Gemeinplatz der konstruktionsgrammatischen Forschung, „dass komplexe sprachliche Strukturen selbst bedeutungstragende sprachliche Elemente sind (oder sein können), die sich von Wörtern nur durch ihre Komplexität und/oder Abstraktheit grundsätzlich unterscheiden." (Stefanowitsch 2009: 566–567). Eine Frage, die sich dabei aufdrängt, ist, ob mit einer hohen formalen Abstraktheit der Konstruktion auch ein hoher Abstraktionsgrad ihrer semantischen Eigenschaften – allen voran: des Konstruktions-Frames – einhergeht, wie es bisweilen angenommen wird (vgl. auch Ziem & Lasch 2013: 93–94; Szcześniak 2019a: 78):[2]

> An einem Ende des Konstruktionskontinuums befinden sich abstrakt-schematische Konstruktionen, die sehr abstrakte Bedeutungen haben (wie die Subjekt-Prädikats-Konstruktion), und am anderen Ende des Kontinuums befinden sich Wörter und Morpheme, die sehr spezielle Bedeutungen aufweisen, die traditionell im Lexikon erfasst werden. Dazwischen befinden sich partiell gefüllte Konstruktionen, die unterschiedlich spezifizierte Bedeutungen haben, wie die Doppelobjektkonstruktion oder die Resultativkonstruktion. (Boas 2019: 246)[3]

Bereits in Abschnitt 4.3 habe ich argumentiert, dass sich Konstruktions-Frames nicht grundsätzlich von lexikalischen Frames unterscheiden, was daran sichtbar wird, dass beide identisch sein können. Dies wiederum ist daran zu erkennen, dass bestimmte KtE des KE EREIGNIS der reflexiven Bewegungskonstruktion oder der reflexiven Partikelverbkonstruktion `Motion` als lexikalischen Frame evozieren. Die Konstrukte in den Belegen in (1) und (2) für die LE *bewegen* (*move.v*) und *begeben* (*go.v*) sollen dies illustrieren.

---

2 Ich verwende den Begriff der formalen Abstraktheit als Oberbegriff insbesondere für den Begriff der *Schematizität*, da Letztere, wie in Unterabschnitt 5.1.2 zu sehen, nur eine von zwei Dimensionen formaler Abstraktheit betrifft. Anders gehen etwa Boas & Ziem (2018a: 16) vor, die zwischen *Schematizität* (lexikalischer Spezifiziertheit) und *Abstraktheit* (Kategorienzugehörigkeit) unterscheiden. Wie Schmid (2020: 229–230) zeigt, entspricht der Begriff der *Schematizität* nur einer von zwei Dimensionen von Abstraktheit, nämlich derjenigen der *Variabilität*, die ich als lexikalische Spezifiziertheit bezeichne und in Unterabschnitt 5.1.2 diskutiere.

3 Allerdings handelt es sich bei der Ditransitivkonstruktion (Goldberg 1995: 141–151), die hier als Doppelobjektkonstruktion bezeichnet wird, nicht um eine teilschematische Konstruktion (vgl. auch Boas & Ziem 2018b: 215–216), zumindest solange man sie nicht, wie etwa Croft (2003: 58), verbspezifisch definiert.

(1) a. Langsam [$_{\texttt{Motion}}$ bewegte] sich das Skelett durch das Gras. (Glavinic, Thomas: Die Arbeit der Nacht, München Wien: Carl Hanser Verlag 2006, S. 134)
b. Dr. Hans Wilhelm Stein, Burgherr von Saaleck, verbarg die beiden und [$_{\texttt{Motion}}$ begab] sich nach München, in Ehrhardts Hauptquartier, um falsche Pässe und einen Fluchtwagen zu organisieren. (Die Zeit, 30.03.2000, Nr. 14)

(2) Die Schlange [$_{\texttt{Motion}}$ bewegte] sich ein paar Schritte vorwärts auf die Cafetür zu. (Boie, Kirsten: Skogland, Ort: Hamburg 2005, S. 28)

Beachtet man die Tatsache, dass es sich bei LE wie *bewegen* oder *begeben*, die `Motion` evozieren, um lexikalische Konstruktionen handelt (vgl. dazu Ziem 2015d: 56; Ruppenhofer, Boas & Baker 2018: 489), drängt sich die Frage auf, in welcher Weise sich der Unterschied in der formalen Abstraktheit zwischen ihnen und einer syntaktischen Konstruktion wie der reflexiven Bewegungskonstruktion oder der reflexiven Partikelverbkonstruktion tatsächlich auf die semantischen Eigenschaften beider Arten von Konstruktionen (lexikalische und syntaktische) auswirkt. Ein solcher möglicher Zusammenhang zwischen der formalen Abstraktheit der Konstruktion und der Gestalt ihrer semantischen Eigenschaften scheint in der Konstruktionsgrammatik grundsätzlich angenommen zu werden, wenn Stefanowitsch & Fischer (2007) festhalten,

> dass der Bedeutungsbegriff in der Konstruktionsgrammatik in zweifacher Hinsicht sehr weit gefasst ist: erstens bezüglich des möglichen Abstraktionsgrades einer Konstruktion und zweitens bezüglich der traditionell unterschiedenen Arten von Bedeutungen (z.B. semantische vs. pragmatische Bedeutung). (Stefanowitsch & Fischer 2007: 205)

Die formale Abstraktheit einer Konstruktion scheint demnach bereits implizit als ein entscheidender semantischer Parameter von Konstruktionen betrachtet zu werden. Es verwundert daher nicht, dass sie sogar als Parameter für die Klassifikation von Konstruktionen herangezogen wird. So verwendet Jacobs (2008: 6–8) das Kriterium der Abstraktheit für gleich drei Kategorien, indem er Konstruktionen nach ihrer (syntaktischen) *Komplexität*, ihrem (lexikalischen) *Spezifiziertheitsgrad* und ihrem (semantischen) *Abstraktionsgrad* klassifiziert. Smirnova & Mortelmans (2010: 138–139) beziehen sogar ausschließlich Kriterien der Abstraktheit, auf formaler und semantischer Ebene, als Kriterien für die Klassifikation von Konstruktionen ein: *Größe*, *Komplexität* und *Spezifiziertheit*.

Der Vergleich zwischen einer lexikalischen Konstruktion wie der LE *bewegen* und syntaktischen Konstruktionen wie der reflexiven Bewegungskonstruktion oder der reflexiven Partikelverbkonstruktion legt nahe, dass die formale Abstraktheit einer Konstruktion nur bedingt mit der *semantischen* Abstraktheit der Konstruktion korreliert und liefert Evidenz dafür, Konstruktionen nicht grundsätzlich von lexikalischen Bedeutungen unterschiedene ‚grammatische' Bedeutungen zuzuschreiben (Unterabschnitt 4.3.3). Ein vermeintlicher Grundsatz wie „Je syntaktisch komplexer die Ausdrucksseite, desto semantisch abstrakter die Inhaltsseite" (Ziem & Lasch 2013: 93–94) muss deshalb einer differenzierteren Betrachtung unterzogen werden. Diese Beobachtungen sind allerdings kein Argument dafür, die formale Abstraktheit einer Konstruktion als semantischen Parameter von Konstruktionen auszuschließen, denn sie entscheidet gleichwohl über andere Aspekte, die in der konstruktionssemantischen Analyse einer Konstruktion berücksichtigt werden müssen.

– Die formale Abstraktheit einer Konstruktion entscheidet darüber, ob der Konstruktion überhaupt ein symbolischer Charakter und damit semantische Eigenschaften zugeschrieben werden können (vgl. Schmid 2020: 231) oder ob die Annahme einer ‚bedeutungslosen' Konstruktion im Sinne von Fillmore, Lee-Goldman & Rhomieux (2012: 325–328) gerechtfertigt ist.
– Die formale Abstraktheit einer Konstruktion entscheidet darüber, welcher Mechanismus für die Evokation des Konstruktions-Frames verantwortlich gemacht werden kann (dazu Unterabschnitt 8.1.3).
– Die formale Abstraktheit einer Konstruktion entscheidet mit darüber, inwieweit ihre semantischen Eigenschaften überhaupt im Rückgriff auf Frames (und spezieller: auf FrameNet) erfassbar sind und welche Methoden zur Ermittlung des Konstruktions-Frames gewählt werden müssen (dazu Unterabschnitt 8.5.2).

Insbesondere die beiden letztgenannten Punkte legen nahe, dass die Betrachtung der formalen Abstraktheit einer Konstruktion für eine Konstruktionssemantik basal ist. Dies ist der vorrangige Grund, sie in einen semantischen Parameter von Konstruktionen zu überführen. Deshalb möchte ich im Folgenden der Frage nachgehen, wie die formale Abstraktheit einer Konstruktion zu bestimmen ist. Taylor (2004: 51) diskutiert hierfür zwei mögliche Dimensionen, die er zuvorderst als Relationen zwischen Konstruktionen innerhalb eines Konstruktikons versteht: (i) das vertikale Verhältnis zwischen schematischen Konstruktionen und ihren lexikalisch spezifischeren Instanzen und (ii) das horizonale Verhältnis zwischen einer syntagmatisch größeren Konstruktion und kleineren Konstruktionen, die in sie eingebettet werden können.[4] Ganz ähnlich unterscheidet Schmid (2020: 229–

4 Bei Croft (2001: 17) entsprechen diese Dimensionen den Dichotomien *schematisch/spezifisch* und *atomistisch/komplex* (zur deutschen Übertragung vgl. Imo 2007: 33). Jacobs (2016: 26) kom-

230) die zwei Dimensionen *Variabilität* und *Komplexität*. Erstere besteht aus einer Skala zwischen festen bzw. spezifizierten Einheiten auf der einen und variablen bzw. schematischen Einheiten auf der anderen Seite, während Letztere sich auf das Kontinuum zwischen einfachen bzw. kleinen Einheiten und komplexen bzw. großen Einheiten bezieht.

Für eine Konstruktionssemantik lässt sich die formale Abstraktheit einer Konstruktion in Anlehnung an Taylors und Schmids Dimensionen wie folgt reformulieren. Die zwei Eigenschaften, die die formale Abstraktheit einer Konstruktion definieren, sind einerseits die *Anzahl ihrer Strukturelemente* (Taylors horizontale Dimension, Schmids Dimension der Komplexität) und andererseits ihre *lexikalische Spezifiziertheit* (Taylors vertikale Dimension, Schmids Dimension der Variabilität).[5] In den folgenden Unterabschnitten 5.1.1 und 5.1.2 gehe ich auf diese beiden Dimensionen in dieser Reihenfolge ein. Um die Anwendung dieses semantischen Parameters zu demonstrieren, wende ich ihn auf die drei untersuchten Konstruktionen, die reflexive Bewegungskonstruktion, die reflexive Partikelverbkonstruktion und die reflexive *Weg*-Konstruktion, gleichermaßen an und zeige entsprechende Unterschiede zwischen ihnen auf.

5.1.1 Anzahl der Strukturelemente

Die Bestimmung der formalen Abstraktheit einer Konstruktion über die Anzahl ihrer Strukturelemente findet sich außer in den Ansätzen von Taylor (2004: 51) und Schmid (2020: 229–230) in zahlreichen Vorschlägen zur Unterscheidung von Konstruktionen hinsichtlich ihrer formalen Abstraktheit wieder. Croft (2001: 17), Jacobs (2008: 6–8) sowie Traugott & Trousdale (2013: 11) unterscheiden zwischen *atomaren* Konstruktionen (etwa LE) und *komplexen* Konstruktionen (et-

biniert solche Dichotomien in der Unterscheidung zwischen *substanziellen* (atomistischen und spezifischen) und *schematischen* (komplexen) Konstruktionen. Netzwerktheoretisch ließe sich mit Diessel (2019: 12) in Anlehnung an Schmid (2017, 2020: 25–26) von *sequenziellen* Relationen einerseits (horizontal) und *taxonomischen* Relationen andererseits (vertikal) sprechen. Implizit unterscheidet auch Ziem (2018a: 9) zwei vergleichbare Dimensionen für die *Musterhaftigkeit* einer Konstruktion, nämlich die „syntagmatisch fixierte Abfolge von Konstituenten" und die Frage, ob sie „lexikalisch spezifiziert [...] oder unspezifiziert" sind.

5 Diese Definition von Abstraktheit ist damit eine deskriptive, die ich aufgrund ihrer Operationalisierbarkeit für konstruktikographische Zwecke bevorzuge. Eine stärker theoretisch-gebrauchsbasierte Definition vertreten etwa Clausner & Croft (1997: 255): „Schematicity is the degree to which one unit (schema) generalizes over many specific units (instantiations)." Die deskriptive Definition stellt allerdings weniger eine Alternative als vielmehr eine veränderte Perspektivierung dar.

wa syntaktischen Konstruktionen). Bei Smirnova & Mortelmans (2010: 138) wie bei Traugott & Trousdale (2013: 11) firmiert dieses Kriterium unter der Bezeichnung *Größe* und unterscheidet etwa Morpheme (als kleinste Konstruktionen) von Argumentstruktur-Konstruktionen (den größten – syntaktischen – Konstruktionen). Im Netzwerkmodell von Diessel (2019: 12) firmieren horizontale Relationen zwischen Strukturelementen unter dem Begriff der *sequenziellen* Relationen.

Das Kriterium der Anzahl der Strukturelemente ist darüber hinaus dem Lexikon-Grammatik-Kontinuum im Sinne von Langacker (1987: 3) inhärent. Entlang dieser Unterscheidung sieht etwa Goldberg (2003: 219, 2006: 5) Konstruktionen mit mehreren Strukturelementen (etwa die Ditransitivkonstruktion oder Passivkonstruktionen) als komplexer an als Konstruktionen mit nur einem einzigen Strukturelement (etwa lexikalische Konstruktionen oder Morpheme).

Über den konstruktikographischen Beschreibungsapparat, der die Bestandteile einer Konstruktion als KE, KEE und KorE auffasst (Unterabschnitt 2.3.1), ist die Anzahl der Strukturelemente einfach zu erfassen. Als Faustregel kann gelten, dass die formale Abstraktheit einer Konstruktion umso größer ist, je weniger Strukturelemente, also KE, KEE und KorE die Konstruktion besitzt. Umgekehrt ist eine Konstruktion umso weniger formal abstrakt, je mehr Strukturelemente sie aufweist. Die Unterschiede in der Spezifiziertheit der Strukturelemente, also der Unterschied zwischen einem (potenziell) frei besetzbaren KE und einem (mehr oder weniger) lexikalisch spezifizierten KEE oder KorE spielen an dieser Stelle noch keine Rolle.

Die Anzahl der Strukturelemente einer Konstruktion lässt sich nun an die Frage, ob der Konstruktion überhaupt semantische Eigenschaften zukommen, anbinden. Während der reflexiven Bewegungskonstruktion, die über vier Strukturelemente (BEWEGENDES, EREIGNIS, KEE und WEG) verfügt, ebenso wie der reflexiven Partikelverbkonstruktion und der reflexiven *Weg*-Konstruktion mit jeweils fünf Strukturelementen, `Motion` als Konstruktions-Frame zugeschrieben werden kann, der zugleich auch als lexikalischer Frame in Erscheinung treten kann, erscheint es nachvollziehbar, dass (syntaktische) Konstruktionen, die hinsichtlich der Anzahl ihrer Strukturelemente weniger komplex sind, bisweilen als ‚bedeutungslos' aufgefasst werden. Das typische Beispiel hierfür ist die Subjekt-Prädikat-Konstruktion, die – ihrem Namen nach aus nur zwei Strukturelementen bestehend – meist als ‚bedeutungslos' analysiert wird (vgl. z.B. Fillmore, Lee-Goldman & Rhomieux 2012: 326–328; Sag, Boas & Kay 2012: 15; Boas 2014: 49). Interessanterweise bestehen viele der Konstruktionen, die Fillmore, Lee-Goldman & Rhomieux (2012: 326–328) als ‚bedeutungslos' klassifizieren, wie die Subjekt-Prädikat-Konstruktion aus lediglich zwei Strukturelementen, die sich ebenso bereits an deren Namen ablesen lassen: so etwa die *Modifier-Head*-Konstruktion oder die Subjekt-Auxiliar-Inversion (dort als *Aux-initial* bezeichnet).

Die drei in dieser Arbeit untersuchten Konstruktionen lassen sich hinsichtlich der Anzahl ihrer Strukturelemente am tendenziell konkreten und wenig abstrakten Ende einer formalen Abstraktheitsskala ansiedeln, jedoch untereinander noch einmal hierarchisieren. So verfügt die reflexive Bewegungskonstruktion, wie in einem voll annotierten Konstrukt wie in (3) zu sehen, über vier Strukturelemente: Bewegendes, Ereignis, KEE und Weg.

(3) Mit jedem Tag deutlicher {[$_{\text{Ereignis}}$ schält] [$_{\text{KEE}}$ sich] [$_{\text{Bewegendes}}$ ein unbekanntes Wesen] [$_{\text{Weg}}$ aus der groben Form]}. (Riedel, Susanne: Eine Frau aus Amerika, Berlin: Berlin Verlag 2003, S. 11)

Die reflexive Partikelverbkonstruktion verfügt über fünf Strukturelemente. Für diese Zählung ist es unerheblich, ob das Nicht-Kern-KE ⟨Weg⟩, wie in (4), uninstanziiert bleibt oder ob es, wie in (5), instanziiert wird. Die Anzahl der Strukturelemente liegt gegenüber derjenigen der reflexiven Bewegungskonstruktion höher, da die reflexive Partikelverbkonstruktion über ein zweites KEE, nämlich Richtung, verfügt. Dies gilt auch dann, wenn die Partikel, wie in (6), in Kontaktstellung zum KtE von Ereignis instanziiert wird.

(4) Ein Buch aus lauter tiefgefrorenen Kapiteln - Tödlicher Frost, {[$_{\text{Bewegendes}}$ man] [$_{\text{Ereignis}}$ friert] [$_{\text{KEE}}$ sich] [$_{\text{Richtung}}$ durch]}. (Die Zeit, 05.01.2000, Nr. 2)

(5) Ein Motor dröhnt von der Straße herüber, und {[$_{\text{Bewegendes}}$ diese dröhnende Straße] [$_{\text{Ereignis}}$ fräst] [$_{\text{KEE}}$ sich] [$_{\langle\text{Weg}\rangle}$ in mein Gedächtnis] [$_{\text{Richtung}}$ ein]}. (Riedel, Susanne: Eine Frau aus Amerika, Berlin: Berlin Verlag 2003, S. 95)

(6) Ein geschickter Deal, mit dem {[$_{\text{KEE}}$ sich] [$_{\text{Bewegendes}}$ AOL] [$_{\langle\text{Weg}\rangle}$ in die Multimedia-Distribution] [$_{\text{Richtung}}$ ein][$_{\text{Ereignis}}$ kaufte]}. (Die Zeit, 23.03.2000, Nr. 13)

Ebenso wie die reflexive Partikelverbkonstruktion verfügt auch die reflexive *Weg*-Konstruktion über fünf Strukturelemente, da sie gegenüber der reflexiven Bewegungskonstruktion ein zusätzliches KorE besitzt. Zum Vergleich sei in (7) noch einmal ein voll annotiertes Konstrukt dargestellt.

(7) {[$_{\text{Bewegendes}}$ Paul] mußte [$_{\text{KEE}}$ sich] [$_{\text{KorE}}$ einen Pfad] [$_{\langle\text{Weg}\rangle}$ zum Holzhaus] [$_{\text{Ereignis}}$ bahnen]}. (Koneffke, Jan: Paul Schatz im Uhrenkasten, Köln: DuMont Buchverlag 2000, S. 77)

Die reflexive Partikelverbkonstruktion und die reflexive *Weg*-Konstruktion sind lexikalisch spezifizierter als die reflexive Bewegungskonstruktion, da sie jeweils nicht nur über ein, sondern gleich über zwei lexikalisch spezifizierte Elemente verfügen. Die reflexive *Weg*-Konstruktion ist wiederum spezifischer als die reflexive

Partikelverbkonstruktion, da ihr KorE lexikalisch nahezu vollständig invariant ist (neben dem Nomen *Weg* sind nur die beiden semantisch verwandten Nomen *Pfad* und *Trampelpfad* belegt). Das KorE unterscheidet sich darin von dem als Reflexivum instanziierten KEE der reflexiven Partikelverbkonstruktion ebenso wie von dem durch eine größere Bandbreite an lexikalischem Material instanziierbaren KEE RICHTUNG. Damit ist klar, dass die Anzahl der Strukturelemente nicht allein ausschlaggebend für die Bestimmung der formalen Abstraktheit einer Konstruktion sein kann. Besonders deutlich wird dies, wenn man die Untersuchung syntaktischer Konstruktionen verlässt und zu lexikalischen Konstruktionen übergeht (vgl. ähnlich Ziem & Lasch 2013: 94, Anm. 54). Die Klasse der lexikalischen Konstruktionen, also LE, konstituiert sich überwiegend aus Konstruktionen, die aus lediglich einem Strukturelement bestehen (z.B. einem monomorphematischen Wort).[6] Somit ist klar, dass neben der Anzahl der Strukturelemente, die allein noch kein verlässlicher Maßstab ist, auch die lexikalische Spezifiziertheit einer Konstruktion in die Bestimmung ihrer formalen Abstraktheit eingehen muss.

5.1.2 Lexikalische Spezifiziertheit

Die lexikalische Spezifiertheit einer Konstruktion kann als noch wichtigerer Maßstab für ihre formale Abstraktheit als die Anzahl ihrer Strukturelemente gelten. Für die Frage nach den semantischen Eigenschaften einer Konstruktion ist dieses Kriterium wesentlich, weil es über den Mechanismus zur Evokation des Konstruktions-Frames entscheidet (vgl. Unterabschnitt 8.1.3) und darüber Auskunft gibt, inwieweit sich eine komplexe syntaktische Konstruktion von einer (weniger komplexen) lexikalischen Konstruktion, also einer LE, unterscheidet. Lexikalische Spezifiziertheit ist auch in der Literatur noch vor der Anzahl der Strukturelemente ein verbreiteterer Maßstab für die formale Abstraktheit von Konstruktionen und geht nicht erst auf Taylor (2004: 51) oder Schmid (2020: 229–230) zurück. So beruht das Konzept der Mini-Konstruktionen von Boas (z.B. 2003a, 2011b) auf diesem Kriterium, da Mini-Konstruktionen stets verbspezifisch, also auf eine LE als elementaren Bestandteil der Konstruktion ausgerichtet sind. Auch Iwata (2008: 35–38), der zwischen die Abstraktheitsgrade einer Konstruktion und ihrer Konstrukte noch die hierarchischen Ebenen der verbklassen- und verbspezifischen Konstruktionen einzieht (vgl. dazu schon Croft 2003: 58), verwendet die lexikalische Spezifiziertheit von Konstruktionen durch Verben als Grundlage

6 Vgl. hierzu Diessel (2019: 11), der auf Basis von Langacker (1987: 82) als Kriterium für eine syntaktische Konstruktion ihre Konstitution aus mindestens zwei ‚bedeutungstragenden' Elementen festhält.

für die Unterscheidung ihrer formalen Abstraktheit. Implizit liegt das Kriterium der lexikalischen Spezifiziertheit auch der Unterscheidung in Makro-, Meso- und Mikro-Konstruktionen und -Konstrukte von Traugott (2008b: 31–32, 2008a: 8) zugrunde. Smirnova & Mortelmans (2010: 139) sprechen in semantischer Hinsicht von der *Spezifität* einer Konstruktion und nennen lexikalische Konstruktionen (LE) als spezifischer als etwa Derivationsmorpheme. Der Abstraktheitsbegriff von Engelberg (2019: 16) beruht gar allein auf lexikalischer Spezifiziertheit. Diessel (2019: 12) stellt solche *taxonomischen* (vertikalen) Relationen komplementär *sequenziellen* (horizontalen) Relationen zur Seite.

Die lexikalische Spezifiziertheit ist als Maßstab für den Parameter der formalen Abstraktheit einer Konstruktion so entscheidend, weil von ihr vermutet wird, dass sie unmittelbaren Einfluss auf die ‚Bedeutungshaltigkeit' einer Konstruktion hat. Konstruktionen, die lexikalisch (teil-)spezifiziert sind, gelten aufgrund dieser Eigenschaft als ‚bedeutungshaltiger' als Konstruktionen ohne lexikalische Spezifizierung (vgl. auch Szcześniak 2019a: 77):

> Exactly how contentful a construction's meaning is should correlate with how lexically filled it is, and the more substantive meanings should be accounted for by reference to the lexical item inclusions present in the construction. (Szcześniak 2013: 190–191)

Diesem Grundsatz liegt freilich die Annahme zugrunde, dass lexikalisch weniger spezifizierten Konstruktionen stets weniger semantische Eigenschaften zukommen als solchen, die lexikalisch spezifiziert sind:

> Just how rich a meaning of a construction is, depends on the degree to which it is substantive. While completely abstract forms are spare in meaning, the closer an item is to the lexical end of the continuum (that is, the more it is filled with lexical material) the richer its meaning. (Szcześniak 2014b: 19)

Die lexikalische Spezifiziertheit einer Konstruktion müsste dann also idealerweise proportional mit deren ‚Bedeutungshaltigkeit' korrelieren:

> It is through the fixed lexical material that the meaning of a construction can be enriched. I do not take issue with the idea that grammatical constructions are characterized by varying degrees of semantic content, but as a rule of thumb, the more lexically specified a construction, the more contentful the meaning it can carry. (Szcześniak 2014b: 28)

Was dieser Vorstellung von der ‚Bedeutungshaltigkeit' allerdings fehlt, ist ein Konzept, wie ebendiese zu bestimmen ist. Was also bedeutet es, dass eine Konstruktion ‚bedeutungshaltiger' ist als eine andere? Bevor ich eine Antwort auf diese Frage diskutiere, möchte ich zunächst definieren, wie sich die lexikalische Spezifiziertheit einer Konstruktion mit Hilfe des konstruktikographischen Beschreibungsapparates erfassen lässt. Grundsätzlich lässt sich die lexikalische Spezifiziertheit einer Konstruktion über das Verhältnis von KE, KEE und KorE bestimmen. Eine Konstruktion, die ausschließlich aus KE als „constituents, or slots, of a grammatical construction" (Ziem & Flick 2019: 204; Ziem, Flick & Sandkühler 2019: 68) besteht, ist lexikalisch unspezifiziert. Eine Konstruktion, die aus einem (oder mehreren) KEE als „lexically specified CE" (Ziem & Flick 2019: 204; Ziem, Flick & Sandkühler 2019: 68) oder KorE als „word, or a string of words" (Ziem & Flick 2019: 205; Ziem, Flick & Sandkühler 2019: 69) in Verbindung mit einem oder mehreren KE besteht, ist lexikalisch teilspezifiziert. Eine Konstruktion, die ausschließlich aus LE (bzw. KEE oder KorE) besteht und keine KE aufweist, ist lexikalisch voll spezifiziert.[7] Boas & Ziem (2018b) weisen in diesem Sinne darauf hin, dass eine Konstruktion umso seltener ein KEE enthält, je abstrakter sie ist:

> The more schematic a construction gets, that is, the more a construction is located towards the grammar pole in the lexicon-grammar continuum, the more likely it is that it does not include one or more fixed lexical items. The `ditransitive` [sic!] construction, for example, is defined by its structural properties alone. (Boas & Ziem 2018b: 215–216)

Boas (2017) geht demgegenüber noch weiter und setzt das Vorhandensein oder Nicht-Vorhandensein eines KEE direkt mit der ‚Bedeutungshaltigkeit' gleich:

> Non-lexical constructions without meaning (or without [sic!] very little clearly identifiable meaning) such as *Subject_predicate, Gapping*, and *Right_Node_Raising* are not evoked by a CEE. Lexical constructions, (semi-)idiomatic constructions, argument structure constructions, and other meaningful constructions will list a specific CEE. (Boas 2017: 568–569)

Fest steht zudem, dass die lexikalische Spezifiziertheit im Zusammenhang mit der Anzahl der Strukturelemente einer Konstruktion betrachtet werden muss: Eine große Anzahl von Strukturelementen kann zugleich eine voll spezifizierte Konstruktion ergeben, während eine geringe Anzahl von Strukturelementen eine unspezifizierte Konstruktion ergeben kann.[8] Ein Beispiel für ersteren Fall wäre ein substanzielles Idiom im Sinne von Fillmore, Kay & O'Connor (1988:

---

7 Bei einer lexikalisch voll spezifizierten Konstruktion würde man ihre Strukturelemente wohl eher als KE denn als KEE oder KorE bezeichnen, obwohl sie der eigentlichen Definition von KE als (mehr oder weniger) produktiv instanziierbaren Strukturelementen damit zuwiderlaufen. Um Missverständnisse zu vermeiden, bezeichne ich diese als LE, um deutlich zu machen, dass sie keine syntaktischen Konstruktionen im engeren Sinne sind, was bereits daran zu erkennen ist, dass sie so stark lexikalisch fixiert sind, dass sie selbstständig einen Frame evozieren und damit wie alle anderen LE im FrameNet behandelt werden können.

8 Auch Diessel (2019: 64) weist darauf hin, dass sequenzielle (d.h. horizontale) und taxonomische (d.h. vertikale) Relationen in einem engen Zusammenhang zueinander stehen.

505–506), eines für letzteren Fall die Subjekt-Prädikat-Konstruktion, wie Fillmore, Lee-Goldman & Rhomieux (2012: 326) sie annehmen. Allerdings weist Taylor (2004: 51) darauf hin, dass beide Dimensionen grundsätzlich unabhängig voneinander sind: So kann eine voll lexikalisch spezifizierte Konstruktion ebenso wie eine in dieser Hinsicht vollkommen schematische Konstruktion horizontal komplex sein, also eine große Anzahl von Strukturelementen aufweisen. Gleichzeitig können lexikalisch stark spezifizierte Konstruktionen horizontal ebenso simpel wie komplex sein. Ersteres gilt für lexikalische Konstruktionen, Letzteres erneut für substanzielle Idiome oder auch idiomatische Sätze im Sinne von Finkbeiner (2008).

Die drei untersuchten Konstruktionen lassen sich nun wie folgt hinsichtlich ihrer lexikalischen Spezifiziertheit bestimmen. Die reflexive Bewegungskonstruktion, die über insgesamt vier Strukturelemente verfügt, schließt eines davon als KEE ein. Sie ist damit teilspezifiziert. Das Verhältnis zwischen KE und KEE beträgt bei ihr 3:1. Die reflexive Partikelverbkonstruktion, die über fünf Strukturelemente verfügt, kommt dadurch, dass sie zwei KEE (das als Reflexivum instanziierte KEE sowie das KEE RICHTUNG) aufweist, auf ein anderes Verhältnis. Mit beachtet werden muss auch ihr Nicht-Kern-KE ⟨WEG⟩, weshalb sie dann mit instanziiertem KE ⟨WEG⟩ auf ein Verhältnis von 3:2 kommt, ohne instanziiertes KE ⟨WEG⟩ auf 2:2. Die reflexive *Weg*-Konstruktion, die ebenfalls über fünf Strukturelemente verfügt und eines davon als KEE sowie eines als KorE besitzt, kommt auf ein Verhältnis zwischen KE und KEE/KorE von 3:2. Da auch sie über ein Nicht-Kern-KE verfügt, beträgt das Verhältnis ohne instanziiertes KE ⟨WEG⟩ wie bei der reflexiven Partikelverbkonstruktion 2:2.

Auf einer Skala lexikalischer Spezifiziertheit lassen sich die Konstruktionen wie folgt verorten: Die reflexive *Weg*-Konstruktion ist am spezifischsten.[9] Danach folgt die reflexive Partikelverbkonstruktion, da ihre beiden KEE, wie in Unterabschnitt 5.1.1 argumentiert, weniger lexikalisch fest sind als das KEE und insbesondere das KorE der reflexiven *Weg*-Konstruktion. Noch weniger spezifisch ist schließlich die reflexive Bewegungskonstruktion, da ihr gegenüber der reflexiven Partikelverbkonstruktion ein KEE und gegenüber der reflexiven *Weg*-Konstruktion das KorE fehlt. In Abbildung 5.2 ist das Verhältnis der drei Konstruktionen nach dem Grad ihrer formalen Abstraktheit dargestellt.

---

9 Gestützt wird dieses Ergebnis durch die Beobachtung von Broccias (2012: 741), der für die strukturell äquivalente *way*-Konstruktion festhält, dass sie „should probably be considered to be on the lexical side of the [syntax-lexicon, A.W.] continuum", wobei dies – wie im Vergleich der drei hier untersuchten Konstruktionen – mit Sicherheit nur relativ zu beantworten ist. Vgl. kritisch zu Broccias' Einschätzung Traugott & Trousdale (2013: 90).

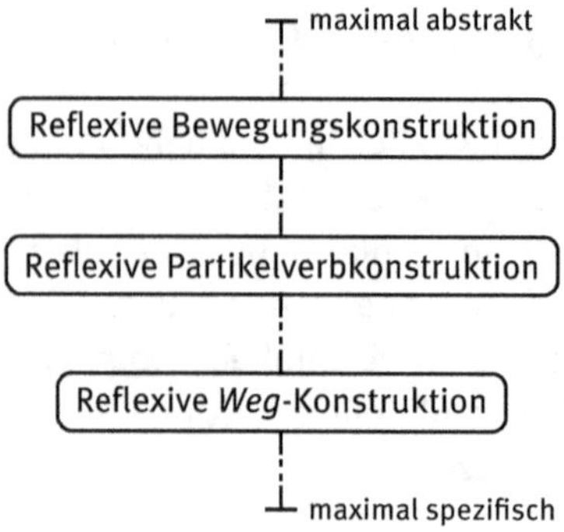

Abb. 5.2: Verhältnis von reflexiver Bewegungskonstruktion, reflexiver Partikelverbkonstruktion und reflexiver *Weg*-Konstruktion nach dem Grad ihrer formalen Abstraktheit

Da die drei untersuchten Konstruktionen nun hinsichtlich ihrer formalen Abstraktheit bestimmt sind, kann noch einmal die Frage, wie diese formale Abstraktheit der Konstruktionen mit ihrer semantischen Abstraktheit in Zusammenhang steht, in den Blick genommen werden. Anders als es die oben zitierte Argumentation von Szcześniak (2013: 190–191, 2014b: 28, 2019a: 77) erwarten lassen würde, ist diese Skala lexikalischer Spezifiziertheit allein nicht mit der ‚Bedeutungshaltigkeit' der Konstruktionen zu korrelieren. So weisen die reflexive *Weg*-Konstruktion und die reflexive Bewegungskonstruktion unterschiedliche Grade an formaler Abstraktheit auf, die auf eine spezifischere semantische Leistung der Ersteren hindeuten müssten. Dies allerdings ist nicht der Fall: Beide Konstruktionen besitzen als Konstruktions-Frame `Motion`. Die lexikalische Spezifiziertheit bestimmt damit nicht grundsätzlich über den Konstruktions-Frame, sondern determiniert vielmehr den Mechanismus, nach dem er evoziert wird. Bevor ich in Unterabschnitt 8.1.3 darauf eingehe, sei an dieser Stelle soviel gesagt: Die reflexive Bewegungskonstruktion kann auch deshalb als abstrakter als etwa die reflexive *Weg*-Konstruktion gelten, weil ihre lexikalische Spezifizierung nicht für die Evokation des Konstruktions-Frames verantwortlich gemacht werden kann. Mit anderen Worten: Ein Reflexivum wie *sich* kann kaum als LE, die `Motion` evoziert, betrachtet werden (dazu Unterabschnitt 8.3.1). Dies gilt indes auch für das KEE RICHTUNG der reflexiven Partikelverbkonstruktion, weshalb diese auf der Abstraktheitsskala zwischen der reflexiven Bewegungskonstruktion und der reflexiven *Weg*-Konstruktion liegt. Für die reflexive *Weg*-Konstruktion schließlich beantwortet sich die Frage nach der Evokation des Konstruktions-Frames anders: Das Nomen *Weg* als Bestandteil des KorE ist viel eher dazu geeignet, `Motion` zu evozieren (vgl. Unterabschnitt 8.3.2).

Die formale Abstraktheit einer Konstruktion in Gestalt des Kriteriums der lexikalischen Spezifizierung trifft also eine Aussage über die Relationen zwischen der Form der Konstruktion und ihren semantischen Eigenschaften – konkret: der Fähigkeit der Formseite zur Evokation des Konstruktions-Frames. Eine abstraktere Konstruktion evoziert ihren Konstruktions-Frame in anderer Weise als eine spezifischere Konstruktion. Somit ist auch die Gleichsetzung des Vorhandenseins eines KEE mit der ‚Bedeutungshaltigkeit' und des Nicht-Vorhandenseins eines KEE mit der ‚Bedeutungslosigkeit' einer Konstruktion, wie sie Boas (2017: 568–569) vornimmt, unzutreffend: Die Ditransitivkonstruktion etwa, die über kein KEE verfügt, ist als ebenso ‚bedeutungshaltig' zu klassifizieren wie die reflexive Bewegungskonstruktion, die über ein eher abstraktes KEE verfügt, die reflexive Partikelverbkonstruktion, die über zwei vergleichbar abstrakte KEE verfügt, und die reflexive *Weg*-Konstruktion, die neben dem allen drei Konstruktionen gemeinsamen KEE über ein konkreteres KorE verfügt.

Damit ist allerdings ebenso deutlich, dass es nicht allein darauf ankommt, wie stark eine Konstruktion lexikalisch spezifiziert ist, wie sich also das Verhältnis von KE, KEE und KorE zusammensetzt, sondern dass auch die Art der lexikalischen Spezifizierung eine Rolle spielt. So kann eine Konstruktion wie die reflexive Bewegungskonstruktion, die als KEE ein Reflexivum besitzt, allein schon deshalb als abstrakter gelten, weil das Reflexivum nicht allein in der Lage ist, den Konstruktions-Frame zu evozieren. Gleiches gilt für die reflexive Partikelverbkonstruktion, die mit RICHTUNG zwar ein KEE mehr besitzt, dieses aber ebenso nicht in der Lage ist, selbstständig einen Frame wie `Motion` zu evozieren. Die reflexive *Weg*-Konstruktion hingegen ist allein deshalb spezifischer, weil ihr KorE dazu sehr wohl in der Lage ist. Die reine Anzahl der Strukturelemente (Unterabschnitt 5.1.1) ist in diesen Fällen lediglich zweitrangig, wie ein Vergleich von Konstrukten der reflexiven *Weg*-Konstruktion in (8) mit einigen Konstrukten der nichtreflexiven *Weg*-Konstruktion zeigt,[10] die ich in (9) wiederhole und analog zu den Strukturelementen der reflexiven *Weg*-Konstruktion annotiere.[11]

(8) a. Dann {[$_{\text{Ereignis}}$ bahnte] [$_{\text{Bewegendes}}$ ich] [$_{\text{KEE}}$ mir] [$_{\text{KorE}}$ einen Weg] [$_{\langle\text{Weg}\rangle}$ durch allerlei Buschwerk und trockenes Gehölz]}. (Düffel, John von: Vom Wasser, München: dtv 2006, S. 214)

b. {[$_{\text{Bewegendes}}$ Mein Schälmesser mit der dünnen Klinge] [$_{\text{Ereignis}}$ säbelt] [[$_{\text{KEE}}$ sich] [$_{\text{KorE}}$ einen Weg] [$_{\langle\text{Weg}\rangle}$ durch die buschigen Petersilienköpfe]}, während ich überlege, ob es tatsächlich Köpfe oder doch Blätter

10 Zur Herkunft dieser Daten vgl. Unterabschnitt 3.4.3.

11 Aufgrund der Koordinationsellipsen in den Konstrukten in (9) ist das KE BEWEGENDES dort jeweils nicht instanziiert und deshalb auch nicht annotiert.

oder gar Büschel heißt. (Riedel, Susanne: Eine Frau aus Amerika, Berlin: Berlin Verlag 2003, S. 106)

c. {[Bewegendes Paul] mußte [KEE sich] [KorE einen Pfad] [⟨Weg⟩ zum Holzhaus] [Ereignis bahnen]}. (Koneffke, Jan: Paul Schatz im Uhrenkasten, Köln: DuMont Buchverlag 2000, S. 77)

(9) a. Fünf Minuten knapp sprach sie, dann nickte Pardell mehrmals und {[Ereignis bahnte] [KorE einen Weg] [⟨Weg⟩ durch die Bevölkerung des Gran Tour]}, die Frau folgte ihm. (Kopetzky, Steffen: Grand Tour, Frankfurt am Main: Eichborn 2002, S. 504)

b. Wer sich dennoch einen Menschen vorstellen möchte und {[KorE seinen eigenen Weg] [⟨Weg⟩ durch die Kapitel] [Ereignis bahnt]}, kommt mit dieser gewaltigen Bestandsaufnahme weiter als je zuvor. (Die Zeit, 23.03.2000, Nr. 13)

c. Ich nahm seine Fährte auf und {[Ereignis bahnte] [KorE meinen Weg] [⟨Weg⟩ durch den Sand]}, vorbei an den flanierenden Pärchen und wasserscheuen Zauderern, die bis zu den Knien auf die Wellen zustaksten, um dann wieder das Trockene zu suchen. (Düffel, John von: Vom Wasser, München: dtv 2006, S. 245)

Die nicht-reflexive *Weg*-Konstruktion verfügt, da das Reflexivum wegfällt, über dieselbe Anzahl an Strukturelementen wie die reflexive Bewegungskonstruktion (sofern man das vermutlich als Nicht-Kern-KE einzustufende KE ⟨Weg⟩ der nicht-reflexiven *Weg*-Konstruktion mitzählt) und auch das Verhältnis von KE und KEE/KorE ist mit 3:1 identisch. Der einzige Unterschied zur reflexiven Bewegungskonstruktion liegt in der Art des lexikalisch spezifizierten Elements, hier also des KorE: Der Kopf der entsprechenden NP, das Nomen *Weg* (oder ein semantisch verwandtes Nomen), kann vermittels eines *Spreading-Activation*-Prozesses als `Motion` evozierend angesehen werden (dazu Unterabschnitt 8.3.2). Aus diesem Grund ist die nicht-reflexive *Weg*-Konstruktion als weniger abstrakt als die reflexive Bewegungskonstruktion einzustufen, trotz derselben Anzahl der Strukturelemente und desselben Verhältnisses von KE und KEE/KorE.

Die Frage nach der lexikalischen Spezifiziertheit einer Konstruktion muss demnach um die Frage nach der *Art* dieser lexikalischen Spezifiziertheit erweitert werden. Dies gilt nicht nur für Argumentstruktur-Konstruktionen, sondern insbesondere für weniger komplexe, lexikalische Konstruktionen und insbesondere Morpheme. Denn wie neben Taylor (2004: 51) auch Smirnova & Mortelmans (2010: 139–140) festhalten, sind die Anzahl der Strukturelemente (Größe der Konstruktion) und ihre lexikalische Spezifiziertheit nicht miteinander korrelierbar: So weisen zwar Derivationsmorpheme die geringste Anzahl an Strukturelementen auf und sind vollständig lexikalisch spezifiziert, allerdings sind sie semantisch stark abstrakt. Boas & Ziem (2018a: 16) begründen diesen Aspekt (den sie unter den Begriff der *Abstraktheit* fassen) über die Kategorienzugehörigkeit des betreffenden Elements: Einzelne LE sind demzufolge konkreter als die Kategorien (z.B. die Wortarten), denen sie zugeordnet werden können.

Die angesprochene Kategorienzugehörigkeit lässt sich freilich nicht nur auf den Unterschied zwischen Kategorie (hier: Nomen) und Instanz (etwa: *Weg* in der reflexiven *Weg*-Konstruktion) beziehen, sondern ebenso über Kategorien hinweg. So erscheint es plausibel, dass eine Kategorie ‚Nomen' tendenziell eher dazu in der Lage ist, die Spezifiziertheit der Konstruktion zu erhöhen als eine Kategorie wie derjenigen der Reflexiva oder Verbpartikeln. Durch diese Kategorienzugehörigkeit der Strukturelemente einer Konstruktion entscheidet sich darüber hinaus die eingangs angesprochene Frage nach der Fähigkeit, Konstruktions-Frames überhaupt annehmen zu können. Während dies für Nomen wie *Weg*, die bereits genuin als LE von Frames infrage kommen, unproblematisch erscheint (Unterabschnitt 8.3.2), steht der Status etwa eines Reflexivums oder einer Partikel als frame-evozierende LE durchaus infrage. Was diese beiden Elemente aber in jedem Fall unterscheidet, ist, dass das Nomen *Weg* (ebenso wie semantisch verwandte Nomen) in der Lage ist, zumindest indirekt `Motion` zu evozieren, während ein Reflexivum oder eine Partikel, wenn sie überhaupt als frame-evozierend betrachtet werden, sicher einem anderen Frame zugeordnet werden müssten (vgl. Unterabschnitt 8.3.1 für eine ausführlichere Analyse).

Die Tragweite dieses Aspekts ist freilich nicht allein über eine homogene Klasse von Argumentstruktur-Konstruktionen – und erst recht nicht nur mit den drei hier untersuchten, eng verwandten Konstruktionen – zu beantworten, vielmehr müssen weitere Studien auch anderer Konstruktionen zeigen, wie weit ein framesemantischer Ansatz einer Konstruktionssemantik gehen kann (vgl. auch Hilpert 2019: 57):

> Da Goldbergs (1995) Analyse von Argumentstrukturkonstruktionen in der Entwicklung und der Rezeption der Konstruktionsgrammatik einen unverhältnismäßig großen Raum einnimmt, entsteht manchmal der Eindruck, dass die Konstruktionsgrammatik für alle sprachlichen Regularitäten eine feste Verknüpfung mit spezifischen framesemantischen Inhalten annimmt. Das ist aber ein grundsätzliches Missverständnis: Bedeutungen können in der Konstruktionsgrammatik wesentlich abstrakter sein und sich auch auf Bedeutungsebenen beziehen, die mit Framesemantik nichts zu tun haben. (Stefanowitsch 2011: 17–18)

Die Grenzen der Leistungsfähigkeit der Frame-Semantik sind allerdings, anders als es Stefanowitschs pauschale Einschätzung suggeriert, keineswegs empirisch bereits abgesteckt. Die formale Abstraktheit einer Konstruktion ist einer der Parameter, die bei einer Annäherung an eine Aussage über diese Leistungsfähigkeit berücksichtigt werden müssen. Bis dahin ist die weiter oben aufgeworfene Frage nach der ‚Bedeutungshaltigkeit' einer Konstruktion weniger eine grundsätzlich frame-semantisch zu problematisierende, sondern sie lässt sich reformulieren als Frage nach dem Mechanismus, über den eine Konstruktion aufgrund ihrer formalen Abstraktheit ihren Konstruktions-Frame evoziert. Die Abstraktheit einer Konstruktion ist als semantischer Parameter von Konstruktionen deshalb so elementar, weil sie eine wesentliche Auskunft über die Relationen zwischen der ihrer Formseite und ihrem Konstruktions-Frame (Kapitel 8) Auskunft gibt.

Im Rückblick auf den im Eingang zu diesem Kapitel in Abbildung 5.1 dargestellten Zusammenhang aller semantischen Parameter von Konstruktionen ist festzuhalten, dass die formale Abstraktheit einer Konstruktion insbesondere mit ihren Beschränkungen und Präferenzen (Abschnitt 5.3.1) sowie mit ihrem Koerzionspotenzial (Abschnitt 5.5) in Verbindung steht. Ersteres ist offensichtlich, denn je weniger lexikalisch spezifiziert eine Konstruktion ist, desto weniger Beschränkungen ihrer einzelnen Strukturelemente sind zu erwarten. Das Koerzionspotenzial bestimmt sich indes durch Koerzionseffekte, die wesentlich von der Instanziierung einzelner Strukturelemente, im Falle der drei untersuchten Konstruktionen insbesondere des KE Ereignis, abhängen.

5.2 Konstruktionelle Polysemie

Ebenso wie lexikalische Konstruktionen (also LE im Sinne von FrameNet) können auch syntaktische Konstruktionen polysem sein (vgl. z.B. Taylor 2012: 219).[12] Polysemie von Konstruktionen muss ebenso frame-semantisch erfassbar sein, wie dies für LE der Fall ist, wobei die Frage danach, wie dies für syntaktische Konstruktionen geschehen kann, noch weitgehend unbeantwortet ist. Als Annäherung an dieses Problem erscheint deshalb zunächst ein Blick auf den Umgang mit der Polysemie lexikalischer Konstruktionen angebracht. Wie in Unterabschnitt 2.1.2 dargestellt, behandelt FrameNet polyseme Wörter als mehrere, voneinander unterschiedene LE.[13] Um ein einfaches Beispiel zu nennen: Für das Verb *erscheinen*

12 Vor- und Nachteile der Annahme von Polysemie aus konstruktionsgrammatischer Sicht im Vergleich zu einem Monosemie-Ansatz diskutiert Boogaart (2009: 217–228). In jedem Fall ist die Kritik von Schmid (2020: 27), Konstruktionen implizierten „the existence of fairly neat one-to-one correspondences between forms and meanings" keineswegs zutreffend, wenn man konstruktionelle Polysemie erlaubt.

13 Dies gilt nach der Einschätzung von Busse (2012: 652) für die Frame-Semantik generell: „Eine Frame-semantische Analyse zielt immer auf *Lesarten* (Teilbedeutungen), nicht auf Lemmata (lexikalische Wörter bzw. Wortformen)."

(*appear.v*) finden sich im DWDS-Kernkorpus 21 mindestens die vier in den Belegen (10)–(13) zu erkennenden Lesarten.[14]

(10) Inzwischen aber ist eine weitere Figur erschienen, die kaum erkennbar neben dem Sessel steht. (Beyer, Marcel: Spione, Köln: DuMont 2000, S. 305)

(11) Diese sind begeistert, und als Zeichen der Reunion erscheint das Wort „PizzaHut." (Schuh, Franz: Schreibkräfte, Köln: DuMont 2000, S. 8)

(12) Zudem erscheint das Bild ein wenig verschwommen, ein weiterer Hinweis auf Staub. (Beyer, Marcel: Spione, Köln: DuMont 2000, S. 35)

(13) Heutzutage erscheinen in erster Linie Bücher, die nicht von Literaten geschrieben worden sind. (Schuh, Franz: Schreibkräfte, Köln: DuMont 2000, S. 54)

Im *Lexical Unit Index* von FrameNet 1.7 findet sich die LE *appear.v* dementsprechend gleich mehrmals: Sie kann, wie in (10), den Frame `Arriving` evozieren, wie in (11) den Frame `Becoming_visible`, wie in (12) den Frame `Give_impression` oder wie in (13) den Frame `Publishing`. Die Polysemie des Verbs *erscheinen* kann demnach als Evokation verschiedener Frames durch eine einzige lexikalische Form dargestellt werden. In den Belegen (10)–(13) sind deshalb vier verschiedene LE *erscheinen* zu sehen, die jeweils einen anderen Frame evozieren.

Das Phänomen der Polysemie auf der Ebene solcher lexikalischer Konstruktionen gilt nun grundsätzlich analog für syntaktische Konstruktionen. Wie bereits Goldberg (1996) bemerkt, besteht zwischen der Polysemie von LE und derjenigen von syntaktischen Konstruktionen kein genereller Unterschied:

> In a theory of grammar such as Construction Grammar, which posits no strict division between the lexicon and the rest of grammar, such a parallelism between lexical and constructional polysemy is natural and, indeed, expected. (Goldberg 1996: 51)

Freilich ist die Annahme von konstruktioneller Polysemie und insbesondere die Frage danach, ob Polysemie eher auf der Ebene syntaktischer Konstruktionen oder lexikalischer Bedeutungen anzunehmen ist, alles andere als unstrittig. So argumentiert vor allem Boas (2002: 132–134, 2003a: 98–99, 2010b: 58–60, 2011a: 1275, 2011b: 50–51) in zahlreichen Arbeiten gegen Goldbergs Vorgehensweise und für die präzisere Erfassung von Polysemie auf der Ebene lexikalischer Bedeutungen durch sein Konzept der Mini-Konstruktionen. Für verwandte Ideen plädieren auch Nemoto (1998: 239, 2005: 131–133) und Iwata (2005b: 115–116, 2008: 37). Ich möchte im Folgenden allerdings argumentieren, dass Polysemie über die Frage,

14 Zur Herkunft dieser Daten vgl. Unterabschnitt 3.4.3.

ob sie auf der Ebene des Konstruktions-Frames oder der lexikalischen Frames (und der aus ihnen resultierenden lexikalischen Bedeutungen) angesetzt werden soll, hinausgeht und zum Teil deutlich subtilere Aspekte der semantischen Eigenschaften einer Konstruktion erfasst.

Ich beginne erneut mit der reflexiven Bewegungskonstruktion. Schon ihr englisches Pendant, die *way*-Konstruktion, ist mit ihren Lesarten ‚manner', ‚means' und ‚incidental' sowie einer neutralen Lesart, auf die ich in Unterabschnitt 3.1.3 hingewiesen habe, ein Paradefall für konstruktionelle Polysemie (vgl. auch Goldberg 1996: 51):

> The *way* construction demonstrates the need to recognize *constructional polysemy*, parallel to the polysemy often posited for lexical items and grammatical morphemes. (Goldberg 1995: 218)

Die Gründe, Polysemie bei Konstruktionen eine ebenso große Rolle wie bei LE einzuräumen und für sie einen eigenen semantischen Parameter anzusetzen, sind auf konstruktikographische Interessen zurückzuführen. Schon bei der Polysemie lexikalischer Konstruktionen stellt sich die Frage, ob deren unterschiedliche Lesarten in einer einzelnen lexikographischen Beschreibungseinheit zusammengefasst werden sollen oder ob sie in unterschiedliche Einheiten getrennt werden sollen. Ersteres wird allgemein als *Lumping*, Letzteres als *Splitting* bezeichnet (vgl. z.B. Taylor 2012: 223–228). FrameNet wählt tendenziell den Weg des Splittings: „A frames approach to lexical semantics, [...], is more or less required to take a 'splitting' rather than a 'lumping' approach to polysemy." (Fillmore & Baker 2010: 333). Da eine lexikographische Beschreibungseinheit bei FrameNet eine LE, also ein „pairing of a word with a sense" (Fillmore, Johnson & Petruck 2003: 235) ist, wird Splitting durch den Ansatz verschiedener LE ausgedrückt (vgl. Unterabschnitt 2.1.2). Das oben diskutierte Beispiel von *erscheinen* illustriert dies: Die vier in den Belegen (10)–(13) sichtbaren Lesarten dieses Wortes werden durch vier verschiedene LE und somit vier verschiedene Frames erfasst. Wie die lexikographische Erfassung eines polysemen Wortes steht die konstruktikographische Erfassung einer polysemen syntaktischen Konstruktion nun ebenso vor der Frage, ob ein Splitting oder Lumping ihrer unterschiedlichen Lesarten angebracht ist (vgl. dazu auch Zeschel & Proost 2019: 137).

Das FrameNet-Konstruktikon verfährt im Falle der *way*-Konstruktion, wie bereits in Unterabschnitt 2.3.2 angedeutet, analog zum lexikalischen FrameNet. Für die beiden Lesarten der Konstruktion werden jeweils eigene Konstruktionseinträge angelegt: *way_manner* und *way_means*. Hinzu kommt eine neutrale Lesart: *way_neutral*. Die von Israel (1996: 218), Perek (2018: 68–69) und McColm (2019: 39) angenommene ‚incidental'-Lesart wird im FrameNet-Konstruktikon nicht berücksichtigt. Grundsätzlich aber wird sichtbar, dass das FrameNet-Konstruktikon analog zum lexikalischen FrameNet die Strategie verfolgt, polyseme Konstruktionen gemäß des Splitting-Ansatzes durch unterschiedliche Konstruktionseinträge darzustellen. Mit anderen Worten: Eine polyseme Konstruktion muss konstruktikographisch anders behandelt werden als eine Konstruktion ohne Polysemie.

Die Maxime, dass konstruktionelle Polysemie für die konstruktikographische Erfassung einer Konstruktion von Relevanz ist, leitet über zu der Frage, die den Parameter der konstruktionellen Polysemie motiviert: Wie lässt sich konstruktionelle Polysemie auf der Basis des konstruktionssemantischen Modells aus Kapitel 4 auffassen? Für eine vorläufige Antwort lassen sich aus einem konstruktionssemantischen Blickwinkel zwei grundsätzliche Arten von Polysemie syntaktischer Konstruktionen charakterisieren.

a) Dieselbe Konstellation von Strukturelementen (KE, KEE und KorE) ist mit unterschiedlichen Frames assoziiert, die als Konstruktions-Frames in den Konstrukten evoziert werden.
b) Der Konstruktions-Frame bleibt über alle Konstrukte (mehrerer Lesarten) hinweg invariant, semantische Unterschiede in den Konstrukten kommen bei gleicher Konstellation von KE, KEE und KorE durch andere systematische Verhältnisse zustande, insbesondere durch unterschiedliche lexikalische Frames und innerhalb dieser wiederum unterschiedlicher lexikalischer Bedeutungen.

Die Frage, ob bei der Polysemie einer syntaktischen Konstruktion ein Splitting- oder Lumping-Ansatz verfolgt werden muss, richtet sich danach, welche dieser beiden Arten von Polysemie vorliegt. Ich möchte beide im Folgenden in den Unterabschnitten 5.2.1 und 5.2.2 zunächst näher charakterisieren und aufzeigen, warum für Polysemie im Sinne von a ein Splitting-Ansatz gerechtfertigt ist und für Polysemie im Sinne von b ein Lumping-Ansatz verfolgt werden sollte. Die drei untersuchten Konstruktionen, insbesondere die reflexive Bewegungskonstruktion und die reflexive Partikelverbkonstruktion, sind indes von Polysemie im Sinne von b betroffen, weshalb ich am Beispiel der reflexiven Bewegungskonstruktion in Unterabschnitt 5.2.3 den konstruktionssemantischen Umgang mit ihrer Polysemie stellvertretend für ihre beiden verwandten Konstruktionen erläutere. Auf einige darüber hinausreichende Prinzipien bei der Differenzierung der vier Lesarten gehe ich in Unterabschnitt 5.2.4 ein.

5.2.1 Polysemie durch unterschiedliche Konstruktions-Frames

Die Polysemie einer Konstruktion durch unterschiedliche Konstruktions-Frames zu verstehen ist ein frame-semantisch simpler Weg. Ihn beschreiten etwa Perek & Patten (2019: 374–382) bei ihrer Analyse der englischen V-*that*-Konstruktion, für die sie zahlreiche Frames identifizieren, die mit dem ihr zugrunde liegenden grammatischen Muster assoziiert sind. Über die Differenzierung dieser Lesarten hinaus lassen sich durch die Frame-zu-Frame-Relationen, in denen die identifizierten Frames stehen, jeweils übergeordnete Frames auffinden, die Generalisierungen der Frames auf einer niedrigeren Abstraktionsebene darstellen und das Inventar an Lesarten einer Konstruktion weiter abstrahieren. So ermitteln Perek & Patten (2019: 375–379) schlussendlich vier Frames für die V-*that*-Konstruktion, die mit deren generellen Lesarten korreliert werden können und jeweils ein Netzwerk weiterer untergeordneter Frames, die entsprechende Teil-Lesarten abbilden, um sich herum aufspannen.

Ein Beispiel für konstruktionelle Polysemie durch unterschiedliche Konstruktions-Frames lässt sich unter den von mir untersuchten Konstruktionen nicht finden. Stattdessen soll eine andere, strukturell von ihnen vollkommen verschiedene Konstruktion diese Art von Polysemie illustrieren: die Subjekt-Auxiliar-Inversion.[15] Für sie zählt Goldberg (2006: 177) neun Lesarten für das Englische auf (vgl. auch Goldberg & Del Giudice 2005). Für mindestens vier dieser Lesarten lassen sich deutsche Belege im DWDS-Kernkorpus 21 finden,[16] die ein finites Auxiliarverb am Satzanfang enthalten.[17] Wenngleich etwa Bäckström, Lyngfelt & Sköldberg (2014: 29) bezweifeln, dass sich die Subjekt-Auxiliar-Inversion unter Rückgriff auf Frames beschreiben lässt und für sie eher ‚grammatische' Bedeutungen angesetzt werden müssen, lassen sich diesen vier Lesarten tatsächlich

15 Es soll nicht unerwähnt bleiben, dass die Frage, ob der Subjekt-Auxiliar-Inversion überhaupt semantische Eigenschaften zukommen und sie deshalb als Konstruktion im konstruktionsgrammatischen Sinne zu betrachten ist, kontrovers diskutiert wird. Als prominentester Gegner einer solchen Annahme dürfte – aus konstruktionsgrammatischer Sicht besonders interessant – Fillmore (1999) gelten. Eine explizite Gegenposition zu Goldberg (2006: 166–182) nehmen Borsley & Newmeyer (2009) ein, sprachtheoretische Gegenargumente diskutiert Jackendoff (2007: 367–368). Eine Diskussion über mögliche ‚bedeutungslose' Konstruktionen bietet, unter Einbezug der Position von Fillmore, Lee-Goldman & Rhomieux (2012: 325–328) sowie des Ansatzes von Goldberg (2006: 166–182) zur Subjekt-Auxiliar-Inversion, Hilpert (2019: 50–57).

16 Zur Datengrundlage vgl. Unterabschnitt 3.4.3.

17 Daneben scheint es für das Deutsche über die in Tabelle 5.1 aufgelisteten Lesarten für das Englische hinaus noch weitere Lesarten zu geben. Diese müssten in einer dezidierten Studie ergründet werden, ebenso wie die Frage, welche Konstruktions-Frames für sie angesetzt werden können.

vier FrameNet-Frames zuordnen, die als Konstruktions-Frames infrage kommen. Eine entsprechende Übersicht ist in Tabelle 5.1 dargestellt.

Tab. 5.1: Lesarten der englischen Subjekt-Auxiliar-Inversion nach Goldberg (2006: 177) und ihre Entsprechungen als Konstruktions-Frames

Lesart nach Goldberg	Belege	Konstruktions-Frame
A. Ja-/Nein-Fragen	(14)	`Questioning`
B. Kontrafaktische Konditionale	(15)	`Conditional_scenario`
C. Initiales negatives Adverb		
D. Negatives Konjunkt		
E. Komparative		
F. Wünsche und Flüche	(16)	`Desiring`
G. w-Fragen		`Questioning`
H. Positives Konjunkt		
I. Exklamativa	(17)	`Experiencer_obj`

Die Belege unter (14) sind Beispiele für eine Lesart der Subjekt-Auxiliar-Inversion, der der Konstruktions-Frame `Questioning` zugeordnet werden kann.

(14) a. Hat unser Großvater keine Aufnahme von ihr allein gemacht? (Beyer, Marcel: Spione, Köln: DuMont 2000, S. 37)
b. War ich jetzt ein Rebell? (Goosen, Frank: Liegen lernen, Frankfurt am Main: Eichborn AG 2000, S. 58)
c. Sind Sie ein Perfektionist? (Die Zeit, 05.01.2000, Nr. 2)

Belegen wie denen in (15), die über eine (allerdings nicht notwendigerweise kontrafaktische) konditionale Lesart im Sinne von Goldberg (2006: 177) verfügen, kann der Frame `Conditional_scenario` als Konstruktions-Frame zugeordnet werden.

(15) a. Würden sich die Erwachsenen nicht das Maul zerreißen, wären auch ihre Kinder still. (Beyer, Marcel: Spione, Köln: DuMont 2000, S. 20)
b. Wird das Projekt aber lanciert und scheitert, ist der Erfolg von 30 Jahren erfolgreicher Arbeit in Gefahr. (Die Zeit, 05.01.2000, Nr. 2)
c. Ist er bei seiner zweiten Frau, verrät er seine frühere Familie. (Beyer, Marcel: Spione, Köln: DuMont 2000, S. 106)

Belegen wie denen in (16), die in funktionalgrammatischer Terminologie Beispiele für typische Optativ- bzw. ‚Wunsch'-Sätze sind (vgl. z.B. Hentschel & Weydt 2013:

380; Duden 2016: 904–905), kann `Desiring` als Konstruktions-Frame zugeordnet werden.[18]

(16) a. Wäre nur ein Einheimischer dabei! (Die Zeit, 17.02.2000, Nr. 8)
b. Hättest du die Verabredung mit Kári Stefánsson doch nur schon für morgen getroffen! (Venske, Regula: Marthes Vision, Frankfurt am Main: Eichborn Verlag 2006, S. 50)
c. Sei ja ein Schicksalsschlag, murmelte er, da wolle er Haueisen Scherereien ersparen. (Koneffke, Jan: Paul Schatz im Uhrenkasten, Köln: DuMont Buchverlag 2000, S. 263)

Als vierte Lesart kann schließlich Belegen mit einer Exklamativ-Lesart wie denjenigen in (17) der Frame `Experiencer_obj` als Konstruktions-Frame zugeordnet werden (vgl. dieselbe Analyse von Ziem & Ellsworth 2016: 159–160, 164).

(17) a. War das ein Schock! (Schwanitz, Dietrich: Männer, Frankfurt a. M.: Eichborn 2001, S. 87)
b. Hast du mir einen Schrecken eingejagt! (Schwanitz, Dietrich: Männer, Frankfurt a. M.: Eichborn 2001, S. 229)
c. Bist du verrückt! (Kopetzky, Steffen: Grand Tour, Frankfurt am Main: Eichborn 2002, S. 414)

Unterschiedlichen Lesarten derselben Konstruktion wie der Subjekt-Auxiliar-Inversion unterschiedliche Konstruktions-Frames zuzuordnen entspricht ziemlich genau der Praxis des lexikalischen FrameNets, polyseme Wörter als unterschiedliche LE, die unterschiedliche Frames evozieren, zu erfassen. Aus konstruktionssemantischer Sicht ist die semantische Variabilität einer polysemen Konstruktion deutlicher kaum zu erfassen. Für jede der Lesarten, die mit einem Frame korreliert, wäre demnach ein eigener Konstruktionseintrag anzulegen[19] – genauso verfährt im Übrigen das FrameNet-Konstruktikon für die englische

18 Offen bleibt freilich, inwiefern Frames wie `Questioning` und `Desiring` als Konstruktions-Frames der Subjekt-Auxiliar-Inversion die Grenze zu interaktionalen Frames im Sinne von Fillmore (1982a: 117) überschreiten (vgl. auch Unterabschnitte 2.2.3 und 2.3.2). Vgl. dazu die Bemerkungen von Boas, Lyngfelt & Torrent (2019: 47) zu Imperativkonstruktionen, „which, while obviously related to the `Request` frame, hardly evoke it the same way words like *order* and *command* do; rather than referring to requests, like these words do, *imperative* cxns are used to perform them."

19 Diese Form von Polysemie begründet damit ein eigenes Konstruktionsnetzwerk, wie es Goldberg (1995: 75–77) für ihre Polysemie-Relation zwischen Konstruktionen annimmt. Demgegenüber begründet Polysemie durch variierende lexikalische Frames und Bedeutungen (Unterabschnitt 5.2.2) kein solches Konstruktionsnetzwerk, weshalb in diesem Fall keine einzelnen Konstruktionseinträge für jede Lesart angelegt werden müssen. In ihrer Gegenüberstellung von Gold-

Subjekt-Auxiliar-Inversion, ohne dabei jedoch Frames einzubeziehen.[20] Unterschiedliche Lesarten durch unterschiedliche Konstruktions-Frames zu erfassen ist somit ein genuiner Splitting-Ansatz. Die reflexive Bewegungskonstruktion hingegen erlaubt wie die reflexive Partikelverbkonstruktion und die reflexive *Weg*-Konstruktion ein solches Verfahren gerade nicht, da der Konstruktions-Frame `Motion` über alle Konstrukte (mehrerer Lesarten) hinweg invariant bleibt. Die beobachtbaren semantischen Nuancen, die zur Annahme von Polysemie führen, sind grundsätzlich anderer Natur und erfordern deshalb auch einen anderen konstruktikographischen Ansatz: einen Lumping-Ansatz.

5.2.2 Polysemie durch variierende lexikalische Frames und Bedeutungen

Gegenüber der Feststellung von Polysemie durch unterschiedliche Konstruktions-Frames, die einen Splitting-Ansatz rechtfertigt, ist die Annahme von Polysemie durch variierende lexikalische Frames und lexikalische Bedeutungen subtiler, da in diesem Fall semantische Unterschiede in den Konstrukten der Konstruktion nicht bereits durch unterschiedliche Konstruktions-Frames erfassbar sind. Wenn der Konstruktions-Frame über alle Konstrukte (mehrerer Lesarten) hinweg invariant bleibt, muss konstruktionelle Polysemie durch andere Zusammenhänge zustande kommen. Eine wesentliche Triebfeder hierfür sind die lexikalischen Frames und die aus ihnen resultierenden lexikalischen Bedeutungen, die in die Konstrukt-Frames bzw. Konstruktbedeutungen eingehen.[21] Die auf Ziem (2020b: 44–48) zurückgehende Unterscheidung zwischen lexikalischen Frames und lexikalischen Bedeutungen (Unterabschnitt 4.1.1) wird hier besonders relevant: Lesarten können zwar einerseits über unterschiedliche lexikalische Frames differenziert werden, andererseits müssen aber auch unterschiedliche lexikalische

bergs Polysemie-Relation mit der Idee der Familienähnlichkeiten scheinen Proost & Winkler (2015: 7–8) diese Form von Polysemie nicht zu erwägen.

20 Die einzelnen Einträge haben die Namen *Subject_auxiliary_inversion.closed_interrogative*, *Subject_auxiliary_inversion.conditional*, *Subject_auxiliary_inversion.emphatic_negative_imperative*, *Subject_auxiliary_inversion.exclamation* und *Subject_auxiliary_inversion.optative*. Hinzu kommt eine allgemeine *Subject_auxiliary_inversion*, die den anderen Konstruktionen übergeordnet ist (vgl. http://sato.fm.senshu-u.ac.jp/frameSQL/cxn/CxNeng/cxn00/21colorTag/index.html, zuletzt abgerufen am 07.09.2021).

21 Die Relevanz der Slots eines Frames einerseits und der Füllwerte bestimmter Slots andererseits führt bereits Martin (2001: 69–73) als zwei Möglichkeiten der Differenzierung von (lexikalischer) Polysemie auf. Die in diesem Unterabschnitt diskutierte Art von konstruktioneller Polysemie und deren Differenzierung über lexikalische Bedeutungen (also Standardwerten innerhalb lexikalischer Frames) kommt diesem Ansatz also prinzipiell nahe.

Bedeutungen, die auf demselben Frame beruhen, für die Polysemie einer Konstruktion verantwortlich gemacht werden. Die drei untersuchten Konstruktionen, gerade die reflexive Bewegungskonstruktion und die reflexive Partikelverbkonstruktion mit ihren Lesarten ‚manner', ‚means' und ‚incidental' sowie einer neutralen Lesart, sind hierfür ein Beispiel. Insbesondere die ‚manner'-Lesart soll in dieser Hinsicht in den Unterabschnitten 5.2.3 und 5.2.4 analysiert werden.

Konstruktionelle Polysemie über lexikalische Frames und lexikalische Bedeutungen zu differenzieren, ist ein Verfahren, das gewissermaßen bereits Perek (2014, 2015: 111–142) anwendet, allerdings aus stärker methodischen Gründen:[22] Da eine Kollostruktionsanalyse zur englischen Konativkonstruktion keine eindeutige Distrubution von Verben ergibt, die auf eine einheitliche Konstruktionsbedeutung schließen lassen könnten, führt er nach Verbklassen getrennte Kollostruktionsanalysen durch (dazu auch Unterabschnitt 8.5.1). Ergebnis ist ein deutlich homogeneres Bild:

> [F]ocusing on a particular class of verbs clearly captures what the semantic contribution of the construction is for this particular class. Thus, a collexeme analysis at the level of individual verb classes seems to be a promising approach. (Perek 2014: 72)

In Anlehnung an Croft (2003: 53–59) plädiert Perek (2014: 71) sodann dafür, nicht eine Konstruktion mit unterschiedlichen Lesarten anzusetzen, sondern diese als mehrere verbklassen-spezifische Konstruktionen zu betrachten. Dieser Ansatz ist nicht nur interessant, weil er lexikalische Bedeutungen auf der Basis von Verbklassen (vergleichbar mit den LE eines lexikalischen Frames, vgl. Baker & Ruppenhofer 2002; Boas 2006) zum Ausgangspunkt für die Differenzierung unterschiedlicher Lesarten einer Konstruktion macht, sondern gleichzeitig von einem radikalen Splitting-Ansatz ausgeht, der bis zur Ablehnung von Polysemie und der Annahme verbklassen-spezifischer Konstruktionen reicht.[23] Bevor ich für die reflexive Bewegungskonstruktion aufzeigen möchte, wie lexikalische Frames und lexi-

---

22 Dezidiert an lexikalische Frames scheint auch Croft (2012: 374) zu denken: „Other constructions, […], would have a very wide range of constructional polysemy. These constructions allow alternative construals in many different frames, depending on the force-dynamic potential of the verb that is put in the construction."

23 Indes analysiert auch Goldberg (1995: 210–212, 1996: 42–44) die unterschiedlichen Lesarten der *way*-Konstruktion mittels ihrer Polysemie-Relation zwischen Konstruktionen (vgl. Goldberg 1995: 75–77) und damit als zwar in einem Konstruktionsnetzwerk zusammenhängende, aber dennoch unterscheidbare Konstruktionen. Der hier vertretene Ansatz für die reflexive Bewegungskonstruktion und ihre verwandten Konstruktionen richtet sich also gleichsam gegen diese im Gegensatz zu Croft (2003: 53–59) und Perek (2014: 71) zwar weniger radikale, aber ebenso als Splitting-Ansatz zu klassifizierende Vorgehensweise Goldbergs.

kalische Bedeutungen ihre Lesarten differenzieren, möchte ich kurz auf die Probleme eines radikalen Splitting-Ansatzes, wie ihn Croft und Perek vertreten, eingehen und begründen, warum dieser für die drei untersuchten Konstruktionen unangebracht erscheint. Gleichzeitig sollen diese Argumente die Begründung dafür liefern, warum ein Lumping-Ansatz für die drei untersuchten Konstruktionen sinnvoll erscheint, zumal die Art konstruktioneller Polysemie durch variierende lexikalische Frames und lexikalische Bedeutungen einen solchen Ansatz nahelegt.

Zwei Argumente sprechen gegen die Angemessenheit eines Ansatzes, der konstruktionelle Polysemie grundsätzlich ablehnt und unterschiedliche Konstruktionen postuliert, seien sie spezifisch auf Verbklassen oder lexikalische Frames einerseits ausgerichtet oder durch lexikalische Bedeutungen andererseits differenziert. Das erste Argument liegt in dem schon mehrfach betonten Fakt, dass der Konstruktions-Frame über alle Konstrukte der Konstruktion invariant bleibt. Konstruktionen, die formal identisch sind und über denselben Konstruktions-Frame verfügen, müssen fast zwangsläufig als zusammengehörig betrachtet werden, da der Konstruktions-Frame ja gerade diese Zusammengehörigkeit kodiert (vgl. die Ausführungen zu Familienähnlichkeiten in Unterabschnitt 3.2.3). Aufgrund dessen erscheint es auch vor dem Hintergrund der Vorstellung eines Konstruktikons als Konstruktionsnetzwerk unangebracht, Konstruktionen, die eine solche Verwandtschaft aufweisen, als unverbunden zu betrachten oder sie auch nur in einen Splitting-Ansatz zu überführen und unterschiedliche Konstruktionseinträge für sie anzusetzen.[24] Das zweite Argument besteht darin, dass die Unterschiede in den Lesarten ja gerade äußerst subtiler Art sind, da sie lediglich durch unterschiedliche lexikalische Frames oder lexikalische Bedeutungen innerhalb eines lexikalischen Frames zustande kommen. Ein radikaler Splitting-Ansatz empfiehlt sich deshalb nur bei Konstruktionen, deren Lesarten über unterschiedliche Konstruktions-Frames differenziert sind, wie etwa der Subjekt-Auxiliar-Inversion (Unterabschnitt 5.2.1). Bleibt der Konstruktions-Frame jedoch invariant *und* sind es lediglich die lexikalischen Frames und lexikalischen Bedeutungen, die für Polysemie sprechen, erscheint es kaum gerechtfertigt, unterschiedliche Konstruktionen anzusetzen und einen Splitting-Ansatz zu verfolgen.

---

24 Perek (2014) geht allerdings nicht so weit zu behaupten, den von ihm ermittelten verbklassen-spezifischen Konstruktionen komme keine Verwandtschaft in diesem Sinne zu, jedoch unternimmt er keine Bestrebungen, sie als Netzwerk zu modellieren. Die betonte Relevanz der Notwendigkeit niedrigerer Abstraktionsebenen, auf denen diese verbklassen-spezifischen Konstruktionen liegen (vgl. Perek 2014: 83) bringt eine netzwerkartige Modellierung jedoch nicht in jedem Fall mit sich.

Es muss also in jedem Fall abgewogen werden, ob es sich bei der Differenzierung einer polysemen Konstruktion (nach welchen Kriterien auch immer) um mehrere voneinander unterschiedene (Teil-)Konstruktionen handelt, für die konstruktikographisch ebenso mehrere Konstruktionseinträge angelegt werden müssen, oder ob die semantischen Nuancen tatsächlich für ein Postulat mehrerer unterschiedlicher Konstruktionen ausreichen, wie Imo (2011) kritisiert:

> Das Problem bei dieser Kombination – dass eine phonologische Form mehrere Funktionen oder Bedeutungen tragen kann – besteht darin, dass man nicht immer dafür argumentieren kann, dass es sich dabei um verschiedene Konstruktionen (also Zeichen) handelt, sondern dass diese Bedeutungen „irgendwie" alle Bestandteil der „Konstruktion" sein können und je nach Kontext aktiviert oder deaktiviert sind. Es handelt sich dabei um solche Formen, die viele differenzierte Bedeutungsvarianten aufweisen, die aber selten oder nie in einer reinen, prototypischen Form vorkommen, sondern immer in unterschiedlichen Anteilen gemischt sind, also in der aktuellen Verwendung selbst Polysemie aufweisen. (Imo 2011: 122–123)

Die Frage, wann Splitting aufhören muss und wann Lumping angebracht ist, ist somit eine Kernfrage der Diskussion um konstruktionelle Polysemie und betrifft grundsätzlich den Grad der konstruktikographischen Generalisierung (dazu Unterabschnitt 7.2.2). Gewissermaßen kritisiert Imo (2011) in diesem Sinne den Ansatz zu vieler unterschiedlicher Konstruktionen, die nur durch subtile Unterschiede (im vorliegenden Fall: lexikalische Frames und lexikalische Bedeutungen) gekennzeichnet sind, weshalb der Abstraktionsgrad nicht zu niedrig werden sollte:

> Dieses Problem [der Polysemie von Konstruktionen, A.W.] lässt sich nicht dadurch lösen, dass man der Konstruktionsbeschreibung mehr Einträge zu weiteren Informationstypen zugesteht: Auch durch zusätzliche Informationen über Kontext, Prosodie o.Ä. lassen sich keine systematisch strukturierten Konstruktionen erstellen – bestenfalls würde eine höchst detaillierte Ausweitung dazu führen, dass Konstruktionen zu Konstrukten („constructs") werden, d.h. also dass nur noch die „Tokens" gezählt aber keine „Types" mehr erstellt werden könnten. Eine Grammatik, die nur noch aus „Tokens" besteht, ist aber keine mehr. (Imo 2011: 123)

Die drei untersuchten Konstruktionen, insbesondere die reflexive Bewegungskonstruktion und die reflexive Partikelverbkonstruktion, sind Fälle von subtiler konstruktioneller Polysemie, die jeweils durch unterschiedliche lexikalische Frames und lexikalische Bedeutungen zustande kommt. Deshalb bietet es sich an, ihre bereits in der Literatur zur *way*-Konstruktion ausführlich thematisierten Lesarten,

‚manner', ‚means' und ‚incidental' sowie eine neutrale Lesart, entsprechend zu analysieren.[25]

5.2.3 Differenzierung von neutraler, ‚manner'-, ‚means'- und ‚incidental'-Lesart

Hinsichtlich der konstruktionellen Polysemie der drei untersuchten Konstruktionen möchte ich für einen Lumping-Ansatz plädieren, der in Anlehnung an die Umsetzung des FrameNet-Konstruktikons und die aktuellere Forschung zur *way*-Konstruktion (v.a. Perek 2018: 68–69; McColm 2019: 39) die Lesarten ‚manner', ‚means' und ‚incidental' sowie eine neutrale Lesart der Konstruktion unterscheidet (vgl. dazu schon Unterabschnitt 3.1.3), diese aber nicht als grundsätzlich voneinander verschiedene Konstruktionen betrachtet und deshalb auch keine eigenen Konstruktionseinträge für jede Lesart vorsieht (vgl. auch Unterabschnitt 7.2.2). Obwohl ich im Folgenden vor allem die reflexive Bewegungskonstruktion heranziehe, gelten die Ergebnisse für alle drei Konstruktionen, da die vier Lesarten darüber hinaus insbesondere für die reflexive Partikelverbkonstruktion belegt sind.

Zunächst seien die vier Lesarten noch einmal an einigen Beispielen illustriert. Die Konstrukte in (18) sind Beispiele für die neutrale Lesart der reflexiven Bewegungskonstruktion, die weder nach einem ‚manner'- noch nach einem ‚means'-Aspekt differenziert ist und in dem lexikalischer Frame und Konstruktions-Frame nicht derart distinkt sind, dass eine ‚incidental'-Lesart entstehen könnte. Da die lexikalischen Frames und die von ihnen ausgehenden lexikalischen Bedeutungen entscheidend sind, sind Erstere in jedem Konstrukt annotiert.

(18) a. Auch ich [$_{\texttt{Motion}}$ begebe] mich in den Garten und pflücke mir ein bescheidenes Sträußchen kriechender Kapuzinerkresse. (Noll, Ingrid: Ladylike, Zürich: Diogenes 2006, S. 137)

b. Ein Soldat [$_{\texttt{Body\_movement}}$ beugte] sich in Pauls Haushaltsbuch und kratzte sich ratlos am Kopf. (Koneffke, Jan: Paul Schatz im Uhrenkasten, Köln: DuMont Buchverlag 2000, S. 232)

c. Die ersten Menschen, die sie traf, wagte sie noch nicht anzuschauen, sie senkte den Kopf und [$_{\texttt{Self\_motion}}$ drückte] sich an Hauswände oder in Toreinfahrten, doch bald merkte sie, dass niemand sie beachtete. (Pressler, Mirjam: Malka Mai, Weinheim Basel: Beltz & Gelberg 2001, S. 114)

25 Einen anderen Weg gehen für die *way*-Konstruktion Traugott & Trousdale (2013: 77), die annehmen, dass die Lesarten „are polysemous subschemas of the superordinate *way*-construction schema."

Die Konstrukte in (19) zeigen die ‚manner'-Lesart, in der die ‚Art und Weise' der ‚Bewegung' ausgedrückt wird, genauer: bereits als Standardwert in der lexikalischen Bedeutung der LE, die den jeweiligen lexikalischen Frame evoziert, angelegt ist.

(19) a. General Motors geht es mit seiner Tochter Opel kaum besser, Fiat [Self_motion robbt] sich mühsam aus den roten Zahlen, und Renault hat die Übernahme von Nissan noch längst nicht bewältigt. (Die Zeit, 24.02.2000, Nr. 9)

b. Er [Body_movement warf] sich in Hosen und Hemd, schlich aus Haueisens Wohnung, und als er im Hof ankam, atemlos, lehnte sie an einem Baum und schaute abwechselnd zu Paul und zu Boden, verlegen, als handle es sich um einen Irrtum. (Koneffke, Jan: Paul Schatz im Uhrenkasten, Köln: DuMont Buchverlag 2000, S. 194)

c. Er [Body_movement zitterte] sich in einen Dämmerschlaf, von dem er nicht wußte, ob er zehn Minuten dauerte oder drei Stunden. (Glavinic, Thomas: Die Arbeit der Nacht, München Wien: Carl Hanser Verlag 2006, S. 167)

Die Konstrukte in (20) zeigen die ‚means'-Lesart, die die ‚Mittel', durch welche die ‚Bewegung' ermöglicht wird, kodiert.

(20) a. Mit jedem Tag deutlicher [Emptying schält] sich ein unbekanntes Wesen aus der groben Form. (Riedel, Susanne: Eine Frau aus Amerika, Berlin: Berlin Verlag 2003, S. 11)

b. Der Fabrikant breitete sein Schweigen wieder aus, der Offizier [Manipulate_into_doing mogelte] sich aus seinem Sitz. (Düffel, John von: Vom Wasser, München: dtv 2006, S. 56)

c. Man begann bei den Gesetzen der Körperwelt, [Work arbeitete] sich empor zur Psychologie, zu den Gesetzen des Empfindens und Denkens, Ausflüge in die Schöne Literatur waren vorgesehen, sie ermöglichten den Übergang zum Feinseelischen und zu den letzten Fragen, Gott und Unsterblichkeit. (Safranski, Rüdiger: Friedrich Schiller, München Wien: Carl Hanser 2004, S. 46)

Schließlich zeigen die Konstrukte in (21) die ‚incidental'-Lesart, bei der zu erkennen ist, dass sich lexikalischer Frame (hier jeweils Dead_or_alive, Make_noise und Daring) und Konstruktions-Frame (Motion) voneinander unterscheiden, jedoch nicht in einer kausalen (‚means'-)Beziehung zu einander stehen, und die lexikalische Bedeutung jeweils nicht hinsichtlich eines ‚manner'-Aspekts spezifiziert ist. Wie noch zu zeigen sein wird, entsteht die ‚incidental'-Lesart insbesondere dann, wenn im Konstrukt-Frame der Anteil des lexikalischen Frames am geringsten ist, wenn also sowohl die Instanz des KEE als auch das KtE des KE WEG allein durch den Konstruktions-Frame motiviert sind und nicht einfach durch den lexikalischen Frame (Unterabschnitte 6.2.1 und 6.3.1) oder doppelt durch lexikalischen Frame und Konstruktions-Frame (Unterabschnitte 6.2.3 und 6.3.3). Dies ist ein Indiz für die größtmögliche Distinktivität von Konstruktions-Frame und lexikalischem Frame.

(21) a. Man [$_{\texttt{Dead\_or\_alive}}$ lebte] sich aus der herausgerissenen Zeit, in der man saß, zurück in die Erinnerung ans Zuhause von damals und voraus in die Hoffnung, bald heimzukehren. (Müller, Herta: Der König verneigt sich und tötet, München: Carl Hanser Verlag 2003, S. 42)

b. „... für die vielen Toten und Verwundeten hergeschickt worden waren, nachgerückt wie Kegel im Spiel", machte der Vater seinen Fehler wieder gut, „junge Kerle, gerade Abitur gemacht, [$_{\texttt{Make\_noise}}$ heulten] sich auf ihren Strohschütten in den Erdbunkern, wo wir uns zusammendrängten, in den Schlaf. (Hahn, Ulla: Unscharfe Bilder, München: Deutsche Verlags-Anstalt 2003, S. 103)

c. Es [$_{\texttt{Daring}}$ wagten] sich keine SA-Leute ins Scheunenviertel, um Steine in Mosche Sternkukkers Buchladen zu werfen. (Koneffke, Jan: Paul Schatz im Uhrenkasten, Köln: DuMont Buchverlag 2000, S. 26)

Bereits in Unterabschnitt 3.1.3 habe ich darauf hingewiesen, dass eine Unterscheidung zwischen diesen Lesarten bisweilen schwierig ist. Deshalb soll vor einer eingehenderen Diskussion nicht unerwähnt bleiben, dass die Unterscheidung dieser Lesarten bereits für die *way*-Konstruktion auf Kritik gestoßen ist. So kritisiert Luzondo Oyón (2013: 359–360), dass die Entscheidung darüber, ob in einem gegebenen Konstrukt die ‚manner'- oder ‚means'-Lesart vorliegt, stark kontextabhängig ist, die Lesarten eher als zwei verschiedene Perspektiven auf dasselbe Ereignis zu verstehen und grundsätzlich nur schwierig auseinanderzuhalten sind. Sie zieht daraus den Schluss, dass die Trennung der Lesarten aufgrund dieser Befunde ohne Mehrwert ist:

> In any case, whenever an activity is performed, there is always some intrinsically related manner of carrying it out, and thus, distinguishing between means and manner is rather irrelevant. (Luzondo Oyón 2013: 360)

Den Kritikpunkt der nur kontextabängigen Differenzierbarkeit zwischen der ‚manner'- oder ‚means'-Lesart greift auch Smirnova (2018) auf und weist dabei auf einen möglichen alternativen Bezugspunkt der Analyse hin:[26]

> Was darüber entscheidet, ob die eine oder die andere Lesart vorliegt, sind nicht die konstruktionsinternen Aspekte, sondern vielmehr die konstruktionsexternen, d. h. es handelt sich um bestimmte kontextuell präsente Informationen. (Smirnova 2018: 36–37)

Diese angenommene Kontextabhängigkeit der Lesarten ist ein Hinweis auf die Subtilität, mit der sie in den Konstrukten wirksam werden: Die unterschiedlichen Lesarten lassen sich gerade nicht, wie bei der Subjekt-Auxiliar-Inversion, auf unterschiedliche Konstruktions-Frames zurückführen – dies würde einen Splitting-Ansatz rechtfertigen (Unterabschnitt 5.2.1). Da jeder der drei untersuchten Konstruktionen nur ein einziger Konstruktions-Frame – `Motion` – zukommt, spielen vielmehr Faktoren eine Rolle, die jenseits des Konstruktions-Frames liegen. Berücksichtigt werden müssen hier also lexikalische Frames und insbesondere lexikalische Bedeutungen, die, wenn sie ursächlich für konstruktionelle Polysemie sind, einen Lumping-Ansatz für die Konstruktion begründen (wie in Unterabschnitt 5.2.2 argumentiert).

Sieht man sich für die *way*-Konstruktion an, wodurch ihre Lesarten ‚manner', ‚means', ‚incidental' sowie eine neutrale Lesart konstituiert werden, so zeigt sich, dass das Verhältnis zwischen Konstruktions-Frame und lexikalischen Frames sowie insbesondere lexikalischen Bedeutungen einen entscheidenden Einfluss besitzt. Indes lassen sich nicht nur für die *way*-Konstruktion Beispiele für solche Lesarten finden. Ganz grundsätzlich zählt Goldberg (1997: 386–395) etwa die ‚means'-Lesart zu den wesentlichen Relationen zwischen einer lexikalischen Bedeutung und einer ‚Konstruktionsbedeutung'. Auch die ‚manner'-Lesart gehört laut Goldberg (1998: 46–49) unter dem Begriff *co-occurring activity* dazu. Dabei sind, wie Goldberg illustriert, solche semantischen Relationen zwischen lexikalischer Bedeutung und Konstruktionsbedeutung nicht nur der *way*-Konstruktion vorbehalten, sondern lassen sich für eine ganze Reihe an Konstruktionen finden.

Den Gedanken, dass eine bestimmte Lesart an das Verhältnis zwischen Konstruktions-Frame sowie lexikalischen Frames und lexikalischen Bedeutungen geknüpft ist, möchte ich für die reflexive Bewegungskonstruktion stellvertretend für ihre verwandten Konstruktionen weiterverfolgen und zeigen, dass sich die unterschiedlichen Lesarten der Konstruktionen aufgrund der Verteilung

---

26 Sowohl Luzondo Oyón (2013) als auch Smirnova (2018) berücksichtigen die ‚incidental'-Lesart ebenso wie eine neutrale Lesart nicht, weshalb sie lediglich die Unterscheidung zwischen ‚manner' und ‚means' diskutieren.

lexikalischer Frames und lexikalischer Bedeutungen differenzieren lassen. Zusammengefasst lassen sich die Zusammenhänge in vier Prinzipien festhalten, die in den vier zu Beginn dieses Unterabschnitts zitierten Gruppen von Konstrukten, (18)–(21), bereits sichtbar werden.

1. Konstrukte, deren Konstrukt-Frames durch den lexikalischen Frame allein konstituiert werden, erhalten in der Regel eine neutrale oder eine ‚manner'-Lesart. Ein Beispiel dafür sind die Konstrukte in (18), die die lexikalischen Frames `Motion`, `Body_movement` und `Self_motion` evozieren.
2. Ob bei einem lexikalischen Frame eine neutrale oder eine ‚manner'-Lesart vorliegt, entscheidet sich durch die lexikalische Bedeutung der LE, die den lexikalischen Frame evoziert. Hierfür sind die Konstrukte in (19) ein Beispiel, da sie ebenfalls Frames wie `Self_motion` (*robben/crawl.v*) und `Body_movement` (*werfen/throw.v*, *zittern/shake.v*) als lexikalische Frames evozieren, allerdings andere lexikalische Bedeutungen mit sich bringen.
3. Die ‚means'-Lesart kommt insbesondere dann zustande, wenn der Konstrukt-Frame aus lexikalischem Frame und Konstruktions-Frame zugleich konstituiert wird. In den Konstrukten in (20) etwa werden die lexikalischen Frames `Emptying` (durch die LE *schälen/peel.v*), `Manipulate_into_doing` (*mogeln/cheat.v*) und `Work` (*arbeiten/work.v*) evoziert, sie werden im Konstrukt-Frame allerdings durch den Konstruktions-Frame `Motion` angepasst (Unterabschnitt 4.4.1).
4. Die ‚incidental'-Lesart entsteht in einer Teilmenge von Konstrukten, deren Konstrukt-Frames zugleich durch einen lexikalischen Frame und den Konstruktions-Frame konstituiert werden. Voraussetzung dafür ist, dass der Anteil des lexikalischen Frames möglichst gering ist und keine Fusionen zwischen den FE beider Frames (d.h. doppelte semantische Motivierungen eines KtE oder KEE, vgl. Unterabschnitte 6.2.3 und 6.3.3) vorhanden sind. So sind die KtE des KE Weg bzw. ⟨Weg⟩ sowie die KEE in den Konstrukten in (21) ausschließlich Instanzen von FE des Konstruktions-Frames, nicht des jeweiligen lexikalischen Frames.

Ad Prinzip 1. Ist an einem Konstrukt-Frame allein ein lexikalischer Frame beteiligt, entsteht in vielen Fällen eine neutrale Lesart. Dies zeigt sich am deutlichsten bei dem lexikalischen Frame, der direkt dem Konstruktions-Frame `Motion` entspricht. Besonders die LE *bewegen* (*move.v*) als KtE des KE Ereignis lässt keine andere Interpretation zu als eine neutrale Lesart, die nicht auf einen ‚manner'- oder ‚means'-Aspekt hin spezifiziert ist, wie die Belege in (22) illustrieren sollen.[27]

(22) a. Aber auch Carvers Figuren [$_{\text{Motion}}$ bewegen] sich als Voyeure durch ihre Welt. (Die Zeit, 23.03.2000, Nr. 13)

b. Die augenblickliche Wirtschaftslage [$_{\text{Motion}}$ bewege] sich in Richtung Armut, was das Resultat der ausbeuterischen Privatisierung sei. (Archiv der Gegenwart, 2001 [2000])

c. Die von Beduinen geführte Karawane (bis zu 18 Teilnehmer) [$_{\text{Motion}}$ bewegt] sich in täglichen Etappen von vier bis sechs Stunden über Dünen und Sandfelder, durch die Wadis und Ebenen, wobei die Kamele als Reit- und Packtiere fungieren. (Die Zeit, 17.02.2000, Nr. 8)

d. Schiller war kein Autor, der von innen kommt, er [$_{\text{Motion}}$ bewegte] sich in der Gegenrichtung, von außen nach innen. (Safranski, Rüdiger: Friedrich Schiller, München Wien: Carl Hanser 2004, S. 118)

e. Über der Eingangstür [$_{\text{Motion}}$ bewegt] sich die DM im schwerelosen Raum um unseren globalisierten Planeten. (Die Zeit, 17.02.2000, Nr. 8)

f. Ein Drahtseil ist über den Fluß gespannt, mit einer beweglichen Winde ist das Fährboot daran festgetäut, und während die gewaltige Strömung auf das querstehende Ruder drückt, [$_{\text{Motion}}$ bewegen] sich Boot und Winde seitlich am Seil entlang von einem Ufer zum andern. (Düffel, John von: Vom Wasser, München: dtv 2006, S. 192)

g. Der Rücken vor ihr, in einem dicken, warmen, grauen Mantel, [$_{\text{Motion}}$ bewegte] sich zu einem Bahnsteig, Malka folgte ihm. (Pressler, Mirjam: Malka Mai, Weinheim Basel: Beltz & Gelberg 2001, S. 246)

---

27 Goldberg (1995: 205) stuft für die *way*-Konstruktion Konstrukte mit solchen „vanilla motion verbs" als inakzeptabel ein, wobei sie diese Entscheidung mit der in ihnen nicht vorhandenen ‚manner'- oder ‚means'-Lesart in Verbindung bringt (eine neutrale Lesart wie im FrameNet-Konstruktikon erwägt Goldberg nicht) und argumentiert, dass die mangelnde Akzeptabilität dieser Konstrukte an dem nicht vorhandenen Aspekt der ‚Schwierigkeit' liegt, der vor allem in Konstrukten mit einer ‚means'-Lesart entsteht. Ich komme auf diese Zusammenhänge im Zuge der Diskussion um den Parameter der emergenten Struktur in Abschnitt 5.7 zurück. Der prinzipiellen Möglichkeit der Identität zwischen lexikalischem Frame und Konstruktions-Frame scheint sich Goldberg (1995: 35) – freilich ohne frame-semantisch zu argumentieren – für das Beispiel der Ditransitivkonstruktion indes durchaus bewusst zu sein: „*Give*, however, is the most prototypical ditransitive verb because its lexical semantics is identical with what is claimed here to be the construction's semantics." An anderer Stelle ganz ähnlich: „It is clear that the most common and prototypical case is one in which the verb and the construction do not designate two separate events. Rather the verb designates the same event that the construction designates, or the verb elaborates the constructional meaning." (Goldberg 2010: 53).

Gleiches gilt für die LE *begeben* (*go.v*), deren lexikalische Bedeutung ebenfalls Motion zur Grundlage hat. Auch sie lässt nur die Interpretation einer neutralen Lesart zu, wie die Belege in (23) zeigen.

(23)
a. Das Quartett [$_{\text{Motion}}$ begibt] sich in das Theater Athénée, wo eine leichte Komödie auf dem Programm steht, danach in die Rue Royale, zu einem späten Abendessen ins Restaurant Weber, unweit der Place de la Concorde. (Die Zeit, 13.01.2000, Nr. 3)
b. Sofort [$_{\text{Motion}}$ begibt] sich ihr junger Begleiter von RTL an ihre Seite. (Die Zeit, 27.01.2000, Nr. 5)
c. Es lässt sich nicht ganz klären, auf welches Stockwerk die Linke sich neuerdings [$_{\text{Motion}}$ begibt]. (Die Zeit, 17.02.2000, Nr. 8)
d. Am 12. Juli [$_{\text{Motion}}$ begab] sich KHATAMI nach Weimar, wo er gemeinsam mit RAU ein Denkmal für die Dichter Goethe und Hafis als Symbolfiguren des Dialogs der deutschen und der persischen Kultur enthüllte. (Archiv der Gegenwart, 2001 [2000])
e. Oder aber Sie [$_{\text{Motion}}$ begeben] sich unter die Langschläfer, denn in den Halbschlafphasen am späteren Morgen wird auch viel geträumt. (Die Zeit, 20.04.2000, Nr. 17)
f. HASSAN [$_{\text{Motion}}$ begab] sich Mitte Oktober in Begleitung einer tausend Mann starken bewaffneten Eskorte von Djibouti aus nach Mogadischu, um seine Macht von dort aus auszuüben. (Archiv der Gegenwart, 2001 [2000])
g. Zu bestimmten Zeiten, wenn die Buschtrommel des HSV ins Volksparkstadion oder die des Ersten FC Kaiserslautern auf den Betzenberg ruft, verlassen die Fans ihre Lehmhütten, [$_{\text{Motion}}$ begeben] sich zu den Versammlungsplätzen der Männer, nehmen berauschende Getränke oder Drogen ein, schmücken sich mit den Totems des Stammes und tragen auf ihrer Haut die Farben der Kriegsbemalung auf. (Schwanitz, Dietrich: Männer, Frankfurt a. M.: Eichborn 2001, S. 40)

Auch die lexikalischen Bedeutungen der LE *rühren* (24) und *verschieben* (25) (beide *move.v*) erzeugen eine neutrale Lesart.

(24)
a. Stocksteif stand er da, [$_{\text{Motion}}$ rührte] sich nicht mehr von der Stelle, starrte nur vor seine Füße. (Funke, Cornelia: Tintenherz, Hamburg: Cecilie Dressler Verlag 2003, S. 241)
b. Vater und Tochter [$_{\text{Motion}}$ rührten] sich nicht von ihren Stühlen und schienen doch einander nähergerückt. (Hahn, Ulla: Unscharfe Bilder, München: Deutsche Verlags-Anstalt 2003, S. 275)

(25) Der Schwerpunkt des Westens [$_{\text{Motion}}$ verschob] sich in die USA. (Die Zeit, 02.03.2000, Nr. 10)

Dass bei der Feststellung einer neutralen Lesart das Kriterium der Verteilung lexikalischer *Bedeutungen* und nicht allein derjenigen lexikalischen *Frames* angesetzt werden muss, wird bei anderen LE deutlich, die denselben lexikalischen Frame wie diejenigen in den soeben diskutierten Beispielen evozieren. Damit ist der Übergangsbereich zur ‚manner'-Lesart erreicht.

Ad Prinzip 2. Während die lexikalischen Bedeutungen von LE wie *bewegen*, *begeben*, *rühren* und *verschieben* eine neutrale Lesart erzeugen, verhält es sich bei anderen LE, die Motion evozieren, anders. So verfügen LE wie *schlängeln* (*snake.v*) (26), *winden* (*wind.v*) (27) und *mäandern* (*meander.v*) (28) über einen in der Verbwurzel kodierten ‚manner'-Aspekt (im Sinne von Talmy 2007: 72–88), der sich auf die Lesart des Konstrukts auswirkt. Ihre lexikalischen Bedeutungen erzeugen also keine neutrale, sondern eine ‚manner'-Lesart.

(26) a. Ich [$_{\text{Motion}}$ schlängelte] mich durch die Autos und die Abgase, die rot zwischen den Schlußlichtern dampften, und entdeckte gerade noch rechtzeitig die kräftige Gestalt von John Bird hinter dem erleuchteten Schaufenster. (Franck, Julia: Lagerfeuer, Köln: DuMont Literatur und Kunst Verlag 2003, S. 256)

b. Bald [$_{\text{Motion}}$ schlängelten] sich so viele Kabel durch die Wiese und über den Betonboden, daß er alle paar Meter strauchelte. (Glavinic, Thomas: Die Arbeit der Nacht, München Wien: Carl Hanser Verlag 2006, S. 379)

c. Zu beiden Seiten [$_{\text{Motion}}$ schlängelten] sich Blumenbeete um schmale Rasenstreifen. (Düffel, John von: Houwelandt, Köln: DuMont Literatur und Kunst Verlag 2004, S. 175)

(27) a. Jonas [$_{\text{Motion}}$ wand] sich aus dem Kofferraum nach vorne auf die Rückbank des Autos. (Glavinic, Thomas: Die Arbeit der Nacht, München Wien: Carl Hanser Verlag 2006, S. 346)

b. Ich bekam ihren Arm zu fassen, aber sie [$_{\text{Motion}}$ wand] sich aus meinem Griff. (Franck, Julia: Lagerfeuer, Köln: DuMont Literatur und Kunst Verlag 2003, S. 53)

(28) So [$_{\text{Motion}}$ mäandern] sich die nackten und verschlungenen Leiber durch die Werbung und über die Titel jener der Werbeästhetik folgenden Magazine. (Die Zeit, 13.01.2000, Nr. 3)

Die ‚manner'-Lesart ist, wie bereits angedeutet, definiert als „a co-occuring activity that is not causally related to the action designated by the construction." (Goldberg 1997: 395). Im Falle der in der Verbwurzel kodierten ‚manner'-Komponente ist die dabei implizierte Distinktion zweier Ereignisse allerdings nicht auf das Vorhandensein zweier unterscheidbarer Frames zurückzuführen. Sind, wie in diesem Fall, lexikalischer Frame und Konstruktions-Frame identisch, hängt es stark von der lexikalischen Bedeutung der LE ab, ob das Konstrukt eine neutrale Lesart oder eine ‚manner'-Lesart erhält. Dies ist der Kern der oben formulierten Prinzipien 1 und 2: Die Beteiligung nur eines Frames, des lexikalischen Frames, an der Konstitution des Konstrukt-Frames erzeugt nicht zwangsläufig stets eine neutrale Lesart. Die Notwendigkeit zur Unterscheidung zwischen lexikalischem Frame und lexikalischer Bedeutung (Unterabschnitt 4.1.1) zeigt sich hier sehr deutlich: Die Frage nach der Erzeugung einer bestimmten Lesart kann nicht in Bezug auf einen lexikalischen Frame allein beantwortet werden, sondern muss unter Rückgriff auf die auf ihm beruhenden lexikalischen Bedeutungen gestellt werden.[28]

Diese Beobachtung gilt nicht nur für Fälle, in denen der lexikalische Frame dem Konstruktions-Frame entspricht. Auch die Lesart der Konstrukte, deren lexikalischer Frame in einer Frame-zu-Frame-Relation zum Konstruktions-Frame steht, variiert zum Teil innerhalb eines lexikalischen Frames, je nachdem welche lexikalische Bedeutung vorliegt. In den Tabellen 5.2 und 5.3 sind für die reflexive Bewegungskonstruktion und die reflexive Partikelverbkonstruktion getrennt die lexikalischen Bedeutungen (repräsentiert durch die entsprechenden LE) aller belegten lexikalischen Frames in Frame-zu-Frame-Relationen zum Konstruktions-Frame `Motion` aufgeführt,[29] einschließlich `Motion` selbst, geordnet nach der Lesart, die sie in den Konstrukten erzeugen.[30] Für die reflexive *Weg*-Konstruktion erübrigt sich eine analoge Aufstellung, da für sie ohnehin nur `Motion` mit der LE

28 Dass beide Klassen von LE, sowohl diejenigen, die eine neutrale Lesart erzeugen, als auch diejenigen, die eine ‚manner'-Lesart erzeugen, unter demselben lexikalischen Frame in FrameNet geführt werden, gibt Anlass zu der Kritik, dass FrameNet, trotz seines grundsätzlichen Splitting-Ansatzes, hier zu starkes Lumping betreibt (vgl. zu dieser Kritik auch Perek 2015: 118–119): Zumindest für die Frage nach der Lesart in den Konstrukten der reflexiven Bewegungskonstruktion ist der lexikalische Frame allein somit nicht aussagekräftig. Die Unterscheidung zwischen lexikalischem Frame und lexikalischer Bedeutung muss deshalb in jedem Fall zur Feindifferenzierung getroffen werden.

29 In Abschnitt 5.4 deute ich diese Relationen lexikalischer Frames zum Konstruktions-Frame als Frame-Nähen.

30 Für die Partikelverben, die für die reflexive Partikelverbkonstruktion belegt sind, sind in Tabelle 5.3 i.d.R. nur deren Basisverben aufgenommen. Nur wenn das Partikelverb einer simplizischen englischen LE entspricht (z.B. *descend.v* für *herablassen*), ist das Partikelverb als solches aufgenommen. Angaben über die quantitative Verteilung der Konstrukte auf die in den Tabellen 5.2 und 5.3 aufgelisteten lexikalischen Frames sind Gegenstand von Kapitel 6 und deswegen in diesen Tabellen nicht enthalten.

bahnen in neutraler Lesart belegt ist (vgl. auch die Ergebnisse in Unterabschnitt 7.2.2). Der einzig weitere belegte lexikalische Frame ist `Cutting` mit der LE säbeln (etwa: *cut.v*) in ‚means'-Lesart.

Erkennbar ist, dass zwar einige lexikalische Frames für die reflexive Bewegungskonstruktion und die reflexive Partikelverbkonstruktion belegte lexikalische Bedeutungen subsumieren, die ausschließlich eine neutrale Lesart erzeugen (so `Change_direction`, `Departing`, `Fleeing`, `Fluidic_motion`, `Mass_motion`, `Motion_directional` und `Ride_vehicle`), viele lexikalische Frames aber sowohl eine neutrale als auch eine ‚manner'-Lesart zulassen. Der Frame `Body_movement` tendiert hierbei stark zur ‚manner'-Lesart.

Was bedeuten diese Beobachtungen für die konstruktikographische Erfassung etwa der reflexiven Bewegungskonstruktion hinsichtlich ihrer Lesarten? Wenn die lexikalischen Frames allein keine eindeutigen Präferenzen für die Erzeugung einer bestimmten Lesart zeigen, so reicht eine alleinige Erfassung der lexikalischen Frames, die als Grundlage für lexikalische Bedeutungen dienen, nicht aus. Demnach müssen die Konstrukte, die einem jeden lexikalischen Frame zugeordnet werden können, in einem nächsten Schritt nach den lexikalischen Bedeutungen, denen dieser Frame zugrunde liegt, feindifferenziert werden. Idealerweise müssen dazu die Standardwerte, die in jeder einzelnen lexikalischen Bedeutung für den lexikalischen Frame spezifiziert werden, erfasst werden. Als Heuristik bietet sich allerdings ein Rückgriff auf die unterschiedlichen LE an, wie ich ihn in den Tabellen 5.2 und 5.3 angedeutet habe. Die auf der Basis lexikalischer Bedeutungen getroffene Zuordnung von Lesarten sollte in jedem Fall konstruktikographisch erfasst werden, da nur so deutlich wird, von welchen Faktoren die Erzeugung einer Lesart konkret abhängt (dazu Unterabschnitt 7.2.2).

Ad Prinzip 3. Alle bisher betrachteten Fälle einer neutralen oder auf die lexikalische Bedeutung der LE zurückgehenden ‚manner'-Lesart betreffen Konstrukte, deren Konstrukt-Frames durch lexikalische Frames allein konstituiert werden. Nimmt man nun diejenigen Konstrukte hinzu, an deren Konstrukt-Frames sowohl lexikalischer Frame als auch Konstruktions-Frame beteiligt sind, lassen sich die Konstrukte, die zur ‚means'-Lesart gezählt werden müssen, ermitteln. Die ‚means'-Lesart impliziert, wie Goldberg (1995: 203) für die *way*-Konstruktion festhält, „that the path […] through which the motion takes places is not preestablished, but rather is *created* by some action of the subject referent." Dieses zusätzlich zu der ‚Bewegung' stattfindende Ereignis muss also von jener ‚Bewegung' separiert sein – der Grund, warum dafür in erster Linie Konstrukte infrage kommen, deren Konstrukt-Frames durch lexikalischen Frame *und* Konstruktions-

Tab. 5.2: Lexikalische Frames und LE in neutraler und ‚manner'-Lesart für die reflexive Bewegungskonstruktion

Neutrale Lesart	**‚manner'-Lesart**
Body_movement: *beugen* (*flex.v*), *biegen* (*bend.v*), *hängen* (*hang.v*), *heben* (*lift.v*), *schließen* (*close.v*)	Body_movement: *ausstrecken* (*stretch.v*), *ducken* (*duck.v*), *recken* (*stretch.v*), *rollen* (*roll.v*), *schmeißen* (*throw.v*), *schwingen* (*swing.v*), *strecken* (*stretch.v*), *wälzen* (*roll.v*), *werfen* (*throw.v*), *zittern* (*shiver.v*)
Bringing: *bringen* (*bring.v*)	Bringing: *schleppen* (*schlep.v*)
Change_direction: *drehen* (*turn.v*), *wenden* (*turn.v*)	
Cause_motion: *heben* (*lift.v*), *schieben* (*push.v*), *stoßen* (*thrust.v*), *ziehen* (*pull.v*)	Cause_motion: *drängeln* (*shove.v*), *saugen* (*draw.v*), *schubsen* (*shove.v*)
Departing: *ausklinken* (*leave.v*), *entfernen* (*leave.v*)	
Evading: *losmachen* (*get away.v*), *lossagen* (*get away.v*)	Evading: *losreißen* (*flee.v*)
Fleeing: *flüchten* (*flee.v*)	
Fluidic_motion: *ergießen* (*flow.v*)	
	Making_faces: *grinsen* (*grin.v*)
Mass_motion: *ergießen* (*flow.v*)	
Motion: *begeben* (*go.v*), *bewegen* (*move.v*), *rücken* (*move.v*), *rühren* (*move.v*), *verschieben* (*move.v*)	Motion: *mäandern* (*meander.v*), *schlängeln* (*snake.v*), *winden* (*wind.v*)
Motion_directional: *erheben* (*rise.v*), *senken* (*dip.v*)	
Placing: *einrichten* (*arrange.v*), *hüllen* (*wrap.v*), *legen* (*lay.v*), *stülpen* (*put.v*)	Placing: *schlingen* (*wrap.v*)
Ride_vehicle: *steuern* (*ride.v*)	
	Self_motion: *drängen* (*press.v*), *drücken* (*press.v*), *hangeln* (*clamber.v*), *kriechen* (*creep.v*), *pirschen* (*stalk.v*), *pressen* (*press.v*), *reißen* (*rip.v*), *robben* (*crawl.v*), *schleichen* (*sneak.v*), *stehlen* (*steal.v*), *stemmen* (*press.v*), *stürzen* (*pounce.v*), *verkriechen* (*creep.v*)
	Undressing: *pellen* (*peel off.v*)

Frame konstituiert werden, in denen der jeweilige lexikalische Frame also durch den Konstruktions-Frame angepasst wird.[31]

31 Inwiefern die ‚means'-Lesart dadurch mit dem Aspekt der ‚Schwierigkeit' verbunden ist, auf dem Goldberg (1995: 203–209) ganz wesentlich ihre Argumentation für die ‚means'-Lesart der

Tab. 5.3: Lexikalische Frames und LE in neutraler und ‚manner'-Lesart für die reflexive Partikelverbkonstruktion

Neutrale Lesart	**‚manner'-Lesart**
Body_movement: *beugen* (*flex.v*), *biegen* (*bend.v*), *bücken* (*bend.v*), *heben* (*lift.v*)	Body_movement: *ausstrecken* (*stretch.v*), *ducken* (*duck.v*), *krümmen* (*arch.v*), *recken* (*stretch.v*), *rollen* (*roll.v*), *schmeißen* (*throw.v*), *wälzen* (*roll.v*), *werfen* (*throw.v*)
Bringing: *bringen* (*bring.v*)	Bringing: *schleppen* (*schlep.v*)
Cause_motion: *abstoßen* (*push.v*), *heben* (*lift.v*), *schieben* (*push.v*), *ziehen* (*pull.v*),	Cause_motion: *drängeln* (*shove.v*), *katapultieren* (*catapult.v*)
Change_direction: *drehen* (*turn.v*), *wenden* (*turn.v*)	
	Excreting: *rotzen* (*sneeze.v*)
Filling: *einhüllen* (*wrap.v*), *stauen* (*jam.v*)	
Motion: *bewegen* (*move.v*)	Motion: *schlängeln* (*snake.v*), *schwingen* (*swing.v*), *winden* (*wind.v*)
Motion_directional: *herablassen* (*descend.v*), *hinablassen* (*descend.v*), *senken* (*dip.v*)	
	Operate_vehicle: *rudern* (*row.v*)
Placing: *legen* (*lay.v*), *setzen* (*put.v*), *wickeln* (*wrap.v*)	
	Self_motion: *drängen* (*press.v*), *drücken* (*press.v*), *fuhrwerken* (*bustle.v*), *pirschen* (*stalk.v*), *ranken* (*climb.v*), *schaukeln* (*swing.v*), *schleichen* (*sneak.v*), *schwimmen* (*swim.v*), *stemmen* (*press.v*), *stürzen* (*pounce.v*)

Als grobes Prinzip lässt sich festhalten, dass die ‚means'-Lesart nur dann entstehen kann, wenn lexikalischer Frame und Konstruktions-Frame deutlich voneinander unterschieden sind.[32] Umgekehrt: Ist für den Konstrukt-Frame der lexikalische Frame allein verantwortlich, kann keine ‚means'-Lesart entstehen. Anders als bei den Konstrukten, deren Konstrukt-Frames allein durch einen lexikalischen Frame konstituiert werden, sind die beiden in der ‚means'-Lesart vereinten Ereignisse – die ‚Bewegung' der durch die KtE von BEWEGENDES bezeichneten Entität sowie das dafür ursächliche durch das KtE des KE EREIGNIS evozierte Ereig-

way-Konstruktion aufbaut, lasse ich an dieser Stelle offen. Den Aspekt der ‚Schwierigkeit' rücke ich in Unterabschnitt 5.7.2 in den Fokus der Analyse der reflexiven Bewegungskonstruktion.

32 Was genau ‚deutlich' hier bedeutet, erläutere ich ebenso in Abschnitt 5.4 mit dem Begriff der Frame-Nähe.

nis – mit den zwei Frame-Typen des lexikalischen Frames und des Konstruktions-Frames zu korrelieren. In jedem Fall können unter der ‚means'-Lesart vorrangig solche Konstrukte subsumiert werden, deren Konstrukt-Frames aus lexikalischem Frame und Konstruktions-Frame gemeinsam konstituiert werden.[33]

Drei lexikalische Frames sollen dies für die reflexive Bewegungskonstruktion exemplarisch verdeutlichen: In den folgenden Konstrukten mit den lexikalischen Frames `Work` (29), `Ingestion` (30) und `Manipulation` (31) liegt jeweils eine ‚means'-Lesart vor.

(29) a. Er [$_{\texttt{Work}}$ arbeitete] sich durch ein kompliziertes Kreuzworträtsel, hatte ein Bier aufgemacht und sich auf einen beschaulichen Abend eingestellt, als das Telefon läutete. (Glavinic, Thomas: Die Arbeit der Nacht, München Wien: Carl Hanser Verlag 2006, S. 381)

b. Sie hörte das knarrende Geräusch, als die Scherenblätter aufgingen, spürte das Metall an ihrem Hals und dann [$_{\texttt{Work}}$ arbeitete] sich die Schere säbelnd und schabend durch ihren Zopf. (Pressler, Mirjam: Malka Mai, Weinheim Basel: Beltz & Gelberg 2001, S. 269)

(30) a. Also [$_{\texttt{Ingestion}}$ aßen] sich Kohl und Rühe tapfer durch große Stücke Marzipantorte, unter der Aufsicht von mindestens 15 Kamerateams und unter den kritischen Blicken eines ganzen Schwarms von Reportern, die lauerten und hofften - worauf eigentlich? (Die Zeit, 27.01.2000, Nr. 5)

b. Auch wenn ich als Kind die Inhalte der Angst nicht kapierte, [$_{\texttt{Ingestion}}$ fraß] sich das Gefühl der Angst in den Kopf. (Müller, Herta: Der König verneigt sich und tötet, München: Carl Hanser Verlag 2003, S. 161)

(31) a. Der Ministerpräsident [$_{\texttt{Manipulation}}$ zwängt] sich samt Tross durch die kahlen Betonkavernen, sieht die armen Betten dicht an dicht, dazu die Notmatratze. (Die Zeit, 13.04.2000, Nr. 16)

b. Sie [$_{\texttt{Manipulation}}$ quetschten] sich ebenfalls in den Raum, der nicht viel größer als das Ehebett war, das in ihm stand. (Widmer, Urs: Das Buch des Vaters, Zürich: Diogenes 2004, S. 142)

Konstrukte mit einer ‚means'-Lesart sind in besonderer Weise von Koerzionseffekten betroffen, da durch die gemeinsame Konstitution des Konstrukt-Frames

---

33 Wie Talmy (2007: 80–81) argumentiert, ist aber bereits ein ‚manner'-Aspekt kognitiv als zwei voneinander unterschiedene Ereignisse zu konzeptualisieren. Dies dürfte ein Grund dafür sein, warum auch bestimmte Konstrukte, in denen lexikalischer Frame und Konstruktions-Frame deutlich voneinander unterschieden sind, die Interpretation einer ‚manner'-Lesart zulassen, worauf ich gleich zurückkomme.

durch lexikalischen Frame und Konstruktions-Frame Ersterer durch Letzteren in verschieden möglichen Ausprägungen koerziert wird (Abschnitte 5.5 und 7.4).

Ad Prinzip 4. Koerzion spielt auch bei der ‚incidental'-Lesart eine wichtige Rolle. Diese Lesart wird von Perek (2018: 69) definiert als „incidental-action sense, in which the action described by the verb merely occurs concomitantly with motion, but is not directly related to it, let alone causes or enables it as in the path-creation [‚means', A.W.] interpretation." Aus konstruktionssemantischer Sicht stellen Konstrukte mit dieser Lesart eine Teilmenge jener Konstrukte dar, deren Konstrukt-Frames – wie bei der ‚means'-Lesart – durch den Konstruktions-Frame und einen von diesem deutlich unterschiedenen lexikalischen Frame konstituiert sind. Damit die ‚incidental'-Lesart entstehen kann, müssen jedoch zwei Voraussetzungen gegeben sein: Das KtE des KE Weg bzw. ⟨Weg⟩ sowie das KEE müssen ausschließlich Instanzen von FE des Konstruktions-Frames sein und dürfen keinen Anteil des lexikalischen Frames aufweisen. Es handelt sich dabei also um eine Frame-Anpassung der Variante c (Unterabschnitt 4.4.1). Bevor ich diese Zusammenhänge in den Abschnitten 6.2 und 6.3 als semantische Motivierung dieser KtE bzw. des KEE diskutiere,[34] sei für die folgenden Beispiele auf die dortigen Ergebnisse vorgegriffen.

Um die Zusammenhänge zu verdeutlichen, sei in den folgenden Beispielen die Annotation der KtE des KE Weg sowie des KEE auf die FE, durch die sie semantisch motiviert werden, dargestellt.[35] Als ein erster lexikalischer Frame seien in (32) Konstrukte mit `Hostile_encounter` zitiert.

(32) a. David [$_{\text{Hostile\_encounter}}$ kämpfte] [sich ^{THEME}] [durch das überfüllte Lokal ^{PATH}] und reduzierte seinen Wortschatz auf: Moment, gleich, Sekunde, bin schon da und sofort. (Suter, Martin: Lila, Lila, Zürich: Diogenes 2004, S. 52)

b. Ich [$_{\text{Hostile\_encounter}}$ kämpfte] [mich ^{THEME}] [durch dieses Unterholz ^{PATH}], hielt mich an den Stämmen, Asten und Wurzeln fest, weil ich hinauf zum Gipfel wollte, der wie jeden Tag in den Wolken lag; wie dick die Schicht war, ließ sich nicht sagen – vielleicht schien oben die Sonne. (Schrott, Raoul: Tristan da Cunha oder die Hälfte der Erde; Hanser Verlag 2003, S. 161)

34 Zum Begriff der semantischen Motivierung vgl. speziell Unterabschnitt 6.1.2.

35 Die tiefgestellte Annotation vor dem jeweiligen Element zeigt die FE des lexikalischen Frames, während die hochgestellte Annotation nach dem Element FE des Konstruktions-Frames zeigt. Da es sich bei Letzterem immer um `Motion` handelt, ist sein Name nicht zusätzlich in der Annotation dargestellt.

Ein weiterer lexikalischer Frame, der für die ‚incidental'-Lesart infrage kommt, ist Daring. Einige Konstrukte hierfür samt der semantischen Motivierung der KtE des KE Weg und des KEE sind in (33) dargestellt.

(33) a. Weil die Probleme offenbar noch nicht reichen, [$_{\text{Daring}}$ wagt] [sich ^{THEME}] Volkswagen auch noch [in die Luxusregionen ^{GOAL}]. (Die Zeit, 30.03.2000, Nr. 14)

b. Kopp [$_{\text{Daring}}$ traute] [sich ^{THEME}] nicht mehr [aus seinem Zimmer ^{SOURCE}]. (Koneffke, Jan: Paul Schatz im Uhrenkasten, Köln: DuMont Buchverlag 2000, S. 74)

Ein anderes Beispiel ist der lexikalische Frame Make_noise, bei dem für die reflexive Bewegungskonstruktion das KtE des KE Weg und das KEE ebenfalls allein durch FE des Konstruktions-Frames motiviert werden. Zwei Konstrukte dafür sind in (34) zusammengestellt.

(34) a. Unter www.skispringen.de [$_{\text{Make\_noise}}$ klickte] [sich ^{THEME}] der Surfer [durch Ergebnistabellen, Springer-Biografien, -Homestorys und -Interviews ^{PATH}], er konnte sich die besten Sprünge nochmals auf Video ansehen, mit Günther Jauch und anderen chatten oder am Gewinnspiel teilnehmen. (Die Zeit, 13.01.2000, Nr. 3)

b. Sie [$_{\text{Make\_noise}}$ klicken] [sich ^{THEME}] [durch Portale ^{PATH}], orientieren sich an Sitemaps, immer auf der Suche nach der besten Adresse. (Die Zeit, 03.02.2000, Nr. 6)

Als letztes Beispiel für die ‚incidental'-Lesart soll der lexikalische Frame Dead_or_alive dienen. Auch bei einem Konstrukt-Frame mit ihm sind die beiden einschlägigen Strukturelemente ausschließlich durch den Konstruktions-Frame motiviert, weshalb eine ‚incidental'-Interpretation plausibel erscheint. Ein für die reflexive Bewegungskonstruktion belegtes Konstrukt ist in (35) zu sehen.

(35) Man [$_{\text{Dead\_or\_alive}}$ lebte] [sich ^{THEME}] [aus der herausgerissenen Zeit, in der man saß ^{SOURCE}], zurück in die Erinnerung ans Zuhause von damals und voraus in die Hoffnung, bald heimzukehren. (Müller, Herta: Der König verneigt sich und tötet, München: Carl Hanser Verlag 2003, S. 42)

Durch die Betrachtung der semantischen Motivierung der Strukturelemente relevanter Konstrukte, also die Konstitution entsprechender Konstrukt-Frames, wird nun deutlich, warum Koerzion für die ‚incidental'-Lesart eine so große Rolle spielt. Werden zwei der vier Strukturelemente eines Konstrukts durch den Konstruktions-Frame motiviert, ist der Anteil des lexikalischen Frames sehr gering. Anders gewendet: die Koerzion durch den Konstruktions-Frame ist hoch. Dieser Fall ist einer von mehreren, die das Koerzionspotenzial einer Konstruktion (Abschnitt 5.5) auszeichnen. Wie ich in Unterabschnitt 7.4.1 zeigen werde, ist die in den Konstrukten in (32)–(35) zu beobachtende Koerzion die stärkstmögliche, die ein Konstruktions-Frame zu leisten in der Lage ist. Dadurch, dass der lexikalische Frame derart stark durch den Konstruktions-Frame koerziert wird, geht eine mögliche Verbindung beider Frames wie im Falle der ‚means'-Lesart tendenziell verloren, was in Konsequenz zu der ‚incidental'-Lesart führt, die eben keine solche Verbindung impliziert.

Ein Vergleich zwischen zwei Konstrukten mit demselben lexikalischen Frame, aber unterschiedlichen semantischen Motivierungen der KtE und des KEE soll dies abschließend demonstrieren. Hierzu sei zusätzlich zur reflexiven Bewegungskonstruktion die reflexive Partikelverbkonstruktion herangezogen. Die beiden Konstrukte in (36) und (37) zeigen für die reflexive Bewegungskonstruktion in (36) und die reflexive Partikelverbkonstruktion in (37) jeweils einen Konstrukt-Frame mit dem lexikalischen Frame `Impact`. Im Konstrukt in (36) wird das KtE des KE WEG durch eine Fusion des FE `Impact`.IMPACTEE des lexikalischen Frames mit dem FE `Motion`.PATH des Konstruktions-Frames semantisch motiviert. Darüber hinaus ist das KEE allein durch den Konstruktions-Frame und das FE `Motion`.THEME motiviert. Das Ergebnis ist eine ‚means'-Lesart des Konstrukts.

(36) Der Vater [$_{\text{Impact}}$ schlug] [sich ^{THEME}] [$_{\text{IMPACTEE}}$ durch die Haus- und Gartentür, die danach, und für Jahre, schräg in den Angeln hing ^{PATH}]. (Widmer, Urs: Das Buch des Vaters, Zürich: Diogenes 2004, S. 153)

In dem Konstrukt in (37) hingegen ist eine solche Fusion nicht gegeben: Das KtE des KE ⟨WEG⟩ wird allein durch das FE `Motion`.GOAL des Konstruktions-Frames motiviert. Da auch das KEE nach wie vor durch den Konstruktions-Frame und das FE `Motion`.THEME motiviert ist, bleibt in diesen beiden Strukturelementen des Konstrukts kein Anteil des lexikalischen Frames übrig, die Koerzion ist somit höher als in (36). Das Ergebnis ist eine ‚incidental'-Lesart.

(37) „Repetieren: morgen, in einer Woche, in einem Monat" heißt Staubs Rezept, damit [sich ^{THEME}] das Reingehämmerte [bis ins Langzeitgedächtnis ^{GOAL}] durch[$_{\text{Impact}}$ schlägt]. (Die Zeit, 16.03.2000, Nr. 12)

Als ein zweites Beispiel für einen lexikalischen Frame, der sowohl eine ‚means'- als auch eine ‚incidental '-Lesart hervorbringen kann, soll `Ingestion` dienen, der in die Konstrukt-Frames der Konstrukte der reflexiven Bewegungskonstruktion in (38) und (39) eingeht. In (38) wird das KtE des KE WEG erneut durch eine Fusion von FE aus lexikalischem Frame (`Ingestion`.INGESTIBLES) und Konstruktions-

Frame (Motion.PATH) motiviert, während das KEE allein durch Motion.THEME motiviert wird. Ergebnis ist eine ‚means'-Lesart.

(38) Also [$_{\text{Ingestion}}$ aßen] [sich ^{THEME}] Kohl und Rühe tapfer [$_{\text{INGESTIBLES}}$ durch große Stücke Marzipantorte ^{PATH}], unter der Aufsicht von mindestens 15 Kamerateams und unter den kritischen Blicken eines ganzen Schwarms von Reportern, die lauerten und hofften - worauf eigentlich? (Die Zeit, 27.01.2000, Nr. 5)

In (39) wiederum fehlt diese Fusion, das KtE des KE WEG ist allein durch das FE Motion.GOAL motiviert, während die Motivierung des KEE unverändert bleibt. Auch in diesem Konstrukt ist die Koerzion somit höher als in (38), wodurch eine ‚incidental'-Lesart entsteht.

(39) Es war allen Anwesenden nachzufühlen; von unschuldigem Frohsinn war nichts zu spüren, die Abende zogen sich dahin, der Steuereintreiber und der Chirurg entschuldigten sich schon früh, um nicht wieder in den Genuß von Gratiskonsultationen zu kommen, der Priester gab seine zwei Witze zum besten, und der Rest lästerte über das Essen und [$_{\text{Ingestion}}$ soff] [sich ^{THEME}] [unter den Tisch ^{GOAL}], weil selbst die Konjunktur als Thema längst ausgeschöpft war. (Schrott, Raoul: Tristan da Cunha oder die Hälfte der Erde; Hanser Verlag 2003, S. 196)

Die beiden Konstrukte in (38) und (39) sind zugleich Belege dafür, dass eine pauschale Zuordnung bestimmter Verbklassen zu diesen Lesarten, wie sie Perek (2018: 86–87) etwa für Verben der ‚Nahrungsaufnahme' (die gewissermaßen Ingestion evozieren) festhält, nicht möglich ist (dazu bereits Unterabschnitt 3.1.3). Auch diese Verbklassen bzw. lexikalischen Frames können in sich wiederum in unterschiedliche Lesarten differenziert sein, je nachdem, wie die semantische Motivierung der einzelnen Strukturelemente des Konstrukts beschaffen ist. In diesem Sinne kritisiert auch Fanego (2019: 693) die Klassifikation Pereks als zu starkes Lumping von eigentlich der ‚means'-Lesart zugehörigen Verben und solchen, die tatsächlich eine ‚incidental'-Lesart bewirken.

Überschneidungen zwischen ‚means'- und ‚incidental'-Lesart, wie sie in (36) und (37) sowie in (38) und (39) zu sehen sind, sind allerdings eher selten belegt. In der Regel ist die einfache Motivierung des KtE des KE WEG bzw. ⟨WEG⟩ und des KEE durch den Konstruktions-Frame charakteristisch für bestimmte lexikalische Frames. Abschließend seien daher in den Tabellen 5.4 und 5.5 für die reflexive Bewegungskonstruktion und die reflexive Partikelverbkonstruktion die lexikalischen Frames, für die eine ‚means'-Lesart belegt ist, denjenigen, für die eine ‚incidental'-Lesart belegt ist, gegenübergestellt.[36] Wie bereits für den Vergleich von neutraler und ‚manner'-Lesart (Tabellen 5.4 und 5.5) erübrigt sich für die reflexive *Weg*-Konstruktion eine entsprechende Aufstellung, da für sie mit `Cutting` nur ein einziger lexikalischer Frame ohne Frame-zu-Frame-Relation zu `Motion` belegt ist, der eine ‚means'-Lesart erzeugt.

Wenngleich zwischen ‚means'- und ‚incidental'-Lesart nur wenige Überschneidungen hinsichtlich der lexikalischen Frames auftreten, deutet die grundsätzliche Möglichkeit zu solchen Überschneidungen darauf hin, dass über die Verteilung lexikalischer Frames und ihre Zuordnung zu den unterschiedlichen Lesarten hinaus weitere Prinzipien existieren müssen, nach denen sich die Entstehung der vier Lesarten richtet.

5.2.4 Weiterführende Prinzipien zur Differenzierung der Lesarten

Die in Unterabschnitt 5.2.3 diskutierten vier Prinzipien zur Differenzierung der vier Lesarten sind nicht als feste Regeln zu verstehen, sondern lediglich als Tendenzen bei der Verteilung der einzelnen Lesarten. Darüber hinaus existieren Fälle, die durch das Raster dieser vier Prinzipien fallen. Diese möchte ich nun als Abschluss der Diskussion des semantischen Parameters der konstruktionellen Polysemie in den Blick nehmen.

Wirft man einen Blick auf die ‚means'-Lesart und deren Konstitution durch Konstrukte, deren Konstrukt-Frames durch lexikalischen Frame und Konstruktions-Frame gleichermaßen konstituiert werden, so fällt auf, dass keineswegs alle Konstrukte, die diese Voraussetzung erfüllen, auch tatsächlich eine ‚means'-Lesart erhalten. Ebenso möglich ist die Entstehung einer neutralen oder der ‚manner'-Lesart. Die Verteilung richtet sich hier deutlicher nach dem lexikalischen Frame als dies bei der ‚manner'-Lesart in Konstrukten mit alleinigem lexikalischem Frame der Fall ist. So entsteht mit dem lexikalischen Frame `Cause_to_experience` eine ‚manner'-Lesart, wie die Konstrukte in (40) zeigen.

(40) a. Die Emanzipationswaisen werden zu egoistischen Monstern und [$_{\texttt{Cause\_to\_experience}}$ quälen] sich mit begrenzter Libido durch bretonische Swinger-Clubs. (Die Zeit, 16.03.2000, Nr. 12)

36 Angaben über die quantitative Verteilung der Konstrukte auf die in den Tabellen 5.4 und 5.5 sowie 5.6 und 5.7 (Unterabschnitt 5.2.4) aufgelisteten lexikalischen Frames sind – wie schon für die lexikalischen Frames in den Tabellen 5.2 und 5.3 – Gegenstand von Kapitel 6 und deswegen in diesen Tabellen nicht aufgeführt.

Tab. 5.4: Lexikalische Frames der reflexiven Bewegungskonstruktion ohne Frame-zu-Frame-Relation zu `Motion` nach ‚means'- und ‚incidental'-Lesart

‚means'-Lesart	‚incidental'-Lesart
Assistance	
Attaching	
Burying	
Cause_harm	
Cause_to_amalgamate	
	Chatting
	Cause_bodily_experience
Cause_to_experience	
	Daring
	Dead_or_alive
Desiring	
Emptying	
Filling	
Grinding	
Hostile_encounter	Hostile_encounter
	Hunting
Impact	Impact
Ingestion	Ingestion
	Make_noise
Manipulate_into_doing	
Manipulation	
	Progression
	Prevarication
	Reshaping
Rescuing	
Scouring	
Shopping	
Smuggling	
Work	Work

Tab. 5.5: Lexikalische Frames der reflexiven Partikelverbkonstruktion ohne Frame-zu-Frame-Relation zu `Motion` nach ‚means'- und ‚incidental'-Lesart

‚means'-Lesart	‚incidental'-Lesart
Assistance	
Attaching	
Attack	
Becoming_aware	
Board_vehicle	
Burying	
Cause_to_amalgamate	
Cause_to_experience	
Change_of_phase	
	Chatting
Cogitation	
	Daring
Desiring	
Emptying	
Filling	
Fire_burning	
Grinding	
Hostile_encounter	Hostile_encounter
Impact	Impact
Ingestion	Ingestion
	Make_noise
Manipulate_into_doing	
Manipulation	
	Participation
	Perception_experience
Processing_materials	
	Progression
Questioning	
Renting	
Rescuing	
Seeking	
Shopping	
	Temperature
Work	Work

b. Sie [Cause_to_experience quält] sich durch die Tage. (Dölling, Beate: Hör auf zu trommeln, Herz, Weinheim: Beltz & Gelberg 2003, S. 126)
c. „Ich sitze hier von morgens bis abends am Schreibtisch und [Cause_to_experience quäle] mich durch eine Akte nach der anderen. (Düffel, John von: Houwelandt, Köln: DuMont Literatur und Kunst Verlag 2004, S. 137)
d. Sie [Cause_to_experience quälten] sich vielleicht auch aus Tischen, wenn man voller Zweifel dagegen stieß? (Kuckart, Judith: Lenas Liebe, Köln: DuMont Literatur und Kunst Verlag 2002, S. 123)
e. Vom sonnigen unteren Centovalli aus steigt man über fette Feuersalamander durch Esskastanienwälder bergan, schwitzt, dampft, springt nackt in einen Bergbach, [Cause_to_experience quält] sich über verrutschte Pfade an Ziegenvolk vorbei ins Baumlose, zieht einen Pullover an, wirft den ersten Schneeball, und bei 1000 Metern über null versinkt man bis zur Hüfte im Schnee. (Die Zeit, 30.03.2000, Nr. 14)

Unter den Konstrukten, deren Konstrukt-Frames durch lexikalischen Frame und Konstruktions-Frame zugleich zustande kommen, finden sich allerdings auch solche, die eine neutrale Lesart zulassen. Ein Beispiel dafür ist der lexikalische Frame Cause_to_amalgamate in den Belegen in (41).

(41) a. Es war verteufelt, Herr Joseph Schatz [Cause_to_amalgamate mischte] sich in seine Aufmerksamkeit. (Koneffke, Jan: Paul Schatz im Uhrenkasten, Köln: DuMont Buchverlag 2000, S. 221)
b. Er betrachtete mich mit einem Blick, der Einverständnis forderte und in den sich schon die Skepsis [Cause_to_amalgamate mischte], ob er mich, wie viele andere, nicht bald aufgeben müßte. (Die Zeit, 20.04.2000, Nr. 17)
c. Lichtgarben und Wolkenschatten [Cause_to_amalgamate mengen] sich in den Strom, der in seiner Meeresgrüne schäumend aufblitzt. (Düffel, John von: Vom Wasser, München: dtv 2006, S. 69)
d. Selbst Magne Furuholmen von der leicht verdaulichen Popband A-ha [Cause_to_amalgamate mischt] sich unter die Runde der exzentrischen Glasperlenspieler, die an ihrer Version von „arctic ambient“ weben. (Die Zeit, 20.04.2000, Nr. 17)
e. Sie [Cause_to_amalgamate mischen] sich unter die Bevölkerung, die den Eroberern ein freudiges Willkommen bereitet. (Die Zeit, 27.04.2000, Nr. 18)

Insgesamt sind die lexikalischen Frames, die eine neutrale Lesart zulassen, allerdings unter den Konstrukten, deren Konstrukt-Frame aus lexikalischem Fra-

Tab. 5.6: Lexikalische Frames der reflexiven Bewegungskonstruktion ohne Frame-zu-Frame-Relation zu `Motion` nach neutraler und ‚manner'-Lesart

Neutrale Lesart	‚manner'-Lesart
`Attaching`	
`Cause_to_amalgamate`	
	`Cause_to_experience`
`Cause_to_move_in_place`	`Cause_to_move_in_place`
`Emptying`	
	`Filling`
`Giving`	
	`Manipulation`
	`Others_situation_as_stimulus`
	`Perception_experience`
	`Seeking`

me und Konstruktions-Frame zugleich konstituiert wird, in der Minderheit. Darüber hinaus bleibt das Kriterium für die ‚incidental'-Lesart, dass das KtE des KE WEG bzw. ⟨WEG⟩ und das KEE nur durch den Konstruktions-Frame motiviert sein müssen, erhalten. Konstrukte, die dieses Kriterium erfüllen, erhalten stets die ‚incidental'-Lesart.

Mögliche Überschneidungen zwischen den Prinzipien der Differenzierung der vier Lesarten betreffen somit allein die neutrale sowie die ‚manner'- und ‚means'-Lesart. Ein Vergleich der Auflistungen in den Tabellen 5.6 und 5.7 mit denjenigen in den Tabellen 5.4 und 5.5 in Unterabschnitt 5.2.3 offenbart, dass einige der für die drei untersuchten Konstruktionen belegten lexikalischen Frames im Hinblick auf die Lesart, die sie erzeugen, mehrdeutig sind: Es sind für die reflexive Bewegungskonstruktion und die reflexive Partikelverbkonstruktion lexikalische Frames ohne Frame-zu-Frame-Relation zu `Motion` belegt, die eine neutrale oder eine ‚manner'-Lesart erzeugen und die sich teils mit denjenigen lexikalischen Frames, die eine ‚means'- oder ‚incidental'-Lesart erzeugen, überschneiden. Hier muss also erneut eine Feindifferenzierung in die unterschiedlichen lexikalischen Bedeutungen, denen ein lexikalischer Frame zugrunde liegt, erfolgen.

Anhand des lexikalischen Frames `Cause_to_move_in_place` sei eine weitere Besonderheit diskutiert. Dieser Frame steht nicht in einer Frame-zu-Frame-Relation zu `Motion` und kann sowohl eine neutrale als auch eine ‚manner'-Lesart erzeugen. Anders als bei lexikalischen Frames wie `Cause_to_experience` oder `Cause_to_amalgamate`, die wie in der Annotation von (40) und (41) zu sehen, im Konstrukt-Frame durch den Konstruktions-Frame angepasst werden, muss dies bei `Cause_to_move_in_place` nicht der Fall sein. `Cause_to_move_in_place` kann eine neutrale oder eine ‚manner'-Lesart erzeugen, wenn sowohl das KtE des KE

Tab. 5.7: Lexikalische Frames der reflexiven Partikelverbkonstruktion ohne Frame-zu-Frame-Relation zu `Motion` nach neutraler und ‚manner'-Lesart

Neutrale Lesart	**‚manner'-Lesart**
	`Attaching`
`Cause_to_amalgamate`	
	`Cause_to_experience`
`Cause_to_move_in_place`	
	`Change_posture`
	`Experiencer_focus`
`Filling`	
	`Manipulation`
	`Seeking`

WEG bzw. ⟨WEG⟩ als auch das KEE durch seine FE motiviert sind, der Konstrukt-Frame also keine Anteile des Konstruktions-Frames enthält. Die Belege in (42) zeigen Konstrukte mit der LE *drehen* (*turn.v*), die eine neutrale Lesart besitzen.

(42) a. Ich [$_{\text{Cause\_to\_move\_in\_place}}$ drehte] [$_{\text{THEME}}$ mich] wieder [$_{\text{BODYPART\_OF\_AGENT}}$ auf den Bauch]. (Goosen, Frank: Liegen lernen, Frankfurt am Main: Eichborn AG 2000, S. 93)

b. Ich [$_{\text{Cause\_to\_move\_in\_place}}$ drehe] [$_{\text{THEME}}$ mich] [$_{\text{BODYPART\_OF\_AGENT}}$ auf die Seite], Sandra legt sich hinter mich und streichelt mir den Rücken. (Genazino, Wilhelm: Die Liebesblödigkeit, München, Wien: Carl Hanser Verlag 2005, S. 15)

c. Der Schläfer [$_{\text{Cause\_to\_move\_in\_place}}$ drehte] [$_{\text{THEME}}$ sich] [$_{\text{BODYPART\_OF\_AGENT}}$ auf die andere Seite]. (Glavinic, Thomas: Die Arbeit der Nacht, München Wien: Carl Hanser Verlag 2006, S. 139)

Ob mit `Cause_to_move_in_place` als lexikalischem Frame eine neutrale Lesart wie in den Konstrukten in (42) oder eine ‚manner'-Lesart entsteht, hängt nun wiederum von der lexikalischen Bedeutung der LE ab, die ihn evoziert. So legen die lexikalischen Bedeutungen von LE wie *wiegen* (*rock.v*) oder *wellen* (*wave.v*) eine ‚manner'-Lesart nahe, etwa in (43). Dort ist allerdings zu erkennen, dass der Konstrukt-Frame nicht nur aus FE von `Cause_to_move_in_place` besteht, sondern nun einen Anteil des Konstruktions-Frames `Motion` besitzt.

(43) a. Sie [$_{\text{Cause\_to\_move\_in\_place}}$ wiegte] [$_{\text{THEME}}$ sich] [gegen ihn ^{GOAL}]. (Hettche, Thomas: Der Fall Arbogast, Köln: DuMont Buchverlag, 2001, S. 14)

b. Als sie den Finger auf eine blaue Blüte schob, färbte sich ihr Fingernagel bläulich und grüne Streifen [$_{\text{Cause\_to\_move\_in\_place}}$ wellten] [$_{\text{THEME}}$

sich] [über ihren Handrücken PATH]. (Pressler, Mirjam: Malka Mai, Weinheim Basel: Beltz & Gelberg 2001, S. 5)

Der Fall, dass ein lexikalischer Frame, der nicht in einer Frame-zu-Frame-Relation zum Konstruktions-Frame steht, dennoch in der Lage ist, einen Konstrukt-Frame vollständig ohne Anteil des Konstruktions-Frames zu konstituieren, wie es für `Cause_to_move_in_place` in den Konstrukten in (42) der Fall ist, gibt Anlass zu einer weiterführenden Diskussion, auf die ich in Unterabschnitt 6.4.3 zurückkomme. Die in diesem Unterabschnitt diskutierten Beispiele zeigen allerdings bereits, dass sich die Verteilung insbesondere der neutralen, der ‚manner'- und der ‚means'-Lesart zunächst nach den lexikalischen Frames, aus denen die Konstrukt-Frames konstituiert sind, richten muss und anschließend nach den lexikalischen Bedeutungen, die auf diesen Frames beruhen, feindifferenziert werden kann. Diese Reihenfolge erscheint als ein grundlegendes Prinzip der Differenzierung von Lesarten und liegt gewissermaßen quer zu den in Unterabschnitt 5.2.3 formulierten Prinzipien, die die Lesarten im Einzelnen betreffen.

Wird der Konstrukt-Frame aus lexikalischem Frame und Konstruktions-Frame zugleich konstituiert, lässt sich anhand des jeweiligen lexikalischen Frames zumindest eine Tendenz für die Entscheidung zwischen ‚manner'- und ‚means'-Lesart treffen. Konstrukte, deren Konstrukt-Frames allein ein lexikalischer Frame zugrunde liegt, müssen darüber hinaus hinsichtlich der lexikalischen Bedeutungen der LE, die das KE EREIGNIS instanziieren, differenziert werden. Wird der Konstrukt-Frame von lexikalischem Frame und Konstruktions-Frame gemeinsam konstituiert, ist eine solche Differenzierung in vielen Fällen ebenso hilfreich. Diese Beobachtungen helfen dabei, die Lesarten der drei Konstruktionen zu unterscheiden und jeder Lesart einschlägige Konstrukte zuzuordnen. Die Ergebnisse dieser Analyse müssen freilich konstruktikographisch ebenso dokumentiert und generalisiert werden wie die Lesarten selbst. Die Betrachtung der lexikalischen Frames und insbesondere der lexikalischen Bedeutungen hilft dabei, den Parameter der konstruktionellen Polysemie in einer konstruktikographischen Analyse zu verarbeiten. Ich komme in Unterabschnitt 7.2.2 darauf zurück.

Die semantischen Nuancen, in denen sich die Lesarten der drei Konstruktionen widerspiegeln, sind Motivation dafür, für diese Art konstruktioneller Polysemie einen Lumping-Ansatz einem Splitting-Ansatz vorzuziehen. Die auf der Konstitution von Konstrukt-Frames und Konstruktbedeutungen, insbesondere aber auf der Unterscheidung zwischen lexikalischen Frames und lexikalischen Bedeutungen beruhende Differenzierung gibt kaum Anlass dazu, für die entstehenden semantischen Nuancen unterschiedliche Konstruktionen und damit Konstruktionseinträge anzunehmen. Aus diesem Grund verfolge ich für die drei untersuchten Konstruktionen keinen Splitting-Ansatz, sondern einen Lumping-Ansatz, der sich insbesondere darin äußert, dass es für jede Konstruktion lediglich einen einzelnen, umfassenden Konstruktionseintrag geben muss.

Was aus der Analyse konstruktioneller Polysemie darüber hinaus festzuhalten ist, ist die Relevanz lexikalischer Frames und lexikalischer Bedeutungen, die ich für diesen Parameter mehrfach betont habe. Im Eingang dieses Kapitels ist in Abbildung 5.1 deshalb eine Verbindung zwischen dem Parameter der konstruktionellen Polysemie und einem, der sich unter anderem ebenfalls auf lexikalische Frames bezieht, dargestellt: Beschränkungen und Präferenzen. Es ist unschwer zu erkennen, dass sich die Verteilung der Lesarten einer Konstruktion wesentlich nach ihren Präferenzen für lexikalische Frames richtet.

5.3 Beschränkungen und Präferenzen

Lexikalische Frames und lexikalische Bedeutungen spielen, dies hat sich zuletzt in Abschnitt 5.2 gezeigt, in ihrer Interaktion insbesondere mit dem Konstruktions-Frame eine entscheidende Rolle. Wie ich in Kapitel 4 bereits angesprochen habe und in Kapitel 6 ausführlicher empirisch zeigen werde, sind sie gegenüber dem Konstruktions-Frame als vorrangig zu betrachten. Somit verwundert es nicht, dass es einen Parameter geben muss, in dem diese Vorrangstellung lexikalischer Frames zum Ausdruck kommt, sind sie es doch, die unter anderem darüber entscheiden, ob ein Konstruktions-Frame überhaupt an der Konstitution eines Konstrukt-Frames beteiligt ist (vgl. Abschnitt 5.4). Aus diesem Grund gehören die Präferenzen für lexikalische Frames, die eine Konstruktion aufweist, zu einem Parameter, der sich unmittelbar auf die die Rolle des Konstruktions-Frames bei der Konstitution von Konstrukt-Frames und seine Verteilung über die Konstrukte einer Konstruktion hinweg auswirkt.

Präferenzen für lexikalische Frames sind zu unterscheiden von *Beschränkungen*, etwa eines einzelnen Strukturelements hinsichtlich formaler Kriterien seiner Instanziierung. Ich möchte deshalb in Unterabschnitt 5.3.1 zunächst dafür argumentieren, aus einer gebrauchsbasierten Perspektive einen Unterschied zwischen Beschränkungen und Präferenzen zu ziehen und diese Unterscheidung theoretisch begründen. In Unterabschnitt 5.3.2 zeige ich dann einige formale Beschränkungen auf, die die Strukturelemente der drei untersuchten Konstruktionen aufweisen und die in eine konstruktikographische Beschreibung Eingang finden müssen, weshalb sie neben Präferenzen für lexikalische Frames Teil dieses Parameters sind. In Unterabschnitt 5.3.3 zeige ich, dass solche Präferenzen für lexikalische Frames vielfältig mit anderen semantischen Parametern von Konstruktionen in Verbindung stehen, weshalb ich sie als *übergeordneten Parameter* bezeichne. Insgesamt gehe ich in diesem Abschnitt überwiegend auf die theoretische und allgemein konstruktikographische Relevanz dieses Parameters ein. Auf empirische Ergebnisse, in denen insbesondere Präferenzen für lexikalische Frames eine Rolle spielen, komme ich in Kaptitel 6 sowie in den Unterabschnitten 7.1.3 und 8.5.1 zurück.

5.3.1 Präferenzen vs. Beschränkungen

Die Beschreibung von Beschränkungen (*constraints*) einer Konstruktion gehört von Anbeginn zu den Hauptaufgaben der Konstruktionsgrammatik, wie schon Goldberg (1995) berichtet:

> Construction Grammarians also share an interest in accounting for the conditions under which a given construction can be used felicitously, since this is taken to be part of speakers'competence or knowledge of language; from this interest stems the conviction that subtle semantic and pragmatic factors are crucial to understanding the constraints on grammatical constructions. (Goldberg 1995: 6)

Hilpert (2019: 18–20) erachtet Beschränkungen gar als konstitutiv für zahlreiche Konstruktionen, da sie als Diagnostikum zu deren Identifizierung herangezogen werden können. Auch aus konstruktikographischer Sicht sind Beschränkungen von Relevanz, da sie sich, wie Borin et al. (2012) argumentieren, aus gebrauchsbasierter Evidenz ergeben:

> The linguistic annotations are a vital feature for this project, [das Schwedische Konstruktikon, A.W.] since a cx [construction, A.W.] may be defined by constraints on different levels: word, word-form, part of speech, morphosyntactic category, grammatical function, intonation, information structure, etc. (Borin et al. 2012: 12)

Beispiele für solche Beschränkungen sind in der Vergangenheit vielfältig formuliert worden, für die *way*-Konstruktion und die reflexive Bewegungskonstruktion habe ich sie in Unterabschnitt 3.1.4 bereits diskutiert. Bei der Frage, wie solche Beschränkungen aussehen, fällt die Antwort meist sehr allgemein aus. So können „Beschränkungen (*constraints*) [...] sowohl semantischer als auch grammatischer Natur sein." (Ziem 2018e: 30). Borin et al. (2012: 12) zählen, wie soeben gesehen, noch zahlreiche weitere Ausprägungen auf. Für die *way*-Konstruktion und ihre deutschen Äquivalente sind es vor allem semantische Beschränkungen, die die Klasse der in ihre KE einsetzbaren KtE, insbesondere die Klasse der LE, die in das KE Ereignis eingesetzt werden können, bestimmen.[37] Bisweilen werden solche Beschränkungen direkt als Bestandteil eines (mentalen) Konstruktikons aufgefasst: „Knowing a construction involves (i.a.) knowing what kinds of elements fit into the construction's open slots." (Verhagen 2009: 140).[38] Reformuliert man dies für den Begriff der Präferenzen, wird deutlich, warum sie Teil eines semantischen Parameters sein und konstruktikographisch erfasst werden müssen.

Neben semantischen Präferenzen, die aus konstruktionssemantischer Sicht vor allem in Gestalt von Präferenzen für lexikalische Frames bei der Konstitution von Konstrukt-Frames zu verstehen sind, weisen Konstruktionen formale Beschränkungen auf, die etwa die grammatischen Kategorien der Instanzen ihrer Strukturelemente betreffen. Der Präferenzbegriff eignet sich für solche Phänomene nicht, da Beschränkungen wie diese gar nicht oder nur in sehr begrenztem Maße missachtet werden können und konstitutiv für eine Konstruktion und deren korpuslinguistische Identifikation sind. Diese Beschränkungen klammere ich aus der folgenden Diskussion aus, bis ich in Unterabschnitt 5.3.2 gesondert auf sie zu sprechen komme.

Die Tatsache, dass sich in der Literatur zur *way*-Konstruktion und ihren deutschen Äquivalenten beschriebene Beschränkungen durch Korpusanalysen teilweise widerlegen lassen, wie ich es in Unterabschnitt 3.1.4 für die reflexive Bewegungskonstruktion aufgezeigt habe, sollte Anlass zur Skepsis geben. Ich möchte deshalb dafür plädieren, aus einer gebrauchsbasierten Perspektive für semantische Phänomene weniger von Beschränkungen, sondern vorrangig von *Präferenzen* zu sprechen. Dies ist nicht nur sprachtheoretisch natürlicher (und plausibler),[39] sondern insbesondere methodisch angebrachter. Eine sprachtheoretische Begründung scheint deshalb notwendig, weil der Präferenzbegriff bei

---

37 Engelberg et al. (2011: 96–101) argumentieren allerdings dafür, dass bei Argumentstrukturen auch andere KE (bei ihnen *Slots* genannt) als dasjenige, das für ein Verb vorgesehen ist, für Präferenzen infrage kommen. Bei den drei untersuchten Konstruktionen sind solche Präferenzen insbesondere für die Evokation einer emergenten Struktur relevant, weshalb ich darauf in Unterabschnitt 5.7.2 zurückkomme.

38 Vgl. für diese These auch Schneider (2014: 364) und Diedrichsen (2014: 185). Um solche Präferenzen zu erfassen, möchte Verhagen (2009: 139–142) den strukturalistischen Begriff des Paradigmas verwenden (vgl. auch Schneider 2014: 369). Dies ist allerdings eine rein theoretische Setzung, deren Bezugspunkt ausschließlich auf LE-Ebene zu operieren scheint (siehe meine Argumentation unten). Wie solche Paradigmen empirisch und damit konstruktikographisch zu beschreiben sind, ist damit noch nicht geklärt.

39 Sprachtheoretische Argumente für einen Präferenzbegriff finden sich über die von mir im Folgenden diskutierten Aspekte hinaus bei Feilke (1994: 162, 1998: 72). Eine Abgrenzung vom generativistischen Begriff der Selektionsrestriktionen zugunsten eines Präferenzbegriffs nimmt Hanks (1996: 79, 1997: 120, 2011: 499, 2013: 19) vor.

der Diskussion um Konstruktionen und ihre semantischen Eigenschaften eine noch immer unterrepräsentierte Rolle zu spielen scheint. Eine Ausnahme ist dessen Verwendung von Engelberg et al. (2011: 93–104) und Engelberg (2019: 17–18), die die theoretischen Implikationen, die damit einhergehen, allerdings nicht reflektieren. Auch für Stefanowitsch (2008b: 257) „ist klar, dass jede Konstruktion ihre eigenen graduellen Präferenzen bezüglich der Verbklassen hat, die in ihr auftreten können".

Spätestens seit Chomsky (1965: 95) die Unterscheidung in Selektions- und Subkategorisierungsregeln eingeführt hat, kann die Untersuchung von Beschränkungen als ein wesentlicher Teil vieler Syntaxtheorien gelten.[40] Die Konstruktionsgrammatik ist, trotz ihrer Distanzierung von generativistischen Sichtweisen, in dieser Hinsicht keine Ausnahme. Welche Argumente sprechen gegen den Begriff der Beschränkung, Subkategorisierung oder Selektionsrestriktion und für den Begriff der Präferenz? Eine sprachtheoretische Antwort gibt Hanks (1996):

> In the literature, such subcategorizational phenomena are often referred to as selectional restrictions. It is preferable, though, to think of them as selectional preferences. A restriction prevents or forbids you from doing something, whereas it is often the case that locutions excluded by a selectional preference are, nevertheless, perfectly grammatical, psychologically acceptable, and communicatively adequate. They are just not conventional. They deviate from an established norm. (Hanks 1996: 79)[41]

Hanks' Präferenzbegriff nimmt Bezug auf ein computerlinguistisches Modell von Wilks (1975, 1980), lässt sich aber ebenso, wie es seine Ausführungen andeuten, auf ein Grammatikmodell wie das der gebrauchsbasierten Konstruktionsgrammatik ausweiten. Hanks (2007: 132–133) unterscheidet drei Arten von Präferenzen: *lexikalische* Präferenzen, *syntaktische* Präferenzen und *domänen-spezifische* Präferenzen. In seiner Kritik am Begriff der Selektionsrestriktion scheint er überwiegend syntaktische Beschränkungen im Sinn zu haben, denen er einen Präferenzbegriff entgegensetzt. Syntaktische Beschränkungen (bzw. Präferenzen) aber sind nicht Kern des in der Konstruktionsgrammatik verwendeten Beschränkungsbegriffs, denn ihre (nach traditionellem Verständnis) Verletzung ist gerade ein kon-

---

40 So basieren etwa die *Head-Driven Phrase Structure Grammar* (HPSG, vgl. für einen Überblick Müller 2019: 263–309) oder das *Simpler-Syntax*-Modell von Culicover & Jackendoff (2005) wesentlich auf der Annahme von Constraints.

41 Hanks liegt hiermit erstaunlich nah an der Auffassung, die Langacker für die Beurteilung ‚neuer' sprachlicher Ausdrücke vertritt, die also gewissermaßen von Präferenzen abweichen: „Assessing their conventionality (or 'well-formedness') is a matter of categorization: categorizing judgments either sanction them as elaborations of schematic units or recognize them as departing from linguistic convention as currently established." (Langacker 1990: 16).

stitutives Moment vieler syntaktischer Konstruktionen (vgl. Goldberg & Casenhiser 2006: 344).[42] Die reflexive Bewegungskonstruktion bietet ein illustratives Beispiel: Die Tatsache, dass LE wie *arbeiten*, *kämpfen* oder *kaufen* mitsamt ihrer lexikalischen Bedeutungen in Konstrukten erscheinen können, die Reflexiva und PP als ihre Argumente kodieren, erscheint als klarer Verstoß gegen intuitive Selektionsrestriktionen dieser LE.[43] Die Konstruktionsgrammatik tritt als explizite Gegenspielerin solcher Annahmen an, da sie, ganz in Hanks' Sinne, mit einer Erklärung für die Grammatikalität und Akzeptabilität solcher Konstrukte aufwarten kann.

Im Gegenteil dazu sind es vielmehr semantische Beschränkungen, deren Annahme sich bis in die Konstruktionsgrammatik fortführt. Die schon erwähnten angenommenen Beschränkungen der *way*-Konstruktion sind ein Beispiel dafür. Dass aber auch sie nicht unproblematisch sind, zeigt die Tatsache, dass sie sich, wie in Unterabschnitt 3.1.4 gezeigt, korpusbasiert in vielen Fällen widerlegen lassen. Dies ist ein Argument dafür, von Präferenzen und nicht von Beschränkungen zu sprechen.

Wie lassen sich semantische Beschränkungen methodisch ermitteln? Die Antwort darauf lautet in der Regel: durch Intution, genauer: durch Grammatikalitäts- und Akzeptabilitätsurteile. So beruhen die semantischen Beschränkungen der *way*-Konstruktion, die Jackendoff (1990: 213, 1997: 546) und Goldberg (1995: 199, 203–204) postulieren und die etwa Oya (1999: 357–358) auch für das Deutsche adaptiert, ausschließlich auf wenigen, konstruierten Beispielen. Dies ist insofern verwunderlich, als Goldberg (1995: 199–218, 1996) explizit Korpusdaten heranzieht, auf eine quantitative Auswertung allerdings verzichtet und gerade an den Stellen, an denen sie für die semantischen Beschränkungen der Konstruktion argumentiert, zwar nicht ausschließlich, aber dennoch stark Gebrauch von konstruierten Beispielen macht. Ein solches Vorgehen ist aus gebrauchsbasierter Sicht nicht zu halten.[44] Gebrauchsbasiert lassen sich ausschließlich semantische *Präferenzen* untersuchen, keine semantischen *Beschränkungen*. Der Unterschied

---

42 Ähnlich argumentiert Coulson (2001: 275) aus frame-semantischer Perspektive, dass die Basis von Frame-Anpassungen (bei ihr: *Frame-Shifting*) in der Missachtung von Beschränkungen der Slots eines Frames liegt.

43 Auf die analoge Frage nach der Lizenzierung von Verbpartikeln in der reflexiven Partikelverbkonstruktion, die mit bestimmten Basisverben ansonsten distributionell nicht erwartbar wäre, komme ich in Unterabschnitt 6.4.2 zurück.

44 Sicher ist die Kritik von Welke (2019: 52) an Lasch (2016a: 3–4), dass ‚gebrauchsbasiert' nicht notwendigerweise mit ‚korpusbasiert' gleichzusetzen ist, gerechtfertigt. Eine korpusbasierte Studie ist aber stets ‚gebrauchsbasierter' als eine, die lediglich auf introspektiven Daten beruht. Allerdings ist, anders als von Welke (2021a: 374, Anm. 5) behauptet, kaum davon auszugehen, dass auch reine Introspektion als ‚gebrauchsbasiert' gelten kann. Um diese vorliegende Art gebrauchsliegt nicht nur in der von Hanks (1996: 79) artikulierten sprachsystematischen Dichotomie zwischen ‚Verboten' (Beschränkungen) und ‚Möglichkeiten' (Präferenzen), sondern in methodischer Hinsicht in der Beobachtbarkeit (vgl. Bücker 2012: 61–88): Präferenzen sind direkt an sprachlichem Material und quantitativen Auswertungen beobachtbar, Beschränkungen nicht. Beschränkungen lassen sich nur durch das Konstruieren introspektiver Daten scheinbar sichtbar machen. Die Frage nach der Akzeptabilität eines Beispiels ist demnach „only a weak indicator of the actual grammatical patterns in language use" (Croft 2009a: 18).

Aus korpuslinguistischer Sicht ist ein Vorzug des Präferenzbegriffs somit angebracht. Wollte man Beschränkungen korpuslinguistisch untersuchen, müsste man aus der Untersuchung aller relevanten Belege des Korpus vom Nicht-Vorliegen bestimmter Phänomene (z.B. LE, die als KtE ein KE instanziieren können) auf deren Ungrammatikalität oder Inakzeptabilität schließen. Dies aber ist freilich ein unangemessener Schluss, denn das Nicht-Vorliegen eines Phänomens in einem Korpus gibt keine Auskunft über das Nicht-Vorhandensein dieses Phänomens in einer Sprache. Grundsätzlich ist die Annahme, korpuslinguistische Untersuchungen gäben keine Auskunft über solche *negative Evidenz*|(, unangebracht.[45] Wie Stefanowitsch (2006, 2008a) argumentiert, lassen sich negative Evidenzen sehr wohl korpuslinguistisch untersuchen, sobald man akzeptiert, dass kein grundsätzlicher Unterschied zwischen der niedrigen Frequenz eines Phänomens und dem Nicht-Vorhandensein eines Phänomens in einem Korpus besteht: „[T]he non-occurrence of a particular linguistic structure is merely the limiting case; it is not qualitatively different from very rare occurrences." (Stefanowitsch 2006: 72). Somit lässt sich die Frequenz eines Phänomens mit seiner Grammatikalität oder Akzeptablität vergleichen:

> The continuum between significantly rare and significantly absent structures is not fundamentally different from the continuum between various degrees of unacceptability that is regularly found for acceptability ratings. (Stefanowitsch 2006: 73)

Formuliert man beobachtete Phänomene hinsichtlich ihrer Präferenzen dergestalt, dass hohe Frequenzen (z.B. bestimmter LE, die als KtE ein KE instanziieren können) auf solche Präferenzen hinweisen, besteht neben ihrer direkten Beobachtbarkeit der Vorteil, die Untersuchung nicht auf hypothetischen

basierter Arbeit in den Facetten gebrauchsbasierter Ansätze, die Kemmer & Barlow (2000) aufzeigen (vgl. auch Kapitel 1), zu verorten, könnte man von ‚radikaler Gebrauchsbasiertheit' sprechen.

45 Diese Auffassung findet sich wohl zuerst bei Chomsky (2002: 15), der argumentiert, dass die Grammatikalität eines sprachlichen Phänomens nicht mit dessen Auftreten in einem Korpus und/oder dessen statistischer Signifikanz gleichzusetzen ist (vgl. dazu Stefanowitsch 2006: 61, 2008a: 515, 518).

Grammatikalitäts- und Akzeptabilitätsurteilen beruhen lassen zu müssen, sondern Ergebnisse direkt aus dem beobachteten Daten abzuleiten. Dies gilt sowohl für positive Evidenz (hohe Frequenz, Indikator für Präferenzen) als auch für negative Evidenz (niedrige Frequenz, Indikator für Dispräferenzen).[46] Dabei sind Präferenzen ebenso falsifizierbar: Selbstverständlich lassen sich aus den für ein Korpus festgestellten Präferenzen ebenso wenig Hypothesen für eine gesamte Sprache aufstellen, weitere Korpusanalysen aber können die einmal formulierten Präferenzen auf derselben methodischen Basis widerlegen oder bestätigen. Der korpuslinguistische Vorteil liegt auf der Hand: Schon ein einziger Beleg eines als ungrammatisch oder inakzeptabel angenommenen Phänomens kann dieses Urteil falsifizieren (vgl. Stefanowitsch 2006: 70). Genau dies lässt sich für die reflexive Bewegungskonstruktion an Belegen, die ich in Unterabschnitt 3.1.4 zitiert habe, nachvollziehen.

Innerhalb der konstruktionsgrammatischen Forschung ist bereits eine korpuslinguistische Methode zur Messung von Präferenzen entwickelt worden: die Kollostruktionsanalyse (Stefanowitsch & Gries 2003, 2005; Gries & Stefanowitsch 2004b; Stefanowitsch 2013). Die Kollostruktionsanalyse untersucht lexikalische Präferenzen, indem sie etwa diejenigen LE (*Kollexeme*) ermittelt, die bevorzugt und überzufällig ein KE einer Konstruktion instanziieren. Sie verzichtet allerdings meist auf Generalisierungen über diese LE, bezieht also deren lexikalische Frames und lexikalische Bedeutungen nicht ein (vgl. dazu aber die Diskussion in Unterabschnitt 8.5.1). Da aber gerade Präferenzen für bestimmte lexikalische Frames und lexikalische Bedeutungen wesentliche Eigenschaften einer Konstruktion sein können und als übergreifender Parameter mit anderen semantischen Parametern für Konstruktionen in Verbindung stehen, sehe ich von Kollostruktionsanalysen für die von mir untersuchten Konstruktionen ab und nehme die lexikalischen Frames als Ganze in den Blick. Wie ich in Unterabschnitt 8.5.1 argumentieren werde, ist ein solcher Ansatz einer Kollostruktionsanalyse gegenüber gerade durch seine inhärenten semantischen Generalisierungen im Vorteil.

5.3.2 Formale (und einige semantische) Beschränkungen

Die bisher diskutierte Kritik am Begriff der Beschränkung kreist vor allem um semantische Beschränkungen, die für einzelne Strukturelemente einer Konstruktion formuliert werden können. Ihn grundsätzlich durch den Begriff der Präferenzen zu ersetzen, ist methodisch sinnvoll, jedoch lassen sich für Konstruktionen

46 Zynischer formuliert: „[U]nlike acceptability judgments, negative corpus evidence meets the standards of scientific research." (Stefanowitsch 2006: 70).

weiterhin Beschränkungen im engeren Sinne beobachten, die insbesondere formaler Natur sind, aber auch die semantischen Eigenschaften einer Konstruktion betreffen können. Formale Beschränkungen können die syntagmatische Reihenfolge von KE, deren grundsätzliche lexikalische Instanziierbarkeit sowie morphologische Restriktionen (z.B. auf bestimmte Flexionsformen eines KtE) betreffen (vgl. Boas, Lyngfelt & Torrent 2019: 44). Semantische Beschränkungen können die Lizenzierung bestimmter KtE betreffen, die durch FE eines (lexikalischen oder Konstruktions-)Frames und/oder die semantischen Typen dieser FE beschränkt sein können (vgl. Ziem 2020a: 33). Da ich die Zusammenhänge zwischen KtE und FE als Strukturparallelen zwischen Konstruktionen und Frames in Kapitel 6 in den Blick nehme, gehe ich an dieser Stelle nicht auf sie ein.

Beschränkungen und Präferenzen der einzelnen Strukturelemente einer Konstruktion sind in jedem Fall aber ein wesentlicher Bestandteil konstruktikographischer Analysen und tragen maßgeblich zur Beschreibung dieser Strukturelemente bei (Unterabschnitt 7.3.1),[47] sie sind aber ebenso für globale Eigenschaften einer Konstruktion von Belang. Für die drei untersuchten Konstruktionen möchte ich in diesem Unterabschnitt ihre wichtigsten formalen Beschränkungen formulieren und auch auf zentrale semantische Beschränkungen im engeren Sinne hinweisen.

Für die vier Strukturelemente der reflexiven Bewegungskonstruktion lassen sich einige recht enge formale Beschränkungen feststellen. Das KE BEWEGENDES ist noch am wenigsten beschränkt: Die KtE, die es instanziieren, können von unterschiedlichster Komplexität sein. Sie können in Gestalt eines Personalpronomens (44), als artikelloses Nomen im Plural oder als Eigennamen (45), als einfache NP mit Artikel im Singular (46) oder als komplexere, attributiv erweiterte NP (47) realisiert werden.

(44) {[$_{\text{BEWEGENDES}}$ Sie] arbeitete sich durch schulterhohes Dickicht}; die Männer waren angeseilt, da sich unter dem Moosbewuchs tiefe Felsspalten verbargen; im stellenweise dichten Nebel hätte man sich ohne Kompaß leicht verirrt. (Schrott, Raoul: Tristan da Cunha oder die Hälfte der Erde; Hanser Verlag 2003, S. 31)

47 Das Schwedische Konstruktikon modelliert Beschränkungen und Präferenzen von Strukturelementen unter dem eigens dafür eingeführten Begriff des *Kollostruktionselements* (*collostructional element*), wenngleich die empirischen Ergebnisse nicht einer Kollostruktionsanalyse entspringen, sondern auf rohen Frequenzdaten basieren (vgl. Lyngfelt et al. 2012: 457; Sköldberg et al. 2013: 316; Lyngfelt et al. 2018: 90). Auch im Russischen Konstruktikon werden „common fillers" (Endresen & Janda 2020: 4) von Strukturelementen dokumentiert. Noch weiter geht die konstruktikographische Forderung von Herbst (2016: 180–184, 2018a,b), der für den Aufbau eines *Kollostruktikons* plädiert.

(45) a. {[BEWEGENDES Reporter] wühlten sich durch 1500 Seiten ärztlicher Diagnose} und schenkten ihm dafür einen Freispruch ersten Grades mit Zitaten wie diesem: (Die Zeit, 20.01.2000, Nr. 4)

b. {[BEWEGENDES Phillip] drängelt sich durch die Menge}. (Bach, Tamara: Marsmädchen, Hamburg: Verlag Friedrich Oetinger 2003, S. 132)

(46) {[BEWEGENDES Der Vater] schlug sich durch die Haus- und Gartentür, die danach, und für Jahre, schräg in den Angeln hing}. (Widmer, Urs: Das Buch des Vaters, Zürich: Diogenes 2004, S. 153)

(47) Unermüdlich {wühlten sich [BEWEGENDES ihre geschmeidigen Finger] durch das schwarze, schattenhafte Fleisch der erschlagenen Forellen}, während das Gewitter immer wieder aufglomm und verlosch und schließlich in schmutziger, schummriger Dunkelheit unterging. (Düffel, John von: Vom Wasser, München: dtv 2006, S. 191)

Für die reflexive Partikelverbkonstruktion gilt grundsätzlich dasselbe. Auch ihr KE BEWEGENDES ist im Vergleich zu den anderen Strukturelementen am wenigsten beschränkt und erlaubt ebenfalls Personalpronomen (48) ebenso wie artikellose Nomen und Eigennamen (49), einfache NP mit Artikel (50) und komplexere NP (51).

(48) {[BEWEGENDES Ich] drückte mich durch die Leute zu der Treppe hindurch, die wir hochgekommen waren.} (Goosen, Frank: Liegen lernen, Frankfurt am Main: Eichborn AG 2000, S. 212)

(49) a. Dort, wo sich die Brandung nicht wundwusch an dem rötlichen, von der Sonne gehärteten Stein, {rankten sich [BEWEGENDES Muscheln] die Felswände hinauf}. (Düffel, John von: Houwelandt, Köln: DuMont Literatur und Kunst Verlag 2004, S. 24)

b. Als schließlich die Besitzerin des Sport-Equipments selbst herausklettert, {dreht sich [BEWEGENDES Anneliese] kreidebleich zu mir um} und flüstert: (Noll, Ingrid: Ladylike, Zürich: Diogenes 2006, S. 229)

(50) {[BEWEGENDES Die Bündnisgrünen] rangen sich schließlich zur Bildungssteuer durch}. (Die Zeit, 27.01.2000, Nr. 5)

(51) a. {In ihr Befremden mischte sich [BEWEGENDES eine gewisse Portion Neugier] hinein}, eine Art Wissensdrang, mag sein, das hat ihr die Sache erleichtert. (Venske, Regula: Marthes Vision, Frankfurt am Main: Eichborn Verlag 2006, S. 134)

b. {[BEWEGENDES Die zweite Schöpfung, die in der Enterprise nicht bloß aus Kontroll- und Waffensystemen, sondern auch aus Computermenschen mit Identitätsproblemen besteht und den Angriffen der intergalaktischen Maschinenmenschen namens „Borg" im Dienste der „authentischen" Menschen widerstehen muss]}, entwickelt sich konstant, aber höchst bedrohlich in die Zukunft hinein. (Die Zeit, 10.02.2000, Nr. 7)

Für die reflexive *Weg*-Konstruktion ist die Beschreibung solcher Beschränkungen aufgrund der sehr kleinen Datenmenge (Unterabschnitt 3.4.1) einfacher, wenngleich dadurch nicht ausgeschlossen werden kann, dass andere Formen nicht grundsätzlich unmöglich sind. So spricht die Tatsache, dass zwar Personalpronomen (52) und Eigennamen (53), aber keine artikellosen Nomen im Plural belegt sind, nicht dafür, dass solche Instanziierungen grundsätzlich unmöglich sind. Für die reflexive *Weg*-Konstruktion sind indes ebenso einfache NP mit Artikel (54) sowie erweiterte NP (55) belegt.

(52) Was nun Crna Gora (Montenegro) betrifft, so beglückwünsche ich die Montenegriner, dass {[$_{\text{BEWEGENDES}}$ sie] sich ungestört durch Serbien einen Weg nach Europa bahnen wollen}, obwohl sie formale Bindungen an Serbien haben. (Archiv der Gegenwart, 2001 [2000])

(53) {[$_{\text{BEWEGENDES}}$ Paul] mußte sich einen Pfad zum Holzhaus bahnen}. (Koneffke, Jan: Paul Schatz im Uhrenkasten, Köln: DuMont Buchverlag 2000, S. 77)

(54) {[$_{\text{BEWEGENDES}}$ Ein Mann] bahnt sich den Weg zur Bühne, zum Kabel}, doch kurz davor füllt die Stimme wieder wutzitternd den Raum: (Die Zeit, 23.03.2000, Nr. 13)

(55) {[$_{\text{BEWEGENDES}}$ Mein Schälmesser mit der dünnen Klinge] säbelt sich einen Weg durch die buschigen Petersilienköpfe}, während ich überlege, ob es tatsächlich Köpfe oder doch Blätter oder gar Büschel heißt. (Riedel, Susanne: Eine Frau aus Amerika, Berlin: Berlin Verlag 2003, S. 106)

Da diese formalen Beschränkungen so gering sind, sind sie für eine konstruktikographische Analyse kaum relevant. Indes ist eine semantische Beschränkung, die für das KE BEWEGENDES jeder der drei Konstruktionen gilt, wesentlich entscheidender: Die Entität, auf die das KtE dieses KE referiert, muss dieselbe sein, auf die das KEE referiert. Das KtE des KE BEWEGENDES muss also Antezendens des als Reflexivum instanziierten KEE sein (vgl. Unterabschnitt 3.4.2). Bei dieser Eigenschaft handelt es sich um eine Beschränkung im engeren Sinne, da sie konstitutiv für die Konstruktion ist. Wird die Beschränkung missachtet, handelt es sich nicht mehr um dieselbe Konstruktion: Es handelt sich aus semantischer Sicht um eine konstitutive Eigenschaft der Konstruktion.[48]

Komplexer sind die Verhältnisse für das KE Ereignis, insbesondere in semantischer Hinsicht. In formaler Hinsicht ist dieses KE lediglich kategorial beschränkt: Es dürfen ausschließlich Verben bzw. VP darin instanziiert werden.[49] Da sie als KtE den lexikalischen Frame evozieren, sind die semantischen Beschränkungen, die dieses KE auszeichnen, von entscheidender Relevanz für die Frage danach, ob ein gegebener Beleg überhaupt ein Konstrukt einer der drei Konstruktionen enthält (vgl. Unterabschnitt 8.4.2) und – damit zusammenhängend – ob in einen Konstrukt-Frame der Konstruktions-Frame `Motion` eingeht oder der lexikalische Frame allein ausreicht, um den Konstrukt-Frame zu konstituieren (vgl. Abschnitt 6.2).

Das KE Ereignis gibt eine einzige globale Voraussetzung vor, die Instanzen, die als Konstrukte insbesondere der reflexiven Bewegungskonstruktion und der reflexiven Partikelverbkonstruktion eingestuft werden sollen, erfüllen müssen. Die es instanziierenden KtE müssen entweder einen zum Konstruktions-Frame *relatierten* oder *unrelatierten* lexikalischen Frame (Abschnitt 5.4) evozieren, wobei Letzterer dann gemeinsam mit dem Konstruktions-Frame den Konstrukt-Frame konstituieren muss (vgl. Unterabschnitte 3.4.2 und 8.4.2). Relatierte lexikalische Frames sind solche, die entweder mit dem Konstruktions-Frame `Motion` identisch sind oder zu ihm in einer Frame-zu-Frame-Relation, genauer: in Frame-Nähe stehen. Unrelatierte lexikalische Frames sind alle anderen möglichen lexikalischen Frames unter der Voraussetzung, dass diese gemeinsam mit dem Konstruktions-Frame den Konstrukt-Frame konstituieren. Während man bei relatierten lexikalischen Frames noch von Beschränkungen sprechen kann, da ihre Klasse relativ deutlich umrissen werden kann (vgl. Unterabschnitt 5.4.3 für die zu `Motion` relatierten Frames), gilt dies für unrelatierte lexikalische Frames nicht. Als unrelatiertier lexikalischer Frame kommt jeder lexikalische Frame infrage, der gemeinsam mit dem Konstruktions-Frame den Konstrukt-Frame konstituieren kann bzw. der gemeinsam mit diesem in einem Konstrukt-Frame belegt ist. Beschränkungen gelten also nicht für die Klasse der unrelatierten Frames an sich, da die Konstitution eines ‚neuen' Konstrukts mit einem unrelatierten lexikalischen Frame gerade ein Ausdruck der Produktivität der Konstruktion ist (Abschnitt 5.6). Je produktiver die Konstruktion ist, desto weniger lassen sich Beschränkungen für unrelatierte le-

48 Vgl. dazu auch die Rolle des KEE bei der Evokation des Konstruktions-Frames durch die syntagmatische Kombination von KtE und KEE (Unterabschnitt 8.3.3).

49 In den Annotation berücksichtige ich jeweils ausschließlich das Vollverb. Modal- oder Hilfsverben zählen zwar grundsätzlich mit zu den KtE dieses KE, aus Gründen der Übersichtlichkeit klammere ich sie aus der Annotation aus.

xikalische Frames formulieren. Für unrelatierte lexikalische Frames an sich sind demnach einzig Präferenzen formulierbar, anhand derer Fragen nach der Evokation des Konstruktions-Frames in einem Konstrukt beantwortet werden können, auf die ich in Abschnitt 8.3 zurückkomme.

Beschränkungen sind für das KE Ereignis also globaler zu formulieren: ihre KtE müssen a) entweder einen relatierten lexikalischen Frame evozieren oder b) einen unrelatierten lexikalischen Frame evozieren, dieser muss dann aber gemeinsam mit dem Konstruktions-Frame `Motion` den Konstrukt-Frame konstituieren.[50] Wird diese globale Beschränkung nicht eingehalten, ist ein gegebener Beleg nicht als Konstrukt der reflexiven Bewegungskonstruktion oder reflexiven Partikelverbkonstruktion einzustufen. Mit anderen Worten: Es handelt sich dann um ein Falschpositiv. Die Belege in (56) sind Beispiele für Falschpositive der reflexiven Bewegungskonstruktion, die die globale Beschränkung des KE Ereignis missachten, die Belege in (57) illustrieren dies für die reflexive Partikelverbkonstruktion.[51] Solche Falschpositive sind zudem von methodologischem Wert, um die Konstrukte einer Konstruktion und letztendlich ihren Konstruktions-Frame zu identifizieren (dazu Unterabschnitt 8.4.2).

(56) a. Martina strich sich durch das Haar, wie früher, aber mit einer älteren Hand. (Kuckart, Judith: Lenas Liebe, Köln: DuMont Literatur und Kunst Verlag 2002, S. 217)
b. Diese Furcht verwandelt sich mehr und mehr in ein Vorurteil, um nicht zu sagen, in eine Ausrede. (Die Zeit, 05.01.2000, Nr. 2)
c. Der Trend zur Spezialisierung ergibt sich vor allem aus dem zunehmend härteren Wettbewerb. (Die Zeit, 30.03.2000, Nr. 14)

(57) a. Ich sah mich nach fettarmem Jogurt um, der schwer zu finden, aber immerhin erhältlich war. (Die Zeit, 10.02.2000, Nr. 7)
b. Die marktradikaleren Vorstellungen der so genannten Chicago-Schule setzten sich durch. (Die Zeit, 17.02.2000, Nr. 8)
c. Schon mit Mitte Zwanzig schloß er die berühmte Kunsthochschule in Warschau ab, ging wegen des Klimas und Lichts nach Sizilien, richtete sich in einem ehemaligen Lagergebäude am Hafen von Palermo ein Atelier ein und begann ein Künstlerleben wie aus einem Kitsch-

50 Für die reflexive Partikelverbkonstruktion existiert allerdings die Ausnahme, dass zwei für sie (und die reflexive Bewegungskonstruktion) unrelatierte Frames den Konstrukt-Frame vollständig konstituieren können und diese Belege dennoch als ihre Konstrukte eingestuft werden können: Darauf habe ich bereits in Unterabschnitt 5.2.4 hingewiesen. In Unterabschnitt 6.4.3 komme ich auf diese Problematik zurück.

51 Zur Herkunft der Daten vgl. Unterabschnitt 3.4.2.

film: Malen, Spaziergänge am Meer, Weintrinken, Mädchen. (Arjouni, Jakob: Chez Max, Zürich: Diogenes 2006, S. 13)

Interessant ist, dass für die reflexive *Weg*-Konstruktion im Gegensatz zu den anderen beiden Konstruktionen kaum solche Falschpositive festzustellen sind. Dies liegt an einer sehr konkreten Beschränkung ihres KE Ereignis. Es lässt für die überwiegenden Konstrukte einzig die LE *bahnen* zu. Wie bereits in Unterabschnitt 3.3.2 gesehen, ist in meinen Daten von dieser Beschränkung nur eine einzige Ausnahme belegt: Ein einziges Konstrukt der reflexiven *Weg*-Konstruktion weist eine andere LE auf, nämlich *säbeln* in (58).

(58) {Mein Schälmesser mit der dünnen Klinge [Ereignis säbelt] sich einen Weg durch die buschigen Petersilienköpfe}, während ich überlege, ob es tatsächlich Köpfe oder doch Blätter oder gar Büschel heißt. (Riedel, Susanne: Eine Frau aus Amerika, Berlin: Berlin Verlag 2003, S. 106)

Eine Klasse von Strukturelementen aller drei Konstruktionen, für die sich weiterhin Beschränkungen im engeren Sinne formulieren lassen, ist die der KEE und KorE, bei Ersteren sowohl diejenigen, die als Reflexivum instanziiert werden, als auch das KEE Richtung der reflexiven Partikelverbkonstruktion. Ihre Beschränkungen liegen in der Natur dieser Art von Strukturelementen, da die lexikalische Fixiertheit von KEE und KorE tendenziell über alle Konstrukte hinweg invariant ist und sie im einfachsten Fall durch nur ein einziges Element instanziierbar sind (dazu Unterabschnitte 2.3.1 und 3.1.2). Wie bereits in den Unterabschnitten 3.1.2, 3.2.2 und 3.3.2 erwähnt, bilden die drei untersuchten Konstruktionen in dieser Hinsicht eine gewisse Ausnahme, da ihre KEE sowie das KorE jeweils eine kleine Bandbreite unterschiedlicher Instanzen zulassen. Die Beschränkung ist im Falle der KEE und zum Teil auch für das KorE ähnlich wie beim KE Ereignis kategorialer Natur und zusätzlich morphologisch-paradigmatisch: Neben dem ‚echten' Reflexivpronomen *sich* können im Falle der reflexiven Bewegungskonstruktion und der reflexiven Partikelverbkonstruktion noch die akkusativischen reflexiv gebrauchten Personalpronomen *mich*, *dich* (1. und 2. Person Singular), *uns* und *euch* (1. und 2. Person Plural) als KEE dienen. In der reflexiven *Weg*-Konstruktion stehen das ‚echte' Reflexivum *sich* sowie die reflexiv gebrauchten Personalpronomen im Dativ. Daneben müssen die Personalpronomen noch die bereits für das KE Bewegendes erwähnte Voraussetzung erfüllen, koreferent mit dem KtE ebendieses KE zu sein, um als ‚reflexiv gebrauchte' Personalpronomen gelten zu können.

Ähnlich kategorial beschränkt ist das KEE Richtung der reflexiven Partikelverbkonstruktion. Möglich sind hier ausschließlich Verbpartikeln auf präpositionaler, adverbialer und adjektivischer Basis sowie einige Partikeln auf nominaler Basis. Die Datenauswahl habe ich in Abschnitt 3.4.1 begründet, in Tabelle 5.8 sind noch einmal alle untersuchten Partikeln in ihrer Klassifikation nach Duden (2016: 708–713) zusammengefasst. Die Validität dieser Beschränkungen lässt sich freilich nur durch größere Korpusstudien verifizieren, die zeigen müssen, dass andere Partikeln – etwa nominale wie *acht*, *preis* und *stand* – für die Konstruktion nicht belegbar sind.[52]

Tab. 5.8: Beschränkungen des KEE RICHTUNG der reflexiven Partikelverbkonstruktion hinsichtlich Verbpartikeln (Klassifikation nach Duden 2016: 708–713)

Präpositional	Adverbial	Adjektivisch	Nominal
ab	*fort*	*frei*	*heim*
an	*her*	*hoch*	
auf	*hin*		
aus	*weg*		
bei	*zurück*		
durch			
ein			
hinter			
mit			
nach			
über			
um			
unter			
vor			
zu			

Innerhalb dieser Beschränkungen auf bestimmte Partikeln sind zudem Präferenzen beobachtbar, die sich nach der Frequenz der einzelnen Partikeln richten. Wie bereits aus Tabelle 3.5 in der Übersicht der Korpusdaten in Unterbschnitt 3.4.2 hervorgeht, weist die reflexive Partikelverbkonstruktion und mit ihr deren KEE RICHTUNG eine starke Präferenz für die Partikel *um* (als einfache Partikel oder Zweitglied von Doppelpartikeln) auf, die sowohl in Distanz- als auch in Kontaktstellung die frequenteste Partikel darstellt. An zweiter Stelle liegt die Partikel *vor*, an dritter Stelle *ab* (jeweils ebenfalls inklusive Doppelpartikeln).

52 Anbieten würde sich hierfür eine Kollostruktionsanalyse, wie sie etwa Goschler & Stefanowitsch (2010) in Form einer kovariierenden Kollexemanalyse für die Assoziationen zwischen einzelnen ‚Bewegungsverben' und Verbpartikeln durchführen. Ihre Analyse ist aber gerade auf jene ‚Bewegungsverben' beschränkt und schenkt dem möglichen Auftreten eines Reflexivums keine Beachtung, sodass sich daraus keine Rückschlüsse für die reflexive Partikelverbkonstruktion ableiten lassen.

Auch für das KorE der reflexiven *Weg*-Konstruktion lassen sich konkrete Beschränkungen festhalten. Sie sind gemischt kategorial-lexikalischer Natur, da es sich dabei um eine NP mit dem bevorzugten Kopf *Weg* oder einem semantisch verwandten Nomen handeln muss. Der weitere Aufbau der NP ist, wie bereits in Unterabschnitt 3.3.2 ausgeführt, relativ unbeschränkt. Er kann, wie die drei folgenden Belege noch einmal illustrieren sollen, aus einem Definitartikel (59), einem Indefinitartikel (60) oder einem Possessivartikel (61) bestehen (vgl. ähnlich Verhagen 2003a: 345, 2003c: 232–233; Mortelmans & Smirnova 2020: 60).

(59) Wie ein Triumphator {bahnt sich Schiller [$_{\text{KorE}}$ den Weg] durch die Menschenmenge}, eskortiert von den Würdenträgern der Universität. (Safranski, Rüdiger: Friedrich Schiller, München Wien: Carl Hanser 2004, S. 311)

(60) {Mein Schälmesser mit der dünnen Klinge säbelt sich [$_{\text{KorE}}$ einen Weg] durch die buschigen Petersilienköpfe}, während ich überlege, ob es tatsächlich Köpfe oder doch Blätter oder gar Büschel heißt. (Riedel, Susanne: Eine Frau aus Amerika, Berlin: Berlin Verlag 2003, S. 106)

(61) Jawohl, denn die Damen wirken „schwerfällig und lustlos“, {bahnen sich an Bord nur mühsam [$_{\text{KorE}}$ ihren Weg] durch die engen Gänge} und ecken sehr wahrscheinlich auch bei solchen Passagieren an, die es in höchstem Maße unerquicklich finden, ihren Anisschnaps von einem Fesselballon serviert zu bekommen. (Die Zeit, 10.02.2000, Nr. 7)

Neben diesen formalen Beschränkungen weist das KorE der reflexiven *Weg*-Konstruktion eine semantische Beschränkung auf: Der Kopf der es instanziierenden NP muss durch das Nomen *Weg* oder ein semantisch verwandtes Nomen gebildet werden. Neben dem Nomen *Weg* sind noch, wie in (62) und (63) zu sehen, die Nomen *Pfad* und *Trampelpfad* belegt. Ihre semantische Verwandtschaft zum Nomen *Weg* zeigt sich darin, dass alle diese Nomen Frames evozieren, die in einer Frame-zu-Frame-Relation zum Konstruktions-Frame `Motion` stehen (vgl. Unterabschnitte 8.3.1 und 8.5.2).

(62) {Paul mußte sich [$_{\text{KorE}}$ einen Pfad] zum Holzhaus bahnen}. (Koneffke, Jan: Paul Schatz im Uhrenkasten, Köln: DuMont Buchverlag 2000, S. 77)

(63) {[$_{\text{KorE}}$ Der Trampelpfad], den Jorge sich in Jahren gebahnt hatte}, war verschwunden, das Wasser hatte ihn genommen. (Düffel, John von: Houwelandt, Köln: DuMont Literatur und Kunst Verlag 2004, S. 293)

Aus formaler Perspektive ist ein Vergleich der drei Konstruktionen hinsichtlich der Beschränkungen des KE Weg bzw. ⟨Weg⟩ am interessantesten. Für die reflexive Bewegungskonstruktion und die reflexive *Weg*-Konstruktion ist dieses KE auf die

Instanziierung durch PP beschränkt. Darüber hinaus muss die in diese PP eingebettete NP im Akkusativ stehen, wenn es sich bei der Präposition um eine Wechselpräposition handelt (vgl. Unterabschnitt 3.4.2). Präpositionen, die nur Akkusativ regieren, sind unkritisch. Das KE ⟨Weg⟩ der reflexiven Partikelverbkonstruktion weist die kategoriale Beschränkung auf eine PP nicht auf. Wie bereits in Unterabschnitt 3.2.2 gezeigt, sind neben PP – die zweifelsfrei den Großteil der Konstrukte ausmachen – auch NP und Nebensätze möglich. Die hier noch einmal zitierten Konstrukte sollen illustrieren, dass sowohl NP im Akkusativ (64) als auch im Dativ (65) möglich sind (vgl. dazu auch Olsen 1996a: 274, 1999: 232–233). Steht im Konstrukt das KtE des KE Ereignis im *zu*-Infinitiv, kann das KE ⟨Weg⟩ durch einen Nebensatz ohne Korrelat (66) oder mit Korrelat (67) instanziiert werden.

(64) Katharina fühlt die Tränen im Hals, die sie nicht hochkommen lassen will, sie kratzen und beißen und {ätzen sich [$_{\langle\text{Weg}\rangle}$ die Speiseröhre] hinab} – den Ösophagus –, wo ist denn ihre Mutter, warum darf sie sie nicht einmal trösten? (Dölling, Beate: Hör auf zu trommeln, Herz, Weinheim: Beltz & Gelberg 2003, S. 202)

(65) In gewisser Weise, antwortete er und sah erst gründlich aus dem Fenster, bevor {er sich [$_{\langle\text{Weg}\rangle}$ mir] wieder zuwandte}. (Schmitter, Elke: Frau Sartoris, Berlin: BvT 2000[2002], S. 118)

(66) Als das Spiel fertig war, wollte Nintendo den Game-Boy gerade wieder vom Markt nehmen, weil er veraltet war, und dass {man sich im Sommer 1996 überhaupt herabließ, [$_{\langle\text{Weg}\rangle}$ dieses merkwürdige Spiel zu vertreiben]}, geschah in der vagen Hoffnung, an den Erfolg des virtuellen Computervogels Tamagotchi anknüpfen zu können. (Die Zeit, 23.03.2000, Nr. 13)

(67) Erst in letzter Minute {rang sich Sartre [$_{\langle\text{Weg}\rangle}$ dazu] durch, [$_{\langle\text{Weg}\rangle}$ den Einmarsch in Budapest 1956 zu verurteilen]}, während sieben Jahre später die Sowjetunion wieder „das einzige Land ist, wo das Wort Fortschritt noch einen Sinn hat". (Die Zeit, 13.04.2000, Nr. 16)

Neben diesen kategorialen Beschränkungen lassen sich für die reflexive Bewegungskonstruktion und ihr KE Weg einige formale Eigenschaften beobachten, die eher als Präferenzen zu verstehen sind. Für das KE Weg sind Präferenzen für bestimmte Präpositionen dokumentiert, die als Kopf der instanziierenden PP infrage kommen. Wie bereits Smirnova (2018: 38) bemerkt, ist eine „eindeutige Präferenz für die Präposition *durch*" erkennbar. Meine Daten bestätigen diesen Befund grundsätzlich, zeigen aber ein differenzierteres Bild. Wie bereits aus Tabelle 3.4 in Unterbschnitt 3.4.2 hervorgeht, liegt *durch* von allen für die reflexive Bewegungs-

Tab. 5.9: Beschränkungen der Strukturelemente der reflexiven Bewegungskonstruktion

Strukturelement	Beschreibung
BEWEGENDES	Die Entität, auf die ein KtE dieses KE referiert, muss mit derjenigen, auf die das KEE referiert, identisch sein.
EREIGNIS	Die LE, die das KtE dieses KE bildet, muss einen relatierten oder unrelatierten lexikalischen Frame evozieren. Im Falle eines unrelatierten lexikalischen Frames muss dieser gemeinsam mit dem Konstruktions-Frame `Motion` den Konstrukt-Frame konstituieren.
KEE	Das KEE muss durch ein Reflexivum (im weitesten Sinne), also ein ‚echtes' Reflexivpronomen oder reflexiv gebrauchtes Personalpronomen in 1. oder 2. Person instanziiert werden. Handelt es sich um Letzteres, muss es auf dieselbe Entität wie das KtE von BEWEGENDES referieren. Auch das Reziprokpronomen *einander* ist belegt.
WEG	Die KtE dieses KE müssen als PP realisiert werden, deren Präpositionen, wenn es sich um Wechselpräpositionen handelt, Akkusativ regieren.

konstruktion untersuchten Präpositionen hinsichtlich der Anzahl relevanter Konstrukte auf dem fünften Platz, frequenter sind *in*, *über*, *zu* und *auf*.

Die für alle drei Konstruktionen ermittelten formalen und semantischen Beschränkungen sind in den folgenden drei Tabellen, für die reflexive Bewegungskonstruktion in Tabelle 5.9, für die reflexive Partikelverbkonstruktion in Tabelle 5.10 und für die reflexive *Weg*-Konstruktion in Tabelle 5.11, zusammengefasst. Diese Zusammenfassungen sind Grundlage für die Definitionen der Strukturelemente in den drei Konstruktionseinträgen im Zusatzmaterial (vgl. auch Unterabschnitt 7.1.3).

5.3.3 Präferenzen für lexikalische Frames

Neben den vorrangig formalen Beschränkungen, die ich in Unterabschnitt 5.3.2 thematisiert habe, spielt eine bestimmte Art von Präferenzen für eine Konstruktionssemantik eine entscheidende Rolle: Präferenzen für lexikalische Frames. Daran schließen sich unmittelbar Fragen danach an, welche Relevanz solchen Präferenzen für die konstruktikographische Analyse zukommt und wie sie mit anderen Parametern in Verbindung stehen. Diesen möchte ich im Folgenden nachgehen, indem ich Präferenzen für lexikalische Frames als einen *übergeordneten Parameter* verstehe, der selbst zwar keinen Eingang in einen Konstruktionseintrag finden muss (Unterabschnitt 7.1.3), aber eine wichtige Datengrundlage für die Messung anderer Parameter liefert.

Tab. 5.10: Beschränkungen der Strukturelemente der reflexiven Partikelverbkonstruktion

Strukturelement	Beschreibung
Bewegendes	Die Entität, auf die ein KtE dieses KE referiert, muss mit derjenigen, auf die das KEE referiert, identisch sein.
Ereignis	Die LE, die das KtE dieses KE bildet, muss muss einen relatierten oder unrelatierten lexikalischen Frame evozieren. Im Falle eines unrelatierten lexikalischen Frames muss dieser gemeinsam mit dem Konstruktions-Frame `Motion` den Konstrukt-Frame konstituieren. Manche unrelatierten Frames sind aber auch in der Lage, einen Konstrukt-Frame vollständig zu konstituieren, dessen Konstrukt gleichzeitig aber noch der reflexiven Partikelverbkonstruktion zuzuordnen ist (vgl. Unterabschnitt 6.4.3).
KEE	Das KEE muss durch ein Reflexivum (im weitesten Sinne), also ein ‚echtes' Reflexivpronomen oder reflexiv gebrauchtes Personalpronomen in 1. oder 2. Person instanziiert werden. Handelt es sich um Letzteres, muss es auf dieselbe Entität wie das KtE von Bewegendes referieren.
Richtung	Dieses zweite KEE muss durch eine zum Basisverb als KtE des KE Ereignis in Distanz- oder Kontaktstellung realisierte Verbpartikel instanziiert werden, wobei alle Arten von Partikeln, präpositionale, adverbiale, adjektivische und nominale (vgl. Duden 2016: 708), infrage kommen.
⟨Weg⟩	Als Nicht-Kern-KE muss ⟨Weg⟩ nicht in jedem Konstrukt instanziiert sein. Wird es instanziiert, können seine KtE als PP (mit Akkusativ oder Dativ regierenden Präpositionen), NP im Akkusativ oder Dativ sowie als Nebensatz mit *zu*-Infintiv realisiert werden.

Tab. 5.11: Beschränkungen der Strukturelemente der reflexiven *Weg*-Konstruktion

Strukturelement	Beschreibung
Bewegendes	Die Entität, auf die ein KtE dieses KE referiert, muss mit derjenigen, auf die das KEE referiert, identisch sein.
Ereignis	Die LE, die das KtE dieses KE bildet, muss einen relatierten oder unrelatierten lexikalischen Frame evozieren. Im Falle eines unrelatierten lexikalischen Frames muss dieser gemeinsam mit dem Konstruktions-Frame `Motion` den Konstrukt-Frame konstituieren.
KEE	Das KEE muss durch ein Reflexivum (im weitesten Sinne), also ein ‚echtes' Reflexivpronomen oder reflexiv gebrauchtes Personalpronomen in 1. oder 2. Person instanziiert werden. Handelt es sich um Letzteres, muss es auf dieselbe Entität wie das KtE von Bewegendes referieren. Das Reflexivum steht dabei immer im Dativ.
KorE	Das KorE muss als NP mit dem Nomen *Weg* oder einem semantisch verwandten Nomen als Kopf instanziiert werden, dem entweder ein Definitartikel, Indefinitartikel oder Possessivartikel vorangeht.
⟨Weg⟩	Die KtE dieses Nicht-Kern-KE werden als PP realisiert, deren Präpositionen, wenn es sich um Wechselpräpositionen handelt, Akkusativ regieren. Als Nicht-Kern-KE muss dieses KE nicht in jedem Konstrukt instanziiert werden.

In Unterabschnitt 5.3.2 habe ich die Strukturelemente der drei Konstruktionen hinsichtlich ihrer formalen Beschränkungen untersucht. Ein Strukturelement, das in semantischer Hinsicht und für Präferenzen besonders zentral ist, ist das KE Ereignis aller drei Konstruktionen. Semantische Präferenzen, die mit diesem einhergehen, betreffen die darin einsetzbaren KtE, also diejenigen LE, die einen lexikalischen Frame evozieren können. Dass die lexikalischen Bedeutungen, die aus diesen Frames hervorgehen können, für semantische Eigenschaften wie die Polysemie einer Konstruktion von besonderer Relevanz sind, ist durch die Analyse der vier Lesarten der drei untersuchten Konstruktionen in Unterabschnitt 5.2.3 deutlich geworden.[53] Dass ich dabei nicht allein auf der Basis von LE, also den KtE des KE Ereignis argumentiert habe, sondern nach lexikalischen Frames und lexikalischen Bedeutungen differenziert habe, ist kein Zufall. Ein wesentlicher Vorteil gegenüber einer Analyse, die sich allein auf die Formseite von LE, also KtE, stützt, liegt, wie in Unterabschnitt 8.5.1 näher zu begründen sein wird, darin, dass lexikalische Bedeutungen und insbesondere lexikalische Frames eine inhärente Generalisierung über LE hinweg darstellen.[54] Generalisierungen auf der Ebene lexikalischer Bedeutungen sind dabei noch unterhalb von solchen auf der Ebene lexikalischer Frames anzusiedeln. Unterhalb dieser sind wiederum Generalisierungen anzusiedeln, die allein auf LE, für Argumentstruktur-Konstruktionen also zumeist Verben, beruhen. Diese Zusammenhänge sind in Abbildung 5.3 dargestellt.

Gerade für konstruktikographische Zwecke sind Generalisierungen, die nicht allein auf LE, sondern auf lexikalischen Frames beruhen, sinnvoll, da sich diese direkt dem Konstruktions-Frame gegenüberstellen lassen. Präferenzen für lexikalische Frames zu ermitteln trägt also durch die damit einhergehende Generalisierung wesentlich zur konstruktikographischen Beschreibung einer Konstruktion bei. Aus theoretischer Sicht deutet Hanks (2007) an, dass Präferenzen eine weitaus größere Tragweite zukommt als lediglich bestimmte Eigenschaften oder gar Idiosynkrasien einer LE oder einer Konstruktion zu erklären:

> Preferences are everywhere in language systems. Preferences govern both meaning and linguistic behavior. That is to say, the entire process of constructing an interpretation for a linguistic utterance is governed by a contextual network of interacting preferences. (Hanks 2007: 132)

---

53 Aus valenztheoretischer Perspektive argumentiert Herbst (2018b: 10) im Einklang mit dieser Annahme, dass der Verb-Slot einer Argumentstruktur-Konstruktion (hier also das KE Ereignis) zentraler für die Charakterisierung einer Konstruktion ist als ihre anderen Slots (hier also etwa die KE Bewegendes oder Weg bzw. ⟨Weg⟩).

54 Zur konstruktikographischen Relevanz solcher Generalisierungen, die unterschiedliche (nicht nur mit Frames operierende) Formen annehmen können, vgl. Herbst (2018b: 12).

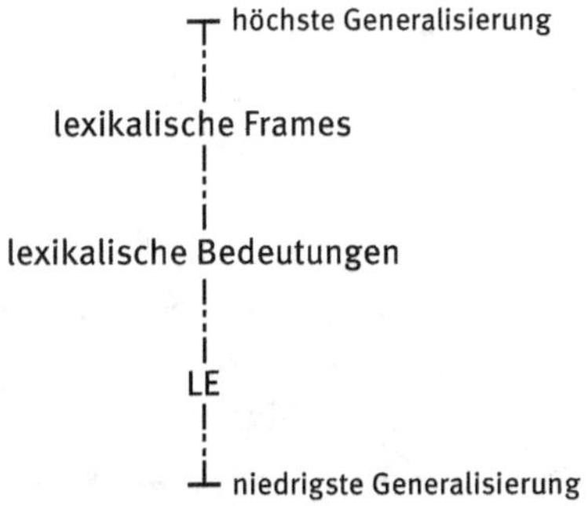

Abb. 5.3: Stärken von Generalisierungen über LE, lexikalische Bedeutungen und lexikalische Frames

Warum sind Präferenzen für lexikalische Frames ein übergeordneter Parameter? Ihre zentrale Stellung geht aus Abbildung 5.1 im Eingang dieses Kapitels hervor: Sie differenzieren nicht nur zu einem großen Anteil die Polysemie einer Konstruktion (Unterabschnitt 5.2.2), sondern sie stehen ebenso mit den semantischen Parametern der Frame-Nähe (Abschnitt 5.4), des Koerzionspotenzials (Abschnitt 5.5) und der Produktivität (Abschnitt 5.6) in Verbindung. Des Weiteren geben Präferenzen für lexikalische Frames Aufschluss über Fragen zu den Relationen zwischen Konstruktionen und Frames, etwa über den Mechanismus zur Evokation eines Konstruktions-Frames (dazu Unterabschnitt 8.1.2). Präferenzen für lexikalische Frames stellen sich in mindestens folgenden Aspekten als relevant heraus.

- Sie lösen konstruktionelle Ambiguität auf, ein Mechanismus, der üblicherweise für Verbklassen postuliert wird (vgl. z.B. Goldberg 2002: 335).[55] Die Generalisierung von Verben hinsichtlich ihrer lexikalischen Frames stellt also eine Alternative zu einem Ansatz dar, der mit Verbklassen arbeitet (vgl. Unterabschnitt 8.4.2).
- Sie steuern den Mechanismus zur Evokation des Konstruktions-Frames. Der Anteil, den der Konstruktions-Frame an der Konstitution des Konstrukt-Frames hat, wird wesentlich darüber bestimmt, ob der lexikalische Frame allein in der Lage ist, alle KtE zu motivieren oder ob der Konstruktions-Frame hinzukommt (vgl. Unterabschnitt 8.2.2).
- Damit verbunden lassen sich über lexikalische Frames diejenigen Belege identifizieren, die Konstrukte einer gegebenen Konstruktion enthalten. Es

---

55 Gleiches gilt für konstruktionelle Polysemie, die sich ebenfalls über Verbklassen definieren lässt (vgl. z.B. Goldberg 1992: 50–55; Croft 2003: 56; Perek 2014: 72–82, 2015: 111–142). Wie sich die Polysemie einer Konstruktion über lexikalische Bedeutungen differenzieren lässt, ist in Unterabschnitt 5.2.3 deutlich geworden.

kommen nämlich nur diejenigen Instanzen infrage, die durch bestimmte lexikalische Frames disambiguiert sind oder einen eindeutigen Anteil des Konstruktions-Frames an den Konstrukt-Frames erkennen lassen (vgl. Unterabschnitte 5.4.2 und 8.4.2).[56]

Präferenzen für lexikalische Frames sind außerdem ein übergeordneter Parameter, weil sie in Verbindung zu mehreren anderen semantischen Parametern von Konstruktionen stehen und innerhalb dieser als methodischer Fixpunkt dienen. Diese Beziehungen möchte ich abschließend zusammenfassen und kommentieren. Neben den noch zu diskutierenden Parametern weise ich hierbei noch einmal auf die Relevanz von Präferenzen für lexikalische Frames für die beiden bereits betrachteten Parameter der formalen Abstraktheit und der konstruktionellen Polysemie hin.

– Die formale Abstraktheit einer Konstruktion (Abschnitt 5.1) lässt Rückschlüsse auf die Präferenzen für lexikalische Frames zu: Je abstrakter eine Konstruktion ist, desto eher ist zu erwarten, dass eine große Bandbreite lexikalischer Frames in ihre Konstrukt-Frames eingehen kann. Umgekehrt ist zu erwarten, dass die Präferenzen für lexikalische Frames bei einer wenig abstrakten Konstruktion stark eingeschränkt sind.

Die Analysen der drei Konstruktionen unterstützten diesen Befund. So weist die reflexive Bewegungskonstruktion eine große Bandbreite lexikalischer Frames auf, die von relatierten Frames wie `Motion` (68), `Self_motion` (69) oder `Cause_motion` (70) bis hin zu unrelatierten Frames wie `Ingestion` (71), `Work` (72) oder `Scouring` (73) reicht.

(68) Ich [$_{\texttt{Motion}}$ bewege] mich durch die Wohnung, es ist warm. (Braun, Marcus: Hochzeitsvorbereitungen, Berlin: Berlin Verlag 2003, S. 86)

(69) Die Morgensonne [$_{\texttt{Self\_motion}}$ stahl] sich schon durch die Ritzen der Fensterläden, aber in dem großen Haus war es so still, als schliefen selbst die Bücher in den Regalen. (Funke, Cornelia: Tintenherz, Hamburg: Cecilie Dressler Verlag 2003, S. 94)

56 In diesem Sinne bindet Ziem (2018a: 9) die Frage nach den typischen Füllungen eines KE an deren Prototypikalität, welche, wie ich in Unterabschnitt 5.4.2 zeige, darüber entscheidet, ob ein gegebener Beleg ein Konstrukt der angenommenen Konstruktion enthält oder nicht. Für die reflexive Partikelverbkonstruktion allerdings gilt, wie bereits angesprochen, eine Ausnahme, auf die ich in Unterabschnitt 6.4.3 zu sprechen komme.

(70) Katja und Aleksej [$_{\texttt{Cause\_motion}}$ schubsten] sich gegenseitig durch die Reihe, um anzukommen, aber nicht als erster. (Franck, Julia: Lagerfeuer, Köln: DuMont Literatur und Kunst Verlag 2003, S. 297)

(71) Abends las ich, die Bücherei war ziemlich umfangreich, und ich [$_{\texttt{Ingestion}}$ fraß] mich durch alles; langsam, genügsam, manchmal mit wirklicher Anteilnahme. (Schmitter, Elke: Frau Sartoris, Berlin: BvT 2000[2002], S. 35)

(72) Sie hörte das knarrende Geräusch, als die Scherenblätter aufgingen, spürte das Metall an ihrem Hals und dann [$_{\texttt{Work}}$ arbeitete] sich die Schere säbelnd und schabend durch ihren Zopf. (Pressler, Mirjam: Malka Mai, Weinheim Basel: Beltz & Gelberg 2001, S. 269)

(73) Unermüdlich [$_{\texttt{Scouring}}$ wühlten] sich ihre geschmeidigen Finger durch das schwarze, schattenhafte Fleisch der erschlagenen Forellen, während das Gewitter immer wieder aufglomm und verlosch und schließlich in schmutziger, schummriger Dunkelheit unterging. (Düffel, John von: Vom Wasser, München: dtv 2006, S. 191)

Demgegenüber weist die reflexive *Weg*-Konstruktion, die, wie in Unterabschnitt 5.1.2 gesehen, weniger abstrakt ist, sehr eingeschränkte Präferenzen auf (Unterabschnitt 5.3.2): Neben dem einzig belegten realtierten lexikalischen Frame `Motion` (74) ist lediglich der unrelatierte Frame `Cutting` (75) belegt.

(74) Im Zickzack [$_{\texttt{Motion}}$ bahne] ich mir den Weg ins DB-Reisezentrum. (Die Zeit, 20.04.2000, Nr. 17)

(75) Mein Schälmesser mit der dünnen Klinge [$_{\texttt{Cutting}}$ säbelt] sich einen Weg durch die buschigen Petersilienköpfe, während ich überlege, ob es tatsächlich Köpfe oder doch Blätter oder gar Büschel heißt. (Riedel, Susanne: Eine Frau aus Amerika, Berlin: Berlin Verlag 2003, S. 106)

– Konstruktionelle Polysemie ist unter anderem über lexikalische Frames und lexikalische Bedeutungen differenzierbar (Unterabschnitt 5.2.2). Eine einzelne Lesart kann Präferenzen für bestimmte lexikalische Frames, stärker aber noch für lexikalische Bedeutungen zeigen, also durch diese ausgelöst werden.

Die Analyse in Unterabschnitt 5.2.3 hat diese Zusammenhänge für die reflexive Beweungskonstruktion und die reflexive Partikelverbkonstruktion aufgezeigt. Zieht man zum Vergleich die reflexive *Weg*-Konstruktion heran, die wesentlich schwächer ausgeprägte Präferenzen aufweist, leuchtet es ein, dass ihre Polysemie kaum in dem Maße wie für die anderen beiden Konstruktionen ausgeprägt ist (vgl.

dazu die Ergebnisse in Unterabschnitt 7.2.2). Über die lediglich zwei belegten lexikalischen Frames `Motion` und `Cutting`, die in (74) und (75) illustriert sind, lässt sich konstruktionelle Polysemie viel weniger feststellen als für eine Konstruktion mit ausgeprägteren Präferenzen für lexikalische Frames, wie dies für die reflexive Bewegungskonstruktion und die reflexive Partikelverbkonstruktion der Fall ist.

– Über Präferenzen für lexikalische Frames können unter Einbezug der Frame-Nähe zwischen dem Konstruktions-Frame und lexikalischen Frames diejenigen lexikalischen Frames ermittelt werden, die relatiert sind (vgl. auch Ziem 2018a: 9). Gleichzeitig können unrelatierte lexikalische Frames davon abgegrenzt werden – ein wichtiger Faktor für die Messung der Produktivität einer Konstruktion (vgl. Abschnitte 5.4 und 5.6).

Die oben zitierten Belege (68)–(70) einerseits und (71)–(73) andererseits zerfallen in zwei Gruppen: Die lexikalischen Frames, die zur ersten Gruppe gehören, können als relatiert klassifiziert werden, weil sie in (direkten oder indirekten) Frame-zu-Frame-Relationen zum Konstruktions-Frame `Motion` stehen. Für die lexikalischen Frames der zweiten Gruppe ist dies nicht der Fall: Sie stehen in keinen Frame-zu-Frame-Relationen zu `Motion` und sind deshalb als unrelatiert zu klassifizieren. Diese Klassifikation ist nur durch die Betrachtung von Präferenzen für lexikalische Frames möglich.

– Die Ausprägung der Präferenzen für lexikalische Frames bestimmt die Höhe des Koerzionspotenzials der Konstruktion (Abschnitt 5.5). Da Koerzionseffekte nur für eine bestimmte Klasse lexikalischer Frames angenommen werden können, sind Präferenzen ein Indikator dafür, ob eine Konstruktion häufig Koerzionseffekte hervorruft oder nicht.

In Konstrukten wie denen in (68)–(70) liegt keine Koerzion vor: Der lexikalische Frame wird im Konstrukt-Frame nicht durch den Konstruktions-Frame angepasst. Dies liegt daran, dass relatierte lexikalische Frames nicht von Koerzionseffekten betroffen sind, da sie stets vollständig einen Konstrukt-Frame bilden können und dieser dann keinen Anteil des Konstruktions-Frames besitzt (vgl. Unterabschnitt 6.2.1). Bei unrelatierten lexikalischen Frames wie denen in (71)–(73) jedoch tritt im Konstrukt-Frame zum lexikalischen Frame in den allermeisten Fällen der Konstruktions-Frame hinzu, was zu einem Koerzionseffekt führt. Präferenzen für (relatierte oder unrelatierte) lexikalische Frames bilden also die Grundlage für Aussagen über die Verteilung solcher Koerzionseffekte über die Konstrukte einer Konstruktion hinweg (vgl. Unterabschnitte 7.4.1 und 7.4.3).

- Die Präferenzen für lexikalische Frames einer Konstruktion sind Ausdruck ihrer Produktivität (Abschnitt 5.6): Je diverser die Präferenzen beschaffen sind und je mehr unrelatierte lexikalische Frames belegt sind, desto produktiver ist die Konstruktion einzustufen (vgl. auch Ziem 2018a: 10).

Ein Vergleich zwischen reflexiver Bewegungskonstruktion und reflexiver *Weg*-Konstruktion mag dies erneut verdeutlichen: Schon an den wenigen Konstrukten mit unrelatierten lexikalischen Frames in (71)–(73) wird deutlich, dass allein dadurch, dass bereits mehrere unterschiedliche unrelatierte lexikalische Frames belegt sind, ein Unterschied zur reflexiven *Weg*-Konstruktion bestehen muss, für die nur ein einziger unrelatierter lexikalischer Frame, nämlich `Cutting` in (75), belegt ist (vgl. die Ergebnisse in 7.5.2). Dadurch erscheint die reflexive Bewegungskonstruktion deutlich produktiver als die reflexive *Weg*-Konstruktion.

- Die Evokation einer emergenten Struktur (Abschnitt 5.7) wird zum Teil über Präferenzen für lexikalische Frames und lexikalische Bedeutungen gesteuert: Konstrukte, deren Konstrukt-Frames sich aus bestimmten lexikalischen Frames zusammensetzen, evozieren eine emergente Struktur eher als solche mit anderen lexikalischen Frames.

Eine ausführliche Analyse, die die Rolle von lexikalischen Frames und lexikalischen Bedeutungen hinsichtlich der emergenten Struktur deutlich macht, folgt in Unterabschnitt 5.7.2. An dieser Stelle sei nur so viel gesagt, dass sich die Frage nach der Evokation einer emergenten Struktur unter anderem dadurch entscheidet, welcher lexikalische Frame an der Konstitution eines Konstrukt-Frames beteiligt ist und ob ein bestimmtes FE dieses lexikalischen Frames (oder wahlweise des Konstruktions-Frames) einen Standardwert trägt, also eine bestimmte lexikalische Bedeutung hervorbringt.

5.4 Frame-Nähe

Konstituiert sich ein Konstrukt-Frame aus lexikalischem Frame *und* Konstruktions-Frame, so unterscheiden sich diese beiden Frames mehr oder weniger deutlich voneinander. Ein Konstrukt ist damit in der Lage, zwei Frames miteinander zu verknüpfen, die auf den ersten Blick in keiner Beziehung zueinander stehen. Die Ausprägung einer solchen *conceptual distance* (im Sinne von Haiman 1983: 783, 1985: 102–147) entscheidet darüber, inwieweit die semantische Leistung des Konstruktions-Frames – im Vergleich zu der des lexikalischen Frames – in einem Konstrukt-Frame zu Tage tritt. Sie entscheidet darüber, inwiefern der lexikalische

Frame durch den Konstruktions-Frame im Zuge einer Frame-Anpassung (Unterabschnitt 4.4.1) angepasst wird.

Gerade die Tatsache, dass in den folgenden Belegen lexikalische Frames wie Prevarication (76), Hostile_encounter (77) oder Perception_experience (78), die durch die KtE des KE Ereignis evoziert werden, in keinerlei Verbindung zum Konstruktions-Frame Motion stehen, lässt die Konstrukte als besonders ‚kreativ', [57] eben als besonders deutliche Konstrukte der reflexiven Bewegungskonstruktion und die Konstruktion selbst als produktiv erscheinen.

(76) Niemand hier kann was Konkretes, alle wurschteln bloß rum, saugen Comedy aus der Tragödie, albern in Wortspielen, [$_{\text{Prevarication}}$ juxen] sich durch Schillerbrocken und Kantinenwitze, mal mühsam, mal spaßig, immer bemüht - und manchmal führt das Bemühen zu Erfolgen, und man sieht ein, dass alle politischen Ränke nur von der Gier „auf irgendwas" angetrieben und nur durch Gehirnleere der Menschen ermöglicht werden. (Die Zeit, 27.04.2000, Nr. 18)

(77) Ich [$_{\text{Hostile\_encounter}}$ kämpfte] mich durch dieses Unterholz, hielt mich an den Stämmen, Asten und Wurzeln fest, weil ich hinauf zum Gipfel wollte, der wie jeden Tag in den Wolken lag; wie dick die Schicht war, ließ sich nicht sagen – vielleicht schien oben die Sonne. (Schrott, Raoul: Tristan da Cunha oder die Hälfte der Erde; Hanser Verlag 2003, S. 161)

(78) Der Historiker [$_{\text{Perception\_experience}}$ hört] sich in die Sprache ein, in der sich eine Klasse von Menschen zu orientieren versucht, er tritt in den Zeithorizont ihrer Voraussetzungen und Erwartungen ein und hat, so an den Begrenzungen teil, denen sie selbst ausgesetzt war. (Schlögel, Karl: Petersburg, München Wien: Carl Hanser Verlag 2002, S. 90)

Um den Grad dieser ‚Kreativität' oder umgekehrt den Grad der Prototypikalität von Konstrukten, die wesentlich ‚gewöhnlicher' als die Belege (76)–(78) erscheinen, zu messen, muss die Frage nach der (Un-)Verbundenheit zwischen

57 Unter dem Begriff der Kreativität fasst schon Langacker (1987: 71) sowohl die hier gemeinte produktive Instanziierung einer Konstruktion (mit einem unrelatierten lexikalischen Frame) als auch den eher generativistisch anmutenden Mechanismus zur Anwendung von Regeln bei der Produktion neuer Äußerungen zusammen – und verortet sie auf einem Kontinuum. Sampson (2016: 17) bezeichnet diese Form von Kreativität als *F-Kreativität*, wobei das F für *fixiert* steht. Hoffmann (2018: 262) und Bergs (2018: 278) bringen diese Form von Kreativität mit Produktivität in Verbindung. Kreativität in diesem Sinne scheint auch dem Verständnis von Goldberg (2019: 51–73) zugrunde zu liegen. Auf die sich durch den Prozess der Frame-Anpassung äußernde ‚Kreativität' weist, ähnlich wie Herbst (2018a: 320) für den Begriff des Blendings im Sinne der Theorie der konzeptuellen Integration, auch Busse (2012: 674–675) hin.

lexikalischem Frame und Konstruktions-Frame objektiviert werden. Als ein semantischer Parameter von Konstruktionen und ein Indiz für die Leistung des Konstruktions-Frames bei der Konstitution eines Konstrukt-Frames möchte ich deshalb die wortwörtliche Nähe bzw. Distanz zwischen jenen Frames heranziehen. Messen lässt sich diese auf der Grundlage von FrameNet-Daten mit Hilfe der Frame-zu-Frame-Relationen zwischen einem Konstruktions-Frame und möglichen lexikalischen Frames. Für den Parameter, der sich diese Methode zunutze macht, möchte ich den Terminus *Frame-Nähe* verwenden, angelehnt an den Begriff der Frame-*Distanz*, den Čulo (2013) für übersetzungswissenschaftliche Fragestellungen nutzt.[58] Čulo (2013: 162) diskutiert die Idee, dass sich die semantische Verbundenheit von Übersetzungen messen lässt, indem man den Frame, der in einem Satz der Ausgangssprache evoziert wird, mit demjenigen, der in der Übersetzung des Satzes in der Zielsprache evoziert wird, vergleicht. Je weiter diese beiden Frames hinsichtlich ihrer Frame-zu-Frame-Relationen auseinander liegen, desto geringer die semantische Verbundenheit beider Sätze.

Unter dem (missverständlichen) Begriff der *Frame-Valenz* diskutieren Uchida & Fujii (2011) eine ganz ähnliche Idee. Werden in einem Satz durch den Gebrauch eines Konnektors wie *während* zwei Frames evoziert, so lassen sich Verbindungen zwischen diesen Frames über Frame-zu-Frame-Relationen erfassen:

> Since frames are linked to each other via frame-to-frame relationships, it is possible to make generalizations about each frame valence. This makes it possible to summarize the patterns of frame valence; otherwise the extremely long list of valences is not useful. (Uchida & Fujii 2011: 134)

Tatsächlich gibt es Evidenz dafür, dass zwei so miteinander verbundene Frames häufig in einer Frame-zu-Frame-Relation zueinander stehen: „In examples where different frames are evoked in the two clauses, the frames are actually linked via higher frames in many cases." (Uchida & Fujii 2011: 147). Frame-zu-Frame-Relationen stellen demnach ein leistungsstarkes Instrument zur Messung der Distanz zwischen zwei Frames dar, einem lexikalischen Frame und dem Konstruktions-Frame.[59]

58 Auf den Begriff der Distanz verweist – eher informell – in Fragen von Kreativität auch Herbst (2018a: 320): „Different degrees of creativity arise from the distance between the units that are being blended (which can be related to form, semantics or world-knowledge)."

59 Eine verwandte Idee findet sich in der Frame-Forschung unter dem Begriff *Bedeutungs-Adjazenz* bereits bei Ballmer & Brennenstuhl (1981: 303–306), die damit die semantische Zusammengehörigkeit nicht nur von Wörtern, die einen Frame evozieren, sondern auch jene von Frames insgesamt erfassen möchten. Anknüpfend an diese Idee und auf der Grundlage der Assoziations-Studien von Bartlett (1932) entwirft Busse (2012: 636–638) den Begriff der *Frame-Kontinguität*, der

Ich möchte in diesem Abschnitt zeigen, dass es der Begriff der Frame-Nähe ermöglicht, lexikalische Frames von einem Konstruktions-Frame zu unterscheiden und die ‚Nähe' Ersterer zu Letzterem zu bestimmen. Die Frame-Nähe zwischen einem lexikalischen Frame und dem Konstruktions-Frame kann als Anzeichen für den Eingang eines von dem lexikalischen Frame unterschiedenen Konstruktions-Frames in einen Konstrukt-Frame dienen und zugleich den graduellen Unterschied zwischen dem Konstruktions-Frame und möglichen lexikalischen Frames messen. So unterscheidet sich der Konstruktions-Frame am stärksten von einem lexikalischen Frame, wenn eine Frame-Nähe zwischen beiden durch Frame-zu-Frame-Relationen in FrameNet nicht nachweisbar ist. Gleichzeitig gilt für diejenigen lexikalischen Frames, die mit dem Konstruktions-Frame durch Frame-zu-Frame-Relationen verbunden sind, dass sie sich umso deutlicher von ihm unterscheiden, je geringer die Frame-Nähe zwischen beiden Frames ist.

In Unterabschnitt 5.4.1 möchte ich das Grundprinzip der Frame-Nähe unter Rückgriff auf die Frame-zu-Frame-Relationen in FrameNet erläutern und eine Methode dafür vorstellen, die Menge der zu einem Konstruktions-Frame in Frame-Nähe stehenden lexikalischen Frames zu definieren. In Unterabschnitt 5.4.2 argumentiere ich dafür, das Konzept der Frame-Nähe prototypentheoretisch zu verstehen und die Frame-Nähe eines lexikalischen Frames in einem gegebenen Konstrukt als Indikator für die Prototypikalität dieses Konstrukts zu nutzen. Da für die weitere Analyse der drei untersuchten Konstruktionen die lexikalischen Frames, die zu ihrem Konstruktions-Frame `Motion` in Frame-Nähe stehen, von großer Relevanz sind, sei abschließend in Unterabschnitt 5.4.3 das vollständige System der Frame-Nähen von `Motion`, wie es für die drei Konstruktionen belegt ist, dargestellt.

5.4.1 Frame-zu-Frame-Relationen und Frame-Nähe

Um zu zeigen, wie die Frame-Nähen lexikalischer Frames zu einem gegebenen Konstruktions-Frame definiert sind, bietet es sich an, den Konstruktions-Frame der drei untersuchten Konstruktionen heranzuziehen. Am Beispiel von `Motion` möchte ich zeigen, wie ausgehend von den Frame-zu-Frame-Relationen, die für ihn in FrameNet 1.7 dokumentiert sind, diejenigen Frames ermittelt werden kön-

---

auf die assoziativen Relationen zwischen zwei Frames abzielt. In diesem Zusammenhang stellt Busse (2012: 643–644) sodann eine Typologie *assoziativer Netzwerke* auf, die solche Frames bilden können. Interessanterweise verweist er am Rande auf Konstruktionen im Sinne der Konstruktionsgrammatik, deren Strukturen sich mit Frame-Kookkurrenzen vergleichen lassen (vgl. Busse 2012: 644, Anm. 189).

nen, die zu ihm in Frame-Nähe stehen. Abbildung 5.4 zeigt die Frames, mit denen Motion in der Vererbungsrelation verbunden ist. Diese Informationen sind über den FrameGrapher[60] von FrameNet verfügbar, ich stelle allerdings lediglich alle unter- und übergeordneten Frames von Motion sowie zwei Frames, die auf derselben Hierarchieebene wie er liegen, dar.

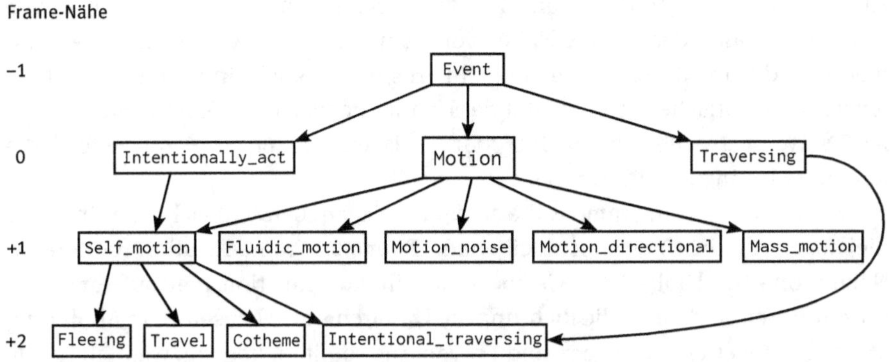

Abb. 5.4: Frames in Vererbungsrelation zu Motion hinsichtlich ihrer Frame-Nähen in FrameNet 1.7 (vereinfacht in Anlehnung an den FrameNet-FrameGrapher)

Frame-Nähen sind grundsätzlich in zwei Richtungen möglich: Sie verlaufen ‚nach unten' für all diejenigen Frames, die dem untersuchten Frame untergeordnet sind, und ‚nach oben' für all diejenigen Frames, die dem untersuchten Frame übergeordnet sind. Für ersteren Fall liegt eine positive Frame-Nähe vor, der Abstand zum untersuchten Frame kann mit einem positiven Vorzeichen versehen werden. Für letzteren Fall liegt entsprechend eine negative Frame-Nähe vor, weshalb ein negatives Vorzeichen eingesetzt wird. Die Art des Vorzeichens (positiv oder negativ) zeigt somit lediglich die Richtung an, in der die Frame-zu-Frame-Relation verläuft. Je höher die darauffolgende Zahl ist, desto geringer die Frame-Nähe. Umgekehrt zeigt eine niedrige Zahl also keine niedrige Frame-Nähe an, sondern eine große.

Motion besitzt fünf Frames, die ihm in der Vererbungsrelation direkt untergeordnet sind: Fluidic_motion, Mass_motion, Motion_directional, Motion_noise

60 https://framenet.icsi.berkeley.edu/fndrupal/FrameGrapher (zuletzt abgerufen am 07.09. 2021). Die dem FrameGrapher zugrunde gelegten Frame-zu-Frame-Relationen beruhen auf dem auf der FrameNet-Website dokumentierten FrameNet-Release und nicht auf dem Release 1.7, das ich verwende. Ich lege aus Konsistenzgründen deshalb die Frame-zu-Frame-Relationen des Release 1.7 zugrunde, wenngleich sie sich von dem auf der Website dokumentierten Stand unterscheiden.

und Self_motion. Sie alle stehen also in einer Frame-Nähe von +1 zu ihm. Self_motion wiederum steht als einziger dieser Frames zu Frames, die ihm direkt untergeordnet sind, in Vererbungsrelation: Cotheme, Fleeing, Intentional_traversing und Travel stehen zu Motion damit gewissermaßen indirekt in Verbindung: Sie erhalten in dieser Konstellation eine Frame-Nähe von +2. Motion übergeordnet ist in der Vererbungsrelation nur ein Frame: Event. Er steht aus dieser Perspektive also zu ihm in einer Frame-Nähe von –1. Motion selbst erhält die Frame-Nähe 0. Voraussetzung dafür, dass Frame-Nähen von +2 und höher (sowie solche von –2 und niedriger, die für Motion aber nicht definiert sind) möglich sind, ist die Annahme einer mathematischen Transitivität der Hierarchie (vgl. dazu Stock & Stock 2008: 70–72). Wenn also die Relation Self_motion ‚ist ein' Motion gilt,[61] gilt zugleich die Relation Fleeing ‚ist ein' Motion.

Als Frames, die in Frame-Nähe zu Motion liegen, betrachte ich allerdings nur diejenigen, die in einer gleichbleibenden Frame-zu-Frame-Relation (bei Frame-Nähen von +2 und höher)[62] sowie über einen direkten Relationspfad auf Motion zurückzuführen sind, ohne die Richtung der Hierarchie zu wechseln.[63] In Abbildung 5.4 zählen Intentionally_act und Traversing somit nicht dazu, wenngleich sie auf derselben Hierarchieebene wie Motion liegen. Ein Beispiel für die Benutzt-Relation mag dies weiter illustrieren: Der Frame Fastener ist Closure untergeordnet, welcher auf derselben Hierarchieebene wie Motion liegt. Motion und Closure sind allerdings nicht relational miteinander verbunden, ein gemeinsamer übergeordneter Frame etwa fehlt. Die Verbindung besteht lediglich darin, dass der Frame Clothing, der Closure in einer Benutzt-Relation untergeordnet ist, den Frames Dressing und Undressing übergeordnet ist, die zu Motion in einer Frame-

61 Vgl. dazu, dass die Vererbungsrelation als „corresponding to is-a in many ontologies" (Ruppenhofer et al. 2016: 80) aufgefasst wird.

62 Ein Wechsel der Relationen würde den Grundsatz der Transitivität gefährden, vgl. dazu das anschauliche Beispiel bei Stock & Stock (2008: 71): „Nehmen wir z.B. an, die Leber von Professor X ist Teil von X und Professor X ist Teil der Universität Y, dann gilt bei Transitivität: Die Leber von Professor X ist Teil der Universität Y, was offensichtlich Unfug ist. Aber Achtung! War das überhaupt dieselbe Relation? Die Leber ist ein Körperteil; ein Professor ist ein Teil einer Organisation. Nur weil wir vereinfachend von einer allgemeinen Ganzes-Teil-Relation ausgehen, gilt die Transitivität nicht."

63 Für das in dieser Hinsicht betrachtete Frame-Netzwerk gilt somit dasselbe wie für ein Konstruktionsnetzwerk: „Constructional characteristics, that is, characteristics of form and meaning, are inherited in a downwards direction, from higher, more schematic levels towards lower, more concrete levels." (Hilpert 2019: 58). Es gilt damit: „Inheritance is thus a ‚downwards' relation; more specific constructional characteristics are not projected ‚upwards'." (Hilpert 2019: 59). Diese Sicht lässt sich nicht nur auf die Vererbungsrelationen, sondern auch auf alle anderen Frame-zu-Frame-Relationen übertragen.

Nähe von +2 stehen. Abbildung 5.5 zeigt diese Zusammenhänge durch einen Auszug aus den Benutzt-Relationen von Motion. Um von Fastener zu Motion zu gelangen, muss also dreimal die Richtung der Hierarchie gewechselt werden, da Dressing und Undressing dem Frame Placing untergeordnet sind, der wiederum erst Motion untergeordnet ist.

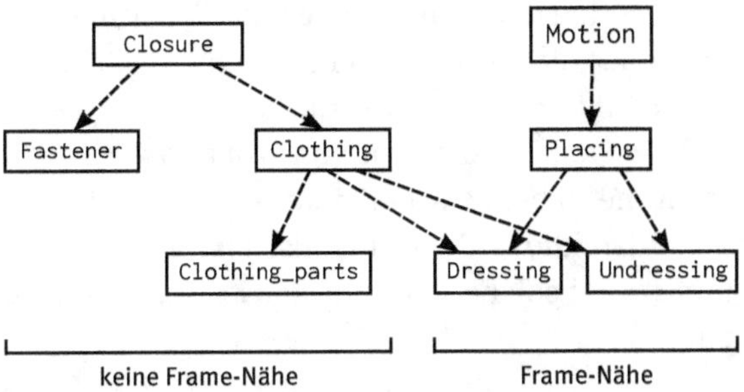

Abb. 5.5: Ausschnitt der Frames in Benutzt-Relation zu Motion in FrameNet 1.7 (vereinfacht in Anlehnung an den FrameNet-FrameGrapher)

Aus diesem Grund betrachte ich einen Frame wie Fastener nicht als in Frame-Nähe zu Motion stehend, ebenso wie alle anderen Frames, die auf der linken Seite in Abbildung 5.5 zu sehen sind und nur durch einen Richtungswechsel in der Frame-Hierarchie zu erreichen wären (z.B. Clothing_parts). Gleiches gilt für die Frames Intentionally_act und Traversing in Abbildung 5.4, die ebenfalls nur durch einen Wechsel der Hierarchierichtung, hier innerhalb der Vererbungsrelation, erreichbar wären. Damit ist selbstverständlich nicht gesagt, dass diese Frames nicht als lexikalische Frames für die Konstitution von Konstrukt-Frames infrage kommen können. Tatsächlich machen solche lexikalischen Frames einen großen Anteil der Konstrukt-Frames der reflexiven Bewegungskonstruktion und der reflexiven Partikelverbkonstruktion aus.

5.4.2 Indikatoren für die Prototypikalität eines Konstrukts

Das System der Frame-Nähen eines Konstruktions-Frames lässt sich über die Feststellung des Inventars an lexikalischen Frames, die zu ihm in Frame-zu-Frame-Relationen – auch über mehrere Hierarchieebenen hinweg – stehen, hinaus in der Analyse von Konstrukten und Konstrukt-Frames verwenden. In Anlehnung an die Prototypentheorie von Rosch (1978: 30), die eine vertikale und eine horizontale Dimension von Kategorien unterscheidet, können Frame-Nähen entlang ebendieser Dimensionen als Maßstab für die Prototypikalität von Konstrukten herangezogen werden.[64] Da es die lexikalischen Frames sind, die diese bestimmen, lässt sich schließlich zugleich diesen Frames eine entsprechende Prototypikalität oder Unprototypikalität zusprechen. Es ist davon auszugehen, dass Konstrukte, deren relatierte lexikalische Frames näher am Konstruktions-Frame liegen, als prototypischere Instanzen der Konstruktion zu betrachten sind als solche, in denen der lexikalische Frame in einer geringeren Frame-Nähe zum Konstruktions-Frame steht. Lexikalische Frames lassen sich also in zwei Klassen einteilen, auf die ich im weiteren Verlauf dieser Arbeit immer wieder zurückkommen werde.

a) *Relatierte* lexikalische Frames sind solche, die zum Konstruktions-Frame in einer (beliebig großen) Frame-Nähe stehen, einschließlich desjenigen lexikalischen Frames, der mit dem Konstruktions-Frame identisch ist.
b) *Unrelatierte* lexikalische Frames sind solche, die zum Konstruktions-Frame in keiner Frame-Nähe stehen.

Betrachtet man die Konstrukte einer Konstruktion nun als eine Kategorie, so strukturieren die Frame-Nähen der lexikalischen Frames der Konstrukte diese Kategorie hinsichtlich der Prototypikalität der Konstrukte. Diese interne Strukturierung der Kategorie ‚Konstrukt der Konstruktion X' ist somit Ausdruck einer horizontalen prototypischen Dimension (vgl. dazu Rosch 1978: 30). Der Konstruktions-Frame stellt damit gewissermaßen die ‚Kernbedeutung' (*core meaning*) im Sinne von Rosch (1973: 140–141) dar. Konstrukte, deren lexikalische Frames direkt dem Konstruktions-Frame entsprechen (also eine Frame-Nähe von 0 aufweisen), sind die Prototypen der Kategorie. Je größer die Frame-Nähe eines relatierten lexikalischen Frames eines Konstrukts zum Konstruktions-Frame ist, desto prototypischer ist dieses Konstrukt für die Konstruktion. Lexikalische Frames mit einer geringen Frame-Nähe sind weiter vom prototypischen Kern, dem Konstruktions-Frame, entfernt, als solche mit einer weniger geringen Frame-Nähe.[65] Die Kategorie der relatierten lexikalischen Frames im Sinne von a ist also in sich nach Prototypikalität strukturiert, die mit abnehmender Frame-Nähe abnimmt. Abbildung 5.6 veranschaulicht in Anlehnung an die Darstellungsform horizontaler prototypischer Dimensionen wie bei Aitchison (2012: 69) diese Zusammenhänge exempla-

64 Rosch (1977: 25) selbst spricht bereits von der *Distanz* zum Prototyp, nach der sich die Mitglieder einer Kategorie in ihrer Prototypikalität unterscheiden.

65 Auch Busse (2012: 598) weist im Zuge seiner Überlegungen zu Prototypikalität von Frames auf drei hier relevante Typen von Prototypikalität hin, die die Relationen zwischen Frames und die Konstitution ganzer Frame-Netzwerke betreffen, ohne sie jedoch weiter zu elaborieren. Der Begriff der Frame-Nähe als Indikator für Prototypikalität kann deshalb als eine mögliche Operationalisierung von Busses Thesen gesehen werden.

risch für einige der positiven Frame-Nähen (+1 oder höher) der Vererbungsrelation von Motion.[66]

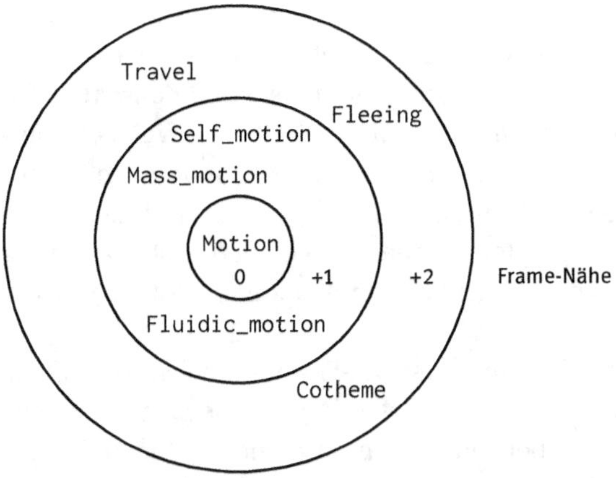

Abb. 5.6: Positive Frame-Nähen (Auswahl) zur Strukturierung einer prototypischen Kategorie relatierter Frames, am Beispiel der Vererbungsrelation von Motion in FrameNet 1.7

Die Prototypikalität eines Konstrukts, wie sie über die Frame-Nähe des lexikalischen Frames bestimmt werden kann, trifft allerdings keine Aussagen über die Gesamtheit der Konstrukte, die als Instanzen der betreffenden Konstruktion angesehen werden können. Hinzu kommen noch all diejenigen Konstrukte, deren lexikalische Frames nicht in einer Frame-zu-Frame-Relation zum Konstruktions-Frame stehen und für die sich somit keine Frame-Nähe ermitteln lässt – mit anderen Worten: die unrelatiert sind. Auf diesen Aspekt komme ich im nächsten Unterabschnitt 5.4.3 zurück. Wie bereits erwähnt, decken die Konstrukte, deren Konstrukt-Frames einen lexikalischen Frame in Frame-zu-Frame-Relation zum Konstruktions-Frame aufweisen, jedoch bereits einen Teil der Konstrukte ab.[67] Lexikalische Frames in Frame-Nähe zum Konstruktions-Frame sind mit der Ausprägung ihrer Frame-Nähen nicht nur ein Indikator für die Prototypikalität eines

66 Dahingehend, dass der Übergang zwischen relatierten und unrelatierten lexikalischen Frames graduell ist, lässt sich auch die Annahme eines Kontinuums zwischen *Elaboration* und *Fusion* bei Hampe & Schönefeld (2003: 248) deuten (vgl. auch Unterabschnitt 7.4.1). Zum Begriff der Elaboration vgl. Unterabschnitt 6.2.1.

67 Es ist somit nicht nötig, wie Mortelmans & Smirnova (2020: 61–62) es tun, inhärente (reflexive) Bewegungsverben von Konstrukten der reflexiven Bewegungskonstruktion zu trennen. Instanzen mit Ersteren sind schlicht als verschieden prototypische Konstrukte (mit relatierten lexikalischen Frames) zu verstehen, Instanzen mit Letzteren als solche mit unrelatierten lexikalischen Frames.

Konstrukts, sondern zugleich ein Indikator dafür, ob ein Beleg ein Konstrukt der betrachteten Konstruktion enthält (dazu Unterabschnitt 8.4.2).[68] Alle Instanzen, deren lexikalische Frames in einer (direkten oder indirekten) Frame-zu-Frame-Relation zum Konstruktions-Frame stehen, gleich welcher Frame-Nähe, kommen somit als Konstrukte der betreffenden Konstruktion infrage. Dies erleichtert die Datenauswahl erheblich und erklärt die Anzahlen der relevanten Konstrukte für die drei untersuchten Konstruktionen, wie sie in Abschnitt 3.4.1 aufgelistet sind.

Die Prototypikalität von Konstrukten, deren lexikalische Frames in Frame-Nähe zum Konstruktions-Frame stehen, wirkt sich nun auf mindestens die folgenden Aspekte aus, von denen die ersten beiden zugleich den Zusammenhang dieses semantischen Parameters von Konstruktionen zu anderen Parametern ausdrücken.

- *Die Entstehung von Koerzionseffekten*: Konstrukt-Frames mit relatierten lexikalischen Frames weisen keine Koerzionseffekte (Abschnitte 5.5 und 7.4) auf. Dies schon deshalb nicht, weil bei ihnen kein zusätzlicher Konstruktions-Frame an der Konstitution des Konstrukt-Frames beteiligt ist, also keine Frame-Anpassung stattfindet. Steht der lexikalische Frame aber nicht in Frame-Nähe zum Konstruktions-Frame, ist Letzterer automatisch beteiligt und konstituiert gemeinsam mit dem lexikalischen Frame den Konstrukt-Frame. Da der lexikalische Frame nun nicht mehr alle KtE allein motiviert, ergeben sich Koerzionseffekte.[69]
- *Die Produktivität der Konstruktion*: Eine Konstruktion ist dann besonders produktiv, wenn besonders viele unterschiedliche unrelatierte lexikalische Frames in die Konstitution ihrer Konstrukt-Frames eingehen, die Type-Frequenz der unrelatierten lexikalischen Frames also besonders hoch ist (vgl. Unterabschnitt 5.6.2 sowie Abschnitt 7.5). Die Untersuchung von Frame-Nähen ist damit eine wesentliche Voraussetzung der Untersuchung der Produktivität einer Konstruktion.
- *Die semantische Motivierung von KtE und KEE* (Abschnitte 6.2 und 6.3): Wird ein Frame als lexikalischer Frame eingesetzt, der in Frame-Nähe zum Konstruktions-Frame steht, so werden alle KtE des Konstrukts durch den lexikalische Frame motiviert (vgl. Unterabschnitt 6.2.1). Ein separater Konstruktions-Frame ist in diesen Fällen nicht an der Konstitution des Konstrukt-Frames beteiligt.

68 Auf die schon mehrfach erwähnte Ausnahme für die reflexive Partikelverbkonstruktion komme ich in Unterabschnitt 6.4.3 zu sprechen.

69 Auf die Messung des Koerzionspotenzials einer Konstruktion aufgrund dieser Verhältnisse in der Konstitution des Konstrukt-Frames gehe ich in den Unterabschnitten 7.4.1 und 7.4.3 ein.

- *Die Evokation des Konstruktions-Frames* (Unterabschnitt 8.1.2 sowie Abschnitte 8.2 und 8.3): Ob in einem Konstrukt ein relatierter oder unrelatierter lexikalischer Frame vorliegt, entscheidet wesentlich über den Mechanismus zur Evokation des Konstruktions-Frames. In methodischer Hinsicht kann zudem das System eines potenziellen Konstruktions-Frames herangezogen werden, um zu überprüfen, ob dieser Frame tatsächlich als Konstruktions-Frame infrage kommt (vgl. Unterabschnitt 8.5.1).

Beide Arten von Konstrukten, solche mit relatierten wie solche mit unrelatierten lexikalischen Frames, kommen als Instanzen der Konstruktion infrage. Ist der Konstruktions-Frame an der Konstitution des Konstrukt-Frames beteiligt, steht dies ohnehin außer Frage. Ein Konstrukt, dessen KtE durch FE eines lexikalischen Frames vollständig motiviert werden (Unterabschnitt 6.2.1), kommt als Instanz der betreffenden Konstruktion nur dann infrage, wenn der lexikalische Frame in Frame-Nähe zum Konstruktions-Frame steht. Ist dies nicht der Fall, handelt es sich in der Regel nicht um eine Instanz der betreffenden Konstruktion (vgl. aber Unterabschnitt 6.4.3 für ein Gegenbeispiel bei der reflexiven Partikelverbkonstruktion). Ein Blick auf die Frame-Nähe eines lexikalischen Frames ist somit ein wichtiges Hilfsmittel bei der Frage danach, ob ein gegebenes Konstrukt als Instanz einer zu untersuchenden Konstruktion gelten kann oder nicht.[70]

5.4.3 Frame-Nähen von `Motion`

Als Basis für alle weiteren konstruktionssemantischen Analysen der drei untersuchten Konstruktionen möchte ich in diesem Unterabschnitt das vollständige System der Frame-Nähen von `Motion` aufzeigen. Für die Vererbungsrelation habe ich damit in Unterabschnitt 5.4.1 bereits begonnen: Abbildung 5.4 zeigt alle Frames, die innerhalb der Vererbungsrelation in Frame-Nähe zu `Motion` stehen. Alternativ zu der graphischen Darstellung lassen sich diese Zusammenhänge auch tabellarisch darstellen. Tabelle 5.12 zeigt eine Auflistung der relevanten Frames und deren Zuordnung zu den unterschiedlichen Frame-Nähen. Die Zuordnung über- und untergeordneter Frames zueinander spielt hierbei keine Rolle: So ist aus der Tabelle nicht ersichtlich, dass die Frames `Cotheme`, `Fleeing`, `Intentional_traversing` und `Travel` gerade `Self_motion` untergeordnet sind und nicht etwa `Motion_directional`. Da diese Details für die folgenden Analy-

70 Auf den damit verbundenen methodologischen Aspekt hinsichtlich der Disambiguierung von Konstruktionen mit einer ambigen Formseite gehe ich in Unterabschnitt 8.4.2 ein.

sen nicht von Relevanz sind, ignoriere ich das Problem, sie nicht darstellen zu können, zugunsten einer übersichtlicheren Darstellung in Tabellenform.

Tab. 5.12: Frame-Nähen der Vererbungsrelation von `Motion` nach FrameNet 1.7

Frame-Nähe	Frame	RBKxn	RPVKxn	*Weg*-Kxn
−1	`Event`	0	0	0
0	`Motion`	105	24	26
+1	`Fluidic_motion`	17	0	0
	`Mass_motion`	2	0	0
	`Motion_directional`	11	15	0
	`Motion_noise`	0	0	0
	`Self_motion`	159	56	0
+2	`Cotheme`	0	0	0
	`Fleeing`	5	0	0
	`Intentionally_traversing`	0	0	0
	`Travel`	0	0	0

Um die Verteilung relatierter lexikalischer Frames, die in den Konstrukten der drei untersuchten Konstruktionen evoziert werden können, hinsichtlich ihrer Frame-Nähe zu illustrieren, sind in allen Tabellen in diesem Unterabschnitt die Token-Frequenzen der entsprechenden lexikalischen Frames, die auf die reflexive Bewegungskonstruktion (RBKxn), die reflexive Partikelverbkonstruktion (RPVKxn) sowie die reflexive *Weg*-Konstruktion (*Weg*-Kxn) entfallen, angegeben. Die lexikalischen Frames in Frame-Nähe zu `Motion` gehe ich für jede einzelne der im FrameNet dokumentierten Frame-zu-Frame-Relationen, die ich in Unterabschnitt 2.1.2 aufgezählt habe, durch. Da ich dort noch nicht auf die Definitionen der Relationen eingegangen bin, soll dies an dieser Stelle nachgeholt werden.

Die wichtigste und zuerst zu betrachtende Frame-zu-Frame-Relation ist die Vererbungsrelation. Sie ist „the strongest relation between frames, corresponding to is-a in many ontologies" (Ruppenhofer et al. 2016: 80). Sie führt dazu, dass der jeweils untergeordnete Frame über alle Eigenschaften des übergeordneten Frames verfügt, entweder in derselben oder einer höheren Spezifiziertheit (vgl. Ruppenhofer et al. 2016: 80). Wie aufgrund ihres Status als wichtigste Frame-zu-Frame-Relation zu erwarten, stellt die Vererbungsrelation eine der quantitativ größten Frame-zu-Frame-Relationen dar, deren Frames als lexikalische Frames in Konstrukt-Frames der drei untersuchten Konstruktionen eingehen. Wie aus Tabelle 5.12 hervorgeht, sind für die reflexive Bewegungskonstruktion unter den lexikalischen Frames mit Frame-Nähe von +1 in der Summe mehr Konstrukte als mit dem lexikalischen Frame Motion, also einer Frame-Nähe von 0, belegt. Gleiches gilt für die reflexive Partikelverbkonstruktion.

Frame-Nähen lassen sich nicht nur für die Vererbungsrelation feststellen, sondern für alle Frame-zu-Frame-Relationen. Eine Relation, die in Bezug auf Motion als Konstruktions-Frame ein durchaus komplexes System von Frame-Nähen aufweist, ist die Benutzt-Relation. Sie ist „one of the largest frame-to-frame relations in FrameNet" (Sikos & Padó 2018: 43) und sagt aus, dass „a particular frame makes reference in a very general kind of way to the structure of a more abstract, schematic frame." (Ruppenhofer et al. 2016: 83). Dieser Bezug zu einem übergeordneten Frame gilt „almost exclusively for cases in which a part of the scene evoked by the child [dem untergeordneten Frame, A.W.] refers to the parent frame [dem übergeordneten Frame, A.W.]" (Ruppenhofer et al. 2016: 83).[71]

Anders als die Vererbungsrelation weist die Benutzt-Relation Frame-Nähen von bis zu +3 auf, während eine Frame-Nähe von −1 oder niedriger nicht existiert. Die Benutzt-Relation beinhaltet für die reflexive Bewegungskonstruktion die meisten Konstrukte, die in Frame-Nähe zum Konstruktions-Frame stehen, noch vor der Vererbungsrelation. Besonders frequent ist der lexikalische Frame Body_movement. Für die reflexive Partikelverbkonstruktion ist er ebenso der frequenteste aller lexikalischen Frames in dieser Frame-zu-Frame-Relation (vgl. Tabelle 5.13).

Über lediglich eine Stufe der Frame-Nähe verfügt die Relation Sub-Frame. Sie umfasst untergeordnete Frames, die Teilhandlungen des übergeordneten Frames darstellen und in einer (i.d.R. zeitlichen) Abfolge zueinander stehen:

> Some frames are complex in that they refer to sequences of states and transitions, each of which can itself be separately described as a frame. The separate frames (called subframes) are related to the complex frames via the SubFrame relation. In such cases, frame elements of the complex frame may be connected to the frame elements of the subparts, although not all frame elements of one need have any relation to the other. [...] Also, the ordering and other temporal relationships of the subframes can be specified using binary precedence relations. (Ruppenhofer et al. 2016: 83)

Die Sub-Frame-Relation weist, wie Tabelle 5.14 zeigt, nur zwei Frames in einer Frame-Nähe von +1 auf. Für keine der von mir untersuchten Konstruktionen sind

71 Sikos & Padó (2018: 43) weisen darauf hin, dass noch eine zweite Definition der Benutzt-Relation bei Petruck & de Melo (2012: 46) existiert und dass nicht alle Frames, die über diese Relation miteinander verbunden sind, mit einer einzigen Definition zu erfassen sind. Da es mir nicht auf eine eingehendere Diskussion dieser Relation ankommt, sehe ich über diese Probleme hinweg und orientiere mich, wie für die anderen Relationen auch, an der Definition von Ruppenhofer et al. (2016).

Tab. 5.13: Frame-Nähen der Benutzt-Relation von Motion nach FrameNet 1.7

Frame-Nähe	Frame	RBKxn	RPVKxn	*Weg*-Kxn
0	Motion	105	24	26
+1	Body_movement	246	118	0
	Bringing	17	8	0
	Change_direction	43	17	0
	Cotheme	0	0	0
	Departing	6	0	0
	Emanating	0	0	0
	Evading	7	0	0
	Excreting	0	1	0
	Light_movement	0	0	0
	Operate_vehicle	0	1	0
	Path_traveled	0	0	0
	Placing	14	11	0
	Redirecting	0	0	0
	Removing	0	0	0
	Roadways	0	0	0
+2	Arranging	0	0	0
	Convoy	0	0	0
	Disembarking	0	0	0
	Dressing	0	0	0
	Dunking	0	0	0
	Entourage	0	0	0
	Facial_expression	0	0	0
	Installing	0	0	0
	Piracy	0	0	0
	Sending	0	0	0
	Storing	0	0	0
	Undressing	1	0	0
+3	Carry_goods	0	0	0
	Delivery	0	0	0
	Making_faces	1	0	0
	Sent_items	0	0	0
	Store	0	0	0

Tab. 5.14: Frame-Nähen der Sub-Frame-Relation von Motion nach FrameNet 1.7

Frame-Nähe	Frame	RBKxn	RPVKxn	*Weg*-Kxn
0	Motion	105	24	26
+1	Getting_underway	0	0	0
	Halt	0	0	0

Tab. 5.15: Frame-Nähen der Perspektive_auf-Relation von `Motion` nach FrameNet 1.7

Frame-Nähe	Frame	RBKxn	RPVKxn	*Weg*-Kxn
−1	Motion_scenario	0	0	0
0	Motion	105	24	26

Tab. 5.16: Frame-Nähen der Kausativ-Relation von `Motion` nach FrameNet 1.7

Frame-Nähe	Frame	RBKxn	RPVKxn	*Weg*-Kxn
−1	Cause_motion	77	53	0
0	Motion	105	24	26

Konstrukte mit lexikalischen Frames belegt, die in einer Sub-Frame-Relation zu `Motion` stehen.

Eine Frame-zu-Frame-Relation, die ausschließlich eine negative und keine positive Frame-Nähe konstituiert, ist Perspektive_auf. Voraussetzung für diese Relation ist „the presence of at least two different possible points-of-view on the Neutral [sic!] frame" (Ruppenhofer et al. 2016: 82). Die Perspektive_auf-Relation beinhaltet, wie in Tabelle 5.15 dargestellt, einen Frame in einer Frame-Nähe von −1. Der `Motion` übergeordnete Frame `Motion_scenario` stellt hierbei den neutralen Frame dar, während `Motion` eine Perspektive auf diesen darstellt. Ebenso wie für die Sub-Frame-Relation sind für die drei untersuchten Konstruktionen für die Frame-zu-Frame-Relation Perspektive_auf keine Konstrukte belegt.

Eine Frame-zu-Frame-Relation, die wie die Perspektive_auf-Relation allein über einen `Motion` übergeordneten Frame, aber keine untergeordneten Frames verfügt und somit allein eine Frame-Nähe von −1 konstituiert, stellt die Kausativ-Relation dar. Sie wird in der FrameNet-Dokumentation von Ruppenhofer et al. (2016: 85), wie für andere Schriften von FrameNet schon Busse (2012: 190) kritisiert, „nicht näher definiert, sondern nur an Beispielen erläutert", was insbesondere für die Darstellung von Petruck et al. (2004) gilt, in der sie zusammen mit der Inchoativ-Relation eingeführt wird. Dennoch wirft sie einige, insbesondere im Sprachvergleich zwischen den für das Englische konzipierten FrameNet-Frames und deutschen Reflexivkonstruktionen, relevante Probleme auf, auf die ich in Unterabschnitt 6.3.1 zurückkomme. Auch die Kausativ-Relation ordnet `Motion` lediglich einen Frame in Frame-Nähe von −1 über: `Cause_motion`. Sie ist in Tabelle 5.16 zusammengefasst.

Ein wiederum komplexeres System von Frame-Nähen liegt bei der Siehe_auch-Relation vor, der letzten, für die überhaupt Frame-Nähen von `Motion` ermittelt werden können. Vorbehalten ist sie „groups of frames that are similar and should

Tab. 5.17: Frame-Nähen der Siehe_auch-Relation von `Motion` nach FrameNet 1.7

Frame-Nähe	Frame	RBKxn	RPVKxn	*Weg*-Kxn
0	`Motion`	105	24	26
+1	`Bringing`	17	8	0
	`Operate_vehicle`	0	1	0
	`Ride_vehicle`	1	0	0
	`Self_motion`	159	56	0
+2	`Passing`	0	0	0
	`Sending`	0	0	0
	`Spatial_contact`	0	0	0
+3	`Topic`	0	0	0
	`Wearing`	0	0	0

be carefully differentiated, compared, and constrasted" (Ruppenhofer et al. 2016: 85). Sie kann als die schwächste aller Frame-zu-Frame-Relationen gelten: „Due to its less structured semantic nature, the See_also relation freely violates any and all limitations normally expected for frame-to-frame relations" (Ruppenhofer et al. 2016: 85). Wie Tabelle 5.17 zeigt, liegen für die Siehe_auch-Relation Frame-Nähen bis zu +3 vor.

Für die verbleibenden Relationen Inchoativ und Vorausgehend sind in FrameNet 1.7 keine Frame-zu-Frame-Relationen zu `Motion` dokumentiert und somit auch keine Frame-Nähen ermittelbar. Deshalb verzichte ich darauf, sie zu definieren.

Eine Gemeinsamkeit, die sich für alle Relationen und die Frame-Nähen der Frames, die zu `Motion` in Verbindung stehen, zeigt, ist, dass die Anzahl der Konstrukte mit geringerer Frame-Nähe teils deutlich abnimmt. Für die reflexive Bewegungskonstruktion übersteigt die Frame-Nähe +1 für alle Frame-zu-Frame-Relationen zusammengenommen mit kumuliert 699 Konstrukten `Motion` selbst (105 Konstrukte) um ein Vielfaches.[72] Die Frame-Nähe von +2 allerdings beinhaltet nur noch sechs Konstrukte und für eine Frame-Nähe von +3 sind noch weniger Konstrukte belegt, genauer: nur ein einziges Konstrukt. Für die reflexive Partikelverbkonstruktion lassen sich noch deutlichere Beobachtungen machen: Hier sind nur Konstrukte bis zu einer Frame-Nähe von +1 belegt, auch diese überschreiten mit kumuliert 292 Token diejenigen mit dem Konstruktions-Frame (24 Konstrukte) um ein Vielfaches. Niedrigere Frame-Nähen (von +2 oder mehr) treten für diese Konstruktion nicht auf. Tabelle 5.18 zeigt zusammengefasst die Anzahl der Kon-

72 Da einige Frames innerhalb der unterschiedlichen Frame-zu-Frame-Relationen mehrfach erscheinen, sind diese in der Auflistung in Tabelle 5.18 entsprechend mehrfach enthalten. Deshalb sind keine Summen für die Konstrukte der drei Konstruktionen angegeben.

Tab. 5.18: Konstrukte der untersuchten Konstruktionen in Frame-Nähe zum Konstruktions-Frame Motion

Frame-Nähe	RBKxn	RPVKxn	*Weg*-Kxn
−1	77	53	0
0	105	24	26
+1	699	292	0
+2	6	0	0
+3	1	0	0

strukte und deren Frame-Nähen für alle Frame-zu-Frame-Relationen. Diese Zusammenhänge lassen auf die abnehmende Prototypikalität dieser Konstrukte als Instanzen der Konstruktion schließen. Die mit abnehmender Frame-Nähe abnehmende Prototypikalität spiegelt sich in der abnehmenden Anzahl von belegten Konstrukten wider.[73] Auf die Implikationen dieser stark sinkenden Frequenzen mit abnehmenden Frame-Nähen komme ich in Unterabschnitt 8.2.2 zurück.

Im Folgenden möchte ich einige der Frame-Nähen von Motion durch Beispiele für die reflexive Bewegungskonstruktion illustrieren. Ich beschränke mich hierfür auf die Vererbungsrelation und somit die in Tabelle 5.12 aufgelisteten lexikalischen Frames. Wird das KE Ereignis der jeweiligen Konstruktion durch LE instanziiert, die ebenfalls Motion evozieren, beträgt die Frame-Nähe 0, da Konstruktions-Frame und lexikalischer Frame identisch sind. Dies trifft am Beispiel der reflexiven Bewegungskonstruktion auf LE wie *bewegen* (*move.v*), *schlängeln* (*snake.v*) oder *mäandern* (*meander.v*) zu, wie die Belege in (79) zeigen.

(79) a. Er [$_{\text{Motion}}$ bewegte] sich durch vermeintlich unauffällige harmonische Räume mit einer Sehnsucht nach Farbigkeit, die alle Grauwerte des Theoretischen löschte. (Die Zeit, 10.02.2000, Nr. 7)

b. Ich [$_{\text{Motion}}$ schlängelte] mich durch die Autos und die Abgase, die rot zwischen den Schlußlichtern dampften, und entdeckte gerade noch rechtzeitig die kräftige Gestalt von John Bird hinter dem erleuchteten

73 Allerdings zeigt McColm (2019: 109–116), dass zunehmend von der ‚Konstruktionsbedeutung' abweichende lexikalische Bedeutungen diachron Evidenz für die Herausbildung der Konstruktion als eigenständige Einheit ist. Ähnliches stellen mit explizitem Bezug auf den Begriff der Distanz auch Gisborne & Patten (2011: 99) fest: „In the case of the *way*-construction, verbs from similar semantic fields are accommodated to the construction first, with verbs from more distal semantic fields being added later." Im Sinne des Konzepts der Frame-Nähe lassen sich diese Beobachtungen tendenziell als eine Zunahme belegter unrelatierter lexikalischer Frames interpretieren. Auch dies spricht für die besondere ‚Kreativität', die Konstrukten mit einem unrelatierten lexikalischen Frame zukommt.

Schaufenster. (Franck, Julia: Lagerfeuer, Köln: DuMont Literatur und Kunst Verlag 2003, S. 256)

c. So [$_{\texttt{Motion}}$ mäandern] sich die nackten und verschlungenen Leiber durch die Werbung und über die Titel jener der Werbeästhetik folgenden Magazine. (Die Zeit, 13.01.2000, Nr. 3)

Eine durchaus große Anzahl von Konstrukten ist für lexikalische Frames belegt, die in einer Frame-Nähe von +1 zum Konstruktions-Frame stehen. In den Daten für die reflexive Bewegungskonstruktion sind unter anderem folgende Konstrukte für die lexikalischen Frames `Self_motion` (80), `Fluidic_motion` (81) und `Mass_motion` (82) belegt.

(80) Katharina [$_{\texttt{Self\_motion}}$ schlich] sich oben durch den Flur und kletterte die Leiter zum Dachboden hinauf. (Dölling, Beate: Hör auf zu trommeln, Herz, Weinheim: Beltz & Gelberg 2003, S. 28)

(81) Sie hatte den Damm eines Speichersees durchbrochen, [$_{\texttt{Fluidic\_motion}}$ ergoss] sich durch den Feldkanal in die Lapus, von der Lapus in die Somes und von der Somes jenseits der ungarischen Grenze in die Theiß. (Die Zeit, 24.02.2000, Nr. 9)

(82) Ich fühle mich doppelt wieder, und wärmeres Leben [$_{\texttt{Mass\_motion}}$ ergießt] sich durch alle meine Nerven. (Safranski, Rüdiger: Friedrich Schiller, München Wien: Carl Hanser 2004, S. 164)

Für die reflexive Bewegungskonstruktion sind, wie erwähnt als einzige unter den drei untersuchten Konstruktionen, ebenso Konstrukte belegt, deren lexikalische Frames in einer Frame-Nähe von +2 zum Konstruktions-Frame stehen. Von den vier lexikalischen Frames, die dafür infrage kommen, ist lediglich `Fleeing` belegt, wie die Belege in (83) illustrieren.

(83) a. Die [$_{\texttt{Fleeing}}$ flüchtet] sich in eine Affäre mit ihrem Maklervorbild, dem noch größeren Fassadenkünstler Buddy Kane (Peter Gallagher). (Die Zeit, 20.01.2000, Nr. 4)

b. Nur wer nicht überzeugend politisch handeln kann, [$_{\texttt{Fleeing}}$ flüchtet] sich gern in die Welt der PR-Berater undWerbeagenturen. [sic!] (Tange, Ernst Günter: Zitatenschatz zur Politik, Frankfurt a. M.: Eichborn 2000, S. 84)

c. Panik und Niedergeschlagenheit wechselten auch bei ihr ab, sie [$_{\texttt{Fleeing}}$ flüchtete] sich zu ihrem chirurgischen Besteck, in ihre Schädel-Hirn-Traumata. (Stadler, Arnold: Sehnsucht, Köln: DuMont Literatur und Kunst Verlag 2002, S. 37)

Nun sind allerdings nicht nur diejenigen Konstrukte mit lexikalischen Frames in Frame-Nähe zum Konstruktions-Frame interessant, sondern gerade die Konstrukte, in denen lexikalischer Frame und Konstruktions-Frame unrelatiert sind, stellen die als ‚kreativ' einzustufenden Konstrukte dar. Wenn Michaelis (2015: 9) schreibt, dass „[c]ombining verb meaning and construction meaning requires interpreters to create a semantic link between the event denoted by the verb and that denoted by the construction", so existiert diese semantische Verbindung nur bei solchen Konstrukten, deren lexikalischer Frame in einer Frame-Nähe zum Konstruktions-Frame steht. Eine semantische Verbindung zwischen lexikalischem Frame und Konstruktions-Frame ist somit ein hinreichendes, aber kein notwendiges Kriterium für die Konstitution eines Konstrukt-Frames eines Konstrukts, das als Instanz der betreffenden Konstruktion gelten kann.

Wie ich in Unterabschnitt 5.4.1 gezeigt habe, kommen nicht alle Frames, die über eine Relation erreichbar sind, als Frames in einer Frame-Nähe zu einem gegebenen Frame infrage, insbesondere solche nicht, die zu erreichen ein Wechsel in der Richtung der Frame-Hierarchie nötig ist. Deshalb ist davon auszugehen, dass eine Frame-Distanz nicht unendlich groß sein kann, denn „[a]n obvious question is whether there is a fixed boundary beyond which one cannot speak of semantic relatedness anymore" (Čulo 2013: 162). Damit kommt die Frage nach einer ungefähren Grenze der Prototypikalität von Konstrukten ins Spiel: „[I]t is not yet clear how many steps through the frame hierarchy we can take and still plausibly claim 'semantic similarity'." (Czulo 2017: 475). Der Wechsel in der Hierarchierichtung erscheint für eine solche Grenze praktikabel. Frame-Nähen können somit lediglich in eine Richtung verlaufen, entweder ‚nach unten', wenn es sich um positive Frame-Nähen, also untergeordnete Frames, handelt, oder ‚nach oben', wenn es sich um negative Frame-Nähen, also übergeordnete Frames, handelt.

Nichtsdestotrotz können, wie bereits erwähnt, auch unrelatierte Frames, die also nicht in einer Frame-Nähe zu einem Konstruktions-Frame wie `Motion` stehen, als lexikalische Frames in Konstrukt-Frames eingehen. Die drei im Eingang zu diesem Abschnitt zitierten Konstrukte in (76)–(78) zeigen solche unrelatierten lexikalischen Frames: `Prevarication`, `Hostile_encounter` und `Perception_experience`. Lexikalischer Frame und Konstruktions-Frame sind in solchen Fällen nicht über Frame-zu-Frame-Relationen miteinander verbunden, kurzum: Sie weisen keine Frame-Nähe zueinander auf, sodass diese lexikalischen Frames als unrelatiert einzustufen sind. Wenngleich in diesem Fall die Prototypikalität dieser Konstrukte nicht mehr anhand einer Frame-Nähe bestimmt werden kann, kann es sich dabei durchaus um markante Konstrukte handeln. Der Grund dafür liegt darin, dass solche Konstrukte gerade aufgrund der fehlenden Relation zwischen lexikalischem Frame und Konstruktions-Frame und der dadurch nicht vorhandenen Frame-Nähe auffallen. Diese Auffälligkeit basiert auf Koerzionseffekten, die entstehen, wenn lexikalischer Frame und Konstruktions-Frame gemeinsam einen Konstrukt-Frame konstituieren, wenn also eine Frame-Anpassung des lexikalischen Frames stattfindet. An dieser Stelle kommt der nächste semantische Parameter von Konstruktionen, das Koerzionspotenzial, ins Spiel.

5.5 Koerzionspotenzial

Unter dem Terminus Koerzion (*coercion*)[74] ist in der Konstruktionsgrammatik das Phänomen bekannt, dass die semantischen Eigenschaften einer Konstruktion dazu in der Lage sind, diejenigen von LE zu ‚überschreiben' (vgl. Michaelis 2003a, 2004, 2005). Liegt Koerzion vor, so übt – konstruktionssemantisch reformuliert – ein Konstruktions-Frame wesentlichen Einfluss auf die Konstitution eines Konstrukt-Frames aus, eben indem er einen lexikalischen Frame derart anpasst, dass die LE, die Letzterer evoziert, eine von ihrer üblichen lexikalischen Bedeutung abweichende Lesart erhält. Dies impliziert, dass lexikalische Frames bei der Konstitution von Konstrukt-Frames primär sind und der Konstruktions-Frame sekundär ist und dass dieses Verhältnis im Falle einer Koerzion zugunsten eines größeren Einflusses des Konstruktions-Frames verschoben wird (vgl. auch Panther & Thornburg 1999). Gewissermaßen ist dies der Kern des von Michaelis (2004: 25) formulierten *Override Principle*: „If a lexical item is semantically incompatible with its morphosyntactic context, the meaning of the lexical item conforms to the meaning of the structure in which it is embedded." Tatsächlich besteht Koerzion in der Anpassung eines lexikalischen Frames, während der Konstruktions-Frame unverändert bleibt, wie Michaelis (2005: 61) feststellt: „As per the Override Principle, coercion is asymmetric: only the input type (the lexical expression), and not the output type (the construction's denotatum), is changed in the resolution of a type mismatch." Ich möchte im Folgenden dafür argumentieren, das Phänomen der Koerzion als einen wichtigen Indikator für die Rolle eines Konstruktions-Frames und dessen Einfluss auf mögliche Konstrukt-Frames zu verstehen.

Koerzionsphänomene eignen sich als Grundlage für einen semantischen Parameter für Konstruktionen, weil in Koerzionseffekten die Existenz eines Konstruktions-Frames und seine Beteiligung an der Konstitution von Konstrukt-Frames deutlich sichtbar wird. Voraussetzung dafür ist freilich ein deutlicher Unterschied zwischen lexikalischem Frame und Konstruktions-Frame – kurzum: eine nicht nachweisbare Frame-Nähe des Ersteren (Abschnitt 5.4) – und ihre

74 Bei der deutschen Übertragung des Terminus folge ich Willems & Coene (2003).

gemeinsame Konstitution eines Konstrukt-Frames. Ist Koerzion zu verzeichnen, muss also die Existenz und Auswirkung eines Konstruktions-Frames angenommen werden:

> [F]rom the point of view of *Construction Grammar*, coercion constitutes a major argument in favor of the existence of constructions as independent form/meaning pairings, since it can be used as a heuristic means to discover the independent constructional semantics. If a construction is able to change the meaning of a lexical item that occurs in it, then one is entitled to say that the construction has a particular meaning on its own, irrespective of the lexical items that instantiate the construction. (Lauwers & Willems 2011: 1220)

Koerzionseffekte sind demnach „prime examples of holistic meaning." (Audring & Booij 2016: 623). Sie sind ein gutes Beispiel dafür, „wie eine syntaktische Konstruktion die konventionelle Bedeutung eines Lexems [...] unterdrückt und eine Reinterpretation erzwingt." (Albert 2015: 538). Wie Boas (2011a: 1284–1285) argumentiert, muss dies aber nicht nur einzelne Wörter (insbesondere Verben) betreffen, sondern kann sich über das gesamte Konstrukt einer Argumentstruktur-Konstruktion erstrecken und somit auch andere LE, die als Instanzen von KE, KEE und KorE in einem Konstrukt auftreten, betreffen. Von solchen einzelnen Koerzionseffekten ist das Koerzionspotenzial einer Konstruktion als Ganzes zu unterscheiden, nach dem dieser Parameter benannt ist.

Diese Unterscheidung möchte ich in Unterabschnitt 5.5.1 begründen, bevor ich in Unterabschnitt 5.5.2 auf die graduelle Natur von Koerzion eingehe – eine Erkenntnis, die eine wesentliche Voraussetzung für die empirische Messung des Koerzionspotenzials (Abschnitt 7.4) darstellt. In diesem Abschnitt stehen somit grundlegende Fragen zu diesem Parameter im Fokus. Auf eine Methode zur Messung des Koerzionspotenzials gehe ich in Unterabschnitt 7.4.1 und 7.4.3 ein, die empirischen Ergebnisse des Koerzionspotenzials für die drei untersuchten Konstruktionen sind Gegenstand der Unterabschnitte 7.4.2 bis 7.4.4.

5.5.1 Koerzionseffekte und Koerzionspotenzial

Um Koerzion festzustellen, ist es notwendig, einen Konstrukt-Frame daraufhin zu überprüfen, ob der in ihm enthaltene lexikalische Frames von dem Konstruktions-Frame angepasst ist (Unterabschnitt 4.4.1) und ob somit ein von dem reinen lexikalischen Frame abweichender Konstrukt-Frame vorliegt. Voraussetzung hierfür ist die Betrachtung der Parallelen zwischen den Strukturelementen der Konstrukte einer Konstruktion und den Frames, die an entsprechenden Konstrukt-Frames beteiligt sind. Die Motivierungen dieser Strukturelemente durch FE werden durch eine Betrachtung der lexikalischen Frames und des Konstruktions-Frames sowie deren Verhältnissen über einzelne Konstrukt-Frames hinweg ermittelt. Auf diesen Aspekt und eine Möglichkeit zu seiner methodischen Operationalisierung gehe ich in Kapitel 6 ausführlich ein, möchte zunächst aber den Begriff des Koerzions*potenzials* erörtern.

Gemäß des *Override Principle* von Michaelis (2004: 25) könnte man eine potenzielle Dominanz des Konstruktions-Frames über einen lexikalischen Frame, den eine LE evoziert, annehmen: „[T]he argument is that larger linguistic structures are a stronger force than the individual word and are therefore able to modify properties of the coerced item." (Audring & Booij 2016: 628). Die möglichen Abweichungen können dabei unterschiedlich stark sein, denn Koerzion ist keine binäre Eigenschaft, sondern ein graduelles Phänomen und „the overwelming majority of coercions is so subtle that they quite go unnoticed." (Audring & Booij 2016: 620). Eine Analyse kann also nicht damit enden, festzustellen, dass in einem Konstrukt Koerzion vorliegt oder nicht, vielmehr muss die konkrete Höhe eines solchen Koerzionseffekts messbar sein. Dies ist der erste Grund dafür, diesen Parameter Koerzions*potenzial* zu nennen, denn auf der Ebene der Konstruktion hängt die Höhe dieses Potenzials davon ab, wie die Verteilung unterschiedlich hoher Koerzionseffekte über die Konstrukte der Konstruktion hinweg beschaffen ist.[75]

Der zweite Grund, von einem Koerzions*potenzial* zu sprechen, setzt gerade bei der Beobachtung an, dass sich die Koerzionseffekte über die Konstrukte einer Konstruktion hinweg in unterschiedlicher Höhe verteilen. Aufgrunddessen halte ich es für sinnvoll, den Begriff des Koerzionspotenzials von einzelnen Koerzionseffekten abzugrenzen. Wie Bybee (2010) feststellt, wird Koerzion üblicherweise ausschließlich auf Ebene einzelner Konstrukte diagnostiziert, also auf Token-Ebene, nicht jedoch auf Ebene der Konstruktion und damit auf Type-Ebene:

> The coercion theory seems to assume that instances of use that demand coercion have no effect on the meaning of a category. A usage-based approach, however, would propose that instances of language use have an effect on the more permanent representation of meaning. (Bybee 2010: 186)

Terminologisch möchte ich aus diesem Befund die Konsequenz ziehen, einzelne Fälle von Koerzion als Koerzionseffekte auf Token-Ebene für ein Konstrukt und das Koerzionspotenzial als eine Eigenschaft der Konstruktion, also auf Type-Ebene, zu verstehen. Somit lässt sich dem Umstand Rechnung tragen, dass „coercion does not have to happen anew with each instance of use" (Bybee 2010:

---

75 Bei Michaelis (2003a: 305) erscheint ebenfalls der Terminus „coercive potential", bei Pustejovsky & Jezek (2008: 207) und Michaelis (2011: 1393) ist die Rede von „coercion potential". In allen Fällen ist jedoch keine genaue Definition oder eine Begründung für die Verwendung des Begriffs des *Potenzials* zu finden.

186), sondern dass man die Eigenschaft, Konstrukte mit Koerzionseffekten hervorzubringen, einer Konstruktion zuschreiben kann und dies in die semantische Beschreibung einer Konstruktion eingehen lassen sollte. Vorschläge dafür, wie sich von einzelnen Koerzionseffekten auf das Koerzionspotenzial einer Konstruktion schließen lässt, Koerzionseffekte sich also generalisieren lassen, unterbreite ich in den Unterabschnitten 7.4.1 und 7.4.3.

Begrifflich fassen lassen sich Koerzionseffekte mit der von Audring & Booij (2016: 628–634) vorgeschlagenen dreiteiligen Typologie von *coercion by selection*, *coercion by enrichment* und *coercion by override*:[76] Ersteres Phänomen bezeichnet einen recht schwachen Koerzionseffekt, in dem bestimmte Aspekte des Bedeutungspotenzials einer LE – also des lexikalischen Frames, den sie evoziert (vgl. Unterabschnitt 4.2.2) – selektiert werden, im zweiten Phänomen wird der lexikalische Frame einer LE durch den Konstruktions-Frame erweitert, während letzteres Phänomen den stärksten Koerzionseffekt einer (mehr oder weniger) vollständigen Überschreibung eines lexikalischen Frames durch den Konstruktions-Frame bezeichnet. Michaelis' *Override Principle* erfasst demnach nur eine der möglichen Erscheinungsformen von Koerzion (vgl. Audring & Booij 2016: 627–628). Auch auf diese Einteilung komme ich in den Unterabschnitten 7.4.1 und 7.4.3 zurück.

5.5.2 Koerzion als graduelles Phänomen

Bevor die Höhe des Koerzionspotenzials der drei untersuchten Konstruktionen auf Grundlage der Untersuchung der Strukturparallelen zwischen ihren KtE und KEE auf der einen Seite sowie den FE ihres Konstruktions-Frames und der unterschiedlichen lexikalischen Frames auf der anderen Seite bestimmt werden kann (Abschnitt 7.4), ist es an dieser Stelle wichtig, die graduelle Natur von Koerzion,[77] wie sie sich exemplarisch in den Konstrukten der reflexiven Bewegungskonstruktion äußert, festzuhalten. Schon die *way*-Konstruktion gilt als ein Paradefall für Koerzion (vgl. Michaelis 2003a: 276, 2005: 59; Traugott & Trousdale 2013: 86). Geht man davon aus, dass die Konstruktion formal in erster Linie durch eine syntagmatische Abfolge der KE Bewegendes, Ereignis, Weg und des KEE gekennzeichnet ist, so ist der entstehende Koerzionseffekt, den sie erzeugen kann, stark abhängig

76 Vgl. auch die Unterscheidung zwischen *inherent compatibility* und *semantic enrichment* bei Perek (2015: 28) sowie die Typologie von Engelberg (2019: 20–21), der *neologistische*, *konventionalisierte* und *musterbildende* Koerzionseffekte unterscheidet. Eine Methode zu deren präziser Abgrenzung fehlt allerdings.

77 Zur graduellen Natur von Koerzion vgl. überblickend auch Lauwers & Willems (2011: 1227–1230).

von den KtE, die das KE Ereignis instanziieren können – mit anderen Worten: von den Präferenzen für lexikalische Frames (Unterabschnitt 5.3.3). Gleichzeitig ist die formale Abstraktheit der Konstruktion (Abschnitt 5.1) entscheidend, da nur ein KE wie Ereignis in der Lage ist, durch KtE instanziiert zu werden, die als LE entsprechende lexikalische Frames evozieren. Diese Beobachtungen verknüpfen den semantischen Parameter des Koerzionspotenzials mit den Parametern der formalen Abstraktheit und der Beschränkungen und Präferenzen, wie es in Abbildung 5.1 im Eingang zu diesem Kapitel dargestellt ist.

Treten in das KE Ereignis nun LE ein, deren lexikalischer Frame dem Konstruktions-Frame, also Motion, entspricht, so entsteht keine Koerzion. Beispiele hierfür sind die Belege in (84) mit den LE *bewegen* (*move.v*) und *begeben* (*go.v*), die das KE Ereignis instanziieren.

(84) a. Er [$_{\text{Motion}}$ bewegte] sich durch vermeintlich unauffällige harmonische Räume mit einer Sehnsucht nach Farbigkeit, die alle Grauwerte des Theoretischen löschte. (Die Zeit, 10.02.2000, Nr. 7)
b. Titus legte die drei Blätter übereinander, faltete sie sorgfältig zusammen und [$_{\text{Motion}}$ begab] sich, wie von Petersen gefordert, zurück auf seinen Platz. (Schulze, Ingo: Neue Leben, Berlin: Berlin Verlag 2005, S. 782)
c. Oder aber Sie [$_{\text{Motion}}$ begeben] sich unter die Langschläfer, denn in den Halbschlafphasen am späteren Morgen wird auch viel geträumt. (Die Zeit, 20.04.2000, Nr. 17)

Bei Motion als lexikalischem Frame handelt es sich, da er identisch mit dem Konstruktions-Frame ist, um einen relatierten lexikalischen Frame (vgl. Unterabschnitt 5.4.2). Für ihn wie für alle relatierten lexikalischen Frames, auch diejenigen mit Frame-Nähen von +1 und mehr, gilt, dass sie keine Koerzionseffekte erzeugen. Werden in den Konstrukten allerdings LE gebraucht, die unrelatierte lexikalische Frames evozieren, so entstehen Koerzionseffekte. Bei dieser binären Unterscheidung kann es allerdings, wie in Unterabschnitt 5.5.1 angedeutet, nicht bleiben, denn die graduelle Natur des Phänomens der Koerzion äußert sich in unterschiedlichen Höhen von Koerzionseffekten in Konstrukten mit unrelatierten lexikalischen Frames. Diese Koerzionseffekte bestehen vor allem in *coercion by enrichment* und *coercion by override* im Sinne von Audring & Booij (2016: 628–634). Eine einfache Form der ‚Erweiterung' eines lexikalischen Frames durch einen Konstruktions-Frame liegt vor, wenn bestimmte Strukturelemente des Konstrukts durch FE beider Frames zugleich motiviert werden, also eine doppelte Motivierung (Unterabschnitte 6.2.3 und 6.3.3) vorliegt. Dies ist etwa bei dem lexikalischen Frame Manipulate_into_doing der Fall: Das Konstrukt in (85) zeigt, dass das KtE des KE Weg durch FE des lexikalischen Frames und des Konstruktions-Frames doppelt motiviert wird.

(85) Der Fabrikant breitete sein Schweigen wieder aus, der Offizier [$_{\text{Manipulate\_into\_doing}}$ mogelte] sich [$_{\text{RESULTING\_ACTION}}$ aus seinem Sitz ^{SOURCE}]. (Düffel, John von: Vom Wasser, München: dtv 2006, S. 56)

Die doppelte Motivierung ist allerdings nicht nur für KtE des KE Weg möglich, sondern ebenso für das KEE. Wird dies gleichzeitig zum KtE des KE Weg ebenfalls doppelt motiviert, ist der Koerzionseffekt höher. Dieser Fall ist etwa in Konstrukten mit den lexikalischen Frames `Cause_to_amalgamate`, `Attaching` oder `Smuggling` zu beobachten, die die Konstrukte in (86) illustrieren sollen.

(86) a. [$_{\text{PART\_2}}$ In das Weiß unter Blau ^{GOAL}] [$_{\text{Cause\_to\_amalgamate}}$ mischen] [$_{\text{PART\_1}}$ sich ^{THEME}] die Wolkenschatten und die dunklen Birkenstoppeln in den Senken. (Die Zeit, 05.01.2000, Nr. 2)

b. Spinnenweb [$_{\text{Attaching}}$ klebte] [$_{\text{ITEM}}$ sich ^{THEME}] [$_{\text{GOAL}}$ in sein Gesicht ^{GOAL}]. (Koneffke, Jan: Paul Schatz im Uhrenkasten, Köln: DuMont Buchverlag 2000, S. 216)

c. Und wenn die Jungs nach getaner Tat in den Armen der Liebsten schlummern, [$_{\text{Smuggling}}$ schmuggelt] [$_{\text{GOODS}}$ sich ^{THEME}] Rudi mittels Dollars und Autogrammfußbällen am Endlosstau von Brest vorbei [$_{\text{GOAL}}$ nach Polen ^{GOAL}] rein. (Die Zeit, 24.02.2000, Nr. 9)

Gegenüber diesen Fällen von *coercion by enrichment*, in denen Anteile des lexikalischen Frames bis zu einem gewissen Grad noch immer im Konstrukt-Frame ‚übrig bleiben', stellen Fälle von *coercion by override* die höchsten Koerzionseffekte dar.[78] Sie liegen vor, wenn in den beiden soeben bereits betrachteten Strukturelementen, dem KtE des KE Weg sowie dem KEE, keine Motivierung des lexikalischen Frames mehr zu finden ist, sondern diese ausschließlich durch den Konstruktions-Frame geleistet wird (im Sinne der in Unterabschnitt 4.4.1 diskutierten Variante c einer Frame-Anpassung). Ein solcher Fall ist in den Konstrukten in (87) mit den lexikalischen Frames `Daring`, `Hostile_encounter` und `Work` zu sehen. Die Höhe des

78 Diese beiden Fälle sind somit eine Feindifferenzierung dessen, was Perek (2015: 28) allgemein unter *semantic enrichment* fasst: „In the case of semantic enrichment, the respective contributions of the verb and the construction are distinct: the verb conveys what it 'normally' does and the missing elements of meaning are provided by the construction." Frame-semantisch gewendet handelt es sich dabei um „cases where the use of a verb involves facets of meaning that are arguably absent from its semantic frame [...], and are contributed by the construction." (Perek 2015: 28).

Koerzionseffekts ist also nicht allein abhängig von der semantischen Motivierung *eines* KtE wie desjenigen des KE WEG: Die semantische Motivierung der Instanz des KEE muss ebenfalls mit in Betracht gezogen werden.

(87) a. Aber früher, als wir noch klein waren, [$_{\texttt{Daring}}$ traute] [sich ^{THEME}] niemand [an uns ^{GOAL}] heran, auch nicht in Mückes Gegend, denn wir standen unter dem Schutz seines Bruders, und dessen Rache würde fürchterlich sein. (Goosen, Frank: Liegen lernen, Frankfurt am Main: Eichborn AG 2000, S. 88)

b. Der Wagen legte kaum zweihundert Meter in der Minute zurück, [$_{\texttt{Hostile\_encounter}}$ kämpfte] [sich ^{THEME}] vorwärts [durch die Schneemassen ^{PATH}], bog von der Landstraße ab in eine von wenigen Laternen beleuchtete Allee. (Krausser, Helmut: Eros, Köln: DuMont 2006, S. 8)

c. „Manchmal [$_{\texttt{Work}}$ arbeiten] [sich ^{THEME}] [aus der teigigen, formlosen Volksmasse ^{SOURCE}] irgendwelche besonderen, starken, sehr arbeitsfähigen Menschen nach oben. (Schlögel, Karl: Petersburg, München Wien: Carl Hanser Verlag 2002, S. 292)

Diese wenigen Beispiele verdeutlichen, dass Koerzionseffekte über die Konstrukte einer Konstruktion hinweg in unterschiedlicher Höhe verteilt sein können, je nachdem, wie die einzelnen Konstrukt-Frames konstituiert sind. Einer Konstruktion kommt deshalb nicht eine über alle Konstrukte stabile, fest zuzuschreibende Eigenschaft von Koerzion zu, sondern sie wird durch ein Koerzionspotenzial gekennzeichnet, das je nach Verteilung der Koerzionseffekte über die Konstrukte hinweg spezifisch ausfällt. Dieses Koerzionspotenzial lässt eine Aussage über die Wirkung des Konstruktions-Frames auf die Konstitution einzelner Konstrukt-Frames zu, in denen der Konstruktions-Frame im Sinne von Michaelis (2005: 50) ‚durchscheint'.

Ausgangspunkt für die Messung des Koerzionspotenzials ist eine einfache Methode: Um einen Koerzionseffekt festzustellen und seine Höhe zu bestimmen, muss ein gegebenes Konstrukt daraufhin untersucht werden, wie groß der Anteil des lexikalischen Frames ist, der nach einer Frame-Anpassung noch innerhalb eines Konstrukt-Frames ‚übrig bleibt'. Die verschieden hoch ausgeprägten Koerzionseffekte definieren sich also nach der Konstitution des Konstrukt-Frames. Das gesamte Koerzionspotenzial lässt sich durch quantitative Aussagen über die Verteilung der Koerzionseffekte in den Konstrukten ermitteln. Die Konstrukte einer Konstruktion müssen, wie an den Belegen in (85)–(87) demonstriert, daraufhin untersucht werden, wie hoch der Koerzionseffekt jeweils ist. Es wird deutlich, dass sich diese Untersuchung wesentlich auf Erkenntnisse über die Strukturparallelen zwischen KtE und KEE der Konstrukte und den FE der in den Konstrukt-

Frames involvierten Frames stützen muss: Je nachdem, wie die semantische Motivation der KtE und KEE in einem Konstrukt zusammengesetzt ist – durch den lexikalischen Frame allein, durch den Konstruktions-Frame allein, oder durch beide zugleich –, ist der Koerzionseffekt höher oder niedriger. Die in den Konstrukten in (85)–(87) illustrierten Koerzionseffekte zeigen nur drei Kombinationen solcher semantischer Motivierungen, es lassen sich für die drei untersuchten Konstruktionen jedoch insgesamt sieben solcher Kombinationen feststellen, auf die ich in den Unterabschnitten 7.4.1 und 7.4.3 als *sieben Koerzionsstufen* ausführlicher eingehe.

Eine Untersuchung der semantischen Motivierungen der Konstrukte einer Konstruktion, also der Konstitution ihrer Konstrukt-Frames, ist eine konstruktionssemantisch leicht umsetzbare Methode, um Koerzionseffekte festzustellen und ihre Höhe zu bestimmen. Die Analyse lexikalischer Frames und des Konstruktions-Frames lässt sich allerdings noch durch Aussagen über die aus ihnen resultierenden lexikalischen Bedeutungen und die Konstruktionsbedeutung erweitern, denn Koerzion ist ein Phänomen, das ebenso die aus diesen Frames hervorgehenden Bedeutungen betrifft. Deshalb weist Ziem (2018b: 80–81) darauf hin, dass Koerzionseffekte grundsätzlich mit der auf Minsky (1975: 212, 1988: 247) zurückgehenden frame-semantischen Idee der Standardwerte in Verbindung zu bringen sind, die einen lexikalischen Frame oder einen Konstruktions-Frame zu einer lexikalischen Bedeutung oder einer Konstruktionsbedeutung hin spezifizieren (vgl. Unterabschnitt 4.1.1). Die ‚Verdrängung' oder Modifikation von Bestandteilen einer lexikalischen Bedeutung – oder: ihrer Grundlage in Gestalt von FE eines lexikalischen Frames – durch die Konstruktionsbedeutung kann gleichzeitig als ein Überschreiben möglicher Standardwerte der lexikalischen Bedeutung verstanden werden.

> Coercion, […], macht nicht nur versteckte Standardwerte sichtbar; ebenso wichtig ist, dass Coercion auch Hinweise auf Mechanismen der Tilgbarkeit von Standardwerten liefert. (Ziem 2018b: 81)

Voraussetzung dafür, dass ein Standardwert getilgt werden kann, ist, dass er von einem anderen Standardwert überschrieben wird. Dies geschieht dann, wenn ein KtE oder KEE eines Konstrukts doppelt motiviert wird, also von einem FE des lexikalischen Frames und von einem FE des Konstruktions-Frames (Unterabschnitte 6.2.3 und 6.3.3). Der Standardwert des FE des lexikalischen Frames wird durch den Standardwert des FE des Konstruktions-Frames getilgt. Anhand der LE *fressen* (etwa: *eat.v*), die ich in Abschnitt 4.2 zur Illustration von Standardwerten herangezogen habe, möchte ich dies an der reflexiven Bewegungskonstruktion verdeutlichen. In (88) wird das KtE des KE WEG durch zwei FE zugleich motiviert: Ingestion.INGESTIBLES des lexikalischen Frames und Motion.PATH des Konstruktions-Frames.

(88) Die nämlich erreichte im 18. Jahrhundert mit einem aus Amerika kommenden Schiff die französische Küste und [$_{\text{Ingestion}}$ fraß] sich unbarmherzig [$_{\text{INGESTIBLES}}$ durch die französischen Weinäcker ^{PATH}]. (Die Zeit, 30.03.2000, Nr. 14)

Der Standardwert des FE Ingestion.INGESTIBLES könnte bei der in (88) vorliegenden lexikalischen Bedeutung von *fressen* in Bezug auf das Referenzobjekt, auf das das FE Ingestion.INGESTOR verweist – eine *Reblaus* – etwa ‚Weinblätter' lauten.[79] Mehrere *Weinäcker* gehören – auch für einen ganzen Schwarm von Rebläusen – sicher nicht dazu, ganz zu schweigen von allen oder auch nur den meisten *französischen Weinäckern*.[80] Dadurch, dass nun aber das KtE *durch die französischen Weinäcker* zugleich durch das FE Motion.PATH motiviert wird, wird es im Sinne des KE WEG reinterpretiert. Was die Rebläuse fressen, sind freilich nicht ganze *Weinäcker*, sondern lediglich Teile davon, wobei sie sich (vermutlich weniger metaphorisch als es auf den ersten Blick scheint) von einem Weinacker aus zu anderen Weinäckern ‚bewegen'. Der Standardwert für das FE Ingestion.INGESTIBLES wird also durch das FE Motion.GOAL getilgt zugunsten einer Konstruktbedeutung im Sinne der reflexiven Bewegungskonstruktion.

Diese kurze Analyse zeigt, dass Standardwerte, wie Busse (2012: 263) feststellt, „jederzeit kontextuell (z.B. durch nachträglich einlaufende Informationen) korrigiert bzw. überformt werden können." Eine solche (zusätzliche) Information ist in diesem Fall die Konstruktionsbedeutung, die zu der lexikalischen Bedeu-

79 Da zu der lexikalischen Bedeutung von *fressen* freilich noch andere Standardwerte des FE Ingestion.INGESTIBLES gehören, je nachdem, auf welches ‚fressende Lebewesen' Bezug genommen wird, könnte man präziser auch von einem *Wertebereich* von Standardwerten im Sinne von Busse (2012: 565–572) sprechen.

80 Mit anderen Worten: Sie liegen außerhalb des Wertebereichs der Standardwerte für das FE Ingestion.INGESTIBLES mit der lexikalischen Bedeutung von *fressen*.

tung hinzutritt. Der dadurch ausgelöste Koerzionseffekt resultiert in der lokalen Anpassung[81] des Standardwerts.[82]

Der Einbezug von Standardwerten ist wichtig, um die Messung des Koerzionspotenzials nicht allein auf der Basis von FE und somit auf den Ebenen von lexikalischem Frame und Konstruktions-Frame zu belassen, sondern sie weiter zu differenzieren. Um dies allerdings systematisch und vor allem quantitativ durchführen zu können, sind umfangreiche Analysen lexikalischer Bedeutungen und damit von Standardwerten lexikalischer Frames nötig, für die gegenwärtig keine Datengrundlage besteht (vgl. auch Dux 2020: 70). Bei der Messung des Koerzionspotenzials einer Konstruktion sehe ich deshalb von einem Einbezug von Standardwerten ab und belasse die Argumentation auf Ebene der Frames. In Abschnitt 7.4, der sich mit der Messung des Koerzionspotenzials für alle drei untersuchten Konstruktionen und dem Eingang dieses Parameters in einen Konstruktionseintrag beschäftigt, stehen deshalb Konstrukt-Frames und ihre Konstitution aus lexikalischen Frames und Konstruktions-Frames im Vordergrund.

5.6 Produktivität

Die Produktivität einer Konstruktion ist für einen semantischen Parameter von Konstruktionen relevant, weil sie Fragen nach der Instanziierbarkeit einer Konstruktion aus semantischer Sicht beantwortet. Sie schließt damit zunächst direkt an den Parameter der Präferenzen für lexikalische Frames (Abschnitt 5.3) an, denn die Produktivität einer Konstruktion bemisst sich wesentlich danach, welche lexikalischen Frames in die Konstitution eines Konstrukt-Frames involviert sein können.[83] Gleichzeitig sind diese lexikalischen Frames vor dem Hintergrund

---

81 Koerzionseffekte sind demnach auch in dieser Hinsicht wesentliche Auswirkungen von Frame-Anpassungen, die ich in Unterabschnitt 4.4.1 im Anschluss an den Begriff des Anpassungsprozesses (*matching process*) im Sinne von Minsky (1975: 213) und seine Weiterentwicklung durch Busse (2012: 624–627) diskutiert habe. Nicht zufällig verwendet etwa Goldberg (1995: 159) den Terminus *accommodation* synonym zu demjenigen der Koerzion. Die konstruktionssemantische Konsequenz daraus ist, dass sich die sieben Koerzionsstufen, die ich in den Unterabschnitten 7.4.1 und 7.4.3 vorstelle, nach der Höhe der Frame-Anpassung eines lexikalischen Frames durch den Konstruktions-Frame zusammensetzen.

82 Zur Tilgung von Standardwerten ist zu sagen, dass sie, wie soeben gezeigt, nur bei angepassten Konstrukt-Frames (Unterabschnitt 4.4.1) funktioniert, nämlich solchen, die sowohl aus FE des (unrelatierten) lexikalischen Frames als auch solchen des Konstruktions-Frames bestehen und bei denen ein KtE und/oder KEE durch zwei FE dieser beiden Frames doppelt motiviert wird.

83 Implizit spiegelt sich hierin auch der Zusammenhang zwischen der formalen Abstraktheit der Konstruktion und ihrer Produktivität wider, für den etwa Clausner & Croft (1997: 255) argumendes Koerzionspotenzials einer Konstruktion (Abschnitt 5.5) an den Konstruktions-Frame rückgekoppelt: Je produktiver eine Konstruktion ist, desto potenziell mehr Konstrukte zeigen eine Frame-Anpassung des lexikalischen Frames durch den Konstruktions-Frame hin zu einem Konstrukt-Frame. Koerzionspotenzial und Produktivität hängen somit direkt zusammen, denn ist das Koerzionspotenzial einer Konstruktion hoch, spricht dies gleichzeitig für eine hohe Produktivität (vgl. auch Suttle & Goldberg 2011: 1238) und ebenso für einen großen Einfluss des Konstruktions-Frames gegenüber den lexikalischen Frames auf die Konstitution von Konstrukt-Frames (vgl. die Ergebnisse in den Unterabschnitten 7.4.2 bis 7.4.4 sowie 7.5.2). Aus diesem Grund muss die Produktivität einer Konstruktion Bestandteil einer konstruktikographischen Beschreibung sein.

Als Grundlage für die konstruktionssemantische Betrachtung von Produktivität als Gegenstand eines semantischen Parameters von Konstruktionen soll der Produktivitätsbegriff von Barðdal (2008) dienen. Dieser besteht aus zwei Komponenten: (i) Type-Frequenz und (ii) semantischer Kohärenz. Im Folgenden möchte ich insbesondere den Aspekt der semantischen Kohärenz in den Blick nehmen, um den Produktivitätsbegriff im Rahmen einer Konstruktionssemantik genuin semantisch zu bestimmen. Dazu ziehe ich die Einteilung lexikalischer Frames nach ihrer Frame-Nähe zum Konstruktions-Frame in relatierte und unrelatierte Frames (Unterabschnitt 5.4.2) heran. In Unterabschnitt 5.6.1 argumentiere ich zunächst, dass die Prototypikalität lexikalischer Frames deren semantische Kohärenz abbildet. Im Anschluss daran diskutiere ich in Unterabschnitt 5.6.2 die Gründe dafür, warum unrelatierte lexikalische Frames die Basis für die Erweiterbarkeit einer Konstruktion sind, welche Barðdal (2008: 1) als definitorisch für Produktivität ansieht. Die auf das Kriterium der Type-Frequenz bezogene Messung der Produktivität, die für eine konstruktikographische Beschreibung benötigt wird, sowie den konkreten Vergleich der untersuchten Konstruktionen thematisiere ich in den Unterabschnitten 7.5.1 und 7.5.2.

---

tieren, allerdings bezogen auf die lexikalische Spezifiziertheit (Unterabschnitt 5.1.2) als Kriterium für ihre formale Abstraktheit. Je weniger lexikalisch spezifiziert eine Konstruktion ist, desto höher muss demnach ihre Produktivität sein (vgl. auch Bybee 1995: 430, 432; Ziem & Lasch 2013: 105). Da bereits die Präferenzen für lexikalische Frames eine Aussage über die lexikalische Spezifiziertheit der Konstruktion treffen (je geringer die Spezifiziertheit, desto potenziell breiter die Präferenzen für lexikalische Frames) nehme ich den Zusammenhang zwischen Abstraktheit und Produktivität nicht gesondert in den Blick.

5.6.1 Prototypikalität: relatierte lexikalische Frames

Mit der Produktivität einer Konstruktion ist konstruktionssemantisch gesehen der mögliche Eintritt eines lexikalischen Frames in die Konstitution eines Konstrukt-Frames gemeint. Um diesen Eintritt zu beobachten, muss für die drei untersuchten Konstruktionen das Augenmerk auf ein bestimmtes KE gelegt werden, das für alle drei Konstruktionen identisch ist: das KE EREIGNIS. Da dieses KE durch LE instanziiert wird, die den lexikalischen Frame evozieren (dazu auch Unterabschnitt 7.3.1), ist die Produktivität einer Konstruktion an ebendiesen lexikalischen Frames – genauer: an den Präferenzen für diese lexikalischen Frames (Unterabschnitt 5.3.3) – zu messen. Schon Ziem (2018a) betont, dass sich die Produktivität nach lexikalischen Präferenzen eines bestimmten KE, im Falle der drei untersuchten Konstruktionen also EREIGNIS, richtet:

> Die Produktivität einer Konstruktion betrifft die Variation der Leerstellenfüllung, also die Menge an unterschiedlichen Fillern (Instanzen), die in einer Konstruktion realisiert werden können. Die Produktivität einer Konstruktion erhöht sich in dem Maße, wie die Anzahl an unterschiedlichen Instanzen steigt, die die Leerstellen füllen. [...] Zwischen Constraints der Leerstellen-Füllung und der Produktivität einer Konstruktion besteht mithin ein direkter Zusammenhang. (Ziem 2018a: 10)

Grundlage für den Produktivitätsbegriff, wie Ziem ihn verwendet und wie auch ich ihn verwende, bildet die Konzeption von Barðdal (2008), die (syntaktische) Produktivität definiert als „an argument structure construction's ability to attract new or existing lexical items, i.e. a construction's EXTENSIBILITY." (Barðdal 2008: 1). Anders als Barðdal füge ich an dieser Stelle allerdings bereits eine Generalisierung ein: Die Produktivität einer Konstruktion bemisst sich sinnvollerweise in erster Linie nicht nach der Erweiterbarkeit um einzelne *LE* und deren *lexikalische Bedeutungen*, sondern um *lexikalische Frames*, also Gruppen von LE, die gemeinsam ebendiesen Frame evozieren und potenziell über unterschiedliche lexikalische Bedeutungen verfügen können (vgl. Unterabschnitt 4.1.1).[84] Erweiterbarkeit ist in diesem Zusammenhang also nichts anderes als der Grad, inwieweit eine Konstruktion die Aufnahme ‚neuer' lexikalischer Frames in ihre Konstrukt-Frames ermöglicht. Ausschlaggebend für die Messung der Produktivität einer Konstruktion sind also die lexikalischen Frames, die in die Konstitution von Konstrukt-Frames eingehen.

---

84 Auch andere Produktivitätsbegriffe operieren lediglich auf der Ebene von LE, ohne sie hinsichtlich ihrer lexikalischen Frames zu generalisieren. So fasst Engelberg (2019: 18) zusammen, „dass sich Produktivität darin ausdrückt, dass mit zunehmender Korpusgröße auch weitere neue, bisher dort nicht beobachtete lexikalische Einheiten in Slots auftreten".

Gemäß dem Ansatz von Barðdal (2008) wird Produktivität wesentlich durch zwei Faktoren bestimmt: Type-Frequenz[85] und semantische Kohärenz.[86]

> The hypothesis that I will be pursuing in this study is that the type frequency of a schema and its coherence appropriately predict a schema's productivity (in the sense of 'extensibility'). In other words, productivity is a function of both type frequency and coherence. (Barðdal 2008: 27)

Relatierte lexikalische Frames bilden nun das ab, was hier mit Kohärenz gemeint ist: Sie bilden eine Gruppe semantisch kohärenter lexikalischer Frames, die in Konstrukt-Frames eingehen können. Dies entspricht ziemlich genau der von Barðdal (2008: 27) verwendeten Definition von Kohärenz: „By *schema coherence* I mean the internal consistency found between all the members of each schema or a category." Mit anderen Worten: Die über Frame-Nähen determinierte Prototypikalität lexikalischer jener Frames (Unterabschnitt 5.4.2) ist ein Maßstab für die semantische Kohärenz einer Konstruktion. Darin besteht ein Grund zur Verknüpfung des Parameters der Produktivität mit demjenigen der Frame-Nähe, wie es in Abbildung 5.1 im Eingang zu diesem Kapitel dargestellt ist. Semantische Kohärenz äußert sich zudem auch in der hier bereits enthaltenen Generalisierung (vgl. Abbildung 5.3 in Unterabschnitt 5.3.3): Auch die LE, die einem lexikalischen Frame zugeordnet werden, können auf einer ersten Ebene als semantisch kohärent gelten, wenngleich sie unterschiedliche lexikalische Bedeutungen aufweisen. Erst auf einer zweiten Ebene würde deren Feindifferenzierung nach jenen lexikalischen Bedeutungen innerhalb eines lexikalischen Frames erfolgen. Übertragen auf alle LE der relatierten Frames lässt sich somit festhalten, dass alle diese LE und damit alle Konstrukte, die einen relatierten lexikalischen Frame evozieren, als semantisch kohärent zu verstehen sind. Daraus folgt ebenso, dass alle relatierten lexikalischen Frames noch nicht zur Erweiterbarkeit einer Konstruktion zählen, jedoch können auch sie bereits Aufschluss über die Produktivität der Konstruktion geben.

Belege für semantisch kohärente lexikalische Frames habe ich für die reflexive Bewegungskonstruktion bereits in Unterabschnitt 5.4.3 zitiert, eine systematische Analyse wird in Kapitel 6 hinsichtlich der Strukturparallelen zwischen der

85 Für das Kriterium der Type-Frequenz vgl. auch Bybee (1985: 133, 1995: 430, 2010: 67), Clausner & Croft (1997: 254), Suttle & Goldberg (2011: 1242), Hilpert (2018: 95) und Diessel (2019: 130–131).

86 Bei Diessel (2019: 126–130) entspricht das Kriterium der semantischen Kohärenz in etwa dem Begriff der semantischen *Ähnlichkeit*, wobei diese nicht nur – wie in meinem Ansatz – das Verhältnis zwischen (in Termini meines Modells) lexikalischen Frames und dem Konstruktions-Frame betreffen muss, sondern auch das Verhältnis lexikalischer Frames untereinander. Als ein Beispiel zieht Diessel explizit die *way*-Konstruktion heran.

Konstruktion und den Frames, die ihre Konstrukte semantisch motivieren, folgen. Zu Illustrationszwecken interessant ist nun jedoch zu sehen, wie weit die semantische Kohärenz einer Konstruktion reichen kann. Zu beobachten ist dies an lexikalischen Frames, die zwar noch zum Konstruktions-Frame relatiert sind, allerdings innerhalb der Klasse dieser relatierten lexikalischen Frames die niedrigste Frame-Nähe und damit geringste Prototypikalität aufweisen.

Für die reflexive Bewegungskonstruktion sind Frame-Nähen von bis zu +3 belegt. Genauer gesagt handelt es sich dabei um ein einziges Konstrukt mit dem lexikalischen Frame `Making_faces`, der zum Konstruktions-Frame `Motion` in Benutzt-Relation steht und in dieser Relation eine Frame-Nähe von +3 aufweist. Der entsprechende Beleg findet sich in (89). Zwar ist die Frame-Nähe zu `Motion` mit +3 niedrig, das Konstrukt zählt aber aufgrund des relatierten Frames nach wie vor zur Menge der semantisch kohärenten, wenngleich weniger prototypischen, Konstrukte.

(89) Ein polnisches Model (Goshia mit Namen) am Tisch gegenüber versucht sich seit 20 Minuten in unser Gespräch reinzu[$_{\texttt{Making\_faces}}$ grinsen]. (Die Zeit, 30.03.2000, Nr. 14)

Das Konstrukt in (89) kann dadurch, dass das KE EREIGNIS durch ein Partikelverb (*reingrinsen*) instanziiert wird, zugleich als Konstrukt der reflexiven Partikelverbkonstruktion gelten.[87] Für die reflexive Partikelverbkonstruktion ist darüber hinaus kein Konstrukt in vergleichbarer Frame-Nähe belegt, das Maximum liegt hier bei einer Frame-Nähe von +1 für die Vererbungsrelation, die Benutzt-Relation und die Siehe_auch-Relation (vgl. Tabelle 5.18 in Unterabschnitt 5.4.3). Für die reflexive *Weg*-Konstruktion beschränkt sich die Menge relatierter und damit semantisch kohärenter lexikalischer Frames gänzlich auf `Motion`, der durch die LE *bahnen* evoziert werden kann (vgl. schon Unterabschnitt 3.3.1).

Semantische Kohärenz ist in dem Ansatz von Barðdal (2008) allerdings nicht das einzige Kriterium für Produktivität. Hinzu kommt noch das Kriterium der Type-Frequenz:

> By *type frequency* I mean the total number of types which can instantiate a construction. [...] For a syntactic construction, like for instance the ditransitive construction, all predicates which can instantiate the ditransitive construction together make up its type frequency. (Barðdal 2008: 27)

---

87 In den Korpusdaten für die reflexive Partikelverbkonstruktion ist es allerdings nicht enthalten, was daran liegt, dass ausschließlich nach finiten Partikelverben gesucht wurde und *reinzugrinsen* deshalb nicht erfasst wurde (vgl. Unterabschnitt 3.4.1).

Damit ist deutlich, dass bereits eine hohe Type-Frequenz derjenigen lexikalischen Frames, die innerhalb der Konstruktion semantisch kohärent sind, also zu den relatierten lexikalischen Frames gehören, auf eine hohe Produktivität der Konstruktion hindeutet. Diese semantisch kohärenten lexikalischen Frames sind der einfachste Weg, eine Konstruktion produktiv zu verwenden, wenn man davon ausgeht, „dass die Produktivität einer Konstruktion umso stärker ist, je leichter es Sprechern fällt, neue Instanzen der Konstruktion zu produzieren oder zu prozessieren." (Hilpert 2018: 94). Der Produktions- und Verarbeitungsaufwand von semantisch kohärenten (also relatierten) lexikalischen Frames erscheint gegenüber unrelatierten und damit semantisch inkohärenten lexikalischen Frames geringer, weshalb sie bereits zur produktiven Erweiterbarkeit einer Konstruktion gehören müssen. Die Type-Frequenz relatierter und damit semantisch kohärenter lexikalischer Frames ist somit die eine Hälfte einer Methode zur Messung der Produktivität (Unterabschnitt 7.5.1). Die andere Hälfte betrifft lexikalische Frames, die außerhalb dieser semantischen Kohärenz liegen und unrelatiert sind. Unrelatierte lexikalische Frames zeigen jedoch, so möchte ich im folgenden Unterabschnitt 5.6.2 argumentieren, deutlicher als relatierte lexikalische Frames die Erweiterbarkeit einer Konstruktion und sind zur Messung der Produktivität deshalb noch ein wenig relevanter.

5.6.2 Erweiterbarkeit: unrelatierte lexikalische Frames

Obwohl bereits die relatierten und damit semantisch kohärenten lexikalischen Frames einen Hinweis auf die Produktivität der Konstruktion geben können, sagen sie noch nichts über den Einfluss des Konstruktions-Frames aus, denn aufgrund ihrer Prototypikalität (Unterabschnitt 5.4.2) und mehr noch den nicht vorhandenen Koerzionseffekten (Unterabschnitt 5.5.2) stellen sie keine Erweiterung der Konstruktion dar, wie sie im Produktivitätsbegriff von Barðdal (2008) gefordert ist. Eine deutliche Erweiterung liegt bei unrelatierten lexikalischen Frames vor. Mit anderen Worten: Wertvollere Aussagen über die Produktivität einer Konstruktion liefern unrelatierte lexikalische Frames.[88] Damit beantwortet sich die be-

88 Vgl. dazu Suttle & Goldberg (2011: 1238), die feststellen, dass der Begriff der Produktivität im engeren Sinne bisweilen lediglich für ‚übliche' Konstrukte (hier also: solche mit relatierten lexikalischen Frames) gebraucht wird, während für ‚neue' Konstrukte (hier also: solche mit unrelatierten lexikalischen Frames) eher der Begriff der Koerzion verwendet wird. Da sich in Konstrukten mit unrelatierten lexikalischen Frames tatsächlich Koerzionseffekte äußern (vgl. Abschnitte 5.5 und 7.4), sehe ich unrelatierte lexikalische Frames gegenüber relatierten lexikalischen Frames als deutlicheren Hinweis auf die Produktivität einer Konstruktion an.

reits implizit aufgeworfene Frage, was es heißt, dass eine Konstruktion um ‚neue' Konstrukte erweitert wird. ‚Neue' Konstrukte sind solche, bei denen ein unrelatierter lexikalischer Frame in die Konstitution des Konstrukt-Frames eingeht und im Zuge einer Frame-Anpassung angepasst wird. Dies ist ein weiterer Grund dafür, warum der semantische Parameter der Produktivität (wie in Abbildung 5.1 dargestellt) mit demjenigen der Frame-Nähe verknüpft ist. Die Generalisierung, die ich in Unterabschnitt 5.6.1 auf der Ebene semantisch kohärenter Konstrukte eingeführt habe, setzt sich hier nahtlos fort. Als ‚neu' gelten nicht in erster Linie LE und deren lexikalische Bedeutungen, sondern lexikalische Frames. Ein lexikalischer Frame kann als ‚neu' gelten, wenn er von den relatierten lexikalischen Frames abweicht, also unrelatiert ist.[89] Darin begründet sich die Verknüpfung des semantischen Parameters der Produktivität mit demjenigen der Beschränkungen und Präferenzen, insbesondere mit Präferenzen für lexikalische Frames (Unterabschnitt 5.3.3). Diese von lexikalischen Frames ausgehende Generalisierung überträgt sich freilich auf die LE und lexikalischen Bedeutungen, die unter einem Frame zusammenzufassen sind: Ist ein lexikalischer Frame, der in einen Konstrukt-Frame eingeht, ‚neu' und damit unrelatiert, so sind es auch die LE, die diesen Frame evozieren sowie deren lexikalische Bedeutungen.[90]

Unrelatierte lexikalische Frames sind nicht nur deshalb für die Produktivität einer Konstruktion entscheidend, weil sie im engeren Sinne Kennzeichen ‚neuer' Instanzen der Konstruktion sind, sondern weil sie direkt den Einfluss des Konstruktions-Frames auf die Konstitution von Konstrukt-Frames zeigen und damit Ausdruck des Koerzionspotenzials der Konstruktion sind (vgl. Unterabschnitt 5.5.2). Konstrukte, bei denen unrelatierte lexikalische Frames in die Konstitution ihrer Konstrukt-Frames eingehen, beinhalten in jenen Konstrukt-Frames in der Regel immer einen Anteil des Konstruktions-Frames. Der Konstrukt-Frame kommt also, gemäß dem konstruktionssemantischen Modell (Kapitel 4) – und anders als

---

89 Theoretisch lässt sich die Aufnahme unrelatierter lexikalischer Frames in Konstrukt-Frames mit dem Begriff der Abweichung (*exploitation*) von Hanks (2011: 497–500, 2013: 211–250) in Verbindung bringen. Damit lässt sich erklären, warum unrelatierte lexikalische Frames, also solche ohne eine Frame-Nähe zum Konstruktions-Frame (Abschnitt 5.4) als besonders ‚kreativ' eingestuft werden können – denn: „Das Phänomen der Abweichung ist ein zentraler Aspekt der kreativen, dynamischen Natur von Sprache" (Hanks 2011: 499). Expliziter diskutiert Bergs (2018: 283–285) Koerzionseffekte als eine Form von Kreativität, die Sampson (2016: 17) *E-Kreativität* nennt, wobei das E für *erweiternd* steht und diese sich von der bereits erwähnten *F-Kreativität* in ihrer Innovationsstärke unterscheidet.

90 Herbst (2018a: 316) spricht hierfür auch von *atypischen LE*. Eine solche Form von lexikalischer Variation sieht Herbst (2018a: 319) als wesentliche Triebfeder von Kreativität an: „[L]inguistic creativity has a lot to do with lexical variation, in particular with using particular lexical units in constructions in which one would not expect them."

bei Konstrukten mit relatierten lexikalischen Frames – als ein Blend aus lexikalischem Frame *und* Konstruktions-Frame und somit durch Frame-Anpassung zustande (vgl. Unterabschnitt 4.4.1), die deutlich voneinander getrennt sind, weil sie nicht in einer Frame-Nähe zueinander stehen. In allen Konstrukten mit unrelatierten lexikalischen Frames liegt somit Koerzion vor, weshalb diese für die Messung des Koerzionspotenzials der Konstruktion besonders interessant sind (vgl. Unterabschnitt 5.5.2). Dies ist die Art und Weise, in der der Parameter der Produktivität mit demjenigen des Koerzionspotenzials (Abschnitt 5.5) in Verbindung steht, wie es bereits in Abbildung 5.1 im Eingang zu diesem Kapitel dargestellt ist. In den Worten von Suttle & Goldberg (2011: 1238): „A construction is considered to be productive to the extent that it can coerce new words to appear in it." Das Koerzionspotenzial einer Konstruktion gibt nun Auskunft darüber, wie affin eine Konstruktion zur Bildung ‚neuer' Konstrukte mit unrelatierten lexikalischen Frames ist. Da das Koerzionspotenzial insbesondere auf Präferenzen für lexikalische Frames (Unterabschnitt 5.3.3) aufbaut, ist auch der semantische Parameter der Produktivität mit demjenigen der Beschränkungen und Präferenzen verknüpft.

Die Menge der unrelatierten lexikalischen Frames und damit diejenige der Konstrukte, die zur Erweiterung einer Konstruktion führen, lässt sich durch die Höhe der Koerzionseffekte in diesen Konstrukten feindifferenzieren. Je höher der Koerzionseffekt in einem Konstrukt ist, desto stärker treibt dieses Konstrukt die ‚Erweiterung' der Konstruktion voran. Bevor ich in Unterabschnitt 7.4.1 und 7.4.3 eine Methode vorschlage, wie die Höhe eines Koerzionseffekts bestimmt werden kann – was Ausgangspunkt für die Messung des Koerzionspotenzials ist –, sei an zwei Belegen illustriert, wie sich die Produktivität einer Konstruktion an Konstrukten mit unrelatierten lexikalischen Frames äußern kann.

Ein für die reflexive Bewegungskonstruktion eher niedriger Koerzionseffekt liegt in dem bereits in Unterabschnitt 5.5.2 als (85) zitierten Konstrukt mit dem lexikalischen Frame `Manipulate_into_doing` vor, das in (90) noch einmal wiederholt ist. Konstrukte wie dieses liegen tendenziell näher an Konstrukten mit semantisch kohärenten lexikalischen Frames wie das in Unterabschnitt 5.6.1 unter (89) für den lexikalischen Frame `Making_faces` zitierte.

(90) Der Fabrikant breitete sein Schweigen wieder aus, der Offizier [$_{\texttt{Manipulate\_into\_doing}}$ mogelte] sich aus seinem Sitz. (Düffel, John von: Vom Wasser, München: dtv 2006, S. 56)

Konstrukte wie das in (90) sind somit zwar Ausdruck der Erweiterung einer Konstruktion, sie sind aber aufgrund ihres niedrigen Koerzionseffekts näher an Konstrukten mit semantisch kohärenten lexikalischen Frames als etwa solche wie dasjenige in (91) mit dem lexikalischen Frame `Dead_or_alive`, das den für die reflexive Bewegungskonstruktion höchstmöglichen Koerzionseffekt aufweist und damit eine deutliche Erweiterung der Konstruktion darstellt.

(91) Man [$_{\text{Dead\_or\_alive}}$ lebte] sich aus der herausgerissenen Zeit, in der man saß, zurück in die Erinnerung ans Zuhause von damals und voraus in die Hoffnung, bald heimzukehren. (Müller, Herta: Der König verneigt sich und tötet, München: Carl Hanser Verlag 2003, S. 42)

Wie für die reflexive Bewegungskonstruktion kann für die beiden anderen Konstruktionen analog verfahren werden, um ihre Produktivität zu ermitteln. Dazu ist also nicht nur die in Unterabschnitt 5.6.1 erwähnte Type-Frequenz relatierter und damit semantisch kohärenter lexikalischer Frames einzubeziehen, sondern gleichzeitig jene unrelatierter lexikalischer Frames, die eine Erweiterung der Konstruktion um ‚neue' Konstrukte darstellen. Aufgrund dieser Erweiterung ist die Type-Frequenz unrelatierter lexikalischer Frames als relevanter als diejenige der relatierten lexikalischen Frames einzustufen. Dieser Punkt zeigt die Notwendigkeit für eine Methode zur Messung der Produktivität. Ich komme auf sie in Unterabschnitt 7.5.1 zurück und diskutiere die Ergebnisse für die drei untersuchten Konstruktionen in Unterabschnitt 7.5.2.

5.7 Emergente Struktur

Als Kerngegenstand des letzten der sieben semantischen Parameter von Konstruktionen möchte ich einen semantischen Aspekt diskutieren, der zunächst eine ‚Restklasse' darzustellen scheint, da es sich dabei auf den ersten Blick betrachtet um einen Bestandteil der semantischen Eigenschaften einer Konstruktion handelt, der sich nicht direkt aus den lexikalischen Frames oder dem Konstruktions-Frame zu ergeben und somit auch über die Annotation eines Konstrukts hinsichtlich seiner Strukturelemente und den FE, die sie semantisch motivieren, nicht erfassbar zu sein scheint. In den drei untersuchten Konstruktionen betrifft dies den Aspekt der ‚Schwierigkeit' der ‚Bewegung', die die durch das KtE des KE Bewegendes bezeichnete Entität vollzieht, auf den ich in Unterabschnitt 3.1.4 für die reflexive Bewegungskonstruktion hingewiesen habe.[91] Auch solche Aspekte müssen Teil einer konstruktikographischen Beschreibung sein, da sie – ähnlich

91 Der Aspekt der ‚Schwierigkeit' findet sich auch in den Konstrukten der anderen beiden Konstruktionen, für die sich ebenso eine solche emergente Struktur feststellen lässt. Da diese in der bisherigen Forschung aber insbesondere für die reflexive Bewegungskonstruktion und noch stärker für die *way*-Konstruktion diskutiert worden ist, beschränke ich mich in der Beispielanalyse in

wie das Koerzionspotenzial (Abschnitt 5.5) und die Produktivität (Abschnitt 5.6) – einen nicht zu vernachlässigenden Teil der semantischen Leistung der Konstruktion ausmachen.

Bei genauerer Betrachtung stellt sich heraus, dass lexikalische Frames und der Konstruktions-Frame hinsichtlich der emergenten Struktur in einem Konstrukt zwar nicht spezifiziert sind, diese sich jedoch über den Einbezug von Standardwerten erklären lässt, welche für bestimmte FE des aus diesen beiden Frames resultierenden Konstrukt-Frames beobachtbar sind. Während ich bereits auf Standardwerte in lexikalischer Bedeutung und Konstruktionsbedeutung eingegangen bin (etwa in den Unterabschnitten 5.2.3 für die Differenzierung konstruktioneller Polysemie und in Unterabschnitt 5.2.4 und 5.5.2 für Koerzionseffekte), fehlt dies noch für die Konstruktbedeutung. Deshalb möchte ich zunächst in Unterabschnitt 5.7.1 skizzieren, welche Rolle Standardwerte für die Evokation einer emergenten Struktur spielen, um in Unterabschnitt 5.7.2 am Beispiel der reflexiven Bewegungskonstruktion drei sprachlich overte Phänomene zu diskutieren, die diese Standardwerte erkennen lassen.

5.7.1 Standardwerte in Konstruktbedeutungen

Wenngleich Konstrukt-Frames in der Regel durch eine Komposition von lexikalischem Frame und Konstruktions-Frame zustande kommen (vgl. Unterabschnitt 4.1.3), gilt dies für die Konstruktbedeutung, die auf ihm beruht, nicht zwangsläufig. Standardwerte, die eine Konstruktbedeutung gegenüber dem ihr zugrunde liegenden Konstrukt-Frame spezifizieren, können sich ergeben, ohne dass sie bereits in lexikalischer Bedeutung oder Konstruktionsbedeutung enthalten sein müssen. Dass sich Standardwerte einer lexikalischen Bedeutung durch die Konstruktionsbedeutung tilgen lassen, habe ich durch eine Analyse in Unterabschnitt 5.5.2 bereits gezeigt. Wie aber wirken Standardwerte in einer Konstruktbedeutung, wenn sie weder in einer lexikalischen Bedeutung noch in der Konstruktionsbedeutung angelegt sind?

Begrifflich möchte ich solche Standardwerte unter Rückgriff auf einen Terminus der Theorie der konzeptuellen Integration von Fauconnier & Turner (1998a,b, 2002) erfassen: der *emergenten Struktur* (vgl. schon Unterabschnitt 4.1.3). Während lexikalischer Frame und lexikalische Bedeutung sowie Konstruktions-Frame und Konstruktionsbedeutung, wie in Kapitel 4 erläutert, als Inputs eines Netzwerk konzeptueller Integration zu verstehen sind und der Konstruktions-Frame und die

diesem Kapitel auf die reflexive Bewegungskonstruktion. In Unterabschnitt 7.6.2 nehme ich einen Vergleich der emergenten Struktur für alle drei Konstruktionen vor.

Konstruktbedeutung als Blend gedeutet werden können (vgl. Abbildung 4.3 in Unterabschnitt 4.1.3), ist die emergente Struktur ein Bestandteil einer konzeptuellen Integration, den ich bisher noch nicht berücksichtigt habe. Wie Fauconnier & Turner (1998a: 144) argumentieren, ist sie bei der Entstehung eines Blends unmittelbar erwartbar: „Composition, completion, and elaboration lead to emergent structure in the blend; the blend contains structure that is not copied from the inputs." Die emergente Struktur ist somit ein Format zur Erfassung von Standardwerten, die nicht auf Type-Ebene, in lexikalischer Bedeutung oder Konstruktionsbedeutung, angelegt sein müssen: „The blend develops emergent structure that is not in the inputs." (Fauconnier & Turner 2002: 42).[92]

Eine wesentliche Motivation, die Theorie der konzeptuellen Integration zur Erklärung der Konstitution eines Konstrukt-Frames und einer Konstruktbedeutung heranzuziehen, ist – neben der Tatsache, dass es sich bei einem Konstrukt-Frame in vielen Fällen um einen Blend aus lexikalischem Frame und Konstruktions-Frame handelt – das Vorhandensein von Standardwerten in Konstruktbedeutungen, die sich eben nicht isoliert entweder für den lexikalischen Frame oder den Konstruktions-Frame beobachten lassen, sondern die erst bei der Betrachtung des Konstrukt-Frames und damit der Gesamtheit eines Netzwerks konzeptueller Integration erfassbar werden.

Voraussetzung dafür, dass ein Standardwert in einem Konstrukt-Frame hin zu einer Konstruktbedeutung spezifiziert werden kann, ist, dass ein entsprechendes FE existiert, das diesen Standardwert trägt. Im Falle der reflexiven Bewegungskonstruktion und der emergenten Struktur, die in einer ‚Schwierigkeit' der ‚Bewegung', die mit dem in einem Konstrukt ausgedrückten Ereignis einhergeht, besteht, handelt es sich dabei um ein FE MANNER,[93] das entweder bereits im lexikalischen Frame enthalten ist oder durch den Konstruktions-Frame und dessen FE `Motion`.⟨MANNER⟩ im Konstrukt-Frame beigetragen wird. Das FE selbst ist somit noch kein Ausdruck der emergenten Struktur, sondern erst sein Standardwert, der innerhalb der Konstruktbedeutung entsteht. Auf drei Varianten, die diesen Stan-

---

92 Den Begriff der Emergenz verwende ich demnach nicht im radikal gebrauchsbasierten Sinne, wie dies etwa Hopper (1987, 1998, 2011) tut (vgl. auch Auer & Pfänder 2011), sondern gehe mit Traugott & Trousdale (2013: 48) davon aus, dass Emergenz auch mit im sprachlichen Wissen verankerten Strukturen (eben: Konstruktionen und deren semantischen Eigenschaften) interagieren kann.

93 Sofern ich nicht ein konkretes FE eines konkreten Frames bezeichne, sondern generisch darauf verweise, stelle ich das FE MANNER ohne Winkelklammern da, obwohl es in der Mehrheit der Frames ein Nicht-Kern-FE ist. Wann immer ich mich auf sein Enthaltensein in einem diskutierten Frame beziehe, notiere ich es entsprechend seines FE-Typs.

dardwert an die sprachliche Oberfläche treten lassen, möchte ich im folgenden Unterabschnitt 5.7.2 eingehen.

5.7.2 Die ‚Schwierigkeit' der reflexiven Bewegungskonstruktion

Ein Beispiel für eine emergente Struktur lässt sich für die reflexiven Bewegungskonstruktion darin finden, dass die ‚Schwierigkeit' der ‚Bewegung', die in einer Konstruktbedeutung entsteht, scheinbar nicht über Standardwerte in lexikalischer Bedeutung und Konstruktionsbedeutung erklärbar ist. Ohne eine solche strukturelle Erklärung zu suchen, bemerkt auch Goldberg (1997), dass es Fälle von Konstrukten gibt, in denen

> the meaning of the construction and the meaning of the verb are not simply composed in an additive or monotonic fashion. Instead, the meaning of the verb is integrated with the meaning of the construction, resulting in entailments that neither the verb or construction have independently. (Goldberg 1997: 392)

Im Rückgriff auf die Strukturelemente von Konstruktionen und Frames reformuliert heißt das: Teile der Konstruktbedeutung sind scheinbar nicht über die semantische Motivierung der vorliegenden KtE durch FE von lexikalischem Frame und Konstruktions-Frame erklärbar und scheinbar nicht overt sprachlich ausgedrückt. Der sprachlich nicht overte Ausdruck des Standardwerts, der für die emergente Struktur verantwortlich ist, betrifft jedoch wiederum nur einen Teil der Möglichkeiten, wie dieser in einer Konstruktbedeutung spezifiziert werden kann. Ich betone deshalb das Attribut des *scheinbar* sprachlich nicht overten Ausdrucks, da bei genauerer Betrachtung durchaus zu beobachten ist, dass der Standardwert, auf den die ‚Schwierigkeit' zurückzuführen ist, sehr wohl overt sichtbar werden kann.[94]

Ich möchte nun drei Varianten unterscheiden, in denen der Standardwert der ‚Schwierigkeit' der ‚Bewegung' in einer Konstruktbedeutung entstehen kann.[95] Erstere Variante ist eine, in der gerade kein separates FE MANNER instanziiert wird.

94 Diese Annahme widerspricht freilich (z.T. pragmatisch orientierten) Ansätzen, die dafür argumentieren, dass wesentliche Aspekte einer Bedeutung gerade nicht an der sprachlichen Oberfläche ‚ablesbar' sind (z.B. Fauconnier 1990; Langacker 1999: 46–48; von Polenz 2008: 298–327; Busse 2012: 42). Ich stelle damit nicht grundsätzlich infrage, dass alle Komponenten einer (Konstrukt-)Bedeutung auch sprachlich ausgedrückt werden müssen, ziehe aber aus Gründen der Objektivierbarkeit und der konstruktionssemantischen Operationalisierbarkeit die Frage nach solchen overten Ausdrücken derjenigen nach unausgedrückten Bedeutungsbestandteilen vor.

95 Szcześniak (2013: 168–169) kritisiert für die *way*-Konstruktion gar, dass der Aspekt der ‚Schwierigkeit' nicht am KEE-Bestandteil *way* festgemacht werden kann, was er nach seiner An-

Dies trifft auch auf zweitere Variante zu, jedoch ist der sprachliche Ausdruck dort nicht auf ein einzelnes Strukturelement des Konstrukts und damit eine Instanz des Konstrukt-Frames beschränkt. Letztere Variante schließlich besteht in einer direkten overten Instanziierung eines FE MANNER im Konstrukt-Frame. Im Folgenden seien die drei Varianten dargestellt, im Anschluss möchte ich sie anhand einiger Belege für die reflexive Bewegungskonstruktion illustrieren.

a) Der Standardwert ‚Schwierigkeit' ist in der lexikalischen Bedeutung, der LE, durch die das KE EREIGNIS instanziiert wird, bereits angelegt (und nicht overt ausgedrückt).[96]
b) Der Standardwert ‚Schwierigkeit' entsteht durch einen kollokationalen Zusammenhang zwischen der LE als KtE des KE EREIGNIS und einem anderen KtE, allen voran demjenigen des KE WEG bzw. ⟨WEG⟩.[97]
c) Der Standardwert ‚Schwierigkeit' wird overt durch die Instanziierung eines (i.d.R. Nicht-Kern-)FE wie MANNER ausgedrückt, dessen Realisierung zwar außerhalb der für die Konstruktion obligatorischen Strukturelemente liegt, aber (wie bei den anderen beiden Varianten) entweder im lexikalischen Frame oder im Konstruktions-Frame – z.B. in Gestalt des FE `Motion`.⟨MANNER⟩ – angelegt ist.

Ad a) Die lexikalischen Bedeutungen mancher LE tragen den Aspekt der ‚Schwierigkeit' bereits in sich. Schon Goldberg (1995: 203–205) spekuliert für die *way*-Konstruktion, dass bestimmte LE umso eher für ihre Instanzen infrage kommen, wenn sie eine ‚Schwierigkeit' der Bewegung inhärent zumindest implizieren können. Für die reflexive Bewegungskonstruktion lässt sich feststellen, dass auch sie LE als KtE des KE EREIGNIS zulässt, die den Aspekt der ‚Schwierigkeit' bereits inhärent kodieren. Genauer: In deren lexikalischer Bedeutung ist ein FE MANNER der jeweiligen lexikalischen Frames, die sie evozieren, bereits

sicht aber sein sollte. Ich halte diese Analyse für zu streng, da sich Leistungen der Konstruktion, wie ich in den folgenden Analysen zu sehen, auch an anderem overt realisierten Material auf Konstruktebene zeigen können. Auf die Schlussfolgerung, die Szcześniak aus seiner Maxime zu ziehen scheint und die ich, auf der Basis meiner Argumentation, teile, komme ich zum Abschluss dieses Unterabschnitts zurück.

96 Vgl. Goldberg (1995: 205, 1996: 37–38) für eine ähnliche Beobachtung für die *way*-Konstruktion. Vgl. auch Proost (2015: 167, 172) für den Befund, dass bestimmte Implikaturen in Konstrukten einer präpositionalen Ditransitivkonstruktion von lexikalischen Bedeutungen abhängen.

97 Eine ganz ähnliche Bedingung scheint Szcześniak (2013: 178) vorzuschweben, „by treating the difficulty reading as a pragmatic inference triggered by the impression that the path expressed by the construction is of a special kind." Vgl. auch Szcześniak (2014b: 177–178) für eine ausführlichere Analyse.

mit einem Standardwert wie ‚schwierig' besetzt. Dazu zählen LE wie *kämpfen* (*fight.v*), *quälen* (*torment.v*) und *zwängen* (*squeeze.v*), die die lexikalischen Frames Hostile_encounter (92), Cause_to_experience (93) und Manipulation (94) evozieren.

(92) a. Dieses Jahr [Hostile_encounter kämpft] sich der CC-AS also durch seine 19. Session. (Die Zeit, 20.01.2000, Nr. 4)
b. David [Hostile_encounter kämpfte] sich durch das überfüllte Lokal und reduzierte seinen Wortschatz auf: Moment, gleich, Sekunde, bin schon da und sofort. (Suter, Martin: Lila, Lila, Zürich: Diogenes 2004, S. 52)
c. Das von Uganda unterstützte MLC BEMBAs, mittlerweile eine der größten Rebellengruppen, kontrolliert weite Gebiete im Osten und Norden des Kongo und [Hostile_encounter kämpft] sich in Richtung der Hauptstadt Kinshasa vor. (Archiv der Gegenwart, 2001 [2000])

(93) a. „Ich sitze hier von morgens bis abends am Schreibtisch und [Cause_to_experience quäle] mich durch eine Akte nach der anderen. (Düffel, John von: Houwelandt, Köln: DuMont Literatur und Kunst Verlag 2004, S. 137)
b. Rolf Knieper [Cause_to_experience quält] sich im Jeep durch die Wüste Turkmenistans und trinkt Wodka in mongolischen Partykellern. (Die Zeit, 24.02.2000, Nr. 9)
c. Vom sonnigen unteren Centovalli aus steigt man über fette Feuersalamander durch Esskastanienwälder bergan, schwitzt, dampft, springt nackt in einen Bergbach, [Cause_to_experience quält] sich über verrutschte Pfade an Ziegenvolk vorbei ins Baumlose}, zieht einen Pullover an, wirft den ersten Schneeball, und bei 1000 Metern über null versinkt man bis zur Hüfte im Schnee. (Die Zeit, 30.03.2000, Nr. 14)

(94) a. Der Ministerpräsident [Manipulation zwängt] sich samt Tross durch die kahlen Betonkavernen, sieht die armen Betten dicht an dicht, dazu die Notmatratze. (Die Zeit, 13.04.2000, Nr. 16)
b. Im belgischen Eupen [Manipulation zwängen] sich die Gendarmen der Rijkswacht mit ihren Computern und Funkanlagen in die düsteren Kammern einer Kaserne anno 1900, klaglos übrigens, weil wenigstens technisch gut versorgt; im Hof stehen Streifenwagen, aber sonst sieht alles aus wie damals, als hier Pferde wieherten. (Die Zeit, 20.04.2000, Nr. 17)

c. Sie legte das Klassenbuch auf den Lehrertisch und [$_{\texttt{Manipulation}}$ zwängte] sich, ohne ihren Stuhl zurückzuschieben, auf ihren Platz. (Schulze, Ingo: Neue Leben, Berlin: Berlin Verlag 2005, S. 759)

Die Hypothese, die Goldberg (1995: 205) für die *way*-Konstruktion aufstellt, nach welcher „monomorphemic (basic or superordinate level) motion verbs are typically unacceptable in this construction", wobei die Begründung dafür lautet, dass „[t]hese vanilla motion verbs do not normally imply that there is any difficulty or indirect motion involved" (Goldberg 1995: 205), gilt für die drei untersuchten Konstruktionen grundsätzlich nicht (vgl. für dasselbe Argument für die *way*-Konstruktion Luzondo Oyón 2013: 354–355; Szcześniak 2013: 177–178, 2014b: 163; Traugott & Trousdale 2013: 88).[98] Sie ist, wie ich bereits in Unterabschnitt 5.2.3 gezeigt habe, durchaus mit LE wie *bewegen* (*move.v*) oder *begeben* (*go.v*) belegt, die direkt `Motion`, also den Konstruktions-Frame, als lexikalischen Frame evozieren und als ‚Bewegungsverben' kaum basaler sein könnten.[99] Allerdings hat Goldberg mit der Vermutung Recht, dass jene Konstrukte keine direkten Aspekte der ‚Schwierigkeit' durch die LE kodieren, wie die folgenden Belege zu *bewegen* (95) und *begeben* (96) verdeutlichen sollen.

(95) a. Er [$_{\texttt{Motion}}$ bewegte] sich durch vermeintlich unauffällige harmonische Räume mit einer Sehnsucht nach Farbigkeit, die alle Grauwerte des Theoretischen löschte. (Die Zeit, 10.02.2000, Nr. 7)

b. Die von Beduinen geführte Karawane (bis zu 18 Teilnehmer) [$_{\texttt{Motion}}$ bewegt] sich in täglichen Etappen von vier bis sechs Stunden über Dünen und Sandfelder, durch die Wadis und Ebenen, wobei die Kamele als Reit- und Packtiere fungieren. (Die Zeit, 17.02.2000, Nr. 8)

c. Ein Drahtseil ist über den Fluß gespannt, mit einer beweglichen Winde ist das Fährboot daran festgetäut, und während die gewaltige Strömung auf das querstehende Ruder drückt, [$_{\texttt{Motion}}$ bewegen] sich Boot und Winde seitlich am Seil entlang von einem Ufer zum andern. (Düffel, John von: Vom Wasser, München: dtv 2006, S. 192)

(96) a. Ich befand mich gerade in München und [$_{\texttt{Motion}}$ begab] mich in ein Geschäft, das überaus luxuriös wirkte, wie ein Gourmettempel. (Die Zeit, 10.02.2000, Nr. 7)

---

98 In ihren diachronen Analysen differenzieren Mondorf (2011: 409) und Fanego (2019: 686) diese Beobachtung dahingehend, dass neutrale ‚Bewegungsverben' im Laufe der Grammatikalisierung der *way*-Konstruktion weniger frequent wurden.

99 Ich komme auf diese Fälle bei der Diskussion der semantischen Motivierung der KtE in Abschnitt 6.2 zurück.

b. Der Likud-Politiker SHARON [$_{\texttt{Motion}}$ begab] sich am 28. September mit einem großen Aufgebot an Sicherheitskräften auf den weiträumig abgesperrten Tempelberg, der den Felsendom und die Al-Aksa-Moschee, den drittheiligsten Ort der Moslems, umfasst. (Archiv der Gegenwart, 2001 [2000])

c. Am 10. Oktober [$_{\texttt{Motion}}$ begab] sich TSVANGIRAI freiwillig zu einem polizeilichen Verhör in Harare. (Archiv der Gegenwart, 2001 [2000])

Diese Befunde geben Anlass zu der Annahme, dass eine Kodierung der ‚Schwierigkeit' als emergente Struktur über die lexikalische Bedeutung allein nur dann möglich ist, wenn diese einen entsprechenden Standardwert enthält. Sie verdeutlichen, warum der semantische Parameter der emergenten Struktur, wie in Abbildung 5.1 im Eingang zu diesem Kapitel dargestellt, mit dem Parameter des Koerzionspotenzials (Abschnitt 5.5) einerseits und mit dem der Produktivität (Abschnitt 5.6) andererseits zusammenhängen muss. Sind das Koerzionspotenzial und die Produktivität einer Konstruktion hoch, so ist zu erwarten, dass auch zahlreiche lexikalische Bedeutungen mit ihr auftreten können, die einen Standardwert wie ‚schwierig' enthalten und somit die emergente Struktur evozieren. Allerdings trifft dieses Kriterium auf die lexikalischen Bedeutunggen von LE wie *bewegen* und *begeben*, wie ich bereits in Unterabschnitt 4.1.1 argumentiert habe, gerade nicht zu. Sollen sie innerhalb einer Konstruktbedeutung eine emergente Struktur aufweisen, müssen dafür andere Wege als die Spezifizierung eines Standardwerts in der lexikalischen Bedeutung existieren.

Ad b) Sofern die lexikalische Bedeutung allein noch nicht den Standardwert der ‚Schwierigkeit' enthält, kann dieser entstehen, wenn die betreffende LE in Kollokation mit einem bestimmten KtE, insbesondere des KE WEG bzw. ⟨WEG⟩ steht.[100] So kann etwa mit der LE *arbeiten* (*work.v*), das den lexikalischen Frame Work evoziert, nur dann eine emergente Struktur entstehen, wenn es, wie in den Belegen in (97), als Basiswort in Kollokationen zu Kollokatoren(phrasen) wie *Bücherberge*, *14 Pfund schweres Handbuch* oder *kompliziertes Kreuzworträt-*

100 Auf solche Kollokationsrestriktionen weist auch Boas (2003a: 124–158) für die Lizenzierung von Resultativkonstruktionen hin. Szcześniak (2019b: 83, 88–92) zeigt für die *way*-Konstruktion und die zur reflexiven Bewegungskonstruktion strukturell parallele englische Reflexivkonstruktion durch Kollokationen hervorgerufende semantische und pragmatische Effekte auf. In einer breiteren, der Kollostruktionsanalyse angelehnten Definition von Kollokationen sieht Hilpert (2019: 20–22) Kollokationen gar als ein wesentliches Kriterium bei der Identifizierung von Konstruktionen an. Basierend auf einer solchen Kollostruktionsanalyse ließe sich die vorliegende Variante b der Evokation der emergenten Struktur mittels einer kovariierenden Kollexemanalyse (Gries & Stefanowitsch 2004a; Stefanowitsch & Gries 2005) untersuchen.

sel steht.[101] Ein bereits in der lexikalischen Bedeutung von *arbeiten* angelegter Standardwert ‚schwierig' erscheint unplausibel.

(97) a. {Ich [EREIGNIS arbeite] mich [WEG durch Bücherberge] hindurch} und ziehe nach Stunden das Werk „Der Tod der Familie" des – wie ich – dicken, leider schon toten Psychiaters David Cooper hervor, der den Ehrentitel „Anti-Psychiater" tragen durfte. (Schuh, Franz: Schreibkräfte, Köln: DuMont 2000, S. 18)

b. {[EREIGNIS Arbeitete] sich [WEG durch ein 14 Pfund schweres Handbuch, das er vom FBI aus Washington erhalten hatte]} (für die 70 Mark Luftfracht musste er seine Wirtin anpumpen), und schrieb ganz wie sein Vorbild Karl May über ein Land, das er nie mit eigenen Augen gesehen hatte. (Die Zeit, 06.04.2000, Nr. 15)

c. {Er [EREIGNIS arbeitete] sich [WEG durch ein kompliziertes Kreuzworträtsel]}, hatte ein Bier aufgemacht und sich auf einen beschaulichen Abend eingestellt, als das Telefon läutete. (Glavinic, Thomas: Die Arbeit der Nacht, München Wien: Carl Hanser Verlag 2006, S. 381)

Da das FE ⟨MANNER⟩ sowohl im lexikalischen Frame `Work` als auch im Konstruktions-Frame `Motion` enthalten ist, fusionieren diese zu einem einzigen gleichnamigen FE des Konstrukt-Frames. Der Standardwert dieses FE ist nun als ‚schwierig' zu paraphrasieren, das FE selbst wird aber overt nicht realisiert, sondern der Standardwert entsteht lediglich durch die Kollokation mit bestimmten KtE des KE WEG bzw. ⟨WEG⟩.

Dieselben Beobachtungen lassen sich zu LE wie *drängeln* in (98) und *schieben* in (99) (beide *push.v*), die den lexikalischen Frame `Cause_motion` evozieren, mit Kollokatoren wie *Menge* oder *Masse* machen.

(98) a. {Phillip [EREIGNIS drängelt] sich [WEG durch die Menge]}. (Bach, Tamara: Marsmädchen, Hamburg: Verlag Friedrich Oetinger 2003, S. 132)

b. {Katharina [EREIGNIS drängelte] sich [WEG durch die Leute]}. (Dölling, Beate: Hör auf zu trommeln, Herz, Weinheim: Beltz & Gelberg 2003, S. 59)

(99) a. Laura ist ganz klein, sogar noch ein paar Zentimeter kleiner als ich, aber {sie [EREIGNIS schiebt] sich [WEG durch die Menge]} wie ein Türsteher. (Bach, Tamara: Marsmädchen, Hamburg: Verlag Friedrich Oetinger 2003, S. 59)

101 Die Begriffe *Basis(wort)* und *Kollokator* für die beiden Bestandteile einer Kollokation gehen auf den Kollokationsbegriff von Hausmann (1984: 401, 1985: 119) zurück.

b. Auf einmal steigt von draußen der Stimmenpegel an, Fotografen hetzen herein, {ein dichter Pulk dunkel gekleideter Männer [$_{\text{Ereignis}}$ schiebt] sich wie ein Rammblock [$_{\text{Weg}}$ durch die Masse]}. (Die Zeit, 16.03.2000, Nr. 12)

Interessant ist in diesem Zusammenhang auch die LE *wühlen* (*rummage.v*) mit dem lexikalischen Frame `Scouring` und Kollokatoren wie *1500 Seiten ärztlicher Diagnose*, *Bankbilanzen* und *das weiche Erdreich* in den Belegen in (100). Auch für diese LE gilt, dass der Standardwert ‚schwierig' erst für das im Konstrukt-Frame enthaltene FE Manner spezifiziert wird und nicht bereits in der lexikalischen Bedeutung (und ebenso wenig in der Konstruktionsbedeutung) enthalten ist.

(100) a. {Reporter wühlten sich [$_{\text{Weg}}$ durch 1500 Seiten ärztlicher Diagnose]} und schenkten ihm dafür einen Freispruch ersten Grades mit Zitaten wie diesem: (Die Zeit, 20.01.2000, Nr. 4)
b. Von Jakarta bis Seoul - überall {wühlen sich Wirtschaftsprüfer, Weltbanker und Experten des Internationalen Währungsfonds [$_{\text{Weg}}$ durch Bankbilanzen]}. (Die Zeit, 17.02.2000, Nr. 8)
c. {Lastwagen wühlen sich [$_{\text{Weg}}$ durch das weiche Erdreich]}, kippen ockerbraunen Sand obenauf. (Die Zeit, 24.02.2000, Nr. 9)

Ad c) Können sowohl die lexikalische Bedeutung allein als auch entsprechende Kollokationsverhältnisse nicht für die Entstehung eines Standardwerts wie ‚schwierig' in Anspruch genommen werden, kann ein FE Manner des Konstrukt-Frames innerhalb des Konstrukts auch overt instanziiert werden und somit auf die ‚Schwierigkeit' der ‚Bewegung', die mit dem Ereignis, das durch die LE ausgedrückt wird, einhergeht, hinweisen. Eine Fusion der beiden FE ⟨Manner⟩ des lexikalischen Frames und des Konstruktions-Frames im Konstrukt-Frame ist hierfür nicht zwingend erforderlich, da bereits der Konstruktions-Frame `Motion` über das entsprechende FE `Motion`.⟨Manner⟩ verfügt. Dieses FE gehört selbst in Konstrukten, deren Konstruktbedeutung durch lexikalische Bedeutung und Konstruktionsbedeutung gemeinsam konstituiert wird, nicht zur Motivierung der Instanzen der obligatorischen Strukturelemente. Deshalb liegt die emergente Struktur in diesen Fällen zwar außerhalb jener obligatorischen Strukturelemente im engeren Sinne, das für sie notwendige FE, das den Standardwert trägt, ist aber in mindestens dem Konstruktions-Frame, in vielen Fällen auch in dem lexikalischen Frame, angelegt.

In Beleg (101) weist etwa das adverbial gebrauchte Adjektiv *tapfer* als Instanz des FE ⟨Manner⟩, das sowohl im lexikalischen Frame `Ingestion` (*essen*/*eat.v*) als FE `Ingestion`.⟨Manner⟩ als auch im Konstruktions-Frame als FE

Motion.⟨MANNER⟩ angelegt ist, auf die ‚Schwierigkeit' hin. Es ist also durch eine entsprechende Fusion der FE beider Frames im Konstrukt-Frame enthalten.[102]

(101) Also [$_{\text{Ingestion}}$ aßen] sich Kohl und Rühe [$_{\langle\text{MANNER}\rangle}$ tapfer] durch große Stücke Marzipantorte, unter der Aufsicht von mindestens 15 Kamerateams und unter den kritischen Blicken eines ganzen Schwarms von Reportern, die lauerten und hofften - worauf eigentlich? (Die Zeit, 27.01.2000, Nr. 5)

Ein anderes Beispiel ist der lexikalische Frame Cause_to_amalgamate mit LE wie *mischen* (*mix.v*). Der die emergente Struktur erzeugende Standardwert in der Konstruktbedeutung von (102) wird durch das adverbial gebrauchte Adjektiv *müde*, als Instanz des FE Cause_to_amalgamate.⟨MANNER⟩, im Konstrukt-Frame erzeugt.

(102) Die Lichter der Stadt leuchten ins Zimmer, ein fahler Mond [$_{\text{Cause\_to\_amalgamate}}$ mischt] sich [$_{\langle\text{MANNER}\rangle}$ müde] in das blausilberne Geflacker hinein. (Venske, Regula: Marthes Vision, Frankfurt am Main: Eichborn Verlag 2006, S. 11)

Auch für den lexikalischen Frame Bringing mit einer LE wie *bringen* (*bring.v*) ist ein Beispiel belegt. In (103) sorgt das adverbial gebrauchte Adjektiv *erschöpft* für einen die emergente Struktur erzeugenden Standardwert.

(103) Er [$_{\text{Bringing}}$ brachte] sich [$_{\langle\text{MANNER}\rangle}$ erschöpft] in Seitenlage, wegen der Wunde. (Kopetzky, Steffen: Grand Tour, Frankfurt am Main: Eichborn 2002, S. 540)

Diese Variante des Ausdrucks der ‚Schwierigkeit' offenbart darüber hinaus ein weiteres Detail: Nicht alle Konstruktbedeutungen der Konstrukte der reflexiven Bewegungskonstruktion enthalten diese emergente Struktur (vgl. schon Oya 1999: 364) und somit einen entsprechenden Standardwert.[103] Dies ist daran erkennbar, dass bestimmte Instanzen des FE ⟨MANNER⟩ gleichermaßen auf das ‚Gegenteil' einer ‚Schwierigkeit' hinweisen können, gewissermaßen auf eine ‚Einfachheit' der ‚Bewegung'. Um noch einmal auf den lexikalischen Frame Ingestion zurückzukommen, sei dafür auf die Belege in (104) verwiesen. So lassen Instanziierungen wie *langsam*, *genügsam*, *manchmal mit wirklicher Anteilnahme* oder *unbarmherzig*

---

102 Da das FE Motion.⟨MANNER⟩ im Konstruktions-Frame ohnehin angelegt ist, stelle ich in den folgenden Annotationen lediglich die MANNER-FE der lexikalischen Frames dar. Für relatierte lexikalische Frames ist ohnehin nur die Annotation des FE dieses Frames relevant.

103 Zu einer solchen Schlussfolgerung kommt auch Proost (2015: 171–172) für bestimmte Implikaturen bei Ditransitivkonstruktionen.

eher keine Interpretation einer ‚Schwierigkeit' zu, sondern legen das Gegenteil nahe.

(104) a. Abends las ich, die Bücherei war ziemlich umfangreich, und ich [$_{\texttt{Ingestion}}$ fraß] mich durch alles; [$_{\langle\text{MANNER}\rangle}$ langsam, genügsam, manchmal mit wirklicher Anteilnahme]. (Schmitter, Elke: Frau Sartoris, Berlin: BvT 2000[2002], S. 35)

b. Die nämlich erreichte im 18. Jahrhundert mit einem aus Amerika kommenden Schiff die französische Küste und [$_{\texttt{Ingestion}}$ fraß] sich [$_{\langle\text{MANNER}\rangle}$ unbarmherzig] durch die französischen Weinäcker. (Die Zeit, 30.03.2000, Nr. 14)

Noch deutlicher ist der Ausdruck des Gegenteils einer ‚Schwierigkeit' in den folgenden Belegen mit der lexikalischen Bedeutung der LE *legen* (*lay.v*) des lexikalischen Frames `Placing` in (105) sowie der lexikalischen Bedeutung der LE *begeben* (*go.v*) mit `Motion` in (106). Die adverbial gebrauchten Adjektive *singend* und *freiwillig* lassen deutlicher die Interpretation einer ‚Einfachheit' der ‚Bewegung' zu.

(105) Bald machten britische Panzer sowjetischen Panzern Platz, und Major Tatarov bestellte sich bei Tante Klara ein Schaumbad und [$_{\texttt{Placing}}$ legte] sich [$_{\langle\text{MANNER}\rangle}$ singend] in Haueisens Wanne. (Koneffke, Jan: Paul Schatz im Uhrenkasten, Köln: DuMont Buchverlag 2000, S. 235)

(106) Ein jeder von ihnen [$_{\texttt{Motion}}$ begibt] sich [$_{\langle\text{MANNER}\rangle}$ freiwillig] in dieselbe Lage, in der auch die Teilnehmer sind, die er beobachtet. (Die Zeit, 09.03.2000, Nr. 11)

Dieser empirische Befund für die reflexive Bewegungskonstruktion lässt sich an dieser Stelle bereits generalisieren: Die emergente Struktur ist keine notwendige Eigenschaft einer Konstruktbedeutung. Am Beispiel der ‚Schwierigkeit' ist dies bereits für die *way*-Konstruktion dokumentiert:

> The difficulty reading arises frequently enough to be taken for a prototypical meaning component of the construction, but it is certainly not found in all uses and is not a necessary condition for a use to sound natural and grammatical. (Szcześniak 2013: 163)

Die reflexive Bewegungskonstruktion zeigt, dass selbst in Konstruktionen, zu deren Leistung eine emergente Struktur zählt, nicht jede Konstruktbedeutung von ihr erfasst werden muss. Die drei Varianten der möglichen Kodierung einer emergenten Struktur, die ich aufgezeigt habe, sind ein erster Maßstab, um zu überprüfen, ob eine emergente Struktur überhaupt vorliegt und wie sie über die Konstrukte der betreffenden Konstruktion verteilt ist. Neben dem Auftreten der drei Varianten, die die emergente Struktur erzeugen, müssen allerdings ebenso jene Fälle dokumentiert werden, in denen das ‚Gegenteil' einer ‚Schwierigkeit' vorliegt, sowie diejenigen, in denen weder das eine noch das andere auftritt, die sich also gegenüber der emergenten Struktur ‚neutral' verhalten. Eine solche Dokumentation ermöglicht es, über die einzelnen Konstrukte einer Konstruktion hinweg zu einer Verteilung dieser insgesamt sieben unterschiedlichen Fälle (drei Varianten, deren jeweiliges ‚Gegenteil' sowie die ‚neutralen' Fälle) zu gelangen und diese als entsprechenden ‚Wert' des semantischen Parameters der emergenten Struktur konstruktikographisch zu erfassen. Ich komme darauf in Abschnitt 7.6 zurück.

Die Tatsache, dass nicht alle Konstrukte der Konstruktion von einer emergenten Struktur wie der ‚Schwierigkeit' der reflexiven Bewegungskonstruktion erfasst werden, macht zugleich deutlich, warum dieser Parameter nur im Rückgriff auf Konstruktbedeutungen analysiert werden und nicht wie viele andere Parameter lediglich mit lexikalischen Frames oder dem Konstruktions-Frame operieren kann, wie etwa Präferenzen für lexikalische Frames (Unterabschnitt 5.3.3), Frame-Nähe (Abschnitt 5.4), Koerzionspotenzial (Abschnitt 5.5) und Produktivität (Abschnitt 5.6). Somit gehört das von ihm erfasste Phänomen streng genommen nicht zu den invarianten semantischen Eigenschaften einer Konstruktion, die auf alle Konstrukte gleichermaßen zutreffen. Szcześniak (2013) argumentiert, dass es sich bei der ‚Schwierigkeit' um eine Implikatur handeln muss, die als solche nicht als Bestandteil der semantischen Eigenschaften einer Konstruktion angesehen werden kann (vgl. auch Szcześniak 2014b: 162–163):[104]

> If the difficulty reading is a defining property of the construction, it should be either an entailment or a presupposition. Implicatures are attributed to utterances, not specific linguistic forms, and they are usually secondary effects of other properties, and thus not part of the construction's meaning. (Szcześniak 2013: 165)

Selbst wenn es sich bei dem Aspekt der ‚Schwierigkeit' um eine Implikatur handelt, steht diese einer Konventionalisierung und damit der Integration in die

---

104 An dieser Stelle wird der Bedarf für eine Diskussion um die Trennung zwischen Semantik und Pragmatik sichtbar, die ich hier allerdings nicht leisten kann. Wie bereits Lakoff (1987: 138–139) und Langacker (1987: 154) lehnt auch Goldberg (1995: 7) eine Trennung grundsätzlich ab, was in einen weiten Begriff von ‚Bedeutung' der Konstruktionsgrammatik mündet (vgl. Fischer & Stefanowitsch 2007: 9). Allerdings gibt es seit längerem Stimmen, die für eine Wiederaufnahme der Diskussion sprechen: Vgl. etwa Rostila (2007: 89–91) zu Argumenten für eine graduelle, aber dennoch aufrechtzuerhaltende Unterscheidung. Fried (2010: 98–99) problematisiert ähnlich den Übergang zwischen semantischen und pragmatischen Aspekten einer Konstruktion. Vgl. weiterhin Finkbeiner (2019) für einen Überblick über Desiderate und den Forschungsstand zur Rolle der Pragmatik in der Konstruktionsgrammatik. Auch Finkbeiner plädiert für eine scharfe Unterscheidung zwischen Semantik und Pragmatik.

semantischen Eigenschaften, die zu einer Konstruktion gehören, nicht im Wege. So resümiert etwa Bybee (2013: 56), dass Implikaturen in Gestalt von Inferenzen sehr wohl den Status einer semantischen Eigenschaft auf Type-Ebene erreichen können. Auch Finkbeiner (2019: 182–183) plädiert für die Berücksichtigung konventionalisierter pragmatischer Aspekte in die Beschreibung von Konstruktionen. Aus dezidiert kognitionslinguistischer Perspektive argumentiert auch Schmid (2020) dafür, dass pragmatische Phänomene wie Implikaturen (vgl. dazu speziell Schmid 2020: 277–279) kognitiven Verfestigungen unterworfen sein können und sich somit auf Type-Ebene manifestieren können:

> If pragmatic associations vary by definition from context to context, and if routinization is based, also by definition, on the recognition of similarity, then at first sight pragmatic associations do not seem to qualify for repetition-driven entrenchment. However, [...] the routinization of associations can operate over whatever different usage events have in common. This suggests that recurrent properties of usage events are eligible for entrenchment after all. (Schmid 2020: 269)

Doch auch wenn man sich der Auffassung der emergenten Struktur als Implikatur nicht anschließen möchte, lässt sich festhalten, dass eine emergente Struktur produktiv in ‚neuen' Konstrukten einer Konstruktion evoziert werden kann:

> If specific inferences commonly occur with a construction, their representation will be strengthened and eventually they can be activated automatically when the construction occurs, making them, in essence, part of the meaning of the construction. (Bybee 2010: 109)

Bybees, Finkbeiners und Schmids Argumentationen halte ich gerade aus gebrauchsbasierter Perspektive für sinnvoll, weshalb ich davon ausgehe, dass eine konstruktikographische Relevanz des Parameters der emergenten Struktur gegeben ist.[105] Das Beispiel der reflexiven Bewegungskonstruktion zeigt, dass sie als Teil der semantischen Leistung der Konstruktion, wenn auch nicht über alle Konstrukte hinweg invariant, eine semantische Eigenschaft der Konstruktion ist, was der breite Forschungskanon, bereits zur *way*-Konstruktion und auch zur reflexiven Bewegungskonstruktion, widerspiegelt. Die empirischen Befunde, sie nicht in allen Konstrukten lokalisieren zu können, geben keinen Anlass dazu, sie vollständig zu ignorieren und somit nicht in die konstruktikographische Beschreibung aufzunehmen.[106] Das Frequenzkriterium, das Bybee (2010: 109) implizit

105 Eine Weiterverfolgung dieses Parameters in pragmatischer Perspektive könnte ihn mit dem Begriff des *pragmatischen Templates* von Liedtke (2018) in Verbindung bringen, der, wie von Liedtke (2018: 127) selbst explizit erwähnt, an die Konstruktionsgrammatik anschließbar ist.

106 Das von Szcześniak (2014a: 137–138) vertretene Argument, der semantische Aspekt der ‚Schwierigkeit' sei der *way*-Konstruktion abzusprechen, weil es außer dieser Konstruktion kei-

erwähnt, spricht ebenso dagegen, eine emergente Struktur zu ignorieren: Es handelt sich dabei keineswegs um ein Einzelphänomen, sondern es ist, wie sich im empirischen Vergleich der drei untersuchten Konstruktionen in Unterabschnitt 7.6.2 zeigen wird, durchaus frequent belegt. Die Evokation einer emergenten Struktur kann über Kriterien wie die drei Varianten, die ich aufgezeigt habe, geleistet werden und bleibt dadurch fakultativ, aber dennoch ein wesentlicher Bestandteil der Konstruktion. Würde man die emergente Struktur ignorieren, wären etwa auch die Präferenzen für lexikalische Frames (Unterabschnitt 5.3.3) irrelevant, da auch sie ja nicht auf alle Konstrukte gleichermaßen zutreffen.

Selbst wenn man die Tatsache, dass sich eine emergente Struktur wie der semantische Aspekt der ‚Schwierigkeit' nicht in allen Konstrukten der betreffenden Konstruktion finden lässt, nicht als Argument dafür gelten lässt, sie bei der Analyse zu ignorieren, stellt sich natürlich die Frage, ob sie überhaupt einer *Konstruktion* auf Type-Ebene zugeschrieben werden kann und damit einen eigenen semantischen Parameter von Konstruktionen rechtfertigt. Neben dem soeben diskutierten Aspekt der Konventionalisierung lässt sich Folgendes gegen einen solchen Vorbehalt einwenden: Obwohl die emergente Struktur allein als Standardwert innerhalb einer Konstruktbedeutung und damit auf Token-Ebene entsteht, ist sie dennoch charakteristisch für die betreffende Konstruktion. Dies wird dadurch deutlich, dass sich die ‚Schwierigkeit' im Falle der drei untersuchten Konstruktionen auf das Ereignis der ‚Bewegung' bezieht und damit auf den Konstruktions-Frame oder einen relatierten lexikalischen Frame. Gerade bei unrelatierten lexikalischen Frames ist diese ‚Schwierigkeit' ganz wesentlich an den Konstruktions-Frame gebunden, worauf sich die Varianten b und c der Evokation einer emergenten Struktur maßgeblich stützen. Variante b ist bei einem unrelatierten lexikalischen Frame insbesondere dann möglich, wenn das KtE des KE Weg bzw. ⟨Weg⟩ durch ein FE des Konstruktions-Frames semantisch motiviert wird, entweder gemeinsam mit einem FE des lexikalischen Frames (Unterabschnitt 6.2.3) oder allein durch ein FE des Konstruktions-Frames (Unterabschnitt 6.2.2). Wäre der Konstruktions-Frame an der semantischen Motivierung dieses KtE nicht beteiligt, könnte die emergente Struktur nicht durch diese Variante evoziert werden.

Ähnliches gilt für Variante c. Sollte der lexikalische Frame von sich aus kein FE wie Manner beinhalten, durch das der Standardwert der ‚Schwierigkeit' overt

ne anderen sprachlichen Formen gibt, ihn auszudrücken, wirkt vor diesem Hintergrund geradezu absurd: Selbst wenn es der Fall sein sollte, dass ein vergleichbarer semantischer Aspekt einer Konstruktbedeutung nirgendwo sonst in einer Sprache zu finden ist (wofür Szcześniak keine empirischen Belege liefert), wäre die unikale Eigenschaft der Konstruktion, ebendiesen semantischen Aspekt zu kodieren, gerade ein Argument, sie als semantisch besonders aussagekräftig anzusehen.

ausgedrückt werden kann, tritt auch hier der Konstruktions-Frame ein und stellt ein FE wie Motion.⟨MANNER⟩ zur Verfügung. Damit wird deutlich, dass der Standardwert der ‚Schwierigkeit' nicht nur charakteristisch für Konstrukte einer Konstruktion wie der reflexiven Bewegungskonstruktion ist, sondern dass dessen Evokation ganz gezielt auf den Konstruktions-Frame und seine FE zurückgeführt werden kann. Da der Konstruktions-Frame auf Type-Ebene liegt und mit der Konstruktion als Ganzes assoziiert ist (vgl. Unterabschnitt 4.1 und Abschnitt 4.3), ist die emergente Struktur, wie sie für die drei untersuchten Konstruktionen festgestellt werden kann, als Gegenstand eines semantischen Parameters von *Konstruktionen* (und damit ebenso auf Type-Ebene) zu verstehen und nicht allein ein Phänomen von Konstruktbedeutungen, wenngleich sie sich vordergründig dort offenbart.

Über diese Aspekte hinaus bietet die Analyse einer emergenten Struktur die Chance, über die reine Analyse der semantischen Motivierung der Strukturelemente von Konstrukten durch FE von lexikalischem Frame und Konstruktions-Frame hinauszugehen. Dieser Aspekt betrifft insbesondere die unter den Punkten a und b genannten Varianten der Evokation einer emergenten Struktur. Punkt c hingegen erlaubt die Erfassung der Instanzen von Strukturelementen, die außerhalb der obligatorischen Strukturelemente der Konstruktion liegen. Dass diese dennoch für die Konstruktbedeutung relevant sind, ist durch ihre Erzeugung einer emergenten Struktur evident. Sie lassen sich über diesen Parameter systematisch in die konstruktikographische Beschreibung integrieren.

6 Strukturparallelen zwischen Konstruktionen und Frames

> [I]nsights into the mechanics of the grammar as a whole can be brought out most clearly by the work of factoring out the constituent elements of the most complex constructions.
>
> (Fillmore 1988: 36)

Konstruktionen und Frames zeichnen sich durch eine wesentliche Gemeinsamkeit aus: Sie besitzen innere Strukturen, die sich mehr oder weniger direkt miteinander vergleichen lassen (vgl. Laviola et al. 2017: 194; Ziem 2020a: 26).[1] Für die semantische Beschreibung einer Konstruktion nur global auf einen Frame zu verweisen, wie es besonders in konstruktikographischer Perspektive bisweilen geschieht, reicht deshalb nicht aus.[2] Dass eine globale Zuweisung eines Konstruktions-Frames zu der Formseite einer Konstruktion nicht die einzige zeichenhafte Relation ist, die es zu beschreiben gilt, betont bereits Langacker (1987: 91): „In a grammatical construction, the global correspondence between semantic and phonological structures is resolvable into a number of more specific correspondences." Möchte man etwa erklären, wie sich die semantischen Eigenschaften der Strukturelemente einer Konstruktion und denen ihrer Konstrukte zusammensetzen, bietet es sich an, gerade diese Korrespondenzen in den Blick zu nehmen, diese Strukturelemente also mit FE der Frames, die als lexikalische Frames und Konstruktions-Frames infrage kommen, zu vergleichen. Dieser Vergleich zwischen den Strukturelementen von Konstruktionen und Frames ist zugleich Voraussetzung, um zentrale Eigenschaften einer Konstruktion zu erfassen, insbesondere ihr Koerzionspotenzial (Abschnitte 5.5 und 7.4) und ihre Produktivität (Abschnitte 5.6 und 7.5), die als semantische Parameter für Konstruktionen in die konstruktikographische Beschreibung einer Konstruktion Eingang finden müssen.

Es überrascht kaum, dass bei der überschaubaren Anzahl von Studien, die Frames für die semantische Beschreibung von Konstruktionen heranziehen, nur die wenigsten Analysen auf die Strukturparallelen von Konstruktionen und Fra-

1 Schmid (2020: 69) geht sogar noch weiter und weist darauf hin, dass Frames ebenso wie syntagmatische Muster (also: Konstruktionen) über Slot-Filler-Strukturen verfügen, also Leerstellen aufweisen, die durch Füllwerte besetzt werden können.

2 Schon Geeraerts (1998: 185, 188) sieht es als selbstverständlich an, dass die semantische Beschreibung einer Konstruktion nur in Bezug auf ihre syntaktische Struktur geschehen kann.

https://doi.org/10.1515/9783110762341-006

mes eingehen. Die konstruktikographische Literatur ist eine der wenigen Ausnahmen. Als bisher kanonische Gegenüberstellung der Analysekategorien von FrameNet mit denjenigen der Konstruktikographie kann die von Lee-Goldman & Petruck (2018: 36) aufgestellte, in Tabelle 6.1 ins Deutsche übertragene Zuordnung gelten.[3]

Tab. 6.1: Parallelen zwischen den Strukturelementen von FrameNet-Frames und Konstruktionen (nach Lee-Goldman & Petruck 2018: 36)

FrameNet	**Konstruktikon**
Frame	Konstruktion
Lexikalische Einheit (LE) bzw. frame-evozierendes Element (FEE)	Konstruktionsevozierendes Element (KEE)
Frame-Element (FE)	Konstruktionselement (KE)
Lexikographische Annotation	Konstruktikographische Annotation

Wie ich zu Beginn dieses Kapitels zeigen möchte, ist diese Gegenüberstellung jedoch nicht unproblematisch. Noch am unstrittigsten sind die beiden untersten Zeilen von Tabelle 6.1: Lexikographische und konstruktikographische Annotation unterscheiden sich lediglich in ihrem zu beschreibenen Phänomenbereich – LE oder (syntaktische) Konstruktionen –, wenngleich sie mit unterschiedlichen Kategorien arbeiten, die in der Annotation unterschieden werden müssen.[4] Diesen Kategorien, zu denen FE und KE gehören, kommt grundsätzlich derselbe strukturierende Status zu: Beide sind Strukturelemente frame-semantisch bzw. konstruktikographisch zu erfassender Entitäten, in einem Falle Frames, im anderen Konstruktionen. In dieser strukturierenden Parallele erschöpfen sich ihre Gemeinsamkeiten aber schnell. Ob FE und KE tatsächlich immer direkt und eineindeutig aufeinander bezogen werden können, um eine Konstruktion semantisch zu beschreiben, ist alles andere als empirisch gesichert und stellt obendrein a priori eine Generalisierung dar, die, wie ich in diesem Kapitel zeigen möchte, auf Type-Ebene – also auf Ebene der Konstruktion und damit auf Ebene der KE – nicht möglich ist. Ein noch gravierenderes Problem liegt bei der angenommenen Parallelität

3 Die Blaupause dafür ist die initiale Gegenüberstellung von FrameNet- und konstruktikographischer Annotation bei Fillmore (2008a: 58–59), allerdings sind die Parallelen zwischen den Strukturelementen von Konstruktionen und Frames dort nur implizit angesprochen.

4 Wie bereits erwähnt kennzeichne ich diesen Unterschied dadurch, dass frame-semantische Annotationen lexikalischer Frames durch die Annotation des Frame-Namens auf die Target-LE und deren Tiefstellung gekennzeichnet sind, während in konstruktikographischen Annotationen lediglich KE, KEE und KorE annotiert sind, wobei das Konstrukt innerhalb des Belegs durch geschweifte Klammern gekennzeichnet ist.

zwischen LE und KEE sowie derjenigen globalen zwischen Frames und Konstruktionen vor.[5] Dazu schreiben Lee-Goldman & Petruck (2018):

> The FEE is an indication of the specific semantic frame's relevance to interpretation, just as a CEE indicates that a construction may license the current linguistic structure. Likewise, both frames and constructions have their own distinctive elements (FEs and CEs, respectively), with annotation from natural language corpora illustrating these elements. (Lee-Goldman & Petruck 2018: 36)[6]

Bei genauerem Hinsehen wird deutlich, dass diese Gegenüberstellung – wie ich bereits in Unterabschnitt 2.3.1 erwähnt habe – auf einer rein terminologischen Analogie beruht. Sie betrachtet lediglich Frames und Konstruktionen als Ganzes und getrennt voneinander und nicht in Bezug auf ihre konstruktionssemantische und konstruktikographische Verbindung. Dieses Problem betrifft vor allem die ersten beiden Zeilen der Tabelle. Während die Gegenüberstellung von Frames und Konstruktionen vor dem Hintergrund ihres jeweiligen Status als zu beschreibende Zieleinheiten (Targets) plausibel ist, wird deutlich, dass die Parallele zwischen LE bzw. FEE[7] und KEE rein terminologisch ist und sich nur an ihrer Funktion als ‚evozierend' orientiert[8] bzw. daran, dass „[a] CEE thus constitutes the lexical 'anchor' of a construction." (Ziem & Flick 2018: Abschn. 3.1). Dass die Funktion des ‚Evozierens' beider Elemente jedoch in Bezug auf das jeweilige Target eine andere ist, wird nicht deutlich gemacht. Klarer ausgedrückt: LE evozieren *Frames*, KEE evozieren *Konstruktionen*.[9] Was zunächst trivial klingt, wird umso wichtiger, wenn

5 KorE sind in der Gegenüberstellung von Lee-Goldman & Petruck (2018: 36) nicht enthalten, da sie, wie in Unterabschnitt 2.3.1 erwähnt, als Analysekategorie für das Konstruktikon des Deutschen entwickelt wurden, weshalb sie in anderen Konstruktikon-Projekten keine Berücksichtigung finden.

6 Wenngleich Fillmore (2008a: 58) nicht den Terminus des KEE verwendet, mag die Gegenüberstellung bei ihm eine ähnliche sein, wenn es für Frames heißt, dass „[a]nnotations identify the LU, the FEs, and the GFs [grammatische Funktionen, A.W.] and PTs [Phrasentypen, A.W.] of the segments marked off" und er parallel für Konstruktionen schreibt: „Annotations contain labels for the CEs and identify, for lexically marked constructions, the relevant lexical material."

7 Obwohl Ruppenhofer et al. (2016: 11) die Begriffe der LE und des FEE als synonym betrachten, sind sie dies keineswegs: Sie beziehen sich zwar auf dieselbe Entität, sagen aber Unterschiedliches darüber aus (Alexander Ziem, persönliche Kommunikation). Bei Fillmore, Lee-Goldman & Rhomieux (2012: 322) findet sich gar der Hinweis, dass Konstrukte FEE sein können. Um Missverständnisse zu vermeiden, werde ich fortan nur noch von LE sprechen.

8 Ganz davon abgesehen, dass theoretisch überhaupt nicht geklärt ist, was es heißt, eine Konstruktion – im Gegensatz zu einem Frame – zu ‚evozieren'. Vgl. dazu Abschnitt 8.1.

9 Vgl. dazu auch die Definition bei Ziem & Flick (2018: Abschn. 3.1): „Just like a frame-evoking element in FrameNet, a CEE provides an explicit link to the respective target structure (here: the construction)."

man die Relationen umdreht: LE evozieren *keine* Konstruktionen und KEE evozieren *nicht zwangsläufig* Frames.[10] Deshalb muss die Gegenüberstellung in Tabelle 6.1 korrigiert werden, was im Übrigen auch die erste Zeile betrifft. Das konstruktikographische Pendant zu LE sind *Konstruktionen*, nicht KEE (vgl. auch Bäckström, Lyngfelt & Sköldberg 2014: 29).[11] Im Anschluss an das obige Zitat bemerken Lee-Goldman & Petruck (2018: 36) dies sogar selbst: „At the same time, a construction may be compared to a lexical unit, as both are connected in analogous ways to semantic frames."

Diese subtilen, aber ernstzunehmenden Probleme möchte ich zum Anlass nehmen, in diesem Kapitel systematische Analysen zu den Strukturparallelen zwischen Konstruktionen und Frames durchzuführen. Ich nehme dafür die ersten drei Zeilen von Tabelle 6.1 in den Blick. Zunächst nehme ich in Abschnitt 6.1 einige grundsätzliche Klärungen zum Verhältnis zwischen Konstruktionen und Frames und der semantischen Motivierung von Konstruktionen und ihren Konstrukten vor. Im Zuge dessen argumentiere ich dafür, nicht KE und FE – also Einheiten auf Type-Ebene – gegenüberzustellen, sondern auf die Token-Ebene zu wechseln und die semantische Motivierung von KtE durch FE zu untersuchen. Diese Notwendigkeit des Wechsels auf die Token-Ebene deutet auch Ziem (2020a) an:

> Da [...] die frame-semantischen Annotationskategorien und solche zur Analyse von grammatischen Konstruktionen strukturell übereinstimmen [...], ist es auch möglich, Frames mit Konstruktionen sowie (Instanzen von) Frame-Elementen mit (Instanzen von) Konstruktionselementen zu verbinden. Dies ist nötig, um mittels Frames ‚reiche' Bedeutungen von Konstruktionen – also Bedeutungen, die über die durch die KE grammatisch kodierten Bedeutungsaspekte hinausgehen – sowie semantische Beschränkungen eines KE zu erfassen. (Ziem 2020a: 26)

In Abschnitt 6.2 erörtere ich dann ebendiese Parallelen zwischen KtE und FE für die reflexive Bewegungskonstruktion, um im Anschluss daran in Abschnitt 6.3 analog die Parallelen zwischen KEE und FE, ebenfalls für die reflexive Bewegungskonstruktion, zu untersuchen. Die Betrachtung der Konstitution von Konstrukt-Frames (Abschnitt 4.4) spielt für diese Zwecke eine zentrale Rolle. In Abschnitt 6.4 stehen schließlich einige Sonderfälle im Vordergrund, die aus der zuvor ent-

10 Zu letzterem Aspekt vgl. Unterabschnitt 8.3.1.

11 Bei Boas, Dux & Ziem (2016: 317) wird dies implizit herausgestellt: „Note that LUs and constructions share basic properties. Most importantly, both are linguistic signs, that is, conventionalized pairings of form and meaning." Doch auch dort ist zwei Seiten später zu lesen: „Similar to frame-evoking LUs, the linguistic unit evoking a construction is called a 'Construction Evoking Element' (CEE)." (Boas, Dux & Ziem 2016: 319). Unklar ist, ob die Betonung auf „is called" liegen muss.

wickelten dreistufigen Klassifikation der Motivierung von KtE und KEE herausfallen. In diesem Abschnitt werden darüber hinaus die zuvor ausschließlich an der reflexiven Bewegungskonstruktion durchgeführten Analysen auf die reflexive Partikelverbkonstruktion ausgeweitet. Für die reflexive *Weg*-Konstruktion erübrigen sich entsprechende Analysen, da aufgrund ihrer geringen Produktivität (Unterabschnitt 7.5.2) für sie lediglich zwei unterschiedliche Fälle in der semantischen Motivierung ihrer Konstrukte belegt sind.

6.1 Globale Zusammenhänge

Die Konstruktionsgrammatik betrachtet Konstruktionen als Basiseinheiten einer Sprache: Grundlegend ist „the idea that the network of constructions captures our knowledge of language *in toto* – in other words, it's constructions all the way down." (Goldberg 2003: 223). Unbeachtet scheint allerdings die Tatsache, dass innerhalb der Frame-Semantik bereits ein ähnliches Diktum für (nicht nur sprachliches) Wissen allgemein postuliert wurde, wenn Barsalou (1992b: 40) formuliert: „Human conceptual knowledge appears to be frames all the way down."[12] Wie hängen diese beiden Ansichten zusammen? Wo ist, wenn man einen genuin konstruktionsgrammatischen und konstruktikographischen Standpunkt einnimmt, Platz für Frames? Sind Frames, wie es Barsalou andeutet, ein eigenständiges, vielleicht sogar umfassenderes Format verstehensrelevanten (sprachlichen) Wissens *neben* Konstruktionen? Diese Frage ist bei Überlegungen zur Verbindung beider Einheiten bisher kaum in den Blick genommen worden, was durchaus für Unklarheiten gesorgt haben mag:

> So diffus sich das Verhältnis zwischen Frames und Konstruktionen auch darstellen mag und so sehr auch verschiedene konstruktionsgrammatische Theoriebildungen semantische Frames in ihr jeweiliges Modell zu integrieren versuchen – es wäre vorschnell, daraus den Schluss zu ziehen, dass Frames und Konstruktionen in einem nur zufälligen und unmotivierten Verhältnis zueinander stehen. (Ziem 2014d: 267)

Worin aber begründet sich das – angenommene – systematische und motivierte Verhältnis von Konstruktionen und Frames? Ich möchte diese Frage in zwei Schritten beantworten: einem sprachtheoretischen und einem konstruktikographischen. Deshalb zeige ich im Folgenden in Unterabschnitt 6.1.1, wie Frames in das Modell eines Konstruktikons, das nach Annahme der Konstruktionsgramma-

---

12 Fast identisch Barsalou (1993: 41), dort allerdings deutlicher auf die Rekursivität von Frames bezogen.

tik das gesamte Sprachwissen strukturiert, integriert werden können und plädiere in Unterabschnitt 6.1.2 für das Primat der Semantik, das bei der empirischen Beschreibung von Konstruktionen, zuvorderst in der Konstruktikographie, implizit vorausgesetzt, aber selten explizit ausgesprochen, geschweige denn praktiziert wird.[13] Diese Ideen bilden die Grundlage, um ausgehend von den globalen Zusammenhängen zwischen Konstruktionen und Frames die Parallelen zwischen ihren Strukturelementen zu verstehen.

6.1.1 Zum Verhältnis von Konstruktionen und Frames

Da Konstruktionen gemäß der einhelligen Auffassung aller Varianten der Konstruktionsgrammatik sowohl die Formseite als auch die semantischen Eigenschaften sprachlicher Einheiten umfassen, scheint es auf den ersten Blick unnötig, mit Frames eine zweite im sprachlichen Wissen angesiedelte Entität zu postulieren.[14] Wenn also gilt, „it's constructions all the way down" (Goldberg 2003: 223), liegt es nicht fern, Zweifel an der sinnvollen Integrierbarkeit von Frames in diese Vorstellung anzumelden, gerade wenn es mit der analogen Formulierung von Barsalou (1992b: 40) in der Frame-Semantik eine prinzipiell konkurrierende Sichtweise gibt. Diesen Zweifeln aber liegt die Annahme zugrunde, dass Konstruktionen und Frames voneinander tendenziell unabhängige Entitäten sind. Dass dies nicht so ist, wird klar, wenn man bedenkt, „dass ein Frame die konzeptuelle Strukturgestalt der Bedeutungsseite einer Konstruktion [...] beschreibt." (Ziem 2008: 183). Frames und Konstruktionen sind deshalb innerhalb des sprachlichen Wissens nicht nebengeordnet, sondern Frames stehen zu Konstruktionen in einem Inklusionsverhältnis.[15] Frames sind Teile von Konstruktionen, sie bilden die Grundlagen für die semantischen Eigenschaften von Konstruktionen (als

---

13 In der Frühphase der Konstruktionsgrammatik sind die Beziehungen zwischen syntaktischen und semantischen Strukturen unter dem Begriff des *Linking* thematisiert worden (z.B. Goldberg 1995: 101–119; Fillmore 1999: 115; Fried & Östman 2004: 27). Dieser impliziert eine modularistische Trennung zwischen Syntax und Semantik und läuft einer holistischen Auffassung von Konstruktionen als ‚Form-Bedeutungs-Paaren' (Unterabschnitt 2.2.1) eigentlich zuwider (vgl. Welke 2019: 21, 71, 89).

14 Vgl. dazu Borin, Forsberg & Lyngfelt (2013: 39): „Frames are essentially semantic units, defined by their meaning, whereas constructions are defined by their meaning *and* their formal structure." Eine Missinterpretation liegt allerdings darin, dass Frames keine Bedeutungen ‚besitzen', sondern, wie in Unterabschnitt 4.1.1 unter Rückgriff auf das Modell von Ziem (2020b: 44–48) argumentiert, die Grundlage für Bedeutungen darstellen.

15 Schon Ziem (2008: 196) hält fest, dass „Frames [...] integrale Bestandteile von ‚Konstruktionen'" sind (vgl. auch Ziem 2014b: 167). Einer solchen Auffassung entgegengesetzt argumentiert Fischer (2015: 279–281) – allerdings nicht mit dem Frame-Modell FrameNets – für eine Trennung

Konstruktions-Frames) und ihren Konstrukten (als Konstrukt-Frames), sowohl von syntaktischen Konstruktionen wie den drei hier untersuchten Konstruktionen, als auch von lexikalischen Konstruktionen, also LE (vgl. ähnlich auch Ziem 2014c: 30).[16] Hier spiegelt sich die Unterscheidung in lexikalische Frames und lexikalische Bedeutungen sowie Konstruktions-Frames und Konstruktionsbedeutungen, die ich in Kapitel 4 eingeführt habe, wider. Da abstrakte (syntaktische) Konstruktionen immer durch konkrete Konstrukte instanziiert werden, spielt ebenso die Annahme und Unterscheidung von Konstrukt-Frames und Konstruktbedeutungen eine Rolle.

Konstruktionen sind Frames übergeordnet, weil sie Formseite und semantische Eigenschaften vereinen, während Frames für sich genommen zunächst keine Aussagen über ihre formale Realisierung treffen:[17] „Konzeptuell unterscheiden sich Konstruktionen [...] von Frames, da es sich bei Ersteren um *Zeichen* handelt, die Formen und Bedeutungen verbinden." (Ziem, Boas & Ruppenhofer 2014: 307). Konstruktionen „differ from frames in having both form and meaning, a property they share with LUs" (Bäckström, Lyngfelt & Sköldberg 2014: 29).

In Abbildung 6.1 ist das Verhältnis zwischen Konstruktionen und Frames, wie ich es zugrunde lege, dargestellt, wobei für die semantischen Eigenschaften stellvertretend der Konstruktions-Frame oder ein relatierter lexikalischer Frame steht. Eine darüber hinausgehende Differenzierung, wie sie bei unrelatierten lexikalischen Frames notwendig ist (Unterabschnitt 5.4.2), ist hier also nicht berücksichtigt. Auf der linken Seite der Abbildung ist die Formseite der Konstruktion angegeben. Sie gibt an, wie die Strukturelemente der Konstruktion (KE, KEE und KorE) syntaktisch realisiert werden, hier in Form von Phrasentypen.[18] Auf der rechten Seite ist der erwähnte Konstruktions-Frame angegeben. Beide Seiten,

---

zwischen Konstruktionen und Frames bei der Repräsentation situationaler Aspekte. Selbst wenn dies noch als plausibel gelten kann, ist eine solche Trennung für die semantischen Eigenschaften von Konstruktionen, die ich hier im Blick habe, nicht aufrechtzuerhalten. Entsprechend plädiert Matsumoto (2015: 308–309) dafür, auch interaktionale Frames als Bestandteile von Konstruktionen aufzufassen.

16 Mit Bezug auf die Verstehenssemantik stellt Ziem (2014d: 275) deshalb, wie schon in Unterabschnitt 2.2.3 erwähnt, die These „Verstehensrahmen strukturieren Konstruktionsbedeutungen" auf.

17 Borin, Forsberg & Lyngfelt (2013: 39) geben deshalb zu bedenken: „[T]he crucial difference between constructional and lexical resources is that construction entries cannot ignore the internal formal structure." Gemeint ist die formale Struktur einer Konstruktion.

18 In Abbildung 6.1 steht XP somit für eine beliebige Phrase, wobei damit in erster Linie syntaktische, phrasal realisierte Konstruktionen angesprochen sind. Für morphologische Konstruktionen kann die Realisierung der Formseite freilich anders aussehen. Zur Verwendung von Phrasentypen vgl. die Beispiele bei Fillmore, Lee-Goldman & Rhomieux (2012: 323), Lee-Goldman &

Formseite und semantische Eigenschaften, bilden als Ganzes die Konstruktion, der Konstruktions-Frame ist somit Bestandteil der semantischen Eigenschaften einer Konstruktion.

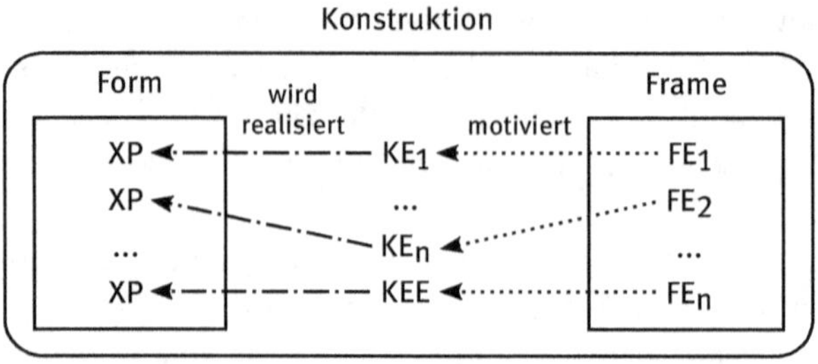

Abb. 6.1: Inklusionsverhältnis zwischen Konstruktionen und Frames

Wichtig ist nun die Tatsache, dass sowohl die Formseite der Konstruktion als auch ihr Konstruktions-Frame oder ein (relatierter) lexikalischer Frame über jeweils eigene Strukturelemente verfügen. Die Formseite besteht aus der „lexemic and/or morphosyntactic specification" (Lee-Goldman & Petruck 2018: 26) einer bestimmten Anzahl und Art von KE, KEE und KorE, während die semantische Seite aus FE eines entsprechenden Frames besteht. Da es sich bei dem Konstruktions-Frame um ein Bedeutungspotenzial (Unterabschnitt 4.3.1) handelt, können diese FE in Anzahl und Auswahl unterschiedlich aktiviert werden und damit in unterschiedlicher Art und Weise auf durch bestimmte Phrasentypen realisierte KtE und instanziierte KEE bezogen werden (vgl. Unterabschnitt 6.1.2). Das KorE der reflexiven *Weg*-Konstruktion bildet hier allerdings eine Ausnahme, da es anders als KtE (mit Ausnahme der KtE des KE Ereignis, vgl. Unterabschnitt 7.3.1) und KEE nicht durch FE des Konstruktions-Frames oder eines lexikalischen Frames motiviert wird, sondern selbst in der Lage ist, den Konstruktions-Frame zu evozieren (dazu Unterabschnitt 8.3.2). Aus diesem Grund ist das KorE der reflexiven *Weg*-Konstruktion nicht Gegenstand des vorliegenden Kapitels.

Die Strukturelemente der Konstruktion, insbesondere KE und KEE, stehen nun gewissermaßen zwischen Formseite und semantischen Eigenschaften, da sie beide in sich vereinen.[19] KE und KEE sind somit in der Terminologie von Langa-

Petruck (2018: 26) sowie den Überblick über mögliche Inhalte eines Konstruktionseintrags in Tabelle 7.1 in Unterabschnitt 7.1.1.

19 Vgl. dazu Borin, Forsberg & Lyngfelt (2013: 39): „[F]rame elements are typically semantic roles, whereas construction elements are also syntactic constituents." Ähnlich auch Borin et al. (2012: 12).

cker (1987: 91) einzelne symbolische Einheiten, oder eben Konstruktionen: „CEs themselves are constructions, although these constructions may be very general.“ (Lee-Goldman & Petruck 2018: 26). Ihre Instanzen, also KtE und die Instanzen von KEE können nun durch FE des Konstruktions-Frames und/oder eines lexikalischen Frames semantisch motiviert sein, was in Abbildung 6.1 durch die gepunkteten Pfeile auf der rechten Seite dargestellt wird. Gleichzeitig werden KtE und KEE formal durch die in der Formseite der Konstruktion festgelegten Phrasentypen realisiert. Dieses Verhältnis der Realisierung ist durch die abwechselnd gestrichelten und gepunkteten Pfeile auf der linken Seite dargestellt. KE und KEE enthalten somit gleichermaßen Informationen über ihre formale Realisierung und ihre semantischen Eigenschaften, insbesondere die mögliche Motivierung durch FE eines Frames. Diese semantischen Eigenschaften sind von konstruktikographischer Relevanz, um die Benennungen und Definitionen der KE und KEE festlegen zu können (Abschnitt 7.3), sie schaffen aber ebenso Voraussetzungen für die Evokation des Konstruktions-Frames (vgl. Unterabschnitt 8.4.2).

Das Inklusionsverhältnis zwischen Konstruktionen und Frames existiert in zwei Hinsichten, die gleichzeitig eine Gemeinsamkeit von Konstruktionen und Frames darstellen. Frames lassen sich, darauf hat schon Fillmore (1985a: 232) hingewiesen, in einem doppelten Sinne verstehen: Sie sind einerseits ein kognitives Format, also strukturierende Einheiten des verstehensrelevanten Wissens, andererseits sind sie ein Beschreibungsinstrument, das dazu dient, dieses verstehensrelevante Wissen systematisch und in Bezug auf sprachliche Äußerungen zu erfassen. Wenngleich gerade erstere Sichtweise insbesondere bei FrameNet eher implizit bleibt (vgl. Unterabschnitt 2.1.3), darf nicht vergessen werden, dass mit der linguistischen Beschreibung von Frames immer auch die Hypothese vertreten wird (oder werden sollte), dass Frames das verstehensrelevante Wissen, auf dem mithin die semantischen Eigenschaften von LE und syntaktischen Konstruktionen beruhen – ganz im Sinne der beiden Frame-Typen auf Ebene des Bedeutungspotenzials (lexikalische Frames und Konstruktions-Frames, vgl. Abschnitte 4.2 und 4.3) –,[20] strukturieren. Wichtig ist nun, dass für Konstruktionen grundsätzlich das Gleiche gilt:

> As conventional form-meaning pairings, constructions are building blocks capable of representing both the language competence itself as well as linguistic analyses addressing

---

20 Interessanterweise spricht Fillmore (1985a: 232) in Bezug auf den Beschreibungsanspruch von Frames explizit von „lexical and grammatical meaning“, weist also schon hier gewissermaßen auf die Möglichkeit hin, Frames zur Beschreibung von Konstruktionen heranzuziehen (sofern man die Bezeichnung ‚grammatische Bedeutung‘ hier nicht wörtlich versteht, vgl. Unterabschnitt 4.3.3).

> aspects of such language competence. In other words: Constructions are conceptual tools for systematically investigating a language; at the same time, they are employed to represent the knowledge that a speaker has of a language and to serve as a cognitive resource to produce and understand linguistic expressions of varying complexity. (Boas & Ziem 2018a: 13)

Ebenso wie für Konstruktionen wird dieses doppelte Verhältnis auch am Begriff des Konstruktikons, wie er in der Konstruktikographie verwendet wird, deutlich. Auch er ist ein doppelter: Er rekurriert einerseits auf das Netzwerk von Konstruktionen, wie es als Organisationsformat des – diesmal die Formseite von Konstruktionen einbeziehenden – verstehensrelevanten Wissens verstanden wird, andererseits aber – dies ist die Lesart, die in der Konstruktikographie dominiert – auf das Ergebnis der linguistischen Beschreibung von Konstruktionen, eben die digitalen Ressourcen (vgl. Bäckström, Lyngfelt & Sköldberg 2014: 10; Lyngfelt 2018: 2; Ziem & Flick 2018: Abschn. 3).[21] Das angesprochene Inklusionsverhältnis wird nun sowohl in der kognitivistischen als auch in der konstruktikographischen Lesart wirksam: Frames strukturieren einerseits das verstehensrelevante Wissen auf Seite der semantischen Eigenschaften von Konstruktionen, andererseits sind sie praktisches Beschreibungsformat für diese. Für die Konstruktikographie gilt also wie für die Hypothese des mentalen Konstruktikons: Frames sind Teile von Konstruktionen und ihren Beschreibungen, sie sind ihnen nicht nebengeordnet. Oder, allgemeiner gefasst: „[G]rammar is not distinct from semantics, but rather incorporates semantics as one of its two poles." (Langacker 2009b: 1).[22] Ohne das Inklusionsverhältnis von Konstruktionen und Frames klar auszusprechen, reformulieren Blyth & Koike (2014: 105) Goldbergs Maxime der „constructions all the way down" (Goldberg 2003: 223) und vereinen sie – ohne diese explizit zu erwähnen – mit dem eingangs zitierten Standpunkt von Barsalou (1992b: 40). Mit Blick auf satz- und turn-übergreifende Strukturen gilt für sie: „[I]t's constructions (plus frames) all the way up." (Blyth & Koike 2014: 105).

21 Herbst (2019: 5) spricht ausgehend von klassischer Lexikographie von den zwei Lesarten als *mentalem Konstruktikon* und *Referenz-Konstruktikon*. Daneben wirft Herbst (2016: 172) die Frage auf, ob ein beschreibungspraktisches (Referenz-)Konstruktikon das Spiegelbild eines mentalen Konstruktikons sein muss oder kann und beantwortet sie aufgrund mangelnder kognitionsempirischer Fundierung negativ. Der naheliegendste Grund für die nötige Beschränkung des Umfangs eines beschreibungspraktischen Konstruktikons aber liegt in der forschungspraktischen Umsetzbarkeit, worauf Herbst (2019: 6) später selbst hinweist. Indes machen Bäckström, Lyngfelt & Sköldberg (2014: 10) deutlich, dass das mentale Konstruktikon eher Gegenstand der Konstruktionsgrammatik ist, während ein beschreibungspraktisches Referenz-Konstruktikon Ziel der Konstruktikographie ist.

22 Vgl. auch die ähnliche Formulierung in Langacker (2005a: 104).

Konkret für das oben skizzierte Inklusionsverhältnis von Konstruktionen und Frames bedeutet dies, dass eine Konstruktion einerseits kognitionstheoretisch als Inklusion einer Formseite und eines Frames betrachtet werden muss und andererseits ihre Beschreibung beide Seiten berücksichtigen muss. Auf die Strukturparallelen, um die es in diesem Kapitel geht, bezogen, heißt das sowohl, dass KE und KEE als kognitive Einheiten des mentalen Konstruktikons Informationen über ihre formale Realisierung und die mögliche semantische Motivierung ihrer KtE durch FE lexikalischer Frames und eines Konstruktions-Frames enthalten müssen, als auch, dass die konstruktikographische Beschreibung beide Seiten miteinander vereinen muss, gerade um die komplexen semantischen Voraussetzungen, die mit der Instanziierung einer Konstruktion und der Evokation eines Konstruktions-Frames einhergehen, erfassen zu können.

Aus all diesen Gründen ist die schlichte Gegenüberstellung von Konstruktionen und Frames in Tabelle 6.1 unzutreffend. In letzter Konsequenz bedeutet dies, dass die vorrangigen Einheiten der Beschreibung des verstehensrelevanten Wissens Konstruktionen sein müssen,[23] Frames werden dann als (ein wesentlicher) Teil ihrer Beschreibung relevant.

Was für die jeweiligen Untersuchungsgegenstände – Konstruktionen und Frames – gilt, gilt demnach auch für die beiden Theorien: Konstruktionsgrammatik zu betreiben, hieße dann, gleichzeitig auch Frame-Semantik zu betreiben.[24] Ein Ausspielen der beiden Theorien gegeneinander, wie Welke (2019, 2021a) es – zugunsten der Konstruktionsgrammatik – tut, halte ich aus konstruktionssemantischer Sicht für unnötig.[25]

23 Allgemein hat dies bereits Nemoto (1998: 240) erkannt: „Armed with frame semantics, Construction Grammar is expected to encompass ever-wider arrays of data." Konkret auf die kognitionslinguistische Leistung bezogen ist die Einschätzung von Fried & Östman (2004: 18): „Construction Grammar has the potential for a uniform representation of *all* grammatical knowledge." In dieser Perspektive müsste es allerdings nicht allein um ‚grammatisches' Wissen gehen, sondern um verstehensrelevantes Wissen generell, da ja Konstruktionen als Ganzes gerade kein rein grammatisches, sondern ebenso ein semantisches Phänomen sind.

24 Daneben erwägen Östman & Fried (2005) noch den umgekehrten Fall der Vorstellung von der Konstruktionsgrammatik als Teil der Frame-Semantik, lassen diese Frage aber offen.

25 Mehr noch: Eine um die Frame-Semantik reduzierte Konstruktionsgrammatik gegen holistische sprachtheoretische Modelle in Stellung zu bringen, wie Welke (2019: 48–50, 2021a) es vorschwebt, widerspricht auf ganzer Breite dem Kerngedanken der Konstruktionsgrammatik. Wohin eine solche Auffassung von Grammatik (und Sprache generell) führen soll, bleibt völlig unklar – jedenfalls, wenn ein konstruktionsgrammatischer Ansatz das Ziel sein soll. Wohl auch deshalb schafft Welke (2019: 54) es nicht, einen Holismus in allen Aspekten (vor allem hinsichtlich der definitorischen Einheit von Form und semantischen Eigenschaften in einer Konstruktion) abzulehnen.

> In der allgemeinen Wahrnehmung erscheinen KxG und *Frame*-Semantik jedoch oft als „unentwirrbar" (Ziem 2014[d]: 263). Das gilt [sic!] sowohl von Befürwortern der KxG als auch von Kritikern aus.[...] Ich betrachte die allgemeine *Frame*-Semantik weder als identisch mit der KxG noch als Bestandteil einer KxG[...] und plädiere daher für eine Unterscheidung von KxG und allgemeiner *Frame*-Theorie (vgl. 5.4.1). (Welke 2019: 49)[26]

Ein solches ‚Splitting' von Theorien (im Sinne von Goldberg 2009: 219) wäre einerseits zwar im Sinne von Ockhams Rasiermesser. Bevor die Konstruktionsgrammatik andererseits aber nicht in der Lage ist, semantische Zusammenhänge in einem einheitlichen Format ohne Einbezug der Frame-Semantik zu beschreiben, halte ich Welkes Programmatik für verfehlt. Gerade im Zusammenspiel hätte eine um die Frame-Semantik angereicherte Konstruktionsgrammatik und Konstruktikographie erst dann wirklich die Fähigkeit, den Anspruch einer kognitiven Sprachtheorie durchzusetzen.[27] So hält Fischer (2008) in Bezug auf Fillmores Verstehenssemantik fest:

> Die Konstruktionsgrammatik in Verbindung mit dem Fillmoreschen Semantikkonzept versteht sich daher als umfassende Sprachtheorie ohne Sicherheitsnetz: keine die Verwendung bedingende Information kann in andere Bereiche der Sprachbeschreibung abgeschoben werden. Stattdessen umfassen die Aufgaben, die eine konstruktionsgrammatische Beschreibung leisten muss, die Erfassung der subtilen Unterschiede in der Verwendung von verschiedenen Konstruktionen sowie die Repräsentation des semantischen, pragmatischen und Weltwissens, das die Verwendung der jeweiligen Konstruktionen bestimmt. (Fischer 2008: 81–82)

Allerdings ist unbestritten, dass eine Sprachtheorie aus Konstruktionsgrammatik und Frame-Semantik, wie Fischer (2008) sie hypothetisch entwirft, bisher noch nicht ausentwickelt wurde. Etwas weniger hypothetisch, allerdings stärker auf kognitive Fragestellungen bezogen, formulieren es lakonisch Östman & Fried (2005: 8): „Construction Grammar, together with Frame Semantics, has the potential for addressing cognitive issues." Bezogen auf interaktionale Frames drückt es Matsumoto (2015: 310) wie folgt aus: „Knowledge of grammar should [...] be modeled as a partnership of grammatical constructions with interactional frames".

---

26 Die Annahme der ‚Unentwirrbarkeit' beider Theorien, die Welke Ziem zurechnet, bezieht sich jedoch nur auf deren Provenienz, nicht auf die Theorien an sich: „Dass zwischen Frame-Semantik und Konstruktionsgrammatik eine enge Beziehung besteht, dürfte dabei außer Frage stehen; sie werden vielfach schon deswegen als ‚Schwestertheorien' verstanden, weil beide unentwirrbar mit dem Namen Charles Fillmore verbunden sind." (Ziem 2014d: 263).

27 Die Frage, ob die Konstruktionsgrammatik eine kognitive Theorie ist, wird allerdings über ihre einzelnen Varianten (Abschnitt 2.2) hinweg unterschiedlich beantwortet, wobei insbesondere die formal ausgerichteten Ansätze der Berkeley und Sign-Based Construction Grammar keinen solchen Anspruch verfolgen (vgl. dazu Ziem & Lasch 2013: 77).

6.1.2 Semantische Motivierung von Konstrukten

Die Annahme, dass Frames als Grundlage der semantischen Eigenschaften von Konstruktionen und Konstrukten als Teile dieser zu verstehen sind, beantwortet noch immer nicht die Frage, welcher Teil einer Konstruktion nun sowohl theoretisch als auch konstruktikographisch als primär aufzufassen ist, mit anderen Worten: Richtet sich die Form einer Konstruktion nach ihren semantischen Eigenschaften oder die semantischen Eigenschaften nach ihrer Form? Kann man, wie Welke (2019: 36), tatsächlich von einem „Primat der Form" ausgehen (vgl. auch Welke 2011: 13–14, 2021a: 409–410)? Am Beispiel der reflexiven Bewegungskonstruktion lässt sich diese Frage etwa im Hinblick auf das KEE konkretisieren, genauer: hinsichtlich der Kookkurrenz des Reflexivums mit LE, die eigentlich keine ‚reflexiven' Verben sind.[28] Wie ist es beispielsweise zu erklären, dass Verben wie *arbeiten*, *kämpfen* oder *wünschen*, die außerhalb von Konstrukten dieser Konstruktion kaum als ‚reflexive' Verben zu klassifizieren wären, in den Belegen (1)–(3) mit einem Reflexivum auftreten?

(1) Seitdem arbeitet sich der Professor acht Monate im Jahr mit einem Jeep durch die Wüste von Turkmenistan, harrt in Kasachstan stundenlang in ungeheizten Sitzungszimmern aus und bewahrt in Usbekistan auch nach dem sechsten Wodka noch die Contenance. (Die Zeit, 24.02.2000, Nr. 9)

(2) David kämpfte sich durch das überfüllte Lokal und reduzierte seinen Wortschatz auf: Moment, gleich, Sekunde, bin schon da und sofort. (Suter, Martin: Lila, Lila, Zürich: Diogenes 2004, S. 52)

(3) Doch an diesem Morgen im Parlamentssaal der Mongolei wünscht sich Knieper einen Moment lang in den deutschen Wissenschaftsbetrieb zurück, wo man Meinungsverschiedenheiten in Fachzeitschriften austrägt. (Die Zeit, 24.02.2000, Nr. 9)

---

28 Vgl. dazu speziell bereits die entsprechende Beobachtung von Kühnhold (1973: 184, 283) zur reflexiven Partikelverbkonstruktion. Nur für Verben, die außerhalb der reflexiven Bewegungskonstruktion distributionell nicht frequent mit einem Reflexivum kookkurrieren, kann deshalb behauptet werden, dass sich ihr Auftreten mit einem Reflexivums „nur konfigurationell ableiten lässt" (Ágel 1997a: 181). Allerdings würden Verben, die auch sonst als ‚reflexiv' gelten, einen grundsätzlich anderen Status innerhalb einer Reflexivkonstruktion wie der reflexiven Bewegungskonstruktion haben. Statt diesem distributionellen Kriterium ziehe ich ein semantisches vor, nämlich das der Frage nach dem (relatierten oder unrelatierten) lexikalischen Frame, den das Verb evoziert (dazu Unterabschnitt 5.4.2). Diese Unterscheidung spielt deshalb insbesondere in den Abschnitten 6.2 und 6.3 eine weiterhin wichtige Rolle.

Die Antwort hierauf kann nur eine semantische sein. Belege wie (1)–(3) legen den Schluss nahe, dass sich, zumindest für Fälle, die denen der reflxiven Bewegungskonstruktion ähnlich sind, die Form der Konstruktion, insbesondere die Kombination aus einem Reflexivum mit einem KE, das LE wie *arbeiten*, *kämpfen* oder *wünschen* als KtE erlaubt, nach ihren semantischen Eigenschaften richten muss. Genauer: nach dem zu erzielenden Konstrukt-Frame.

Aus diesem Grund möchte ich für alle weiteren Überlegungen in diesem Kapitel die Annahme zugrunde legen, dass Konstruktionen und insbesondere ihre Teile – KE und deren KtE sowie ebenso KEE – *semantisch motiviert* sind.[29] Damit ist gemeint, dass z.B. das Auftreten eines syntaktischen Elements, das andernfalls nicht zu erwarten wäre, im Wesentlichen auf semantische Ursprünge in der Konstitution eines spezifischen Konstrukt-Frames zurückgeht.[30] Hierzu zählt bei den drei hier untersuchten Konstruktionen deren jeweiliges KEE, also das Reflexivum, in nicht wenigen Fällen aber auch das KtE des KE WEG bzw. ⟨WEG⟩, z.B. eines wie *durch das überfüllte Lokal* in (2), das allein durch den lexikalischen Frame `Hostile_encounter`, den die LE *kämpfen* evoziert, nicht zu erklären ist, also nicht als Instanz eines seiner FE gelten kann. In diesem Fall muss das KtE *durch das überfüllte Lokal* anders erklärt werden: Es ist nicht wie etwa das KtE *David*, das das FE `Hostile_encounter`.SIDE_1 instanziiert, durch ein FE des lexikalischen Frames `Hostile_encounter` semantisch motiviert, sondern durch eines des Konstruktions-Frames `Motion`. Mit anderen Worten: Es findet eine Frame-Anpassung des lexikalischen Frames durch den Konstruktions-Frame (Unterabschnitt 4.4.1) statt. Die Form der Konstruktion und ihrer Konstrukte ist somit wesentlich durch semantische Anforderungen bestimmt: „[S]emantic structure determines or, better, motivates grammatical structure." (Croft 2001: 108).[31]

---

29 Vgl. dazu die Ideen von Lasch (2018a: 100, 2020) zu einem *semantisch motivierten Konstruktikon*. Lasch (2020: 137) spricht programmatisch von Konstruktionen als „*Bedeutungs-Form-Paaren*" statt der in der Konstruktionsgrammatik sonst zu findenden Redeweise von ‚Form-Bedeutungs-Paaren' (z.B. Lakoff 1987: 467; Goldberg 1995: 4).

30 Aus übersetzungswissenschaftlicher Perspektive plädiert Čulo (2013) und Czulo (2017, 2020) unter dem Begriff des *primacy of frame model* ebenso für ein Primat semantischer Aspekte, sieht allerdings Konstruktionen – anders als ich es oben skizziert habe – nicht als integratives Format aus einer Formseite und einem Frame an.

31 Diese Annahme ist freilich Teil einer kontroversen Diskussion und auch für den umgekehrten Fall gibt es Evidenz (vgl. für einen Überblick Croft 2001: 108–110). Vom Standpunkt einer inhärent symbolischen Grammatikkonzeption, für die auch ich in Unterabschnitt 6.1.1 plädiert habe, gibt Langacker (2005a: 105) Folgendes zu bedenken: „On this view, grammar (or grammatical form) does not symbolize semantic structure, but rather incorporates it, as one of its two poles. If grammar is wholly reducible to assemblies of symbolic structures, it is incoherent to say that some aspect of grammar functions as the symbolizing element in such assemblies."

Den Begriff der Motivierung verwende ich im Anschluss an das Postulat der Ikonizität syntaktischer Strukturen von Haiman (1980, 1983, 1985). Grundlegend hierfür ist die Annahme einer Diagrammatizität von Sprache, mit anderen Worten: „[L]anguages are like diagrams." (Haiman 1985: 9). Motivierung in diesem Sinne ist definiert als „a perceived similarity between the structure of a diagram and the structure of the concepts that it represents." (Haiman 1985: 71). Strukturparallelen zwischen Konstruktionen und Frames lassen sich auf Token-Ebene als Korrespondenzen zwischen KtE und KEE einerseits und FE andererseits auffassen. Ein KtE oder KEE kann damit durch ein oder mehrere FE motiviert sein. Haimans Definition von Motivierung lässt sich damit gleichsam auf das Konstrukt als Ganzes beziehen: Das Konstrukt – das Diagramm – ist durch eine konzeptuelle Struktur – einen oder mehrere Frame(s) – motiviert. Wie Goldberg (2005a) schreibt, ist die (semantische) Motivierung von Konstrukten und Konstruktionen ein entscheidender Motor für die Herausbildung einer Konstruktion als ‚Form-Bedeutungs-Paar':

> [T]he type of Construction Grammar adopted here demands that *motivation* be sought for each construction that is posited. Motivation aims to explain why it is at least possible and at best natural that this particular form-meaning correspondence should exist in a given language. (Goldberg 2005a: 17)

Folgerichtig weist Goldberg (2005a: 38) darauf hin, dass die Motivierung von Konstruktionen (man muss auch sagen: Konstrukten) auf bestimmte kommunikative Funktionen (hier: eines Bezeichnungsbedarfs) zurückzuführen ist und eine Annahme von Arbitrarität nicht mehr rechtfertigt.[32] Da Konstruktions-Frames, wie ich in Abschnitt 4.4 gezeigt habe, Blends aus einem lexikalischen Frame und einem Konstruktions-Frame sein können und eine Konstruktbedeutung durch den ihr zugrunde liegenden Konstrukt-Frame grundsätzlich analysierbar bleibt, bietet sich der Begriff der Motivierung gerade für die Erklärung eines Konstrukt-Frames an: „Analyzable expressions are not built from their component expressions. Rather, they are *motivated* by these expressions." (Coulson 2001: 48).[33] Bezogen auf

32 An anderer Stelle weist sie unter anderem auf Ikonizität als Motor für die Motivierung einer Konstruktion hin: „Motivation can be provided by (for example) appeal to constraints on acquisition, principles of grammaticalization, discourse demands, iconic principles, or general principles of categorization." (Goldberg 2005b: 216).

33 In einem ähnlichen Kontext spricht auch Langacker (1997: 11) von Motivierung, wenn er festhält, dass Konstitutenten (konstruktikographisch: KtE) weniger einzelne ‚Bausteine' einer größeren Struktur (konstruktikographisch: einem Konstrukt) sind, sondern dass sie der Kategorisierung einzelner Einheiten dieser Struktur dienen. In diesem Zusammenhang betont er ebenso, dass Konstituenten abhängig von einer Konstruktion sind und nicht umgekehrt. Mit dem vorliegenden Ansatz lässt sich diese Auffassung wie folgt in Einklang bringen: KtE und KEE sind

die syntaktische Form eines Konstrukts lässt sich mit Welke (2005: 37) festhalten: „Formalsyntaktisches ist der Reflex von Semantischem."

Für das eben diskutierte Beispiel der Kookkurrenz des Reflexivums mit Verben, die ansonsten nicht als ‚reflexiv' zu klassifizieren sind, lässt sich auf folgende Annahme zurückgreifen: „The linguistic separateness of an expression corresponds to the conceptual independence of the object or event which it represents." (Haiman 1983: 783). Die empirische Tatsache, dass sich LE wie die oben genannten in Konstrukten der reflexiven Bewegungskonstruktion wiederfinden, lässt einen ikonischen Schluss auf die semantische Motivierung der Konstrukte zu: Das ansonsten nicht obligatorische Reflexivum zeigt an, dass neben dem (unrelatierten) lexikalischen Frame eine weitere Komponente, eben der Konstruktions-Frame, im Spiel ist und eine Frame-Anpassung des lexikalischen Frames stattfindet. Die für LE wie *arbeiten*, *kämpfen* oder *wünschen* eigentlich nicht vorgesehene Argumentstruktur ist somit ein ikonischer Hinweis auf einen von einem (unrelatierten) lexikalischen Frame deutlich unterscheidbaren, separaten Konstruktions-Frame (vgl. auch Hampe & Schönefeld 2003: 246–247):

> [T]he unusual, quasi-borrowed argument structure serves as a (diagrammatic) *iconic* clue to the intended interpretation in that it triggers the retrieval of at least one other verbal concept, more typically associated with the respective argument structure and fitting the contextual requirements. The intended meaning was hypothetically proposed to be arrived at through the conceptual integration/blending of the two verbal concepts thus activated. (Hampe & Schönefeld 2006: 128)

Ein zusätzliches, in der Argumentstruktur eigentlich nicht erwartbares Element wie ein Reflexivum kann also bereits ein Hinweis auf ein zusätzliches, durch einen Blending-Prozess (Unterabschnitt 4.1.3) integriertes Konzept und damit eine Frame-Anpassung sein: „One possible indicator of blending is the occurrence of idiosyncratic combinations of syntactic categories." (Barlow 2000: 326).[34] So kommt Haiman (1983: 795–799, 1985: 143) durch einen typologischen Vergleich zwischen Sprachen, die Reflexivität durch ein syntaktisch separates Reflexivum erzeugen, mit solchen, die anstelle dessen eine morphologische Inkorporation aufweisen, zu dem Schluss, dass Erstere einen Hinweis auf die Erweiterung des zugrunde liegenden Konzepts (also: eine Frame-Anpassung) zulassen, Letztere jedoch nicht: „A separate word denotes a separate entity; a bound morpheme does not." (Haiman 1983: 795). Ist ein separates Reflexivum statt einer morpho-

nicht atomar, sondern durch ihre semantische Motivierung im Hinblick auf das gesamte Konstrukt (und damit den korrespondierenden Konstrukt-Frame) definiert.

34 Auch Fauconnier (1997: 31) weist auf die Fähigkeit von Reflexiva hin, spezifische Verbindungen (*mappings*) in *mental spaces* herzustellen.

logischen Inkorporation im Spiel, kann dies also ein Hinweis auf ein weiteres Konzept sein: „Linguistic fusion signals conceptual fusion; linguistic independence signals conceptual independence." (Haiman 1985: 142). Mehr noch: Im Falle der reflexiven Bewegungskonstruktion und der reflexiven Partikelverbkonstruktion spielt die Kombination des KEE mit einem KtE des KE Ereignis unter bestimmten Umständen eine entscheidende Rolle bei der Evokation des Konstruktions-Frames, weshalb dem KEE eine entsprechend hohe syntagmatische Kombinationsrelevanz zukommt (dazu Unterabschnitt 8.3.3).

Für die semantische Motivierung der Konstrukte der drei untersuchten Konstruktionen heißt das, dass sich das Auftreten des Reflexivums in manchen Konstrukten direkt durch den Bezeichnungsbedarf des FE Motion.Theme des Konstruktions-Frames ergibt, insbesondere bei Verben, die üblicherweise nicht ‚reflexiv' sind und unrelatierte lexikalische Frames evozieren.[35] Gleiches gilt für die KtE des KE Weg bzw. ⟨Weg⟩. In bestimmten Fällen sind sie Resultat des Bezeichnungsbedarfs der FE Motion.Source, Motion.Path, Motion.Goal oder Motion.Direction des Konstruktions-Frames, gerade dann, wenn ein solches FE nicht im lexikalischen Frame, den das KtE des KE Ereignis evoziert, angelegt ist. Allgemeiner formuliert: Die gesamte Konstellation von KE und ihre instanziierten KtE stehen ikonisch für den Bedarf an FE, die sprachlich ausgedrückt werden müssen, wie auch Croft (2001) feststellt:

> Why is syntactic structure mostly iconic? Because an iconic mapping between function and form is one of the easiest ways to allow a hearer to identify the semantic components corresponding to the syntactic elements of a construction. (Croft 2001: 236)

In diesem Sinne ist die Form eines Konstrukts nicht primär, sondern durch den zugrunde liegenden Konstrukt-Frame determiniert und strukturiert: So ist „die formalsyntaktische Struktur [...] als eine Funktion der semantisch-pragmatischen Struktur" (Welke 2005: 70) zu verstehen. Die gesamte Konstruktion und jedes ihrer Konstrukte sind vollständig semantisch motiviert. Diese Motivierung kann sich aus zwei Quellen speisen: dem lexikalischen Frame und/oder dem Konstruktions-Frame. Beide können bei der Motivierung einzelner KtE und KEE auch gemeinsam agieren, indem sie KtE abwechselnd oder sogar doppelt motivieren (vgl. die Varianten einer Frame-Anpassung in Unterabschnitt 4.4.1). Es deutet sich also

---

35 Es handelt sich in diesen Fällen mit Welke (2005: 80) formuliert um eine Analyse von „formalsyntaktischen Strukturen, die nicht nur Folge sind, sondern auch Zweck, die also die Funktion bekommen (vom Sprecher mit der Intention geäußert werden), eben dieses Semantisch-Pragmatische auch zu signalisieren. Oder vom Hörer aus gesagt: Formalsyntaktisches kann die bloße Folge von Semantisch-Pragmatischem sein, kann aber auch für den Hörer *Kennzeichen* von Semantisch-Pragmatischem sein oder werden."

an, dass die Art und Weise der semantischen Motivierung eines Konstrukts und dessen KtE variieren kann, je nachdem, welchen Anteil lexikalischer Frame und Konstruktions-Frame jeweils am Konstrukt-Frame haben. Diese Varianten der Motivierung möchte ich im Folgenden in den Blick nehmen. Die Blickrichtung dabei ist im Einklang mit der Konstruktikographie eine onomasiologische: Sie fragt ausgehend von semantischen Eigenschaften von Konstruktionen und KE und KEE nach deren formaler Realisierung.[36] Im Vordergrund steht dabei stets die Konstitution eines Konstrukt-Frames, denn sie gibt Auskunft darüber, durch welche FE die KtE und KEE des Konstrukts motiviert werden, in welchem Verhältnis also lexikalische Frames und Konstruktions-Frame jeweils stehen.

In den folgenden drei Abschnitten 6.2 bis 6.4 nehme ich unter dem Gesichtspunkt der semantischen Motivierung von Konstrukten und ihren KtE und KEE die reflexive Bewegungskonstruktion in den Blick. Jene ist der reflexiven *Weg*-Konstruktion vorzuziehen, da sie ihr gegenüber über eine wesentlich höhere Produktivität verfügt (vgl. Unterabschnitt 7.5.2) und damit eine größere Bandbreite an Konstrukt-Frames aufweist. Die reflexive Partikelverbkonstruktion bietet demgegenüber Anlass zur Betrachtung im Rahmen einiger Sonderfälle in der semantischen Motivierung von Konstrukten, weshalb ich auf sie erst in Abschnitt 6.4 zurückkomme.

Obwohl die semantische Motivierung, wie ich zeigen werde, von Konstrukt zu Konstrukt variiert, ist es möglich, die allgemeinen Zusammenhänge schematisch zu skizzieren. Bevor ich in Kapitel 7 methodische Wege zur konstruktikographischen Generalisierung der Analysen auf Konstruktebene vorschlage, sei bereits an dieser Stelle mit Abbildung 6.2 eine exemplarisch auf die reflexive Bewegungskonstruktion konkretisierte Darstellung des Inklusionsverhältnisses zwischen ihrer Formseite und ihrem Konstruktions-Frame `Motion` vorgestellt.

Auf der linken Seite sind die typischen syntaktischen Realisierungen der KE und des KEE in Phrasentypen angegeben.[37] Die rechte Seite enthält die Kern-FE des Frames `Motion` und zeigt die Motivierung der KE bzw. deren KtE sowie der Instanzen des KEE stellvertretend durch diesen prototypischsten aller relatierten lexikalischen Frames (der zugleich der Konstruktions-Frame ist, vgl. Unterabschnitt 5.4.2) an: Die KtE des KE BEWEGENDES werden in diesem prototypischen Fall (d.h.:

36 Noch allgemeiner sieht Finkbeiner (2018: 156) konstruktionistische Ansätze grundsätzlich als onomasiologisch (d.h., nicht-kompositionell verfahrend) an, während projektionistische semasiologisch (kompositionell) vorgingen.

37 Eine Ausnahme stellt das Reflexivum REFL dar: Ich verzichte der Übersichtlichkeit halber darauf, es (wie andere Pronomen auch, vgl. Duden 2016: 808–809) als NP zu klassifizieren und setze stattdessen eine separate Kategorie an. Dies gilt auch für die Angabe der beteiligten Phrasentypen in den Konstruktionseinträgen im Zusatzmaterial.

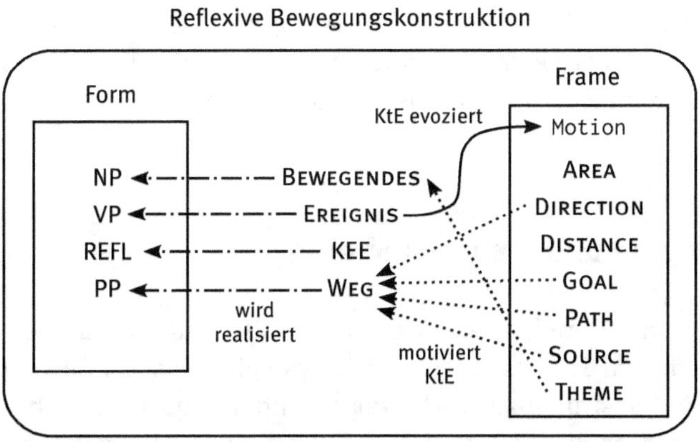

Abb. 6.2: Inklusionsverhältnis zwischen der reflexiven Bewegungskonstruktion und ihrem Konstruktions-Frame Motion

der Identität von lexikalischem Frame und Konstruktions-Frame) durch das FE Motion.THEME motiviert. Die KtE des KE WEG können durch die FE Motion.SOURCE, Motion.PATH, Motion.GOAL oder Motion.DIRECTION motiviert werden, wobei, wie ich in Unterabschnitt 6.4.1 aufzeige, auch eine mehrfache Instanziierung dieses KE möglich ist, bei der mehrere dieser FE zugleich in mehreren KtE realisiert werden. Aufgrund der von Konstrukt zu Konstrukt variierenden Motivierung der KtE dieses KE zeigen gepunktete Pfeile von mehreren FE auf ein einzelnes KE. Auffällig ist, dass für die prototypische Motivierung eines Konstrukts der reflexiven Bewegungskonstruktion kein FE zur Verfügung stellt, um das KEE zu motivieren. Dies ist zuvorderst auf eine Besonderheit des für das Englische definierten Frames Motion zurückzuführen, auf die ich in Unterabschnitt 6.3.1 zurückkomme. Schließlich ist ebenso kein FE für das KE EREIGNIS vorgesehen, da dieses stets durch die LE instanziiert wird, die den lexikalischen Frame evoziert (vgl. Abschnitt 4.2), weshalb es auch bei der konstruktikographischen Benennung und Definition der Strukturelemente gesondert behandelt werden muss (vgl. Unterabschnitt 7.3.1). Dabei ist es möglich, dass dieses KE durch eine LE instanziiert wird, die direkt den Konstruktions-Frame Motion als lexikalischem Frame evoziert, weshalb in Abbildung 6.2 ein Pfeil von diesem KE auf den Namen des Frames verweist.

Diese skizzierten semantischen Motivierungsverhältnisse mit dem Auftreten von Motion als lexikalischem Frame stellen lediglich den prototypischsten Fall dar (vgl. dazu Unterabschnitt 5.4.2). Daneben existiert eine ganze Reihe von Fällen, für die diese prototypische Motivierung nicht gilt, gerade wenn lexikalischer Frame und Konstruktions-Frame nicht identisch sind und auch nicht in Frame-

Nähe zueinander stehen und somit eine Frame-Anpassung stattfindet. Auf die unterschiedlichen Ausprägungen dieser Motivierungsverhältnisse möchte ich, stets beginnend mit den Fällen relatierter lexikalischer Frames, in den nächsten beiden Abschnitten eingehen.

6.2 Konstruktelemente und Frame-Elemente

Die Gegenüberstellung von KtE und FE erscheint als basalste Strukturparallele zwischen Konstruktionen und Frames jenseits eines globalen Bezugs. Sowohl Konstruktionen und ihre Konstrukte als auch Frames sind strukturierte Einheiten und so liegt es nahe, dass das Verstehen einer Konstruktion die, wie Croft (2001: 234) vermutet, Wahrnehmung einer „correspondence between the elements [einer Konstruktion, A.W.] and the components of its semantic structure" beinhaltet. Konkret werden die Parallelen zwischen KtE und FE spätestens seit dem Beginn konstruktikographischer Bemühungen postuliert. So begründen Fillmore, Lee-Goldman & Rhomieux (2012: 322, Anm. 20) ihre Definition von KtE explizit mit deren semantischer Motivierung durch FE: „For temporary technical reasons we called these constituents ‘construct elements' rather than frame elements in our annotation; but conceptually these are frame element labels." Eine Annahme wie diese wird häufiger erwähnt, meist allerdings aus einem theoretischen und programmatischen Blickwinkel, weniger als Ergebnis empirischer Analysen (z.B. Shead 2011: 175; Ziem 2014c: 30). Stärker empirisch geht bisher allein das Konstruktikon für das Brasilianische Portugiesisch vor, indem es – wie in Unterabschnitt 2.3.2 erwähnt – KE rein formal definiert und ihre semantischen Eigenschaften durch FE repräsentiert (vgl. Torrent et al. 2014: 35, 44; Laviola et al. 2017: 194–195).

Die Idee, die KtE eines Konstrukts und – in einem zweiten Schritt – auch die KE der Konstruktion mit FE eines Frames zu parallelisieren, basiert auf zwei Grundannahmen. Die erste Grundannahme besagt, dass es möglich sein muss, die semantischen Eigenschaften einer LE, die als KtE eines KE (im Falle der drei untersuchten Konstruktionen: des KE Ereignis) instanziiert wird, sowie die semantischen Eigenschaften der Konstruktion, genau wie ihre Formseite in kleinere Teile zu zerlegen. Dies ist dadurch gegeben, dass beide Typen semantischer Eigenschaften auf Frames beruhen (Abschnitte 4.2 und 4.3), deren innere Struktur durch FE repräsentiert wird. Diese FE können auf die einzelnen Teile eines Konstrukts, die KtE und Instanzen von KEE, und generalisiert auch auf die einzelnen Teile der Konstruktion, KE und KEE, bezogen werden (vgl. zu Letzterem Abschnitt 7.3). Sowohl die Konstruktion als auch lexikalische Frames und ein Konstruktions-Frame sind dabei die obersten Organisationseinheiten, während die Zerlegung in ihre Teile spezifisch für das Konstrukt ist (vgl. auch Croft 2005: 287):

> [T]he whole construction is the primitive unit of representation and the parts are derivative. Thus, the meaning of the whole construction, [...], is basic and the analysis into parts, [...] is derived from the meaning of the whole and the breakdown of the whole into parts. (Croft 2001: 183)

FrameNet wird dieser Annahme gerecht, indem es die Bestandteile eines Frames von ihm ableitet: FE sind, wie in Unterabschnitt 2.1.2 erwähnt, stets framespezifisch definiert und erheben keinen Anspruch auf eine universalgrammatische Gültigkeit, noch nicht einmal eine Gültigkeit über Frames hinweg. Eine analoge Annahme für Konstruktionen wird allerdings nur in der Radical Construction Grammar postuliert, nämlich, „that syntactic categories are construction-specific." (Croft 2001: 108).

Die zweite Annahme besagt, dass die semantischen Eigenschaften eines Konstrukts bis zu einem gewissen Grad ‚kompositionell' erklärt werden können. Dies ist im konstruktionssemantischen Modell angelegt: Da sich die Unterscheidung von Frames und Bedeutungen, die ich in Unterabschnitt 4.1.1 erläutert habe, auch auf Token-Ebene und damit auf Konstrukte überträgt, liegt einer Konstruktbedeutung stets ein Konstrukt-Frame zugrunde, der selbst wenn er durch einen Blend aus lexikalischem Frame und Konstruktions-Frame zustande kommt, als Addition von FE dieser beiden Frames verstanden werden kann (Unterabschnitt 4.1.3). Diese FE eines Konstrukt-Frames können dann wiederum auf die Strukturelemente eines Konstrukts bezogen werden. Indes zeigen sogar Analysen von Phrasemen, also Konstrukten, die als Paradefall von Nicht-Kompositionalität gelten dürften (vgl. aus konstruktionsgrammatischer Sicht Ziem & Lasch 2013: 10–11), dass sie mit Hilfe einer strikten Parallelisierung ihrer Bestandteile (KtE bzw. KEE) mit entsprechenden semantischen Bestandteilen (also etwa: FE) gewissermaßen ‚kompositionell' zu erfassen sind (vgl. Croft 2001: 179–185).[38]

Um die Zusammenhänge an einem Beispiel zu verdeutlichen, sei das Konstrukt in (4) herangezogen. In ihm sind alle KtE (außer das des KE EREIGNIS, vgl. Unterabschnitt 7.3.1) entweder durch FE des lexikalischen Frames `Daring` (im Falle von *Mehr und mehr französische Politiker*) oder durch FE des Konstruktions-Frames (*sich* und *in Unterhaltungssendungen*) semantisch motiviert. Der Kon-

38 Ein ähnliches Modell entwickelt Finkbeiner (2006), allerdings ohne direkte Bezüge zwischen syntaktischer Form und semantischen Bestandteilen herzustellen. Bei grundsätzlichen Fragen der Zerlegbarkeit der Bedeutung von Phrasemen weist sie auch auf frame-semantische Ansätze hin (vgl. Finkbeiner 2006: 140).

strukt-Frame besteht dann aus der Summe von FE beider Frames (vgl. die Analyse in Unterabschnitt 4.4.2).

(4) [$_{\text{AGENT}}$ Mehr und mehr französische Politiker] [$_{\text{Daring}}$ wagen] [sich ^{THEME}] [in Unterhaltungssendungen ^{GOAL}]. (Die Zeit, 27.04.2000, Nr. 18)

Natürlich ist damit aber nicht gesagt, dass auf der Ebene einer Konstruktbedeutung keine nicht-kompositionellen Bestandteile existieren können. Der Standardwert der ‚Schwierigkeit', den ich für die reflexive Bewegungskonstruktion stellvertretend für alle drei untersuchten Konstruktionen in Unterabschnitt 5.7.2 analysiert habe, ist ein Beispiel dafür. Dieses Phänomen der Standardwerte in Konstruktbedeutungen, die nicht zwingend auf eine lexikalische Bedeutung oder die Konstruktionsbedeutung zurückgeführt werden müssen, lässt sich in Termini der konzeptuellen Integration mit dem Begriff der emergenten Struktur erfassen, die den Gegenstand eines eigenen semantischen Parameters bildet (Abschnitt 5.7) und auch für die konstruktikographische Beschreibung einer Konstruktion eine Rolle spielt (Abschnitt 7.6).

Bisherige konstruktikographische Bemühungen um die Parallelisierung von KtE und FE, wie sie sich etwa in der im Eingang zu diesem Kapitel kritisierten Gegenüberstellung in Tabelle 6.1 niederschlagen, müssen vor dem Hintergrund der semantischen Motivierung von KtE mit Vorsicht betrachtet werden. Zum einen, weil die formalen Eigenschaften von KtE als Schlussfolgerung aus der Annahme der semantischen Motivierung von Konstruktionen ebendieser Motivierung gegenüber sekundär sind (vgl. Unterabschnitt 6.1.2). Zum anderen, weil keineswegs stets eine Eins-zu-eins-Übereinstimmung zwischen KtE und FE existiert und deshalb auch keine Eins-zu-eins-Übereinstimmung von KE und FE postuliert werden kann.

Zuvorderst empirisch untersucht werden muss, welchem Frame die FE angehören, die ein KtE motivieren – ob sie also dem lexikalischen Frame oder dem Konstruktions-Frame (oder beiden gemeinsam) zuzuordnen sind. Dies kann nur eine Analyse auf KtE-Ebene, also auf Token-Ebene leisten. Da es aber letztlich um die semantische Beschreibung der Konstruktion auf Type-Ebene geht, müssen die Ergebnisse einer solchen Analyse im Anschluss generalisiert werden (Abschnitt 7.3). Die im Rahmen der Konstruktikographie bisweilen suggerierte Annahme, dass die semantischen Motivierungen von KE einfach gerichtet sind und auch die KtE stets durch FE – und zwar immer dieselben FE – eines einzigen Frames, sei es des lexikalischen Frames oder des Konstruktions-Frames, motiviert sind (vgl. meine Kritik zu Beginn dieses Kapitels), muss in Zweifel gezogen werden. Mit anderen Worten: Eine Unterscheidung der beiden Typen von Frames und Bedeutungen auf Type-Ebene (lexikalischer Frame bzw. lexikalische Bedeutung und Konstruktions-Frame bzw. Konstruktionsbedeutung) wird hierbei ebenso vernachlässigt wie die Trennung zwischen Type- und Token-Ebene allgemein. Ich möchte in diesem Abschnitt deshalb zeigen, dass die Untersuchung der Strukturparallelen zwischen Konstruktionen und Frames auf Token-Ebene und damit auf Ebene von Konstrukten und der Konstitution von Konstrukt-Frames stattfinden muss. Dies trägt dem Umstand Rechnung, dass sich die Strukturparallelen zwischen KtE – nicht KE – und FE je nach dem lexikalischen Frame, der in einen Konstrukt-Frame eingeht, unterschiedlich gestalten.

Berücksichtigt man, dass an der Konstitution eines Konstrukt-Frames sowohl ein lexikalischer Frame allein als auch lexikalischer Frame und Konstruktions-Frame zugleich beteiligt sein können (vgl. Unterabschnitt 4.1.3), ergeben sich für die semantische Motivierung von KtE drei Varianten.[39]

1. Alle KtE eines Konstrukts können vollständig durch FE des lexikalischen Frames motiviert sein (Unterabschnitt 6.2.1).
2. Ein einzelnes KtE eines Konstrukts kann durch ein FE des Konstruktions-Frames motiviert sein (Unterabschnitt 6.2.2).
3. Ein einzelnes KtE eines Konstrukts kann zugleich durch ein FE des lexikalischen Frames und ein FE des Konstruktions-Frames motiviert sein (Unterabschnitt 6.2.3).

Für den Fall, dass in die Motivierung aller KtE oder eines einzelnen KtE nur ein Frame-Typ involviert ist, spreche ich im Folgenden von *einfacher Motivierung*. Fälle, in denen ein KtE durch FE beider Frame-Typen zugleich motiviert wird, bezeichne ich als *doppelte Motivierung*. In allen Fällen der einfachen Motivierung eines einzelnen KtE durch den Konstruktions-Frame und der doppelten Motivierung findet eine Frame-Anpassung des lexikalischen Frames durch den Konstruktions-Frame statt. Mit anderen Worten: Die letzten beiden der drei Vari-

39 Welke (2019: 197, 203, 2021a: 378) unterscheidet derweil drei Arten des Zusammenspiels von (projektionistischer) lexikalischer Bedeutung und (konstruktionistischer) Konstruktionsbedeutung: (1) Die vollständige Übereinstimmung von Projektion und Konstruktion, (2) die Nicht-Übereinstimmung von Konstruktion und Projektion, deren Ergebnis Koerzionseffekte sind, und (3) die ausgeschlossene Übereinstimmung von Projektion und Konstruktion, die keine Instanziierungen hervorbringt und zu ungrammatischen Konstrukten führen würde. In den vorliegenden Überlegungen entspricht (1) der einfachen Motivierung aller KtE durch den lexikalischen Frame. Welkes Fall (2) differenziere ich hingegen weiter aus, indem ich sowohl die einfache Motivierung eines KtE durch FE des Konstruktions-Frames (und nicht des lexikalischen Frames) als auch die doppelte Motivierung eines KtE durch FE beider Frames in Betracht ziehe. Welkes Fall (3) steht aus gebrauchsbasierter (korpuslinguistischer) Perspektive zunächst nicht zur Diskussion: Auf die Blockierung ‚ungrammatischer' Konstrukte gehe ich nicht ein.

anten drücken aus, dass ein Konstrukt-Frame als Blend aus lexikalischem Frame und Konstruktions-Frame konstituiert wird.

Ich möchte die drei Varianten im Folgenden exemplarisch für die reflexive Bewegungskonstruktion aufzeigen. Ich beginne mit solchen Fällen, in denen ein relatierter lexikalischer Frame für die Motivierung aller KtE verantwortlich ist, in denen also nur jener lexikalischer Frame allein (der im Falle von `Motion` mit dem Konstruktions-Frame identisch ist) daran beteiligt ist (Unterabschnitt 6.2.1). Im Anschluss daran untersuche ich für unrelatierte lexikalische Frames schrittweise die Rolle des Konstruktions-Frames bei der semantischen Motivierung der KtE, die in der einfachen Motivierung eines einzelnen KtE durch den Konstruktions-Frame (Unterabschnitt 6.2.2) oder der doppelten Motivierung gemeinsam mit einem FE des lexikalischen Frames (Unterabschnitt 6.2.3) bestehen kann. Da das Phänomen der doppelten Motivierung eine Auseinandersetzung mit dem von Goldberg (1995: 50–52) formulierten *Semantic Coherence Principle* nahelegt, möchte ich dies in Unterabschnitt 6.2.4 kritisch betrachten.

6.2.1 Einfache Motivierung aller KtE durch lexikalischen Frame

Der einfachste Fall der semantischen Motivierung von KtE liegt vor, wenn diese vollständig durch FE des lexikalischen Frames motiviert werden, und zwar ausschließlich durch solche. Einfach ist dieser Fall deshalb, weil ein separater Konstruktions-Frame keinen Anteil an der semantischen Motivierung der KtE und damit an der Konstitution des Konstrukt-Frames hat. Es findet also keine Frame-Anpassung statt. Die Annahme, dass „[f]ür die Gesamtbedeutung eines Konstrukts […] weder nur die Konstruktion noch die jeweiligen Lexeme alleine verantwortlich sein" (Albert 2015: 537) können, trifft also nur auf Konstrukte zu, deren Konstrukt-Frame aus lexikalischem Frame und Konstruktions-Frame gleichermaßen konstitutiert ist. Für Konstrukte, deren KtE sämtlich durch den lexikalischen Frame einfach motiviert sind, gilt sie nicht.

Untersucht man die Konstitution des Konstrukt-Frames als semantische Motivierung der KtE durch einen der beiden Frame-Typen – einen lexikalischen Frame oder den Konstruktions-Frame –, wird deutlich, dass der Konstrukt-Frame sehr wohl allein durch den lexikalischen Frame konstituiert werden kann. Dafür muss allerdings eine Voraussetzung gegeben sein: Der lexikalische Frame muss mit dem Konstruktions-Frame identisch sein oder zu ihm in Frame-Nähe stehen. Es muss sich also gemäß der Einteilung in relatierte und unrelatierte Frames (Unterabschnitt 5.4.2) um einen relatierten lexikalischen Frame handeln. Ist dieser lexikalische Frame gar identisch mit dem Konstruktions-Frame, gilt: „[T]he semantics associated with these lexical items is redundant with the semantics of the construction." (Goldberg 1992: 48). Diese einfache Motivierung aller KtE durch den lexikalischen Frame betrifft alle Konstrukte, in denen ein relatierter lexikalischer Frame evoziert wird, in denen der Konstrukt-Frame also allein aus FE dieses Frames besteht. Mit anderen Worten: Ein relatierter lexikalischer Frame (und damit auch der Konstruktions-Frame selbst) ist stets in der Lage, alle KtE eines Konstrukts vollständig semantisch zu motivieren.[40]

Die LE, die diese lexikalischen Frames evozieren – in der reflexiven Bewegungskonstruktion, der reflexiven Partikelverbkonstruktion und der reflexiven *Weg*-Konstruktion also die KtE des jeweiligen KE EREIGNIS –, sind somit Ausgangspunkt einer „elaboration of the meaning of the construction." (Goldberg 1997: 386).[41] Wird das KE EREIGNIS also durch ein KtE instanziiert, das als LE eines relatierten lexikalischen Frames gilt und werden dadurch alle KtE der Konstruktion durch FE von deren lexikalischem Frame motiviert, ist der Konstrukt-Frame am deutlichsten kompositionell aufgebaut (vgl. ähnlich Welke 2019: 29).[42] Bei den drei hier untersuchten Konstruktionen liegt dieser Fall bei KtE des KE EREIGNIS vor, die entweder `Motion` selbst evozieren oder einen Frame, der zu ihm in einer Frame-Nähe steht, kurzum: einen beliebigen zu `Motion` relatierten Frame. Nur bei einer Identität von lexikalischem Frame und Konstruktions-Frame kann allerdings unter Rückgriff auf die Auffassung der semantischen Eigenschaften einer Konstruktion als ‚Beitrag' zu denjenigen eines Konstrukts (vgl. Unterabschnitt 4.3.2) davon gesprochen werden, dass „the contribution of the construction is wholly redundant with the meaning of the verb." (Bencini & Goldberg 2000: 642). Von einer *Elaboration* im engeren Sinne kann erst dann gesprochen werden, wenn

---

40 Aus valenztheoretischer Perspektive trifft das *Valency Realisation Principle* von Herbst (2014: 200) eine vergleichbare Aussage: „Valency Realisation Principle: if a valency construction of a verb is fused with an argument structure construction and all of its participant roles are construed as argument roles, then the formal realisation of the argument structure construction (SYN) must coincide with the valency pattern of the valency construction."

41 Zu dieser Relation der ‚Elaboration' fügt Goldberg (1997: 396) noch ‚kraftdynamische Relationen' (zu denen ‚means', ‚Instrument', ‚Resultat' und ‚Ablehnung' gehören), ‚Vorbedingung' sowie ‚kookkurrierende Aktivität' hinzu. Bei Goldberg (1998: 46–49) kommen zu ‚Elaboration' noch ‚means', ‚Instrument', ‚Resultat', ‚Vorbedingung', ‚Negation' und ‚kookkurrierende Aktivität' (mit anderen Worten: ‚manner') hinzu. Vgl. Stefanowitsch (2008b) für Argumente, diesen Relationen größere Beachtung zu schenken. Empirische Evidenz für die von Goldberg (1997: 396) formulierte Hierarchie zwischen solchen Relationen zeigt Rohde (2001: 107–116) auf.

42 Hampe & Schönefeld (2003: 254) weisen darauf hin, dass es bei der Elaboration einer ‚Konstruktionsbedeutung' durch eine lexikalische Bedeutung keinen Unterschied macht, ob die ‚Konstruktbedeutung' direkt durch eine ‚im Hintergrund' wirkende ‚Konstruktionsbedeutung' zustande kommt (vgl. unten) oder ob eine konzeptuelle Integration im Spiel ist. Es ist deshalb davon auszugehen, dass bei Fällen, in denen der Konstrukt-Frame vollständig durch einen lexikalischen Frame konstituiert wird, kein Blending-Prozess vorliegt (vgl. Unterabschnitt 4.1.3).

es sich um einen lexikalischen Frame handelt, der in einer Frame-Nähe von +1 oder niedriger bzw. –1 oder niedriger zum Konstruktions-Frame steht.

Die Frames, die für die drei untersuchten Konstruktionen hierfür infrage kommen, habe ich bereits samt der jeweiligen Anzahl ihrer Konstrukte nach Frame-zu-Frame-Relationen zu `Motion` geordnet in den Tabellen 5.12 bis 5.17 in Unterabschnitt 5.4.3 als System der Frame-Nähen von `Motion` zusammengestellt. In Tabelle 6.2 sind diese Ergebnisse noch einmal in aggregierter Form zusammengefasst, geordnet nach Anzahl der Konstrukte (Kx) für jeden relatierten lexikalischen Frame, sofern dieser für die reflexive Bewegungskonstruktion (RBKxn), die reflexive Partikelverbkonstruktion (RPVKxn) oder die reflexive *Weg*-Konstruktion (*Weg*-Kxn) belegt ist.

Tab. 6.2: Konstrukte der reflexiven Bewegungskonstruktion mit einfacher Motivierung aller KtE durch lexikalische Frames

	RBKxn		RPVKxn		*Weg*-Kxn	
Lexikalischer Frame	**Kx**	**Anteil**	**Kx**	**Anteil**	**Kx**	**Anteil**
Body_movement	246	34,55 %	118	38,82 %		
Self_motion	159	22,33 %	56	18,42 %		
Motion	105	14,75 %	24	7,89 %	26	100,00 %
Cause_motion	77	10,81 %	53	17,43 %		
Change_direction	43	6,04 %	17	5,59 %		
Bringing	17	2,39 %	8	2,63 %		
Fluidic_motion	17	2,39 %				
Placing	14	1,97 %	11	3,62 %		
Motion_directional	11	1,54 %	15	4,93 %		
Evading	7	0,98 %				
Departing	6	0,84 %				
Fleeing	5	0,70 %				
Mass_motion	2	0,28 %				
Making_faces	1	0,14 %				
Ride_vehicle	1	0,14 %				
Undressing	1	0,14 %				
Excreting			1	0,33 %		
Operate_vehicle			1	0,33 %		
Gesamt	712	100,00 %	304	100,00 %	26	100,00 %

Am Beispiel der lexikalischen Frames `Motion`, `Departing` und `Bringing` sei nun exemplarisch an der reflexiven Bewegungskonstruktion demonstriert, wie sich die einfache Motivierung aller KtE durch einen lexikalischen Frame in unterschiedlichen Varianten vollzieht.

Im Falle von Motion werden die KtE des KE BEWEGENDES durch das FE Motion.THEME motiviert. Da das KtE des KE EREIGNIS durch die LE instanziiert wird, die den lexikalischen Frame evoziert, wird es nicht durch FE dieses Frames oder des Konstruktions-Frames motiviert (dazu weiterhin Unterabschnitt 7.3.1). Dies gilt für alle Konstrukte aller drei Konstruktionen und auch für solche, in denen andere Motivierungsverhältnisse wie das hier diskutierte vorliegen. Ein KtE des KE WEG hingegen kann innerhalb eines lexikalischen Frames, anders als ein KtE des KE BEWEGENDES, durch unterschiedliche FE motiviert werden. Im Falle von Motion sind Motion.SOURCE, Motion.PATH, Motion.GOAL oder Motion.DIRECTION möglich (dazu auch Unterabschnitte 6.4.1 und 7.3.3). Welches dieser FE in einem Konstrukt auftritt, hängt freilich zu einem großen Teil von der Präposition ab, die den Kopf des KtE des KE WEG bildet.[43] Die folgenden Belege sind Beispiele für das mit Abstand am häufigsten belegte FE Motion.GOAL (dazu auch Unterabschnitt 6.3.2) und die LE *begeben* (*go.v*) in (5), *bewegen* (*move.v*) in (6), *rücken* (*move.v*) in (7), *verschieben* (*move.v*) in (8) und *winden* (*wind.v*) in (9).

(5) a. Ich befand mich gerade in München und [$_{\text{Motion}}$ begab] mich [$_{\text{GOAL}}$ in ein Geschäft, das überaus luxuriös wirkte, wie ein Gourmettempel]. (Die Zeit, 10.02.2000, Nr. 7)

b. Sofort begibt sich [$_{\text{THEME}}$ ihr junger Begleiter von RTL] [$_{\text{GOAL}}$ an ihre Seite]. (Die Zeit, 27.01.2000, Nr. 5)

c. JOHANNES PAUL reiste nach Madaba und [$_{\text{Motion}}$ begab] sich [$_{\text{GOAL}}$ auf den Berg Nebo, wo nach der Überlieferung der Bibel Moses das gelobte Land erschaut haben soll]. (Archiv der Gegenwart, 2001 [2000])

d. Dr. Hans Wilhelm Stein, Burgherr von Saaleck, verbarg die beiden und [$_{\text{Motion}}$ begab] sich [$_{\text{GOAL}}$ nach München], in Ehrhardts Hauptquartier, um falsche Pässe und einen Fluchtwagen zu organisieren. (Die Zeit, 30.03.2000, Nr. 14)

e. Oder aber [$_{\text{THEME}}$ Sie] [$_{\text{Motion}}$ begeben] sich [$_{\text{GOAL}}$ unter die Langschläfer], denn in den Halbschlafphasen am späteren Morgen wird auch viel geträumt. (Die Zeit, 20.04.2000, Nr. 17)

f. Am 10. Oktober [$_{\text{Motion}}$ begab] sich [$_{\text{THEME}}$ TSVANGIRAI] freiwillig [$_{\text{GOAL}}$ zu einem polizeilichen Verhör in Harare]. (Archiv der Gegenwart, 2001 [2000])

---

43 Für den vorliegenden Zusammenhang ist die quantitative Verteilung der FE, die die KtE des KE WEG motivieren, von weniger großer Relevanz, da sie von einem lexikalischen Frame zum anderen variieren. Interessanter ist sie für den Fall, in dem das KtE des KE WEG allein einfach durch ein FE des Konstruktions-Frames motiviert wird, während der lexikalische Frame unrelatiert ist. Auf diese Fälle komme ich in Unterabschnitt 6.2.2 zurück.

(6) a. Doch [$_{\text{THEME}}$ er] [$_{\texttt{Motion}}$ bewegte] sich [$_{\text{GOAL}}$ auf sie] zu und würde ihr bald winken mit seinem dritten, aus dem breitschultrigen Rücken herauswachsenden Arm und sie so sehr damit meinen, daß sie nicht anders konnte als zurückzuwinken hinter dem Fenster, von dem sie nun wußte, daß er sie dort sehen konnte und nur sie dort sah. (Düffel, John von: Vom Wasser, München: dtv 2006, S. 167)

b. [$_{\text{THEME}}$ Der Rücken vor ihr, in einem dicken, warmen, grauen Mantel], [$_{\texttt{Motion}}$ bewegte] sich [$_{\text{GOAL}}$ zu einem Bahnsteig], Malka folgte ihm. (Pressler, Mirjam: Malka Mai, Weinheim Basel: Beltz & Gelberg 2001, S. 246)

(7) [$_{\text{THEME}}$ Er] [$_{\texttt{Motion}}$ rückt] sich [$_{\text{GOAL}}$ in den Mittelpunkt]. (Schwanitz, Dietrich: Männer, Frankfurt a. M.: Eichborn 2001, S. 73)

(8) [$_{\text{THEME}}$ Der Schwerpunkt des Westens] [$_{\texttt{Motion}}$ verschob] sich [$_{\text{GOAL}}$ in die USA]. (Die Zeit, 02.03.2000, Nr. 10)

(9) [$_{\text{THEME}}$ Jonas] [$_{\texttt{Motion}}$ wand] sich aus dem Kofferraum nach vorne [$_{\text{GOAL}}$ auf die Rückbank des Autos]. (Glavinic, Thomas: Die Arbeit der Nacht, München Wien: Carl Hanser Verlag 2006, S. 346)

Die folgenden Belege sind Beispiele für die Motivierung der KtE des KE WEG durch das FE Motion.PATH mit LE wie *begeben* (*go.v*) in (10), *bewegen* (*move.v*) in (11), *mäandern* (*meander.v*) in (12), *schlängeln* (*snake.v*) in (13) und *winden* (*wind.v*) in (14).

(10) Das „wahrscheinlich" gründete sich dabei ausschließlich auf das Vertrauen in die Überzeugungskraft seiner eigenen Argumente, die er am gleichen Tag Bismarck in einem Schreiben und am folgenden Tag dem Kaiser in einem ebensolchen vortrug, in dem er diesen zugleich um eine Audienz für einen Bevollmächtigten bat - [$_{\text{THEME}}$ er selber] [$_{\texttt{Motion}}$ begab] sich in diesen Tagen „auf ärztlichen Rat" [$_{\text{PATH}}$ über Italien] nach Nizza. (Gall, Lothar: Krupp, Berlin: Siedler 2000, S. 174)

(11) a. [$_{\text{THEME}}$ Er] [$_{\texttt{Motion}}$ bewegte] sich [$_{\text{PATH}}$ durch vermeintlich unauffällige harmonische Räume] mit einer Sehnsucht nach Farbigkeit, die alle Grauwerte des Theoretischen löschte. (Die Zeit, 10.02.2000, Nr. 7)

b. Über der Eingangstür [$_{\texttt{Motion}}$ bewegt] sich [$_{\text{THEME}}$ die DM] im schwerelosen Raum [$_{\text{PATH}}$ um unseren globalisierten Planeten]. (Die Zeit, 17.02.2000, Nr. 8)

c. [$_{\text{THEME}}$ Die von Beduinen geführte Karawane (bis zu 18 Teilnehmer)] [$_{\texttt{Motion}}$ bewegt] sich in täglichen Etappen von vier bis sechs Stunden [$_{\text{PATH}}$ über Dünen und Sandfelder], durch die Wadis und Ebenen, wobei die Kamele als Reit- und Packtiere fungieren. (Die Zeit, 17.02.2000, Nr. 8)

(12) So [Motion mäandern] sich [Theme die nackten und verschlungenen Leiber] [Path durch die Werbung und über die Titel jener der Werbeästhetik folgenden Magazine]. (Die Zeit, 13.01.2000, Nr. 3)

(13) a. Der Schmerz kam wieder und [Motion schlängelte] sich [Path durch den wunden Körper]. (Dölling, Beate: Hör auf zu trommeln, Herz, Weinheim: Beltz & Gelberg 2003, S. 66)
b. Bald [Motion schlängelten] sich [Theme so viele Kabel] durch die Wiese und [Path über den Betonboden], daß er alle paar Meter strauchelte. (Glavinic, Thomas: Die Arbeit der Nacht, München Wien: Carl Hanser Verlag 2006, S. 379)
c. Zu beiden Seiten [Motion schlängelten] sich [Theme Blumenbeete] [Path um schmale Rasenstreifen]. (Düffel, John von: Houwelandt, Köln: DuMont Literatur und Kunst Verlag 2004, S. 175)

(14) Er trägt den Bauchnabel immer frei und [Motion windet] sich wie eine Schlange [Path um gefeierte Designer]. (Die Zeit, 02.03.2000, Nr. 10)

Deutlich weniger zahlreich als Konstrukte, in denen ein KtE des KE Weg durch das FE Motion.Goal oder Motion.Path motiviert wird, sind solche, in denen dies die FE Motion.Source oder Motion.Direction übernehmen. Die folgenden Belege sind Beispiele für erstere Variante und die LE *begeben* (*go.v*) in (15), *bewegen* (*move.v*) in (16), *rühren* (*move.v*) in (17), *schlängeln* (*snake.v*) in (18), *ringeln* und *winden* (*wind.v*) in (19).

(15) [Theme HASSAN] [Motion begab] sich Mitte Oktober in Begleitung einer tausend Mann starken bewaffneten Eskorte [Source von Djibouti aus] nach Mogadischu, um seine Macht von dort aus auszuüben. (Archiv der Gegenwart, 2001 [2000])

(16) Ein Drahtseil ist über den Fluß gespannt, mit einer beweglichen Winde ist das Fährboot daran festgetäut, und während die gewaltige Strömung auf das querstehende Ruder drückt, [Motion bewegen] sich [Theme Boot und Winde] seitlich am Seil entlang [Source von einem Ufer] zum andern. (Düffel, John von: Vom Wasser, München: dtv 2006, S. 192)

(17) [Theme Vater und Tochter] [Motion rührten] sich nicht [Source von ihren Stühlen] und schienen doch einander nähergerückt. (Hahn, Ulla: Unscharfe Bilder, München: Deutsche Verlags-Anstalt 2003, S. 275)

(18) Ringeln sich etwa nicht [$_{\text{THEME}}$ ein paar Schlangen] um sie herum im Sand oder in ihrem Nacken, [$_{\text{Motion}}$ schlängeln] sich herab [$_{\text{SOURCE}}$ von ihrer Brust]. (Venske, Regula: Marthes Vision, Frankfurt am Main: Eichborn Verlag 2006, S. 128)

(19) Ich bekam ihren Arm zu fassen, aber [$_{\text{THEME}}$ sie] [$_{\text{Motion}}$ wand] sich [$_{\text{SOURCE}}$ aus meinem Griff]. (Franck, Julia: Lagerfeuer, Köln: DuMont Literatur und Kunst Verlag 2003, S. 53)

Schließlich ist das FE Motion.DIRECTION für Konstrukte mit der LE *bewegen* (*move.v*) belegt, wie in (20) zu sehen.

(20) [$_{\text{THEME}}$ Die augenblickliche Wirtschaftslage] [$_{\text{Motion}}$ bewege] sich [$_{\text{DIRECTION}}$ in Richtung Armut], was das Resultat der ausbeuterischen Privatisierung sei. (Archiv der Gegenwart, 2001 [2000])

Belege wie diejenigen in (5)–(20) zeigen die prototypischsten Konstrukte der reflexiven Bewegungskonstruktion, da ihr lexikalischer Frame jeweils direkt dem Konstruktions-Frame entspricht (vgl. dazu Unterabschnitt 5.4.2). Ein Blending von lexikalischem Frame und Konstruktions-Frame und damit eine Frame-Anpassung finden bei der Konstitution des Konstrukt-Frames (Unterabschnitte 4.1.3 und 4.4.2) also nicht statt, da es sich um einen relatierten lexikalischen Frame handelt. Den Schluss, dass Fälle wie diese prototypisch sind, lässt die aus Tabelle 6.2 ersichtliche hohe Frequenz entsprechender Konstrukte zu. Aber auch aus theoretischer Sicht scheint es nicht überraschend, dass lexikalische Frames, die mit dem Konstruktions-Frame identisch sind oder in Frame-Nähe zu ihm liegen, wie in Unterabschnitt 5.4.2 definiert, prototypisch sind:

> It is clear that the most common and prototypical case is one in which the verb and the construction do not designate two separate events. Rather the verb designates the same event that the construction designates, or the verb elaborates the constructional meaning. (Goldberg 2010: 53)

Dies könnte zu einer von Boas (2008a: 132) für die Caused-Motion-Konstruktion (Goldberg 1995: 152–179) vertretenen Annahme verleiten, die reflexive Bewegungskonstruktion könnte als Abstraktion aller Konstrukte verstanden werden, deren lexikalischer Frame dem Konstruktions-Frame entspricht und die somit die zur Motivierung aller KtE notwendigen FE bereits enthält.[44] Diese Abstraktion ist aller-

44 Für die LE, die diese relatierten lexikalischen Frames evozieren, lässt sich also mit Kunze (1997: 135) festhalten, „daß diese Bewegungsverben bereits als Basisverben ein Direktional zu sich nehmen können und daß sie (eher eine Ausnahme) zusätzlich die gerade behandelte Modi-

dings nicht allein auf den einen lexikalischen Frame, der mit dem Konstruktions-Frame identisch ist, zurückzuführen. Bei dieser Identität ist sie am offensichtlichsten, doch auch andere lexikalische Frames als der mit dem Konstruktions-Frame identische sind für die einfache Motivierung aller KtE möglich. Lediglich eine Voraussetzung müssen diese lexikalischen Frame erfüllen: Sie müssen in Frame-Nähe zum angenommenen Konstruktions-Frame stehen, also relatierte lexikalische Frames sein.

Alle KtE können auch dann durch einen lexikalischen Frame einfach motiviert werden, wenn dieser einem anderen als dem Konstruktions-Frame entspricht: Alle relatierten lexikalischen Frames kommen hierfür infrage. Für jeden dieser Frames liegt dann eine „elaboration" (Goldberg 1997: 386) des Konstruktions-Frames vor, wobei „the event type designated by the verb is an instance of the more general event type designated by the construction." (Goldberg 1995: 60). Die Höhe dieser Elaboration nimmt mit abnehmender Frame-Nähe des lexikalischen Frames zu. Wie Tabelle 6.2 zeigt, sind in den Daten für die reflexive Bewegungskonstruktion lexikalische Frames belegt, die in vier verschiedenen Frame-zu-Frame-Relationen zu `Motion` stehen:[45]

- Vererbungsrelation: `Fluidic_motion` (+1), `Mass_motion` (+1), `Motion_directional` (+1), `Self_motion` (+1), `Fleeing` (+2);
- Benutzt-Relation: `Body_movement` (+1), `Bringing` (+1), `Change_direction` (+1), `Departing` (+1), `Evading` (+1), `Placing` (+1), `Undressing` (+2), `Making_faces` (+3);
- Kausativ-Relation: `Cause_motion` (–1);
- Siehe_auch-Relation: `Bringing` (+1), `Ride_vehicle` (+1), `Self_motion` (+1).

Die Prinzipien der Motivierung aller KtE durch den lexikalischen Frame `Motion`, die ich oben illustriert habe, übertragen sich nun auf alle weiteren relatierten lexikalischen Frames. Am ähnlichsten sind sie noch bei den innerhalb der Vererbungsrelation in einer Frame-Nähe von +1 zu `Motion` stehenden Frames `Fluidic_motion`, `Mass_motion`, `Motion_directional` und `Self_motion` mit überwiegend ähnlichen FE, insbesondere denen, die für die Motivierung der KtE des KE BEWEGENDES verantwortlich sind. Grund dafür ist das in Unterabschnitt 5.4.3 angesprochene wesentliche Kennzeichen der Vererbungsrelation als „strongest relation between frames, corresponding to is-a in many ontologies" (Ruppenhofer et al. 2016: 80): Der untergeordnete Frame verfügt über alle seman-

fikation [durch Hinzunahme eines (fakultativen) Reflexivums, A.W.] erlauben, womit dann keine Bedeutungsveränderung zu einem Bewegungsverb mehr verbunden ist."

45 Zur leichteren Übersicht wiederhole ich in der folgenden Diskussion der einzelnen Relationen ihre bereits in Unterabschnitt 5.4.3 erwähnten Definitionen.

tischen Eigenschaften des übergeordneten Frames entweder in derselben oder einer höheren Spezifiziertheit (vgl. Ruppenhofer et al. 2016: 80). Für den lexikalischen Frame `Self_motion`, der in meinen Daten unter den in Vererbungsrelation zu `Motion` relatierten Frames mit Abstand am frequentesten vertreten ist, betrifft dies etwa das FE `Self_motion`.SELF_MOVER, das als spezifischeres Korrelat des FE `Motion`.THEME zu verstehen ist.[46] Bei `Fluidic_motion` ist das Korrelat `Fluidic_motion`.FLUID, bei `Mass_motion` wird das FE als `Mass_motion`.MASS_THEME spezifiziert, wohingegen bei `Motion_directional` eine nicht erkennbare Spezifizierung auf das FE `Motion_directional`.THEME vorliegt. Die FE `Motion`.SOURCE, `Motion`.PATH, `Motion`.GOAL und `Motion`.DIRECTION hingegen werden von `Self_motion` und den anderen Frames in Vererbungsrelation zu `Motion` mit denselben Namen und teilweiser Spezifizierung in der Definition entsprechend geerbt.

Um die Motivierung aller KtE durch einen relatierten lexikalischen Frame noch an weiteren Beispielen zu illustrieren, seien zwei Frames, die in einer anderen Frame-zu-Frame-Relation zu `Motion` stehen, nämlich der Benutzt-Relation und der Siehe_auch-Relation, ausgewählt: `Departing` und `Bringing`. Auf die Kausativ-Relation und `Cause_motion` als lexikalischen Frame gehe ich in Unterabschnitt 6.3.1 bei der Diskussion um die Motivierung des KEE ein.

`Departing` steht innerhalb der Benutzt-Relation in einer Frame-Nähe von +1 zu `Motion`. Die Benutzt-Relation als „one of the largest frame-to-frame relations in FrameNet" (Sikos & Padó 2018: 43) besagt, wie bereits in Unterabschnitt 5.4.3 erwähnt, dass „a particular frame makes reference in a very general kind of way to the structure of a more abstract, schematic frame." (Ruppenhofer et al. 2016: 83). Jene Verbindung zu einem übergeordneten Frame besteht indes „almost exclusively for cases in which a part of the scene evoked by the child [dem untergeordneten Frame, A.W.] refers to the parent frame [dem übergeordneten Frame, A.W.]" (Ruppenhofer et al. 2016: 83).

Von den 33 Frames, die in einer Benutzt-Relation zu `Motion` stehen (16 in einer Frame-Nähe von +1, 12 in einer Frame-Nähe von +2 und 5 in einer Frame-Nähe von +3, vgl. Tabelle 5.13 in Unterabschnitt 5.4.3), sind in den Daten für die reflexive Bewegungskonstruktion 8 belegt, zu denen `Departing` gehört. Konstrukte mit `Departing` als lexikalischem Frame sind für die LE *ausklinken* und *entfernen* (beide *leave.v*) belegt, wie die Belege unter (21) und (22) zeigen.

---

46 Dies lässt sich über die zu den Frame-zu-Frame-Relationen analog ausgestalteten FE-zu-FE-Relationen anschaulich im FrameNet-FrameGrapher (https://framenet.icsi.berkeley.edu/fndrupal/FrameGrapher, zuletzt abgerufen am 07.09.2021) sichtbar machen, welcher allerdings die Daten auf FrameNets Website und nicht die Version des Daten-Release 1.7 dokumentiert.

(21) [THEME Kim Tang] [Departing klinkt] sich noch vor Mitternacht [SOURCE aus dem Gelage] aus, um am nächsten Morgen fit am Arbeitsplatz zu erscheinen. (Die Zeit, 23.03.2000, Nr. 13)

(22) a. Anspar Klein berichtete von seinen Besuchen in Bruchsal und daß er im Laufe der Jahre mehr und mehr den Eindruck gehabt habe, [THEME Hans Arbogast] [Departing entferne] sich [SOURCE aus der Realität]. (Hettche, Thomas: Der Fall Arbogast, Köln: DuMont Buchverlag, 2001, S. 248)

b. [THEME Martina] [Departing entfernte] sich [⟨PATH⟩ durch den Regen], aber ihre Haare wurden nicht naß, während sie endlich ging. (Kuckart, Judith: Lenas Liebe, Köln: DuMont Literatur und Kunst Verlag 2002, S. 262)

c. Durch des Mannes ruckartige Bewegungen verunsichert, nähert sich Lucia sehr zögerlich den Krümeln und [Departing entfernt] sich wieder [SOURCE von ihnen], aber jetzt – jetzt hat sie einen beachtlichen Brocken erwischt, wendet sich sofort ab, und als der Trenchcoat des Mannes einen bedrohlichen Schwenk macht, fliegt sie auf in die Halle des Hauptbahnhofs. (Kopetzky, Steffen: Grand Tour, Frankfurt am Main: Eichborn 2002, S. 11)

Das Beispiel des lexikalischen Frames `Departing` zeigt, dass nicht nur Kern-FE, wie es bei `Motion` der Fall war, für die Motivierung der KtE der reflexiven Bewegungskonstruktion infrage kommen, sondern ebenso Nicht-Kern-FE, wie es bei `Departing`.⟨PATH⟩ der Fall ist.

Als letztes Beispiel möchte ich auf den lexikalischen Frame `Bringing` eingehen, der ebenfalls in der Benutzt-Relation in einer Frame-Nähe von +1 zu `Motion` steht und zugleich in der Siehe_auch-Relation, ebenfalls in einer Frame-Nähe von +1. Die Siehe_auch-Relation konstituiert „groups of frames that are similar and should be carefully differentiated, compared, and constrasted" (Ruppenhofer et al. 2016: 85). Sie stellt eine schwache semantische Relation dar: „Due to its less structured semantic nature, the See_also relation freely violates any and all limitations normally expected for frame-to-frame relations" (Ruppenhofer et al. 2016: 85).

Für den lexikalischen Frame `Bringing` und einige weitere, ähnlich gelagerte, Frames ergibt sich die Besonderheit, dass dass die KtE des KE BEWEGENDES nicht, wie es zu in Analogie etwa zu `Motion`.THEME oder `Departing`.THEME zu erwarten sein könnte, durch das FE `Bringing`.THEME motiviert wird, sondern durch `Bringing`.AGENT. Dies ist etwa an den folgenden Belegen mit der LE *schleppen* (*schlep.v*) in (23) zu erkennen.

(23) a. [AGENT Ich] [Bringing schleppe] mich [GOAL nach Hause], 2,5 km, schaffe es, die Tür aufzuschließen, die Treppe hoch, und da stehe ich auch schon in meinem Zimmer. (Braun, Marcus: Hochzeitsvorbereitungen, Berlin: Berlin Verlag 2003, S. 114)

b. [AGENT Schwere, sonnenlahme Schildkröten] [Bringing schleppten] sich [PATH über rissigen Uferschlick] und versanken in schlammbraunem Wasser. (Düffel, John von: Houwelandt, Köln: DuMont Literatur und Kunst Verlag 2004, S. 142)

c. [AGENT Großvaters Uhrenzeiger] [Bringing schleppten] sich [SOURCE von Minute] zu Minute, zauderten und zockelten, als seien sie widerwillige Pferde, und Zeigern konnte man mit einer Peitsche nicht kommen! (Koneffke, Jan: Paul Schatz im Uhrenkasten, Köln: DuMont Buchverlag 2000, S. 40)

d. Es waren verjährte Gedanken, kaum noch glimmende Hoffnungen, Gekränktsein, Klagen, ein Totengedenken war's: [AGENT Dutzende von Nekrologen] [Bringing schleppten] sich von Nummer [GOAL zu Nummer] fort und bildeten den finstersten und aufrichtigsten Teil des Blattes.“ (Schlögel, Karl: Petersburg, München Wien: Carl Hanser Verlag 2002, S. 606)

Diese Besonderheit, die auch auf weitere Frames wie etwa Cause_motion zutrifft, hängt mit der gleichzeitigen Motivierung des KEE zusammen, für die in diesem Beispiel das FE Bringing.THEME vorbehalten ist. Ursache dafür ist die in den für das Englische entwickelten Frames wie Motion oder Departing nicht berücksichtigte Eigenheit des Deutschen, dass zahlreiche deutsche LE, die diese Frames evozieren, ‚echt reflexive‘ Verben sind. Ich komme darauf in Unterabschnitt 6.3.1 im Zuge der Diskussion um die einfache Motivierung des KEE durch einen lexikalischen Frame zurück.

Welche Schlussfolgerungen lassen die Beobachtungen der semantischen Motivierung aller KtE der reflexiven Bewegungskonstruktion durch lexikalische Frames zu? Zunächst ist festzuhalten, dass in ihrer Analyse der *way*-Konstruktion schon Goldberg (1995: 207) zu dem Befund kommt, dass „the verb may, but need not necessarily, code the semantics associated with the construction directly.“ Gleiches gilt hier auch für die reflexive Bewegungskonstruktion und Konstrukte, deren lexikalischer Frame Motion ist. Der Konstruktions-Frame kann sich somit direkt als von einigen LE, die das KE EREIGNIS instanziieren, evoziert, wiederfinden, wie dies ähnlich schon Goldberg (1999) für eine Reihe von Argumentstruktur-Konstruktionen gezeigt hat. Für die reflexive Bewegungskonstruktion (und auch die reflexive Partikelverbkonstruktion, aber nicht die reflexive *Weg*-Konstruktion) relevant ist zuvorderst die LE *bewegen* (*move.v*), die sich nicht zufällig im Namen der Konstruktion widerspiegelt (dazu Unterabschnitte 7.2.1 sowie 8.5.3).[47] Die gebrauchsbasierte Perspektive legt zudem den Schluss nahe, dass der Konstruktions-Frame, wie aus der Argumentation von Goldberg (1999) ebenso abgeleitet werden kann, durch eine Generalisierung aller Instanzen, deren lexikalische Frames hier in einer Frame-Nähe zu `Motion` stehen, ermittelt werden kann (dazu Unterabschnitt 8.5.1). Gleiches gilt im Übrigen für die Benennung und Definition des KE Ereignis, das durch die LE lexikalischer Frames instanziiert wird (vgl. Unterabschnitt 7.3.1). Entscheidend für diese beiden Punkte ist eine hohe Frequenz dieser Konstrukte mit `Motion` als lexikalischem Frame sowie zu ihm relatierten lexikalischen Frames, die in einer Frame-Nähe zu `Motion` stehen. Wie Tabelle 6.2 zeigt, trifft diese Generalisierung tendenziell zu: Der lexikalische Frame `Motion` steht an dritter Stelle aller für die reflexive Bewegungskonstruktion belegten relatierten lexikalischen Frames, frequenter sind lediglich `Body_movement` und `Self_motion`.

Werden alle KtE durch einen lexikalischen Frame motiviert, hat ein zweiter Frame-Typ neben diesem lexikalischen Frame aus offensichtlichen Gründen keinen Anteil an der Konstitution eines Konstrukt-Frames, da keine Frame-Anpassung stattfindet.[48] Die Tatsache, dass für die Konstruktion derjenige lexikalische Frame belegt ist, der mit dem Konstruktions-Frame identisch ist, unterscheidet die reflexive Bewegungskonstruktion, aber auch die reflexive Partikelverbkonstruktion und die reflexive *Weg*-Konstruktion, von ihrem englischen Pendant. So lautet eine gängige, aber nicht empirisch verifizierte Annahme über die *way*-Konstruktion, dass „[t]here is no verb which licenses a theta frame identical to that of the *Way*-construction. In fact, verbs which *do* denote directed motion inherently are not welcomed by the construction, […].“ (Michaelis 2003a: 276–277).

Diese Beobachtung wirkt sich auf das Koerzionspotenzial der Konstruktion aus, das für die *way*-Konstruktion gerade aufgrund der angenommenen In-

---

47 Die Differenzierung zwischen lexikalischem Frame und lexikalischer Bedeutung (Unterabschnitt 4.1.1) ist wichtig, um festzuhalten, dass es sich keineswegs bei allen LE, die den lexikalischen Frame `Motion` evozieren, gleichermaßen um „‘light’ verbs“ (Goldberg 1999: 202) handelt. Neben *bewegen* (*move.v*) kommt am ehesten noch *begeben* (*go.v*) dafür infrage. Verben wie *mäandern* (*meander.v*), *schlängeln* (*snake.v*) oder *winden* (*wind.v*), deren lexikalische Bedeutungen sich durch abweichende Standardwerte entsprechend davon unterscheiden, gehören – obwohl sie ebenfalls `Motion` evozieren – sicher nicht in diese Reihe (vgl. dazu die Diskussion um die Lesarten der Konstruktionen in Unterabschnitt 5.2.3). Boas (2008c: 31–43) stellt ähnliche Überlegungen zu `Self_motion` an. Vgl. zu dieser Problematik auch die Kritik von Dux (2020: 70, 111).

48 Boas (2008b: 23) sieht in solchen Fällen alle Verben mit einer lexikalischen Bedeutung, deren Frame alle KtE motivieren kann, als Mini-Konstruktionen an, sodass keine weitere abstrakte Konstruktion mehr benötigt wird.

kompatibilität von Verben mit lexikalischen Bedeutungen, deren Frames dem Konstruktions-Frame entsprechen, als hoch gilt (vgl. Michaelis 2003a: 277). Belege wie diejenigen in (5)–(23) sind zwar als Konstrukte der reflexiven Bewegungskonstruktion einzustufen, aufgrund der Tatsache, ihre Konstrukt-Frames ausschließlich aus FE (relatierter) lexikalischer Frames bestehen, ist gerade bei dem lexikalischen Frame `Motion` keine klare Linie mehr zwischen lexikalischem Frame und Konstruktions-Frame zu finden (vgl. dazu ohne Bezug auf Frames Iwata 2008: 88, 99; Dewell 2011: 12, 17),[49] da die Leistung des Konstruktions-Frames, einen lexikalischen Frame hin zu einem Konstrukt-Frame zu anzupassen (Unterabschnitt 4.4.1) und damit Koerzionseffekte auszulösen (Abschnitte 5.5 und 7.4), in diesem Fall nicht eintreten kann. Die Frage, welcher Frame nun im Sinne eines Koerzionseffekts ‚gewinnt' (vgl. Michaelis 2003a: 268), lässt sich also nicht beantworten, da keine Koerzion vorliegt. Deutlich wird allerdings, dass der Konstruktions-Frame einen lexikalischen Frame nicht vollständig (d.h.: in der Motivierung *aller* KtE) anpassen kann: Ist der Konstruktions-Frame für die semantische Motivierung aller KtE verantwortlich, wie in den Belegen in (5)–(20), dann muss er mit dem lexikalischen Frame identisch sein. Eine Situation, in der alle KtE der Konstruktion ausschließlich durch die FE von `Motion` motiviert sind, der lexikalische Frame aber nicht diesem Frame entspricht, ist nicht möglich.

Die Identität von Konstruktions-Frame und lexikalischem Frame impliziert ganz im Sinne von Goldberg (1992: 48) eine Redundanz bei der Konstitution des Konstrukt-Frames und macht deutlich, warum gerade der lexikalische Frame und nicht der Konstruktions-Frame als für die Konstitution des Konstrukt-Frames wesentlich angesehen werden muss: Würde man annehmen, in den Belegen in (5)–(20) sei ein separater Konstruktions-Frame am Werk, würde man LE wie *begeben*, *bewegen*, *mäandern*, *schlängeln* oder *winden* die Evokation eines lexikalischen Frames und damit eine lexikalische Bedeutung absprechen (vgl. für eine ähnliche Schlussfolgerung zur Ditransitivkonstruktion Croft 2001: 122).

Die Frage nach der Motivierung aller KtE einer Konstruktion durch einen lexikalischen Frame, der mit dem Konstruktions-Frame identisch ist oder in Frame-Nähe zu diesem steht, ist darüber hinaus, wie ich bereits in Unterabschnitt 5.4.2 angedeutet habe, als ein wichtiges Indiz dafür anzusetzen, ob gegebene Belege tatsächlich Konstrukte einer zu untersuchenden Konstruktion zeigen (dazu Unterabschnitt 8.4.2). Alle Konstrukte, deren KtE durch einen relatierten lexikalischen Frame motiviert werden, sind als Instanzen dieser Konstruktion zu werten. Aus-

---

49 Mit anderen Worten: „[T]here is no reason why the verb meaning and the constructional meaning should not overlap." (Iwata 2008: 88). Ebenso schreibt auch Langacker (2009a: 248): „Lexical and constructional meaning overlap and are often non-distinguishable."

schlaggebend ist die Tatsache, dass alle KtE vollständig durch einen solchen – und keinen anderen – lexikalischen Frame motiviert werden können. Für den Fall lexikalischer Frames, die nicht direkt dem Konstruktions-Frame entsprechen, zu ihm aber in einer Frame-Nähe stehen, lässt sich mit Perek (2015: 28) von einer „inherent compatibility“ zwischen lexikalischem Frame und Konstruktions-Frame sprechen. Hierbei ist es der Fall, dass „both the verb and the construction map onto the same elements of form and meaning in the clause: they contribute the same number and types of arguments“ (Perek 2015: 28).

Diese Befunde sind Evidenz für die in Abschnitt 4.2 erwähnte Vorrangstellung lexikalischer Frames.[50] Selbst wenn Konstruktions-Frame und lexikalischer Frame nicht identisch sind, ist es möglich, dass der lexikalische Frame alle KtE eines Konstrukts motiviert. Dabei kann er spezifischer als der Konstruktions-Frame sein (vgl. ähnlich Perek 2015: 29–30), solange es sich um einen relatierten lexikalischen Frame handelt. Für lexikalische Frames, die in Vererbungsrelation mit einer Frame-Nähe von +1 oder niedriger zum Konstruktions-Frame stehen (wie etwa `Self_motion`), ist dies trivial: Sie sind bereits durch die Natur dieser Relation spezifischer als der Konstruktions-Frame. Allerdings muss ein relatierter lexikalischer Frame nicht zwingend spezifischer als der Konstruktions-Frame sein: Manche Frame-zu-Frame-Relationen, wie die Kausativ-Relation (mit `Cause_motion`), können lexikalische Frames bereitstellen, die mit einer Frame-Nähe wie −1 abstrakter als der Konstruktions-Frame sind.

Obwohl, wie oben ausgeführt, aufgrund einer fehlenden Frame-Anpassung kein unmittelbarer Einfluss eines separaten Konstruktions-Frames bei relatierten lexikalischen Frames (mit einer Frame-Nähe von +1 oder niedriger bzw. −1 oder niedriger) gegeben ist, lässt sich nicht behaupten, dass der Konstruktions-Frame bei lexikalischen Frames, die in einer Frame-Nähe zu ihm stehen, keine Rolle in der einfachen Motivierung von Konstrukten spielen würde. Dadurch, dass diese lexikalischen Frames zum Konstruktions-Frame relatiert sind, ist eine ‚indirekte‘ Verbindung zu Letzterem stets gegeben. Tabelle 6.2 zeigt, dass diese lexikalischen Frames, die eben nicht mit dem Konstruktions-Frame identisch sind, aber zu ihm in Frame-Nähe stehen, quantitativ sogar in der Mehrheit sind. Deren (je nach Frame-Nähe mehr oder weniger) ‚indirekte‘ Verbindung zum Konstruktions-Frame ist ein wesentliches Argument dafür, auch bei Konstrukten, deren KtE vollständig durch einen lexikalischen Frame einfach motiviert werden, welcher nicht dem Konstruktions-Frame entspricht, von Instanzen der Konstruktion zu spre-

---

50 Mit Verweis auf Michaelis & Ruppenhofer (2001: 49–50) stellt auch Diedrichsen (2014: 185) fest, „dass sowohl verbale als auch konstruktionsbasierte Semantik in die Bedeutung einer Argumentstruktur-Konstruktion [richtiger wäre: eines Konstrukts, A.W.] einfließen können, wobei die Konstruktionsanforderungen der Verbsemantik vorrangig sind“.

chen. Zudem ist diese ‚indirekte' Verbindung zum Konstruktions-Frame ein wesentlicher Motor für die Evokation des Konstruktions-Frames bei relatierten lexikalischen Frames (vgl. Unterabschnitt 8.2.2).

Dass das Kriterium der ‚indirekten' Verbindung zum Konstruktions-Frame entscheidend ist, lässt sich an Instanzen illustrieren, die zwar eine strukturelle Analogie zur reflexiven Bewegungskonstruktion aufweisen, die allerdings gerade nicht als Instanzen dieser Konstruktion gelten können. Dies trifft auf Konstrukte zu, die durch einen lexikalischen Frame vollständig einfach motiviert werden, der in keiner Frame-Nähe zu Motion steht, also nicht relatiert ist.[51] Die folgenden Belege (24)–(34) sind nur einige Beispiele für solche Fälle.[52] Zur Übersicht sind nur die jeweiligen LE auf die entsprechenden lexikalischen Frames annotiert.

(24) Die französische Autorin [$_{\text{Contacting}}$ wendet] sich mit ihren elf Reportagen zunächst an die Franzosen, bei denen die Deutschen unbeliebt sind. (Die Zeit, 20.01.2000, Nr. 4)

(25) Carl [$_{\text{Memory}}$ erinnert] sich genau an den Vormittag, als wir herausfanden, daß ihr Vater das Haus offenbar bereits vor einiger Zeit verlassen hatte, die Zahnbürste stand noch im Becher, das Rasierzeug war noch da, aber die Reisetasche fort. (Beyer, Marcel: Spione, Köln: DuMont 2000, S. 235)

(26) Der Preis [$_{\text{Purpose}}$ richtet] sich gleichermaßen an Printjournalisten wie an die Kollegen in den elektronischen Medien. (Die Zeit, 24.02.2000, Nr. 9)

(27) Die Tester [$_{\text{Limiting}}$ beschränken] sich auf Adressen, wichtige Fakten und jede Menge Symbole. (Die Zeit, 27.01.2000, Nr. 5)

(28) 128 Unterzeichnerstaaten [$_{\text{Make\_agreement\_on\_action}}$ einigten] sich am frühen Morgen des vergangenen Samstags in Montreal auf gemeinsame Regeln für den Handel mit gentechnisch veränderten Organismen. (Die Zeit, 03.02.2000, Nr. 6)

(29) Sie, wie auch ihre Kollegen von Audi und BMW, [$_{\text{Reliance}}$ verlassen] sich bei der Abwehr des französischen Ansinnens ganz auf Gerhard Schröder, den „Kanzler aller Autos". (Die Zeit, 20.01.2000, Nr. 4)

---

51 Auf eine Ausnahme, die für die reflexive Partikelverbkonstruktion belegt ist, komme ich in Unterabschnitt 6.4.3 zu sprechen.

52 Zur Herkunft der Daten vgl. Unterabschnitt 3.4.2. Die hier einschlägigen englischen LE sind (in der Reihenfolge der Belege) *contact.v*, *remember.v*, *aim.v*, *limit.v*, *agree.v*, *rely.v*, *prevail.v*, *defend.v*, *oppose.v*, *love.v* und *transform.v*.

(30) Am 16. Januar [$_{\texttt{Beat\_opponent}}$ setzte] sich die bisherige Außenministerin Tarja Halonen gegen ihren schärfsten Konkurrenten Esko Aho durch. (Archiv der Gegenwart, 2001 [2000])

(31) Auch Achims Freunde [$_{\texttt{Defending}}$ wehren] sich gegen Puder und Cremes. (Die Zeit, 13.01.2000, Nr. 3)

(32) Er [$_{\texttt{Taking\_sides}}$ wandte] sich gegen die Meinung, Verbrechen sei eine Folge sozialer Unterdrückung, Straftäter seien also Opfer gesellschaftlicher Zustände. (Die Zeit, 13.01.2000, Nr. 3)

(33) Das Mädchen mit den weißen Haaren [$_{\texttt{Experiencer\_focus}}$ verliebt] sich in den Mann mit dem Sportwagen. (Die Zeit, 13.01.2000, Nr. 3)

(34) Diese Furcht [$_{\texttt{Undergo\_transformation}}$ verwandelt] sich mehr und mehr in ein Vorurteil, um nicht zu sagen, in eine Ausrede. (Die Zeit, 05.01.2000, Nr. 2)

Solche Falschpositive, die bei der Analyse der reflexiven Bewegungskonstruktion ausgeschlossen werden müssen, sind eindeutig nicht als Instanzen der reflexiven Bewegungskonstruktion einzustufen, weil sie durch lexikalische Frames einfach motiviert werden, die in keiner Frame-Nähe zu `Motion` stehen. Dieser ist als Konstruktions-Frame damit weder durch eine Frame-Anpassung und einen Blend mit einem lexikalischen Frame an der Konstitution der Konstrukt-Frames beteiligt (vgl. dazu die Unterabschnitte 6.2.3 und 6.3.2), noch ‚im Hintergrund' dadurch, dass ihre lexikalischen Frames in einer Frame-Nähe zum angenommenen Konstruktions-Frame stehen.[53]

Nebenbei sind solche Falschpositive ein gewichtiges Argument dafür, dass Konstruktionen nicht über rein formale Strukturen definiert werden können, sondern dass dies durch semantische Benennungen und Definitionen ihrer Strukturelemente geschehen muss (vgl. Unterabschnitt 6.1.2 sowie Abschnitt 7.3). Würde man für die reflexive Bewegungskonstruktion lediglich eine formale Definition ansetzen, würden Belege wie (24)–(34) als Konstrukte dieser Konstruktion zählen, was unplausibel ist. Die Tatsache, dass allen diesen Belegen lexikalische Frames zugrundeliegen, die in keiner Verbindung zum angenommenen Konstruktions-Frame stehen, ist ein empirischer Nachweis dieser Unplausibilität. Einer Antwort

---

53 Netzwerktheoretisch lässt sich hier Anschluss an *Spreading-Activation*-Modelle finden (vgl. überblickend Barsalou 1992a: 45–49; Traugott & Trousdale 2013: 54–56; Diessel 2019: 94; Schmid 2020: 44–45): Wird ein lexikalischer Frame, der in Frame-Nähe zum Konstruktions-Frame steht (z.B. `Body_movement`) in einem Konstrukt evoziert, wird der Konstruktions-Frame (`Motion`) zugleich mitaktiviert, da er in einer Frame-zu-Frame-Relation zu dem betreffenden lexikalischen Frame steht, auch wenn der Konstruktions-Frame selbst nicht im Konstrukt evoziert wird. Ich komme darauf in Unterabschnitt 8.2.2 für die Evokation des Konstruktions-Frames zurück.

auf die Frage danach, ob ein vorliegender Beleg als Instanz einer gegebenen Konstruktion einzustufen ist, lässt sich durch den Test, ob dessen lexikalischer Frame in einer Frame-Nähe zum angenommenen Konstruktions-Frame steht, näherkommen. Diese Befunde bilden den ersten Schritt zur Entwicklung einer Methode, den Konstruktions-Frame zu ermitteln – eine für eine Konstruktionssemantik und die Konstruktikographie zentrale Aufgabe. Ich komme darauf in Unterabschnitt 8.4.2 zurück.

6.2.2 Einfache Motivierung einzelner KtE durch Konstruktions-Frame

Der erste zur einfachen Motivierung aller KtE eines Konstrukts durch FE des lexikalischen Frames entgegengesetzte Fall liegt vor, wenn ein KtE durch ein einzelnes FE des Konstruktions-Frames motiviert ist – und zwar ausschließlich durch ein solches –, während andere KtE noch durch FE eines unrelatierten lexikalischen Frames motiviert werden. Es handelt sich dabei um die in Unterabschnitt 4.4.1 erläuterte Variante a einer Frame-Anpassung. Der Anteil des Konstruktions-Frames bei der Konstitution des Konstrukt-Frames ist dann insofern als stark zu bewerten, als dass der lexikalische Frame in der semantischen Motivierung des betreffenden KtE keine Rolle mehr spielt und die Motivierung durch ein FE des Konstruktions-Frames übernommen wird (dazu auch Unterabschnitt 7.4.1). Mit anderen Worten: Das KtE wird einzig durch den Konstruktions-Frame lizenziert und das FE, das es motiviert, ist nicht im lexikalischen Frame enthalten.[54] Aus der Perspektive des lexikalischen Frames wäre die Konstruktion in diesen Fällen „described as augmenting the valence of an independently-licensed sign." (Fillmore, Lee-Goldman & Rhomieux 2012: 325) und die konzeptuelle Integration von lexikalischem Frame und Konstruktions-Frame „results in augmentation of the verbal valence." (Michaelis 2005: 57).[55] Aus dieser Perspektive besteht die Leistung des Konstruktions-Frames in seiner „capability of contributing arguments to the se-

---

54 Deshalb gilt die von Jackendoff (2002: 174) für die *way*-Konstruktion getroffene Annahme, die PP (also das KtE des KE Weg) sei (immer?) ein semantisches Argument der Konstruktion, nur für unrelatierte lexikalische Frames. In relatierten lexikalischen Frames hingegen ist das KtE des KE Weg immer ein Argument des KtE Ereignis, also des Verbs und damit der LE, die den lexikalischen Frame evoziert.

55 Dementsprechend ordnen etwa Sag (2012: 140–145) und Hilpert (2019: 36–38) die *way*-Konstruktion in die Kategorie valenzerhöhender Konstruktionen ein. Für Welke (2019: 200) handelt es sich bei den solche Konstruktionen auszeichnenden zusätzlichen KtE um „[ü]berschüssige Argumente", die er als Koerzionseffekte unter dem Begriff der *Valenzerhöhung* (vgl. Welke 2019: 239–243) oder *Valenzerweiterung* (vgl. Welke 2011: 199–249) diskutiert. Vgl. auch die Argumentation von Michaelis & Ruppenhofer (2001: 9) für Konstruktionen, die Valenz nicht nur erwei-

mantics of a verb." (Boas 2008a: 128). Formal gesehen wird die Argumentstruktur als Ganze in einem solchen Fall von den Eigenschaften der LE und der Konstruktion gemeinsam determiniert (vgl. Goldberg & Jackendoff 2004: 534). Hinsichtlich der Frame-Anpassung des lexikalischen Frames wird dieser im Konstrukt-Frame um ein FE des Konstruktions-Frames erweitert.

Im Sinne der Theorie der konzeptuellen Integration besteht im Falle einer einfachen Motivierung durch den Konstruktions-Frame keine Gegenstück-Relation zwischen dem FE des Konstruktions-Frame und einem FE des lexikalischen Frames, da Letzterer eben kein FE enthält, das die Motivierung des KtE übernehmen könnte. Es handelt sich dabei um eine einfache Projektion aus dem Konstruktions-Frame in den Konstrukt-Frame (vgl. Unterabschnitt 4.4.2). Die einfache Motivierung eines KtE durch den Konstruktions-Frame ist das deutlichste Anzeichen einer nicht vorhandenen Frame-Nähe eines lexikalischen Frames zum Konstruktions-Frame. Eine vorhandene Frame-Nähe ist also kein notwendiges Kriterium dafür, dass eine Instanz als Konstrukt einer gegebenen Konstruktion gelten kann:

> While the meanings of collexemes are usually compatible with the meaning of the construction, this is not always the case. As we have seen, the co-occurrence of verbs and argument-structure constructions exhibits a great deal of semantic idiosyncrasy. (Diessel 2019: 123)

Mehr noch: Steht der lexikalische Frame nicht in Frame-Nähe zum Konstruktions-Frame, lässt dies ein Konstrukt durch die Frame-Anpassung des lexikalischen Frames durch den Konstruktions-Frames bei der Konstitution des Konstrukt-Frames besonders ‚interessant' werden:

> More interestingly [...] are cases wherein the verb does not itself lexically designate the meaning associated with the construction, in which case we have two distinguishable events. (Goldberg 2010: 53)

In einem Fall wie diesem, in dem der Konstruktions-Frame den lexikalischen Frame um ein FE anpasst, das darin nicht angelegt ist, liegt ein Koerzionseffekt vor (vgl. auch Welke 2019: 29), der sich in eine von sieben Koerzionsstufen (Unterabschnitt 7.4.1) einordnen lässt. Innerhalb der Klassifikation von Koerzionsphäno-

---

tern, sondern auch (im Falle nicht-relationaler Wortarten) kreieren können. Die reflexive Bewegungskonstruktion (und auch die reflexive Partikelverbkonstruktion und die reflexive *Weg*-Konstruktion) als Ganzes aber als eine valenzerweiternde Konstruktion zu charakterisieren, halte ich für problematisch, da die Valenzerweiterung lediglich eine Teilmenge lexikalischer Frames (nämlich nur unrelatierte) und damit eine Teilmenge von LE, die das KE Ereignis instanziieren können, betrifft.

menen von Audring & Booij (2016: 629–631) entspricht die Anpassung des lexikalischen Frames um ein FE des Konstruktions-Frames einer *coercion by override* (vgl. ähnlich auch Perek 2015: 28).

Zur Konstitution des Konstrukt-Frames ist der lexikalische Frame demnach nicht ausreichend, er muss durch den Konstruktions-Frame erweitert werden. Für die vorliegenden Fälle heißt das konkret, dass die semantische Motivierung eines KtE, das nicht durch ein FE des lexikalischen Frames motiviert werden kann, durch den Konstruktions-Frame ‚beigetragen' werden muss.[56] Auf einer Skala unterschiedlicher Koerzionsstufen (Unterabschnitt 7.4.1) tendieren Konstrukte wie die, die ich im Folgenden diskutieren möchte, zu deutlichen Koerzionseffekten.

Für die reflexive Bewegungskonstruktion, aber auch die anderen beiden untersuchten Konstruktionen, betrifft eine solche einfache Motivierung eines einzelnen KtE durch den Konstruktions-Frame in erster Linie das KE WEG bzw. ⟨WEG⟩.[57] Seine KtE werden durch den Konstruktions-Frame insbesondere dann einfach motiviert, wenn der lexikalische Frame kein zu den FE Motion.SOURCE Motion.PATH, Motion.GOAL oder Motion.DIRECTION äquivalentes FE enthält, das das KtE motivieren könnte.[58] Insgesamt 91 Konstrukte der reflexiven Bewegungskonstruktion

---

56 Szcześniak (2014a: 145) reduziert die *way*-Konstruktion gar auf diese Eigenschaft, ein KtE wie WEG der lexikalischen Bedeutung hinzuzufügen – eine Eigenschaft, die sogar seiner ansonsten vorgebrachten Kritik an deren ‚Bedeutungshaltigkeit' (vgl. auch Unterabschnitte 4.3.3 und 5.7.2) standhält.

57 Vgl. bereits Levin & Rapoport (1988: 278), die für die *way*-Konstruktion darauf hinweisen, dass durch die Präposition (hier also den Kopf der KtE des KE WEG bzw. ⟨WEG⟩) ein vom Verb unabhängiger semantischer Beitrag geleistet wird. Rohde (2001: 116–128) untersucht für das Englische systematische Kookkurrenzen zwischen ‚Bewegungsverben' und ‚Nicht-Bewegungsverben' und einzelnen Typen von Präpositionen. Auf die besondere Rolle von PP (als die die KtE des KE WEG realisiert werden) bei der Einführung eines neuen *mental space* in ein Netzwerk der konzeptuellen Integration weist Fauconnier (1997: 40) hin.

58 Einer der Gründe, warum im Deutschen (wie im Englischen) ein durch ein FE wie Motion.SOURCE, Motion.PATH, Motion.GOAL oder Motion.DIRECTION motiviertes KtE überhaupt mittels einer eigenständigen Konstituente ausgedrückt werden kann, liegt in dem Charakteristikum unter anderem der indoeuropäischen Sprachfamilie (außer den romanischen Sprachen), diese semantischen Aspekte einer Bewegungsbedeutung in vom Verbstamm getrennte ‚Satelliten' auszulagern, anstatt sie direkt im Verb zu kodieren (vgl. Talmy 2007: 138–163). Diese Beobachtung dürfte nicht nur die Herkunft der formalen Struktur der Konstruktion als solche erklären, sondern gleichzeitig ihre Produktivität begründen, denn die produktive Erweiterung eines Verbs um unterschiedlichste Arten von ‚Satelliten' erscheint einfacher möglich als die Etablierung ‚neuer' Verbstämme – gerade, wenn das im ‚Satelliten' instanziierte FE nicht in der lexikalischen Bedeutung des Verbs angelegt ist, sondern, wie hier, dem Konstruktions-Frame entstammt. Vor diesem Hintergrund wäre eine typologische Studie wünschenswert, die nach der Existenz einer der reflexiven Bewegungskonstruktion bzw. der *way*-Konstruktion äquivalenten Konstruktion in Sprachen, die semantische Aspekte wie ‚PATH' direkt am Verb kodieren, fragt.

sind davon betroffen. Tabelle 6.3 zeigt deren Verteilung nach lexikalischen Frames.

Tab. 6.3: Einfache Motivierung von KtE des KE WEG der reflexiven Bewegungskonstruktion durch den Konstruktions-Frame nach lexikalischen Frames

Lexikalischer Frame	Konstrukte	Anteil
Daring	18	19,78 %
Manipulation	16	17,58 %
Cause_to_experience	11	12,09 %
Hostile_encounter	11	12,09 %
Rescuing	5	5,49 %
Work	4	4,40 %
Chatting	3	3,30 %
Make_noise	3	3,30 %
Reshaping	3	3,30 %
Seeking	3	3,30 %
Cause_to_move_in_place	2	2,20 %
Ingestion	2	2,20 %
Progression	2	2,20 %
Attaching	1	1,10 %
Cause_bodily_experience	1	1,10 %
Cause_harm	1	1,10 %
Dead_or_alive	1	1,10 %
Hunting	1	1,10 %
Impact	1	1,10 %
Prevarication	1	1,10 %
Shopping	1	1,10 %
Gesamt	91	100,00 %

Der frequenteste lexikalische Frame, der im Konstrukt-Frame um ein FE des Konstruktions-Frame ergänzt wird, ist Daring. Die innerhalb dieses lexikalischen Frames wiederum frequentesten LE sind *(ge)trauen* und *wagen* (beide *dare.v*). Die Belege in (35) und (36) sind Beispiele für die Motivierung von KtE des KE WEG durch das FE Motion.GOAL des Konstruktions-Frames, das, wie ich gleich zeigen werde, das frequenteste FE des Konstruktions-Frame in dieser Art der Motivierung der KtE des KE WEG ist.[59]

59 Aus Gründen der besseren Lesbarkeit ist bei allen Beispielen, in denen lediglich ein KtE von Interesse ist, einzig *dessen* frame-semantische Annotation dargestellt. Die Annotation der anderen KtE wird hierfür ausgeblendet. Zur Erinnerung: Die Annotation der FE des Konstrukt-Frames

(35) a. Ich [$_{\text{Daring}}$ traute] mich kaum [an sie ^{GOAL}] heran. (Goosen, Frank: Liegen lernen, Frankfurt am Main: Eichborn AG 2000, S. 295)

b. Simons Tochter [$_{\text{Daring}}$ wagt] sich unter Lebensgefahr [zu ihrem Vater ins Verlies ^{GOAL}] und rettet ihn, indem sie ihn mit ihrer Brust nährt, vor dem Verhungern. (Wondratschek, Wolf: Mozarts Friseur, München, Wien: Carl Hanser Verlag 2002, S. 110)

c. Er machte sich Vorwürfe und [$_{\text{Daring}}$ getraute] sich aus schlechtem Gewissen nicht einmal mehr [zu seinen Kindern ^{GOAL}]. (Wondratschek, Wolf: Mozarts Friseur, München, Wien: Carl Hanser Verlag 2002, S. 79)

(36) a. Trotzdem [$_{\text{Daring}}$ wagen] sich laufend neue B2B-Firmen [an die Börse ^{GOAL}]. (Die Zeit, 03.02.2000, Nr. 6)

b. Er meidet diese Gegend, [$_{\text{Daring}}$ wagt] sich nicht [auf den Hügel ^{GOAL}] herauf, fürchtet noch den entferntesten Blickkontakt mit einem Mitglied seiner Familie. (Beyer, Marcel: Spione, Köln: DuMont 2000, S. 126)

c. Seit es nicht mehr allzu riskant ist, [$_{\text{Daring}}$ wagen] sich auch andere aus der jüngeren CDU-Generation [gegen den Altkanzler ^{GOAL}] vor. (Die Zeit, 03.02.2000, Nr. 6)

d. Weil die Probleme offenbar noch nicht reichen, [$_{\text{Daring}}$ wagt] sich Volkswagen auch noch [in die Luxusregionen ^{GOAL}]. (Die Zeit, 30.03.2000, Nr. 14)

e. Das Kleeblatt [$_{\text{Daring}}$ wagt] sich [nach draußen ^{GOAL}]. (Braun, Marcus: Hochzeitsvorbereitungen, Berlin: Berlin Verlag 2003, S. 19)

Neben `Motion`.GOAL kann der lexikalische Frame `Daring` im Konstrukt-Frame aber ebenso durch `Motion`.SOURCE erweitert werden. Die Belege in (37) enthalten die einzigen beiden Konstrukte dafür mit der LE *trauen* (*dare.v*).

(37) a. Kopp [$_{\text{Daring}}$ traute] sich nicht mehr [aus seinem Zimmer ^{SOURCE}]. (Koneffke, Jan: Paul Schatz im Uhrenkasten, Köln: DuMont Buchverlag 2000, S. 74)

b. Er [$_{\text{Daring}}$ traute] sich nicht mehr [aus dem Haus ^{SOURCE}], hörte immer wieder Stimmen, fühlte sich bedroht und sah im Spiegel jemanden, den er nicht kannte. (Die Zeit, 09.03.2000, Nr. 11)

Der lexikalische Frame `Manipulation` ist, wie Tabelle 6.3 zeigt, nahezu gleichfrequent mit `Daring`. Auch er wird in den Konstrukt-Frames, an denen er beteiligt

ist hinter dem jeweiligen KtE hochgestellt angegeben. Da der Konstruktions-Frame stets `Motion` ist und diese FE ihm entstammen, ist sein Name nicht separat in der Annotation vermerkt.

ist, in der Mehrheit der Konstrukte um das FE Motion.GOAL ergänzt, das das KtE des KE WEG einfach motiviert. Entsprechende Belege für die LE *zwängen* und *quetschen* (beide *squeeze.v*) sind unter (38) und (39) zusammengestellt.[60]

(38) a. Plötzlich verschwand die Robbe von unserer Seite und [Manipulation zwängte] sich [in die Menschenkette vor den Uniformierten GOAL]. (Schulze, Ingo: Neue Leben, Berlin: Berlin Verlag 2005, S. 485)
b. Sie legte das Klassenbuch auf den Lehrertisch und [Manipulation zwängte] sich, ohne ihren Stuhl zurückzuschieben, [auf ihren Platz GOAL]. (Schulze, Ingo: Neue Leben, Berlin: Berlin Verlag 2005, S. 759)

(39) a. Sie [Manipulation quetschten] sich ebenfalls [in den Raum, der nicht viel größer als das Ehebett war, das in ihm stand GOAL]. (Widmer, Urs: Das Buch des Vaters, Zürich: Diogenes 2004, S. 142)
b. Die Babylonier nickten und [Manipulation quetschten] sich ungelenk durch die Glastür [auf die Steinstraße GOAL]. (Kopetzky, Steffen: Grand Tour, Frankfurt am Main: Eichborn 2002, S. 283)
c. „Ja, bitte, kommen Sie mit", rief der Dicke und [Manipulation quetschte] sich [nach hinten GOAL], während ich vorn Platz nehmen durfte. (Schulze, Ingo: Neue Leben, Berlin: Berlin Verlag 2005, S. 544)

Neben der Ergänzung des lexikalischen Frames Manipulation durch das FE Motion.GOAL in einem Konstrukt-Frame ist ebenso eine Motivierung entsprechender KtE des KE WEG durch das FE Motion.PATH belegt. Die Belege (40) und (41) sind Beispiele hierfür. Hinsichtlich der LE, die als KtE des KE EREIGNIS instanziieren, dominieren auch hier *quetschen* und *zwängen* (beide *squeeze.v*).

---

60 Im Deutschen scheinen die Verben *zwängen* und *quetschen* allerdings allzu regelmäßig mit direktionalen PP aufzutreten, wie es etwa die entsprechenden Einträge im DWDS-Wörterbuch suggerieren, in denen sich Beispiele wie *seine Hand durch ein Gitter zwängen* (https://www.dwds.de/wb/zwängen, zuletzt abgerufen am 07.09.2021) oder *jmd. an die Wand, gegen eine Mauer quetschen* (https://www.dwds.de/wb/quetschen, zuletzt abgerufen am 07.09.2021) finden. Beide Einträge enthalten zudem Beispiele, die als Konstrukte der reflexiven Bewegungskonstruktion einzuordnen wären (z.B. *sie zwängte sich in einen überfüllten Bus*; *sie quetschten sich in das kleine Auto, volle Zugabteil, durch die enge Tür*). Der lexikalische Frame Manipulation jedoch verfügt über kein FE, das entsprechende PP motivieren könnte, weshalb hier der Konstruktions-Frame Motion hinzukommen muss. Es bleibt freilich möglich, dass es sich hier um ein Charakteristikum des für das Englische entwickelten Frames handelt, das für das Deutsche nicht gilt. Für eine Anpassung des Frames Manipulation an das Deutsche wäre also ggf. ein entsprechendes FE zu erwägen, was dazu führen würde, dass in Konstrukten wie denen in (38)–(41) die KtE des KE WEG durch den lexikalischen Frame motiviert würden.

(40) Die Babylonier nickten und [$_{\text{Manipulation}}$ quetschten] sich ungelenk [durch die Glastür ^{PATH}] auf die Steinstraße. (Kopetzky, Steffen: Grand Tour, Frankfurt am Main: Eichborn 2002, S. 283)

(41) a. Der Ministerpräsident [$_{\text{Manipulation}}$ zwängt] sich samt Tross [durch die kahlen Betonkavernen ^{PATH}], sieht die armen Betten dicht an dicht, dazu die Notmatratze. (Die Zeit, 13.04.2000, Nr. 16)

b. Auf dem Absatz machte ich kehrt und [$_{\text{Manipulation}}$ zwängte] mich wieder zwischen Stoßstangen und Auspuffrohren [über die Straße ^{PATH}]. (Franck, Julia: Lagerfeuer, Köln: DuMont Literatur und Kunst Verlag 2003, S. 257)

c. Auf dem Absatz machte ich kehrt und [$_{\text{Manipulation}}$ zwängte] mich wieder [zwischen Stoßstangen und Auspuffrohren ^{PATH}] über die Straße. (Franck, Julia: Lagerfeuer, Köln: DuMont Literatur und Kunst Verlag 2003, S. 257)

Die lexikalischen Frames `Cause_to_experience` und `Hostile_encounter`, die hinsichtlich der Ergänzung um ein FE des Konstruktions-Frames in den Konstrukt-Frames, in denen sie beteiligt sind, dieselbe Frequenz aufweisen, sind ebenso wie die beiden soeben diskutierten Frames mit unterschiedlichen FE des Konstruktions-Frames belegt. Sowohl für `Cause_to_experience` als auch für `Hostile_encounter` dominiert das FE `Motion`.PATH, vereinzelt sind aber auch Konstrukt-Frames mit `Motion`.GOAL belegt. Die Belege in (42) sind Beispiele für `Cause_to_experience` und das FE `Motion`.PATH, während Beleg (43) ein Beispiel für denselben Frame und das FE `Motion`.GOAL zusammengestellt ist.

(42) a. Eine Ahnung von Licht [$_{\text{Cause\_to\_experience}}$ quält] sich [durch ein briefbogengroßes, verdrecktes Fenster ^{PATH}]. (Die Zeit, 24.02.2000, Nr. 9)

b. Vom sonnigen unteren Centovalli aus steigt man über fette Feuersalamander durch Esskastanienwälder bergan, schwitzt, dampft, springt nackt in einen Bergbach, [$_{\text{Cause\_to\_experience}}$ quält] sich [über verrutschte Pfade ^{PATH}] an Ziegenvolk vorbei ins Baumlose, zieht einen Pullover an, wirft den ersten Schneeball, und bei 1000 Metern über null versinkt man bis zur Hüfte im Schnee. (Die Zeit, 30.03.2000, Nr. 14)

(43) Lukian [$_{\text{Cause\_to\_experience}}$ quält] sich [zu einem Lächeln ^{GOAL}]. (Krausser, Helmut: Eros, Köln: DuMont 2006, S. 146)

Für den lexikalischen Frame `Hostile_encounter` ist (44) ein Beispiel für das FE `Motion`.PATH, während (45) einen Beleg für das FE `Motion`.GOAL zeigt.

(44) David [$_{\texttt{Hostile\_encounter}}$ kämpfte] sich [durch das überfüllte Lokal ^{PATH}] und reduzierte seinen Wortschatz auf: Moment, gleich, Sekunde, bin schon da und sofort. (Suter, Martin: Lila, Lila, Zürich: Diogenes 2004, S. 52)

(45) Sie haben die Menschenrechte zur Richtschnur der Außenpolitik erklärt - und [$_{\texttt{Hostile\_encounter}}$ ringen] sich [zu keiner Verurteilung des Tschetschenien-Krieges ^{GOAL}] durch. (Die Zeit, 23.03.2000, Nr. 13)

Für Hostile_encounter ist zudem ein Konstrukt-Frame mit Motion.DIRECTION belegt, vgl. (46).

(46) Das von Uganda unterstützte MLC BEMBAs, mittlerweile eine der größten Rebellengruppen, kontrolliert weite Gebiete im Osten und Norden des Kongo und [$_{\texttt{Hostile\_encounter}}$ kämpft] sich [in Richtung der Hauptstadt Kinshasa ^{DIRECTION}] vor. (Archiv der Gegenwart, 2001 [2000])

Es wird also deutlich, dass es sich bei dem FE, das aus dem Konstruktions-Frame in den Konstrukt-Frame eingeht und so den lexikalischen-Frame anpasst – auch innerhalb ein und desselben lexikalischen Frames –, nicht stets um dasselbe FE handeln muss. In Tabelle 6.4 ist die Verteilung für die vier FE Motion.SOURCE, Motion.PATH, Motion.GOAL und Motion.DIRECTION dargestellt. Wie leicht zu erkennen und auch erwartbar ist, hängt die Wahl des FE des Konstruktions-Frames stark von der Präposition ab, die den Kopf des KtE des KE WEG bildet.

Während die Frage, welches FE des Konstruktions-Frames ein einzelnes KtE motiviert, bis zu einem gewissen Grad mit Blick auf die Präposition, die den Kopf des KtE des KE WEG bildet, beantwortet werden kann, existiert ein weiterer Einflussfaktor, von dem die Motivierung des KtE abhängig ist: die lexikalische Bedeutung. Die lexikalischen Bedeutungen, die die unterschiedlichen LE eines Frames evozieren, können die Motivierung des KtE des KE WEG dahingehend differenzieren, ob das KtE überhaupt durch den Konstruktions-Frame motiviert wird oder nicht bereits über den lexikalischen Frame. Ein Beispiel hierfür ist der lexikalische Frame Cause_to_move_in_place. Für die lexikalischen Bedeutungen von LE wie *wiegen* (*rock.v*) und *wellen* (*wave.v*) erscheint es plausibel, dass das KtE des KE WEG durch ein FE wie FE Motion.GOAL (47) oder Motion.PATH (48) motiviert wird.

(47) Sie [$_{\texttt{Cause\_to\_move\_in\_place}}$ wiegte] sich [gegen ihn ^{GOAL}]. (Hettche, Thomas: Der Fall Arbogast, Köln: DuMont Buchverlag, 2001, S. 14)

(48) Als sie den Finger auf eine blaue Blüte schob, färbte sich ihr Fingernagel bläulich und grüne Streifen [$_{\texttt{Cause\_to\_move\_in\_place}}$ wellten] sich [über ihren Handrücken ^{PATH}]. (Pressler, Mirjam: Malka Mai, Weinheim Basel: Beltz & Gelberg 2001, S. 5)

Tab. 6.4: FE des Konstruktions-Frames Motion in einfacher Motivierung der KtE des KE Weg der reflexiven Bewegungskonstruktion nach Präpositionen

Präposition	**Motion.Goal**	**Motion.Path**	**Motion.Source**	**Motion.Direction**
ab	0	0	0	0
an	6	0	0	0
auf	7	0	0	0
aus	0	0	6	0
bis	1	0	0	0
durch	0	27	0	0
gegen	2	0	0	0
hinter	0	0	0	0
in	19	0	0	2
nach	2	0	0	0
neben	0	0	0	0
über	0	7	0	0
um	0	1	0	0
unter	2	0	0	0
von	0	0	1	0
vor	0	0	0	0
zu	6	0	0	0
zwischen	0	2	0	0
Gesamt	45	37	7	2

Da die Definition des Frames Cause_to_move_in_place das Kriterium enthält, dass sich die mit den KtE des KE Bewegendes bezeichnete Entität bewegt, „without undergoing unbounded translational motion" (FrameNet 1.7, Cause_to_move_in_place) und der Frame deshalb auch keine FE wie Path oder Goal enthält, muss er, um den jeweiligen Konstrukt-Frame der Konstrukte in (47)–(48) bilden zu können, um solche FE aus dem Konstruktions-Frame Motion erweitert werden.

Für andere lexikalische Bedeutungen allerdings erscheint es plausibler, dass das betreffende KtE durch den lexikalischen Frame Cause_to_move_in_place motiviert wird, was dazu führt, dass alle KtE vollständig durch diesen motiviert werden. Die lexikalischen Bedeutungen von *drehen* und *wenden* (beide *turn.v*) in den Belegen in (49) sind Beispiele dafür.

(49) a. Jutta machte ein Geräusch und [$_{\text{Cause\_to\_move\_in\_place}}$ drehte] sich [$_{\langle\text{Direction}\rangle}$ in meine Richtung], die Augen geschlossen. (Goosen, Frank: Liegen lernen, Frankfurt am Main: Eichborn AG 2000, S. 74)

b. Ein paar Dutzend Gesichter [$_{\text{Cause\_to\_move\_in\_place}}$ wandten] sich zuerst [$_{\langle\text{Direction}\rangle}$ in die Richtung der Stimme] und danach in die, wohin der kleine Mann mit der Fliege winkte. (Suter, Martin: Lila, Lila, Zürich: Diogenes 2004, S. 211)

Da es sich bei `Cause_to_move_in_place` um einen unrelatierten lexikalischen Frame handelt, erscheinen Instanzen wie diejenigen in (49) zunächst nicht wie Konstrukte der reflexiven Bewegungskonstruktion, eben weil sie vollständig durch diesen lexikalischen Frame motiviert werden. Die Frage danach, ob ein gegebener Beleg ein Konstrukt der zu untersuchenden Konstruktion enthält, kann zwar grundsätzlich über den lexikalischen Frame beantwortet werden, die Entscheidung darüber kann aber nicht auf die lexikalischen Bedeutungen aller LE, die diesen Frame evozieren, invariant übertragen werden. Hierfür ist eine Feindifferenzierung nach lexikalischen Bedeutungen notwendig. Warum Belege wie diejenigen in (49) dennoch Konstrukte der reflexiven Bewegungskonstruktion zeigen, diskutiere ich in Unterabschnitt 6.4.3.

Abgesehen von diesen Zusammenhängen bleiben nun noch die Ergebnisse der empirischen Analyse der Konstrukte der reflexiven Bewegungskonstruktion, in denen die KtE des KE WEG durch den Konstruktions-Frame einfach motiviert werden, zu interpretieren. Ein interessanter Aspekt ist hier die bereits erwähnte Verteilung der FE des Konstruktions-Frames, die diese Motivierung übernehmen. Die in Tabelle 6.4 dargestellte Verteilung der FE des Konstruktions-Frames zeigt – für die einfache Motivierung des einzelnen KtE WEG – eine deutliche Präferenz für das FE `Motion`.GOAL, nach dem das FE `Motion`.PATH an zweiter Stelle folgt. Diese Ergebnisse bestätigen die Hypothese, dass die Kodierung von Argumenten mit einer ‚GOAL'-Bedeutung in der Regel Vorrang vor anderen semantischen Aspekten einer ‚Bewegung', insbesondere vor Argumenten mit ‚SOURCE'-Bedeutung, hat (vgl. Ikegami 1979; Bourdin 1997) und die auch aus frame-semantischer und konstruktionsgrammatischer Sicht als bestätigt angesehen werden kann (vgl. Stefanowitsch & Rohde 2004; Stefanowitsch 2018). Die reflexive Bewegungskonstruktion fügt sich somit in die Reihe der Evidenzen für diese Hypothese ein.

Die einfache Motivierung eines KtE durch den Konstruktions-Frame stellt den deutlichsten Fall einer Frame-Anpassung (Busse 2012: 624–627) dar, auf die ich in Unterabschnitt 4.4.1 hingewiesen habe: Der lexikalische Frame ist nicht ausreichend, um den Konstrukt-Frame zu konstituieren und muss deshalb um ein FE des Konstruktions-Frames erweitert werden. Im Sinne der Frame-Theorie von Minsky (1975: 213) findet hier also ein Abgleichprozess (*matching process*) zwischen dem lexikalischen Frame und dem Konstruktions-Frame statt: Außer dem KtE, das durch den Konstruktions-Frame einfach motiviert wird, können alle anderen Strukturelemente der Konstruktion durch den lexikalischen Frame motiviert werden – der Konstruktions-Frame ist hierfür nicht erforderlich. Einzig das in dem lexikalischen Frame fehlende FE zur Motivierung des entsprechenden KtE muss durch den Konstruktions-Frame beigetragen werden.

Der erwähnte Abgleichprozess führt also zu einer (temporären) Erweiterung des lexikalischen Frames innerhalb des Konstrukt-Frames. Somit „verleiht die Konstruktion als solche dem Konstrukt eine (zusätzliche) spezifische Bedeutung." (Deppermann & Elstermann 2008: 104).[61] Dieser neu entstandene Konstrukt-Frame liefert Evidenz dafür, „that combinations of verb and construction can [...] evoke novel frames." (Goldberg 2010: 56).[62] Etwas ausführlicher:

> Verbs necessarily evoke established semantic frames. Constructions also evoke established semantic frames. On the other hand, while classes of verbs are related to argument structure constructions by general, abstract frames, particular verbs may be combined with argument structure constructions to designate novel events that do not evoke any pre-existing semantic frame. (Goldberg 2010: 58)

Unter einem solchen ‚neuen' Konstrukt-Frame ist die Basis für das Koerzionspotenzial einer Konstruktion (Abschnitte 5.5 und 7.4) sowie ihre Produktivität (Abschnitte 5.6 und 7.5) zu verstehen.

6.2.3 Doppelte Motivierung eines KtE

Dass ein lexikalischer Frame und ein Konstruktions-Frame gleichermaßen an der Konstitution eines Konstrukt-Frames beteiligt sein können, hat die Analyse in Unterabschnitt 6.2.2 gezeigt: Innerhalb eines Konstrukt-Frames kann ein KtE durch den Konstruktions-Frame motiviert sein, während ein anderes durch einen unrelatierten lexikalischen Frame motiviert ist. Beide Frames können in einem Konstrukt-Frame darüber hinaus aber noch anders in Erscheinung treten, nämlich dann, wenn ihre beiden FE nicht zwei verschiedene KtE motivieren, sondern wenn sie in einem einzigen KtE zusammenkommen. Wird ein KtE durch ein FE des Konstruktions-Frames *und* ein FE des lexikalischen Frames gleichzeitig motiviert, liegt ein Fall von doppelter Motivierung vor. Doppelte Motivierungen können (wie

---

61 Dies geschieht allerdings – wie ich gezeigt habe – nicht „[u]ngeachtet des semantischen Beitrags der in ein Konstrukt eingehenden lexikalischen Einheiten" (Deppermann & Elstermann 2008: 104), gerade dann, wenn der lexikalische Frame mit dem Konstruktions-Frame identisch ist.

62 Lakonischer formuliert Goldberg (2010: 56) es wie folgt: „[W]hile the combination of an abstract meaning associated with a general verb class, together with an argument structure predication does seem to require an established semantic frame, the more specific meanings that arise from the combination of an argument structure construction and a specific verb need not."

einfache) nicht nur KtE, sondern auch KEE betreffen, worauf in ich Unterabschnitt 6.3.3 eingehe.

An der doppelten Motivierung eines KtE zeigt sich am eindrücklichsten die Nützlichkeit des Einbezugs der Theorie der konzeptuellen Integration (Unterabschnitt 4.1.3) in das konstruktionssemantische Modell. Im Sinne einer konzeptuellen Integration liegt bei der doppelten Motivierung eines KtE eine Fusion zweier FE vor, jeweils eines FE aus jedem Input, also lexikalischem Frame und Konstruktions-Frame (Unterabschnitt 4.4.2). Die beiden FE können dabei semantische Gemeinsamkeiten teilen, müssen dies aber nicht. Die Tatsache, dass sie gemeinsam ein KtE motivieren, ist Grund genug, davon auszugehen, dass es sich um Gegenstücke (*counterparts*) im Sinne der Theorie der konzeptuellen Integration handelt, wohlgemerkt stets auf Token-Ebene, also innerhalb eines Konstrukt-Frames. Damit ist jedoch nicht ausgesagt, dass beide FE auf Type-Ebene semantisch kompatibel im Sinne des *Semantic Coherence Principle* von Goldberg (1995: 50) sein müssen.

Abbildung 6.3 zeigt, wie die doppelte Motivierung eines KtE als konzeptuelle Integration schematisch dargestellt werden kann. Beide FE fusionieren zu einem neuen FE des Konstrukt-Frames, das der semantischen Motivierung eines einzelnen KtE dient. Die durchgezogene Linie zwischen den beiden FE in den Inputs markiert die Gegenstück-Relation.

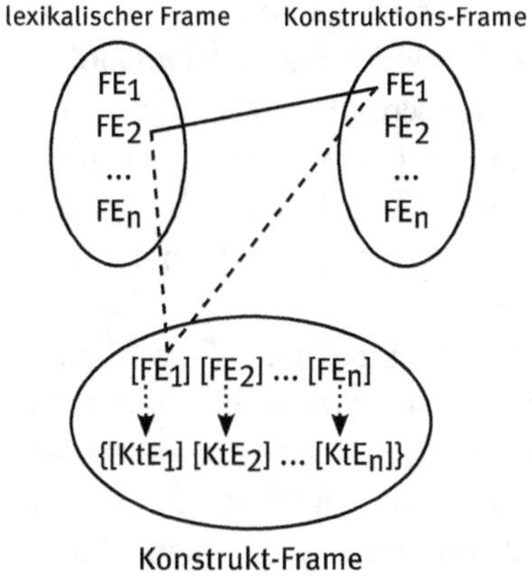

Abb. 6.3: Doppelte Motivierung eines KtE als konzeptuelle Integration

Auf einer Mikroebene zeigt sich hier ein Spezialfall des Koerzionspotenzials der Konstruktion, indem das FE, das der lexikalische Frame in den Konstrukt-Frame und damit die Motivierung des KtE einbringt, von einem FE des Konstruktions-

Frames gewissermaßen ‚umwickelt' (vgl. Pustejovsky & Jezek 2008: 187, 203) wird. Fälle einer doppelten Motivierung müssen deshalb, ebenso wie alle diejenigen einer einfachen Motivierung, in die Messung des Koerzionspotenzials einer Konstruktion (Unterabschnitt 7.4.1) eingehen, denn sie entsprechen einer *coercion by enrichment* im Sinne von Audring & Booij (2016: 629–631). Die doppelte Motivierung eines KtE als Etablierung einer Gegenstück-Relation zwischen zwei FE aus lexikalischem Frame und Konstruktions-Frame kann gleichzeitig ein Indiz für eine konzeptuelle Nähe der beiden Frames ausdrücken:[63] „[T]wo concepts are conceptually close to the extent that they share semantic properties (e.g., two verbs are closer if they share a common tense, mood, subject, object, or topic)" (Haiman 1983: 783). Der Koerzionseffekt, den der Konstruktions-Frame auf den lexikalischen Frame ausübt, ist damit für die semantische Motivierung eines KtE schwächer als bei dessen einfacher semantischer Motivierung durch den Konstruktions-Frame (vgl. Unterabschnitt 7.4.1).

Für die reflexive Bewegungskonstruktion sind in meiner Datenauswahl insgesamt 91 Konstrukte belegt, in denen eine doppelte Motivierung der KtE des KE WEG vorliegt. Wie bereits bei der einfachen Motivierung eines einzelnen KtE durch den Konstruktions-Frame (Unterabschnitt 6.2.2) betrifft auch die doppelte Motivierung vorrangig die KtE ebendieses KE. Ebenfalls wie bei der einfachen Motivierung eines einzelnen KtE durch den Konstruktions-Frame betrifft die doppelte Motivierung die FE `Motion`.SOURCE, `Motion`.PATH, `Motion`.GOAL und `Motion`.DIRECTION, die gemeinsam mit einem FE des lexikalischen Frames das jeweilige KtE motivieren. Es zeigt sich hier ebenso wie für die einfache Motivierung der KtE des KE WEG (vgl. Tabelle 6.4 in Unterabschnitt 6.2.2) eine deutliche Präferenz für das FE `Motion`.GOAL. Das FE `Motion`.DIRECTION ist nicht belegt. Die Tabellen 6.5 bis 6.7 zeigen absteigend nach der Frequenz für die drei belegten FE des Konstruktions-Frames die jeweiligen lexikalischen Frames und deren FE, die Teil der doppelten Motivierungen sind.

Wie bereits die einfache Motivierung eines KtE durch den Konstruktions-Frame ist auch die doppelte Motivierung abhängig vom lexikalischen Frame. Der Frame, für den hier die meisten Konstrukte belegt sind, ist `Cause_to_amalgamate`. Bei diesem lexikalischen Frame können die KtE des KE WEG mit dem FE `Cause_to_amalgamate`.PART_2 und etwa dem FE `Motion`.GOAL des Konstruktions-Frames doppelt motiviert werden, wie die Belege in (50)–(52) mit den LE *(ein)fädeln* (etwa: *merge.v*), *mischen* und *mengen* (beide *mix.v*) zeigen.

63 Diese Nähe ist allerdings nicht mit der Frame-Nähe eines lexikalischen Frames zum Konstruktions-Frame (Abschnitt 5.4) zu verwechseln. Bei der doppelten Motivierung eines KtE liegt gerade keine Frame-Nähe vor, da stets ein unrelatierter lexikalischer Frame beteiligt ist.

Tab. 6.5: Doppelte Motivierung der KtE des KE Weg der reflexiven Bewegungskonstruktion mit dem FE Motion.Goal

Lexikalischer Frame	FE	Konstrukte	Anteil
Cause_to_amalgamate	Part_2	30	43,48 %
Seeking	Sought_entity	11	15,94 %
Ingestion	Ingestibles	4	5,80 %
Manipulation	Entity	4	5,80 %
Desiring	Event	3	4,35 %
Others_situation_as_stimulus	Situation	3	4,35 %
Scouring	Ground	3	4,35 %
Work	Salient_entity	3	4,35 %
Giving	Recipient	2	2,90 %
Attaching	Goal	1	1,45 %
Burying	Goal	1	1,45 %
Grinding	Goal	1	1,45 %
Impact	Impactee	1	1,45 %
Perception_experience	Phenomenon	1	1,45 %
Smuggling	Goal	1	1,45 %
Gesamt		69	100,00 %

Tab. 6.6: Doppelte Motivierung der KtE des KE Weg der reflexiven Bewegungskonstruktion mit dem FE Motion.Path

Lexikalischer Frame	FE	Konstrukte	Anteil
Work	Salient_entity	6	40,00 %
Ingestion	Ingestibles	4	26,67 %
Scouring	Ground	4	26,67 %
Impact	Impactee	1	6,67 %
Gesamt		15	100,00 %

Tab. 6.7: Doppelte Motivierung der KtE des KE Weg der reflexiven Bewegungskonstruktion mit dem FE Motion.Source

Lexikalischer Frame	FE	Konstrukte	Anteil
Emptying	Source	3	42,86 %
Assistance	Helper	1	14,29 %
Filling	(Source)	1	14,29 %
Manipulate_into_doing	Resulting_action	1	14,29 %
Smuggling	Source	1	14,29 %
Gesamt		7	100,00 %

(50) a. Ein Lied singt sie zusammen mit Armand, [$_{\text{Cause\_to\_amalgamate}}$ fädelt] sich [$_{\text{PART\_2}}$ in seine Töne ^{GOAL}], und er spielt sie an, fällt vor ihr auf die Knie, kann ihr so unter den Rock gucken. (Dölling, Beate: Hör auf zu trommeln, Herz, Weinheim: Beltz & Gelberg 2003, S. 205)

b. Im Regen [$_{\text{Cause\_to\_amalgamate}}$ fädelte] sich das Taxi mit wütenden Geräuschen [$_{\text{PART\_2}}$ in die Wagenschlange auf der Stadtautobahn ^{GOAL}] ein. (Riedel, Susanne: Eine Frau aus Amerika, Berlin: Berlin Verlag 2003, S. 15)

(51) a. Stimmen [$_{\text{Cause\_to\_amalgamate}}$ mischten] sich [$_{\text{PART\_2}}$ in das Rattern ^{GOAL}], Worte, Sätze, die sie nicht verstand, weil ihr Kopf so verschwommen war. (Pressler, Mirjam: Malka Mai, Weinheim Basel: Beltz & Gelberg 2001, S. 248)

b. Die beiden Frauen [$_{\text{Cause\_to\_amalgamate}}$ mischen] sich [$_{\text{PART\_2}}$ unter die Zuschauertraube ^{GOAL}]. (Krausser, Helmut: Eros, Köln: DuMont 2006, S. 131)

c. Unverständliches Genuschel [$_{\text{Cause\_to\_amalgamate}}$ mischte] sich [$_{\text{PART\_2}}$ zwischen einzelne Schluchzer ^{GOAL}], es war unmöglich zu sagen, ob das Dienstmädchen aus Rührung, Empörung oder Eifersucht weinte. (Düffel, John von: Vom Wasser, München: dtv 2006, S. 206)

(52) Lichtgarben und Wolkenschatten [$_{\text{Cause\_to\_amalgamate}}$ mengen] sich [$_{\text{PART\_2}}$ in den Strom, der in seiner Meeresgrüne schäumend aufblitzt ^{GOAL}]. (Düffel, John von: Vom Wasser, München: dtv 2006, S. 69)

Ebenfalls in höherer Frequenz für das FE Motion.GOAL belegt ist der lexikalische Frame Seeking. In die Motivierung der KtE des KE WEG geht dessen FE Seeking.SOUGHT_ENTITY ein. Die Belege in (53)–(54) sind Beispiele für die LE *tappen* und *tasten* (beide *grope.v*).

(53) Die jetzt 30-köpfige Truppe der Poststaatsfarmer [$_{\text{Seeking}}$ tappt] sich nach Hörensagen [$_{\text{SOUGHT\_ENTITY}}$ an EU-Vorschriften ^{GOAL}] heran, entsorgt die Gülle bodenschonend, gibt den Schweinen mehr Kräuter als Hormone. (Die Zeit, 16.03.2000, Nr. 12)

(54) a. Dabei [$_{\text{Seeking}}$ tastet] sich die Elektronik [$_{\text{SOUGHT\_ENTITY}}$ an jenen Punkt heran, an dem die Motordrehzahl zu sinken beginnt ^{GOAL}]. (Die Zeit, 06.04.2000, Nr. 15)

b. Langsam wagen sie sich heran, [$_{\text{Seeking}}$ tasten] sich [$_{\text{SOUGHT\_ENTITY}}$ auf meinen vom Schmerz durchwaberten Rücken ^{GOAL}]; die ungeheuerliche Berührung, als testeten sie, ob oder auf welche köstliche Weise ihre Beine wohl einsinken in diesem seltenen eßbaren Grund. (Braun, Marcus: Hochzeitsvorbereitungen, Berlin: Berlin Verlag 2003, S. 113)

c. Die Frau nimmt nicht den Fahrstuhl, sondern [$_{\texttt{Seeking}}$ tastet] sich über die Treppen hinauf [$_{\text{SOUGHT\_ENTITY}}$ in den sechsten Stock ^{GOAL}], vorbei an den schlafenden Bettlern, die der heilige Martin vergaß. (Venske, Regula: Marthes Vision, Frankfurt am Main: Eichborn Verlag 2006, S. 184)

d. Er ruckelte und scharrte, bis er die Schaufel voll glaubte, [$_{\texttt{Seeking}}$ tastete] sich rückwärts gehend [$_{\text{SOUGHT\_ENTITY}}$ zu den Fahrrädern ^{GOAL}] zurück, richtete sich auf, drehte sich wieder um die eigene Achse und ging, aufrecht nun und die volle Schaufel waagrecht an einer Seite tragend, an den Kisten und Koffern vorbei, die zwei Stufen zur Heizung hinunter. (Widmer, Urs: Das Buch des Vaters, Zürich: Diogenes 2004, S. 167)

Semantische Motivierungen der KtE des KE Weg mit dem lexikalischen Frame `Scouring` sind nicht nur für ein einziges FE des Konstruktions-Frames `Motion` belegt, sondern einerseits für das FE `Motion`.Goal und andererseits für das FE `Motion`.Path. Als FE des lexikalischen Frames tritt `Scouring`.Ground hinzu. Die Belege in (55) und (56) sind jeweils Beispiele für die LE *graben* (etwa: *rummage.v*) und *wühlen* (*rifle.v*).

(55) a. Sharon [$_{\texttt{Scouring}}$ gräbt] sich tiefer [$_{\text{GROUND}}$ in den Sand ^{GOAL}], woraus ich schließe, daß sie ihren eigenen Gefühlen schon sehr nah gekommen ist. (Riedel, Susanne: Eine Frau aus Amerika, Berlin: Berlin Verlag 2003, S. 85)

b. Er klammerte sich so fest daran, dass seine kurzen Fingernägel sich [$_{\text{GROUND}}$ in ihre Haut ^{GOAL}] [$_{\texttt{Scouring}}$ gruben]. (Funke, Cornelia: Tintenherz, Hamburg: Cecilie Dressler Verlag 2003, S. 320)

(56) a. Lastwagen [$_{\texttt{Scouring}}$ wühlen] sich [$_{\text{GROUND}}$ durch das weiche Erdreich ^{PATH}], kippen ockerbraunen Sand obenauf. (Die Zeit, 24.02.2000, Nr. 9)

b. Unermüdlich [$_{\texttt{Scouring}}$ wühlten] sich ihre geschmeidigen Finger [$_{\text{GROUND}}$ durch das schwarze, schattenhafte Fleisch der erschlagenen Forellen ^{PATH}], während das Gewitter immer wieder aufglomm und verlosch und schließlich in schmutziger, schummriger Dunkelheit unterging. (Düffel, John von: Vom Wasser, München: dtv 2006, S. 191)

Ob in einem gegebenen Konstrukt eine einfache oder doppelte Motivierung eines KtE des KE Weg vorliegt, kann zwar in einigen Fällen an dem lexikalischen Frame erkannt werden, manche lexikalischen Frames aber erlauben beide Varianten. Ein Vergleich von Tabelle 6.3 in Unterabschnitt 6.2.2 mit den Tabellen 6.5 bis 6.7 zeigt, dass für in einigen Fällen für denselben lexikalischen Frame sowohl eine einfache Motivierung des KtE des KE WEG durch den Konstruktions-Frame belegt ist als auch eine doppelte. Zu den lexikalischen Frames, die dies betrifft, gehört der soeben diskutierte `Seeking`. Die folgenden drei Belegpaare (57)–(59) für die lexikalischen Frames `Ingestion`, `Seeking` und `Work` für die LE *saufen* (etwa: *drink.v*) und *fressen* (etwa: *eat.v*), *tasten* (*grope.v*) sowie *arbeiten* (*work.v*) sollen verdeutlichen, dass die Entscheidung darüber, welche Variante vorliegt, nicht allein über den lexikalischen Frame getroffen werden kann, sondern letztlich über die Konstruktbedeutung getroffen werden muss. Abhängig ist sie in diesen Fällen stets von der konkreten Instanziierung des KE WEG.

(57) a. Es war allen Anwesenden nachzufühlen; von unschuldigem Frohsinn war nichts zu spüren, die Abende zogen sich dahin, der Steuereintreiber und der Chirurg entschuldigten sich schon früh, um nicht wieder in den Genuß von Gratiskonsultationen zu kommen, der Priester gab seine zwei Witze zum besten, und der Rest lästerte über das Essen und [$_{\texttt{Ingestion}}$ soff] sich [unter den Tisch ^{GOAL}], weil selbst die Konjunktur als Thema längst ausgeschöpft war. (Schrott, Raoul: Tristan da Cunha oder die Hälfte der Erde; Hanser Verlag 2003, S. 196)

b. Ginster [$_{\texttt{Ingestion}}$ frißt] sich mit knorrigen Fingern [$_{\text{INGESTIBLES}}$ in den Felsblock ^{GOAL}] und lächelt unter Lichtflecken wie ein bekränzter Gott. (Riedel, Susanne: Eine Frau aus Amerika, Berlin: Berlin Verlag 2003, S. 184)

(58) a. Er trat auf Treppen, die unter Getöse nachgaben, durchquerte abschüssige Räume, [$_{\texttt{Seeking}}$ tastete] sich [durch lichtlose Gänge ^{PATH}]. (Glavinic, Thomas: Die Arbeit der Nacht, München Wien: Carl Hanser Verlag 2006, S. 49)

b. Schiller [$_{\texttt{Seeking}}$ tastet] sich [$_{\text{SOUGHT\_ENTITY}}$ an den Urschmerz des Bewußtseins ^{GOAL}] heran, an jenen Augenblick, da das erwachende Bewußtsein die unmittelbare Leichtigkeit des Seins, die traumwandlerische Sicherheit der natürlichen Lebensvollzüge, die Unbefangenheit verliert. (Safranski, Rüdiger: Friedrich Schiller, München Wien: Carl Hanser 2004, S. 419)

(59) a. Irgendein ferner Schmerz [$_{\texttt{Work}}$ arbeitet] sich [auf mich ^{GOAL}] zu, ich sehe ihn kommen. (Genazino, Wilhelm: Die Liebesblödigkeit, München, Wien: Carl Hanser Verlag 2005, S. 108)

b. Er [$_{Work}$ arbeitete] sich [$_{SALIENT\_ENTITY}$ durch ein kompliziertes Kreuzworträtsel ^{PATH}], hatte ein Bier aufgemacht und sich auf einen beschaulichen Abend eingestellt, als das Telefon läutete. (Glavinic, Thomas: Die Arbeit der Nacht, München Wien: Carl Hanser Verlag 2006, S. 381)

In (57-a) bezeichnet das KtE allein eindeutig den ‚Weg' der ‚Bewegung', die PP *unter den Tisch* kann nicht gleichzeitig auf den ‚Gegenstand' der ‚Nahrungsaufnahme' referieren. Dies ist bei (57-b) anders: Hier referiert *in den Felsblock* (metaphorisch) auf den ‚Gegenstand', der zumindest teilweise ‚gefressen' wird. In (58-a) ist das KtE *durch lichtlose Gänge* kaum als Entität zu sehen, die Gegenstand des ‚Such'-Ereignisses ist. In (58-b) wiederum bezeichnet *an den Urschmerz des Bewußtseins* genau dies. Schließlich ist *auf mich zu* in (59-a) lediglich als ‚Endpunkt' der ‚Bewegung' zu verstehen, während in (59-b) *durch ein kompliziertes Kreuzworträtsel* in jedem Fall Teil des Ereignisses des ‚Arbeitens' sein muss.

6.2.4 Eine Kritik an Goldbergs *Semantic Coherence Principle*

Die Beobachtungen der Unterabschnitte 6.2.1 bis 6.2.3 sollen die empirischen Analysen zur Motivierung der KtE des KE Weg der reflexiven Bewegungskonstruktion zunächst abschließen. Bevor ich mich in Abschnitt 6.3 der Motivierung des KEE zuwende, sei noch ein theoretisches Konzept diskutiert, das bei der Analyse doppelt motivierter KtE nicht ohne Beachtung bleiben darf. Die doppelte Motivierung eines KtE ist in der Konstruktionsgrammatik grundsätzlich kein unbekanntes Phänomen. Ein ähnlicher Prozess wird bereits von Goldberg (1995: 50–52) als Fusion von Partizipantenrollen und Argumentrollen diskutiert. Dabei stellt sie zwei Prinzipien auf, denen eine solche Fusion folgen muss,[64] eines davon ist das *Semantic Coherence Principle*:[65]

64 Mandelblit & Fauconnier (2000: 167, 169–170) gehen von dem vergleichbaren Prinzip aus, dass die Entstehung eines Blends nur möglich ist, wenn eine Gegenstück-Relation zwischen den Inputs oder zumindest eine Ähnlichkeit zwischen diesen vorliegt. Ohne empirische Befunde ist dies allerdings, ebenso wie Goldbergs Semantic Coherence Principle, grundsätzlich infrage zu stellen.

65 Das zweite Prinzip, das *Correspondence Principle*, besagt, dass nur profilierte Partizipanten- und Argumentrollen fusionieren dürfen (vgl. Goldberg 1995: 50–52, 2006: 39–40). Diese könnten in etwa mit Nicht-Kern-FE im Sinne von FrameNet verglichen werden. Freilich ist dieses Prinzip ebenso wenig empirisch gesichert wie das Semantic Coherence Principle, es würde daher eine eigene Untersuchung benötigen, die ich an dieser Stelle nicht leisten kann.

> *The Semantic Coherence Principle*: Only roles which are semantically compatible can be fused. Two roles r_1 and r_2 are semantically compatible if either r_1 can be construed as an instance of r_2, or r_1 [sic!] can be construed as an instance of r_1. For example, the kicker participant of the *kick* frame may be fused with the agent role of the ditransitive construction because the kicker role can be construed as an instance of the agent role. (Goldberg 1995: 50)

Eine erweiterte Bestimmung dieses Prinzips lautet bei ihr wie folgt:

> The Semantic Coherence Principle ensures that the participant role of the verb and the argument role of the construction must be semantically compatible. In particular, the more specific participant role of the verb must be construable as an instance of the more general argument role. General categorization processes are responsible for this categorization task and it is always operative. (Goldberg 2006: 40)[66]

Abgesehen davon, dass diesem Prinzip die grundsätzliche Annahme eines Unterschieds der Abstraktheit zwischen Konstruktions-Frame und lexikalischem Frame zugrunde liegt, die ich an Goldbergs Modell bereits kritisiert und in Unterabschnitt 4.3.3 für das konstruktionssemantische Modell in Zweifel gezogen habe, bietet es sich an, die empirischen Befunde, die ich für die doppelte Motivierung der KtE des KE WEG der reflexiven Bewegungskonstruktion erhoben habe, im Lichte des Semantic Coherence Principle zu betrachten.[67] Dies betrifft zum einen die Ebene der semantischen Motivierung eines einzelnen KtE durch zwei FE, lässt sich jedoch auch genereller auf die Kompatibilität von lexikalischem Frame und Konstruktions-Frame beziehen:

> Since the argument roles of a construction are defined with reference to the meaning of that construction, and the participant roles of a verb are defined with reference to the frame-semantic meaning of the verb, the semantic coherence principle can be more generally understood as requiring that the semantic frame evoked by the verb be semantically compatible with the meaning of the construction. (Perek 2015: 24)

Goldbergs Kriterium der Deutbarkeit einer Partizipantenrolle als Instanz einer Argumentrolle lässt sich konstruktionssemantisch wie folgt reformulieren: Wenn

---

66 Goldberg & Jackendoff (2004: 550) betonen, „that the principle is stated as a constraint on the combination of roles in a clause, not as a real-world constraint on the referent of those roles." Dies allerdings ändert nichts an meiner Kritik, da es eben genau darum geht, dass zwei auch semantisch miteinander inkompatible FE ein KtE doppelt motivieren können.

67 Gleichzeitig ist dies ein empirischer Prüfstein für Goldbergs These, dass lexikalische Bedeutung (bzw. lexikalischer Frame) und ‚Konstruktionsbedeutung' (bzw. Konstruktions-Frame) immer in einer (mindestens kausalen) Relation zueinander stehen müssen: der *Causal Relation Hypothesis* oder (in erweiterter Form) der *Force Dynamic Relation Hypothesis* (vgl. Goldberg 1995: 61–65, 1997: 387–394).

sich das Semantic Coherence Principle bestätigt, müsste in Fällen der doppelten Motivierung eines KtE das FE des lexikalischen Frames als spezifischere Instanz des FE des Konstruktions-Frames zu verstehen sein.

Die Belege der reflexiven Bewegungskonstruktion, von denen ich in Unterabschnitt 6.2.3 nur einen kleinen Teil analysiert habe, bieten eine Grundlage für die Überprüfung dieser Hypothese. Man betrachte dazu die Tabellen 6.5 bis 6.7, in denen alle doppelten Motivierungen mit den FE `Motion`.GOAL (Tabelle 6.5), `Motion`.PATH (Tabelle 6.6) und `Motion`.SOURCE (Tabelle 6.7) den FE entsprechender lexikalischer Frames gegenübergestellt sind. Diese Ergebnisse zeigen, dass eine Interpretation nach dem Semantic Coherence Principle Schwierigkeiten bereitet: Anders als es das Semantic Coherence Principle voraussagt, sind die FE der lexikalischen Frames kaum als spezifischere Instanzen der FE des Konstruktions-Frames zu verstehen.[68] Am ehesten scheint eine solche Interpretation noch für den lexikalischen Frame `Scouring` möglich. Dessen FE `Scouring`.GROUND ist bei FrameNet wie folgt definiert: „The location that the SEARCHER covers in looking for the SOUGHT_ENTITY." (FrameNet 1.7, `Scouring`). Dieses FE scheint kompatibel mit den FE `Motion`.GOAL, `Motion`.PATH und `Motion`.SOURCE, die in FrameNet wie folgt definiert sind.

- „The GOAL is the location the THEME ends up in." (FrameNet 1.7, `Motion`)
- „The PATH refers to (a part of) the ground over which the THEME travels or to a landmark by which the THEME travels." (FrameNet 1.7, `Motion`)
- „The SOURCE is the location the THEME occupies initially before its change of location." (FrameNet 1.7, `Motion`)
- „This FE [DIRECTION, A.W.] is used for expressions that indicate motion along a line from the deictic center towards a reference point (which may be implicit) that is neither the GOAL of the posture change nor a landmark along the way of the moving part of the body. Often DIRECTION is defined with reference to the canonical orientation of the Protagonist, or the orientation imposed by an implicit observer." (FrameNet 1.7, `Motion`)

---

68 Iwata (2008: 124) führt ebenso Argumente gegen das Semantic Coherence Principle an, wonach sich die Kompatibilität von ‚Konstruktionsbedeutung' (bzw. Konstruktions-Frame) und lexikalischer Bedeutung (bzw. lexikalischem Frame) eher daraus ergeben sollte, ob die ‚Konstruktbedeutung' (bzw. der Konstrukt-Frame) als Ganzes als eine spezifischere Instanz der ‚Konstruktionsbedeutung' (des Konstruktions-Frames) zu verstehen ist. Dies allerdings löst das Problem kaum, da relatierte lexikalische Frames mit einer negativen Frame-Nähe (wie etwa `Cause_motion` mit –1) gerade keine spezifischeren, sondern abstraktere Instanzen des Konstruktions-Frames darstellen (vgl. Unterabschnitt 6.2.1).

Für diese Kompatibilität dieser FE sorgt insbesondere der Hinweis auf einen ‚ground' im FE Motion.PATH (der sich ja auch im Namen des FE Scouring.GROUND widerspiegelt) sowie die Parallele zu einer ‚location' im FE Motion.GOAL. Weitere mögliche Parallelen zwischen FE lexikalischer Frames und den vier genannten FE des Frames Motion sind in Tabelle 6.8 dargestellt.

Tab. 6.8: Mögliche Parallelen zwischen FE des Konstruktions-Frames Motion und für die reflexive Bewegungskonstruktion belegte FE lexikalischer Frames

Motion.GOAL	Motion.PATH	Motion.SOURCE	Motion.DIRECTION
Attaching.GOAL			
Burying.GOAL			
		Emptying.SOURCE	
		Filling.(SOURCE)	
Grinding.GOAL			
Scouring.GROUND	Scouring.GROUND		
Smuggling.GOAL		Smuggling.SOURCE	

Für zahlreiche lexikalische Frames sind solche Parallelen allerdings nicht zu beobachten. So lautet etwa die Definition des FE Work.SALIENT_ENTITY wie folgt: „An entity that is centrally involved in the GOAL that the AGENT is attempting to achieve." (FrameNet 1.7, Work). Die des FE Cause_to_amalgamate.PART_2 lautet: „This FE identifies the second of two PARTS mentioned. It is usually a PP Complement." (FrameNet 1.7, Cause_to_amalgamate). Ebenfalls kaum vorstellbar ist eine Parallele zum FE Ingestion.INGESTIBLES: „The INGESTIBLES are the entities that are being consumed by the INGESTOR." (FrameNet 1.7, Ingestion). Diese FE dieser lexikalischen Frames sind kaum als spezifischere Instanzen der mit ihnen doppelte Motivierungen eingehenden FE des Konstruktions-Frames zu deuten, was auch daran liegt, dass Goldberg keine Kriterien für eine solche Instanzbeziehung formuliert und diese somit kaum objektiv zu entscheiden ist. Die FE der lexikalischen Frames sind mit den FE des Konstruktions-Frames nach Goldbergs Semantic Coherence Principle demnach inkompatibel, ihre Fusion ist aber dennoch empirisch als doppelte Motivierung von KtE nachzuweisen.

Wie lässt sich mit diesem Umstand umgehen? Aus gebrauchsbasierter Perspektive und insbesondere aus Sicht der Produktivität der Konstruktion (Abschnitt 5.6) ist Goldbergs Semantic Coherence Principle fragwürdig. Es hätte zur Konsequenz, dass ‚neue' und ‚kreative' Konstrukte einer Konstruktion nur dann entstehen können, wenn die semantischen Eigenschaften der Konstruktion mit denen einer LE, die potenziell eines ihrer KE instanziieren kann, semantisch einander angeglichen sind. Müssten lexikalischer Frame und Konstruktions-Frame auch hinsichtlich der semantischen Motivierung von KE stets – nach welchen Kriterien auch immer – kompatibel sein, würde dies nicht nur die Kreativität im Sprachgebrauch stark einschränken, sondern ebenso die Leistung des Konstruktions-Frames schmälern. Im Extremfall wären ausschließlich relatierte lexikalische Frames, also solche, die zum Konstruktions-Frame in Frame-Nähe (Abschnitt 5.4) stehen, möglich und zudem noch solche mit einer hohen Prototypikalität (z.B. einer Frame-Nähe von +1 oder +2), da sie die zum Konstruktions-Frame semantisch kompatibelsten lexikalischen Frames darstellen.

Die aus konstruktionssemantischer Sicht interessanten Fälle sind aber gerade diejenigen, in denen lexikalischer Frame und Konstruktions-Frame nicht in Frame-Nähe zueinander stehen und in denen deutliche Koerzionseffekte sichtbar werden, die die Leistung des Konstruktions-Frames deutlich erkennbar werden lassen (vgl. Abschnitt 7.4). Dies räumt Goldberg (2010: 53), wie das Zitat in Unterabschnitt 6.2.2 gezeigt hat, gewissermaßen selbst ein.[69] Damit ist klar, dass die Annahme einer notwendigen Kompatibilität zwischen lexikalischem Frame und Konstruktions-Frame nicht nur für die semantische Motivierung einzelner KtE, sondern auch für die beiden Frame-Typen generell kaum aufrechtzuerhalten ist. Das Semantic Coherence Principle kann demnach kaum als „always operative" (Goldberg 2005b: 226, 2006: 40) gelten.

Aus gebrauchsbasierter Perspektive lässt sich darüber hinaus ein weiteres Argument gegen die Annahme eines Semantic Coherence Principle vorbringen. So stellt Bybee (2010: 136–138) am Beispiel der phonologischen Kontraktion von Subjekt und Auxiliar im Englischen (z.B. *I will* zu *I'll*) fest, dass jene Kontraktion wesentlich von der Frequenz der Kookkurrenz beider Einheiten, nicht primär von einer semantischen Kompatibilität abhängt (vgl. auch Bybee 2002: 125):

> Since the subject and the auxiliary are traditionally assigned to different constituents and since their combination evinces no semantic coherence or relevance, it is only their frequency of co-occurrence that drives them to fuse into a single phonological unit. (Bybee 2010: 137)

Analog lässt sich auch für die Fusionen, die eine doppelte semantische Motivierung hervorbringen, ein gewisser Frequenzeffekt beobachten: Wie aus den Tabellen 6.5 bis 6.7 hervorgeht, sind 91 von insgesamt 1.011 Konstrukten der reflexiven

---

69 Eine ähnliche Schlussfolgerung lässt sich in Begriffen der Kompositionalität von Konstruktions-Frame und lexikalischem Frame ziehen: „Crucially, composition is not just a matter of putting together pieces of the 'same kind' of content into a single homogeneous structure. Compositionality looks more homogeneous, or at least more unified, if we recognize the range and diversity of the units to be combined." (Sweetser 1999: 156).

Bewegungskonstruktion von einer doppelten Motivierung eines KtE betroffen. Es handelt sich damit also keineswegs um ein Randphänomen.

Selbstverständlich sind Frequenzdaten allein kein direkter Grund zur Annahme, dass Fusionen wie diejenigen, die eine doppelte Motivierung eines KtE erzeugen, ohne semantische Kompatibilität auskommen. Es ist vorstellbar, dass Konstrukte, die eine solche Fusion enthalten, in vielen Fällen gerade aus semantischen Gründen produziert werden. An der reflexiven Bewegungskonstruktion wird dies daran sichtbar, dass viele lexikalische Frames durch den Konstruktions-Frame insofern koerziert werden, dass der ursprüngliche lexikalische Frame zwar in Form mindestens eines FE (das das KtE des KE BEWEGENDES motiviert) im Konstrukt-Frame ‚übrig' bleibt, aber eine Frame-Anpassung durch den Konstruktions-Frame erfährt, die im Einfügen von dessen FE in den Konstrukt-Frame besteht (sofern es sich um einen unrelatierten lexikalischen Frame handelt). Ein solcher Koerzionseffekt liegt aber gerade dann vor, „when lexical and grammatical meanings are not compatible" (Bybee 2010: 186). Die Inkompatibilität von Frames und ihren FE steht dem nicht im Wege, sondern ist ein wesentlicher Motor für Koerzion. Die hierbei entstehende Anreicherung des lexikalischen Frames kann grundsätzlich aus einem semantischen Bezeichnungsbedarf resultieren, dessen Ergebnis die Konstitution eines Konstrukt-Frames ist,[70] der – als Token-Frame – einer in Unterabschnitt 4.4.1 diskutierten, wichtigen Eigenschaft von Frames Rechnung trägt, denn „Frames sind [...] nicht nur anpassungs*fähig*, sondern stets auch anpassungs*bedürftig*" (Busse 2012: 625). Ebendieser semantische Anpassungsbedarf führt dazu, dass ein lexikalischer Frame, der für einen gegebenen Kontext zur Konstitution eines Konstrukt-Frames allein nicht ausreichend ist, durch FE des Konstruktions-Frames angepasst wird. Eine a priori gegebene semantische Kompatibilität im Sinne des Semantic Coherence Principle ist dafür nicht nötig, im Gegenteil: Sie würde das Zustandekommen von Koerzionseffekten gar nicht erlauben.

6.3 Konstruktionsevozierende Elemente und Frame-Elemente

Die zu Beginn dieses Kapitels diskutierte und in Tabelle 6.1 dargestellte Gegenüberstellung der Strukturelemente von Frames und Konstruktionen (nach Lee-Goldman & Petruck 2018: 36) setzt KEE mit LE gleich. Wie erwähnt, beruht die-

70 In den Worten von Fauconnier (1997: 173): „The general driving force behind this phenomenon [Konstruktionen bzw. Konstrukte als Ergebnisse von Blending-Prozessen, A.W.] is the linguistic pressure to represent complex integrations of events by making maximum use of existing grammatical constructions."

se Gleichsetzung auf einer zunächst rein terminologischen Parallele, die sich um den Begriff des ‚Evozierens' dreht und dabei mindestens zwei Fragen aufwirft. Zunächst ist fraglich, ob KEE tatsächlich einen ähnlichen Status wie LE haben, ob sie also (neben Konstruktionen) selbst auch Frames evozieren können. Wird dies mit Ja beantwortet, ist damit die Frage verbunden, ob ihnen dann tatsächlich keine semantische Motivierung durch einen Frame zukommt, da sie dann ja ähnlich wie die KtE des KE Ereignis als lexikalische Targets anzusehen wären, die zwar Frames evozieren, selbst aber nicht durch Frames motiviert sind (dazu auch Unterabschnitt 7.3.1). Bevor ich erstere Frage in Unterabschnitt 8.3.1 adressiere, möchte ich in diesem Abschnitt – für die reflexive Bewegungskonstruktion – argumentieren, dass KEE durchaus durch Frames semantisch motiviert sein können. Ich möchte zeigen, dass ein KEE nicht allein „indicates any lexically-limited material (if any)" (Fillmore, Lee-Goldman & Rhomieux 2012: 323), sondern selbst durch FE semantisch motiviert sein kann.

Die Annahme, dass das KEE der reflexiven Bewegungskonstruktion (und analog dasjenige der reflexiven Partikelverbkonstruktion und der reflexiven *Weg*-Konstruktion) semantisch motiviert ist, ihm also ein FE des lexikalischen Frames oder des Konstruktions-Frames zugeordnet werden kann, stellt eine Konstruktionssemantik vor Herausforderungen. Da es sich bei den drei untersuchten Konstruktionen um Reflexivkonstruktionen handelt und das KEE somit ein Reflexivum ist, steht zur Diskussion, ob diesem Reflexivum überhaupt plausibel FE zugeordnet werden können und wenn ja, welche FE dies sein können und welchem Frame sie entstammen, dem lexikalischen Frame oder dem Konstruktions-Frame.

Diese Frage ist theoretisch und empirisch nicht abschließend geklärt (vgl. auch Kaufmann 2004: 15–17, 219–222). Geht man davon aus, dass das Reflexivum und sein Antezedens (also das KtE des KE Bewegendes) „in der Regel in zwei verschiedenen semantischen Rollen" (Zifonun, Hoffmann & Strecker 1997: 1359) kodiert werden (vgl. auch Zifonun 2003: 9; Duden 2016: 407), legt dies eine Arbeitsteilung zwischen zwei FE nahe. Diese Annahme ist jedoch nicht in dieser Pauschalität zu halten. So weist Zifonun (2003: 17) darauf hin, dass „bei nichtreferentiellen Verwendungen diese Unterscheidbarkeit der beiden Rollen oder auch nur Facetten des Partizipanten in unterschiedlich starkem Maße abgebaut" ist. Eine klarere Grenze ziehen Buscha (1982: 170–171), Eroms (2000: 307, 411), von Polenz (2008: 126–129) und auch die Duden-Grammatik (Duden 2016: 408): Sie gehen davon aus, dass Reflexiva bei ‚echt reflexiven' Verben[71] „nicht als Ergänzungen, sondern als Bestandteil des Prädikatsausdrucks" (von Polenz 2008: 127)

---

71 Ich halte mich hier an die z.B. bei Hentschel & Weydt (2013: 59–60) und in Duden (2016: 410) zu findende Terminologie. In der Reflexivitätsforschung ist sie freilich nicht einheitlich, statt ‚echt reflexiv' finden sich dort unter anderem auch die Begriffe *pseudo-reflexiv* (Buscha 1972: 157), *re-*

bzw. „Verbteil" (Eroms 2000: 307) eingestuft werden müssen und damit keine semantische Rolle tragen. Das Reflexivum ist in diesen Fällen also „Teil des verbalen Lexems und gehört zur Lexikoneintragung der Verben." (Buscha 1982: 171).[72]

Bei ‚reflexiv gebrauchten' Verben[73] „entspricht dagegen dem echten Reflexivpronomen *sich/mich* usw. (das durch *selbst* ergänzbar ist) im Satzinhalt eine Referenzstelle, die mit der ersten Referenzstelle der gleichen Prädikation bezugsidentisch ist" (von Polenz 2008: 127).[74] Auf derselben Linie nimmt auch Duden (2016: 408) an, dass eine Arbeitsteilung zwischen zwei semantischen Rollen nur möglich ist, wenn es sich um ‚reflexiv gebrauchte' Verben handelt, bei inhärent reflexiven Verben jedoch nicht. Mit Verweis auf Primus (2012: 6–7) hält Hoherz (2017: 304) fest, dass bei ‚echt reflexiven' Verben „der *sich*-Marker keinen lexikalischen Wert hat und daher keine explizite semantische Rolle übernehmen kann", wohingegen dies bei ‚reflexiv gebrauchten' Verben durchaus der Fall sein kann.[75]

---

flexiv (Buscha 1982: 171), *lexikalisch* (Reis 1982: 4), *medial* (Haider 1985: 246–248; Ágel 1997b: 71; Welke 2005: 229–259, 2011: 308, 2019: 406–426), *nicht-referenziell* (Kunze 1997: 88; Zifonun 2003: 68–69) oder *mitszenierend* (Ágel 2017: 334).

72 Obwohl er dem Reflexivum bei ‚echt reflexiven' Verben keine semantische Rolle zuweist, zählt Duden (2016: 410–411) es nicht zum Verb, sondern betrachtet es im Sinne einer Trennung von syntaktischer und semantischer Valenz als syntaktische, aber nicht semantische Ergänzung des Verbs.

73 Auch hier bleibe ich bei der Terminologie von Hentschel & Weydt (2013: 59–60) und Duden (2016: 407). Alternative Begriffe dafür sind *reflexive Konstruktion* (Buscha 1982: 196), *anaphorisch* (Reis 1982: 3; Haider 1985: 242–244), *reflexiv* (Ágel 1997b: 70–71), *koreferenziell* (Kunze 1997: 89), *reflexivierbar* bzw. *optional reflexiv* (Zifonun 2003: 68–69) oder *szenariokomplementierend* (Ágel 2017: 334).

74 Hierbei ist allerdings zu berücksichtigen, dass die Anzahl der einem Prädikat zuzuordnenden Referenzstellen nicht mit der Anzahl der semantischen Rollen übereinstimmen muss, gerade bei Verben in Kombination mit Reflexiva (vgl. Geniušienė 1987: 44–47; Dux 2020: 28–29).

75 Dass diese Positionen jedoch nicht die einzige Lösung darstellen, wird bei einem Blick in weitere Arbeiten sichtbar: Schon Wagner (1977: 49–55) umgeht das Problem, indem er bei der Anwendung von Fillmores Kasusgrammatik auf eine Familie von Reflexivkonstruktionen lediglich mögliche semantische Rollenzuweisungen an das Antezendens betrachtet und das Reflexivum dabei außer Acht lässt. Kunze (1997: 96) geht bereits einen Schritt weiter, indem er die Frage, ob das Reflexivum eine semantische Rolle in einem Kasusrahmen besetzen kann, als Kriterium für die Unterscheidung von Typen von Reflexivkonstruktionen ansetzt. Ágel (1997a: 163) geht davon aus, dass Antezendens und Reflexivum (immer?) zwei verschiedene semantische Rollen tragen, elaboriert dies aber nicht weiter. Schließlich spricht Oya (2010: 228) in seiner Klassifikation reflexiver Verben lediglich für einen einzigen Typ dem Reflexivum eine semantische Rolle zu. Somit scheint mit Lehmann (2017: 73–74, 109–110, 123–124) davon auszugehen zu sein, dass die Zuweisung zweier unterschiedlicher semantischer Rollen (bzw. FE) ebenso wie die Frage nach der Referenzidentität des KEE mit dem KtE des KE BEWEGENDES nicht auf alle Reflexivkonstruktionen verallgemeinerungsfähig, sondern nur konstruktionsspezifisch anzunehmen ist. Auf die

Ob eine entsprechende Arbeitsteilung zwischen zwei FE möglich ist, muss in Fällen der möglichen einfachen Motivierung des KEE durch den (relatierten) lexikalischen Frame betrachtet werden, aber auch in solchen, in denen ein unrelatierter lexikalischer Frame die Konstitution des Konstrukt-Frames gemeinsam mit dem Konstruktions-Frame leistet. Voraussetzung dafür ist freilich, dass überhaupt zwei FE existieren, die einem KtE des KE BEWEGENDES einerseits und dem KEE andererseits zugeordnet werden können. Für zahlreiche lexikalische Frames ist dies in der Tat nicht möglich, worauf ich in Unterabschnitt 6.3.1 eingehe.

Analog zu den drei Varianten der Motivierung von KtE in Abschnitt 6.2 unterscheide ich auch für KEE eine einfache Motivierung durch den lexikalischen Frame (Unterabschnitt 6.3.1), eine einfache Motivierung durch den Konstruktions-Frame (Unterabschnitt 6.3.2) sowie eine doppelte Motivierung durch beide Frame-Typen (Unterabschnitt 6.3.3).

6.3.1 Einfache Motivierung durch lexikalischen Frame

Damit ein Reflexivum als KEE durch den lexikalischen Frame einfach motiviert werden kann, muss der dafür herangezogene Frame die angesprochene Arbeitsteilung zwischen dem KEE und dem KtE des KE BEWEGENDES ermöglichen, mit anderen Worten: Er muss über zwei unterschiedliche FE verfügen, die dem KtE des KE BEWEGENDES und dem KEE zugeordnet werden können. Fälle, in denen das KEE allein durch den lexikalischen Frame motiviert wird, erscheinen also zunächst analog zu denjenigen, in denen alle KtE einfach durch den lexikalischen Frame motiviert werden (Unterabschnitt 6.2.1). Dass alle KtE eines Konstrukts durch einen lexikalischen Frame motiviert werden können, lässt allerdings nicht den Schluss zu, dass auch das KEE analog motiviert werden kann. Eine Arbeitsteilung zwischen zwei FE ist also nicht in jedem Fall möglich. Einerseits liegt ein möglicher Grund dafür in dem Problem, dass die für das Englische entwickelten Frames in FrameNet 1.7 in dieser Hinsicht nur bedingt auf das Deutsche zu übertragen sind, wenn man beabsichtigt, sowohl dem KtE des KE BEWEGENDES als auch dem KEE jeweils ein eigenes FE zuzuordnen. Andererseits aber gibt dieser Befund Anlass zu der Überlegung, ob die Arbeitsteilung zwischen zwei FE auch für das Deutsche nur möglich ist, wenn es sich bei den entsprechenden LE um ‚reflexiv gebrauchte' Verben handelt und dies bei ‚echt reflexiven' Verben gerade nicht möglich ist, wie es Buscha (1982: 170–171), Eroms (2000: 307, 411), Zifonun (2003: 17), von Polenz

---

aus frame-semantischer Sicht aufkommenden Probleme dieses Phänomens gehe ich in Unterabschnitt 6.3.1 ein.

(2008: 126–129) sowie Hoherz (2017: 304) und die Duden-Grammatik (Duden 2016: 408) nahelegen.

Als erstes Beispiel soll einmal mehr Motion dienen. In den Belegen, die ich bisher zitiert habe (z.B. in Unterabschnitt 6.2.1), wurde den KtE des KE BEWEGENDES stets das FE Motion.THEME zugeordnet. Ein FE, das dem KEE zugeordnet werden könnte, fehlt: Eine Arbeitsteilung zwischen zwei FE kann nicht stattfinden. Es ist also denkbar, dass es sich bei LE wie *begeben*, *bewegen*, *mäandern*, *ringeln*, *rücken*, *schlängeln*, *verschieben* oder *winden* in Verbindung mit einem Reflexivum (vgl. die Belege in Unterabschnitt 6.2.1) um ‚echt reflexive' Verben handelt.

Anders verhält sich dies für die LE, die dem lexikalischen Frame Cause_motion zugeordnet werden können. Dieser verfügt sowohl über ein FE Cause_motion.THEME als auch über ein FE Cause_motion.AGENT. Zwischen diesen beiden FE kann eine Arbeitsteilung stattfinden. Abweichend von der Praxis für Motion kann das FE Cause_motion.THEME nun dem Reflexivum als KEE zugeordnet werden, während Cause_motion.AGENT für die Motivierung der KtE des KE BEWEGENDES verantwortlich gemacht werden kann. Die Beispiele in (60)–(62) für die LE *schieben* (*push.v*) in (60), *drängeln* (*push.v*) in (61) und *heben* (*lift.v*) in (62) sollen dies illustrieren.

(60) a. Wieder [Cause_motion schiebt] [THEME sich] [AGENT die Alte] in den Blick, sie will unsere Großmutter vollständig verdecken. (Beyer, Marcel: Spione, Köln: DuMont 2000, S. 80)

b. Laura ist ganz klein, sogar noch ein paar Zentimeter kleiner als ich, aber [AGENT sie] [Cause_motion schiebt] [THEME sich] durch die Menge wie ein Türsteher. (Bach, Tamara: Marsmädchen, Hamburg: Verlag Friedrich Oetinger 2003, S. 59)

c. [AGENT Er] [Cause_motion schob] [THEME sich] ächzend nach vorn auf die Kante seines Sessels, erhob sich aber dann trotz seines mächtigen Bauches überraschend mühelos. (Schulze, Ingo: Neue Leben, Berlin: Berlin Verlag 2005, S. 25)

(61) a. [AGENT Sie] [Cause_motion drängelt] [THEME sich] noch enger an ihn. (Dölling, Beate: Hör auf zu trommeln, Herz, Weinheim: Beltz & Gelberg 2003, S. 81)

b. [AGENT Katharina] [Cause_motion drängelte] [THEME sich] durch die Leute. (Dölling, Beate: Hör auf zu trommeln, Herz, Weinheim: Beltz & Gelberg 2003, S. 59)

c. [AGENT Sie] [Cause_motion drängelt] [THEME sich] in den Saal zurück, trifft überall Leute, bleibt aber nicht stehen. (Dölling, Beate: Hör auf zu trommeln, Herz, Weinheim: Beltz & Gelberg 2003, S. 136)

(62) a. Und da der Flügel stark genug ist, um den Rumpf zu tragen, [Cause_motion hebt] [THEME sich] [AGENT das ganze Flugzeug] in die Höhe. (Die Zeit, 05.01.2000, Nr. 2)

b. Dann [Cause_motion hebt] [THEME sich] [AGENT ihr Kopf] lang in die Stille hinein, ich komme in ihr, Marah krümmt sich weiter vom Boden weg. (Schrott, Raoul: Tristan da Cunha oder die Hälfte der Erde; Hanser Verlag 2003, S. 543)

Die Unterschiede zwischen Frames wie Motion und Cause_motion sind offensichtlich und systematisch: Cause_motion ist Motion in der Kausativ-Relation übergeordnet (vgl. Tabelle 5.16 in Unterabschnitt 5.4.3), was das zusätzliche FE Cause_motion.AGENT erklärt.[76] In traditionellen Termini, die etwa Ágel (2007) verwendet, handelt es sich bei Cause_motion um einen *kausativen* Frame, während Motion ein *rezessiver* Frame ist.[77] Kausative Frames sind in FrameNet häufig daran zu erkennen, dass sie den Ausdruck *Cause* im Namen tragen. Zudem verfügen sie meist (aber nicht immer)[78] über ihnen in der Kausativ-Relation untergeordnete rezessive Frames. Aus der Reihe der für die reflexive Bewegungskonstruktion belegten unrelatierten Frames besitzen in FrameNet 1.7 etwa Cause_bodily_experience, Cause_to_amalgamate oder Cause_to_move_in_place mit Perception_body, Amalgamation und Moving_in_place rezessive Pendants. Kausative Frames müssen in FrameNet allerdings nicht zwingend in dieser Form gekennzeichnet sein. Neben Cause_motion findet sich unter den belegten relatierten lexikalischen Frames etwa Bringing als kausativer Frame. Die Belege in (63) und (64) zeigen noch einmal

76 Zwar wird die Kausativ-Relation in der FrameNet-Dokumentation von Ruppenhofer et al. (2016: 85), wie für andere FrameNet-bezogene Schriften schon Busse (2012: 190) kritisiert, „nicht näher definiert, sondern nur an Beispielen erläutert", besonders in der Darstellung von Petruck et al. (2004), in der sie gemeinsam mit der Inchoativ-Relation eingeführt wird (vgl. schon Unterabschnitt 5.4.3). Allerdings sind beide Relationen, wie hier die systematischen Zusammenhänge um die Kausativ-Relation zeigen, anders als Busse (2012: 190) sie bezeichnet, keineswegs als „ad-hoc-Kategorien" zu verstehen.

77 Der Terminus *rezessiv* findet sich auch in Duden (2016: 409). Statt *rezessiv* sind unter anderem auch die Begriffe *inchoativ* und *antikausativ* geläufig (vgl. für einen Überblick aus typologischer Perspektive Haspelmath 1987: 8–10). Ersterer ist aufgrund der gleichnamigen Frame-zu-Frame-Relation in FrameNet für die vorliegenden Zwecke ungeeignet. Ich folge mit der Dichotomie *kausativ* und *rezessiv* deshalb Ágel (2007). Semantisch korreliert Ágel (2017: 344) explizit für Reflexivkonstruktionen die Unterscheidung zwischen rezessiv und kausativ mit den Begriffen *endoaktiv* und *exoaktiv*. Über das unterschiedliche Inventar an FE in den jeweiligen Frames (vgl. Tabelle 6.9) lässt sich dieser genuin semantische Unterschied erkennen.

78 Frames, die ein *Cause* im Namen tragen, aber nicht über untergeordnete rezessive Frames verfügen sind unter den für die reflexive Bewegungskonstruktion belegten etwa Cause_harm oder Cause_to_experience.

Konstrukte für die LE *bringen* (*bring.v*) und *schleppen* (*schlep.v*), die `Bringing` als lexikalischen Frame evozieren.

(63) a. [$_{\text{AGENT}}$ Der Mann, der auf sexuelle Avancen nicht eingeht], [$_{\texttt{Bringing}}$ bringt] [$_{\text{THEME}}$ sich] in den Verdacht der Unmännlichkeit. (Schwanitz, Dietrich: Männer, Frankfurt a. M.: Eichborn 2001, S. 208)

b. [$_{\text{AGENT}}$ Die] [$_{\texttt{Bringing}}$ bringen] [$_{\text{THEME}}$ sich] nicht unnötig in Gefahr. (Pressler, Mirjam: Malka Mai, Weinheim Basel: Beltz & Gelberg 2001, S. 292)

c. [$_{\text{AGENT}}$ Die ‚Herrschaften'] [$_{\texttt{Bringing}}$ bringen] [$_{\text{THEME}}$ sich] in einer lächerlich-grotesken Flucht in Sicherheit, rennen über die Stufen davon, verschwinden (an dieser Stelle: wandte man. die komischen Abgänge von Zirkusspielern an). (Schlögel, Karl: Petersburg, München Wien: Carl Hanser Verlag 2002, S. 463)

(64) a. [$_{\text{AGENT}}$ Ich] [$_{\texttt{Bringing}}$ schleppe] [$_{\text{THEME}}$ mich] nach Hause, 2,5 km, schaffe es, die Tür aufzuschließen, die Treppe hoch, und da stehe ich auch schon in meinem Zimmer. (Braun, Marcus: Hochzeitsvorbereitungen, Berlin: Berlin Verlag 2003, S. 114)

b. [$_{\text{AGENT}}$ Schwere, sonnenlahme Schildkröten] [$_{\texttt{Bringing}}$ schleppten] [$_{\text{THEME}}$ sich] über rissigen Uferschlick und versanken in schlammbraunem Wasser. (Düffel, John von: Houwelandt, Köln: DuMont Literatur und Kunst Verlag 2004, S. 142)

c. [$_{\text{AGENT}}$ Großvaters Uhrenzeiger] [$_{\texttt{Bringing}}$ schleppten] [$_{\text{THEME}}$ sich] von Minute zu Minute, zauderten und zockelten, als seien sie widerwillige Pferde, und Zeigern konnte man mit einer Peitsche nicht kommen! (Koneffke, Jan: Paul Schatz im Uhrenkasten, Köln: DuMont Buchverlag 2000, S. 40)

Dass kausative Frames aber nicht zwangsläufig über die Kausativ-Relation und durch *Cause* im Namen in FrameNet 1.7 integriert sein müssen, zeigt die Einordnung der in Unterabschnitt 5.4.3 aufgelisteten zum Konstruktions-Frame `Motion` relatierten lexikalischen Frames in Tabelle 6.9. Dort sind die relatierten lexikalischen Frames nach ihrem Status als rezessiv oder kausativ und den unterschiedlichen Frame-zu-Frame-Relationen geordnet gegenübergestellt. Für die kausativen Frames sind zudem jeweils die beiden FE angegeben, die für die Motivierung der KtE von BEWEGENDES und das KEE in einer Arbeitsteilung infrage kommen. Deutlich zu sehen ist, dass weder die Kausativ-Relation noch die Kennzeichnung *Cause* im Namen nötig ist, um einen Frame als kausativ zu verstehen. Welche der kausativen Frames in Tabelle 6.9 nun für die einfache Motivierung des KEE der reflexiven

Bewegungskonstruktion durch lexikalische Frames belegt sind, kann durch einen Vergleich mit Tabelle 6.2 in Unterabschnitt 6.2.1 ermittelt werden.

Tab. 6.9: Kausative und rezessive relatierte lexikalische Frames des Systems der Frame-Nähen von Motion in FrameNet 1.7

Frame-zu-Frame-Relation	Rezessiv	Kausativ (FE)
–	Motion	
Vererbung (+1)	Fluidic_motion	
	Mass_motion	
	Motion_directional	
	Motion_noise	
	Self_motion	
Vererbung (+2)	Cotheme	
	Fleeing	
	Intentional_traversing	
	Travel	
Vererbung (−1)	Event	
Kausativ (−1)		Cause_motion (AGENT, THEME)
Benutzt (+1)	Body_movement	
		Bringing (AGENT, THEME)
	Change_direction	
	Cotheme	
	Departing	
	Emanating	
		Evading (EVADER, PURSUER)
	Excreting	
		Light_movement (EMITTER, BEAM)
		Operate_vehicle (DRIVER, VEHICLE)
	Path_traveled	
		Placing (AGENT, THEME)
		Redirecting (AGENT, THEME)
		Removing (AGENT, THEME)
	Roadways	
Benutzt (+2)		Arranging (AGENT, THEME)
	Convoy	
		Disembarking (TRAVELLER, VEHICLE)
		Dressing (WEARER, CLOTHING)
		Dunking (AGENT, THEME)
	Entourage	
	Facial_expression	

Tab. 6.9 – fortgesetzt

Frame-zu-Frame-Relation	Rezessiv	Kausativ (FE)
		Installing (AGENT, COMPONENT)
		Piracy (PERPETRATOR, VEHICLE)
		Sending (SENDER, THEME)
		Storing (AGENT, THEME)
		Undressing (WEARER, CLOTHING)
Benutzt (+3)		Carry_goods (DISTRIBUTOR, GOODS)
		Delivery (DELIVERER, THEME)
	Making_faces	
	Sent_items	
	Store	
Sub-Frame (+1)	Getting_underway	
	Halt	
Perspektive_auf (–1)	Motion_scenario	
Siehe_auch (+1)		Bringing (AGENT, THEME)
		Operate_vehicle (DRIVER, VEHICLE)
	Ride_vehicle	
	Self_motion	
Siehe_auch (+2)		Passing (AGENT, THEME)
		Sending (SENDER, THEME)
	Spatial_contact	
Siehe_auch (+3)		Topic (COMMUNICATOR, TEXT/TOPIC)
		Wearing (WEARER, CLOTHING)

Für die Analyse der drei untersuchten Konstruktionen mit Motion als Konstruktions-Frame ergibt sich nun die Situation, dass das KEE für alle Konstrukte, die einen relatierten lexikalischen Frame evozieren, nur dann als durch ein FE dieses Frames motiviert gelten kann, wenn es sich um einen kausativen Frame handelt. Das Problem äußert sich zunächst auf konstruktikographischer Seite: Da es keine zwei FE gibt, die eine Arbeitsteilung in der Motivierung der KtE von BEWEGENDES und des KEE übernehmen können, kann im Falle eines rezessiven Frames nur eines der beiden Strukturelemente annotiert werden. Wie in den Belegen (5)–(20) in Unterabschnitt 6.2.1 zu sehen, entscheide ich mich dafür, die KtE des KE BEWEGENDES mit FE wie Motion.THEME zu annotieren, während das KEE nicht annotiert wird. Daraus ergibt sich freilich eine inkonsistente Annotationspraxis, da für den Fall eines kausativen Frames, wie in den Belegen in (60)–(62) und (63)–(64) die Arbeitsteilung dahingehend wechselt, dass ein FE wie Cause_motion.THEME oder Bringing.THEME nun für die Motivierung des KEE annotiert wird, während die KtE des KE BEWEGENDES mit Cause_motion.AGENT oder Bringing.AGENT annotiert werden können. Dies gilt im Übrigen auch für die Fälle unrelatierter lexikalischer Frames, in denen das KEE nun durch das FE Motion.THEME motiviert wird (Unterabschnitt 6.3.2). Selbst wenn es sich bei einem unrelatierten lexikalischen Frame um einen rezessiven Frame handeln sollte, kann dieser durch den Konstruktions-Frame ‚kausativiert' werden (vgl. ähnlich Kunze 1997: 135).

Dieses technische Problem, das sich für den vorliegenden Ansatz vorerst nicht umgehen lässt, ist freilich nur die Vorrede zu einer ganzen Reihe theoretischer Diskussionen, die mit der Untersuchung von Reflexivkonstruktionen einhergehen und die gerade für einen frame-semantischen Ansatz noch weit von einer Klärung entfernt sind. Aus allgemein grammatiktheoretischer Perspektive liegt das Problem darin, dass ‚echt reflexive' Verben, wie Ágel (1997b: 70–71) darlegt (bei ihm: ‚mediale' Verben), valenziell nicht vollständig intransitiv sind, während ‚reflexiv gebrauchte' Verben nicht vollständig transitiv sind. Während die Annahme eines FE für das Reflexivum am ehesten bei ‚reflexiv gebrauchten' Verben (bei ihm: ‚reflexive' Verben) gerechtfertigt scheint, ist diese Rechtfertigung für Verben, die im Kontinuum zwischen Intransitivität und Transitivität näher am intransitiven Pol stehen, schwächer. Dass sie einen kausativen und keinen rezessiven Frame evozieren, lässt sich also schwieriger begründen als bei ‚reflexiv gebrauchten' Verben. Die Problemlage lässt sich auf Grundlage des von Ágel (1997b: 71) postulierten Kontinuums zwischen Intransitivität und Transitivität wie in Abbildung 6.4 dargestellt illustrieren.

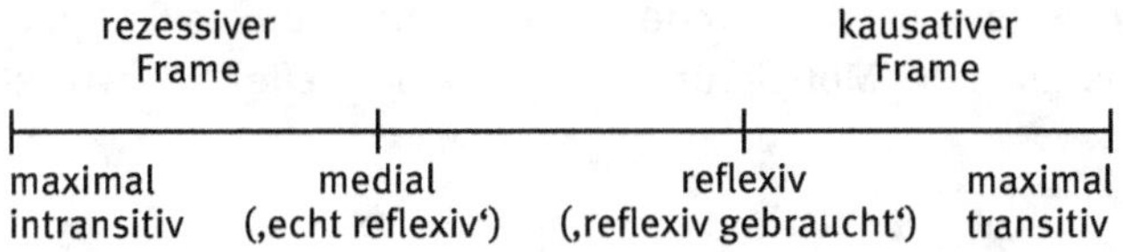

Abb. 6.4: Transitivitäts-Kontinuum (nach Ágel 1997b: 71) und dessen Korrelation zur Kausativität von Frames

Es stellt sich also die Frage, ob all diejenigen Frames, die kein FE zur Motivierung eines Reflexivums zur Verfügung stellen, ‚echt reflexive' Verben als LE besitzen, bei denen das Reflexivum aus genau diesem Grund nicht durch ein FE motiviert wird, sondern als zur LE zugehörig angesehen werden muss. Für das Beispiel des lexikalischen Frames `Motion` würde dies bedeuten, dass die in Unterabschnitt 6.2.1 diskutierten LE nicht nur auf die Verben *begeben*, *bewegen*, *mäandern*, *ringeln*, *rücken*, *schlängeln*, *verschieben* und *winden* begrenzt werden können, sondern dass das Reflexivum jeweils mit zur LE gezählt werden muss. Für das Deutsche wären demnach also die LE als *sich begeben*, *sich bewegen*, *sich mäandern*, *sich ringeln*, *sich rücken*, *sich schlängeln*, *sich verschieben* und *sich winden* anzusetzen. Dies wäre die frame-semantische Umsetzung des z.B. von Buscha (1982:

170–171), Eroms (2000: 307, 411) und von Polenz (2008: 127) praktizierten Verfahrens, die Reflexiva bei ‚echt reflexiven' Verben zu ebendiesen Verben zugehörig zu betrachten. In FrameNet-Terminologie wären also die eben aufgezählten komplexen LE aus Verb und Reflexivum anzusetzen.[79]

Ein damit zusammenhängendes Problem aus frame-semantischer Perspektive ist schließlich die schon angesprochene Eigenheit, dass die Frames im FrameNet für das Englische entwickelt worden sind und zwar grundsätzlich (vgl. Unterabschnitt 2.1.2), aber eben nicht in jedem Fall auf das Deutsche angewendet werden können. Reflexivkonstruktionen, die über rezessive Frames erfasst werden sollen, stellen einen Phänomenbereich dar, für den sich solche Diskrepanzen ergeben. So ist es eindeutig, dass viele im Englischen nicht-reflexive Verben, die problemlos mit einem rezessiven Frame erfasst werden können, im Deutschen reflexiv sind (vgl. Wagner 1977: 68–69; Oya 2002: 968; Zifonun 2003: 67; Ágel 2017: 343–344; Welke 2019: 435–438; Mortelmans & Smirnova 2020: 62). Wie mit dem Reflexivum im Deutschen letztlich umzugehen ist, ob die Verben, die als deutsche LE für einen rezessiven Frame infrage kommen, tatsächlich immer auch ‚echt reflexive' Verben sind, muss durch zukünftige Studien geklärt werden. Für den Fall, dass sich die Korrelation zwischen ‚echt reflexiven' Verben und rezessiven Frames sowie ‚reflexiv gebrauchten' Verben und kausativen Frames nicht bestätigt, müssen die einschlägigen (für das Englische rezessiven) Frames für das Deutsche angepasst werden. Solange muss es bei der skizzierten Annotationspraxis und den damit verbundenen Annahmen der Motivierung des KEE einer Reflexivkonstruktion bleiben.

6.3.2 Einfache Motivierung durch Konstruktions-Frame

Eine einfache Motivierung des KEE der drei untersuchten Konstruktionen liegt immer dann vor, wenn sowohl der Konstruktions-Frame als auch ein zu diesem in keiner Frame-Nähe stehender (also unrelatierter) lexikalischer Frame an der Konstitution eines Konstrukt-Frames beteiligt ist. Anders als bei der einfachen Motivierung des KEE durch den lexikalischen Frame, die mit für das Englische entwickelten rezessiven Frames wie `Motion` oder `Self_motion` nicht unmittelbar erklärt werden kann (vgl. Unterabschnitt 6.3.1), steht für den Fall der einfachen Motivierung des KEE durch den Konstruktions-Frame stets ein FE zur Verfügung:

79 Ähnlich geht im Übrigen das elektronische Valenzwörterbuch E-VALBU vor (https://grammis.ids-mannheim.de/verbvalenz, zuletzt abgerufen am 07.09.2021): Dort findet sich für das Verb *bewegen* ein eigener Eintrag mit dem Lemma *bewegen, sich*, der also das Reflexivum mit zum Verb zählt. Die anderen hier betrachteten Verben sind dort nicht verzeichnet.

Motion.THEME. Während rezessive Frames bei der einfachen Motivierung des KEE durch den (relatierten) lexikalischen Frame Anlass zu einer Differenzierung von ‚echt reflexiven' und ‚reflexiv gebrauchten' Verben geben, ist diese Problematik bei unrelatierten lexikalischen Frames einfacher aufzulösen, da die Motivierung des KEE nun durch den Konstruktions-Frame übernommen werden kann:

> Aus nicht-kausativen Verben der verschiedensten Art werden kausative Ortswechselverben, die zusätzliche Prädikation [d.h. der Konstruktions-Frame, A.W.] bezieht sich auf eine Lokation des Subjekt-Arguments. (Kunze 1997: 135)[80]

Aus diesem Grund erscheint es plausibel, dass es sich bei all denjenigen LE, die innerhalb einer Konstruktion wie der reflexiven Bewegungskonstruktion einen unrelatierten lexikalischen Frame evozieren, stets um ‚reflexiv gebrauchte' Verben handelt, da ihr gemeinsames Auftreten mit einem Reflexivum nicht bereits durch den (relatierten) lexikalischen Frame erklärt werden kann, sondern durch eine Motivierung durch den Konstruktions-Frame lizenziert wird.

Um den Unterschied zwischen der einfachen Motivierung des KEE durch den lexikalischen Frame und den Konstruktions-Frame zu verdeutlichen, seien ein Beleg für den lexikalischen Frame Motion als relatierten lexikalischen Frame in (65) und ein Beleg für den Konstruktions-Frame Motion mit dem unrelatierten lexikalischen Frame Ingestion in (66) miteinander verglichen.

(65) Besser wird es nicht, [$_{\text{THEME}}$ ich] [$_{\text{Motion}}$ begebe] mich sofort [$_{\text{GOAL}}$ in mein Bett]. (Braun, Marcus: Hochzeitsvorbereitungen, Berlin: Berlin Verlag 2003, S. 71)

(66) Auch wenn ich als Kind die Inhalte der Angst nicht kapierte, [$_{\text{Ingestion}}$ fraß] [sich ^{THEME}] [$_{\text{INGESTOR}}$ das Gefühl der Angst] [$_{\text{INGESTIBLES}}$ in den Kopf ^{GOAL}]. (Müller, Herta: Der König verneigt sich und tötet, München: Carl Hanser Verlag 2003, S. 161)

In (65) motiviert das FE Motion.THEME das KtE des KE BEWEGENDES. Für das KEE steht, wie in 6.3.1 argumentiert, kein FE zur Verfügung. In (66) hingegen ist eine Arbeitsteilung zwischen einem FE des lexikalischen Frames und dem FE Motion.THEME des Konstruktions-Frames möglich. Der lexikalische Frame Ingestion kann nun das KtE des KE BEWEGENDES motivieren, sodass das FE Motion.THEME für das KEE zur Verfügung steht. Diese unterschiedliche Annotation des KEE muss aus praktischen Gründen in Kauf genommen werden, bringt

80 Dass die lexikalische Bedeutung des Verbs, anders als Kunze argumentiert, allerdings erhalten bleibt und die ‚zusätzliche Bedeutung' lediglich in Form des Konstrukt-Frames und der Konstruktbedeutung entsteht, sollte mittlerweile deutlich geworden sein.

aber einen Vorteil mit sich: An der einfachen Motivierung des KEE durch den Konstruktions-Frame ist sofort erkennbar, dass der Konstrukt-Frame ein Blend aus lexikalischem Frame und Konstruktions-Frame ist und somit beide Frame-Typen im Spiel sind, also eine Frame-Anpassung stattfindet. Zudem lässt sich in vielen Fällen aufgrund der Motivierung des KEE durch das FE Motion.THEME erst das Auftreten des Reflexivums mit LE erklären, die, wie *fressen* in (66), ein solches eigentlich nicht erwarten lassen. Mit der semantischen Motivierung des KEE geht damit die syntaktische Lizenzierung des Reflexivums einher (vgl. auch Unterabschnitt 6.1.2).

Analog zu der Verteilung lexikalischer Frames, die von einer einfachen Motivierung des KE WEG durch den Konstruktions-Frame betroffen sind (Unterabschnitt 6.2.2, Tabelle 6.3) lassen sich auch diejenigen unrelatierten lexikalischen Frames ermitteln, zu denen im Konstrukt-Frame das FE Motion.THEME hinzutritt, das das KEE einfach motiviert. Wie Tabelle 6.10 zeigt, betrifft dies insgesamt 104 Konstrukte und 21 verschiedene lexikalische Frames.

Tab. 6.10: Einfache Motivierung des KEE der reflexiven Bewegungskonstruktion durch den Konstruktions-Frame nach unrelatierten lexikalischen Frames

Lexikalischer Frame	Konstrukte	Anteil
Daring	18	17,31 %
Seeking	14	13,46 %
Work	13	12,50 %
Hostile_encounter	11	10,58 %
Ingestion	10	9,62 %
Scouring	7	6,73 %
Manipulation	4	3,85 %
Chatting	3	2,88 %
Desiring	3	2,88 %
Impact	3	2,88 %
Make_noise	3	2,88 %
Others_situation_as_stimulus	3	2,88 %
Reshaping	3	2,88 %
Progression	2	1,92 %
Cause_bodily_experience	1	0,96 %
Cause_harm	1	0,96 %
Dead_or_alive	1	0,96 %
Hunting	1	0,96 %
Perception_experience	1	0,96 %
Prevarication	1	0,96 %
Shopping	1	0,96 %
Gesamt	104	100,00 %

Als frequentester lexikalischer Frame, zu dem eine einfache Motivierung des KEE durch den Konstruktions-Frame tritt, ergibt sich `Daring`, der bereits hinsichtlich der einfachen Motivierung des KtE WEG durch den Konstruktions-Frame (vgl. Tabelle 6.3 in Unterabschnitt 6.2.2) den für die reflexive Bewegungskonstruktion frequentesten lexikalischen Frame darstellt. Die Belege in (67) und (68) sind für die LE *(ge)trauen* und *wagen* (beide *dare.v*) Beispiele für den Fall, in dem das KtE des KE BEWEGENDES jeweils durch das FE `Daring`.AGENT des lexikalischen Frames motiviert wird und das KEE einzeln durch das FE `Motion`.THEME des Konstruktions-Frames.

(67) a. Aber früher, als wir noch klein waren, [$_{\texttt{Daring}}$ traute] [sich ^{THEME}] niemand an uns heran, auch nicht in Mückes Gegend, denn wir standen unter dem Schutz seines Bruders, und dessen Rache würde fürchterlich sein. (Goosen, Frank: Liegen lernen, Frankfurt am Main: Eichborn AG 2000, S. 88)

b. Er [$_{\texttt{Daring}}$ traute] [sich ^{THEME}] nicht mehr aus dem Haus, hörte immer wieder Stimmen, fühlte sich bedroht und sah im Spiegel jemanden, den er nicht kannte. (Die Zeit, 09.03.2000, Nr. 11)

c. Er machte sich Vorwürfe und [$_{\texttt{Daring}}$ getraute] [sich ^{THEME}] aus schlechtem Gewissen nicht einmal mehr zu seinen Kindern. (Wondratschek, Wolf: Mozarts Friseur, München, Wien: Carl Hanser Verlag 2002, S. 79)

(68) a. Trotzdem [$_{\texttt{Daring}}$ wagen] [sich ^{THEME}] laufend neue B2B-Firmen an die Börse. (Die Zeit, 03.02.2000, Nr. 6)

b. Er meidet diese Gegend, [$_{\texttt{Daring}}$ wagt] [sich ^{THEME}] nicht auf den Hügel herauf, fürchtet noch den entferntesten Blickkontakt mit einem Mitglied seiner Familie. (Beyer, Marcel: Spione, Köln: DuMont 2000, S. 126)

c. Seit es nicht mehr allzu riskant ist, [$_{\texttt{Daring}}$ wagen] [sich ^{THEME}] auch andere aus der jüngeren CDU-Generation gegen den Altkanzler vor. (Die Zeit, 03.02.2000, Nr. 6)

d. Mehr und mehr französische Politiker [$_{\texttt{Daring}}$ wagen] [sich ^{THEME}] in Unterhaltungssendungen. (Die Zeit, 27.04.2000, Nr. 18)

e. Das Kleeblatt [$_{\texttt{Daring}}$ wagt] [sich ^{THEME}] nach draußen. (Braun, Marcus: Hochzeitsvorbereitungen, Berlin: Berlin Verlag 2003, S. 19)

Bevor ich auf den lexikalischen Frame `Seeking` eingehe, der an zweiter Stelle nach `Daring` liegt und für den eine Besonderheit in der semantischen Motivierung des KEE zu beobachten ist, sei zunächst ein Blick auf den in der Frequenz an dritter Stelle stehenden Frame `Work` geworfen. Die Arbeitsteilung bei der Motivierung der KtE des KE BEWEGENDES und des KEE erfolgt gemeinsam mit dem FE `Work`.AGENT, das nun die KtE des KE BEWEGENDES motiviert. Die Belege in (69) sind Beispiele dafür.

(69) a. Die Ermittler [$_{\text{Work}}$ arbeiteten] [sich ^{THEME}] an den großen Zampano heran. (Die Zeit, 27.04.2000, Nr. 18)

b. Irgendein ferner Schmerz [$_{\text{Work}}$ arbeitet] [sich ^{THEME}] auf mich zu, ich sehe ihn kommen. (Genazino, Wilhelm: Die Liebesblödigkeit, München, Wien: Carl Hanser Verlag 2005, S. 108)

c. „Manchmal [$_{\text{Work}}$ arbeiten] [sich ^{THEME}] aus der teigigen, formlosen Volksmasse irgendwelche besonderen, starken, sehr arbeitsfähigen Menschen nach oben. (Schlögel, Karl: Petersburg, München Wien: Carl Hanser Verlag 2002, S. 292)

d. Sie [$_{\text{Work}}$ arbeitete] [sich ^{THEME}] durch schulterhohes Dickicht; die Männer waren angeseilt, da sich unter dem Moosbewuchs tiefe Felsspalten verbargen; im stellenweise dichten Nebel hätte man sich ohne Kompaß leicht verirrt. (Schrott, Raoul: Tristan da Cunha oder die Hälfte der Erde; Hanser Verlag 2003, S. 31)

e. Putin [$_{\text{Work}}$ arbeitete] [sich ^{THEME}] mit Fleiß und Stetigkeit nach oben, nicht mit Brillanz. (Die Zeit, 23.03.2000, Nr. 13)

f. Sein Herz [$_{\text{Work}}$ arbeitete] [sich ^{THEME}] voran, immer höher, immer dichter unter die Haut. (Schulze, Ingo: Neue Leben, Berlin: Berlin Verlag 2005, S. 751)

g. Man begann bei den Gesetzen der Körperwelt, [$_{\text{Work}}$ arbeitete] [sich ^{THEME}] empor zur Psychologie, zu den Gesetzen des Empfindens und Denkens, Ausflüge in die Schöne Literatur waren vorgesehen, sie ermöglichten den Übergang zum Feinseelischen und zu den letzten Fragen, Gott und Unsterblichkeit. (Safranski, Rüdiger: Friedrich Schiller, München Wien: Carl Hanser 2004, S. 46)

Der lexikalische Frame `Hostile_encounter`, der ebenfalls bereits bei der einfachen Motivierung der KtE des KE WEG durch den Konstruktions-Frame einer der frequentesten ist, tritt in einer ähnlichen Rolle auch bei jener Motivierung des KEE auf. Anders als bei den lexikalischen Frames `Daring` und `Work` wird in allen Konstrukten von `Hostile_encounter`, in denen das KtE des KE WEG bereits einfach durch den Konstruktions-Frame motiviert ist, auch das KEE einfach durch den Konstruktions-Frame motiviert. Für die Motivierung der KtE des KE BEWEGENDES ist nun das FE `Hostile_encounter`.SIDE_1 zuständig. Einige Belege sind für die LE *kämpfen* und *kloppen* (*beide fight.v*) sowie *ringen* (*struggle.v*) sind in (70)–(72) zusammengestellt.

(70) a. Ich [$_{\text{Hostile\_encounter}}$ kämpfte] [mich ^{THEME}] durch dieses Unterholz, hielt mich an den Stämmen, Asten und Wurzeln fest, weil ich hinauf zum Gipfel wollte, der wie jeden Tag in den Wolken lag; wie dick die Schicht war, ließ sich nicht sagen – vielleicht schien oben die Sonne. (Schrott, Raoul: Tristan da Cunha oder die Hälfte der Erde; Hanser Verlag 2003, S. 161)

b. Das von Uganda unterstützte MLC BEMBAs, mittlerweile eine der größten Rebellengruppen, kontrolliert weite Gebiete im Osten und Norden des Kongo und [$_{\text{Hostile\_encounter}}$ kämpft] [sich ^{THEME}] in Richtung der Hauptstadt Kinshasa vor. (Archiv der Gegenwart, 2001 [2000])

(71) Im Video zu Berlin liebt dich [$_{\text{Hostile\_encounter}}$ kloppen] [sich ^{THEME}] Surrogat in bester Tatort-Manier durch die Großstadt und parodieren nebenbei noch den Beastie-Boys-Clip-Klassiker Sabotage: Patrick unverschämt grinsend im Fitness-Studio, Mai-Linh schwer bewaffnet und gefährlich als Martial Artist, Tilo als smoother Supercop. (Die Zeit, 06.04.2000, Nr. 15)

(72) Maria [$_{\text{Hostile\_encounter}}$ ringt] [sich ^{THEME}] in Wirklichkeit zu einer inneren Freiheit durch, die es ihr erlaubt, Verantwortung für ihr Leben zu übernehmen, das ungerechte Urteil und den Tod als Sühne hinzunehmen und in einen Akt der Freiheit zu verwandeln. (Safranski, Rüdiger: Friedrich Schiller, München Wien: Carl Hanser 2004, S. 478)

Die Motivierung der einzelnen Strukturelemente durch den Konstruktions-Frame ist also grundsätzlich unabhängig voneinander und hängt vielmehr von dem lexikalischen Frame und der Präposition ab, die den Kopf des KtE des KE Weg bildet. Wird das KEE durch den Konstruktions-Frame einfach motiviert, bedeutet dies nicht automatisch, dass auch andere Strukturelemente, insbesondere die KtE des KE Weg, ebenso einfach durch den Konstruktions-Frame motiviert werden müssen (dazu Unterabschnitt 7.4.1). Umgekehrt gilt nicht, dass eine einfache Motivierung von KtE des KE Weg auch mit einer einfachen Motivierung des KEE einhergehen muss, was am deutlichsten an den teils unterschiedlichen Frequenzen von Konstrukten für die lexikalischen Frames in den Tabellen 6.3 und 6.10 zu erkennen ist. Am Beispiel von Seeking seien diese Zusammenhänge aus Sicht der einfachen Motivierung des KEE illustriert.

Für den lexikalischen Frame Seeking sind zwei Kombinationen der Motivierung der Konstrukte belegt. Während das KEE stets einfach durch den Konstruktions-Frame motiviert wird, können die KtE des KE Weg auf zwei Arten motiviert werden. Die erste Variante ist eine einfache Motivierung durch den Konstruktions-Frame, wie dies in den Konstrukten in (73) zu sehen ist.

(73) a. Wir [$_{\text{Seeking}}$ tasteten] [uns ^{THEME}] langsam [durch das Dunkel, in dem es kein Ziel, keine Richtung mehr gab, nur den Gestank von totem Wasser und das schwache Tröpfeln der Rinnsale, unterbrochen vom platschenden Schritt unserer unsichtbaren Füße und dem Stöhnen unseres beklommenen Atems ^{PATH}]. (Düffel, John von: Vom Wasser, München: dtv 2006, S. 39)

b. Die Frau nimmt nicht den Fahrstuhl, sondern [$_{\text{Seeking}}$ tastet] [sich ^{THEME}] [über die Treppen ^{PATH}] hinauf in den sechsten Stock, vorbei an den schlafenden Bettlern, die der heilige Martin vergaß. (Venske, Regula: Marthes Vision, Frankfurt am Main: Eichborn Verlag 2006, S. 184)

In der zweiten Variante werden die KtE des KE WEG doppelt motiviert, einerseits durch das FE `Motion`.GOAL des Konstruktions-Frames, andererseits durch das FE `Seeking`.SOUGHT_ENTITY des lexikalischen Frames, wie in den Konstrukten in (74) zu sehen.

(74) a. Die jetzt 30-köpfige Truppe der Poststaatsfarmer [$_{\text{Seeking}}$ tappt] [sich ^{THEME}] nach Hörensagen [$_{\text{SOUGHT\_ENTITY}}$ an EU-Vorschriften ^{GOAL}] heran, entsorgt die Gülle bodenschonend, gibt den Schweinen mehr Kräuter als Hormone. (Die Zeit, 16.03.2000, Nr. 12)

b. Dabei [$_{\text{Seeking}}$ tastet] [sich ^{THEME}] die Elektronik [$_{\text{SOUGHT\_ENTITY}}$ an jenen Punkt heran, an dem die Motordrehzahl zu sinken beginnt ^{GOAL}]. (Die Zeit, 06.04.2000, Nr. 15)

c. Schiller [$_{\text{Seeking}}$ tastet] [sich ^{THEME}] [$_{\text{SOUGHT\_ENTITY}}$ an den Urschmerz des Bewußtseins ^{GOAL}] heran, an jenen Augenblick, da das erwachende Bewußtsein die unmittelbare Leichtigkeit des Seins, die traumwandlerische Sicherheit der natürlichen Lebensvollzüge, die Unbefangenheit verliert. (Safranski, Rüdiger: Friedrich Schiller, München Wien: Carl Hanser 2004, S. 419)

Neben dem lexikalischen Frame spielt freilich die Präposition, die den Kopf des KtE des KE WEG bildet, eine Rolle. In Konstrukten wie denen in (73) mit den Präpositionen *durch* und *über* ist lediglich eine einfache Motivierung durch FE wie `Motion`.PATH denkbar. Handelt es sich jedoch um die Präposition *an*, wie in den Konstrukten in (74), erscheint es plausibel, dass das KtE neben dem FE `Motion`.GOAL zusätzlich durch das FE `Seeking`.SOUGHT_ENTITY motiviert wird. Darüber hinaus spielt freilich die Frage, ob das durch das KtE des KE WEG bezeichnete Referenzobjekt, wie in (73), als eine ‚SOUGHT_ENTITY' interpretiert werden kann oder, wie in (73), nicht. Entscheidend ist hier die Konstruktbedeutung, die aus dem entsprechenden Konstrukt-Frame hervorgehen soll.

Die Kombinationen von Motivierungen unterschiedlicher Strukturelemente eines Konstrukts haben das Potenzial, Konstrukt-Frames nach eigenen Mustern, ähnlich den Valenzmustern in FrameNet (Unterabschnitt 2.1.2), zu bilden. Für die reflexive Bewegungskonstruktion und analog für die reflexive Partikelverbkonstruktion und die reflexive *Weg*-Konstruktion leuchtet es ein, dass diese Muster primär von Präferenzen für lexikalische Frames (Unterabschnitt 5.3.3) und sekundär von den Präpositionen als Köpfe der KtE des KE WEG sowie der Konstruktbedeutung abhängen. Solche Muster zu untersuchen dient der Differenzierung von Koerzionseffekten in einzelnen Konstrukten und ist damit Voraussetzung für die Messung des Koerzionspotenzials (Unterabschnitt 7.4.1).

6.3.3 Doppelte Motivierung des KEE

Analog zu der doppelten Motivierung der KtE des KE WEG (Unterabschnitt 6.2.3) kann auch das KEE der reflexiven Bewegungskonstruktion doppelt motiviert werden. Die hierbei involvierte konzeptuelle Integration von lexikalischem Frame und Konstruktions-Frame hin zu einem Konstrukt-Frame stellt sich bezogen auf die beiden FE, die das KEE motivieren, genauso dar wie bei der doppelten Motivierung eines KtE: Die beiden FE werden fusioniert und sind als Gegenstücke in den Inputs verbunden (vgl. Abbildung 6.5).

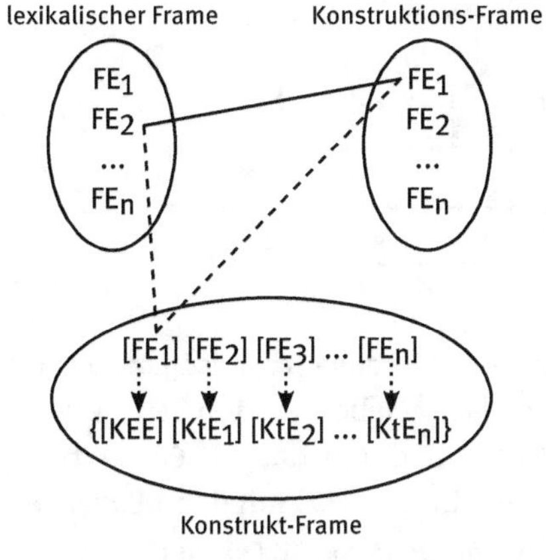

Abb. 6.5: Doppelte Motivierung eines KEE als konzeptuelle Integration

Damit ein KEE doppelt motiviert werden kann, muss dieselbe Voraussetzung gegeben sein wie für dessen einfache Motivierung durch den lexikalischen Frame (Unterabschnitt 6.3.1): Damit der lexikalische Frame überhaupt ein FE zur Motivierung beitragen kann, muss es sich um einen kausativen lexikalischen Frame handeln, nur dass dies jetzt für unrelatierte lexikalische Frames gilt. Bei rezessiven unrelatierten lexikalischen Frames wie denen, die ich in Unterabschnitt 6.3.2 diskutiert habe, liegt zwangsläufig eine einfache Motivierung durch den Konstruktions-Frame vor. Allerdings muss, selbst wenn es sich um einen kausativen Frame handelt, die Motivierung des KEE nicht in jedem Fall doppelt ausfallen. Wie für die einfache Motivierung des KEE ist jedoch auch bei einer doppelten Motivierung davon auszugehen, dass es sich bei den LE, die die entsprechenden lexikalischen Frames evozieren, um ‚reflexiv gebrauchte' Verben handelt.

Für insgesamt 74 Konstrukte der reflexiven Bewegungskonstruktion ist eine doppelte Motivierung des KEE belegt. Tabelle 6.11 listet sie nach lexikalischen Frames geordnet auf.

Tab. 6.11: Doppelte Motivierung des KEE der reflexiven Bewegungskonstruktion nach lexikalischen Frames

Lexikalischer Frame	FE	Konstrukte	Anteil
Cause_to_amalgamate	PART_1	30	40,54 %
Manipulation	ENTITY	16	21,62 %
Cause_to_experience	EXPERIENCER	11	14,86 %
Rescuing	PATIENT	5	6,76 %
Emptying	THEME	3	4,05 %
Attaching	ITEM	2	2,70 %
Filling	THEME	2	2,70 %
Smuggling	GOODS	2	2,70 %
Assistance	HELPER	1	1,35 %
Burying	THEME	1	1,35 %
Grinding	PATIENT	1	1,35 %
Gesamt		74	100,00 %

Die beiden frequentesten lexikalischen Frames sind Cause_to_amalgamate und Manipulation. Zunächst zu Cause_to_amalgamate. Neben Motion.THEME wird das KEE in einschlägigen Konstrukten zusätzlich durch das FE Cause_to_amalgamate.PART_1 motiviert, wie an den Belegen in (75)–(77) mit den LE *mengen* und *mischen* (beide *mix.v*) sowie *(ein)fädeln* (etwa: *merge.v*) zu sehen ist.

(75) a. Es war verteufelt, Herr Joseph Schatz [$_{\text{Cause\_to\_amalgamate}}$ mischte] [$_{\text{PART\_1}}$ sich ^{THEME}] in seine Aufmerksamkeit. (Koneffke, Jan: Paul Schatz im Uhrenkasten, Köln: DuMont Buchverlag 2000, S. 221)

b. Selbst Magne Furuholmen von der leicht verdaulichen Popband A-ha [Cause_to_amalgamate mischt] [PART_1 sich THEME] unter die Runde der exzentrischen Glasperlenspieler, die an ihrer Version von „arctic ambient" weben. (Die Zeit, 20.04.2000, Nr. 17)

c. Unverständliches Genuschel [Cause_to_amalgamate mischte] [PART_1 sich THEME] zwischen einzelne Schluchzer, es war unmöglich zu sagen, ob das Dienstmädchen aus Rührung, Empörung oder Eifersucht weinte. (Düffel, John von: Vom Wasser, München: dtv 2006, S. 206)

(76) Lichtgarben und Wolkenschatten [Cause_to_amalgamate mengen] [PART_1 sich THEME] in den Strom, der in seiner Meeresgrüne schäumend aufblitzt. (Düffel, John von: Vom Wasser, München: dtv 2006, S. 69)

(77) a. Ein Lied singt sie zusammen mit Armand, [Cause_to_amalgamate fädelt] [PART_1 sich THEME] in seine Töne, und er spielt sie an, fällt vor ihr auf die Knie, kann ihr so unter den Rock gucken. (Dölling, Beate: Hör auf zu trommeln, Herz, Weinheim: Beltz & Gelberg 2003, S. 205)

b. Ich [Cause_to_amalgamate fädelte] [PART_1 mich THEME] in den Verkehr ein. (Schulze, Ingo: Neue Leben, Berlin: Berlin Verlag 2005, S. 584)

Bevor ich den nach `Cause_to_amalgamate` zweitfrequentesten Frame `Manipulation` betrachte, für den hinsichtlich der Motivierung des KEE ähnlich wie bei `Seeking` (Unterabschnitt 6.3.2) eine Besonderheit vorliegt, sei zunächst ein Blick auf den lexikalischen Frame `Cause_to_experience` geworfen, der an dritter Stelle steht. In den Konstrukt-Frames bringt er zur Motivierung des KEE das FE `Cause_to_experience`.EXPERIENCER ein. Die zum Teil bereits mehrfach zitierten Belege für die LE *quälen* (*torment.v*) in (78) sind Beispiele dafür.

(78) a. Sie [Cause_to_experience quälten] [EXPERIENCER sich THEME] vielleicht auch aus Tischen, wenn man voller Zweifel dagegen stieß? (Kuckart, Judith: Lenas Liebe, Köln: DuMont Literatur und Kunst Verlag 2002, S. 123)

b. „Ich sitze hier von morgens bis abends am Schreibtisch und [Cause_to_experience quäle] [EXPERIENCER mich THEME] durch eine Akte nach der anderen. (Düffel, John von: Houwelandt, Köln: DuMont Literatur und Kunst Verlag 2004, S. 137)

c. Vom sonnigen unteren Centovalli aus steigt man über fette Feuersalamander durch Esskastanienwälder bergan, schwitzt, dampft, springt nackt in einen Bergbach, [Cause_to_experience quält] [EXPERIENCER sich THEME] über verrutschte Pfade an Ziegenvolk vorbei ins Baumlose, zieht einen Pullover an, wirft den ersten Schneeball, und bei 1000 Metern über null versinkt man bis zur Hüfte im Schnee. (Die Zeit, 30.03.2000, Nr. 14)

d. Lukian [`Cause_to_experience` quält] [EXPERIENCER sich THEME] zu einem Lächeln. (Krausser, Helmut: Eros, Köln: DuMont 2006, S. 146)

Schließlich seien in (79) einige ebenfalls bereits zitierte Belege für den lexikalischen Frame `Rescuing` illustriert, aus dem das FE `Rescuing`.PATIENT in die doppelte Motivierung des KEE eingeht. Er ist für die LE *retten* (*rescue.v*) belegt.

(79) a. Zehntausende von Überlebenden [`Rescuing` retteten] [PATIENT sich THEME] auf Hügel, Bäume und Hausdächer, wo sie ohne Trinkwasser und Nahrungsmittel teilweise tagelang ausharrten, bis sie von Hubschraubern gerettet und in Sammellager geflogen wurden. (Archiv der Gegenwart, 2001 [2000])

b. Mommsen [`Rescuing` rettete] [PATIENT sich THEME] aus der Welt der Tatsachen in die der Gefühle: (de Bruyn, Günter: Preußens Luise, Siedler 2001, S. 87)

c. Ich weiß, daß sie mir alles aus dem Gesicht ablesen kann, will es nicht dazu kommen lassen, werde immer linkischer und [`Rescuing` rette] [PATIENT mich THEME] in die Einsilbigkeit. (Schrott, Raoul: Tristan da Cunha oder die Hälfte der Erde; Hanser Verlag 2003, S. 513)

Wie bereits angedeutet, liegt für den Frame `Manipulation`, der in Tabelle 6.11 nach mit `Cause_to_amalgamate` der zweitfrequenteste ist, eine Besonderheit hinsichtlich der Motivierung des KEE in Kombination mit derjenigen der KtE des KE WEG vor. Dies ist schon daran zu erkennen, dass dieser Frame sowohl in Tabelle 6.10 in Unterabschnitt 6.3.2 für die einfache Motivierung des KEE durch den Konstruktions-Frame erscheint, als auch in Tabelle 6.11 für die doppelte Motivierung des KEE. Um die Unterschiede zu erkennen, ist die gleichzeitige Betrachtung der Motivierung der KtE des KE WEG von Nutzen. Die Belege in (80) sind daher zunächst Beispiele für die einfache Motivierung des KEE durch den Konstruktions-Frame, wobei ich die Annotation für die KtE des KE WEG ebenfalls darstelle. Als LE ist hier *krallen* (*claw.v*) belegt.

(80) a. Er watete mehrere Meter in eisigem Wasser und kroch eine Treppe hoch, [`Manipulation` krallte] [sich THEME] mit seinen Fingern [ENTITY in rieselnden Kalk GOAL]. (Koneffke, Jan: Paul Schatz im Uhrenkasten, Köln: DuMont Buchverlag 2000, S. 217)

b. Einmal, als ich später mit ihnen auf der Flucht war vor dem ebenfalls fliehenden deutschen Heer, lag da ein verwundeter Deutscher und [`Manipulation` krallte] [sich THEME] vor Schmerz [ENTITY in die Erde GOAL]. (Hahn, Ulla: Unscharfe Bilder, München: Deutsche Verlags-Anstalt 2003, S. 222)

Wie an den Belegen in (80) zu erkennen ist, sind die Referenzobjekte der KtE des KE WEG stets im Sinne einer ‚ENTITY' des lexikalischen Frames Manipulation zu interpretieren, die als „[t]he ENTITY being manipulated" (FrameNet 1.7, Manipulation) definiert ist. Hinzu kommt eine Motivierung dieser KtE durch den Konstruktions-Frame, sodass eine doppelte Motivierung entsteht.

Anders verhält sich diese Motivierung bei den Konstrukten in (81) und LE wie *quetschen* oder *zwängen* (beide *squeeze.v*). Hier ist nun nicht mehr das Referenzobjekt eines KtE des KE WEG als manipulierte ‚ENTITY' zu verstehen, sondern dasjenige des KEE. Es entsteht eine doppelte Motivierung des KEE, während die KtE des KE WEG einzeln motiviert werden.

(81) a. Die Babylonier nickten und [$_{\text{Manipulation}}$ quetschten] [$_{\text{ENTITY}}$ sich ^{THEME}] ungelenk [durch die Glastür ^{PATH}] auf die Steinstraße. (Kopetzky, Steffen: Grand Tour, Frankfurt am Main: Eichborn 2002, S. 283)
b. Sie [$_{\text{Manipulation}}$ quetschten] [$_{\text{ENTITY}}$ sich ^{THEME}] ebenfalls [in den Raum, der nicht viel größer als das Ehebett war, das in ihm stand ^{GOAL}]. (Widmer, Urs: Das Buch des Vaters, Zürich: Diogenes 2004, S. 142)
c. Dann ließ er Bechthold stehen, [$_{\text{Manipulation}}$ zwängte] [$_{\text{ENTITY}}$ sich ^{THEME}] [durch die Gruppe wahnsinnig Gewordener ^{GOAL}], kam auf den Würger zu, gab ihm fröhlich die Hand und sagte: (Kopetzky, Steffen: Grand Tour, Frankfurt am Main: Eichborn 2002, S. 725)
d. Im belgischen Eupen [$_{\text{Manipulation}}$ zwängen] [$_{\text{ENTITY}}$ sich ^{THEME}] die Gendarmen der Rijkswacht mit ihren Computern und Funkanlagen [in die düsteren Kammern einer Kaserne anno 1900 ^{GOAL}], klaglos übrigens, weil wenigstens technisch gut versorgt; im Hof stehen Streifenwagen, aber sonst sieht alles aus wie damals, als hier Pferde wieherten. (Die Zeit, 20.04.2000, Nr. 17)

Die Frage, ob das KEE doppelt oder einzeln durch den Konstruktions-Frame motiviert wird, lässt sich erneut zwar anhand der lexikalischen Frames beantworten, die in die Konstrukt-Frames eingehen, die Belege in (80) und (81) zeigen allerdings, dass die lexikalischen Bedeutungen unterschiedlicher LE desselben lexikalischen Frames auch hier Feindifferenzierungen erforderlich machen.

Meine in Unterabschnitt 6.2.3 für die doppelte Motivierung des KE WEG geäußerte Kritik am Semantic Coherence Principle von Goldberg (1995: 50–52) gilt ebenso für die Motivierung des KEE. Die wenigsten FE lexikalischer Frames, die gemeinsam mit dem FE Motion.THEME das KEE motivieren, lassen sich als spezifischere Instanzen dieses FE betrachten. In Tabelle 6.12 sind die drei lexikalischen Frames samt FE zusammengefasst, für die eine Kohärenz mit dem FE Motion.THEME des Konstruktions-Frames noch plausibel erscheint.

Tab. 6.12: Mögliche Parallelen zwischen dem FE Motion.THEME des Konstruktions-Frames und FE lexikalischer Frames der reflexiven Bewegungskonstruktion

Motion.THEME
Burying.THEME
Emptying.THEME
Filling.THEME

6.4 Sonderfälle

In den letzten beiden Abschnitten 6.2 und 6.3 habe ich jeweils einzelne KtE sowie das KEE der reflexiven Bewegungskonstruktion in den Blick genommen und die semantische Motivierung dieser Strukturelemente durch FE des lexikalischen Frames, des Konstruktions-Frames oder beider zugleich untersucht. Diese Untersuchungen sind für eine konstruktikographische Analyse äußerst relevant, da sie Aufschluss über einige zentrale Eigenschaften der Konstruktion geben und Ausgangspunkt von deren Analyse sind: ihr Koerzionspotenzial (Abschnitt 5.5), ihre Produktivität (Abschnitt 5.6) und ihre emergente Struktur (Abschnitt 5.7). Dies sind nicht zufällig drei semantische Parameter, die auch Eingang in einen Konstruktionseintrag finden müssen (Unterabschnitt 7.1.3) und für deren Messung die Analyse der Strukturparallelen eine Voraussetzung ist. Auf die dahingehende Verwertbarkeit dieser Analysen werde ich deshalb insbesondere in Kapitel 7 (besonders in den Abschnitten 7.4 bis 7.6) zurückkommen. Bisher noch nicht betrachtet wurden allerdings einige in den Daten auftretende Fälle, die teilweise im Zusammenhang mit der in den Abschnitten 6.2 und 6.3 diskutierten Klassifikation von Parallelen zwischen den Strukturelementen der Konstrukte einer Konstruktion und den FE von lexikalischen Frames und dem Konstruktions-Frame stehen. Zudem fehlen noch Erkenntnisse über die reflexive Partikelverbkonstruktion, welche sich bei der Analyse der Strukturparallelen von der reflexiven Bewegungskonstruktion in einigen Aspekten unterscheidet.

In diesem Abschnitt geht es um solche Sonderfälle. Zunächst untersuche ich den für die reflexive Bewegungskonstruktion öfter belegten Fall, dass gleich mehrere FE des Konstruktions-Frames, die die KtE des KE WEG motivieren, instanziiert werden: Motion.SOURCE, Motion.PATH, Motion.GOAL und Motion.DIRECTION können nicht nur abwechselnd über verschiedene Konstrukte hinweg auftreten, sondern auch gemeinsam in einem Konstrukt. Ich spreche in diesem Fall von einer mehrfachen Instanziierung eines KE (Unterabschnitt 6.4.1).

Ein gänzlich anderer Fall ist für die reflexive Partikelverbkonstruktion belegt: Ihr KE ⟨WEG⟩ ist, wie in Unterabschnitt 3.2.2 bereits dargestellt, als Nicht-Kern-

KE zu charakterisieren. Es kann durch ein KtE instanziiert werden (was im Falle der Realisierung als PP eine Überschneidung mit der reflexiven Bewegungskonstruktion markiert, vgl. Unterabschnitt 3.2.3) oder uninstanziiert bleiben. Da ich die Leistung des Konstruktions-Frames für die reflexive Bewegungskonstruktion überwiegend an den KtE des KE WEG demonstriert habe, ist es also interessant zu untersuchen, wie sich der Anteil des Konstruktions-Frames an Konstrukt-Frames äußert, die keine FE zur Motivierung dieses KtE vorsehen. In Unterabschnitt 6.4.2 ziehe ich deshalb ergänzend zur bisherigen Analyse die Daten der reflexiven Partikelverbkonstruktion heran, um diesem Aspekt nachzugehen.

Zuletzt zeigen sich in den Daten Fälle, in denen der lexikalische Frame, der in einen Konstrukt-Frame eingeht, zwar als unrelatiert zu klassifizieren ist (da er nicht in Frame-Nähe zum Konstruktions-Frame `Motion` steht), ein Anteil des Konstruktions-Frames an entsprechenden Konstrukt-Frames aber, entgegen der bisherigen Analysen, nicht nachzuweisen ist. Dies ist für die reflexive Partikelverbkonstruktion sowie für die reflexive Bewegungskonstruktion belegt. In Unterabschnitt 6.4.3 möchte ich dieses ebenso zu Sonderfällen von Strukturparallelen zwischen Konstruktionen und Frames zählende Phänomen in den Blick nehmen.

6.4.1 Mehrfache Instanziierung eines KE

In Unterabschnitt 3.1.2 habe ich die reflexive Bewegungskonstruktion als aus vier Strukturelementen bestehend eingeführt: den drei KE BEWEGENDES, EREIGNIS und WEG sowie dem KEE. Die KtE des KE WEG können dabei, wie ich in Unterabschnitt 6.2.2 gezeigt habe, im Falle einer einfachen Motivierung durch den Konstruktions-Frame durch die FE `Motion`.GOAL, `Motion`.PATH, `Motion`.SOURCE und `Motion`.DIRECTION einfach motiviert werden oder, wie in Unterabschnitt 6.2.3 gezeigt, unter Beteiligung ebendieser FE auch doppelt. Dass zwischen diesen FE eine Gemeinsamkeit besteht, ist nicht nur dadurch evident, dass sie das Inventar der möglichen FE des Konstruktions-Frames bilden, die für die Motivierung der KtE dieses KE infrage kommen, sondern auch dadurch, dass sie bereits innerhalb von `Motion` zusammenhängen und ein *Core Set* (Ruppenhofer et al. 2016: 25) bilden (dazu Unterabschnitt 7.3.3). Nun kommt es bisweilen vor, dass nicht nur eines dieser FE in einem Konstrukt instanziiert wird, sondern gleich mehrere.

Für `Motion` als lexikalischen Frame möchte ich dies an einigen Konstrukten zunächst illustrieren. Dabei sind verschiedene Kombinationen von FE möglich. Die Belege in (82) sind Beispiele für die Kombination aus `Motion`.SOURCE und `Motion`.GOAL.

(82) a. BÉDIÉ - er [Motion begab] sich am 3. Januar [SOURCE von seinem Zufluchtsort in Togo aus] [GOAL nach Paris, wo er eine Wohnung besitzt] - wollte damit OUATTARA, der einen burkinabischen Vater hat, von einer Kandidatur ausschließen. (Archiv der Gegenwart, 2001 [2000])

b. HASSAN [Motion begab] sich Mitte Oktober in Begleitung einer tausend Mann starken bewaffneten Eskorte [SOURCE von Djibouti aus] [GOAL nach Mogadischu], um seine Macht von dort aus auszuüben. (Archiv der Gegenwart, 2001 [2000])

c. Der Kommissionsentwurf [Motion bewegte] sich [SOURCE vom anfänglichen Bestimmungslandprinzip] inzwischen [GOAL zu einem Herkunftslandprinzip], freilich mit vielen Ausnahmen, darunter „Maßnahmen" (was immer das meint) zum Schutz der öffentlichen Ordnung, Gesundheit, Sicherheit - und der Verbraucher. (Die Zeit, 23.03.2000, Nr. 13)

Die Belege in (83) sind Beispiele für die Kombination aus den FE Motion.PATH und Motion.GOAL.

(83) a. Von einem Lkw aus gestartet, [Motion begibt] sich der zwei Meter lange Deltaflügler [PATH auf programmierter Flugbahn] [GOAL in die Zielregion]. (Die Zeit, 17.02.2000, Nr. 8)

b. Das „wahrscheinlich" gründete sich dabei ausschließlich auf das Vertrauen in die Überzeugungskraft seiner eigenen Argumente, die er am gleichen Tag Bismarck in einem Schreiben und am folgenden Tag dem Kaiser in einem ebensolchen vortrug, in dem er diesen zugleich um eine Audienz für einen Bevollmächtigten bat - er selber [Motion begab] sich in diesen Tagen „auf ärztlichen Rat" [PATH über Italien] [GOAL nach Nizza]. (Gall, Lothar: Krupp, Berlin: Siedler 2000, S. 174)

Belegt sind indes nicht nur Kombinationen aus zwei FE, wie die soeben betrachteten, sondern ebenso Kombinationen aus drei FE. Die Belege in (84) sind Beispiele für die Instanziierung von Motion.SOURCE, Motion.DIRECTION und Motion.GOAL.

(84) a. Jonas [Motion wand] sich [SOURCE aus dem Kofferraum] [DIRECTION nach vorne] [GOAL auf die Rückbank des Autos]. (Glavinic, Thomas: Die Arbeit der Nacht, München Wien: Carl Hanser Verlag 2006, S. 346)

b. Schiller war kein Autor, der von innen kommt, er [Motion bewegte] sich [DIRECTION in der Gegenrichtung], [SOURCE von außen] [GOAL nach innen]. (Safranski, Rüdiger: Friedrich Schiller, München Wien: Carl Hanser 2004, S. 118)

Eine zweite Kombination aus drei FE zeigen die beiden Belege in (85) mit den FE `Motion`.PATH, `Motion`.SOURCE und `Motion`.GOAL.

(85) a. Er [$_{\text{Motion}}$ schlängelt] sich [$_{\text{SOURCE}}$ vom Hermon-Gebirge] [$_{\text{GOAL}}$ zum See Genezareth und zum Toten Meer], [$_{\text{PATH}}$ durch ein Gebiet, das unter ständiger Trockenheit leidet]. (o. A. [kago]: Jordan. In: Aktuelles Lexikon 1974-2000, München: DIZ 2000 [2000])

b. Ein Drahtseil ist über den Fluß gespannt, mit einer beweglichen Winde ist das Fährboot daran festgetäut, und während die gewaltige Strömung auf das querstehende Ruder drückt, [$_{\text{Motion}}$ bewegen] sich Boot und Winde seitlich [$_{\text{PATH}}$ am Seil entlang] [$_{\text{SOURCE}}$ von einem Ufer] [$_{\text{GOAL}}$ zum andern]. (Düffel, John von: Vom Wasser, München: dtv 2006, S. 192)

Das Phänomen ist indes nicht allein auf `Motion` als lexikalischen Frame beschränkt, auch andere relatierte lexikalische Frames erlauben es. Die Belege in (86) sind Beispiele für den relatierten lexikalischen Frame `Self_motion` und die Kombination aus den FE `Self_motion`.SOURCE und `Self_motion`.GOAL.

(86) a. Ich [$_{\text{Self\_motion}}$ hangelte] mich [$_{\text{SOURCE}}$ von einem Zweijahresvertrag] [$_{\text{GOAL}}$ zum nächsten] und schrieb ab und zu Aufsätze. (Goosen, Frank: Liegen lernen, Frankfurt am Main: Eichborn AG 2000, S. 236)

b. Menschenaffen [$_{\text{Self\_motion}}$ hangeln] sich noch heute [$_{\text{SOURCE}}$ von Ast] [$_{\text{GOAL}}$ zu Ast], unter elegantem Einsatz von Hand und Fuß. (Die Zeit, 23.03.2000, Nr. 13)

Auch für den relatierten lexikalischen Frame `Body_movement` ist eine ähnliche Kombination belegt, allerdings mit den beiden Nicht-Kern-FE `Body_movement`.⟨SOURCE⟩ und `Body_movement`.⟨GOAL⟩, wie die Beispiele in (87) zeigen.

(87) a. Der Schläfer [$_{\text{Body\_movement}}$ wälzte] sich wie üblich [$_{\langle\text{SOURCE}\rangle}$ von einer Seite] [$_{\langle\text{GOAL}\rangle}$ zur anderen]. (Glavinic, Thomas: Die Arbeit der Nacht, München Wien: Carl Hanser Verlag 2006, S. 172)

b. Katja [$_{\text{Body\_movement}}$ beugte] sich [$_{\langle\text{SOURCE}\rangle}$ von der anderen Seite] [$_{\langle\text{GOAL}\rangle}$ über ihren Bruder] und legte die Hand auf seine Stirn, als sei sie die Mutter. (Franck, Julia: Lagerfeuer, Köln: DuMont Literatur und Kunst Verlag 2003, S. 163)

Die mehrfache Instanziierung ein und desselben Elements in voneinander getrennten syntaktischen Konstituenten ist bereits in der traditionellen Grammatik bei Korrelaten wie dem Pronomen *es* bekannt (vgl. z.B. Duden 2016: 835–836, 1069–1071), konstruktionsgrammatisch wird ein solcher Fall als *nominale Extra-*

position (Michaelis & Lambrecht 1996) oder „[d]ouble instantiation“ (Fried 2015: 994) analysiert. Anders als bei Korrelaten ist es bei der mehrfachen Instanziierung eines KE allerdings nicht so, dass „the properties of a single valence element are distributed over two discrete syntactic units“ (Fried 2015: 994), sondern es sind gerade mehrere *unterschiedliche* FE, die instanziiert werden. Ihre Zusammengehörigkeit begründet sich darin, dass sie KtE motivieren, die zu einem KE zusammengefasst werden können. Die Notwendigkeit einer Unterscheidung zwischen KE und KtE einerseits und (deren Motivierung durch) FE andererseits zeigt sich hier besonders deutlich.

Argumentiert man zunächst rein frame-semantisch und nicht aus der Perspektive einer syntaktischen Konstruktion, so erscheinen diese Belege unproblematisch: Mehrere FE eines Frames können problemlos gemeinsam instanziiert werden. Lenkt man den Blick nun aber auf Konstrukte der reflexiven Bewegungskonstruktion, deren Konstrukt-Frames – anders als diejenigen der Belege in (82)–(85) – nicht auf einem relatierten, sondern auf einem unrelatierten lexikalischen Frame basieren, braucht es einen anderen Erklärungsansatz. Für die bisher diskutierten Konstrukte der reflexiven Bewegungskonstruktion (Unterabschnitt 6.2.2 und 6.2.3) bin ich implizit davon ausgegangen, dass das KE WEG lediglich durch eine einzelne PP als KtE realisiert wird (vgl. Abbildung 6.2 in Unterabschnitt 6.1.2). Nun existieren allerdings analog zu den in (82)–(85) zitierten Belegen mit einem relatierten lexikalischen Frame solche, in deren Konstrukt-Frames ein unrelatierter Frame eingeht. Unter den – wenigen – Konstrukten, die dafür belegt sind, ist Beleg (88) ein Beispiel für die Kombination der FE `Motion`.SOURCE und `Motion`.GOAL mit dem lexikalischen Frame `Rescuing` und der LE *retten* (*rescue.v*).

(88) Mommsen [$_{\texttt{Rescuing}}$ rettete] sich [aus der Welt der Tatsachen ^{SOURCE}] [in die der Gefühle ^{GOAL}]: (de Bruyn, Günter: Preußens Luise, Siedler 2001, S. 87)

Auch die Kombination aus `Motion`.PATH und `Motion`.GOAL ist belegt, so für Beleg (89) für den lexikalischen Frame `Smuggling` und die LE *schmuggeln* (*smuggle.v*). In beiden Fällen liegt eine doppelte Motivierung mit `Smuggling`.PATH bzw. `Smuggling`.GOAL vor.

(89) Und wenn die Jungs nach getaner Tat in den Armen der Liebsten schlummern, [$_{\texttt{Smuggling}}$ schmuggelt] sich Rudi mittels Dollars und Autogrammfußbällen [$_{\text{PATH}}$ am Endlosstau von Brest vorbei ^{PATH}] [$_{\text{GOAL}}$ nach Polen ^{GOAL}] rein. (Die Zeit, 24.02.2000, Nr. 9)

Darüber hinaus findet sich auch ein Beleg (90), in dessen Konstrukt-Frame eines der FE des Konstruktions-Frames, `Motion`.GOAL, in doppelter Motivierung mit einem FE des lexikalischen Frames Seeking für die LE *tasten* (*grope.v*) erscheint. Hinzu kommt separat das FE Motion.PATH in einfacher Motivierung.

(90) Die Frau [$_{\text{Seeking}}$ tastet] sich [an der Wand entlang ^{PATH}] [$_{\text{SOUGHT\_ENTITY}}$ zu der Alten ^{GOAL}] hinüber und hockt sich schwerfällig neben sie hin. (Venske, Regula: Marthes Vision, Frankfurt am Main: Eichborn Verlag 2006, S. 189)

Wie ist mit diesen Befunden umzugehen? Die bisherige Annahme, das KE WEG wird durch eine einzige PP realisiert, kann vor diesem Hintergrund nicht mehr aufrechterhalten werden. Gleichzeitig stellen solche Phänomene aber auch die in diesem Kapitel entwickelte Vorstellung der semantischen Motivierung von KtE vor eine Herausforderung: Die Instanz *eines* KE wird hier nicht nur entweder durch *ein* FE des Konstruktions-Frames (einfach) oder durch jeweils *ein* FE des lexikalischen Frames und des Konstruktions-Frames (doppelt) motiviert, sondern es treten gleich mehrere FE des Konstruktions-Frames auf, teils sogar in doppelter Motivierung mit FE eines lexikalischen Frames. Wie gestalten sich die Strukturparallelen zwischen KtE und FE in diesen Fällen? Ich möchte dafür argumentieren, dass hier ein besonderer Fall der Instanziierung eines KE vorliegt, nämlich der, dass ein KE durch mehrere KtE instanziiert wird, die jeweils einfach oder doppelt motiviert werden. In den Belegen (88)–(90) – aber auch in allen für einen relatierten lexikalischen Frame – entspricht also jede Instanz eines FE wie Motion.GOAL, Motion.PATH, Motion.SOURCE oder Motion.DIRECTION (ggf. in doppelter Motivierung mit einem FE eines unrelatierten lexikalischen Frames) einem KtE des KE WEG, das KE wird mithin mehrfach instanziiert. Dass es sich dabei zwar um mehrere KtE, aber um dasselbe KE, nämlich WEG, handelt, liegt offensichtlich daran, dass die vier FE von Motion zu einem Core Set gehören. Diese Eigenschaft der FE ist, wie ich in Unterabschnitt 7.3.3 näher diskutieren werde, eine wesentliche Voraussetzung, die Instanzen dieser vier FE als mehrere KtE *eines* KE zu betrachten.

Die Verhältnisse der mehrfachen Instanziierung eines KE lassen sich wie in Abbildung 6.6 schematisch darstellen. Die Pfeile von den FE des Frames Motion zum KE WEG der reflexiven Bewegungskonstruktion sollen andeuten, dass die semantische Definition des KE gewissermaßen eine Kumulation der Definitionen der FE darstellt, die entsprechend konstruktikographischen Niederschlag finden muss (dazu Unterabschnitt 7.3.3). Gleichzeitig wird durch die Pfeile vom KE zu den einzelnen KtE deutlich, dass für diesen Fall nicht ein FE die Motivierung eines einzigen KtE leistet, sondern dass mehrere FE zugleich in mehreren KtE instanziiert werden können.

Bei der in Unterabschnitt 3.1.2 eingeführten Struktur der reflexiven Bewegungskonstruktion mit vier Strukturelementen (BEWEGENDES, EREIGNIS, KEE

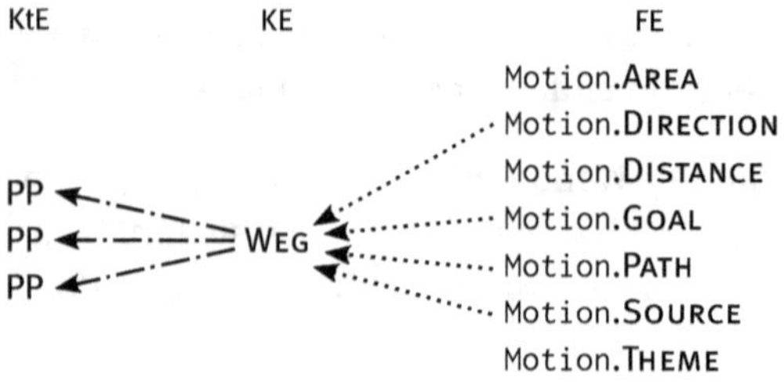

Abb. 6.6: Mehrfache Instanziierung des KE WEG der reflexiven Bewegungskonstruktion

und WEG) kann es somit bleiben. Die Anzahl der KE ändert sich in Konstrukten wie denen in (82)–(85) und (88)–(90) nicht, sondern lediglich die Anzahl der KtE, die für die reflexive Bewegungskonstruktion größer sein kann als die Anzahl der KE. Diese Besonderheit lässt sich durch den Konstruktions-Frame `Motion` erklären. Seine Struktur mit den vier FE, die zu einem Core Set gehören, macht diese Strukturerweiterung eines *Konstrukts* erst möglich. Selbstverständlich sie auch mit (relatierten) lexikalischen Frames möglich, die über ein analoges Core Set verfügen. Zu ihnen zählen etwa `Self_motion` (in Frame-Nähe von +1 in Vererbungsrelation) oder `Fleeing` (in Frame-Nähe von +2 in Vererbungsrelation).

Die Generalisierung des KE WEG im Rückgriff auf ein Core Set unterscheidet sich von derjenigen des FrameNet-Konstruktikons, das für die *way*-Konstruktion mit den FE `Motion`.DIRECTION, `Motion`.GOAL, `Motion`.PATH und `Motion`.SOURCE korrespondierende, einzelne KE ansetzt (vgl. Tabelle 2.4 in Unterabschnitt 2.3.2).[81] Dieses Vorgehen halte ich aus mehreren Gründen für problematisch. Zunächst resultiert es im Konstruktionseintrag in einer inflationären Vermehrung von KE, die regelmäßig nicht instanziiert werden, denn die gleichzeitige Instanziierung der zu einem Core Set gehörenden FE ist für die reflexive Bewegungskonstruktion, insbesondere wenn es sich um unrelatierte lexikalische Frames handelt, ein eher seltenes Phänomen. Zudem missachtet die Ansetzung unterschiedlicher KE die Unterscheidung in relatierte und unrelatierte lexikalische Frames. Geht in den Konstrukt-Frame ein relatierter lexikalischer Frame ein, dessen FE sich von denen

---

81 Ähnlich gehen auch Ziem & Flick (2019: 205, Anm. 5) und Ziem, Flick & Sandkühler (2019: 68, Anm. 3) sowie Ziem (2020a: 27, Anm. 19) vor, wenn sie das zweite in einem Konstrukt instanziierte FE als Nicht-Kern-*KE* deuten. Diese Analyse schreibt jedoch einem der FE eines Core Sets den Status als Kern-KE zu, während es anderen den Status als Nicht-Kern-KE zuschreibt. Die Festlegung, welches FE den Kern-Status erhält, ist dann jedoch nicht nur potenziell arbiträr, sondern verschleiert auch den Fakt, dass jedes der FE in einem Core Set auch nur einmal instanziiert werden kann (vgl. die Analysen in Unterabschnitt 6.2.2). Somit müssen die FE des Core Sets gleichberechtigt behandelt werden, ein weiteres Argument für die Analyse einer mehrfachen Instanziierung *eines* KE WEG.

von Motion hinreichend unterscheiden, sind manche dieser multiplen KE gänzlich obsolet. So verfügt etwa der Frame Body_movement, für den das Phänomen, wie in (87) zu sehen, ebenfalls belegt ist, nicht über ein FE ‚DIRECTION', das bei ihm als relatiertem lexikalischen Frame nicht instanziiert werden kann. Der Konstruktionseintrag würde dann ein KE vorsehen, das analog in diesem Fall nicht instanziierbar ist, was ihn unnötig überkomplex werden lässt und die Eigenschaften bestimmter lexikalischer Frames schlicht übergeht. Im ungünstigsten Fall würde dies zusätzlichen konstruktikographischen Aufwand bedeuten, da entsprechende Ausnahmen für bestimmte lexikalische Frames formuliert werden müssten.

Eine Generalisierung, die von der mehrfachen Instanziierung *eines* KE ausgeht, ist demgegenüber im Vorteil, weil sie ebendiese inflationäre Vermehrung von KE im Konstruktionseintrag vermeidet und gleichzeitig eine Generalisierung über unterschiedliche FE, die zu einem Core Set gehören, in einem KE ermöglicht – ein wesentliches Instrument zur Definition von KE (vgl. Unterabschnitt 7.3.3). Zudem wird dadurch überhaupt die Unterscheidung zwischen KE und (die Motivierung ihrer KtE durch) FE aufrecht erhalten, denn würden FE direkt als Äquivalenzen zu KE in den Konstruktionseintrag übernommen, würden die sich unterschiedlich ausprägenden Motivierungsverhältnisse, die ich in diesem Kapitel untersucht habe, gänzlich verwischt. Zuletzt kann die vorliegende Generalisierung für eine größere Zahl relatierter lexikalischer Frames Geltung beanspruchen, eben für solche, deren FE sich nicht direkt mit denjenigen von Motion parallelisieren lassen oder, wie Body_movement, gar nicht erst über bestimmte FE verfügen. Dass ein separater Konstruktions-Frame wie Motion für den Fall, dass die Motivierung aller KtE durch die FE eines relatierten lexikalischen Frames geleistet wird (Unterabschnitt 6.2.1) an einem Konstrukt-Frame gar keinen Anteil hat, wird damit offengelegt. Diese Zusammenhänge würden bei der Annahme multipler KE wie im FrameNet-Konstruktikon ignoriert.

6.4.2 Nicht-Kern-KE und null-instanziierte FE

Der zur mehrfachen Instanziierung eines KE, die ich soeben diskutiert habe, genau entgegengesetzte Fall betrifft KE, die in einigen Konstrukten der betreffenden Konstruktion einfach instanziiert werden, in anderen wiederum gar nicht. Die reflexive Beweungskonstruktion, die ich bisher als Beispiel für die Strukturparallelen zwischen Konstruktionen und Frames herangezogen habe, betrifft dies nicht, wohl aber die reflexive Partikelverbkonstruktion.

Wie bereits in Unterabschnitt 3.2.2 bemerkt, weist die reflexive Partikelverbkonstruktion ähnlich wie die reflexive Bewegungskonstruktion das KE ⟨WEG⟩ auf, mit dem Unterschied, dass es sich dabei um ein Nicht-Kern-KE handelt. An den Belegpaaren in (91)–(93) lässt sich erkennen, dass das KE ⟨Weg⟩ für die reflexive Partikelverbkonstruktion nicht obligatorisch ist, sondern fakultativ instanziiert werden kann.[82] Es handelt sich um ein Nicht-Kern-KE im Sinne von Ziem & Flick (2019: 205) und Ziem, Flick & Sandkühler (2019: 67–68). Die jeweiligen a-Belege in (91)–(93) zeigen nun Konstrukte, in denen das KE uninstanziiert ist, während die b-Belege solche, in denen es instanziiert ist, zeigen. Besonders deutlich lässt sich diese Alternation zwischen uninstanziiertem und instanziiertem KE in Belegen mit derselben LE, die denselben lexikalischen Frame evoziert, beobachten. In (91) ist dies `Self_motion` mit der Basisverb-LE *schleichen* (*sneak.v*), in (92) `Motion_directional` mit der LE *senken* (*descend.v*) und in (93) `Cause_to_move_in_place` mit der LE *drehen* (*turn.v*).

(91) a. Im vierten Affärenmonat {schleicht sich das Gift der Ermüdung ein}. (Die Zeit, 24.02.2000, Nr. 9)

b. {Sie schleichen sich [⟨Weg⟩ ins Innere der Festung] ein}. (Schwanitz, Dietrich: Männer, Frankfurt a. M.: Eichborn 2001, S. 295)

(92) a. Aus den sieben Uhr, wo wir die Insel hätten erreichen müssen, wurden acht, dann neun, halb zehn in Wolken, {die sich immer weiter herabsenkten}. (Schrott, Raoul: Tristan da Cunha oder die Hälfte der Erde; Hanser Verlag 2003, S. 440)

b. Er lügt zu jeder Zeit, dieser Nevskij-Prospekt, doch am meisten dann, wenn {sich die Nacht als dichtes Gewölk [⟨Weg⟩ auf ihn] herabsenkt} und die weißen und gelben Mauern der Häuser trennt, wenn sich die ganze Stadt in Donner und Blitz verwandelt, Myriaden Karossen sich über die Brücken wälzen, die Vorreiter schreien und auf ihren Pferden vorbeisprengen und wenn der Dämon selber die Lampen anzündet – einzig deshalb, um alles nicht in seiner wahren Gestalt zu zeigen. (Schlögel, Karl: Petersburg, München Wien: Carl Hanser Verlag 2002, S. 206)

(93) a. Barbara sagte „Okay“, {drehte sich um} und ging. (Goosen, Frank: Liegen lernen, Frankfurt am Main: Eichborn AG 2000, S. 132)

82 Dass es sich dabei tatsächlich um ein Charakteristikum dieser Konstruktion handelt, die auf den Gegensatz zwischen Partikelverben und simplizischen Verben zurückzuführen ist, bemerkt bereits Knobloch (2009: 552–553). Auch dies ist ein Grund, den formalen Aspekt der Instanziierung des KE Ereignis durch ein Partikelverb etwa im Namen der Konstruktion zu betonen (dazu auch Unterabschnitt 7.2.1).

b. Dann fuhr er rechts ran, {drehte sich [$_{\langle\text{WEG}\rangle}$ zu ihr] um} und fragte sie, ob sie nicht irgendwo was trinken gehen sollten. (Goosen, Frank: Liegen lernen, Frankfurt am Main: Eichborn AG 2000, S. 121)

Für eine Partikelverbkonstruktion wie die reflexive Partikelverbkonstruktion sind Fälle, in denen zusätzlich zur Verbpartikel eine direktionale PP, hier also ein KtE des KE ⟨Weg⟩ instanziiert wird, ungewöhnlich. Aus diesem Grund hat Olsen (1996b) für dieses Phänomen den Begriff des *pleonastischen Direktionals* eingeführt.[83] Sie bezeichnet solche PP als pleonastisch, „um den (von der Grammatik aus gesehen) redundanten Charakter, den sie im Zusammenhang mit einem Partikelverb zweifellos haben, hervorzuheben." (Olsen 1996b: 304).[84] Für lexikalistisch ausgerichtete Grammatiktheorien sind pleonastische Direktionale, die zusammen mit Partikelverben auftreten, problematisch, weil die Verbpartikel bereits als ein Argument des Basisverbs gelten muss, sodass für die semantisch verwandte direktionale PP keine Argumentstelle mehr übrig bleibt (vgl. Olsen 1996b: 305, 1997b: 17, 1999: 232). Die damit verbundene Frage nach dem Lizenzierungsmechanismus pleonastischer Direktionale beantwortet Olsen (1996b: 304–305, 1997b: 15, 1999: 232) dadurch, dass die PP als Modifikator der Verbpartikel auftritt und deren eher implizite semantische Eigenschaften expliziert.

Diese Beobachtungen lassen sich aus konstruktionssemantischer Perspektive einerseits einfach reformulieren, bedürfen andererseits aber einer Konkretisierung. Das erwähnte Lizenzierungsproblem ist unter der Annahme einer Konstruktion als eigenständiges ‚Form-Bedeutungs-Paar' keines mehr: Die Lizenzierung eines pleonastischen Direktionals, im Falle der reflexiven Partikelverbkonstruktion als eines KtE des KE ⟨Weg⟩, findet nicht lexikalisch über das Verb, das als KtE des KE Ereignis in Erscheinung tritt, statt, sondern geschieht über die Konstruktion an sich. Selbst wenn die Argumentstruktur des Verbs keine Argumentstelle für ein Direktional vorsieht, kann diese weiterhin durch die Konstruktion beigetragen werden. Mehr noch: Nicht nur das Auftreten des pleonastischen KtE von ⟨Weg⟩ kann durch die Konstruktion lizenziert werden, sondern ebenso das Auftreten der Verbpartikel (als Instanz des KEE Richtung), mithin also der Wortbil-

83 Allerdings spricht bereits Harnisch (1982: 119) bei diesen Fällen von „pleonastisch oder zumindest redundant erscheinenden ‚*Doppelungen*'". Das Phänomen selbst wird indes bereits von Kühnhold (1973: 184) beschrieben, die von einem „Valenzabbau gegenüber dem Grundverb" (im Falle einer fehlenden Instanziierung des KE ⟨Weg⟩) spricht und gleichermaßen auf die Fakultativität der PP hinweist (vgl. Kühnhold 1973: 184).

84 In einem ähnlichen Kontext ist auch die Beobachtung von Kunze (1995: 22) für die reflexive Bewegungskonstruktion zu sehen, dass die direktionale PP (also das KE Weg) durch eine Verbpartikel ersetzt werden kann, was allerdings – ohne dass Kunze dies erwägt – den Übergang zur reflexiven Partikelverbkonstruktion markiert (vgl. dazu bereits Unterabschnitte 3.2.1 und 3.2.3).

dungsprozess von einem simplizischen Basisverb hin zu einem Partikelverb. Beides lässt sich an Konstrukten der reflexiven Partikelverbkonstruktion, die einen unrelatierten lexikalischen Frame evozieren, illustrieren.

Bevor ich also auf die Strukturparallelen zwischen den KtE des KE ⟨WEG⟩ und entsprechenden FE eingehe und im Zuge dessen auf die Frage nach der Lizenzierung von Ersteren zurückkomme, sei ein Blick auf die Lizenzierung der Partikel (also des KEE RICHTUNG) gerichtet. In Konstrukten der reflexiven Partikelverbkonstruktion, die einen unrelatierten lexikalischen Frame evozieren, ist bereits für die Partikel keine Argumentstelle, d.h. kein FE im jeweiligen lexikalischen Frame, vorgesehen. Dieses muss also durch den Konstruktions-Frame bereitgestellt werden. Als FE kommt hierfür `Motion`.DIRECTION infrage, auf die tendenziell unspezifische Richtung der im Konstrukt ausgedrückten ‚Bewegung' hinweist und die wesentliche Motivation für die Benennung des KEE mit RICHTUNG ist (vgl. dazu schon Unterabschnitt 3.2.2). Fälle, in denen die Partikel nicht durch den lexikalischen Frame allein syntaktisch lizenziert und damit semantisch motiviert werden kann, sind eine wesentliche Motivation dafür, sie als eigenständiges KEE anzunehmen.

Beispiele, in denen sich Motivierungen der Partikel durch den Konstruktions-Frame finden lassen, sind größtenteils analog zur einfachen Motivierung der KtE des KE WEG der reflexiven Bewegungskonstruktion (Unterabschnitt 6.2.2) und betreffen lexikalische Frames wie `Daring` (94), `Hostile_encounter` (95), `Chatting` (96), `Work` (97) oder `Ingestion` (98).

(94) a. Sie [$_{\texttt{Daring}}$ wagte] sich allerdings nur [hinein ^{DIRECTION}], wenn jemand dabei war, entweder Minna, ihre große Schwester, oder ihre Mutter. (Pressler, Mirjam: Malka Mai, Weinheim Basel: Beltz & Gelberg 2001, S. 6)

b. Obwohl nach den Untersuchungen der Uno und der OECD fast alle EU-Staaten Einwanderer brauchen werden, [$_{\texttt{Daring}}$ wagt] sich im Augenblick niemand [vor ^{DIRECTION}]. (Die Zeit, 02.03.2000, Nr. 10)

c. „Der [$_{\texttt{Daring}}$ wagt] sich nicht mehr [raus ^{DIRECTION}]! (Boie, Kirsten: Skogland, Ort: Hamburg 2005, S. 202)

(95) a. Mühsam [$_{\texttt{Hostile\_encounter}}$ kämpft] sich dieses Ein-Milliarden-Volk [voran ^{DIRECTION}]. (Weizsäcker, Richard von: Dreimal Stunde Null? 1949 1969 1989, Berlin: Siedler Verlag 2001, S. 186)

b. Ich [$_{\texttt{Hostile\_encounter}}$ kämpfte] mich [hinaus ^{DIRECTION}] und stieg im Garten den Hang hinauf. (Schulze, Ingo: Neue Leben, Berlin: Berlin Verlag 2005, S. 159)

(96) a. Michaela [$_{\texttt{Chatting}}$ redete] sich jedesmal [heraus ^{DIRECTION}]. (Schulze, Ingo: Neue Leben, Berlin: Berlin Verlag 2005, S. 577)

b. „Der Rektor [$_{\texttt{Chatting}}$ redet] sich [raus ^{DIRECTION}]“, sagt Berthold-Kuhles und sieht sich mittlerweile vor der Frage, „ob es für mich nicht günstiger ist, zum Sozialamt zu gehen“. (Die Zeit, 13.04.2000, Nr. 16)

(97) Breiring kam ins Krankenhaus, Eichhorn hatte Semesterferien, er übernahm den Laden, [$_{\texttt{Work}}$ arbeitete] sich in ein paar Tagen [ein ^{DIRECTION}], benutzte die Karte und die Fähnchen bald so geläufig wie jedes andere einleuchtend konstruierte Werkzeug. (Kopetzky, Steffen: Grand Tour, Frankfurt am Main: Eichborn 2002, S. 154)

(98) Der Gestank, der trotz des Regens in der Luft liegt, ist so widerlich, daß sogar die Fliegen fortbleiben; nur die Ratten vermehren sich, [$_{\texttt{Ingestion}}$ fressen] sich [durch ^{DIRECTION}] und bauen sich Nester in den fauligen Eingeweiden. (Schrott, Raoul: Tristan da Cunha oder die Hälfte der Erde; Hanser Verlag 2003, S. 256)

In solchen Konstrukten wird die Partikel als Instanz des KEE Richtung nicht durch den lexikalischen Frame, sondern durch den Konstruktions-Frame motiviert, da im lexikalischen Frame kein FE für ihre Motivierung angelegt ist. Das FE `Motion`.Direction ergänzt somit den ansonsten unvollständigen Konstrukt-Frame. Darüber hinaus kann die Frage gestellt werden, ob die Partikel dafür verantwortlich gemacht werden kann, den Konstruktions-Frame überhaupt erst zu evozieren (dazu Unterabschnitt 8.3.1).

Für die fakultative Instanziierung des Nicht-Kern-KE ⟨Weg⟩ gelten nun dieselben Prinzipien wie für die Lizenzierung der Partikel. Relatierte lexikalische Frames wie diejenigen, die in Konstrukten wie denen in (91) und (92) den Konstrukt-Frame konstituieren, stellen bereits ein FE bereit, das durch ein KtE von ⟨Weg⟩ instanziiert wird. Die Zusammenhänge sind hier also analog zu der Instanziierung des KE Weg der reflexiven Bewegungskonstruktion, die ich in Unterabschnitt 6.2.1 diskutiert habe.

Ebenso analog ist die Instanziierung des Nicht-Kern-KE ⟨Weg⟩ der reflexiven Partikelverbkonstruktion, die sich in Konstrukten mit einem unrelatierten lexikalischen Frame beobachten lässt. Die folgenden Belege sind Beispiele für die bereits diskutierten lexikalischen Frames `Daring` (99), `Hostile_encounter` (100), `Work` (101) und `Ingestion` (102).

(99) a. Wie die Franzosen platzierten sie ihre Anlagen an den attraktivsten Stränden rund ums Mittelmeer und [$_{\texttt{Daring}}$ wagten] sich bald auch [auf andere sonnenverwöhnte Erdteile ^{GOAL}] vor, in denen immer sommerliche Temperaturen herrschten. (Die Zeit, 09.03.2000, Nr. 11)

b. Aber früher, als wir noch klein waren, [$_{\texttt{Daring}}$ traute] sich niemand [an uns ^{GOAL}] heran, auch nicht in Mückes Gegend, denn wir standen unter dem Schutz seines Bruders, und dessen Rache würde fürchterlich sein. (Goosen, Frank: Liegen lernen, Frankfurt am Main: Eichborn AG 2000, S. 88)

c. Er meidet diese Gegend, [$_{\texttt{Daring}}$ wagt] sich nicht [auf den Hügel ^{GOAL}] herauf, fürchtet noch den entferntesten Blickkontakt mit einem Mitglied seiner Familie. (Beyer, Marcel: Spione, Köln: DuMont 2000, S. 126)

d. Und doch erschrickt man bei der neuen CD des Altmeisters, der sich von der Musik weit vor[$_{\texttt{Daring}}$ wagt] [in Meditation und Glaubenswelten ^{GOAL}], wie er es in seinem jüngsten Buch dokumentiert: (Die Zeit, 27.01.2000, Nr. 5)

(100) a. Die überrumpelte Frau will, man merkt es ihr an, keine Spielverderberin sein und [$_{\texttt{Hostile\_encounter}}$ ringt] sich gegen spürbare Widerstände [zum Mitmachen ^{GOAL}] durch. (Die Zeit, 20.01.2000, Nr. 4)

b. Das von Uganda unterstützte MLC BEMBAs, mittlerweile eine der größten Rebellengruppen, kontrolliert weite Gebiete im Osten und Norden des Kongo und [$_{\texttt{Hostile\_encounter}}$ kämpft] sich [in Richtung der Hauptstadt Kinshasa ^{DIRECTION}] vor. (Archiv der Gegenwart, 2001 [2000])

c. Nass geschwitzt stiegen sie wieder zur Straße hinauf – nachdem Staubfinger dem starrköpfigen Wagen einen letzten Tritt versetzt hatte –, kletterten über die Mauer, die aussah, als wäre jeder einzelne Stein mehr als tausend Jahre alt, und [$_{\texttt{Hostile\_encounter}}$ kämpften] sich [den Hang ^{PATH}] hinauf. (Funke, Cornelia: Tintenherz, Hamburg: Cecilie Dressler Verlag 2003, S. 226)

d. Sie haben die Menschenrechte zur Richtschnur der Außenpolitik erklärt - und [$_{\texttt{Hostile\_encounter}}$ ringen] sich [zu keiner Verurteilung des Tschetschenien-Krieges ^{GOAL}] durch. (Die Zeit, 23.03.2000, Nr. 13)

(101) Sein Herz [$_{\texttt{Work}}$ arbeitete] sich voran, immer höher, immer dichter [unter die Haut ^{GOAL}]. (Schulze, Ingo: Neue Leben, Berlin: Berlin Verlag 2005, S. 751)

(102) Frisch beieinander sollten die Kleider der beiden verhindern, daß er sich [aus dieser Ehe ^{SOURCE}] heraus[$_{\texttt{Ingestion}}$ säuft]. (Müller, Herta: Der König verneigt sich und tötet, München: Carl Hanser Verlag 2003, S. 8)

In Konstrukten wie diesen werden sowohl die Partikel als auch die KtE des KE ⟨Weg⟩ durch den Konstruktions-Frame `Motion` motiviert. Die Partikel wird stets durch das FE `Motion`.Direction motiviert, während die Motivierung der KtE des KE ⟨Weg⟩ wie in der reflexiven Bewegungskonstruktion für das KE Weg variiert.

Tab. 6.13: Konstrukte der reflexiven Partikelverbkonstruktion ohne Instanziierung des Nicht-Kern-KE ⟨Weg⟩

Lexikalischer Frame	Konstrukte	Anteil
Relatiert	168	36,13 %
Unrelatiert	297	63,87 %
Gesamt	465	100,00 %

Tab. 6.14: Konstrukte der reflexiven Partikelverbkonstruktion mit Instanziierung des Nicht-Kern-KE ⟨Weg⟩

Lexikalischer Frame	Konstrukte	Anteil
Relatiert	136	35,32 %
Unrelatiert	249	64,68 %
Gesamt	385	100,00 %

Aber noch immer unbeantwortet bleibt die Frage, warum das KE in manchen Konstrukten instanziiert wird, in anderen aber nicht. Eine Antwort darauf muss den Zusammenhang zwischen der semantischen Motivierung der Partikel als Instanz des KEE Richtung und derjenigen der KtE des KE ⟨Weg⟩ adressieren, was zugleich eine detailliertere Untersuchung der FE, die für diese Motivierung infrage kommen, erfordert.

Wie bereits aus der Diskussion um die pleonastische Natur der KtE des KE ⟨Weg⟩ abzuleiten ist, liegt es nahe anzunehmen, dass die fehlende Instanziierung dieses Nicht-Kern-KE den prototypischen Fall darstellt, während die durch seine Instanziierung ausgelöste ‚doppelte' Kodierung desselben semantischen Aspekts einen selteneren Fall darstellt. Anhand der Daten zur reflexiven Partikelverbkonstruktion lässt sich diese Annahme überprüfen. Wie die Tabellen 6.13 und 6.14 zeigen, bestätigt sie sich: Die Mehrheit der insgesamt 850 Konstrukte dieser Konstruktion weist eine fehlende Instanziierung des KE ⟨Weg⟩ auf (465 Konstrukte), während die Instanzierung des KE ⟨Weg⟩ quantitativ niedriger liegt (385 Konstrukte).

Wie lassen sich diese Beobachtungen, sowohl die Instanziierung des KE als auch dessen frequentere fehlende Instanziierung, semantisch deuten? Um eine Antwort zu bekommen, ist es vonnöten, noch einmal den Zusammenhang zwischen der Partikel und der Instanziierung des KE ⟨Weg⟩ in den Blick zu nehmen. Für Olsen (1996b) stellt sich der Zusammenhang zwischen Partikel und pleonastischem Direktional wie folgt dar:

> Die Partikeln [...] unterscheiden sich von den verwandten vollen Präpositionalphrasen [...] lediglich dadurch, daß die Partikeln das Ziel (bzw. im Fall von *durch* das Durchgangsobjekt) der Bewegung implizit lassen, während es in der Präpositionalphrase explizit zum Ausdruck kommt. (Olsen 1996b: 304)

Aus frame-semantischer Perspektive ist dieses Implizitlassen der durch die Instanziierung des KE ⟨Weg⟩ kodierten Information leicht zu erfassen. Es handelt sich um eine Null-Instanziierung des entsprechenden FE, genauer gesagt: eine definite Null-Instanziierung (DNI). Definite Null-Instanziierung liegt laut Ruppenhofer et al. (2016: 28) in Fällen vor, „in which the missing element must be something that is already understood in the linguistic or discourse context." Sie betreffen hinsichtlich des Konstruktions-Frames für das KE ⟨Weg⟩ der reflexiven Partikelverbkonstruktion ebenso wie für das KE Weg der reflexiven Bewegungskonstruktion die ein Core Set bildenden Kern-FE `Motion`.Source, `Motion`.Path, `Motion`.Goal und `Motion`.Direction. Interessanterweise argumentiert schon Olsen (1999) für die Weglassung pleonastischer Direktionale in einer an den Begriff der definiten Null-Instanziierung erinnernden Weise, wenn sie feststellt,[85]

> daß der Wert des implizit gelassenen Relatums der zugrundeliegenden Präpositionalrelation aus dem Kontext zu ergänzen ist – meist dadurch, daß entweder ein im Kontext prominent vorhandenes oder zumindest ein für den entsprechenden Situationstyp typisches Objekt aufgrund konzeptuellen Wissens logisch und pragmatisch dafür in Frage kommt. (Olsen 1999: 227)[86]

Konstruktikographisch setzen Ziem & Flick (2019: 205) sowie Ziem, Flick & Sandkühler (2019: 67–68) für potenziell von Null-Instanziierungen betroffene KE die bereits angesprochene Unterscheidung von Kern-KE und Nicht-Kern-KE an, die unverkennbar an FrameNets Unterscheidung zwischen Kern-FE und Nicht-Kern-FE angelehnt ist. Werden Kern-KE weggelassen, handelt es sich um eine Null-Instanziierung, Nicht-Kern-KE können wie Nicht-Kern-FE frei weggelassen werden (Unterabschnitt 2.1.2). Das KE ⟨Weg⟩ der reflexiven Partikelverbkonstruktion ist in dieser Unterscheidung also als Nicht-Kern-KE zu verstehen. Problematisch

---

85 Allerdings macht bereits Mungan (1986: 59) eine ähnliche Beobachtung der Weglassbarkeit eines Direktionals, wenn dieses im situationalen Kontext mitverstanden wird.

86 An anderer Stelle spricht Olsen (1997a: 124) davon, „daß die Partikelbedeutung, die ein implizites (d. h. existentiell abgebundenes) Argument beinhaltet, durch eine vollständige Präpositionalphrase mit meist kongruenter Präposition näher expliziert werden kann." Der Verweis auf die existenzielle Deutung des Direktionals ließe prinzipiell auch eine Analyse als indefinite Null-Instanziierung (INI) zu (vgl. dazu die Definition von Ruppenhofer et al. 2016: 28–29). Da aber die overt realisierte Partikel als ko(n)textueller Indikator für den im KtE von ⟨Weg⟩ ausgedrückten semantischen Aspekt dient, bleibe ich bei einer Analyse als DNI.

ist an dieser Terminologie einzig die Tatsache, dass die FE, die für die semantische Motivierung der KtE des KE ⟨Weg⟩ im Falle der reflexiven Partikelverbkonstruktion gerade keine Nicht-Kern-FE sind, wie es die terminologische Parallele suggerieren könnte. Es handelt sich dabei im Falle des Konstruktions-Frames um die ein Core Set bildenden FE Motion.Source, Motion.Path, Motion.Goal und Motion.Direction, die Kern-FE sind. Auf sie ist der Begriff der Null-Instanziierung also problemlos anzuwenden, für Nicht-Kern-KE ist er hingegen (wie bei Nicht-Kern-FE) gerade nicht vorgesehen:[87]

> Note that for some constructions it is necessary to distinguish between core and non-core CEE. [sic!] While core CEs have to be realized unless their omission is licensed by a null instantiation mechanism, instantiations of non-core CEs are optional [...]. (Ziem, Flick & Sandkühler 2019: 68).

Auf der Ebene von KE kann also nicht von Null-Instanziierung gesprochen werden, wenn es sich dabei nicht um Kern-KE handelt. Indes können die FE, die potenziell der Motivierung eines KtE dienen, im Falle der fehlenden Instanziierung eines Nicht-Kern-KE sehr wohl null-instanziiert werden (wie für den Konstruktions-Frame Motion). Trotz dieser Diskrepanz zwischen der Instanziierung bestimmter KE und der semantischen Motivierung ihrer KtE ist die Weglassbarkeit eines Nicht-Kern-KE Anlass genug, es als solches zu bezeichnen, solange deutlich gemacht wird, dass damit nicht eine Strukturparallele zu Nicht-Kern-FE impliziert ist.

Wird ein Nicht-Kern-KE wie ⟨Weg⟩ der reflexiven Partikelverbkonstruktion nicht instanziiert, handelt es sich, wie gesehen, um eine definite Null-Instanziierung des FE, das die potenziellen KtE des KE motivieren kann. Die durch das entsprechende KtE von ⟨Weg⟩ realisierbare semantische Information ist aus dem Kontext zu verstehen, weil bereits die Partikel darauf hinweist, dass ein solcher semantischer Aspekt kodiert ist. Dies leitet noch einmal über zu der Frage, welche FE für die Motivierung der Partikel und möglicher KtE des KE ⟨Weg⟩ infrage kommen. Wie bereits erwähnt, gehe ich davon aus, dass die Partikel stets durch das FE Motion.Direction motiviert wird. Sie zeigt an, dass die in der Konstruktbedeutung enthaltene ‚Bewegung' in eine bestimmte ‚Richtung' verläuft, lässt die Details dieser ‚Richtung' aber offen. Zu diesen Details gehören Informationen wie der ‚Ursprung' der ‚Bewegung' (Motion.Source), der ‚Weg', auf dem die ‚Bewegung' verläuft (Motion.Path) oder der ‚Endpunkt' der ‚Bewegung' (Motion.Goal).

87 Wichtig ist hier, dass der Null-Instanziierung nicht einzelne FE des Core Set unterworfen sind, sondern das Core Set als Ganzes: Sobald eines der FE des Core Set instanziiert wird, müssen die anderen nicht instanziiert sein (vgl. Ruppenhofer et al. 2016: 25), weshalb sie dann nicht von einer Null-Instanziierung betroffen sind. Ich komme auf diesen Aspekt in Unterabschnitt 7.3.3 zurück. Zu Problemen bei der Annotation von null-instanziierten Core Sets vgl. Dux (2020: 72–73).

Diese Details können nun durch eine Instanziierung des KE ⟨Weg⟩, dessen KtE durch eines der FE im Core Set overt ausgedrückt und damit spezifiziert werden.[88]

Frame-semantisch gesehen ist die höhere Frequenz an Konstrukten ohne die Instanziierung von ⟨Weg⟩ und mit einer Null-Instanziierung eines entsprechenden FE (vgl. Tabelle 6.13) keine Überraschung: „Im Gegensatz zu einem weit verbreiteten linguistischen Vorurteil ist ‚Implizitheit' [...] der Normalfall, und keineswegs die Ausnahme (wie es in fast allen gängigen semantischen und syntaktischen Theorien unterstellt wird." (Busse 2012: 645–646).[89] Lönneker (2003: 67) schreibt dazu: „Auch die Abwesenheit bestimmter Eigenschaften und Relationen kann einen wichtigen Teil des Weltwissens darstellen". Ganz ähnlich ist bei Fraas (2005: 246) zu lesen: „Auch das Frei-Bleiben von Slots [...] ist ein wichtiger Befund und provoziert die Frage nach den Gründen." FrameNet bietet mit dem Konzept der Null-Instanziierung einen möglichen Grund an: Liegt eine DNI vor, ist die sprachlich unausgedrückte Information im Kontext bereits mitzuverstehen,[90] aber nicht relevant genug, um overt ausgedrückt zu werden. Um die Frage zu beantworten, was genau aus dem Kontext mitverstanden werden muss, ist es sinnvoll, sich diejenigen Konstrukte anzusehen, in denen die Information sprachlich ausgedrückt ist; für die reflexive Partikelverbkonstruktion also jene, in denen das KE ⟨Weg⟩ instanziiert ist. Die semantische Motivierung seiner KtE gibt also darüber Aufschluss, welche Informationen in den Konstrukten ohne instanziiertes KE am häufigsten unausgedrückt bleibt.

Ein Blick auf die Motivierung der KtE des instanziierten KE ⟨Weg⟩ ist deshalb ebenso für die Interpretation der Konstrukte ohne dessen Instanziierung interessant. Sieht man sich die FE des Konstruktions-Frames `Motion` an, die in die Mo-

88 Eine systematische Betrachtung der Beziehungen zwischen dem FE `Motion`.Direction, das die Partikel motiviert und den FE `Motion`.Source, `Motion`.Path und `Motion`.Goal würde eine separate Repräsentationsebene innerhalb der konstruktikographischen Beschreibung verlangen, die in etwa den von Barsalou (1992b: 35–37, 1993: 39) postulierten *strukturellen Invarianten* entsprächen, die in der Lage sind, Relationen zwischen den FE eines Frames zu erfassen. Relationen dieser Art bezeichnet Busse (2012: 629) auch als *Intra-Frame-Relationen* in Kontrast zu den in FrameNet überwiegend dokumentierten *Inter-Frame-Relationen*. Aus Gründen der Übersichtlichkeit verzichte ich auf eine Modellierung solcher Relationen, zumal bereits an der quantitativen Verteilung der FE, die das KE ⟨Weg⟩ motivieren, gewisse Präferenzen zu erkennen sind, die in die konstruktionsspezifische Formulierung struktureller Invarianten für `Motion` eingehen müssten.

89 Busse stützt sich hier auf Bartlett (1932: 195). An anderer Stelle bringt Busse (2012: 42) diese Idee als Schlussfolgerung aus den Überlegungen zu einer Salienz-Hierarchie semantischer Rollen von Fillmore (1977b: 80) in das Postulat eines *minimalistischen Kommunikationsmodells*. Vgl. auch die Systematisierungsversuche von *hintergründigen Bezugsobjekten* bei von Polenz (2008: 130–137).

90 Zum Begriff des *Mitverstehens* vgl. von Polenz (2008: 302–307) tivierung der KtE des instanziierten KE ⟨Weg⟩ involviert sind (Tabelle 6.15), ist eine deutliche Präferenz zugunsten des FE Motion.Goal zu beobachten, die bereits in Unterabschnitt 6.2.2 analog für das KE Weg der reflexiven Bewegungskonstruktion festgestellt werden konnte.[91] Damit ist unschwer zu erkennen, dass die durch die Partikel und deren Motivierung mit Motion.Direction zunächst implizit ausgedrückte ‚Richtung' der ‚Bewegung' am häufigsten auf ihr ‚Ziel' hin spezifiziert wird. Gleichzeitig lässt dies darauf schließen, dass in Konstrukten, in denen das KE ⟨Weg⟩ uninstanziiert bleibt, am häufigsten jene Information über das ‚Ziel' der ‚Bewegung' implizit bleibt und damit mitverstanden werden muss.

An einigen der als (99)–(102) zitierten Belege, die ich in (103)–(106) wiederhole, lassen sich diese Zusammenhänge verdeutlichen, indem man die Motivierungen der Partikel und derjenigen der KtE des KE ⟨Weg⟩ zugleich betrachtet.

(103) a. Wie die Franzosen platzierten sie ihre Anlagen an den attraktivsten Stränden rund ums Mittelmeer und [$_{\text{Daring}}$ wagten] sich bald auch [auf andere sonnenverwöhnte Erdteile ^{Goal}] [vor ^{Direction}], in denen immer sommerliche Temperaturen herrschten. (Die Zeit, 09.03.2000, Nr. 11)

b. Aber früher, als wir noch klein waren, [$_{\text{Daring}}$ traute] sich niemand [an uns ^{Goal}] [heran ^{Direction}], auch nicht in Mückes Gegend, denn wir standen unter dem Schutz seines Bruders, und dessen Rache würde fürchterlich sein. (Goosen, Frank: Liegen lernen, Frankfurt am Main: Eichborn AG 2000, S. 88)

c. Er meidet diese Gegend, [$_{\text{Daring}}$ wagt] sich nicht [auf den Hügel ^{Goal}] [herauf ^{Direction}], fürchtet noch den entferntesten Blickkontakt mit einem Mitglied seiner Familie. (Beyer, Marcel: Spione, Köln: DuMont 2000, S. 126)

d. Und doch erschrickt man bei der neuen CD des Altmeisters, der sich von der Musik weit [vor ^{Direction}][$_{\text{Daring}}$ wagt] [in Meditation und Glaubenswelten ^{Goal}], wie er es in seinem jüngsten Buch dokumentiert: (Die Zeit, 27.01.2000, Nr. 5)

91 Tabelle 6.15 enthält die Anzahl der Konstrukte, in denen die KtE des instanziierten KE ⟨Weg⟩ einfach durch den lexikalischen Frame Motion, den Konstruktions-Frame Motion (bei einem unrelatierten lexikalischen Frame) sowie doppelt motiviert wird. Die Summe der Konstrukte liegt damit höher als diejenige der Konstrukte mit unrelatierten Frames und Instanziierung des KE ⟨Weg⟩, die in Tabelle 6.14 dargestellt ist.

Tab. 6.15: FE des Konstruktions-Frames `Motion` in einfacher und doppelter Motivierung der KtE des instanziierten KE ⟨Weg⟩ der reflexiven Partikelverbkonstruktion

	Motion.Goal	Motion.Path	Motion.Source	Motion.Direction
ab	2	2	0	0
an	11	0	0	0
auf	4	5	0	0
aus	1	0	2	0
bei	0	4	0	0
durch	11	6	0	0
ein	23	0	0	0
fort	1	1	0	0
frei	0	0	0	0
heim	1	0	0	0
her	0	0	0	0
hin	3	0	0	0
hinter	0	0	0	0
hoch	0	0	0	0
mit	0	0	0	0
nach	0	0	0	0
über	0	0	0	0
um	0	1	0	0
unter	0	1	1	0
vor	8	3	1	1
weg	0	0	0	0
zu	7	0	1	0
zurück	3	0	0	0
Gesamt	75	23	5	1

(104) a. Die überrumpelte Frau will, man merkt es ihr an, keine Spielverderberin sein und [$_{\texttt{Hostile\_encounter}}$ ringt] sich gegen spürbare Widerstände [zum Mitmachen ^{GOAL}] [durch ^{DIRECTION}]. (Die Zeit, 20.01.2000, Nr. 4)

b. Nass geschwitzt stiegen sie wieder zur Straße hinauf – nachdem Staubfinger dem starrköpfigen Wagen einen letzten Tritt versetzt hatte –, kletterten über die Mauer, die aussah, als wäre jeder einzelne Stein mehr als tausend Jahre alt, und [$_{\texttt{Hostile\_encounter}}$ kämpften] sich [den Hang ^{PATH}] [hinauf ^{DIRECTION}]. (Funke, Cornelia: Tintenherz, Hamburg: Cecilie Dressler Verlag 2003, S. 226)

c. Sie haben die Menschenrechte zur Richtschnur der Außenpolitik erklärt - und [$_{\texttt{Hostile\_encounter}}$ ringen] sich [zu keiner Verurteilung des

Tschetschenien-Krieges GOAL] [durch DIRECTION]. (Die Zeit, 23.03.2000, Nr. 13)

(105) Sein Herz [Work arbeitete] sich [voran DIRECTION], immer höher, immer dichter [unter die Haut GOAL]. (Schulze, Ingo: Neue Leben, Berlin: Berlin Verlag 2005, S. 751)

(106) Frisch beieinander sollten die Kleider der beiden verhindern, daß er sich [aus dieser Ehe SOURCE] [heraus DIRECTION][Ingestion säuft]. (Müller, Herta: Der König verneigt sich und tötet, München: Carl Hanser Verlag 2003, S. 8)

Die Beobachtungen, dass die KtE des KE ⟨WEG⟩ die durch die Partikel ausgedrückte ‚Richtung' (Motion.DIRECTION) näher spezifizieren, kann somit auf die Annahme zurückgeführt werden, „daß die Partikelbedeutung, die ein implizites Argument enthält, durch eine vollständige Präpositionalphrase näher expliziert werden kann." (Olsen 1999: 227). Diese Explikation wird immer dann geleistet, wenn die bereits durch das FE Motion.DIRECTION motivierte Partikel durch ein KtE des KE ⟨WEG⟩ ergänzt wird, das ein anderes FE zum Konstrukt-Frame hinzufügt. Da auf der Ebene eines Frames nicht zwischen der impliziten Instanziierung eines FE (durch die Partikel, also das KEE RICHTUNG) und der expliziten Instanziierung eines FE (durch eine PP, also durch ein KtE des KE ⟨WEG⟩) unterschieden werden kann, muss der Zusammenhang zwischen beiden also dadurch dargestellt werden, dass es sich um FE desselben Core Set handelt.

Eine Besonderheit ergibt sich allerdings, wenn in einem Konstrukt sowohl die Partikel als auch das KtE des KE ⟨WEG⟩ durch das FE Motion.DIRECTION motiviert sind. Entgegen des von Fillmore (1968: 21) postulierten Prinzips, dass jede semantische Rolle nur ein einziges Mal in einem Satz instanziiert werden kann, wird das betreffende FE somit zweimal instanziiert. Ein Beispiel liegt mit Beleg (107) vor.

(107) Das von Uganda unterstützte MLC BEMBAs, mittlerweile eine der größten Rebellengruppen, kontrolliert weite Gebiete im Osten und Norden des Kongo und [Hostile_encounter kämpft] sich [in Richtung der Hauptstadt Kinshasa DIRECTION] [vor DIRECTION]. (Archiv der Gegenwart, 2001 [2000])

In Fällen wie diesen ist also die Annahme, dass dasselbe FE sowohl durch die Partikel als auch durch ein KtE des KE ⟨WEG⟩ instanziiert werden kann, unumgänglich. Strenggenommen handelt es sich im Falle der fehlenden Instanziierung von ⟨WEG⟩ in diesen Fällen dann nicht um eine vollständige Null-Instanziierung, da das FE ja implizit bereits durch die Partikel instanziiert wird, eine vollständige Spezifizierung seines Füllwertes allerdings ausbleibt. Die Instanziierung der Partikel ohne ein durch Motion.DIRECTION motiviertes KtE des KE ⟨WEG⟩ wäre so-

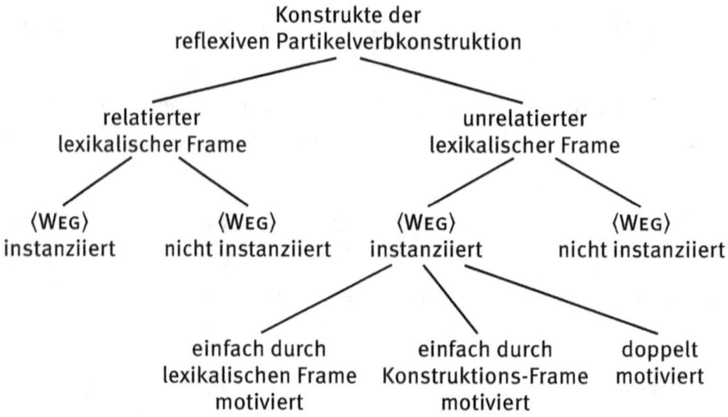

Abb. 6.7: Verteilung der Konstrukte der reflexiven Partikelverbkonstruktion nach Instanziierung des KE ⟨Weg⟩

mit auf einem Kontinuum zwischen der vollständigen Null-Instanziierung des betreffenden FE und seiner vollständigen Instanziierung durch einen entsprechend konkreten Füllwert etwa in der Mitte zu lokalisieren. Da die aktuelle Annotationspraxis von FrameNet ebenso wie der Konstruktikographie keine Möglichkeit bietet, dies darzustellen, muss im Falle der Instanziierung des KE ⟨Weg⟩ hier auf eine doppelte Annotation desselben FE zurückgegriffen werden.

Dadurch, dass es sich bei ⟨Weg⟩ um ein Nicht-Kern-KE handelt, gestaltet sich die Verteilung aller Konstrukte dieser Konstruktion hinsichtlich der Instanziierung dieses KE und der semantischen Motivierung seiner KtE deutlich komplexer als etwa für die KtE des KE Weg der reflexiven Bewegungskonstruktion. Es können folgende vier Charakteristika, die in Abbildung 6.7 zusammengefasst sind, im Kontrast zur reflexiven Bewegungskonstruktion festgehalten werden.

a) Die Anzahl der Konstrukte mit einem relatierten lexikalischen Frame entspricht nicht automatisch der Anzahl der Konstrukte, in denen die KtE des KE ⟨Weg⟩ auch durch ein FE dieses lexikalischen Frames motiviert werden. Die Anzahl der Konstrukte mit einem relatierten lexikalischen Frame teilt sich somit noch einmal in diejenigen, in denen das KE ⟨Weg⟩ instanziiert ist, und in diejenigen, in denen es nicht instanziiert ist, auf.
b) Die Anzahl der Konstrukte mit einem relatierten lexikalischen Frame teilt sich ebenfalls in solche auf, in denen das KE ⟨Weg⟩ instanziiert ist und solche, in denen es nicht instanziiert ist. Konstrukte, in denen die KtE des KE ⟨Weg⟩ durch ein FE des Konstruktions-Frames (einfach oder doppelt) motiviert sind, stellen nicht, wie bei der reflexiven Bewegungskonstruktion, eine Teilmenge aller Konstrukte der Konstruktion dar, sondern nur eine Teilmenge der Kon-

strukte, in denen das KE ⟨Weg⟩ überhaupt instanziiert ist. Ihre Verteilung über lexikalische Frames muss daher immer vor dem Hintergrund der Menge der Konstrukte, in denen das KE instanziiert ist (Tabellen 6.13 und 6.14) betrachtet werden.

c) Zusätzlich ergibt sich eine Menge an Konstrukten, in denen die KtE des KE ⟨Weg⟩ durch ein FE eines unrelatierten lexikalischen Frames motiviert wird und keine Beteiligung des Konstruktions-Frames stattfindet (vgl. Unterabschnitt 6.4.3). Dass es sich dabei nicht um Falschpositive handelt, kann daran erkannt werden, dass in anderen Konstrukten mit demselben unrelatierten lexikalischen Frame der Konstruktions-Frame an der Motivierung des KE ⟨Weg⟩ – ebenso wie an anderen KE und dem KEE – beteiligt sein kann.

Insbesondere durch die beiden letzteren Punkte sind quantitative Angaben über die semantische Motivierung der KtE des KE ⟨Weg⟩ komplexer als diejenigen über die KtE des KE Weg der reflexiven Bewegungskonstruktion. Ich gehe deshalb in mehreren Schritten vor, um die noch ausstehenden quantitativen Verhältnisse der Instanziierung des KE ⟨Weg⟩ zu untersuchen. Bereits in den Tabellen 6.13 und 6.14 sind die Frequenzdaten zu den beiden oberen Ebenen in Abbildung 6.7 angegeben. Zu der für die reflexive Partikelverbkonstruktion noch in Unterabschnitt 7.5.2 festzustellenden hohen Produktivität passt die Beobachtung, dass die Mehrheit der insgesamt 850 Konstrukte dieser Konstruktion unrelatierte lexikalische Frames evoziert.

Zunächst jedoch zu den Konstrukten mit relatierten lexikalischen Frames. Deren Verteilung ist in Tabelle 6.16 dargestellt. Sie lässt sich weiter unterscheiden in eine fehlende Instanziierung des KE ⟨Weg⟩ sowie in eine vorhandene Instanziierung des KE ⟨Weg⟩. Die Anzahl der Konstrukte mit instanziiertem KE ⟨Weg⟩ entspricht zugleich derjenigen Anzahl an Konstrukten, in denen die KtE dieses und aller anderen KE einfach durch FE des betreffenden (relatierten) lexikalischen Frame motiviert sind, wie ich es in Unterabschnitt 6.2.1 für die reflexive Bewegungskonstruktion untersucht habe. Stellt man die gesamte Anzahl an Konstrukten für jeden lexikalischen Frame nun mit der jeweiligen Anzahl der Konstrukte ohne Instanziierung des KE ⟨Weg⟩ gegenüber, stellt die Differenz aus beiden die Verteilung der Konstrukte mit instanziiertem KE ⟨Weg⟩ dar, in denen zugleich die KtE aller anderen KE durch diese lexikalischen Frames motiviert werden.

Die Daten in Tabelle 6.16 zeigen, dass von insgesamt 304 Konstrukten mit relatierten lexikalischen Frames 168 ohne Instanziierung des KE ⟨Weg⟩ bleiben, während in 136 Konstrukten dieses KE instanziiert ist. Interessanterweise ist die Verteilung lexikalischer Frames in beiden Arten von Konstrukten dabei fast identisch, nur wenige Frames mit mittlerer und niedriger Frequenz tauschen untereinander die Plätze.

Tab. 6.16: Konstrukte der reflexiven Partikelverbkonstruktion mit relatierten lexikalischen Frames

Lexikalischer Frame	Gesamt	⟨Weg⟩ nicht instanziiert Konstrukte	Anteil	⟨Weg⟩ instanziiert Konstrukte	Anteil
Body_movement	118	83	49,40 %	35	25,74 %
Self_motion	56	26	15,48 %	30	22,06 %
Cause_motion	53	25	14,88 %	28	20,59 %
Motion	24	4	2,38 %	20	14,71 %
Change_direction	17	13	7,74 %	4	2,94 %
Motion_directional	15	5	2,98 %	10	7,35 %
Placing	11	5	2,81 %	6	4,40 %
Bringing	8	6	3,57 %	2	1,47 %
Excreting	1	1	0,60 %		
Operate_vehicle	1			1	0,74 %
Gesamt	304	168	100,00 %	136	100,00 %

Ein Blick auf die Konstrukte mit unrelatierten lexikalischen Frames zeigt, dass diese sich ebenso wie diejenigen mit relatierten Frames zunächst nach der Instanziierung des KE ⟨Weg⟩ aufspalten. Interessant sind hier wie bei der reflexiven Bewegungskonstruktion zunächst diejenigen unrelatierten lexikalischen Frames, die für die semantische Motivierung des KE ⟨Weg⟩ belegt sind, die also eine Verteilung derjenigen Konstrukte, in denen dieses KE instanziiert ist, aufzeigen. Dabei lassen sich, wie in Abbildung 6.7 angedeutet, analog zur reflexiven Bewegungskonstruktion (Unterabschnitte 6.2.2 und 6.2.3) eine einfache Motivierung der KtE des KE ⟨Weg⟩ durch den Konstruktions-Frame sowie eine doppelte Motivierung der KtE durch lexikalischen Frame und Konstruktions-Frame unterscheiden. Diese beiden Fälle betrachte ich aus Gründen der Vergleichbarkeit mit der reflexiven Bewegungskonstruktion abschließend in diesem Unterabschnitt, bevor ich in mich in Unterabschnitt 6.4.3 einem für die reflexive Partikelverbkonstruktion besonderen Fall widme, in dem das KE ⟨Weg⟩ einfach durch ein FE eines unprototpyischen lexikalischen Frames motiviert ist.

Von den insgesamt 249 Konstrukten mit unrelatierten lexikalischen Frames, in denen das KE ⟨Weg⟩ instanziiert ist (vgl. Tabelle 6.14), enthalten 49 eine einfache Motivierung des KtE durch ein FE des Konstruktions-Frames. Die Verteilung der lexikalischen Frames hierzu ist in Tabelle 6.17 dargestellt.

Vergleicht man die einfache Motivierung der KtE des KE ⟨Weg⟩ mit derjenigen der KtE des KE Weg der reflexiven Bewegungskonstruktion (Unterabschnitt 6.2.2, Tabelle 6.3), ist zu erkennen, dass zahlreiche lexikalische Frames mit beiden Konstruktionen auftreten. Dazu zählen (in absteigender Rei-

Tab. 6.17: Konstrukte der reflexiven Partikelverbkonstruktion mit einfacher Motivierung der KtE des KE ⟨WEG⟩ durch den Konstruktions-Frame

Lexikalischer Frame	Konstrukte	Anteil
Daring	11	22,45 %
Hostile_encounter	11	22,45 %
Cause_to_experience	6	12,24 %
Manipulation	4	8,16 %
Shopping	4	8,16 %
Board_vehicle	2	4,08 %
Participation	2	4,08 %
Assistance	1	2,04 %
Attack	1	2,04 %
Grinding	1	2,04 %
Impact	1	2,04 %
Ingestion	1	2,04 %
Perception_experience	1	2,04 %
Processing_materials	1	2,04 %
Progression	1	2,04 %
Rescuing	1	2,04 %
Gesamt	49	100,00 %

henfolge der Frequenz ihrer Konstrukte) die Frames Daring, Hostile_encounter, Cause_to_experience, Manipulation, Shopping, Impact und Ingestion. Da die Belege für diese lexikalischen Frames analog zu denen der reflexiven Bewegungskonstruktion sind, verzichte ich darauf, sie hier detailliert zu diskutieren. Stattdessen seien einige Belege für die weniger frequenten lexikalischen Frames Board_vehicle (108), Participation (109), Assistance (110), Attack (111), Grinding (112), Processing_materials (113) und Progression (114) zitiert.

(108) Sie [$_{\text{Board\_vehicle}}$ schiffte] sich an einem schönen Tag auch [zur Insel Brioni ^{GOAL}] ein, der berühmten Residenz erst Titos und später Tudjmans. (Die Zeit, 13.01.2000, Nr. 3)

(109) Man [$_{\text{Participation}}$ klinkt] sich einfach [in die Konvention ^{GOAL}] ein, ohne sich jemals „profiliert", das heißt, von ihr unterschieden zu haben. (Schuh, Franz: Schreibkräfte, Köln: DuMont 2000, S. 174)

(110) Margarethe Sartoris, Tochter eines kleinen Angestellten, selbst Angestellte in einem Maschinenteilgroßhandel und Ehefrau eines kriegsinvaliden, früh schon ältlichen und gemütlichkeitsfixierten „Vereinsmeiers", der sich [bis in die Leitungsebene einer Provinzsparkasse ^{GOAL}]

herauf[$_{\text{Assistance}}$ dient], ist klug, wach, couragiert und den schönen Künsten zugetan: (Die Zeit, 23.03.2000, Nr. 13)

(111) Der Präsident und seine Höflinge glaubten, die abtrünnige Republik ließe sich heim [ins russische Reich ^{Goal}] [$_{\text{Attack}}$ bomben]. (Die Zeit, 05.01.2000, Nr. 2)

(112) Ein Motor dröhnt von der Straße herüber, und diese dröhnende Straße [$_{\text{Grinding}}$ fräst] sich [in mein Gedächtnis ^{Goal}] ein. (Riedel, Susanne: Eine Frau aus Amerika, Berlin: Berlin Verlag 2003, S. 95)

(113) Wir nahmen sie in die Mitte, von der Menschenmenge bedrängt, die die Runde auf den Hauptstraßen machte, Hand in Hand in Hand, zwei Stunden lang, während sich die Raketen über unseren Köpfen auffächerten, aus[$_{\text{Processing\_materials}}$ färbten] [in die künstlichen Nächte ihrer Gestirne, Meteore, die unsichtbar am Horizont einschlugen ^{Goal}]. (Schrott, Raoul: Tristan da Cunha oder die Hälfte der Erde; Hanser Verlag 2003, S. 260)

(114) Die zweite Schöpfung, die in der Enterprise nicht bloß aus Kontroll- und Waffensystemen, sondern auch aus Computermenschen mit Identitätsproblemen besteht und den Angriffen der intergalaktischen Maschinenmenschen namens „Borg“ im Dienste der „authentischen“ Menschen widerstehen muss, [$_{\text{Progression}}$ entwickelt] sich konstant, aber höchst bedrohlich [in die Zukunft ^{Goal}] hinein. (Die Zeit, 10.02.2000, Nr. 7)

Die Konstrukte, in denen KtE des instanziierten KE ⟨Weg⟩ doppelt motiviert werden, lassen sich wie bei der reflexiven Bewegungskonstruktion danach unterscheiden, welches FE des Konstruktions-Frames Motion in diese doppelte Motivierung eingeht. Wie bereits anhand der Daten in Tabelle 6.15 zu erahnen ist, liegt eine deutliche Präferenz für das FE Motion.Goal vor – nicht nur bezogen auf alle Konstrukte, an deren Motivierung Motion beteiligt ist, sondern auch speziell für die doppelte Motivierung der KtE des KE ⟨Weg⟩. In Tabelle 6.18 wird deutlich, dass das FE Motion.Goal mit Abstand am frequentesten in doppelten Motivierungen auftritt, während die FE Motion.Path (Tabelle 6.19) und Motion.Source (Tabelle 6.20) in dieser Reihenfolge folgen. Das FE Motion.Direction ist, anders als bei einfacher Motivierung, nicht unter den Konstrukten mit doppelter Motivierung der KtE des KE ⟨Weg⟩ belegt.

Auch hinsichtlich der doppelten Motivierung der KtE des KE ⟨Weg⟩ bietet sich ein Vergleich mit der reflexiven Bewegungskonstruktion an. Unter den lexikalischen Frames, die bei doppelter Motivierung mit dem FE Motion.Goal belegt sind, sind Work, Cause_to_amalgamate, Desiring, Ingestion und Seeking für beide Konstruktionen belegt. Die im Folgenden zitierten Belege sind Beispiele für

Tab. 6.18: Doppelte Motivierung der KtE des KE ⟨WEG⟩ der reflexiven Partikelverbkonstruktion mit dem FE Motion.GOAL

Lexikalischer Frame	FE	Konstrukte	Anteil
Seeking	SOUGHT_ENTITY	8	27,59 %
Attaching	GOAL	4	13,79 %
Work	SALIENT_ENTITY	4	13,79 %
Cause_to_amalgamate	PART_2	3	10,34 %
Cogitation	TOPIC	2	6,90 %
Desiring	EVENT	2	6,90 %
Experiencer_focus	CONTENT	2	6,90 %
Fire_burning	SUBREGION	1	3,45 %
Ingestion	INGESTIBLES	1	3,45 %
Manipulate_into_doing	RESULTING_ACTION	1	3,45 %
Questioning	TOPIC	1	3,45 %
Gesamt		29	100,00 %

die lexikalischen Frames Attaching (115), Cogitation (116), Experiencer_focus (117), Fire_burning (118), Manipulate_into_doing (119) und Questioning (120).

(115) a. Sie trug die Haare jetzt offen und [$_{\text{Attaching}}$ hängte] sich [$_{\text{GOAL}}$ bei ihm ^{GOAL}] ein. (Widmer, Urs: Das Buch des Vaters, Zürich: Diogenes 2004, S. 184)

b. Sie [$_{\text{Attaching}}$ henkelten] sich fest [$_{\text{GOAL}}$ in den Armen ^{GOAL}] ein und verteilten sich auf die gesamte Straßenbreite. (Schulze, Ingo: Neue Leben, Berlin: Berlin Verlag 2005, S. 455)

(116) Lopomskis Methode, sich [$_{\text{TOPIC}}$ in die Seelenzustände anderer ^{GOAL}] hineinzu[$_{\text{Cogitation}}$ denken], bestand darin, den jeweiligen Gesichtsausdruck nachzuahmen und zu sehen, welche Gedanken und Empfindungen sich bei ihm einstellten. (Kopetzky, Steffen: Grand Tour, Frankfurt am Main: Eichborn 2002, S. 503)

(117) Kein Geringerer als Karl Marx stellte schon die Frage: „Ist die Presse frei, die sich [$_{\text{CONTENT}}$ zum Gewerbe ^{GOAL}] herab[$_{\text{Experiencer\_focus}}$ würdigt]?“ (Die Zeit, 17.02.2000, Nr. 8)

(118) Mit einer Nadel kratzt man hierauf die Konturen durchs Wachs und gießt Säure in diese fast unsichtbaren Furchen, die sich durchätzt und [$_{\text{SUBREGION}}$ im Kupfer ^{GOAL}] ein[$_{\text{Fire\_burning}}$ brennt], die schwarze giftige Galle meiner Melancholie, mit der die wahren Umrisse der Welt einem so schmerzhaft anschaulich werden. (Schrott, Raoul: Tristan da Cunha oder die Hälfte der Erde; Hanser Verlag 2003, S. 133)

Tab. 6.19: Doppelte Motivierung der KtE des KE ⟨Weg⟩ der reflexiven Partikelverbkonstruktion mit dem FE Motion.Path

Lexikalischer Frame	FE	Konstrukte	Anteil
Ingestion	Ingestibles	1	25,00 %
Manipulation	Entity	1	25,00 %
Processing_materials	Material	1	25,00 %
Work	Salient_entity	1	25,00 %
Gesamt		4	100,00 %

Tab. 6.20: Doppelte Motivierung der KtE des KE ⟨Weg⟩ der reflexiven Partikelverbkonstruktion mit dem FE Motion.Source

Lexikalischer Frame	FE	Konstrukte	Anteil
Emptying	Source	1	50,00 %
Filling	⟨Source⟩	1	50,00 %
Gesamt		2	100,00 %

(119) Die Tatsache aber, daß ich allein auf der Welt war, verlor ich auch in jener Zeit, als wir uns schon $[_{\text{Resulting\_action}}$ in die Spätvorstellungen $^{\text{Goal}}]$ hinein$[_{\text{Manipulate_into_doing}}$ mogelten], nicht aus den Augen. (Stadler, Arnold: Sehnsucht, Köln: DuMont Literatur und Kunst Verlag 2002, S. 160)

(120) Katharina stellte ihr Glas ab und $[_{\text{Questioning}}$ fragte] sich $[_{\text{Topic}}$ zum Umkleideraum $^{\text{Goal}}]$ durch. (Dölling, Beate: Hör auf zu trommeln, Herz, Weinheim: Beltz & Gelberg 2003, S. 57)

Für die doppelte Motivierung mit dem FE Motion.Path ist neben den bereits für die reflexive Bewegungskonstruktion belegten lexikalischen Frames Ingestion, Manipulation und Work noch Processing_materials belegt. Für diesen sei – gerade als Kontrast zu Beleg (113), in dem er mit einfacher Motivierung des KtE von ⟨Weg⟩ durch den Konstruktions-Frame erscheint – mit (121) der einzige dafür vorhandene Beleg zitiert.

(121) Katharina fühlt die Tränen im Hals, die sie nicht hochkommen lassen will, sie kratzen und beißen und $[_{\text{Processing\_materials}}$ ätzen] sich $[_{\text{Material}}$ die Speiseröhre $^{\text{Path}}]$ hinab – den Ösophagus –, wo ist denn ihre Mutter, warum darf sie sie nicht einmal trösten? (Dölling, Beate: Hör auf zu trommeln, Herz, Weinheim: Beltz & Gelberg 2003, S. 202)

Zuletzt sind für die doppelte Motivierung mit dem FE Motion.SOURCE zwei lexikalische Frames belegt. Die folgenden Belege sind die einzigen belegten Beispiele für sie: Emptying (122) und Filling (123).

(122) Als ich die Augen schloß, war das Rot hinter meinen Lidern, und [SOURCE aus ihm SOURCE] [Emptying schälten] sich diese Backsteinhäuser des Lagers heraus. (Kuckart, Judith: Lenas Liebe, Köln: DuMont Literatur und Kunst Verlag 2002, S. 55)

(123) Die leuchtendgelbe Schale einer Zitrone [Filling wickelt] sich spiralförmig [⟨SOURCE⟩ von einer halben Frucht SOURCE] herunter und gibt das hellere Fleisch und die weißliche Innenhaut frei. (Noll, Ingrid: Ladylike, Zürich: Diogenes 2006, S. 289)

Als letzte Kategorie von Konstrukten der reflexiven Partikelverbkonstruktion hinsichtlich der Instanziierung des KE ⟨WEG⟩ fehlen noch diejenigen Konstrukte, die einen unrelatierten lexikalischen Frame evozieren und in denen das KE ⟨WEG⟩ nicht instanziiert ist. Tabelle 6.21 zeigt die Verteilung der lexikalischen Frames für diese Menge von Konstrukten.

Zu erkennen ist, dass viele der unrelatierten lexikalischen Frames, die bereits für Konstrukte mit instanziiertem KE ⟨WEG⟩ belegt sind, ebenfalls für Konstrukte belegt sind, in denen es nicht instanziiert ist. Ein abschließender Blick auf einige Beispiele kann sich deshalb auch hier auf lexikalische Frames beschränken, die allein innerhalb dieser Menge von Konstrukten belegt sind. Die folgenden Belege sind Beispiele für die Frames Chatting (124), Becoming_aware (125), Change_of_phase (126), Renting (127) und Temperature (128).

(124) a. Michaela [Chatting redete] sich jedesmal heraus. (Schulze, Ingo: Neue Leben, Berlin: Berlin Verlag 2005, S. 577)

b. „Der Rektor [Chatting redet] sich raus“, sagt Berthold-Kuhles und sieht sich mittlerweile vor der Frage, „ob es für mich nicht günstiger ist, zum Sozialamt zu gehen“. (Die Zeit, 13.04.2000, Nr. 16)

c. Ein kritisierter Kritiker, der gegen eine an ihm geübte Kritik Erinnerungen an Goebbels wecken möchte, [Chatting redet] sich bloß aus. (Schuh, Franz: Schreibkräfte, Köln: DuMont 2000, S. 112)

(125) Daß du dich so leicht durch[Becoming_aware findest], hätte ich nicht gedacht – toll.“ (Kopetzky, Steffen: Grand Tour, Frankfurt am Main: Eichborn 2002, S. 194)

(126) Es sieht aus wie ein Körper, die Lunge des Magma sich gegen die Rippen pressend, ein und ausatmend, pochend wie Blut, anschwellend, sich aufstauend und das Land darüber anhebend, es auseinanderziehend, bis es

Tab. 6.21: Konstrukte der reflexiven Partikelverbkonstruktion mit unrelatierten lexikalischen Frames ohne Instanziierung des KE ⟨Weg⟩

Lexikalischer Frame	Konstrukte	Anteil
Cause_to_move_in_place	250	84,18 %
Daring	13	4,38 %
Work	6	2,02 %
Chatting	5	1,68 %
Impact	3	1,01 %
Cause_to_amalgamate	2	0,67 %
Hostile_encounter	2	0,67 %
Seeking	2	0,67 %
Becoming_aware	1	0,34 %
Cause_to_experience	1	0,34 %
Change_of_phase	1	0,34 %
Change_posture	1	0,34 %
Filling	1	0,34 %
Fire_burning	1	0,34 %
Ingestion	1	0,34 %
Make_noise	1	0,34 %
Manipulate_into_doing	1	0,34 %
Manipulation	1	0,34 %
Processing_materials	1	0,34 %
Questioning	1	0,34 %
Renting	1	0,34 %
Temperature	1	0,34 %
Gesamt	297	100,00 %

dünn wird wie Haut, schließlich reißt und geschmolzenes Gestein sich nun durch[$_{\text{Change\_of\_phase}}$ schmilzt] und sich in die Grabenbrüche ergießt, von Neufundland über Brasilien bis nach Westafrika. (Schrott, Raoul: Tristan da Cunha oder die Hälfte der Erde; Hanser Verlag 2003, S. 522)

(127) Zwar standen pro Wohnung zwei Kinderzimmer bereit, was einer Aufforderung zur Fortpflanzung gleichkam, doch [$_{\text{Renting}}$ mieteten] sich auch dort wiederum nur alte Leute ein, die offenbar zu schwach und hinfällig waren, um gegen die reizlosen schuhkartonförmigen Siebziger-Jahre-Räume aufzubegehren. (Düffel, John von: Houwelandt, Köln: DuMont Literatur und Kunst Verlag 2004, S. 20)

(128) Ein Buch aus lauter tiefgefrorenen Kapiteln - Tödlicher Frost, man [$_{\text{Temperature}}$ friert] sich durch. (Die Zeit, 05.01.2000, Nr. 2)

Unrelatierte lexikalische Frames treten in der reflexiven Partikelverbkonstruktion nicht nur dann auf, wenn ein KtE des KE ⟨Weg⟩ durch den Konstruktions-Frame einfach oder durch lexikalischen Frame und Konstruktions-Frame doppelt motiviert werden kann. Es kann ebenso der Fall sein, dass der unrelatierte lexikalische Frame ein KtE des KE ⟨Weg⟩ einfach motiviert, der Konstruktions-Frame also an der Konstitution eines Konstrukt-Frames – auch ‚im Hintergrund' nicht beteiligt ist. Dieses Phänomen kann als ein Charakteristikum der reflexiven Partikelverbkonstruktion gelten.

6.4.3 Einfache Motivierung durch unrelatierten lexikalischen Frame

Für die reflexive Bewegungskonstruktion habe ich in den Unterabschnitten 6.2.1 und 6.3.1 festgestellt, dass die KtE aller ihrer Strukturelemente, der KE wie des KEE, einfach durch einen lexikalischen Frame motiviert sein können. Ausgangspunkt war dabei stets die Motivierung der KtE des KE Weg: Ist eines dieser KtE durch das FE eines lexikalischen Frames motiviert, ist es automatisch auch das KtE des KE Bewegendes sowie das KEE.[92] Infrage kommen dafür allein relatierte lexikalische Frames, da sie aufgrund ihrer Frame-Nähe eine ‚hintergründige' Beziehung zum Konstruktions-Frame herstellen und die entsprechenden Instanzen eindeutig als Konstrukte der reflexiven Bewegungskonstruktion identifiziert werden können (dazu ausführlicher Unterabschnitte 8.2.2 und 8.4.2). Liegt hingegen ein unrelatierter lexikalischer Frame vor, lässt sich die Beteiligung des Konstruktions-Frames an der Motivierung der KtE des KE Weg ermitteln: Sie können einfach durch den Konstruktions-Frame (Unterabschnitt 6.2.2) oder doppelt motiviert (Unterabschnitt 6.2.3) sein.

Für die reflexive Partikelverbkonstruktion stellen sich diese Verhältnisse etwas anders dar. Zunächst gilt auch für sie, dass die Motivierung eines KtE des KE ⟨Weg⟩ durch einen relatierten lexikalischen Frame darauf hinweist, dass auch das andere KtE sowie das KEE durch einen solchen Frame motiviert sind. Die KtE des KE ⟨Weg⟩ sind für diesen Fall als Ausgangspunkt der Analyse also weiterhin geeignet. Nun sind für die reflexive Partikelverbkonstruktion allerdings auch Frames belegt, bei der diese Feststellung an Grenzen stößt. Einige der unrelatierten

92 Es sei an dieser Stelle darauf hingewiesen, dass Einschätzungen wie diese selbstverständlich auf Annotationen aus vorherigen Analysen basieren und damit interpretationsabhängig sind. Zudem bewegen sich diese Interpretationen stets im Rahmen der Möglichkeiten der (für das Englische entwickelten) FrameNet-Datenbank, die gewisse Grenzen bei der Analyse setzt (dazu Unterabschnitt 2.1.3). Es ist also nicht gesagt, dass keine anderen als die im Folgenden diskutierten Ergebnisse erzielbar sind, wenn die Analyse nicht auf den gegebenen FrameNet-Daten basiert.

lexikalischen Frames sind in der Lage, KtE des KE ⟨Weg⟩ bzw. Weg genauso wie relatierte lexikalische Frames einfach zu motivieren, also ohne einen Anteil des Konstruktions-Frames an der Motivierung dieses KtE. Dies betrifft für die reflexive Partikelverbkonstruktion drei lexikalische Frames, deren Verteilung in Tabelle 6.22 zusammengefasst ist.

Tab. 6.22: Einfache Motivierung der KtE des KE ⟨Weg⟩ der reflexiven Partikelverbkonstruktion durch unrelatierte lexikalische Frames

Lexikalischer Frame	Konstrukte	Anteil
Cause_to_move_in_place	161	97,60 %
Burying	2	1,20 %
Filling	2	1,20 %
Gesamt	165	100,00 %

Die Beobachtung, dass diese unrelatierten lexikalischen Frames in der Lage sind, KtE des KE ⟨Weg⟩ bzw. Weg einfach zu motivieren, wirft folgende Probleme auf.

a) Die KtE des KE ⟨Weg⟩ können nicht mehr uneingeschränkt als Indiz dienen, ob der Konstrukt-Frame eines Konstrukts der reflexiven Partikelverbkonstruktion bei einem unrelatierten lexikalischen Frame einen Anteil des Konstruktions-Frames enthält.[93]
b) Instanzen, die diese unrelatierten lexikalischen Frames evozieren, müssen weiterhin als Konstrukte der reflexiven Partikelverbkonstruktion in Erwägung gezogen werden, da sich der Anteil des Konstruktions-Frames auch an der Motivierung anderer Strukturelemente als der KtE des KE ⟨Weg⟩ zeigen kann.
c) Auch wenn durch die Analyse der Motivierung aller Strukturelemente festgestellt wird, dass der Konstruktions-Frame keinen Anteil an der Motivierung des Konstrukts hat, müssen Instanzen mit diesen unrelatierten lexikalischen Frames weiterhin als Konstrukte der reflexiven Partikelverbkonstruktion angesehen werden.

Zunächst zu Punkt a. Hierfür seien in (129) die Belege für den lexikalischen Frame `Filling` mit der reflexiven Partikelverbkonstruktion zitiert. In beiden sind die KtE des KE ⟨Weg⟩ einfach durch FE dieses Frames motiviert: `Filling`.Goal und

93 Dieses Problem hat insbesondere Auswirkungen auf die Messung des Koerzionspotenzials für die reflexive Partikelverbkonstruktion, für die die KtE des KE ⟨Weg⟩ ebenfalls analog zu denjenigen des KE Weg der reflexiven Bewegungskonstruktion als Indiz dienen müssen. Ich komme darauf in den Unterabschnitten 7.4.1 und 7.4.3 zurück.

`Filling`.⟨SOURCE⟩. Eine Beteiligung der FE `Motion`.GOAL bzw. `Motion`.SOURCE des Konstruktions-Frames erscheint unplausibel.

(129) a. In diesem Klang bist Du (für mich) ganz enthalten, alles andere ist nur ein Teil von dir, und wenn ich mich [$_{\text{GOAL}}$ in Deine Stimme] ein[$_{\texttt{Filling}}$ hülle], bist Du ganz bei mir. (Die Zeit, 30.03.2000, Nr. 14)
b. Hinter dem Dr.-Kurt-Fischer-Platz sah ich aus mehreren hundert Metern Entfernung die Straßenbahnen, die sich [$_{\langle\text{SOURCE}\rangle}$ vom Platz der Einheit] zurück[$_{\texttt{Filling}}$ stauten]. (Schulze, Ingo: Neue Leben, Berlin: Berlin Verlag 2005, S. 452)

Lässt sich in Konstrukten wie diesen dennoch eine Beteiligung des Konstruktions-Frames erkennen, wenn sie schon nicht in den KtE des KE ⟨WEG⟩ wirksam wird? Dies ist in der Tat möglich, wie der Einbezug anderer Strukturelemente nahelegt. Zum Vergleich sei deshalb mit (130) ein weiteres Konstrukt mit dem lexikalischen Frame `Filling` herangezogen, diesmal ohne Instanziierung des KE ⟨WEG⟩. Vor dem Hintergrund von Punkt b sei hier besondere Aufmerksamkeit der Motivierung des KEE geschenkt.

(130) Er [$_{\texttt{Filling}}$ schmierte] [$_{\text{THEME}}$ sich ^{THEME}] durch. (Kopetzky, Steffen: Grand Tour, Frankfurt am Main: Eichborn 2002, S. 456)

Obwohl das KEE bereits durch das FE `Filling`.THEME motiviert ist, erscheint es plausibel, dass auch das FE `Motion`.THEME des Konstruktions-Frames einen Anteil an der Motivierung des KEE hat. Deshalb ist in Beleg (130) eindeutig ein Konstrukt der reflexiven Partikelverbkonstruktion zu identifizieren, obwohl ein KtE des KE ⟨WEG⟩ hierfür nicht als Indiz herangezogen werden kann, da es in diesem Fall nicht instanziiert ist. Als Indiz kann hier stattdessen die Motivierung des KEE dienen. Ist an der Motivierung des KEE ein Anteil des Konstruktions-Frames zu erkennen, ist der lexikalische Frame weiterhin als unrelatiert und der Beleg gleichzeitig als ein Konstrukt der Konstruktion enthaltend zu identifizieren. Es liegt also weiterhin eine Koerzion des lexikalischen Frames durch den Konstruktions-Frame vor (dazu Unterabschnitt 7.4.3).

Was bedeutet das für die Konstrukte in (129)? Für die Motivierung des KEE ist festzustellen, dass dieses nicht wie in (130) doppelt motiviert ist, sondern einfach durch den lexikalischen Frame. Dasselbe gilt für die KtE des KE BEWEGENDES. Die vollständige Annotation ist in (131) dargestellt.

(131) a. In diesem Klang bist Du (für mich) ganz enthalten, alles andere ist nur ein Teil von dir, und wenn [$_{\text{AGENT}}$ ich] [$_{\text{THEME}}$ mich] [$_{\text{GOAL}}$ in Deine

Stimme] ein[Filling hülle], bist Du ganz bei mir. (Die Zeit, 30.03.2000, Nr. 14)

b. Hinter dem Dr.-Kurt-Fischer-Platz sah ich aus mehreren hundert Metern Entfernung die Straßenbahnen, [AGENT die] [THEME sich] [⟨SOURCE⟩ vom Platz der Einheit] zurück[Filling stauten]. (Schulze, Ingo: Neue Leben, Berlin: Berlin Verlag 2005, S. 452)

Die Belege mit dem lexikalischen Frame Filling in (129) bzw. (131) sind vollständig durch einen unrelatierten lexikalischen Frame motiviert, ohne einen Anteil des Konstruktions-Frames Motion. Bedeutet dies, dass sie keine Konstrukte der reflexiven Partikelverbkonstruktion zeigen? Diese Frage leitet über zu Punkt c: Ich möchte dafür plädieren, dass diese Belege in der Tat Konstrukte der Konstruktion zeigen, auch wenn diese vollständig durch einen unrelatierten lexikalischen Frame motiviert sind. Der Grund dafür ist simpel. Sobald Belege mit demselben lexikalischen Frame zu finden sind, die – wie (130) – einen Anteil des Konstruktions-Frames erkennen lassen, gilt diese Feststellung für den gesamten lexikalischen Frame und damit auch für Belege, in denen dieser lexikalische Frame alle Strukturelemente des Konstrukts einfach motiviert. Alle Instanzen mit dem lexikalischen Frame Filling sind also als Konstrukte der reflexiven Partikelverbkonstruktion einzustufen, wenngleich lediglich in einem Teil davon eine tatsächliche Beteiligung des Konstruktions-Frames am Konstrukt-Frame zu erkennen ist.

Auf dieselbe Art und Weise lässt sich das Problem für Burying lösen. Auch hier kann eine plausible doppelte Motivierung des KEE festgestellt werden, wie die Belege in (132) zeigen.

(132) a. Es war wie das sichtbare Zeichen einer Gunst, dieses lichterfüllte Tuch, dessen Leichtigkeit und Geschmeidigkeit auf mich abstrahlte und mich spielend vereinte mit dem Meer, in dem ich schwamm, mit dem ich verschwamm, [GOAL in dessen Wellenberge und Täler] ich [THEME mich THEME] ein[Burying grub], begünstigt und beglückt von seiner Güte. (Düffel, John von: Vom Wasser, München: dtv 2006, S. 251)

b. Doch England ist weit, und Einigkeit ist unter den Schiffbrüchigen auch damit nicht mehr zu erzielen; die seltenen klaren Tage verstreichen ungenützt, obwohl [THEME sich THEME] der Hunger [GOAL in die Gesichter] ein[Burying gräbt]. (Schrott, Raoul: Tristan da Cunha oder die Hälfte der Erde; Hanser Verlag 2003, S. 280)

Ein besonderer Fall, der auch für die reflexive Bewegungskonstruktion gilt, stellt der Frame Cause_to_move_in_place dar (vgl. schon Unterabschnitt 6.2.2). Wie in Tabelle 6.22 zu sehen, ist dieser für die reflexive Partikelverbkonstruktion äußerst frequent ohne Beteiligung des Konstruktions-Frames am Konstrukt-Frame belegt. Die drei Belege (133)–(135) für die LE *abwenden*, *umdrehen* und *wegdrehen* (Basisverben alle: *turn.v*) zeigen, dass alle Strukturelemente dieser Konstrukte durch `Cause_to_move_in_place` plausibel abgedeckt werden.

(133) Als [$_{\text{Theme}}$ sich] [$_{\text{Agent}}$ der hagere Mann] [$_{\langle\text{Direction}\rangle}$ vom Fenster] ab[$_{\text{Cause\_to\_move\_in\_place}}$ wand], erreichte der Minutenzeiger der großen Bahnhofsuhr das zweite Viertel. (Kopetzky, Steffen: Grand Tour, Frankfurt am Main: Eichborn 2002, S. 436)

(134) Dann fuhr er rechts ran, [$_{\text{Cause\_to\_move\_in\_place}}$ drehte] [$_{\text{Theme}}$ sich] [$_{\langle\text{Direction}\rangle}$ zu ihr] um und fragte sie, ob sie nicht irgendwo was trinken gehen sollten. (Goosen, Frank: Liegen lernen, Frankfurt am Main: Eichborn AG 2000, S. 121)

(135) Er putzt die Linse noch einmal, [$_{\text{Agent}}$ er] [$_{\text{Cause\_to\_move\_in\_place}}$ dreht] [$_{\text{Theme}}$ sich] mit dem Belichtungsmesser [$_{\langle\text{Direction}\rangle}$ von der Sonne] weg, er kneift das linke Auge zu und schaut durchs Objektiv. (Beyer, Marcel: Spione, Köln: DuMont 2000, S. 167)

Wie für die Fälle von `Filling` und `Burying` muss nun auch für `Cause_to_move_in_place` Evidenz gefunden werden, dass eine Beteiligung des Konstruktions-Frames an der Motivierung anderer Konstrukte möglich ist, sodass Konstrukte wie diejenigen in (133)–(135) weiterhin als solche der reflexiven Partikelverbkonstruktion gelten können. Anders als für die Fälle von `Filling` und `Burying` können dafür allerdings nicht Belege der reflexiven Partikelverbkonstruktion selbst herangezogen werden, da `Cause_to_move_in_place` über die in Tabelle 6.22 aufgelisteten Belege hinaus nicht für diese Konstruktion belegt ist. Hier kann nun die reflexive Bewegungskonstruktion als zusätzliche Evidenz dienen. Zwar ist `Cause_to_move_in_place` auch für sie in vollständiger Motivierung von Konstrukten belegt, allerdings existieren auch zwei Belege, in denen der Konstruktions-Frame einen Anteil besitzt. Diese seien in (136) zitiert.

(136) a. Sie [$_{\text{Cause\_to\_move\_in\_place}}$ wiegte] sich [gegen ihn ^{Goal}]. (Hettche, Thomas: Der Fall Arbogast, Köln: DuMont Buchverlag, 2001, S. 14)

b. Als sie den Finger auf eine blaue Blüte schob, färbte sich ihr Fingernagel bläulich und grüne Streifen [$_{\text{Cause\_to\_move\_in\_place}}$ wellten] sich [über ihren Handrücken ^{Path}]. (Pressler, Mirjam: Malka Mai, Weinheim Basel: Beltz & Gelberg 2001, S. 5)

Dieser Fall zeigt, dass auch Konstrukte einer anderen verwandten Konstruktion als Evidenz dienen können, um zu ermitteln, ob Belege, die durch einen unrelatierten lexikalischen Frame vollständig motiviert werden, Konstrukte der betreffenden Konstruktion zeigen. Für die reflexive Partikelverbkonstruktion kann somit davon ausgegangen werden, dass alle Instanzen mit dem lexikalischen Frame Cause_to_move_in_place auch dann als ihre Konstrukte zu werten sind, wenn an ihrer Motivierung kein Anteil des Konstruktions-Frames zu erkennen ist.

Klammert man besondere Fälle wie denjenigen des Frames Cause_to_move_in_place aus, zeigt sich, dass insbesondere die semantische Motivierung des KEE ausschlaggebend für die Einstufung eines lexikalischen Frames als für die reflexive Partikelverbkonstruktion unrelatiert sein kann. Ich möchte deshalb analog zur reflexiven Bewegungskonstruktion (Abschnitt 6.3) abschließend auf jene semantische Motivierung des KEE für die reflexive Partikelverbkonstruktion eingehen. Wie bei der reflexiven Bewegungskonstruktion kann das KEE einfach durch einen lexikalischen Frame, einfach durch den Konstruktions-Frame oder doppelt motiviert sein. Voraussetzung für eine einfache Motivierung durch einen lexikalischen Frame ist auch hier, dass es sich um einen kausativen Frame handelt. Wie Tabelle 6.23 zeigt, sind drei Frames, durch deren FE das KEE einfach motiviert werden kann, belegt: Cause_motion, Placing und Bringing.

Tab. 6.23: Einfache Motivierung des KEE der reflexiven Partikelverbkonstruktion durch relatierte lexikalische Frames

Lexikalischer Frame	Konstrukte	Anteil
Cause_motion	53	73,61 %
Placing	11	15,28 %
Bringing	8	11,11 %
Gesamt	72	100,00 %

Damit eine Instanz als Konstrukt der reflexiven Partikelverbkonstruktion gelten kann, in dem die Motivierung des KtE des KE ⟨WEG⟩ keinen Anteil des Konstruktions-Frames aufweist, muss das KEE entweder einfach durch den Konstruktions-Frame oder doppelt motiviert sein. Wie bei der reflexiven Bewegungskonstruktion sind die lexikalischen Frames, die mit dieser einfachen oder doppelten Motivierung des KEE auftreten, also besonders interessant. Tabelle 6.24 zeigt die lexikalischen Frames, die mit einer einfachen Motivierung des KEE durch das FE Motion.THEME des Konstruktions-Frames auftreten. Tabelle 6.25 stellt die lexikalischen Frames und FE zusammen, die das KEE gemeinsam mit dem FE Motion.THEME doppelt motivieren.

Spätestens anhand der Verteilung lexikalischer Frames bei der Motivierung des KEE ist also zu erkennen, ob ein Frame zu für die reflexive Partikelverbkonstruktion belegten unrelatierten lexikalischen Frames zählt oder nicht. Schon auf der Basis des Vergleichs zwischen der Motivierung der KtE des KE ⟨WEG⟩ und derjenigen des KEE ist diese Entscheidung einfach zu treffen. Besondere Fälle wie diejenigen für Cause_to_move_in_place müssen indes eingehender betrachtet und bisweilen unter dem Vergleich mit Daten einer verwandten Konstruktion, hier der reflexiven Bewegungskonstruktion, entschieden werden.

Tab. 6.24: Einfache Motivierung des KEE der reflexiven Partikelverbkonstruktion durch den Konstruktions-Frame

Lexikalischer Frame	Konstrukte	Anteil
Daring	24	23,53 %
Hostile_encounter	13	12,75 %
Work	11	10,78 %
Seeking	10	9,80 %
Chatting	5	4,90 %
Impact	4	3,92 %
Ingestion	4	3,92 %
Shopping	4	3,92 %
Board_vehicle	2	1,96 %
Cogitation	2	1,96 %
Desiring	2	1,96 %
Experiencer_focus	2	1,96 %
Fire_burning	2	1,96 %
Manipulate_into_doing	2	1,96 %
Participation	2	1,96 %
Questioning	2	1,96 %
Assistance	1	0,98 %
Becoming_aware	1	0,98 %
Change_of_phase	1	0,98 %
Change_posture	1	0,98 %
Make_noise	1	0,98 %
Manipulation	1	0,98 %
Perception_experience	1	0,98 %
Processing_materials	1	0,98 %
Progression	1	0,98 %
Renting	1	0,98 %
Temperature	1	0,98 %
Gesamt	102	100,00 %

Tab. 6.25: Doppelte Motivierung des KEE der reflexiven Partikelverbkonstruktion

Lexikalischer Frame	FE	Konstrukte	Anteil
Cause_to_experience	EXPERIENCER	7	22,58 %
Cause_to_amalgamate	PART_1	5	16,13 %
Manipulation	ENTITY	5	16,13 %
Attaching	ITEM	4	12,90 %
Burying	THEME	2	6,45 %
Filling	THEME	2	6,45 %
Processing_materials	MATERIAL	2	6,45 %
Attack	VICTIM	1	3,23 %
Emptying	THEME	1	3,23 %
Grinding	PATIENT	1	3,23 %
Rescuing	PATIENT	1	3,23 %
Gesamt		31	100,00 %

7 Konstruktikographische Generalisierungen

> One might hope for a semantic theory to relate expression meaning to utterance context. However, [...] we should tackle the opposite problem: how meaning construction processes that generate utterance meanings might also explain why we think of words, phrases, and sentences as having meaning that is independent of any particular context.
>
> (Coulson 2001: 8)

Die Analysen, die ich insbesondere in Kapitel 6 vorgestellt habe, liefern über weite Strecken Ergebnisse auf Token-Ebene, da sie die Konstitution von Konstrukt-Frames etwa durch die Frage nach den durch KtE des KE Ereignis evozierten lexikalischen Frames und die semantische Motivierung von KtE und KEE durch FE eines lexikalischen Frames und des Konstruktions-Frames aufzeigen. Für eine konstruktikographische Beschreibung der drei untersuchten Konstruktionen müssen diese Ergebnisse auf Token-Ebene allerdings hinreichend generalisiert werden, um sie zu konstruktikographisch verwertbaren Informationen auf Type-Ebene zu überführen. Der Begriff der Generalisierung ist für die Kognitive Linguistik von äußerster Wichtigkeit. Er findet sich bereits in einer der beiden von Lakoff (1990: 40, 1991: 53) formulierten *commitments* wieder. Das Gebot der Generalisierung, das durch eines dieser *commitments* repräsentiert wird, bildet das Ziel des linguistischen Beschreibungsinteresses ab, wenn es darin besteht, „to characterizing the general principles governing all aspects of human language." (Lakoff 1990: 40).[1] Konstruktikographisch lässt sich dieses Ziel in ein konkretes Format fassen. Analysen auf Token-Ebene müssen in für eine Konstruktion konstruktikographisch verwertbare Informationen überführt werden, kurzum: in einen Konstruktionseintrag. Wie also lassen sich die bisher für die drei untersuchten Konstruktionen erzielten Ergebnisse auf eine solche Type-Ebene generalisieren und als konstruktikographisch relevante Eigenschaften einer Konstruktion angeben?

Um diese Frage zu beantworten, möchte ich zunächst einige Schlussfolgerungen aus den Ergebnissen aus Kapitel 5 und 6 ziehen. Die Analysen der variierenden semantischen Motivierung von KtE und des KEE der reflexiven Bewegungskonstruktion und ihrer verwandten Konstruktionen – insbesondere der reflexi-

1 Der Begriff der Generalisierung wird hingegen von Goldberg (2002: 327–330) vor allem gegen generativistische Konzepte wie Transformation und Derivation auf syntaktischer Ebene positioniert und ist demnach potenziell eingeschränkter als derjenige von Lakoff.

https://doi.org/10.1515/9783110762341-007

ven Partikelverbkonstruktion – haben gezeigt, dass der Anteil des Konstruktions-Frames an Konstrukt-Frames stark von der semantischen Motivierung der einzelnen KtE und KEE abhängt. Kein Anteil des Konstruktions-Frames liegt vor, wenn alle KtE und ggf. das KEE durch FE des lexikalischen Frames motiviert werden (Unterabschnitt 6.2.1). Am größten ist der Anteil des Konstruktions-Frames, wenn ein KtE und das KEE ausschließlich durch diesen einfach motiviert werden, während die anderen KtE durch den lexikalische Frame motiviert werden (Variante c einer Frame-Anpassung, vgl. Unterabschnitt 4.4.1). In Anlehnung an das Postulat des Lexikon-Grammatik-Kontinuums von Langacker (1987: 3) könnte man diese beiden Extrempunkte sowie alle Fälle, die zwischen ihnen liegen, als ein Kontinuum der semantischen Motivierung eines Konstrukts verstehen. In diesem Sinne spricht Langacker (2005a: 152) von einem „continuous spectrum in terms of how familiar it is for the verb to occur in the construction and how well the verb's meaning fits the constructional meaning." Dieses Kontinuum der semantischen Motivierung eines Konstrukts ist entscheidend unter anderem für die Messung semantischer Parameter, vor allem des Koerzionspotenzials (Abschnitte 5.5 und 7.4).

Die Tatsache, dass bestimmte Strukturelemente einer Konstruktion in den meisten Fällen, wie es die unterschiedlichen Konstruktikographie-Projekte praktizieren (vgl. Unterabschnitt 2.3.2), semantisch definiert werden, zeigt, dass es nicht ausreichend ist, eine Konstruktion nur schlicht aufgrund einer formalen Konstellation von KE, KEE und KorE zu beschreiben.[2] So ist etwa eine semantische Definition von KE, KEE und KorE nötig, um strukturell analoge sprachliche Ausdrücke, die aber keine Konstrukte einer gegebenen Konstruktion sind, aus der Analyse auszuschließen (dazu Unterabschnitt 8.4.2). Am wichtigsten ist eine semantische Beschreibung einer Konstruktion auf Type-Ebene aber für die Konstruktikographie selbst, denn sie bildet den Ausgangspunkt für einen Konstruktionseintrag.

Die semantischen Eigenschaften der Strukturelemente wiederum ergeben sich in erster Linie aus der Konstitution von Konstrukt-Frames, also aus der frequenten semantischen Motivierung etwa von KtE und KEE durch FE lexikalischer Frames und des Konstruktions-Frames. Die Relevanz von FE für die Beschreibung von KE ist in der Konstruktikographie indes nicht unerkannt geblieben: Die *way*-Konstruktion, wie sie im FrameNet-Konstruktikon beschrieben wird, ist hierfür ein gutes Beispiel, denn wie schon in Unterabschnitt 2.3.2 gesehen, werden ihre KE in erster Linie nach FE des Frames `Motion` benannt und definiert. Diese Beobachtung ist Ausgangspunkt für die detaillierten Analysen der Strukturparallelen zwischen Konstruktionen und Frames, die ich in Kapitel 6 für die reflexive

2 Vgl. dazu schon Brugman (1996: 45): „[T]he morphosyntactic properties which distinguish constructions are not sufficient to identify their constructional semantics".

Bewegungskonstruktion und die reflexive Partikelverbkonstruktion vorgestellt habe.

Eine wesentliche Erkenntnis dieser Analysen ist die Varianz in der Konstitution von Konstrukt-Frames. Je nach semantischer Motivierung der KtE und des KEE stellt sich die Konstellation instanziierter FE in einem Konstrukt, also auf Token-Ebene, sehr vielfältig dar. Man könnte nun annehmen, dass diese Varianz ein Problem darstellt, da Generalisierungen vor diesem Hintergrund schwierig erscheinen können. Aus gebrauchsbasierter Perspektive ist eine solche Varianz aber alles andere als problematisch, da sie den Blick auf Prozesse der Abstraktion und Generalisierung gerade erst ermöglicht, wie Bybee (2010) betont:

> The existence of gradience and variation does not negate the regular patterning within languages or the patterning across languages. However, it is important not to view the regularities as primary and the gradience and variation as secondary; rather the same factors operate to produce both regular patterns and the deviations. If language were a fixed mental structure, it would perhaps have discrete categories; but since it is a mental structure that is in constant use and filtered through processing activities that change it, there is variation and gradation. (Bybee 2010: 6)

In diesem Kapitel möchte ich nun einige methodologische und methodische Zugänge aufzeigen, wie die in den Kapiteln 5 und 6 zum Teil bereits geleisteten Analysen auf Token-Ebene über ihre Varianz hinweg zu konstruktikographisch verwertbaren Informationen generalisiert werden können. Im Zuge dessen präsentiere ich für die drei untersuchten Konstruktionen alle relevanten Ergebnisse dieser Generalisierung. In Abschnitt 7.1 kläre ich, welche Informationen eine konstruktikographische Beschreibung, konkret: ein Konstruktionseintrag, überhaupt enthalten muss. Dazu gehört die Frage, wie die in Kapitel 5 vorgestellten semantischen Parameter von Konstruktionen Eingang in einen Konstruktionseintrag finden können. In Abschnitt 7.2 beginne ich mit der konstruktikographischen Erfassung zunächst einiger allgemeiner Informationen, zu denen insbesondere die Namen der Konstruktionen (deren Wahl ich an dieser Stelle begründe) sowie die Differenzierung konstruktioneller Polysemie gehört. Abschnitt 7.3 widmet sich der Benennung und Definition der Strukturelemente der Konstruktionen, die einen wesentlichen Teil von deren konstruktikographischer Beschreibung ausmachen und auf semantische Parameter wie Präferenzen und Beschränkungen (für lexikalische Frames, vgl. Unterabschnitt 5.3.3) und Frame-Nähe (Abschnitt 5.4) zurückgreifen. Die drei darauffolgenden Abschnitte 7.4, 7.5 und 7.6 widmen sich schließlich dezidiert drei semantischen Parametern aus Kapitel 5, die als eigene Datenpunkte in einen Konstruktionseintrag eingehen müssen: dem Koerzionspotenzial, der Produktivität sowie der emergenten Struktur. Für sie geht es nicht nur darum, Methoden zu ihrer Messung zu entwickeln, sondern gleichsam ihre ‚Werte' zu bestimmen, um diese in einen Konstruktionseintrag überführen zu können. Wie die Konstruktionseinträge für die drei untersuchten Konstruktionen konkret aussehen können, ist im dreiteiligen Zusatzmaterial zu sehen.[3]

7.1 Konstruktikographische Beschreibung von Konstruktionen

Nachdem ich in Kapitel 4 die Begriffe von Konstruktions-Frame und Konstruktionsbedeutung in ein konstruktionssemantisches Modell eingebettet und in Kapitel 5 sieben semantische Parameter von Konstruktionen vorgestellt habe, die die semantischen Eigenschaften einer Konstruktion näher bestimmen und messbar machen sollen, stellt sich nun die Frage, in welcher Form diese Informationen in die konstruktikographische Beschreibung einer Konstruktion, also in einen Konstruktionseintrag, eingehen müssen. Deshalb möchte ich zu Beginn zunächst auf die Bestandteile der konstruktikographischen Beschreibung einer Konstruktion eingehen, die der Endpunkt jeder Analyse sind. Damit soll einerseits deutlich gemacht werden, welche Relevanz etwa die Daten haben, die ich in Kapitel 6 hinsichtlich der Strukturparallelen von Konstruktionen und Frames erhoben habe, andererseits geht es aber auch um basalere Aspekte wie die Namen der Konstruktionen, deren Begründung ich bisher noch nicht diskutiert habe. Wie die Informationen, die Eingang in einen Konstruktionseintrag finden müssen, konkret zustande kommen, wird später Gegenstand der Abschnitte 7.3 bis 7.6 sein.

In diesem Abschnitt möchte ich zunächst auf Voraussetzungen für die konstruktikographische Beschreibung von Konstruktionen eingehen. Hierzu gehört eine wesentliche Frage, die sich bei der Zusammenstellung von Informationen für einen Konstruktionseintrag ergibt, nämlich welche Inhalte ein Konstruktionseintrag überhaupt enthalten muss, und um die es in Unterabschnitt 7.1.1 gehen soll. Im Anschluss möchte ich in Unterabschnitt 7.1.2 die Frage beantworten, wie das in Kapitel 4 eingeführte konstruktionssemantische Modell Eingang in einen solchen Konstruktionseintrag finden kann. Damit hängen die in Kapitel 5 skizzierten semantischen Parameter von Konstruktionen eng zusammen. Auch für sie muss geklärt werden, in welcher Form sie Eingang in einen Konstruktionseintrag finden und an welchen Stellen sich die durch sie ermittelbaren Informationen in einem Konstruktionseintrag wiederfinden müssen. Darauf gehe ich in Unterabschnitt 7.1.3 ein.

---

3 Das Zusatzmaterial mit den drei Konstruktionseinträgen kann unter https://www.degruyter.com/document/isbn/9783110762341/html heruntergeladen werden.

7.1.1 Inhalte eines Konstruktionseintrags

Ziel jeder konstruktikographischen Analyse ist ein Konstruktionseintrag. Der Frage, wie die Ergebnisse einer solchen Analyse dokumentiert werden müssen, muss die allgemeinere Frage vorangestellt werden, welche Bestandteile ein Konstruktionseintrag enthalten muss.[4] In der konstruktikographischen Forschung existiert bisher kein Standard für obligatorische Inhalte eines Konstruktionseintrags, was nicht unwesentlich mit den unterschiedlichen Zielsetzungen der einzelnen konstruktikographischen Projekte (dazu Abschnitt 2.3) zusammenhängen dürfte.

Hinsichtlich der Inhalte von Konstruktionseinträgen, die ein Konstruktikon konstituieren, ist es jedenfalls offensichtlich, „[d]ass Umfang und Beschreibungstiefe eines [...] Referenzkonstruktikons, [und somit auch eines Konstruktionseintrags, A.W.] wie bei traditionellen Wörterbüchern auch, von den Zielsetzungen bezüglich der Funktionen, die ein solches Konstruktikon erfüllen soll, und den intendierten Benutzergruppen abhängt" (Herbst 2016: 172). So macht es für die Inhalte eines Konstruktionseintrags einen erheblichen Unterschied, ob ein Konstruktikon für Fremdsprachenlernende oder als fachwissenschaftliche Ressource konzipiert ist (vgl. auch Herbst 2019: 7–9). Bisherige Vorschläge scheinen eher Letzteres im Blick zu haben,[5] weshalb ich mich für die konstruktikographische Generalisierung der drei untersuchten Konstruktionen daran orientiere. Trotz dieser (impliziten) gemeinsamen Ausrichtung existierender Vorschläge für die Inhalte eines Konstruktionseintrags zeigt sich, dass ihre Breite durchaus unterschiedlich ausfällt. So stellen Ziem & Flick (2018: Abschn. 3.4) einen exemplarischen Konstruktionseintrag auf, von dem aus mögliche obligatorische Inhalte abzuleiten sind. Eine dezidierte und recht umfassende Auflistung möglicher Inhalte bieten Boas & Ziem (2018b: 202). Ziem & Flick (2019: 208) sowie Ziem, Flick & Sandkühler (2019: 80) stellen zwei exakt identische Listen mit Inhalten eines Konstruktionseintrags vor. Tabelle 7.1 stellt diese vier Vorschläge einander gegenüber, wobei Überschneidungen durch Alignierung in einer Zeile dargestellt sind. Die originäre Reihenfolge in den einzelnen Listen ist deshalb nicht beibehalten.

---

4 Noch allgemeiner ist die Frage, welche Inhalte ein *Konstruktikon* enthalten muss und nach welchen Maßstäben diese Inhalte ausgewählt werden müssen. Vgl. Herbst (2016, 2019: 7–9) sowie Lyngfelt (2018: 13–14) und Boas, Lyngfelt & Torrent (2019: 40–48) für einige Vorschläge.

5 Lyngfelt (2018: 14) bemerkt, dass die meisten konstruktikographischen Projekte grundsätzlich nicht auf einen einzelnen Anwendungszweck beschränkt sind, betont aber zugleich, dass zumindest das Schwedische Konstruktikon und das Russische Konstruktikon Schwerpunkte auf die Anwendung durch Fremdsprachenlernende legen. Bei den im Folgenden zu diskutierenden Vorschlägen für die Inhalte eines Konstruktionseintrags werden diese Unterschiede nicht reflektiert.

Tab. 7.1: Inhalte eines Konstruktionseintrags im Vergleich

Ziem & Flick (2018: Abschn. 3.4)	**Boas & Ziem (2018b: 202)**	**Ziem & Flick (2019: 208)**	**Ziem, Flick & Sandkühler (2019: 80)**
Konstruktionsname			
repräsentatives Beispielkonstrukt			
grammatische Kategorie	Beschreibungen des lexikalischen Kopfes der Konstruktion (falls vorhanden)		
evozierte Frames			
Definition der Konstruktion		Definition der Konstruktion und typische Korpusbeispiele	Definition der Konstruktion und typische Korpusbeispiele
formale Struktur der Konstruktion			
Relationen zu anderen Konstruktionen	Definitionen von form- und bedeutungsbezogenen Relationen zu anderen Konstruktionen	Relationen zu anderen Konstruktionen	Relationen zu anderen Konstruktionen
KEE und dessen Definition	Liste von KEE	Elemente der Konstruktion (KEE, KE, KorE)	Elemente der Konstruktion (KEE, KE, KorE)
KE und dessen Definition(en)	Beschreibungen der KE hinsichtlich ihrer Funktionen und Phrasentypen, als die sie realisiert werden	syntaktische Realisierungen der KE	syntaktische Realisierungen der KE

Tab. 7.1 – fortgesetzt

Ziem & Flick (2018: Abschn. 3.4)	**Boas & Ziem (2018b: 202)**	**Ziem & Flick (2019: 208)**	**Ziem, Flick & Sandkühler (2019: 80)**
KorE und dessen Definition(en)			
	Realisierungsmuster einer Konstruktion	syntaktische Realisierungsmuster	syntaktische Realisierungsmuster
	Beschreibungen pragmatischer, semantischer und syntaktischer Beschränkungen		
	Beschreibungen kollokationaler Präferenzen von KE (falls vorhanden)		
	Beschreibungen kovariationaler Präferenzen von KE (falls vorhanden)		
	annotierte Beispielsätze zur Illustration der Bandbreite der Realisierungsmuster	Annotationsreport	Annotationsreport
		Literatur und Korpus	Literatur und Korpus

Ergänzend zu diesem sich in der Forschungsliteratur langsam abzeichnenden Kanon an obligatorischen Inhalten eines Konstruktionseintrags müssen freilich einige der im Rahmen des konstruktionssemantischen Modells aus Kapitel 4 zu reformulierende Inhalte (etwa die Angabe des Konstruktions-Frames betreffend) berücksichtigt sowie insbesondere die semantischen Parameter von Konstruktionen (Kapitel 5) einbezogen werden. Bevor ich in Unterabschnitt 7.1.3 diskutiere, wie sich die semantischen Parameter von Konstruktionen in einen Konstruktionseintrag einfügen lassen (worauf die Vorschläge in Tabelle 7.1 bereits teilweise vorbereitet sind), möchte ich aus den vier unterschiedlichen Konzeptionen zunächst eine Synthese bilden.

Aus konstruktionssemantischer Perspektive fällt hinsichtlich des unterschiedlichen Umfangs der vier Listen auf, dass einzig Ziem & Flick (2018: Abschn. 3.4) auf einen durch eine Konstruktion evozierten Frame hinweisen, gewissermaßen also einen Konstruktions-Frame im Sinne des konstruktionssemantischen Modells (Kapitel 4). Ich komme darauf in Unterabschnitt 7.1.2 zurück. Außerdem sind Ziem & Flick (2018: Abschn. 3.4) die einzigen, die dezidiert den Konstruktionsnamen mit in ihre Liste aufnehmen, wobei die anderen drei Konzeptionen diesen vermutlich implizit berücksichtigen, ohne ihn eigens in ihre Listen aufzunehmen.

Eine vorläufige Synthese der vier in Tabelle 7.1 gegenübergestellten Konzeptionen eines Konstruktionseintrag kann aus konstruktionssemantischer Sicht wie in der folgenden Auflistung aussehen, wobei dort noch nicht explizit die semantischen Parameter von Konstruktionen berücksichtigt sind.[6] Deshalb werde ich diese Liste in Unterabschnitt 7.1.3 noch hinsichtlich der semantischen Parameter erweitern. Die nunmehr folgende Liste ist freilich vorrangig auf die drei untersuchten Konstruktionen zugeschnitten und kann für Konstruktionen anderer Art entsprechend anders aussehen. Die Liste ist also nicht als allgemeingültige Struktur eines Konstruktionseintrags zu verstehen, sondern soll in erster Linie die formalen und semantischen Eigenschaften der drei untersuchten Konstruktionen erfassen. Es ist ohnehin selbstverständlich, dass Art und Menge der Informationen, die in einem Konstruktionseintrag enthalten sein müssen, von der Art der Konstruk-

---

6 Ausgeklammert lasse ich hier einen Annotationsreport sowie Angaben zu relevanter Forschungsliteratur und den zugrunde liegenden Korpora, wie sie in den Auflistungen von Ziem & Flick (2019: 208) sowie Ziem, Flick & Sandkühler (2019: 80) erscheinen. Da die letzten beiden Punkte ohnehin Bestandteil der vorliegenden Arbeit sind, dupliziere ich sie in den Konstruktionseinträgen im Zusatzmaterial nicht noch einmal. Auf einen vollständigen Annotationsreport verzichte ich aus Platzgründen, da die Bandbreite der annotierten Daten bereits ausführlich gezeigt wurde und jener somit einer Wiederholung größtenteils bereits zitierter Daten entspräche. In einer digitalen Ressource in Form einer Datenbank besteht dieses Problem freilich nicht.

tion abhängen, weshalb für andere als die hier untersuchten Konstruktionen potenziell bestimmte Aspekte ein anderes Gewicht bekommen können oder weitere hinzugenommen werden müssen.[7]

Jeder nummerierte Punkt in der folgenden Liste entspricht einem Datenpunkt eines Konstruktionseintrags, also einem Informationsabschnitt, der bisweilen durch weitere Unteraspekte binnendifferenziert werden kann. Um deutlich zu machen, was unter den einzelnen Datenpunkten zusammengefasst wird, füge ich ihnen jeweils eine kurze Beschreibung an.

1. *Konstruktionsname*: Die Bezeichnung der Konstruktion, die bereits im Titel des Konstruktionseintrags enthalten ist.
2. *Repräsentatives Beispielkonstrukt*: Ein ausgewählter Beleg, der ein Konstrukt enthält, das zur schnellen Illustration der Konstruktion dient.
3. *Schematische Angabe der formalen Struktur*: Eine Darstellung der formalen Struktur der Konstruktion, die sich aus den folgenden beiden Komponenten zusammensetzt.
   - *Beteiligte Phrasentypen*: Die Phrasentypen, als die die KtE der einzelnen KE sowie KEE und KorE realisiert werden.
   - *Lexikalisch fixierte Elemente*: Die KEE und KorE der Konstruktion, wobei sie nicht zwingend als invariante LE angegeben werden müssen, sondern auch Kategorien umfassen können, etwa Reflexiva bei allen drei untersuchten Konstruktionen, Verbpartikeln bei der reflexiven Partikelverbkonstruktion oder eine Bandbreite von Artikeln und Nomen bei der reflexiven *Weg*-Konstruktion.
4. *Konstruktions-Frame*: Der Frame, der als Konstruktions-Frame der Konstruktion gelten kann, im Falle der drei untersuchten Konstruktionen also `Motion`.
5. *Definition der Konstruktion*: Eine kurze allgemeine Charakterisierung der Konstruktion, ihrer formalen und semantischen Eigenschaften.
6. *KE und deren Definitionen*: Eine Liste der KE der Konstruktion inklusive ihrer formalen und semantischen Eigenschaften, die die folgenden Komponenten umfassen.
   - *Name des KE*: Die Bezeichnung des KE.
   - *Definition des KE*: Eine kurze Definition des KE.

---

7 Ein Beispiel ist die Kategorie des KorE (zur Terminologie Unterabschnitt 2.3.1), das unter den drei untersuchten Konstruktionen nur für die reflexive *Weg*-Konstruktion relevant ist. Da dies ein trivialer Fall ist, muss die Auswahl der Bestandteile eines Konstruktionseintrag hinsichtlich dieses Punktes – anders als bei einigen Punkten von Boas & Ziem (2018b: 202), siehe unten – nicht weiter begründet werden.

  - *Formale Realisierung des KE*: Angaben zur formalen Realisierung des KE, bei Argumentstruktur-Konstruktionen wie den drei untersuchten insbesondere in Form von Phrasentypen.
  - *Annotierte Beispielbelege*: Zu jedem KE sollte mindestens ein allein auf dieses KE hin annotierter Beispielbeleg zur Illustration gehören.
7. *KEE und deren Definition(en)*: Die Liste des bzw. der KEE und eine kurze Beschreibung seiner/ihrer formalen und semantischen Eigenschaften.
8. *KorE und deren Definition(en)*: Die Liste des bzw. der KorE und eine kurze Beschreibung seiner/ihrer formalen und semantischen Eigenschaften.
9. *Relationen zu anderen Konstruktionen*: Relationen zu anderen Konstruktionen im Konstruktikon. Diese können anstelle von strikten Vererbungsrelationen auch als Familienähnlichkeiten (vgl. Unterabschnitt 3.2.3) beschrieben werden.
  - *Formale Relationen*: Formale Relationen bzw. Familienähnlichkeiten zu anderen Konstruktionen.
  - *Semantische Relationen*: Semantische Relationen bzw. Familienähnlichkeiten zu anderen Konstruktionen.

Obwohl diese Liste bereits auf die drei untersuchten Konstruktionen zugeschnitten ist, erscheint es nötig, den Ausschluss einiger Inhalte, die ich aus den Vorschlägen in Tabelle 7.1 nicht übernommen habe, zu kommentieren.

- Auf die Dokumentation von *Realisierungsmustern* (vierter und achter Punkt bei Boas & Ziem 2018b: 202) verzichte ich, da die semantische Motivierung der KtE durch FE des lexikalischen Frames und des Konstruktions-Frames für die drei untersuchten Konstruktionen im Vordergrund steht und nicht mögliche syntagmatische Abfolgen von als KtE instanziierten KE sowie KEE und KorE. Wie bereits die Feststellung von Präferenzen für lexikalische Frames (Unterabschnitt 5.3.3) liefert die Untersuchung semantischer Motivierungen inhärente semantische Aussagen, sodass formale Realisierungsmuster (ohne eine Interpretation, die noch zu leisten wäre) lediglich einen sekundären Informationswert besitzen. Dass sie jedoch nicht gänzlich irrelevant sind, haben die Analysen der reflexiven Partikelverbkonstruktion in Unterabschnitt 6.4.2 gezeigt.
- *Semantische Beschränkungen* (fünfter Punkt bei Boas & Ziem 2018b: 202) habe ich, wie bereits in Unterabschnitt 5.3.1 argumentiert, innerhalb des semantischen Parameters der Beschränkungen und Präferenzen subsumiert. Da hierbei insbesondere Präferenzen für lexikalische Frames einen übergeordneten Parameter darstellen (Unterabschnitt 5.3.3), erscheint dieser nicht gesondert unter den semantischen Parametern von Konstruktionen, sondern liefert die Datengrundlage für die Analysen der Frame-Nähe, des Koerzions-

potenzials, der Produktivität und letztlich auch der emergenten Struktur. Syntaktische Beschränkungen, die ich in Unterabschnitt 5.3.2 untersucht habe, sind zu großen Teilen in den Definitionen der Strukturelemente enthalten und erhalten keinen eigenen Datenpunkt. Pragmatische Beschränkungen sind bei den drei untersuchten Konstruktionen vor dem Hintergrund des hier entwickelten konstruktionssemantischen Ansatzes zu vernachlässigen.

- *Kollokationelle und Kovariationelle Präferenzen* (sechster und siebter Punkt bei Boas & Ziem 2018b: 202) spiegeln sich bereits in der Analyse der emergenten Struktur wider (als Variante b in Unterabschnitt 5.7.2), weshalb sie unter diesem semantischen Parameter subsumiert werden.

Wie bereits erwähnt, fehlt in der oben zusammengestellten Liste noch die explizite Berücksichtigung des konstruktionssemantischen Modells sowie der semantischen Parameter von Konstruktionen.

7.1.2 Das konstruktionssemantische Modell in einem Konstruktionseintrag

Aus den Vorschlägen für die möglichen Inhalte eines Konstruktionseintrags in Tabelle 7.1 in Unterabschnitt 7.1.1 lässt sich eine bisher geringe Beachtung genuin frame-semantischer Aspekte ableiten. Wie in Unterabschnitt 7.1.1 erwähnt, ist der exemplarische Konstruktionseintrag von Ziem & Flick (2018: Abschn. 3.4) der einzige der vier Vorschläge, der den von einer Konstruktion evozierten Frame, gewissermaßen also den Konstruktions-Frame, berücksichtigt. Dies wirft die Frage auf, wie das konstruktionssemantische Modell (Kapitel 4) ebenso wie die semantischen Parameter von Konstruktionen (Kapitel 5) in einem Konstruktionseintrag verarbeitet werden können.

Die Frage nach der Relevanz des konstruktionssemantischem Modells für die Zusammenstellung eines Konstruktionseintrags betrifft die drei Frame- und Bedeutungstypen selbst: Inwiefern müssen lexikalische Frames und lexikalische Bedeutungen, Konstruktions-Frame und Konstruktionsbedeutung sowie Konstrukt-Frames und Konstruktbedeutungen Erwähnung in einem Konstruktionseintrag finden? Ich gehe dazu die drei Frame- und Bedeutungtypen in dieser Reihenfolge durch.

Wie schon in Unterabschnitt 7.1.1 angedeutet und in die vorläufige Liste der Inhalte eines Konstruktionseintrags aufgenommen, ist es zu allererst der Konstruktions-Frame, der in einem Konstruktionseintrag dokumentiert werden muss. Um einen Konstruktions-Frame von lexikalischen Frames abzugrenzen, habe ich in Abschnitt 4.3 das Kriterium der Invarianz eingeführt: Konstruktions-Frames sind über alle Konstrukte (einer Lesart) einer Konstruktion hinweg invariant, so liegt eben allen Konstrukten der drei hier untersuchten Konstruktionen Motion als Konstruktions-Frame zugrunde. Da ein Konstruktions-Frame über alle Konstrukte der Konstruktion hinweg invariant ist, kann er problemlos auf der Ebene des Konstruktionseintrags dokumentiert werden. Darüber hinaus ist der Konstruktions-Frame aufgrund seiner Fähigkeit zur Differenzierung der Lesarten einer polysemen Konstruktion (Unterabschnitt 5.2.1) für einen Konstruktionseintrag besonders relevant, wenn für eine polyseme Konstruktion unterschiedliche Konstruktionseinträge angenommen werden müssen. In diesem Fall ist der Konstruktions-Frame von derartiger Prominenz, dass er potenziell bereits im Konstruktionsnamen und damit dem Titel des Konstruktionseintrags erscheinen kann (dazu Unterabschnitt 7.2.1). Gleiches gilt analog für eine gegenüber dem Konstruktions-Frame durch Standardwerte spezifizierte Konstruktionsbedeutung.

Lexikalische Frames und lexikalische Bedeutungen finden an unterschiedlichen Stellen in einen Konstruktionseintrag Eingang. Sie unterscheiden sich von einem Konstruktions-Frame und einer Konstruktionsbedeutung durch ihre Varianz über die Konstrukte einer Konstruktion hinweg (vgl. Unterabschnitt 4.2.3) und sind deshalb anders als der Konstruktions-Frame zu behandeln. Sie sind nicht direkt auf Type-Ebene in einem Konstruktionseintrag festzuhalten und können somit selbst nicht wie der Konstruktions-Frame Teil einer konstruktikographischen Beschreibung sein. Dennoch sind lexikalische Frames und lexikalische Bedeutungen für die konstruktikographische Beschreibung relevant, da sie eine wichtige Grundlage für die Benennung und Definition von KE und KEE (Abschnitt 7.3) und für die Messung einiger semantischer Parameter von Konstruktionen bilden. Dies ist die wesentliche Motivation für die in diesem Kapitel aufzuzeigenden konstruktikographischen Generalisierungen. Da lexikalische Frames und lexikalische Bedeutungen insbesondere für die im Folgenden aufgelisteten semantischen Parameter von Relevanz sind, finden Differenzierungen nach lexikalischen Frames und lexikalischen Bedeutungen zuvorderst im Rahmen der Verarbeitung dieser Parameter ihren Platz. Semantische Parameter, die auf lexikalischen Frames und lexikalischen Bedeutungen beruhen (vgl. auch Unterabschnitt 4.2.1), sind:

- *konstruktionelle Polysemie* (für den Fall, dass die Polysemie der Konstruktion, wie in Unterabschnitt 5.2.2 definiert, über eine Verteilung lexikalischer Frames und lexikalischer Bedeutung konstituiert wird und nicht bereits über unterschiedliche Konstruktions-Frames);
- *Beschränkungen und Präferenzen* (sofern sich diese auf lexikalische Frames und lexikalische Bedeutungen und damit nicht nur rein formale Aspekte beziehen);

- *Frame-Nähe* (da das System der Frame-Nähen zum Konstruktions-Frame über dessen Frame-zu-Frame-Relationen zu anderen Frames definiert wird, die als lexikalische Frames infrage kommen können);
- *Koerzionspotenzial* (das wesentlich von lexikalischen Frames und lexikalischen Bedeutungen abhängt, worauf ich in Abschnitt 7.4 zurückkomme);
- *Produktivität* (die ebenfalls über lexikalische Frames, genauer: deren Frame-Nähe und Type-Frequenz, gemessen wird, vgl. Abschnitt 7.1.3);
- *emergente Struktur* (deren Verteilung sich über lexikalische Frames und die Konstitution von Konstrukt-Frames sowie lexikalische Bedeutungen ermitteln lässt, vgl. Abschnitt 7.6).

Ebenso wie lexikalische Frames und lexikalische Bedeutungen sind Konstrukt-Frames und Konstruktbedeutungen für die Messung einiger semantischer Parameter relevant und finden somit zumindest indirekt Eingang in einen Konstruktionseintrag. Da ich im Laufe dieses Kapitels noch auf die Messung dieser semantischen Parameter eingehe, sei an dieser Stelle kurz auf die Relevanz von Konstrukt-Frames und Konstruktbedeutungen dafür hingewiesen.
- Die Messung des *Koerzionspotenzials* (Abschnitt 7.4) beruht auf der Verteilung unterschiedlicher Varianten der Konstitution von Konstrukt-Frames, also dem Verhältnis zwischen lexikalischem Frame und Konstruktions-Frame bei der semantischen Motivierung von KtE und KEE. Eine Feindifferenzierung erfolgt dabei über variierende Konstruktbedeutungen.
- Die Verteilung einer *emergenten Struktur* und deren Messung (Abschnitt 7.6) beruht insbesondere auf Konstruktbedeutungen, die Ergebnis der unterschiedlichen Varianten der Evokation einer emergenten Struktur sind, wie ich sie in Unterabschnitt 5.7.2 differenziert habe.

Die in Unterabschnitt 7.1.1 zusammengestellte vorläufige Liste an Inhalten eines Konstruktionseintrages ist somit auf die Verarbeitung des konstruktionssemantischen Modells zumindest teilweise vorbereitet, da der Konstruktions-Frame darin bereits Eingang findet. Wie die anderen beiden Frame- und Bedeutungstypen innerhalb der semantischen Parameter von Konstruktionen in einem Konstruktionseintrag verarbeitet werden, ist Gegenstand des folgenden Unterabschnitts 7.1.3.

7.1.3 Semantische Parameter in einem Konstruktionseintrag

Die vorläufige Liste an Inhalten eines Konstruktionseintrags, die ich in Unterabschnitt 7.1.1 aus der konstruktikographischen Forschungsliteratur zusammengestellt habe, enthält noch nicht die semantischen Parameter, die einen zentralen

Tab. 7.2: Verarbeitung der semantischen Parameter von Konstruktionen in einem Konstruktionseintrag

Parameter ohne eigenen Datenpunkt im Konstruktionseintrag	Parameter mit eigenem Datenpunkt im Konstruktionseintrag
1. Formale Abstraktheit 2. Konstruktionelle Polysemie 3. Beschränkungen und Präferenzen 4. Frame-Nähe	5. Koerzionspotenzial 6. Produktivität 7. Emergente Struktur

Bestandteil des vorliegenden Entwurfs einer Konstruktionssemantik ausmachen und die ich in Kapitel 5 thematisiert habe. Wie müssen diese semantischen Parameter Eingang in einen Konstruktionseintrag finden?

Die Gliederungspunkte erster Ordnung in der in Unterabschnitt 7.1.1 zusammengestellten vorläufigen Liste der Inhalte eines Konstruktionseintrags können jeweils als eigene Datenpunkte gelten. Jeder der Punkte entspricht einem Informationsabschnitt in einem Konstruktionseintrag. Die Liste ist somit als Gliederung eines Konstruktionseintrags zu verstehen. Bei der Frage, wie die semantischen Parameter in diese Liste eingehen können, bestehen deshalb zwei Möglichkeiten.

1. Ein semantischer Parameter bekommt einen eigenen Datenpunkt in einem Konstruktionseintrag und ist somit Teil von dessen Gliederung.
2. Die Ergebnisse der Analyse eines semantischen Parameters fließen in die in einem Datenpunkt präsentierten Informationen ein (ggf. indem sie ihn binnendifferenzieren), der semantische Parameter selbst erhält keinen eigenen Datenpunkt im Konstruktionseintrag.

Die Frage nach der Verarbeitung der semantischen Parameter ist somit vorrangig eine Frage danach, welche Parameter einen eigenen Datenpunkt erhalten und welche lediglich in einen bereits bestehenden Datenpunkt einfließen. Die sieben in Kapitel 5 diskutierten semantischen Parameter lassen sich nach diesen beiden Kategorien differenzieren. Wie aus Tabelle 7.2 deutlich wird, möchte ich vorschlagen, dass die semantischen Parameter der formalen Abstraktheit, der konstruktionellen Polysemie, der Beschränkungen und Präferenzen sowie der Frame-Nähe keinen eigenen Datenpunkt in einem Konstruktionseintrag erhalten, während die semantischen Parameter des Koerzionspotenzials, der Produktivität sowie der emergenten Struktur einen solchen Datenpunkt erhalten. Ich möchte diese Aufteilung im Folgenden begründen, um dann in den Abschnitten 7.2 bis 7.6 der Reihe nach ihre Ergebnisse für die drei untersuchten Konstruktionen einzuordnen und deren Umsetzung in einem Konstruktionseintrag vorzubereiten.

Der semantische Parameter der formalen Abstraktheit erhält keinen eigenen Datenpunkt, weil seine Ergebnisse bereits in einem bestehenden Parameter verarbeitet werden können. Die Liste aus Unterabschnitt 7.1.1 hält unter Gliederungspunkt 3 explizit eine schematische Angabe der formalen Struktur bereit, mit der die formale Abstraktheit der Konstruktion bereits angedeutet wird. Neben den beteiligten Phrasentypen und den lexikalisch fixierten Elementen, letzlich also der formalen Darstellung aller Strukturelemente der Konstruktion muss als Unterpunkt zu Gliederungspunkt 3 also noch die formale Abstraktheit der Konstruktion im Sinne des Verhältnisses aus KE, KEE und KorE, wie ich es in Abschnitt 5.1 definiert habe, ergänzt werden.

Der semantische Parameter der konstruktionellen Polysemie erhält ebenfalls keinen eigenen Datenpunkt in einem Konstruktionseintrag. Dies gilt für beide in Abschnitt 5.2 definierten Fälle von konstruktioneller Polysemie, also sowohl für den Fall, dass sie über unterschiedliche Konstruktions-Frames konstituiert wird (Unterabschnitt 5.2.1), als auch für den subtileren und für die drei untersuchten Konstruktionen einschlägigen Fall, dass sie sich über Varianzen in den lexikalischen Frames und lexikalischen Bedeutungen differenziert (Unterabschnitt 5.2.2). Konstituiert sich Polysemie über unterschiedliche Konstruktions-Frames, schlagen sich die Ergebnisse dieser Analyse ohnehin in unterschiedlichen Konstruktionseinträgen nieder, die möglicherweise die entsprechenden Frames bereits in den Konstruktionsnamen tragen können (dazu Unterabschnitt 7.2.1). Differenziert sich konstruktionelle Polysemie über lexikalische Frames und lexikalische Bedeutungen, muss diese Information selbstverständlich in den Konstruktionseintrag aufgenommen werden, allerdings zähle ich sie zu der Definition der Konstruktion (Gliederungspunkt 5 auf der Liste in Unterabschnitt 7.1.1), weshalb sie in den diesbezüglichen Datenpunkt Eingang finden müssen. Sie ist also als Unterpunkt dieses Informationsabschnitts zu verstehen. Sinnvoll ist, die konstruktionelle Polysemie an dieser Stelle bereits durch annotierte Beispielbelege zu illustrieren.

Die Beschreibung von Beschränkungen und Präferenzen, die den nächsten semantischen Parameter darstellen, ist an mindestens zwei Stellen der Liste in Unterabschnitt 7.1.1 bereits angelegt. Da sie die einzelnen Strukturelemente einer Konstruktion betreffen, gehören sie zu den Punkten 6, 7 und 8. Zu den KE und ihren Definitionen gehören Beschränkungen und Präferenzen in wesentlichem Maße, sie betreffen sowohl den Namen des KE (vgl. dazu ausführlicher Abschnitt 7.3) als auch seine Definition und formale Realisierung. Gleiches gilt für KEE und KorE.

Der letzte semantische Parameter, der keinen eigenen Datenpunkt enthält, betrifft die Frame-Nähen des Konstruktions-Frames. Auch die mit ihm verbundenen Informationen sind bereits an einigen Stellen des Konstruktionseintrags enthalten. Da sich das System der Frame-Nähen um den Konstruktions-Frame zentriert, der bereits in Punkt 4 der Liste in 7.1.1 angesprochen wird, kann es dem Datenpunkt, der für den Konstruktions-Frame vorgesehen ist, zugeordnet werden. Zudem gehören Angaben über Frame-Nähen zu Präferenzen und Beschränkungen, die, wie soeben erläutert, ebenfalls bereits im Konstruktionseintrag abgedeckt sind. Da Frame-Nähen entscheidend dazu beitragen, Konstrukte einer Konstruktion zu identifizieren und konstruktionelle Ambiguität aufzulösen (dazu Unterabschnitt 8.4.2), gehören Angaben über sie zu den Präferenzen eines KE, im Falle der drei untersuchten Konstruktionen jeweils dem KE Ereignis. Darüber hinaus fließen Informationen über Frame-Nähen in mindestens zwei weitere semantische Parameter ein, das Koerzionspotenzial und die Produktivität, die als eigene Datenpunkte in einen Konstruktionseintrag Eingang finden.

Die drei bisher noch nicht besprochenen semantischen Parameter finden sich in der Liste in Unterabschnitt 7.1.1 nicht wieder. Sie müssen deshalb als eigene Datenpunkte und damit eigene Informationsabschnitte in einen Konstruktionseintrag eingehen. Im Folgenden sei eine um diese drei semantischen Parameter (Koerzionspotenzial, Produktivität und emergente Struktur) sowie die eben diskutierte Verarbeitung der anderen vier Parameter erweiterte Liste zusammengestellt. Diese Liste ist Ausgangspunkt für die im Zusatzmaterial dargestellten Konstruktionseinträge zu den drei untersuchten Konstruktionen.

1. *Konstruktionsname*: Die Bezeichnung der Konstruktion, die bereits im Titel des Konstruktionseintrags enthalten ist.
2. *Repräsentatives Beispielkonstrukt*: Ein ausgewählter Beleg, der ein Konstrukt enthält, das zur schnellen Illustration der Konstruktion dient.
3. *Schematische Angabe der formalen Struktur*: Eine Darstellung der formalen Struktur der Konstruktion, die sich aus den folgenden drei Komponenten zusammensetzt.
   - *Beteiligte Phrasentypen*: Die Phrasentypen, als die die KtE der einzelnen KE sowie KEE und KorE realisiert werden.
   - *Lexikalisch fixierte Elemente*: Die KEE und KorE der Konstruktion, wobei sie nicht zwingend als feste LE angegeben werden müssen, sondern auch Kategorien umfassen können, etwa Reflexiva bei allen drei untersuchten Konstruktionen, Partikeln bei der reflexiven Partikelverbkonstruktion oder eine Bandbreite von Artikeln und Nomen bei der reflexiven *Weg*-Konstruktion.
   - *Formale Abstraktheit*: Angabe des Verhältnisses zwischen KE (frei instanziierbaren Strukturelementen) und KEE sowie KorE (lexikalisch fixierten Strukturelementen).
4. *Konstruktions-Frame*: Der Frame, der als Konstruktions-Frame der Konstruktion gelten kann, im Falle der drei untersuchten Konstruktionen also `Motion`.

   - *Frame-Nähen*: Auflistung des Systems der Frame-Nähen des Konstruktions-Frames.
5. *Definition der Konstruktion*: Eine kurze allgemeine Charakterisierung der Konstruktion, ihrer formalen und semantischen Eigenschaften.
   - *Konstruktionelle Polysemie*: Im Falle einer polysemen Konstruktion Angaben über die Art der Polysemie durch unterschiedliche Konstruktions-Frames oder Varianzen in lexikalischen Frames und lexikalischen Bedeutungen. Annotierte Beispielbelege zur Illustration der Polysemie.
6. *KE und deren Definitionen*: Eine Liste der KE der Konstruktion inklusive ihrer formalen und semantischen Eigenschaften, die die folgenden Komponenten umfassen.
   - *Name des KE*: Die Bezeichnung des KE.
   - *Definition des KE*: Eine kurze Definition des KE.
   - *Formale Realisierung des KE*: Angaben zur formalen Realisierung des KE, bei Argumentstruktur-Konstruktionen wie den drei untersuchten insbesondere in Form von Phrasentypen.
   - *Beschränkungen und Präferenzen*: Formale sowie semantische Beschränkungen und Präferenzen des KE, z.B. hinsichtlich der durch seine KtE evozierten lexikalischen Frames (etwa bei dem KE EREIGNIS der drei untersuchten Konstruktionen).
   - *Annotierte Beispielbelege*: Zu jedem KE sollte mindestens ein allein auf dieses KE hin annotierter Beispielbeleg zur Illustration gehören.
7. *KEE und deren Definition(en)*: Die Liste des bzw. der KEE und eine kurze Beschreibung seiner/ihrer formalen und semantischen Eigenschaften.
   - *Beschränkungen und Präferenzen*: Formale sowie semantische Beschränkungen und Präferenzen von KEE, z.B. hinsichtlich möglicher Evokationen eines Konstruktions-Frames (vgl. dazu Unterabschnitt 8.3.1).
8. *KorE und deren Definition(en)*: Die Liste des bzw. der KorE und eine kurze Beschreibung seiner/ihrer formalen und semantischen Eigenschaften.
   - *Beschränkungen und Präferenzen*: Formale sowie semantische Beschränkungen und Präferenzen von KorE, z.B. hinsichtlich möglicher Evokationen eines Konstruktions-Frames (vgl. dazu Unterabschnitt 8.3.2).
9. *Koerzionspotenzial*: Darstellung der Zusammensetzung unterschiedlicher Koerzionsstufen und deren Illustration durch Beispielbelege. Angaben über das Koerzionspotenzial der Konstruktion im Vergleich zum Koerzionspotenzial anderer (verwandter) Konstruktionen.
10. *Produktivität*: Angaben über die Produktivität der Konstruktion im Vergleich zur Produktivität anderer (verwandter) Konstruktionen. Differenzierung relatierter und unrelatierter lexikalischer Frames sowie Angabe deren jeweiliger

Type-Frequenz. Auflistung der belegten unrelatierten lexikalischen Frames analog zum System der Frame-Nähen.
11. *Emergente Struktur*: Beschreibung einer möglichen emergenten Struktur, die in den Konstrukten der Konstruktion evoziert werden kann, einschließlich entsprechender Voraussetzungen, die dafür gegeben sein müssen.
12. *Relationen zu anderen Konstruktionen*: Relationen zu anderen Konstruktionen im Konstruktikon. Diese können anstelle von strikten Vererbungsrelationen auch als Familienähnlichkeiten (vgl. Unterabschnitt 3.2.3) beschrieben werden.
    - *Formale Relationen*: Formale Relationen bzw. Familienähnlichkeiten zu anderen Konstruktionen.
    - *Semantische Relationen*: Semantische Relationen bzw. Familienähnlichkeiten zu anderen Konstruktionen.

Da ich Informationen über die Abstraktheit der drei untersuchten Konstruktionen sowie das System der Frame-Nähen des Konstruktions-Frames `Motion` bereits in den Abschnitten 5.1 und 5.4 diskutiert habe, konzentriere ich mich für den weiteren Verlauf dieses Kapitels auf diejenigen semantischen Parameter, deren Ergebnisse bisher noch nicht präsentiert wurden und die insbesondere als eigene Datenpunkte in einen Konstruktionseintrag eingehen müssen. Zuvor jedoch sollen einige allgemeine konstruktikographische Beschreibungen im Vordergrund stehen, die bisher ebenfalls noch nicht eingehend betrachtet wurden, in der oben zusammengestellten nun endgültigen Liste der Inhalte eines Konstruktionseintrags aber enthalten sind.

7.2 Allgemeine konstruktikographische Beschreibungen

Nachdem geklärt ist, welche Inhalte ein Konstruktionseintrag enthalten muss und wie das konstruktionssemantische Modell sowie die semantischen Parameter von Konstruktionen darin verarbeitet werden können, kann die eigentliche konstruktikographische Analyse, die ich für den restlichen Verlauf dieses Kapitels mit einigen weiteren methodischen Vorschlägen verknüpfen werde, beginnen. Für die drei untersuchten Konstruktionen kann die in Unterabschnitt 7.1.3 zusammengestellte finale Liste der Inhalte eines Konstruktionseintrages nun gewissermaßen ‚von oben nach unten' abgearbeitet werden. Dabei sollen alle Informationen, die nicht trivialer Natur sind (wie etwa die schematische Angabe der formalen Struktur) in den Blick genommen werden.

In diesem Abschnitt stehen zunächst zwei allgemeine konstruktikographische Informationen im Vordergrund. In Unterabschnitt 7.2.1 betrachte ich das bisher noch undiskutiert gebliebene Zustandekommen der Konstruktionsnamen der drei Konstruktionen, mit denen jeder Konstruktionseintrag beginnt. In Unterabschnitt 7.2.2 schließlich soll noch einmal die Differenzierung konstruktioneller Polysemie für die drei Konstruktionen angesprochen und ihre Form für die Verarbeitung in Konstruktionseinträgen festgelegt werden.

7.2.1 Konstruktionsnamen

Jeder Konstruktionseintrag beginnt mit dem Konstruktionsnamen, also der Bezeichnung der Konstruktion, die in dem betreffenden Eintrag beschrieben wird. Die Wahl des Konstruktionsnamens ist deshalb ausschlaggebend für die präzise Dokumentation der Konstruktion in einem Konstruktikon, da der Konstruktionsname möglichst schon vor einem Blick auf die Inhalte des Konstruktionseintrags erste einschlägige Informationen vermitteln soll. Die verschiedenen Varianten, eine Konstruktion zu benennen, sind bisher kaum expliziter Gegenstand der konstruktikographischen Forschung, weshalb ich im Folgenden anhand der drei untersuchten Konstruktionen einige Prinzipien der Wahl eines Konstruktionsnamens diskutieren möchte. Da ich die Wahl der Konstruktionsnamen für die drei Konstruktionen im bisherigen Verlauf der Arbeit noch nicht thematisiert habe, bietet sich an dieser Stelle eine entsprechende Reflexion an.

Gemäß der konstruktionsgrammatischen Auffassung einer Konstruktion als ‚Form-Bedeutungs-Paar' (Unterabschnitt 2.2.1) können sich in einem Konstruktionsnamen sowohl Aspekte der Formseite einer Konstruktion als auch Aspekte ihrer semantischen Eigenschaften wiederfinden: „[D]ie Namen der Konstruktionen sind sprechend und sollen die Bedeutung oder Funktion einer Konstruktion widerspiegeln, insofern dies möglich und sinnvoll ist." (Ziem 2020a: 25–26). Die drei untersuchten Konstruktionen kombinieren in ihren Konstruktionsnamen teils beide miteinander und zeigen, dass sich diese nicht gegenseitig ausschließen, sondern gleichzeitig Eingang in einen Konstruktionsnamen finden können.

Der Konstruktionsname *reflexive Bewegungskonstruktion*, den schon Oya (1999: 358) verwendet, verweist wie die bei Perek & Hilpert (2014: 270) und Boas & Ziem (2018b: 211) zu findende Bezeichnung *reflexive-motion construction* zugleich auf formale und semantische Aspekte. Das Attribut *reflexiv*, das für alle drei untersuchten Konstruktionen, also auch für die reflexive Partikelverbkonstruktion und die reflexive *Weg*-Konstruktion gilt, stellt eine formale Beschränkung jeweils eines Strukturelements der drei Konstruktionen heraus (dazu Unterabschnitt 5.3.2). Da alle drei Konstruktionen formal als Reflexivkonstruktionen einzustufen sind (vgl. Unterabschnitt 3.1.5), verweist das Attribut *reflexiv* darauf, dass ein Reflexivum als KEE obligatorisch ist.

Die Wahl des Ausdrucks, der im Konstruktionsnamen auf das Attribut *reflexiv* folgt, also *Bewegungskonstruktion*, *Partikelverbkonstruktion* und Weg-*Konstruktion*, ist für die drei untersuchten Konstruktionen weniger trivial. Die Bezeichnung *Bewegungskonstruktion* verweist offensichtlich auf eine semantische Eigenschaft der Konstruktion, nämlich auf `Motion` als ihren Konstruktions-Frame. Freilich kommt diese Eigenschaft in der englischen Bezeichnung *motion construction* noch deutlicher zum Ausdruck. Als Alternative böte sich an, den Frame-Namen direkt in der Konstruktion zu kennzeichnen, die Konstruktion also als *reflexive* `Motion`-*Konstruktion* zu bezeichnen. Da diese Konventionen in der nicht-konstruktikographischen Forschung, die auch keine Bezüge zu FrameNet kennt, allerdings intransparent wäre, stellt der Konstruktionsname *reflexive Bewegungskonstruktion* die sinnvollere Alternative dar.

Indes ist der Einbezug eines Frame-Namens in den Konstruktionsnamen bereits eine bekannte Methode, um insbesondere polyseme Konstruktionen, deren Polysemie über unterschiedliche Konstruktions-Frame konstituiert wird (Unterabschnitt 5.2.1) zu differenzieren. Genau diesen Weg gehen für die Familie der englischen V-*that*-Konstruktionen Perek & Patten (2019: 381): „Except for the Relation 'V that' construction, these constructions evoke the frame mentioned in their name“. Beruht die Polysemie einer Konstruktion auf unterschiedlichen Konstruktions-Frames, bietet es sich also an, diese in die Konstruktionsnamen aufzunehmen, da, wie in Unterabschnitt 5.2.1 argumentiert, dafür mehrere Konstruktionseinträge mit unterschiedlichen Konstruktionsnamen angelegt werden müssen. Am Beispiel der Subjekt-Auxiliar-Inversion ließen sich für die in Tabelle 5.1 (Unterabschnitt 5.2.1) aufgelisteten Lesarten nach Goldberg (2006: 177) Konstruktionseinträge mit den folgenden Konstruktionsnamen anlegen:

- `Questioning`-Subjekt-Auxiliar-Inversion;
- `Conditional_scenario`-Subjekt-Auxiliar-Inversion;
- `Desiring`-Subjekt-Auxiliar-Inversion;
- `Experiencer_obj`-Subjekt-Auxiliar-Inversion.

Während die reflexive Bewegungskonstruktion in ihrem Namen neben der Klassifizierung als Reflexivkonstruktion nun also auf semantische Eigenschaften hinweist, stellt sich dies bei der reflexiven Partikelverbkonstruktion und der reflexiven *Weg*-Konstruktion anders dar. Sie beide verweisen nicht nur mit dem Attribut *reflexiv* auf formale Beschränkungen der jeweiligen Konstruktionen, sondern ebenso durch den restlichen Konstruktionsnamen. Dies ist aufgrund der Verwandtschaft zur reflexiven Bewegungskonstruktion begründungsbedürftig.

Die reflexive Partikelverbkonstruktion verweist mit dem Ausdruck *Partikelverbkonstruktion* ähnlich wie durch das Attribut *reflexiv* auf die formale Eigenschaft eines ihrer Strukturelemente, diesmal des KE Ereignis. Wie in den Unterabschnitten 3.2.2 und 5.3.2 ausgeführt, liegt auf diesem KE die Beschränkung, dass es durch das Basisverb eines Partikelverbs instanziiert werden muss, was zugleich zu der Annahme eines zweiten KEE, nämlich RICHTUNG, führt, das durch die korrespondierende Verbpartikel instanziiert wird. Obwohl die reflexive Bewegungskonstruktion ebenfalls Partikelverben als KtE ihres KE EREIGNIS erlaubt – wodurch eine Überschneidung mit der reflexiven Partikelverbkonstruktion zustande kommt (vgl. Unterabschnitt 3.2.3) –, wirkt die Beschränkung auf Kombinationen von KtE des KE EREIGNIS mit der Instanziierung des KEE RICHTUNG unmittelbar auf Eigenschaften anderer KE zurück. So ist das KE ⟨WEG⟩ der reflexiven Partikelverbkonstruktion als Nicht-Kern-KE zu klassifizieren, weil es allein dann null-instanziiert werden kann, wenn die Kombination eines KtE des KE EREIGNIS mit der Instanziierung des KEE RICHTUNG ein Partikelverb ergibt (vgl. Unterabschnitt 6.4.2). Zudem ist die formale Varianz der KtE des KE ⟨WEG⟩, die nicht nur die Form einer PP, sondern auch einer NP und eines Nebensatzes annehmen können, allein durch die ein Partikelverb ergebende Kombination eines KtE des KE EREIGNIS mit der Instanziierung des KEE RICHTUNG möglich. Die reflexive Bewegungskonstruktion verfügt über diese Eigenschaften des KE WEG nicht, da ihr KE EREIGNIS überwiegend durch simplizische Verben instanziiert wird, die mit einer Varianz der KtE wie derjenigen des KE ⟨WEG⟩ der reflexiven Partikelverbkonstruktion nicht kompatibel sind (vgl. weiterhin Unterabschnitt 3.2.3).

Aus ebendiesem Grund erscheint es sinnvoll, die Beschränkung des KE EREIGNIS auf Basisverben von Partikelverben in den Konstruktionsnamen zu übernehmen, wenngleich dahinter semantische Eigenschaften der Konstruktion zurücktreten. Darüber hinaus ist die Betonung des Attributs *reflexiv* in Verbindung mit der formalen Spezifizierung *Partikelverbkonstruktion* für die argumentstrukturelle Einordnung dieser Konstruktion relevant. Dass Konstruktionen wie diese bisweilen ignoriert werden, zeigt der Überblick von McIntyre (2007), der eine explizite Klassifikation der Argumentstrukturen von Partikelverben (für alle germanischen Sprachen) zum Ziel hat, Reflexivkonstruktionen dabei aber unberücksichtigt lässt.[8]

Ähnliche Gründe wie für die reflexive Partikelverbkonstruktion gelten schließlich für die reflexive *Weg*-Konstruktion. Ihr Name, den bereits Verhagen (2003a:

---

8 Die Begründung lautet: „The survey ignores interactions between particles and *external* arguments because there apparently are none." (McIntyre 2007: 365, Anm. 8). Dies allerdings kann zumindest für das Deutsche nicht geltend gemacht werden, zumal McIntyre – konträr zu seinem Anspruch – ausschließlich mit dem Englischen argumentiert.

338, 2003c: 228) verwendet,[9] ist unverkennbar mit demjenigen der *way*-Konstruktion zu parallelisieren, was aus sprachvergleichender Sicht ebenfalls formale Gründe hat. Die reflexive *Weg*-Konstruktion nämlich entspricht hinsichtlich ihrer Strukturelemente nahezu direkt der *way*-Konstruktion (vgl. Unterabschnitt 3.3.2), eine mögliche Motivation dafür, warum sie bisweilen, etwa von McColm (2019: 38–42), als vorrangiges Äquivalent zur *way*-Konstruktion behandelt wird. Im Zusammenhang mit dieser sprachvergleichenden Dimension verweist der Konstruktionsname der reflexiven *Weg*-Konstruktion auf ihr formales Charakteristikum eines KorE, das zu dem für die anderen beiden Konstruktionen obligatorischen KEE hinzutritt und eine NP mit der LE *Weg* oder semantisch verwandter LE als Kopf umfasst, die analog für die *way*-Konstruktion und die LE *way* gilt. Von der reflexiven Bewegungskonstruktion unterscheidet sich die reflexive *Weg*-Konstruktion hinsichtlich ihrer Strukturelemente einzig durch dieses zusätzliche KorE (neben der Tatsache, dass das KEE als Reflexivum im Dativ realisiert wird). Da dieses formale Charakteristikum für die reflexive *Weg*-Konstruktion entscheidend ist, erscheint es wie bei der reflexiven Partikelverbkonstruktion gerechtfertigt, es zu Ungunsten semantischer Eigenschaften im Konstruktionsnamen zu verankern.

Die Verwandtschaft zwischen den drei Konstruktionen (Unterabschnitte 3.1.5 und 3.2.3) spiegelt sich also, dies ist ein weiterer nicht unwesentlicher Aspekt, nicht in vollem Umfang in deren Konstruktionsnamen wider – lediglich die Klassifizierung als Reflexivkonstruktionen ist ihnen in dieser Hinsicht gemein. Ihre semantische Verwandtschaft kann erst durch Bezüge zwischen den Konstruktionen innerhalb eines Konstruktikons hergestellt werden, etwa durch die Zuordnung von `Motion` als gemeinsamem Konstruktions-Frame. Die eben erwähnte Notwendigkeit zur Kennzeichnung charakteristischer Eigenschaften bereits im Konstruktionsnamen muss also freilich durch den eigentlichen Inhalt des Konstruktionseintrags komplettiert werden, der den Kerngegenstand der konstruktikographischen Beschreibung ausmacht.

7.2.2 Differenzierung polysemer Konstruktionen

Konstruktionelle Polysemie als Gegenstand eines semantischen Parameters von Konstruktionen (Abschnitt 5.2) zählt zu den allgemeinen konstruktikographischen Beschreibungen, weil sie bereits vor der Zusammenstellung des Inhalts eines Konstruktionseintrags über die Struktur der Konstruktionseinträge in einem

9 Die Bezeichnung „*Weg*-Konstruktion" findet sich auch bei Smirnova (2018: 24) sowie im deutschen Abstract des Aufsatzes von Mortelmans & Smirnova (2020: 47). Analog nutzen sie die englische Bezeichnung „*Weg*-construction" (z.B. Mortelmans & Smirnova 2020: 59).

Konstruktikon entscheidet. Wie ich bereits gezeigt habe, lassen sich konstruktionssemantisch betrachtet (mindestens) zwei Arten von Polysemie unterscheiden:

a) konstruktionelle Polysemie durch unterschiedliche Konstruktions-Frames (Unterabschnitt 5.2.1);
b) konstruktionelle Polysemie durch variierende lexikalische Frames und lexikalische Bedeutungen (Unterabschnitt 5.2.2).

Wie ich ebenfalls im Zuge dieser Diskussion argumentiert habe, erscheint es hinsichtlich konstruktikographischer Generalisierungen gerechtfertigt, für Polysemie im Sinne von a unterschiedliche Konstruktionseinträge anzunehmen, während Polysemie im Sinne von b in einem einzigen Konstruktionseintrag zusammengefasst werden kann. In den Unterabschnitten 5.2.3 und 5.2.4 habe ich am Beispiel der reflexiven Bewegungskonstruktion argumentiert, dass die drei untersuchten Konstruktionen unter Polysemie im Sinne von b fallen. Sie verfügen über insgesamt vier Lesarten: eine neutrale Lesart sowie eine ‚manner'-, eine ‚means'- und eine ‚incidental'-Lesart. Diese Lesarten müssen nicht in unterschiedlichen Konstruktionseinträgen ausdifferenziert werden, sondern können für jede Konstruktion innerhalb ihres Konstruktionseintrags zusammenfassend erläutert werden. Diese Beschreibung gehört, wie in Unterabschnitt 7.1.3 vorgeschlagen, zur Definition der jeweiligen Konstruktion und muss damit nicht als eigener Datenpunkt innerhalb eines Konstruktionseintrags angesetzt werden. Zur Illustration der Lesarten können jeweils, wie für die Illustration der Konstruktion als Ganzes, repräsentative Beispielkonstrukte dienen.

Eine für die konstruktikographische Beschreibung interessante Beobachtung, die ich um Zuge der Diskussion um die vier Lesarten in den Unterabschnitten 5.2.3 und 5.2.4 noch nicht reflektiert habe, ist die quantitative Verteilung der einzelnen Lesarten über die Konstrukte der drei Konstruktionen. Da diese ebenso wie etwa das Koerzionspotenzial (Abschnitt 7.4), die Produktivität (Abschnitt 7.5) und die emergente Struktur (Abschnitt 7.6) zu den Daten gehört, die eine konstruktikographische Generalisierung darstellen, möchte ich sie in diesem Unterabschnitt für die drei untersuchten Konstruktionen aufzeigen.

In den Tabellen 7.3 bis 7.5 sind die Verteilungen der Konstrukte der drei untersuchten Konstruktionen auf die vier Lesarten dargestellt. Es fällt auf, dass Konstrukte mit einer neutralen Lesart bei allen drei Konstruktionen die Mehrheit bilden. Beispiele für solche Konstrukte für die drei untersuchten Konstruktionen zeigen die drei Belege (1)–(3), jeweils mit `Motion` als lexikalischem Frame.

Tab. 7.3: Verteilung der Lesarten der reflexiven Bewegungskonstruktion

Lesart	Konstrukte	Anteil
neutral	557	55,09 %
‚manner'	336	33,23 %
‚means'	68	6,73 %
‚incidental'	50	4,95 %
Gesamt	1.011	100,00 %

Tab. 7.4: Verteilung der Lesarten der reflexiven Partikelverbkonstruktion

Lesart	Konstrukte	Anteil
neutral	590	69,41 %
‚manner'	148	17,41 %
‚means'	64	7,53 %
‚incidental'	48	5,65 %
Gesamt	850	100,00 %

(1) Die Indianerin [$_{\texttt{Motion}}$ bewegte] sich in ihren flachen Schuhen beinahe geräuschlos durch das Treppenhaus, während die Badelatschen immer lauter gegen Esthers Hacken schlappten. (Düffel, John von: Houwelandt, Köln: DuMont Literatur und Kunst Verlag 2004, S. 128)

(2) Die Schlange [$_{\texttt{Motion}}$ bewegte] sich ein paar Schritte vorwärts auf die Cafetür zu. (Boie, Kirsten: Skogland, Ort: Hamburg 2005, S. 28)

(3) Hier also hat sich die glühende Lava einst ihren Weg ins Freie [$_{\texttt{Motion}}$ gebahnt]. (Die Zeit, 09.03.2000, Nr. 11)

Ein Vergleich zwischen der reflexiven Bewegungskonstruktion und der reflexiven Partikelverbkonstruktion zeigt zudem, dass jeweils die ‚manner'-Lesart quantitativ an zweiter Stelle steht, auf die dann die ‚means'-Lesart an dritter Stelle folgt. Beleg (4) soll noch einmal die ‚manner'-Lesart für die reflexive Bewegungskonstruktion illustrieren, während Beleg (5) dies für die reflexive Partikelverbkonstruktion tut. Zum Vergleich ist der lexikalische Frame auch hier, wie in den Belegen (1) und (2), `Motion`.

Tab. 7.5: Verteilung der Lesarten der reflexiven *Weg*-Konstruktion

Lesart	Konstrukte	Anteil
neutral	26	96,30 %
‚manner'	0	
‚means'	1	3,70 %
‚incidental'	0	
Gesamt	27	100,00 %

(4) Er [$_{\text{Motion}}$ schlängelt] sich vom Hermon-Gebirge zum See Genezareth und zum Toten Meer, durch ein Gebiet, das unter ständiger Trockenheit leidet. (o. A. [kago]: Jordan. In: Aktuelles Lexikon 1974-2000, München: DIZ 2000 [2000])

(5) Die Karkasse war an ihrer Unterseite aufgerissen, die Eingeweide waren hervorgequollen, [$_{\text{Motion}}$ schlängelten] sich auf und dümpelten im Wasser zwischen den Algen und dem Kelp. (Schrott, Raoul: Tristan da Cunha oder die Hälfte der Erde; Hanser Verlag 2003, S. 72)

Die beiden Belege (6) und (7) sind Beispiele für die ‚means'-Lesart der reflexiven Bewegungskonstruktion und der reflexiven Partikelverbkonstruktion.

(6) [$_{\text{Work}}$ Arbeitete] sich durch ein 14 Pfund schweres Handbuch, das er vom FBI aus Washington erhalten hatte (für die 70 Mark Luftfracht musste er seine Wirtin anpumpen), und schrieb ganz wie sein Vorbild Karl May über ein Land, das er nie mit eigenen Augen gesehen hatte. (Die Zeit, 06.04.2000, Nr. 15)

(7) Schließlich [$_{\text{Shopping}}$ kaufte] sich AOL vergangenen Sommer bei der Satelliten-TV-Firma Hughes Electronics ein. (Die Zeit, 13.01.2000, Nr. 3)

Für die reflexive *Weg*-Konstruktion ist neben der neutralen Lesart nur die ‚means'-Lesart mit einem einzigen Konstrukt belegt, das ich in (8) wiedergebe. Die anderen beiden Lesarten sind für sie nicht belegt.

(8) Mein Schälmesser mit der dünnen Klinge [$_{\text{Cutting}}$ säbelt] sich einen Weg durch die buschigen Petersilienköpfe, während ich überlege, ob es tatsächlich Köpfe oder doch Blätter oder gar Büschel heißt. (Riedel, Susanne: Eine Frau aus Amerika, Berlin: Berlin Verlag 2003, S. 106)

Die ‚incidental'-Lesart liegt sowohl bei der reflexiven Bewegungskonstruktion als auch bei der reflexiven Partikelverbkonstruktion auf dem letzten Rang. Die Belege (9) und (10) sollen diese Lesart für diese beiden Konstruktionen illustrieren.

(9) Niemand hier kann was Konkretes, alle wurschteln bloß rum, saugen Comedy aus der Tragödie, albern in Wortspielen, [$_{\texttt{Prevarication}}$ juxen] sich durch Schillerbrocken und Kantinenwitze, mal mühsam, mal spaßig, immer bemüht - und manchmal führt das Bemühen zu Erfolgen, und man sieht ein, dass alle politischen Ränke nur von der Gier , auf irgendwas" angetrieben und nur durch Gehirnleere der Menschen ermöglicht werden. (Die Zeit, 27.04.2000, Nr. 18)

(10) Die zweite Schöpfung, die in der Enterprise nicht bloß aus Kontroll- und Waffensystemen, sondern auch aus Computermenschen mit Identitätsproblemen besteht und den Angriffen der intergalaktischen Maschinenmenschen namens „Borg" im Dienste der „authentischen" Menschen widerstehen muss, [$_{\text{Progression}}$ entwickelt] sich konstant, aber höchst bedrohlich in die Zukunft hinein. (Die Zeit, 10.02.2000, Nr. 7)

Die Verteilung der Konstrukte, das geht aus den Tabellen 7.3 bis 7.5 hervor, folgt, zumindest für die reflexive Bewegungskonstruktion und die reflexive Partikelverbkonstruktion, quantitativ absteigend dieser Reihenfolge der Lesarten: neutral, ‚manner', ‚means' und ‚incidental'. Für die reflexive *Weg*-Konstruktion ist aufgrund der wenigen Belege ein solches Muster nicht herauszustellen.

Interessant an diesen Beobachtungen ist, dass die Anzahl der Konstrukte mit höher werdender Spezifität der Lesarten teils deutlich abnimmt. Dies hängt nicht unwesentlich mit der semantischen Motivierung der Konstrukte, also der Konstitution des Konstrukt-Frames, zusammen. Wie in Unterabschnitt 5.2.3 festgehalten, lässt sich etwa die ‚incidental'-Lesart darüber definieren, dass der Anteil des lexikalischen Frames in Konstrukten mit dieser Lesart äußerst gering ist und umgekehrt dem Konstruktions-Frame ein besonders hoher Anteil zukommt. An der vollständigen Annotation der oben in (9) und (10) zitierten Konstrukte lässt sich dies in (11) und (12) nachvollziehen. Nur die KtE der KE BEWEGENDES werden hier durch die lexikalischen Frames motiviert, während alle anderen Strukturelemente durch FE des Konstruktions-Frames einfach motiviert werden. Es handelt sich um Variante c einer Frame-Anpassung des lexikalischen Frames durch den Konstruktions-Frame (Unterabschnitt 4.4.1).

(11) Niemand hier kann was Konkretes, [$_{\text{SPEAKER}}$ alle] wurschteln bloß rum, saugen Comedy aus der Tragödie, albern in Wortspielen, [$_{\texttt{Prevarication}}$ juxen] [sich ^{THEME}] [durch Schillerbrocken und Kantinenwitze ^{PATH}], mal mühsam,

mal spaßig, immer bemüht - und manchmal führt das Bemühen zu Erfolgen, und man sieht ein, dass alle politischen Ränke nur von der Gier „auf irgendwas" angetrieben und nur durch Gehirnleere der Menschen ermöglicht werden. (Die Zeit, 27.04.2000, Nr. 18)

(12) [$_{\text{ENTITY}}$ Die zweite Schöpfung, die in der Enterprise nicht bloß aus Kontroll- und Waffensystemen, sondern auch aus Computermenschen mit Identitätsproblemen besteht und den Angriffen der intergalaktischen Maschinenmenschen namens „Borg" im Dienste der „authentischen" Menschen widerstehen muss,] [$_{\text{Progression}}$ entwickelt] [sich ^{THEME}] konstant, aber höchst bedrohlich [in die Zukunft ^{GOAL}] [hinein ^{DIRECTION}]. (Die Zeit, 10.02.2000, Nr. 7)

Im Gegensatz zu diesem Fall werden Konstrukte mit neutraler Lesart in der Regel allein durch den (relatierten) lexikalischen Frame motiviert (dazu Unterabschnitt 6.2.1), enthalten also häufig gar keinen Anteil des Konstruktions-Frames. Dies ist insbesondere dann der Fall, wenn der lexikalische Frame mit dem Konstruktions-Frame identisch ist, wie in den oben als (1)–(3) zitierten Belegen. Eine vollständige Annotation der dortigen Konstrukte soll dies in (13)–(15) verdeutlichen.

(13) [$_{\text{THEME}}$ Die Indianerin] [$_{\text{Motion}}$ bewegte] sich in ihren flachen Schuhen beinahe geräuschlos [$_{\text{PATH}}$ durch das Treppenhaus], während die Badelatschen immer lauter gegen Esthers Hacken schlappten. (Düffel, John von: Houwelandt, Köln: DuMont Literatur und Kunst Verlag 2004, S. 128)

(14) [$_{\text{THEME}}$ Die Schlange] [$_{\text{Motion}}$ bewegte] sich ein paar Schritte vorwärts [$_{\text{GOAL}}$ auf die Cafetür] [$_{\text{DIRECTION}}$ zu]. (Boie, Kirsten: Skogland, Ort: Hamburg 2005, S. 28)

(15) Hier also hat sich [$_{\text{THEME}}$ die glühende Lava] einst ihren Weg [$_{\text{GOAL}}$ ins Freie] [$_{\text{Motion}}$ gebahnt]. (Die Zeit, 09.03.2000, Nr. 11)

Die Schlussfolgerung, dass die Token-Frequenz mit steigendem Anteil des Konstruktions-Frames an der Konstitution des Konstrukt-Frames sinkt, ist allein aufgrund dieser Analysen lediglich als grobe Tendenz zu verstehen. Ob sie sich darüber hinaus empirisch rechtfertigen lässt, kann nur durch eine genauere Analyse der Anteile des Konstruktions-Frames an der Konstitution von Konstrukt-Frames entschieden werden, mit anderen Worten: durch die Untersuchung von Koerzionseffekten. Ich komme darauf in Abschnitt 7.4 im Zuge der Messung des Koerzionspotenzials zurück.

7.3 Benennung und Definition von KE und KEE

Nach der allgemeinen konstruktikographischen Beschreibung einer Konstruktion, zu der die ersten fünf Punkte der in Unterabschnitt 7.1.3 zusammengestellten Liste gehören, die also den Konstruktionsnamen, ein repräsentatives Beispielkonstrukt, die schematische Angabe der formalen Struktur, die Angabe des Konstruktions-Frames und die Definition der Konstruktion samt Informationen über ihre Polysemie umfasst, ist die Beschreibung der Strukturelemente der Konstruktion ein zweiter wesentlicher Bestandteil eines Konstruktionseintrags.[10] Dies gilt für alle Konstruktionen, deren Komplexität über mindestens zwei Strukturelemente bestimmt wird (vgl. Unterabschnitt 5.1.1) und die sich dadurch als syntaktische Konstruktionen kennzeichnen lassen (vgl. dazu Langacker 1987: 82; Diessel 2019: 11). Zu dieser Beschreibung der Strukturelemente zählen einerseits deren Benennung, also die Wahl eines sprechenden Namens etwa für ein KE (z.B. BEWEGENDES, EREIGNIS, WEG) und andererseits die Definition des Strukturelements, zu welcher Angaben über seine formale Realisierung ebenso gehören wie solche über Beschränkungen und Präferenzen. So argumentiert aus valenztheoretischer Perspektive etwa Herbst (2018b: 10–11), dass die Beschreibung der Komplemente einer Argumentstruktur-Konstruktion stets eine formale *und* eine semantische Charakterisierung umfassen muss. Damit sind explizit deren Strukturelemente angesprochen, mit denen aus konstruktikographischer Perspektive KE, KEE und KorE gemeint sind. Ihre Benennung und Definition ist von Relevanz, da insbesondere die KE einer Konstruktion „daughter signs of the construction" (Laviola et al. 2017: 194), also eigenständige Zeichen sind, die sowohl über formale als auch semantische Eigenschaften verfügen.[11]

Über die Methoden, wie die „mnemonic labels" (Fillmore, Lee-Goldman & Rhomieux 2012: 330), mit denen in erster Linie KE, aber bisweilen auch KEE und KorE bezeichnet werden, zustande kommen, wird in der konstruktikographischen Forschung bislang kaum reflektiert. In Unterabschnitt 2.3.2 habe ich darauf hingewiesen, dass es bisweilen vorkommt, dass KE aufgrund ihrer schon terminologischen Parallele mit FE nicht selten nach Letzteren benannt werden. Boas, Lyngfelt & Torrent (2019: 26) halten etwa für das FrameNet-Konstruktikon und dessen Umgang mit der *way*-Konstruktion fest, dass „the CEs of some constructions are

10 Gleiches gilt für die Beschreibung der FE eines Frames, vgl. dazu aus lexikalischer Perspektive Busse, Felden & Wulf (2018: 340–345).

11 Diese Ansicht ist unverkennbar auf Langacker (1987: 91) zurückzuführen (vgl. das Zitat im Eingang zu Kapitel 6), dessen Annahme einer Auflösbarkeit der globalen symbolischen Relation in einer Konstruktion in kleinere symbolische Relationen ihrer einzelnen Strukturelemente ich im Eingang zu Kapitel 6 erwähnt habe.

coincidental with the FEs of the frame they evoke, such as in the *way_neutral* cxn". Dass dies allerdings eine allzu kurze Schlussfolgerung ist und KE (bzw. deren KtE) nicht invariant mit FE des Konstruktions-Frame gleichgesetzt werden können, haben die Analysen in Kapitel 6 gezeigt. Vor dem Hintergrund der variierenden semantischen Motivierung der Strukturelemente der Konstrukte einer Konstruktion (KtE und KEE, potenziell aber auch KorE) durch die FE von lexikalischem Frame und Konstruktions-Frame ist klar, dass die Parallelen zwischen KE und FE nicht nur in der konkreten Analyse von Konstrukten, sondern auch für die Generalisierung dieser Analysen hin zu einem Konstruktionseintrag und damit für die Benennung und Definition der Struktuelemente einer Konstruktion differenziert betrachtet werden müssen.

Die Annahme, dass KE strikt analog zu FE benannt und semantisch definiert werden können, ist daher zu differenzieren. Wird, wie in den Einträgen für die *way*-Konstruktion im FrameNet-Konstruktikon, dafür schlicht und ausschließlich auf die FE des Konstruktions-Frames zurückgegriffen, also auf `Motion`, verschleiert dies die unterschiedlichen Verhältnisse der semantischen Motivierung von Konstrukten und damit der Konstitution von Konstrukt-Frames, die bisweilen keinen Anteil eines separaten Konstruktions-Frames enthalten müssen, wenn der lexikalische Frame relatiert ist (vgl. Unterabschnitt 6.2.1). Darüber hinaus verschleiert es den öfter auftretenden Fall, dass FE des Konstruktions-Frames regelmäßig mit FE eines lexikalischen Frames fusionieren, wodurch eine doppelte Motivierung eines KtE oder KEE (Unterabschnitte 6.2.3 und 6.3.3) entsteht. Bereits diese Gründe sprechen dafür, dass die variierenden Verhältnisse der semantischen Motivierung von KtE und KEE durch lexikalische Frames und den Konstruktions-Frame in die Definition von KE und KEE mit einfließen müssen. Die Betonung liegt darauf, dass darin dass KEE mit eingeschlossen werden muss, wofür die drei untersuchten Konstruktionen ein anschauliches Beispiel sind, da sich die Varianten in der semantischen Motivierung nicht nur auf die KtE von KE beschränken, sondern das jeweilige KEE einer Konstruktion ebenso einschließen.[12] Seine semantische Motivierung variiert – zumindest für die reflexive Bewegungskonstruktion und die reflexive Partikelverbkonstruktion – fast ebenso stark wie diejenige der KtE eines KE.

Bei alledem darf nicht unberücksichtigt bleiben, dass die Benennung und Definition von KE und KEE auf der Grundlage von FE nicht die einzige Möglichkeit

12 Das KorE der reflexiven *Weg*-Konstruktion schließe ich, wie bereits in Unterabschnitt 6.1.1 begründet, aus, weil es, noch stärker als dessen KEE, als frame-evozierend angesehen werden kann und hierfür nur der Konstruktions-Frame infrage kommt (vgl. Unterabschnitte 8.3.1 und 8.3.2). Dieser Ausschluss des KorE gilt allerdings nicht grundsätzlich, sondern ist ein Charakteristikum der reflexiven *Weg*-Konstruktion.

ist. Sie ist vielmehr auf bestimmte Strukturelemente beschränkt. So lassen sich für die drei untersuchten Konstruktionen etwa lediglich KE wie Bewegendes und Weg bzw. ⟨Weg⟩ über FE bestimmen, nicht aber Ereignis, da es für alle drei Konstruktionen durch eine den lexikalischen Frame evozierende LE instanziiert wird, die selbst nicht durch FE motiviert werden kann. Darüber hinaus hängen die Möglichkeiten zur Benennung und Definition eines Strukturelements, wenn man sie mit der Hilfe von FE betreibt, stark von jenem fokussierten Strukturelement und seiner Funktion innerhalb der Konstruktion ab. Auf all diese Aspekte möchte ich in diesem Abschnitt eingehen, einige methodische Herangehensweisen diskutieren und für die drei untersuchten Konstruktionen anwenden.

Ich beschränke mich dabei auf die Benennung und Definition der KE Ereignis, Bewegendes und Weg bzw. ⟨Weg⟩. Für die als Reflexivum instanziierten KEE aller drei untersuchten Konstruktionen erübrigt sich aus offensichtlichen Gründen eine Diskussion um ihre Benennung, durch ihre Natur als KEE lassen sich außerdem (formale) Beschränkungen einfacher formulieren (vgl. Unterabschnitt 5.3.2). Zudem ist ihre semantische Motivierung ohnehin eingeschränkter als etwa diejenige der KtE des KE Weg bzw. ⟨Weg⟩, da sie für lexikalische Frames nur dann untersuchbar ist, wenn es sich um kausative Frames handelt (vgl. Unterabschnitt 6.3.1). Die Benennung des KE Richtung der reflexiven Partikelverbkonstruktion habe ich bereits in Unterabschnitt 6.4.2 begründet.

In Unterabschnitt 7.3.1 gehe ich auf den Fall ein, in dem ein KE nicht über FE benannt und definiert werden kann und für den das KE Ereignis der drei untersuchten Konstruktionen ein Beispiel ist. Ausgehend davon soll in Unterabschnitt 7.3.2 mit besonderem Fokus auf das KE Bewegendes die Möglichkeit der Abstraktion über FE lexikalischer Frames im Vordergrund stehen, durch die die KtE dieses KE stets semantisch motiviert werden. In Unterabschnitt 7.3.3 widme ich mich schließlich einer grundsätzlich anderen Möglichkeit, die das KE Weg bzw. ⟨Weg⟩ betrifft und für die ich in Anlehnung an den Begriff der Makro-Rolle in der Role and Reference Grammar (z.B. Van Valin & LaPolla 1997: 139–147; Kailuweit 2004) den Begriff des *Makro-FE* einführen möchte, der als Generalisierung über die bei FrameNet in einem *Core Set* zusammengefassten FE (Ruppenhofer et al. 2016: 25) zu verstehen ist, zu denen im Falle von `Motion` die FE `Motion`.Direction, `Motion`.Distance, `Motion`.Goal, `Motion`.Path und `Motion`.Source gehören.

7.3.1 Frame-zu-Frame-Relationen und KtE als Targets lexikalischer Frames

Als das erste zu benennende und definierende KE der drei untersuchten Konstruktionen sei das KE Ereignis betrachtet. Anders als KE wie Bewegendes und Weg bzw. ⟨Weg⟩, deren Benennung und Definition ich in den nächsten beiden Unterabschnitten 7.3.2 und 7.3.3 betrachte, ist die konstruktikographische Beschreibung dieses KE nicht durch eine Generalisierung über FE lexikalischer Frames oder des Konstruktions-Frames möglich. Der Grund dafür ist simpel: Die KtE des KE Ereignis dienen als Targets lexikalischer Frames. Sie sind also keine Instanzen von FE, sondern LE, die selbst Frames evozieren. Valenztheoretisch betrachtet sind das KE Ereignis und seine KtE „strukturelles Zentrum" (Willems & Coene 2006: 240) der Konstruktion.[13] Um das KE Ereignis nach semantischen Kriterien zu benennen und zu definieren, können also keine FE herangezogen werden, vielmehr müssen die lexikalischen Frames selbst, die durch die KtE dieses KE evoziert werden können, als Grundlage für eine Generalisierung dienen. Eine solche Generalisierung verläuft gewissermaßen über zwei Ebenen: So stellen bereits die lexikalischen Frames, die die KtE dieses KE evozieren, eine Generalisierung dar, da sie über die einzelnen lexikalischen Bedeutungen der LE abstrahieren (vgl. Unterabschnitt 4.1.1 sowie Abbildung 5.3 in Unterabschnitt 5.3.3). Ein lexikalischer Frame entspricht also bereits einer „semantic generalization across the meanings of the collo-items [= KtE eines KE, A.W.]" (Herbst 2018b: 12). Ein weiterer Generalisierungsschritt besteht darin, wiederum über diese lexikalischen Frames zu abstrahieren.

Als Methode für eine solche Generalisierung über lexikalische Frames bietet es sich an, Frame-zu-Frame-Relationen heranzuziehen, genauer: ausgehend von einem lexikalischen Frame so weit zu abstrahieren, wie es über Frame-zu-Frame-Relationen möglich ist. Das bedeutet, für die einzelnen lexikalischen Frames so weit wie möglich hierarchisch übergeordnete Frames zu finden, im besten Fall den in der jeweiligen Hierarchie höchstgelegenen Frame, der selbst keinen übergeordneten Frame mehr besitzt.[14] Die diesem Verfahren zugrunde liegende Annahme ist, dass Name und die Definition eines so zu ermittelnden Frames denjenigen des für das zu benennende KE am nächsten kommen. In ähnlicher Weise gehen Perek & Patten (2019: 374–376) vor, die dafür argumentieren, dass ein Frame, der den in einzelnen Mustern oder Teil-Konstruktionen evozierten Frames übergeordnet ist, als semantische Generalisierung (in etwa: als Konstruktions-Frame der abstrak-

13 Im Kontrast dazu vergeben Ágel & Höllein (2021: 146–148) auch für Prädikate, also frame-evozierende LE, semantische Rollen, ohne zu reflektieren, dass es sich dabei präziser um eine Zuordnung zu Prädikatsklassen (z.B. im Sinne von von Polenz 2008: 159–167) handelt.

14 Eine verwandte (noch vor FrameNet entwickelte) frame-semantische Methode ist die der Hyperonymentypenreduktion (Konerding 1993: 173–181; Ziem 2008: 308–318, 2014b: 264–273): Um den Frame, den eine LE evoziert, zu ermitteln, wird zunächst wörterbuchbasiert das höchstrangige Hyperonym dieser LE bestimmt. Anschließend kann für dieses Hyperonym ein vordefinierter Matrix-Frame (Konerding 1993: 181–201) ausgewählt werden, der die potenziellen FE, die mit der Ausgangs-LE assoziiert werden können, enthält. Das hier vorgeschlagene Verfahren operiert jedoch freilich nicht auf der Ebene von LE, sondern auf derjenigen von Frames.

teren Konstruktion) gelten kann. Auch sie verwenden dafür den Frame, der als „highest-level semantic generalisation in the network" (Perek & Patten 2019: 374) dient. Diese Methode lässt sich, wie ich im Folgenden zeigen möchte, gleichermaßen für die Definition und Benennung eines KE wie Ereignis anwenden.

Als Frame-zu-Frame-Relation, die für eine solche Generalisierung verwendet werden kann, kommt in erster Linie die Vererbungsrelation infrage, da sie (wie bereits in den Unterabschnitten 5.4.3 und 6.2.1 erwähnt) „the strongest relation between frames" (Ruppenhofer et al. 2016: 80) ist.[15] Ausgehend von den lexikalischen Frames, die von den KtE des KE Ereignis evoziert werden, ist nun also zu fragen, welche Frames in der Hierarchie der Vererbungsrelation diesen lexikalischen Frames am weitesten übergeordnet sind. Dabei ist, wie bei dem Konzept der Frame-Nähe (Abschnitt 5.4), eine Abstraktion über mehrere Hierarchieebenen hinweg problemlos möglich. Für alle lexikalischen Frames, die für die drei untersuchten Konstruktionen belegt sind, ist nun die Verteilung der Frames, die ihnen in der Hierarchie der Vererbungsrelation am weitesten übergeordnet sind, zu untersuchen. Die eben aufgestellte Annahme, dass Namen und Definition dieser Frames denjenigen des zu benennenden KE nahekommen sollten, ist methodisch dahingehend zu präzisieren, dass derjenige dieser Frames, der für die drei Konstruktionen am frequentesten ist, am ehesten zur konstruktikographischen Beschreibung des KE Ereignis herangezogen werden kann.

Die Daten, die die Grundlage für diese konstruktikographische Analyse bilden, liegen durch die Analysen aus Kapitel 6 bereits größtenteils vor. Schon die Untersuchung der semantischen Motivierungen der einzelnen Strukturelemente der Konstrukte der drei Konstruktionen hat die Verteilung lexikalischer Frames über alle diese Konstrukte hervorgebracht. Bei genauerem Hinsehen wird gar deutlich, dass ein Teil der nötigen Generalisierung bereits vorgenommen wurde: Alle relatierten lexikalischen Frames (Unterabschnitt 5.4.2) sind bereits durch ihre Frame-zu-Frame-Relationen zu `Motion` in dieser Hinsicht in den Tabellen 5.12 bis 5.17 in Unterabschnitt 5.4.3 charakterisiert worden. Für sie ist es nur noch nötig, den höchsten zu `Motion` übergeordneten Frame festzustellen, da sie bereits über eine ganze Bandbreite an Frame-zu-Frame-Relationen auf `Motion` bezogen werden können. Der höchste zu `Motion` übergeordnete Frame lässt sich aus Abbildung 5.4 im Eingang zu Abschnitt 5.4 ablesen: Es handelt sich dabei um den Frame `Event`. Dieser ist `Motion` direkt übergeordnet, zugleich aber ebenso der in dieser Hierar-

15 Dadurch, dass die Vererbungsrelation als als „corresponding to is-a in many ontologies" (Ruppenhofer et al. 2016: 80) gilt, ist sie grundsätzlich mit der semantischen Relation der Hyponymie, wie sie in der Hyperonymentypenreduktion (Konerding 1993: 173–181; Ziem 2008: 308–318, 2014b: 264–273) zum Einsatz kommt, vergleichbar (zur semantischen Relation der Hyponymie vgl. auch Löbner 2015: 232–234).

chie höchstgelegene Frame, da es keinen Frame gibt, der ihm wiederum in einer Vererbungsrelation übergeordnet wäre. Für alle Konstrukte, die einen relatierten lexikalischen Frame evozieren, ist mit `Event` also bereits der Frame, der in die Generalisierung zur Benennung und Definition des KE Ereignis eingehen kann, festgestellt.[16]

Übrig bleiben nun noch die unrelatierten lexikalischen Frames. Für sie muss in jedem Einzelfall überprüft werden, welcher Frame den in der Vererbungsrelation höchstgelegenen darstellt. Tabelle 7.6 zeigt, für jede der drei untersuchten Konstruktionen getrennt, die Verteilung weiterer höchstrangiger Frames, die auf unrelatierte lexikalische Frames zurückgehen sowie die Anzahl derjenigen Konstrukte (Kx) mit unrelatierten lexikalischen Frames, die ebenso wie relatierte Frames auf den Frame `Event` zurückzuführen sind.[17]

Diese Gegenüberstellung zeigt deutlich, dass bereits die durch Konstrukte mit relatierten lexikalischen Frames belegte hohe Frequenz des Frames `Event` eine hinreichende Generalisierung darstellt, die von den Konstrukten mit unrelatierten lexikalischen Frames nicht mehr verändert wird. Es zeigt sich gar, dass die Mehrheit der unrelatierten lexikalischen Frames gleichermaßen auf den Frame `Event` zurückzuführen ist, weshalb seine Frequenz dadurch insgesamt noch einmal ansteigt. Die Benennung des KE Ereignis in Analogie zum Frame `Event` lässt sich durch diesen Befund empirisch stützen.

Die hohe Frequenz lexikalischer Frames, die auf `Event` als höchstrangigen Frame zurückzuführen sind, ist als Präferenz im Sinne des gleichnamigen semantischen Parameters für Konstruktionen (Abschnitt 5.3) zu deuten. Konkreter ist für das KE Ereignis die Präferenz zu formulieren, als KtE solche LE zu instanziieren, die einen lexikalischen Frame evozieren, der auf `Event` als höchstrangigen Frame zurückzuführen ist. Als solche sind diese Präferenzen gemäß der in Unterabschnitt 7.1.3 getroffenen Zuordnung semantischer Parameter in die Definition des KE zu integrieren.

---

16 Man mag an dieser Stelle einwenden, dass auch noch andere Frame-zu-Frame-Relationen als die Vererbungsrelation betrachtet werden könnten und `Motion` über weitere, noch abstraktere, übergeordnete Frames verfügen könnte. Tatsächlich zeigt sich aber, dass es nur zwei Frames gibt, die `Motion` in einer anderen Frame-zu-Frame-Relation übergeordnet sind: `Motion_scenario` in der Perspektive_auf-Relation und `Cause_motion` in der Kausativ-Relation (vgl. die Tabellen 5.15 und 5.16 in Unterabschnitt 5.4.3). Es steht allerdings intuitiv außer Frage, dass `Event` einen größeren Abstraktionsgrad als `Motion_scenario` und `Cause_motion` aufweisen muss, weswegen dieser Befund an dem Ergebnis der Analyse nichts ändert.

17 Ich kürze die Konstruktionen in Tabelle 7.6 wieder als RBKxn (reflexive Bewegungskonstruktion), RPVKxn (reflexive Partikelverbkonstruktion) und *Weg*-Kxn (reflexive *Weg*-Konstruktion) ab.

Tab. 7.6: Höchstrangige Frames in FrameNet 1.7 in Vererbungsrelation zu den lexikalischen Frames der drei untersuchten Konstruktionen

	RBKxn		RPVKxn		*Weg*-Kxn	
Frame	**Kx**	**Anteil**	**Kx**	**Anteil**	**Kx**	**Anteil**
Event	983	97,23 %	821	96,59 %	27	100,00 %
Scrutiny	7	0,68 %				
State	4	0,39 %				
Experiencer_focus	3	0,30 %	4	0,47 %		
Impact	3	0,30 %	4	0,47 %		
Make_noise	3	0,30 %	1	0,12 %		
Reciprocality	3	0,30 %	5	0,59 %		
Board_vehicle			2	0,24 %		
Cogitation			2	0,24 %		
Fire_burning			2	0,24 %		
Participation			2	0,24 %		
Questioning			2	0,24 %		
Progression	2	0,20 %	1	0,12 %		
Attributes			1	0,12 %		
Change_of_phase			1	0,12 %		
Hunting	1	0,10 %				
Perception	1	0,10 %	2	0,24 %		
Prevarication	1	0,10 %				
Gesamt	1.011	100,00 %	850	100,00 %	27	100,00 %

Die Definition des KE kann über diese Präferenzen hinaus potenziell im Rückgriff auf die Definition des höchstrangigen Frames erweitert werden. Für den Fall des KE EREIGNIS und den Frame Event ist dies allerdings trivialer Natur. Die Definition des Frames lautet: „An EVENT takes place at a PLACE and TIME." (FrameNet 1.7, Event). Aufgrund der hohen Abstraktheit dieses Frames, der in FrameNet keinen übergeordneten Frame besitzt, ist diese maximal unspezifische Definition allerdings erwartbar und somit von nur geringem Wert. Für Konstruktionen, bei deren Analyse eines KE sich ein anderer (ggf. spezifischer) Frame ergibt, mögen die Konsequenzen, mit denen die Definition des Frames in die Definition des KE einfließen kann, ungleich größer sein.

7.3.2 Abstraktion über FE lexikalischer Frames

Anders als das KE EREIGNIS, dessen Benennung und Definition über lexikalische Frames selbst erfolgen kann, werden KE wie BEWEGENDES und WEG bzw. ⟨WEG⟩ nicht durch LE instanziiert, die einen lexikalischen Frame evozieren. Wie die Analysen in Kapitel 6 gezeigt haben, werden ihre KtE durch FE motiviert, wobei drei Varianten möglich sind: eine einfache Motivierung durch den lexikalischen Frame, eine einfache Motivierung durch den Konstruktions-Frame sowie eine doppelte Motivierung durch beide Frames gemeinsam. Ihre Benennung und Definition kann also nicht, wie bei dem KE Ereignis, durch eine Abstraktion über Frames an sich erfolgen, sondern muss bestimmte FE in den Blick nehmen, auf deren Grundlage das KE benannt und definiert werden kann.

Diese Art der Generalisierung ist in der gebrauchsbasierten Konstruktionsgrammatik durchaus bekannt, wenngleich nicht auf der Basis von FrameNet-Frames. Schon Goldberg (2002) sieht die semantischen Entsprechung (Argumentrollen) der Strukturelemente von Argumentstruktur-Konstruktionen[18] als Generalisierungen der semantischen Rollen (Partizipantenrollen) von Verben an:[19]

> Argument roles capture surface generalizations over individual verbs' participant roles. That is, each distinct sense of a verb is conventionally associated with rich frame semantic meaning that in part specifies certain *participant roles*: the number and type of slots that are associated with a given sense of a verb. (Goldberg 2002: 342)

Auch Herbst (2018b: 11–12) listet aus valenztheoretischer Sicht neben semantischen Merkmalen, Paraphrasen und Listen von Kollexemen (also möglichen KtE) semantische Rollen als eine Option zur Charakterisierung der Komplement-Slots von Argumentstruktur-Konstruktionen auf. Zwar kritisiert er, dass „semantic roles are of little value when it comes to giving an indication of which lexical items occur in a particular valency slot" (Herbst 2018b: 11), konstruktionssemantisch und konstruktikographisch kann diesem Mangel aber durch einen Zugang zu den annotierten Daten begegnet werden, der in etwa der Auflistung von Kollexemen (im Sinne der Kollostruktionsanalyse von Stefanowitsch & Gries 2003) bzw. KtE eines KE – einem „collo-profile" (Herbst 2018b: 12) – nahekommt. Komplementär zu der in Unterabschnitt 7.3.1 diskutierten Generalisierung über die lexikalischen Bedeutungen der KtE eines KE wie Ereignis – einer „semantic generalization across the meanings of the collo-items" (Herbst 2018b: 12) – stellt die konstruktikographische Beschreibung von KE auf Basis einer Abstraktion von FE lexikalischer Frames eine „semantic generalization concerning the function of the slot in the construction in terms of an argument role" (Herbst 2018b: 12) dar.

18 Argumentrollen sind in diesem Sinne durchaus – wenngleich in anderer semantischer Herangehensweise – als Äquivalente zu KE zu verstehen: „The role labels are simply intended as shorthand to capture the semantic properties associated with slots in an argument structure construction." (Goldberg 2005b: 224).

19 Auch Dowty (1991: 577) versteht seine Proto-Rollen (Proto-Agens und Proto-Patiens) als Generalisierungen über lexikalische Bedeutungen.

In den drei von mir untersuchten Konstruktionen ist es in erster Linie des KE Bewegendes, dessen Benennung und Definition nach der Methode der Abstraktion über die FE lexikalischer Frames durchgeführt werden kann. Der Grund dafür: Die FE lexikalischer Frames, die für die Motivierung seiner KtE infrage kommen, sind deutlich zahlreicher als diejenigen, die die KtE des KE Weg bzw. ⟨Weg⟩ motivieren, da die Motivierung Letzterer vor allem um die ein *Core Set* bildenden FE `Motion`.Source, `Motion`.Path, `Motion`.Goal und `Motion`.Direction des Konstruktions-Frames zentriert (Unterabschnitt 7.3.3), aber nicht darauf beschränkt ist (Unterabschnitt 6.4.1). Für die Abstraktion über FE lexikalischer Frames, die die Grundlage für die Benennung und Definition des KE Bewegendes bilden, sind grundsätzlich zwei Möglichkeiten denkbar, welche die Herkunft der dafür heranzuziehenden Frames betreffen:

a) eine Abstraktion über die bereits für das KE Ereignis analysierten höchstrangigen Frames (Unterabschnitt 7.3.1), die den belegten lexikalischen Frames übergeordnet sind;
b) eine Abstraktion über alle für die Konstruktion belegten lexikalischen Frames selbst, ohne eine vorherige Abstraktion auf die ihnen höchstrangig übergeordneten lexikalischen Frames.

Möglichkeit a besitzt den Vorteil, dass bereits auf die für die Benennung und Definition des KE Ereignis erzielten Ergebnisse (Unterabschnitt 7.3.1) zurückgegriffen werden kann, sodass nur eine geringere Anzahl von Types (lexikalischen Frames) analysiert werden muss. Möglichkeit b hingegen lässt potenziell differenziertere Ergebnisse zu, macht aber eine erneute Analyse aller für eine Konstruktion belegten lexikalischen Frames erforderlich. Ich möchte beide Möglichkeiten im Folgenden für die drei untersuchten Konstruktionen miteinander vergleichen und das letztendlich angewandte Verfahren begründen.

Da für Möglichkeit a auf die bereits für die Benennung und Definition des KE Ereignis erhobenen Daten zurückgegriffen werden kann, ist sie einfach zu realisieren. Ausgehend von den ermittelten Frames muss nun noch für jeden Frame ermittelt werden, welches FE jeweils für eine potenzielle Motivierung der KtE des KE Bewegendes infrage kommt. In den Tabellen 7.7 bis 7.9 sind für die drei Konstruktionen die jeweils höchstrangigen Frames und deren FE, die potenziell zur Motivierung der KtE des KE Weg infrage kommen, dargestellt.

Unschwer zu erkennen ist, dass die hohe Frequenz des Frames `Event`, die schon zur Benennung und Definition des KE Ereignis herangezogen werden konnte, an dieser Stelle keine Abhilfe bietet. Der Grund dafür ist, dass das re-

Tab. 7.7: Höchstrangige Frames und FE in FrameNet 1.7 zur potenziellen Motivierung der KtE des KE BEWEGENDES der reflexiven Bewegungskonstruktion

Frame	FE	Konstrukte	Anteil
Event	EVENT	983	97,23 %
Scrutiny	COGNIZER	7	0,68 %
State	ENTITY	4	0,39 %
Experiencer_focus	EXPERIENCER	3	0,30 %
Impact	IMPACTOR	3	0,30 %
Make_noise	NOISY_EVENT, SOUND, SOUND_SOURCE	3	0,30 %
Reciprocality	PROTAGONIST_1	3	0,30 %
Progression	ENTITY	2	0,20 %
Hunting	HUNTER	1	0,10 %
Perception	PERCEIVER	1	0,10 %
Prevarication	SPEAKER	1	0,10 %
Gesamt		1.011	100,00 %

levante FE in FrameNet 1.7 ebenfalls als EVENT bezeichnet ist.[20] Die Definition dieses FE mit „Name of the event which occurs." (FrameNet 1.7, Event) trägt ebenso nichts zur Klärung bei. Da EREIGNIS als Bezeichnung für ein KE bereits vergeben ist, führt diese Methode also nicht zu verwertbaren Ergebnissen.

Möglichkeit b hingegen ist aufgrund der differenzierteren Ergebnisse erfolgversprechender. Sie ist zu realisieren, indem man alle für die drei Konstruktionen belegten lexikalischen Frames daraufhin untersucht, welche FE für die Motivierung der KtE des KE BEWEGENDES infrage kommen, ohne dabei mit der Hilfe von Frame-zu-Frame-Relationen eine Abstraktion auf den jeweils höchstrangigen Frame wie bei Möglichkeit a durchzuführen. Ich beginne hierfür mit der reflexiven Bewegungskonstruktion. In den Tabellen 7.10 und 7.11 sind, geordnet nach relatierten und unrelatierten lexikalischen Frames, alle für diese Konstruktion belegten lexikalischen Frames zusammen mit deren FE, die für die Motivierung der KtE des KE BEWEGENDES infrage kommen, zusammengestellt.

Die Ergebnisse zu den unrelatierten lexikalischen Frames fallen sehr differenziert aus: Die Bandbreite an relevanten FE ist, wie Tabelle 7.11 zeigt, äußerst groß. Dies ist zu erwarten, da die unrelatierten lexikalischen Frames nicht in Frame-Nähe zu einem gemeinsamen Konstruktions-Frame stehen und daher Ähnlich-

---

20 Diese Praxis von FrameNet ist Anlass zur Kritik, scheint es doch angebrachter, eine Dopplung von Bezeichnungen zwischen dem Frame-Namen und dem Namen eines FE zu vermeiden. Andererseits ist nachvollziehbar, dass es für solch abstrakte Frames wie Event grundsätzlich schwierig sein dürfte, geeignete Bezeichnungen zu finden. Gleiches gilt für die Definitionen solcher Frames und ihrer FE.

Tab. 7.8: Höchstrangige Frames und FE in FrameNet 1.7 zur potenziellen Motivierung der KtE des KE Bewegendes der reflexiven Partikelverbkonstruktion

Frame	FE	Konstrukte	Anteil
Event	Event	821	96,59 %
Reciprocality	Protagonist_1	5	0,59 %
Experiencer_focus	Experiencer	4	0,47 %
Impact	Impactor	4	0,47 %
Board_vehicle	Traveller	2	0,24 %
Cogitation	Cognizer	2	0,24 %
Fire_burning	Fire	2	0,24 %
Participation	Participant_1	2	0,24 %
Perception	Perceiver	2	0,24 %
Questioning	Speaker	2	0,24 %
Attributes	Entity	1	0,12 %
Change_of_phase	Patient	1	0,12 %
Make_noise	Noisy_event, Sound, Sound_source	1	0,12 %
Progression	Entity	1	0,12 %
Gesamt		850	100,00 %

Tab. 7.9: Höchstrangige Frames und FE in FrameNet 1.7 zur potenziellen Motivierung der KtE des KE Bewegendes der reflexiven *Weg*-Konstruktion

Frame	FE	Konstrukte	Anteil
Event	Event	27	100,00 %
Gesamt		27	100,00 %

keiten zwischen ihren FE nicht durch entsprechende Frame-zu-Frame-Relationen motiviert sein können (vgl. auch die Kritik an Goldbergs Semantic Coherence Principle in Unterabschnitt 6.2.4). Für die relatierten lexikalischen Frames (Tabelle 7.10) gestaltet sich dies anders. Klar zu erkennen ist, dass zwei FE besonders hervorstechen: Agent und Theme. Sie liegen quantitativ so nahe beieinander, dass keine deutliche Präferenz zugunsten des einen oder des anderen beobachtet werden kann. Zwei Faktoren können jedoch bei der Entscheidung helfen, welches FE eher als Grundlage für die Definition des KE Bewegendes herangezogen werden kann.

Tab. 7.10: Relatierte lexikalische Frames und FE in FrameNet 1.7 zur potenziellen Motivierung der KtE des KE BEWEGENDES der reflexiven Bewegungskonstruktion

Frame	FE	Konstrukte	Anteil
Body_movement	AGENT	246	34,55 %
Self_motion	SELF_MOVER	159	22,33 %
Motion	THEME	105	14,75 %
Cause_motion	AGENT	77	10,81 %
Change_direction	THEME	43	6,04 %
Bringing	AGENT	17	2,39 %
Fluidic_motion	FLUID	17	2,39 %
Placing	AGENT	14	1,97 %
Motion_directional	THEME	11	1,54 %
Evading	EVADER	7	0,98 %
Departing	THEME	6	0,84 %
Fleeing	SELF_MOVER	5	0,70 %
Mass_motion	MASS_THEME	2	0,28 %
Making_faces	AGENT	1	0,14 %
Ride_vehicle	THEME	1	0,14 %
Undressing	WEARER	1	0,14 %
Gesamt		712	100,00 %

- Der *Grad der Frame-Nähe*: Lexikalische Frames mit einer höheren Frame-Nähe zum Konstruktions-Frame sind als relevanter einzustufen.
- Die *Art der Frame-zu-Frame-Relation*: Lexikalische Frames, die z.B. in Vererbungsrelation zum Konstruktions-Frame stehen, sind als relevanter einzustufen als solche, die z.B. in der Benutzt- oder Siehe_auch-Relation zu ihm stehen.

Interpretiert man die Ergebnisse in Tabelle 7.10 entsprechend, so ist festzuhalten, dass ein Frame wie Self_motion, der in einer Frame-Nähe von +1 in Vererbungsrelation zum Konstruktions-Frame steht, höher zu bewerten ist als der Frame Body_movement, der zwar ebenfalls in einer Frame-Nähe von +1, dafür aber in der Benutzt-Relation zu Motion steht. Dies liegt allein daran, dass die Vererbungsrelation die „strongest relation between frames, corresponding to is-a in many ontologies" (Ruppenhofer et al. 2016: 80) darstellt. Entsprechend wie Self_motion zu bewerten sind die Frames Fluidic_motion, Motion_directional und Mass_motion. Bleibt man bei der Vererbungsrelation und wechselt zu einer Frame-Nähe von +2, kommt etwa noch Fleeing hinzu. Die FE dieser Frames, die für die Motivierung der KtE des KE BEWEGENDES infrage kommen, teilen eine Gemeinsamkeit mit dem FE Motion.THEME des Konstruktions-Frames, was bereits an ihren Namen

Tab. 7.11: Unrelatierte lexikalische Frames und FE zur potenziellen Motivierung der KtE des KE Bewegendes der reflexiven Bewegungskonstruktion

Frame	FE	Kx	Anteil
Cause_to_move_in_place	Agent	118	39,46 %
Cause_to_amalgamate	Agent	30	10,03 %
Manipulation	Agent	20	6,69 %
Daring	Agent	18	6,02 %
Seeking	Cognizer_agent	14	4,68 %
Work	Agent	13	4,35 %
Cause_to_experience	Agent	11	3,68 %
Hostile_encounter	Side_1	11	3,68 %
Ingestion	Ingestor	10	3,34 %
Scouring	Searcher	7	2,34 %
Rescuing	Agent	5	1,67 %
Chatting	Interlocutor_1	3	1,00 %
Desiring	Experiencer	3	1,00 %
Emptying	Agent	3	1,00 %
Impact	Impactor	3	1,00 %
Make_noise	Noisy_event, Sound, Sound_source	3	1,00 %
Others_situation_as_stimulus	Experiencer	3	1,00 %
Reshaping	Deformer	3	1,00 %
Attaching	Agent	2	0,67 %
Filling	Agent	2	0,67 %
Giving	Donor	2	0,67 %
Progression	Entity	2	0,67 %
Smuggling	Perpetrator	2	0,67 %
Assistance	Helper	1	0,33 %
Burying	Agent	1	0,33 %
Cause_bodily_experience	Agent	1	0,33 %
Cause_harm	Agent	1	0,33 %
Dead_or_alive	Protagonist	1	0,33 %
Grinding	Grinder	1	0,33 %
Hunting	Hunter	1	0,33 %
Manipulate_into_doing	Manipulator	1	0,33 %
Perception_experience	Perceiver_passive	1	0,33 %
Prevarication	Speaker	1	0,33 %
Shopping	Shopper	1	0,33 %
Gesamt		299	100,00 %

Self_motion.SELF_MOVER, Fluidic_motion.FLUID, Motion_directional.THEME, Mass_motion.MASS_THEME und Fleeing.SELF_MOVER zu erkennen ist (vgl. dazu auch Unterabschnitt 6.2.1). Hinzu kommt noch der Konstruktions-Frame Motion selbst mit dem FE THEME. Dessen Definition kann stellvertretend für die zuvor genannten FE gelten. Sie lautet: „The THEME is the entity that changes location. Note that it is not necessarily a self-mover." (FrameNet 1.7, Motion). Berücksichtigt man diese Definition, so lässt sich *Theme* vor dem Hintergrund, dass alle relevanten Frames in Frame-Nähe zu Motion stehen, mit *Bewegendes* übersetzen.[21] Diese Beobachtung ist die wesentliche Motivation dafür, das relevante KE der reflexiven Bewegungskonstruktion entsprechend zu benennen und zu definieren.

Zunächst sei aber noch überprüft, ob diese für die reflexive Bewegungskonstruktion geltenden Beobachtungen auch auf die anderen beiden untersuchten Konstruktionen zutreffen. Für die reflexive Partikelverbkonstruktion, deren Daten in den Tabellen 7.12 und 7.13 dargestellt sind, ergibt sich ein ähnliches Bild. Hinsichtlich der unrelatierten lexikalischen Frames (Tabelle 7.13) liegt eine noch größere Bandbreite an FE als für die reflexive Bewegungskonstruktion vor, da die Anzahl der Types unrelatierter lexikalischer Frames für die reflexive Partikelverbkonstruktion höher liegt (vgl. die Tabellen 7.18 und 7.19 in Unterabschnitt 7.5.2). Aufgrund dieser Bandbreite scheint es auch hier angebrachter, für die Benennung und Definition des relevanten KE die Daten der relatierten lexikalischen Frames heranzuziehen.[22] Deren Verteilung in Tabelle 7.12 zeigt eine leichte Präferenz des FE AGENT gegenüber des FE THEME, anders als dies bei der reflexiven Bewegungskonstruktion der Fall war. Wendet man aber auch hier die beiden eben erwähnten Kriterien des Grades der Frame-Nähe sowie der Art der Frame-zu-Frame-Relation an, zeigt sich gleichermaßen eine Präferenz für THEME sowie das verwandte FE Self_motion.SELF_MOVER. Ich übertrage deshalb die Analyse der reflexiven Bewegungskonstruktion auf die reflexive Partikelverbkonstruktion und benenne und definiere auch ihr KE BEWEGENDES in Anlehnung an das FE THEME.

Zuletzt sei noch ein Blick auf die reflexive *Weg*-Konstruktion geworfen. In Tabelle 7.14 sind die Daten für den einzig belegten relatierten sowie den einzig beleg-

21 Die Bezeichnung *Bewegendes* kann abkürzend für die näher an der Definition des FE Motion.THEME stehende Bezeichnung *Bewegende Entität* dienen. Um sie nicht unnötig komplex werden zu lassen, bietet sich also *Bewegendes* eher an.

22 Die enorm hohe Token-Frequenz des unrelatierten lexikalischen Frames Cause_to_move_in_place in Tabelle 7.13 ist auf den Status des KE ⟨WEG⟩ als Nicht-Kern-KE zurückzuführen, das dafür sorgt, dass eine große Anzahl von Konstrukten vollständig durch FE dieses lexikalischen Frames motiviert wird, obwohl es sich dabei um einen unrelatierten Frame handelt (vgl. dazu Unterabschnitt 6.4.3). Ich gehe deshalb davon aus, dass die hohe Token-Anzahl für diesen Frame keine Auswirkung auf die Benennung und Definition des KE BEWEGENDES haben muss.

Tab. 7.12: Relatierte lexikalische Frames und FE in FrameNet 1.7 zur potenziellen Motivierung der KtE des KE BEWEGENDES der reflexiven Partikelverbkonstruktion

Frame	FE	Konstrukte	Anteil
Body_movement	AGENT	118	38,82 %
Self_motion	SELF_MOVER	56	18,42 %
Cause_motion	AGENT	53	17,43 %
Motion	THEME	24	7,89 %
Change_direction	THEME	17	5,59 %
Motion_directional	THEME	15	4,93 %
Placing	AGENT	11	3,62 %
Bringing	AGENT	8	2,63 %
Excreting	EXCRETER	1	0,33 %
Operate_vehicle	DRIVER	1	0,33 %
Gesamt		304	100,00 %

ten unrelatierten lexikalischen Frame für diese Konstruktion zusammengefasst. Da der relatierte Frame Motion hier ohnehin die Mehrheit der Konstrukte repräsentiert, ist es für diese Konstruktion, wie auch für die reflexive Bewegungskonstruktion und die reflexive Partikelverbkonstruktion, ebenso angebracht, das KE BEWEGENDES auf Basis des FE Motion.THEME zu benennen und zu definieren.

Für die Benennung und Definition des KE BEWEGENDES aller drei untersuchten Konstruktionen stellt sich somit die direkte Abstraktion über FE lexikalischer Frames, ohne diese auf jeweils höchstrangige Frames, wie bei der Benennung und Definition des KE EREIGNIS (Unterabschnitt 7.3.1), zu abstrahieren, als praktikabler heraus. Die bisher noch fehlende Begründung der Benennung des KE BEWEGENDES ist über diese Methode zu leisten. Sowohl die Benennung als auch die Definition des KE orientieren sich prototypisch an dem FE Motion.THEME, das stellvertretend für verwandte FE in anderen relatierten lexikalischen Frames diese Rolle übernimmt. Die hier vorgestellte Analyse zeigt aber zugleich, dass rein quantitative Auswertungen, wie sie in den drei Tabellen 7.10 bis 7.14 zusammengefasst sind, nicht immer eine verlässliche Datengrundlage bilden, da sie nicht zwangsläufig zu einem intuitiv passenden Ergebnis führen. So müssen die jeweils frequentesten lexikalischen Frames und deren FE, die für die Motivierung der KtE des KE BEWEGENDES infrage kommen, nicht mit einem erwarteten Ergebnis für die Grundlage von dessen Benennung und Definition übereinstimmen. Ob dies statistisch zufällig ist oder ob die Erwartungen tatsächlich revidiert werden müssen, kann aufgrund der vergleichsweise geringen Datenmenge abschließend nicht entschieden werden. Hier sind weitere Untersuchungen, insbesondere mit größeren Mengen an konstruktionssemantisch annotierten Konstrukten, nötig.

Tab. 7.13: Unrelatierte lexikalische Frames und FE in FrameNet 1.7 zur potenziellen Motivierung der KtE des KE Bewegendes der reflexiven Partikelverbkonstruktion

Frame	FE	Kx	Anteil
Cause_to_move_in_place	Agent	411	75,27 %
Daring	Agent	24	4,40 %
Hostile_encounter	Side_1	13	2,38 %
Work	Agent	11	2,01 %
Seeking	Cognizer_agent	10	1,83 %
Cause_to_experience	Agent	7	1,28 %
Manipulation	Agent	6	1,10 %
Cause_to_amalgamate	Agent	5	0,92 %
Chatting	Interlocutor_1	5	0,92 %
Attaching	Agent	4	0,73 %
Filling	Agent	4	0,73 %
Impact	Impactor	4	0,73 %
Ingestion	Ingestor	4	0,73 %
Shopping	Shopper	4	0,73 %
Processing_materials	Agent	3	0,55 %
Board_vehicle	Traveller	2	0,37 %
Burying	Agent	2	0,37 %
Cogitation	Cognizer	2	0,37 %
Desiring	Experiencer	2	0,37 %
Experiencer_focus	Experiencer	2	0,37 %
Fire_burning	Fire	2	0,37 %
Manipulate_into_doing	Manipulator	2	0,37 %
Participation	Participant_1	2	0,37 %
Questioning	Speaker	2	0,37 %
Assistance	Helper	1	0,18 %
Attack	Assailant	1	0,18 %
Becoming_aware	Cognizer	1	0,18 %
Change_of_phase	Patient	1	0,18 %
Change_posture	Protagonist	1	0,18 %
Emptying	Agent	1	0,18 %
Grinding	Grinder	1	0,18 %
Make_noise	Noisy_event, Sound, Sound_source	1	0,18 %
Perception_experience	Perceiver_passive	1	0,18 %
Progression	Entity	1	0,18 %
Renting	Lessee	1	0,18 %
Rescuing	Agent	1	0,18 %
Temperature	Entity	1	0,18 %
Gesamt		546	100,00 %

Tab. 7.14: Lexikalische Frames und FE in FrameNet 1.7 zur potenziellen Motivierung der KtE des KE BEWEGENDES der reflexiven *Weg*-Konstruktion

Frame	FE	Konstrukte	Anteil
`Motion` (relatiert)	THEME	26	96,30 %
`Cutting` (unrelatiert)	AGENT	1	3,70 %
Gesamt		27	100,00 %

Gleichzeitig zeigt sich, dass auch die FrameNet-Daten nicht immer zuverlässig und für den Zweck der Benennung und Definition von KE treffend sein müssen. Ein Beispiel dafür ist die Bezeichnung *Theme*, die für sich genommen zu unspezifisch ist, um die semantischen Eigenschaften der Konstruktion in der Benennung des betreffenden KE zu kondensieren.[23] Treffender ist hier schon die Bezeichnung *Self_mover*, die das äquivalente FE des Frames `Self_motion` abbildet, wobei hier wiederum die Einschränkung auf ein „living being which moves under its own power" (FrameNet 1.7, `Self_motion`) zu restriktiv ist, um für alle Konstrukte der Konstruktion (auch solche, in denen das KtE von BEWEGENDES auf ein abstraktes, unbelebtes Referenzobjekt referiert) gelten zu können (dazu weiterhin Abschnitt 8.5).

Diese zwei Aspekte zeigen, dass bei der Benennung und Definition von KE methodisch nach wie vor auf eine Mischung aus gebrauchsbasierter (im Idealfall: statistisch belastbarer) Evidenz und linguistischer Intuition zurückgegriffen werden muss (vgl. allgemein dazu Sinclair 1991: 39; Boas 2003a: 11–18; Ziem & Lasch 2013: 68; Hilpert 2019: 20). Beide schließen sich keineswegs gegenseitig aus: „[I]ntuitions are needed to interpret data, but should not be used to create data." (Hanks 2013: 361).

Rückblickend auf die hier vorgestellte Methode als solche ist das KE BEWEGENDES indes das erste KE der drei untersuchten Konstruktionen, das über die Abstraktion von FE benannt und definiert werden kann. Ein weiteres KE, bei dem dies ebenso möglich und nötig ist, ist das KE WEG bzw. ⟨WEG⟩.

23 Im FrameNet des Deutschen wird *Theme* i.d.R. mit *Objekt* übersetzt, etwa im Frame `Bewegung_verursachen`, dem deutschen Äquivalent von `Cause_motion` (vgl. seine FE unter https://gsw.phil.hhu.de/framenet/frame?id=1106&s=2, zuletzt abgerufen am 07.09.2021). Die Bezeichnung *Objekt* ist konstruktionssemantisch für das Deutsche als Metasprache aufgrund der Homonymie zur gleichnamigen grammatischen Funktion vermutlich noch problematischer als *Theme* im Englischen.

7.3.3 Makro-FE und *Core Sets*

Während das KE Ereignis noch über die Abstraktion über lexikalische Frames an sich definiert werden konnte (Unterabschnitt 7.3.1), mussten, wie soeben in Unterabschnitt 7.3.2 gezeigt, für das KE Bewegendes bestimmte FE dieser Frames herangezogen werden. Der Grund dafür liegt darin, dass dieses KE nicht, wie Ereignis, primär durch frame-evozierende LE instanziiert wird (vgl. aber Unterabschnitt 8.3.2 für eine differenzierte Betrachtung), sondern dass es durch KtE instanziiert wird, die durch FE der betreffenden lexikalischen Frames motiviert werden. Gleiches gilt nun ebenso für das KE Weg bzw. ⟨Weg⟩. Mit einem Unterschied: Die Bandbreite der FE, die die KtE des KE Weg bzw. ⟨Weg⟩ motivieren, ist prinzipiell eingeschränkter als diejenige, die die KtE des KE Bewegendes motivieren. Sie stellt eine eigene frame-semantische Analysekategorie dar, die ich in diesem Unterabschnitt betrachten und für die Benennung und Definition des KE Weg bzw. ⟨Weg⟩ nutzbar machen möchte.

In Unterabschnitt 6.4.1 habe ich dafür argumentiert, bestimmte FE, die gemeinsam als mehrere KtE instanziiert werden, als Instanzen ein und desselben KE aufzufassen. Für `Motion` als Konstruktions-Frame der reflexiven Bewegungskonstruktion, der reflexiven Partikelverbkonstruktion und der reflexiven *Weg*-Konstruktion sowie zahlreiche von ihm ausgehende relatierte lexikalischen Frames (z.B. `Self_motion` und `Fleeing`) betrifft dies die FE Source, Path, Goal, Direction und Distance.[24]

Die FE, die als die KtE des KE Weg bzw. ⟨Weg⟩ infrage kommen, können in unterschiedlichen Kombinationen auftreten. Wird das KE lediglich einfach (also nicht mehrfach, wie in Unterabschnitt 6.4.1 gezeigt) durch ein einziges KtE instanziiert, treten sie einzeln auf, wie es die Belege in (16) illustrieren.[25]

(16) a. Ringeln sich etwa nicht ein paar Schlangen um sie herum im Sand oder in ihrem Nacken, [`Motion` schlängeln] sich herab [Source von ihrer Brust]. (Venske, Regula: Marthes Vision, Frankfurt am Main: Eichborn Verlag 2006, S. 128)

b. Es war ein wüster Abend, bei dem viel geschrien und grell gelacht wurde; die Darsteller [`Hunting` jagten] einander [über die Bühne Path], es knallte an allen Ecken und Enden, so daß man den Text kaum verstand. (Schmitter, Elke: Frau Sartoris, Berlin: BvT 2000[2002], S. 87)

---

24 Die hier nicht verwendete Doppelnotation (z.B. `Motion`.Source) soll darauf hinweisen, dass diese FE nicht spezifisch für `Motion` sind, sondern von zahlreichen weiteren Frames, insbesondere zu ihm relatierten Frames, geteilt werden.

25 Ein FE Distance (z.B. `Motion`.Distance) ist in meinen Daten nicht belegt.

c. Am 10. Oktober [$_{\texttt{Motion}}$ begab] sich TSVANGIRAI freiwillig [$_{\text{GOAL}}$ zu einem polizeilichen Verhör in Harare]. (Archiv der Gegenwart, 2001 [2000])

d. Er schaute sich noch ein wenig um und begann, sich wieder [in Richtung Ausgang ^{DIRECTION}] vorzu[$_{\texttt{Work}}$ arbeiten]. (Suter, Martin: Lila, Lila, Zürich: Diogenes 2004, S. 344)

Neben diesem einzelnen Auftreten der entsprechenden FE erscheinen sie, wenn es sich um eine mehrfache Instanziierung des KE WEG bzw. ⟨WEG⟩ handelt (Unterabschnitt 6.4.1), in unterschiedlichen Kombinationen. Die Belege in (17) sind Beispiele für die Kombination aus den FE SOURCE und GOAL.

(17) a. HASSAN [$_{\texttt{Motion}}$ begab] sich Mitte Oktober in Begleitung einer tausend Mann starken bewaffneten Eskorte [$_{\text{SOURCE}}$ von Djibouti aus] [$_{\text{GOAL}}$ nach Mogadischu], um seine Macht von dort aus auszuüben. (Archiv der Gegenwart, 2001 [2000])

b. Menschenaffen [$_{\texttt{Self\_motion}}$ hangeln] sich noch heute [$_{\text{SOURCE}}$ von Ast] [$_{\text{GOAL}}$ zu Ast], unter elegantem Einsatz von Hand und Fuß. (Die Zeit, 23.03.2000, Nr. 13)

c. Katja [$_{\texttt{Body\_movement}}$ beugte] sich [$_{\langle\text{SOURCE}\rangle}$ von der anderen Seite] [$_{\langle\text{GOAL}\rangle}$ über ihren Bruder] und legte die Hand auf seine Stirn, als sei sie die Mutter. (Franck, Julia: Lagerfeuer, Köln: DuMont Literatur und Kunst Verlag 2003, S. 163)

Die Belege in (18) zeigen die Kombination aus PATH und GOAL.

(18) a. Und wenn die Jungs nach getaner Tat in den Armen der Liebsten schlummern, [$_{\texttt{Smuggling}}$ schmuggelt] sich Rudi mittels Dollars und Autogrammfußbällen [$_{\text{PATH}}$ am Endlosstau von Brest vorbei ^{PATH}] [$_{\text{GOAL}}$ nach Polen ^{GOAL}] rein. (Die Zeit, 24.02.2000, Nr. 9)

b. Sie hatte den Damm eines Speichersees durchbrochen, [$_{\texttt{Fluidic\_motion}}$ ergoss] sich [$_{\text{PATH}}$ durch den Feldkanal] [$_{\text{GOAL}}$ in die Lapus], von der Lapus in die Somes und von der Somes jenseits der ungarischen Grenze in die Theiß. (Die Zeit, 24.02.2000, Nr. 9)

Werden alle drei der bisher erwähnten FE gemeinsam in einem Konstrukt instanziiert, entsteht die Kombination SOURCE, PATH und GOAL – verstanden als „maximal windowing over the whole of the conceptually complete path“ (Talmy 1996: 244) –, die in (19) zu sehen ist.

(19) Ein Drahtseil ist über den Fluß gespannt, mit einer beweglichen Winde ist das Fährboot daran festgetäut, und während die gewaltige Strömung

auf das querstehende Ruder drückt, [`Motion` bewegen] sich Boot und Winde seitlich [PATH am Seil entlang] [SOURCE von einem Ufer] [GOAL zum andern]. (Düffel, John von: Vom Wasser, München: dtv 2006, S. 192)

Weitere Kombinationen sind möglich, wenn das FE DIRECTION hinzukommt. So findet sich in (20) die Kombination aus SOURCE, GOAL und DIRECTION.

(20) Schiller war kein Autor, der von innen kommt, er [`Motion` bewegte] sich [DIRECTION in der Gegenrichtung], [SOURCE von außen] [GOAL nach innen]. (Safranski, Rüdiger: Friedrich Schiller, München Wien: Carl Hanser 2004, S. 118)

Es ist unschwer zu erkennen, dass diese FE nicht nur gemeinsam haben, dass sie für die semantische Motivierung von KtE ein und desselben KE infrage kommen. Sie eint darüber hinaus ein semantischer Aspekt: Sie dienen allesamt dazu, den Verlauf der ‚Bewegung' zu charakterisieren, die das Referenzobjekt des KtE des KE BEWEGENDES ausführt. FrameNet erfasst diese Zusammengehörigkeit von FE unter dem Begriff *Core Set* oder *Coreness Set*.

> In our annotation practice, we often find that some groups of FEs seem to act like sets, in that the presence of any member of the set is sufficient to satisfy a semantic valence of the predicator. We refer to such a group of FEs as a *coreness set*, or *CoreSet*. For instance, SOURCE, PATH, and GOAL are core FEs in the various motion frames in the database. However, although possible, it is not necessary, and in fact unusual, for all three FEs to co-occur, [...]. (Ruppenhofer et al. 2016: 25, Hervorhebung im Original in Fettdruck)

Obwohl es sich bei den genannten FE von `Motion` allesamt um Kern-FE handelt,[26] wird das Fehlen eines oder mehrerer FE in einer Instanz, wie Ruppenhofer et al. (2016: 25–26) weiter festhalten, nicht als Null-Instanziierung markiert. Ruppenhofer & Michaelis (2014: 63–64) bezeichnen dies stattdessen als einen Fall von *Non-Instanziierung*. Da eine (nahezu) vollständige Instanziierung des gesamten Core Set, wie sie sich etwa in (19) andeutet, allerdings selten zu finden ist, ist eine solche Non-Instanziierung eines oder mehrerer FE eines Core Set der Regelfall.

Meine in Unterabschnitt 6.4.1 vertretene Annahme, dass die durch FE, die zu einem Core Set gehören, instanziierten KtE – treten sie nun einzeln oder in Kombination auf – als Instanzen ein und desselben KE zu werten sind, bietet die Mög-

26 Dies gilt allerdings nicht für alle zu `Motion` relatierten Frames. So variiert der Status der beteiligten FE als Kern- oder Nicht-Kern-FE, wenn wie etwa in `Body_movement` die FE ⟨SOURCE⟩, ⟨PATH⟩ und ⟨GOAL⟩ als Nicht-Kern-FE ausgezeichnet sind. Sie sind dort somit nicht als Core Set ausgewiesen, was ich für einen solchen Einzelfall ignoriere, da nicht klar ist, ob diese Feststellung seitens FrameNet auf einer empirischen Beobachtung beruht oder ein Fehler in FrameNet 1.7 ist.

lichkeit, das betreffende KE, für die drei untersuchten Konstruktionen also WEG bzw. ⟨WEG⟩, auf der Grundlage des entsprechenden Core Set zu benennen und zu definieren. Die Wahl der Bezeichnung *Weg* als Oberbegriff für das gesamte Core Set steht im Einklang nicht nur mit der oben zitierten Praxis von Talmy (1996: 244), sondern ebenso mit dem explizit für die *way*-Konstruktion bzw. die reflexive Bewegungskonstruktion gewählten Vorgehen von Goldberg (1995: 207) und Oya (1999: 360).[27] Aus der Instanziierung von durch die ein Core Set bildenden FE motivierten KtE lässt sich also die konstruktikographische Beschreibung des zugrunde liegenden KE zu generalisieren. Die Benennung des KE WEG bzw. ⟨WEG⟩ ist eine Abstraktion über die FE, die die möglichen KtE dieses KE motivieren.

Dieser Arbeitsschritt der Generalisierung ist ein genuin konstruktionssemantischer und konstruktikographischer. Der Grund dafür ist, dass FrameNet selbst diese Generalisierung nicht vornimmt. Somit fehlt ein entscheidender Schritt, der von FrameNet nicht systematisch vollzogen wird: Die Core Sets erhalten üblicherweise keine eigenständigen Benennungen und Definitionen. Am Beispiel der genannten FE von `Motion` und seiner untergeordneten Frames heißt es allerdings bei Ruppenhofer et al. (2016: 26): „Source, Path, and Goal, for instance, are clearly related via a notion that we might call 'full path'."

Damit ist nun deutlich, woher das KE WEG, dessen KtE durch eines der FE in dem genannten Core Set motiviert werden kann, seinen Namen bezieht. Alle fünf FE dienen zur Charakterisierung des ‚Weges', auf dem sich das Referenzobjekt des KtE des KE BEWEGENDES ‚bewegt'. Möglich sind Charakterisierungen des ‚Weges' an sich (PATH), von dessen ‚Ursprung' (SOURCE), ‚Endpunkt' (GOAL), ‚Richtung' (DIRECTION) oder dem ‚Abstand' zwischen ‚Ursprung' und ‚Endpunkt' (DISTANCE).

Terminologisch lässt sich die Zusammenfassung von FE zu einem Core Set, darauf weisen Ruppenhofer & Michaelis (2014: 63–64) implizit hin, als *Makro-Rolle* im Sinne der Role and Reference Grammar (z.B. Van Valin & LaPolla 1997: 139–147; Kailuweit 2004: 96–101) verstehen.[28] In Anlehnung an diese Terminolo-

---

27 Vgl. auch Ungerer (2017: 4), der ein „SOURCE–PATH–GOAL schema (henceforth simply PATH schema)" annimmt. Vgl. auch das Vorgehen von Rohde (2001: 15, 38, 289–294).

28 Dowty (1991: 598–599) weist darauf hin, dass seine Proto-Rollen (Proto-Agens und Proto-Patiens) zu Makro-Rollen vergleichbar sind, mit dem Unterschied, dass Letztere nicht prototypisch, sondern durch schärfere Grenzen definiert sind. Aus frame-semantischer Sicht stellt dies freilich kein Problem dar, da die Anzahl der FE nicht (wie in einem Proto-Rollen-Ansatz) radikal eingeschränkt werden muss. Ferner ist zu berücksichtigen, dass die Konzepte der Makro- und Proto-Rolen vorranging auf ‚Kern'-Argumente, die Subjekt- und (direkte) Objekt-Position besetzen, ausgerichtet ist. Über den Makro- oder Proto-Rollen-Status von PP, die die Instanziierungen des KE WEG bilden, wird nicht reflektiert.

gie möchte ich analog von einem *Makro-FE* sprechen, das die FE eines Core Set unter sich vereint.[29]

Eine ähnliche Idee formuliert bereits Barsalou (1992b: 34–35) unter dem Begriff der *Attribut-Systematizität* (vgl. zuvor Barsalou & Billman 1989: 153–155): Bestimmte FE,[30] die besonders häufig kookkurrieren, bilden einen Frame-Kern aus (zum Begriff des Frame-Kerns vgl. auch Busse 2012: 563–565, 570–572). Ein solcher Frame-Kern unterscheidet sich von einem Core Set[31] allerdings dadurch, dass Letzteres gerade nicht durch eine (syntaktische) Kookkurrenz von FE definiert sein muss, sondern allein die wechselseitige Motivierung desselben KE durch eine Gruppe von FE bezeichnet, wobei die Kookkurrenz im Falle der drei untersuchten Konstruktionen zwar möglich ist, aber kein notwendiges Kriterium für die Konstitution eines Core Set darstellt. Folgerichtig gehen Barsalou & Hale (1993: 126) davon aus, dass die Kookkurenz von FE nicht vollkommen invariant sein muss, sondern von Instanz zu Instanz, also von Konstrukt zu Konstrukt, unterschiedlich konfiguriert sein kann. Die oben zitierten Belege in (16)–(20) bestätigen dies. Mehr noch: Barsalou & Hale (1993: 129) spekulieren sogar, dass (rekurrent auftretende?) Kombinationen der Strukturelemente von Frames eigene Sub-Einheiten bilden können. Makro-FE kommen als solche Sub-Einheiten grundsätzlich infrage, mit dem Vorteil, dass sie sich direkt auf die Strukturelemente von Konstruktionen beziehen lassen.

Vergleichbar sind Makro-FE auch zu den *Slots* im Frame-Modell von Lönneker (2003: 77–79), die *Subslots* zu Gruppen zusammenfassen. Letztere entsprechen bei Lönneker (2003: 66–74) allerdings nicht den in der Frame-Semantik üblicherweise angenommenen *Slots* oder *Leerstellen* und sind demnach auch nicht direkt mit FE zu vergleichen (vgl. Ziem 2008: 328–329, 2014b: 283; Busse 2012: 487–488). Dennoch versteht Busse (2012: 558) Subslots als „Slot-Gruppen" und rückt sie damit in die Nähe von Core Sets bzw. Makro-FE.

In seinem eigenen Frame-Modell schließlich postuliert Busse (2012: 570) inspiriert durch Barsalou und Lönneker dezidiert „Frame-spezifische[] Gruppen von Frame-Elementen […], die immer gemeinsam vorkommen müssen, oder sachlich

---

29 In einer Auseinandersetzung mit klassischen Tiefenkasus wie LOCATION, SOURCE, GOAL und PATH (vgl. Unterabschnitt 2.1.1) begründet Talmy (2007: 71) seine Entscheidung, übergreifend von GRUND in seiner Dichotomie von FIGUR und GRUND zu sprechen – eine Idee, der derjenigen des Makro-FE nahekommt.

30 Barsalou (1992b: 26, Anm. 1) nutzt für die Slots (bzw. FE) eines Frames den Begriff *Attribut*, den er für synonym erachtet.

31 Interessanterweise fällt bei Barsalou (1992b: 35) explizit der Terminus von „core sets". Unklar ist, inwiefern die FrameNet-Terminologie sich daran anlehnt, da zumindest bei Ruppenhofer et al. (2016) keine Referenz zu Barsalou zu finden ist.

zwingende Kovarianten (bzw. Abhängigkeits-Relationen) zwischen einzelnen Zuschreibungen (Fillern, Werten) festlegen.“ Sie unterscheiden sich von Core Sets bzw. Makro-FE zwar insofern darin, dass die unter Letzteren subsumierten FE nicht zwingend gemeinsam vorkommen müssen bzw. deren Non-Instanziierung – wie oben erwähnt – eher der Regelfall ist. Gleichzeitig decken sie aber gewissermaßen das Phänomen der mehrfachen Instanziierung von KE in durch unterschiedliche FE motivierte KtE ab, das Ausgangspunkt für die Annahme von Makro-FE ist.

Ein Makro-FE, und das ist entscheidend, entspricht für die drei untersuchten Konstruktionen dem KE, dessen KtE einzeln oder mehrfach als FE des Core Set realisiert werden können. Der Name des KE, hier also WEG bzw. ⟨WEG⟩, ist damit gleichzeitig der Name des Makro-FE, dessen einzelne FE die KtE des KE motivieren können. Die Gleichsetzung von KE mit FE, die ich im Eingang zu Kapitel 6 kritisiert habe, ist im Falle des KE WEG bzw. ⟨WEG⟩ einzig dann möglich, wenn es dem Makro-FE gegenübergestellt wird. Aufgrund der variierenden oder gleichzeitigen Motivierung eines oder mehrerer KtE des KE WEG bzw. ⟨WEG⟩ durch ein FE des Makro-FE erscheint diese Gleichsetzung nicht auf Ebene der FE, sondern allein auf Ebene des Makro-FE plausibel.

7.4 Koerzionspotenzial als Teil eines Konstruktionseintrags

Nachdem ich nun die allgemeine konstruktikographische Beschreibung sowie die Benennung und Definition von KE und KEE diskutiert habe, soll in diesem sowie den folgenden beiden Abschnitten 7.5 und 7.6 um die semantischen Parameter, die als eigene Datenpunkte Eingang in einen Konstruktionseintrag finden müssen, gehen. Das Koerzionspotenzial ist der erste semantische Parameter, der mit einem solchen eigenen Datenpunkt in einen Konstruktionseintrag eingeht (vgl. Unterabschnitt 7.1.3). Bevor dies in der Praxis umgesetzt werden kann, ist es nötig, das Koerzionspotenzial einer Konstruktion zu ermitteln. In Abschnitt 5.5 habe ich bereits auf die Unterschiede zwischen einzelnen Koerzionseffekten und dem generalisierten Koerzionspotenzial einer Konstruktion hingewiesen und dafür argumentiert, dass Koerzion ein graduelles Phänomen ist. Einzelne Koerzionsphänomene in den Konstrukten der betreffenden Konstruktion müssen für die konstruktikographische Verarbeitung dieses Parameters nun zu einem Koerzionspotenzial generalisiert werden. Eine wesentliche Datenquelle dafür sind die einzelnen Konstrukt-Frames, also die semantische Motivierung der KtE und KEE der einzelnen Konstrukte. In den Abschnitten 6.2 und 6.3 habe ich diese Zusammenhänge für beide Arten von Strukturelementen separat für die reflexive Bewegungskonstruktion dargestellt. Für das Koerzionspotenzial ist nun allerdings nicht die Betrachtung eines einzelnen KtE oder KEE von Interesse, sondern die Konstitution des gesamten Konstrukt-Frames.

In diesem Abschnitt stelle ich mittels einer Betrachtung unterschiedlicher Formen der Konstitution eines Konstrukt-Frames sieben Stufen von Koerzionseffekten vor, die sich für die drei untersuchten Konstruktionen ermitteln lassen (Unterabschnitt 7.4.1). Im Anschluss daran präsentiere ich für die reflexive Bewegungskonstruktion (Unterabschnitt 7.4.2), die reflexive Partikelverbkonstruktion (Unterabschnitt 7.4.3) und die reflexive *Weg*-Konstruktion (Unterabschnitt 7.4.4) jeweils eine quantitative Auswertung dieser sieben Koerzionsstufen, die das Koerzionspotenzial der jeweiligen Konstruktion darstellt. Die so erhobenen Daten können direkt in die drei Konstruktionseinträge im Zusatzmaterial übernommen werden.

7.4.1 Messung des Koerzionspotenzials: sieben Koerzionsstufen

Im Zuge der Diskussion des Koerzionspotenzials als semantischer Parameter von Konstruktionen in Abschnitt 5.5 habe ich mit Verweis auf Boas (2011a: 1284–1285) darauf hingewiesen, dass Koerzion alle Strukturelemente eines Konstrukts und nicht nur das Verb einer Argumentstruktur-Konstruktion erfassen kann. Alle KtE sowie das KEE müssen deshalb daraufhin überprüft werden, welcher Anteil ihnen an der Koerzion des gesamten Konstrukts zukommt. Nur dadurch kann in einem ersten Schritt der Koerzionseffekt auf das gesamte Konstrukt bezogen und in einem zweiten Schritt das Koerzionspotenzial der Konstruktion erfasst werden. Letzteres muss also, darauf weist Bybee (2010: 186–187) hin, als eine Eigenschaft der Konstruktion beschrieben werden, die durch die Generalisierung einzelner Koerzionseffekte auf Konstruktebene zustande kommt. Die Analyse der Strukturparallelen zwischen Konstruktionen und Frames und besonders die in den Abschnitten 6.2 und 6.3 für die reflexive Bewegungskonstruktion diskutierten Varianten der semantischen Motivierung von KtE und KEE durch die FE von lexikalischem Frame und Konstruktions-Frame – kurz: die Konstitution von Konstrukt-Frames – ist für diese Aufgabe ein wichtiger Ausgangspunkt. Die Ergebnisse dieser Analysen dienen als Basis für die Bestimmung des Koerzionspotenzials der Konstruktion. Da die semantische Motivierung für jedes KE und das KEE einzeln untersucht wurde, wird der Forderung von Boas (2011a: 1284–1285) damit Rechnung getragen. So ist etwa die doppelte Motivierung eines KtE als Koerzionseffekt – *coercion by enrichment* im Sinne von Audring & Booij (2016: 629–631), vgl. Unterabschnitt 6.2.3 – auf der Ebene dieses einzelnen KtE zu verstehen: Das von einem lexikalischen Frame beigetragene FE wird durch ein FE des Konstruktions-Frames koerziert, wobei, um die Metapher von Michaelis (2005: 50) aufzugreifen, beide FE wie Folien ‚übereinandergelegt' werden und die jeweiligen Eigenschaften der beiden FE gleichermaßen ‚durchscheinen'. Die Analyse der semantischen Motivierung von KtE und KEE durch FE ist zunächst eine Analyse von Koerzionseffekten auf der Ebene der Instanziierung einzelner KE bzw. des KEE.

Wie aber lassen sich diese Koerzionseffekte auf Token-Ebene der einzelnen Konstrukt-Frames zu dem Koerzionspotenzial der Konstruktion generalisieren? Ein wichtiger Schritt, um von einzelnen Koerzionseffekten zum Koerzionspotenzial der Konstruktion als Ganzes zu gelangen, ist es, diese Koerzionseffekte nach der Höhe der Koerzion, die in einem Konstrukt auftritt, zu klassifizieren. Ich möchte deshalb zunächst am Beispiel der reflexiven Bewegungskonstruktion für sieben Stufen von Koerzion argumentieren, nach denen sich ihre Konstrukte – genauer: unterschiedlich konstituierte Konstrukt-Frames – einordnen lassen. Relevant ist dabei die Höhe der möglichen Frame-Anpassung eines lexikalischen Frames durch einen Konstruktions-Frame. Um diese Frame-Anpassungen zu untersuchen, müssen die beiden in ihrer semantischen Motivierung besonders varianten Strukturelemente betrachtet werden: die KtE des KE Weg sowie das KEE. Die folgende Aufstellung von sieben Koerzionsstufen richtet sich nach dem graduellen Anteil des Konstruktions-Frames am Konstrukt-Frame und bildet alle Kombinationsmöglichkeiten aus einfacher Motivierung des Strukturelements durch den lexikalischen Frame (Unterabschnitte 6.2.1 und 6.3.1), einfacher Motivierung durch den Konstruktions-Frame (Unterabschnitte 6.2.2 und 6.3.2) und doppelter Motivierung (Unterabschnitte 6.2.3 und 6.3.3) ab.[32] Je weniger von einem lexikalischen Frame in einem Konstrukt-Frame ‚übrig bleibt', je stärker der lexikalische Frame also durch den Konstruktions-Frame angepasst wird, desto höher ist der Koerzionseffekt.

- *Koerzionsstufe 1*: Alle KtE und das KEE sind durch den lexikalischen Frame motiviert.
- *Koerzionsstufe 2*: Das KtE des KE Weg ist doppelt motiviert und das KEE ist durch den lexikalischen Frame motiviert.
- *Koerzionsstufe 3*: Das KtE des KE Weg ist einfach durch den Konstruktions-Frame motiviert und das KEE ist durch den lexikalischen Frame motiviert.
- *Koerzionsstufe 4*: Das KtE des KE Weg und das KEE sind jeweils doppelt motiviert.
- *Koerzionsstufe 5*: Das KtE des KE Weg ist doppelt motiviert und das KEE ist durch den Konstruktions-Frame motiviert.

32 Genau genommen ergeben sich $3^2 = 9$ Kombinationen, allerdings sind bei einfacher Motivierung eines KtE des KE Weg durch ein FE eines relatierten lexikalischen Frames die beiden Möglichkeiten der einfachen Motivierung des KEE und seiner doppelten Motivierung ausgeschlossen, weshalb noch sieben Kombinationen übrig bleiben.

- *Koerzionsstufe 6*: Das KtE des KE Weg ist einfach durch den Konstruktions-Frame motiviert und das KEE ist doppelt motiviert.
- *Koerzionsstufe 7*: Das KtE des KE Weg und das KEE sind durch den Konstruktions-Frame einfach motiviert.

In Abbildung 7.1 sind diese sieben Koerzionsstufen für die reflexive Bewegungskonstruktion dargestellt, wobei stellvertretend für ein KtE des KE Weg oder für das KEE jeweils angegeben ist, wie sich die semantische Motivierung des jeweiligen Strukturelements zusammensetzt. In der Abbildung ist außerdem zu sehen, wie sich die Staffelung der einzelnen Koerzionsstufen ergibt, dargestellt an dem Anteil des lexikalischen Frames, der sich von zwei FE (Koerzionsstuffe 1) bis hin zu keinem FE (Koerzionsstufe 7) erstreckt. Letzteres entspricht einer maximalen Frame-Anpassung des lexikalischen Frames durch den Konstruktions-Frame (Variante c, vgl. Unterabschnitt 4.4.1). Im Falle einer doppelten Motivierung zählt das FE des lexikalischen Frames ‚halb', wodurch sich die Zwischenstufen 1,5 und 0,5 ergeben.

höchste Koerzion	Anteil des lexikalischen Frames
7. {[Bewegendes][Ereignis][KEE Kxn-Frame][Weg Kxn-Frame]}	0/2
6. {[Bewegendes][Ereignis][KEE Kxn-Frame + lex. Frame][Weg Kxn-Frame]}	0,5/2
5. {[Bewegendes][Ereignis][KEE Kxn-Frame][Weg Kxn-Frame + lex. Frame]}	0,5/2
4. {[Bewegendes][Ereignis][KEE Kxn-Frame + lex. Frame][Weg Kxn-Frame + lex. Frame]}	1/2
3. {[Bewegendes][Ereignis][KEE lex. Frame][Weg Kxn-Frame]}	1/2
2. {[Bewegendes][Ereignis][KEE lex. Frame][Weg Kxn-Frame + lex. Frame]}	1,5/2
1. {[Bewegendes][Ereignis][KEE lex. Frame][Weg lex. Frame]}	2/2
keine Koerzion	

Abb. 7.1: Sieben Koerzionsstufen am Beispiel der reflexiven Bewegungskonstruktion

Diese sieben Koerzionsstufen sind ein Reflex der graduellen Natur von Koerzion (Unterabschnitt 5.5.2) und spiegeln ein Kontinuum wider, das von keiner Koerzion (Koerzionsstufe 1) bis hin zu maximaler Koerzion (Koerzionsstufe 7) reicht.[33]

33 Zu dieser Auffassung eines Kontinuums zwischen *Elaboration* und *Fusion* vgl. auch Hampe & Schönefeld (2003: 248): „[T]he distinction between 'fusion' and 'elaboration' is a cline rather than a binary opposition, with verbs (proto-)typically realizing a given construction being positioned at the elaboration-end of the scale." Auch für Perek (2015: 40) ist der Unterschied zwischen *inher-*

Bevor ich in den Unterabschnitten 7.4.2 bis 7.4.4 das Koerzionspotenzial der drei untersuchten Konstruktionen anhand dieser sieben Koerzionsstufen messen und auf Besonderheiten insbesondere der reflexiven Partikelverbkonstruktion eingehen werde, möchte ich die sieben Koerzionsstufen im Folgenden anhand von Belegen der reflexiven Bewegungskonstruktion illustrieren. Wie bereits in Kapitel 6 nutze ich die Annotation der an der semantischen Motivierung von KtE und KEE beteiligen FE, um die Konstitution der Konstrukt-Frames aufzuzeigen.

In Koerzionsstufe 1 werden alle Strukturelemente des Konstrukts durch FE des lexikalischen Frames motiviert. In diesem Fall findet keine Koerzion statt, da der Konstrukt-Frame keinen Anteil eines separaten Konstruktions-Frames besitzt, der dort gemeinsam mit dem lexikalischen Frame Eingang finden könnte. Es findet also keine Frame-Anpassung statt. Wie in den Unterabschnitten 6.2.1 und 6.3.1 ausgeführt, betrifft die einfache Motivierung aller KtE sowie des KEE ausschließlich relatierte lexikalische Frames (dazu Unterabschnitt 5.4.2). Beispiele für solche Frames habe ich in Kapitel 6 bereits ausführlich diskutiert. An dieser Stelle seien deshalb nur einige Beispiele wiederholt, um die semantische Motivierung der einschlägigen Strukturelemente, der KtE des KE WEG und des KEE, aufzuzeigen.

Wie bereits in Unterabschnitt 6.3.1 betont, steht in den meisten relatierten lexikalischen Frames kein FE für die Motivierung des KEE bereit, da das für das Englische aufgebaute FrameNet die für das Deutsche charakteristischen Reflexivkonstruktionen nicht berücksichtigt. Ich behandele diese Fälle allerdings so, als würde ein entsprechendes FE zur Verfügung stehen, gehe also davon aus, dass auch das KEE semantisch durch den lexikalischen Frame motiviert ist, auch wenn dem KEE kein FE zugeordnet werden kann. Der einfachste Fall betrifft einmal mehr den lexikalischen Frame `Motion`, für den die Belege in (21) Beispiele sind.

(21) a. BÉDIÉ - er [$_{\texttt{Motion}}$ begab] sich am 3. Januar [$_{\text{SOURCE}}$ von seinem Zufluchtsort in Togo aus] nach Paris, wo er eine Wohnung besitzt - wollte damit OUATTARA, der einen burkinabischen Vater hat, von einer Kandidatur ausschließen. (Archiv der Gegenwart, 2001 [2000])

b. Die Indianerin [$_{\texttt{Motion}}$ bewegte] sich in ihren flachen Schuhen beinahe geräuschlos [$_{\text{PATH}}$ durch das Treppenhaus], während die Badelatschen immer lauter gegen Esthers Hacken schlappten. (Düffel, John von: Houwelandt, Köln: DuMont Literatur und Kunst Verlag 2004, S. 128)

ent compatibility und *semantic enrichment* graduell: „[T]he difference between inherent compatibility and semantic enrichment is a matter of gradience rather than a clear-cut distinction, and the position of any composite structure on the continuum between either of these extreme cases depends on how frequently the verb has been witnessed in the relevant construction."

c. Der Rücken vor ihr, in einem dicken, warmen, grauen Mantel, [Motion bewegte] sich [GOAL zu einem Bahnsteig], Malka folgte ihm. (Pressler, Mirjam: Malka Mai, Weinheim Basel: Beltz & Gelberg 2001, S. 246)

d. Die augenblickliche Wirtschaftslage [Motion bewege] sich [DIRECTION in Richtung Armut], was das Resultat der ausbeuterischen Privatisierung sei. (Archiv der Gegenwart, 2001 [2000])

Um einen relatierten Frame mit einer Frame-Nähe von +1 heranzuziehen, sei der Frame `Self_motion` erwähnt. Die Belege in (22) sind Beispiele dafür.

(22) a. So [Self_motion hangeln] sich andere Kollegen schon lange [SOURCE von Jahr] zu Jahr - die Unsicherheit werden sie nie los dabei. (Die Zeit, 13.04.2000, Nr. 16)

b. Die Morgensonne [Self_motion stahl] sich schon [PATH durch die Ritzen der Fensterläden], aber in dem großen Haus war es so still, als schliefen selbst die Bücher in den Regalen. (Funke, Cornelia: Tintenherz, Hamburg: Cecilie Dressler Verlag 2003, S. 94)

c. Ich [Self_motion schlich] mich vorsichtig an ihm vorbei [GOAL zu dem Gewürzregal], ließ ihn aber nicht aus den Augen. (Düffel, John von: Vom Wasser, München: dtv 2006, S. 260)

Auch bei Frame-Nähen von +2 und +3 bleibt Koerzionsstufe 1 bestehen, wenn es sich um einen relatierten lexikalischen Frame handelt. Die Belege in (23) sind Beispiele für den lexikalischen Frame `Fleeing`, der in Vererbungsrelation zum eben erwähnten Frame `Self_motion` steht, also zu `Motion` eine Frame-Nähe von +2 besitzt.

(23) a. Nur wer nicht überzeugend politisch handeln kann, [Fleeing flüchtet] sich gern [GOAL in die Welt der PR-Berater undWerbeagenturen]. [sic!] (Tange, Ernst Günter: Zitatenschatz zur Politik, Frankfurt a. M.: Eichborn 2000, S. 84)

b. Diese meine Sätze sind stillschweigend untergegangen mit dem Mauerfall, und ich [Fleeing flüchtete] mich an dieser Stelle [GOAL in den Hauptsatz aller Mitläufer]: (Stadler, Arnold: Sehnsucht, Köln: DuMont Literatur und Kunst Verlag 2002, S. 223)

c. Panik und Niedergeschlagenheit wechselten auch bei ihr ab, sie [Fleeing flüchtete] sich [GOAL zu ihrem chirurgischen Besteck], in ihre Schädel-Hirn-Traumata. (Stadler, Arnold: Sehnsucht, Köln: DuMont Literatur und Kunst Verlag 2002, S. 37)

Koerzionsstufe 1 besteht letztlich auch bei Konstrukten wie dem in (24), in dem der lexikalische Frame `Making_faces` in einer Frame-Nähe von +3 zu `Motion` steht.

(24) [AGENT Ein polnisches Model (Goshia mit Namen) am Tisch gegenüber] versucht sich seit 20 Minuten [⟨PATH_OF_GAZE⟩ in unser Gespräch] reinzu[Making_faces grinsen]. (Die Zeit, 30.03.2000, Nr. 14)

Konstrukt-Frames, die ausschließlich aus lexikalischen Frames bestehen, kommt immer Koerzionsstufe 1 zu, in ihnen findet keine Frame-Anpassung und somit keine Koerzion durch den Konstruktions-Frame statt. Alle weiteren Koerzionsstufen betreffen Konstrukt-Frames, die aus FE eines unrelatierten lexikalischen Frames und des Konstruktions-Frames zugleich bestehen.[34] Die Höhe der Koerzion, die im Einzelfall vorliegt, richtet sich nach der Verteilung dieser beiden Frames (bzw. deren FE) auf die einzelnen Strukturelemente des Konstrukts.

In Koerzionsstufe 2 bleibt die semantische Motivierung des KEE durch den lexikalischen Frame zunächst bestehen. Nun ist das KtE des KE WEG allerdings doppelt motiviert, sodass die Motivierung dieses KtE aus einer Fusion von FE des lexikalischen Frames und des Konstruktions-Frames besteht (vgl. Unterabschnitt 6.2.3). Die Koerzion ist hier noch vergleichsweise gering, da in den beiden einschlägigen Strukturelementen jeweils ein FE des lexikalischen Frames erhalten bleibt, für die Motivierung des KtE des KE WEG wird es allerdings durch die doppelte Motivierung mit dem Konstruktions-Frame um ein FE des Konstruktions-Frames ergänzt. Das FE des lexikalischen Frames, das in die doppelte Motivierung eingeht, zählt somit nur noch ‚halb', weswegen der Anteil des lexikalischen Frames, wie in Abbildung 7.1 dargestellt, nur noch 1,5 statt (wie bei Koerzionsstufe 1) 2 beträgt. Wie aus den weiteren Koerzionsstufen noch ersichtlich wird, ist eine doppelte Motivierung eines KtE oder KEE also als weniger koerziv einzustufen als eine einfache Motivierung durch den Konstruktions-Frame, da im ersten Fall noch immer ein Anteil des lexikalischen Frames an der Motivierung zu erkennen ist, während ein solcher Anteil im letzteren Fall nicht mehr gegeben ist.

Ein Beispiel für Koerzionsstufe 2 findet sich in meinen Daten lediglich für einen lexikalischen Frame: `Manipulate_into_doing`. Beleg (25) enthält das einzige dafür belegte Konstrukt.

---

34 Vgl. auch Proost (2017: 17), die feststellt, dass Argumentstruktur-Konstruktionen „show coercion effects when this slot [für das Verb, A.W.] is filled by verbs whose meaning is not straightforwardly related to that of the construction." Das Konzept der Frame-Nähe lässt sich also nutzbar machen, um über diese Relatiertheit zu entscheiden: Koerzionseffekte treten (für die reflexive Bewegungskonstruktion) nur bei unrelatierten lexikalischen Frames auf.

(25) Der Fabrikant breitete sein Schweigen wieder aus, der Offizier [Manipulate_into_doing mogelte] [GOODS sich] [RESULTING_ACTION aus seinem Sitz SOURCE]. (Düffel, John von: Vom Wasser, München: dtv 2006, S. 56)

In Koerzionsstufe 3 wird die doppelte Motivierung der KtE des KE WEG abgelöst durch eine einfache Motivierung durch den Konstruktions-Frame. Von einem lexikalischen Frame bleibt in der Motivierung der KtE dieses KE also kein Anteil mehr übrig. Gleichzeitig bleibt die einfache Motivierung des KEE durch den lexikalischen Frame bestehen. Der Anteil des lexikalischen Frames beträgt nunmehr also nur noch 1, er ist für die beiden einschlägigen Strukturelemente genauso hoch wie der Anteil des Konstruktions-Frames.

Beispiele für Koerzionsstufe 3 finden sich in meinen Daten, wie solche für Koerzionsstufe 2, nur sehr selten und ebenfalls nur für einen einzigen lexikalischen Frame. Es handelt sich dabei um `Cause_to_move_in_place`, der selbst über kein FE SOURCE, PATH, GOAL oder DIRECTION verfügt, das nun also vom Konstruktions-Frame beigetragen werden muss, was in einer entsprechenden Frame-Anpassung resultiert.[35] Die Belege in (26) sind Beispiele dafür.

(26) a. Sie [Cause_to_move_in_place wiegte] [THEME sich] [gegen ihn GOAL]. (Hettche, Thomas: Der Fall Arbogast, Köln: DuMont Buchverlag, 2001, S. 14)
b. Als sie den Finger auf eine blaue Blüte schob, färbte sich ihr Fingernagel bläulich und grüne Streifen [Cause_to_move_in_place wellten] [THEME sich] [über ihren Handrücken PATH]. (Pressler, Mirjam: Malka Mai, Weinheim Basel: Beltz & Gelberg 2001, S. 5)

Koerzionsstufe 4 ist hinsichtlich des Anteils des lexikalischen Frames ebenso beschaffen wie Koerzionsstufe 3, mit dem Unterschied, dass nun sowohl das KtE des KE WEG als auch das KEE doppelt motiviert ist. Der Anteil des lexikalischen Frames liegt somit ebenso bei 1. Dadurch, dass ein FE des lexikalischen Frames in der Motivierung der beiden einschlägigen Strukturelemente durch die doppelte Motivierung jeweils nur noch ‚halb' vorhanden ist, erscheint es allerdings gerechtfertigt, diese Art der Motivierung als stärker koerziv als bei der Konstellation von Koerzionsstufe 3 zu betrachten, in der zumindest das KEE noch einfach durch den lexikalischen Frame motiviert war. Grundsätzlich ist die sich in einer doppelten Motivierung eines KtE äußernde Überlappung zwischen lexikalischem Frame und

35 Dass es jedoch für `Cause_to_move_in_place` auch Belege mit Koerzionsstufe 1 gibt, obwohl es sich um einen unrelatierten lexikalischen Frame handelt, habe ich in Unterabschnitt 6.4.3 (ohne Rückgriff auf den Koerzionsbegriff) gezeigt. Frames können somit nicht pauschal einer bestimmten Koerzionsstufe zugeordnet werden. Ich komme auf diesen Aspekt zum Ende dieses Unterabschnitts zurück.

Konstruktions-Frame im Rahmen eines Blending-Prozesses (Unterabschnitt 4.1.3) zwar ein ‚einfacherer' Fall als die einfache Motivierung eines KtE durch ein FE des Konstruktions-Frame: „[M]eaning-composition is easy when there is appropriate overlap between the conceptual structures to be combined in a blend." (Sweetser 1999: 141). Werden allerdings beide einschlägigen Strukturelemente eines Konstrukts doppelt motiviert und damit von dem Koerzionspotenzial der Konstruktion erfasst, ist diese Art von Koerzion als höher einzustufen als wenn nur, wie in Koerzionsstufe 3, eines der beiden Strukturelemente von dem Konstruktions-Frame erfasst und – auch einfach statt doppelt – motiviert wird.[36]

Eine weitere Evidenz dafür, dass die doppelte Motivierung beider Strukturelemente als koerziver einzustufen ist, besteht in der durchaus großen Bandbreite lexikalischer Frames, die für Koerzionsstufe 4 für die reflexive Bewegungskonstruktion belegt sind. Der mit Abstand frequenteste lexikalische Frame für diese Koerzionsstufe ist `Cause_to_amalgamate`. Einige Belege für ihn sind in (27) zusammengestellt.

(27) a. [$_{\text{PART\_2}}$ In das Weiß unter Blau ^{GOAL}] [$_{\text{Cause\_to\_amalgamate}}$ mischen] [$_{\text{PART\_1}}$ sich ^{THEME}] die Wolkenschatten und die dunklen Birkenstoppeln in den Senken. (Die Zeit, 05.01.2000, Nr. 2)

b. Die beiden Frauen [$_{\text{Cause\_to\_amalgamate}}$ mischen] [$_{\text{PART\_1}}$ sich ^{THEME}] [$_{\text{PART\_2}}$ unter die Zuschauertraube ^{GOAL}]. (Krausser, Helmut: Eros, Köln: DuMont 2006, S. 131)

c. Unverständliches Genuschel [$_{\text{Cause\_to\_amalgamate}}$ mischte] [$_{\text{PART\_1}}$ sich ^{THEME}] [$_{\text{PART\_2}}$ zwischen einzelne Schluchzer ^{GOAL}], es war unmöglich zu sagen, ob das Dienstmädchen aus Rührung, Empörung oder Eifersucht weinte. (Düffel, John von: Vom Wasser, München: dtv 2006, S. 206)

d. Lichtgarben und Wolkenschatten [$_{\text{Cause\_to\_amalgamate}}$ mengen] [$_{\text{PART\_1}}$ sich ^{THEME}] [$_{\text{PART\_2}}$ in den Strom, der in seiner Meeresgrüne schäumend aufblitzt ^{GOAL}]. (Düffel, John von: Vom Wasser, München: dtv 2006, S. 69)

36 Inwiefern eine doppelte Motivierung sichtbare Gegenstück-Relation zwischen den FE von lexikalischem Frame und Konstruktions-Frame auf eine konzeptuelle Nähe dieser hinweist, worauf ich zu Beginn von Abschnitt 5.4 in Anlehnung an Haiman (1983: 783) hingewiesen habe (vgl. auch Unterabschnitt 6.2.3), sei an dieser Stelle offen gelassen und bietet Ansätze für zukünftige Forschungen zum Thema Frame-Nähe, die sich nicht nur auf Frame-zu-Frame-Relationen stützen, sondern frequente doppelte Motivierungen zwischen zwei Frames (Konstruktions-Frame und lexikalischem Frame) in den Blick nehmen könnten.

e. Ein Lied singt sie zusammen mit Armand, [$_{\text{Cause\_to\_amalgamate}}$ fädelt] [$_{\text{PART\_1}}$ sich ^{THEME}] [$_{\text{PART\_2}}$ in seine Töne ^{GOAL}], und er spielt sie an, fällt vor ihr auf die Knie, kann ihr so unter den Rock gucken. (Dölling, Beate: Hör auf zu trommeln, Herz, Weinheim: Beltz & Gelberg 2003, S. 205)

f. Im Regen [$_{\text{Cause\_to\_amalgamate}}$ fädelte] [$_{\text{PART\_1}}$ sich ^{THEME}] das Taxi mit wütenden Geräuschen [$_{\text{PART\_2}}$ in die Wagenschlange auf der Stadtautobahn ein ^{GOAL}]. (Riedel, Susanne: Eine Frau aus Amerika, Berlin: Berlin Verlag 2003, S. 15)

Weitere Beispiele für Koerzionsstufe 4 finden sich mit den lexikalischen Frames `Emptying` (28) und `Filling` (29).

(28) a. „Wie einer der jetzt nochmals vernommenen Beamten ja erst gestern bekundete, [$_{\text{Emptying}}$ entleerte] [$_{\text{THEME}}$ sich ^{THEME}] beim Umwenden und beim Abtransport der Leiche Blutflüssigkeit [$_{\text{SOURCE}}$ aus der Nase ^{SOURCE}]. (Hettche, Thomas: Der Fall Arbogast, Köln: DuMont Buchverlag, 2001, S. 312)

b. „Welche Landschaft?" frage ich, [$_{\text{Emptying}}$ schäle] [$_{\text{THEME}}$ mich ^{THEME}] vorsichtig [$_{\text{SOURCE}}$ aus der Decke ^{SOURCE}] und schaue mich um. (Riedel, Susanne: Eine Frau aus Amerika, Berlin: Berlin Verlag 2003, S. 74)

(29) Die leuchtendgelbe Schale einer Zitrone [$_{\text{Filling}}$ wickelt] [$_{\text{THEME}}$ sich ^{THEME}] spiralförmig [$_{\langle\text{SOURCE}\rangle}$ von einer halben Frucht ^{SOURCE}] herunter und gibt das hellere Fleisch und die weißliche Innenhaut frei. (Noll, Ingrid: Ladylike, Zürich: Diogenes 2006, S. 289)

Die folgenden beiden Belege lassen sich für die lexikalischen Frames `Attaching` (30) und `Smuggling` (31) finden.

(30) Spinnenweb [$_{\text{Attaching}}$ klebte] [$_{\text{ITEM}}$ sich ^{THEME}] [$_{\text{GOAL}}$ in sein Gesicht ^{GOAL}]. (Koneffke, Jan: Paul Schatz im Uhrenkasten, Köln: DuMont Buchverlag 2000, S. 216)

(31) Und wenn die Jungs nach getaner Tat in den Armen der Liebsten schlummern, [$_{\text{Smuggling}}$ schmuggelt] [$_{\text{GOODS}}$ sich ^{THEME}] Rudi mittels Dollars und Autogrammfußbällen am Endlosstau von Brest vorbei [$_{\text{GOAL}}$ nach Polen ^{GOAL}] rein. (Die Zeit, 24.02.2000, Nr. 9)

Als letztes Beispiel für Koerzionsstufe 4 soll der lexikalische Frame `Grinding` dienen, für den das in (32) enthaltene Konstrukt belegt ist.

(32) Ein Motor dröhnt von der Straße herüber, und diese dröhnende Straße [$_{\text{Grinding}}$ fräst] [$_{\text{PATIENT}}$ sich ^{THEME}] [$_{\text{GOAL}}$ in mein Gedächtnis ^{GOAL}] ein. (Riedel, Susanne: Eine Frau aus Amerika, Berlin: Berlin Verlag 2003, S. 95)

In Koerzionsstufe 5 sinkt der Anteil des lexikalischen Frames noch einmal. Im Unterschied zu Koerzionsstufe 4 ist das KEE nun einfach durch den Konstruktions-Frame motiviert, während das KtE des KE WEG nach wie vor doppelt motiviert ist. Der Anteil des lexikalischen Frames beträgt nunmehr noch 0,5.

Die lexikalischen Frames, die für diese Koerzionsstufe belegt sind, sind noch zahlreicher als für Koerzionsstufe 4, deswegen seien im Folgen nur einige Belege zur Illustration zitiert. Unter den relevanten lexikalischen Frames findet sich etwa `Seeking`, für den die Konstrukte in (33) Beispiele sind.

(33) a. Die jetzt 30-köpfige Truppe der Poststaatsfarmer [$_{\text{Seeking}}$ tappt] [sich ^{THEME}] nach Hörensagen [$_{\text{SOUGHT\_ENTITY}}$ an EU-Vorschriften ^{GOAL}] heran, entsorgt die Gülle bodenschonend, gibt den Schweinen mehr Kräuter als Hormone. (Die Zeit, 16.03.2000, Nr. 12)

b. In Österreich [$_{\text{Seeking}}$ tastet] [sich ^{THEME}] die Gynäkologenschaft „vorsichtig und abwartend“ [$_{\text{SOUGHT\_ENTITY}}$ an das Präparat heran ^{GOAL}]. (Die Zeit, 27.04.2000, Nr. 18)

c. Langsam wagen sie sich heran, [$_{\text{Seeking}}$ tasten] [sich ^{THEME}] [$_{\text{SOUGHT\_ENTITY}}$ auf meinen vom Schmerz durchwaberten Rücken ^{GOAL}]; die ungeheuerliche Berührung, als testeten sie, ob oder auf welche köstliche Weise ihre Beine wohl einsinken in diesem seltenen eßbaren Grund. (Braun, Marcus: Hochzeitsvorbereitungen, Berlin: Berlin Verlag 2003, S. 113)

d. Die Frau nimmt nicht den Fahrstuhl, sondern [$_{\text{Seeking}}$ tastet] [sich ^{THEME}] über die Treppen hinauf [$_{\text{SOUGHT\_ENTITY}}$ in den sechsten Stock ^{GOAL}], vorbei an den schlafenden Bettlern, die der heilige Martin vergaß. (Venske, Regula: Marthes Vision, Frankfurt am Main: Eichborn Verlag 2006, S. 184)

e. Er ruckelte und scharrte, bis er die Schaufel voll glaubte, [$_{\text{Seeking}}$ tastete] [sich ^{THEME}] rückwärts gehend [$_{\text{SOUGHT\_ENTITY}}$ zu den Fahrrädern ^{GOAL}] zurück, richtete sich auf, drehte sich wieder um die eigene Achse und ging, aufrecht nun und die volle Schaufel waagrecht an einer Seite tragend, an den Kisten und Koffern vorbei, die zwei Stufen zur Heizung hinunter. (Widmer, Urs: Das Buch des Vaters, Zürich: Diogenes 2004, S. 167)

Auch der bereits häufiger illustrierte lexikalische Frame `Work` gehört mit zahlreichen Konstrukten zu Koerzionsstufe 5, wie die Belege in (34) zeigen.

(34) a. Die Ermittler [$_{\text{Work}}$ arbeiteten] [sich ^{THEME}] [$_{\text{SALIENT\_ENTITY}}$ an den großen Zampano ^{GOAL}] heran. (Die Zeit, 27.04.2000, Nr. 18)

b. Sie hörte das knarrende Geräusch, als die Scherenblätter aufgingen, spürte das Metall an ihrem Hals und dann [$_{\text{Work}}$ arbeitete] [sich ^{THEME}] die Schere säbelnd und schabend [$_{\text{SALIENT\_ENTITY}}$ durch ihren Zopf ^{PATH}]. (Pressler, Mirjam: Malka Mai, Weinheim Basel: Beltz & Gelberg 2001, S. 269)

c. Putin [$_{\text{Work}}$ arbeitete] [sich ^{THEME}] mit Fleiß und Stetigkeit [$_{\text{SALIENT\_ENTITY}}$ nach oben ^{GOAL}], nicht mit Brillanz. (Die Zeit, 23.03.2000, Nr. 13)

d. Man begann bei den Gesetzen der Körperwelt, [$_{\text{Work}}$ arbeitete] [sich ^{THEME}] empor [$_{\text{SALIENT\_ENTITY}}$ zur Psychologie ^{GOAL}], zu den Gesetzen des Empfindens und Denkens, Ausflüge in die Schöne Literatur waren vorgesehen, sie ermöglichten den Übergang zum Feinseelischen und zu den letzten Fragen, Gott und Unsterblichkeit. (Safranski, Rüdiger: Friedrich Schiller, München Wien: Carl Hanser 2004, S. 46)

Gleiches gilt für `Ingestion` und die Belege in (35).

(35) a. Also [$_{\text{Ingestion}}$ aßen] [sich ^{THEME}] Kohl und Rühe tapfer [$_{\text{INGESTIBLES}}$ durch große Stücke Marzipantorte ^{PATH}], unter der Aufsicht von mindestens 15 Kamerateams und unter den kritischen Blicken eines ganzen Schwarms von Reportern, die lauerten und hofften - worauf eigentlich? (Die Zeit, 27.01.2000, Nr. 5)

b. Abends las ich, die Bücherei war ziemlich umfangreich, und ich [$_{\text{Ingestion}}$ fraß] [mich ^{THEME}] [$_{\text{INGESTIBLES}}$ durch alles ^{PATH}]; langsam, genügsam, manchmal mit wirklicher Anteilnahme. (Schmitter, Elke: Frau Sartoris, Berlin: BvT 2000[2002], S. 35)

c. Er spürte wieder jenen Würgegriff um den Schädel, den tödlichen Druck vom Nasenbein her; wie eine Säure [$_{\text{Ingestion}}$ fraß] [sich ^{THEME}] die Angst noch einmal [$_{\text{INGESTIBLES}}$ in seine Bauchhöhle ^{GOAL}] und die Verzweiflung, mit der sich damals sein Leben, sein einziges, eigenes Leben zum ersten Mal als verlorenes zu erkennen gegeben hatte. (Hahn, Ulla: Unscharfe Bilder, München: Deutsche Verlags-Anstalt 2003, S. 170)

Zwei weitere exemplarisch zu erwähnende Frames sind `Scouring` (36) und `Desiring` (37).

(36) a. Von Jakarta bis Seoul - überall [$_{\text{Scouring}}$ wühlen] [sich ^{THEME}] Wirtschaftsprüfer, Weltbanker und Experten des Internationalen Wäh-

rungsfonds [$_{\text{Ground}}$ durch Bankbilanzen ^{Path}]. (Die Zeit, 17.02.2000, Nr. 8)

b. Er klammerte sich so fest daran, dass seine kurzen Fingernägel [sich ^{Theme}] [$_{\text{Ground}}$ in ihre Haut ^{Goal}] [$_{\texttt{Scouring}}$ gruben]. (Funke, Cornelia: Tintenherz, Hamburg: Cecilie Dressler Verlag 2003, S. 320)

(37) a. Mancher Programmdirektor [$_{\texttt{Desiring}}$ wünscht] [sich ^{Theme}] hier inzwischen [$_{\text{Event}}$ auf eine wirklich einsame Insel ^{Goal}]. (Die Zeit, 30.03. 2000, Nr. 14)

b. Er [$_{\texttt{Desiring}}$ wünscht] [sich ^{Theme}], von der Vaterwelt enttäuscht, [$_{\text{Event}}$ in den Mutterleib ^{Goal}] zurück, deshalb fügt es sich gut, daß in diesem Augenblick seine Spießgesellen einen Räuberhauptmann suchen. (Safranski, Rüdiger: Friedrich Schiller, München Wien: Carl Hanser 2004, S. 113)

Die vorletzte Koerzionsstufe 6 steht hinsichtlich des Anteil des lexikalischen Frames erneut auf demselben Rang wie die Koerzionsstufe zuvor. Die semantische Motivierung der beiden einschlägigen Strukturelemente ist nun allerdings umgekehrt: War bei Koerzionsstufe 5 noch das KEE einfach durch den Konstruktions-Frame und das KtE des KE Weg doppelt motiviert, ist nun das KEE doppelt und das KtE des KE Weg einfach durch den Konstruktions-Frame motiviert. Die Reihenfolge der beiden Varianten, die Koerzionsstufe 5 und 6 zukommen, ist also noch weniger relevant als dies bei den Koerzionsstufen 3 und 4 der Fall ist. Wie bei Koerzionsstufe 3 auch wird der Konstrukt-Frame nun in jedem Fall durch ein FE Source, Path, Goal oder Direction ergänzt, das im lexikalischen Frame nicht angelegt ist oder nicht mit einem von dessen FE fusionieren kann.

Zwei für Koerzionsstufe 6 belegte lexikalische Frames sind in den Belegen in (38) mit `Rescuing` und in (39) mit dem frequenten Frame `Cause_to_experience` zu sehen.

(38) a. Zehntausende von Überlebenden [$_{\texttt{Rescuing}}$ retteten] [$_{\text{Patient}}$ sich ^{Theme}] [auf Hügel, Bäume und Hausdächer ^{Goal}], wo sie ohne Trinkwasser und Nahrungsmittel teilweise tagelang ausharrten, bis sie von Hubschraubern gerettet und in Sammellager geflogen wurden. (Archiv der Gegenwart, 2001 [2000])

b. Mommsen [$_{\texttt{Rescuing}}$ rettete] [$_{\text{Patient}}$ sich ^{Theme}] [aus der Welt der Tatsachen ^{Source}] in die der Gefühle: (de Bruyn, Günter: Preußens Luise, Siedler 2001, S. 87)

c. Ich weiß, daß sie mir alles aus dem Gesicht ablesen kann, will es nicht dazu kommen lassen, werde immer linkischer und [$_{\texttt{Rescuing}}$ rette] [$_{\text{PATIENT}}$ mich ^{THEME}] [in die Einsilbigkeit ^{GOAL}]. (Schrott, Raoul: Tristan da Cunha oder die Hälfte der Erde; Hanser Verlag 2003, S. 513)

(39) a. Sie [$_{\texttt{Cause\_to\_experience}}$ quälten] [$_{\text{EXPERIENCER}}$ sich ^{THEME}] vielleicht auch [aus Tischen ^{SOURCE}], wenn man voller Zweifel dagegen stieß? (Kuckart, Judith: Lenas Liebe, Köln: DuMont Literatur und Kunst Verlag 2002, S. 123)

b. Phillip redet darüber, wie blöd ein Buch war, das er gelesen hat: „... und ich hab [$_{\text{EXPERIENCER}}$ mich ^{THEME}] [durch dreihundertzweiundfünfzig Seiten ^{PATH}] [$_{\texttt{Cause\_to\_experience}}$ gequält] und danach konnte ich einfach nur sagen: ‚Ach, und das war 's? (Bach, Tamara: Marsmädchen, Hamburg: Verlag Friedrich Oetinger 2003, S. 40)

c. Vom sonnigen unteren Centovalli aus steigt man über fette Feuersalamander durch Esskastanienwälder bergan, schwitzt, dampft, springt nackt in einen Bergbach, [$_{\texttt{Cause\_to\_experience}}$ quält] [$_{\text{EXPERIENCER}}$ sich ^{THEME}] [über verrutschte Pfade ^{PATH}] an Ziegenvolk vorbei ins Baumlose, zieht einen Pullover an, wirft den ersten Schneeball, und bei 1000 Metern über null versinkt man bis zur Hüfte im Schnee. (Die Zeit, 30.03.2000, Nr. 14)

d. Lukian [$_{\texttt{Cause\_to\_experience}}$ quält] [$_{\text{EXPERIENCER}}$ sich ^{THEME}] [zu einem Lächeln ^{GOAL}]. (Krausser, Helmut: Eros, Köln: DuMont 2006, S. 146)

In der höchsten Koerzionsstufe 7 enthält die semantische Motivierung der beiden Strukturelemente, des KtE des KE WEG und des KEE, keinen Anteil des lexikalischen Frames mehr. Beide Strukturelemente werden durch den Konstruktions-Frame motiviert, es liegt eine maximale Frame-Anpassung des lexikalischen Frames vor (Variante c in Unterabschnitt 4.4.1). Für die reflexive Bewegungskonstruktion korreliert diese Koerzionsstufe, darauf habe ich in Unterabschnitt 5.2.3 bereits – ohne Rückgriff auf den Koerzionsbegriff – hingewiesen, mit der ‚incidental'-Lesart der Konstruktion. Konstrukte, deren Konstrukt-Frame entsprechend Koerzionsstufe 7 konstituiert ist, kommen also besonders für diese Lesart infrage. Die in Unterabschnitt 7.2.2 angesprochene Korrelation zwischen den Lesarten und deren Token-Frequenzen lässt sich also durch die Verteilung der Konstrukte auf die sieben Koerzionsstufen feiner abbilden.

Für diese Koerzionsstufe ist erneut eine große Bandbreite lexikalischer Frames belegt, sodass die im Folgenden zitierten Belege lediglich der Illustration dienen. Ein frequent belegter Frame ist `Daring`, für den die Belege in (40) Beispiele sind.

(40) a. Aber früher, als wir noch klein waren, [$_{\texttt{Daring}}$ traute] [sich ^{THEME}] niemand [an uns ^{GOAL}] heran, auch nicht in Mückes Gegend, denn wir

standen unter dem Schutz seines Bruders, und dessen Rache würde fürchterlich sein. (Goosen, Frank: Liegen lernen, Frankfurt am Main: Eichborn AG 2000, S. 88)

b. Nur [$_{\texttt{Daring}}$ traue] [sich ^{THEME}] höheren Orts niemand [an das heikle Thema ^{GOAL}] heran. (Die Zeit, 24.02.2000, Nr. 9)

c. Er meidet diese Gegend, [$_{\texttt{Daring}}$ wagt] [sich ^{THEME}] nicht [auf den Hügel ^{GOAL}] herauf, fürchtet noch den entferntesten Blickkontakt mit einem Mitglied seiner Familie. (Beyer, Marcel: Spione, Köln: DuMont 2000, S. 126)

d. Wie die Franzosen platzierten sie ihre Anlagen an den attraktivsten Stränden rund ums Mittelmeer und [$_{\texttt{Daring}}$ wagten] [sich ^{THEME}] bald auch [auf andere sonnenverwöhnte Erdteile ^{GOAL}] vor, in denen immer sommerliche Temperaturen herrschten. (Die Zeit, 09.03.2000, Nr. 11)

e. Er [$_{\texttt{Daring}}$ traute] [sich ^{THEME}] nicht mehr [aus dem Haus ^{SOURCE}], hörte immer wieder Stimmen, fühlte sich bedroht und sah im Spiegel jemanden, den er nicht kannte. (Die Zeit, 09.03.2000, Nr. 11)

f. Hanna wusste nicht, was sie denken sollte, sie [$_{\texttt{Daring}}$ wagte] [sich ^{THEME}] nicht zurück [in die Halle ^{GOAL}], weil sie Angst vor den fragenden Blicken Minnas hatte, vor den abwiegelnden Bemerkungen ihrer Weggenossen. (Pressler, Mirjam: Malka Mai, Weinheim Basel: Beltz & Gelberg 2001, S. 208)

g. Er machte sich Vorwürfe und [$_{\texttt{Daring}}$ getraute] [sich ^{THEME}] aus schlechtem Gewissen nicht einmal mehr [zu seinen Kindern ^{GOAL}]. (Wondratschek, Wolf: Mozarts Friseur, München, Wien: Carl Hanser Verlag 2002, S. 79)

Nahezu ebenso frequent und bereits häufiger zitiert ist der lexikalische Frame `Hostile_encounter`. Wie Koerzionsstufe 7 sich in Konstrukt-Frames mit ihm auswirkt, ist in den Belegen in (41) zu sehen.

(41) a. Der Wagen legte kaum zweihundert Meter in der Minute zurück, [$_{\texttt{Hostile\_encounter}}$ kämpfte] [sich ^{THEME}] vorwärts [durch die Schneemassen ^{PATH}], bog von der Landstraße ab in eine von wenigen Laternen beleuchtete Allee. (Krausser, Helmut: Eros, Köln: DuMont 2006, S. 8)

b. Maria [$_{\texttt{Hostile\_encounter}}$ ringt] [sich ^{THEME}] in Wirklichkeit [zu einer inneren Freiheit durch, die es ihr erlaubt, Verantwortung für ihr Leben zu übernehmen, das ungerechte Urteil und den Tod als Sühne hinzunehmen und in einen Akt der Freiheit zu verwandeln ^{GOAL}]. (Safranski, Rüdiger: Friedrich Schiller, München Wien: Carl Hanser 2004, S. 478)

Als zwei weitere lexikalische Frames seien, unter zahlreichen anderen, `Make_noise` (42) und `Dead_or_alive` (43) erwähnt.

(42) a. Sie [$_{\text{Make\_noise}}$ klicken] [sich THEME] [durch Portale PATH], orientieren sich an Sitemaps, immer auf der Suche nach der besten Adresse. (Die Zeit, 03.02.2000, Nr. 6)

b. „ ... für die vielen Toten und Verwundeten hergeschickt worden waren, nachgerückt wie Kegel im Spiel“, machte der Vater seinen Fehler wieder gut, „junge Kerle, gerade Abitur gemacht, [$_{\text{Make\_noise}}$ heulten] [sich THEME] auf ihren Strohschütten in den Erdbunkern, wo wir uns zusammendrängten, [in den Schlaf GOAL]. (Hahn, Ulla: Unscharfe Bilder, München: Deutsche Verlags-Anstalt 2003, S. 103)

(43) Man [$_{\text{Dead\_or\_alive}}$ lebte] [sich THEME] [aus der herausgerissenen Zeit, in der man saß SOURCE], zurück in die Erinnerung ans Zuhause von damals und voraus in die Hoffnung, bald heimzukehren. (Müller, Herta: Der König verneigt sich und tötet, München: Carl Hanser Verlag 2003, S. 42)

Nach dieser Darstellung der sieben Koerzionsstufen möchte ich noch auf eine Notwendigkeit der Differenzierung hinweisen. Aus der bisherigen Diskussion könnte der Eindruck entstehen, dass bestimmte lexikalische Frames bestimmten Koerzionsstufen fest zuzuordnen sind. Wenngleich dies in vielen Fällen in meinen Daten tatsächlich möglich ist, lassen sich einige Frames finden, die – je nach Konstitution des Konstrukt-Frames – in mehreren Koerzionsstufen auftreten. Ein Beispiel ist der Frame `Work`, den ich bereits als Beispiel für Koerzionsstufe 5 erwähnt habe. Betrachtet man nun allerdings die Belege in (44), in denen die KtE des KE WEG nicht doppelt, sondern einfach durch den Konstruktions-Frame motiviert sind, sind diese der Koerzionsstufe 7 zuzuordnen. Entscheidend ist also die konkrete semantische Motivierung der einzelnen Strukturelemente eines Konstrukts. Lexikalische Frames lassen sich nicht pauschal bestimmten Koerzionsstufen zuordnen.

(44) a. Irgendein ferner Schmerz [$_{\text{Work}}$ arbeitet] [sich THEME] [auf mich GOAL] zu, ich sehe ihn kommen. (Genazino, Wilhelm: Die Liebesblödigkeit, München, Wien: Carl Hanser Verlag 2005, S. 108)

b. „Manchmal [$_{\text{Work}}$ arbeiten] [sich THEME] [aus der teigigen, formlosen Volksmasse SOURCE] irgendwelche besonderen, starken, sehr arbeitsfähigen Menschen nach oben. (Schlögel, Karl: Petersburg, München Wien: Carl Hanser Verlag 2002, S. 292)

c. Er schaute sich noch ein wenig um und begann, [sich THEME] wieder [in Richtung Ausgang DIRECTION] vorzu[$_{\text{Work}}$ arbeiten]. (Suter, Martin: Lila, Lila, Zürich: Diogenes 2004, S. 344)

d. Sein Herz [$_{\text{Work}}$ arbeitete] [sich^{THEME}] voran, immer höher, immer dichter [unter die Haut ^{GOAL}]. (Schulze, Ingo: Neue Leben, Berlin: Berlin Verlag 2005, S. 751)

Ein anderes Beispiel für diesen Fall ist Seeking, den ich ebenfalls bereits für Koerzionsstufe 5 erwähnt habe. Da in den Belegen in (45) aber ebenfalls keine doppelte Motivierung der KtE des KE Weg vorliegt, fallen diese Konstrukte in Koerzionsstufe 7.

(45) a. Wir [$_{\text{Seeking}}$ tasteten] [uns ^{THEME}] langsam [durch das Dunkel, in dem es kein Ziel, keine Richtung mehr gab, nur den Gestank von totem Wasser und das schwache Tröpfeln der Rinnsale, unterbrochen vom platschenden Schritt unserer unsichtbaren Füße und dem Stöhnen unseres beklommenen Atems ^{PATH}]. (Düffel, John von: Vom Wasser, München: dtv 2006, S. 39)

b. Die Frau nimmt nicht den Fahrstuhl, sondern [$_{\text{Seeking}}$ tastet] [sich ^{THEME}] [über die Treppen ^{PATH}] hinauf in den sechsten Stock, vorbei an den schlafenden Bettlern, die der heilige Martin vergaß. (Venske, Regula: Marthes Vision, Frankfurt am Main: Eichborn Verlag 2006, S. 184)

Zu diesem Zweck sei insbesondere Beleg (45-b) mit seiner bereits für ein anderes KtE der KE Weg zitierten Annotation verglichen, die ich in (46) wiederhole. Da das KE Weg in diesem Konstrukt mehrfach instanziiert ist (Unterabschnitt 6.4.1), lassen sich die Unterschiede daran gut aufzeigen.

(46) Die Frau nimmt nicht den Fahrstuhl, sondern [$_{\text{Seeking}}$ tastet] [sich ^{THEME}] über die Treppen hinauf [$_{\text{SOUGHT\_ENTITY}}$ in den sechsten Stock ^{GOAL}], vorbei an den schlafenden Bettlern, die der heilige Martin vergaß. (Venske, Regula: Marthes Vision, Frankfurt am Main: Eichborn Verlag 2006, S. 184)

Während das KtE *über die Treppen* nicht als mit dem FE Seeking.Sought_entity doppelt motiviert angesehen werden kann, gilt dies für das KtE *in den sechsten Stock* schon eher. Im ersteren Fall gehört das Konstrukt zu Koerzionsstufe 7, im letzteren zu Koerzionsstufe 5. Da das Konstrukt aufgrund der mehrfachen Instanziierung des KE Weg durch die nach Präpositionen getrennten Suchanfragen an das DWDS-Kernkorpus 21 (Unterabschnitt 3.4.1) ohnehin mehrfach in den Daten erscheint, ist es also unproblematisch, es, je nachdem welches KtE gerade relevant ist, mehreren Koerzionsstufen zugleich zuzuordnen.

Ein Frame, der ebenfalls in mehreren Koerzionsstufen auftritt, ist `Ingestion`, dessen Beleg (47) ebenfalls Koerzionsstufe 7 und nicht, wie andere Belege für ihn, Koerzionsstufe 5 zuzuordnen ist.

(47) Es war allen Anwesenden nachzufühlen; von unschuldigem Frohsinn war nichts zu spüren, die Abende zogen sich dahin, der Steuereintreiber und der Chirurg entschuldigten sich schon früh, um nicht wieder in den Genuß von Gratiskonsultationen zu kommen, der Priester gab seine zwei Witze zum besten, und der Rest lästerte über das Essen und [$_{\texttt{Ingestion}}$ soff] [sich ^{THEME}] [unter den Tisch ^{GOAL}], weil selbst die Konjunktur als Thema längst ausgeschöpft war. (Schrott, Raoul: Tristan da Cunha oder die Hälfte der Erde; Hanser Verlag 2003, S. 196)

Da nun die grundlegenden Prinzipien zur Klassifikation der Koerzionseffekte feststehen, lassen sich anhand der Zuordnung entsprechender Konstrukte zu den einzelnen Koerzionsstufen die Koerzionspotenziale für die drei untersuchten Konstruktionen bestimmen. Dadurch wird ein Vergleich der drei Konstruktionen möglich.

7.4.2 Koerzionspotenzial der reflexiven Bewegungskonstruktion

Die Feststellung der sieben Koerzionsstufen, wie ich sie in Unterabschnitt 7.4.1 für die reflexive Bewegungskonstruktion getroffen habe, kann direkt zu einer quantitativen Auswertung der Verteilung dieser Koerzionsstufen über die Konstrukte der Konstruktion hinweg übergehen. Für die reflexive Bewegungskonstruktion ist in Tabelle 7.15 dargestellt, wie viele Konstrukte auf jede Koerzionsstufe entfallen und wie hoch deren Anteil im Vergleich zur Gesamtanzahl der Konstrukte der Konstruktion ist.

Auf den ersten Blick ist deutlich zu erkennen, dass Koerzionsstufe 1 mit Abstand am frequentesten ist, die meisten Konstrukte der Konstruktion also auf relatierte lexikalische Frames entfallen. Diese Ergebnisse sind bereits aufgrund der Analysen in den Abschnitten 6.2 und 6.3 erwartbar, da bei der dortigen Auswertung der lexikalischen Frames, die eine einfache Motivierung aller KtE und des KEE bewirken, die hohe Frequenz von Konstrukten mit relatierten lexikalischen Frames bereits implizit deutlich wurde.

Insbesondere die Verteilung der Koerzionsstufen 2 bis 7, die das eigentliche Koerzionspotenzial der Konstruktion ausmachen – da in Koerzionsstufe 1 ja, wie in Unterabschnitt 7.4.1 gesehen, keine Koerzion stattfindet –, ist, wie sie in Tabelle 7.15 dargestellt ist, für eine einzelne Konstruktion allerdings wenig aussagekräf-

Tab. 7.15: Koerzionspotenzial der reflexiven Bewegungskonstruktion

Koerzionsstufe	Konstrukte	Anteil
1	830	82,10 %
2	1	0,10 %
3	2	0,20 %
4	40	3,96 %
5	50	4,95 %
6	33	3,26 %
7	55	5,44 %
Gesamt	1.011	100,00 %

tig. Ob das Koerzionspotenzial der reflexiven Beweungskonstruktion nun als hoch oder niedrig einzustufen ist, lässt sich freilich nur durch einen Vergleich mit anderen Konstruktionen beantworten. Hierfür kommen natürlich zuvorderst die zur reflexiven Bewegungskonstruktion verwandten Konstruktionen infrage, also die reflexive Partikelverbkonstruktion und die reflexive *Weg*-Konstruktion. Auf die Verteilung der sieben Koerzionsstufen auf ihre Konstrukte möchte ich deshalb in den folgenden beiden Unterabschnitten 7.4.3 und 7.4.4 eingehen und damit die Grundlage für einen Vergleich zur reflexiven Bewegungskonstruktion schaffen, um die Höhe des jeweiligen Koerzionspotenzials der drei Konstruktionen abschließend beurteilen zu können.

7.4.3 Koerzionspotenzial der reflexiven Partikelverbkonstruktion

Die reflexive Partikelverbkonstruktion ist in ähnlichem Maße wie die reflexive Bewegungskonstruktion von Koerzionseffekten betroffen. Der abnehmende Anteil eines lexikalischen Frames an der Konstitution von Konstrukt-Frames, wie er sich in den für die reflexive Bewegungskonstruktion formulierten sieben Koerzionsstufen (Unterabschnitt 7.4.1, Abbildung 7.1) äußert, lässt sich nahezu analog für die reflexive Partikelverbkonstruktion beobachten. Schon Knobloch (2009: 548) hält allgemein fest: „Je stärker die Beteiligung der lexikalischen Verbbedeutung an den Partikelverbkonstruktionen zurücktritt, desto deutlicher tritt die Beteiligung von Partikel plus Konstruktion in den Vordergrund." Das Koerzionspotenzial der reflexiven Partikelverbkonstruktion kann analog zur reflexiven Bewegungskonstruktion mit sieben Koerzionsstufen erfasst werden, allerdings ist für sie das Charakteristikum der Einstufung des KE ⟨Weg⟩ als Nicht-Kern-KE zu berücksichtigen, weshalb die Zuordnung der Konstrukte auf die sieben Koerzionsstufen für die reflexive Partikelverbkonstruktion angepasst werden muss.

Bevor die Verteilung der Konstrukte der reflexiven Partikelverbkonstruktion auf die sieben Koerzionsstufen ermittelt und ein Vergleich zu den anderen beiden Konstruktionen hergestellt werden kann, sei noch einmal eine für die reflexive Partikelverbkonstruktion charakteristische Eigenschaft hervorgehoben, die sich unmittelbar auf die Analyse der Koerzionsstufen, wie ich sie in Unterabschnitt 7.4.1 für die reflexive Bewegungskonstruktion dargestellt habe, auswirkt. Dieses Charakteristikum betrifft die Eigenschaft des KE ⟨Weg⟩ als Nicht-Kern-KE, das fakultativ instanziiert werden kann (Unterabschnitt 6.4.2). Für die Klassifikation der Konstrukte der reflexiven Partikelverbkonstruktion in sieben Koerzionsstufen stellt die Eigenschaft des KE ⟨Weg⟩ als Nicht-Kern-KE eine Herausforderung dar. Der Unterschied zwischen seiner Instanziierung und seiner Nicht-Instanziierung sei zunächst an einigen Beispielen illustriert.

Die beiden Konstrukte in (48) und (49) sind Beispiele für den lexikalischen Frame `Manipulation`, wobei das KE ⟨Weg⟩ in (48) instanziiert ist und in (49) uninstanziiert bleibt.

(48) {[$_{\text{Bewegendes}}$ Er] [$_{\text{Ereignis}}$ zwängte] [$_{\text{KEE}}$ sich] [$_{\langle\text{Weg}\rangle}$ zwischen Zug und Tunnelwand] [$_{\text{Richtung}}$ hindurch]}. (Glavinic, Thomas: Die Arbeit der Nacht, München Wien: Carl Hanser Verlag 2006, S. 364)

(49) {[$_{\text{Bewegendes}}$ Wer] [$_{\text{KEE}}$ sich] da schnell mit [$_{\text{Richtung}}$ rein][$_{\text{Ereignis}}$ quetschte]}, hatte gleich sein Pils und seinen Köm auf dem Tisch. (Die Zeit, 09.03.2000, Nr. 11)

Ein zweites Beispielpaar sei mit den Konstrukten in (50) und (51) für den lexikalischen Frame `Impact` herangezogen, wobei auch hier das KE ⟨Weg⟩ in (50) instanziiert ist und in (51) uninstanziiert bleibt.

(50) „Repetieren: morgen, in einer Woche, in einem Monat" heißt Staubs Rezept, damit {[$_{\text{KEE}}$ sich] [$_{\text{Bewegendes}}$ das Reingehämmerte] [$_{\langle\text{Weg}\rangle}$ bis ins Langzeitgedächtnis] [$_{\text{Richtung}}$ durch][$_{\text{Ereignis}}$ schlägt]}. (Die Zeit, 16.03.2000, Nr. 12)

(51) Sie sprachen jenes flüssige, großzügig dem Englischen entliehene universale Patois junger Europäer, mit dem {[$_{\text{KEE}}$ sich] [$_{\text{Bewegendes}}$ Pardell] selbst meistens [$_{\text{Richtung}}$ durch][$_{\text{Ereignis}}$ schlug]}, wenn er nicht sein rührendes, vor lauter Umständlichkeit manchmal für Momente erstarrendes Französisch ausprobierte. (Kopetzky, Steffen: Grand Tour, Frankfurt am Main: Eichborn 2002, S. 230)

An den jeweils ersten Konstrukten dieser beiden Beispielpaare lässt sich die Koerzionsstufe wie in Unterabschnitt 7.4.1 beschrieben einfach ermitteln, da sie (das

KEE RICHTUNG ausgeklammert) durch die Instanziierung des KE ⟨WEG⟩ über dieselbe Anzahl von KtE und KEE verfügen wie Konstrukte der reflexiven Bewegungskonstruktion.[37] Sieht man sich die semantische Motivierung der Strukturelemente der beiden Konstrukte in (48) und (50) an, so ergibt sich das in (52) und (53) dargestellte Bild.

(52) Er [Manipulation zwängte] [ENTITY sich THEME] [zwischen Zug und Tunnelwand PATH] hindurch. (Glavinic, Thomas: Die Arbeit der Nacht, München Wien: Carl Hanser Verlag 2006, S. 364)

(53) „Repetieren: morgen, in einer Woche, in einem Monat" heißt Staubs Rezept, damit [sich THEME] das Reingehämmerte [bis ins Langzeitgedächtnis GOAL] durch[Impact schlägt]. (Die Zeit, 16.03.2000, Nr. 12)

In (52) ist das KEE doppelt motiviert, während das KtE des KE ⟨WEG⟩ einfach durch den Konstruktions-Frame motiviert ist. Indes sind in (53) sowohl das KtE des KE ⟨WEG⟩ als auch das KEE sind einfach durch den Konstruktions-Frame motiviert. Somit kommt nach den in Unterabschnitt 7.4.1 festgehaltenen Prinzipien dem Konstrukt in (52) Koerzionsstufe 6 zu, während das Konstrukt in (53) Koerzionsstufe 7 zuzuordnen ist.

Bei Konstrukten wie denjenigen in (49) und (51) ist die Festlegung der Koerzionsstufe jedoch nicht ohne Weiteres analog zur reflexiven Bewegungskonstruktion möglich, da kein KtE des KE ⟨WEG⟩ zur Verfügung steht, dessen semantische Motivierung untersucht werden könnte. Einzig das KEE bleibt hierfür übrig, sodass sich ein Bild wie in (54) und (55) ergibt.

(54) Wer [ENTITY sich THEME] da schnell mit rein[Manipulation quetschte], hatte gleich sein Pils und seinen Köm auf dem Tisch. (Die Zeit, 09.03.2000, Nr. 11)

(55) Sie sprachen jenes flüssige, großzügig dem Englischen entliehene universale Patois junger Europäer, mit dem [sich THEME] Pardell selbst meistens durch[Impact schlug], wenn er nicht sein rührendes, vor lauter Umständlichkeit manchmal für Momente erstarrendes Französisch ausprobierte. (Kopetzky, Steffen: Grand Tour, Frankfurt am Main: Eichborn 2002, S. 230)

---

37 Das KEE RICHTUNG lasse ich bei der Ermittlung der sieben Koerzionsstufen für die reflexive Partikelverbkonstruktion unberücksichtigt, weil es, wie in Unterabschnitt 6.4.2 gesehen, keine Varianz in seiner semantischen Motivierung aufweist, sondern in der Regel durch das FE Motion.DIRECTION motiviert ist.

Zwar ist die Koerzionsstufe für Beispiele wie (54) und (55) aufgrund der für denselben lexikalischen Frame belegten Konstrukte in (52) und (53) prinzipiell vorhersagbar, allerdings können, wie in Unterabschnitt 7.4.1 dargestellt, lexikalische Frames nicht pauschal auf bestimmte Koerzionsstufen festgelegt werden, da die Konstitution eines Konstrukt-Frames und somit die semantische Motivierung eines Konstrukts innerhalb desselben lexikalischen Frames variieren kann. Liegt lediglich das KEE zur Bestimmung der Koerzionsstufe vor, wie in Konstrukten der reflexiven Partikelverbkonstruktion ohne instanziiertes KE ⟨Weg⟩, ist die Koerzionsstufe also schwieriger zu bestimmen.

Hinzu kommt, dass durch die Tatsache, dass das KE ⟨Weg⟩ der reflexiven Partikelverbkonstruktion ein Nicht-Kern-KE ist, weitere mögliche Varianten von Konstrukt-Frames, nach denen ich die sieben Koerzionsstufen in Unterabschnitt 7.4.1 ausgerichtet habe, berücksichtigt werden müssen. Über die sieben bereits diskutierten Kombinationen der semantischen Motivierung der einzelnen Strukturelemente hinaus kommen nun noch vier für die reflexive Partikelverbkonstruktion spezifische Kombinationen dazu.

1. Das KEE ist einfach durch einen relatierten lexikalischen Frame motiviert, während das KtE des KE ⟨Weg⟩ uninstanziiert bleibt.
2. Das KEE ist einfach durch einen unrelatierten lexikalischen Frame motiviert, während das KtE des KE ⟨Weg⟩ uninstanziiert bleibt.
3. Das KEE ist doppelt motiviert, während das KtE des KE ⟨Weg⟩ uninstanziiert bleibt.
4. Das KEE ist einfach durch den Konstruktions-Frame motiviert, während das KtE des KE ⟨Weg⟩ uninstanziiert bleibt.

Der erste Fall ist für die reflexive Partikelverbkonstruktion wie bereits für die reflexive Bewegungskonstruktion unproblematisch: Handelt es sich um einen relatierten lexikalischen Frame, beträgt die Koerzionsstufe stets 1. Die anderen drei Fälle sind weniger trivial. Während der zweite Fall für die reflexive Partikelverbkonstruktion nicht belegt ist, exemplifiziert das oben diskutierte Konstrukt in (54) den dritten Fall, das Konstrukt in (55) schließlich fällt unter den vierten Fall. Wie können diese vier Kombinationen der Motivierung und Instanziierung der Strukturelemente von Konstrukten der reflexiven Partikelverbkonstruktion in die Klassifikation von sieben Koerzionsstufen, die ich in Unterabschnitt 7.4.1 vorgestellt habe, eingeordnet werden?

Weil, wie erwähnt, bis auf die erste der vier für die reflexive Partikelverbkonstruktion hinzukommenden Kombinationen von Motivierungen der Strukturelemente ihrer Konstrukte eine Zuordnung allein aufgrund des lexikalischen Frames nicht pauschal möglich ist, möchte ich dafür argumentieren, die vier Fälle jeweils der höchsten Koerzionsstufe zuzuordnen, die aufgrund der vorhandenen Motivierung des KEE möglich ist. Während also dem ersten Fall Koerzionsstufe 1 zukommt, muss der zweite Fall Koerzionsstufe 3 zugeordnet werden, da diese die höchste Koerzionsstufe mit einer einfachen Motivierung des KEE darstellt. Der dritte Fall erhält Koerzionsstufe 6, weil diese die höchste Koerzionsstufe mit einer doppelten Motivierung des KEE darstellt. Der vierte Fall muss schließlich der höchsten Koerzionsstufe 7 zugeordnet werden, da diese gleichzeitig die höchste Koerzionsstufe mit einer einfachen Motivierung des KEE durch den Konstruktions-Frame darstellt. Die beiden oben diskutierten Konstrukte in (54) und (55) sind also – in dieser Reihenfolge – den Koerzionsstufen 6 und 7 zuzuordnen.

Die Einordnung der vier zusätzlichen Kombinationen von Motivierungen in die sieben Koerzionsstufen ist in Abbildung 7.2 dargestellt, die als eine Erweiterung des in Unterabschnitt 7.4.1 in Abbildung 7.1 für die reflexive Bewegungskonstruktion dargestellten Schemas gelten kann.

höchste Koerzion ↑

		Anteil des lexikalischen Frames
7.	{[Bewegendes][Ereignis][KEE Kxn-Frame]} {[Bewegendes][Ereignis][KEE Kxn-Frame][⟨Weg⟩ Kxn-Frame]}	0/2
6.	{[Bewegendes][Ereignis][KEE Kxn-Frame + lex. Frame]} {[Bewegendes][Ereignis][KEE Kxn-Frame + lex. Frame][⟨Weg⟩ Kxn-Frame]}	0,5/2
5.	{[Bewegendes][Ereignis][KEE Kxn-Frame][⟨Weg⟩ Kxn-Frame + lex. Frame]}	0,5/2
4.	{[Bewegendes][Ereignis][KEE Kxn-Frame + lex. Frame][⟨Weg⟩ Kxn-Frame + lex. Frame]}	1/2
3.	{[Bewegendes][Ereignis][KEE lex. Frame]} (unrelatierter lex. Frame) {[Bewegendes][Ereignis][KEE lex. Frame][⟨Weg⟩ Kxn-Frame]}	1/2
2.	{[Bewegendes][Ereignis][KEE lex. Frame][⟨Weg⟩ Kxn-Frame + lex. Frame]}	1,5/2
1.	{[Bewegendes][Ereignis][KEE lex. Frame]} (relatierter lex. Frame) {[Bewegendes][Ereignis][KEE lex. Frame][⟨Weg⟩ lex. Frame]}	2/2

↓ keine Koerzion

Abb. 7.2: Sieben Koerzionsstufen der reflexiven Partikelverbkonstruktion

Mit dieser für die reflexive Partikelverbkonstruktion erweiterten Aufstellung der sieben Koerzionsstufen kann nun die Verteilung der einschlägigen Konstrukte auf diese ermittelt werden. Diese ist in Tabelle 7.16 zusammengefasst. Die bereits für die reflexive Bewegungskonstruktion unterschiedene Staffelung nach dem Anteil des lexikalischen Frames am Konstrukt-Frame kann für die reflexive Partikelverbkonstruktion auch unter Berücksichtigung der Konstrukte mit uninstanziiertem KE ⟨Weg⟩ beibehalten werden.

Tab. 7.16: Koerzionspotenzial der reflexiven Partikelverbkonstruktion

Koerzionsstufe	Konstrukte	Anteil
1	718	84,47 %
2	0	
3	0	
4	9	1,06 %
5	25	2,94 %
6	21	2,47 %
7	77	9,06 %
Gesamt	850	100,00 %

Da nun die Verteilung der einzelnen Koerzionsstufen für die reflexive Partikelverbkonstruktion ermittelt wurde, ist es möglich, diese mit derjenigen der reflexiven Bewegungskonstruktion (und beide mit der reflexiven *Weg*-Konstruktion, vgl. Unterabschnitt 7.4.4) zu vergleichen. Damit ist eine Rangordnung der drei Konstruktionen hinsichtlich ihres Koerzionspotenzials möglich, die letztlich in ihre Konstruktionseinträge eingehen muss.

Der Vergleich zwischen reflexiver Bewegungskonstruktion und reflexiver Partikelverbkonstruktion zeigt zunächst eine Parallele: Die Mehrheit der Konstrukte beider Konstruktionen gehört zu Koerzionsstufe 1. Hierin zeigt sich zunächst direkt der Einflussfaktor der Frame-Nähe, denn der Großteil der Konstrukte beider Konstruktionen besteht aus solchen mit relatierten lexikalischen Frames. Diese hohe Token-Frequenz relatierter lexikalischer Frames deutet zudem auf die Produktivität der beiden Konstruktionen hin, wenngleich jene, wie in Abschnitt 5.6 in Anlehnung an den Produktivitätsbegriff von Barðdal (2008) argumentiert, vorrangig über die Type-Frequenz (relatierter wie unrelatierter) lexikalischer Frames zu bestimmen ist. Ein Zusammenhang dieser drei semantischen Parameter von Konstruktionen (Frame-Nähe, Koerzionspotenzial und Produktivität) spiegelt sich also in den Ergebnissen ihrer Messung wider.

Eine weitere Parallele zwischen reflexiver Bewegungskonstruktion und reflexiver Partikelverbkonstruktion liegt bei den Koerzionsstufen 2 und 3 vor. Bei beiden Konstruktionen kommen diesen beiden Koerzionsstufen die wenigsten Konstrukte zu, wobei Koerzionsstufe 2 stets quantitativ unter Koerzionsstufe 3 liegt. Bei der reflexiven Partikelverbkonstruktion sind, wie Tabelle 7.16 zeigt, für Koerzionsstufe 2 keine Konstrukte belegt. Die Verteilung der Konstrukte beider Konstruktionen verläuft für die ersten drei Koerzionsstufen also nahezu parallel. Interessanter ist nun, wie sich die vier übrigen Koerzionsstufen 4 bis 7 ausdifferenzieren. Dabei erscheint es angebracht, bei der höchsten Koerzionsstufe 7 zu beginnen, denn für beide Konstruktionen fällt auf, dass auf diese Koerzionsstufe die zweitmeisten Konstrukte entfallen, sodass sich neben der Parallele in den ersten drei Koerzionsstufen auch hier eine Gemeinsamkeit ergibt. Dies setzt sich auf Koerzionsstufe 5 fort, denn für beide Konstruktionen entfallen auf sie jeweils die drittmeisten Konstrukte. Ein Unterschied ist lediglich in den Koerzionsstufen 4 und 6 zu erkennen. Während für die reflexive Bewegungskonstruktion die viertmeisten Konstrukte auf Koerzionsstufe 4 entfallen, trifft dies bei der reflexiven Partikelverbkonstruktion auf Koerzionsstufe 6 zu. Für die fünftmeisten Konstrukte ist die Situation entsprechend umgekehrt.

Welche Schlussfolgerung lässt sich aus diesen Beobachtungen ziehen? Die Tatsache, dass sich die Konstrukte der reflexiven Partikelverbkonstruktion prozentual, wenn auch nur mit einer leichten Tendenz, auf höhere Koerzionsstufen verteilen, spricht dafür, ihr Koerzionspotenzial höher als dasjenige der reflexiven Bewegungskonstruktion einzustufen. Dies ist das für die konstruktikographische Beschreibung der beiden Konstruktionen einschlägige Ergebnis dieser Generalisierung. Dieser Befund kann zudem mit dem Vergleich der Produktivität beider Konstruktionen in Beziehung gesetzt werden, nicht zuletzt um einen möglichen Zusammenhang zwischen Koerzionspotenzial und Produktivität (vgl. dazu Lauwers & Willems 2011: 1230; Suttle & Goldberg 2011: 1238) sichtbar zu machen. Bevor ich in Abschnitt 7.5 darauf zurückkomme, soll noch das Koerzionspotenzial der reflexiven *Weg*-Konstruktion in den Blick genommen werden.

7.4.4 Koerzionspotenzial der reflexiven *Weg*-Konstruktion

Das Koerzionspotenzial der reflexiven *Weg*-Konstruktion ist das von allen drei Konstruktionen am einfachsten zu ermittelnde. Dies liegt vorrangig an der geringen Produktivität dieser Konstruktion (vgl. Unterabschnitt 7.5.2). Von der reflexiven Bewegungskonstruktion unterscheidet sich die reflexive *Weg*-Konstruktion allerdings (neben dem zusätzlichen KorE, das für die Messung des Koerzionspotenzials irrelevant ist) darin, dass ihr KE ⟨Weg⟩ als Nicht-Kern-KE zu klassifizieren ist (vgl. Unterabschnitt 3.3.2). In dieser Hinsicht ist sie aber mit der reflexiven Partikelverbkonstruktion zu vergleichen, sodass das Koerzionspotenzial der reflexiven *Weg*-Konstruktion analog zu demjenigen der reflexiven Partikelverbkonstruktion ermittelt werden. Ausschlaggebend ist also auch hier die semantische Motivierung des KE ⟨Weg⟩ sowie des KEE. Die sieben Koerzionsstufen, die ich in Unterabschnitt 7.4.3 in Abbildung 7.2 dargestellt habe, lassen sich direkt auf die reflexive *Weg*-Konstruktion anwenden. Tabelle 7.17 zeigt die Verteilung der Konstrukte der reflexiven *Weg*-Konstruktion auf diese sieben Koerzionsstufen.

Von den insgesamt 27 Konstrukten der reflexiven *Weg*-Konstruktion ist nur ein einziges mit einem unrelatierten lexikalischen Frame belegt. Dieses bereits

Tab. 7.17: Koerzionspotenzial der reflexiven *Weg*-Konstruktion

Koerzionsstufe	Konstrukte	Anteil
1	26	96,30 %
2	0	
3	0	
4	0	
5	1	3,70 %
6	0	
7	0	
Gesamt	27	100,00 %

mehrfach zitierte Konstrukt, das ich hier in (56) wiederhole, ist Koerzionsstufe 5 zuzuordnen, da das KEE einfach durch den Konstruktions-Frame motiviert wird, während das KtE des KE ⟨WEG⟩ doppelt motiviert wird.

(56) Mein Schälmesser mit der dünnen Klinge [$_{\text{Cutting}}$ säbelt] [sich ^{THEME}] einen Weg [$_{\text{ITEM}}$ durch die buschigen Petersilienköpfe ^{PATH}], während ich überlege, ob es tatsächlich Köpfe oder doch Blätter oder gar Büschel heißt. (Riedel, Susanne: Eine Frau aus Amerika, Berlin: Berlin Verlag 2003, S. 106)

Die in Tabelle 7.17 dargestellten Ergebnisse sind vor dem Hintergrund der Daten für die reflexive Bewegungskonstruktion (Tabelle 7.4.2 in Unterabschnitt 7.4.2) und der reflexiven Partikelverbkonstruktion (Tabelle 7.17 in Unterabschnitt 7.4.3) unschwer dahingehend zu interpretieren, dass die reflexive *Weg*-Konstruktion das geringste Koerzionspotenzial der drei Konstruktionen besitzt. Im Vergleich ist demnach das Koerzionspotenzial der reflexiven Partikelverbkonstruktion am höchsten, dasjenige der reflexiven Bewegungskonstruktion geringfügig niedriger, während dasjenige der reflexiven *Weg*-Konstruktion wiederum mit deutlichem Abstand am niedrigsten ist. Auch dieser Befund ist mit den Ergebnissen über die Produktivität der drei Konstruktionen zu vergleichen.

7.5 Produktivität als Teil eines Konstruktionseintrag

Nach dem Koerzionspotenzial ist die Produktivität der zweite semantische Parameter von Konstruktionen, der, gemäß der Aufstellung in Unterabschnitt 7.1.3, als eigener Datenpunkt in einen Konstruktionseintrag eingehen muss. Dazu muss, ähnlich wie beim Koerzionspotenzial, die Produktivität der zu beschreibenden Konstruktionen zunächst ermittelt werden. Eine Methode dafür möchte ich in diesem Abschnitt vorstellen. Die Grundlagen dafür habe ich bereits in Abschnitt 5.6 mit der konstruktionssemantischen Operationalisierung des Produktivitätsbegriffs von Barðdal (2008) gelegt. In diesem Abschnitt soll es deshalb um die Anwendung der dort diskutierten Prinzipien gehen.

In Unterabschnitt 7.5.1 stelle ich das Verfahren zur Messung der Produktivität vor, indem ich noch einmal die beiden Arten lexikalischer Frames, relatierte und unrelatierte (Unterabschnitt 5.4.2) in den Blick nehme und dahingehend rekapituliere, dass ihre jeweiligen Type-Frequenzen als Maßstab für die semantische Kohärenz der Konstrukte einer Konstruktion einerseits (Unterabschnitt 5.6.1) und die Erweiterbarkeit dieser Konstruktion andererseits (Unterabschnitt 5.6.2) dienen können, wie es im Produktivitätsbegriff von Barðdal (2008) angelegt ist. In Unterabschnitt 7.5.2 schließlich stelle ich die Ergebnisse in Form eines Vergleichs der drei untersuchten Konstruktionen vor, um die Höhe ihrer jeweiligen Produktivität empirisch zu begründen.

7.5.1 Messung der Produktivität

Wie in Abschnitt 5.6 dargestellt, beruht die Produktivität einer Konstruktion unter Rückgriff auf den Produktivitätsbegriff von Barðdal (2008) auf zwei wesentlichen Faktoren: der semantischen Kohärenz lexikalischer Frames sowie der ‚Erweiterbarkeit' der Konstruktion um neue Konstrukte. Dazu habe ich festgehalten, dass die Menge semantisch kohärenter lexikalischer Frames mit derjenigen der relatierten Frames zu identifizieren ist (vgl. Unterabschnitt 5.6.1) sowie dass all diejenigen Konstrukte zur Erweiterbarkeit einer Konstruktion zählen, in deren Konstrukt-Frames unrelatierte lexikalische Frames eingehen (vgl. Unterabschnitt 5.6.2).

Für die Messung der Produktivität muss nun also auf diese zwei Arten lexikalischer Frames, die ich in Unterabschnitt 5.4.2 unterschieden habe, zurückgegriffen werden: relatierte und unrelatierte. Zur Wiederholung: Relatierte lexikalische Frames sind all diejenigen, die entweder (i) direkt dem Konstruktions-Frame entsprechen oder (ii) zum Konstruktions-Frame in einer (positiven oder negativen) Frame-Nähe stehen. Eine Erweiterung der Konstruktion um einen ‚neuen' lexikalischen Frame liegt dann vor, wenn der lexikalische Frame nicht zum Spektrum dieser relatierten lexikalischen Frames gehört. Kurzum: ‚Neue' lexikalische Frames sind alle unrelatierten lexikalischen Frames, die für eine Konstruktion belegt sind. Bezogen auf die Konstrukte einer Konstruktion lassen sich also anhand dieser zwei Arten von lexikalischen Frames zwei Arten von Konstrukten differenzieren, auf die ich bereits in Unterabschnitt 5.4.2 hingewiesen habe:

a) Konstrukte mit *relatierten* lexikalischen Frames, in denen der lexikalische Frame dem Konstruktions-Frame entspricht oder in Frame-Nähe zu diesem steht;

b) Konstrukte mit *unrelatierten* lexikalischen Frames, in denen der lexikalische Frame nicht in Frame-Nähe zum Konstruktions-Frame steht, aber gemeinsam mit diesem den Konstrukt-Frame konstituiert.

Die Summe dieser Belege bildet, wie bereits mehrfach erwähnt, gleichzeitig alle relevanten Konstrukte der Konstruktion ab. Belege, die zwar strukturell den Konstrukten einer Konstruktion wie der reflexiven Bewegungskonstruktion entsprechen, deren lexikalischer Frame aber keinem dieser beiden Kriterien entspricht, sind nicht als Konstrukte der betreffenden Konstruktion einzustufen (vgl. aber Unterabschnitt 6.4.3 für eine Ausnahme bei der reflexiven Partikelverbkonstruktion). Es handelt sich hier um einen Fall von konstruktioneller Ambiguität: unterschiedlicher semantischer Eigenschaften bei gleicher Form (vgl. Goldberg 2002: 335).[38] Am Beispiel der reflexiven Bewegungskonstruktion können damit Belege wie die in (57)–(59) für die Messung der Produktivität der Konstruktion ausgeschlossen und zugleich als Falschpositive disqualifiziert werden, da sie keine Konstrukte der Konstruktion zeigen.[39]

(57) Martina strich sich durch das Haar, wie früher, aber mit einer älteren Hand. (Kuckart, Judith: Lenas Liebe, Köln: DuMont Literatur und Kunst Verlag 2002, S. 217)

(58) Diese Furcht verwandelt sich mehr und mehr in ein Vorurteil, um nicht zu sagen, in eine Ausrede. (Die Zeit, 05.01.2000, Nr. 2)

(59) Der Trend zur Spezialisierung ergibt sich vor allem aus dem zunehmend härteren Wettbewerb. (Die Zeit, 30.03.2000, Nr. 14)

Die Frage nach dem Vorliegen eines unrelatierten lexikalischen Frames und damit der Einstufung einer Instanz als Konstrukt einer gegebenen Konstruktion lässt sich über die Betrachtung der Strukturparallelen zwischen den (potenziellen) KtE und den FE des lexikalischen Frames und des Konstruktions-Frames beantworten, die ich in Kapitel 6 ausführlich analysiert habe. Die dort erzielten Ergebnisse sind eine wichtige Voraussetzung zur Messung der Produktivität einer Konstruktion, ebenso wie bereits für das Koerzionspotenzial. Wie aber kann diese konkret durchgeführt werden?

---

38 Konstruktionelle Ambiguität ist nicht zu verwechseln mit konstruktioneller Polysemie, da für Letztere gilt: „[T]he same form is paired with different but related senses." (Goldberg 1992: 51). Eine Verbindung zweier oder mehrerer Interpretationen liegt bei konstruktioneller Ambiguität nicht vor (vgl. Goldberg 2009: 208, Anm. 6). Auf die Relevanz von konstruktioneller Ambiguität komme ich in Unterabschnitt 8.4.2 zurück.

39 Zur Herkunft der Daten vgl. Unterabschnitt 3.4.2.

Während sich in der Unterscheidung zwischen relatierten und unrelatierten lexikalischen Frames das Kriterium der semantischen Kohärenz widerspiegelt (dadurch, dass alle Konstrukte mit relatierten lexikalischen Frames semantisch kohärent sind und alle mit unrelatierten nicht, vgl. Unterabschnitt 5.6.1), kommt nun das von Barðdal (2008: 27) in ihrem Produktivitätsbegriff verankerte Kriterium der Type-Frequenz hinzu. Zur Messung der Produktivität gilt es somit, für beide Mengen von Frames, relatierte und unrelatierte, deren jeweilige Type-Frequenz zu ermitteln. Als Type-Frequenz ist hier schlicht die Anzahl unterschiedlicher lexikalischer Frames zu verstehen, die für die beiden Mengen belegt sind. Wie ich bereits in Unterabschnitt 5.6.2 argumentiert habe, kommt dabei der Type-Frequenz unrelatierter lexikalischer Frames eine besondere Rolle zu, weil sie diejenigen Konstrukte repräsentiert, die Ausdruck der Erweiterbarkeit der Konstruktion sind. Zur Messung der Produktivität einer Konstruktion sind somit diejenigen Konstrukte, in denen Koerzionseffekte stattfinden, besonders interessant, da sie, wie soeben für die Messung des Koerzionspotenzials gezeigt (Unterabschnitt 7.4.1) mit derjenigen Anzahl der Konstrukte, in deren Konstrukt-Frames unrelatierte lexikalische Frames eingehen, zu identifizieren sind. Der Schluss, dass gerade sie und weniger die Konstrukte mit relatierten lexikalischen Frames ein Indikator für die Produktivität der Konstruktion sind, liegt damit nahe. Um das Verhältnis zwischen Konstrukten mit relatierten und Konstrukten mit unrelatierten lexikalischen Frames zu bestimmen und somit die Produktivität der Konstruktion im Hinblick auf die Konstitution ‚neuer' Konstrukte zu messen, müssen beide Mengen von Konstrukten in ihrer Type-Frequenz verglichen werden.[40] Zugespitzt könnte man den Zusammenhang so formulieren: Je höher die Type-Frequenz der unrelatierten lexikalischen Frames im Vergleich zu derjenigen der relatierten lexikalischen Frames, desto höher die Produktivität der Konstruktion. Im folgenden Unterabschnitt 7.5.2 zeige ich anhand eines Vergleichs der Produktivität der drei untersuchten Konstruktionen, wie diese Zusammenhänge operationalisiert werden können.

7.5.2 Vergleich der untersuchten Konstruktionen

Grundlage des Vergleichs der drei untersuchten Konstruktionen hinsichtlich ihrer Produktivität sind die für sie jeweils belegten lexikalischen Frames, die danach geordnet werden können, ob sie relatiert oder unrelatiert sind. Für jede Konstruk-

---

40 Die Frage, wie hoch die Type-Frequenz einer Konstruktion allgemein sein muss, um von einer gewissen Produktivität zu sprechen, ist eine offene Frage, auf die bereits Croft (2007: 504) hinweist. Klar ist aber in jedem Fall, dass nur ein Vergleich unterschiedlicher Konstruktionen Basis für eine solche Einschätzung sein kann.

tion lässt sich nun die Anzahl der Types, also der unterschiedlichen lexikalischen Frames, ermitteln, die für diese Arten von lexikalischen Frames belegt sind.

Tabelle 7.18 zeigt die Gegenüberstellung von relatierten und unrelatierten lexikalischen Frames für die reflexive Bewegungskonstruktion. Von allen möglichen relatierten lexikalischen Frames (vgl. die Tabellen 5.12 bis 5.17 in Unterabschnitt 5.4.3), sind 16 belegt. Somit liegt die Anzahl der Types relatierter lexikalischer Frames bei ebendiesem Wert. Demgegenüber sind 34 unterschiedliche unrelatierte lexikalische Frames belegt, die den Type-Wert dieser Art lexikalischer Frames bilden. Von allen für die reflexive Bewegungskonstruktion belegten Konstrukten beträgt der Anteil der ‚neuen' Konstrukte somit 68,00 % und liegt damit auf Basis der Type-Frequenzen deutlich über dem Anteil der relatierten lexikalischen Frames, der 32,00 % beträgt. Die Produktivität der reflexiven Bewegungskonstruktion kann damit als hoch eingestuft werden, insbesondere wenn man sie mit den anderen beiden untersuchten Konstruktionen vergleicht.[41]

Tab. 7.18: Produktivität der reflexiven Bewegungskonstruktion

Lexikalische Frames	Types	Anteil
Relatiert	16	32,00 %
Unrelatiert	34	68,00 %
Gesamt	50	100,00 %

Zwar ist die Produktivität der reflexiven Bewegungskonstruktion aufgrund dieser Befunde grundsätzlich als hoch einzustufen, noch höher aber liegt die Produktivität der reflexiven Partikelverbkonstruktion. Wie Tabelle 7.19 zeigt, liegt einerseits die Type-Frequenz der relatierten lexikalischen Frames unter derjenigen der reflexiven Bewegungskonstruktion, andererseits liegt die Type-Frequenz der unrelatierten lexikalischen Frames über derjenigen der reflexiven Bewegungskonstruktion. Dies wirkt sich auf das Verhältnis von relatierten und unrelatierten lexikalischen Frames aus: So stehen 10 (21,28 %) relatierte lexikalische Frames 37 (78,72 %) unrelatierten lexikalischen Frames gegenüber. Die gesamte Type-Frequenz (47 Frames) ist dabei interessanterweise fast mit derjenigen der reflexiven Bewegungskonstruktion (50 Frames) identisch. Da das Verhältnis zwischen relatierten und unrelatierten lexikalischen Frames bei der reflexiven Partikel-

41 Kunze (1997: 135) spricht der reflexiven Bewegungskonstruktion „höchstens einen mittleren Grad an Produktivität" zu. Wie er zu dieser Annahme kommt und vor welchem Vergleichshintergrund dies geschieht, erläutert er allerdings nicht.

Tab. 7.19: Produktivität der reflexiven Partikelverbkonstruktion

Lexikalische Frames	Types	Anteil
Relatiert	10	21,28 %
Unrelatiert	37	78,72 %
Gesamt	47	100,00 %

verbkonstruktion (1:3,7) aber deutlich höher zugunsten Letzterer ausfällt als bei der reflexiven Bewegungskonstruktion (1:2,13), ist die Produktivität der reflexiven Partikelverbkonstruktion als höher einzustufen. Liegt wie bei der reflexiven Bewegungskonstruktion und der reflexiven Partikelverbkonstruktion eine nahezu identische Gesamt-Type-Frequenz relatierter und unrelatierter lexikalischer Frames vor, entscheidet also das Verhältnis zwischen diesen beiden Mengen lexikalischer Frames. Liegt es für eine Konstruktion, wie hier für die reflexive Partikelverbkonstruktion, höher zugunsten unrelatierter lexikalischer Frames, ist diese Konstruktion als produktiver einzustufen.

Die Produktivität der reflexiven *Weg*-Konstruktion, deren quantitative Grundlage in Tabelle 7.20 zusammengefasst ist, stellt sich schließlich als niedrigste unter allen drei untersuchten Konstruktionen dar. Dies lässt sich bereits an der absoluten Verteilung der lexikalischen Frames ablesen, von denen insgesamt nur zwei Types belegt sind. Neben dem einzigen relatierten lexikalischen Frame `Motion`, der zugleich den Konstruktions-Frame darstellt und den die LE *bahnen* evoziert (zur Begründung Unterabschnitt 3.3.2), ist lediglich ein unrelatierter Frame belegt, den die LE *säbeln* (etwa: *cut.v*) evoziert, nämlich `Cutting`. Die vermutete geringe Produktivität der reflexiven *Weg*-Konstruktion im Vergleich zur reflexiven Bewegungskonstruktion lässt sich also bestätigen. Trotz dieser sehr geringen Produktivität ist für die reflexive *Weg*-Konstruktion somit eine über die LE *bahnen* und den relatierten lexikalischen Frame `Motion` noch hinausgehende Produktivität zu beobachten, was die Annahme von Mortelmans & Smirnova (2020: 60), „the construction may be considered a fixed idiomatic expression with a high degree of entrenchment and lexicalization", fragwürdig erscheinen lässt.

Tab. 7.20: Produktivität der reflexiven *Weg*-Konstruktion

Lexikalische Frames	Types	Anteil
Relatiert	1	50,00 %
Unrelatiert	1	50,00 %
Gesamt	2	100,00 %

Ein elaboriertes Bild der Produktivität der drei Konstruktionen lässt sich freilich erst dann ermitteln, wenn man Daten für weitere Argumentstruktur-Konstruktionen erhebt und diese entsprechend vergleicht. Das hier vorgeschlagene Verfahren soll eine Möglichkeit bieten, zukünftige Studien zu ermöglichen, ist aber selbstverständlich zunächst auf ähnlich strukturierte Konstruktionen wie die drei hier untersuchten beschränkt. Die ermittelten Daten können jedoch bereits jetzt für eine konstruktikographische Beschreibung verwendet werden und Eingang in Konstruktionseinträge finden. Es ist hierbei nötig, in jedem Konstruktionseintrag einen Vergleich zu den beiden verwandten Konstruktionen herzustellen, um die Produktivität einer einzelnen Konstruktion vor dem Hintergrund dieses Vergleichs einordnen zu können.

Abschließend sei darauf hingewiesen, dass die Reihenfolge der drei Konstruktionen hinsichtlich ihrer Produktivität exakt ihrer Reihenfolge hinsichtlich des Koerzionspotenzials entspricht, wie sie in den Unterabschnitten 7.4.2 bis 7.4.4 dokumentiert ist. Ob es sich hierbei um einen Zufall handelt, der speziell für die drei untersuchten Konstruktionen beobachtet werden kann, oder ob dies Anlass zur Annahme einer systematischen Korrelation zwischen diesen beiden semantischen Parametern liefert, kann nur durch größere Datenmengen und letztlich weitere Studien zu anderen Konstruktionen beantwortet werden.[42]

7.6 Emergente Struktur als Teil eines Konstruktionseintrags

Der letzte semantische Parameter, der als eigener Datenpunkt in einen Konstruktionseintrag eingehen muss, ist die emergente Struktur. Für die drei untersuchten Konstruktionen betrifft sie den semantischen Aspekt der ‚Schwierigkeit', der als Standardwert in einer Konstruktbedeutung enthalten sein kann. In Unterabschnitt 5.7.2 habe ich drei Varianten vorgestellt, die die Evokation dieses Standardwerts durch sprachlich overte Mittel bewirken können. Hinsichtlich der konstruktikographischen Generalisierung dieses semantischen Parameters ist nun zu klären, wie eine geeignete Auswertung der Konstrukte einer betreffenden Konstruktion auf diese drei Varianten hin aussehen und wie sie in einen Konstruktionseintrag eingehen kann. Daneben steht, wie für die beiden anderen semantischen Parameter, die einen eigenen Datenpunkt in einem Konstruktionseintrag bekommen

42 Vgl. aber Lauwers & Willems (2011: 1230) sowie Suttle & Goldberg (2011: 1238) für den bisweilen angenommenen Zusammenhang zwischen Produktivität und Koerzion, der bis zu einer Ununterscheidbarkeit beider Phänomene reicht.

(Abschnitte 7.4 und 7.5), noch der Vergleich der drei untersuchten Konstruktionen aus.

In Unterabschnitt 7.6.1 möchte ich zunächst auf die Frage nach der Messung der emergenten Struktur ausgehend von den drei bereits vorgestellten Varianten ihrer Evokation eingehen. Die Auswertung erfolgt hier weitgehend analog zu derjenigen der konstruktionellen Polysemie (Unterabschnitt 7.2.2) sowie der Messung des Koerzionspotenzials (Unterabschnitt 7.4.1). In Unterabschnitt 7.6.2 soll schließlich der Vergleich der drei untersuchten Konstruktionen auf Basis dieser Auswertung vorgenommen werden.

7.6.1 Messung der emergenten Struktur

Ein Vorschlag, die emergente Struktur konstruktionssemantisch zu erfassen, ist, dies habe ich in Unterabschnitt 5.7.1 dargestellt, sie als Standardwert, der in der Konstruktbedeutung eines Konstrukts enthalten ist, zu verstehen. Dieser Standardwert kann als Aspekt der ‚Schwierigkeit' paraphrasiert werden, mit der sich das Referenzobjekt, auf das das KtE des KE Bewegendes referiert, (ggf. metaphorisch) ‚bewegt' (vgl. dazu Unterabschnitte 3.1.4 und 5.7.2). Zur Messung, wie die Evokation einer solchen emergenten Struktur über die Konstrukte einer Konstruktion verteilt ist, muss also erfasst werden, auf welche Arten ein solcher Standardwert in einer Konstruktbedeutung zustande kommen und ggf. sprachlich overt ausgedrückt werden kann.

Als Annäherung an mögliche Prinzipien, nach denen eine emergente Struktur in einem Konstrukt einer der drei untersuchten Konstruktionen evoziert werden kann, habe ich in Unterabschnitt 5.7.2 am Beispiel der reflexiven Bewegungskonstruktion[43] drei Varianten diskutiert, die an dieser Stelle kurz wiederholt seien.

a) Der Standardwert ‚Schwierigkeit' ist bereits in der lexikalischen Bedeutung der LE, mit der das KE Ereignis instanziiert wird, angelegt.
b) Der Standardwert ‚Schwierigkeit' entsteht durch einen kollokationalen Zusammenhang zwischen der LE als KtE des KE Ereignis und dem KtE des KE Weg bzw. ⟨Weg⟩.
c) Der Standardwert ‚Schwierigkeit' wird overt durch die Instanziierung eines (i.d.R. Nicht-Kern-)FE wie z.B. Manner des lexikalischen Frames oder des Konstruktions-Frames realisiert.

43 Inwieweit die drei bereits in Unterabschnitt 5.7.2 diskutierten Varianten auch für die anderen beiden Konstruktionen, insbesondere die reflexive Partikelverbkonstruktion, angenommen werden können, werde ich im folgenden Unterabschnitt 7.6.2 im Rahmen des Vergleichs der drei Konstruktionen untersuchen.

Ich verweise im Folgenden auf diese drei Varianten mit den Siglen *a* bis *c*.

Wie bereits in Unterabschnitt 5.7.2 erwähnt, hat schon Oya (1999: 364) für die reflexive Bewegungskonstruktion darauf hingewiesen, dass nicht jedes Konstrukt der Konstruktion eine emergente Struktur aufweisen muss. Neben den Konstrukten, deren Konstruktbedeutungen einen entsprechenden Standardwert aufweisen, müssen also noch diejenigen Konstrukte betrachtet werden, in denen dies nicht der Fall ist. Diese Konstrukte lassen sich wiederum in zwei Kategorien einteilen:

1. Konstrukte, in deren Konstruktbedeutungen das ‚Gegenteil' des Aspekts einer ‚Schwierigkeit' enthalten ist, die gewissermaßen also eine ‚Einfachheit' der ‚Bewegung' kodieren.
2. Konstrukte, die gegenüber der emergenten Struktur neutral sind, also deren Konstruktbedeutungen weder den Aspekt der ‚Schwierigkeit' der ‚Bewegung' enthalten, noch dessen ‚Gegenteil'.

Sieht man sich nun die Konstrukte der drei untersuchten Konstruktionen an, so lässt sich Punkt 1 als Negation des Ergebnisses der drei Varianten a bis c erfassen. Dabei lässt sich für jede Variante beobachten, dass sie nicht nur in der Lage ist, den Standardwert einer ‚Schwierigkeit', sondern auch denjenigen einer ‚Einfachheit' der ‚Bewegung' auszudrücken. Für die Messung des semantischen Parameters der emergenten Struktur muss zu jeder Variante also noch deren Negation hinzukommen, sodass nicht mehr drei, sondern bis hierher nunmehr sechs Varianten erfasst werden müssen. Ich verwende im Folgenden für diese drei negativen Varianten von a bis c die Siglen ¬*a* bis ¬*c*.

Für alle Konstrukte, die nun nicht unter diese sechs Varianten fallen, muss angenommen werden, dass sie gemäß Punkt 2 über keine emergente Struktur in ihren Konstruktbedeutungen verfügen. Sie werden somit in einer siebten Variante erfasst, die ich im Folgenden schlicht als *neutral* bezeichne. Die Belege (60)–(62) sind Beispiele für diese Variante.

(60) Die Grenze [$_{\texttt{Cause\_motion}}$ schob] sich einfach quer durch Blinjski Kut. (Die Zeit, 27.04.2000, Nr. 18)

(61) Katja [$_{\texttt{Placing}}$ legte] sich in dessen Lichtkegel und nahm einige der Zeitungsberichte zum Prozeß vor, die Klein immer von Sarrazin bekam und die sich neben dem Bett stapelten. (Hettche, Thomas: Der Fall Arbogast, Köln: DuMont Buchverlag, 2001, S. 335)

(62) Die Schaffnerin [$_{\texttt{Body\_movement}}$ beugt] sich zu den Reisenden hinab, bietet jederlei Dienst und Hilfe an, und man sieht, dass sie die Leute, denen sie dienen will, nicht wahrnimmt. (Die Zeit, 13.01.2000, Nr. 3)

Mit der Erfassung dieser sieben Varianten der möglichen Evokation der emergenten Struktur, ihres ‚Gegenteils' oder der diesbezüglichen Neutralität eines Konstrukts kann die Verteilung der Konstrukte einer Konstruktion auf diese sieben Varianten quantitativ untersucht werden. Dies ist die Ausgangslage für einen Vergleich der drei untersuchten Konstruktionen.

7.6.2 Vergleich der untersuchten Konstruktionen

Die soeben in Unterabschnitt 7.6.1 vorgestellten sieben Varianten der Evokation einer emergenten Struktur in einem Konstrukt lassen sich hinsichtlich ihrer Verteilung über die Konstrukte der drei untersuchten Konstruktionen analysieren. Dabei ist für jede Konstruktion zunächst die Anzahl der Konstrukte, die jeder einzelnen der sieben Varianten zukommt, zu erfassen. Alle Konstrukte einer Konstruktion lassen sich dadurch auf diese sieben Varianten verteilen.

Für die reflexive Bewegungskonstruktion ergibt sich das in Tabelle 7.21 dargestellte Bild.

Tab. 7.21: Emergente Struktur in den Konstrukten der reflexiven Bewegungskonstruktion

Variante	Konstrukte	Anteil
a	184	18,20 %
¬a	3	0,30 %
b	60	5,93 %
¬b	3	0,30 %
c	45	4,45 %
¬c	21	2,08 %
neutral	695	68,84 %
Gesamt	1.011	100,00 %

Für die Auswertung der reflexiven Partikelverbkonstruktion können die sieben vorrangig am Beispiel der reflexiven Bewegungskonstruktion entwickelten Varianten mit einer Einschränkung ebenso beobachtet werden. Diese ergibt sich daraus, dass die Varianten b und ¬b aufgrund des Status des KE ⟨Weg⟩ als Nicht-Kern-KE nur für Konstrukte erfasst werden können, in denen dieses KE instanziiert ist. Konstrukte, in denen das KE ⟨Weg⟩ nicht instanziiert ist, können also nur den Varianten ¬a oder ¬b sowie der neutralen Variante zugeordnet werden. Das entsprechende Ergebnis ist in Tabelle 7.22 zu sehen.

Tab. 7.22: Emergente Struktur in den Konstrukten der reflexiven Partikelverbkonstruktion

Variante	Konstrukte	Anteil
a	166	19,53 %
¬a	4	0,47 %
b	17	2,00 %
¬b	1	0,12 %
c	11	1,29 %
¬c	1	0,12 %
neutral	650	76,47 %
Gesamt	850	100,00 %

Eine ähnliche Situation wie für die reflexive Partikelverbkonstruktion ergibt sich für die reflexive *Weg*-Konstruktion, da auch ihr KE ⟨WEG⟩ als Nicht-Kern-KE einzustufen ist. Für sie lassen sich die sieben Varianten der Evokation einer emergenten Struktur aufgrund des Status des KE ⟨WEG⟩ als Nicht-Kern-KE somit analog zur reflexiven Partikelverbkonstruktion untersuchen. Die Verteilung der nur wenigen Konstrukte der reflexiven *Weg*-Konstruktion auf die sieben Varianten ist in Tabelle 7.23 dargestellt.

Tab. 7.23: Emergente Struktur in den Konstrukten der reflexiven *Weg*-Konstruktion

Variante	Konstrukte	Anteil
a	0	
¬a	0	
b	4	14,81 %
¬b	0	
c	5	18,52 %
¬c	2	7,41 %
neutral	16	59,26 %
Gesamt	27	100,00 %

Um die Verteilungen der drei Konstruktionen miteinander zu vergleichen, bietet es sich an, Parallelen und Diskrepanzen hinsichtlich der einzelnen Varianten über die drei Konstruktionen hinweg zu untersuchten. Sieht man sich die Daten der drei Konstruktionen vergleichend an, ist unmittelbar festzustellen, dass die Mehrheit der Konstrukte jeder Konstruktion über keine emergente Struktur in den Konstruktbedeutungen verfügt, also der neutralen Variante zugerechnet werden muss. Dies ist vor dem Hintergrund der Diskussion in Unterabschnitt 5.7.2 erwartbar, da bisherige Forschungen zur *way*-Konstruktion und der reflexiven Bewegungskonstruktion (jedoch ohne vergleichbare empirische Evidenz) festgestellt haben, dass nicht jedes Konstrukt den semantischen Aspekt der ‚Schwierigkeit' enthalten muss (vgl. Oya 1999: 364). Diese Beobachtung bestätigt sich nun nicht nur, sie kann sogar dahingehend konkretisiert werden, dass dies tatsächlich die Mehrheit der Konstrukte der drei untersuchten Konstruktionen betrifft: 68,84 % für die reflexive Bewegungskonstruktion, 76,47 % für die reflexive Partikelverbkonstruktion und 59,26 % für die reflexive *Weg*-Konstruktion.

Interessanter sind nun freilich die Mengen der Konstrukte, in deren Konstruktbedeutungen eine emergente Struktur oder deren ‚Gegenteil' evoziert wird, die also den Varianten a, b und c sowie ¬a, ¬b und ¬c zukommen. Im direkten Vergleich zunächst der reflexiven Bewegungskonstruktion und der reflexiven Partikelverbkonstruktion ist zu sehen, dass die Verteilung der Konstrukte der jeweiligen Konstruktionen größtenteils ähnlich verläuft. Betrachtet man zunächst die Varianten a, b und c, diejenigen Konstrukte also, in denen eine emergente Struktur evoziert wird, fällt auf, dass bei beiden Konstruktionen Variante a prozentual die größte Gruppe der Konstrukte mit evozierter emergenter Struktur darstellt. An zweiter Stelle steht bei beiden Konstruktionen Variante b, an dritter Stelle Variante c. Die emergente Struktur wird in Konstrukten dieser beiden Konstruktionen vorrangig also über die lexikalische Bedeutung der LE, die den lexikalischen Frame evoziert, kodiert.

Etwas differenzierter gestaltet sich die Situation bei den Konstrukten der Varianten ¬a, ¬b und ¬c. Während sich beide Konstruktionen prozentual bei Variante ¬a und ¬b ähneln, fällt besonders auf, dass die reflexive Partikelverbkonstruktion über wesentlich weniger Konstrukte der Variante ¬c verfügt, während für die reflexive Bewegungskonstruktion ein erkennbar größerer Anteil für diese Variante belegt ist. Dies deutet darauf hin, dass die Evokation der emergenten Struktur für die reflexive Bewegungskonstruktion differenzierter verläuft als für die reflexive Partikelverbkonstruktion. Der Status des KE ⟨Weg⟩ der reflexiven Partikelverbkonstruktion als Nicht-Kern-KE hat damit scheinbar kaum einen Einfluss auf die Evokation der emergenten Struktur nach Variante b, die ja auf dem kollokationalen Zusammenhang dieses KE mit dem KE Ereignis beruht. Interessant ist, dass diese eingeschränkte Möglichkeit der Evokation der emergenten Struktur in Konstrukten der reflexiven Partikelverbkonstruktion scheinbar nicht über Variante c, also die Instanziierung eines (i.d.R. Nicht-Kern-)FE wie Manner, kompensiert wird.

Die größere Differenziertheit der reflexiven Bewegungskonstruktion gilt interessanterweise sowohl für Konstrukte, die eine emergente Struktur evozieren als auch für solche, die den Varianten ¬a, ¬b und ¬c angehören, also das ‚Gegenteil' einer ‚Schwierigkeit' kodieren. Für die konstruktikographische Verarbeitung dieses Parameters kann festgehalten werden, dass die reflexive Bewegungskonstruktion der reflexiven Partikelverbkonstruktion in dieser Hinsicht überlegen ist, zumal insgesamt ein größerer Anteil ihrer Konstrukte diesen drei Varianten zuzuordnen ist als bei der reflexiven Partikelverbkonstruktion.

Die wenigen Konstrukte der reflexiven *Weg*-Konstruktion können die gemeinsamen Tendenzen von reflexiver Bewegungskonstruktion und reflexiver Partikelverbkonstruktion bestätigen. Auch hier ist zu sehen, dass die Mehrheit der Konstrukte gegenüber der emergenten Struktur neutral ist. Ein Unterschied zu den beiden anderen Konstruktionen liegt darin, dass für die reflexive *Weg*-Konstruktion keine Konstrukte der Variante a belegt sind, dies liegt offenkundig an ihrem sehr niedrigen Koerzionspotenzial (vgl. Unterabschnitt 7.4.4). Die Varianten b und c hingegen sind jeweils mit derselben Anzahl an Konstrukten belegt, eine Verteilung, die derjenigen der anderen beiden Konstruktionen zumindest grob ähnelt. Wenig überraschend ist, dass die Verteilung der emergenten Struktur auf die Konstrukte der reflexiven *Weg*-Konstruktion im Vergleich aller drei Konstruktionen am wenigsten differenziert ist.

Mit diesem Vergleich der drei untersuchten Konstruktionen lässt sich also wie bereits für das Koerzionspotenzial und die Produktivität eine Reihenfolge hinsichtlich der Verteilung der emergenten Struktur aufstellen. Die reflexive Bewegungskonstruktion kann dabei aus den soeben dargelegten Gründen als am differenziertesten gelten. An zweiter Stelle folgt die reflexive Partikelverbkonstruktion. Diese Reihenfolge stellt sich somit umgekehrt zum jeweiligen Koerzionspotenzial und der Produktivität der beiden Konstruktionen dar. Die reflexive *Weg*-Konstruktion liegt, wie bereits hinsichtlich des Koerzionspotenzials und der Produktivität, auf dem dritten Platz hinter den beiden anderen Konstruktionen.

8 Relationen zwischen Konstruktionen und Frames

> While most efforts in the FrameNet project have focused on particular lexical items and their frames, it stands to reason that also constructions can evoke frames.
>
> (Hilpert 2009: 38)

Nach der Entwicklung eines konstruktionssemantischen Modells in Kapitel 4, der Identifikation sieben semantischer Parameter von Konstruktionen in Kapitel 5 und der Analyse der Strukturparallelen zwischen Konstruktionen und Frames in Kapitel 6 haben die konstruktikographischen Generalisierungen in Kapitel 7 die Untersuchung der reflexiven Bewegungskonstruktion, der reflexiven Partikelverbkonstruktion und der reflexiven *Weg*-Konstruktion prinzipiell abgeschlossen. Die vorliegende Arbeit könnte an dieser Stelle also beendet sein, da alle Informationen, die für die drei Konstruktionseinträge dieser Konstruktionen relevant sind, ermittelt wurden. Damit jedoch sind längst nicht alle konstruktionssemantisch interessanten Fragen beantwortet. Eine dieser Fragen hätte eigentlich noch vor der Entfaltung des konstruktionssemantischen Modells in Kapitel 4 adressiert werden müssen. Warum wird für die drei untersuchten Konstruktionen gerade `Motion` als Konstruktions-Frame angesetzt? Die entsprechende Annahme stützt sich bislang lediglich auf vorgängige Analysen der englischen *way*-Konstruktion (etwa von Fillmore, Lee-Goldman & Rhomieux 2012: 322), in denen er als Konstruktions-Frame postuliert wird (vgl. Unterabschnitt 2.3.2). Doch auch diese Analysen geben keine Auskunft darüber, wie sie zu der Entscheidung für `Motion` als Konstruktions-Frame kommen.[1] Die Frage, welcher Konstruktions-Frame für eine Konstruktion angesetzt werden muss, ist, wie nebenbei auch Zeschel (2018: 69) betont, eine konstruktikographisch fundamentale.

Bisher habe ich die auch für diese Arbeit getroffene Entscheidung für `Motion` ebenso wenig hinterfragt wie die Selbstverständlichkeit, mit der bisher davon ausgegangen ist, dass in den Konstrukten der drei untersuchten Konstruktionen `Motion` als Konstruktions-Frame ‚evoziert' wird, ebenso wie die im jeweiligen KE Ereignis instanziierten LE lexikalische Frames evozieren. Hier allerdings ist eine Differenzierung notwendig: Während Frames im lexikalischen Verständnis

1 Wie bereits in Unterabschnitt 2.3.2 erwähnt, wird für die *way*-Konstruktion bisweilen statt `Motion` auch `Self_motion` als Konstruktions-Frame angesetzt (etwa von Lee-Goldman & Petruck 2018: 32–33). Ich komme darauf in Unterabschnitt 8.5.1 zurück.

https://doi.org/10.1515/9783110762341-008

von FrameNet durch LE evoziert werden, also durch lexikalisch fixierte Elemente, lässt sich dies für syntaktische Konstruktionen nicht in jedem Fall behaupten.

Dass diese Aspekte konstruktikographische Relevanz haben, zeigt die Analysepraxis des Konstruktikons für das Brasilianische Portugiesisch. So argumentieren Torrent et al. (2014), dass die konstruktikographische Modellierung von Strukturparallelen zwischen Konstruktionen und Frames, etwa zwischen KE und FE (genauer: zwischen KtE und FE, vgl. Abschnitt 6.2) zwangsläufig zu der Annahme von Relationen zwischen Konstruktionen und Frames führen muss:

> The computational implementation of such mappings [zwischen KE und FE, A.W.] [...] comprises the creation of a construction-to-frame relation in the database – the Evokes relation – and of constructional units (CUs) in the frames evoked by the constructions. (Torrent et al. 2014: 45)

Eine solche Evokationsrelation kann als eigenständige konstruktikographische Beschreibungseinheit angesehen werden und muss Eingang in eine entsprechende datenbanktechnische Modellierung erfahren (vgl. Laviola et al. 2017: 194–195; Matos et al. 2017: 223; Torrent et al. 2018b: 127). Über die Natur dieser Evokationsrelation, über die Frage also, wie man sich die Relation[2] zwischen einer Konstruktion (genauer: ihrer Formseite) und ihrem Konstruktions-Frame vorzustellen hat und welche Mechanismen einen Konstruktions-Frame in Abgrenzung zu einem lexikalischen Frame ‚evozieren', ist damit aber noch nichts ausgesagt. Ebenso wenig finden sich bisher methodologische Reflexionen darüber, wie der Konstruktions-Frame einer Konstruktion überhaupt zu ermitteln ist.

Um die beiden soeben skizzierten Fragenkomplexe soll es in diesem Kapitel gehen. Anknüpfend an das konstruktionssemantische Modell und die Analysen der Strukturparallelen zwischen Konstruktionen und Frames möchte ich in Abschnitt 8.1 einige grundlegende Einflussfaktoren thematisieren, die die Mechanismen der Evokation eines Konstruktions-Frames steuern. Dazu gehört zunächst die Unterscheidung der Evokation eines Konstruktions-Frames von derjenigen eines lexikalischen Frames, bevor noch einmal zwei semantische Parameter von Konstruktionen, Frame-Nähe und formale Abstraktheit, betrachtet werden müssen. Die beiden folgenden Abschnitte nehmen dann für die drei untersuchten Konstruktionen Mechanismen der Evokation des Konstruktions-Frames `Motion`

2 Die Frage nach der Evokation eines Frames stellt Ziem (2008: 231–237, 2014b: 197–202) explizit unter den Oberbegriff der *Relation*. Zu letzterem Terminus schreibt er: „Der Begriff ‚Relation' [...] ist hier nur eine Metapher für einen inferentiellen Prozess, den die phonologische Einheit eines Sprachzeichens bei einem verstehenden Sprachbenutzer oder einer verstehenden Sprachbenutzerin in Gang setzt." (Ziem 2008: 231). Auf die kognitionstheoretischen und psycholinguistischen Details solcher Inferenzprozesse gehe ich allerdings nicht ein.

in ihren Konstrukten in den Blick. Eine wesentliche Rolle spielt dabei das Konzept der Frame-Nähe (Abschnitt 5.4) mit der Unterscheidung in relatierte und unrelatierte lexikalische Frames. In Abschnitt 8.2 steht die Situation, in der ein Konstrukt-Frame ausschließlich aus FE eines relatierten lexikalischen Frames besteht (Unterabschnitt 6.2.1), im Vordergrund, während es in Abschnitt 8.3 um diejenigen Konstrukte gehen soll, deren Konstrukt-Frames durch einen Blend aus lexikalischem Frame und Konstruktions-Frame zustande kommen (vgl. dazu Unterabschnitt 4.1.3). Mit methodischen Fragen nach der Ermittlung eines Konstruktions-Frames für eine Konstruktion möchte ich den Abschluss dieses Kapitels bilden. In Abschnitt 8.4 soll es um einige methodologische Präliminarien gehen, die Vorarbeiten zur Anwendung unterschiedlicher Methoden zur Ermittlung des Konstruktions-Frames liefern. In Abschnitt 8.5 schließlich möchte ich drei solcher Methoden diskutieren, die sich mit unterschiedlichem empirischen Nutzen auf die drei untersuchten Konstruktionen anwenden lassen.

8.1 Einflussfaktoren bei der Evokation eines Konstruktions-Frames

Die Frage nach dem Mechanismus, durch den eine sprachliche Einheit mit einem Frame assoziiert wird, beantwortet Fillmore (1982a: 117) mit der berühmt gewordenen Faustregel, „that the word 'evokes' the frame." Seitdem ist die Redeweise des ‚Evozierens' eines Frames durch eine LE fester Bestandteil der – traditionell nur auf LE als Target-Einheiten beschränkten – Frame-Semantik. Ein Frame wird immer dann evoziert, wenn die betreffende LE in einem konkreten Ko(n)text, sei es innerhalb eines Konstrukts einer syntaktischen Konstruktion, auftritt. Möchte man wissen, wann ein gegebener Frame evoziert wird, reicht es aus rein lexikalischer Perspektive demnach aus, sich all diejenigen LE anzusehen, die hierfür infrage kommen – entsprechend werden diese in FrameNet zu den dort beschriebenen Frames dokumentiert (vgl. Unterabschnitt 2.1.2).

Bleibt man gemäß des konstruktionssemantischen Modells (Kapitel 4) zunächst bei lexikalischen Frames, ist es also (scheinbar) unproblematisch, den Frame zu identifizieren, der durch eine LE identifiziert wird. Genau dies definiert lexikalische Frames: Sie werden von einer LE evoziert, die als KtE das KE einer Konstruktion instanziieren kann (vgl. Abschnitt 4.2). Es handelt sich dabei um eine *symbolische Assoziation* im Sinne von Schmid (2020: 46), in der eine sprachliche Form (eben eine LE) mit einem Frame assoziiert ist. Stellt man sich nun aber die Frage, wie ein Konstruktions-Frame evoziert wird, so ergeben sich Schwierigkeiten, vor allem weil unklar ist, ob die Relation zwischen einer Konstruktion und einem Frame ebenso beschaffen ist wie diejenige zwischen einer LE und einem Frame. Gerade FrameNet – und in großen Teilen die Frame-Semantik insgesamt – ist im Kern lexikalisch ausgerichtet: Es ist in erster Linie ein Unterfangen zur Beschreibung lexikalischer Frames (vgl. Unterabschnitt 2.1.3).[3] Vor dem Hintergrund der Geschichte der Frame-Semantik mag dies verwundern, denn wie Busse (2012: 658–659) resümiert, ist die Reduktion frame-semantischer Phänomenbereiche auf LE eine vergleichsweise späte Entwicklung, die erst nach dem ursprünglichen Interesse an komplexeren sprachlichen Ausdrücken, Sätzen und Texten, eingesetzt hat.[4] Auch wenn dies aus konstruktionsgrammatischer und konstruktikographischer Sicht bemerkenswert ist, zeigt die frühe Fokussierung auf *Sätze* und *Texte*, dass komplexere sprachliche Ausdrücke – wenn überhaupt – eher auf Token- und nicht auf Type-Ebene in den Blick genommen wurden. Wenn Busse (2012: 659) also für eine „Analyse der *Frame-aktivierenden Leistungen von Lexem-Ketten*" plädiert, fallen abstraktere syntaktische Konstruktionen als Einheiten auf Type-Ebene,[5] zu denen die reflexive Bewegungskonstruktion, die reflexive Partikelverbkonstruktion und die reflexive *Weg*-Konstruktion zählen, aus dem Raster. Erst mit dem Einsetzen der konstruktikographischen Forschung wird dieser Mangel, wie erstmals Fillmore (2008a) eindrücklich schildert, explizit adressiert, allerdings mit der ungewollten Konsequenz, dass – wie in Unterabschnitt 2.3.2 zusammengefasst – Frames zur Beschreibung der semantischen Eigenschaften von Konstruktionen bisher eher spärlich herangezogen werden.

Worin liegen die Ursachen für dieses Defizit? Zum einen fehlt es an einer analogen Dokumentation von (syntaktischen) Konstruktionen, die einem Frame zugeordnet werden könnten: FrameNet als lexikalische Datenbank scheint hierfür auf den ersten Blick nicht zuständig (vgl. Hasegawa, Lee-Goldman & Fillmore 2014: 198).[6] Zum anderen fehlt es nicht nur an Methoden, den als Konstruktions-Frame anzusehenden Frame zu identifizieren (worauf ich in den Abschnitten 8.4 und 8.5 zurückkomme), sondern es fehlt ebenso an einer theoretischen Vorstellung der Mechanismen, durch die eine Konstruktion einen Konstruktions-Frame evozieren

3 Dieser Tatsache war sich schon Fillmore (1982a: 117) bewusst, wenn er die obige Faustregel auf die Tatsache „that the frame structures the word-meanings" bezieht.

4 Zu erkennen ist dies an Titeln früherer Arbeiten wie etwa Fillmore (1982c, 1984).

5 Nur ganz am Rande erwähnt Busse (2012: 661, Anm. 219) die mit Konstruktionen grundsätzlich zu vergleichenden traditionellen Satzbaupläne (vgl. dazu Höllein 2019: 57–60; Ágel & Höllein 2021: 134–140), bleibt aber grundsätzlich bei der frame-evozierenden Leistung einzelner Verben als Prädikate stehen.

6 Vgl. aber die Diskussion in Unterabschnitt 2.1.3 sowie die von Ziem (2015d: 72, Anm. 30) aufgezeigten Gegenbeispiele.

kann.[7] Es scheint zumindest intuitive Evidenz dafür zu geben, dass „[f]rames may also have a conventional connection to a simple syntactic construction or idiom" (Gawron 2011: 670). Bisweilen erscheint die Evokation von Frames durch Konstruktionen dabei vollkommen parallel zu derjenigen von LE verstanden zu werden, wenn etwa Croft & Cruse (2004: 8) schreiben: „[W]ords and constructions evoke an understanding, or more specifically a frame; a hearer invokes a frame upon hearing an utterance in order to understand it."[8] Ebenso betont Ziem (2018c: 122): „Wichtig zu sehen ist, dass (auch abstrakte) grammatische Konstruktionen – wie lexikalische Einheiten – Frames evozieren."

Aus konstruktikographischer Sicht hat dies im Falle des Konstruktikons für das Brasilianische Portugiesisch gar zur Postulation zusätzlicher Entitäten – Konstruktionseinheiten (*constructional units*, CUs) – geführt, die analog zu LE einem Frame zugeordnet werden, um zu dokumentieren, dass dieser Frame durch bestimmte Konstruktionen evoziert wird (vgl. Torrent et al. 2014: 45). Wie in Unterabschnitt 2.3.2 gesehen, weisen Fillmore, Lee-Goldman & Rhomieux (2012: 324–330) einen eigenen Typ der frame-evozierenden Konstruktionen aus, zu denen sie die *way*-Konstruktion zählen. Aufbauend auf die Dichotomie frame-evozierender und nicht frame-evozierender Konstruktionen von Lyngfelt et al. (2018: 69–81) differenziert Ohara (2018: 151–160) insgesamt fünf Typen von Konstruktionen, die sich in diese Dichotomie einordnen lassen (vgl. Tabelle 2.5 in Unterabschnitt 2.3.2).

Gerade aufgrund der oft angenommenen parallelen frame-evozierenden Leistung von LE und Konstruktionen muss die Frage nach möglichen Unterschieden zwischen der Evokation eines lexikalischen Frames und derjenigen eines Konstruktions-Frames der Diskussion um Mechanismen Letzter vorgeschaltet sein. Aus diesem Grund beginne ich diesen Abschnitt zu möglichen Einflussfaktoren solcher Mechanismen mit jenem Aspekt des Unterschieds zwischen der Evokation eines lexikalischen Frames und derjenigen eines Konstruktions-Frames in Unterabschnitt 8.1.1. Im darauffolgenden Unterabschnitt 8.1.2 möchte ich dafür argumentieren, dass die Frage nach dem Mechanismus der Evokation des

7 Wie Busse (2012: 669) kritisiert, besteht die theoretische Lücke, was unter ‚Evozieren' konkret zu verstehen ist, bereits in Fillmores Verstehenssemantik. Sie überträgt sich also auf die Konstruktionsgrammatik und Konstruktikographie, zumindest solange, wie diese Ansätze Anschluss an eines der Frame-Modelle Fillmores suchen.

8 Croft & Cruse (2004: 8) rekurrieren hiermit auf die von Fillmore (1982a: 124, 1985a: 232, 1986a: 53) eingeführte Dichotomie zwischen dem *Evozieren* und *Invozieren* eines Frames: Ersteres geschieht durch einen sprachlichen Ausdruck, Letzteres ist die Leistung der Rezipierenden. Vgl. dazu auch Ziem (2008: 231–237, 2014b: 197–202). Ich komme auf diese Dichotomie in Unterabschnitt 8.1.1 zurück, spreche aber bereits jetzt ausschließlich von *Evokation*, da ich mich grundsätzlich der Kritik von Busse (2012: 122–131, 667–670) anschließe, der zahlreiche verstehenstheoretische Probleme der Unterscheidung zwischen *Evokation* und *Invokation* aufzeigt.

Konstruktions-Frames stark von der Konstitution des Konstrukt-Frames abhängt, genauer: dem lexikalischen Frame, der in den Konstrukt-Frame eingeht. Dort wird also noch einmal auf den Begriff der Frame-Nähe und die Unterscheidung in relatierte und unrelatierte lexikalische Frames einzugehen sein. Dieser Argumentation liegt die Annahme zugrunde, dass es für ein und dieselbe Konstruktion bisweilen unterschiedliche Varianten der Evokation eines Konstruktions-Frames geben kann, die sich nach der Frame-Nähe lexikalischer Frames bemessen lassen. Darüber hinaus lässt sich aber mindestens ein weiterer Einflussfaktor auf die Mechanismen der Evokation eines Konstruktions-Frames ermitteln, der sich an den semantischen Parameter der formalen Abstraktheit einer Konstruktion (Abschnitt 5.1) zurückbinden lässt. Auf diesen gehe ich in Unterabschnitt 8.1.3 ein.[9]

8.1.1 Evokation lexikalischer Frames vs. Evokation von Konstruktions-Frames

Obwohl die Frame-Semantik, wie soeben dargestellt, traditionell davon ausgeht, dass in erster Linie LE Frames evozieren, wird parallel, ähnlich wie Hilpert (2009: 38) es tut, bisweilen mit einer gewissen Selbstverständlichkeit davon ausgegangen, dass auch syntaktische Konstruktionen dazu in der Lage sind: „There are also grammatical constructions which evoke semantic, pragmatic, or interactional frames on their own." (Fillmore & Baker 2010: 338). Die zum Eingang dieses Abschnitts zusammengestellten Zitate vervollständigen dieses Bild. Es stellt sich allerdings die Frage, ob sich und wenn ja, was, eine solche Konstruktion hinsichtlich der Evokation eines Konstruktions-Frames von einer LE und der Evokation eines lexikalischen Frames unterscheidet.

In Unterabschnitt 6.2.1 habe ich für die reflexive Bewegungskonstruktion gezeigt, dass für zahlreiche ihrer Konstrukte eine Identität zwischen Konstruktions-Frame und lexikalischem Frame belegt ist, in denen also `Motion` als lexikalischer

9 Einen weiteren potenziellen Einflussfaktor nennt Ziem (2020a: 32): „Eine Konstruktion kann [...] nur dann einen Frame aufrufen, wenn sich zumindest ihre Kern-KE auf die Kern-Frame-Elemente (FE) des Frames abbilden lassen." Für die drei untersuchten Konstruktionen stellt sich diese Frage nach den Strukturparallelen zwischen Konstruktionen und Frames allerdings nicht, da die Motivierung von KtE durch FE zumindest bei relatierten lexikalischen Frames immer durch einen dem Konstruktions-Frame nahestehenden (lexikalischen) Frame gegeben ist. Bei unrelatierten lexikalischen Frames liegen indes weitere Evokationsmechanismen vor, die potenziell unabhängig von den Strukturparallelen operieren (vgl. Abschnitt 8.3). Es ist jedoch freilich denkbar, dass sich dies bei anderen Typen von Konstruktionen als den drei hier untersuchten anders darstellt, sodass es lohnenswert wäre, den von Ziem genannten Einflussfaktor weiter zu untersuchen.

Frame erscheint, was zur Folge hat, dass alle KtE eines solchen Konstrukts einfach durch FE ebendieses Frames motiviert werden. Auch für die anderen beiden Konstruktionen ist dieser Fall belegt. Die Belege in (1), (2) und (3) sind noch einmal einige Beispiele für `Motion` als lexikalischen Frame in den drei untersuchten Konstruktionen.

(1) a. JOHANNES PAUL reiste nach Madaba und [$_{\text{Motion}}$ begab] sich [$_{\text{GOAL}}$ auf den Berg Nebo, wo nach der Überlieferung der Bibel Moses das gelobte Land erschaut haben soll]. (Archiv der Gegenwart, 2001 [2000])

b. Nachdem er ausgestiegen war, [$_{\text{Motion}}$ bewegte] sich [$_{\text{THEME}}$ Pardell] aufmerksam und schnell [$_{\text{PATH}}$ durch den dichten Schneefall auf dem Paß]. (Kopetzky, Steffen: Grand Tour, Frankfurt am Main: Eichborn 2002, S. 714)

c. [$_{\text{THEME}}$ Er] [$_{\text{Motion}}$ rückt] sich [$_{\text{GOAL}}$ in den Mittelpunkt]. (Schwanitz, Dietrich: Männer, Frankfurt a. M.: Eichborn 2001, S. 73)

(2) a. Die Karkasse war an ihrer Unterseite aufgerissen, [$_{\text{THEME}}$ die Eingeweide] waren hervorgequollen, [$_{\text{Motion}}$ schlängelten] sich [$_{\text{DIRECTION}}$ auf] und dümpelten im Wasser zwischen den Algen und dem Kelp. (Schrott, Raoul: Tristan da Cunha oder die Hälfte der Erde; Hanser Verlag 2003, S. 72)

b. Sie verspricht es, und [$_{\text{THEME}}$ ich] [$_{\text{Motion}}$ schlängele] mich unauffällig [$_{\text{PATH}}$ zwischen anderen Gästen] [$_{\text{DIRECTION}}$ hindurch], bis ich den geheimnisvollen Salon erreiche. (Noll, Ingrid: Ladylike, Zürich: Diogenes 2006, S. 75)

c. Seine Scheunenvierteluhr war entworfen, und [$_{\text{THEME}}$ eine Raupe aus grauen, Gestalten] [$_{\text{Motion}}$ wand] sich bei Sonnenuntergang, schlurfend, schweigend, [$_{\text{PATH}}$ am Schloßberg] [$_{\text{DIRECTION}}$ hoch]. (Koneffke, Jan: Paul Schatz im Uhrenkasten, Köln: DuMont Buchverlag 2000, S. 228)

(3) a. Was passiert ist, ist passiert", und er drehte sich um und [$_{\text{Motion}}$ bahnte] sich langsam [$_{\text{PATH}}$ durch die Büsche] seinen Weg [$_{\text{GOAL}}$ zurück zum Gutshaus]. (Boie, Kirsten: Skogland, Ort: Hamburg 2005, S. 185)

b. [$_{\text{THEME}}$ Paul] mußte sich einen Pfad [$_{\text{GOAL}}$ zum Holzhaus] [$_{\text{Motion}}$ bahnen]. (Koneffke, Jan: Paul Schatz im Uhrenkasten, Köln: DuMont Buchverlag 2000, S. 77)

c. Jawohl, denn die Damen wirken „schwerfällig und lustlos", [$_{\text{Motion}}$ bahnen] sich an Bord nur mühsam ihren Weg [$_{\text{PATH}}$ durch die engen Gänge] und ecken sehr wahrscheinlich auch bei solchen Passagieren an, die es in höchstem Maße unerquicklich finden, ihren Anisschnaps von einem Fesselballon serviert zu bekommen. (Die Zeit, 10.02.2000, Nr. 7)

Solche Konstrukte, in denen der lexikalische Frame direkt dem Konstruktions-Frame `Motion` entspricht, bilden den einzigen Fall, in dem Letzterer vollkommen analog zu lexikalischen Frames evoziert wird. Nicht umsonst ist `Motion` der prototypischste aller (relatierten) lexikalischen Frames, da er mit dem Konstruktions-Frame identisch ist (vgl. Unterabschnitt 5.4.2). In seiner Rolle als lexikalischer Frame wird er durch eine als KtE des KE EREIGNIS instanziierte LE evoziert, ebenso wie dies für alle anderen lexikalischen Frames der Fall ist. Die Evokation des Konstruktions-Frames ist somit als Kontinuum zu verstehen, auf dem das eine Extrem eine Evokation analog zu derjenigen lexikalischer Frames bildet und das andere Extrem eine maximal davon zu unterscheidende Evokation, die derjenigen eines genuinen Konstruktions-Frames entspricht, der nicht mit einem lexikalischen Frame identisch ist und zu dem ein gegebener lexikalischer Frame unrelatiert ist. Ein solches Kontinuum ist in Abbildung 8.1 dargestellt, wobei der soeben an den Belegen in (1)–(3) illustrierte Fall auf der linken Seite zu verorten ist.

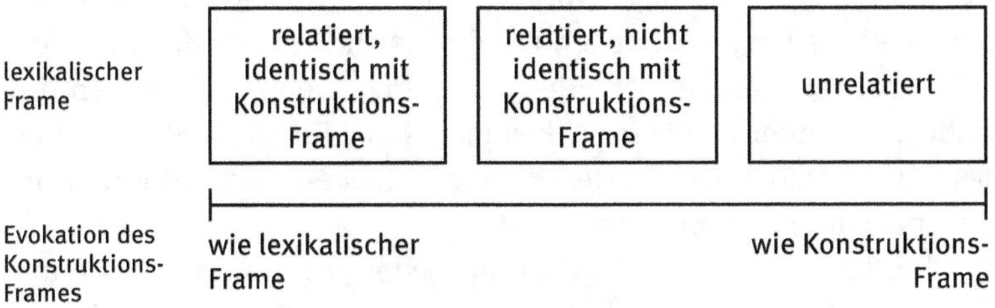

Abb. 8.1: Kontinuum der Evokation eines Konstruktions-Frames

Nun bilden, wie in Unterabschnitt 6.2.1 für die reflexive Bewegungskonstruktion und in Unterabschnitt 6.4.2 für die reflexive Partikelverbkonstruktion gesehen, Konstrukte mit `Motion` als prototypischstem aller lexikalischen Frames jedoch nur einen Teil aller Daten für beide Konstruktionen. Das andere Extrem, das in Abbildung 8.1 auf der rechten Seite verortet ist, bilden diejenigen Konstrukte, in deren Konstrukt-Frames unrelatierte lexikalische Frames eingehen, die in keiner Frame-Nähe zu `Motion` als Konstruktions-Frame stehen. Die folgenden Belege in (4)–(6) sind Beispiele für solche Fälle der reflexiven Bewegungskonstruktion, der reflexiven Partikelverbkonstruktion und der reflexiven *Weg*-Konstruktion.

(4) a. [ENTITY Die dritte Schöpfung indes, die parallele Welt der ewig laufenden Fernsehfilme, der Kino-Genres und Star-Träume, der Virtual Reali-

ty in den Computern], [$_{\text{Motion}}$ entwickelt] [sich ^{THEME}] genauso konstant (und genauso bedrohlich) [in die Vergangenheit zurück ^{THEME}]. (Die Zeit, 10.02.2000, Nr. 7)

b. [$_{\text{AGENT}}$ Spinnenweb] [$_{\text{Attaching}}$ klebte] [$_{\text{ITEM}}$ sich ^{THEME}] [$_{\text{GOAL}}$ in sein Gesicht ^{GOAL}]. (Koneffke, Jan: Paul Schatz im Uhrenkasten, Köln: DuMont Buchverlag 2000, S. 216)

c. Die Häuser biegen sich vor Verzweiflung, an den Fenstern treiben Rauchfetzen vorbei, „groß wie junge Katzen", [$_{\text{PATIENT}}$ die Tapeten] [$_{\text{Reshaping}}$ beulen] [sich ^{THEME}] [über das krabbelnde Ungeziefer ^{PATH}]. (Die Zeit, 13.04.2000, Nr. 16)

(5) a. Mit einer Nadel kratzt man hierauf die Konturen durchs Wachs und gießt Säure in diese fast unsichtbaren Furchen, [$_{\text{AGENT}}$ die] [$_{\text{MATERIAL}}$ sich ^{THEME}] [durch ^{DIRECTION}][$_{\text{Processing\_materials}}$ ätzt] und im Kupfer einbrennt, die schwarze giftige Galle meiner Melancholie, mit der die wahren Umrisse der Welt einem so schmerzhaft anschaulich werden. (Schrott, Raoul: Tristan da Cunha oder die Hälfte der Erde; Hanser Verlag 2003, S. 133)

b. Sie sprachen jenes flüssige, großzügig dem Englischen entliehene universale Patois junger Europäer, mit dem [sich ^{THEME}] [$_{\text{IMPACTOR}}$ Pardell] selbst meistens [durch ^{Direction}][$_{\text{Impact}}$ schlug], wenn er nicht sein rührendes, vor lauter Umständlichkeit manchmal für Momente erstarrendes Französisch ausprobierte. (Kopetzky, Steffen: Grand Tour, Frankfurt am Main: Eichborn 2002, S. 230)

c. Mit den Jahrzehnten des Erfolgs, mit jeder geglückten Erweiterung [$_{\text{Fire\_burning}}$ brannte] [sich ^{THEME}] [$_{\text{FIRE}}$ ein Denkmuster] bei Politikern verschiedenster Couleur und Nation tiefer [ein ^{DIRECTION}]. (Die Zeit, 20.01.2000, Nr. 4)

(6) Mein Schälmesser mit der dünnen Klinge [$_{\text{Cutting}}$ säbelt] sich einen Weg [durch die buschigen Petersilienköpfe ^{PATH}], während ich überlege, ob es tatsächlich Köpfe oder doch Blätter oder gar Büschel heißt. (Riedel, Susanne: Eine Frau aus Amerika, Berlin: Berlin Verlag 2003, S. 106)

Vergleicht man die Konstrukte in (1)–(3) mit `Motion` als lexikalischem Frame mit denjenigen in (4)–(6) mit `Motion` als Konstruktions-Frame und einem unrelatierten lexikalischen Frame, so lassen sich einige Unterschiede in der Evokation eines Konstruktions-Frames im Gegensatz zu derjenigen eines lexikalischen Frames herausarbeiten, die sich insbesondere an Konstrukten mit unrelatierten lexikalischen Frames beobachten lassen. Für unrelatierte lexikalische Frames sind zwei wesentliche Beobachtungen festzuhalten.

1. Der Konstruktions-Frame wird nicht durch ein einzelnes Strukturelement eines Konstrukts evoziert, also nicht etwa durch eine als KtE eines KE (z.B. ER„EIGNIS) instanziierte LE, die als `Motion` evozierend betrachtet werden könnte.
2. Der Konstruktions-Frame wird im Falle der reflexiven Bewegungskonstruktion und der reflexiven Partikelverbkonstruktion nicht durch ein lexikalisch fixiertes Element, also ein KEE oder KorE, evoziert. Die reflexive *Weg*-Konstruktion bildet hier eine Ausnahme (vgl. Unterabschnitte 8.1.3 und 8.3.2).

Konstrukte, in deren Konstrukt-Frames unrelatierte lexikalische Frames eingehen, stellen somit besondere Herausforderungen an eine Vorstellung davon, wie der Konstruktions-Frame in solchen Konstrukten evoziert werden kann. Gerade bei Argumentstruktur-Konstruktionen wie den drei untersuchten dürften diese Fälle, in denen der Konstruktions-Frame nicht zwangsläufig von einer instanziierten LE in einem Konstrukt evoziert werden muss, häufiger auftreten. Gerade die zweite der obigen Beobachtungen, die insbesondere formal abstrakte syntaktische Konstruktionen betrifft, die über kein oder nur wenig lexikalisch spezifiziertes Material in Form von KEE oder KorE verfügen, stellt eine Herausforderung für die Ermittlung des Konstruktions-Frames, den diese Konstruktionen evozieren, dar. Aus diesem Grund wird der semantische Parameter der formalen Abstraktheit einer Konstruktion in diesem Zusammenhang noch eine Rolle spielen. Diese ersten Beobachtungen sind zusammengenommen Evidenz dafür, dass Konstruktionen – zumindest in einer Teilmenge ihrer Konstrukte – ihren Konstruktions-Frame nicht auf dieselbe Art und Weise wie LE evozieren:

> [T]here are various cxns being more or less related to frames in different ways, such as *imperative* cxns, which, while obviously related to the `Request` frame, hardly evoke it the same way words like *order* and *command* do; rather than referring to requests, like these words do, *imperative* cxns are used to perform them. (Boas, Lyngfelt & Torrent 2019: 47)

Wird ein Konstruktions-Frame also, in Fällen, die unter den zweiten der obigen Punkte fallen, nicht durch eine im Konstrukt (als KtE, KEE oder KorE) realisierte LE des betreffenden Frames evoziert, wirft dies die Frage nach der Natur der Evokation des Konstruktions-Frames in solchen Konstrukten auf. Unterscheidet sie sich von einer ‚lexikalischen' Evokation wie derjenigen, die in Abbildung 8.1 auf der linken Seite zu sehen ist? Und wenn ja, wie? In seiner Verstehenssemantik-Phase hat Fillmore diese (scheinbare) Unterscheidung in dem Mechanismus der Evokation eines Frames mit der Dichotomie von *Evozieren* und *Invozieren* zu begegnen versucht. Er begründet sie wie folgt:

> On the one hand, we have cases in which the lexical and grammatical material observable in the text 'evokes' the relevant frames in the mind of the interpreter by virtue of the fact that

> these lexical forms or these grammatical structures or categories exist as indices of these frames; on the other hand, we have cases in which the interpreter assigns coherence to a text by 'invoking' a particular interpretive frame. (Fillmore 1982a: 124)

An anderer Stelle nuanciert Fillmore diese Unterscheidung etwas anders:

> Interpretive frames can be introduced into the process of understanding a text through being invoked by the interpreter or through being evoked by the text. A frame is invoked when the interpreter, in trying to make sense of a text segment, is able to assign it an interpretation by situating its content in a pattern that is known independently of the text. A frame is evoked by the text if some linguistic form or pattern is conventionally associated with the frame in question. (Fillmore 1985a: 232)

An wiederum anderer Stelle bringt Fillmore (1986a: 53) das Verhältnis auf folgende Faustformel: „The *interpreter* of a text invokes frames, *segments* of the text *evoke* frames."[10]

Man könnte also zu der Schlussfolgerung kommen, dass lexikalische Frames und auch der Konstruktions-Frame, wenn er mit dem lexikalischen Frame identisch ist, *evoziert* wird, während der Konstruktions-Frame – sofern der im Konstrukt-Frame hinzukommende lexikalische Frame unrelatiert ist – *invoziert* wird. Obwohl Fillmore (1982a: 124, 1985a: 232) den Mechanismus des Evozierens auch grammatischen Mustern (oder eben: Konstruktionen) zuschreibt, ist es keineswegs so, dass allein eine Konstellation von KtE, KEE und KorE in der Lage ist, einen Konstruktions-Frame zu evozieren. Die im Kontinuum der Evokation eines Konstruktions-Frames (Abbildung 8.1) links verorteten Konstrukte sind ja Evidenz dafür, dass ein Konstruktions-Frame, wenn er mit dem lexikalischen Frame identisch ist, gleichermaßen ‚lexikalisch' evoziert werden kann.

Warum also ist es nicht sinnvoll, vom *Evozieren* eines lexikalischen Frames und vom *Invozieren* eines Konstruktions-Frames zu sprechen? Wie Busse (2012: 123–131) ausführlich zeigt, ist die Unterscheidung zwischen *Evozieren* und *Invozieren* sprach- und kognitionstheoretisch problematisch, unter anderem weil es in jedem Fall die Interpretierenden sind, die ein Konstrukt, einen Satz oder einen Text ‚bedeutungshaltig' machen, nicht das sprachliche Zeichen selbst.[11] Streng genommen müsste man also stets von *Invozieren* sprechen, dennoch hat sich der Terminus *Evozieren* als allgemeinerer Ausdruck etabliert.[12] Genauer betrachtet

10 Vgl. auch die ähnliche Definition in Fillmore & Baker (2010: 316).

11 Vgl. aber die Ausführungen von Ziem (2008: 231–237, 2014b: 197–202), der die Begriffe des Evozierens und Invozierens mit *Aufrufen* und *Abrufen* übersetzt und anhand dieser Begriffe für eine Unterscheidung plädiert.

12 Wie Busse (2012: 203–209) nachweist, werden auch bei FrameNet bisweilen beide Begriffe benutzt, ohne diese jedoch terminologisch zu differenzieren.

kann nun auch die Einschränkung, dass grammatische Muster, im vorliegenden Fall also Konstruktionen, streng genommen keine Frames *evozieren*, sondern nur *invozieren* können, aufgehoben werden: Konstruktionen können sehr wohl Konstruktions-Frames evozieren, die Einschränkung muss lediglich lauten: Nicht alle Konstrukte tun dies, wie im Kontinuum der Evokation eines Konstruktions-Frames in Abbildung 8.1 dargestellt, auf dieselbe Art und Weise.

Was bei der Untersuchung der Mechanismen der Evokation von Konstruktions-Frames berücksichtigt werden muss, sind nicht die (vermeintlichen) Unterschiede zwischen einem *Evozieren* und einem *Invozieren*, sondern die unterschiedlichen Voraussetzungen, die die Konstrukte einer Konstruktion erfüllen, um einen Konstruktions-Frame zu evozieren. Einige Voraussetzungen habe ich bereits herausgearbeitet: Konstrukte, in denen der lexikalische Frame dem Konstruktions-Frame entspricht, unterscheiden sich wesentlich von solchen, in denen der lexikalische Frame zum Konstruktions-Frame unrelatiert ist. Zwischen diesen beiden Extremen der Identität zwischen lexikalischem Frame und Konstruktions-Frame auf der einen Seite und unrelatierten lexikalischen Frames auf der anderen Seite liegen freilich relatierte lexikalische Frames, die nicht mit dem Konstruktions-Frame identisch sind, also all solche, die über eine Frame-Nähe ungleich 0 verfügen (vgl. das System der Frame-Nähen von `Motion` in Unterabschnitt 5.4.3). In Abbildung 8.1 stellen sie die Mitte des Kontinuums der Evokation eines Konstruktions-Frames dar. Dies deutet darauf hin, dass die Frame-Nähe lexikalischer Frames und lexikalische Frames allgemein einen wesentlichen Einflussfaktor für den Mechanismus der Evokation eines Konstruktions-Frames darstellen. Bevor ich darauf im folgenden Unterabschnitt 8.1.2 eingehe, ist festzuhalten, dass die Frage nach dem Mechanismus der Evokation des Konstruktions-Frames für eine gegebene Konstruktion nicht invariant beantwortet werden kann. Je nach auf lexikalische Frames bezogener Konstitution eines Konstrukt-Frames, deren drei Varianten in Abbildung 8.1 dargestellt sind, kann es unterschiedliche Varianten der Evokation eines Konstruktions-Frames geben.

8.1.2 Noch einmal: lexikalische Frames und Frame-Nähe

Nicht erst das Kontinuum der Evokation des Konstruktions-Frames, das ich in Abbildung 8.1 skizziert habe, hat es bereits angedeutet: Lexikalische Frames und insbesondere deren Frame-Nähe (Abschnitt 5.4) spielen eine zentrale Rolle bei der Frage, welchem Mechanismus die Evokation eines Konstruktions-Frames folgt. Deutlich geworden ist dies bereits im Zuge der Diskussion der variierenden Motivierung von KtE und KEE durch FE des Konstruktions-Frames in Kapitel 6. Die Ergebnisse dort zeigen, dass der Anteil des Konstruktions-Frames an einem

Konstrukt-Frame und damit die Evokation des Letzteren von einem wesentlichen Faktor abhängt: dem lexikalischen Frame. Ist der lexikalische Frame in der Lage, alle KtE und KEE semantisch zu motivieren, wird der Konstruktions-Frame kaum unabhängig von diesem lexikalischen Frame evoziert. Die Antwort auf die Frage, nach welchen Mechanismen der Konstruktions-Frame evoziert wird, muss also in einem entscheidenden Maße an lexikalischen Frames ausgerichtet werden.

Die Fälle, in denen lexikalischer Frame und Konstruktions-Frame identisch sind, in denen also ein KtE des KE Ereignis direkt `Motion` evoziert (vgl. die Beispiele in Unterabschnitt 8.1.1), sind Evidenz dafür, dass es grundsätzlich möglich ist, dass der Konstruktions-Frame analog zu einem lexikalischen Frame über ein ebensolches KtE evoziert werden kann. Das Ausmaß, bis zu dem dies möglich ist, wird über den entsprechenden lexikalischen Frame und dessen Frame-Nähe zum Konstruktions-Frame bestimmt. Die Frame-Nähe des lexikalischen Frames und dessen Prototypikalität in Bezug auf den Konstruktions-Frame (Unterabschnitt 5.4.2) entscheidet maßgeblich darüber, wie stark die Evokation des Konstruktions-Frames ausfällt (dazu Unterabschnitt 8.2.2). Das Kriterium der Frame-Nähe eines lexikalischen Frames deutet darauf hin, dass nur eine Klasse von Frames für die Evokation des Konstruktions-Frames über eine KtE des KE Ereignis infrage kommt: relatierte lexikalische Frames. Bei unrelatierten lexikalischen Frames muss es immer einen anderen Mechanismus der Evokation des Konstruktions-Frames geben, in Konstrukten mit unrelatierten lexikalischen Frames kann der Konstruktions-Frame nicht (auch nicht indirekt) über eine KtE des KE Ereignis evoziert werden.

Die relatierten lexikalischen Frames, die für die Evokation des Konstruktions-Frames über ein KtE des KE Ereignis infrage kommen, zerfallen wiederum in zwei Klassen (vgl. Unterabschnitte 5.4.2 und 7.5.1):

1. den lexikalischen Frame, der mit dem Konstruktions-Frame identisch ist;
2. alle anderen relatierten lexikalischen Frames, die zum Konstruktions-Frame in einer Frame-Nähe ungleich 0 stehen.

Den Fall, in dem lexikalischer Frame und Konstruktions-Frame identisch sind, habe ich soeben in Unterabschnitt 8.1.1 betrachtet, sodass ich diese Analyse hier nicht wiederhole. Stattdessen sei der Blick auf diejenigen relatierten lexikalischen Frames gerichtet, die nicht mit dem Konstruktions-Frame identisch sind.

Die drei grundlegenden Varianten des Anteils des Konstruktions-Frames `Motion` an der Konstitution von Konstrukt-Frames und der semantischen Motivierung von KtE und KEE, die ich in den Abschnitten 6.2 und 6.3 für die reflexive Bewegungskonstruktion aufgezeigt habe (einfache Motivierung durch lexikalischen Frame, einfache Motivierung durch Konstruktions-Frame, doppelte Motivierung), zeigen, dass der Konstruktions-Frame eine verschieden gewichtige Rolle innerhalb der Konstrukte einer Konstruktion spielen kann. Auch die Unterscheidung der sieben Koerzionsstufen, die ich für die Messung des Koerzionspotenzials der drei untersuchten Konstruktionen aufgestellt habe (vgl. Unterabschnitte 7.4.1 und 7.4.3) spiegelt diese Varianz wider. Je höher die Koerzionsstufe und je stärker damit die Frame-Anpassung des lexikalischen Frames durch den Konstruktions-Frame (Unterabschnitt 4.4.1), desto höher der Anteil des Konstruktions-Frames an der Konstitution von Konstrukt-Frames und der semantischen Motivierung von KtE und KEE. Die Feststellung dieser Varianz im Anteil des Konstruktions-Frames an Konstrukt-Frames muss zu der Annahme führen, dass auch dessen Evokation einer Varianz über die Konstrukte einer Konstruktion hinweg unterworfen ist. Über den Anteil des Konstruktions-Frames an einem Konstrukt-Frame entscheidet in erster Linie der lexikalische Frame, also zum einen, ob es sich um einen zum Konstruktions-Frame relatierten oder unrelatierten Frame handelt und zum anderen die Prototypikalität relatierter Frames (Unterabschnitt 5.4.2). Kurzum: Wenn der Anteil des Konstruktions-Frames am Konstrukt-Frame wesentlich durch das Konzept der Frame-Nähe lexikalischer Frames determiniert wird, muss diese Frame-Nähe ein wesentlicher Einflussfaktor dafür sein, wie der Konstruktions-Frame in einem Konstrukt evoziert wird.

8.1.3 Noch einmal: formale Abstraktheit einer Konstruktion

In einer Argumentstruktur-Konstruktion wie der reflexiven Bewegungskonstruktion, der reflexiven Partikelverbkonstruktion oder der reflexiven *Weg*-Konstruktion ist die Evokation eines *lexikalischen* Frames im Gegensatz zu derjenigen des *Konstruktions*-Frames deutlich restringierter und im Wesentlichen auf einen einzigen Mechanismus reduziert. Ein lexikalischer Frame wird, wie in Abschnitt 4.2 definiert, von einer als KtE eines KE instanziierten LE evoziert. Für die drei untersuchten Konstruktionen kommt hierfür nur ein einziges KE infrage: Ereignis. Dies ist der Grund, warum dieses KE als einziges nicht im Rückgriff auf FE benannt und definiert werden kann, sondern dies auf Grundlage von Frames als Ganzes geschehen muss (vgl. Unterabschnitt 7.3.1). Daraus folgt, dass für die Evokation des lexikalischen Frames nur dieses eine Strukturelement, das KE Ereignis, infrage kommt.

Die Evokation des Konstruktions-Frames ist jedoch, zumindest für die drei untersuchten Konstruktionen, nicht in dieser Weise restringiert. Dies ist bereits daran zu erkennen, wenn, wie in Unterabschnitt 8.1.1 festgestellt, dessen Evokation vollkommen analog zu derjenigen eines lexikalischen Frames geschehen kann, wenn Konstruktions-Frame und lexikalischer Frame identisch sind. Sind beide nicht identisch und evoziert die LE, die als KtE des KE Ereignis instanziiert wird, einen anderen relatierten oder einen unrelatierten lexikalischen Frame (im Kontinuum der Evokation eines Konstruktions-Frames in Abbildung 8.1 sind diese Fälle in der Mitte und rechts verortet), muss die Evokation des Konstruktions-Frames durch andere Mechanismen beeinflusst werden. Die Tatsache, dass ein lexikalischer Frame immer über das KtE eines bestimmten KE evoziert wird, die Evokation des Konstruktions-Frame hingegen über weitere Mechanismen verlaufen muss, deutet darauf hin, dass neben der Frame-Nähe des lexikalischen Frames (Unterabschnitt 8.1.2) ein zweiter Faktor über den Mechanismus der Evokation des Konstruktions-Frames entscheidet: die formale Abstraktheit der Konstruktion. Die formale Abstraktheit der Konstruktion ist wie die Frame-Nähe ein semantischer Parameter von Konstruktionen (Abschnitt 5.1). Sie entscheidet ebenfalls darüber, wie der Konstruktions-Frame für eine Konstruktion evoziert werden kann.

Die drei untersuchten Konstruktionen unterscheiden sich in ihrer formalen Abstraktheit dahingehend, dass die reflexive *Weg*-Konstruktion als spezifischste dieser drei Konstruktionen betrachtet werden kann, während die reflexive Bewegungskonstruktion als abstrakteste Konstruktion anzusehen ist und die reflexive Partikelverbkonstruktion in der Mitte liegt (vgl. Unterabschnitt 5.1.2). So besteht die reflexive Bewegungskonstruktion, wie in dem Beispielkonstrukt in (7) zu sehen, aus vier Strukturelementen (Bewegendes, Ereignis, KEE und Weg), von denen eines (das KEE) lexikalisch spezifiziert ist.

(7) {[$_{\text{Bewegendes}}$ Joas] [$_{\text{Ereignis}}$ zwängte] [$_{\text{KEE}}$ sich] [$_{\text{Weg}}$ durch die Tür]}, kaum hatte Liron sie einen Spalt weit geöffnet. (Boie, Kirsten: Skogland, Ort: Hamburg 2005, S. 147)

Die reflexive Partikelverbkonstruktion besteht, wie in (8-a) zu sehen, aus fünf Strukturelementen (Bewegendes, Ereignis, Richtung, ⟨Weg⟩ und KEE), wobei der Status des KE ⟨Weg⟩ als Nicht-Kern-KE, das, wie in (8-b) zu sehen, nicht obligatorisch instanziiert werden muss, an dieser Zählung nichts ändert. Lexikalisch spezifiziert sind hier Richtung und KEE.

(8) a. {[$_{\text{Bewegendes}}$ Der Historiker] [$_{\text{Ereignis}}$ hört] [$_{\text{KEE}}$ sich] [$_{\langle\text{Weg}\rangle}$ in die Sprache] [$_{\text{Richtung}}$ ein], in der sich eine Klasse von Menschen zu orientieren versucht}, er tritt in den Zeithorizont ihrer Voraussetzungen und Erwartungen ein und hat, so an den Begrenzungen teil, denen sie selbst ausgesetzt war. (Schlögel, Karl: Petersburg, München Wien: Carl Hanser Verlag 2002, S. 90)

b. {[$_{\text{Bewegendes}}$ Er] [$_{\text{Ereignis}}$ fragte] [$_{\text{KEE}}$ sich] [$_{\text{Richtung}}$ durch]}. (Kopetzky, Steffen: Grand Tour, Frankfurt am Main: Eichborn 2002, S. 457)

Die reflexive *Weg*-Konstruktion kommt wie die reflexive Partikelverbkonstruktion auf fünf Strukturelemente (Bewegendes, Ereignis, ⟨Weg⟩, KEE und KorE), vgl. das Konstrukt in (9). Das KE ⟨Weg⟩ ist wie bei der reflexiven Partikelverbkonstruktion als Nicht-Kern-KE einzustufen. Auch die reflexive *Weg*-Konstruktion besitzt zwei lexikalisch spezifizierte Strukturelemente – KEE und KorE –, wobei insbesondere Letzteres aber lexikalisch spezifizierter als die beiden KEE der reflexiven Partikelverbkonstruktion ist (vgl. Unterabschnitt 3.3.2).

(9) {[$_{\text{Bewegendes}}$ Mein Schälmesser mit der dünnen Klinge] [$_{\text{Ereignis}}$ säbelt] [$_{\text{KEE}}$ sich] [$_{\text{KorE}}$ einen Weg] [$_{\langle\text{Weg}\rangle}$ durch die buschigen Petersilienköpfe]}, während ich überlege, ob es tatsächlich Köpfe oder doch Blätter oder gar Büschel heißt. (Riedel, Susanne: Eine Frau aus Amerika, Berlin: Berlin Verlag 2003, S. 106)

Die sich daraus ergebende Hierarchie in der formalen Abstraktheit der drei Konstruktionen wird, wie in Abschnitt 5.1 erläutert, durch die Kombination zweier Dimensionen ermittelt: der Anzahl der Strukturelemente sowie der lexikalischen Spezifiziertheit. Bei der Frage nach möglichen Mechanismen für die Evokation des Konstruktions-Frames spielt nun insbesondere das Kriterium der lexikalischen Spezifiziertheit (Unterabschnitt 5.1.2) eine Rolle. Es unterscheidet die Strukturelemente einer Konstruktion danach, ob es sich dabei um KE, KEE oder KorE handelt. Welchem dieser drei Typen ein Strukturelement einer Konstruktion angehört, kann entscheidend bei der Frage sein, ob der Konstruktions-Frame durch (eine Instanz) dieses Strukturelements evoziert werden kann.

Eine wesentliche Eigenschaft eines Konstruktions-Frames, wie ich sie für die drei untersuchten Konstruktionen definiert habe, ist, dass der Konstruktions-Frame über die Konstrukte einer Konstruktion tendenziell invariant bleibt, was ihn am deutlichsten von lexikalischen Frames unterscheidet (vgl. Unterabschnitte 4.2.3 und 4.3.2). Bei der Frage, wie der Konstruktions-Frame evoziert werden kann und ob dies durch ein Strukturelement bzw. dessen Instanz geschehen kann, ist diese Invarianz zu berücksichtigten. So ist zu erwarten, dass lexikalisch invariante Strukturelemente tendenziell eher dazu geeignet sind, den Konstruktions-Frame ‚lexikalisch' zu evozieren, und zwar unabhängig von der ebenso ‚lexikalischen' Evokation des lexikalischen Frames. Mit ‚lexikalischer' Evokation ist im Falle einer Evokation des Konstruktions-Frames durch ein lexikalisch invariantes Strukturelement also nicht dessen Evokation durch ein KtE des KE, das der Evokation des *lexikalischen* Frames vorbehalten ist, gemeint, sondern genau der umgekehrte Fall, dass er in einem davon unterschiedenen Strukturelement evoziert wird. Bei genauerem Hinsehen bestätigt sich diese Annahme für die drei untersuchten Konstruktionen – zumindest teilweise.

- Ein KE wie Ereignis, das eine größere Varianz möglicher KtE (als LE sämtlicher möglicher lexikalischer Frames) aufweist, ist nur in einem einzigen Fall für die Evokation des Konstruktions-Frames relevant, nämlich dann, wenn der lexikalische Frame mit diesem identisch ist (vgl. Unterabschnitt 8.1.1). In allen anderen Fällen findet keine direkte ‚lexikalische' Evokation des Konstruktions-Frames statt (vgl. Unterabschnitt 8.2.2 sowie Abschnitt 8.3).
- Ein KEE wie das KEE der drei untersuchten Konstruktionen oder Richtung der reflexiven Partikelverbkonstruktion kommt durch seine (für die drei untersuchten Konstruktionen) zwar nicht vollständige Invarianz (vgl. exemplarisch die Unterabschnitte 3.1.2 und 3.2.2), zumindest aber durch deutlich stärkere Beschränkungen als diejenigen des KE Ereignis (vgl. Unterabschnitt 5.3.2) hypothetisch betrachtet eher für die ‚lexikalische' Evokation des Konstruktions-Frames infrage. Für die drei untersuchten Konstruktionen ist dies dennoch nicht der Fall, da nicht behauptet werden kann, dass ein Reflexivum oder eine der einschlägigen Verbpartikeln einen Frame wie `Motion` evoziert (vgl. Unterabschnitt 8.3.1).
- Das KorE der reflexiven *Weg*-Konstruktion hingegen ist prädestiniert für die ‚lexikalische' Evokation des Konstruktions-Frames. Dies liegt in erster Linie daran, dass es ein Nomen beinhaltet, das als LE des Konstruktions-Frames `Motion` bzw. eines zu ihm in Frame-Nähe stehenden relatierten Frames (nämlich `Self_motion`) gelten kann (vgl. Unterabschnitt 8.3.2).

Für die drei untersuchten Konstruktionen lässt sich aus diesen Beobachtungen eine zumindest tendenzielle Korrelation zwischen formaler Abstraktheit einer Konstruktion und der Evokation des Konstruktions-Frames ableiten: Je formal abstrakter die Konstruktion ist, desto weniger Möglichkeiten zur ‚lexikalischen' Evokation des Konstruktions-Frames bestehen. Umgekehrt gilt, dass, je formal spezifischer die Konstruktion ist, desto mehr Möglichkeiten zur ‚lexikalischen' Evokation des Konstruktions-Frames bestehen. Diese Korrelation liegt quer zu dem Kontinuum der Evokation des Konstruktions-Frames, das in Abbildung 8.1 (Unterabschnitt 8.1.1) dargestellt ist. Während sich dies vor allem auf den Zusammenhang zwischen lexikalischem Frame und Konstruktions-Frame bezieht, kann es bei einer Konstruktion wie der reflexiven *Weg*-Konstruktion dazu kommen, dass der lexikalische Frame, auch wenn er mit dem Konstruktions-Frame identisch ist, wie üblich über ein KtE des KE Ereignis evoziert wird, während der Konstruktions-Frame *gleichzeitig* über ein davon unterschiedenes Strukturelement evoziert wird (vgl. Unterabschnitt 8.3.2). Die mit der Abstraktheit der drei untersuchten Konstruktionen tendenziell korrelierte Wahrscheinlichkeit der ‚lexikalischen' Evokation des Konstruktions-Frames ist in Abbildung 8.2 illustriert, die eine Erweiterung von Abbildung 5.2 aus Unterabschnitt 5.1.2 darstellt.

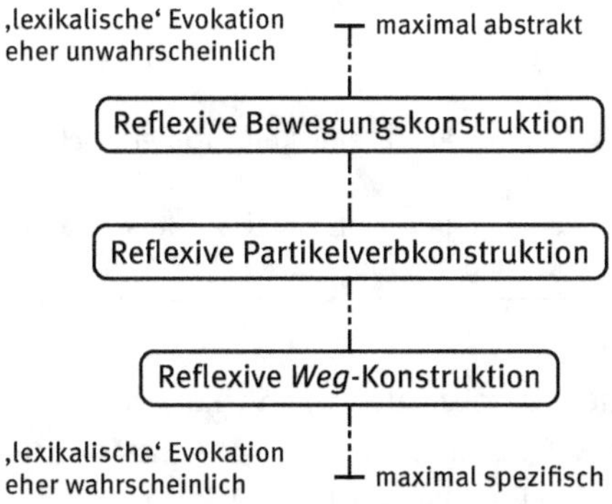

Abb. 8.2: Korrelation der Wahrscheinlichkeit der ‚lexikalischen' Evokation des Konstruktions-Frames mit der formalen Abstraktheit der drei Konstruktionen

Als Zwischenfazit ist festzuhalten, dass neben der Frame-Nähe auch die formale Abstraktheit einer Konstruktion einen zu berücksichtigenden Einflussfaktor für die Mechanismen der Evokation des Konstruktions-Frames darstellt. Wie sich diese beiden Einflussfaktoren zueinander verhalten, möchte ich in der folgenden Diskussion klären.

8.2 Evokation des Konstruktions-Frames bei relatierten lexikalischen Frames

Unter den Einflussfaktoren, die die Evokation des Konstruktions-Frames steuern, kann die Frame-Nähe lexikalischer Frames (Unterabschnitt 8.1.2) als übergreifend bei der Differenzierung unterschiedlicher Mechanismen angesehen werden. Die formale Abstraktheit einer Konstruktion als Einflussfaktor (Unterabschnitt 8.1.3) ist ihr in dieser Hinsicht untergeordnet. Dies ist daran zu erkennen, dass die Frame-Nähe lexikalischer Frames wesentlich darüber bestimmt, ob weitere Einflussfaktoren bei der Evokation des Konstruktions-Frames eine Rolle spielen, denn insbesondere bei relatierten lexikalischen Frames treten, wie ich in diesem Abschnitt zeigen möchte, Einflussfaktoren wie die formale Abstraktheit der Konstruktion in den Hintergrund.

Aus diesem Grund trenne ich die Mechanismen der Evokation des Konstruktions-Frames, die ich in diesem und dem folgenden Abschnitt 8.3 diskutieren

Tab. 8.1: Mechanismen der Evokation eines Konstruktions-Frames nach relatierten und unrelatierten lexikalischen Frames

Relatierte lexikalische Frames	Unrelatierte lexikalische Frames
Identität von lexikalischem Frame und Konstruktions-Frame (Unterabschnitt 8.2.1)	Evokation durch ein KEE (Unterabschnitt 8.3.1)
Frame-Nähe und *Spreading Activation* (Unterabschnitt 8.2.2)	Evokation durch ein KorE (Unterabschnitt 8.3.2)
	Evokation durch syntagmatische Kombination von KtE und KEE (Unterabschnitt 8.3.3)

möchte, nach der Frame-Nähe lexikalischer Frames, also nach relatierten und unrelatierten Frames. Die insgesamt fünf Mechanismen, deren Diskussion die reflexive Bewegungskonstruktion, die reflexive Partikelverbkonstruktion und die reflexive *Weg*-Konstruktion nahelegen, können jeweils einer dieser beiden Kategorien lexikalischer Frames zugeordnet werden. Diese Zuordnung ist in Tabelle 8.1 dargestellt.

In diesem Abschnitt soll es zunächst um diejenigen Mechanismen gehen, die relatierte lexikalische Frames betreffen. Die Kategorie der relatierten lexikalischen Frames lässt sich, wie bereits in den Unterabschnitten 5.4.2 und 7.5.1 angesprochen, wiederum in zwei Unterkategorien aufteilen:

a) denjenigen lexikalischen Frame, der mit dem Konstruktions-Frame identisch ist;
b) diejenigen lexikalischen Frames, die zum Konstruktions-Frame in einer Frame-Nähe von +1 oder niedriger bzw. –1 oder niedriger stehen (relatierte lexikalische Frames im engeren Sinne).

Entsprechend dieser zwei Unterkategorien relatierter lexikalischer Frames lassen sich zwei Mechanismen der Evokation eines Konstruktions-Frames unterscheiden, die in Konstrukten, deren Konstrukt-Frames aus jenen lexikalischen Frames bestehen, zum Tragen kommen. Es handelt sich einerseits um den Fall, dass der lexikalische Frame mit dem Konstruktions-Frame identisch ist und somit direkt durch diesen lexikalischen Frame evoziert wird, und andererseits um die Fälle, in denen ausgehend von einem relatierten lexikalischen Frame mit einer Frame-Nähe von +1 oder niedriger bzw. –1 oder niedriger der Konstruktions-Frame aufgrund eines *Spreading-Activation*-Prozesses bei der Evokation eines entsprechenden lexikalischen Frames gewissermaßen ‚mitevoziert' wird. Ersteren Fall mache ich im Folgenden zu Gegenstand von Unterabschnitt 8.2.1, während ich auf letzteren Fall in Unterabschnitt 8.2.2 eingehe.

8.2.1 Identität von lexikalischem Frame und Konstruktions-Frame

Zu den relatierten lexikalischen Frames einer Konstruktion zählen nicht nur diejenigen Frames, die in einer Frame-Nähe von +1 oder niedriger (und ebenso –1 oder niedriger) zum Konstruktions-Frame stehen, sondern gleichsam derjenige Frame mit einer Frame-Nähe von 0, mit anderen Worten: der Konstruktions-Frame selbst. Wie bereits in Unterabschnitt 5.4.2 argumentiert, kann der Konstruktions-Frame, im Falle der drei untersuchten Konstruktionen also `Motion`, wenn er als lexikalischer Frame auftritt, als prototypischster aller lexikalischen Frames gelten. Dass `Motion` tatsächlich als lexikalischer Frame auftreten kann, habe ich für die reflexive Bewegungskonstruktion in Unterabschnitt 6.2.1 ausführlich gezeigt. Die hohe Prototypikalität dieses Frames spiegelt sich in der semantischen Motivierung der KtE wider: `Motion` ist unter den relatierten lexikalischen Frames, die allesamt in der Lage sind, alle KtE eines Konstrukts ohne einen zusätzlichen Konstruktions-Frame zu motivieren, der Prototyp. Nicht zuletzt aus diesem Grund kann sein FE `Motion`.THEME etwa für die Benennung des KE BEWEGENDES herangezogen werden (Unterabschnitt 7.3.2).

Wie Tabelle 8.2 zeigt, ist die Identität zwischen lexikalischem Frame und Konstruktions-Frame für alle drei Konstruktionen, insbesondere für die reflexive Bewegungskonstruktion (RBKxn) und die reflexive Partikelverbkonstruktion (RPVKxn), durchaus zahlreich belegt.

Tab. 8.2: Konstrukte der drei Konstruktionen mit Identität von lexikalischem Frame und Konstruktions-Frame

Konstruktion	Konstrukte gesamt	Konstrukte mit `Motion`	Anteil
RBKxn	1.011	105	10,39 %
RPVKxn	850	24	2,82 %
Weg-Kxn	27	26	96,30 %

Prototypisch beim Auftreten von `Motion` als lexikalischem Frame ist nun nicht nur die semantische Motivierung der KtE und damit die Konstitution des Konstrukt-Frames, sondern letztendlich auch die Evokation des Konstruktions-Frames. Die Identität zwischen lexikalischem Frame und Konstruktions-Frame stellt den einfachsten Fall der ‚lexikalischen' Evokation des Konstruktions-Frames dar. Der Konstruktions-Frame wird hier direkt in Gestalt des lexikalischen Frames evoziert, und zwar durch ein KtE des KE EREIGNIS, das unmittelbar eine LE des Konstruktions-Frames darstellt.

Einige Beispiele für die drei untersuchten Konstruktionen sollen dies noch einmal illustrieren. Für die reflexive Bewegungskonstruktion zeigen die Belege in (10)–(16) Konstrukte, in denen lexikalischer Frame und Konstruktions-Frame identisch sind. Die KtE *bewegen* (*move.v*), *begeben* (*go.v*), *schlängeln* (*snake.v*), *winden* (*wind.v*), *mäandern* (*meander.v*), *verschieben* und *rücken* (beide *move.v*) evozieren `Motion` als lexikalischen Frame, der direkt dem Konstruktions-Frame entspricht. Sie evozieren somit zugleich den Konstruktions-Frame.

(10) a. Die deutsche Seele ist bewegt, [$_{\texttt{Motion}}$ bewegt] sich durch Berlin und findet sich nicht wieder. (Die Zeit, 17.02.2000, Nr. 8)
b. Die augenblickliche Wirtschaftslage [$_{\texttt{Motion}}$ bewege] sich in Richtung Armut, was das Resultat der ausbeuterischen Privatisierung sei. (Archiv der Gegenwart, 2001 [2000])
c. Eine Ameise scheint sich auf der Schnur nur von links nach rechts [$_{\texttt{Motion}}$ bewegen] zu können." (Die Zeit, 10.02.2000, Nr. 7)

(11) a. Auch ich [$_{\texttt{Motion}}$ begebe] mich in den Garten und pflücke mir ein bescheidenes Sträußchen kriechender Kapuzinerkresse. (Noll, Ingrid: Ladylike, Zürich: Diogenes 2006, S. 137)
b. Zu bestimmten Zeiten, wenn die Buschtrommel des HSV ins Volksparkstadion oder die des Ersten FC Kaiserslautern auf den Betzenberg ruft, verlassen die Fans ihre Lehmhütten, [$_{\texttt{Motion}}$ begeben] sich zu den Versammlungsplätzen der Männer, nehmen berauschende Getränke oder Drogen ein, schmücken sich mit den Totems des Stammes und tragen auf ihrer Haut die Farben der Kriegsbemalung auf. (Schwanitz, Dietrich: Männer, Frankfurt a. M.: Eichborn 2001, S. 40)
c. Dr. Hans Wilhelm Stein, Burgherr von Saaleck, verbarg die beiden und [$_{\texttt{Motion}}$ begab] sich nach München, in Ehrhardts Hauptquartier, um falsche Pässe und einen Fluchtwagen zu organisieren. (Die Zeit, 30.03.2000, Nr. 14)

(12) a. Ich [$_{\texttt{Motion}}$ schlängelte] mich durch die Autos und die Abgase, die rot zwischen den Schlußlichtern dampften, und entdeckte gerade noch rechtzeitig die kräftige Gestalt von John Bird hinter dem erleuchteten Schaufenster. (Franck, Julia: Lagerfeuer, Köln: DuMont Literatur und Kunst Verlag 2003, S. 256)
b. Die Luft war stickig, der Rauch [$_{\texttt{Motion}}$ schlängelte] sich über die Brocken, kaum vom Kohlenstaub unterscheidbar. (Schrott, Raoul: Tristan da Cunha oder die Hälfte der Erde; Hanser Verlag 2003, S. 435)

(13) Jonas [$_{\texttt{Motion}}$ wand] sich aus dem Kofferraum nach vorne auf die Rückbank des Autos. (Glavinic, Thomas: Die Arbeit der Nacht, München Wien: Carl Hanser Verlag 2006, S. 346)

(14) So [$_{\texttt{Motion}}$ mäandern] sich die nackten und verschlungenen Leiber durch die Werbung und über die Titel jener der Werbeästhetik folgenden Magazine. (Die Zeit, 13.01.2000, Nr. 3)

(15) Der Schwerpunkt des Westens [$_{\texttt{Motion}}$ verschob] sich in die USA. (Die Zeit, 02.03.2000, Nr. 10)

(16) Er [$_{\texttt{Motion}}$ rückt] sich in den Mittelpunkt. (Schwanitz, Dietrich: Männer, Frankfurt a. M.: Eichborn 2001, S. 73)

Analoge Beobachtungen lassen sich für die reflexive Partikelverbkonstruktion machen. Wie die Daten in Tabelle 8.2 zeigen, liegt die Frequenz von Konstrukten mit `Motion` als lexikalischem Frame zwar unter derjenigen der reflexiven Bewegungskonstruktion, dennoch finden sich zahlreiche Konstrukte, in denen eine Identität von lexikalischem Frame und Konstruktions-Frame besteht. Die Belege in (17)–(19) zeigen Beispiele für die ebenso für die reflexive Bewegungskonstruktion belegten LE *bewegen* (*move.v*), *schlängeln* (*snake.v*) und *winden* (*wind.v*), die direkt `Motion` als lexikalischen Frame und somit Konstruktions-Frame evozieren.

(17) a. Bei jedem Zweig, der unter ihren Schuhen zerbrach, schrak Meggie zusammen, doch zum Glück machten auch Basta und Flachnase einigen Lärm, während sie sich durch das Dickicht den Berg hinab[$_{\texttt{Motion}}$ bewegten]. (Funke, Cornelia: Tintenherz, Hamburg: Cecilie Dressler Verlag 2003, S. 230)

b. Er könne sich zu wirklichem Frieden fort[$_{\texttt{Motion}}$ bewegen] oder ins Chaos zurückfallen. (Archiv der Gegenwart, 2001 [2000])

c. Im Grunde praktizierte und propagierte Erhard wirtschaftspolitische Vorstellungen, auf die sich Adenauer selbst zunehmend hin[$_{\texttt{Motion}}$ bewegte], seitdem er im Frühjahr 1946 an die Spitze der CDU in der britischen Zone gelangt war. (Schwarz, Hans-Peter: Anmerkungen zu Adenauer, München: Deutsche Verlags-Anstalt 2005 [2004], S. 53)

(18) a. Die Karkasse war an ihrer Unterseite aufgerissen, die Eingeweide waren hervorgequollen, [$_{\texttt{Motion}}$ schlängelten] sich auf und dümpelten im Wasser zwischen den Algen und dem Kelp. (Schrott, Raoul: Tristan da Cunha oder die Hälfte der Erde; Hanser Verlag 2003, S. 72)

b. „Niemand da?“ fragte der Pförtner, als Christian sich an den Gummibäumen vorbei[$_{\texttt{Motion}}$ schlängelte]. (Düffel, John von: Houwelandt, Köln: DuMont Literatur und Kunst Verlag 2004, S. 212)

c. Ellen jedoch wand und [$_{\texttt{Motion}}$ schlängelte] sich zwischen den Leuten hindurch, man machte ihr Platz wie einer Kellnerin. (Schulze, Ingo: Neue Leben, Berlin: Berlin Verlag 2005, S. 440)

(19) a. Der dritte und letzte Fahrgast, der sich heraus[$_{\texttt{Motion}}$windet], ist zu unserer grenzenlosen Verblüffung niemand anderer als der lange, leichenblasse Rudi. (Noll, Ingrid: Ladylike, Zürich: Diogenes 2006, S. 230)

b. Mit jedem Schritt war er der Biegung des Flusses näher gekommen und hatte weiter stromaufwärts gesehen, zum Eibsandsteingebirge, zum Lilienstein und zum Königstein, zwischen denen sich die Elbe hindurch[$_{\texttt{Motion}}$ wand], darüber blaßblaue Wolken, deren Ränder sich dunkel vor dem gelblichweißen Licht abgehoben hatten. (Schulze, Ingo: Neue Leben, Berlin: Berlin Verlag 2005, S. 714)

c. Seine Scheunenvierteluhr war entworfen, und eine Raupe aus grauen, Gestalten [$_{\texttt{Motion}}$ wand] sich bei Sonnenuntergang, schlurfend, schweigend, am Schloßberg hoch. (Koneffke, Jan: Paul Schatz im Uhrenkasten, Köln: DuMont Buchverlag 2000, S. 228)

Hinsichtlich der LE, die `Motion` als lexikalischen Frame und Konstruktions-Frame zugleich evozieren, stellt die reflexive *Weg*-Konstruktion, wie bereits in Unterabschnitt 3.3.2 angesprochen, eine Besonderheit dar, da sich für das Verb *bahnen*, das in 26 von insgesamt 27 Konstrukten dieser Konstruktion erscheint, keine direkte Entsprechung in FrameNet findet. Ein einfacher Abgleich mit Wörterbuchdaten lässt es aber plausibel erscheinen, diesem Verb zumindest heuristisch die Eigenschaft zuzuschreiben, `Motion` als lexikalischen Frame zu evozieren. Im DWDS findet sich im Eintrag zum Verb *bahnen* als erstes und einziges Verwendungsmuster die Angabe „sich, jmdm. einen Weg bahnen“.[13] Unter den Verwendungsbeispielen finden sich sodann zahlreiche Konstrukte der reflexiven *Weg*-Konstruktion.[14] Da ich davon ausgehe, dass der Konstruktions-Frame dieser Konstruktion, wie derjenige der anderen beiden untersuchten Konstruktionen, `Motion` ist, erscheint die heuristische Annahme von *bahnen* als LE von `Motion` gerechtfertigt. Die drei Bele-

13 https://www.dwds.de/wb/bahnen (zuletzt abgerufen am 07.09.2021).

14 Wie Verhagen (2003a: 333, 2003b: 35–36) für das Niederländische feststellt, ist die lexikalische Bedeutung von *bahnen* kaum zu exemplifizieren, ohne dieses Verb in der reflexiven *Weg*-Konstruktion zu gebrauchen. Dies ist ein starkes Anzeichen dafür, dass der Konstruktions-Frame mit dem lexikalischen Frame, den diese LE evoziert, identisch sein muss, denn, so resümiert Verhagen (2002: 411) für das niederländische *banen*: „If one tries to describe its meaning, then one essentially ends up with something very similar to the meaning of the entire construction.“ Vgl. auch Verhagen (2003a: 333, 2003b: 36).

ge in (20) sollen entsprechende Konstrukte der reflexiven *Weg*-Konstruktion noch einmal illustrieren.

(20) a. Jawohl, denn die Damen wirken „schwerfällig und lustlos", [$_{\texttt{Motion}}$ bahnen] sich an Bord nur mühsam ihren Weg durch die engen Gänge und ecken sehr wahrscheinlich auch bei solchen Passagieren an, die es in höchstem Maße unerquicklich finden, ihren Anisschnaps von einem Fesselballon serviert zu bekommen. (Die Zeit, 10.02.2000, Nr. 7)

b. Ich beobachtete, wie Doreen die Hände des Pfarrers und seiner Frau abwehrte, sie ließ die beiden zurück und [$_{\texttt{Motion}}$ bahnte] sich einen Weg zu den Essenswagen. (Franck, Julia: Lagerfeuer, Köln: DuMont Literatur und Kunst Verlag 2003, S. 301)

c. Was passiert ist, ist passiert", und er drehte sich um und [$_{\texttt{Motion}}$ bahnte] sich langsam durch die Büsche seinen Weg zurück zum Gutshaus. (Boie, Kirsten: Skogland, Ort: Hamburg 2005, S. 185)

Der Fall einer Identität von lexikalischem Frame und Konstruktions-Frame ist somit für alle drei untersuchten Konstruktionen belegt. Für diese Konstruktionen kann also davon ausgegangen werden, dass in der jeweiligen Menge von Konstrukten, auf die dieser Fall zutrifft, der Konstruktions-Frame direkt durch ein KtE des KE Ereignis evoziert wird, da dieses KtE eben als LE von `Motion` zu verstehen ist. Tabelle 8.2 zeigt aber zugleich, dass die Identität zwischen lexikalischem Frame und Konstruktions-Frame zwar durchaus zahlreich belegt ist, zumindest für die reflexive Bewegungskonstruktion und die reflexive Partikelverbkonstruktion aber nur einen kleinen Teil ihrer jeweiligen Konstrukte ausmacht. Für alle übrigen Konstrukte muss es andere Mechnismen der Evokation des Konstruktions-Frames geben. Bleibt man zunächst noch bei relatierten lexikalischen Frames, führt ausgehend vom Konstruktions-Frame der Weg zunächst zu allen anderen zu ihm relatierten lexikalischen Frames, die in einer Frame-Nähe von +1 oder niedriger bzw. –1 oder niedriger zu ihm stehen.

8.2.2 Frame-Nähe und *Spreading Activation*

Die Konstrukte, in denen der lexikalische Frame mit dem Konstruktions-Frame identisch ist, können als direkteste ‚lexikalische' Evokation des Konstruktions-Frames verstanden werden. Sie stellen allerdings nicht die einzigen Fälle dar, in denen der Konstruktions-Frame über ein KtE des KE Ereignis evoziert werden kann.

Ausgehend von der im letzten Unterabschnitt 8.2.1 diskutierten Beobachtung, dass der Konstruktions-Frame am basalsten in solchen Konstrukten evoziert wird, in denen lexikalischer Frame und Konstruktions-Frame identisch sind, ist es nur ein kleiner Schritt, den Mechanismus der Evokation des Konstruktions-Frames durch KtE des KE EREIGNIS auf lexikalische Frames zu übertragen, die zwar nicht mit dem Konstruktions-Frame identisch sind, ihm aber dennoch nahekommen. Die Rede ist einmal mehr von allen relatierten Frames, die in einer Frame-Nähe von +1 oder niedriger bzw. –1 oder niedriger zum Konstruktions-Frame stehen. Sie bilden das in Unterabschnitt 5.4.3 vorgestellte System von Frames, die die Frame-Nähen von `Motion` definieren. Wenn also KtE des KE EREIGNIS, die LE von `Motion` darstellen, den Konstruktions-Frame evozieren können, können dies dann auch – gewissermaßen ‚indirekt' – KtE, die als LE relatierter Frames in Frame-Nähe zu `Motion` stehen? Ich möchte diese Frage positiv beantworten und in diesem Unterabschnitt zeigen, dass die LE aller relatierten lexikalischen Frames in der Lage sind, den Konstruktions-Frame zu evozieren, eben weil die entsprechenden lexikalischen Frames zu ihm in Frame-Nähe stehen. Stützen lässt sich diese Annahme unter Rückgriff auf ein netzwerktheoretisches Modell der *Spreading Activation* (vgl. überblickend Barsalou 1992a: 45–49; Traugott & Trousdale 2013: 54–56; Matos et al. 2017; Diessel 2019: 94; Schmid 2020: 44–45), das, wie ich im Folgenden ausführen möchte, in Einklang mit der variierenden Prototypikalität relatierter lexikalischer Frames in Bezug auf den Konstruktions-Frame (Unterabschnitt 5.4.2) steht.[15]

Die Grundidee der Spreading-Activation-Theorie, wie sie etwa von Collins & Loftus (1975) oder Anderson (1983) vertreten wird, besteht darin, dass bei der Aktivierung eines Knotens in einem semantischen Netzwerk zugleich weitere Knoten, die zu diesem in Relation stehen, mitaktiviert werden, wobei die Aktivierung mit zunehmender Distanz vom Ausgangsknoten schwächer wird:

> When a concept is processed (or stimulated), activation spreads out along the paths of the network in a decreasing gradient. The decrease is inversely proportional to the accessibility or strength of the links in the path. (Collins & Loftus 1975: 411)

Frame-semantisch betrachtet ist ein solches semantisches Netzwerk nichts anderes als ein System von Frames und Relationen zwischen diesen (vgl. Czulo et al. 2019: 30). Konstruktionssemantisch gewendet dient als Ausgangsknoten der

15 Frame-semantische und konstruktikographische Anwendung findet die Spreading-Activation-Theorie etwa für die computerlinguistische Ermittlung der besten Interpretation einer Konstruktion (Matos et al. 2017) oder der Entwicklung einer frame-semantischen Metrik zur Evaluation maschineller Übersetzungen (Czulo et al. 2019).

Konstruktions-Frame, das semantische Netzwerk ist mit dessen System an Frame-Nähen zu identifizieren, es besteht also aus dem Konstruktions-Frame sowie allen zu ihm relatierten lexikalischen Frames. Wird einer dieser Frames evoziert, so werden zugleich alle Frames, die zu diesem in einer Frame-zu-Frame-Relation stehen, mitevoziert, auch über mehrere Hierarchieebenen hinweg (also etwa auch für Frame-Nähen von +2 und +3). Die Evokation breitet sich also gewissermaßen ausgehend von einem lexikalischen Frame in das System der Frame-Nähen aus. Barsalou (1992a: 47) weist darauf hin, dass Spreading-Activation-Prozesse gleichermaßen ‚bottom up' wie auch ‚top down' verlaufen können. Das heißt, dass der direkt evozierte Frame sowohl auf einer niedrigeren als auch auf einer höheren Hierarchieebene liegen kann – in beiden Fällen werden weitere Frames, die zu ihm in Frame-zu-Frame-Relation stehen, mitevoziert, sowohl ‚nach unten' als auch ‚nach oben'.

Ein simples Beispiel: Wird in einem Konstrukt der reflexiven Bewegungskonstruktion wie (21) der lexikalische Frame `Self_motion` evoziert, der zum Konstruktions-Frame `Motion` in einer Frame-Nähe von +1 steht, so wird zugleich `Motion` mitevoziert. Wird ein zum Konstruktions-Frame relatierter lexikalischer Frame mit einer Frame-Nähe von +1 oder niedriger bzw. –1 oder niedriger evoziert, wird der Konstruktions-Frame gleichzeitig mitevoziert.

(21) Ich [$_{\texttt{Self\_motion}}$ schlich] mich vorsichtig an ihm vorbei zu dem Gewürzregal, ließ ihn aber nicht aus den Augen. (Düffel, John von: Vom Wasser, München: dtv 2006, S. 260)

Nun lässt sich allerdings nicht nur die Annahme der reinen Mitevokation des Konstruktions-Frames bei der Evokation eines relatierten lexikalischen Frames mit Hilfe der Spreading-Activation-Theorie stützen, auch die Annahme der abnehmenden Aktivierungsstärke mit zunehmender Distanz vom Ausgangsknoten – also dem Konstruktions-Frame – lässt sich auf das Konzept der Frame-Nähe übertragen. Mit abnehmender Frame-Nähe eines relatierten lexikalischen Frames zum Konstruktions-Frame sinkt die Stärke der Evokation des Letzteren. Diese Idee steht im Einklang mit der Annahme der sinkenden Prototypikalität eines relatierten lexikalischen Frames in niedrigerer Frame-Nähe zum Konstruktions-Frame (Unterabschitt 5.4.2). Diese abnehmende Prototypikalität eines relatierten lexikalischen Frames mit abnehmender Frame-Nähe lässt sich mit der schwächeren Aktivierungsstärke dieses lexikalischen Frames aus Sicht des Konstruktions-Frames begründen. Mit anderen Worten: Je weniger prototypisch ein relatierter lexikalischer Frame ist, desto weniger stark ist bei seiner Evokation die gleichzeitige Evokation des Konstruktions-Frames. Mit abnehmender Frame-Nähe eines relatierten lexikalischen Frames sinkt nicht nur die Mitevokation des Konstruktions-Frame, auch die semantische Ähnlichkeit des Ersteren zum Letzteren nimmt ab:

> The conceptual (semantic) network is organized along the lines of semantic similarity. The more properties two concepts have in common, the more links there are between the two nodes via these properties and the more closely related are the concepts. (Collins & Loftus 1975: 411)

Wenn Barsalou (1992a: 47) darauf hinweist, dass Spreading Activation gleichermaßen ‚bottom up' wie auch ‚top down' verlaufen kann, entspricht Ersteres einer positiven Frame-Nähe, für die das Konstrukt in (21) mit `Self_motion` ein Beispiel ist, während Letzteres einer negativen Frame-Nähe entspricht. Ein Beispiel dafür ist das Konstrukt der reflexiven Bewegungskonstruktion in (22) mit dem lexikalischen Frame `Cause_motion`, der zu `Motion` in einer Frame-Nähe von –1 steht, diesem also übergeordnet ist.

(22) Er [$_{\texttt{Cause\_motion}}$ schob] sich ächzend nach vorn auf die Kante seines Sessels, erhob sich aber dann trotz seines mächtigen Bauches überraschend mühelos. (Schulze, Ingo: Neue Leben, Berlin: Berlin Verlag 2005, S. 25)

An zwei Beispielkomplexen möchte ich den Mechanismus der Evokation des Konstruktions-Frames mittels Spreading Activation etwas weiter ausführen. Dafür seien zwei Typen von Frame-zu-Frame-Relationen in den Blick genommen: die Vererbungsrelation und die Benutzt-Relation. Sie eignen sich besonders zur Illustration von Spreading-Activation-Prozessen bei der Evokation des Konstruktions-Frames, weil für sie zahlreiche Konstrukte der reflexiven Bewegungskonstruktion und der reflexiven Partikelverbkonstruktion belegt sind und die Benutzt-Relation zudem über Frames bis zu einer Frame-Nähe von +3 zu `Motion` verfügt, während die Vererbungsrelation bis zu einer Frame-Nähe von +2 reicht (vgl. die Tabellen 5.12 und 5.13 in Unterabschnitt 5.4.3).

In Abbildung 8.3 ist ein Ausschnitt der zu `Motion` in Vererbungsrelation stehenden lexikalischen Frames dargestellt. Für diese Relation sind Frame-Nähen von bis zu +2 in FrameNet dokumentiert, für die Frame-Nähe +1 sei hier exemplarisch einmal mehr der lexikalische Frame `Self_motion` genannt, für die Frame-Nähe +2 der lexikalische Frame `Fleeing`.

Der lexikalische Frame `Self_motion` ist sowohl für die reflexive Bewegungskonstruktion als auch für die reflexive Partikelverbkonstruktion belegt, während `Fleeing` ausschließlich für die reflexive Bewegungskonstruktion belegt ist. Unter (23) sind noch einmal einige Beispielkonstrukte für `Self_motion` und die reflexive Bewegungskonstruktion, unter (24) für `Self_motion` und die reflexive Partikelverbkonstruktion zusammengestellt.

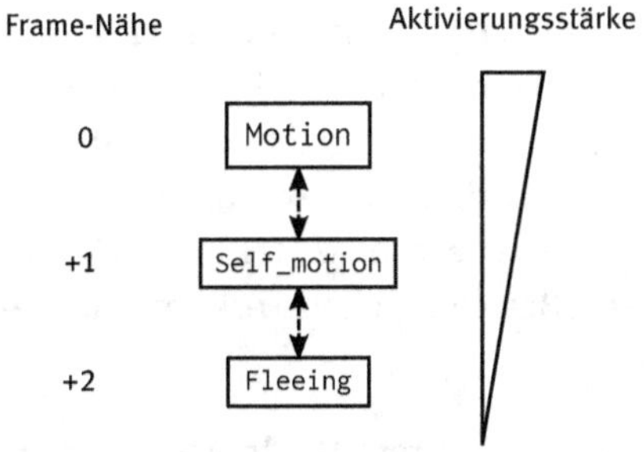

Abb. 8.3: Ausschnitt der zum Konstruktions-Frame Motion in Vererbungsrelation relatierten Frames in FrameNet 1.7 mit ihrer Aktivierungsstärke

(23) a. Wieder einmal [$_{\text{Self\_motion}}$ schleicht] sich Wenders vom Himmel aus an seine Geschichte heran, gewissermaßen engelsgleich. (Die Zeit, 03.02.2000, Nr. 6)

b. General Motors geht es mit seiner Tochter Opel kaum besser, Fiat [$_{\text{Self\_motion}}$ robbt] sich mühsam aus den roten Zahlen, und Renault hat die Übernahme von Nissan noch längst nicht bewältigt. (Die Zeit, 24.02.2000, Nr. 9)

c. Die Sonne sinkt, die Campesinos auf dem Platz [$_{\text{Self\_motion}}$ verkriechen] sich in ihre Decken. (Die Zeit, 05.01.2000, Nr. 2)

(24) a. Überall schien sie zu sein, ein bösartiges, körperloses Wesen, das nur darauf gewartet hatte, dass die Glühbirne verlosch, und sich nun in der Finsternis an sie heran[$_{\text{Self\_motion}}$ schlich], um sie in ihre kalten Arme zu nehmen. (Funke, Cornelia: Tintenherz, Hamburg: Cecilie Dressler Verlag 2003, S. 169)

b. Dort, wo sich die Brandung nicht wundwusch an dem rötlichen, von der Sonne gehärteten Stein, [$_{\text{Self\_motion}}$ rankten] sich Muscheln die Felswände hinauf. (Düffel, John von: Houwelandt, Köln: DuMont Literatur und Kunst Verlag 2004, S. 24)

c. Ob er sich in der Manier Keith Jarretts in ein Thema hinein[$_{\text{Self\_motion}}$ schaukelt], es aufsplittert oder choralartig streng entwickelt, immer ist sein Formbewusstsein spürbar. (Die Zeit, 17.02.2000, Nr. 8)

Der lexikalische Frame Self_motion ist dem Konstruktions-Frame Motion direkt untergeordnet, weshalb er die Frame-Nähe von +1 erhält. Die Aktivierungsstärke, mit der LE wie *schleichen* (*sneak.v*), *robben*, *verkriechen* (beide *crawl.v*) *ranken* (*climb.v*) oder *schaukeln* (*swing.v*) mitevozieren, kann also als durchaus hoch eingeschätzt werden. Die Ähnlichkeit zwischen beiden Frames ist schon am gemeinsamen Namensbestandteil *motion* zu erkennen (vgl. auch zu Gemeinsamkeiten ihrer FE die Unterabschnitte 6.2.1 und 7.3.2). Konstrukte, in denen ein lexikalischer Frame wie Self_motion evoziert wird, der in einer Frame-Nähe von +1 zum Konstruktions-Frame steht, evozieren Letzteren also auf kürzestem Wege mit.

Einen längeren Weg zum Konstruktions-Frame bringt der lexikalische Frame Fleeing mit sich, der zu Motion in einer Frame-Nähe von +2 steht. In (25) finden sich zwei Beispielkonstrukte der reflexiven Bewegungskonstruktion für diesen Frame.

(25) a. Die [$_{\text{Fleeing}}$ flüchtet] sich in eine Affäre mit ihrem Maklervorbild, dem noch größeren Fassadenkünstler Buddy Kane (Peter Gallagher). (Die Zeit, 20.01.2000, Nr. 4)

b. Panik und Niedergeschlagenheit wechselten auch bei ihr ab, sie [$_{\text{Fleeing}}$ flüchtete] sich zu ihrem chirurgischen Besteck, in ihre Schädel-Hirn-Traumata. (Stadler, Arnold: Sehnsucht, Köln: DuMont Literatur und Kunst Verlag 2002, S. 37)

Durch die Frame-Nähe von +2 ist die Aktivierungsstärke, mit der der Konstruktions-Frame bei LE wie *flüchten* (*flee.v*) mitevoziert wird, schwächer als bei Self_motion. Dennoch kann auch hier davon ausgegangen werden, dass Motion bei allen Konstrukten, deren Konstrukt-Frames aus einem lexikalischen Frame wie Fleeing in Frame-Nähe von +2 besteht, mitevoziert wird. Die geringere Frame-Nähe zeigt also zugleich die geringere Aktivierungsstärke des Konstruktions-Frames an.

Ähnliche Beobachtungen lassen sich für die Benutzt-Relation aufzeigen. Der einzige Unterschied zur Vererbungsrelation besteht darin, dass die Benutzt-Relation Frame-Nähen zu Motion von bis zu +3 aufweist, während für die Vererbungsrelation lediglich Frame-Nähen von +2 belegt sind, zu denen der soeben betrachtete lexikalische Frame Fleeing gehört. Wie Abbildung 8.4 zeigt, zählt zu den Frames mit einer Frame-Nähe von +1 Body_movement, diesem wiederum ist Facial_expression untergeordnet, weshalb dieser Frame eine Frame-Nähe von +2 erhält. Facial_expression wiederum ist Making_faces untergeordnet, der dann in einer Frame-Nähe von +3 zu Motion steht. Weiter entferntere Frames sind für diese Relation und auch alle anderen Relationen, wie in Unterabschnitt 5.4.3 aufgezeigt, nicht belegt.

Der lexikalische Frame Body_movement ist wie Self_motion sowohl für die reflexive Bewegungskonstruktion als auch für die reflexive Partikelverbkonstruktion belegt. Unter (26) sind einige Beispielkonstrukte für die reflexive Bewegungskonstruktion zusammengestellt, während (27) Beispielkonstrukte für die reflexive Partikelverbkonstruktion zeigt.

(26) a. Und Paul bestrafte sie mit Großvaters eisernem Schweigen, mied Annas Keller, einen Tag, zwei Tage, und [$_{\text{Body\_movement}}$ warf] sich an Hau-

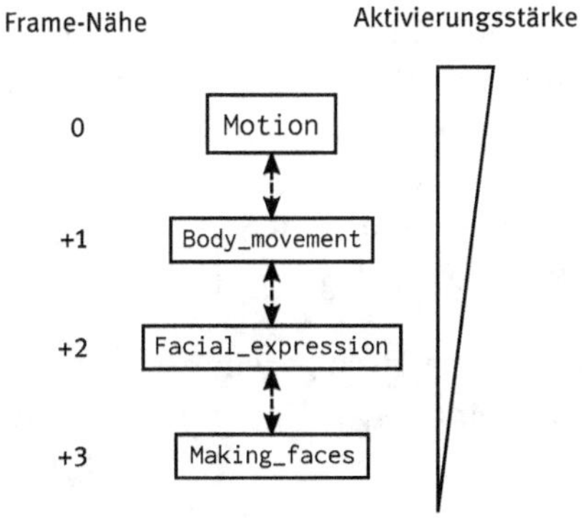

Abb. 8.4: Ausschnitt der zum Konstruktions-Frame `Motion` in Benutzt-Relation relatierten Frames in FrameNet 1.7 mit ihrer Aktivierungsstärke

eisens Klavier und stimmte Donnerakkorde an, um sie zu zerschmettern und Mores zu lehren. (Koneffke, Jan: Paul Schatz im Uhrenkasten, Köln: DuMont Buchverlag 2000, S. 108)

b. Er aber lief in sein Zimmer am Ende des Flurs und [$_{\texttt{Body\_movement}}$ beugte] sich weit aus dem Fenster. (Kuckart, Judith: Lenas Liebe, Köln: DuMont Literatur und Kunst Verlag 2002, S. 224)

c. Er [$_{\texttt{Body\_movement}}$ zitterte] sich in einen Dämmerschlaf, von dem er nicht wußte, ob er zehn Minuten dauerte oder drei Stunden. (Glavinic, Thomas: Die Arbeit der Nacht, München Wien: Carl Hanser Verlag 2006, S. 167)

(27) a. Er [$_{\texttt{Body\_movement}}$ beugte] sich seitlich zu dem Hund hinab, ein Singsang, beruhigend, ja einlullend – auf englisch! (Schulze, Ingo: Neue Leben, Berlin: Berlin Verlag 2005, S. 83)

b. Zuckende, kauernde, kraxelnde Leiber auf Boden, Treppen und Geländern, eine makabre Arme-Leute-Prozession [$_{\texttt{Body\_movement}}$ wälzt] sich voran, Salatköpfe rollen, in den Lüften ein wüstes Blasen und Dröhnen. (Die Zeit, 20.04.2000, Nr. 17)

c. Sie [$_{\texttt{Body\_movement}}$ heben] sich über den Rest der Welt hinaus. (Riedel, Susanne: Eine Frau aus Amerika, Berlin: Berlin Verlag 2003, S. 222)

Analog zu `Self_motion` wird auch in den Fällen, in denen der Konstrukt-Frame aus `Body_movement` besteht, der Konstruktions-Frame durch LE wie *werfen* (*throw.v*), *beugen* (*bend.v*), *zittern* (*shiver.v*), *wälzen* (*roll.v*) oder *heben* (*lift.v*) mitevoziert. Die Frame-Nähe von +1 spricht auch bei der Benutzt-Relation für eine hohe Aktivierungsstärke des Konstruktions-Frames.

Für den lexikalischen Frame Facial_expression, der in einer Frame-Nähe von +2 in der Benutzt-Relation zu Motion steht, sind für alle drei untersuchten Konstruktionen keine Konstrukte belegt. Eine sinkende Aktivierungsstärke mit abnehmender Frame-Nähe lässt sich für diese Frame-zu-Frame-Relation dennoch aufzeigen. Für den lexikalischen Frame Making_faces mit der Frame-Nähe +3 ist für die reflexive Bewegungskonstruktion ein Konstrukt belegt, vgl. (28).

(28) Ein polnisches Model (Goshia mit Namen) am Tisch gegenüber versucht sich seit 20 Minuten in unser Gespräch reinzu[$_{\text{Making\_faces}}$ grinsen]. (Die Zeit, 30.03.2000, Nr. 14)

Die niedrige Frame-Nähe ist an diesem Konstrukt intuitiv erkennbar und entsprechend niedrig ist auch die Aktivierungsstärke, mit der Motion durch eine LE wie *grinsen* (*grin.v*) mitevoziert wird. Konstrukte mit solch niedrigen Frame-Nähen und entsprechend niedriger Prototypikalität markieren den Übergang zu unrelatierten lexikalischen Frames. Es scheint deshalb kein Zufall zu sein, dass niedrigere Frame-Nähen als +3 zumindest für Motion in FrameNet 1.7 nicht dokumentiert sind.

Die Aktivierungsstärke eines lexikalischen Frames auf den Konstruktions-Frame bezogen lässt sich nicht nur an der Frame-Nähe des Ersteren erkennen. Empirisch lässt sie sich durch die Token-Frequenz des entsprechenden lexikalischen Frames messen. Auf dieses Kriterium der Frequenz weist Anderson (1983) hin:

> The strength of a node is a function of its frequency of exposure. The strength of the elements of focused units determines the amount of activation they can emit into the network. Also, more activation is sent down the paths leading to the stronger nodes. Thus, more activation will accumulate in those parts of the network that have stronger units. (Anderson 1983: 266)

Vor diesem Hintergrund ist erwartbar, dass Token-Frequenz und Frame-Nähe korreliert sind: Mit abnehmender Frame-Nähe sollte auch die Anzahl der Konstrukte, die für entsprechende lexikalische Frames belegt sind, sinken. Genau dies ist für die reflexive Bewegungskonstruktion und die reflexive Partikelverbkonstruktion der Fall. Die zwei Beispielkomplexe der Vererbungsrelation und der Benutzt-Relation sollen dies verdeutlichen. Wie aus Tabelle 8.3 für die Vererbungsrelation hervorgeht, nimmt die Anzahl der Konstrukte zwischen dem Frame Self_motion (+1) und dem Frame Fleeing (+2) deutlich ab. Für die reflexive Partikelverbkonstruktion ist, wie erwähnt, Fleeing nicht belegt.

Ähnliches lässt sich für die Benutzt-Relation beobachten. In Tabelle 8.4 ist zu sehen, dass die Token-Frequenz zwischen Body_movement (+1) und Making_faces (+3) sehr deutlich sinkt, während für Facial_expression keine Konstrukte belegt

Tab. 8.3: Token-Frequenzen lexikalischer Frames in Vererbungsrelation in FrameNet 1.7 mit Frame-Nähe zum Konstruktions-Frame `Motion`

Frame-Nähe	Frame	RBKxn	RPVKxn	*Weg*-Kxn
0	Motion	105	24	26
+1	Self_motion	159	56	0
+2	Fleeing	5	0	0

sind. Aus der vollständigen Dokumentation aller relatierten lexikalischen Frames, die sich in den Tabellen 5.12 bis 5.17 in Unterabschnitt 5.4.3 findet, ist jedoch abzulesen, dass in der Benutzt-Relation andere Frames mit einer Frame-Nähe von +2 durchaus belegt sind. Die dort dargestellten Daten bieten somit gleichermaßen einen Überblick über die Aktivierungsstärken der relatierten lexikalischen Frames, die insgesamt (wie etwa in Tabelle 5.18 in Unterabschnitt 5.4.3 abzulesen) deutlich mit der Frame-Nähe lexikalischer Frames korrelieren.

Tab. 8.4: Token-Frequenzen lexikalischer Frames in Benutzt-Relation in FrameNet 1.7 mit Frame-Nähe zum Konstruktions-Frame `Motion`

Frame-Nähe	Frame	RBKxn	RPVKxn	*Weg*-Kxn
0	Motion	105	24	26
+1	Body_movement	246	118	0
+2	Facial_expression	0	0	0
+3	Making_faces	1	0	0

Die Evokation des Konstruktions-Frames mittels eines Spreading-Activation-Prozesses über den lexikalischen Frame ist neben der direkten Evokation des Konstruktions-Frames bei der Identität von lexikalischem Frame und Konstruktions-Frame (Unterabschnitt 8.2.1) der zweite Mechanismus, der relatierte lexikalische Frames betrifft. Zusammengenommen decken diese beiden Mechanismen alle Konstrukte einer Konstruktion ab, deren Konstrukt-Frames aus relatierten lexikalischen Frames einschließlich des Konstruktions-Frames selbst bestehen (im Kontinuum der Evokation eines Konstruktions-Frames in Abbildung 8.1 in Unterabschnitt 8.1.1 links und in der Mitte). Bei unrelatierten lexikalischen Frames können diese Mechanismen allerdings nicht zum Einsatz kommen.

8.3 Evokation des Konstruktions-Frames bei unrelatierten lexikalischen Frames

Mit den in Abschnitt 8.2 diskutierten Mechanismen der Evokation des Konstruktions-Frames bei relatierten Frames ist bereits eine große Menge der Konstrukte der drei untersuchten Konstruktionen abgedeckt (vgl. die Angaben in Tabelle 5.18 in Unterabschnitt 5.4.3). Für Konstrukte, deren Konstrukt-Frames unrelatierte lexikalische Frames beinhalten, können diese Mechanismen allerdings nicht herangezogen werden. Dies hat einen einfachen Grund: Sowohl die Identität von lexikalischem Frame und Konstruktions-Frame (Unterabschnitt 8.2.1) als auch die Evokation des Konstruktions-Frames über Spreading-Activation-Prozesse (Unterabschnitt 8.2.2) beruhen auf der lexikalischen Evokation des Konstruktions-Frames über ein KtE des KE Ereignis. Wie schon in Unterabschnitt 8.1.1 erläutert, werfen Konstrukte mit unrelatierten lexikalischen Frames aus diesem Grund Probleme auf: Die Evokation des Konstruktions-Frames ist nicht mehr auf ein einzelnes KtE eines KE oder (abgesehen von einer Ausnahme bei der reflexiven *Weg*-Konstruktion) ein lexikalisch fixiertes Strukturelement wie ein KEE oder ein KorE zurückzuführen. War die Evokation des Konstruktions-Frames bei relatierten lexikalischen Frames noch im Wortsinne ‚lexikalisch' orientiert, muss bei unrelatierten lexikalischen Frames nach alternativen Mechanismen gesucht werden (vgl. die rechte Seite in Abbildung 8.1 in Unterabschnitt 8.1.1).

An diesen ersten Beobachtungen ist zu erkennen, dass der Einflussfaktor der formalen Abstraktheit einer Konstruktion (Unterabschnitt 8.1.3) bei unrelatierten lexikalischen Frames nun eine zentrale Rolle spielt. Mit ihm entscheidet sich, ob die Evokation des Konstruktions-Frames durch ein lexikalisch fixiertes Strukturelement wie ein KEE oder KorE evoziert werden kann. Es ist offensichtlich, dass dies nur für Konstruktionen, die über solche Elemente verfügen, überhaupt in Erwägung gezogen werden kann. Für die reflexive Bewegungskonstruktion und die reflexive Partikelverbkonstruktion habe ich die entsprechende Frage, ob bei ihnen die Evokation des Konstruktions-Frames in dieser Form möglich ist, allerdings in Unterabschnitt 8.1.1 bereits verneint. Eine ausführlichere Begründung dafür steht jedoch noch aus. Diese möchte ich in diesem Abschnitt nachholen, wobei ein weiterer, bisher noch nicht diskutierter Mechanismus hinzukommen muss, um jene Konstrukte der reflexiven Bewegungskonstruktion und der reflexiven Partikelverbkonstruktion zu erfassen, in denen die Evokation nicht über ein lexikalisch fixiertes Strukturelement erfolgen kann.

In diesem Abschnitt soll es deshalb zuerst um die Evokation des Konstruktions-Frames durch lexikalisch fixierte Strukturelemente gehen. In Unterabschnitt 8.3.1 möchte ich diskutieren, ob für die drei untersuchten Konstruktionen eine

Evokation des Konstruktions-Frames durch deren KEE infrage kommt. Da das Ergebnis, wie bereits erwähnt, negativ ausfällt, sollen dabei vor allem die Gründe im Vordergrund stehen, warum dies für den Fall der reflexiven Bewegungskonstruktion, der reflexiven Partikelverbkonstruktion und der reflexiven *Weg*-Konstruktion nicht möglich ist. In Unterabschnitt 8.3.2 soll die Frage dann auf das KorE der reflexiven *Weg*-Konstruktion übertragen werden, die unter den drei untersuchten Konstruktionen die einzige darstellt, bei der eine Evokation des Konstruktions-Frames über ein lexikalisch fixiertes Strukturelement plausibel erscheint. Unterabschnitt 8.3.3 schließlich widmet sich derjenigen Menge an Konstrukten, die übrig bleiben und deren Evokation des Konstruktions-Frames nicht über ein einzelnes Strukturelement, weder ein KtE eines KE noch ein KEE oder KorE erklärt werden kann. Für sie muss stattdessen angenommen werden, dass die Evokation über die syntagmatische Kombination mehrerer Strukturelemente, insbesondere von KtE und KEE, verläuft.

8.3.1 Evokation durch ein KEE

Während die Evokation des lexikalischen Frames für die drei untersuchten Konstruktionen den KtE des KE Ereignis vorbehalten ist und nur für den Fall, dass der lexikalische Frame mit dem Konstruktions-Frame identisch ist oder es sich um einen relatierten lexikalischen Frame handelt, für die Evokation des Konstruktions-Frames verantwortlich gemacht werden kann (vgl. Unterabschnitte 8.1.2 sowie Abschnitt 8.2), sind lexikalisch spezifizierte Strukturelemente einer Konstruktion, wie bereits in Unterabschnitt 8.1.3 festgehalten, für die ‚lexikalische' Evokation des Konstruktions-Frames, die deutlich von derjenigen des lexikalischen Frames unterschieden ist, grundsätzlich als relevanter einzustufen. Aus diesem Grund erscheint es angebracht, die KEE und KorE der drei untersuchten Konstruktionen daraufhin zu überprüfen, ob sie für die Evokation des Konstruktions-Frames infrage kommen. In diesem Unterabschnitt soll es zunächst um die KEE aller drei Konstruktionen gehen. Ich betrachte zunächst das für alle drei Konstruktionen als KEE bezeichnete Strukturelement, das als Reflexivum oder Reziprokpronomen instanziiert wird. Im Anschluss daran soll ein gesonderter Blick auf die reflexive Partikelverbkonstruktion geworfen werden, die, wie bereits in Unterabschnitt 3.2.2 erläutert, über ein zweites KEE verfügt, das ich als Richtung bezeichne.[16]

16 Wenn also allgemein lediglich von den KEE der drei Konstruktionen die Rede ist, ist damit das durch ein Reflexivum oder Reziprokpronomen instanziierte KEE gemeint. Wenn ich mich auf

Warum ist intuitiv gesehen gerade das KEE ein Kandidat für die Evokation des Konstruktions-Frames, abgesehen von dessen Rolle bei der Bestimmung der formalen Abstraktheit einer Konstruktion (dazu Unterabschnitt 5.1.2), die wiederum einen wesentlichen Einflussfaktor für den Mechanismus der Evokation des Konstruktions-Frames darstellt (vgl. Unterabschnitt 8.1.3)? Zur Beantwortung dieser Frage soll ein Blick auf die in Kapitel 6 eingangs diskutierte Gegenüberstellung der Strukturelemente von Konstruktionen und von Frames dienen, wie sie von Lee-Goldman & Petruck (2018: 36) vertreten wird. KEE werden in dieser Gegenüberstellung (wie gesehen, fälschlicherweise) mit LE bzw. FEE verglichen, was vor allem aufgrund ihrer Funktion als ‚evozierend' geschieht. Ohne Zweifel ist ihre Funktion des ‚Evozierens' jedoch etwas, das beide Arten von Strukturelementen vereint. Die Gegenüberstellung von KEE und LE bzw. FEE suggeriert allerdings nicht nur, dass KEE allein in der Lage wären, ein Konstrukt eindeutig als Instanz einer bestimmten Konstruktion zu identifizieren, sondern sie könnten ebenso den Schluss nahelegen, dass KEE in der Lage sein können, Frames zu evozieren. Besitzt eine Konstruktion ein KEE, entsteht bisweilen der Eindruck, dass der Fall, dass das Vorhandensein eines KEE, das für die Evokation eines (Konstruktions-) Frames verantwortlich sei, der Normalfall ist, wobei das Fehlen eines KEE dieser Annahme Probleme bereitet:

> It is current practice of the FrameNet construction annotation project to define a frame-evoking element, i.e. an element that unambiguously characterizes the construction as such. In certain cases this is fairly straight-forward (*let alone*, *the Xer the Yer*, cf. Fillmore[, Kay & O'Connor 1988]), whereas in other cases no element of the construction immediately suggests itself, so that even a construction in its entirety may be a frame-evoking element. (Hilpert 2009: 38)

Abgesehen von der bereits in Kapitel 6 erläuterten Feststellung, dass die Evokation bei FEE bzw. LE und KEE terminologisch betrachtet zunächst unterschiedliche Gegenstände, nämlich *Frames* auf der einen Seite und *Konstruktionen* auf der anderen Seite, betreffen, bleibt die Frage, ob KEE über diese in erster Linie terminologische Parallele hinaus tatsächlich dasselbe wie LE bzw. FEE leisten können. Mit anderen Worten: Können *konstruktions*evozierende Elemente auch *frame*-evozierende Elemente sein?

Hierzu soll noch einmal ein Blick auf die Form des KEE der drei Konstruktionen dienen, auf die ich bereits in den Unterabschnitten 3.1.2, 3.2.2 und 3.3.2 eingegangen bin. Der Grund, warum alle drei Konstruktionen das Attribut *reflexiv* im Namen tragen, liegt darin, dass als KEE ein Reflexivum oder (seltener) ein Rezi-

---

das KEE RICHTUNG beziehe, nutze ich entsprechend letztere Bezeichnung, wenngleich durch sie nicht unmittelbar deutlich wird, dass es sich dabei ebenso um ein KEE handelt.

prokpronomen obligatorisch ist (vgl. Unterabschnitt 7.2.1). Das Reflexivum kann, wie in den Konstrukten in (29)–(31), als ‚echtes' Reflexivum *sich* ohne Numerus- oder Genusmarkierung auftreten oder als ‚reflexiv gebrauchtes' Personalpronomen, das je nach Numerus und Genus unterschiedliche Formen annimmt (vgl. dazu Duden 2016: 271).

(29) {Zehntausende von Überlebenden retteten [$_{\text{KEE}}$ sich] auf Hügel, Bäume und Hausdächer}, wo sie ohne Trinkwasser und Nahrungsmittel teilweise tagelang ausharrten, bis sie von Hubschraubern gerettet und in Sammellager geflogen wurden. (Archiv der Gegenwart, 2001 [2000])

(30) Nass geschwitzt stiegen sie wieder zur Straße hinauf – nachdem Staubfinger dem starrköpfigen Wagen einen letzten Tritt versetzt hatte –, kletterten über die Mauer, die aussah, als wäre jeder einzelne Stein mehr als tausend Jahre alt, und {kämpften [$_{\text{KEE}}$ sich] den Hang hinauf}. (Funke, Cornelia: Tintenherz, Hamburg: Cecilie Dressler Verlag 2003, S. 226)

(31) Die zwei Sekunden, die ein Bahnsteigschaffner in St. Moritz zu spät anpfiff, addierten sich zu Nachlässigkeiten von Lokführern auf norditalienischen Strecken, {bahnten [$_{\text{KEE}}$ sich] ihren Weg zu Zeitschlampereien in Südfrankreich}, trieben weiter, Ungenauigkeiten, überall, ach, was soll das schon machen ... Sekunden addierten sich, zogen ihre Bahn negativer Informationen durch die Verkehrssysteme, sammelten ihresgleichen um sich, ohne Unterlaß. (Kopetzky, Steffen: Grand Tour, Frankfurt am Main: Eichborn 2002, S. 434)

Nun stellt sich also die Frage, ob ein Reflexivum oder Reziprokpronomen[17] in der Lage ist, überhaupt einen Frame zu evozieren und wenn ja, auch den Konstruktions-Frame. Diese Frage ist bereits bei der Entwicklung von Methoden zur Benennung und Definition der Strukturelemente in Abschnitt 7.3 aufgetreten und kann simpel beantwortet werden. Das KEE der drei Konstruktionen ist, ähnlich wie die KtE der KE Bewegendes und Weg bzw. ⟨Weg⟩ sowie das KEE Richtung der reflexiven Partikelverbkonstruktion, als durch FE von lexikalischem Frame und/oder Konstruktions-Frame semantisch motiviert zu betrachten. Es wird deshalb auch nicht, wie etwa das KE Ereignis, über mögliche Frames, die es zu evozieren in der Lage wäre, benannt und definiert. Aus diesem Grund habe ich das KEE bereits in

17 Für das Reziprokpronomen *einander* käme eventuell der Frame `Reciprocality` infrage, der in FrameNet 1.7 allerdings *nicht-lexikalisch* ist, dem also keine LE zugeordnet sind (vgl. dazu Ruppenhofer et al. 2016: 87). Ich klammere das Reziprokpronomen deshalb aus der folgenden Betrachtung aus, zumal `Reciprocality` ebenso wenig als Konstruktions-Frame der drei untersuchten Konstruktionen infrage kommt wie ein potenziell von einem Reflexivum evozierter Frame.

Abschnitt 6.3 für die reflexive Bewegungskonstruktion auf seine semantische Motivierung durch FE untersucht und es in die Betrachtung der Strukturparallelen von Konstruktionen und Frames eingeschlossen. Wenngleich, wie in Abschnitt 6.3 eingangs erläutert, die Zuweisung semantischer Rollen zu Reflexiva ein in der bisherigen Forschung nicht einheitlich behandeltes Problem ist, erscheint diese Lösung sinnvoller als diejenige, dem KEE der drei untersuchten Konstruktionen einen Frame zuzuschreiben, den es evozieren könnte.

Unabhängig davon ist es natürlich möglich, die frame-evozierende Leistung von Reflexiva zu untersuchen. Als erste Annäherung bietet es sich an, nachzusehen, ob Reflexiva in FrameNet 1.7 als LE verzeichnet sind oder nicht. Die Antwort fällt negativ aus: LE mit dem Zweitglied *self* oder *selves* sind dort nicht verzeichnet. Hierbei sind allerdings drei Dinge zu beachten, die die semantischen Charakteristika von Reflexiva betreffen, aber auch durch die Natur FrameNets als Ressource für das Englische bedingt sind.

1. Reflexiva kommen nicht zwangsläufig eigenständige semantische Eigenschaften zu, wie sie für Verben, Nomen oder andere Wortarten, die bei FrameNet üblicherweise als LE angesetzt werden, postuliert werden können – am ehesten ist dies noch bei Reflexiva mit ‚reflexiv gebrauchten' Verben möglich, nicht aber bei ‚echt reflexiven' Verben (vgl. Geniušienė 1987: 30).
2. Reflexivkonstruktionen sind im Englischen grundsätzlich deutlich seltener als im Deutschen (vgl. Wagner 1977: 68–69; Oya 2002: 968; Zifonun 2003: 67; Ágel 2017: 343–344; Welke 2019: 435–438; Mortelmans & Smirnova 2020: 62), was die Wahrscheinlichkeit, ein Reflexivum als LE in FrameNet anzutreffen, nochmals deutlich senkt.
3. Das Englische verfügt, anders als das Deutsche, nicht über zwei getrennte Formen für ein ‚einfaches' (z.B. *sich*) und ein ‚emphatisches' Reflexivum (z.B. *sich selbst*), sondern dort fallen beide in einer Form zusammen (z.B. *herself*), die dann funktional äquivalent zur ‚starken' Form ist, wie sie etwa im Deutschen zu finden ist (vgl. König & Siemund 2000: 233; Zifonun 2003: 24–25, 29–30; Kaufmann 2004: 191–193; König & Gast 2008: 6).

Dies führt zu der Schlussfolgerung, dass die KEE der drei untersuchten Konstruktionen nicht als frame-evozierend betrachtet werden können.[18] Damit kommen sie auch nicht für die Evokation des Konstruktions-Frames infrage. Dies gilt umso mehr, da ein Reflexivum, selbst wenn es als LE in FrameNet verzeichnet wäre,

18 Es handelt sich bei ihnen also um „single-word LUs [that] cannot function as frame-evoking elements because they alone are not able to account for the meaning of the constructions they occur in" (Czulo, Ziem & Torrent 2020: 2).

kaum als LE des Konstruktions-Frames `Motion` vorstellbar ist.[19] Die Evokation des Konstruktions-Frames kann also für alle drei Konstruktionen nicht über das KEE erfolgen, sondern muss durch andere Mechanismen geschehen.

Bevor ich jedoch zu weiteren Mechanismen komme, sei ein Blick auf das zweite KEE der reflexiven Partikelverbkonstruktion geworfen: das KEE Richtung. Die reflexive Partikelverbkonstruktion ist unter den drei untersuchten Konstruktionen die einzige, die über ein zweites KEE verfügt. Wenn also bereits das KEE, das durch ein Reflexivum instanziiert wird, als nicht frame-evozierend klassifiziert wurde, soll für Richtung zumindest überprüft werden, ob sich diese Beobachtung darauf überträgt oder ob zumindest dieses KEE als frame-evozierend angesehen werden kann.

Das KEE Richtung der reflexiven Partikelverbkonstruktion wird durch eine Verbpartikel instanziiert, die entweder in Distanz- oder Kontaktstellung zum Basisverb steht, das als KtE des KE Ereignis instanziiert wird.[20] Beispiele für Instanzen des KEE Richtung sind *durch*, *(hin)ein* oder *vor*. Die Belege in (32) zeigen Konstrukte mit Distanzstellung der Verbpartikel, während die Belege in (33) Konstrukte mit Kontaktstellung illustrieren sollen. Zur Übersicht sind sowohl das Basisverb, also die KtE des KE Ereignis, als auch das KEE Richtung annotiert.

(32) a. Der Gestank, der trotz des Regens in der Luft liegt, ist so widerlich, daß sogar die Fliegen fortbleiben; nur die Ratten vermehren sich, {[$_{\text{Ereignis}}$ fressen] sich [$_{\text{Richtung}}$ durch]} und bauen sich Nester in den fauligen Eingeweiden. (Schrott, Raoul: Tristan da Cunha oder die Hälfte der Erde; Hanser Verlag 2003, S. 256)

b. Zwar standen pro Wohnung zwei Kinderzimmer bereit, was einer Aufforderung zur Fortpflanzung gleichkam, doch {[$_{\text{Ereignis}}$ mieteten] sich auch dort wiederum nur alte Leute [$_{\text{Richtung}}$ ein], die offenbar zu schwach und hinfällig waren, um gegen die reizlosen schuhkartonförmigen Siebziger-Jahre-Räume aufzubegehren}. (Düffel, John von: Houwelandt, Köln: DuMont Literatur und Kunst Verlag 2004, S. 20)

19 An dieses Problem müssten sich grundsätzlichere Fragen danach anschließen, ob es Wortarten gibt, die nicht (mehr) frame-semantisch beschrieben werden können – ein Aspekt, der aufgrund des Fokus auf prädizierende Wortarten bei FrameNet tendenziell vernachlässigt wird und Konsequenzen für den Entwurf einer Frame-Semantik insgesamt hätte (vgl. dazu Busse 2012: 149–153, 156–160).

20 Zu der konkreten Bandbreite an Verbpartikeln, die dafür infrage kommen, vgl. Tabelle 3.5 in Unterabschnitt 3.4.2 sowie Tabelle 8.5 in diesem Unterabschnitt.

c. Obwohl nach den Untersuchungen der Uno und der OECD fast alle EU-Staaten Einwanderer brauchen werden, {[Ereignis wagt] sich im Augenblick niemand [Richtung vor]}. (Die Zeit, 02.03.2000, Nr. 10)

(33) a. Es sieht aus wie ein Körper, die Lunge des Magma sich gegen die Rippen pressend, ein und ausatmend, pochend wie Blut, anschwellend, sich aufstauend und das Land darüber anhebend, es auseinanderziehend, bis es dünn wird wie Haut, schließlich reißt und {geschmolzenes Gestein sich nun [Richtung durch][Ereignis schmilzt]} und sich in die Grabenbrüche ergießt, von Neufundland über Brasilien bis nach Westafrika. (Schrott, Raoul: Tristan da Cunha oder die Hälfte der Erde; Hanser Verlag 2003, S. 522)

b. {Wer sich - zu Fuß oder mit dem Mietwagen - [Richtung hinein][Ereignis traut]}, sollte freilich immer auf Überraschungen eingestellt sein. (Die Zeit, 27.01.2000, Nr. 5)

c. Aber kann man es jemandem ankreiden, wenn {er sich in der Dunkelheit [Richtung vor][Ereignis tastet]} und duckt und flüstert, statt zu rennen und zu brüllen und wild um sich zu schlagen?“ (Krausser, Helmut: Eros, Köln: DuMont 2006, S. 256)

Was motiviert die mögliche Annahme, Verbpartikeln könnten, unabhängig vom Basisverb, Frames evozieren? Wie Lüdeling (2001: 145–155) zeigt, können bestimmte Klassen von Partikelverben als komplexe Prädikate analysiert werden: Der Verbpartikel kommt hierbei der Status eines sekundären Prädikats (neben dem Basisverb als primärem Prädikat) zu. Dieser Ansatz lässt sich für die Frage nach der Möglichkeit der Evokation des Konstruktions-Frames nutzbar machen. Die Analyse des Basisverbs als (primäres) Prädikat ist konstruktionssemantisch bereits dadurch sichergestellt, dass die KtE des KE Ereignis als LE lexikalischer Frames gelten, also für die Evokation des lexikalischen Frames verantwortlich gemacht werden können (vgl. dazu bereits Unterabschnitt 7.3.1 sowie Abschnitt 8.2). Sie sind, das zeigen Stiebels (1996: 38) und Müller (2002: 253), als Köpfe der Partikelverben zu verstehen.

Die Frage, ob Partikeln überhaupt als sekundäre Prädikate infrage kommen, präsupponiert eine Entscheidung darüber, ob es sich dabei um Instanzen von FE handelt oder sie im weitesten Sinne als frame-evozierende LE verstanden werden können. In der generativen und lexikalistisch orientierten Partikelverbforschung dreht sich diese Entscheidung um die Frage, ob, wie Lüdeling (2001: 135) resümiert, Partikeln als prädizierende *Argumente* oder theta-markierte *Komplemente* zu verstehen sind.[21] Lüdeling (2001: 6, 135) argumentiert sodann dafür, Partikeln nie als theta-markierte Komplemente, sondern als Argumente zu verstehen und damit ihre prädikative Leistung ernstzunehmen. Frame-semantisch reformuliert betrifft das die Frage danach, ob Partikeln als LE und damit eigenständige (wenngleich sekundäre) Prädikate angesehen werden können oder ob sie schlichte Instanzen von FE sind und damit nicht zuvorderst frame-evozierenden Status besitzen.

Dass dieses Problem weniger gewichtig ist als es die (formal orientierte) Partikelverbforschung erscheinen lassen mag, hat im Grundsatz bereits aus satzsemantischer Perspektive von Polenz (2008: 125–126) gezeigt, indem er strikt davon ausgeht, dass *Komplemente* (in der Terminologie von Lüdeling 2001: 135, in seiner Terminologie: *Referenzstellen*) nicht nur referieren, sondern (zugleich) prädizieren können. Seine Analyse ist grundsätzlich mit derjenigen von Partikelverben als komplexen Prädikaten und damit Partikeln als sekundären Prädikaten kompatibel: „Solche Referenzprädikationen gehören nicht mit zum Hauptprädikat des betreffenden Satzinhalts“ (von Polenz 2008: 125). Hinter dem, was von Polenz hier beschreibt, verbirgt sich ein frame-semantisches Konzept, das empirisch bisher kaum durchdrungen ist:[22] die Rekursivität von Frames. Es ist in Ansätzen bereits im kognitionswissenschaftlichen Frame-Modell von Minsky (1975) angelegt und wird im kognitionspsychologischen Frame-Modell von Barsalou (1992b: 21) erstmals expliziert:[23] „Because frames also represent the attributes, values, structural invariants, and constraints within a frame, the mechanism that constructs frames builds them recursively.“ Busse (2012) definiert Rekursivität Barsalou folgend wie folgt:

> Als Strukturen aus Konzepten sind Frames, da Konzepte selbst wieder Frames sind, immer schon Strukturen aus Frames. Jedes Attribut, [= FE, A.W.] jeder Wert, jede Relation und jedes angeschlossene Element […] ist selbst wieder ein Frame. Auf der Ebene einer prinzipiellen Betrachtung sind Frames daher aufgrund ihrer grundsätzlichen Rekursivität prinzipiell unabschließbar. (Busse 2012: 613)

Bezogen auf die Frage nach der Evokation des Konstruktions-Frames ließe sich dies dergestalt reformulieren, dass Instanzen von FE, die zunächst dem von einem Hauptprädikat evozierten Frame angehören, wiederum Frames evozieren können,

21 Lüdeling (2001: 135) kritisiert damit Stiebels (1996), die ihrer Ansicht nach den Begriff des Arguments in irreführender Weise (nämlich für theta-markierte Komplemente) gebraucht. Wie ich gleich argumentieren werde, ist dieses Problem weniger drastisch als es den Anschein haben mag.

22 Vielleicht weil es „möglicherweise bei Linguisten eher unbeliebt ist“ (Busse 2012: 611).

23 Vgl. dazu auch die Darstellungen von Busse (2012: 255, 276, 371, 379).

wodurch sie als sekundäre Prädikate verstanden werden können. Auf Partikelverben angewendet heißt dass, dass für die Partikel nicht die binäre Entscheidung getroffen werden muss, ob es sich dabei – in der Terminologie von Lüdeling (2001: 6, 135) – um ein (theta-markiertes) Komplement, also die Instanz eines FE, oder ein (prädizierendes) Argument, also ein sekundäres Prädikat, handelt. Nimmt man Rekursivität von Frames an, kann eine Partikel beides sein – lediglich die Analyseperspektive entscheidet darüber, ob das eine oder das andere im Vordergrund steht.

Um nun herauszufinden, ob die Verbpartikeln, die das KEE RICHTUNG der reflexiven Partikelverbkonstruktion instanziieren, Frames evozieren können, ist ganz analog zur Vorgehensweise bei den KEE aller drei Konstruktionen zu prüfen, ob in FrameNet 1.7 entsprechende LE verzeichnet sind. In Tabelle 8.5 sind daher für alle 23 Partikeln, die zur Datenauswahl für die reflexive Partikelverbkonstruktion gehören (dazu Unterabschnitt 3.4.2), mögliche äquivalente in FrameNet verzeichnete LE sowie die Frames, die sie evozieren, zusammengestellt.[24]

Wie in Tabelle 8.5 zu sehen ist, sind zunächst nicht für alle Partikeln äquivalente LE vorhanden, der Großteil jedoch findet sich in FrameNet wieder. Sieht man sich nun die Frames an, zu denen diese LE gehören, so fällt auf, dass sich unter ihnen nicht `Motion`, also der angenommene Konstruktions-Frame für die reflexive Partikelverbkonstruktion, findet. Hinzu kommt, dass unter diesen Frames ebenso keine zu finden sind, die zu `Motion` in Frame-Nähe stehen, also als relatierte Frames einzustufen wären. Dies ist deshalb wichtig, weil dadurch ausgeschlossen werden kann, dass eine Evokation des Konstruktions-Frames ausgehend von einem relatierten Frame über den Mechanismus der Spreading Activation stattfinden kann (dazu Unterabschnitt 8.2.2). Dies führt gleichzeitig dazu, dass die Instanzen des KEE RICHTUNG nicht als Grundlage für eine Methode zur Ermittlung des Konstruktions-Frames taugen, da die Frames, die sie evozieren, nicht über Frame-zu-Frame-Relationen mit dem Konstruktions-Frame verbunden sind (dazu weiterhin Unterabschnitt 8.5.2). Es lässt sich also festhalten, dass die Instanzen des KEE RICHTUNG der reflexiven Partikelverbkonstruktion zwar, anders als diejenigen der als Reflexivum instanziierten KEE aller drei Konstruktionen, in der Lage sind, Frames zu evozieren, unter diesen Frames aber weder der Konstruktions-Frame selbst noch ein zu ihm relatierter Frame ist. Deshalb kann auch für dieses KEE RICHTUNG das Fazit gezogen werden, dass es ebenso wie die KEE aller drei Konstruktionen nicht in der Lage ist, den Konstruktions-Frame zu evozieren.

---

24 Wie für alle äquivalenten LE in FrameNet gilt auch hier, dass die englischen Entsprechungen keine kontextadäquaten Übersetzungsäquivalente darstellen müssen, sondern lediglich eine Annäherung an die lexikalische Bedeutung der Partikel darstellen.

Tab. 8.5: Verbpartikeln als Instanzen des KEE RICHTUNG der reflexiven Partikelverbkonstruktion und die von ihnen evozierten Frames in FrameNet 1.7

Deutsche Partikel	LE in FrameNet 1.7	Frame
ab	–	–
an	*up.prep*	Locative_relation
auf	*on.prep*	Spatial_contact
aus	*off.prep*	Spatial_contact
bei	*past.prep*	Locative_relation
durch	–	–
ein	*in.prep*	Interior_profile_relation
fort	–	–
frei	–	–
heim	*home.adv*	Spatial_co-location
her	*in.prep*	Interior_profile_relation
hin	*on.prep*	Spatial_contact
hinter	*behind.prep*	Non-gradable_proximity
hoch	*up.prep*	Locative_relation
mit	*with.prep*	Accompaniment
nach	*to.prep*	Goal
über	*over.prep*	Non-gradable_proximity
um	–	–
unter	*down.adv*	Direction
vor	*forward.adv*	Direction
weg	–	–
zu	*to.prep*	Goal
zurück	–	–

Vor dem Hintergrund dieser Befunde muss allerdings festgehalten werden, dass sie nur für die drei untersuchten Konstruktionen Geltung beanspruchen können. Es soll damit nicht gesagt werden, dass KEE grundsätzlich nicht für die Evokation des Konstruktions-Frames verantwortlich gemacht werden können. So können bestimmte KEE anderer Konstruktionen sehr wohl einen entsprechenden Konstruktions-Frame evozieren. Ein einfacher Fall sind etwa Konditionalkonstruktionen:[25]

> Give us an *if* and a *was*, and we have more than enough to construct a whole conditional semantics and pragmatics, without any further formal structure. (Dancygier & Sweetser 2005: 24)

25 Für ein Beispiel aus dem Tschechischen, in dem ein Konstruktions-Frame ohne ein lexikalisch instanziiertes Element evoziert wird, vgl. Fried (2010: 98).

Ein kurzer Blick in FrameNet 1.7 genügt, um festzustellen, dass in der Tat die Subjunktion *wenn* (*if.scon*) als LE des Frames `Conditional_occurrence` verzeichnet ist, der als Konstruktions-Frame einer Konditionalkonstruktion infrage kommt. Die eingangs aufgeworfene Frage, ob *konstruktions*evozierende Elemente auch *frame*-evozierende Elemente sein können, kann also grundsätzlich bejaht werden, wenngleich sie für die drei untersuchten Konstruktionen verneint werden muss.[26] In diesem Sinne betont auch Schmid (2020: 251), dass „there is a huge variability in the ways in which syntagmatic arcs are signalled and can unfold." So vielfältig wie die KEE von Konstruktionen beschaffen sein können, so vielfältig kann auch die Antwort auf die Frage ausfallen, ob sie für die Evokation des Konstruktions-Frames verantwortlich gemacht werden können.

Offen bleibt damit allerdings noch immer die Frage, was es – den Terminus *KEE* wörtlich genommen – heißt, eine Konstruktion zu evozieren. Die bisherige konstruktikographische Forschung hat hierauf keine Antwort, eben weil die Parallele zwischen KEE und LE bzw. FEE vor allem eine terminologische ist (vgl. die Argumentation im Eingang von Kapitel 6). So sind bisher keine theoretischen Prinzipien der Evokation von Konstruktionen beschrieben worden, die sich von dieser terminologischen Parallele lösen und ergründen, welche Rolle ein KEE etwa für die Identifikation einer Konstruktion spielt, außer dass es sich dabei um ein lexikalisch spezifiziertes Strukturelement (im Sinne der Definition von Fillmore, Lee-Goldman & Rhomieux 2012: 323) handelt. Für das Beispiel der reflexiven Bewegungskonstruktion, der reflexiven Partikelverbkonstruktion und der reflexiven *Weg*-Konstruktion, in denen das KEE ein Reflexivum darstellt, kann dieses kaum als distinktives Charakteristikum für diese Konstruktion gelten. Mit anderen Worten: Allein das Auftreten eines Reflexivums gibt keinen Anlass zur Annahme einer reflexiven Bewegungskonstruktion, reflexiven Partikelverbkonstruktion oder reflexiven *Weg*-Konstruktion, es kann sich genauso gut um eine andere Reflexivkonstruktion, der ein anderer Konstruktions-Frame zugrunde liegt, handeln. Aus konstruktionssemantischer Perspektive ist dieses Problem zunächst nicht von Relevanz, da die Frage nach der Evokation des Konstruktions-Frames – und nicht der Konstruktion selbst – im Vordergrund steht. Da das KEE dafür zumindest für den Fall der drei untersuchten Konstruktionen ausscheidet, müssen andere Mechanismen, nach denen die Evokation des Konstruktions-Frames insbesondere

26 Für die KEE der drei untersuchten Konstruktionen sowie das Beispiel der Konditionalkonstruktionen gilt also die Beobachtung von Schmid (2020: 250), dass „grammatical constructions are not anchored in content words but associated with function words serving as syntagmatic signposts [etwa mit KEE zu vergleichen, A.W.] in processing". Allerdings wäre der Schluss, dass Funktionswörter dann nicht als frame-evozierende LE infrage kommen, verfehlt, wie das Beispiel von Subjunktionen wie *wenn* (*if.scon*) zeigt.

in Konstrukten mit unrelatierten lexikalischen Frames (vgl. die rechte Seite in Abbildung 8.1 in Unterabschnitt 8.1.1) abläuft, gefunden werden.

8.3.2 Evokation durch ein KorE

Lexikalisch spezifizierte Strukturelemente wie KEE und KorE determinieren nicht nur zu einem wesentlichen Teil die formale Abstraktheit einer Konstruktion (Unterabschnitt 5.1.2), sondern bestehen bisweilen aus eigenständigen LE, die Frames evozieren. Aus diesem Grund ist die formale Abstraktheit einer Konstruktion, wie in Unterabschnitt 8.1.3 argumentiert, ein wesentlicher Einflussfaktor für den Mechanismus zur Evokation des Konstruktions-Frames. Ob ein Konstruktions-Frame durch ein KEE oder KorE evoziert wird, hängt weniger mit der Frage zusammen, welches der beiden Strukturelemente die untersuchte Konstruktion beinhaltet, sondern wie es konkret ausgestaltet ist, also durch welche LE es instanziiert wird. Für die reflexive Bewegungskonstruktion, die reflexive Partikelverbkonstruktion und die reflexive *Weg*-Konstruktion kommt das KEE nicht zur Evokation des Konstruktions-Frames infrage, da ein Reflexivum wie *sich* kaum als LE von `Motion` vorstellbar ist (vgl. Unterabschnitt 8.3.1). Damit ist aber nicht gesagt, dass KEE grundsätzlich keine (Konstruktions-)Frames evozieren können.

Die einzige der drei untersuchten Konstruktionen, in denen ein lexikalisch spezifiziertes Strukturelement für die Evokation des Konstruktions-Frames infrage kommt, ist die reflexive *Weg*-Konstruktion. Dies liegt daran, dass sie neben dem Reflexivum als KEE, das auch die anderen beiden untersuchten Konstruktionen besitzen, noch über ein KorE verfügt. Im Falle der reflexiven *Weg*-Konstruktion kann dieses KorE als für die Evokation des Konstruktions-Frames zuständig erklärt werden. Das KorE der reflexiven *Weg*-Konstruktion besteht, wie in Unterabschnitt 3.3.2 erläutert, aus einer NP mit dem Kopf *Weg* oder einem semantisch verwandten Nomen sowie einem Definitartikel (34), einem Indefinitartikel (35) oder einem Possessivartikel (36) (vgl. die ähnlichen Beobachtungen von Verhagen 2003a: 345, 2003c: 232–233; Mortelmans & Smirnova 2020: 60).

(34) Wie ein Triumphator {bahnt sich Schiller [$_{\text{KorE}}$ den Weg] durch die Menschenmenge}, eskortiert von den Würdenträgern der Universität. (Safranski, Rüdiger: Friedrich Schiller, München Wien: Carl Hanser 2004, S. 311)

(35) Ich beobachtete, wie Doreen die Hände des Pfarrers und seiner Frau abwehrte, sie ließ die beiden zurück und {bahnte sich [$_{\text{KorE}}$ einen Weg] zu den Essenswagen}. (Franck, Julia: Lagerfeuer, Köln: DuMont Literatur und Kunst Verlag 2003, S. 301)

(36) Doch er blieb nicht stehen, sondern {bahnte sich [$_{\text{KorE}}$ seinen Weg] um den Tisch herum}. (Düffel, John von: Houwelandt, Köln: DuMont Literatur und Kunst Verlag 2004, S. 43)

Besonders interessant ist hier der Kopf der jeweiligen NP. Das Nomen *Weg* ist unschwer als LE vorstellbar, die einen Frame evoziert. In der Tat verzeichnet FrameNet 1.7 dieses Nomen (*way.n*) als LE des Frames `Self_motion` und die annotierten Belege, die sich dazu finden, sind allesamt Konstrukte der *way*-Konstruktion.[27] Obwohl, wie Bybee (2010: 3) bemerkt, das Nomen *way* in der *way*-Konstruktion zwischen einem Status als LE (mit lexikalischer Bedeutung) und grammatischem Morphem (ohne lexikalische Bedeutung) steht,[28] evoziert es einen Frame. Nun entspricht `Self_motion` allerdings freilich nicht dem von mir für die drei untersuchten Konstruktionen angenommenen Konstruktions-Frame `Motion`. Bevor ich auf diesen Aspekt zurückkomme, möchte ich zunächst noch auf die Rolle der lexikalischen Frames eingehen, da ich, wie im Eingang zu diesem Abschnitt erläutert, die Evokation des Konstruktions-Frames durch ein KorE denjenigen Konstrukten zugeordnet habe, die einen unrelatierten lexikalischen Frame evozieren.

Der einzige für die reflexive *Weg*-Konstruktion belegte unrelatierte lexikalische Frame `Cutting` in dem Konstrukt in (37) lässt deutlich den Unterschied zwischen lexikalischem Frame und Konstruktions-Frame erkennen. Während der lexikalische Frame wie gewöhnlich durch eine als KtE des KE Ereignis instanziierte LE, in diesem Fall *säbeln* (etwa: *cut.v*) evoziert wird, wird der Konstruktions-Frame durch das KorE, genauer: das Nomen *Weg*, das den Kopf der NP *einen Weg* bildet, evoziert.

---

27 Vermutlich ist dies der Grund, warum Lee-Goldman & Petruck (2018: 32–33) die *way*-Konstruktion unter Zuhilfenahme ebendieses Frames analysieren. Auf `Self_motion` als Konstruktions-Frame lässt auch die Analyse der reflexiven Bewegungskonstruktion im Schwedischen von Ehrlemark, Johansson & Lyngfelt (2016: 818) schließen, die sie als „a self-motion construction where an actor expressed with a reflexive traverses a path in a direction from a place or towards a goal" beschreiben, ohne jedoch explizit auf `Self_motion` zu verweisen. Beide Analysen scheinen die Restriktionen, die sich gegenüber `Motion` dabei ergeben, nicht zu erkennen: `Self_motion` schränkt das FE Self_mover gegenüber dem korrespondierenden FE Theme in `Motion` dahingehend ein, dass es auf eine belebte Entität referieren muss (vgl. dazu schon Unterabschnitt 3.3.2). Dies aber trifft für die reflexive Bewegungskonstruktion, die reflexive Partikelverbkonstruktion und die reflexive *Weg*-Konstruktion in einer durchaus großen Anzahl von Konstrukten nicht zu, was die Verwendung von `Motion`, bei dem eine ähnliche Beschränkung nicht besteht, zusätzlich rechtfertigt.

28 Vgl. dazu die Analysen von Smirnova (2018: 24) sowie Mortelmans & Smirnova (2020: 60), dass die NP als (direktes) Objekt interpretiert werden kann. Schon bei Jackendoff (1990: 212) findet sich dieselbe Annahme für die *way*-NP der *way*-Konstruktion.

(37) Mein Schälmesser mit der dünnen Klinge [$_{\texttt{Cutting}}$ säbelt] sich einen Weg durch die buschigen Petersilienköpfe, während ich überlege, ob es tatsächlich Köpfe oder doch Blätter oder gar Büschel heißt. (Riedel, Susanne: Eine Frau aus Amerika, Berlin: Berlin Verlag 2003, S. 106)

Durch die Tatsache, dass das KorE über alle Konstrukte der Konstruktion lexikalisch spezifiziert und (mit geringen Abweichungen) invariant bleibt, kann die Evokation des Konstruktions-Frames durch dieses KorE nicht nur für Konstrukte mit unrelatierten lexikalischen Frames wie dasjenige in (37) gelten, sondern gleichsam für alle anderen Konstrukte, also auch diejenigen mit relatierten lexikalischen Frames. Die oben zitierten Konstrukte in (34)–(36) mit der LE *bahnen*, die als `Motion` evozierend betrachtet werden kann, fallen in diese Kategorie. Ob in dem Konstrukt einer Konstruktion, deren Konstruktions-Frame durch ein KorE evoziert wird (für KEE gilt prinzipiell dasselbe) ein relatierter oder ein unrelatierter lexikalischer Frame zu finden ist, spielt für die Evokation des Konstruktions-Frames also eine untergeordnete Rolle, eben weil das KorE (und analog auch das KEE) über alle Konstrukte der Konstruktion tendenziell invariant bleibt. Für den Fall, dass der lexikalische Frame nicht nur zum Konstruktions-Frame relatiert ist, sondern, wie im Fall der LE *bahnen*, sogar mit ihm identisch ist, wird derselbe Frame gewissermaßen ‚doppelt' evoziert, nämlich einmal über das KtE des KE Ereignis und einmal über das lexikalisch spezifizierte KorE. Das KorE wird hier seiner Definition gerecht in dem Sinne, dass „it enhances, or supplements, a (semantic, pragmatic, discourse-functional, or syntactic) property of the construction addressed." (Ziem, Flick & Sandkühler 2019: 69). Diese ‚Verstärkung' der semantischen Eigenschaften einer Konstruktion gilt nun also nicht nur in Abgrenzung zu anderen Konstruktionen wie der reflexiven Bewegungskonstruktion (die bis auf das KorE ja strukturell mit der reflexiven *Weg*-Konstruktion identisch ist – den Status des KE ⟨Weg⟩ der reflexiven *Weg*-Konstruktion als Nicht-Kern-KE ausgeklammert), sondern auch für die Konstruktion selbst. Sie tritt eben dann auf, wenn der lexikalische Frame nicht nur zum Konstruktions-Frame relatiert ist, sondern insbesondere dann, wenn beide identisch sind.

Die bereits in Unterabschnitt 8.2.1 festgestellte Beobachtung, dass die als KtE des KE Ereignis instanziierte LE *bahnen* für die reflexive *Weg*-Konstruktion typisch ist und bereits den lexikalischen Frame `Motion` evoziert, gibt Anlass zu der Frage, ob nun die Evokation des Konstruktions-Frames durch dieses KtE oder durch ein Bestandteil des KorE primär ist. Die reflexive *Weg*-Konstruktion könnte dann ähnliche Eigenschaften wie ein Funktionsverbgefüge besitzen, in dem der Großteil des semantischen Gehalts durch ein nominales Element und nicht durch ein Verb evoziert wird (vgl. dazu van Pottelberge 2007: 437).[29] Diese Tatsache registriert auch FrameNet bei der Untersuchung von *support constructions*:

> In some situations, however, it is a noun that provides the dominant frame; in fact, in certain styles of academic or political writing the dominant frame informing the meaning of the sentence is a noun. (Fillmore et al. 2003: 324)

Dagegen spricht allerdings die durchaus belegte Varianz in den LE, die als KtE das KE Ereignis instanziieren können, wenngleich neben *bahnen* lediglich eine weitere LE, nämlich *säbeln* (etwa: *cut.v*) für die reflexive *Weg*-Konstruktion belegt ist. Dass es sich bei dem lexikalischen Frame `Cutting`, den dieses KtE evoziert, um einen unrelatierten lexikalischen Frame handelt, ist Anlass zur Annahme, dass die reflexive *Weg*-Konstruktion gerade nicht einem Funktionsverbgefüge nahekommt, da in einem solchen Fall der Anteil des lexikalischen Frames an der Konstitution eines entsprechenden Konstrukt-Frames höher ist als es für ein Funktionsverbgefüge zu erwarten wäre.

Die soeben bereits angesprochene (tendenzielle) Invarianz des KorE leitet über zu einem weiteren Aspekt. Für die reflexive *Weg*-Konstruktion sind neben dem Nomen *Weg* noch zwei weitere Nomen als Kopf der NP, die als KorE dient, belegt, nämlich *Pfad* und *Trampelpfad*, wie die beiden Konstrukte in (38) und (39) zeigen (vgl. dazu bereits Unterabschnitte 3.3.2 und 5.3.2).

(38) {Paul mußte sich [$_{\text{KorE}}$ einen Pfad] zum Holzhaus bahnen}. (Koneffke, Jan: Paul Schatz im Uhrenkasten, Köln: DuMont Buchverlag 2000, S. 77)

(39) {[$_{\text{KorE}}$ Der Trampelpfad], den Jorge sich in Jahren gebahnt hatte}, war verschwunden, das Wasser hatte ihn genommen. (Düffel, John von: Houwelandt, Köln: DuMont Literatur und Kunst Verlag 2004, S. 293)

Anders als das Nomen *Weg* (*way.n*) evoziert das Nomen *Pfad* (*path.n*)[30] nicht den Frame `Self_motion`, sondern den Frame `Roadways`.[31] Diese beiden Frames haben eines gemeinsam: Sie sind relatierte Frames zu `Motion`. Wie schon aus Tabelle 5.12 in Unterabschnitt 5.4.3 hervorgeht, steht `Self_motion` in einer Frame-Nähe von +1

---

29 Zur konstruktionsgrammatischen Relevanz von Funktionsverbgefügen vgl. Zeschel (2008), Rostila (2012) und Heine (2020: 31–33).

30 Ich gehe davon aus, dass dies ebenso auf das Determinativkompositum *Trampelpfad* zutrifft, das in FrameNet 1.7 nicht als eigene LE verzeichnet ist.

31 Auch für `Roadways` ist in FrameNet eine LE *way.n* verzeichnet, allerdings wird aus dem einzigen annotierten Beleg in FrameNet 1.7 deutlich, dass es sich, anders als bei der LE *way.n* für `Self_motion`, nicht um ein Konstrukt der *way*-Konstruktion handelt. Deswegen bleibe ich bei der Annahme, dass das Nomen *Weg* in diesem Fall als LE von `Self_motion` zu verstehen ist.

innerhalb der Vererbungsrelation zu Motion. Der Frame Roadways steht ebenfalls in einer Frame-Nähe von +1 zu Motion, allerdings, wie aus Tabelle 5.13 hervorgeht, innerhalb der Benutzt-Relation. Die Relatiertheit dieser beiden Frames zu Motion ist letztlich der Grund dafür, sowohl Konstrukte mit dem Nomen *Weg* als auch solche mit dem Nomen *Pfad* oder *Trampelpfad* als Kopf der NP, die das KorE bildet, als Konstrukte *derselben* Konstruktion, nämlich der reflexiven *Weg*-Konstruktion, anzusehen.

Damit wird nun auch deutlich, warum für die reflexive *Weg*-Konstruktion Motion als Konstruktions-Frame angesetzt werden muss und nicht Self_motion oder Roadways. Würde man für die Konstrukte die das Nomen *Weg* auf der einen Seite und die Nomen *Pfad* und *Trampelpfad* auf der anderen Seite, jeweils Self_motion bzw. Roadways als Konstruktions-Frames ansetzen, so läge konstruktionelle Polysemie vor, nämlich eine durch unterschiedliche Konstruktions-Frames bedingte Polysemie (Unterabschnitt 5.2.1). Dies müsste dann konsequenterweise zu einem Splitting der Konstruktion führen, also müssten unterschiedliche Konstruktionseinträge für eine reflexive *Weg*-Konstruktion mit dem Nomen *Weg* als KorE-Bestandteil und eine reflexive *Weg*-Konstruktion mit dem Nomen *Pfad* oder *Trampelpfad* als KorE-Bestandteil (gewissermaßen also eine reflexive *Pfad*- oder *Trampelpfad*-Konstruktion) angenommen werden (dazu Unterabschnitte 7.2.1 und 7.2.2). Es erscheint jedoch fraglich, ob der semantische Unterschied zwischen den Konstrukten mit diesen unterschiedlichen Nomen derart groß ist, dass die Annahme unterschiedlicher Konstruktions-Frames und damit ein Splitting der Konstruktion gerechtfertigt wäre. Hinzu kommt, dass für den Fall, dass noch andere Nomen belegbar sein sollen, möglicherweise weitere Konstruktions-Frames angenommen werden müssten, was zu einem inflationären Splitting und damit zu vielen unterschiedlichen Konstruktions-Frames führen würde, wovor auch Perek & Patten (2019: 376) warnen (vgl. weiterhin Unterabschnitt 8.5.1).

Aus genau diesem Grund gehe ich weiterhin davon aus, dass der Konstruktions-Frame der reflexiven *Weg*-Konstruktion Motion ist. Wie aber kann Motion durch LE wie *Weg*, *Pfad* oder *Trampelpfad* evoziert werden? Es erscheint plausibel, dass dies durch den Mechanismus der Spreading Activation (Unterabschnitt 8.2.2) geschieht. Werden die LE, die eigentlich als die Frames Self_motion und Roadways evozierend gelten, als KorE ausgedrückt, wird, da es sich um zu Motion relatierte Frames handelt, gleichzeitig auch Motion evoziert. Dabei kann davon ausgegangen werden, dass die Stärke der Evokation von Motion durchaus hoch ist, denn wie bereits erwähnt stehen beide Frames, Self_motion und Roadways, in einer Frame-Nähe von +1 zu Motion, also einer relativ großen Frame-Nähe. Diese große Frame-Nähe spricht dafür, dass Motion als Konstruktions-Frame durch das KorE der reflexiven *Weg*-Konstruktion evoziert wird, auch wenn die darin instanziierten LE strenggenommen zu anderen, relatierten Frames gehören.

8.3.3 Evokation durch syntagmatische Kombination von KtE und KEE

Mit den in diesem und in Abschnitt 8.2 vorgestellten Mechanismen sind bereits einige Varianten der Evokation des Konstruktions-Frames diskutiert worden, die einen beträchtlichen Teil der Konstrukte der drei untersuchten Konstruktionen abdecken. Bei der Frage danach, wie die Evokation des Konstruktions-Frames vonstatten geht, haben diese Mechanismen eines gemeinsam: Sie führen die Evokation jedes Mal auf ein einzelnes lexikalisches Element zurück, das entweder eine LE des Konstruktions-Frames selbst oder eines mit zu ihm in Frame-Nähe stehenden (lexikalischen) Frames darstellt. Nimmt man die Mechanismen für alle drei untersuchten Konstruktionen zusammen, so ergeben sich die folgenden bisher diskutierten drei Varianten.

a) Der Konstruktions-Frame wird durch ein KtE des KE Ereignis evoziert, das direkt eine LE von `Motion` darstellt. Lexikalischer Frame und Konstruktions-Frame sind also identisch (Unterabschnitt 8.2.1).
b) Der Konstruktions-Frame wird durch ein KtE des KE Ereignis evoziert, das eine LE eines lexikalischen Frames, der zu `Motion` in Frame-Nähe steht, darstellt. Die Evokation erfolgt hier über den Mechanismus der Spreading Activation (Unterabschnitt 8.2.2).
c) Der Konstruktions-Frame wird durch einen Teil des KorE der reflexiven *Weg*-Konstruktion evoziert, das eine LE eines Frames, der zu `Motion` in Frame-Nähe steht, darstellt (Unterabschnitt 8.3.2).

Während die Punkte a und b insbesondere für die reflexive Bewegungskonstruktion und die reflexive Partikelverbkonstruktion gelten, ist Punkt c der reflexiven *Weg*-Konstruktion vorbehalten, da diese als einzige unter den drei Konstruktionen über ein entsprechend beschaffenes KorE verfügt. Was auffällt, ist, dass allein die reflexive *Weg*-Konstruktion mit allen ihren Konstrukten – also jenen mit relatierten lexikalischen Frames wie jenen mit unrelatierten lexikalischen Frames – durch die bisher diskutierten Mechanismen der Evokation abgedeckt ist. Für die anderen beiden Konstruktionen habe ich bisher lediglich Mechanismen zur Evokation des Konstruktions-Frames bei Konstrukten mit relatierten lexikalischen Frames diskutiert (Abschnitt 8.2). Mit anderen Worten: Die oben genannten Punkte a und b gelten allein für relatierte lexikalische Frames, während Punkt c sowohl für relatierte als auch unrelatierte lexikalische Frames gilt, allerdings eben einzig für die reflexive *Weg*-Konstruktion. Während die Evokation des Konstruktions-Frames bei der Menge von Konstrukten der reflexiven Bewegungskonstruktion und der reflexiven Partikelverbkonstruktion mit relatierten lexikalischen Frames also abgedeckt ist, bleiben für die beiden Konstruktionen noch insgesamt zwei Teilmengen an Konstrukten übrig:

- Konstrukte der reflexiven Bewegungskonstruktion mit unrelatierten lexikalischen Frames;
- Konstrukte der reflexiven Partikelverbkonstruktion mit unrelatierten lexikalischen Frames.

Diese beiden Teilmengen von Konstrukten sind also, anders als die bisher diskutierten, nicht auf eine ‚lexikalische' Evokation des Konstruktions-Frames durch ein KtE des KE Ereignis, das KEE oder einen Teil eines (in diesen beiden Konstruktionen nicht vorhandenen) KorE zurückzuführen. In Abbildung 8.5 sind diese Verhältnisse dargestellt, wobei die bereits über für eine ‚lexikalische' Evokation des Konstruktions-Frames erfassten Konstrukte auf der linken Seite zu finden sind, während die übrig bleibenden zwei Teilmengen der Konstrukte der reflexiven Bewegungskonstruktion und der reflexiven Partikelverbkonstruktion mit unrelatierten lexikalischen Frames auf der rechten Seite dargestellt sind. Für diese Konstrukte muss es also einen anderen Mechanismus der Evokation des Konstruktions-Frames geben.

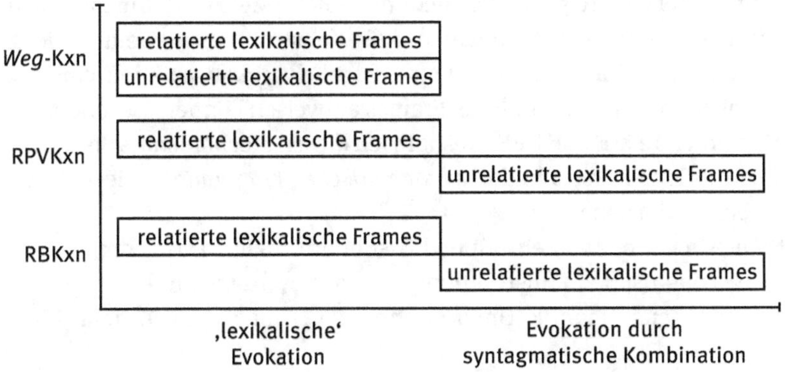

Abb. 8.5: Evokation des Konstruktions-Frames der drei untersuchten Konstruktionen nach Konstrukten mit relatierten und unrelatierten lexikalischen Frames

Anders als bei allen bisherigen Mechanismen der Evokation des Konstruktions-Frames können die beiden Teilmengen von Konstrukten auf der rechten Seite in Abbildung 8.5 nicht über eine ‚lexikalische' Evokation des Konstruktions-Frames erklärt werden. Die entsprechenden Konstrukte verfügen über keine in *einem einzigen* Strukturelement instanziierte LE, die dem Konstruktions-Frame oder einem zu ihm relatierten lexikalischen Frame zuzuordnen ist.[32] Für diese Konstrukte muss also ein Mechanismus angesetzt werden, der nicht auf der Evokation des Konstruktions-Frames durch ein einzelnes Strukturelement beruht.

Worin dieser Mechanismus bestehen muss, lässt sich vor dem Hintergrund der bisher diskutierten Mechanismen der Evokation des Konstruktions-Frames erahnen: Anders als die ‚lexikalische' Evokation des Konstruktions-Frames, die über lediglich *ein einzelnes* Strukturelement erfolgt, muss die Evokation des Konstruktions-Frames in den verbliebenen Fällen durch die *Kombination mehrerer* Strukturelemente erfolgen. Ganz in diesem Sinne stellen Czulo, Ziem & Torrent (2020) bei der Analyse bestimmter Mehrworteinheiten wie Refrainfragen (*tag questions*) fest:

> The frame-evoking power of the constructions cannot be traced back to single lexical elements but must rather be assigned to the phrase as a whole. In other words, tag questions are multi-word expressions that evoke frames in a holistic rather than a compositional fashion, in that the building blocks of the expressions cannot be considered units carrying frame-semantic information on their own. (Czulo, Ziem & Torrent 2020: 2)

Ich möchte im Folgenden zeigen, dass nicht nur solche Mehrworteinheiten, sondern auch formal abstraktere Argumentstruktur-Konstruktionen wie die reflexive Bewegungskonstruktion und die reflexive Partikelverbkonstruktion eine vergleichbare Evokation des Konstruktions-Frames aufweisen können. Besonders relevant hierfür sind ihre KtE und KEE, weshalb ich diesen Mechanismus der Evokation des Konstruktions-Frames in der *syntagmatischen Kombination* dieser Strukturelemente begründet sehe.

Dass Frames nicht nur von einzelnen LE, sondern zugleich von komplexeren Einheiten wie syntaktischen Konstruktionen evoziert werden können, ist bereits in Fillmores Verstehenssemantik (Unterabschnitt 2.1.1) angelegt, wie Ziem (2008) resümiert:

> Nicht nur Wörter wie *kaufen, schenken, verdienen* usw. implizieren schematisierte Erfahrungs- und Handlungszusammenhänge. Auch das Verstehen komplexerer Ausdrücke wie Idiome und usuelle Wortverbindungen erfordert die Kenntnis eines angemessenen Kontextes, in dem diese auftreten können. [...] Ohne dass die jeweiligen Satzbedeutungen kompositionell erschlossen werden müssten, verweisen die [...] usuellen Wortverbindungen *als Ganze* auf typische soziale Kontexte, in denen sie geäußert werden könnten. Dieser Umstand verleiht ihnen den Status von „Konstruktionen" (im oben erläuterten technischen Sinn). (Ziem 2008: 231–232)

---

32 Boas (2016: 86) weist darauf hin, dass die Untersuchung von Fällen, in denen ein Frame ohne lexikalisch zu identifizierende LE evoziert wird, ein Forschungsdesiderat ist, ignoriert dabei jedoch, dass bereits Minsky (1975: 241) ein entsprechendes Beispiel diskutiert.

In Anlehnung der Konzeption einer symbolischen Einheit aus phonologischer und semantischer Struktur bei Langacker (z.B. 1987: 57–58) argumentiert Ziem nun, dass nicht nur einfache phonologische Strukturen in der Lage sind, Frames zu evozieren, sondern dass dies auch auf komplexere Strukturen zutrifft:

> Es sind phonologische Einheiten, die derartige Aktivierungen schematischen Wissens motivieren. Solange der Verbund von phonologischer Einheit und assoziierter Bedeutung den Status einer Konstruktion hat, können phonologische Einheiten durchaus komplexer Natur sein. So ist beispielsweise mit der einfachen phonologischen Einheit [teufel] genauso eine semantische Einheit assoziiert wie mit der sehr komplexen Einheit [wenn man vom Teufel spricht]. (Ziem 2008: 232)

In Termini der Konstruktikographie ist unter einer komplexen symbolischen Struktur also eine syntaktische Konstruktion im Sinne von Langacker (1987: 82) und Diessel (2019: 11) zu verstehen, die aus mehreren Strukturelementen, also KE, KEE und/oder KorE besteht. Genauso wie etwa einzelne KtE eines KE (lexikalische) Frames evozieren können, kann dies nun auch für die Kombination solcher Strukturelemente geltend gemacht werden. Der Konstruktionsstatus dieser syntagmatischen Kombination – also die Tatsache, dass es sich dabei um ein ‚Form-Bedeutungs-Paar' handelt – schafft die Voraussetzung, damit sie überhaupt mit einem Konstruktions-Frame assoziiert werden kann und damit letztendlich davon gesprochen werden kann, die Konstruktion ‚evoziere' diesen Frame. Schmid (2020) bezeichnet dies als *syntagmatic-strengthening principle*:

> As the syntagmatic links within a sequence are strengthened by repetition, symbolic, paradigmatic, and pragmatic connections associated with the component parts are weakened, while symbolic, paradigmatic, and pragmatic associations of the sequence become stronger. (Schmid 2020: 236)

Wie kann man sich die Evokation eines Konstruktions-Frames über die syntagmatische Kombination mehrerer Strukturelemente vorstellen? Zunächst sei dafür an die Thesen der Diagrammatizität von Sprache bei Haiman (1980, 1983, 1985) erinnert, auf die ich in Unterabschnitt 6.1.2 hingewiesen habe. Für die beiden Mengen an verbliebenen Konstrukten der reflexiven Bewegungskonstruktion und der reflexiven Partikelverbkonstruktion lässt sie sich an dieser Stelle noch einmal nutzbar machen. Tritt in einem Konstrukt-Frame ein unrelatierter lexikalischer Frame auf, so wird dieser in vielen Fällen durch eine LE evoziert, die distributionell kaum als ‚reflexiv' einzustufen ist. So sind LE wie *arbeiten* (40) oder *einkaufen* (41), die die unrelatierten lexikalischen Frames `Work` bzw. `Shopping` evozieren, traditionell kaum als ‚reflexive' oder auch nur ‚reflexiv gebrauchte' Verben einzustufen (vgl. dazu auch Unterabschnitt 6.1.2).

(40) [$_{\text{Work}}$ Arbeitete] sich durch ein 14 Pfund schweres Handbuch, das er vom FBI aus Washington erhalten hatte (für die 70 Mark Luftfracht musste er seine Wirtin anpumpen), und schrieb ganz wie sein Vorbild Karl May über ein Land, das er nie mit eigenen Augen gesehen hatte. (Die Zeit, 06.04.2000, Nr. 15)

(41) Der reine Mobilfunker startete zunächst in Großbritannien durch, wurde dort schnell zum Marktführer und [$_{\text{Shopping}}$ kaufte] sich in aller Welt ein; meist allerdings mit Minderheitsbeteiligungen. (Die Zeit, 10.02.2000, Nr. 7)

Diagrammatisch interessant daran ist also die distributionell unübliche Kombination aus einer solchen LE und einem Reflexivum. Haiman (1983: 795–799, 1985: 142–143) und Barlow (2000: 326) zufolge ist eine solche Kombination als Zeichen für ein Vorhandensein und die Verbindung zweier Konzepte, im konstruktionssemantischen Sinne also Frames, die aufgrund eines Blending-Prozesses einen ‚neuen' Frame, eben den Konstrukt-Frame, bilden (vgl. auch Hampe & Schönefeld 2003: 246–247, 2006: 128). Das dadurch entstehende komplexe Zeichen kann durch seine Fähigkeit, einen Frame zu evozieren, als indexikalisch betrachtet werden (vgl. Ziem 2008: 233, 2014b: 199). Wichtig ist nun, dass nicht ein zusätzliches Element *allein* verantwortlich dafür ist, dass der Konstruktions-Frame evoziert wird – dies habe ich in Unterabschnitt 8.3.1 für das KEE der drei untersuchten Konstruktionen ja bereits gezeigt –, sondern dass die *Kombination* mehrerer Elemente, also etwa der LE, die den unrelatierten lexikalischen Frame evoziert, mit einem Reflexivum als KEE, die Evokation des Konstruktions-Frames leisten kann. Erst die Kombination mehrerer Strukturelemente in einem Konstrukt spannt, um eine Metapher von Schmid (2020: 65–66) zu verwenden, einen ‚syntagmatischen Bogen' (*syntagmatic arc*) über mehrere Strukturelemente und letztlich das gesamte Konstrukt auf. Im Falle von Konstrukten der reflexiven Bewegungskonstruktion und der reflexiven Partikelverbkonstruktion sind es, wenn an ihren Konstrukt-Frames unrelatierte lexikalische Frames beteiligt sind, diese ‚syntagmatischen Bögen', die die Evokation des Konstruktions-Frames leisten. Jene entsteht also durch die syntagmatische Kombination von Strukturelementen.

Über die Fähigkeit einer syntagmatischen Kombination, einen Konstruktions-Frame zu evozieren, entscheidet ganz wesentlich die Art der Strukturelemente, die miteinander kombiniert werden. Ich möchte im Folgenden dafür argumentieren, dass manche Strukturelemente eher als andere dafür kriterial sind, was zugleich bedeutet, dass die Kombination, die zur Evokation des Konstruktions-Frames führt, nicht zwangsläufig alle Strukturelemente eines Konstrukts einschließen muss, sondern dass – wie oben am Beispiel der Kombination aus der LE, die den lexikalischen Frame evoziert und dem Reflexivum gezeigt – bereits die

Kombination zweier Strukturelemente ausreichen kann, um den Konstruktions-Frame zu evozieren.

Die Strukturelemente der drei untersuchten Konstruktionen (mit Ausnahme des KE BEWEGENDES), insbesondere aber diejenigen der reflexiven Bewegungskonstruktion und der reflexiven Partikelverbkonstruktion, lassen sich nach ihrer *Kombinationsrelevanz* unterscheiden, nach der Relevanz also, die ihrer Kombination mit anderen Strukturelementen für die Evokation des Konstruktions-Frames zukommt. Abbildung 8.6 zeigt eine entsprechende Hierarchie der Strukturelemente nach ihrer Kombinationsrelevanz. Interessant sind hier vor allem die mittleren drei Strukturelemente, also KEE, RICHTUNG sowie das KE WEG bzw. ⟨WEG⟩, weshalb ich zunächst auf die beiden äußeren Strukturelemente eingehen möchte, bevor ich mich den mittleren dreien zuwende.

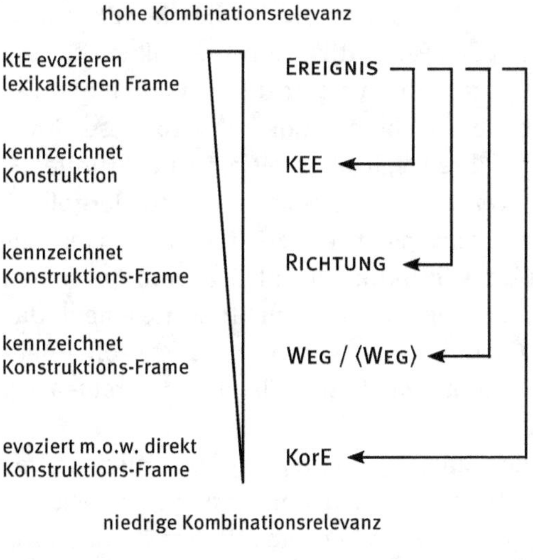

Abb. 8.6: Hierarchie der Kombinationsrelevanz von Strukturelementen in syntagmatischer Kombination zur Evokation des Konstruktions-Frames

Das KE EREIGNIS, das alle drei Konstruktionen besitzen, besitzt die höchste Kombinationsrelevanz. Dies ist insofern trivial, als dass die KtE dieses KE die lexikalischen Frames evozieren (vgl. Abschnitt 4.2 sowie Unterabschnitt 7.3.1). Ohne dieses Strukturelement wäre ein Blending aus (unrelatiertem) lexikalischen Frame und Konstruktions-Frame also gar nicht möglich. Dass es dennoch in der Hierarchie in Abbildung 8.6 erscheint, liegt darin begründet, dass es die Basis für die Kombination mit allen anderen Strukturelementen darstellt. Mit anderen Worten: Da ein KtE des KE EREIGNIS in jedem Konstrukt zu finden ist, entscheidet dessen Kombination mit einem anderen Strukturelement über die Evokation des Konstruktions-Frames. Die Kombinationsrelevanz aller anderen Strukturelemente wird also anhand von deren Kombination mit den KtE des KE Ereignis gemessen. Die Kombinationen des KE Ereignis mit jeweils einem anderen Strukturelement sind dabei durch die Pfeile in Abbildung 8.6 markiert.

Am anderen Ende der Hierarchie nach Kombinationsrelevanz steht das KorE der reflexiven *Weg*-Konstruktion. Der Grund dafür ist schlicht, dass dieses Strukturelement, wie in Unterabschnitt 8.3.2 gezeigt, in der Lage ist, den Konstruktions-Frame mehr oder weniger direkt zu selbst evozieren. Obwohl es in der reflexiven *Weg*-Konstruktion in Kombination mit KtE des KE Ereignis steht, ist diese Kombination für die Evokation des Konstruktions-Frames nicht ausschlaggebend, da die Evokation bereits durch das KorE selbst geleistet wird.

Es bleiben also die drei mittleren Strukturelemente: KEE, Richtung und Weg bzw. ⟨Weg⟩. Aus diesem Grund spielen die KtE dieser KE sowie die KEE von reflexiver Bewegungskonstruktion und reflexiver Partikelverbkonstruktion für die Evokation des Konstruktions-Frames durch eine syntagmatische Kombination eine besondere Rolle. Eine simple Methode, die Kombinationsrelevanz dieser Strukturelemente einzuschätzen, ist, sie auf ihre Weglassbarkeit hin zu überprüfen.[33] Dies lässt sich durch einen direkten Vergleich der Strukturelemente der reflexiven Bewegungskonstruktion und der reflexiven Partikelverbkonstruktion realisieren. Die prinzipielle Weglassbarkeit eines Strukturelements ist somit Anzeichen für eine geringere Kombinationsrelevanz gegenüber einem Strukturelement, das prinzipiell nicht weggelassen werden kann. Als Vergleichsgrundlage soll erneut die LE *arbeiten* (*work.v*) dienen, die den unrelatierten lexikalischen Frame `Work` evoziert.

Beleg (42) zeigt ein Konstrukt der reflexiven Bewegungskonstruktion. Das KEE sowie das KE Weg sind für sie obligatorisch und können nicht weggelassen werden. Die Kombination dieser beiden Strukturelemente mit dem KE Ereignis ist also in jedem Fall in der Lage, den Konstruktions-Frame zu evozieren.

(42) {Sie arbeitete [$_{\text{KEE}}$ sich] [$_{\text{Weg}}$ durch schulterhohes Dickicht]}; die Männer waren angeseilt, da sich unter dem Moosbewuchs tiefe Fel'sspalten verbargen; im stellenweise dichten Nebel hätte man sich ohne Kompaß leicht

33 Hier soll bewusst die Rede von *Weglassbarkeit* und nicht etwa von *Null-Instanziierbarkeit* sein, da Letztere präsupponiert, dass es sich bei den diskutierten Elementen um Nicht-Kern-KE handelt, die ohnehin fakultativ sind (vgl. dazu Unterabschnitt 6.4.2). Es handelt sich dabei also nicht um den Test, ob ein Strukturelement *innerhalb einer Konstruktion* fakultativ ist, sondern ob z.B. andere Konstruktionen existieren, die ohne dieses Strukturelement auskommen, aber denselben Konstruktions-Frame evozieren.

verirrt. (Schrott, Raoul: Tristan da Cunha oder die Hälfte der Erde; Hanser Verlag 2003, S. 31)

Über die Kombinationsrelevanz des KEE und des KE WEG selbst sagt dies aber noch nichts aus. Erst ein Vergleich mit der reflexiven Partikelverbkonstruktion kann eine Entscheidung herbeiführen. Beleg (43) zeigt ein Konstrukt dieser Konstruktion, wobei das Nicht-Kern-KE ⟨WEG⟩ hier instanziiert ist. Dieses Konstrukt entspricht also strukturell nahezu demjenigen der reflexiven Bewegungskonstruktion in (42), mit dem Unterschied, dass das für die reflexive Partikelverbkonstruktion charakteristische zweite KEE RICHTUNG hinzukommt.

(43) {Die Ermittler arbeiteten [$_{\text{KEE}}$ sich] [$_{\langle\text{WEG}\rangle}$ an den großen Zampano] [$_{\text{RICHTUNG}}$ heran]}. (Die Zeit, 27.04.2000, Nr. 18)

Die Kombinationsrelevanz des KEE beider Konstruktionen, des KEE RICHTUNG sowie des KE WEG bzw. ⟨WEG⟩ lässt sich nun bestimmen, indem man sie auf ihre Weglassbarkeit hin überprüft. Die Weglassbarkeit von RICHTUNG drückt sich in dem Vergleich der Konstrukte in (42) und (43) bereits aus: Für die Evokation des Konstruktions-Frames scheint es insofern eine untergeordnete Rolle zu spielen, als dass es in Konstrukten der reflexiven Bewegungskonstruktion nicht erforderlich ist, wobei die Evokation von `Motion` als Konstruktions-Frame weiterhin für beide Konstruktionen plausibel erscheint.

Ebenso wie für die reflexive Bewegungskonstruktion das KEE RICHTUNG weglassbar ist, ist für die reflexive Partikelverbkonstruktion das KE ⟨WEG⟩ weglassbar, weshalb es als Nicht-Kern-KE einzustufen ist. Beleg (44) zeigt ein Konstrukt der reflexiven Partikelverbkonstruktion ohne Instanziierung des KE ⟨WEG⟩.

(44) Breiring kam ins Krankenhaus, Eichhorn hatte Semesterferien, er übernahm den Laden, {arbeitete [$_{\text{KEE}}$ sich] in ein paar Tagen [$_{\text{RICHTUNG}}$ ein]}, benutzte die Karte und die Fähnchen bald so geläufig wie jedes andere einleuchtend konstruierte Werkzeug. (Kopetzky, Steffen: Grand Tour, Frankfurt am Main: Eichborn 2002, S. 154)

Festzuhalten ist nun Folgendes: Das KEE, das als Reflexivum instanziiert wird, ist in beiden Konstruktionen, sowohl der reflexiven Bewegungskonstruktion als auch der reflexiven Partikelverbkonstruktion, nicht weglassbar. Dies ist zunächst ein trivialer Fakt, der gerade zur Einstufung des Reflexivums als KEE führt. In Abbildung 8.6 ist für das KEE deshalb vermerkt, das es die jeweilige Konstruktion kennzeichnet (vgl. Unterabschnitt 8.3.1 zur Problematik der ‚Evokation' einer

Konstruktion).[34] Aufgrund seiner nicht gegebenen Weglassbarkeit muss es hinsichtlich seiner Kombinationsrelevanz unmittelbar hinter dem KE Ereignis stehen. Die Kombination aus einem KtE des KE Ereignis und dem KEE ist also kriterial, um die Evokation des Konstruktions-Frames sicherzustellen.[35] Diese hohe Relevanz des als Reflexivum instanziierten KEE trägt dem breiten Funktionsspektrum von Reflexiva Rechnung, zu dem gehört, dass das Reflexivum einem ursprünglich nicht reflexiven Verb einen zusätzlichen semantischen Aspekt hinzufügen kann (vgl. z.B. Geniušienė 1987: 28–30). Bezogen auf hohe Kombinationsrelevanz des KEE heißt dies, dass gerade die Kombination des Reflexivums mit einem KtE des KE Ereignis (also einem Verb) für eine wesentliche konstruktionssemantische Leistung verantwortlich gemacht werden kann. Diese Leistung besteht in der Evokation des Konstruktions-Frames.

Wie aber begründet sich die Hierarchie zwischen dem KEE Richtung und dem KE Weg bzw. ⟨Weg⟩ hinsichtlich ihrer Kombinationsrelevanz? Sowohl die Instanzen von Richtung als auch die KtE von Weg bzw. ⟨Weg⟩ werden durch FE eines lexikalischen und/oder des Konstruktions-Frames motiviert (vgl. Unterabschnitte 6.2.2, 6.2.3 und 6.4.2). Sie können deshalb, wie in Abbildung 8.6 notiert, potenziell den Konstruktions-Frame kennzeichnen, aufgrund ihrer Weglassbarkeit aber nicht die Konstruktion als solche. Der Statuts von ⟨Weg⟩ als Nicht-Kern-KE hängt nun wesentlich an dem Auftreten des KEE Richtung. Tritt es, wie in der reflexiven Partikelverbkonstruktion, auf, muss ⟨Weg⟩ nicht instanziiert werden, weshalb es als Nicht-Kern-KE eingestuft werden kann (vgl. dazu Unterabschnitt 6.4.2). Tritt es, wie in der reflexiven Bewegungskonstruktion, nicht auf, muss das KE Weg instanziiert werden und Kern-KE sein. Mit anderen Worten: Das KEE Richtung bedingt den Status des KE ⟨Weg⟩ als Nicht-Kern-KE.[36] Da auch bei einer fehlenden Instanziierung des KE ⟨Weg⟩, wie in (44), der Konstruktions-Frame evoziert wird, sich daran bei einer Instanziierung von ⟨Weg⟩, wie in (43), aber nichts

34 Vgl. dazu auch die Definition von KEE bei Lee-Goldman & Petruck (2018: 26): „A *Construction-evoking Element* (CEE) is lexical material that is central to, or that cues the existence of, a particular construction".

35 Vgl. auch die Analyse von Culicover & Jackendoff (2005: 35), die für Resultativkonstruktionen „a PP that the verb would not normally license" als kriterial zur Kennzeichnung der Konstruktion ansetzen. Interessant sind in diesem Zusammenhang auch die Ideen von Goldberg & Herbst (2021: 301–305) zu *Fragmenten* von Konstruktionen, die bereits ausreichen, um eine Konstruktion als Ganzes semantisch identifizierbar zu machen und dabei selbst als konventionalisierte Konstruktionen betrachtet werden können. Inwieweit Letzteres auf die hier untersuchten syntagmatischen Kombinationen von Strukturelementen zutrifft, könnten zukünftige Forschungen eruieren.

36 Der von Olsen (1996b) eingeführte Begriff des *pleonastischen Direktionals*, auf den ich in Unterabschnitt 6.4.2 eingegangen bin, bringt dies anschaulich zum Ausdruck.

ändert, stufe ich die Kombinationsrelevanz des KE WEG bzw. ⟨WEG⟩ niedriger als diejenige des KEE RICHTUNG ein. Damit ergibt sich die in Abbildung 8.6 dargestellte Hierarchie der Strukturelemente hinsichtlich ihrer Kombinationsrelevanz.

Diese Ergebnisse können freilich lediglich für die drei untersuchten Konstruktionen Geltung beanspruchen. Strukturelemente anderer Konstruktionen können andere Kombinationsrelevanzen aufweisen, zumal die grundsätzliche Relevanz des Mechanismus der syntagmatischen Kombination von Strukturelementen zur Evokation des Konstruktions-Frames stark davon abhängt, ob die Evokation nicht bereits durch andere Strukturelemente geleistet werden kann. Ebenso ist die Bandbreite möglicher Mechanismen der Evokation des Konstruktions-Frames damit nur für die drei untersuchten Konstruktionen abgesteckt. So vielfältig wie andere Konstruktionen beschaffen sein können, so vielfältig können auch die Mechanismen der Evokation ihrer Konstruktions-Frames beschaffen sein und es ist nicht ausgeschlossen, dass sich durch die Untersuchung anderer Konstruktionen weitere Mechanismen finden lassen, die über diejenigen in diesem und dem vorangegangenen Abschnitt 8.2 diskutierten hinausgehen.

8.4 Methodologische Präliminarien bei der Ermittlung des Konstruktions-Frames

Jegliche Frage nach der Evokation eines Konstruktions-Frames kann kaum beantwortet werden, wenn der Konstruktions-Frame einer Konstruktion unbekannt ist. Den unterschiedlichen Mechanismen zur Evokation des Konstruktions-Frames (Abschnitte 8.2 und 8.3) müssen also methodologische und methodische Überlegungen an die Seite gestellt werden, die der Ermittlung des Konstruktions-Frames dienen. Warum kommt gerade `Motion` als Konstruktions-Frame für die reflexive Bewegungskonstruktion, die reflexive Partikelverbkonstruktion und die reflexive *Weg*-Konstruktion infrage? Was noch fehlt, sind konkrete Methoden zur Ermittlung des Konstruktions-Frames, die, wie ich in diesem Abschnitt zeigen möchte, jedoch nicht völlig losgelöst von den in den Abschnitten 8.2 und 8.3 diskutierten Mechanismen der Evokation des Konstruktions-Frames betrachtet werden können. Vielmehr bestehen Zusammenhänge zwischen diesen Mechanismen und insbesondere deren Einflussfaktoren der Frame-Nähe (Unterabschnitt 8.1.2) und der formalen Abstraktheit einer Konstruktion (Unterabschnitt 8.1.3).

Eine Vorbemerkung, auf die ich bereits in Unterabschnitt 2.1.3 hingewiesen habe, sei an dieser Stelle wiederholt. Bei der Ermittlung eines Konstruktions-Frames kann stets nur auf diejenigen Daten zurückgegriffen werden, die in FrameNet, hier: im Daten-Release 1.7, dokumentiert sind. Da FrameNet keine lückenlose Erfassung von Frames für eine Einzelsprache darstellt, kann es somit stets vorkommen, keinen passenden Frame für eine gegebene sprachliche Einheit, sei es eine LE oder eine syntaktische Konstruktion, finden zu können. Dies begründet allerdings keine grundsätzlichen Auswirkungen auf die Plausibilität der ‚Bedeutunghaltigkeit' einer LE oder einer Konstruktion, sondern ist ein rein methodologisches Problem der Abdeckung von FrameNet. Für die drei untersuchten Konstruktionen indes ist jedoch eine Anwendung der FrameNet-Daten, insbesondere hinsichtlich der Ermittlung des Konstruktions-Frames, ohne Einschränkungen möglich.

Bevor ich die einzelnen Methoden thematisiere, möchte ich in diesem Abschnitt deshalb zunächst auf einige methodologische Präliminarien eingehen, die die Wahl der Methode zur Ermittlung des Konstruktions-Frames steuern und Voraussetzungen dafür darstellen, die Methoden überhaupt anwenden zu können. In Unterabschnitt 8.4.1 möchte ich auf den Zusammenhang zwischen den in den Abschnitten 8.2 und 8.3 diskutierten Mechanismen der Evokation des Konstruktions-Frames und der Wahl der Methode zu dessen Ermittlung eingehen. Wie sich zeigen wird, richtet sich die Frage nach einer geeigneten Methode zur Ermittlung des Konstruktions-Frames insofern wesentlich nach den Mechanismen von dessen Evokation, als dass etwa Konstruktionen mit einer großen Anzahl von Konstrukten auf Basis relatierter Frames andere Methoden erfordern als solche, die – wie die drei untersuchten Konstruktionen – eine größere Anzahl von Konstrukten mit unrelatierten Frames beinhalten. Nicht alle diskutierten Methoden lassen sich an den drei untersuchten Konstruktionen gleichermaßen aufzeigen und die Relevanz jeder einzelnen Methode unterscheidet sich durchaus von Konstruktion zu Konstruktion. Im Rahmen der hier thematisierten methodologischen Präliminarien zeigt sich, warum. Neben der Betonung der Rolle der Evokationsmechanismen und deren Einflussfaktoren soll darüber hinaus die Frage beantwortet werden, welche korpuslinguistischen Methoden bei der Ermittlung des Konstruktions-Frames hilfreich sein können. In Unterabschnitt 8.4.2 möchte ich deshalb dafür argumentieren, dass die Betrachtung der ambigen Formseite einer Konstruktion – für welche etwa die reflexive Bewegungskonstruktion ein anschauliches Beispiel darstellt – nicht nur bei der initialen Identifikation relevanter Konstrukte und deren Unterscheidung von Falschpositiven eine Rolle spielt (vgl. dazu Unterabschnitt 3.4.2), sondern dass dadurch eine methodologisch äußerst wichtige Voraussetzung für die Ermittlung des Konstruktions-Frames geschaffen wird: die Ermittlung potenzieller relatierter lexikalischer Frames.

8.4.1 Zur Rolle der Evokationsmechanismen

Die eher theoretischen Fragen nach der Evokation des Konstruktions-Frames, die ich in den Abschnitten 8.1 bis 8.3 erörtert habe, hängen enger mit den methodologischen Fragen nach möglichen Methoden zur Ermittlung des Konstruktions-Frames zusammen, als es auf den ersten Blick erscheinen mag. Um eine geeignete Methode für eine gegebene Konstruktion zu wählen, ist es von Vorteil, den bevorzugten Mechanismus zur Evokation des Konstruktions-Frames, der dieser Konstruktion zukommt, zu kennen. Die Methoden zur Ermittlung des Konstruktions-Frames hängen also wesentlich mit den Evokationsmechanismen zusammen und können nicht scharf von diesen getrennt werden.

Um diese Abhängigkeit nachzuvollziehen, bietet es sich an, noch einmal das wesentliche Kriterium zur Unterscheidung der verschiedenen Evokationsmechanismen in den Blick zu nehmen: die Frame-Nähe. Aus der Einteilung der Abschnitte 8.2 und 8.3 geht hervor, dass sich die unterschiedlichen Mechanismen zur Evokation des Konstruktions-Frames nach relatierten und unrelatierten lexikalischen Frames unterscheiden lassen (vgl. auch Unterabschnitt 8.1.2). Nach diesen zwei Kategorien lexikalischer Frames lassen sich nun auch die Methoden zur Ermittlung des Konstruktions-Frames unterscheiden. Die beiden äußeren Rechtecke in Abbildung 8.7 sollen diese Unterscheidung verdeutlichen.

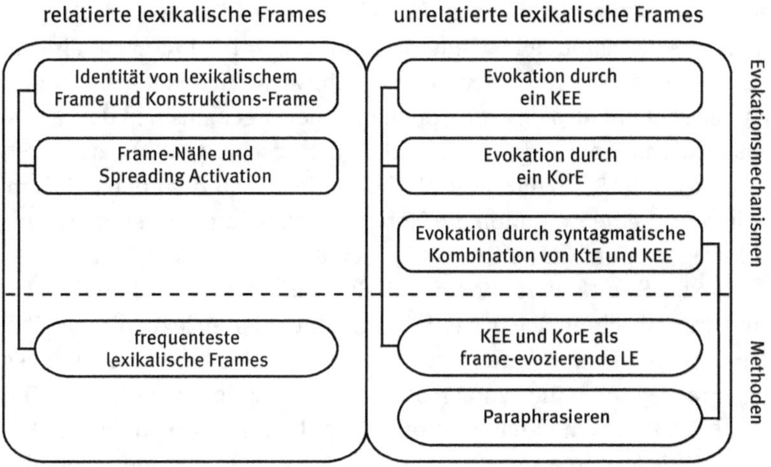

Abb. 8.7: Methoden zur Ermittlung des Konstruktions-Frames nach lexikalischen Frames und Evokationsmechanismen

Im oberen Teil der beiden Rechtecke sind jeweils die Evokationsmechanismen aufgeführt, die sich nach relatierten und unrelatierten lexikalischen Frames unterscheiden. Im unteren Teil sind dann jeweils die Methoden zur Evokation des Konstruktions-Frames aufgeführt, um zunächst deren Zuordnung nach relatierten und unrelatierten lexikalischen Frames zu verdeutlichen. Der Bezug zwischen den Evokationsmechanismen und den Methoden geht jedoch noch über die Einteilung nach der Frame-Nähe lexikalischer Frames hinaus. So sollen die Verbindungslinien zwischen den Evokationsmechanismen und den Methoden anzeigen, dass zwischen ihnen ein direkter Zusammenhang besteht.

Insgesamt drei Methoden möchte ich in Abschnitt 8.5 diskutieren. Mit lexikalischen Frames operiert die Methode der frequentesten lexikalischen Frames (Unterabschnitt 8.5.1), die den Konstruktions-Frame über relatierte lexikalische Frames rekonstruieren möchte, die von den KtE des KE Ereignis der drei untersuchten Konstruktionen evoziert werden. Auf der Seite der relatierten lexikalischen Frames stellt sie die einzige Methode dar und ist insbesondere für die reflexive Bewegungskonstruktion und die reflexive Partikelverbkonstruktion von Relevanz. Diese Methode schließt an zwei Evokationsmechanismen an, die ebenfalls über relatierte lexikalische Frame figurieren: die Identität von lexikalischem Frame und Konstruktions-Frame (Unterabschnitt 8.2.1) sowie die zum Konstruktions-Frame in Frame-Nähe stehenden relatierten lexikalischen Frames und die Prozesse der Spreading Activation (Unterabschnitt 8.2.2). Demgegenüber operieren nun zwei Methoden vorrangig mit unrelatierten lexikalischen Frames. Die Methode der KEE und KorE als frame-evozierende LE (Unterabschnitt 8.5.2) fragt danach, ob jene Strukturelemente (bzw. Teile von ihnen), direkte Hinweise auf den Konstruktions-Frame geben. Sie schließt also direkt an die möglichen Mechanismen der Evokation des Konstruktions-Frames durch ein KEE (Unterabschnitt 8.3.1) bzw. durch ein KorE (Unterabschnitt 8.3.2) an. Diese Methode eignet sich zuvorderst für Konstruktionen, in denen eine Evokation des Konstruktions-Frames über jene Strukturelemente infrage kommt, unter den drei untersuchten Konstruktionen insbesondere die reflexive *Weg*-Konstruktion. Schließlich arbeitet die Methode des Paraphrasierens (Unterabschnitt 8.5.3) ebenfalls mit unrelatierten lexikalischen Frames und kann besonders dann herangezogen werden, wenn eine Evokation des Konstruktions-Frames durch die syntagmatische Kombination von KtE und KEE (Unterabschnitt 8.3.3) für eine Konstruktion relevant ist. Ebenso wie dieser Mechanismus betrifft sie also in erster Linie die Konstrukte mit unrelatierten lexikalischen Frames der reflexiven Bewegungskonstruktion und der reflexiven Partikelverbkonstruktion.

Die Zusammenhänge zwischen der Unterscheidung lexikalischer Frames nach ihrer Frame-Nähe und den Methoden zur Ermittlung des Konstruktions-Frames mögen nun den Eindruck einer Zirkularität erwecken. Stellt man sich eine Ausgangssituation vor, in der der Konstruktions-Frame einer gegebenen Konstruktion noch gänzlich unbekannt ist, ergibt sich deshalb folgender Einwand: Woher kann man die Kategorie der relatierten Frames kennen, wenn man den Konstruktions-Frame nicht kennt? Die Wahl einer Methode zur Ermittlung des Konstruktions-Frames könnte also – so die Schlussfolgerung – nur dann erfolgen, wenn man den Konstruktions-Frame bereits kennt. Ich möchte allerdings zeigen, dass die Gefahr einer solchen Zirkularität wesentlich geringer ist, als es auf den ersten Blick erscheint. Zwei Argumente lassen sich dagegen ins Feld führen.

1. Das System der Frame-Nähen eines Konstruktions-Frames zeigt sich über die exhaustive Annotation der gesamten Treffermenge zur Korpusrecherche einer Konstruktion auf evozierte *lexikalische* Frames (also sowohl der tatsächlichen Konstrukte als auch der Falschpositive) nahezu automatisch auf.
2. Eine Kombination mehrerer Methoden zur Ermittlung des Konstruktions-Frames kann die Ergebnisse einer Methode, die stark auf der Kategorie der relatierten lexikalischen Frames beruht, absichern, sofern es Methoden gibt, die sich für *unrelatierte* lexikalische Frames eignen.

Der erste dieser beiden Punkte spricht explizit den methodologischen Gewinn aus der Betrachtung konstruktioneller Ambiguität an, den ich im folgenden Unterabschnitt 8.4.2 thematisieren möchte. Kern dieser Idee ist, dass sich die semantischen Eigenschaften einer Konstruktion und insbesondere – aber nicht nur – der Konstruktions-Frame durch den Vergleich von Falschpositiven einer Korpusrecherche mit den tatsächlichen Konstrukten der betreffenden Konstruktion eruieren lassen. Der zweite der beiden Punkte wird sich bei der eingehenderen Diskussion der Methoden ergeben. Einerseits können die Methoden unabhängig voneinander operieren, je nachdem, ob sie besonders auf Konstrukte mit relatierten oder unrelatierten lexikalischen Frames angewendet werden können, andererseits können sie aber auch komplementär zueinander angewendet werden, insbesondere um die Ergebnisse einer Methode, die auf relatierten lexikalischen Frames beruht, durch eine Methode, die auf unrelatierten lexikalischen Frames beruht, abzusichern. So können die Konstrukte einer Konstruktion gewissermaßen gegenseitig als Testmaterial dienen, um die Adäquatheit einer Analyse, die bereits zu einem potenziellen Konstruktions-Frame als Ergebnis geführt hat, zu überprüfen.

8.4.2 Konstruktionelle Ambiguität: Warum Falschpositive interessant sind

Eine der größten Herausforderungen bei der korpusbasierten Analyse einer Konstruktion ist es, unter den Treffern einer Korpusrecherche die Konstrukte dieser

Konstruktion von irrelevanten Treffern zu trennen, die Konstrukte einer anderer Konstruktion zeigen können. In diesem Arbeitsschritt liegt allerdings nicht nur eine Herausforderung, sondern zugleich die Chance, bereits in diesem frühen Stadium einer Analyse die ‚Werte' wichtiger semantischer Parameter der zu analysierenden Konstruktion zu ermitteln. Dazu gehört in erster Linie das System der Frame-Nähen, das dieser Konstruktion zugeschrieben werden kann, und damit letztendlich auch der Konstruktions-Frame. Auf den Ergebnissen dieses Arbeitsschrittes können deshalb unterschiedlichste Methoden zur Ermittlung des Konstruktions-Frames aufbauen, weshalb gerade die Untersuchung derjenigen Korpustreffer, die keine Konstrukte der betreffenden Konstruktion zeigen, eine wichtige methodische Vorarbeit bei der Ermittlung des Konstruktions-Frames darstellt. Ich möchte in diesem Abschnitt unter Rückgriff auf den Begriff der konstruktionellen Ambiguität und die korpuslinguistische Relevanz von Falschpositiven, also jenen eigentlich irrelevanten Korpustreffern, auf die methodische Relevanz hinweisen, die einer solchen initialen Analyse einer Konstruktion hinsichtlich der Ermittlung des Konstruktions-Frames zukommen kann.

Ein Beispiel: Die beiden Belege (45) und (46) zeigen eine identische formale Struktur. Beide bestehen aus jeweils einer NP, einer VP, einem Reflexivum sowie einer PP im Akkusativ. Nur bei Beleg (45) aber handelt es sich um ein Konstrukt der reflexiven Bewegungskonstruktion. Beleg (46) ist trotz seiner formalen Identität nicht als Konstrukt dieser Konstruktion einzustufen.[37]

(45) Er kämpfte sich durch das Dickicht. (Glavinic, Thomas: Die Arbeit der Nacht, München Wien: Carl Hanser Verlag 2006, S. 273)

(46) Die beklagten Differenzen ergeben sich durch unterschiedliche Rechnungswege. (Die Zeit, 09.03.2000, Nr. 11)

Goldberg (2002) führt für Fälle wie diejenigen in (45) und (46) den Begriff der *konstruktionellen Ambiguität* ein. Konstruktionelle Ambiguität liegt vor, wenn zwei Instanzen Formgleichheit aufweisen, aber weder eine semantische Ähnlichkeit noch eine semantische Relation zwischen beiden Konstrukten vorliegt: „[T]here do exist instances of *constructional ambiguity*: a single surface form having unrelated meanings." (Goldberg 2002: 335). Bezogen auf die syntaktische Form von Argumentstruktur-Konstruktionen besteht konstruktionelle Ambiguität zwischen zwei Konstrukten in „shared syntax and completely unrelated function." (Goldberg 2009: 208, Anm. 6). Diese nicht vorhandene semantische Relation zwischen

37 Beleg (46) stammt aus den bei der Datenauswahl für die reflexive Bewegungskonstruktion als Falschpositive identifizierten Belegen, die aber, wie bereits in Unterabschnitt 3.4.2 erläutert, nicht ausgesondert, sondern weiter verfügbar gehalten wurden.

den Konstrukten ist indes das Kriterium, das konstruktionelle Ambiguität von konstruktioneller Polysemie (Abschnitt 5.2) unterscheidet, denn in Letzterer muss zwischen den Konstrukten eine semantische Verbindung bestehen (vgl. Goldberg 1992: 51).

Konstruktionelle (hier also: syntaktische) Ambiguität unterscheidet sich von Ambiguität auf lexikalischer Ebene. Letztere ist wie folgt definiert: „A word or phrase is called to be ambiguous when it has two different meanings, or semantic values." (Sweetser 1990: 10).[38] Im Falle konstruktioneller Ambiguität einer Argumentstruktur-Konstruktion ist es nicht das *Konstrukt*, das zwei verschiedene semantische Interpretationen besitzt, vielmehr trifft diese Eigenschaft auf die Formseite der *Konstruktion* zu. Konstrukte, denen eine ambige Formseite zugrunde liegt, sind dagegen semantisch tendenziell eindeutig, die Ambiguität der Formseite ist nur daran zu erkennen, dass Instanzen dieser Formseite als Konstrukte entweder von einer Konstruktion A oder einer Konstruktion B eingestuft werden können, die formseitig gleich sind, sich in ihren semantischen Eigenschaften aber hinreichend unterscheiden. Dies lässt sich an den Belegen (45) und (46) eindeutig sehen: Es fällt nicht schwer, (45) als Konstrukt der reflexiven Bewegungskonstruktion einzustufen und (46) nicht. Dieser Punkt ist also essenziell für die Untersuchung von Korpusdaten: Treffer einer Suchanfrage können entweder als Instanzen der zu untersuchenden Konstruktion identifiziert oder ausgesondert und eventuell als Konstrukte einer anderen Konstruktion eingestuft werden.

Korpuslinguistisch gesehen handelt es sich bei Belegen wie (46), die bei der Korpusrecherche für eine Konstruktion wie die reflexive Bewegungskonstruktion mehr oder weniger zwangsläufig auftreten, um Falschpositive (*false positives*): Es sind „hits that are not instances of our phenomenon" (Stefanowitsch 2020: 111). Genauer: Es sind Treffer, die zwar der Form der zu untersuchenden Konstruktion, also etwa der reflexiven Bewegungskonstruktion, entsprechen, aber semantisch deutlich von ihr abweichen und im Sinne der Definition konstruktioneller Ambiguität von Goldberg (2002: 335) auch keine semantische Relation zu der untersuchten Konstruktion aufweisen.[39] Dadurch, dass sich Falschpositive nicht for-

38 Hier ist noch einmal auf die Unterscheidung zwischen (konstruktioneller) Polysemie und Ambiguität hinzuweisen, die Goldberg (1992: 51, 2002: 335, 2009: 208, Anm. 6) auflöst, indem sie davon ausgeht, dass (konstruktionelle) Polysemie auf einer Verbindung mehrerer Lesarten beruht, während diese Verbindung für Ambiguität gerade nicht gegeben ist.

39 Wie bereits in Unterabschnitt 3.4.2 angedeutet, betrachte ich als Falschpositive also lediglich solche Belege, die formal identisch zu den drei untersuchten Konstruktionen sind, aber sich semantisch von ihnen unterscheiden. Diese bleiben deshalb in der Datenauswahl. Belege, die sich formal *und* semantisch unterscheiden, werden gänzlich ausgesondert und spielen für die Überlegungen in diesem Unterabschnitt keine Rolle.

mal, sondern nur semantisch von den Konstrukten einer zu untersuchenden Konstruktion unterscheiden, eignet sich ihre Betrachtung besonders, um die semantischen Eigenschaften jener Konstruktion zu eruieren und sie von anderen Konstruktionen abzugrenzen. Es ist deshalb sinnvoll, solche Falschpositive, wie ich es getan habe (vgl. Unterabschnitt 3.4.2), in der Datenauswahl zu einer Konstruktion zu behalten (aber entsprechend zu markieren), um sie weiterhin auswerten zu können. Falschpositive sind somit keineswegs ‚Datenmüll', sondern sie lassen sich methodologisch im Hinblick auf die Ermittlung der semantischen Eigenschaften der Konstruktion und insbesondere des Konstruktions-Frames nutzbar machen.

Die Analyse von Falschpositiven kann nun die Grundlage dafür schaffen, Methoden zur Ermittlung des Konstruktions-Frames anwenden zu können – insbesondere solche, die gemäß der Unterscheidung in Unterabschnitt 8.4.1 auf relatierten lexikalischen Frames beruhen. Die Rolle lexikalischer Frames ist hier also von besonderer Relevanz. Wie kann eine solche Analyse aussehen? Folgende drei Schritte in der Annotation der Daten sind dafür notwendig.

1. Alle Treffer der Korpusrecherche müssen, soweit wie möglich, exhaustiv auf ihre lexikalischen Frames hin annotiert werden (soweit sich hierfür Frames in FrameNet finden lassen).
2. Ein Cluster lexikalischer Frames, die zueinander in Frame-zu-Frame-Relationen (auch über mehrere Hierarchieebenen hinweg) stehen, muss identifiziert werden.
3. Für mindestens dieses Cluster, idealerweise aber für alle Treffer, muss eine Annotation der semantischen Motivierung der einzelnen Strukturelemente der Instanzen durch FE vorgenommen werden.

Die ersten beiden dieser Schritte sind Voraussetzung dafür, die relatierten lexikalischen Frames und den Konstruktions-Frame identifizieren zu können. Der dritte Schritt dient insbesondere der Ermittlung unrelatierter lexikalischer Frames, gleichzeitig aber auch zur Absicherung der Ergebnisse zu den relatierten lexikalischen Frames. Der erste Schritt wiederum ist Voraussetzung für den zweiten Schritt. Eine exhaustive Annotation aller Belege auf ihre lexikalischen Frames ermöglicht es, diese lexikalischen Frames daraufhin zu untersuchen, ob sie Cluster bilden, die als Systeme von Frame-Nähen eines potenziellen Konstruktions-Frames infrage kommen. Dies ist am einfachsten über eine entsprechende Visualisierung aller annotierten lexikalischen Frames und deren Frame-zu-Frame-Relationen möglich, die auch in ein konstruktikographisches Analysesystem

Tab. 8.6: Korpusbelege der reflexiven Bewegungskonstruktion mit einem Cluster potenzieller relatierter lexikalischer Frames

	Belege	Anteil
Belege mit einem Cluster lexikalischer Frames	712	13,76 %
Belege mit Anteil eines potenziellen Konstruktions-Frames	299	5,78 %
Belege mit anderen lexikalischen Frames	4.162	80,46 %
Ausgewählte Belege gesamt	5.173	100,00 %

Tab. 8.7: Korpusbelege der reflexiven Partikelverbkonstruktion mit einem Cluster potenzieller relatierter lexikalischer Frames

	Belege	Anteil
Belege mit einem Cluster lexikalischer Frames	304	8,52 %
Belege mit Anteil eines potenziellen Konstruktions-Frames	546	15,30 %
Belege mit anderen lexikalischen Frames	2.719	76,18 %
Ausgewählte Belege gesamt	3.569	100,00 %

implementiert werden kann.[40] Für die drei untersuchten Konstruktionen möchte ich dies allerdings lediglich exemplarisch an den quantitativen Verhältnissen der Korpusbelege aufzeigen.

In den Tabellen 8.6 und 8.7 sind für die reflexive Bewegungskonstruktion und die reflexive Partikelverbkonstruktion die Verhältnisse von Belegen angegeben, die ein Cluster potenziell relatierter lexikalischer Frames (inklusive des Konstruktions-Frames) bilden, zu Belegen, die potenzielle unrelatierte lexikalische Frames mit einem Anteil eines Konstruktions-Frames beinhalten, sowie allen weiteren Belege von Falschpositiven mit anderen (ggf. andere Cluster bildenden) lexikalischen Frames.[41] Für die reflexive *Weg*-Konstruktion können diese Verhältnisse nicht angegeben werden, da sich, wie in Unterabschnitt 3.4.2 erläutert, ihre Daten zum Teil aus Ergebnissen der Korpusrecherche zur reflexiven Bewegungskonstruktion zusammensetzen. Aufgrund der ohnehin sehr geringen Datenmenge zur reflexiven *Weg*-Konstruktion kann sie deshalb für die folgenden Überlegungen ausgeklammert werden.

40 Für die konstruktikographische Arbeit sind Falschpositive auch deshalb besonders interessant, weil sie schon aus computerlinguistischer Sicht Auskunft über die Schwächen eines Ansatzes geben (vgl. Ehrlemark, Johansson & Lyngfelt 2016: 821).

41 Vgl. Unterabschnitt 3.4.2 für die Zusammensetzung der Daten.

Aus den Tabellen geht hervor, dass 13,76 % der ausgewählten Belege für die reflexive Bewegungskonstruktion und 8,52 % derjenigen für die reflexive Partikelverbkonstruktion ein Cluster lexikalischer Frames bilden, das sich als (Ausschnitt aus dem) System der Frame-Nähen von `Motion` herausstellt. Allein durch diese Analyse lexikalischer Frames lassen sich zwei wesentliche Beobachtungen machen, die die konstruktionelle Ambiguität der Formseiten der beiden Konstruktionen aufzulösen imstande sind.

- Diejenigen Belege, die dem Cluster lexikalischer Frames angehören, weisen semantische Beziehungen zueinander auf und kommen somit als Konstrukte einer gemeinsamen Konstruktion infrage.
- Diese Belege sind von denjenigen mit anderen lexikalischen Frames (dritte Zeile in den Tabellen 8.6 und 8.7) und solche mit einem Anteil eines potenziellen Konstruktions-Frames (zweite Zeile) hinreichend abgegrenzt, sodass Erstere eindeutig als Falschpositive identifiziert werden können.

Wenn sich, wie für die reflexive Bewegungskonstruktion und die reflexive Partikelverbkonstruktion, bestätigt, dass das Cluster lexikalischer Frames als System der Frame-Nähe eines potenziellen Konstruktions-Frames infrage kommt, sind damit bereits alle belegten relatierten lexikalischen Frames identifiziert. Sie müssen nicht zwangsläufig mit dem gesamten System der Frame-Nähen des Konstruktions-Frames identisch sein, da dazu auch relatierte lexikalische Frames gehören können, die nicht belegt sind (vgl. die Tabellen 5.12 bis 5.17 in Unterabschnitt 5.4.3). Über die Frame-zu-Frame-Relationen in FrameNet können diese jedoch einfach ergänzt werden, womit sich das System der Frame-Nähen des potenziellen Konstruktions-Frames rekonstruieren lässt.

Hinzu kommen nun noch die Konstrukte, deren Konstrukt-Frames mit unrelatierten lexikalischen Frames und dem Anteil eines Konstruktions-Frames konstituiert werden, bei denen also eine Frame-Anpassung des lexikalischen Frames im Konstrukt-Frame stattfindet. Diese können in der Annotation dadurch identifiziert werden, dass die semantische Motivierung ihrer Strukturelemente nicht vollständig durch FE des lexikalischen Frames geleistet werden kann, bei einem potenziellen KE oder KEE also entweder eine einfache Motivierung durch einen potenziellen Konstruktions-Frame (Unterabschnitte 6.2.2 und 6.3.2) oder eine doppelte Motivierung von FE des lexikalischen Frames und eines Konstruktions-Frames (Unterabschnitte 6.2.3 und 6.3.3) vorliegt. An den beiden oben als (45) und (46) zitierten Belegen lässt sich dies nachvollziehen. An Beleg (45), den ich hier als (47) wiederhole, lässt sich erkennen, dass eine semantische Motivierung des Reflexivums sowie der PP nicht durch den lexikalischen Frame `Hostile_encounter`, der durch die LE *kämpfen* (*fight.v*) evoziert wird, gewährleistet werden kann (hier durch Fragezeichen angedeutet).

(47) [$_{\text{SIDE\_1}}$ Er] [$_{\texttt{Hostile\_encounter}}$ kämpfte] [sich $^{?}$] [durch das Dickicht $^{?}$]. (Glavinic, Thomas: Die Arbeit der Nacht, München Wien: Carl Hanser Verlag 2006, S. 273)

Bei Beleg (46), den ich hier als (48) wiederhole, lässt sich diese Situation nicht beobachten. Der Frame `Causation`, den die LE *ergeben* (*result.v*) evoziert, zählt nicht zum ermittelten Cluster lexikalischer Frames und ist gleichzeitig in der Lage, alle Strukturelemente des Konstrukts zu motivieren.[42] Dieser Beleg kann daher als Falschpositiv identifiziert werden, während derjenige in (47) als relevantes Konstrukt identifiziert werden kann. Der Frame `Hostile_encounter` kann damit als unrelatierter lexikalischer Frame gelten, der Frame `Causation` nicht.

(48) [$_{\text{EFFECT}}$ Die beklagten Differenzen] [$_{\texttt{Causation}}$ ergeben] sich [$_{\text{CAUSE}}$ durch unterschiedliche Rechnungswege]. (Die Zeit, 09.03.2000, Nr. 11)

Diese Ergebnisse zeigen, dass die reine Analyse der Formseite einer Konstruktion kein hinreichendes Mittel ist, um ihre Konstrukte zu identifizieren und Instanzen, die nicht als ihre Konstrukte anzusehen sind, auszuschließen. Verhagen (2009) beobachtet Ähnliches für die Ditransitivkonstruktion und argumentiert, dass eine das Gewicht auf die Formseite legende Analyse zeichentheoretisch inadäquat ist:

> Could it also be a matter of convention that three participant events are events of transfer? In other words: Is it also a *rule* (of English) to use a three participant frame in this way, i.e. essentially in the same way as it is a matter of convention that the sound shape *give* is a signal for events of transfer? Minimally, I would say that this would then come *on top of* the 'motivatedness' of the construction in terms of causal knowledge. Moreover, it is certainly not the case that the presence of three *nominals* (i.e. the recognition of three different expressions as belonging to the class of noun phrases) conventionally signifies that we have to think of an event of transfer. (Verhagen 2009: 137)

Die reflexive Bewegungskonstruktion und die reflexive Partikelverbkonstruktion sind anschauliche Beispiele dafür, dass die Beschreibung einer Konstruktion, die etwa die Benennung und Definition ihrer Strukturelemente umfasst (Abschnitt 7.3), wesentlich von einer frame-semantischen Annotation profitieren kann. Diese hat nicht nur konstruktionssemantische und konstruktikographische Relevanz, sondern kann bei der initialen Entscheidung helfen, ob ein Beleg ein Konstrukt dieser Konstruktion zeigt oder nicht (vgl. dazu schon Unterabschnitt 3.4.2).

---

42 Das Reflexivum fällt hier heraus, da die LE *ergeben* (*result.v*) als ‚echt' reflexives Verb angesehen werden kann und es sich bei `Causation` um einen rezessiven lexikalischen Frame handelt, der kein FE für das Reflexivum bereitstellt (vgl. zu dieser Problematik Unterabschnitt 6.3.1).

Die frame-semantische Annotation und der Vergleich zwischen denjenigen Korpustreffern, die sich als Konstrukte der Konstruktion beinhaltend herausstellen, mit den Falschpositiven, bieten die Chance, semantische Eigenschaften der Konstruktion bereits in diesem frühen Stadium der Analyse zu identifizieren und sie von anderen Konstruktionen abzugrenzen. Sie sind nicht nur Voraussetzung für die Ermittlung des Konstruktions-Frames, sondern gleichermaßen unter anderem für die Beschreibung von Präferenzen und Beschränkungen der einzelnen Strukturelemente der Konstruktion (Abschnitt 5.3) sowie deren Benennung (Abschnitt 7.3). Zum Aspekt der Präferenzen schreibt Verhagen (2009) weiter:

> It is knowledge of this relationship that precisely allows class membership to function as a trigger (together with other triggers in typical cases) for a typical environment in which it may occur, i.e. to function as an aspect of the form of a construction. Thus, what is meant by saying that class membership can function as an aspect of form and have a symbolizing function, is that the recognition of a particular element as belonging to the class that fits a particular 'slot' of a construction [d.h. die Erfüllung der Präferenz z.B. eines KE, A.W.] contributes to the recognition of the construction. In particular, an element's belonging to a class defined by a slot of a construction [eine Präferenz, A.W.] may at least be taken as a (weaker or stronger) *symptom* of the presence of the construction, [...]. (Verhagen 2009: 140).

Das Klassifizieren der Korpustreffer in (potenzielle) Konstrukte der zu untersuchenden Konstruktion und Falschpositive ist somit ein entscheidender Schritt, sich dem ‚Wert' des semantischen Parameters der Frame-Nähe (Abschnitt 5.4) und damit den semantischen Eigenschaften der Konstruktion, insbesondere ihrem Konstruktions-Frame, und letztlich ihrer konstruktikographischen Beschreibung zu nähern.

Mit dieser Analyse von konstruktioneller Ambiguität ist also das potenzielle System der Frame-Nähen einer Konstruktion identifiziert. Ein Konstruktions-Frame wurde damit aber noch immer nicht festgelegt. An dieser Stelle treten die dezidierten Methoden zu seiner Ermittlung auf den Plan.

8.5 Methoden zur Ermittlung des Konstruktions-Frames

Dass der Konstruktions-Frame der reflexiven Bewegungskonstruktion, der reflexiven Partikelverbkonstruktion und der reflexiven *Weg*-Konstruktion mit `Motion` zu identifizieren ist, habe ich über den gesamten bisherigen Verlauf dieser Arbeit als gegeben vorausgesetzt. Begründet habe ich die Entscheidung für genau diesen Frame noch nicht. Das Streben nach einer solchen Begründung wirft ein Problem auf, das eigentlich am Beginn der konstruktionssemantischen Analyse zu erwarten wäre: Wie kann der Konstruktions-Frame einer gegebenen Konstruktion methodisch ermittelt werden? Methodische Fragen, die die semantischen Eigenschaften von Konstruktionen betreffen, stellen sich indes nicht nur in Analysen, die sich ihnen dezidiert frame-semantisch nähern, sondern grundsätzlich in jedem Ansatz, der semantische Aspekte von Konstruktionen zu explizieren versucht:[43] „An important question that a constructional approach to argument structure must address is how syntactic patterns come to be associated with meaning." (Perek 2015: 80).

Über solche methodischen Fragen wird sowohl in der gebrauchsbasierten Konstruktionsgrammatik als auch in der Konstruktikographie jedoch kaum reflektiert. Eine intersubjektive Plausibilität der Analysen erscheint oft als gegeben vorausgesetzt, ohne dass expliziert wird, wie es etwa zu der Wahl eines bestimmten Frames als Konstruktions-Frame kommt. In diesem Sinne bemerkt Dewell (2011), dass die Analyse der semantischen Eigenschaften einer Konstruktion bislang unter dem Defizit einer Subjektivität steht, was eine Ursache dafür sein könnte, sie gänzlich zu unterlassen:

> One problem with positing subjective construal processes such as perspectival modes [Dewells Ansatz für Partikel- und Partikelpräfixverben, A.W.] as the meaning of a grammatical construction is that this kind of meaning is more difficult to prove than normal lexical meaning would be. It does not lend itself to the usual accepted types of argumentation, which is a major reason why linguists tend to avoid the whole topic of constructional meaning. Many skeptical readers will no doubt read the hypotheses stated above [seine Annahmen für die semantischen Eigenschaften von Partikel- und Partikelpräfixverben, A.W.] and find them too subjective to be demonstrated in a scientific way. (Dewell 2011: 17)

Es ist klar, dass ein konstruktionssemantischer Ansatz vor diesem Hintergrund die Frage danach, welcher Frame als Konstruktions-Frame einer gegebenen Konstruktion anzusehen ist, nicht außer Acht lassen darf. Ursächlich dafür ist nach derzeitigem Stand insbesondere der konstruktikographischen Forschung die von Dewell (2011: 17) angedeutete Frage nach möglichen Unterschieden zwischen den semantischen Eigenschaften syntaktischer Konstruktionen und denjenigen einfacher LE,[44] die sich in einer Asymmetrie semantischer Ressourcen für die Analyse von Konstruktionen widerspiegelt: Während mit FrameNet eine vergleichsweise große Datenbasis für LE existiert, die zumindest als Ausgangspunkt zur Beantwor-

43 Vgl. Finkbeiner (2008: 125–127) für ähnliche Herausforderungen und einige Lösungsvorschläge bei der Analyse der semantischen Eigenschaften bestimmter Phraseme.

44 Vgl. dazu weiter: „We are also not in the habit of distinguishing the semantic contribution of the grammatical construction itself from the contribution of its more particular components, and we are much more consciously aware of choosing individual lexemes than we are of choosing a grammatical pattern. Introspection in fact leads some to conclude that there is no such thing as the meaning of a grammatical construction." (Dewell 2011: 17).

tung der Frage, welche Frames bestimmte LE (potenziell) evozieren, dienen kann, existiert eine genuin für syntaktische Konstruktionen entwickelte Datenbasis von Frames bislang nicht (vgl. Unterabschnitt 2.1.3 sowie Abschnitt 8.1). Mit anderen Worten: Für LE lässt sich derzeit ‚nachschlagen', welche Frames sie evozieren, für syntaktische Konstruktionen hingegen (noch) nicht. Dass dieser Punkt nicht trivial ist, scheint in der bisherigen Forschung, die Frames für die semantischen Eigenschaften von Konstruktionen heranzieht, kaum wahrgenommen zu werden. Dies führt bisweilen zu Kuriositäten der Annahme scheinbar kanonisierter Forschungsergebnisse, die jedoch alles andere als methodisch nachvollziehbar sind. Ein Beispiel dafür ist die folgende Darstellung von Hasegawa et al. (2010), die direkt an die von ihnen geäußerte Annahme, dass Konstruktionen Frames evozieren können, anschließt:

> The constructional evocation of frames was explored in detail by Goldberg (1995), who demonstrated that the *Ditransitive* construction (V NP NP, *slide her the papers*) had the semantics of the `Cause_receive` frame (Chapter 6), and that of the *make one's way* construction (*whistled her way down the street*) evokes the `Motion` frame (Chapter 9). (Hasegawa et al. 2010: 171)

Die Frames, die Hasegawa et al. (2010) gewissermaßen als Konstruktions-Frames annehmen, sind unverkennbar FrameNet-Frames.[45] Die Erkenntnis über diese Frames schreiben sie Goldberg (1995) zu – erkennbar an den Verweisen auf die entsprechenden Kapitel bei Goldberg. Allerdings existierte FrameNet bei dem Erscheinen von Goldbergs Studie noch gar nicht.[46] Statt die Auswahl dieser Frames selbst zu begründen, wird deren Annahme einer Studie zugeschrieben, die diese Erkenntnis gar nicht hervorgebracht haben kann und zudem, wie ich in Unterabschnitt 2.2.2 gezeigt habe, auf ein ganz anderes Frame-Modell, nämlich die Kasusgrammatik (Unterabschnitt 2.1.1), zurückgreift.

Ohne dieses Einzelproblem weiter kritisieren zu wollen, beginnt die Suche nach der Quelle für die Annahme eines bestimmten Frames als Konstruktions-Frame zunächst verständlicherweise bei dem Forschungsstand zu der betreffenden Konstruktion. So beruht die wesentliche Motivation, `Motion` zur konstruktionssemantischen Analyse der reflexiven Bewegungskonstruktion, der reflexiven Partikelverbkonstruktion und der reflexiven *Weg*-Konstruktion heranzuziehen, zunächst auf vorgängigen Analysen, insbesondere im Rahmen der FrameNet-Konstruktikographie, die für die *way*-Konstruktion auf ebendiesen Fra-

45 Der Frame `Cause_receive` existiert im FrameNet-Release 1.7 allerdings unter diesem Namen nicht (mehr). Er könnte entweder in `Transfer` oder `Receiving` aufgegangen sein, wobei Letzterer `Transfer` perspektiviert, ihm also in der Perspektive_auf-Relation untergeordnet ist.

46 Die Arbeiten an FrameNet begannen im Jahr 1997 (vgl. Ruppenhofer, Boas & Baker 2018: 477).

me (wie Fillmore, Lee-Goldman & Rhomieux 2012: 322) oder Self_motion (wie Lee-Goldman & Petruck 2018: 32–33), der zu Motion in der Vererbungsrelation untergeordnet ist, zurückgegriffen haben (vgl. Unterabschnitt 2.3.2). Eine genuine konstruktionssemantische Analyse kann sich auf eine solche überindividuelle Plausibilität allerdings nicht verlassen, zumal der konstruktikographische Forschungsstand nicht für jede Konstruktion derart umfangreich ist wie für die *way*-Konstruktion, um ihn auf ihre deutschen Äquivalente zu übertragen. Wichtig wird die Frage nach Methoden zur Ermittlung des Konstruktions-Frames besonders also bei Analysen, die nicht auf vorgängige Evidenz zurückgreifen können.

Zum Abschluss dieses Kapitels möchte ich nun jene methodischen Aspekte in den Fokus rücken, die der Beantwortung der Frage nach dem Konstruktions-Frame einer gegebenen Konstruktion auf eine objektivere Basis stellen können. Für sie gilt zunächst dasselbe wie für die in den Abschnitten 8.2 und 8.3 diskutierten Mechanismen der Evokation des Konstruktions-Frames: Sie beanspruchen ihre Geltung in erster Linie für die drei untersuchten Konstruktionen. Noch wichtiger als für die Frage nach der Evokation des Konstruktions-Frames ist für dessen methodische Ermittlung aber hervorzuheben, dass die in diesem Abschnitt diskutierten Methoden auch auf andere Konstruktionen Anwendung finden können. Insbesondere aus konstruktikographischer Hinsicht ist die Ermittlung des Konstruktions-Frames indes relevanter als Überlegungen zu dessen Evokation, da die Angabe des Konstruktions-Frames ein elementarer Bestandteil eines Konstruktionseintrags ist (vgl. Unterabschnitt 7.1.3).

Nachdem ich in Abschnitt 8.4 die Präliminarien zur Anwendung einiger Methoden zur Ermittlung des Konstruktions-Frames diskutiert habe, sollen in diesem Abschnitt die drei konkreten Methoden, die ich bereits in Unterabschnitt 8.4.1 erwähnt habe, vorgestellt werden. Ich beginne in Unterabschnitt 8.5.1 mit der Methode der frequentesten lexikalischen Frames, die ich vor allem auf die reflexive Bewegungskonstruktion und die reflexive Partikelverbkonstruktion und deren Konstrukte mit relatierten lexikalischen Frames anwende. In Unterabschnitt 8.5.2 stehen noch einmal KEE und KorE im Vordergrund und die Frage, ob sie bzw. Teile von ihnen als den Konstruktions-Frame evozierende LE infrage kommen. Unter den drei untersuchten Konstruktionen bietet sich für eine solche Analyse die reflexive *Weg*-Konstruktion an. Schließlich soll in Unterabschnitt 8.5.3 eine Methode vorgestellt werden, die für Konstrukte aller drei Konstruktionen mit unrelatierten lexikalischen Frames herangezogen werden kann und die auf dem Paraphrasieren dieser Konstrukte basiert.

Trotz der Tatsache, dass sich die im Folgenden diskutierten Methoden an den drei untersuchten Konstruktionen nicht im gleichen Maße aufzeigen lassen – so kann die mit KEE und KorE arbeitende Methode vor allem an der reflexiven *Weg*-Konstruktion aufgezeigt werden –, ist zu betonen, dass die Wahl der Methode nicht grundsätzlich eine Entweder-Oder-Entscheidung ist, die sich nach der gegebenen Konstruktion richten muss. Vielmehr können für dieselbe Konstruktion auch mehrere Methoden zur Ermittlung des Konstruktions-Frames angewendet werden: Komplementär sind insbesondere Methoden, die mit relatierten lexikalischen Frames operieren, mit solchen, die mit unrelatierten lexikalischen Frames operieren. Aus diesem Grund empfiehlt es sich, für eine Anwendung auf weitere Konstruktionen stets mehrere Methoden an einer Konstruktion zu erproben, um diejenige Methode zu ermitteln, die für die betreffende Konstruktion am geeignetsten erscheint.

8.5.1 Frequenteste lexikalische Frames

In der gebrauchsbasierten Konstruktionsgrammatik wird des Öfteren davon ausgegangen, dass sich die semantischen Eigenschaften einer Konstruktion über diejenigen der LE, die als KtE in ihre KE eintreten können, rekonstruierbar ist.[47] Bei Argumentstruktur-Konstruktionen betrifft dies in erster Linie dasjenige KE, das Verben als KtE aufweist. Perek (2015) bezeichnet diese Annahme als *lexical origin hypothesis* und fasst sie wie folgt zusammen:[48]

> A large body of evidence suggests that there is a close connection between the meaning of an argument structure construction and the usage of this construction, particularly as it pertains to the verbs occurring in it. Since the occurrence of a verb in a construction is governed by principles of semantic compatibility, the existence of such a connection is not particularly surprising. The observation of the verbs that occur in a construction is expected to provide information as to the construction's meaning, for speakers as well as for linguists. (Perek 2015: 80)

Motiviert ist diese Einsicht durch das methodische Instrument der Kollostruktionsanalyse (Stefanowitsch & Gries 2003, 2005; Gries & Stefanowitsch 2004a,b;

47 Willems & Coene (2006: 263) weisen darauf hin, dass dies im Gegensatz zu der Auffassung von ‚grammatischen' Bedeutungen von Konstruktionen steht, die, wie in Unterabschnitt 4.3.3 gesehen, bisweilen auch in der Konstruktionsgrammatik angenommen werden – was Willems & Coene (2006: 263) allerdings leugnen.

48 Eine entsprechende theoretische Annahme findet sich bereits bei Goldberg (1999: 202). Empirische Evidenz liefern etwa Goldberg, Casenhiser & Sethuraman (2003, 2004). Für ein Beispiel der Ditransitivkonstruktion vgl. Croft (2012: 381): „Any meaning attributed to the Ditransitive construction is an abstraction across the range of verbs that occur in it." Hilpert (2012: 234) überträgt die entsprechende Idee in eine diachrone Perspektive, nach der der semantische Wandel einer Konstruktion mit demjenigen der LE, die in sie eintreten können, einhergeht und auch durch neu hinzukommende LE ausgelöst wird.

Stefanowitsch 2013), die darauf abzielt, die statistische Signifikanz der KtE eines KE (in dortiger Terminologie: dessen *Kollexeme*) an die Konstruktion zu messen. Die semantischen Eigenschaften eines besonders stark mit einer Konstruktion assoziierten Kollexems sollten sich dann also auf die semantischen Eigenschaften der Konstruktion als Ganzes übertragen lassen.[49] Die Kollostruktionsanalyse argumentiert also konkret auf der Basis von Präferenzen (Abschnitt 5.3), genauer: den lexikalischen Präferenzen bei der Instanziierung eines oder mehrerer KE. Die Untersuchung solcher Präferenzen oder Beschränkungen auf lexikalischer Ebene hat in der Konstruktionsgrammatik eine lange Tradition. Schon Fillmore (1989) gibt zu bedenken:

> Each grammatical construction can be identified with a certain set of components, a collection of constraints on the syntax or semantics of the components, a statement of the use of the construct as a whole, together with a set of instructions for incorporating information linked with its parts into an interpretation of the whole. The constraints will include conditions on the thematic or categorial identity of the components, requirements on the morphological or lexical tagging or heading of specific components, and the linear order of elements where this is relevant. (Fillmore 1989: 19)

Auch Zwicky (1994: 617) spitzt eine solche lexikalische Argumentation zu: „[F]or each formal condition that mentions a slot filled by a word, there is a special set of lexical items eligible to occur in that slot." Obwohl mittlerweile durchaus ebenso gut dokumentiert ist, dass „Beschränkungen (*constraints*) […] sowohl semantischer als auch grammatischer Natur sein" (Ziem 2018e: 30) können, ist ein konsequenter Einbezug *semantischer* Faktoren gerade ausgehend von Entwicklungen in der methodischen Ermittlung solcher Beschränkungen und Präferenzen durch die Kollostruktionsanalyse allerdings noch eher selten.

So ist dieses zunächst lediglich auf Kollexemen, also einzelnen LE beruhende Verfahren insbesondere im Hinblick auf semantische Fragestellungen vereinzelt kritisiert worden. Beispielsweise argumentiert Bybee (2010: 98), dass „[p]roponents of Collostructional Analysis hope to arrive at a semantic analysis, but do not include any semantic factors in their method. Since no semantic considerations go into the analysis, it seems plausible that no semantic analysis can emerge from it." Allerdings zeigt Gries (2012: 492–496) in seiner Replik

49 Als Reflex der Popularität der Kollostruktionsanalyse sind die Vorschläge von Herbst (2016: 180–184, 2018a,b) zu deuten, Informationen zu den Kollexemen einer Konstruktion in die konstruktikographische Beschreibung im Sinne eines *Kollostruktikons* zu integrieren. Allerdings halte ich es aus konstruktionssemantischer Sicht für angebrachter, den semantischen Informationen in Gestalt von Frames Priorität gegenüber rein lexikalisch basierten und damit zunächst semantikfreien Informationen über die lexikalischen Präferenzen einer Konstruktion einzuräumen.

auf Bybee, dass die Kollostruktionsanalyse sehr wohl semantische Aspekte integrieren kann, was im Übrigen bereits der Überblick über die Bezugnahme auf Frames in entsprechenden Arbeiten gezeigt hat (Unterabschnitt 2.2.3). Bemerkenswert ist vor diesem Hintergrund, dass bereits Kollostruktionsanalysen für die *way*-Konstruktion vorliegen. So finden Gries & Stefanowitsch (2010: 84–86) auf der Grundlage einer kovariierenden Kollexemanalyse (Gries & Stefanowitsch 2004a; Stefanowitsch & Gries 2005), die den Slot für das Verb mit demjenigen für die PP in Beziehung setzt, drei semantische Cluster von Verben, unter denen sich interessanterweise ein wiederum in sich unterteilbares Cluster von ‚Bewegungsverben' findet, von welchem aus sich Rückschlüsse auf die semantischen Eigenschaften der Konstruktion ableiten lassen dürften.[50] Dass lexikalische Präferenzen grundsätzlich mit den semantischen Eigenschaften der Konstruktion korrelieren dürften, bemerkt für die *way*-Konstruktion indes bereits Goldberg (1995: 199–200), allerdings untersucht sie solche Präferenzen nicht systematisch. Wenngleich sich dies für die englische Konstruktion etwa durch die Studie von Gries & Stefanowitsch (2010: 84–86) mittlerweile geändert hat, liegen vergleichbare Ergebnisse für das Deutsche, also für die reflexive Bewegungskonstruktion oder eine ihrer verwandten Konstruktionen, bisher nicht vor.[51]

Anstatt nun eine kovariierende Kollexemanalyse für die drei untersuchten Konstruktionen durchzuführen (etwa für die KtE des KE Ereignis und die präpositionalen Köpfe der KtE des KE Weg der reflexiven Bewegungskonstruktion oder die Instanzen des KEE Richtung der reflexiven Partikelverbkonstruktion), um aus dieser letztendlich den Konstruktions-Frame abzuleiten, möchte ich aus genuin konstruktionssemantischer Perspektive ein anderes Verfahren vorschlagen. Zur Begründung sei ein letzter Blick auf eine potenzielle Gefahr einer Kollostruktionsanalyse gerichtet. Perek (2015: 90–102) findet in einer Fallstudie zur englischen Konativkonstruktion, die ihmzufolge über stark abstrakte semantische Eigenschaften verfügt, unter den am stärksten assoziierten Kollexemen eine Vielzahl semantisch heterogener LE, von denen keine für eine Entsprechung ihrer se-

50 Vgl. dazu auch die Ergebnisse von Stefanowitsch & Gries (2005: 18–22), ebenfalls zur *way*-Konstruktion. Sie stellen fest, dass „the twelve prepositions discussed here provide overwhelming evidence for the fact that verb-preposition pairs in the *way*-construction display image-schematic coherence." (Stefanowitsch & Gries 2005: 22). Auch dort werden also, entgegen der Kritik von Bybee (2010: 98), genuin semantische Aspekte berücksichtigt.

51 Die Studie von Goschler & Stefanowitsch (2010) nimmt zwar eine kovarrierende Kollexemanalyse für die Assoziationen zwischen einzelnen ‚Bewegungsverben' und Verbpartikeln vor, die grundsätzlich also auch für die reflexive Partikelverbkonstruktion einschlägig wäre, allerdings beschränkt sich ihre Analyse gerade auf ‚Bewegungsverben' und geht nicht auf das mögliche Auftreten eines Reflexivums ein.

mantischen Eigenschaften mit denen der Konstruktion eindeutig infrage kommt. Die rein lexikalische Rekonstruktion der semantischen Eigenschaften einer Konstruktion, die über einzelne LE figuriert, ist deshalb nicht ausreichend:

> In conclusion, the case of the conative construction conflicts with the lexical origin hypothesis, in that there is a mismatch between the verbs that the construction most strongly attracts and the central meaning of the construction, which can only be derived from verbs which figure less prominently among the construction's collexemes. This case study shows that the lexical origin hypothesis in its present formulation is an incomplete proposal. It does not tell the whole story about the emergence of constructional meaning: while it provides an explanation for the facilitating effect of verb biases and makes accurate predictions for many constructions, it is by itself insufficient. (Perek 2015: 102)

Als Lösung für dieses Problem verändert Perek (2015: 111–142) den Blickwinkel von einer Kollostruktionsanalyse, die über sämtliche für die Konstruktion belegten Kollexeme und damit einer ungeordneten Menge an Konstrukten operiert, hin zu mehreren getrennten Analysen, die auf einem niedrigeren Abstraktionsgrad angesiedelt sind und vorab eine semantische Klassifikation der Kollexeme und damit der Konstrukte der Konstruktion in einzelne Verbklassen vornehmen. Aus konstruktionssemantischer Sicht können statt solcher Verbklassen schlicht Frames verwendet werden, genauer: lexikalische Frames.[52] Ausgehend von der Hypothese, dass sich die semantischen Eigenschaften einer Konstruktion aus denjenigen besonders signifikanter Kollexeme ableiten lassen, sollte nun also erwartbar sein, dass sich der Konstruktions-Frames unter den besonders frequenten lexikalischen Frames, die für eine Konstruktion belegt sind, wiederfinden lässt und im Idealfall sogar mit dem frequentesten lexikalischen Frame identisch ist. Es gilt nun, diese Hypothese empirisch zu testen und zu hinterfragen, wie zuverlässig eine solche Analyse als Methode zur Ermittlung des Konstruktions-Frames ist.

Warum lexikalische Frames? Abgesehen davon, dass sich von ihnen direkter auf einen Konstruktions-Frame schließen lässt, da eine Identität von lexikalischem Frame und Konstruktions-Frame grundsätzlich möglich und auch belegt ist (vgl. Unterabschnitt 8.2.1), stellen sie gegenüber der direkten Untersuchung von LE, wie sie die Kollostruktionsanalyse praktiziert, eine inhärente semantische Generalisierung dar, da sie eine semantische Gruppierung der LE nach Frames vorwegnehmen. Wie in Unterabschnitt 5.3.3 gezeigt, stellen lexikalische Frames

---

52 Gewissermaßen lassen sich die bei FrameNet für einen Frame dokumentierten LE als Verbklasse oder zumindest als Alternative dazu verstehen (vgl. etwa Baker & Ruppenhofer 2002; Boas 2006). Auch Perek (2015: 118–119) erwägt FrameNet als Grundlage für die Klassifikation von Verben in Verbklassen zu verwenden, entscheidet sich aufgrund der für seine Zwecke zu niedrigen Abdeckung von LE und einer zu grobkörnigen Zuordnung von LE zu Frames jedoch dagegen.

in einem konstruktionssemantischen Modell die höchste Form einer Generalisierung über LE dar, wobei lexikalische Bedeutungen auf einer niedrigeren Generalisierungsstufe liegen und LE selbst auf der niedrigsten (vgl. Abbildung 5.3 in Unterabschnitt 5.3.3). Den Konstruktions-Frame also direkt anhand der Frequenzen lexikalischer Frames zu rekonstruieren, besitzt den Vorteil dieser inhärenten Generalisierung, sodass eine etwaige semantische Klassifizierung von Kollexemen *im Nachgang* zu einer Kollostruktionsanalyse, wie sie Gries & Stefanowitsch (2010) vorschlagen, nicht mehr nötig ist.

Bei dem Stichwort *Frequenz* ist darauf hinzuweisen, dass eine Methode zur Ermittlung des Konstruktions-Frames über lexikalische Frames, anders als die Kollostruktionsanalyse, auf rohe Frequenzdaten zurückgreifen muss (vgl. dazu kritisch Gries 2012: 497). Für die Verwendung von Assoziationsmaßen oder anderer statistisch elaborierterer Verfahren wäre ein auf lexikalische Frames annotiertes Korpus nötig, das aber zumindest in vergleichbarer Größe zum DWDS-Kernkorpus 21 sowie für das FrameNet-Release 1.7 nicht existiert.[53] Aus diesem Grund muss für die Untersuchung frequenter lexikalischer Frames als Basis für die Ermittlung des Konstruktions-Frames auf die exhaustive Annotation der Korpusdaten zu der gegebenen Konstruktion zurückgegriffen werden, die – wie in Unterabschnitt 8.4.1 erläutert – schon für die Feststellung des Systems der Frame-Nähen eines potenziellen Konstruktions-Frames nötig ist.

Die Ausgangsfrage bei der konkreten Anwendung dieser Methode lautet nun, welche Art lexikalischer Frames dafür herangezogen werden muss: relatierte lexikalische Frames oder unrelatierte lexikalische Frames? Präziser müsste die Frage eigentlich lauten: Welches Cluster an ermittelten lexikalischen Frames muss herangezogen werden? Ist bereits der in Unterabschnitt 8.4.2 beschriebene Schritt zur Ermittlung solcher Cluster durchgeführt, bietet es sich an, zunächst dasjenige heranzuziehen, das die zu einem potenziellen Konstruktions-Frame relatierten lexikalischen Frames enthält. Dies liegt auf der Hand, da dieses Cluster im Idealfall auch den Konstruktions-Frame selbst beinhaltet, was die Analyse erfolgversprechender werden lässt. Potenziell unrelatierte lexikalische Frames, insbesondere wenn sie keine durch Frame-zu-Frame-Relationen begründete Cluster bilden, bieten sich demgegenüber nicht an, da die Wahrscheinlichkeit, dass sich der Konstruktions-Frame unter ihnen befindet, als deutlich geringer eingestuft werden muss. Zudem liegen ihre Token-Frequenzen, wie die Analysen zur reflexiven Bewegungskonstruktion und zur reflexiven Partikelverbkonstruktion zeigen,

53 Das SALSA-Korpus (Burchardt et al. 2006, 2009; Rehbein et al. 2012), das das Ergebnis früher Bemühungen um ein deutsches FrameNet darstellt, erfüllt diese beiden Kriterien nicht. Eine Kollostruktionsanalyse innerhalb dieses Korpus wäre jedoch freilich möglich.

deutlich unter denjenigen relatierter lexikalischer Frames (vgl. für die reflexive Bewegungskonstruktion Tabelle 6.3 in Unterabschnitt 6.2.2 und die Tabellen 6.5 bis 6.7 in Unterabschnitt 6.2.3 sowie für die reflexive Bewegungskonstruktion die Tabellen 6.17 und 6.18 bis 6.20 in Unterabschnitt 6.4.2).

Nachdem diese Voraussetzungen geklärt sind, kann die Methode der frequentesten lexikalischen Frames auf die reflexive Bewegungskonstruktion und die reflexive Partikelverbkonstruktion angewendet werden. Sie eignet sich nur für diese beiden der drei untersuchten Konstruktionen, da für die reflexive *Weg*-Konstruktion lediglich ein einziger relatierter lexikalischer Frame belegt ist, wie die Untersuchung von deren Produktivität gezeigt hat (vgl. Unterabschnitt 7.5.2, Tabelle 7.20). Obwohl dieser relatierte lexikalische Frame bereits direkt dem Konstruktions-Frame entspricht, kommt die reflexive *Weg*-Konstruktion eher für andere Methoden zur Ermittlung des Konstruktions-Frames infrage, insbesondere für die Frage, ob ein KEE oder KorE (bzw. Teile davon) als frame-evozierende LE infrage kommen (vgl. Unterabschnitt 8.5.2).

Die Tabellen 8.8 und 8.9 stellen für die reflexive Bewegungskonstruktion und die reflexive Partikelverbkonstruktion noch einmal die jeweils belegten relatierten lexikalischen Frames dar, jeweils absteigend nach deren Frequenz geordnet. Die Daten entsprechen denjenigen in Tabelle 6.2 in Unterabschnitt 6.2.1. Wie sind diese Daten nun im Hinblick auf die Ermittlung des Konstruktions-Frames zu interpretieren? Zwei Schritte erscheinen dafür sinnvoll: (i) die Betrachtung der direkten Frame-zu-Frame-Relationen der lexikalischen Frames auf den oberen Rängen der beiden Tabellen sowie (ii) ausgehend von einem Frame mögliche über- und untergeordnete Frames, die sich ebenfalls in den oberen Rängen der Frames in den Tabellen wiederfinden.

Der Frame `Body_movement`, der für beide Konstruktionen den frequentesten relatierten lexikalischen Frame darstellt, ist in FrameNet 1.7 über die Benutzt-Relation mit insgesamt drei weiteren Frames verbunden. Übergeordnet sind die Frames `Body_parts` und `Motion`, untergeordnet der Frame `Facial_expression`. Von diesen Frames findet sich nur `Motion` als relatierter lexikalischer Frame für beide Konstruktionen wieder. Der Frame `Self_motion`, der sowohl für die reflexive Bewegungskonstruktion als auch für die reflexive Partikelverbkonstruktion auf dem zweiten Rang liegt, besitzt Relationen zu insgesamt acht weiteren Frames, die sich auf vier verschiedene Arten von Frame-zu-Frame-Relationen verteilen. Belegt sind davon lediglich der in der Vererbungsrelation übergeordnete und zugleich in Siehe_auch-Relation stehende Frame `Motion` sowie der untergeordnete Frame `Fleeing`. Der Frame `Cause_motion`, der für die reflexive Bewegungskonstruktion auf dem vierten Rang und für die reflexive Partikelverbkonstruktion auf dem dritten Rang liegt, weist Relationen zu 17 weiteren Frames auf, die sich auf sechs unterschiedliche Arten von Frame-zu-Frame-Relationen verteilen. Belegt

Tab. 8.8: Relatierte lexikalische Frames der reflexiven Bewegungskonstruktion in FrameNet 1.7 nach ihrer Token-Frequenz

Lexikalische Frames	Konstrukte	Anteil
Body_movement	246	34,55 %
Self_motion	159	22,33 %
Motion	105	14,75 %
Cause_motion	77	10,81 %
Change_direction	43	6,04 %
Bringing	17	2,39 %
Fluidic_motion	17	2,39 %
Placing	14	1,97 %
Motion_directional	11	1,54 %
Evading	7	0,98 %
Departing	6	0,84 %
Fleeing	5	0,70 %
Mass_motion	2	0,28 %
Making_faces	1	0,14 %
Ride_vehicle	1	0,14 %
Undressing	1	0,14 %
Gesamt	712	100,00 %

sind davon die in der Benutzt-Relation untergeordneten Frames Bringing und Excreting, der in der Sub-Frame-Relation untergeordnete Frame Placing, der in der Kausativ-Relation untergeordnete Frame Motion sowie in der Siehe_auch-Relation erneut Bringing und Placing.

Die Betrachtung kann nach den ersten vier Rängen beider Tabellen bereits an dieser Stelle abgeschlossen werden. Es zeigt sich eindeutig, dass die belegten relatierten lexikalischen Frames hinsichtlich ihrer Frame-zu-Frame-Relationen allesamt auf ein gemeinsames Zentrum fokussiert sind: Motion. So sind Body_movement und Self_motion diesem (in der Benutzt- bzw. der Vererbungsrelation) untergeordnet, während Cause_motion ihm in der Kausativ-Relation übergeordnet ist. Motion liegt hinsichtlich der Frame-zu-Frame-Relationen unter den jeweils vier frequentesten lexikalischen Frames also genau in der Mitte. Prototypentheoretisch betrachtet stellen Body_movement und Self_motion eine untergeordnete (*subordinate*) Kategorie dar, während Cause_motion eine übergeordnete (*superordinate*) Kategorie im Sinne von Rosch et al. (1976: 387–389) und Rosch (1978: 31) darstellt. Motion, und dies ist das Entscheidende, liegt

Tab. 8.9: Relatierte lexikalische Frames der reflexiven Partikelverbkonstruktion in FrameNet 1.7 nach ihrer Token-Frequenz

Lexikalische Frames	Konstrukte	Anteil
Body_movement	118	38,82 %
Self_motion	56	18,42 %
Cause_motion	53	17,43 %
Motion	24	7,89 %
Change_direction	17	5,59 %
Motion_directional	15	4,93 %
Placing	11	3,62 %
Bringing	8	2,63 %
Excreting	1	0,33 %
Operate_vehicle	1	0,33 %
Gesamt	304	100,00 %

dabei auf der relevanten Basislevel-Kategorie (*basic level*).[54] Somit kommt Motion sowohl für die reflexive Bewegungskonstruktion als auch für die reflexive Partikelverbkonstruktion als Konstruktions-Frame infrage. Zu der Schlussfolgerung, dass der mit einer Konstruktion assoziierte Frame oft auf einer Basislevel-Kategorie verortet werden muss, kommen indes auch Perek & Patten (2019):

> The network of frames can also indicate constructional generalisations at intermediate levels of abstraction. In theory, every frame in the network could be taken to correspond to its own construction, with hierarchical relations between subconstructions matching the frame-to-frame relations. However, it is not clear how useful such a myriad of constructions would be in a constructicon database, especially if it is designed for pedagogical purposes. (Perek & Patten 2019: 376)

Unschwer zu erkennen ist bei den Ergebnissen zur reflexiven Bewegungskonstruktion und reflexiven Partikelverbkonstruktion darüber hinaus, dass Motion keineswegs der frequenteste relatierte lexikalische Frame für beide Konstruktionen ist, da er für die reflexive Bewegungskonstruktion auf dem dritten Rang und für die reflexive Partikelverbkonstruktion gar auf dem vierten Rang liegt. Somit ist nicht zwangsläufig davon auszugehen, dass der Konstruktions-Frame stets dem frequentesten lexikalischen Frame entsprechen muss. Wenn sich, wie im Falle der beiden hier untersuchten Konstruktionen, ein prototypisches Zentrum herausstellt, um das andere durchaus frequentere Frames orientiert sein können,

54 Vgl. auch Ziem (2008: 344–347, 2014b: 296–299) zu Standardwerten, für die Basislevel-Kategorien eher infrage kommen als übergeordnete oder untergeordnete Kategorien.

ist es sogar plausibler, dass ein Frame, der auf einer Basislevel-Kategorie liegt, eher als Konstruktions-Frame zu betrachten ist als der frequenteste lexikalische Frame.

Die Ergebnisse zeigen zudem, dass es plausibel erscheint, anders als etwa Lee-Goldman & Petruck (2018: 32–33) für die *way*-Konstruktion, gerade nicht `Self_motion` als Konstruktions-Frame der reflexiven Bewegungskonstruktion und der reflexiven Partikelverbkonstruktion anzusetzen. Abgesehen davon, dass `Self_motion` durch die Einschränkung, dass es sich bei dessen FE SELF_MOVER um ein „living being which moves under its own power" (FrameNet 1.7, `Self_motion`) handeln muss, gegenüber `Motion` und dem FE THEME semantisch eingeschränkt ist (dazu schon Unterabschnitt 3.3.2), spricht auch die Generalisierung über die frequentesten lexikalischen Frames eindeutig für `Motion` als Konstruktions-Frame.

8.5.2 KEE und KorE als frame-evozierende LE

Eine einfache Methode, den Konstruktions-Frame einer Konstruktion zu bestimmen, ist, diesen auf ein lexikalisch spezifiziertes Strukturelement zurückzuführen, das in der Lage ist, ihn wie jede andere LE (also auch eine solche, die als KtE des KE EREIGNIS infrage kommt) zu evozieren. Zu diesen Strukturelementen zählen in erster Linie KEE und KorE. Einfach ist diese Methode deshalb, weil sich die Evokation des Konstruktions-Frames in diesem Fall deutlich von der Evokation eines lexikalischen Frames unterscheidet (vgl. Unterabschnitt 8.1.1). Während über die KtE eines KE wie EREIGNIS sowohl unrelatierte lexikalische Frames als auch relatierte lexikalische Frames evoziert werden können, die über den Mechanismus der Spreading Activation (Unterabschnitt 8.2.2) zugleich eine Evokation des Konstruktions-Frames bewirken, sind lexikalisch spezifizierte Strukturelemente wie KEE und KorE tendenziell nicht für die Evokation eines lexikalischen Frames verantwortlich und können damit, sofern sie aus frame-evozierenden LE bestehen oder solche enthalten, potenziell der Evokation des Konstruktions-Frames dienen. So weist für die *way*-Konstruktion bereits Goldberg (1995: 206) darauf hin, dass das Nomen „*way* is analyzed as a meaningful element". Berücksichtigt man dies, so wird deutlich, dass die Methode zur Ermittlung des Konstruktions-Frames kaum von den Mechanismen von dessen Evokation zu trennen ist.

An dieser Stelle sei zunächst an die Argumentation von Szcześniak (2014b, 2019a) erinnert, der die formale Abstraktheit einer Konstruktion mit der Abstraktheit ihrer semantischen Eigenschaften korreliert und dafür plädiert, dass, je lexikalisch spezifizierter eine Konstruktion ist, desto konkreter ihre semantischen Eigenschaften ausfallen müssen (dazu schon Unterabschnitt 5.1.2). Szcześniak schließt daraus, dass jene semantischen Eigenschaften (hier also: die Konstruktions-Frames) besonders in den Fällen der lexikalischen Spezifizierung einer Konstruktion über ebendiese Spezifizierung rekonstruiert werden können:

> One corollary of this is that richer meanings found to occur in a syntactic pattern should be traceable to the lexical material embedded in the pattern. That is, if a construction is claimed to convey an open-class-style contentful meaning, it should be possible to point out a lexical item that is part of the construction and is responsible for that meaning. (Szcześniak 2014b: 19)

Wie bereits in den Unterabschnitten 8.3.1 und 8.3.2 festgestellt, findet sich unter den drei untersuchten Konstruktionen lediglich eine Konstruktion, für die die Evokation des Konstruktions-Frames über ein lexikalisch spezifiziertes Strukturelement plausibel ist. Es handelt sich dabei um die reflexive *Weg*-Konstruktion und ihr KorE. Ihr KEE und ebenso das KEE der reflexiven Bewegungskonstruktion und der reflexiven Partikelverbkonstruktion kommen für die Evokation des Konstruktions-Frames nicht infrage, da ein Reflexivum wie *sich* kaum als LE des Frames `Motion` vorstellbar ist (vgl. schon Unterabschnitt 8.3.1). Aus diesem Grund soll in diesem Unterabschnitt die reflexive *Weg*-Konstruktion mit ihrem KorE im Vordergrund stehen. Sie ist die einzige der drei untersuchten Konstruktionen, für die die Methode der Ermittlung des Konstruktions-Frames über ein lexikalisch spezifiziertes Strukturelement angewendet werden kann.

Die wesentlichen Eigenschaften des KorE der reflexiven *Weg*-Konstruktion habe ich bereits in den Unterabschnitten 3.3.2 und 8.3.2 dargestellt, weshalb ich sie an dieser Stelle nicht wiederhole. Relevant für die Ermittlung des Konstruktions-Frames ist allerdings derjenige Bestandteil des KorE, der in der Lage ist, einen Frame zu evozieren. Wie bereits in Unterabschnitt 3.3.2 dargestellt, gehört dazu das Nomen *Weg* auf der einen Seite, wie in dem Konstrukt in (49) zu sehen, und die Nomen *Pfad* und *Trampelpfad* auf der anderen Seite, wie in den Konstrukten in (50) und (51) zu sehen.

(49) Was passiert ist, ist passiert“, und er drehte sich um und {bahnte sich langsam durch die Büsche [$_{\text{KorE}}$ seinen Weg] zurück zum Gutshaus}. (Boie, Kirsten: Skogland, Ort: Hamburg 2005, S. 185)

(50) {Paul mußte sich [$_{\text{KorE}}$ einen Pfad] zum Holzhaus bahnen}. (Koneffke, Jan: Paul Schatz im Uhrenkasten, Köln: DuMont Buchverlag 2000, S. 77)

(51) {[$_{\text{KorE}}$ Der Trampelpfad], den Jorge sich in Jahren gebahnt hatte}, war verschwunden, das Wasser hatte ihn genommen. (Düffel, John von: Houwelandt, Köln: DuMont Literatur und Kunst Verlag 2004, S. 293)

Um aus diesen KorE-Bestandteilen den Konstruktions-Frame zu ermitteln, ist es zunächst aufschlussreich, sich ihre Verteilung über die Konstrukte der Konstruktion sowie die Frames, die sie evozieren, anzusehen. In Tabelle 8.10 ist diese Verteilung für die frame-evozierenden Bestandteile des KorE der reflexiven *Weg*-Konstruktion dargestellt.[55]

Tab. 8.10: Verteilung der frame-evozierenden Bestandteile des KorE der reflexiven *Weg*-Konstruktion

Frame-evozierende LE	**Frame**	**Konstrukte**	**Anteil**
Weg	Self_motion	25	92,60 %
Pfad	Roadways	1	3,70 %
Trampelpfad	Roadways	1	3,70 %
Gesamt		27	100,00 %

Die Verteilung zeigt, dass lediglich drei unterschiedliche frame-evozierende LE als KorE-Bestandteile belegt sind und diese insgesamt zwei verschiedene Frames evozieren, nämlich Self_motion und Roadways. Wie ist dieser Befund im Hinblick auf die Ermittlung des Konstruktions-Frames zu deuten? Auf die relevanten Punkte habe ich bereits in Unterabschnitt 8.3.2 hingewiesen, sodass ich sie hier der Übersicht halber noch einmal wiederhole.

- Die beiden unterschiedlichen Frames könnten auf eine konstruktionelle Polysemie hindeuten, die durch unterschiedliche Konstruktions-Frames bedingt wäre (Unterabschnitt 5.2.1). Dies ist allerdings wenig plausibel, da die semantischen Unterschiede zwischen diesen frame-evozierenden LE gering sind.
- Die semantischen Unterschiede zwischen diesen frame-evozierenden LE sind deshalb gering, weil beide Frames, die sie evozieren, Self_motion und Roadways, in Frame-Nähe zu Motion stehen.
- Die Frame-Nähe dieser beiden Frames zu Motion, die in beiden Fällen +1 beträgt, einmal für die Vererbungsrelation (Self_motion) und einmal für die Benutzt-Relation (Roadways), spricht dafür, diese beiden Frames zu einem allgemeinen Frame zu generalisieren, der dann als Konstruktions-Frame anzunehmen ist (vgl. auch Perek & Patten 2019: 376). Dieser Frame ist Motion.

55 Wie bereits in Unterabschnitt 8.3.2 erwähnt, ist das Nomen *Trampelpfad* in FrameNet 1.7 nicht als eigene LE des Frames Roadways verzeichnet. Stattdessen gehe ich davon aus, dass das Determinativkompositum *Trampelpfad* ebenso wie das Simplizium *Pfad* ebendiesen Frame evoziert.

Mit diesen Beobachtungen ist die Methode zur Ermittlung des Konstruktions-Frames für die reflexive *Weg*-Konstruktion nahezu vollständig. Die einzige Besonderheit besteht nun darin, dass nicht die Frames, die direkt von den frame-evozierenden KorE-Bestandteilen evoziert werden (`Self_motion` und `Roadways`), als Konstruktions-Frames angesetzt werden, sondern ein Frame, zu dem diese beiden Frames in Frame-Nähe stehen. Dieser Schritt der Generalisierung mag nicht für jede Konstruktion nötig sein, die über ein lexikalisch fixiertes Strukturelement verfügt, das einen Frame evoziert, für die reflexive *Weg*-Konstruktion jedoch erscheint sie plausibel. Hinzu kommt, dass die Höhe dieser Generalisierung zumindest für die reflexive *Weg*-Konstruktion in Grenzen bleiben kann, da sowohl `Self_motion` als auch `Roadways` in einer Frame-Nähe von lediglich +1 (und nicht +2 oder niedriger) zum letztendlichen Konstruktions-Frame `Motion` stehen. Diese Zusammenhänge sind in Abbildung 8.8 zusammenfassend dargestellt.

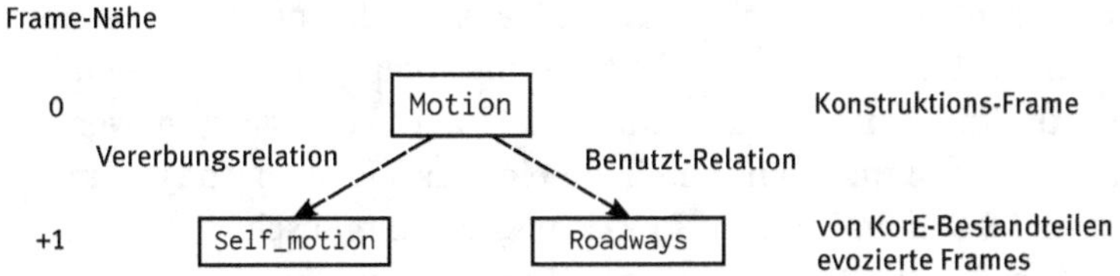

Abb. 8.8: Frame-Nähe zwischen den Frames der frame-evozierenden Bestandteile des KorE und dem Konstruktions-Frame der reflexiven *Weg*-Konstruktion

Die reflexive *Weg*-Konstruktion ist unter den drei untersuchten Konstruktionen jedoch nicht nur die am wenigsten formal abstrakte (vgl. Unterabschnitt 5.1.2) – weshalb sie für die soeben vorgestellte Methode zur Ermittlung des Konstruktions-Frames prädestiniert ist –, sie ist ebenso die mit Abstand am wenigsten produktivste der drei untersuchten Konstruktionen (vgl. Unterabschnitt 7.5.2). Wenn sie, wie im Eingang zu diesem Unterabschnitt festgestellt, die einzige der drei untersuchten Konstruktionen ist, deren Konstruktions-Frame sich durch frame-evozierende LE als Bestandteile von KEE oder KorE ermitteln lässt, müssen für die beiden anderen Konstruktionen, die reflexive Bewegungskonstruktion und die reflexive Partikelverbkonstruktion, andere Methoden zur Ermittlung des Konstruktions-Frames herangezogen werden. Eine davon habe ich bereits mit der Ermittlung der frequentesten relatierten lexikalischen Frames in Unterabschnit 8.5.1 vorgestellt. Auf eine zweite Methode möchte ich im folgenden Unterabschnitt 8.5.3 eingehen.

8.5.3 Paraphrasieren

Die letzte der drei Methoden zur Ermittlung des Konstruktions-Frames bedient sich eines in der Linguistik wohletablierten Verfahrens: des Paraphrasierens. Paraphrasen sind bereits außerhalb einer dezidierten Beschäftigung mit semantischen Fragestellungen, aber z.B. auch in der traditionellen Lexikographie wohl das mit Abstand beliebteste linguistische Mittel, um semantische Eigenschaften zu beschreiben (vgl. Busse 2015b: 94; Sikos & Padó 2018: 38–39). Auch in der Konstruktionsgrammatik werden Paraphrasen bisweilen zur semantischen Beschreibung von Konstruktionen herangezogen: Goldberg (1995: 3–4) nutzt sie zur initialen Charakterisierung der von ihr untersuchten Argumentstruktur-Konstruktionen.

Paraphrasen können jedoch auch für eine semantische Theorie wie die Frame-Semantik gewinnbringend sein, besonders dann, wenn semantische Eigenschaften offengelegt werden sollen, die nicht auf lexikalischer Ebene zu beobachten sind. Aus konstruktionssemantischer Sicht heißt dies: Paraphrasen können insbesondere dann zur Ermittlung des Konstruktions-Frames herangezogen werden, wenn der Konstruktions-Frame nicht durch ein einzelnes lexikalisches Element, sei es das KtE eines KE (Unterabschnitt 8.1.2), ein KEE (Unterabschnitt 8.3.1) oder ein KorE (Unterabschnitt 8.3.2), evoziert wird. Somit ist, wie in Unterabschnitt 8.4.1 erwähnt, die Methode des Paraphrasierens insbesondere für Konstrukte mit unrelatierten lexikalischen Frames relevant, in denen die Evokation des Konstruktions-Frames über eine syntagmatische Kombination von Strukturelementen (Unterabschnitt 8.3.3) stattfindet und eben nicht auf eine einzelne LE rückführbar ist, die sich in FrameNet nachschlagen ließe. Deshalb kann die Methode des Paraphrasierens besonders auf die reflexive Bewegungskonstruktion und die reflexive Partikelverbkonstruktion angewendet werden, da ihre Konstrukte mit unrelatierten lexikalischen Frames jene Evokation des Konstruktions-Frames aufweisen.

Welchen konkreten semantischen Nutzen haben Paraphrasen? Im Rahmen satzsemantischer Überlegungen nutzt von Polenz (2008: 65) das Mittel der „maximal explizite[n] normalsprachliche[n] Paraphrase“, um Prädikationsstrukturen, die aus Prädikaten und deren Referenzstellen bestehen, zu analysieren. Eine solche Paraphrase kann gleichermaßen bei „Ziel und Aufgabe der satzsemantischen Analyse […], sämtliche Prädikate und sämtliche Bezugsstellen, die ein Sprecher in einem Satz ausdrückt – ob explizit oder implizit – offenzulegen“ (Busse 2015b: 136) eine große Hilfe sein. Bei Sätzen, die eine Vielzahl von Prädikationen in komprimierter Form ausdrücken, sieht von Polenz (2008: 94) Paraphrasen als geeignet an, „[u]m auch alle Aussagen-Einbettungen […] mitsamt ihren Referenzstellen […] herauszubekommen“. Mit anderen Worten: „Paraphrasen sind bei Sätzen dasselbe wie Synonyme bei Wörtern" (von Polenz 2008: 79).[56] Frame-semantisch reformuliert bedeutet dies Folgendes: Paraphrasen sind eine effektive Methode, um Frames sichtbar zu machen, die nicht von einzelnen LE in dem Konstrukt, das Gegenstand der Paraphrase ist, evoziert werden. Das Prädikat, das die Paraphrase offenlegen soll, entspricht dabei also der LE, die den betreffenden Frame evoziert.

Eine plakative Analyse des Artikels 5,3 des Grundgesetzes führt bei von Polenz (2008: 242–246) zu einem Ergebnis, das Busse (2015b: 139) wie folgt zusammenfasst: „Statt der syntaktisch ausgedrückten *zwei* ergibt die satzsemantische Analyse [...] *neun* Prädikationen, statt der ausgedrückten *sechs* ergeben sich mindestens *zwölf* Bezugsstellen." In satzsemantischer Methodik sind Paraphrasen somit „Ausgangsmaterial der Beschreibung der Prädikationsstruktur" (Busse 2015b: 135). Auf frame-semantische Begriffe gebracht heißt dies nichts anderes als dass Paraphasen dabei helfen können, die Evokation (also die LE, die ihn evozieren) einerseits und die Struktur eines Frames (also seine instanziierten

---

56 Auf Grundlage der Benutzt-Relation von FrameNet entwickeln Sikos & Padó (2018) ein elaborierteres Modell für *konzeptbasierte Paraphrasen* (*concept-based paraphrases*), die gerade nicht auf einer strikten Synonymie-Relation zwischen Wörtern oder Sätzen beruhen, sondern deren Verbindung zum Ausgangssatz durch die Benutzt-Relation hergestellt wird, etwa dadurch, dass die Prädikate im Ausgangssatz und in der Paraphrase durch ebendiese Frame-zu-Frame-Relation verbunden sind. Auf den ersten Blick erscheint dieses Verfahren objektivierbarer als von Polenz' introspektive Herangehensweise, allerdings ist es gerade durch die Festlegung auf die Benutzt-Relation eingeschränkt. Wie die Analysen in Unterabschnitt 6.2.1 gezeigt haben, können Konstrukt-Frames der reflexiven Bewegungskonstruktion (und ebenso der reflexiven Partikelverbkonstruktion) durchaus durch einen lexikalischen Frame, der in einer Benutzt-Relation zum Konstruktions-Frame steht, konstituiert werden. Diese Motivierung betrifft allerdings jenen Teil der Konstrukte, deren Konstrukt-Frames aus relatierten lexikalischen Frames bestehen und somit nur jene Fälle, in denen der Konstruktions-Frame durch einen Spreading-Activation-Prozess (Unterabschnitt 8.2.2) lediglich ‚mitevoziert' wird. Anteile des Konstruktions-Frames an der Konstitution eines Konstrukt-Frames bei einem unrelatierten lexikalischen Frame – worum es in diesem Unterabschnitt also primär geht – können damit nicht erfasst werden. Deshalb eignet sich die Benutzt-Relation nicht, um systematisch Paraphrasen von Konstrukten zu konstruieren: Da die Paraphrase eine LE enthalten soll, die direkt den potenziellen Konstruktions-Frame evoziert, könnten nur Konstrukte paraphrasiert werden, deren lexikalische Frames in einer Benutzt-Relation zum jenem Konstruktions-Frame stehen. Diese aber machen, wie erwähnt, nur einen kleinen Teil aller Konstrukte aus. Auch der Einbezug anderer Frame-zu-Frame-Relation, wie ihn etwa Hasegawa et al. (2011: 110–115) vorschlagen, könnte letztendlich nur Paraphrasen für diejenigen Konstrukte ergeben, die vollständig einfach durch einen relatierten lexikalischen Frame motiviert sind (im Sinne der Analyse in Unterabschnitt 6.2.1). Dies ist eine weitere Begründung dafür, warum die Methode des Paraphrasierens gerade für Konstrukte mit unrelatierten lexikalischen Frames angewendet werden soll, wobei jene lexikalischen Frames eben in keiner Frame-zu-Frame-Relation zum Konstruktions-Frame stehen.

FE) andererseits offenzulegen.[57] Somit bieten sich Paraphrasen geradezu an, um einen nur durch die syntagmatische Kombination von Strukturelementen evozierten Konstruktions-Frame zu ermitteln. Paraphrasen können im Rahmen einer konstruktionssemantischen Analyse einerseits dafür eingesetzt werden, den Konstruktions-Frames unter Rückschlüssen auf LE, die für seine Evokation infrage kommen, zu ermitteln, und andererseits, mögliche instanziierte FE offenzulegen, die einzelne KtE eines Konstrukts (einfach oder doppelt) motiveren. Da es im vorliegenden Zusammenhang in erster Linie um die Ermittlung des Frames an sich geht, klammere ich Letzteres aus.

Anhand dieser Überlegungen wird deutlich, auf welche konkreten Arbeitsschritte die Methode des Paraphrasierens zusteuern muss. Anders als es die Analysen von von Polenz und Busse suggerieren, ist nämlich keineswegs eine „maximal explizite normalsprachliche Paraphrase“ (von Polenz 2008: 65) vonnöten, um einen Konstruktions-Frame zu ermitteln, gerade weil es in erster Linie darum geht, eine LE, die in zu evozieren in der Lage ist, zu rekonstruieren. Somit sind bereits recht einfache Paraphrasen sehr effektiv, um einen Konstruktions-Frames auf der Basis von Konstrukten mit unrelatierten lexikalischen Frames offenzulegen. Der wichtigste Schritt beim Paraphrasieren eines Konstrukts mit einem unrelatierten lexikalischen Frame ist es also, in die Paraphrase dieses Konstrukts eine LE einzufügen, die den potenziellen Konstruktions-Frame evoziert. Welche LE und somit welche Frames kommen dafür infrage? An dieser Stelle kommt die methodologische Vorarbeit der Ermittlung des Systems der Frame-Nähe des potenziellen Konstruktions-Frames (Unterabschnitt 8.4.2) ins Spiel. Die Methode des Paraphrasierens adressiert in erster Linie Konstrukte mit unrelatierten lexikalischen Frames. Der Grund dafür liegt auf der Hand: Bei der Untersuchung der relatierten lexikalischen Frames ist zu erwarten, dass der Konstruktions-Frame unter ihnen ist (vgl. Unterabschnitt 8.5.1), weshalb Konstrukte mit ihnen nicht der Methode des Paraphrasierens unterzogen werden müssen. Gleichzeitig aber kann diese Methode auf das bereits ermittelte System potenzieller Frame-Nähen eines Konstruktions-Frames zurückgreifen. Da die Menge der darin befindlichen relatierten lexikalischen Frames, unter denen sich der potenzielle Konstruktions-Frame befindet, eingeschränkt ist, bietet es sich an, zuerst die LE dieser Frames in

57 Allerdings wendet Busse (2015b: 135) zurecht ein: „[E]ine Paraphrase setzt aber schon eine *Interpretation* des Satzes voraus. Satzsemantik, wie von Polenz sie vorschlägt, kann also nur auf der Basis *bereits verstandener* Satzinhalte operieren.“ Diese Einschränkung resultiert darin, „dass auch die Satzsemantik (wie schon die Wortsemantik) keine Methode der Bedeutungs*erschließung* bereitstellt; sie stellt allerdings [. . .] eine exzellente Methode der *Verdeutlichung* von Satzbedeutungen, [. . .], dar“ (Busse 2015b: 135). Zum Begriff der Bedeutungs*erschließung* in Abgrenzung zu einer Bedeutungs*beschreibung* vgl. auch Busse (2015a: 54).

die Paraphrasen der Konstrukte mit unrelatierten lexikalischen Frames einzufügen und zu prüfen, ob eine plausible Interpretation entsteht, die den entsprechenden relatierten lexikalischen Frame als Konstruktions-Frame identifiziert. Um die Auswahl der relatierten lexikalischen Frames zu vereinfachen, können zunächst diejenigen getestet werden, die bei der Analyse der frequentesten lexikalischen Frames (Unterabschnitt 8.5.1) die oberen Ränge belegen. Ich beschränke die Auswahl auf die jeweils vier frequentesten Frames, zumal nach ihnen bereits die dortige Suche nach einem Konstruktions-Frame abgeschlossen werden konnte.

Ich möchte die Methode im Folgenden an jeweils einem Konstrukt der reflexiven Bewegungskonstruktion und der reflexiven Partikelverbkonstruktion demonstrieren. Als Ausgangskonstrukt der reflexiven Bewegungskonstruktion soll jenes in (52) mit dem lexikalischen Frame `Scouring` dienen. Dabei genügt es, lediglich das einschlägige Konstrukt, das hier durch geschweifte Klammern markiert ist, zu paraphrasieren.

(52) Ich arbeitete gut und konzentriert; ich hatte Kräfte für zehn – und doch schlugen mir die Knie aneinander, als ich in die Allee einbog, und {meine Hände gruben sich in die Rocktaschen}, bis sie beinahe rissen. (Schmitter, Elke: Frau Sartoris, Berlin: BvT 2000[2002], S. 29)

Zur Erinnerung: Für die reflexive Bewegungskonstruktion wurden in Unterabschnitt 8.5.1 die relatierten lexikalischen Frames `Body_movement`, `Self_motion`, `Motion` und `Cause_motion` in dieser Reihenfolge auf den ersten vier Rängen der frequentesten aller belegten relatierten lexikalischen Frames ermittelt (vgl. Tabelle 8.8 in Unterabschnitt 8.5.1). Diese Frames verfügen in FrameNet 1.7 über teils enorm zahlreiche LE mit sehr unterschiedlichen lexikalischen Bedeutungen. Um nicht alle dieser LE exhaustiv in entsprechenden Paraphrasen testen zu müssen, genügt es, eine Auswahl von LE zu treffen, deren lexikalische Bedeutungen einer neutralen Lesart oder – wenn keine neutrale Lesart belegt ist – einer ‚manner'-Lesart zuzuordnen sind (vgl. dazu Unterabschnitt 5.2.3). Um die Auswahl noch weiter einzugrenzen, bietet es sich an, auf diejenigen LE zurückzugreifen, die für die entsprechenden relatierten lexikalischen Frames in der Datenauswahl für die Konstruktion belegt sind. Diese sind für die Analyse der konstruktionellen Polysemie, die, wie in Unterabschnitt 5.2.2 argumentiert, durch variierende lexikalische Frames und lexikalische Bedeutungen zustande kommt, bereits auf die unterschiedlichen Lesarten der drei untersuchten Konstruktionen hin annotiert, sodass diejenigen LE mit einer neutralen oder auf einen ‚manner'-Aspekt spezifizierten lexikalischen Bedeutung einfach identifiziert werden können. Ich gehe die vier relatierten lexikalischen Frames und ihre LE nun im Einzelnen durch.

Für den frequentesten Frame Body_movement sind die LE *beugen* (*flex.v*), *biegen* (*bend.v*), *hängen* (*hang.v*), *heben* (*lift.v*) und *schließen* (*close.v*) belegt (vgl. Tabelle 5.2 in Unterabschnitt 5.2.3). Das Konstrukt in (52) kann nun entsprechend paraphrasiert werden, indem diese LE in die Paraphrase eingefügt werden, wobei die ursprüngliche LE, die den unrelatierten lexikalischen Frame (hier: Scouring) evoziert, in einen Nebensatz mit *indem* verschoben werden kann, da das ursprüngliche Konstrukt in (52) eine ‚means'-Lesart besitzt.[58] Das Ergebnis sind die Paraphrasen in (53), wobei die nunmehr relatierten lexikalischen Frames, die die eingefügten LE evozieren, zur Übersicht annotiert sind.

(53) a. ?Meine Hände [$_{\text{Body\_movement}}$ beugten] sich in die Rocktaschen, indem sie gruben.
b. ??Meine Hände [$_{\text{Body\_movement}}$ bogen] sich in die Rocktaschen, indem sie gruben.
c. ??Meine Hände [$_{\text{Body\_movement}}$ hingen] sich in die Rocktaschen, indem sie gruben.
d. ??Meine Hände [$_{\text{Body\_movement}}$ hoben] sich in die Rocktaschen, indem sie gruben.
e. ??Meine Hände [$_{\text{Body\_movement}}$ schlossen] sich in die Rocktaschen, indem sie gruben.

Die traditionell auch in Grammatikalitätsurteilen zu findenden Kennzeichnungen aus Fragezeichen sollen die Plausibilität der Interpretation der einzelnen Paraphrasen im Hinblick auf die Konstruktion andeuten. Je mehr Fragezeichen dabei verwendet werden, desto unplausibler erscheint die Paraphrase. Wie deutlich zu erkennen ist, ist die LE *beugen* in dieser Hinsicht noch am wenigsten problematisch, ergibt aber keine gänzlich plausible Interpretation. Der Frame Body_movement erscheint also als Konstruktions-Frame eher ungeeignet.

Der auf dem zweiten Rang liegende Frame Self_motion ist, wie in Tabelle 5.2 in Unterabschnitt 5.2.3 zu sehen, für die neutrale Lesart nicht belegt, stattdessen sind für ihn zahlreiche LE mit ‚manner'-Lesart belegt, auf deren Basis nun entsprechende Paraphrasen zusammengestellt werden können. Dies betrifft die LE *drängen* (*press.v*), *drücken* (*press.v*), *hangeln* (*clamber.v*), *kriechen* (*creep.v*),

58 Vgl. dazu die entsprechenden Paraphrasen von Oya (1999: 356–357). Zu beachten ist hier auch die Klassifikation von *indem* durch Duden (2016: 1063) als ‚modal', was Smirnova (2018: 21) zufolge jedoch als ‚manner'-Lesart zu verstehen ist. An anderer Stelle klassifiziert Duden (2016: 640) *indem* als Mitglied der Klasse der „[m]odal-instrumentale[n] Subjunktionen" – wobei Letzteres zur Übersetzung von ‚means' mit *instrumental* durch Smirnova (2018: 21) passt. Um eine solche Vermischung semantischer Beschreibungen zu vermeiden, gehe ich davon aus, dass *indem* eine ‚instrumentale' und damit eine ‚means'-Lesart besitzt.

pirschen (*stalk.v*), *pressen* (*press.v*), *reißen* (*rip.v*), *robben* (*crawl.v*), *schleichen* (*sneak.v*), *stehlen* (*steal.v*), *stemmen* (*press.v*), *stürzen* (*pounce.v*) und *verkriechen* (*creep.v*) belegt. Die entsprechenden Paraphrasen finden sich in (54).

(54) a. ??Meine Hände [$_{\texttt{Self\_motion}}$ drängten] sich in die Rocktaschen, indem sie gruben.
b. ??Meine Hände [$_{\texttt{Self\_motion}}$ drückten] sich in die Rocktaschen, indem sie gruben.
c. ??Meine Hände [$_{\texttt{Self\_motion}}$ hangelten] sich in die Rocktaschen, indem sie gruben.
d. ??Meine Hände [$_{\texttt{Self\_motion}}$ krochen] sich in die Rocktaschen, indem sie gruben.
e. ??Meine Hände [$_{\texttt{Self\_motion}}$ pirschten] sich in die Rocktaschen, indem sie gruben.
f. ?Meine Hände [$_{\texttt{Self\_motion}}$ pressten] sich in die Rocktaschen, indem sie gruben.
g. ??Meine Hände [$_{\texttt{Self\_motion}}$ rissen] sich in die Rocktaschen, indem sie gruben.
h. ??Meine Hände [$_{\texttt{Self\_motion}}$ robbten] sich in die Rocktaschen, indem sie gruben.
i. ?Meine Hände [$_{\texttt{Self\_motion}}$ schlichen] sich in die Rocktaschen, indem sie gruben.
j. ??Meine Hände [$_{\texttt{Self\_motion}}$ stahlen] sich in die Rocktaschen, indem sie gruben.
k. ?Meine Hände [$_{\texttt{Self\_motion}}$ stemmten] sich in die Rocktaschen, indem sie gruben.
l. ??Meine Hände [$_{\texttt{Self\_motion}}$ stürzten] sich in die Rocktaschen, indem sie gruben.
m. ??Meine Hände [$_{\texttt{Self\_motion}}$ verkrochen] sich in die Rocktaschen, indem sie gruben.

Der Frame `Self_motion` erscheint insgesamt weniger problematisch als `Body_movement`, da gleich mehrere Paraphrasen – diejenigen mit den LE *pressen*, *schleichen* und *stemmen* – nicht gänzlich unplausibel erscheinen. Alle anderen Paraphrasen erscheinen deutlich problematischer, allerdings gibt das gesamte Bild noch keinen Anlass dazu, `Self_motion` als Konstruktions-Frame festzulegen.

Als nächstes ist `Motion` an der Reihe, der auf dem dritten Rang der frequentesten lexikalischen Frames liegt. Für ihn sind in neutraler Lesart die LE *begeben* (*go.v*), *bewegen*, *rücken*, *rühren* und *verschieben* (alle *move.v*) belegt. Die entsprechenden Paraphrasen sind in (55) zu sehen.

(55) a. Meine Hände [$_{\texttt{Motion}}$ begaben] sich in die Rocktaschen, indem sie gruben.
b. Meine Hände [$_{\texttt{Motion}}$ bewegten] sich in die Rocktaschen, indem sie gruben.
c. ?Meine Hände [$_{\texttt{Motion}}$ rückten] sich in die Rocktaschen, indem sie gruben.
d. ??Meine Hände [$_{\texttt{Motion}}$ rührten] sich in die Rocktaschen, indem sie gruben.
e. ?Meine Hände [$_{\texttt{Motion}}$ verschoben] sich in die Rocktaschen, indem sie gruben.

Deutlich zu erkennen ist, dass insbesondere die Paraphrasen mit den LE *begeben* und *bewegen* unproblematisch sind, was `Motion` bereits an dieser Stelle deutlich stärker als Konstruktions-Frame als `Body_movement` und `Self_motion` qualifiziert. Bevor ein abschließendes Urteil gefällt werden kann, fehlen allerdings noch die Paraphrasen mit dem viertfrequentesten relatierten lexikalischen Frame, nämlich `Cause_motion`. Seine für die neutrale Lesart belegten LE sind *heben* (*lift.v*), *schieben* (*push.v*), *stoßen* (*thrust.v*) und *ziehen* (*pull.v*). Die Paraphrasen finden sich in (56).

(56) a. ??Meine Hände [$_{\texttt{Cause\_motion}}$ hoben] sich in die Rocktaschen, indem sie gruben.
b. ?Meine Hände [$_{\texttt{Cause\_motion}}$ schoben] sich in die Rocktaschen, indem sie gruben.
c. ?Meine Hände [$_{\texttt{Cause\_motion}}$ stießen] sich in die Rocktaschen, indem sie gruben.
d. ??Meine Hände [$_{\texttt{Cause\_motion}}$ zogen] sich in die Rocktaschen, indem sie gruben.

`Cause_motion` ist auf der Grundlage dieser Paraphrasen ähnlich qualifiziert wie `Self_motion`: Keine der Paraphrasen erscheint gänzlich unproblematisch. Es wird also deutlich, dass unter diesen vier relatierten lexikalischen Frames `Motion` am ehesten als Konstruktions-Frame infrage kommt, da nur er Paraphrasen erlaubt, die gänzlich unproblematisch sind und somit keine Auszeichnung durch ein Fragezeichen bekommen müssen. Diese Ergebnisse decken sich mit denjenigen der Analyse der frequentesten relatieren lexikalischen Frames in Unterabschnitt 8.5.1. Mehr noch: Die Methode des Paraphrasierens kann gleichzeitig dazu genutzt werden, die Ergebnisse der Analyse dieser anderen Methode abzusichern. Entsteht bei demjenigen Frame, der dort als Konstruktions-Frame ermittelt wurde, eine plausible Interpretation mindestens einer Paraphrase im Sinne der gegebenen Konstruktion, wie dies bei `Motion` der Fall ist, deutet dies auf eine plausible Ermittlung des Konstruktions-Frames schon über diese Methode hin.

Zum Abschluss möchte ich die Methode des Paraphrasierens auf die reflexive Partikelverbkonstruktion anwenden. Die relatierten lexikalischen Frames, die in Unterabschnitt 8.5.1 für sie ermittelt wurden, sind dieselben wie für die reflexive Bewegungskonstruktion, allerdings in anderer Reihenfolge: `Body_movement`, `Self_motion`, `Cause_motion` und `Motion` (vgl. Tabelle 8.9 in Unterabschnitt 8.5.1). Zudem unterscheiden sich die für diese Frames mit der reflexiven Partikelverbkonstruktion belegten LE teilweise von denjenigen der reflexiven Bewegungskonstruktion, weshalb die oben ermittelten LE nur teils auch auf die reflexive Partikelverbkonstruktion angewendet werden können. Als Ausgangskonstrukt für die folgenden Paraphrasen sei das Konstrukt in (57) mit dem lexikalischen Frame `Seeking` herangezogen.

(57) {Die Frau tastet sich an der Wand entlang zu der Alten hinüber} und hockt sich schwerfällig neben sie hin. (Venske, Regula: Marthes Vision, Frankfurt am Main: Eichborn Verlag 2006, S. 189)

Wie für die reflexive Bewegungskonstruktion ist auch für die reflexive Partikelverbkonstruktion `Body_movement` der frequenteste relatierte lexikalische Frame. Für ihn sind in neutraler Lesart die Basisverb-LE *beugen* (*flex.v*), *biegen*, *bücken* (beide *bend.v*) und *heben* (*lift.v*) belegt (vgl. Tabelle 5.3 in Unterabschnitt 5.2.3). Die entsprechenden Paraphrasen sind in (58) zu sehen, wobei die ursprüngliche LE, die den unrelatierten lexikalischen Frame `Seeking` evoziert, in ein Modaladverb überführt wird, weil das Konstrukt – anders als dasjenige der reflexiven Bewegungskonstruktion in (52) – eine ‚manner'-Lesart besitzt.[59]

(58) a. ?Die Frau [$_{\texttt{Body\_movement}}$ beugt] sich tastend an der Wand entlang zu der Alten hinüber.
b. ??Die Frau [$_{\texttt{Body\_movement}}$ biegt] sich tastend an der Wand entlang zu der Alten hinüber.
c. ?Die Frau [$_{\texttt{Body\_movement}}$ bückt] sich tastend an der Wand entlang zu der Alten hinüber.
d. ??Die Frau [$_{\texttt{Body\_movement}}$ hebt] sich tastend an der Wand entlang zu der Alten hinüber.

59 Vgl. dazu Duden (2016: 588): „*Modaladverbien* […] geben sowohl die Qualität (Art und Weise) als auch die Quantität (Menge, Ausmaß) an. In der Regel lassen sie sich mit *wie?* erfragen." (Hervorhebung im Original in Fettdruck, A.W.).

Zwei dieser Paraphrasen, diejenigen mit den LE *beugen* und *bücken*, erscheinen weniger unproblematisch als die anderen Paraphrasen, erzeugen jedoch eine sehr spezifische Lesart, die über den Kontext des Konstrukts kaum abgedeckt zu sein scheint. `Body_movement` scheint für die reflexive Partikelverbkonstruktion deshalb ebenso wie für die reflexive Bewegungskonstruktion nicht als Konstruktions-Frame geeignet.

Der nächstfrequenteste Frame ist `Self_motion`. Belegt sind für ihn, wie in Tabelle 5.3 in Unterabschnitt 5.2.3 zu sehen, nur LE in ‚manner'-Lesart, weshalb diese für die Paraphrasen herangezogen werden. Es handelt sich um *drängen* (*press.v*), *drücken* (*press.v*), *fuhrwerken* (*bustle.v*), *pirschen* (*stalk.v*), *ranken* (*climb.v*), *schaukeln* (*swing.v*), *schleichen* (*sneak.v*), *schwimmen* (*swim.v*), *stemmen* (*press.v*) und *stürzen* (*pounce.v*). Die entsprechenden Paraphrasen finden sich in (59).

(59) a. ??Die Frau [$_{\texttt{Self\_motion}}$ drängt] sich tastend an der Wand entlang zu der Alten hinüber.
b. ??Die Frau [$_{\texttt{Self\_motion}}$ drückt] sich tastend an der Wand entlang zu der Alten hinüber.
c. ??Die Frau [$_{\texttt{Self\_motion}}$ fuhrwerkt] sich tastend an der Wand entlang zu der Alten hinüber.
d. ?Die Frau [$_{\texttt{Self\_motion}}$ pirscht] sich tastend an der Wand entlang zu der Alten hinüber.
e. ??Die Frau [$_{\texttt{Self\_motion}}$ rankt] sich tastend an der Wand entlang zu der Alten hinüber.
f. ??Die Frau [$_{\texttt{Self\_motion}}$ schaukelt] sich tastend an der Wand entlang zu der Alten hinüber.
g. ?Die Frau [$_{\texttt{Self\_motion}}$ schleicht] sich tastend an der Wand entlang zu der Alten hinüber.
h. ??Die Frau [$_{\texttt{Self\_motion}}$ schwimmt] sich tastend an der Wand entlang zu der Alten hinüber.
i. ??Die Frau [$_{\texttt{Self\_motion}}$ stemmt] sich tastend an der Wand entlang zu der Alten hinüber.
j. ??Die Frau [$_{\texttt{Self\_motion}}$ stürzt] sich tastend an der Wand entlang zu der Alten hinüber.

Es scheint offensichtlich, dass alle Paraphrasen bis auf diejenigen mit den LE *pirschen* und *schleichen* die bisher unplausibelsten Interpretationen ergeben.

Auf dem dritten Rang liegt schließlich `Cause_motion`. Für ihn sind in neutraler Lesart die (Basisverb-)LE *abstoßen* (*push.v*), *heben* (*lift.v*), *schieben* (*push.v*) und *ziehen* (*pull.v*) belegt, die in den Paraphrasen in (60) zu sehen sind.

(60) a. ??Die Frau [$_{\texttt{Cause\_motion}}$ stößt] sich tastend an der Wand entlang zu der Alten hinüber ab.
b. ??Die Frau [$_{\texttt{Cause\_motion}}$ hebt] sich tastend an der Wand entlang zu der Alten hinüber.
c. ?Die Frau [$_{\texttt{Cause\_motion}}$ schiebt] sich tastend an der Wand entlang zu der Alten hinüber.
d. ??Die Frau [$_{\texttt{Cause\_motion}}$ zieht] sich tastend an der Wand entlang zu der Alten hinüber.

Bei `Cause_motion` erscheint nur eine Paraphrase wenig problematisch, insgesamt kommt er dem Konstruktions-Frame näher als `Body_movement` und besonders `Self_motion`.

Der letzte Frame ist der, der bereits für die reflexive Bewegungskonstruktion als Konstruktions-Frame ermittelt werden konnte: `Motion`. Belegt ist für ihn in neutraler Lesart einzig die LE *bewegen* (*move.v*), deren Paraphrase in (61) zu sehen ist.

(61) Die Frau [$_{\texttt{Motion}}$ bewegt] sich tastend an der Wand entlang zu der Alten hinüber.

Wie schon für die reflexive Bewegungskonstruktion scheint `Motion` auch für die reflexive Partikelverbkonstruktion über die Methode des Paraphrasierens als Konstruktions-Frame zu identifizieren zu sein. Die Paraphrase mit der LE *bewegen* ist ein eindeutiger Beleg dafür, sie erscheint noch unproblematischer als die Paraphrasen für den Frame `Cause_motion`. Die Ergebnisse dieser Methode decken sich für die reflexive Partikelverbkonstruktion somit ebenfalls mit denjenigen der Methode der frequentesten relatierten lexikalischen Frames (Unterabschnitt 8.5.1).

Dass die Methode des Paraphrasierens zur Ermittlung des Konstruktions-Frames zu plausiblen Ergebnissen führt, widerlegt für die drei untersuchten Konstruktionen die Position von Szcześniak (2014b: 154–155), der eine fehlende Paraphrasierbarkeit für die *way*-Konstruktion (bzw. einige ihrer Konstrukte) annimmt (dazu schon Unterabschnitt 4.3.3). Noch deutlicher zeigt sich aber, dass die drei diskutierten Methoden komplementär zueinander stehen. Die Ermittlung des Konstruktions-Frames über die frequentesten relatierten lexikalischen Frames (Unterabschnitt 8.5.1) sollte jedenfalls zuerst vorgenommen werden, bevor die Methode des Paraphrasierens angewendet wird. Sie ist auch deswegen lediglich als Ultima Ratio zu betrachten, weil sie nicht nur auf introspektiven Plausibilitätsurteilen beruht, sondern gänzlich losgelöst von Frames operiert und somit auch keine semantischen Parameter wie die Frame-Nähe eines lexikalischen Frames berücksichtigt. Dies sind ebenso die Gründe dafür, warum diese Methode in diesem Kapitel als letztes betrachtet wird. Für den Fall aber, dass sowohl die

Methode der frequentesten relatierten lexikalischen Frames als auch diejenige des Paraphrasierens zu demselben plausiblen Ergebnis über den Konstruktions-Frame einer gegebenen Konstruktion kommen, kann davon ausgegangen werden, dass sie nicht nur einzeln funktionieren, sondern gemeinsam die Grundlage für eine methodisch gesicherte Annahme eines Konstruktions-Frames bilden.

9 Fazit und Ausblick

Das übergeordnete Ziel der vorliegenden Arbeit war die Entwicklung einer Konstruktionssemantik, die sich als semantische Erweiterung einer gebrauchsbasierten Konstruktionsgrammatik versteht und für die Zwecke der Konstruktikographie nutzbar gemacht werden sollte. Als Format zur Erfassung der semantischen Eigenschaften von syntaktischen Konstruktionen und ihren Konstrukten kommen Frames zum Einsatz, hier in Gestalt von FrameNet und dessen Daten-Release 1.7. Die in der Einleitung (Kapitel 1) in Abschnitt 1.1 formulierte dreiteilige Zielsetzung der Arbeit gliedert sich in theoretische, methodologische und empirische Aspekte. Theoretische Zielsetzung war die systematische Verbindung von Konstruktionsgrammatik und Frame-Semantik, aus methodologischer Sicht stand vor allem die Anwendbarkeit eines konstruktionssemantischen Modells für die Konstruktikographie im Vordergrund, während der empirische Anspruch war, die Analysekategorien und Methoden an drei syntaktischen Konstruktionen, der reflexiven Bewegungskonstruktion, der reflexiven Partikelverbkonstruktion und der reflexiven *Weg*-Konstruktion, zu entwickeln und exemplarisch zu erproben.

Im Rahmen eines abschließenden Fazits möchte ich im Folgenden zunächst einen Rückblick auf die fünf in der Einleitung formulierten Fragestellungen werfen, die nun abschließend beantwortet werden können. Damit sollen zugleich die wesentlichen Ergebnisse der vorliegenden Arbeit zusammengefasst werden (Abschnitt 9.1). Im Anschluss daran möchte ich einen Ausblick auf zukünftige Forschungsperspektiven geben. Dazu sei auf drei konkrete Perspektivenkomplexe eingegangen, die sich (mindestens) aus den Überlegungen und Analysen der vorliegenden Arbeit ergeben (Abschnitt 9.2). Der Schwerpunkt in der Zusammenfassung der Ergebnisse liegt dabei auf den theoretischen und methodologischen Erkenntnissen, während die Ergebnisse der empirischen Analysen der drei untersuchten Konstruktionen in ihren drei Konstruktionseinträgen zusammengestellt sind, die sich im dreiteiligen Zusatzmaterial finden.

9.1 Rückblick: fünf Fragestellungen und ihre Antworten

In der Einleitung (Kapitel 1) habe ich in Abschnitt 1.1 fünf Fragestellungen formuliert, die die vorliegende Arbeit leiten sollten. Um die wesentlichen theoretischen und methodologischen Ergebnisse zusammenzufassen, möchte ich nun auf diese Fragestellungen zurückkommen und abschließende Antworten darauf formulieren. Um die Zusammenfassung anschaulicher zu gestalten und zudem an den empirischen Phänomenbereich der drei untersuchten Reflexivkonstruktionen zu-

https://doi.org/10.1515/9783110762341-009

rückzubinden, möchte ich auf die drei in der Einleitung zitierten Konstrukte der reflexiven Bewegungskonstruktion, der reflexiven Partikelverbkonstruktion und der reflexiven *Weg*-Konstruktion zurückkommen und die wichtigsten Erkenntnisse an ihnen illustrieren. Die drei Konstrukte sind noch einmal in (1)–(3) wiederholt, erneut markiert durch geschweifte Klammern.

(1) {Er arbeitete sich durch ein kompliziertes Kreuzworträtsel}, hatte ein Bier aufgemacht und sich auf einen beschaulichen Abend eingestellt, als das Telefon läutete. (Glavinic, Thomas: Die Arbeit der Nacht, München Wien: Carl Hanser Verlag 2006, S. 381)

(2) Mühsam {kämpft sich dieses Ein-Milliarden-Volk voran}. (Weizsäcker, Richard von: Dreimal Stunde Null? 1949 1969 1989, Berlin: Siedler Verlag 2001, S. 186)

(3) Wie ein Triumphator {bahnt sich Schiller den Weg durch die Menschenmenge}, eskortiert von den Würdenträgern der Universität. (Safranski, Rüdiger: Friedrich Schiller, München Wien: Carl Hanser 2004, S. 311)

Mit diesen drei Beispielkonstrukten als Illustration lassen sich für die in der Einleitung (Kapitel 1) in Abschnitt 1.1 aufgeführten fünf Fragestellungen nun entsprechende Antworten formulieren. Jede der fünf Fragestellungen sei der Übersicht halber hier einzeln wiederholt, unmittelbar darauf folgt dann jeweils ihre abschließende Beantwortung. Da zahlreiche empirische Ergebnisse in den drei Konstruktionseinträgen im Zusatzmaterial zusammenfassend dokumentiert sind, gehe ich in der folgenden Darstellung nur am Rande auf sie ein.

1. Wie lassen sich die semantischen Eigenschaften von Konstruktionen und ihren Konstrukten mit Hilfe der Frame-Semantik auffassen?

Basis der frame-semantischen Beschreibung der semantischen Eigenschaften von Konstruktionen und ihren Konstrukten ist ein konstruktionssemantisches Modell (Kapitel 4), das in Anlehnung an Ziem (2020b: 44–48) mit Frames und den aus ihnen resultierenden Bedeutungen auf zwei Ebenen operiert. Auf Type-Ebene verortet sind lexikalische Frames und lexikalische Bedeutungen sowie ein oder mehrere Konstruktions-Frame(s) und eine oder mehrere Konstruktionsbedeutung(en). Auf Token-Ebene liegen ein für jedes Konstrukt der Konstruktion individueller Konstrukt-Frame sowie eine korrespondierende Konstruktbedeutung, die sich durch die konzeptuelle Integration der vorgenannten Typen von Frames und Bedeutungen ergeben können. Konstruktions-Frame der drei untersuchten Konstruktionen ist jeweils `Motion`. Demgegenüber werden in den drei Beispielkonstrukten in (1)–(3) drei unterschiedliche lexikalische Frames jeweils durch eine lexikalische Einheit (LE) evoziert: in (1) ist dies Work (evoziert durch die LE *arbeiten*), in (2) ist dies Hostile_encounter (evoziert durch die LE *kämpfen*) und in (3) ist der lexikalische Frame mit dem Konstruktions-Frame identisch, also ebenfalls Motion (evoziert durch die LE *bahnen*). Während der Konstruktions-Frame also (im Falle der drei untersuchten Konstruktionen) über alle Konstrukte hinweg invariant bleibt, kann sich der lexikalische Frame von Konstrukt zu Konstrukt ändern. Konstrukt-Frames können als Blends (im Sinne der Theorie der konzeptuellen Integration von Fauconnier & Turner 1998a,b, 2002) aus lexikalischem Frame und Konstruktions-Frame entstehen. Unterscheiden sich lexikalischer Frame und Konstruktions-Frame hinreichend voneinander, wie dies in (1) und (2) der Fall ist, enthält der Konstrukt-Frame Anteile beider Frames: Der lexikalische Frame wird durch den Konstruktions-Frame im Konstrukt-Frame angepasst. Ist der lexikalische Frame mit dem Konstruktions-Frame identisch, wie in (3), besteht der Konstrukt-Frame allein aus FE des lexikalischen Frames, eine Frame-Anpassung im Sinne von Busse (2012: 624–627) findet dann nicht statt.

2. Welche Analysekategorien muss die konstruktionssemantische Analyse einer Konstruktion umfassen und wie lassen sich diese frame-semantisch bestimmen?

Die wichtigsten Analysekategorien einer konstruktionssemantischen Analyse lassen sich in sieben semantische Parameter von Konstruktionen fassen. Diese sind (i) formale Abstraktheit, (ii) konstruktionelle Polysemie, (iii) Beschränkungen und Präferenzen, (iv) Frame-Nähe, (v) Koerzionspotenzial, (vi) Produktivität sowie (vii) emergente Struktur. Die formale Abstraktheit einer Konstruktion ergibt sich, die zwei von Taylor (2004: 51) und Schmid (2020: 229–230) diskutierten Dimensionen konstruktionssemantisch reformuliert, aus der Kombination aus der Anzahl ihrer Strukturelemente sowie ihrer lexikalischen Spezifiziertheit. Die Polysemie einer Konstruktion kann sich entweder durch unterschiedliche Konstruktions-Frames ergeben (was für die drei untersuchten Konstruktionen nicht der Fall ist) oder durch eine Varianz in lexikalischen Frames und lexikalischen Bedeutungen, die an den drei oben zitierten Beispielkonstrukten erkennbar und für die Polysemie der drei untersuchten Konstruktionen einschlägig ist. Beschränkungen und Präferenzen beziehen sich auf die formalen und semantischen Kriterien, nach denen die einzelnen Strukturelemente einer Konstruktion instanziiert werden, wozu die möglichen lexikalischen Frames zählen, die in den Konstrukten einer Konstruktion evoziert werden können. Das an den Begriff der Frame-Distanz von Čulo (2013) angelehnte Konzept der Frame-Nähe ist äußerst grundlegend für zahlreiche konstruktionssemantische Aspekte. Es erfasst diejenigen lexikalischen Frames, die zum Konstruktions-Frame in einer Frame-zu-Frame-Relation stehen, auch über mehrere Hierarchieebenen hinweg. Solche Frames sind als *relatierte* lexikalische Frames zu bezeichnen, während Frames ohne Frame-zu-Frame-Relationen zum Konstruktions-Frame – wie etwa `Work` in (1) und `Hostile_encounter` in (2) – *unrelatierte* lexikalische Frames sind. Der Grad der Frame-Nähe eines relatierten lexikalischen Frames zum Konstruktions-Frame ist ein Indikator für die Prototypikalität eines Konstrukts. Das Koerzionspotenzial einer Konstruktion stellt eine Abstraktion über die in einzelnen Konstrukten auftretenden Koerzionseffekte dar, die sich durch die konzeptuelle Integration von lexikalischem Frame und Konstruktions-Frame und somit eine Frame-Anpassung des Ersteren durch Letzteren ergeben. Für die Erfassung der Produktivität einer Konstruktion wird auf das Konzept der Frame-Nähe zurückgegriffen: Definiert man wie Barðdal (2008) Produktivität als Kombination aus Type-Frequenz und semantischer Kohärenz, so stellen alle Konstrukte mit unrelatierten lexikalischen Frames die produktive ‚Erweiterung' einer Konstruktion dar, während diejenigen Konstrukte mit relatierten lexikalischen Frames als semantisch kohärent betrachtet werden können. Die Type-Frequenz dieser beiden Typen von lexikalischen Frames kann zur Messung der Produktivität herangezogen werden. Schließlich erfasst der aus der Theorie der konzeptuellen Integration übernommene Begriff der emergenten Struktur jene semantischen Aspekte einer Konstruktbedeutung, die nicht in lexikalischem Frame und lexikalischer Bedeutung und Konstruktions-Frame und Konstruktionsbedeutung enthalten sein müssen und erst in einer Konstruktbedeutung entstehen können. Für die drei untersuchten Konstruktionen ist dies die Interpretation einer ‚Schwierigkeit', die teilweise mit der in den Konstrukten ausgedrückten ‚Bewegung' einhergeht und als Standardwert in Konstruktbedeutungen verstanden werden kann.

3. Worin bestehen die strukturellen Parallelen zwischen Konstruktionen und Frames und wie lassen sie sich für eine semantische Beschreibung von Konstruktionen nutzbar machen?

Die Strukturparallelen zwischen Konstruktionen und Frames lassen sich durch die Betrachtung der semantischen Motivierung der einzelnen Konstruktelemente (KtE) und konstruktionsevozierenden Elemente (KEE) – mit anderen Worten: der Konstitution von Konstrukt-Frames – erfassen. Ein wichtiges Detail ist, dass jene Strukturparallelen auf der Ebene der Konstrukte betrachtet werden müssen, weshalb neben KEE nicht Konstruktionselemente (KE), sondern deren Instanzen, KtE, hinsichtlich ihrer semantischen Motivierung untersucht werden müssen. Diese semantische Motivierung kann von Konstrukt zu Konstrukt variieren. Drei grundsätzliche Varianten sind möglich: eine einfache Motivierung durch Frame-Elemente (FE) des lexikalischen Frames, eine einfache Motivierung durch ein

FE des Konstruktions-Frames sowie die doppelte Motivierung durch FE beider Frames. In den drei Beispielkonstrukten sind alle drei Varianten zu beobachten. Das KtE *Er* in (1), das KtE *dieses Ein-Milliarden-Volk* in (2) sowie das KtE *Schiller* in (3) sind einfach durch ein FE des jeweiligen lexikalischen Frame motiviert: In (1) ist dies Work.AGENT, in (2) Hostile_encounter.SIDE_1 sowie in (3) Motion.THEME. Eine einfache Motivierung durch den Konstruktions-Frame ist in den jeweiligen KEE *sich* in (1) und (2) zu sehen: Sie werden durch das FE Motion.THEME motiviert. Das KtE *durch ein kompliziertes Kreuzworträtsel* in (1) wird doppelt motiviert: einerseits durch das FE Work.SALIENT_ENTITY des lexikalischen Frames und andererseits durch das FE Motion.PATH des Konstruktions-Frames. Diese doppelte Motivierung entspricht einer Fusion im Sinne der Theorie der konzeptuellen Integration. Ein äquivalentes KtE findet sich in (2) nicht, da das entsprechende KE für die reflexive Partikelverbkonstruktion fakultativ und damit als Nicht-Kern-KE einzustufen ist – ein Charakteristikum dieser Konstruktion.

4. Wie können die frame-semantischen Beschreibungen einer Konstruktion konstruktikographisch generalisiert in einen Konstruktionseintrag Eingang finden?

Die konstruktikographische Generalisierung der semantischen Eigenschaften einer Konstruktion verläuft ganz wesentlich über die sieben semantischen Parameter von Konstruktionen. Dabei ist zu unterscheiden zwischen Parametern, die als eigene Datenpunkte in einen Konstruktionseintrag eingehen und solchen, die in andere Datenpunkte integriert werden können. Parameter ohne einen eigenen Datenpunkt in einem Konstruktionseintrag sind formale Abstraktheit, konstruktionelle Polysemie, Beschränkungen und Präferenzen sowie das System der Frame-Nähen zum Konstruktions-Frame. Parameter, die hingegen einen eigenen Datenpunkt erhalten, sind das Koerzionspotenzial, die Produktivität und die emergente Struktur. Im Rahmen der konstruktikographischen Generalisierung müssen darüber hinaus allgemeine Beschreibungen wie die Festlegung des Konstruktionsnamens und die Differenzierung einer polysemen Konstruktion vorgenommen werden. Entsteht die Polysemie der betreffenden Konstruktion durch unterschiedliche Konstruktions-Frames, sind hierfür einzelne Konstruktionseinträge anzusetzen. Entsteht sie durch variierende lexikalische Frames und lexikalische Bedeutungen, wie bei den drei hier untersuchten Konstruktionen, können die einzelnen Lesarten einer Konstruktion in einem Konstruktionseintrag zusammengefasst werden. Weiterhin zur konstruktikographischen Generalisierung gehört die Benennung und Definition von KE und KEE. Je nachdem, ob die KtE eines KE selbst Frames evozieren oder Instanzen von FE sind, kommen hierfür unterschiedliche Methoden zum Einsatz. Für ersteren Fall können alle belegten lexikalischen Frames auf einen in einer Frame-zu-Frame-Relation am höchsten übergeordneten Frame zurückgeführt werden. Bei KE, deren KtE Instanzen von FE darstellen, kann entweder eine direkte Abstraktion über alle hierfür belegten FE vorgenommen werden oder, sofern es lexikalische Frames und der Konstruktions-Frame erlauben, ein Makro-FE rekonstruiert werden, das eine Abstraktion über einzelne FE darstellt, die zusammen ein *Core Set* (Ruppenhofer et al. 2016: 25) innerhalb eines Frames bilden.

Bei der Ermittlung der ‚Werte' der drei semantischen Parameter, die als eigene Datenpunkte in einen Konstruktionseintrag eingehen, stellen die Frame-Nähen der lexikalischen Frames sowie die Untersuchung der Strukturparallelen zwei entscheidende Faktoren dar. Letztere sind wesentlich für die Ermittlung des Koerzionspotenzials, das in sieben Koerzionsstufen gemessen werden kann, die umso höher sind, je weniger Anteil der lexikalische Frame an einem Konstrukt-Frame besitzt. Die Produktivität der drei untersuchten Konstruktionen kann durch einen Vergleich der Type-Frequenzen relatierter und unrelatierter lexikalischer Frames ermittelt werden, wobei die Produktivität als umso höher einzustufen ist, je stärker das Verhältnis der Type-Frequenzen zu unrelatierten lexikalischen Frames tendiert. Die emergente Struktur der drei Konstruktionen verteilt sich auf drei Varianten von deren Evokation, die darüber hinaus auch umgekehrt das ‚Gegenteil' einer ‚Schwierigkeit' ausdrücken können, sowie in Konstrukte, die hinsichtlich einer emergenten Struktur neutral sind. Die quantitative Verteilung dieser Varianten erlaubt einen Eindruck über die Differenziertheit einer Konstruktion hinsichtlich der emergenten Struktur.

5. Wie gestalten sich die Relationen zwischen Konstruktionen und Frames, wie also ‚evoziert' eine Konstruktion einen Frame und wie lässt sich dieser mit der Konstruktion assoziierte Frame ermitteln?

Die Relationen zwischen Konstruktionen und Frames bestehen für eine Konstruktion in der Evokation ihres Konstruktions-Frames. Diese Evokation verläuft bei relatierten und unrelatierten lexikalischen Frames unterschiedlich: Während der Konstruktions-Frame entweder mit einem lexikalischen Frame identisch ist oder durch einen im engeren Sinne relatierten lexikalischen Frame aufgrund eines Spreading-Activation-Prozesses ‚mitevoziert' wird, kann der Konstruktions-Frame bei unrelatierten lexikalischen Frames durch ein KEE, ein KorE oder die syntagmatische Kombination von KtE und KEE evoziert werden. Ersteres ist bei den drei untersuchten Konstruktionen ausgeschlossen, da Reflexiva wie *sich*, die hier als KEE fungieren, nicht in der Lage sind, einen Frame wie `Motion` zu evozieren. Durch einen Bestandteil eines KorE wird der Konstruktions-Frame lediglich bei der reflexiven *Weg*-Konstruktion evoziert, zumal sie unter den drei untersuchten Konstruktionen die einzige ist, die über ein KorE verfügt. In Konstrukten der reflexiven Bewegungskonstruktion und der reflexiven Partikelverbkonstruktion mit unrelatierten lexikalischen Frames verläuft die Evokation des Konstruktions-Frames über die syntagmatische Kombination vor allem der KtE ihres jeweiligen KE EREIGNIS mit dem jeweiligen KEE.

Ermittelt werden kann der Konstruktions-Frame im Falle der reflexiven Bewegungskonstruktion und der reflexiven Partikelverbkonstruktion durch die quantitative Betrachtung der frequentesten relatierten lexikalischen Frames sowie bei Konstrukten mit unrelatierten lexikalischen Frames durch Paraphrasen. Bei ersterer Methode ist der Konstruktions-Frame nicht zwangsläufig mit dem frequentesten relatierten lexikalischen Frame zu identifizieren, sondern kann über gemeinsame Frame-zu-Frame-Relationen der frequentesten Frames ermittelt werden. Für die drei untersuchten Konstruktionen stellt `Motion` ein über solche Frame-zu-Frame-Relationen strukturiertes Zentrum dar. Die frequentesten lexikalischen Frames können ebenfalls herangezogen werden, um Paraphrasen zu bilden, wobei die belegten LE dieser Frames in die Paraphrasen eingefügt werden können, um zu testen, ob eine plausible Interpretation entsteht. Im Falle der reflexiven *Weg*-Konstruktion kann der Konstruktions-Frame über das KorE ermittelt werden: Es beinhaltet unterschiedliche LE, die Frames evozieren, welche in ihren Frame-zu-Frame-Relationen über einen gemeinsamen übergeordneten Frame verfügen: `Motion`. Die drei unterschiedlichen Methoden eignen sich nicht nur für unterschiedliche Teilmengen von Konstrukten der drei untersuchten Konstruktionen, sondern können ihre Ergebnisse gegenseitig absichern.

9.2 Drei Komplexe konstruktionssemantischer Perspektiven

Aus den in dieser Arbeit entwickelten theoretischen und methodischen Konzepten sowie den empirischen Analysen ergeben sich zahlreiche Perspektiven, an denen weitere Forschungen Anschluss finden können. So umfangreich wie die Ausführungen in den Kapiteln 4 bis 8 sind, so sehr ‚kratzen sie noch an der Oberfläche', weshalb ich nun auf einige nach wie vor ungeklärte Fragen hinweisen sowie mögliche Richtungen, in die konstruktionssemantische Bemühungen zukünftig verlaufen können, aufzeigen möchte. Ich möchte die Perspektiven dazu in drei Komplexe gliedern, die sich auf unterschiedliche Aspekte einer Konstruktionssemantik und ihrer Anwendung beziehen:

a) auf das verwendete Frame-Modell bezogene Perspektiven;
b) auf mögliche Erweiterungen des konstruktionssemantischen Ansatzes als solchen bezogene Perspektiven;
c) auf den Phänomenbereich und die Datengrundlage bezogene Perspektiven.

Perspektivenkomplex a setzt an der Basis einer Konstruktionssemantik an: dem verwendeten Frame-Modell. Sobald Bezüge zur Konstruktikographie, etwa hinsichtlich des Strukturformats zur Beschreibung von Konstruktionen, hergestellt werden, eignet sich FrameNet besonders, da es – wie in Abschnitt 2.3 gesehen – die Blaupause für sämtliche konstruktikographischen Bemühungen darstellt. Für diese Arbeit habe ich aus forschungspraktischen Gründen auf das für das Englische entwickelte FrameNet in der Version des Daten-Release 1.7 zurückgegriffen, da ein vergleichbar umfangreiches, speziell auf das Deutsche zugeschnittenes FrameNet bislang nicht existiert (vgl. Unterabschnitt 2.1.2). Es leuchtet ein, dass ein solches gerade für die konstruktionssemantische Beschreibung von Konstruktionen des Deutschen ein großer Gewinn wäre. Die drei untersuchten Konstruktionen haben dieses Desiderat an manchen Stellen deutlich aufgezeigt, etwa bei der Frage nach der semantischen Motivierung der KEE, die als Reflexiva instanziiert werden: Dort wird sichtbar, dass die Anwendung der für das Englische entwickelten Frames auf deutsche Reflexivkonstruktionen nur mit Einbußen in der Erfassung dieser Reflexiva realisierbar ist (vgl. dazu Abschnitt 6.3). Ein genuin deutsches FrameNet, das sich derzeit als German FrameNet im Aufbau befindet (vgl. Ziem & Flick 2019: 212; Ziem, Flick & Sandkühler 2019: 70), muss sich solchen und weiteren Herausforderungen im besonderen Maße stellen. Es ist zu erwarten, dass sich mit seiner Entwicklung weitere konstruktionssemantisch relevante Möglichkeiten der semantischen Beschreibung von Konstruktionen ergeben, insbesondere hinsichtlich der Strukturparallelen zwischen Konstruktionen und Frames und der semantischen Motivierung von Konstrukten. Bis es soweit ist, bietet der Rückgriff auf das FrameNet für das Englische die Chance, auf die Charakteristika des Deutschen bezogene Lücken zu erkennen und diese gezielt beim Aufbau eines FrameNet für das Deutsche zu adressieren.

Dass FrameNet als das verwendete Frame-Modell besonders durch seinen engen Verwandtschaftsgrad zur Konstruktikographie für konstruktionssemantische Fragestellungen geeignet ist, bedeutet freilich nicht, dass nicht auch andere Frame-Modelle, insbesondere solche, die auf Ideen von Fillmores Verstehenssemantik (Abschnitt 2.1.1) basieren, zum Einsatz kommen könnten. Schon Ziem & Lasch (2011: 279) weisen explizit auf dieses Desiderat hin, wenngleich sich die Anwendung eines solchen Frame-Modells unwesentlich schwieriger gestaltet, da keine Möglichkeit besteht, auf bereits dokumentierte Frames zurückzugreifen, wie dies bei FrameNet der Fall ist. Zudem geht dadurch die Anschlussfähigkeit an die Konstruktikographie verloren, was aber nicht ins Gewicht fällt, solange keine konstruktikographischen Ergebnisse angestrebt sind.

Ein Kompromiss könnte es sein, das Frame-Modell von FrameNet systematisch durch Ideen anderer Frame-Modelle, besonders solche kognitionswissenschaftlicher oder kognitionspsychologischer Provenienz (z.B. Minsky 1975, 1988;

Barsalou 1992b) zu erweitern. Erste Schritte in diese Richtung habe ich in dieser Arbeit bereits unternommen: einerseits mit der von Ziem (2020b: 44–48) übernommenen Unterscheidung zwischen Frames und Bedeutungen, die auf dem Konzept der Standardwerte beruht, welches auf Minsky (1975: 212, 1988: 247) zurückgeht, und andererseits mit dem Einbezug der Theorie der konzeptuellen Integration von Fauconnier & Turner (1998a,b, 2002) und deren Begriff der emergenten Struktur, der sich konstruktionssemantisch ebenfalls im Rückgriff auf Standardwerte erfassen lässt. Damit ist das Potenzial möglicher Erweiterungen des Frame-Modells von FrameNet, von denen eine Konstruktionssemantik profitieren kann, allerdings noch nicht ausgeschöpft. So fehlt etwa eine systematische Erfassung von Standardwerten innerhalb FrameNets, auf deren Basis sich lexikalische Bedeutungen einzelner LE präziser erfassen lassen sollten.[1] Der Informationstyp der semantischen Typen (*semantic types*), der in FrameNet bereits angelegt ist (vgl. Ruppenhofer et al. 2016: 86), erscheint dafür geeignet (vgl. ähnlich Baker, Fillmore & Cronin 2003: 290). So könnten etwa LE-spezifische semantische Typen als Standardwerte einzelner FE eines Frames erfasst werden, die in der Summe die lexikalische Bedeutung dieser LE ergeben. Konstruktionssemantisch gesehen könnte damit etwa die Differenzierung konstruktioneller Polysemie, sofern sie auf variierenden lexikalischen Frames und lexikalischen Bedeutungen beruht (Unterabschnitt 5.2.2), wesentlich objektiviert und vereinfacht werden. Ebenso ließen sich Koerzionseffekte im Rückgriff auf Standardwerte differenzierter erfassen (vgl. Unterabschnitt 5.5.2).

Über mögliche Erweiterungen des Frame-Modells hinaus ist es ebenso denkbar, den konstruktionssemantischen Ansatz selbst um zusätzliche Analysekategorien zu erweitern, womit Perspektivenkomplex b angesprochen ist. Die in dieser Arbeit untersuchten Konstruktionen weisen bereits in mögliche Richtungen dafür, weshalb ich die folgenden Überlegungen eng an Beobachtungen aus den Analysen der drei Konstruktionen anschließen möchte.

Ein auffälliges Detail, das Anlass zu weiteren Überlegungen gibt, lässt sich bei den verwendeten Korpusdaten beobachten. So entstammt eine Vielzahl der im Verlauf dieser Arbeit zitierten Belege der belletristischen Literatur, wohingegen andere Textsorten, mit Ausnahme von Pressetexten (insbesondere Zeitungsartikeln) deutlich unterrepräsentiert sind. Dies mag vordergründig auf die Zusammensetzung des hier verwendeten DWDS-Kernkorpus 21 zurückzuführen sein, das hinsichtlich der enthaltenen Textsorten nicht ausgewogen ist (vgl. Geyken et al. 2017: 330), andere Gründe sind aber zumindest nicht auszuschließen. So

1 Vgl. Busse, Felden & Wulf (2018: 348–353) für eine ähnliche Problematik bei der Beschreibung und Darstellung von Beschränkungen.

entsteht die Frage, ob es sich bei den drei untersuchten Konstruktionen, der reflexiven Bewegungskonstruktion, der reflexiven Partikelverbkonstruktion und der reflexiven *Weg*-Konstruktion, möglicherweise um textsortenspezifische Konstruktionen handelt oder zumindest um solche, die in bestimmten Textsorten wie eben der belletristischen Literatur besonders frequent auftreten. Es bietet sich also an, die Konstruktionen auf ihre mögliche Textsortenspezifik zu untersuchen, insbesondere im Rahmen eines dezidierten Ansatzes, der die Charakteristika von Textsorten in eine konstruktionsgrammatische und zugleich frame-semantische Analyse einbezieht (z.B. Nikiforidou 2018). Rechnung getragen wird damit dem gebrauchsbasierten Prinzip der *Kontextualität* (vgl. Ziem 2013c: 222–223), welches Textsorten als verstehensrelevanten Teil eines weiten Kontextbegriffs, wie ihn etwa Busse (2007a: 92–93) und Ziem (2010: 60) einfordern, versteht. Eine daran anschließende mögliche weitere Perspektive betrifft die Untersuchung der drei Konstruktionen im Hinblick auf ihre Verwendung in der gesprochenen Sprache, zumal gerade die interaktionale Linguistik stark von konstruktionsgrammatischen Prinzipien profitiert und lange Zeit (zumindest in Deutschland) Hauptanwendungsbereich der Konstruktionsgrammatik war (vgl. Ziem & Lasch 2013: 156–157).

Viele der Konstrukte der drei untersuchten Konstruktionen besitzen eine metaphorische Interpretation. So wird der Anteil des Konstruktions-Frames, aus dem ein Konstrukt-Frame und letztlich eine Konstruktbedeutung entsteht, häufig weniger als ‚physische Bewegung' verstanden denn als metaphorische ‚Bewegung', die nicht im realen Raum stattfindet. Aus den oben und bereits in der Einleitung zitierten Belegen trifft dies mindestens auf die Konstrukte in (1) und (2) zu. Hier könnte eine Weiterentwicklung der Konstruktionssemantik ansetzen, indem sie gezielt solche metaphorischen Verhältnisse adressiert und sie – etwa im Rückgriff auf die Theorie der konzeptuellen Metaphern von Lakoff & Johnson (1980) und als Weiterentwicklung der Ideen von Sullivan (2013, 2016) – frame-semantisch modelliert. Der bereits von Goldberg (1995: 81) postulierte Typ der metaphorischen Erweiterung als Relation zwischen Konstruktionen könnte hierbei einer Revision unterzogen werden. Eine wertvolle Ressource dafür ist das – wie FrameNet in Berkeley entwickelte – MetaNet,[2] das bereits über eine Modellierung von Metaphern mittels Frames (allerdings nicht im strikten FrameNet-Sinne) verfügt.

Ein weiterer Punkt, dem mehr Aufmerksamkeit geschenkt werden muss, betrifft die Relationen zwischen Konstruktionen und damit insbesondere die Rolle von Frames innerhalb eines Konstruktikons (zu ersterem Aspekt als Desiderat vgl. auch Lyngfelt 2018: 6–8). Während ich für die drei untersuchten Konstruk-

2 https://metanet.icsi.berkeley.edu/metanet/ (zuletzt abgerufen am 07.09.2021).

tionen denselben Konstruktions-Frame, `Motion`, angesetzt und ihre Verwandtschaft über Familienähnlichkeiten definiert habe (Unterabschnitt 3.2.3), sind gewiss weitere empirische Studien vonnöten, die aufzeigen müssen, wie sich die Konstruktions-Frames anderer miteinander verwandter Konstruktionen innerhalb eines Konstruktikons zueinander verhalten. Besonders interessant dürften hier Konstruktionen sein, deren Verwandtschaft nicht zwangsläufig über die Evokation *desselben* Konstruktions-Frames konstituiert wird (vgl. etwa Boas, Lyngfelt & Torrent 2019: 42–43), sondern die in stärker erkennbaren Vererbungsrelationen im Sinne von Goldberg (1995: 72–81) zueinander stehen. Wenn also angenommen wird, dass „CxG and Frame Semantics together offer a model for representing lexico-grammatical networks" (Fried 2015: 979), dann ist die Gestalt eines solchen Netzwerks in genuin konstruktionssemantischer Herangehensweise zu modellieren. Bisher haben sich noch zu wenige Studien solchen Relationen zwischen syntaktischen Konstruktionen – im Gegensatz etwa zu lexikalischen Konstruktionen wie den in FrameNet dokumentierten LE – gewidmet (vgl. dazu Diessel 2019: 2), weshalb ihre Untersuchung besonders vielversprechend erscheint. So wäre etwa zu prüfen, ob die Konstruktions-Frames von Konstruktionen, die zueinander in einer Vererbungsrelation stehen, auch plausibel als zueinander in einer Vererbungsrelation im Sinne von FrameNet stehend auffassen lassen, ob sich die für lexikalisch-semantische Zwecke dokumentierten Frame-zu-Frame-Relationen in FrameNet also, wie es etwa Boas (2014: 56, 2017: 573) vermutet, auf die Relationen zwischen syntaktischen Konstruktionen in einem Konstruktikon übertragen lassen. Ein konstruktionssemantischer Ansatz mag auf diese Weise zur Erfassung der semantischen Struktur eines Konstruktikons beitragen, womit er selbst zugleich über die Ebene einer einzelnen Konstruktion oder nur weniger verwandter Konstruktionen hinausgeht.

Neben den Relationen zwischen Konstruktionen, die potenziell durch Relationen zwischen Frames motiviert sein können, dürfte eine Betrachtung der Frame-zu-Frame-Relationen als solche jedoch ebenso ertragreich sein. Wie Ziem (2020a: 32–33) zeigt, erscheint es durchaus plausibel, dass nicht nur ein einzelner Konstruktions-Frame die semantischen Eigenschaften einer syntaktischen Konstruktion strukturiert, sondern dass diese wesentlich durch das Netzwerk, das dieser Frame über Frame-zu-Frame-Relationen zu anderen Frames unterhält, begründet sind. Das in dieser Arbeit identifizierte System der Frame-Nähen von `Motion` (vgl. Unterabschnitt 5.4.3) kommt grundsätzlich als ein solches Netzwerk infrage, es erscheint jedoch lohnenswert, solche Netzwerke auch für andere Konstruktionen und ihre Konstruktions-Frames zu identifizieren, um damit der semantischen Struktur eines Konstruktikons über einzelne Konstruktions-Frames hinweg näherzukommen.

Eine konstruktionssemantische Studie steht und fällt mit den empirischen Daten, die sie adressieren soll. Sind bereits zahlreiche der bisher diskutierten Perspektiven auf Beobachtungen aus der empirischen Analyse von Konstruktionen erwachsen, so können der Phänomenbereich einer konstruktionssemantischen Studie und die Datengrundlage selbst noch einmal in den Vordergrund gerückt werden. Dies ist Kern des Perspektivenkomplexes c.

Ausgehend von den drei hier untersuchten Konstruktionen führt der einfachste Weg zu weiteren Erkenntnissen über eine Erweiterung der Datengrundlage. Die Wahl eines größeren Korpus dürfte einen noch präziseren Eindruck etwa von dem Koerzionspotenzial und der Produktivität der drei Konstruktionen ermöglichen. Eine Herausforderung bleibt dabei allerdings die notwendige manuelle Annotation jedes einzelnen Konstrukts, um die Bandbreite möglicher Konstrukt-Frames und die semantische Motivierung der einzelnen Konstrukte zu untersuchten, was die Basis für einen Großteil der konstruktikographischen Generalisierungen darstellt.

Es ist bei alledem aber offensichtlich, dass der Phänomenbereich der reflexiven Bewegungskonstruktion, der reflexiven Partikelverbkonstruktion und der reflexiven *Weg*-Konstruktion lediglich einen verschwindend kleinen Bruchteil eines Konstruktikons repräsentiert. Selbstverständlich werden zukünftige Studien diesen Minimalausschnitt einer Sprache erweitern und eine Konstruktionssemantik auch auf Konstruktionen anderer Art anwenden müssen. Der in dieser Arbeit entwickelte Ansatz ist zuvorderst auf die drei untersuchten Konstruktionen zugeschnitten und alle Ergebnisse können demnach vor allem Gültigkeit für diese Konstruktionen beanspruchen. Ihre formale und semantische Nähe zueinander ist für die initiale Entwicklung einer Konstruktionssemantik von Vorteil, führt aber auch dazu, dass viele Fragen der Generalisierbarkeit des Ansatzes ohne die Untersuchung abweichender Phänomenbereiche noch unbeantwortet bleiben. Zukünftige Studien werden somit die Übertragbarkeit des Ansatzes auf gänzlich andere Konstruktionen überprüfen müssen und es ist durchaus zu erwarten, dass andere Konstruktionen Modifikationen an dem in Kapitel 4 vorgestellten konstruktionssemantischen Modell notwendig machen, die semantischen Parameter aus Kapitel 5 erweitern oder manche von ihnen als wenig relevant ausschließen und nicht zuletzt die Strukturparallelen zwischen Konstruktionen und Frames (Kapitel 6) anders modellieren müssen. Ganz zu schweigen ist von abweichenden Herausforderungen bei der konstruktikographischen Generalisierung dieser Ergebnisse (Kapitel 7) und der Evokation des Konstruktions-Frames sowie den Methoden zu seiner Ermittlung (Kapitel 8). Insbesondere Konstruktionen, die keine Argumentstrukturen kodieren, sich also von den drei hier untersuchten Konstruktionen deutlich unterscheiden, dürften das Potenzial haben, den in dieser Arbeit entwickelten Ansatz zu erweitern. Dies können z.B. Satztypkonstruktionen (Finkbeiner & Meibauer 2016; d'Avis 2016; Jacobs 2016), unterschiedlichste Formen von konstruktionellen Idiomen (im Sinne von Booij 2002) oder Phrasemkonstruktionen (Dobrovol'skij 2011, 2012) sein. Je mehr unterschiedliche Typen von Konstruktionen herangezogen werden, desto mehr Perspektiven, die zum jetzigen Stand kaum aufzählbar sind, dürften sich ergeben.

Eines darf bei der Wahl des Phänomenbereichs für eine konstruktionssemantische Studie allerdings nicht unberücksichtigt bleiben. Während es für die initiale Entwicklung einer Konstruktionssemantik nachvollziehbar ist, bei Konstruktionen zu beginnen, die sich für eine semantische Untersuchung geradezu anbieten, darf sich eine Anwendung nicht in Phänomenen wie der reflexiven Bewegungskonstruktion, der reflexiven Partikelverbkonstruktion und der reflexiven *Weg*-Konstruktion, die als deutsche Äquivalente der englischen *way*-Konstruktion gelten können, erschöpfen. Es versteht sich deshalb von selbst, dass, wie Hilpert (2019: 57) betont, im Interesse einer theoretischen und methodologischen sowie empirischen Weiterentwicklung der Konstruktionsgrammatik ebenso der Blick auf Konstruktionen gerichtet werden muss, die schon in der Klassifikation von Konstruktionen bei Fillmore, Lee-Goldman & Rhomieux (2012: 325–328) als ‚bedeutungslos' angesehen werden:

> The worst that Construction Grammarians could do would be to look the other way, towards nice meaningful patters such as THE *X*-ER THE *Y*-ER or the WAY construction, and pretend that the problem of meaningless constructions does not exist. (Hilpert 2019: 57)

Die Studien zu den drei in dieser Arbeit untersuchten Konstruktionen markieren also im wahrsten Wortsinne erst den Anfang von Bemühungen, die Konstruktions*grammatik* zu einer Konstruktions*semantik* zu erweitern. An künftigen Fragestellungen und Forschungsaufgaben dürfte so schnell kein Mangel bestehen.

Literaturverzeichnis

Ágel, Vilmos. 1997a. Reflexiv-Passiv, das (im Deutschen) keines ist: Überlegungen zu Reflexivität, Medialität, Passiv und Subjekt. In Christa Dürscheid, Karl Heinz Ramers & Monika Schwarz (Hrsg.), *Sprache im Fokus: Festschrift für Heinz Vater zum 65. Geburtstag*, 147–187. Tübingen: Niemeyer.

Ágel, Vilmos. 1997b. Sind Reflexivverben wirklich reflexiv? *Deutschunterricht für Ungarn* 12(1). 62–78.

Ágel, Vilmos. 2007. Die Commonsense-Perspektivierung von labilen Verben im Deutschen: Ein Beitrag zur Theorie rezessiv-kausativer Alternationen. In Hartmut E. H. Lenk & Maik Walter (Hrsg.), *Wahlverwandtschaften: Valenzen – Verben – Varietäten. Festschrift für Klaus Welke zum 70. Geburtstag* (Germanistische Linguistik 188-189), 65–88. Hildesheim, Zürich & New York: Olms.

Ágel, Vilmos. 2015. Brisante Gegenstände: Zur valenztheoretischen Integrierbarkeit von Konstruktionen. In Stefan Engelberg, Meike Meliss, Kristel Proost & Edeltraud Winkler (Hrsg.), *Argumentstruktur zwischen Valenz und Konstruktion* (Studien zur deutschen Sprache 68), 61–87. Tübingen: Narr Francke Attempto.

Ágel, Vilmos. 2017. *Grammatische Textanalyse: Textglieder, Satzglieder, Wortgruppenglieder.* Berlin & Boston: De Gruyter.

Ágel, Vilmos & Dagobert Höllein. 2021. Satzbaupläne als Zeichen: die semantischen Rollen des Deutschen in Theorie und Praxis. In Anja Binanzer, Jana Gamper & Verena Wecker (Hrsg.), *Prototypen – Schemata – Konstruktionen: Untersuchungen zur deutschen Morphologie und Syntax* (Reihe Germanistische Linguistik 325), 125–251. Berlin & Boston: De Gruyter.

Aitchison, Jean. 2012. *Words in the Mind: An Introduction to the Mental Lexicon.* Fourth Edition. Chichester: Wiley-Blackwell.

Albert, Georg. 2015. Konstruktionen in unterschiedlichen medialen Kontexten. In Christa Dürscheid & Jan Georg Schneider (Hrsg.), *Handbuch Satz, Äußerung, Schema* (Handbücher Sprachwissen 4), 527–550. Berlin & Boston: De Gruyter.

Allwood, Jens. 2003. Meaning potentials and context: Some consequences for the analysis of variation in meaning. In Hubert Cuyckens, René Dirven & John R. Taylor (Hrsg.), *Cognitive Approaches to Lexical Semantics* (Cognitive Linguistics Research 23), 29–65. Berlin & New York: De Gruyter Mouton.

Alm, Maria & Helena Larsen. 2015. Modal particles indexing common ground in two different registers. *Constructions and Frames* 7(2). 315–347.

Anderson, John R. 1983. A Spreading Activation Theory of Memory. *Journal of Verbal Learning and Verbal Behavior* 22(3). 261–295.

Audring, Jenny & Geert Booij. 2016. Cooperation and coercion. *Linguistics* 54(4). 617–637.

Auer, Peter & Stefan Pfänder. 2011. Constructions: *Emergent* or *emerging*? In Peter Auer & Stefan Pfänder (Hrsg.), *Constructions: Emerging and Emergent* (linguae & litterae 6), 1–21. Berlin & Boston: De Gruyter.

Bäckström, Linnéa, Benjamin Lyngfelt & Emma Sköldberg. 2014. Towards interlingual constructicography: On correspondence between constructicon resources for English and Swedish. *Constructions and Frames* 6(1). 9–33.

Baker, Collin F. 2006. Frame Semantics in Operation: The FrameNet Lexicon and Text Understanding. In Seiko Fujii, Takahiro Morita & Chie Sakuta (Hrsg.), *ICCG4. Proceedings of the*

https://doi.org/10.1515/9783110762341-010

Fourth International Conference on Construction Grammar: September 1-3, 2006, The University of Tokyo, Japan, 33–34. Tokyo: The University of Tokyo.

Baker, Collin F. 2012. FrameNet, current collaborations and future goals. *Language Resources & Evaluation* 46(2). 269–286.

Baker, Collin F., Charles J. Fillmore & Beau Cronin. 2003. The Structure of the FrameNet Database. *International Journal of Lexicography* 16(3). 281–296.

Baker, Collin F., Charles J. Fillmore & John B. Lowe. 1998. The Berkeley FrameNet Project. In *COLING-ACL '98: 36th Annual Meeting of the Association for Computational Linguistics and 17th International Conference on Computational Linguistics: Proceedings of the Conference, Volume I*, 86–90. Montréal & Quebec: Université de Montréal.

Baker, Collin F. & Josef Ruppenhofer. 2002. FrameNet's Frames vs. Levin's Verb Classes. In Julie Larson & Mary Paster (Hrsg.), *Proceedings of the Twenty-Eighth Annual Meeting of the Berkeley Linguistics Society: February 15-18, 2002: General Session and Parasession on Field Linguistics*, 27–38. Berkeley: Berkeley Linguistics Society.

Ballmer, Thomas T. & Waltraud Brennenstuhl. 1981. An Empirical Approach to Frametheory: Verb Thesaurus Organization. In Hans-Jürgen Eikmeyer & Hannes Rieser (Hrsg.), *Words, Worlds, and Contexts: New Approaches in Word Semantics* (Research in Text Theory 6), 297–319. Berlin & New York: De Gruyter.

Barðdal, Jóhanna. 2008. *Productivity: Evidence from Case and Argument Structure in Icelandic* (Constructional Approaches to Language 8). Amsterdam & Philadelphia: Benjamins.

Barlow, Michael. 2000. Usage, Blends, and Grammar. In Michael Barlow & Suzanne Kemmer (Hrsg.), *Usage-based models of language*, 315–345. Stanford: CSLI Publications.

Barsalou, Lawrence W. 1992a. *Cognitive Psychology: An Overview for Cognitive Scientists*. Hillsdale, New Jersey, Hove & London: Erlbaum.

Barsalou, Lawrence W. 1992b. Frames, Concepts, and Conceptual Fields. In Adrienne Lehrer & Eva Feder Kittay (Hrsg.), *Frames, Fields, and Contrasts: New Essays in Semantic and Lexical Organization*, 21–74. Hillsdale, New Jersey, Hove & London: Erlbaum.

Barsalou, Lawrence W. 1993. Flexibility, Structure, and Linguistic Vagary in Concepts: Manifestations of a Compositional System of Perceptual Symbols. In Alan F. Collins, Susan E. Gathercole, Martin A. Conway & Peter E. Morris (Hrsg.), *Theories of Memory*, 29–101. Hove & Hillsdale: Erlbaum.

Barsalou, Lawrence W. & Dorrit Billman. 1989. Systematicity and Semantic Ambiguity. In David S. Gorfein (Hrsg.), *Resolving Semantic Ambiguity*, 146–203. New York: Springer.

Barsalou, Lawrence W. & Christopher R. Hale. 1993. Components of Conceptual Representation: From Feature Lists to Recursive Frames. In Iven Van Mechelen, James Hampton, Ryszard Michalski & Peter Theuns (Hrsg.), *Categories and Concepts: Theoretical Views and Inductive Data Analysis*, 97–144. San Diego: Academic Press.

Bartlett, Frederic C. 1932. *Remembering: A Study in Experimental and Social Psychology*. Cambridge: Cambridge University Press.

Bencini, Giulia M. L. & Adele E. Goldberg. 2000. The Contribution of Argument Structure Constructions to Sentence Meaning. *Journal of Memory and Language* 43(4). 640–651.

Bergs, Alexander. 2018. Learn the Rules like a Pro, so you can Break them like an Artist (Picasso): Linguistic Aberrancy from a Constructional Perspective. *Zeitschrift für Anglistik und Amerikanistik* 66(3). 277–293.

Blyth, Carl & Dale Koike. 2014. Interactive frames and grammatical constructions. In Stacey Katz Bourns & Lindsy L. Myers (Hrsg.), *Perspectives on Linguistic Structure and Context:*

Studies in honor of Knud Lambrecht (Pragmatics & Beyond New Series 244), 87–108. Amsterdam & Philadelphia: Benjamins.

Boas, Hans C. 2001. Frame Semantics as a framework for describing polysemy and syntactic structures of English and German motion verbs in contrastive computational lexicography. In Paul Rayson, Andrew Wilson, Tony McEnery, Andrew Hardie & Shereen Khoja (Hrsg.), *Proceedings of the Corpus Linguistics 2001 conference: Technical Papers Volume 13 – Special issue*, 64–73. Lancaster: University Centre for Computer Corpus Research on Language.

Boas, Hans C. 2002. On Constructional Polysemy and Verbal Polysemy in Construction Grammar. In Vida Samiian (Hrsg.), *Proceedings of the Western Conference on Linguistics WECOL 2000: Volume Twelve*, 126–139. California State University, Fresno: Department of Linguistics.

Boas, Hans C. 2003a. *A Constructional Approach to Resultatives*. Stanford: CSLI Publications.

Boas, Hans C. 2003b. Towards a Lexical-Constructional Account of the Locative Alternation. In Lesley Carmichael, Chia-Hui Huang & Vida Samiian (Hrsg.), *Proceedings of the Thirtieth Western Conference On Linguistics WECOL 2001: Volume Thirteen*, 27–42. California State University, Fresno: Department of Linguistics.

Boas, Hans C. 2005. Semantic Frames as Interlingual Representations for Multilingual Lexical Databases. *International Journal of Lexicography* 18(4). 445–478.

Boas, Hans C. 2006. A frame-semantic approach to identifying syntactically relevant elements of meaning. In Petra C. Steiner, Hans C. Boas & Stefan J. Schierholz (Hrsg.), *Contrastive Studies and Valency: Studies in Honor of Hans Ulrich Boas*, 119–149. Frankfurt am Main: Lang.

Boas, Hans C. 2008a. Determining the structure of lexical entries and grammatical constructions in Construction Grammar. *Annual Review of Cognitive Linguistics* 6. 113–144.

Boas, Hans C. 2008b. Resolving form-meaning discrepancies in Construction Grammar. In Jaakko Leino (Hrsg.), *Constructional Reorganization* (Constructional Approaches to Language 5), 11–36. Amsterdam & Philadelphia: Benjamins.

Boas, Hans C. 2008c. Towards a frame-constructional approach to verb classification. *Revista Canaria de Estudios Ingleses* 57. 17–47.

Boas, Hans C. 2010a. Comparing constructions across languages. In Hans C. Boas (Hrsg.), *Contrastive Studies in Construction Grammar* (Constructional Approaches to Language 10), 1–20. Amsterdam & Philadelphia: Benjamins.

Boas, Hans C. 2010b. The syntax-lexicon continuum in Construction Grammar: A case study of English communication verbs. *Belgian Journal of Linguistics* 24. 54–82.

Boas, Hans C. 2011a. Coercion and leaking argument structures in Construction Grammar. *Linguistics* 49(6). 1271–1303.

Boas, Hans C. 2011b. Zum Abstraktionsgrad von Resultativkonstruktionen. In Stefan Engelberg, Anke Holler & Kristel Proost (Hrsg.), *Sprachliches Wissen zwischen Lexikon und Grammatik* (Institut für Deutsche Sprache, Jahrbuch 2010), 37–69. Berlin & Boston: De Gruyter.

Boas, Hans C. 2014. Zur Architektur einer konstruktionsbasierten Grammatik des Deutschen. In Alexander Lasch & Alexander Ziem (Hrsg.), *Grammatik als Netzwerk von Konstruktionen: Sprachwissen im Fokus der Konstruktionsgrammatik* (Sprache und Wissen 15), 37–63. Berlin: De Gruyter.

Boas, Hans C. 2016. What you see is not what you get: Capturing the meaning of missing words with Frame Semantics. *Proceedings of the Chicago Linguistics Society* 52. 53–70.

Boas, Hans C. 2017. Computational Resources: FrameNet and Constructicon. In Barbara Dancygier (Hrsg.), *The Cambridge Handbook of Cognitive Linguistics*, 549–573. Cambridge: Cambridge University Press.

Boas, Hans C. 2018. Zur Klassifikation von Konstruktionen zwischen ‚Lexikon' und ‚Grammatik'. In Stefan Engelberg, Henning Lobin, Kathrin Steyer & Sascha Wolfer (Hrsg.), *Wortschätze: Dynamik, Muster, Komplexität* (Institut für Deutsche Sprache, Jahrbuch 2017), 33–50. Berlin & Boston: De Gruyter.

Boas, Hans C. 2019. Zur methodologischen Grundlage der empirischen Konstruktikographie. In Dániel Czicza, Volodymyr Dekalo & Gabriele Diewald (Hrsg.), *Konstruktionsgrammatik VI: Varianz in der konstruktionalen Schematizität* (Stauffenburg Linguistik 109), 237–264. Tübingen: Stauffenburg.

Boas, Hans C. & Ryan Dux. 2017. From the past into the present: From case frames to semantic frames. *Linguistics Vanguard* 3(1). 1–14.

Boas, Hans C., Ryan Dux & Alexander Ziem. 2016. Frames and constructions in an online learner's dictionary of German. In Sabine De Knop & Gaëtanelle Gilquin (Hrsg.), *Applied Construction Grammar* (Applications of Cognitive Linguistics 32), 303–326. Berlin & Boston: De Gruyter.

Boas, Hans C., Benjamin Lyngfelt & Tiago Timponi Torrent. 2019. Framing constructicography. *Lexicographica* 35(1). 15–59.

Boas, Hans C. & Alexander Ziem. 2018a. Approaching German syntax from a constructionist perspective. In Hans C. Boas & Alexander Ziem (Hrsg.), *Constructional Approaches to Syntactic Structures in German* (Trends in Linguistics. Studies and Monographs 322), 1–44. Berlin & Boston: De Gruyter.

Boas, Hans C. & Alexander Ziem. 2018b. Constructing a constructicon for German: Empirical, theoretical, and methodological issues. In Benjamin Lyngfelt, Lars Borin, Kyoko Hirose Ohara & Tiago Timponi Torrent (Hrsg.), *Constructicography: Constructicon development across languages* (Constructional Approaches to Language 22), 183–228. Amsterdam & Philadelphia: Benjamins.

Boogaart, Ronny. 2009. Semantics and pragmatics in construction grammar: The case of modal verbs. In Alexander Bergs & Gabriele Diewald (Hrsg.), *Contexts and Constructions* (Constructional Approaches to Language 9), 213–241. Amsterdam & Philadelphia: Benjamins.

Booij, Geert. 2002. Constructional Idioms, Morphology, and the Dutch Lexicon. *Journal of Germanic Linguistics* 14(4). 301–329.

Booij, Geert. 2010. *Construction Morphology*. Oxford & New York: Oxford University Press.

Borin, Lars, Markus Forsberg & Benjamin Lyngfelt. 2013. Close encounters of the fifth kind: Some linguistic and computational aspects of the Swedish FrameNet++ project. *Veredas* 17(1). 28–43.

Borin, Lars, Markus Forsberg, Benjamin Lyngfelt, Julia Prentice, Rudolf Rydstedt, Emma Sköldberg & Sofia Tingsell. 2012. Growing a Swedish constructicon in lexical soil. In *Proceedings of SLTC 2012: The Fourth Swedish Language Technology Conference. Lund, October 24-26, 2012*, 11–12. Lund: Swedish Language Technology Conference.

Borsley, Robert D. & Frederick J. Newmeyer. 2009. On Subject-Auxiliary Inversion and the notion "purely formal generalization". *Cognitive Linguistics* 20(1). 135–143.

Bourdin, Philippe. 1997. On Goal-bias across languages: modal, configurational and orientational parameters. In Palek Bohumil (Hrsg.), *Typology: Prototypes, item orderings and universals: Proceedings of LP '96* (Acta Universitatis Carolinae, Philologia 1996,3/4), 185–218. Prague: Charles University Press.

Broccias, Cristiano. 2012. The syntax-lexicon continuum. In Terttu Nevalainen & Elizabeth Closs Traugott (Hrsg.), *The Oxford Handbook of the History of English*, 735–747. Oxford: Oxford University Press.

Brugman, Claudia. 1996. Mental Spaces, Constructional Meaning, and Pragmatic Ambiguity. In Gilles Fauconnier & Eve Sweetser (Hrsg.), *Spaces, worlds, and grammar*, 29–56. Chicago & London: The University of Chicago Press.

Bryant, John Edward. 2008. *Best-Fit Constructional Analysis*. Berkeley: University of California, Berkeley (Dissertation).

Bücker, Jörg. 2011. Von Familienähnlichkeiten zu Netzwerkrelationen: Interaktion als Evidenz für Kognition. *gdi Arbeitspapierreihe* 33(03/2011). 1–50.

Bücker, Jörg. 2012. *Sprachhandeln und Sprachwissen: Grammatische Konstruktionen im Spannungsfeld von Interaktion und Kognition* (Sprache und Wissen 11). Berlin & Boston: De Gruyter.

Bücker, Jörg. 2014. Konstruktionen und Konstruktionscluster: das Beispiel der Zirkumposition *von* XP *her* im gesprochenen Deutsch. In Alexander Lasch & Alexander Ziem (Hrsg.), *Grammatik als Netzwerk von Konstruktionen: Sprachwissen im Fokus der Konstruktionsgrammatik* (Sprache und Wissen 15), 117–135. Berlin: De Gruyter.

Bücker, Jörg. 2015. Schema – Muster – Konstruktion. In Christa Dürscheid & Jan Georg Schneider (Hrsg.), *Handbuch Satz, Äußerung, Schema* (Handbücher Sprachwissen 4), 445–463. Berlin & Boston: De Gruyter.

Burchardt, Aljoscha, Katrin Erk, Anette Frank, Andrea Kowalski, Sebastian Padó & Manfred Pinkal. 2006. The SALSA Corpus: a German corpus resource for lexical semantics. In *Proceedings of LREC 2006*, 969–974. Genoa: European Language Resources Association (ELRA).

Burchardt, Aljoscha, Katrin Erk, Anette Frank, Andrea Kowalski, Sebastian Padó & Manfred Pinkal. 2009. Using FrameNet for the semantic analysis of German: Annotation, representation, and automation. In Hans C. Boas (Hrsg.), *Multilingual FrameNets in Computational Lexicography: Methods and Applications* (Trends in Linguistics. Studies and Monographs 200), 209–244. Berlin & New York: De Gruyter Mouton.

Buscha, Joachim. 1972. Zur Wortklassenbestimmung der Reflexiva in der deutschen Gegenwartssprache. *Deutsch als Fremdsprache* 9(3). 151–159.

Buscha, Joachim. 1982. Reflexive Formen, reflexive Konstruktionen und reflexive Verben. *Deutsch als Fremdsprache* 19(3). 167–174.

Busse, Dietrich. 1997. Semantisches Wissen und sprachliche Information: Zur Abgrenzung und Typologie von Faktoren des Sprachverstehens. In Inge Pohl (Hrsg.), *Methodologische Aspekte der Semantikforschung: Beiträge der Konferenz „Methodologische Aspekte der Semantikforschung" an der Universität Koblenz-Landau/Abteilung Landau (1996)* (Sprache – System und Tätigkeit 22), 13–34. Frankfurt am Main: Lang.

Busse, Dietrich. 2000. Historische Diskurssemantik: Ein linguistischer Beitrag zur Analyse gesellschaftlichen Wissens. *Sprache und Literatur in Wissenschaft und Unterricht* 31(86). 39–53.

Busse, Dietrich. 2003. Begriffsgeschichte oder Diskursgeschichte? Zu theoretischen Grundlagen und Methodenfragen einer historisch-semantischen Epistemologie. In Carsten Dutt (Hrsg.), *Herausforderungen der Begriffsgeschichte*, 17–38. Heidelberg: Winter.

Busse, Dietrich. 2005. Architekturen des Wissens: Zum Verhältnis von Semantik und Epistemologie. In Ernst Müller (Hrsg.), *Begriffsgeschichte im Umbruch* (Archiv für Begriffsgeschichte, Sonderheft 2004), 43–57. Berlin: Meiner.

Busse, Dietrich. 2007a. Diskurslinguistik als Kontextualisierung – Sprachwissenschaftliche Überlegungen zur Analyse gesellschaftlichen Wissens. In Ingo H. Warnke (Hrsg.), *Diskurslinguistik nach Foucault: Theorie und Gegenstände* (Linguistik – Impulse & Tendenzen 25), 81–105. Berlin & New York: De Gruyter.

Busse, Dietrich. 2007b. Sprache – Kognition – Kultur: Der Beitrag einer linguistischen Epistemologie zur Kognitions- und Kulturwissenschaft. *Jahrbuch der Heinrich-Heine-Universität Düsseldorf* 2006/2007. 267–279.

Busse, Dietrich. 2008a. Begriffsgeschichte – Diskursgeschichte – Linguistische Epistemologie: Bemerkungen zu den theoretischen und methodischen Grundlagen einer Historischen Semantik in philosophischem Interesse anlässlich einer Philosophie der ‚Person'. In Alexander Haardt & Nikolaj Plotnikov (Hrsg.), *Diskurse der Personalität: Die Begriffsgeschichte der ‚Person' aus deutscher und russischer Perspektive*, 115–142. München: Fink.

Busse, Dietrich. 2008b. Linguistische Epistemologie: Zur Konvergenz von kognitiver und kulturwissenschaftlicher Semantik am Beispiel von Begriffsgeschichte, Diskursanalyse und Frame-Semantik. In Heidrun Kämper & Ludwig M. Eichinger (Hrsg.), *Sprache – Kognition – Kultur: Sprache zwischen mentaler Struktur und kultureller Prägung* (Institut für Deutsche Sprache, Jahrbuch 2007), 73–114. Berlin & New York: De Gruyter.

Busse, Dietrich. 2009. *Semantik* (UTB 3280). Paderborn: Fink.

Busse, Dietrich. 2012. *Frame-Semantik: Ein Kompendium*. Berlin & Boston: De Gruyter.

Busse, Dietrich. 2015a. Bedeutung. In Ekkehard Felder & Andreas Gardt (Hrsg.), *Handbuch Sprache und Wissen* (Handbücher Sprachwissen 1), 34–56. Berlin & Boston: De Gruyter.

Busse, Dietrich. 2015b. *Sprachverstehen und Textinterpretation: Grundzüge einer verstehenstheoretisch reflektierten interpretativen Semantik*. Wiesbaden: Springer VS.

Busse, Dietrich. 2018. Überlegungen zu einem integrativen Frame-Modell: Elemente, Ebenen, Aspekte. In Alexander Ziem, Lars Inderelst & Detmer Wulf (Hrsg.), *Proceedings of the Interdisciplinary Workshop „Frame-Theorien im Vergleich: Modelle, Anwendungsfelder, Methoden"* (Proceedings in Language and Cognition 2), 69–92. Düsseldorf: düsseldorf university press.

Busse, Dietrich, Michaela Felden & Detmer Wulf. 2018. *Bedeutungs- und Begriffswissen im Recht: Frame-Analysen von Rechtsbegriffen im Deutschen* (Sprache und Wissen 34). Berlin & Boston: De Gruyter.

Bybee, Joan. 1985. *Morphology: A Study of the Relation between Meaning and Form* (Typological Studies in Language 9). Amsterdam & Philadelphia: Benjamins.

Bybee, Joan. 1988. Semantic substance vs. contrast in the development of grammatical meaning. In Shelley Axmaker, Annie Jaisser & Helen Singmaster (Hrsg.), *Proceedings of the Fourteenth Annual Meeting of the Berkeley Linguistics Society: February 13-15, 1988: General Session and Parasession on Grammaticalization*, 247–264. Berkeley: Berkeley Linguistics Society.

Bybee, Joan. 1995. Regular Morphology and the Lexicon. *Language and Cognitive Processes* 10(5). 425–455.

Bybee, Joan. 2002. Sequentiality as the basis of constituent structure. In T. Givón & Bertram F. Malle (Hrsg.), *The Evolution of Language out of Pre-Language* (Typological Studies in Language 53), 109–134. Amsterdam & Philadelphia: Benjamins.

Bybee, Joan. 2010. *Language, Usage and Cognition*. Cambridge: Cambridge University Press.

Bybee, Joan. 2013. Usage-based Theory and Exemplar Representations of Constructions. In Thomas Hoffmann & Graeme Trousdale (Hrsg.), *The Oxford Handbook of Construction Grammar*, 49–69. Oxford & New York: Oxford University Press.

Chang, Lingling. 2008. Resultative Prädikate, Verbpartikeln und eine konstruktionsgrammatische Überlegung. *Deutsche Sprache* 36(2). 127–145.

Chomsky, Noam. 1965. *Aspects of the theory of syntax*. Cambridge, Massachusetts: The MIT Press.

Chomsky, Noam. 2002. *Syntactic Structures*. Second Edition. Berlin & New York: De Gruyter Mouton.

Christie, Elizabeth. 2011. Investigating the differences between the English *way*-construction and the fake reflexive resultative construction. In Lisa Armstrong (Hrsg.), *Proceedings of the 2011 annual conference of the Canadian Linguistic Association*, 1–14. Fredericton: Canadian Linguistic Association.

Clausner, Timothy C. & William Croft. 1997. Productivity and Schematicity in Metaphors. *Cognitive Science* 21(3). 247–282.

Coene, Ann & Klaas Willems. 2006. Konstruktionelle Bedeutungen: Kritische Anmerkungen zu Adele Goldbergs konstruktionsgrammatischer Bedeutungstheorie. *Sprachtheorie und germanistische Linguistik* 16(1). 1–35.

Colleman, Timothy. 2010. Lectal variation in constructional semantics: "Benefactive" ditransitives in Dutch. In Dirk Geeraerts, Gitte Kristiansen & Yves Peirsman (Hrsg.), *Advances in Cognitive Sociolinguistics* (Cognitive Linguistics Research 45), 191–221. Berlin: De Gruyter Mouton.

Colleman, Timothy & Bernard De Clerck. 2011. Constructional semantics on the move: On semantic specialization in the English double object construction. *Cognitive Linguistics* 22(1). 183–209.

Collins, Allan M. & Elizabeth F. Loftus. 1975. A Spreading-Activation Theory of Semantic Processing. *Psychological Review* 82(6). 407–428.

Copestake, Ann, Dan Flickinger, Carl Pollard & Ivan A. Sag. 2005. Minimal Recursion Semantics: An Introduction. *Research on Language and Computation* 3(2–3). 281–332.

Coulson, Seana. 2001. *Semantic Leaps: Frame-Shifting and Conceptual Blending in Meaning Construction*. Cambridge: Cambridge University Press.

Croft, William. 2001. *Radical Construction Grammar: Syntactic Theory in Typological Perspective*. Oxford: Oxford University Press.

Croft, William. 2003. Lexical Rules vs. Constructions: A False Dichotomy. In Hubert Cuyckens, Thomas Berg, René Dirven & Klaus-Uwe Panther (Hrsg.), *Motivation in Language: Studies in Honor of Günter Radden* (Amsterdam Studies in the Theory and History of Linguistic Science 243), 49–68. Amsterdam & Philadelphia: Benjamins.

Croft, William. 2005. Logical and typological arguments for Radical Construction Grammar. In Jan-Ola Östman & Mirjam Fried (Hrsg.), *Construction Grammars: Cognitive grounding and theoretical extensions* (Constructional Approaches to Language 3), 273–314. Amsterdam & Philadelphia: Benjamins.

Croft, William. 2007. Construction Grammar. In Dirk Geeraerts & Hubert Cuyckens (Hrsg.), *The Oxford handbook of cognitive linguistics*, 463–508. Oxford u.a.: Oxford University Press.

Croft, William. 2009a. Connecting frames and constructions: A case study of *eat* and *feed*. *Constructions and Frames* 1(1). 7–28.

Croft, William. 2009b. Toward a social cognitive linguistics. In Vyvyan Evans & Stéphanie Pourcel (Hrsg.), *New Directions in Cognitive Linguistics* (Human Cognitive Processing 24), 395–420. Amsterdam & Philadelphia: Benjamins.

Croft, William. 2012. *Verbs: Aspect and Causal Structure*. Oxford: Oxford University Press.

Croft, William & D. Alan Cruse. 2004. *Cognitive Linguistics*. Cambridge: Cambridge University Press.

Cruse, D. Alan. 1986. *Lexical Semantics*. Cambridge: Cambridge University Press.

Culicover, Peter W. & Ray Jackendoff. 2005. *Simpler Syntax*. Oxford: Oxford University Press.

Čulo, Oliver. 2013. Constructions-and-frames analysis of translations: The interplay of syntax and semantics in translations between English and German. *Constructions and Frames* 5(2). 143–167.

Czicza, Dániel. 2014. *Das es-Gesamtsystem im Neuhochdeutschen: Ein Beitrag zu Valenztheorie und Konstruktionsgrammatik* (Studia Linguistica Germanica 120). Berlin & Boston: De Gruyter.

Czulo, Oliver. 2017. Aspects of a primacy of frame model of translation. In Silvia Hansen-Schirra, Oliver Czulo & Sascha Hofmann (Hrsg.), *Empirical modelling of translation and interpreting* (Translation and Multilingual Natural Language Processing 7), 465–490. Berlin: Language Science Press.

Czulo, Oliver. 2020. Stand und Perspektiven des Framevorrangmodells der Übersetzung. *trans-kom* 13(2). 185–198.

Czulo, Oliver, Tiago Timponi Torrent, Ely Edison da Silva Matos, Alexandre Diniz da Costa & Debanjana Kar. 2019. Designing a Frame-Semantic Machine Translation Evaluation Metric. In Irina Temnikova, Constanting Orăsan, Gloria Corpas Pastor & Ruslan Mitkov (Hrsg.), *Proceedings of the Second Workshop on Human-Informed Translation and Interpreting Technology (HiT-IT 2019)*, 28–35. Varna.

Czulo, Oliver, Alexander Ziem & Tiago Timponi Torrent. 2020. Beyond lexical semantics: notes on pragmatic frames. In Tiago Timponi Torrent, Collin F. Baker, Oliver Czulo, Kyoko Hirose Ohara & Miriam R. L. Petruck (Hrsg.), *Proceedings of the LREC International FrameNet Workshop 2020: Towards a Global, Multilingual FrameNet*, 1–7. Paris: European Language Resources Association (ELRA).

d'Avis, Franz. 2016. Satztyp als Konstruktion – Diskussion am Beispiel ‚Konzessive Konditionalgefüge'. In Rita Finkbeiner & Jörg Meibauer (Hrsg.), *Satztypen und Konstruktionen* (Linguistik – Impulse & Tendenzen 65), 267–295. Berlin & Boston: De Gruyter.

d'Avis, Franz & Rita Finkbeiner. 2013. „Podolski hat Vertrag bis 2007, egal, ob wir in der Ersten oder Zweiten Liga spielen.": Zur Frage der Akzeptabilität einer neuen Konstruktion mit artikellosem Nomen. *Zeitschrift für germanistische Linguistik* 41(2). 212–239.

Dancygier, Barbara & Eve Sweetser. 2005. *Mental spaces in grammar: Conditional constructions* (Cambridge studies in linguistics 108). Cambridge: Cambridge University Press.

Deppermann, Arnulf. 2011. Constructions vs. lexical items as sources of complex meanings: A comparative study of constructions with German *verstehen*. In Peter Auer & Stefan Pfänder (Hrsg.), *Constructions: Emerging and Emergent* (linguae & litterae 6), 88–126. Berlin & Boston: De Gruyter.

Deppermann, Arnulf & Mechthild Elstermann. 2008. Lexikalische Bedeutung oder Konstruktionsbedeutungen? Eine Untersuchung am Beispiel von Konstruktionen mit *verstehen*. In Anatol Stefanowitsch & Kerstin Fischer (Hrsg.), *Konstruktionsgrammatik II: Von der Konstruktion zur Grammatik* (Stauffenburg Linguistik 47), 103–133. Tübingen: Stauffenburg.

Dewell, Robert B. 2011. *The Meaning of Particle / Prefix Constructions in German* (Human Cognitive Processing 34). Amsterdam & Philadelphia: Benjamins.

Diedrichsen, Elke. 2014. Zur ‚Inventarisierung' von idiomatischen und Argumentstruktur-Konstruktionen im Deutschen. In Alexander Lasch & Alexander Ziem (Hrsg.), *Grammatik als Netzwerk von Konstruktionen: Sprachwissen im Fokus der Konstruktionsgrammatik* (Sprache und Wissen 15), 175–194. Berlin: De Gruyter.

Diessel, Holger. 2019. *The Grammar Network: How Linguistic Structure is Shaped by Language Use*. Cambridge: Cambridge University Press.

Diniz da Costa, Alexandre, Maucha Andrade Gamonal, Vanessa Maria Ramos Lopes Paiva, Natália Duarte Marção, Simone Rodrigues Peron-Corrêa, Vânia Gomes de Almeida, Ely Edison da Silva Matos & Tiago Timponi Torrent. 2018. FrameNet-Based Modeling of the Domains of Tourism and Sports for the Development of a Personal Travel Assistent Application. In Tiago Timponi Torrent, Lars Borin & Collin F. Baker (Hrsg.), *Proceedings of the LREC 2018 Workshop. International FrameNet Workshop 2018: Multilingual Framenets and Constructicons*, 6–12. Miyazaki: International FrameNet Workshop.

Dobrovol'skij, Dmitrij. 2011. Phraseologie und Konstruktionsgrammatik. In Alexander Lasch & Alexander Ziem (Hrsg.), *Konstruktionsgrammatik III: Aktuelle Fragen und Lösungsansätze* (Stauffenburg Linguistik 58), 111–130. Tübingen: Stauffenburg.

Dobrovol'skij, Dmitrij. 2012. Phrasem-Konstruktionen in Parallelcorpora. In Michael Prinz & Ulrike Richter-Vapaatalo (Hrsg.), *Idiome, Konstruktionen, „verblümte rede": Beiträge zur Geschichte der germanistischen Phraseologieforschung* (Beiträge zur Geschichte der Germanistik 3), 327–340. Stuttgart: Hirzel.

Dodge, Ellen, Sean Trott, Luca Gilardi & Elise Stickles. 2017. Grammar Scaling: Leveraging FrameNet Data to Increase Embodied Construction Grammar Coverage. In *Proceedings of the AAAI 2017 Spring Symposium on Computational Construction Grammar and Natural Language Understanding: Technical Report SS-17-02*, 154–162. Palo Alto: AAAI Publications.

Dowty, David. 1991. Thematic Proto-Roles and Argument Selection. *Language* 67(3). 547–619.

Duden. 2016. *Die Grammatik: Unentbehrlich für richtiges Deutsch*. 9., vollständig überarbeitete und aktualisierte Auflage (Der Duden in zwölf Bänden 4). Berlin: Dudenverlag.

Dürscheid, Christa & Jan Georg Schneider. 2015. Satz – Äußerung – Schema. In Ekkehard Felder & Andreas Gardt (Hrsg.), *Handbuch Sprache und Wissen* (Handbücher Sprachwissen 1), 167–194. Berlin & Boston: De Gruyter.

Dux, Ryan. 2018. Frames, verbs, and constructions: German constructions with verbs of stealing. In Hans C. Boas & Alexander Ziem (Hrsg.), *Constructional Approaches to Syntactic Structures in German* (Trends in Linguistics. Studies and Monographs 322), 367–405. Berlin & Boston: De Gruyter.

Dux, Ryan. 2020. *Frame-Constructional Verb Classes: Change and Theft verbs in English and German* (Constructional Approaches to Language 28). Amsterdam & Philadelphia: Benjamins.

Ehrlemark, Anna, Richard Johansson & Benjamin Lyngfelt. 2016. Retrieving Occurrences of Grammatical Constructions. In *COLING 2016. The 26th International Conference on Computational Linguistics Linguistics: Proceedings of COLING 2016: Technical Papers*, 815–824. Osaka: International Conference on Computational Linguistics.

Eisenberg, Peter. 2013. *Grundriss der deutschen Grammatik: Band 2: Der Satz*. 4., aktualisierte und überarbeitete Auflage. Stuttgart & Weimar: Metzler.

Endresen, Anna & Laura A. Janda. 2020. Taking Construction Grammar One Step Further: Families, Clusters, and Networks of Evaluative Constructions in Russian. *Frontiers in Psychology* 11. 1–22.

Engelberg, Stefan. 2009. *Blätter knistern über den Beton*: Zwischenbericht aus einer korpuslinguistischen Studie zur Bewegungsinterpretation bei Geräuschverben. *OPAL* (4/2009). 75–97.

Engelberg, Stefan. 2019. Argumentstrukturmuster: Ein elektronisches Handbuch zu verbalen Argumentstrukturen im Deutschen. In Dániel Czicza, Volodymyr Dekalo & Gabriele Diewald (Hrsg.), *Konstruktionsgrammatik VI: Varianz in der konstruktionalen Schematizität* (Stauffenburg Linguistik 109), 13–38. Tübingen: Stauffenburg.

Engelberg, Stefan, Svenja König, Kristel Proost & Edeltraud Winkler. 2011. Argumentstrukturmuster als Konstruktionen? Identität – Verwandtschaft – Idiosynkrasien. In Stefan Engelberg, Anke Holler & Kristel Proost (Hrsg.), *Sprachliches Wissen zwischen Lexikon und Grammatik* (Institut für Deutsche Sprache, Jahrbuch 2010), 71–112. Berlin & Boston: De Gruyter.

Eroms, Hans-Werner. 2000. *Syntax der deutschen Sprache*. Berlin & New York: De Gruyter.

Evans, Vyvyan & Melanie Green. 2006. *Cognitive Linguistics: An Introduction*. Edinburgh: Edinburgh University Press.

Fanego, Teresa. 2019. A construction of independent means: the history of the *Way* construction revisited. *English Language and Linguistics* 23(3). 671–699.

Fauconnier, Gilles. 1985. *Mental Spaces: Aspects of Meaning Construction in Natural Language*. Cambridge, Massachusetts & London: The MIT Press.

Fauconnier, Gilles. 1990. Invisible Meaning. In Kira Hall, Jean-Pierre Koenig, Michael Meacham, Sondra Reinman & Laurel A. Sutton (Hrsg.), *Proceedings of the Sixteenth Annual Meeting of the Berkeley Linguistics Society: General Session and Parasession on the Legacy of Grice*, 390–404. Berkeley: Berkeley Linguistics Society.

Fauconnier, Gilles. 1997. *Mappings in Thought and Language*. Cambridge: Cambridge University Press.

Fauconnier, Gilles & Mark Turner. 1996. Blending as a Central Process of Grammar. In Adele E. Goldberg (Hrsg.), *Conceptual structure, discourse and language*, 113–130. Stanford: CSLI Publications.

Fauconnier, Gilles & Mark Turner. 1998a. Conceptual Integration Networks. *Cognitive Science* 22(2). 133–187.

Fauconnier, Gilles & Mark Turner. 1998b. Principles of Conceptual Integration. In Jean-Pierre Koenig (Hrsg.), *Discourse and cognition: Bridging the gap*, 269–283. Stanford: CSLI Publications.

Fauconnier, Gilles & Mark Turner. 2002. *The Way We Think: Conceptual Blending and the Mind's Hidden Complexities*. New York: Basic Books.

Fauconnier, Gilles & Mark Turner. 2003. Polysemy and conceptual blending. In Brigitte Nerlich, Zazie Todd, Vimala Herman & David D. Clarke (Hrsg.), *Polysemy: Flexible Patterns of Meaning in Mind and Language* (Trends in Linguistics. Studies and Monographs 142), 79–94. Berlin & New York: De Gruyter Mouton.

Feilke, Helmuth. 1994. *Common sense-Kompetenz: Überlegungen zu einer Theorie des ‚sympathischen' und ‚natürlichen' Meinens und Verstehens*. Frankfurt am Main: Suhrkamp.

Feilke, Helmuth. 1998. Idiomatische Prägung. In Irmhild Barz & Günther Öhlschläger (Hrsg.), *Zwischen Grammatik und Lexikon* (Linguistische Arbeiten 390), 69–80. Tübingen: Niemeyer.

Felfe, Marc. 2012. *Das System der Partikelverben mit „an": Eine konstruktionsgrammatische Untersuchung* (Sprache und Wissen 12). Berlin & Boston: De Gruyter.

Fillmore, Charles J. 1965. Entailment rules in a semantic theory. In The Ohio State University Research Foundation (Hrsg.), *Project on Linguistic Analysis: Report No. 10*, 60–82. Ohio.

Fillmore, Charles J. 1968. The Case for Case. In Emmon Bach & Robert T. Harms (Hrsg.), *Universals in Linguistic Theory*, 1–88. New York u.a.: Holt, Rinehart and Winston.

Fillmore, Charles J. 1971. Some problems for case grammar. In Richard J. O'Brien (Hrsg.), *Linguistics: Developments of the Sixties – Viewpoints for the Seventies: Report Of The Twenty-Second Annual Round Table Meeting on Linguistics and Language Studies* (Monograph Series on Languages and Linguistics 24), 35–56. Washington, D.C.: Georgetown University Press.

Fillmore, Charles J. 1975. An Alternative to Checklist Theories of Meaning. In Cathy Cogen, Henry Thompson, Graham Thurgood, Kenneth Whistler & James Wright (Hrsg.), *Proceedings of the First Annual Meeting of the Berkeley Linguistics Society: February 15-17, 1975*, 123–131. Berkeley: Berkeley Linguistics Society.

Fillmore, Charles J. 1976a. Frame Semantics and the Nature of Language. In Stevan R. Harnad, Horst D. Steklis & Jane Lancaster (Hrsg.), *Origins and Evolution of Language and Speech* (Annals of the New York Academy of Sciences 280), 20–32. New York: The New York Academy of Sciences.

Fillmore, Charles J. 1976b. The Need for a Frame Semantics within Linguistics. *Statistical Methods in Linguistics* 12. 5–29.

Fillmore, Charles J. 1977a. Scenes-and-frames semantics. In Antonio Zampolli (Hrsg.), *Linguistic Structures Processing* (Fundamental Studies in Computer Science 5), 55–81. Amsterdam, New York & Oxford: North-Holland.

Fillmore, Charles J. 1977b. The Case for Case Reopened. In Peter Cole & Jerrold M. Sadock (Hrsg.), *Grammatical Relations* (Syntax and Semantics 8), 59–81. New York, San Francisco & London: Academic Press.

Fillmore, Charles J. 1977c. Topics in Lexical Semantics. In Roger W. Cole (Hrsg.), *Current Issues in Linguistic Theory*, 76–138. Bloomington & London: Indiana University Press.

Fillmore, Charles J. 1979. Innocence: A Second Idealization for Linguistics. In Christine Chiarello, John Kingston, Eve E. Sweetser, James Collins, Haruko Kawasaki, John Manley-Buser, Dorothy W. Marschak, Catherine O'Connor, David Shaul, Marta Tobey, Henry Thompson & Katherine Turner (Hrsg.), *Proceedings of the Fifth Annual Meeting of the Berkeley Linguistics Society: 17-19 February, 1979*, 63–76. Berkeley: Berkeley Linguistics Society.

Fillmore, Charles J. 1982a. Frame Semantics. In The Linguistic Society of Korea (Hrsg.), *Linguistics in the Morning Calm: Selected Papers from SICOL-1981*, 111–137. Seoul: Hanshin.

Fillmore, Charles J. 1982b. Ideal readers and real readers. In Deborah Tannen (Hrsg.), *Analyzing Discourse: Text and Talk* (Georgetown University Round Table on Languages and Linguistics 1981), 248–270. Washington, D.C.: Georgetown University Press.

Fillmore, Charles J. 1982c. Monitoring the Reading Process. In The Linguistic Society of Korea (Hrsg.), *Linguistics in the Morning Calm: Selected Papers from SICOL-1981*, 329–348. Seoul: Hanshin.

Fillmore, Charles J. 1984. Lexical Semantics and Text Semantics. In James E. Copeland (Hrsg.), *New Directions in Linguistics and Semiotics* (New Series 2), 123–147. Amsterdam & Philadelphia: Benjamins.

Fillmore, Charles J. 1985a. Frames and the semantics of understanding. *Quaderni di Semantica* 6(2). 222–254.

Fillmore, Charles J. 1985b. Syntactic Intrusions and The Notion of Grammatical Construction. In Mary Niepokuj, Mary VanClay, Vassiliki Nikiforidou, Deborah Feder, Claudia Brugman, Monica Macaulay, Natasha Beery & Michele Emanatian (Hrsg.), *Proceedings of the Eleventh Annual Meeting of the Berkeley Linguistics Society: February 16-18, 1985*, 73–86. Berkeley: Berkeley Linguistics Society.

Fillmore, Charles J. 1986a. "U"-semantics, second round. *Quaderni di Semantica* 7(1). 49–58.

Fillmore, Charles J. 1986b. Pragmatically Controlled Zero Anaphora. In Vassiliki Nikiforidou, Mary VanClay, Mary Niepokuj & Deborah Feder (Hrsg.), *Proceedings of the Twelfth Annual Meeting of the Berkeley Linguistics Society: February 15-17, 1986*, 95–107. Berkeley: Berkeley Linguistics Society.

Fillmore, Charles J. 1988. The Mechanisms of "Construction Grammar". In Shelley Axmaker, Annie Jaisser & Helen Singmaster (Hrsg.), *Proceedings of the Fourteenth Annual Meeting of the Berkeley Linguistics Society: February 13-15, 1988: General Session and Parasession on Grammaticalization*, 35–55. Berkeley: Berkeley Linguistics Society.

Fillmore, Charles J. 1989. Grammatical Construction Theory and the Familiar Dichotomies. In Rainer Dietrich & Carl F. Graumann (Hrsg.), *Language Processing in Social Context* (North-Holland Linguistic Series 54), 17–38. Amsterdam u.a.: North-Holland.

Fillmore, Charles J. 1999. Inversion and Constructional Inheritance. In Gert Webelhuth, Jean-Pierre Koenig & Andreas Kathol (Hrsg.), *Lexical and Constructional Aspects of Linguistic Explanation* (Studies in Constraint-Based Lexicalism 1), 113–128. Stanford: CSLI Publications.

Fillmore, Charles J. 2003. Valency and Semantic Roles: the Concept of Deep Structure Case. In Vilmos Ágel, Ludwig M. Eichinger, Hans-Werner Eroms, Peter Hellwig, Hans Jürgen Heringer & Henning Lobin (Hrsg.), *Dependenz und Valenz: Ein internationales Handbuch der zeitgenössischen Forschung* (Handbücher zur Sprach- und Kommunikationswissenschaft 25.1), 457–475. Berlin & New York: De Gruyter.

Fillmore, Charles J. 2006. Frame Semantics. In Keith Brown (Hrsg.), *Encyclopedia of Language and Linguistics: Second Edition*, 613–620. Amsterdam u.a.: Elsevier.

Fillmore, Charles J. 2007. Valency issues in FrameNet. In Thomas Herbst & Katrin Götz-Votteler (Hrsg.), *Valency: Theoretical, Descriptive and Cognitive Issues* (Trends in Linguistics. Studies and Monographs 187), 129–160. Berlin & New York: De Gruyter Mouton.

Fillmore, Charles J. 2008a. Border Conflicts: FrameNet Meets Construction Grammar. In Elisenda Bernal & Janet DeCesaris (Hrsg.), *Proceedings of the XIII EURALEX International Congress: 15-19 July 2008*, 49–68. Barcelona: Universitat Pompeu Fabra.

Fillmore, Charles J. 2008b. The Merging of "Frames". In Rema Rossini Favretti (Hrsg.), *Frames, Corpora, and Knowledge Representation*, 1–12. Bologna: Bononia University Press.

Fillmore, Charles J. 2014. Frames, constructions, and FrameNet. In Thomas Herbst, Hans-Jörg Schmid & Susen Faulhaber (Hrsg.), *Constructions, Collocations, Patterns* (Trends in Linguistics. Studies and Monographs 282), 121–166. Berlin & Boston: De Gruyter Mouton.

Fillmore, Charles J. & Beryl T. Atkins. 1992. Toward a Frame-Based Lexicon: The Semantics of RISK and its Neighbours. In Adrienne Lehrer & Eva Feder Kittay (Hrsg.), *Frames, Fields, and Contrasts: New Essays in Semantic and Lexical Organization*, 75–102. Hillsdale, New Jersey, Hove & London: Erlbaum.

Fillmore, Charles J. & Beryl T. Atkins. 1994. Starting where the Dictionaries Stop: The Challenge of Corpus Lexicography. In Beryl T. Atkins & Antonio Zampolli (Hrsg.), *Computational Approaches to the Lexicon*, 349–393. Oxford: Oxford University Press.

Fillmore, Charles J. & Collin F. Baker. 2010. A Frames Approach to Semantic Analysis. In Bernd Heine & Heiko Narrog (Hrsg.), *The Oxford Handbook of Linguistic Analysis*, 313–339. Oxford: Oxford University Press.

Fillmore, Charles J., Christopher R. Johnson & Miriam R. L. Petruck. 2003. Background to FrameNet. *International Journal of Lexicography* 16(3). 235–250.

Fillmore, Charles J., Paul Kay & Mary Catherine O'Connor. 1988. Regularity and Idiomaticity in Grammatical Constructions: The Case of *Let Alone*. *Language* 64(3). 501–538.

Fillmore, Charles J., Russell Lee-Goldman & Russell Rhomieux. 2012. The FrameNet Constructicon. In Hans C. Boas & Ivan A. Sag (Hrsg.), *Sign-Based Construction Grammar* (CSLI Lecture Notes 193), 309–372. Stanford: CSLI Publications.

Fillmore, Charles J., Miriam R. L. Petruck, Josef Ruppenhofer & Abby Wright. 2003. FrameNet in Action: The Case of Attaching. *International Journal of Lexicography* 16(3). 297–332.

Finkbeiner, Rita. 2006. „Semantischer Mehrwert" *revisited*: Ein propositionssemantisches Modell zur Analyse der komplexen Semantik verbaler Idiome. In Annelies Häcki Buhofer & Harald Burger (Hrsg.), *Phraseology in Motion I: Methoden und Kritik: Akten der Internationalen Tagung zur Phraseologie (Basel, 2004)* (Phraseologie und Parömiologie 19), 129–144. Baltmannsweiler: Schneider-Verlag Hohengehren.

Finkbeiner, Rita. 2008. *Idiomatische Sätze im Deutschen: Syntaktische, semantische und pragmatische Studien und Untersuchung ihrer Produktivität* (Stockholmer Germanistische Forschungen 72). Stockholm: Acta Universitatis Stockholmiensis.

Finkbeiner, Rita. 2018. Wie soll die Grammatikschreibung mit Konstruktionen umgehen? In Eric Fuß & Angelika Wöllstein (Hrsg.), *Grammatiktheorie und Grammatikographie* (Studien zur deutschen Sprache 76), 139–173. Tübingen: Narr Francke Attempto.

Finkbeiner, Rita. 2019. Reflections on the role of pragmatics in Construction Grammar. *Constructions and Frames* 11(2). 171–192.

Finkbeiner, Rita & Jörg Meibauer. 2016. Satztyp und/oder Konstruktion? In Rita Finkbeiner & Jörg Meibauer (Hrsg.), *Satztypen und Konstruktionen* (Linguistik – Impulse & Tendenzen 65), 1–22. Berlin & Boston: De Gruyter.

Fischer, Kerstin. 2008. Die Interaktion zwischen Konstruktionsgrammatik und Kontextwissen am Beispiel des Satzmodus in Instruktionsdialogen. In Anatol Stefanowitsch & Kerstin Fischer (Hrsg.), *Konstruktionsgrammatik II: Von der Konstruktion zur Grammatik* (Stauffenburg Linguistik 47), 81–101. Tübingen: Stauffenburg.

Fischer, Kerstin. 2010. Beyond the sentence: Constructions, frames and spoken interaction. *Constructions and Frames* 2(2). 185–207.

Fischer, Kerstin. 2015. Situation in grammar or in frames? Evidence from the so-called baby talk register. *Constructions and Frames* 7(2). 258–288.

Fischer, Kerstin & Anatol Stefanowitsch. 2007. Konstruktionsgrammatik: Ein Überblick. In Kerstin Fischer & Anatol Stefanowitsch (Hrsg.), *Konstruktionsgrammatik: Von der Anwendung zur Theorie* (Stauffenburg Linguistik 40), 3–17. Tübingen: Stauffenburg.

Fraas, Claudia. 1996. *Gebrauchswandel und Bedeutungsvarianz in Textnetzen: Die Konzepte IDENTITÄT und DEUTSCHE im Diskurs zur deutschen Einheit* (Studien zur deutschen Sprache 3). Tübingen: Narr.

Fraas, Claudia. 2005. Schlüssel-Konzepte als Zugang zum kollektiven Gedächtnis: Ein diskurs- und frameanalytischer Zugang. *Deutsche Sprache* 2005(3). 242–257.

Fried, Mirjam. 2009. Representing contextual factors in language change: Between frames and constructions. In Alexander Bergs & Gabriele Diewald (Hrsg.), *Contexts and Constructions* (Constructional Approaches to Language 9), 63–94. Amsterdam & Philadelphia: Benjamins.

Fried, Mirjam. 2010. Constructions and frames as interpretive clues. *Belgian Journal of Linguistics* 24. 83–102.

Fried, Mirjam. 2015. Construction Grammar. In Tibor Kiss & Artemis Alexiadou (Hrsg.), *Syntax – Theory and Analysis: An International Handbook: Volume 2* (Handbücher zur Sprach- und Kommunikationswissenschaft 42.2), 974–1003. Berlin, München & Boston: De Gruyter Mouton.

Fried, Mirjam & Jan-Ola Östman. 2004. Construction Grammar: A thumbnail sketch. In Mirjam Fried & Jan-Ola Östman (Hrsg.), *Construction Grammar in a Cross-Language Perspective* (Constructional Approaches to Language 2), 11–86. Amsterdam & Philadelphia: Benjamins.

Gawron, Jean-Mark. 2011. Frame Semantics. In Claudia Maienborn, Klaus von Heusinger & Paul Portner (Hrsg.), *Semantics: An International Handbook of Natural Language Meaning* (Handbücher zur Sprach- und Kommunikationswissenschaft 33.1), 664–687. Berlin & Boston: De Gruyter Mouton.

Geeraerts, Dirk. 1998. The semantic structure of the indirect object in Dutch. In Willy Van Langendonck & William Van Belle (Hrsg.), *The Dative: Volume 2: Theoretical and Contrastive Studies* (Case and Grammatical Relationships Across Languages 3), 185–210. Amsterdam & Philadelphia: Benjamins.

Geniušienė, Emma. 1987. *The Typology of Reflexives* (Empirical Approaches to Language Typology 2). Berlin, New York & Amsterdam: De Gruyter Mouton.

Gerdes, Jens. 2016. *Partikelverben im produktiven Gebrauch: Eine Korpusuntersuchung verbaler Bildungsschemata in Pressetexten*. Trier: Universität Trier (Dissertation).

Geyken, Alexander, Adrien Barbaresi, Jörg Didakowski, Bryan Jurish, Frank Wiegand & Lothar Lemnitzer. 2017. Die Korpusplattform des „Digitalen Wörterbuchs der deutschen Sprache" (DWDS). *Zeitschrift für germanistische Linguistik* 42(2). 327–344.

Gisborne, Nikolas & Amanda L. Patten. 2011. Construction grammar and grammaticalization. In Bernd Heine & Heiko Narrog (Hrsg.), *The Oxford Handbook of Grammaticalization*, 92–104. Oxford: Oxford University Press.

Glynn, Dylan. 2004. Constructions at the crossroads: The place of construction grammar between field and frame. *Annual Review of Cognitive Linguistics* 2. 197–233.

Goldberg, Adele E. 1992. The inherent semantics of argument structure: The case of the English ditransitive construction. *Cognitive Linguistics* 3(1). 37–74.

Goldberg, Adele E. 1995. *Constructions: A Construction Grammar Approach to Argument Structure*. Chicago & London: The University of Chicago Press.

Goldberg, Adele E. 1996. Making One's Way Through the Data. In Masayoshi Shibatani & Sandra A. Thompson (Hrsg.), *Grammatical Constructions: Their Form and Meaning*, 29–53. Oxford: Clarendon Press.

Goldberg, Adele E. 1997. The Relationships between Verbs and Constructions. In Marjolijn Verspoor, Kee Dong Lee & Eve Sweetser (Hrsg.), *Lexical and Syntactical Constructions and the Construction of Meaning: Proceedings of the Bi-Annual ICLA Meeting in Albuquerque, July 1995* (Amsterdam Studies in the Theory and History of Linguistic Science 150), 383–398. Amsterdam & Philadelphia: Benjamins.

Goldberg, Adele E. 1998. Semantic Principles of Predication. In Jean-Pierre Koenig (Hrsg.), *Discourse and cognition: Bridging the gap*, 41–54. Stanford: CSLI Publications.

Goldberg, Adele E. 1999. The Emergence of the Semantics of Argument Structure Constructions. In Brian MacWhinney (Hrsg.), *The Emergence of Language*, 197–212. Mahwah, New Jersey & London: Erlbaum.

Goldberg, Adele E. 2002. Surface generalizations: An alternative to alternations. *Cognitive Linguistics* 13(4). 327–356.

Goldberg, Adele E. 2003. Constructions: a new theoretical approach to language. *Trends in Cognitive Sciences* 7(5). 219–224.

Goldberg, Adele E. 2005a. Argument realization: The role of constructions, lexical semantics and discourse factors. In Jan-Ola Östman & Mirjam Fried (Hrsg.), *Construction Grammars:*

Cognitive grounding and theoretical extensions (Constructional Approaches to Language 3), 17–43. Amsterdam & Philadelphia: Benjamins.
Goldberg, Adele E. 2005b. Constructions, Lexical Semantics, and the Correspondence Principle: Accounting for Generalizations and Subregularities in the Realization of Arguments. In Nomi Erteschik-Shir & Tova R. Rapoport (Hrsg.), *The Syntax of Aspect: Deriving Thematic and Aspectual Interpretation* (Oxford Studies in Theoretical Linguistics 10), 215–236. Oxford: Oxford University Press.
Goldberg, Adele E. 2006. *Constructions at work: The nature of generalization in language*. Oxford: Oxford University Press.
Goldberg, Adele E. 2009. Constructions work. *Cognitive Linguistics* 20(1). 201–224.
Goldberg, Adele E. 2010. Verbs, Constructions, and Semantic Frames. In Malka Rappaport Hovav, Edit Doron & Ivy Sichel (Hrsg.), *Lexical Semantics, Syntax, and Event Structure* (Oxford Studies in Theoretical Linguistics 27), 39–58. Oxford u.a.: Oxford University Press.
Goldberg, Adele E. 2011. Meaning Arises from Words, Context, *and* Phrasal Constructions. *Zeitschrift für Anglistik und Amerikanistik* 59(4). 317–329.
Goldberg, Adele E. 2013. Constructionist Approaches. In Thomas Hoffmann & Graeme Trousdale (Hrsg.), *The Oxford Handbook of Construction Grammar*, 15–31. Oxford & New York: Oxford University Press.
Goldberg, Adele E. 2014. Fitting a slim dime between the verb template and argument structure construction approaches. *Theoretical Linguistics* 40(1–2). 113–135.
Goldberg, Adele E. 2019. *Explain Me This: Creativity, Competition, and the Partial Productivity of Constructions*. Princeton & Oxford: Princeton University Press.
Goldberg, Adele E. & Devin Casenhiser. 2006. English Constructions. In Bas Aarts & April McMahon (Hrsg.), *The Handbook of English Linguistics*, 343–355. Malden, Oxford & Carlton: Blackwell.
Goldberg, Adele E., Devin Casenhiser & Nitya Sethuraman. 2003. A lexically based proposal of argument structure meaning. *Chicago Linguistic Society* 39(2). 61–75.
Goldberg, Adele E., Devin Casenhiser & Nitya Sethuraman. 2004. Learning argument structure generalizations. *Cognitive Linguistics* 15(3). 289–316.
Goldberg, Adele E. & Alex Del Giudice. 2005. Subject-auxiliary inversion: A natural category. *The Linguistic Review* 22(2–4). 411–428.
Goldberg, Adele E. & Thomas Herbst. 2021. The *nice-of-you* construction and its fragments. *Linguistics* 59(1). 285–318.
Goldberg, Adele E. & Ray Jackendoff. 2004. The English Resultative as a Family of Constructions. *Language* 80(3). 532–568.
González Ribao, Vanessa. 2021. *Mediale Kommunkationsverben: Das Zusammenspiel von Verb- und Musterbedeutung im Sprachvergleich Deutsch-Spanisch* (Konvergenz und Divergenz 12). Berlin & Boston: De Gruyter.
Goschler, Juliana. 2011. Geräuschverben mit direktionaler Erweiterung im Deutschen: Syntax, Semantik und Gebrauch. In Alexander Lasch & Alexander Ziem (Hrsg.), *Konstruktionsgrammatik III: Aktuelle Fragen und Lösungsansätze* (Stauffenburg Linguistik 58), 27–41. Tübingen: Stauffenburg.
Goschler, Juliana & Anatol Stefanowitsch. 2010. Pfad und Bewegung im gesprochenen Deutsch: ein kollostruktionaler Ansatz. In Thomas Stolz, Esther Ruigendijk & Jürgen Trabant (Hrsg.), *Linguistik im Nordwesten: Beiträge zum 1. Nordwestdeutschen Linguistischen Kolloquium, Bremen, 10.-11. Oktober 2008* (Diversitas linguarum 26), 103–115. Bochum: Brockmeyer.

Gries, Stefan Th. 2012. Frequencies, probabilities, and association measures in usage-/exemplar-based linguistics. *Studies in Language* 11(3). 477–510.

Gries, Stefan Th. & Anatol Stefanowitsch. 2004a. Covarying Collexemes in the *Into*-causative. In Michel Achard & Suzanne Kemmer (Hrsg.), *Language, Culture, and Mind*, 225–236. Stanford: CSLI Publications.

Gries, Stefan Th. & Anatol Stefanowitsch. 2004b. Extending collostructional analysis: A corpus-based perspective on 'alternations'. *International Journal of Corpus Linguistics* 9(1). 97–129.

Gries, Stefan Th. & Anatol Stefanowitsch. 2010. Cluster Analysis and the Identification of Collexeme Classes. In Sally Rice & John Newman (Hrsg.), *Empirical and Experimental Methods in Cognitive/Functional Research*, 73–90. Stanford: CSLI Publications.

Gruzitis, Normunds, Dana Dannélls, Benjamin Lyngfelt & Aarne Ranta. 2015. Formalising the Swedish Constructicon in Grammatical Framework. In Emily Bender, Lori Levin, Stefan Müller, Yannick Parmentier & Aarne Ranta (Hrsg.), *Proceedings of the Grammar Engineering Across Frameworks (GEAF) 2015 Workshop: The 53rd Annual Meeting of the Association for Computational Linguistics and the 7th International Joint Conference on Natural Language Processing*, 49–56. Beijing: Association for Computational Linguistics.

Haider, Hubert. 1985. Von *sein* oder nicht *sein*: Zur Grammatik des Pronomens „sich". In Werner Abraham (Hrsg.), *Erklärende Syntax des Deutschen* (Studien zur deutschen Grammatik 25), 223–254. Tübingen: Narr.

Haiman, John. 1980. The Iconicity of Grammar: Isomorphism and Motivation. *Language* 56(3). 515–540.

Haiman, John. 1983. Iconic and Economic Motivation. *Language* 59(4). 781–819.

Haiman, John. 1985. *Natural syntax: Iconicity and erosion* (Cambridge studies in linguistics 44). Cambridge: Cambridge University Press.

Hampe, Beate & Doris Schönefeld. 2003. Creative syntax: Iconic principles within the symbolic. In Wolfgang G. Müller & Olga Fischer (Hrsg.), *From Sign to Signing: Iconicity in language and literature 3*, 243–261. Amsterdam & Philadelphia: Benjamins.

Hampe, Beate & Doris Schönefeld. 2006. Syntactic leaps or lexical variation? – More on "Creative Syntax". In Stefan Th. Gries & Anatol Stefanowitsch (Hrsg.), *Corpora in Cognitive Linguistics: Corpus-Based Approaches to Syntax and Lexis* (Trends in Linguistics. Studies and Monographs 172), 127–157. Berlin & New York: De Gruyter Mouton.

Hanks, Patrick. 1994. Linguistic Norms and Pragmatic Exploitations or, Why Lexicographers Need Prototype Theory, and Vice Versa. In Ferenc Kiefer, Gábor Kiss & Júlia Pajzs (Hrsg.), *Papers in Computational Lexicography: Proceedings of the 3rd International Conference on Computational Lexicography, COMPLEX '94*, 89–113. Budapest: Research Institute for Linguistics, Hungarian Academy of Sciences.

Hanks, Patrick. 1996. Contextual Dependency and Lexical Sets. *International Journal of Corpus Linguistics* 1(1). 75–98.

Hanks, Patrick. 1997. Lexical sets: relevance and probability. In Barbara Lewandowska-Tomaszczyk & Marcel Thelen (Hrsg.), *Translation and Meaning, Part 4: Proceedings of the Łódź Session of the 2nd International Maastricht-Łódź Duo Colloquium on "Translation and Meaning", held in Łódź, Poland, 22-24 September 1995*, 119–140. Maastricht: Hogeschool Maastricht, School of Translation and Interpreting.

Hanks, Patrick. 2000. Do Word Meanings Exist? *Computers and the Humanities* 34(1–2). 205–215.

Hanks, Patrick. 2007. Preference Syntagmatics. In Khurschid Ahmad, Christopher Brewster & Mark Stevenson (Hrsg.), *Words and Intelligence II: Essays in Honor of Yorick Wilks* (Text, Speech and Language Technology 36), 119–135. Dordrecht: Springer.

Hanks, Patrick. 2011. Wie man aus Wörtern Bedeutungen macht: Semantische Typen treffen Valenzen. In Stefan Engelberg, Anke Holler & Kristel Proost (Hrsg.), *Sprachliches Wissen zwischen Lexikon und Grammatik* (Institut für Deutsche Sprache, Jahrbuch 2010), 483–503. Berlin & Boston: De Gruyter.

Hanks, Patrick. 2013. *Lexical Analysis: Norms and Exploitations*. Cambridge, Massachusetts & London: The MIT Press.

Harnisch, Karl-Rüdiger. 1982. „Doppelpartikelverben" als Gegenstand der Wortbildungslehre und Richtungsadverbien als Präpositionen: Ein syntaktischer Versuch. In Ludwig M. Eichinger (Hrsg.), *Tendenzen verbaler Wortbildung in der deutschen Gegenwartssprache* (Bayreuther Beiträge zur Sprachwissenschaft 4), 107–133. Hamburg: Buske.

Hasegawa, Yoko, Russell Lee-Goldman & Charles J. Fillmore. 2014. On the universality of frames: Evidence from English-to-Japanese translation. *Constructions and Frames* 6(2). 170–201.

Hasegawa, Yoko, Russell Lee-Goldman, Albert Kong & Kimi Akita. 2011. FrameNet as a resource for paraphrase research. *Constructions and Frames* 3(1). 104–127.

Hasegawa, Yoko, Russell Lee-Goldman, Kyoko Hirose Ohara, Seiko Fujii & Charles J. Fillmore. 2010. On expressing measurement and comparison in English and Japanese. In Hans C. Boas (Hrsg.), *Contrastive Studies in Construction Grammar* (Constructional Approaches to Language 10), 169–200. Amsterdam & Philadelphia: Benjamins.

Haspelmath, Martin. 1987: *Transitivity Alternations of the Anticausative Type*. Universität zu Köln (Hrsg.). Köln.

Hausmann, Franz Josef. 1984. Wortschatzlernen ist Kollokationslernen: Zum Lehren und Lernen französischer Wortverbindungen. *Praxis des neusprachlichen Unterrichts* 31(4). 395–406.

Hausmann, Franz Josef. 1985. Kollokationen im deutschen Wörterbuch: Ein Beitrag zur Theorie des lexikographischen Beispiels. In Henning Bergenholtz & Joachim Mugdan (Hrsg.), *Lexikographie und Grammatik: Akten des Essener Kolloquiums zur Grammatik im Wörterbuch, 28.-30.6.1984* (Lexicographica. Series Maior 3), 118–129. Tübingen: Niemeyer.

Hein, Katrin. 2015. *Phrasenkomposita im Deutschen: Empirische Untersuchung und konstruktionsgrammatische Modellierung* (Studien zur deutschen Sprache 67). Tübingen: Narr Francke Attempto.

Heine, Antje. 2020. Zwischen Grammatik und Lexikon: Ein forschungsgeschichtlicher Blick auf Funktionsverbgefüge. In Sabine De Knop & Manon Hermann (Hrsg.), *Funktionsverbgefüge im Fokus: Theoretische, didaktische und kontrastive Perspektiven* (Linguistik – Impulse & Tendenzen 89), 15–37. Berlin & Boston: De Gruyter.

Hentschel, Elke & Harald Weydt. 2013. *Handbuch der deutschen Grammatik*. 4., vollständig überarbeitete Auflage. Berlin & Boston: De Gruyter.

Herbst, Thomas. 2014. The valency approach to argument structure constructions. In Thomas Herbst, Hans-Jörg Schmid & Susen Faulhaber (Hrsg.), *Constructions, Collocations, Patterns* (Trends in Linguistics. Studies and Monographs 282), 167–216. Berlin & Boston: De Gruyter Mouton.

Herbst, Thomas. 2016. Wörterbuch war gestern: Programm für ein unifiziertes Konstruktikon! In Stefan J. Schierholz, Rufus Hjalmar Gouws, Zita Hollós & Werner Wolski (Hrsg.), *Wörterbuchforschung und Lexikographie* (Lexicographica. Series Maior 151), 169–205. Berlin & Boston: De Gruyter.

Herbst, Thomas. 2018a. Collo-Creativity and Blending: Recognizing Creativity Requires Lexical Storage in Constructional Slots. *Zeitschrift für Anglistik und Amerikanistik* 66(3). 309–328.

Herbst, Thomas. 2018b. Is Language a Collostructicon? A Proposal for Looking at Collocations, Valency, Argument Structure and Other Constructions. In Pascual Cantos-Gómez & Moisés Almela-Sánchez (Hrsg.), *Lexical Collocation Analysis: Advances and Applications*, 1–22. Cham: Springer.

Herbst, Thomas. 2019. Constructicons – a new type of reference work? *Lexicographica* 35(1). 3–14.

Herbst, Thomas & Peter Uhrig. 2019. Towards a valency and argument structure constructicon of English: Turning the valency patternbank into a constructicon. *Lexicographica* 35(1). 171–188.

Hilpert, Martin. 2009. The German *mit*-predicative construction. *Constructions and Frames* 1(1). 29–55.

Hilpert, Martin. 2012. Diachronic collostructional analysis meets the noun phrase: Studying *many a noun* in COHA. In Terttu Nevalainen & Elizabeth Closs Traugott (Hrsg.), *The Oxford Handbook of the History of English*, 233–244. Oxford: Oxford University Press.

Hilpert, Martin. 2018. Wie viele Konstruktionen stecken in einem Wortbildungsmuster? Eine Problematisierung des Produktivitätsbegriffs aus konstruktionsgrammatischer Sicht. In Stefan Engelberg, Henning Lobin, Kathrin Steyer & Sascha Wolfer (Hrsg.), *Wortschätze: Dynamik, Muster, Komplexität* (Institut für Deutsche Sprache, Jahrbuch 2017), 91–105. Berlin & Boston: De Gruyter.

Hilpert, Martin. 2019. *Construction Grammar and its Application to English*. Second edition. Edinburgh: Edinburgh University Press.

Hoffmann, Thomas. 2017. Construction Grammars. In Barbara Dancygier (Hrsg.), *The Cambridge Handbook of Cognitive Linguistics*, 310–329. Cambridge: Cambridge University Press.

Hoffmann, Thomas. 2018. Creativity and Construction Grammar: Cognitive and Psychological Issues. *Zeitschrift für Anglistik und Amerikanistik* 66(3). 259–276.

Hoffmann, Thomas & Graeme Trousdale (Hrsg.). 2013. *The Oxford Handbook of Construction Grammar*. Oxford & New York: Oxford University Press.

Hoherz, Arpine. 2017. *Semantische und syntaktische Untersuchungen zum Konzept der Reflexivität im Vergleich von Deutsch und Armenisch*. Berlin: Freie Universität Berlin (Dissertation).

Höllein, Dagobert. 2019. *Präpositionalobjekt vs. Adverbial: Die semantischen Rollen der Präpositionalobjekte* (Linguistik – Impulse & Tendenzen 82). Berlin & Boston: De Gruyter.

Hopper, Paul J. 1987. Emergent Grammar. In Jon Aske, Natasha Beery, Laura A. Michaelis & Hana Filip (Hrsg.), *Proceedings of the Thirteenth Annual Meeting of the Berkeley Linguistics Society: February 14-16, 1987: General Session and Parasession on Grammar and Cognition*, 139–157. Berkeley: Berkeley Linguistics Society.

Hopper, Paul J. 1998. Emergent Grammar. In Michael Tomasello (Hrsg.), *The New Psychology of Language: Cognitive and Functional Approaches to Language Structure*, 155–175. Mahwah, New Jersey & London: Erlbaum.

Hopper, Paul J. 2011. Emergent Grammar and Temporality in Interactional Linguistics. In Peter Auer & Stefan Pfänder (Hrsg.), *Constructions: Emerging and Emergent* (linguae & litterae 6), 22–44. Berlin & Boston: De Gruyter.

Hunston, Susan. 2019. Patterns, constructions, and applied linguistics. *International Journal of Corpus Linguistics* 24(3). 324–353.

Ikegami, Yoshihiko. 1979. 'Goal' over 'Source': A Case of Dissymmetry in Linguistic Orientation. *Hungarian Studies in English* 12. 139–157.

Imo, Wolfgang. 2007. *Construction Grammar und Gesprochene-Sprache-Forschung: Konstruktionen mit zehn matrixsatzfähigen Verben im gesprochenen Deutsch* (Reihe Germanistische Linguistik 275). Tübingen: Niemeyer.

Imo, Wolfgang. 2011. Die Grenzen von Konstruktionen: Versuch einer granularen Neubestimmung des Konstruktionsbegriffs der Construction Grammar. In Stefan Engelberg, Anke Holler & Kristel Proost (Hrsg.), *Sprachliches Wissen zwischen Lexikon und Grammatik* (Institut für Deutsche Sprache, Jahrbuch 2010), 113–145. Berlin & Boston: De Gruyter.

Imo, Wolfgang. 2015. Was ist (k)eine Konstruktion? In Christa Dürscheid & Jan Georg Schneider (Hrsg.), *Handbuch Satz, Äußerung, Schema* (Handbücher Sprachwissen 4), 551–576. Berlin & Boston: De Gruyter.

Israel, Michael. 1996. The *Way* Constructions Grow. In Adele E. Goldberg (Hrsg.), *Conceptual structure, discourse and language*, 217–230. Stanford: CSLI Publications.

Iwata, Seizi. 2005a. Locative alternation and two levels of verb meaning. *Cognitive Linguistics* 16(2). 355–407.

Iwata, Seizi. 2005b. The role of verb meaning in locative alternations. In Mirjam Fried & Hans C. Boas (Hrsg.), *Grammatical Constructions: Back to the roots* (Constructional Approaches to Language 4), 101–118. Amsterdam & Philadelphia: Benjamins.

Iwata, Seizi. 2008. *Locative Alternation: A lexical-constructional approach* (Constructional Approaches to Language 6). Amsterdam & Philadelphia: Benjamins.

Jackendoff, Ray. 1990. *Semantic Structures* (Current Studies in Linguistics 18). Cambridge, Massachusetts & London: The MIT Press.

Jackendoff, Ray. 1997. Twistin' the Night Away. *Language* 73(3). 534–559.

Jackendoff, Ray. 2002. *Foundations of Language: Brain, Meaning, Grammar, Evolution*. Oxford: Oxford University Press.

Jackendoff, Ray. 2007. Linguistics in Cognitive Science: The state of the art. *The Linguistic Review* 24(4). 347–401.

Jacobs, Joachim. 2008. Wozu Konstruktionen? *Linguistische Berichte* 213. 3–44.

Jacobs, Joachim. 2009. Valenzbindung oder Konstruktionsbindung? Eine Grundfrage der Grammatiktheorie. *Zeitschrift für germanistische Linguistik* 37(3). 490–513.

Jacobs, Joachim. 2016. Satztypkonstruktionen und Satztypsensitivität. In Rita Finkbeiner & Jörg Meibauer (Hrsg.), *Satztypen und Konstruktionen* (Linguistik – Impulse & Tendenzen 65), 23–71. Berlin & Boston: De Gruyter.

Janda, Laura A., Mihail Kopotev & Tore Nesset. 2020. Constructions, their families and their neighborhoods: the case of *durak durakom* 'a fool times two'. *Russian Linguistics* 44. 109–127.

Janda, Laura A., Olga Lyashevskaya, Tore Nesset, Ekaterina Rakhilina & Francis M. Tyers. 2018. A constructicon for Russian: Filling in the gaps. In Benjamin Lyngfelt, Lars Borin, Kyoko Hirose Ohara & Tiago Timponi Torrent (Hrsg.), *Constructicography: Constructicon development across languages* (Constructional Approaches to Language 22), 165–181. Amsterdam & Philadelphia: Benjamins.

Jurafsky, Daniel. 1991. *An On-line Computational Model of Human Sentence Interpretation: A Theory of the Representation and Use of Linguistic Knowledge*. Berkeley: University of California, Berkeley (Dissertation).

Kailuweit, Rolf. 2004. Protorollen und Makrorollen. In Rolf Kailuweit & Martin Hummel (Hrsg.), *Semantische Rollen* (Tübinger Beiträge zur Linguistik 472), 83–103. Tübingen: Narr.

Kann, Christoph & Lars Inderelst. 2018. Gibt es eine einheitliche Frame-Konzeption? Historisch-systematische Perspektiven. In Alexander Ziem, Lars Inderelst & Detmer Wulf (Hrsg.), *Proceedings of the Interdisciplinary Workshop „Frame-Theorien im Vergleich: Modelle, Anwendungsfelder, Methoden“* (Proceedings in Language and Cognition 2), 25–67. Düsseldorf: düsseldorf university press.

Kaufmann, Ingrid. 2004. *Medium und Reflexiv: Eine Studie zur Verbsemantik* (Linguistische Arbeiten 489). Tübingen: Niemeyer.

Kay, Paul. 2005. Argument structure constructions and the argument-adjunct distinction. In Mirjam Fried & Hans C. Boas (Hrsg.), *Grammatical Constructions: Back to the roots* (Constructional Approaches to Language 4), 71–98. Amsterdam & Philadelphia: Benjamins.

Kay, Paul & Charles J. Fillmore. 1999. Grammatical Constructions and Linguistic Generalizations: The *What's X doing Y?* Construction. *Language* 75(1). 1–33.

Kay, Paul & Laura A. Michaelis. 2012. Constructional meaning and compositionality. In Claudia Maienborn, Klaus von Heusinger & Paul Portner (Hrsg.), *Semantics: An International Handbook of Natural Language Meaning* (Handbücher zur Sprach- und Kommunikationswissenschaft 33.3), 2271–2296. Berlin & Boston: De Gruyter Mouton.

Kemmer, Suzanne & Michael Barlow. 2000. Introduction: A Usage-Based Conception of Language. In Michael Barlow & Suzanne Kemmer (Hrsg.), *Usage-based models of language*, vii–xxviii. Stanford: CSLI Publications.

Klein, Josef. 2002. Metapherntheorie und Frametheorie. In Inge Pohl (Hrsg.), *Prozesse der Bedeutungskonstitution* (Sprache – System und Tätigkeit 40), 179–185. Frankfurt am Main: Lang.

Klein, Josef & Iris Meißner. 1999. *Wirtschaft im Kopf: Begriffskompetenz und Einstellungen junger Erwachsener bei Wirtschaftsthemen im Medienkontext.* Frankfurt am Main: Lang.

Knobloch, Clemens. 2009. Noch einmal: Partikelkonstruktionen. *Zeitschrift für germanistische Linguistik* 37(3). 544–564.

Konerding, Klaus-Peter. 1993. *Frames und lexikalisches Bedeutungswissen: Untersuchungen zur linguistischen Grundlegung einer Frametheorie und zu ihrer Anwendung in der Lexikographie* (Reihe Germanistische Linguistik 142). Tübingen: Niemeyer.

König, Ekkehard & Volker Gast. 2008. Reciprocity and reflexivity – description, typology and theory. In Ekkehard König & Volker Gast (Hrsg.), *Reciprocals and Reflexives: Theoretical and Typological Explorations* (Trends in Linguistics. Studies and Monographs 192), 1–31. Berlin & New York: De Gruyter Mouton.

König, Ekkehard & Peter Siemund. 2000. Zur Rolle der Intensifikatoren in einer Grammatik des Deutschen. In Rolf Thieroff, Matthias Tamrat, Nanna Fuhrhop & Oliver Teuber (Hrsg.), *Deutsche Grammatik in Theorie und Praxis*, 229–245. Tübingen: Niemeyer.

Kreß, Karoline. 2017. *Das Verb machen im gesprochenen Deutsch: Bedeutungskonstitution und interaktionale Funktionen* (Studien zur deutschen Sprache 78). Tübingen: Narr Francke Attempto.

Kühnhold, Ingeburg. 1973. Präfixverben. In Ingeburg Kühnhold & Hans Wellmann (Hrsg.), *Deutsche Wortbildung: Typen und Tendenzen in der Gegenwartssprache: Eine Bestandsaufnahme des Instituts für deutsche Sprache, Forschungsstelle Innsbruck* (Sprache der Gegenwart 29), 141–375. Düsseldorf: Schwann.

Kunze, Jürgen. 1995. Reflexive Konstruktionen im Deutschen. *Zeitschrift für Sprachwissenschaft* 14(1). 3–53.

Kunze, Jürgen. 1997. Typen der reflexiven Verbverwendung im Deutschen und ihre Herkunft. *Zeitschrift für Sprachwissenschaft* 16(1–2). 83–180.

Lakoff, George. 1977. Linguistic Gestalts. In Woodford A. Beach, Samuel E. Fox & Shulamith Philosoph (Hrsg.), *Papers from the Thirteenth Regional Meeting Chicago Linguistic Society: April 14-16, 1977*, 236–287. Chicago: Chicago Linguistic Society.

Lakoff, George. 1987. *Women, Fire, and Dangerous Things: What Categories Reveal About the Mind*. Chicago & London: The University of Chicago Press.

Lakoff, George. 1990. The Invariance Hypothesis: is abstract reason based on image-schemas? *Cognitive Linguistics* 1(1). 39–74.

Lakoff, George. 1991. Cognitive versus generative linguistics: How commitments influce results. *Language and Communication* 11(1–2). 53–62.

Lakoff, George & Mark Johnson. 1980. *Metaphors We Live By*. Chicago: The University of Chicago Press.

Lambrecht, Knud. 1984. Formulaicity, Frame Semantics, and Pragmatics in German Binomial Expressions. *Language* 60(4). 753–796.

Langacker, Ronald W. 1987. *Foundations of Cognitive Grammar: Volume I: Theoretical Prerequisites*. Stanford: Stanford University Press.

Langacker, Ronald W. 1990. *Concept, Image, and Symbol: The Cognitive Basis of Grammar* (Cognitive Linguistics Research 1). Berlin & New York: De Gruyter Mouton.

Langacker, Ronald W. 1991. *Foundations of Cognitive Grammar: Volume II: Descriptive Application*. Stanford: Stanford University Press.

Langacker, Ronald W. 1997. Constituency, dependency, and conceptual grouping. *Cognitive Linguistics* 8(1). 1–32.

Langacker, Ronald W. 1999. *Grammar and Conceptualization* (Cognitive Linguistics Research 14). Berlin & New York: De Gruyter Mouton.

Langacker, Ronald W. 2000. A Dynamic Usage-Based Model. In Michael Barlow & Suzanne Kemmer (Hrsg.), *Usage-based models of language*, 1–63. Stanford: CSLI Publications.

Langacker, Ronald W. 2005a. Construction Grammars: cognitive, radical, and less so. In Francisco José Ruiz de Mendoza Ibáñez & M. Sandra Peña Cervel (Hrsg.), *Cognitive Linguistics: Internal Dynamics and Interdisciplinary Interaction* (Cognitive Linguistics Research 32), 101–159. Berlin & New York: De Gruyter Mouton.

Langacker, Ronald W. 2005b. Integration, grammaticization, and constructional meaning. In Mirjam Fried & Hans C. Boas (Hrsg.), *Grammatical Constructions: Back to the roots* (Constructional Approaches to Language 4), 157–189. Amsterdam & Philadelphia: Benjamins.

Langacker, Ronald W. 2009a. Constructions and constructional meaning. In Vyvyan Evans & Stéphanie Pourcel (Hrsg.), *New Directions in Cognitive Linguistics* (Human Cognitive Processing 24), 225–267. Amsterdam & Philadelphia: Benjamins.

Langacker, Ronald W. 2009b. *Investigations in Cognitive Grammar* (Cognitive Linguistics Research 42). Berlin & New York: De Gruyter Mouton.

Lasch, Alexander. 2014. *Das Fenster wirkt geschlossen* – Überlegungen zu nonagentiven Konstruktionen des Deutschen aus konstruktionsgrammatischer Perspektive. In Alexander Lasch & Alexander Ziem (Hrsg.), *Grammatik als Netzwerk von Konstruktionen: Sprachwissen im Fokus der Konstruktionsgrammatik* (Sprache und Wissen 15), 65–95. Berlin: De Gruyter.

Lasch, Alexander. 2015. Konstruktionen in der geschriebenen Sprache. In Christa Dürscheid & Jan Georg Schneider (Hrsg.), *Handbuch Satz, Äußerung, Schema* (Handbücher Sprachwissen 4), 503–526. Berlin & Boston: De Gruyter.

Lasch, Alexander. 2016a. *Nonagentive Konstruktionen des Deutschen* (Sprache und Wissen 25). Berlin & Boston: De Gruyter.

Lasch, Alexander. 2016b. Zum Verhältnis von Valenz- und Konstruktionsgrammatik am Beispiel des *werden*-Passivs als nonagentive Konstruktion im Deutschen. In Albrecht Greule & Jarmo Korhonen (Hrsg.), *Historisch syntaktisches Verbwörterbuch: Valenz- und konstruktionsgrammatische Beiträge* (Finnische Beiträge zur Germanistik 34), 277–300. Frankfurt am Main: Lang.

Lasch, Alexander. 2018a. *Das mutet besonders gegenwartsnah an – anmuten* mit (deverbalem) Adjektiv als nonagentive Konstruktion. *Deutsche Sprache* 46(2). 97–120.

Lasch, Alexander. 2018b. *Diese gehören kalt zu geben*: Die Konstruktion *gehören* mit Qualitativ. *Sprachwissenschaft* 43(2). 159–185.

Lasch, Alexander. 2018c. Phrasale Konstruktionen als Basis narrativer Routinen. *Zeitschrift für germanistische Linguistik* 46(1). 44–64.

Lasch, Alexander. 2020. „Kein Reicher war nicht dabei" – Konstruktionen der Negation als Herausforderung für die Konstruktionsgrammatik. In Michel Lefèvre & Katharina Mucha (Hrsg.), *Konstruktionen, Kollokationen, Muster: Akten des Workshops an der Université Paul Valéry Montpellier 2, November 2017* (Eurogermanistik 39), 135–152. Tübingen: Stauffenburg.

Lasch, Alexander & Alexander Ziem. 2011. Aktuelle Fragen und Forschungstendenzen der Konstruktionsgrammatik. In Alexander Lasch & Alexander Ziem (Hrsg.), *Konstruktionsgrammatik III: Aktuelle Fragen und Lösungsansätze* (Stauffenburg Linguistik 58), 1–9. Tübingen: Stauffenburg.

Lauwers, Peter & Dominique Willems. 2011. Coercion: Definition and challenges, current approaches, and new trends. *Linguistics* 49(6). 1219–1235.

Laviola, Adrieli, Ludmila Meireles Lage, Natália Duarte Marção, Tatiane da Silva Tavares, Vânia Gomes de Almeida, Ely Edison da Silva Matos & Tiago Timponi Torrent. 2017. The Brazilian Portuguese Constructicon: Modeling Constructional Inheritance, Frame Evocation and Constraints in FrameNet Brasil. In *Proceedings of the AAAI 2017 Spring Symposium on Computational Construction Grammar and Natural Language Understanding: Technical Report SS-17-02*, 193–196. Palo Alto: AAAI Publications.

Lee-Goldman, Russell & Miriam R. L. Petruck. 2018. The FrameNet constructicon in action. In Benjamin Lyngfelt, Lars Borin, Kyoko Hirose Ohara & Tiago Timponi Torrent (Hrsg.), *Constructicography: Constructicon development across languages* (Constructional Approaches to Language 22), 19–39. Amsterdam & Philadelphia: Benjamins.

Lehmann, Karen. 2017. *Reflexivität und Sprachsystem* (Stauffenburg Linguistik 91). Tübingen: Stauffenburg.

Leino, Jaakko. 2005. Frames, profiles and constructions: Two collaborating CGs meet the Finnish Permissive Construction. In Jan-Ola Östman & Mirjam Fried (Hrsg.), *Construction Grammars: Cognitive grounding and theoretical extensions* (Constructional Approaches to Language 3), 89–120. Amsterdam & Philadelphia: Benjamins.

Levin, Beth & Tova R. Rapoport. 1988. Lexical Subordination. In Lynn MacLeod, Gary Larson & Diane Brentari (Hrsg.), *Papers from the 24th Annual Regional Meeting of the Chicago Linguistic Society: Part One: General Session*, 275–289. Chicago: Chicago Linguistic Society.

Liedtke, Frank. 2018. Frames, Skripte und pragmatische Templates. In Martin Wengeler & Alexander Ziem (Hrsg.), *Diskurs, Wissen, Sprache: Linguistische Annäherungen an kulturwissenschaftliche Fragen* (Sprache und Wissen 29), 115–135. Berlin & Boston: De Gruyter.

Löbner, Sebastian. 2015. *Semantik: Eine Einführung*. 2., aktualisierte und stark erweiterte Auflage. Berlin & Boston: De Gruyter.

Loenheim, Lisa, Benjamin Lyngfelt, Joel Olofsson, Julia Prentice & Sofia Tingsell. 2016. Constructicography meets (second) language education: On constructions in teaching aids and the usefulness of a Swedish constructicon. In Sabine De Knop & Gaëtanelle Gilquin (Hrsg.), *Applied Construction Grammar* (Applications of Cognitive Linguistics 32), 327–355. Berlin & Boston: De Gruyter.

Lönneker, Birte. 2003. *Konzeptframes und Relationen: Extraktion, Annotation und Analyse französischer Corpora aus dem World Wide Web* (Dissertationen zur künstlichen Intelligenz 275). Berlin: Aka.

Lüdeling, Anke. 2001. *On Particle Verbs and Similiar Constructions in German*. Stanford: CSLI Publications.

Luzondo Oyón, Alba. 2013. Revisiting Goldberg's semantic constraints on the 'way' construction. *Revista española de lingüística aplicada* 26. 349–364.

Lyngfelt, Benjamin. 2009. Towards a comprehensive Construction Grammar account of control: A case study of Swedish infinitives. *Constructions and Frames* 1(2). 153–189.

Lyngfelt, Benjamin. 2012. Re-thinking FNI: On null instantiation and control in Construction Grammar. *Constructions and Frames* 4(1). 1–23.

Lyngfelt, Benjamin. 2018. Introduction: Constructicons and constructicography. In Benjamin Lyngfelt, Lars Borin, Kyoko Hirose Ohara & Tiago Timponi Torrent (Hrsg.), *Constructicography: Constructicon development across languages* (Constructional Approaches to Language 22), 1–18. Amsterdam & Philadelphia: Benjamins.

Lyngfelt, Benjamin, Linnéa Bäckström, Lars Borin, Anna Ehrlemark & Rudolf Rydstedt. 2018. Constructicography at work: Theory meets practice in the Swedish constructicon. In Benjamin Lyngfelt, Lars Borin, Kyoko Hirose Ohara & Tiago Timponi Torrent (Hrsg.), *Constructicography: Constructicon development across languages* (Constructional Approaches to Language 22), 41–106. Amsterdam & Philadelphia: Benjamins.

Lyngfelt, Benjamin, Lars Borin, Markus Forsberg, Julia Prentice, Rudolf Rydstedt, Emma Sköldberg & Sofia Tingsell. 2012. Adding a Constructicon to the Swedish resource network of Språkbanken. In Jeremy Jancsary (Hrsg.), *Empirical Methods in Natural Language Processing: Proceedings of the Conference on Natural Language Processing 2012* (Schriftenreihe der Österreichischen Gesellschaft für Artificial Intelligence), 452–461. Wien: ÖGAI.

Lyons, John. 1995. *Linguistic Semantics: An Introduction*. Cambridge: Cambridge University Press.

Maienborn, Claudia. 1994. Kompakte Strukturen: Direktionale Präpositionalphrasen und nichtlokale Verben. In Sascha W. Felix, Christopher Habel & Gert Rickheit (Hrsg.), *Kognitive Linguistik: Repräsentation und Prozesse*, 229–249. Opladen: Westdeutscher Verlag.

Mandelblit, Nili. 1997. *Grammatical Blending: Creative and Schematic Aspects in Sentence Processing and Translation*. San Diego: University of California, San Diego (Dissertation).

Mandelblit, Nili. 2000. The grammatical marking of conceptual integration: From syntax to morphology. *Cognitive Linguistics* 11(3–4). 197–251.

Mandelblit, Nili & Gilles Fauconnier. 2000. How I got myself arrested: Underspecificity in Grammatical Blends as a Source for Constructional Ambiguity. In Ad Foolen & Frederike van der Leek (Hrsg.), *Constructions in Cognitive Linguistics: Selected papers from the Fifth International Cognitive Linguistics Conference, Amsterdam, 1997* (Amsterdam Studies in the Theory and History of Linguistic Science 178), 167–189. Amsterdam & Philadelphia: Benjamins.

Marantz, Alec. 1992. The *Way*-Construction and the Semantics of Direct Arguments in English: A Reply to Jackendoff. In Tim Stowell & Eric Wehrli (Hrsg.), *Syntax and the Lexicon* (Syntax and Semantics 26), 179–188. San Diego: Academic Press.

Martin, Willy. 2001. A Frame-Based Approach to Polysemy. In Hubert Cuyckens & Britta Zawada (Hrsg.), *Polysemy in Cognitive Linguistics: Selected Papers From the Fifth International Cognitive Linguistics Conference, Amsterdam, 1997* (Amsterdam Studies in the Theory and History of Linguistic Science 177), 57–81. Amsterdam & Philadelphia: Benjamins.

Matos, Ely Edison da Silva, Tiago Timponi Torrent, Vânia Gomes de Almeida, Adrieli Laviola, Ludmila Meireles Lage, Natália Duarte Marção & Tatiane da Silva Tavares. 2017. Constructional Analysis Using Constrained Spreading Activation in a FrameNet-Based Structured Connectionist Model. In *Proceedings of the AAAI 2017 Spring Symposium on Computational Construction Grammar and Natural Language Understanding: Technical Report SS-17-02*, 222–229. Palo Alto: AAAI Publications.

Matsumoto, Yoshiko. 2010. Interactional frames and grammatical descriptions: The case of Japanese noun-modifying constructions. *Constructions and Frames* 2(2). 135–157.

Matsumoto, Yoshiko. 2015. Partnership between grammatical construction and interactional frame: The stand-alone noun-modifying construction in invocatory discourse. *Constructions and Frames* 7(2). 289–314.

McColm, Dan. 2019. *A cross-linguistic investigation of the way-construction in English, Dutch, and German*. Edinburgh: The University of Edinburgh (Dissertation).

McIntyre, Andrew. 2001. *German Double Particles as Preverbs: Morphology and Conceptual Semantics* (Studien zur deutschen Grammatik 61). Tübingen: Stauffenburg.

McIntyre, Andrew. 2007. Particle Verbs and Argument Structure. *Language and Linguistics Compass* 1(4). 350–367.

Metzing, Dieter. 1981. Frame Representations and Lexical Semantics. In Hans-Jürgen Eikmeyer & Hannes Rieser (Hrsg.), *Words, Worlds, and Contexts: New Approaches in Word Semantics* (Research in Text Theory 6), 320–342. Berlin & New York: De Gruyter.

Michaelis, Laura A. 2003a. Headless Constructions and Coercion by Construction. In Elaine J. Francis & Laura A. Michaelis (Hrsg.), *Mismatch: Form-Function Incongruity and the Architecture of Grammar* (CSLI Lecture Notes 163), 259–310. Stanford: CSLI Publications.

Michaelis, Laura A. 2003b. Word meaning, sentence meaning, and syntactic meaning. In Hubert Cuyckens, René Dirven & John R. Taylor (Hrsg.), *Cognitive Approaches to Lexical Semantics* (Cognitive Linguistics Research 23), 163–209. Berlin & New York: De Gruyter Mouton.

Michaelis, Laura A. 2004. Type shifting in construction grammar: An integrated approach to aspectual coercion. *Cognitive Linguistics* 15(1). 1–67.

Michaelis, Laura A. 2005. Entity and event coercion in a symbolic theory of syntax. In Jan-Ola Östman & Mirjam Fried (Hrsg.), *Construction Grammars: Cognitive grounding and theoretical extensions* (Constructional Approaches to Language 3), 45–88. Amsterdam & Philadelphia: Benjamins.

Michaelis, Laura A. 2010. Sign-Based Construction Grammar. In Bernd Heine & Heiko Narrog (Hrsg.), *The Oxford Handbook of Linguistic Analysis*, 139–158. Oxford: Oxford University Press.

Michaelis, Laura A. 2011. Stative by construction. *Linguistics* 49(6). 1359–1399.

Michaelis, Laura A. 2012. Making the Case for Construction Grammar. In Hans C. Boas & Ivan A. Sag (Hrsg.), *Sign-Based Construction Grammar* (CSLI Lecture Notes 193), 31–67. Stanford: CSLI Publications.

Michaelis, Laura A. 2015. Constructions License Verb Frames. In Mikko Höglund, Paul Rickman, Juhani Rudanko & Jukka Havu (Hrsg.), *Perspectives on Complementation: Structure, Variation and Boundaries*, 7–33. Basingstoke & New York: Palgrave Macmillan.

Michaelis, Laura A. 2017. Meanings of Constructions. *Oxford Research Encyclopedia of Linguistics*. https://doi.org/10.1093/acrefore/9780199384655.013.309. Zuletzt abgerufen am 28.11.2021.

Michaelis, Laura A. & Knud Lambrecht. 1996. Toward a Construction-Based Theory of Language Function: The Case of Nominal Extraposition. *Language* 72(2). 215–247.

Michaelis, Laura A. & Josef Ruppenhofer. 2001. *Beyond Alternations: A Constructional Model of the German Applicative Pattern*. Stanford: CSLI Publications.

Michel, Sascha. 2014. Konstruktionsgrammatik und Wortbildung: theoretische Reflexionen und praktische Anwendungen am Beispiel der Verschmelzung von Konstruktionen. In Alexander Lasch & Alexander Ziem (Hrsg.), *Grammatik als Netzwerk von Konstruktionen: Sprachwissen im Fokus der Konstruktionsgrammatik* (Sprache und Wissen 15), 139–156. Berlin: De Gruyter.

Minsky, Marvin. 1975. A Framework for Representing Knowledge. In Patrick Henry Winston (Hrsg.), *The Psychology of Computer Vision*, 211–277. New York u.a.: McGraw-Hill.

Minsky, Marvin. 1988. *The Society of Mind*. London: Picador.

Mondorf, Britta. 2011. Variation and change in English resultative constructions. *Language Variation and Change* 22(3). 397–421.

Mortelmans, Tanja & Elena Smirnova. 2020. Analogues of the *way*-construction in German and Dutch: another Germanic sandwich? In Gunther De Vogelaer, Dietha Koster & Thorsten Leuschner (Hrsg.), *German and Dutch in Contrast: Synchronic, Diachronic and Psycholinguistic Perspectives* (Konvergenz und Divergenz 11), 47–76. Berlin & Boston: De Gruyter.

Müller, Stefan. 2002. *Complex Predicates: Verbal Complexes, Resultative Constructions, and Particle Verbs in German*. Stanford: CSLI Publications.

Müller, Stefan. 2007. Resultativkonstruktionen, Partikelverben und syntaktische vs. lexikonbasierte Konstruktionen. In Kerstin Fischer & Anatol Stefanowitsch (Hrsg.), *Konstruktionsgrammatik: Von der Anwendung zur Theorie* (Stauffenburg Linguistik 40), 177–202. Tübingen: Stauffenburg.

Müller, Stefan. 2019. *Grammatical theory: From transformational grammar to constraint-based approaches*. Third revised and extended edition (Textbooks in Language Sciences 1). Berlin: Language Science Press.

Mungan, Güler. 1986. *Die semantische Interaktion zwischen dem präfigierenden Verbzusatz und dem Simplex bei deutschen Partikel- und Präfixverben* (Europäische Hochschulschriften Reihe I, Deutsche Sprache und Literatur 886). Frankfurt am Main: Lang.

Müske, Eberhard. 1991. Frame-Strukturierung im narrativen Diskurs: Anmerkungen zu einem dynamischen Modell des literarisch-künstlerischen narrativen Diskurses. *Hallesche Studien zur Wirkung von Sprache und Literatur* 19. 4–16.

Müske, Eberhard. 1992. *Diskurssemiotik: Zur funktionellen Integration des Frame-Konzepts in ein dynamisches Modell literarisch-künstlerischer Texte* (Stuttgarter Arbeiten zur Germanistik 264). Stuttgart: Akademischer Verlag.

Nemoto, Noriko. 1998. On the polysemy of ditransitive *save*: the role of frame semantics in construction grammar. *English Linguistics* 15. 219–242.

Nemoto, Noriko. 2005. Verbal polysemy and Frame Semantics in Construction Grammar. In Mirjam Fried & Hans C. Boas (Hrsg.), *Grammatical Constructions: Back to the roots* (Constructional Approaches to Language 4), 119–136. Amsterdam & Philadelphia: Benjamins.

Nikiforidou, Kiki. 2018. Genre and constructional analysis. *Pragmatics & Cognition* 25(3). 543–575.

Nöhren, Ann-Katrin. 2019. *Partikelverbkonstruktionen mit rum im gesprochenen Deutsch: Eine korpusbasierte Untersuchung mit konstruktionsgrammatischem Erkenntnisinteresse und grammatiktheoretischen Perspektivierungen*. Kiel: Christian-Albrechts-Universität zu Kiel (Masterarbeit).

Norén, Kerstin & Per Linell. 2007. Meaning potentials and the interaction between lexis and contexts: an empirical substantiation. *Pragmatics* 17(3). 387–416.

Ohara, Kyoko Hirose. 2008. Lexicon, Grammar, and Multilinguality in the Japanese FrameNet. In Nicoletta Calzolari, Khalid Choukri, Bente Maegaard, Joseph Mariani, Jan Odijk, Stelios Piperidis & Daniel Tapias (Hrsg.), *Proceedings of the Sixth International Conference on Language Resources and Evaluation (LREC '08)*, 3264–3268. Marrakesch: European Language Resources Association (ELRA).

Ohara, Kyoko Hirose. 2013. Toward Constructicon Building for Japanese in Japanese FrameNet. *Veredas* 17(1). 11–28.

Ohara, Kyoko Hirose. 2014. Relating Frames and Constructions in Japanese FrameNet. In Nicoletta Calzolari, Khalid Choukri, Thierry Declerck, Hrafn Loftsson, Bente Maegaard, Joseph Mariani, Asuncion Moreno, Jan Odijk & Stelios Piperidis (Hrsg.), *Proceedings of the Ninth International Conference on Language Resources and Evaluation (LREC '14)*, 2474–2477. Reykjavik: European Language Resources Association (ELRA).

Ohara, Kyoko Hirose. 2018. Relations between frames and constructions: A proposal from the Japanese FrameNet constructicon. In Benjamin Lyngfelt, Lars Borin, Kyoko Hirose Ohara & Tiago Timponi Torrent (Hrsg.), *Constructicography: Constructicon development across languages* (Constructional Approaches to Language 22), 141–163. Amsterdam & Philadelphia: Benjamins.

Olsen, Susan. 1996a. Partikelverben im deutsch-englischen Vergleich. In Ewald Lang & Gisela Zifonun (Hrsg.), *Deutsch – typologisch* (Institut für Deutsche Sprache, Jahrbuch 1995), 261–288. Berlin & New York: De Gruyter.

Olsen, Susan. 1996b. Pleonastische Direktionale. In Gisela Harras & Manfred Bierwisch (Hrsg.), *Wenn die Semantik arbeitet: Klaus Baumgärtner zum 65. Geburtstag*, 303–329. Tübingen: Niemeyer.

Olsen, Susan. 1997a. Über Präfix- und Partikelverbsysteme. In Alena Šimečková & Marie Vachková (Hrsg.), *Wortbildung – Theorie und Anwendung*, 111–137. Praha: Karolinum.

Olsen, Susan. 1997b. Zur Kategorie Verbpartikel. *Beiträge zur Geschichte der deutschen Sprache und Literatur* 119(1). 1–32.

Olsen, Susan. 1999. Verbpartikel oder Adverb? In Angelika Redder & Jochen Rehbein (Hrsg.), *Grammatik und mentale Prozesse* (Stauffenburg Linguistik 7), 223–239. Tübingen: Stauffenburg.

Ost, Bernhard. 2017. *Dimensionen der Bedeutungskonstitution in verbaler Interaktion*. Düsseldorf: Heinrich-Heine-Universität Düsseldorf (Dissertation).

Östman, Jan-Ola & Mirjam Fried. 2005. The cognitive grounding of Construction Grammar. In Jan-Ola Östman & Mirjam Fried (Hrsg.), *Construction Grammars: Cognitive grounding and theoretical extensions* (Constructional Approaches to Language 3), 1–13. Amsterdam & Philadelphia: Benjamins.

Oya, Toshiaki. 1999. *Er bettelt sich durchs Land* – eine *one's way*-Konstruktion im Deutschen? *Deutsche Sprache* 27(4). 356–369.

Oya, Toshiaki. 2002. Reflexives and resultatives: some differences between English and German. *Linguistics* 40(5). 961–986.
Oya, Toshiaki. 2010. Three types of reflexive verbs in German. *Linguistics* 48(1). 227–257.
Panther, Klaus-Uwe & Linda L. Thornburg. 1999. Coercion and Metonomy: The Interaction of Constructional and Lexical Meaning. In Barbara Lewandowska-Tomaszczyk (Hrsg.), *Cognitive Perspectives on Language* (Polish Studies in English Language and Literature 1), 37–51. Frankfurt am Main: Lang.
Pedersen, Johan. 2013. The *Way*-construction and Cross-linguistic Variation in Syntax: Implications for Typological Theory. In Carita Paradis, Jean Hudson & Ulf Magnusson (Hrsg.), *The Construal of Spatial Meaning: Windows into Conceptual Space* (Explorations in Language and Space 7), 236–262. Oxford: Oxford University Press.
Perek, Florent. 2014. Rethinking constructional polysemy: The case of the English conative construction. In Dylan Glynn & Justyna A. Robinson (Hrsg.), *Corpus Methods for Semantics: Quantitative studies in polysemy and synonymy* (Human Cognitive Processing 43), 61–85. Amsterdam & Philadelphia: Benjamins.
Perek, Florent. 2015. *Argument Structure in Usage-Based Construction Grammar: Experimental and corpus-based perspectives* (Constructional Approaches to Language 17). Amsterdam & Philadelphia: Benjamins.
Perek, Florent. 2018. Recent change in the productivity and schematicity of the *way*-construction: A distributional semantic analysis. *Corpus Linguistics and Linguistic Theory* 14(1). 65–97.
Perek, Florent & Martin Hilpert. 2014. Constructional tolerance: Cross-linguistic differences in the acceptability of non-conventional uses of constructions. *Constructions and Frames* 6(2). 266–304.
Perek, Florent & Amanda L. Patten. 2019. Towards an English Constructicon using patterns and frames. *International Journal of Corpus Linguistics* 24(3). 356–386.
Petruck, Miriam R. L. 1996. Frame Semantics. In Jef Verschueren, Jan-Ola Östman, Jan Blommaert & Chris Buclean (Hrsg.), *Handbook of Pragmatics*, 1–11. Amsterdam & Philadelphia: Benjamins.
Petruck, Miriam R. L. 2011. Advances in frame semantics. *Constructions and Frames* 3(1). 1–8.
Petruck, Miriam R. L. 2013a. Advances in Frame Semantics. In Mirjam Fried & Kiki Nikiforidou (Hrsg.), *Advances in Frame Semantics* (Benjamins Current Topics 58), 1–12. Amsterdam & Philadelphia: Benjamins.
Petruck, Miriam R. L. 2013b. Ambitions for FrameNet. *Veredas* 17(1). 5–10.
Petruck, Miriam R. L. & Gerard de Melo. 2012. *Precedes*: A Semantic Relation in FrameNet. In Zygmunt Vetulani & Edouard Geoffrois (Hrsg.), *Proceedings of the Workshop on Language Resources for Public Security Applications at the 8th Conference on International Language Resources and Evaluation (LREC 2012)*, 45–49. Istanbul: European Language Resources Association (ELRA).
Petruck, Miriam R. L., Charles J. Fillmore, Collin F. Baker, Michael Ellsworth & Josef Ruppenhofer. 2004. Reframing FrameNet Data. In Geoffrey Williams & Sandra Vessier (Hrsg.), *Proceedings of the Eleventh EURALEX International Congress, EURALEX 2004: Volume II*, 405–416. Lorient: Faculté des Lettres et des Sciences Humaines, Université de Bretagne Sud.
Pinker, Steven. 1989. *Learnability and Cognition: The Acquisition of Argument Structure*. Cambridge, Massachusetts & London: The MIT Press.
von Polenz, Peter. 2008. *Deutsche Satzsemantik: Grundbegriffe des Zwischen-den-Zeilen-Lesens*. 3., unveränderte Auflage. Berlin & New York: De Gruyter.

Primus, Beatrice. 2012. *Semantische Rollen* (Kurze Einführungen in die germanistische Linguistik 12). Heidelberg: Winter.

Proost, Kristel. 2015. Verbbedeutung, Konstruktionsbedeutung oder beides? Zur Bedeutung deutscher Ditransitivstrukturen und ihrer präpositionalen Varianten. In Stefan Engelberg, Meike Meliss, Kristel Proost & Edeltraud Winkler (Hrsg.), *Argumentstruktur zwischen Valenz und Konstruktion* (Studien zur deutschen Sprache 68), 157–176. Tübingen: Narr Francke Attempto.

Proost, Kristel. 2017. The role of verbs and verb classes in identifying German *search*-constructions. In Francisco José Ruiz de Mendoza Ibáñez, Alba Luzondo Oyón & Paula Pérez Sobrino (Hrsg.), *Constructing Families of Constructions* (Human Cognitive Processing 58), 17–51. Amsterdam & Philadelphia: Benjamins.

Proost, Kristel & Edeltraud Winkler. 2015. Familienähnlichkeiten deutscher Argumentstrukturmuster: Definitionen und grundlegende Annahmen. *OPAL* (1/2015). 3–12.

Pustejovsky, James & Elisabetta Jezek. 2008. Semantic Coercion in Language: Beyond Distributional Analysis. *Italian Journal of Linguistics* 20(1). 181–214.

Rehbein, Ines, Josef Ruppenhofer, Caroline Sporleder & Manfred Pinkal. 2012. Adding nominal spice to SALSA – frame-semantic annotation of German nouns and verbs. In Jeremy Jancsary (Hrsg.), *Empirical Methods in Natural Language Processing: Proceedings of the Conference on Natural Language Processing 2012* (Schriftenreihe der Österreichischen Gesellschaft für Artificial Intelligence), 89–97. Wien: ÖGAI.

Reis, Marga. 1982. Reflexivierung im Deutschen. In E. Faucher (Hrsg.), *La linguistique a la session 1982 de l'agregation d'Allemand: 1. Les constructions reflexives, 2. l'Apposition*, 3–42. Nancy: Colloque international du centre de recherches germaniques de l'universite de Nancy II & Journee anuelle des linguistes de l'association des germanistes de l'enseignements superieur.

Rödel, Michael. 2014. Mehr als die Summe der einzelnen Teile: Konstruktionen und ihre Einheiten aus diachroner und synchroner Perspektive. In Alexander Lasch & Alexander Ziem (Hrsg.), *Grammatik als Netzwerk von Konstruktionen: Sprachwissen im Fokus der Konstruktionsgrammatik* (Sprache und Wissen 15), 207–223. Berlin: De Gruyter.

Rohde, Ada. 2001. *Analyzing PATH: The Interplay of Verbs, Prepositions and Constructional Semantics*. Houston: Rice University (Dissertation).

Rosch, Eleanor. 1973. On the Internal Structure of Perceptual and Semantic Categories. In Timothy E. Moore (Hrsg.), *Cognitive development and the acquisition of language*, 111–144. New York, San Francisco & London: Academic Press.

Rosch, Eleanor. 1977. Human Categorization. In Neil Warren (Hrsg.), *Studies in Cross-cultural Psychology: Volume 1*, 1–49. London, New York & San Francisco: Academic Press.

Rosch, Eleanor. 1978. Principles of Categorization. In Eleanor Rosch & Barbara B. Lloyd (Hrsg.), *Cognition and Categorization*, 27–48. Hillsdale, New Jersey: Erlbaum.

Rosch, Eleanor, Carolyn B. Mervis, Wayne D. Gray, David M. Johnson & Penny Boyes-Braem. 1976. Basic Objects in Natural Categories. *Cognitive Psychology* 8(3). 382–439.

Rostila, Jouni. 2007. *Konstruktionsansätze zur Argumentmarkierung im Deutschen*. Tampere: University of Tampere.

Rostila, Jouni. 2009. Konstruktionsansätze zur Argumentmarkierung im Deutschen. *Neuphilologische Mitteilungen* 110(1). 105–114.

Rostila, Jouni. 2012. Phraseologie und Konstruktionsgrammatik: Konstruktionsansätze zu präpositionalen Funktionsverbgefügen. In Michael Prinz & Ulrike Richter-Vapaatalo (Hrsg.), *Idiome, Konstruktionen, „verblümte rede": Beiträge zur Geschichte der germanistischen*

Phraseologieforschung (Beiträge zur Geschichte der Germanistik 3), 263–282. Stuttgart: Hirzel.
Ruppenhofer, Josef, Hans C. Boas & Collin F. Baker. 2018. FrameNet. In Pedro A. Fuertes-Olivera (Hrsg.), *The Routledge Handbook of Lexicography*, 476–494. London & New York: Routledge.
Ruppenhofer, Josef, Michael Ellsworth, Miriam R. L. Petruck, Christopher R. Johnson, Collin F. Baker & Jan Scheffczyk. 2016. *FrameNet II: Extended Theory and Practice*. Berkeley: International Computer Science Institute.
Ruppenhofer, Josef & Laura A. Michaelis. 2010. A constructional account of genre-based argument omissions. *Constructions and Frames* 2(2). 158–184.
Ruppenhofer, Josef & Laura A. Michaelis. 2014. Frames and the interpretation of omitted arguments in English. In Stacey Katz Bourns & Lindsy L. Myers (Hrsg.), *Perspectives on Linguistic Structure and Context: Studies in honor of Knud Lambrecht* (Pragmatics & Beyond New Series 244), 57–85. Amsterdam & Philadelphia: Benjamins.
Sag, Ivan A. 2012. Sign-Based Construction Grammar: An Informal Synopsis. In Hans C. Boas & Ivan A. Sag (Hrsg.), *Sign-Based Construction Grammar* (CSLI Lecture Notes 193), 69–202. Stanford: CSLI Publications.
Sag, Ivan A., Hans C. Boas & Paul Kay. 2012. Introducing Sign-Based Construction Grammar. In Hans C. Boas & Ivan A. Sag (Hrsg.), *Sign-Based Construction Grammar* (CSLI Lecture Notes 193), 1–29. Stanford: CSLI Publications.
Sampson, Geoffrey. 2016. Two ideas of creativity. In Martin Hinton (Hrsg.), *Evidence, Experiment and Argument in Linguistics and the Philosophy of Language* (Studies in Philosophy of Language and Linguistics 3), 15–26. Frankfurt am Main: Lang.
Schank, Roger C. & Robert P. Abelson. 1977. *Scripts, Plans, Goals and Understanding: An Inquiry into Human Knowledge Structures*. Hillsdale, New Jersey: Erlbaum.
Schmid, Hans-Jörg. 2017. A Framework for Understanding Linguistic Entrenchment and Its Psychological Foundations. In Hans-Jörg Schmid (Hrsg.), *Entrenchment and the Psychology of Language Learning: How We Reorganize and Adapt Linguistic Knowledge*, 9–35. Berlin & Boston: De Gruyter.
Schmid, Hans-Jörg. 2020. *The Dynamics of the Linguistic System: Usage, Conventionalization, and Entrenchment*. Oxford: Oxford University Press.
Schneider, Jan Georg. 2014. In welchem Sinne sind Konstruktionen Zeichen? Zum Begriff der Konstruktion aus semiologischer und medialitätstheoretischer Perspektive. In Alexander Lasch & Alexander Ziem (Hrsg.), *Grammatik als Netzwerk von Konstruktionen: Sprachwissen im Fokus der Konstruktionsgrammatik* (Sprache und Wissen 15), 357–374. Berlin: De Gruyter.
Seibert, Anja J. 1993: *Intransitive constructions in German and the ergative hypothesis*. Trondheim.
Shead, Stephen L. 2011. *Radical Frame Semantics and Biblical Hebrew: Exploring Lexical Semantics* (Biblical Interpretation Series 108). Leiden & Boston: Brill.
Sikos, Jennifer & Sebastian Padó. 2018. FrameNet's *Using* relation as a source of concept-based paraphrases. *Constructions and Frames* 10(1). 38–60.
Sinclair, John. 1991. *Corpus, Concordance, Collocation*. Oxford: Oxford University Press.
Sköldberg, Emma, Linnéa Bäckström, Lars Borin, Markus Forsberg, Benjamin Lyngfelt, Leif-Jöran Olsson, Julia Prentice, Rudolf Rydstedt, Sofia Tingsell & Jonatan Uppström. 2013. Between Grammars and Dictionaries: a Swedish Constructicon. In Iztok Kosem, Jelena Kallas, Polona Gantar, Simon Krek, Margit Langemets & Maria Tuulik (Hrsg.), *Electronic*

lexicography in the 21st century: thinking outside the paper: Proceedings of the eLex 2013 conference, 310–327. Ljubiljana & Tallinn: Troijna, Institute for Applied Slovene Studies & Eesti Keele Instituut.
Smirnova, Elena. 2018. Reflexivkonstruktionen im Deutschen. *Germanistik in der Schweiz* 15. 19–41.
Smirnova, Elena & Tanja Mortelmans. 2010. *Funktionale Grammatik: Konzepte und Theorien*. Berlin & New York: De Gruyter.
Stefanowitsch, Anatol. 2003. Constructional semantics as a limit to grammatical alternation: The two genitives of English. In Günter Rohdenburg & Britta Mondorf (Hrsg.), *Determinants of grammatical variation in English* (Topics in English linguistics 43), 413–443. Berlin & New York: De Gruyter Mouton.
Stefanowitsch, Anatol. 2006. Negative evidence and the raw frequency fallacy. *Corpus Linguistics and Linguistic Theory* 2(1). 61–77.
Stefanowitsch, Anatol. 2007. Konstruktionsgrammatik und Korpuslinguistik. In Kerstin Fischer & Anatol Stefanowitsch (Hrsg.), *Konstruktionsgrammatik: Von der Anwendung zur Theorie* (Stauffenburg Linguistik 40), 151–176. Tübingen: Stauffenburg.
Stefanowitsch, Anatol. 2008a. Negative entrenchment: A usage-based approach to negative evidence. *Cognitive Linguistics* 19(3). 513–531.
Stefanowitsch, Anatol. 2008b. R-Relationen im Sprachvergleich: Die Direkte-Rede-Konstruktion im Englischen und Deutschen. In Anatol Stefanowitsch & Kerstin Fischer (Hrsg.), *Konstruktionsgrammatik II: Von der Konstruktion zur Grammatik* (Stauffenburg Linguistik 47), 247–261. Tübingen: Stauffenburg.
Stefanowitsch, Anatol. 2009. Bedeutung und Gebrauch in der Konstruktionsgrammatik: Wie kompositionell sind modale Infinitive im Deutschen? *Zeitschrift für germanistische Linguistik* 37(3). 565–592.
Stefanowitsch, Anatol. 2011. Konstruktionsgrammatik und Grammatiktheorie. In Alexander Lasch & Alexander Ziem (Hrsg.), *Konstruktionsgrammatik III: Aktuelle Fragen und Lösungsansätze* (Stauffenburg Linguistik 58), 11–25. Tübingen: Stauffenburg.
Stefanowitsch, Anatol. 2013. Collostructional Analysis. In Thomas Hoffmann & Graeme Trousdale (Hrsg.), *The Oxford Handbook of Construction Grammar*, 290–306. Oxford & New York: Oxford University Press.
Stefanowitsch, Anatol. 2018. The goal bias revisited: A collostructional approach. *Yearbook of the German Cognitive Linguistics Association* 6. 143–166.
Stefanowitsch, Anatol. 2020. *Corpus linguistics: A guide to the methodology* (Textbooks in Language Sciences 7). Berlin: Language Science Press.
Stefanowitsch, Anatol & Kerstin Fischer. 2007. Konstruktionsgrammatik: Von der Anwendung zur Theorie. In Kerstin Fischer & Anatol Stefanowitsch (Hrsg.), *Konstruktionsgrammatik: Von der Anwendung zur Theorie* (Stauffenburg Linguistik 40), 203–209. Tübingen: Stauffenburg.
Stefanowitsch, Anatol & Stefan Th. Gries. 2003. Collostructions: Investigating the interaction of words and constructions. *International Journal of Corpus Linguistics* 8(2). 209–243.
Stefanowitsch, Anatol & Stefan Th. Gries. 2005. Covarying collexemes. *Corpus Linguistics and Linguistic Theory* 1(1). 1–43.
Stefanowitsch, Anatol & Ada Rohde. 2004. The goal bias in the encoding of motion events. In Günter Radden & Klaus-Uwe Panther (Hrsg.), *Studies in Linguistic Motivation* (Cognitive Linguistics Research 28), 249–267. Berlin & New York: De Gruyter Mouton.

Stiebels, Barbara. 1996. *Lexikalische Argumente und Adjunkte: Zum semantischen Beitrag von verbalen Präfixen und Partikeln* (studia grammatica 39). Berlin: Akademie Verlag.

Stock, Wolfgang G. & Mechtild Stock. 2008. *Wissensrepräsentation: Informationen auswerten und bereitstellen*. München: Oldenbourg.

Sullivan, Karen. 2013. *Frames and Constructions in Metaphoric Language* (Constructional Approaches to Language 14). Amsterdam & Philadelphia: Benjamins.

Sullivan, Karen. 2016. Integrating constructional semantics and conceptual metaphor. *Constructions and Frames* 8(2). 141–165.

Suttle, Laura & Adele E. Goldberg. 2011. The partial productivity of constructions as induction. *Linguistics* 49(6). 1237–1269.

Sweetser, Eve. 1990. *From etymology to pragmatics: Metaphorical and cultural aspects of semantic structure* (Cambridge studies in linguistics 54). Cambridge: Cambridge University Press.

Sweetser, Eve. 1999. Compositionality and blending: semantic composition in a cognitively realistic framework. In Theo Janssen & Gisela Redeker (Hrsg.), *Cognitive Linguistics: Foundations, Scope, and Methodology* (Cognitive Linguistics Research 15), 129–162. Berlin & New York: De Gruyter Mouton.

Szcześniak, Konrad. 2013. You can't cry your way to candy: Motion events and paths in the x's way construction. *Cognitive Linguistics* 24(1). 159–194.

Szcześniak, Konrad. 2014a. How Much Meaning do Constructions Really Convey?: Revisiting the Lexicon-Grammar Distinction. In Andrzej Lyda & Grzegorz Drozdz (Hrsg.), *Dimensions of the Word*, 134–155. Newcastle upon Tyne: Cambridge Scholars Publishing.

Szcześniak, Konrad. 2014b. *The Meaning of Constructions: The Cognitive Denial of the Lexicon-Syntax Division* (Prace Naukowe Uniwersytetu Śląskiego w Katowicach 3321). Katowice: Wydawnictwo Uniwersytetu Śląskiego.

Szcześniak, Konrad. 2019a. Meaning hides in the confusion of the construction: The Characteristic-As-Place Construction. *Cognitive Linguistic Studies* 6(1). 58–83.

Szcześniak, Konrad. 2019b. Variation motivated by analogy with fixed chunks: Overlap between the reflexive and the *way* construction. *Constructions and Frames* 11(1). 79–106.

Szcześniak, Konrad & Marcus Callies. 2008. "Europameisterschaft zu erdribbeln": 'Manner of obtainment' constructions in sports reporting. In Eva Lavric, Gerhard Pisek, Andrew Skinner & Wolfgang Stadler (Hrsg.), *The Linguistics of Football* (Language in Performance 38), 23–34. Tübingen: Narr Francke Attempto.

Talmy, Leonard. 1996. The Windowing of Attention in Language. In Masayoshi Shibatani & Sandra A. Thompson (Hrsg.), *Grammatical Constructions: Their Form and Meaning*, 235–287. Oxford: Clarendon Press.

Talmy, Leonard. 2007. Lexical typologies. In Timothy Shopen (Hrsg.), *Language Typology and Syntactic Description. Volume III: Grammatical Categories and the Lexicon*, 66–168. Cambridge: Cambridge University Press.

Taylor, John R. 2004. The ecology of constructions. In Günter Radden & Klaus-Uwe Panther (Hrsg.), *Studies in Linguistic Motivation* (Cognitive Linguistics Research 28), 49–73. Berlin & New York: De Gruyter Mouton.

Taylor, John R. 2012. *The Mental Corpus: How Language is Represented in the Mind*. Oxford: Oxford University Press.

Tomasello, Michael. 2003. *Constructing a Language: A Usage-Based Theory of Language Acquisition*. Cambridge, Massachusetts & London: Harvard University Press.

Torrent, Tiago Timponi & Michael Ellsworth. 2013. Behind the Labels: Criteria for Defining Analytical Categories in FrameNet Brasil. *Veredas* 17(1). 44–65.

Torrent, Tiago Timponi, Michael Ellsworth, Collin F. Baker & Ely Edison da Silva Matos. 2018a. The Multilingual FrameNet Shared Annotation Task: a Preliminary Report. In Tiago Timponi Torrent, Lars Borin & Collin F. Baker (Hrsg.), *Proceedings of the LREC 2018 Workshop. International FrameNet Workshop 2018: Multilingual Framenets and Constructicons*, 62–68. Miyazaki: International FrameNet Workshop.

Torrent, Tiago Timponi, Ludmila Meireles Lage, Thais Fernandes Sampaio, Tatiane da Silva Tavares & Ely Edison da Silva Matos. 2014. Revisiting border conflicts between FrameNet and Construction Grammar: Annotation policies for the Brazilian Portuguese Constructicon. *Constructions and Frames* 6(1). 34–51.

Torrent, Tiago Timponi, Ely Edison da Silva Matos, Ludmila Meireles Lage, Adrieli Laviola, Tatiane da Silva Tavares, Vânia Gomes de Almeida & Natália Sigiliano. 2018b. Towards continuity between the lexicon and the constructicon in FrameNet Brasil. In Benjamin Lyngfelt, Lars Borin, Kyoko Hirose Ohara & Tiago Timponi Torrent (Hrsg.), *Constructicography: Constructicon development across languages* (Constructional Approaches to Language 22), 107–140. Amsterdam & Philadelphia: Benjamins.

Traugott, Elizabeth Closs. 2008a. Grammatikalisierung, emergente Konstruktionen und der Begriff der „Neuheit". In Anatol Stefanowitsch & Kerstin Fischer (Hrsg.), *Konstruktionsgrammatik II: Von der Konstruktion zur Grammatik* (Stauffenburg Linguistik 47), 5–32. Tübingen: Stauffenburg.

Traugott, Elizabeth Closs. 2008b. The grammaticalization of *NP of NP* patterns. In Alexander Bergs & Gabriele Diewald (Hrsg.), *Constructions and Language Change* (Trends in Linguistics. Studies and Monographs 194), 23–45. Berlin & New York: De Gruyter Mouton.

Traugott, Elizabeth Closs & Graeme Trousdale. 2013. *Constructionalization and Constructional Changes* (Oxford Studies in Diachronic and Historical Linguistics 6). Oxford: Oxford University Press.

Turner, Mark. 2008. Frame Blending. In Rema Rossini Favretti (Hrsg.), *Frames, Corpora, and Knowledge Representation*, 13–32. Bologna: Bononia University Press.

Uchida, Satoru & Seiko Fujii. 2011. A frame-based approach to connectives. *Constructions and Frames* 3(1). 128–154.

Ungerer, Friedrich. 2017. *How Grammar Links Concepts: Verb-mediated constructions, attribution, perspectivizing* (Human Cognitive Processing 57). Amsterdam & Philadelphia: Benjamins.

Ungerer, Friedrich & Hans-Jörg Schmid. 2006. *An Introduction to Cognitive Linguistics*. Second Edition. Harlow: Pearson Education.

van Egmond, Marie-Elaine. 2009. *Two way-constructions in Dutch: motion along a path and transition to a location*. Saarbrücken: VDM.

van Pottelberge, Jeroen. 2007. Funktionsverbgefüge und verwandte Erscheinungen. In Harald Burger, Dmitrij Dobrovol'skij, Peter Kühn & Neal R. Norrick (Hrsg.), *Phraseologie: Ein internationales Handbuch der zeitgenössischen Forschung: 1. Halbband* (Handbücher zur Sprach- und Kommunikationswissenschaft 28.1), 436–444. Berlin & New York: De Gruyter.

Van Valin, Robert D. & Randy J. LaPolla. 1997. *Syntax: Structure, meaning and function*. Cambridge: Cambridge University Press.

Verhagen, Arie. 2002. From parts to wholes and back again. *Cognitive Linguistics* 13(4). 403–439.

Verhagen, Arie. 2003a. Hoe het Nederlands zich een eigen weg baant: Vergelijkende en historische observaties vanuit een constructie-perspectief. *Nederlandse Taalkunde* 8. 328–346.

Verhagen, Arie. 2003b. The Dutch *way*. In Arie Verhagen & Jeroen van de Weijer (Hrsg.), *Usage-Based Approaches to Dutch*, 27–57. Utrecht: LOT.

Verhagen, Arie. 2003c. Wie sich Sprachen ihren Weg bahnen: Spezifische vs. allgemeine grammatikalische Konstruktion im Vergleich. In Herbert Van Uffelen, Maria Elisabeth Weissenböck & Christine van Baalen (Hrsg.), *Sprache und Identität: Akten des Symposiums zum 10-jährigen Bestehen der Nederlandistik am 18. und 19. Oktober 2002 in Wien*, 223–234. Wien: Edition Praesens.

Verhagen, Arie. 2009. The conception of constructions as complex signs: Emergence of structure and reduction to usage. *Constructions and Frames* 1(1). 119–152.

Wagner, Fritz. 1977. *Untersuchungen zu Reflexivkonstruktionen im Deutschen* (Regensburger Beiträge zur deutschen Sprach- und Literaturwissenschaft 10). Frankfurt am Main: Lang.

Welke, Klaus. 1988. *Einführung in die Valenz- und Kasustheorie*. Leipzig: VEB Bibliographisches Institut.

Welke, Klaus. 1992. *Funktionale Satzperspektive: Ansätze und Probleme der funktionalen Grammatik*. Münster: Nodus Publikationen.

Welke, Klaus. 1994. Thematische Relationen: Sind thematische Relationen semantisch, syntaktisch oder/und pragmatisch zu definieren? *Deutsche Sprache* 22(1). 1–18.

Welke, Klaus. 2005. *Deutsche Syntax funktional: Perspektiviertheit syntaktischer Strukturen*. 2., bearbeitete Auflage (Stauffenburg Linguistik 22). Tübingen: Stauffenburg.

Welke, Klaus. 2009a. Konstruktionsvererbung, Valenzvererbung und die Reichweite von Konstruktionen. *Zeitschrift für germanistische Linguistik* 37(3). 514–543.

Welke, Klaus. 2009b. Valenztheorie und Konstruktionsgrammatik. *Zeitschrift für germanistische Linguistik* 37(1). 81–124.

Welke, Klaus. 2011. *Valenzgrammatik des Deutschen: Eine Einführung*. Berlin & New York: De Gruyter.

Welke, Klaus. 2015. Wechselseitigkeit von Valenz und Konstruktion: Valenz als Grundvalenz. In Stefan Engelberg, Meike Meliss, Kristel Proost & Edeltraud Winkler (Hrsg.), *Argumentstruktur zwischen Valenz und Konstruktion* (Studien zur deutschen Sprache 68), 35–59. Tübingen: Narr Francke Attempto.

Welke, Klaus. 2019. *Konstruktionsgrammatik des Deutschen: Ein sprachgebrauchsbezogener Ansatz* (Linguistik – Impulse & Tendenzen 77). Berlin & Boston: De Gruyter.

Welke, Klaus. 2020. Konstruktionsgrammatik: Konstruktionen ohne Grammatik? *Zeitschrift für germanistische Linguistik* 48(2). 389–423.

Welke, Klaus. 2021a. Bedeutung und Weltwissen in der Konstruktionsgrammatik. Holistik oder Modularität? *Zeitschrift für germanistische Linguistik* 49(2). 369–415.

Welke, Klaus. 2021b. Semasiologie versus Onomasiologie. Semantische Rollen in der Konstruktionsgrammatik. *Deutsche Sprache* 49(1). 64–95.

Wildgen, Wolfgang. 2008. *Kognitive Grammatik: Klassische Paradigmen und neue Perspektiven*. Berlin & New York: De Gruyter.

Wilks, Yorick. 1975. Preference semantics. In Edward L. Keenan (Hrsg.), *Formal Semantics of Natural Language: Papers from a colloquium sponsored by the King's College Research Centre, Cambridge*, 329–348. Cambridge: Cambridge University Press.

Wilks, Yorick. 1980. Frames, Semantics and Novelty. In Dieter Metzing (Hrsg.), *Frame Conceptions and Text Understanding* (Research in Text Theory 5), 134–163. Berlin & New York: De Gruyter.

Willems, Klaas & Ann Coene. 2003. Argumentstruktur, verbale Polysemie und Koerzion. In Alan Cornell, Klaus Fischer & Ian F. Roe (Hrsg.), *Valency in practice* (German linguistic and cultural studies 10), 37–63. Frankfurt am Main: Lang.

Willems, Klaas & Ann Coene. 2006. Satzmuster und die Konstruktionalität der Verbbedeutung: Überlegungen zum Verhältnis von Konstruktionsgrammatik und Valenztheorie. *Sprachwissenschaft* 31(3). 237–272.

Wittgenstein, Ludwig. 2009. *Philosophische Untersuchungen: Philosophical Investigations: Translated by G. E. M. Anscombe, P. M. S. Hacker and Joachim Schulte*. Revised fourth edition by P. M. S. Hacker and Joachim Schulte. Chichester, West Sussex: Wiley-Blackwell.

Zeschel, Arne. 2008. Funktionsverbgefüge als Idiomverbände. In Anatol Stefanowitsch & Kerstin Fischer (Hrsg.), *Konstruktionsgrammatik II: Von der Konstruktion zur Grammatik* (Stauffenburg Linguistik 47), 263–278. Tübingen: Stauffenburg.

Zeschel, Arne. 2009. What's (in) a construction? Complete inheritance vs. full-entry models. In Vyvyan Evans & Stéphanie Pourcel (Hrsg.), *New Directions in Cognitive Linguistics* (Human Cognitive Processing 24), 185–200. Amsterdam & Philadelphia: Benjamins.

Zeschel, Arne. 2018. Musterbasierte Lexikografie und das Konstruktikon: Probleme und Perspektiven am Beispiel des deutschen *in*-Prädikativs. In Kathrin Steyer (Hrsg.), *Sprachliche Verfestigung: Wortverbindungen, Muster, Phrasem-Konstruktionen* (Studien zur deutschen Sprache 79), 49–72. Tübingen: Narr Francke Attempto.

Zeschel, Arne & Kristel Proost. 2019. Grain size issues in constructicon building – and how to address them. *Lexicographica* 35(1). 123–169.

Ziem, Alexander. 2008. *Frames und sprachliches Wissen: Kognitive Aspekte der semantischen Kompetenz* (Sprache und Wissen 2). Berlin & New York: De Gruyter.

Ziem, Alexander. 2009a. Frames im Einsatz: Aspekte anaphorischer, tropischer und multimodaler Bedeutungskonstitution im politischen Kontext. In Ekkehard Felder & Marcus Müller (Hrsg.), *Wissen durch Sprache: Theorie, Praxis und Erkenntnisinteresse des Forschungsnetzwerkes „Sprache und Wissen"* (Sprache und Wissen 3), 207–244. Berlin & New York: De Gruyter.

Ziem, Alexander. 2009b. Sprachliche Wissenskonstitution aus Sicht der Kognitiven Grammatik und Konstruktionsgrammatik. In Ekkehard Felder & Marcus Müller (Hrsg.), *Wissen durch Sprache: Theorie, Praxis und Erkenntnisinteresse des Forschungsnetzwerkes „Sprache und Wissen"* (Sprache und Wissen 3), 171–204. Berlin & New York: De Gruyter.

Ziem, Alexander. 2010. Welche Rolle spielt der Kontext beim Sprachverstehen? Zum Stand der psycholinguistischen und kognitionswissenschaftlichen Forschung. In Peter Klotz, Paul R. Portmann-Tselikas & Georg Weidacher (Hrsg.), *Kontexte und Texte: Soziokulturelle Konstellationen literalen Handelns* (Europäische Studien zur Textlinguistik 8), 59–83. Tübingen: Narr Francke Attempto.

Ziem, Alexander. 2013a. Argumentstruktur-Konstruktionen als diskurslinguistische Analysekategorie. *Zeitschrift für Semiotik* 35(3–4). 447–469.

Ziem, Alexander. 2013b. Syntaktische Konstruktionen als diskursive Muster: Krisen in der medienvermittelten Öffentlichkeit. In Jens Maeße (Hrsg.), *Ökonomie, Diskurs, Regierung: Interdisziplinäre Perspektiven*, 141–166. Wiesbaden: Springer VS.

Ziem, Alexander. 2013c. Wozu Kognitive Semantik? In Dietrich Busse & Wolfgang Teubert (Hrsg.), *Linguistische Diskursanalyse: neue Perspektiven*, 217–240. Wiesbaden: Springer VS.

Ziem, Alexander. 2014a. Frames and constructions enhance text coherence: The case of DNI resolutions in spoken discourse. *Yearbook of the German Cognitive Linguistics Association* 2. 3–19.

Ziem, Alexander. 2014b. *Frames of Understanding in Text and Discourse: Theoretical foundations and descriptive applications* (Human Cognitive Processing 48). Amsterdam & Philadelphia: Benjamins.

Ziem, Alexander. 2014c. Konstruktionsgrammatische Konzepte eines Konstruktikons. In Alexander Lasch & Alexander Ziem (Hrsg.), *Grammatik als Netzwerk von Konstruktionen: Sprachwissen im Fokus der Konstruktionsgrammatik* (Sprache und Wissen 15), 15–34. Berlin: De Gruyter.

Ziem, Alexander. 2014d. Von der Kasusgrammatik zum FrameNet: Frames, Konstruktionen und die Idee eines Konstruktikons. In Alexander Lasch & Alexander Ziem (Hrsg.), *Grammatik als Netzwerk von Konstruktionen: Sprachwissen im Fokus der Konstruktionsgrammatik* (Sprache und Wissen 15), 263–290. Berlin: De Gruyter.

Ziem, Alexander. 2015a. Desiderata und Perspektiven einer *Social Construction Grammar*. In Alexander Ziem & Alexander Lasch (Hrsg.), *Konstruktionsgrammatik IV: Konstruktionen als soziale Konventionen und kognitive Routinen* (Stauffenburg Linguistik 76), 1–21. Tübingen: Stauffenburg.

Ziem, Alexander. 2015b. FrameNet, Barsalou Frames and the Case of Associative Anaphora. In Thomas Gamerschlag, Doris Gerland, Rainer Osswald & Wiebke Petersen (Hrsg.), *Meaning, Frames, and Conceptual Representation* (Studies in Language and Cognition 2), 93–112. Düsseldorf: düsseldorf university press.

Ziem, Alexander. 2015c. Fußball für Anfänger: Sieben Thesen zur Konzeption eines Online-Wörterbuches für den Sprachunterricht. In Joachim Born & Thomas Gloning (Hrsg.), *Sport, Sprache, Kommunikation, Medien: Interdisziplinäre Perspektiven* (Linguistische Untersuchungen 8), 381–410. Gießen: Gießener Elektronische Bibliothek.

Ziem, Alexander. 2015d. Nullinstanziierungen im gesprochenen Deutsch: Kohärenz durch grammatische Konstruktionen? In Jörg Bücker, Susanne Günthner & Wolfgang Imo (Hrsg.), *Konstruktionsgrammatik V: Konstruktionen im Spannungsfeld von sequenziellen Mustern, kommunikativen Gattungen und Textsorten* (Stauffenburg Linguistik 77), 45–80. Tübingen: Stauffenburg.

Ziem, Alexander. 2018a. Construction Grammar meets Phraseology: eine Standortbestimmung. *Linguistik online* 90(3). 3–19.

Ziem, Alexander. 2018b. Der sprachbegabte Mensch ist doch nicht kopflos: Einige Probleme eines radikalen Antikognitivismus. In Martin Wengeler & Alexander Ziem (Hrsg.), *Diskurs, Wissen, Sprache: Linguistische Annäherungen an kulturwissenschaftliche Fragen* (Sprache und Wissen 29), 63–87. Berlin & Boston: De Gruyter.

Ziem, Alexander. 2018c. Diskurslinguistik und *(Berkeley) Construction Grammar*. In Ingo H. Warnke (Hrsg.), *Handbuch Diskurs* (Handbücher Sprachwissen 6), 104–133. Berlin & Boston: De Gruyter.

Ziem, Alexander. 2018d. Frames interdisziplinär: zur Einleitung. In Alexander Ziem, Lars Inderelst & Detmer Wulf (Hrsg.), *Proceedings of the Interdisciplinary Workshop „Frame-Theorien im Vergleich: Modelle, Anwendungsfelder, Methoden“* (Proceedings in Language and Cognition 2), 7–22. Düsseldorf: düsseldorf university press.

Ziem, Alexander. 2018e. *Tag für Tag Arbeit über Arbeit*: konstruktionsgrammatische Zugänge zu Reduplikationsstrukturen im Deutschen. In Kathrin Steyer (Hrsg.), *Sprachliche Ver-*

festigung: Wortverbindungen, Muster, Phrasem-Konstruktionen (Studien zur deutschen Sprache 79), 25–48. Tübingen: Narr Francke Attempto.

Ziem, Alexander. 2020a. Wenn sich FrameNet und Konstruktikon begegnen: erste Annäherungsversuche zwischen zwei neuen Repositorien zum Deutschen. In Michel Lefèvre & Katharina Mucha (Hrsg.), *Konstruktionen, Kollokationen, Muster: Akten des Workshops an der Université Paul Valéry Montpellier 2, November 2017* (Eurogermanistik 39), 13–38. Tübingen: Stauffenburg.

Ziem, Alexander. 2020b. Wortbedeutungen als Frames: ein Rahmenmodell zur Analyse lexikalischer Bedeutungen. In Jörg Hagemann & Sven Staffeldt (Hrsg.), *Semantiktheorien II: Analysen von Wort- und Satzbedeutungen im Vergleich* (Stauffenburg-Einführungen 36), 27–56. Tübingen: Stauffenburg.

Ziem, Alexander & Hans C. Boas. 2017. Towards a Constructicon for German. In *Proceedings of the AAAI 2017 Spring Symposium on Computational Construction Grammar and Natural Language Understanding: Technical Report SS-17-02*, 274–277. Palo Alto: AAAI Publications.

Ziem, Alexander, Hans C. Boas & Josef Ruppenhofer. 2014. Grammatische Konstruktionen und semantische Frames für die Textanalyse. In Jörg Hagemann & Sven Staffeldt (Hrsg.), *Syntaxtheorien: Analysen im Vergleich* (Stauffenburg-Einführungen 28), 297–333. Tübingen: Stauffenburg.

Ziem, Alexander & Michael Ellsworth. 2016. Exklamativsätze im FrameNet-Konstruktikon am Beispiel des Englischen. In Rita Finkbeiner & Jörg Meibauer (Hrsg.), *Satztypen und Konstruktionen* (Linguistik – Impulse & Tendenzen 65), 146–191. Berlin & Boston: De Gruyter.

Ziem, Alexander & Johanna Flick. 2018. A FrameNet Constructicon Approach to Constructional Idioms. In Tatiana Fedulenkova (Hrsg.), *Modern phraseology issues: Materials of the international phraseological conference in memory of Elisabeth Piirainen*. Arkhangelsk.

Ziem, Alexander & Johanna Flick. 2019. Constructicography at work: implementation and application of the German Constructicon. *Yearbook of the German Cognitive Linguistics Association* 7. 201–214.

Ziem, Alexander, Johanna Flick & Phillip Sandkühler. 2019. The German Constructicon Project: Framework, methodology, resources. *Lexicographica* 35(1). 61–86.

Ziem, Alexander & Alexander Lasch. 2011. Von der geschriebenen zur gesprochenen Sprache: Quo vadis Konstruktionsgrammatik? In Alexander Lasch & Alexander Ziem (Hrsg.), *Konstruktionsgrammatik III: Aktuelle Fragen und Lösungsansätze* (Stauffenburg Linguistik 58), 275–281. Tübingen: Stauffenburg.

Ziem, Alexander & Alexander Lasch. 2013. *Konstruktionsgrammatik: Konzepte und Grundlagen gebrauchsbasierter Ansätze* (Germanistische Arbeitshefte 44). Berlin & Boston: De Gruyter.

Zifonun, Gisela. 2003. *Grammatik des Deutschen im europäischen Vergleich: Das Pronomen: Teil II: Reflexiv- und Reziprokpronomen* (Arbeitspapiere und Materialien zur deutschen Sprache 1/03). Mannheim: Institut für Deutsche Sprache.

Zifonun, Gisela, Ludger Hoffmann & Bruno Strecker. 1997. *Grammatik der deutschen Sprache* (Schriften des Instituts für deutsche Sprache 7). Berlin & New York: De Gruyter.

Zwicky, Arnold M. 1994. Dealing out meaning: Fundamentals of syntactic constructions. In Susanne Gahl, Andy Dolbey & Christopher Johnson (Hrsg.), *Proceedings of the Twentieth Annual Meeting of the Berkeley Linguistics Society: February 18-21, 1994: General Session Dedicated to the Contributions of Charles J. Fillmore*, 611–625. Berkeley: Berkeley Linguistics Society.

Stichwortverzeichnis

https://doi.org/10.1515/9783110762341-011

www.ingramcontent.com/pod-product-compliance
Lightning Source LLC
Chambersburg PA
CBHW051551230426
43668CB00013B/1815